LOIS, DÉCRETS,

ORDONNANCES, RÉGLEMENS

ET

AVIS DU CONSEIL D'ÉTAT.

TOME TRENTE-UNIÈME.

IMPRIMERIE DE POMMERET ET GUÉNOT, RUE MIGNON, 2.

COLLECTION COMPLÈTE

DES

LOIS, DÉCRETS,

ORDONNANCES, RÉGLEMENS

ET

AVIS DU CONSEIL D'ÉTAT,

(De 1788 à 1830 inclusivement, par ordre chronologique),

PUBLIÉE SUR LES ÉDITIONS OFFICIELLES,

Continuée depuis 1830, et formant un volume chaque année;

Contenant : *les actes insérés au Bulletin des Lois*; l'Analyse des *Débats parlementaires* sur chaque Loi, des Notes indiquant les *Lois analogues;* les *Instructions ministérielles;* les *Rapports au Roi*, et divers *Documens* inédits;

PAR J. B. DUVERGIER,

AVOCAT A LA COUR ROYALE DE PARIS, CONTINUATEUR DE TOULLIER.

TOME TRENTE-UNIÈME.

DEUXIÈME ÉDITION.

PARIS.

S'ADRESSER AU DIRECTEUR DE L'ADMINISTRATION,

RUE DE SEINE, N° 56.

1838.

COLLECTION COMPLÈTE

DES

LOIS, DÉCRETS,

ORDONNANCES, RÈGLEMENTS

ET

AVIS DU CONSEIL D'ÉTAT.

ANTÉRIEURS A 1831.

NOTA. **Nous publions ici et en tête du volume de 1831 les Lois, Décrets, Ordonnances, Règlements et Avis du Conseil d'Etat** *antérieurs à* 1830, **qui ont été publiés par le Bulletin officiel** *depuis le* 1er *janvier* 1831 **jusqu'au** 31 *décembre* 1840.

8 PLUVIÔSE AN 8 (28 JANVIER 1800) = 21 MARS 1831. — Arrêté du premier consul (Bonaparte) pour la formation d'un conseil d'examen des projets relatifs aux travaux maritimes. (IX, Bull. O. LII, n. 1317.)

Bonaparte, premier consul de la république, arrête :

Art. 1er. Il sera formé près du ministre de la marine et des colonies un conseil pour l'examen et la discussion des projets relatifs aux travaux maritimes. Ce conseil sera composé, 1º des citoyens Sganzin, Ferregeau, Cachin ; 2º du directeur de l'école des ponts et chaussées, le citoyen Prony.

2. L'un des directeurs, le citoyen Sganzin, est chargé du dépôt des plans et modèles relatifs aux travaux maritimes, conservés à l'école des ponts et chaussées pour l'instruction des élèves ; il continuera de jouir de quinze cents francs de supplément de traitement pour ces fonctions. Le bureau du conseil est composé d'un chef dessinateur à 3,000 fr. ; d'un dessinateur ordinaire, à 2,400 fr. ; d'un commis, à 2,000 fr., déjà employés au dépôt des ponts et chaussées, et d'un garçon de bureau, à 800 fr., déjà employé dans les bureaux de la marine.

3. Ce conseil proposera au ministre la liste nominative des ingénieurs, leur répartition sur les travaux des arrondissements, leur classement dans les grades.

Le ministre de la marine se concertera avec celui de l'intérieur pour le choix définitif des sujets à prendre, conformément à la loi, parmi les ingénieurs des ponts et chaussées, pour les attacher uniquement aux travaux maritimes, de manière qu'aucun des deux services ne puisse souffrir de cette disposition. *Signé* BONAPARTE.

5 = 10 GERMINAL AN 11 (26 = 31 MARS 1803) = 9 AOUT 1831. — Avis du conseil d'Etat, approuvé par le gouvernement, sur le recours au tribunal de cassation, en cas de divergence d'opinions entre plusieurs conseils de guerre et les conseils de révision. (IX, Bull. O. XCI, n. 2658.)

Le conseil d'Etat, d'après le renvoi du gouvernement d'un rapport du grand-juge, ministre de la justice, sur la question de savoir si, dans le cas où un militaire déjà condamné pour crime par un premier conseil de guerre, ayant obtenu l'annulation de ce jugement par le conseil de révision, oppose encore les mêmes moyens de nullité sur le jugement du second conseil de guerre, il doit en être référé au Corps-Législatif,

Est d'avis que l'organisation du Corps-Législatif et le mode actuel de formation de la loi ne permettent plus les référés au Corps-Législatif ; que, par conséquent, l'art. 23 de la loi du 18 vendémiaire an 6 est implicitement abrogé.

La forme de procéder; pour le cas qui a donné lieu à la question, est d'ailleurs clairement établie par l'art. 1er de la loi du 29 prairial an 6, qui veut qu'en cas d'annulation d'un jugement rendu par un conseil de guerre établi par l'art. 18 de la loi du 19 vendémiaire, le prévenu soit renvoyé, dans les trois jours, devant le premier conseil de guerre d'une des divisions militaires les plus voisines, pour y être procédé à une nouvelle instruction, sauf le recours, s'il y a lieu, par la suite, au tribunal de cassation (1).

18 germinal an 11 (9 avril 1803). — Arrêté qui autorise la veuve et les enfants du sieur Couyard à substituer à leur nom celui de Colliard. (Bull. O. 108, n. 3071.)

21 prairial an 11 (10 juin 1803) = 25 juin 1831. — Arrêté du gouvernement sur le nombre d'officiers affecté aux bâtiments de l'Etat, le traitement de table et le service à bord. (IX, Bull. O. LXXXII, n. 2251.)

Le gouvernement de la république, sur le rapport du ministre de la marine et des colonies, arrête :

TITRE 1er. *Composition des états-majors.*

Art. 1er. Le nombre des officiers de vaisseau embarqués sur les bâtiments de l'Etat est déterminé ainsi qu'il suit, savoir : 1° sur un vaisseau de cent canons et au-dessus, 1 capitaine de vaisseau, 1 capitaine de frégate, 5 lieutenants, 5 enseignes ; 2° sur tout autre vaisseau de ligne, 1 capitaine de vaisseau, 1 capitaine de frégate, 4 lieutenants, 4 enseignes ; 3° sur toute frégate, 1 capitaine commandant, 5 lieutenants ou enseignes ; 4° sur toute corvette à trois mâts, 1 officier commandant, 4 lieutenants ou enseignes ; 5° sur tout brig, flûte ou gabarre, 1 officier commandant, 3 lieutenants ou enseignes ; 6° sur tout aviso n'ayant pas plus de soixante hommes d'équipage, 1 officier commandant, 2 enseignes.

TITRE II. *Traitement de table.*

2. A compter du 1er thermidor prochain, le traitement de table des officiers généraux, officiers commandants, officiers d'état-major du bâtiment et autres personnes admises à la table de l'état-major, soit par leur service à bord, soit comme passagers en raison de leur grade, est déterminé ainsi qu'il suit, savoir : à l'amiral, par jour, 80 fr. ; au vice-amiral commandant en chef, 60 fr. ; au contre-amiral commandant en chef, 55 fr. ; au vice-amiral commandant une division, 50 fr. ; au contre-amiral commandant une division, 40 fr. ; au capitaine de vaisseau commandant, 24 f. ; au capitaine de frégate commandant, 20 f. ; au lieutenant de vaisseau commandant, 14 fr. ; à l'enseigne de vaisseau commandant, 10 fr. ; aux officiers composant l'état-major, ou passagers admis par leur grade, ou par ordre, à la table de l'état-major, 2 fr.

3. Indépendamment de la somme de deux francs allouée à chaque personne de la table de l'état-major, il lui sera aussi délivré, chaque jour, une ration complète en nature, laquelle sera, en tous points, semblable à celle de l'équipage.

4. Les officiers nourris à la table des généraux ou des capitaines ne jouiront pas de cette ration, non plus que de la somme allouée pour le traitement de table.

5. La ration devra être consommée à bord, et ne pourra, sous aucun prétexte, être débarquée en tout ou en partie.

6. Les traitements alloués par le présent arrêté seront augmentés de moitié en sus dans les colonies, conformément à l'arrêté du . . . . .

7. Il n'est rien innové sur tout autre traitement de table accordé aux personnes embarquées sur les bâtiments de l'Etat et non mentionnées au présent arrêté.

TITRE III. *Service à bord.*

8. Le service de la garde à bord des vaisseaux et autres bâtiments de l'Etat est supprimé, en ce qui concerne les officiers de vaisseau.

9. Le service des officiers de vaisseau à bord se fera toujours par quart, soit à la voile, soit en rade.

10. Le nombre des quarts sera de quatre et ne pourra excéder le nombre de cinq.

11. Les officiers de quart, soit à la voile, soit en rade, ne pourront quitter le pont, sous aucun prétexte, pendant la durée de leur quart. L'exécution de cette disposition est mise sous la responsabilité personnelle

(1) Dans mes notes sur la loi du 15 juillet 1829 (loi qui n'a pas été votée par les deux Chambres de la même manière, et qui cependant figure au Bulletin des lois), j'ai rappelé cet avis du conseil d'Etat, et j'ai fait remarquer que ses dispositions ne devaient plus être suivies. Les raisons que j'ai données me paraissent subsister dans toute leur force (Voy. tome 29, en note). Le gouvernement, en faisant insérer aujourd'hui au Bulletin des lois l'avis du 5 germinal an 11, n'a point eu sans doute l'intention de lui donner une autorité nouvelle ; en tout cas, il n'en aurait pas la puissance, si, comme je crois l'avoir établi, les changements survenus dans la législation ont implicitement abrogé l'acte dont il est ici question.

des commandants d'escadre et commandants particuliers des vaisseaux et autres bâtiments de l'Etat.

12. Le quart de l'équipage pourra être, à la voile, de la moitié ou du tiers dudit équipage, selon que l'officier général commandant l'escadre, ou l'officier commandant un bâtiment, s'il navigue seul, jugera à propos de l'ordonner, d'après la force de l'équipage et les parages où il se trouvera.

13. En rade, le quart de l'équipage se fera ou par moitié ou par tiers dudit équipage, mais il pourra être réduit au quart, selon que l'officier commandant l'escadre, ou l'officier commandant un bâtiment, s'il se trouve seul, trouvera convenable de l'ordonner, selon la nature de la rade où il sera mouillé et les dangers auxquels il y est exposé.

14. Le ministre de la marine et des colonies est chargé, etc.

———

30 NIVÔSE AN 12 (21 JANVIER 1804). — Arrêté contenant le tarif du droit exigible sur les bacs établis dans l'étendue du département de l'Allier. (Bull. 655, n. 7999.)

———

5 VENTÔSE AN 12 (25 FÉVRIER 1804). — Arrêté contenant le tarif du droit exigible sur les bacs établis dans l'étendue du département de la Haute-Loire. (Bull. 551, n. 7242.)

———

1er FLORÉAL AN 12 (21 AVRIL 1804). — Arrêté contenant les tarifs du droit exigible sur les bacs et bateaux établis dans l'étendue du département de la Gironde. (Bull. O., 1re sect., n. 5952.)

1er FLORÉAL AN 12 (21 AVRIL 1804). — Arrêté contenant les tarifs du droit exigible sur les bacs établis dans l'étendue du département de Maine-et-Loire. (Bull. 687, n. 6745.)

———

22 MESSIDOR AN 12 (11 JUILLET 1804). — Décret contenant le tarif du droit exigible sur les bacs établis dans l'étendue du département de la Sarthe. (Bull. 503, n. 6839.)

———

17 THERMIDOR AN 12 (5 AOUT 1804). — Décrets contenant les tarifs du droit exigible sur des bacs et bateaux établis dans l'étendue des départements de la Vienne, du Morbihan et de Seine-et-Marne. (Bull. O., 1re sect., n. 4364, 4720 et 4971.)

———

3 VENDÉMIAIRE AN 13 (25 SEPTEMBRE 1804) = 8 NOVEMBRE 1831. — Décret impérial portant concession de bâtiments nationaux à plusieurs villes pour y établir des écoles secondaires. (IX, Bull. O. CXV, n. 3258.)

Napoléon, etc., sur le rapport des ministres des finances et de l'intérieur, décrète ce qui suit :

Art. 1er. La commune de Dinan, dépar-tement des Côtes-du-Nord, est autorisée à établir une école secondaire dans les bâtiments de l'ancien collège et ses dépendances, qui lui sont concédés à cet effet.

2. La commune de Treignac, département de la Corrèze, est autorisée à établir une école secondaire dans les bâtiments de l'ancien collège de cette ville, qui lui sont concédés à cet effet.

3. La commune de Montdidier, département de la Somme, est autorisée à établir une école secondaire dans le bâtiment du ci-devant couvent des bénédictins et ses dépendances, qui lui sont concédés à cet effet.

4. Ces autorisations sont accordées aux communes susdésignées, à la charge par elles de remplir les conditions prescrites par les arrêtés du 30 frimaire an 11 et 19 vendémiaire an 12.

5. Les ministres des finances et de l'intérieur sont chargés, etc.

———

23 VENDÉMIAIRE AN 13 (15 OCTOBRE 1804) = 25 JUIN 1832. — Décret relatif aux fonds provenant des successions des invalides décédés dans l'hôtel et dans ses succursales. (IX, Bull. O. CLXV, 1re sect., n. 4240.)

Napoléon, etc.

Art. 1er. Les fonds provenant des successions des invalides décédés dans l'hôtel impérial et dans ses succursales seront, à l'avenir, versés dans la caisse d'amortissement, sauf une somme de deux mille francs environ qui restera constamment entre les mains du quartier-maître trésorier de l'hôtel, et qui sera destinée à faire droit aux réclamations des héritiers de ces invalides.

2. En conséquence, le conseil d'administration de l'hôtel fera verser de suite dans la caisse d'amortissement la somme de vingt-cinq mille francs sur celle de vingt-six mille neuf cent soixante et dix-sept francs vingt et un centimes, qui est en ce moment dans la caisse et qui provient des successions non réclamées.

3. Il sera ouvert à la caisse d'amortissement, qui emploiera les fonds qui lui seront versés en acquisition de rentes sur l'Etat au profit de la caisse des invalides, un compte distinct de cette nature de recette.

4. L'accroissement du capital qui proviendra du montant des successions versé par la suite, sera également employé en acquisition de rentes sur l'Etat lorsque le fonds en sera suffisant : cet accroissement sera constaté deux fois par an.

5. Les dispositions de l'arrêté du 13 floréal an 9, tant relativement à l'emploi des intérêts des fonds dont il s'agit, qu'aux comptes à rendre par le quartier-maître

trésorier, seront, au surplus, exécutées selon leur forme et teneur.

6. Le ministre directeur de l'administration de la guerre et le ministre des finances sont chargés, etc. *Signé* NAPOLÉON.

---

18 FRUCTIDOR AN 13 (5 SEPTEMBRE 1805). — Décret concernant le pont de bateaux sur le Rhin à Strasbourg. (Bull. 213, n. 4692.)

4 JUILLET 1806 = 19 MAI 1832. — Décret portant règlement sur les pensions de retraite des employés du ministère de l'intérieur. (IX, Bull. O. CLVIII, 1ʳᵉ sect., n. 4171.)

Napoléon, etc.

TITRE Iᵉʳ. *Dispositions générales.*

Art. 1ᵉʳ. A compter du 1ᵉʳ juillet 1806, il sera fait chaque mois, sur tous les traitements des employés du ministère de l'intérieur, une retenue de deux centimes et demi par franc pour former un fonds de pensions de retraite et de secours en faveur de ceux qui en seront susceptibles, ou de leurs veuves et orphelins.

2. Le montant net des traitements pendant les vacances d'emploi qui n'excéderont pas un mois sera ajouté au fonds des retraites.

3. Le ministre de l'intérieur est autorisé à prélever, à dater de la même époque, 1ᵉʳ juillet 1806, sur les fonds affectés dans son budget aux frais de bureau, impressions, etc., de son ministère, une somme de six mille francs chaque année, pendant dix ans seulement, pour former le premier fonds des retraites et pensions et représenter les services passés sur lesquels il n'y a point eu de retenues.

TITRE II. *Des conditions pour pouvoir obtenir une pension.*

4. Les demandes à fin de pension seront adressées, avec les pièces justificatives, au ministre de l'intérieur.

5. Il sera tenu un registre de ces demandes, où elles seront portées par ordre de dates et de numéros.

6. Le ministre fera examiner ces demandes et vérifier les titres à l'appui; et chaque année, sur son rapport, les pensions seront fixées par nous en conseil d'Etat.

7. Il ne sera accordé de pensions que jusqu'à concurrence des fonds libres sur le montant des retenues et sur ceux ajoutés par l'art. 3 du présent décret.

8. Les employés du ministère de l'intérieur pourront obtenir une pension de retraite après trente ans de service effectif, pour lesquels on comptera tout le temps d'activité dans d'autres administrations publiques qui ressortissaient au gouvernement, quoique étrangères à celle dans laquelle les employés se trouvent placés, et sous la condition qu'ils auront moins de dix ans (1) de service dans le ministère de l'intérieur ou dans les comités du gouvernement et les commissions exécutives qui représentaient ce ministère. La pension pourra cependant être accordée avant trente ans de service à ceux que des accidents ou des infirmités rendraient incapables de continuer les fonctions de leur place, ou qui se trouveraient réformés après dix ans de service et au-dessus par le fait de la suppression de leur emploi.

9. Pour déterminer la fixation de la pension, il sera fait une année moyenne du traitement fixe dont les réclamants auront joui pendant les trois dernières années de leur service. Les gratifications qui leur auraient été accordées pendant ces trois ans ne feront point partie de ce calcul.

10. La pension accordée après trente ans de service ne pourra excéder la moitié de la somme réglée par l'article précédent. Elle s'accroîtra du vingtième de cette moitié pour chaque année de service au-dessus de trente ans. Le maximum de la retraite ne pourra excéder les deux tiers du traitement annuel de l'employé réclamant, calculé comme il est dit art. 9.

11. La pension accordée après trente ans de service dans le cas prévu par le deuxième paragraphe de l'art. 8, sera du sixième du traitement pour dix ans de service et au-dessous. Elle s'accroîtra d'un soixantième de ce traitement pour chaque année de service au-dessus de dix ans, sans pouvoir excéder la moitié du traitement.

12. Les pensions et secours aux veuves et orphelins ne pourront excéder la moitié de celle à laquelle le décédé aurait eu droit. Ces pensions ne seront accordées qu'aux veuves et orphelins des employés décédés en activité de service ou ayant eu pension de retraite. Les veuves n'y auront droit qu'autant qu'elles auraient été mariées depuis cinq ans et non divorcées, et qu'elles n'auraient pas contracté de nouveau mariage. Dans le cas où le décédé n'aurait pas acquis de droit à une pension, la veuve ne pourra y prétendre.

13. Si l'employé laisse une veuve sans aucun enfant au-dessous de l'âge de quinze ans, la pension sera du quart de la retraite qui aurait été accordée à son époux, si elle eût été fixée à l'époque de son décès. Dans

---

(1) Lisez *au moins dix ans*, Erratum du Bulletin 159.

le cas où le décédé aurait laissé à la charge de sa veuve un ou plusieurs enfants au-dessous de quinze ans, la pension pourra être augmentée, pour chacun des enfants, de cinq pour cent de la retraite qui aurait été réglée pour le décédé, et sans toutefois que la totalité de la somme à accorder à la veuve, tant pour elle que pour ses enfants, puisse jamais excéder le double de celle qu'elle eût obtenue dans la première hypothèse.

14. Si la veuve décède avant que les enfants provenant de son mariage avec l'employé son défunt mari aient atteint l'âge de quinze ans, sa pension sera réversible à ses enfants, qui en jouiront, comme les autres orphelins jouiront de la leur, par égale portion, jusqu'à l'âge de quinze ans accomplis, mais sans réversibilité des uns aux autres enfants.

15. Si les employés ne laissent pas de veuve, mais seulement des orphelins, il pourra leur être accordé des pensions de secours jusqu'à ce qu'ils aient atteint l'âge de quinze ans. La quotité sera fixée pour chacun à la moitié de ce qu'aurait eu leur mère si elle avait survécu à son mari, et ne pourra excéder, pour tous les enfants ensemble, la moitié de la pension à laquelle leur père aurait eu droit ou dont il jouissait. La pension qui pourrait revenir, d'après les précédentes dispositions, à un ou plusieurs de ces enfants, leur sera conservée pendant toute leur vie s'ils sont infirmes, et, par l'effet de ces infirmités, hors d'état de travailler pour subvenir à leurs besoins.

16. En cas de concurrence entre plusieurs employés réclamant pension (1), l'ancienneté de service d'abord, et ensuite l'âge et les infirmités, décideront de la préférence.

17. Les dispositions du présent décret ne seront applicables qu'au bénéfice des employés actuels du ministère ou de ceux qui y seront admis.

TITRE III. *Des cas de suspension et de privation du droit à la pension de retraite.*

18. Nul employé démissionnaire n'a droit de prétendre au remboursement des retenues exercées sur son traitement ni à aucune indemnité en conséquence; mais si, par la suite, il était admis à rentrer dans le ministère, le temps de son premier service compterait pour la pension.

19. Tout employé destitué perd ses droits à la pension, quand il aurait le temps de service nécessaire pour l'obtenir; il ne peut prétendre ni au remboursement des sommes retenues sur son traitement pour les pensions, ni à aucune indemnité équivalente.

TITRE IV. *Dispositions relatives à un cas particulier.*

20. Les employés du ministère, dont les traitements sont payés tant par la caisse du ministère que sur des fonds particuliers, seront traités à l'instar des autres employés du même ministère, ainsi que leurs veuves et enfants, et, à cet effet, la retenue réglée par l'art. 1er du présent décret sera faite proportionnellement et sur la totalité du traitement que chacun d'eux reçoit sur ces diverses caisses, à moins que ladite retenue ne soit faite aussi sur lesdites caisses pour pension. Ces employés justifieront qu'aucune disposition particulière relative à des pensions n'a été faite en leur faveur sur une autre caisse que celle du ministère de l'intérieur, qui contribue à les salarier; et, s'il y a une retenue pour pension auxdites caisses, on ne liquidera leur pension au ministère de l'intérieur que sur la base du traitement payé sur les fonds du ministère.

TITRE V. *Du mode de paiement des pensions, des versements et de la comptabilité des fonds de retenue.*

21. Les pensions accordées sur les fonds de retenue et sur ceux ajoutés par l'art. 3 du présent décret seront payées comme les traitements.

22. Au commencement de chaque semestre, il sera formé un bordereau général, contenant : 1° l'état des pensions faites pendant le semestre échu et de celles présumées dans le semestre suivant : au total de cet état sera ajouté le montant du prélèvement autorisé par l'art. 3 du présent décret; 2° l'état des pensions accordées et de celles éteintes ; 3° l'état des nouvelles pensions et des sommes nécessaires pour les acquitter.

23. Si le produit des fonds destinés aux pensions a excédé le montant des paiements à faire aux pensionnaires, l'excédant sera versé à la caisse d'amortissement, qui en accumulera les intérêts, à cinq pour cent par an, au profit desdits fonds.

24. Les produits des retenues, des versements à la caisse d'amortissement et des intérêts qui en proviendront, seront uniquement et privativement affectés à la destination prescrite par le présent décret.

25. Une expédition du bordereau général ordonné par l'art. 22 sera remise tant au ministre de l'intérieur qu'au directeur général de la caisse d'amortissement.

(1) Lisez *la pension*. Erratum du Bulletin 159.

26. La caisse d'amortissement rendra, chaque année, au ministre de l'intérieur, compte par écrit des sommes qu'elle aura reçues, payées ou employées, et des extinctions de pensions qui seront survenues. Ce compte arrêté sera mis sous nos yeux, chaque année, par le ministre.

27. Nos ministres de l'intérieur et du trésor public sont chargés, etc.

12 AOUT 1806 = 28 JUIN 1833. — Décret portant règlement sur les wattringues de l'arrondissement de Dunkerque. (IX, Bull. O. CCXXXIV, 1ʳᵉ sect., n. 4850.)

Napoléon, etc., sur le rapport de notre ministre de l'intérieur; vu la loi du 20 septembre 1792 (1), celle du 14 floréal an 11, et le règlement administratif du 16 fructidor an 12, proposé par le préfet du Nord pour la réorganisation de l'administration des wattringues; considérant qu'il est urgent de faire disparaître les abus qui ont été signalés dans l'exécution et le paiement des travaux nécessaires à l'entretien des digues et canaux construits pour faciliter l'agriculture dans l'arrondissement de Dunkerque, et d'établir à la fois plus de célérité et d'économie dans ces travaux, et une répartition plus équitable de la dépense entre les contribuables; notre conseil d'Etat entendu, etc.

Art. 1ᵉʳ. Le territoire desséché et soumis aux travaux des wattringues, dans l'arrondissement de Dunkerque, restera divisé en quatre sections, conformément à l'arrêté du préfet du Nord du 8 floréal an 9, et ces sections continueront d'être administrées d'une manière distincte et indépendante.

2. Il y aura dans chacune des quatre sections une commission administrative composée de cinq membres, qui seront nommés, dans la forme ordinaire des élections publiques, par les trente principaux propriétaires de chaque section, convoqués à cet effet par le préfet du Nord.

3. Les assemblées des propriétaires se réuniront à la sous-préfecture de Dunkerque, sur la convocation du sous-préfet, qui les présidera.

4. Les membres des commissions resteront cinq ans en place. Cependant, et pour la première fois, il en sortira un à l'expiration de la première année, un à l'expiration de la seconde, et ainsi de suite, et de manière qu'ils soient renouvelés par cinquième en chaque année. Ils pourront toujours être réélus.

5. Les commissions seront chargées : 1° de répartir entre les communes de la section, et dans la proportion de l'intérêt de chacune d'elles, le montant de la cotisation nécessaire à l'entretien des travaux; 2° d'examiner, modifier ou approuver les projets de travaux à exécuter chaque année; 3° de passer les marchés et adjudications; 4° de vérifier les comptes des percepteurs; 5° de donner leur avis sur tous les objets relatifs aux intérêts de leurs sections, et sur lesquelles elles auraient été consultées par le préfet; 6° de proposer au préfet une liste double de sujets sur laquelle il nommera les conducteurs qui seront établis par l'article suivant.

6. Les travaux seront dirigés par des conducteurs spéciaux; un seul pourra être nommé pour plusieurs sections, si le cas y échet.

7. Les conducteurs seront chargés : 1° de rédiger pour chaque campagne les projets de travaux à exécuter et les devis estimatifs; 2° de diriger l'exécution des travaux adjugés; 3° de délivrer des certificats d'à-compte pour le paiement des ouvriers et des entrepreneurs; 4° d'assister l'ingénieur de l'arrondissement qui sera chargé de la réception des travaux, et ils signeront avec lui les procès-verbaux de réception.

8. Les projets, devis et détails estimatifs dressés par les conducteurs spéciaux, seront communiqués, avant le 1ᵉʳ janvier de chaque année, à l'ingénieur de l'arrondissement, qui y donnera son avis et transmettra le tout à l'ingénieur en chef du département, pour recevoir son approbation.

9. Il ne sera passé à la mise en adjudication d'aucun des travaux qu'après que les projets, devis et détails estimatifs auront été approuvés par l'ingénieur en chef, et, dans le cas de refus d'approbation, qu'en vertu d'une autorisation spéciale du préfet.

10. Ne seront pas sujets à ces formalités les travaux d'urgence et qui requerraient célérité; ils pourront être exécutés de suite et par économie, en vertu d'une délibération spéciale des membres des commissions et sous leur responsabilité personnelle.

11. Le recouvrement des rôles des sommes imposées sur les propriétaires pour le paiement des travaux, sera fait par un percepteur, pour chaque section, nommé par la commission administrative, laquelle sera responsable de la gestion du percepteur, et pourra, en conséquence, en exiger un cautionnement en immeubles proportionné

_____

(1) Loi du 3 septembre 1792, scellée le 20 du même mois.

au montant des rôles. Il sera alloué aux percepteurs, sur le montant de leur recette, une remise qui sera proposée par les commissaires et déterminée par le préfet.

12. Au moyen de cette remise, les percepteurs seront tenus : 1° de former les rôles de cotisation ; et, après que ces rôles auront été rendus exécutoires par le préfet, d'en lever le montant dans le délai de six mois, savoir : un tiers dans les deux mois qui suivront la mise en recouvrement des rôles, un autre tiers dans les deux mois suivants, et le dernier tiers après l'époque du second paiement ; 2° de payer les entrepreneurs sur les mandats des commissaires, appuyés des certificats d'à-compte délivrés par les préposés et visés par les ingénieurs ; 3° de rendre compte chaque année, avant l'époque du 1er juin, des recettes et dépenses qu'ils auront faites pendant l'exercice de l'année précédente.

13. Après que les comptes des percepteurs, en recettes et en dépenses, auront été présentés aux commissions et arrêtés provisoirement par elles, lesdits comptes seront soumis au préfet du département, qui les arrêtera définitivement sur l'avis du sous préfet de l'arrondissement.

14. Les assemblées des commissaires de deux ou de plusieurs sections n'auront lieu qu'en vertu de l'autorisation du préfet, donnée sur la demande de l'une desdites sections, ou quand elles auront été ordonnées d'office par le préfet.

15. Toutes les contestations relatives au recouvrement des rôles, aux réclamations des individus imposés et à la confection des travaux, seront portées devant le conseil de préfecture, sauf le recours au gouvernement, qui décidera en conseil d'État, conformément à l'art. 4 de la loi du 14 floréal an 11.

16. Notre ministre de l'intérieur est chargé de l'exécution du présent décret.

---

10 MARS 1807 = 10 FÉVRIER 1831. — Décret impérial sur les officiers de port de commerce. (IX, Bull. O. XLII, n. 1041.)

Napoléon, etc., sur le rapport de notre ministre de l'intérieur, notre conseil d'État entendu, etc.

TITRE Ier. *Organisation des officiers de port de commerce.*

Art. 1er. Les officiers de port, créés par la loi du 9 août 1791, seront distribués de la manière suivante.

2. Il y aura, dans les principaux ports maritimes, des capitaines et lieutenants de port, dont le nombre sera déterminé suivant les besoins du service. Chacun de ces grades sera divisé en deux classes.

3. Dans les ports, criques et havres d'un ordre inférieur, il sera établi des maîtres de port, qui seront divisés en trois classes.

4. Nul ne pourra être nommé capitaine et lieutenant de port s'il n'est âgé de trente ans, s'il n'a dix ans ans de navigation effective, dont quatre dans la marine de l'État.

5. Nul ne pourra être nommé maître de port s'il n'est pareillement âgé de trente ans, s'il n'a dix ans de navigation effective, et si d'ailleurs il n'est porteur d'un certificat d'aptitude, visé par la préfecture maritime.

6. Les capitaines et lieutenants de port seront nommés par nous, sur le rapport de notre ministre de l'intérieur.

7. Les maîtres de ports seront nommés par notre ministre de l'intérieur.

8. Il pourra y avoir dans l'étendue de l'empire, savoir : capitaine de première classe, 10 ; id. de seconde classe, 10 ; lieutenants de première classe, 15 ; id. de seconde classe, 15 ; maîtres de port de première classe, 52 ; id. de seconde classe, 27 ; id. de troisième classe, 43. Total, 152.

9. Ils seront employés et classés conformément au tableau annexé au présent décret, et susceptibles d'avancement, même sans changement de domicile.

TITRE II. *Fonctions des officiers de port de commerce.*

10. Les officiers de port seront tenus d'entretenir la sûreté et la propreté dans les ports et rades où ils sont préposés, et de maintenir l'ordre à l'entrée, au départ et dans le mouvement des bâtiments de commerce.

11. A cet effet, ils assigneront à chaque bâtiment la place qui convient à ses opérations, l'y feront amarrer solidement, et surveilleront les lestages et délestages, de manière qu'ils soient faits avec les précautions prescrites pour empêcher les encombrements ou les dépôts hors les lieux à ce destinés (1).

12. Ils veilleront à la sûreté de tous les bâtiments flottants, prescriront les mesures qui peuvent la garantir et dirigeront les secours à porter aux navires naufragés ou en danger.

13. Ils feront observer sur les quais, places ou chantiers aboutissant ou attenant aux ports, les règlements établis pour y entretenir la propreté et assurer la liberté

---

(1) Ordonnance de 1681, liv. 4, tit. 2, art. 2 et 5, et liv. 4, tit. 4, art. 8. (*Note du Bulletin officiel.*)

et la facilité des mouvements du commerce.

14. Ils exerceront une surveillance assidue sur tous les faits tendant à compromettre l'entretien et la conservation des quais, cales, bassins, jetées, écluses, havres et en général de tous les établissements maritimes (1).

15. Ils dresseront des procès-verbaux contre tous ceux qui, dans les différentes circonstances ci-dessus exprimées, se seraient rendus coupables de quelques délits ; et l'application des peines et amendes prononcées par les réglements sera poursuivie à leur diligence, soit auprès des conseils de préfecture, soit auprès des tribunaux.

16. Les capitaines, lieutenants et maîtres de port, seront pareillement tenus de maintenir la police parmi les pilotes dans les ports où il n'existe pas d'officiers spécialement préposés à la direction du pilotage ; et, dans ce cas, ils requerront les pilotes lamaneurs pour la conduite des bâtiments à la mer, des dragueurs, gabariers et autres dont le service serait nécessaire au port, et assigneront entre eux les tours de service.

17. Ils feront sonder, suivant l'exigence des localités et autant de fois qu'il sera nécessaire, les rivières navigables près de l'embouchure desquelles ils se trouveront placés, et tiendront registre des sondes.

18. Ils assisteront au lancement à la mer des bâtiments de commerce, et feront toutes les dispositions nécessaires pour que ces manœuvres ne causent aucun accident et ne soient point gênées par les objets environnants.

19. Ils seront tenus d'obtempérer aux réquisitions qui leur seront adressées par les ingénieurs civils et militaires pour la conservation des ouvrages qui se font dans les ports, ou pour la police des travaux de la mer : ils se conformeront pour le surplus de leurs fonctions à ce qui est prescrit au livre 4, titre 2 de l'ordonnance de 1681.

TITRE III. *Rapports des officiers de police des ports avec les autorités supérieures.*

20. Les officiers de port seront soumis à l'autorité respective de nos ministres des départements de la marine et de l'intérieur.

21. Ils sont soumis à l'administration de la marine et placés sous les ordres des préfets maritimes, commandants des ports et havres, et commissaires de marine, pour tout ce qui touche la conservation des bâtiments de l'Etat, la liberté de leurs mouvements, l'arrivée, départ ou séjour dans les ports de tous les objets d'approvisionnement ou d'armement destinés à la marine militaire.

22. Ils seront tenus, en conséquence, de faire immédiatement à l'administrateur de la marine le rapport des événements de mer, des mouvements des bâtiments de guerre et de tous les faits survenus à leur connaissance et qui pourraient intéresser la marine impériale.

23. Pour toutes les autres fonctions qui leur sont attribuées par le présent décret, ils sont soumis à l'administration de l'intérieur et placés sous les ordres des maires, sous-préfets et préfets.

TITRE IV. *Traitement des officiers de port.*

24. Les traitements sont fixés ainsi qu'il suit : Capitaines de première classe, 2,400 fr. ; id. de seconde classe, 1,800 fr. Lieutenants de première classe, 1,500 fr.; id. de seconde classe, 1,200 fr. Maîtres de port de première classse, 900 fr. ; id. de seconde classe, 600 fr. ; id. de troisième classe, depuis 100 jusqu'à 500 fr.

25. Les officiers de port seront payés sur le produit du demi-droit de tonnage, sur les ordonnances du ministre de l'intérieur.

26. Ceux qui sont dans ce moment en activité pourront être maintenus, quoiqu'ils n'aient pas rempli les conditions prescrites par les art. 4 et 5 du titre 1er.

27. Leurs traitements seront liquidés à partir du 1er messidor an 10 jusqu'au moment où la nouvelle organisation sera en activité, et acquittés, quant à ce qui resterait encore dû, sur le produit du demi-droit de tonnage.

28. Nos ministres de l'intérieur et de la marine sont chargés, etc.

Signé NAPOLÉON.

---

(1) Ordonnance de 1681, liv. 4, tit. 2, art. 4.

TABLEAU d'organisation générale des officiers de police des ports maritimes de l'empire, indicatif du nombre de ces officiers autorisé dans chaque port, de leur grade et classe, et du traitement dont ils jouiront.

CHAPITRE 1er. — *Ports de commerce.*

DÉPARTEMENS.	PORTS.	Capitaines,		Lieutenans,		Maîtres de port,			TRAITEMENT.
		1re classe.	2e classe.	1re classe.	2e classe.	1re classe.	2e classe.	3e classe.	
Alpes-Maritimes. . . .	Nice.	«	1	«	«	«	«	«	1,800f
	Villefranche. . . .	«	«	«	«	1	«	«	900
	Monaco. . . .	«	«	1	«	«	«	«	1,500
	Menton.	«	«	«	«	«	«	1	300
Aude.	La Novelle.	«	«	«	1	«	«	«	1,200
Bouches-du-Rhône. . .	Arles.	«	«	«	«	1	1	«	1,500
	Cassis.	«	«	«	«	«	«	1	100
	La Ciotat.	«	«	«	«	«	«	1	500
	Marseille (1). . . .	1	«	1	1	«	«	«	5,100
Calvados.	Honfleur.	«	«	«	«	1	1	«	1,500
	Caen.	«	«	«	«	«	1	«	600
	Isigny.	«	«	«	«	«	«	1	300
Charente-Inférieure. . .	Rochefort.	«	«	«	1	«	«	«	1,200
	La Rochelle. . . .	«	«	«	1	«	«	«	1,200
	Marans.	«	«	«	«	1	«	«	900
	Saint-Martin. . . .	«	«	«	«	1	«	«	900
	La Flotte.	«	«	«	«	«	«	1	200
	Ars, île de Ré. . .	«	«	«	«	«	«	1	100
	Château-d'Oléron. . .	«	«	«	«	1	«	«	900
	Charente.	«	«	«	«	«	1	«	600
	Marennes.	«	«	«	«	1	«	«	900
	La Tremblade. . .	«	«	«	«	«	1	«	600
	Royan.	«	«	«	«	«	1	«	600
Côtes-du-Nord. . . .	Saint-Brieuc. . . .	«	«	«	«	«	1	«	600
	Paimpol.	«	«	«	«	«	1	«	600
	Tréguier.	«	«	«	«	«	«	1	150
	Lannion.	«	«	«	«	«	«	1	150
	Pontrieux.	«	«	«	«	«	«	1	100
	Binic.	«	«	«	«	«	«	1	120
	Le Portrieux. . . .	«	«	«	«	«	«	1	120
Escaut.	Sas-de-Gand. . .	«	«	«	«	«	1	«	600

(1) Les agens subalternes à Marseille seront 5 gardiens à 450 francs.

4 *idem* . . à 400

4 *idem* . . à 350

9 matelots à 264

En tout. . . . 7,260*

* Cette erreur d'addition existe au Bulletin officiel.

DÉPARTEMENS.	PORTS.	NOMBRE D'OFFICIERS DE TOUT GRADE.							TRAITEMENT.
		Capitaines,		Lieutenans,		Maîtres de port,			
		1re classe.	2e classe.	1re classe.	2e classe.	1re classe.	2e classe.	3e classe.	
Finistère.	Brest.	1	«	«	«	«	1	«	2,400
	Morlaix.	«	«	«	«	«	1	«	600
	Concarneau.	«	«	«	«	«	«	1	400
	Quimper.	«	«	«	«	«	1	«	600
	Pont-l'Abbé.	«	«	«	«	«	«	1	150
	Audierne.	«	«	«	«	«	«	1	150
	Douarnenez.	«	«	«	«	«	«	1	300
	Landerneau.	«	«	«	«	«	«	1	300
	Le Conquet.	«	«	«	«	«	«	1	150
	Ile de Batzet et Roscal.	«	«	«	«	«	«	1	200
	Port-Launay.	«	«	«	«	«	«	1	150
	Quimperlé.	«	«	«	«	«	«	1	150
Gênes.	Cênes.	1	«	1	1	«	«	«	5,100
Gironde.	Bordeaux.	1	1	2	«	«	«	«	7,200
	Libourne.	«	«	«	«	1	«	«	900
	Blaye.	«	«	«	«	«	«	1	300
	Pauilhac.	«	«	1	«	«	«	«	1,500
Golo.	Bastia.	«	«	1	«	1	«	«	2,400
	Saint-Florent.	«	«	«	«	1	«	«	900
	Maccinagio.	«	«	«	«	1	«	«	900
Hérault.	Cette.	«	«	«	1	1	«	«	2,100
	Agde.	«	«	«	«	1	1	«	1,500
Ille-et-Vilaine.	La Roche-Bernard.	«	«	«	«	«	1	«	600
	Saint-Malo.	«	«	«	1	«	«	«	1,200
	Redon.	«	«	«	«	1	«	«	900
	Saint-Servan.	«	«	«	«	«	«	1	250
	Cancale.	«	«	«	«	«	«	1	400
Liamone.	Ajaccio.	«	«	«	«	1	1	«	1,500
	Bonifacio.	«	«	«	«	1	1	«	1,500
Loire-Inférieure.	Nantes.	«	1	1	«	«	«	«	3,300
	Le Croisic.	«	«	«	«	«	1	«	600
	Paimbœuf.	«	«	«	«	1	«	«	900
	Pouliguen.	«	«	«	«	«	«	1	400
Lys.	Ostende.	1	«	«	«	«	«	«	2,400
	Nieuport.	«	«	«	«	«	1	«	600
	Bruges.	«	«	«	«	«	1	«	600
Manche.	Granville.	«	«	«	«	«	1	«	600
	Cherbourg.	«	«	«	1	1	«	«	2,100
Morbihan.	Lorient.	«	«	1	«	«	«	«	1,500
	Port-Liberté.	«	«	«	«	«	«	«	900
	Vannes.	«	«	«	«	1	«	«	900
	Auray.	«	«	«	«	«	1	«	600
Nèthes (Deux-).	Anvers.	1	«	«	«	«	«	«	2,400
Nord.	Dunkerque.	1	1	«	«	«	«	«	4,200

DÉPARTEMENS.	PORTS.	NOMBRE D'OFFICIERS. DE TOUT GRADE.							TRAITEMENT.
		Capitaines.		Lieutenans.		Maîtres de port.			
		1re classe.	2e classe.	1re classe.	2e classe.	1re classe.	2e classe.	3e classe.	
Pas-de-Calais. . . .	Calais.	«	1	«	«	1	«	«	2,700
	Boulogne.	«	«	1	«	«	«	«	1,500
Pyrénées (Basses-). . .	Bayonne.	«	«	1	«	1	«	«	2,400
	Saint - Jean - de-Luz et Soccoa.	«	«	«	«	1	«	«	900
Pyrénées-Orientales. .	Port de Vendres. . .	«	«	«	«	«	1	«	600
Seine-Inférieure. . . .	Rouen.	«	1	«	«	«	«	«	1,800
	Havre (le).	«	1	«	2	«	«	«	4,200
	Fécamp.	«	«	«	«	«	1	«	600
	Saint-Valery-en-Caux.	«	«	«	«	«	«	1	500
	Dieppe.	«	«	1	«	1	«	«	2,400
	Tréport.	«	«	«	«	«	«	1	160
Somme.	Saint - Valery - sur - Somme.	«	«	«	«	1	«	«	900
Var.	Toulon.	«	«	«	1	2	«	«	3,000
	La Seyne.	«	«	«	«	«	«	1	300
	Antibes.	«	«	«	«	«	«	1	500
	Saint-Tropez. . . .	«	«	«	«	«	«	1	500
	Bandol.	«	«	«	«	«	«	1	400
Vendée.	Les Sables	«	«	«	«	«	1	«	600
	Noirmontiers . . .	«	«	«	«	«	«	1	475
	Saint-Gilles. . . .	«	«	«	«	«	«	1	200
	L'Ile-Dieu. . . .	«	«	«	«	«	«	1	200
	Morie.	«	«	«	«	«	«	1	150
Réserve à répartir suivant les besoins qui seront reconnus indispensables et dont les nominations n'auront lieu qu'au moment de la mise en activité.		7	7	12	11	27	23	34	107,225
		3	3	3	4	5	4	9	
Maximum de l'organisation.		10	10	15	15	32	27	43	
Total des officiers.		152							

A Paris, le 27 janvier 1831.

Pour ampliation :

Pour le garde des sceaux de France, ministre secrétaire d'État de la justice, le conseiller d'État secrétaire général du ministère,

Signé CHARLES RENOUARD.

10 novembre 1807 = 22 mars 1833. — Décret sur les pensions de retraite des officiers de port. (IX, Bull. O. CCXIV, 1re sect., n. 4705.)

Napoléon, etc.

Art. 1er. Les officiers de port, de tout grade, auront droit à une pension de retraite dans le département de l'intérieur.

2. Cette pension ne pourra excéder, savoir : 960 fr. pour les capitaines de première classe, 720 fr. pour les capitaines de deuxième classe, 600 fr. pour les lieutenants de première classe, 480 fr. pour les lieutenants de deuxième classe, 360 fr. pour les maîtres de port de première classe, 240 fr. pour les maîtres de port de deuxième classe, et les deux cinquièmes du traitement des trois dernières années pour les maîtres de port de troisième classe.

3. Seront précomptées sur les pensions de retraite à accorder aux officiers de port, celles qu'ils auraient pu obtenir du ministère de la marine, ou de tout autre département, pour services rendus avant leur nomination à l'emploi d'officier ou de maître de port. En conséquence, les officiers de port seront tenus de fournir, lorsqu'ils seront mis en retraite, un certificat du ministre de la marine constatant qu'ils n'ont pas de pension de retraite, ou qu'ils en ont une dont la somme sera indiquée.

4. Les veuves des officiers de port qui seront morts en activité de service, à dater de l'organisation nouvelle prescrite par notre décret du 10 mars 1807, pourront obtenir une pension alimentaire, qui sera du tiers de celle que leurs maris auraient pu avoir à l'époque de leurs décès, en appliquant au règlement de cette dernière pension les dispositions des art. 2 et 3 du présent décret.

5. A dater du jour de la mise en activité de notre décret du 10 mars 1807, portant organisation des officiers de port, il sera fait une retenue de trois pour cent sur les appointements des officiers de port de tout grade, pour former un fonds destiné à l'acquit des pensions de ces officiers et de leurs veuves. Le produit de cette retenue sera versé à la caisse d'amortissement, qui en tiendra un compte séparé en capitaux et intérêts.

6. A compter du même jour, il sera prélevé annuellement, sur les fonds du demi-droit de tonnage, une somme de 10,000 fr., pour former le premier fonds des pensions à accorder à ceux des officiers de port dont la mise en retraite ne pourra pas être différée. Ce fonds sera versé de même à la caisse d'amortissement, et s'éteindra à fur et mesure du décès des individus compris dans les états approuvés par nous, lorsque, d'ailleurs, tous les officiers de port incapables de servir dans la nouvelle organisation auront été mis en retraite.

7. N'auront pas droit à une pension de retraite ceux des officiers de port qui, jugés encore en état de servir, n'accepteraient pas le poste qui leur serait confié dans la nouvelle organisation.

8. Les services des officiers de port dans la marine ou autre département seront comptés, pour la liquidation de leurs pensions dans le département de l'intérieur, de la même manière qu'ils le seraient dans le département de la marine, et conformément à l'arrêté du gouvernement du 11 fructidor an 11.

9. Tout ce qui n'est pas réglé par le présent décret, le sera conformément aux dispositions de notre décret du 7 fructidor an 12, relativement aux pensions des ingénieurs et de leurs veuves.

10. Nos ministres de l'intérieur et du trésor public sont chargés, etc.

Signé NAPOLÉON.

---

14 novembre 1807 = 22 mars 1831. — Décret impérial sur la conservation des digues de bordage du Rhin. (Bull. O. LIII, n. 1348.)

Napoléon, etc., sur le rapport de notre ministre de l'intérieur ; notre conseil d'Etat entendu, etc.

Art. 1er. Les terre-pleins, talus et bermes de toutes les digues de bordage du Rhin, sur l'étendue du cours de ce fleuve dans l'empire français, seront, à la diligence des ingénieurs des ponts et chaussées, dégagés de toutes haies, buissons et arbustes, et ensemencés en herbes propres à former un gazon bien fourni et touffu. Les dépenses à faire pour cet objet sur les parties qui le requerront seront imputées sur les centimes des départements spécialement affectés à l'entretien de ces levées ; ce travail s'effectuera par économie ; il sera achevé le.....

2. On observera de laisser en nature de pré ou gazon, au pied des talus des digues, une berme ou palier d'un mètre de largeur intérieurement et de deux mètres à l'extérieur, lequel restera sans culture annuelle comme les digues, et sera délimité par un rang ou haie de saules planté en nids de canard.

3. Tout terrain vague de moins de douze mètres de largeur, compris entre l'extrémité de la berme intérieure de la digue et de la rive du Rhin, sauf la largeur affectée au chemin de halage, sera planté en saules et oseraies ; ces plantations auront lieu à la diligence de l'administration forestière sur

les parties appartenant au domaine, à celles des maires sur les terrains communaux, et par les particuliers sur leurs propriétés respectives. Lorsque, dans l'année, après la notification qui leur aura été faite, les communes ou les propriétaires n'auront pas planté, l'administration forestière plantera, et les communes ou propriétaires en retard seront contraints au remboursement des frais de plantation, comme en matière de contributions publiques. Les dispositions du décret impérial du 16 messidor an 13 seront applicables auxdites plantations.

4. Les parties de digues dont le sommet ou terre-plein forme chemin vicinal, seront entretenues et annuellement rechargées en gravier par les communes intéressées.

5. Il sera dressé, avant le 1er janvier 1808, dans chaque commune dont la banlieue aboutit à la rive du Rhin, à la diligence du maire et concurremment avec l'ingénieur des ponts et chaussées de l'arrondissement, un état désignatif comprenant la longueur, hauteur, largeur et surface de la portion de digue existant dans chaque banlieue, y compris les bermes. Dans cet état, seront expressément distinguées les parties qui traversent des terrains domaniaux, des terrains communaux ou des propriétés particulières; les noms des communes ou des particuliers propriétaires seront rapportés sur l'état de manière à faire parfaitement connaître la propriété de chacun.

6. Les parties des digues traversant des propriétés particulières pour l'établissement desquelles les propriétaires justifieraient avoir droit à une indemnité, seront acquises sur les fonds des digues, d'après la valeur du terrain avant la construction des digues. Lors de l'estimation, les experts reconnaîtront s'il reste des terrains aux propriétaires à indemniser, et, dans le cas de l'affirmative, avant toute fixation de prix, il sera fait estimation de la plus-value que les digues ont procurée à la propriété restante. Si cette plus-value excède la valeur du terrain occupé par la digue, il ne sera rien dû au propriétaire; dans le cas contraire, il recevra la somme dont la valeur du terrain occupé excède la plus-value du terrain qui lui reste. En cas de réclamation de quelques-uns des propriétaires, il sera créé, pour chaque département, une commission, conformément au titre 10 de la loi du 16 septembre 1807 sur les dessèchements.

7. Il sera procédé dans chaque commune, avant le 1er avril 1808, à l'adjudication par enchères publiques des herbages que produit la partie de digue située dans sa banlieue. On pourra réunir plusieurs communes dans une même adjudication; les préfets statueront à cet égard. Le premier bail sera de deux années. Les baux subséquents pourront être de trois, six ou neuf ans.

8. Le cahier des charges de ces fermages comprendra la condition expresse et de rigueur de ne défricher ni mettre en aucune espèce de culture le sommet, les talus et les bermes de la digue, et de n'y faire aucune plantation de haies vives, arbres ou arbustes, et de n'y laisser paître aucun bétail.

9. Le produit de ces baux ou fermages sera versé dans la caisse du receveur général, pour en être disposé de la même manière que de l'impôt local de chaque département, spécialement affecté à la construction et réparation des digues; il sera néanmoins tenu un chapitre distinct, en recettes seulement, du montant desdits fermages.

10. Il sera établi des gardes-digues dont le salaire annuel ne pourra excéder quatre cent cinquante francs. Il sera accordé des gratifications à ceux qui se distingueront par un travail extraordinaire.

11. Leurs fonctions ne s'étendront pas au-delà d'un myriamètre et demi de longueur développée. Leur salaire sera prélevé sur le fonds commun résultant du produit des herbages et de l'impôt local des digues.

12. Les gardes-digues seront nommés par le préfet du département, sur la présentation du maire et l'avis de l'ingénieur en chef; ils seront choisis parmi des hommes domiciliés dans les communes riveraines, âgés de trente ans et n'en ayant pas plus de quarante, sachant lire et écrire, ayant quelque connaissance de la pose des fascines; ils seront assermentés, conformément à la loi du 29 floréal an 10.

13. Ils seront vêtus d'une veste bleue à manches, avec une plaque de métal sur le bras portant l'aigle impérial, et pour inscription : *gardes des digues du Rhin*.

14. Les fonctions des gardes-digues seront de veiller à la conservation des levées ou digues du bordage du Rhin comprises dans les cantons qui leur seront respectivement assignés; de réparer en terres franches les flaches, tassements ou arrachements des talus; d'entretenir le bombement du terre-plein, de fermer les renards ou taupinières, d'arracher les buissons, combler les ravins, etc.

15. Indépendamment du compte qu'ils rendront de l'état des digues situées dans leur cantonnement aux conducteurs attachés au service de la navigation, lors de la tournée que lesdits conducteurs sont tenus de faire régulièrement tous les mois, ces

gardes, pendant la durée des crues du fleuve, informeront journellement les maires des communes comprises dans leurs districts de la hausse et baisse des eaux, leur désigneront les parties de digues menacées ou entamées; et, en cas d'insuffisance pour prévenir eux-mêmes quelques dégradations majeures, ils pourront les requérir de leur fournir sur-le-champ le nombre d'ouvriers nécessaires, dont le salaire sera acquitté sur l'impôt local du département, d'après l'état qui en sera dressé par le conducteur, vu et rectifié par l'ingénieur de l'arrondissement.

16. Lesdits gardes seront tenus de réparer, au moins provisoirement, les dégradations qu'une crue subite pourrait occasionner aux épis de barrage, bordage ou en éperon, situés dans l'étendue de leur cantonnement, et même d'en rétablir les clayonnages supérieurs.

17. A cet effet, les conducteurs et ingénieurs veilleront à ce qu'il y ait toujours à proximité de ces ouvrages un dépôt de fascines, piquets et clayons. Les gardes seront toujours munis des outils nécessaires au travail dont ils sont chargés, tels que pelle, pioche, hache, maillet, brouette, qu'ils seront tenus de se procurer à leurs frais.

18. Ils dresseront des procès-verbaux détaillés de toutes les dégradations qui auront lieu par le fait des propriétaires riverains, navigateurs ou tous autres, lesquels seront, par l'intermédiaire de l'ingénieur en chef, transmis au préfet du département, pour les contrevenants être traduits devant le conseil de préfecture, conformément à la loi du 29 floréal an 10, et punis conformément à ladite loi.

19. Le produit des amendes prononcées contre les délinquants sera versé dans la caisse du receveur général du département, pour être affecté aux dépenses ci-dessus indiquées; le préfet pourra néanmoins disposer du quart des amendes en faveur de ceux dont les procès-verbaux auront donné lieu à la condamnation.

20. Les gardes des digues seront sous les ordres immédiats des conducteurs et ingénieurs des ponts et chaussées, et ne pourront, sous aucun prétexte, être distraits du service auquel ils sont exclusivement attachés. L'inspecteur divisionnaire et l'ingénieur en chef pourront, pour cause d'incapacité, de négligence ou d'insubordination, provoquer leur destitution, qui sera prononcée par le préfet du département.

21. Notre ministre de l'intérieur est chargé, etc.

Signé NAPOLÉON.

4 JANVIER 1808 = 1er JANVIER 1832. — Décret impérial relatif aux versements des percepteurs des communes et agents des régies, au contrôle de ces versements, à la comptabilité des receveurs généraux et particuliers, aux caisses du trésor et à la comptabilité centrale. (IX, Bull. O. CCIV, 1re sect., n. 4603.)

Napoléon, etc., sur le rapport de nos ministres des finances et du trésor public et celui d'une commission spéciale; voulant que l'ordre des écritures du trésor public soit tel, à compter du 1er janvier 1808, que la transmission au trésor de chaque portion des revenus publics recouvrés par le concours: 1° des percepteurs ou agents des régies, 2° des receveurs d'arrondissement, 3° des receveurs généraux, s'opère partout sans déviation ni retard, et que le concours de ces divers agents et leur rapport entre eux soient constatés dans les livres du trésor par des résultats qui puissent contrôler efficacement l'exactitude de leurs opérations; notre conseil d'Etat entendu, etc.

TITRE Ier. *Versements des percepteurs, et contrôle de ces versements.*

Art. 1er. Les percepteurs des communes seront tenus de comprendre dans chacun de leurs versements, soit en numéraire, soit en pièces de dépenses, la totalité de leurs recettes, et d'en retirer récépissé; ils seront traités comme rétentionnaires de deniers publics, dans le cas où ils ne se seraient pas conformés aux dispositions précédentes.

2. Les récépissés délivrés par les receveurs particuliers d'arrondissement aux percepteurs seront à talons, conformément au modèle annexé au présent; ces récépissés devront être visés par les sous-préfets dans les vingt-quatre heures, et les talons séparés et retenus par eux.

3. Il est défendu aux receveurs d'arrondissement de différer, sous quelque prétexte que ce soit, la remise des récépissés que les percepteurs doivent recevoir en échange de leurs versements.

4. Tout récépissé sans talon, ou dans une autre forme que celle dont le modèle est ci-joint, ou dont le talon n'aurait pas été remis dans les mains du sous-préfet, ou enfin qui n'aurait pas été visé par lui, n'opérera pas la décharge des percepteurs envers le trésor, dans le cas de divertissement, de la part du receveur particulier, des deniers de son recouvrement.

5. Les sous-préfets adresseront tous les mois, à notre ministre du trésor public, tous les talons, par eux retenus, des récépissés des receveurs d'arrondissement présentés à leur *visa*.

TITRE II. *Versements des contributions indirectes par les préposés des administrations et régies, et contrôle desdits versements.*

6. Les directeurs des administrations et régies dont les préposés versent leurs recouvrements dans les caisses des receveurs d'arrondissement adresseront, dans les dix premiers jours de chaque mois, un bordereau des versements faits dans le mois précédent, suivant le modèle annexé au présent.

7. Les dispositions des art. 2, 3, 4 et 5, relatives à la forme, au *visa* et au talon des récépissés, sont applicables aux récépissés que les préposés comptables des administrations et régies réclameront des receveurs d'arrondissement en échange de leurs versements.

TITRE III. *Versements des autres agents ou débiteurs publics.*

8. Tous autres agents de l'administration publique ou débiteurs du trésor qui feront directement des versements dans les caisses des receveurs d'arrondissement, recevront pareillement des récépissés à talon, qui n'opéreront leur décharge qu'après le *visa* du sous-préfet, et la remise du talon dans ses mains, ainsi qu'il est prescrit ci-dessus.

TITRE IV. *Comptabilité des receveurs d'enregistrement.*

9. Les receveurs particuliers surveilleront les percepteurs pour l'exécution de l'art. 1er du présent, et les dirigeront dans leurs écritures.

10. Les receveurs d'arrondissement tiendront un journal général détaillé de toutes leurs opérations dans la forme qui leur sera prescrite par notre ministre du trésor public, et tous autres livres qu'il jugera nécessaires. Ils lui remettront, tous les dix jours, copie textuelle de leur journal, et tels extraits et bordereaux qu'il leur demandera.

11. Les receveurs d'arrondissement suivront, à l'égard des receveurs généraux, pour le versement immédiat de leurs recouvrements, la règle établie pour les percepteurs à l'égard des receveurs particuliers par l'art. 1er : à cet effet, les receveurs d'arrondissement tiendront à la disposition du receveur général dont ils dépendent le produit entier de leurs recettes, pour lui en faire directement la remise et l'envoi, ou leur donner la direction ou l'emploi indiqué par le receveur général, aux instructions duquel ils se conformeront à cet égard. Les termes fixés par les soumissions des receveurs particuliers envers les receveurs généraux ne les dispenseront pas de ce versement entier et immédiat de tous leurs produits : il leur sera toutefois tenu compte par le receveur général, sur leurs versements anticipés, d'une bonification égale aux cinq sixièmes de celle attribuée au receveur général sur son crédit à la caisse de service.

12. Les receveurs particuliers seront valablement déchargés de toutes les sommes provenant de leurs recettes, qu'ils auront employées conformément aux ordres et aux instructions des receveurs généraux, lorsqu'ils les auront portées à leur date exactement et régulièrement décrites dans leur journal, dont ils auront remis copie à notre ministre du trésor public et au receveur général. A défaut ou refus de crédit de la part du receveur général, ils devront justifier de ses motifs à notre ministre du trésor public.

13. Les receveurs particuliers gèrent sous la surveillance et la direction du receveur général de leur département, auquel ils rendent directement leurs comptes, chacun pour la durée de sa gestion, et dont ils obtiennent leur décharge, sauf, en cas de difficulté et de refus, à en référer à notre ministre du trésor public ou à celui des finances, suivant la nature de la difficulté.

14. En cas de décès ou de retraite d'un receveur particulier d'arrondissement, le préfet pourvoira provisoirement au service, sur la présentation du receveur général. Le receveur général se fera rendre le compte, tant du receveur décédé ou retiré que du receveur provisoire, depuis l'époque de la dernière reddition de compte, ou de leur entrée en fonctions, jusqu'à l'époque de la cessation de leur gestion.

15. Le receveur général est responsable des receveurs particuliers de son département, pour toutes les sommes dont il aurait négligé de faire effectuer le versement dans sa caisse, ou de disposer pour le service, après la connaissance qu'il aurait eue de leur recouvrement par la copie de leur journal, dont il doit exiger l'envoi tous les dix jours. En cas de déficit d'un receveur d'arrondissement, le receveur général aura pour garantie de sa responsabilité envers le trésor, sur le cautionnement, les biens et la personne du receveur particulier, les mêmes droits que le trésor public sur le cautionnement, les biens et la personne de ses comptables, après toutefois que le trésor public aura été couvert et remboursé.

16. Dans le cas où quelque difficulté s'élèverait entre le receveur général et le receveur particulier sur leurs écritures respectives et sur la direction et l'emploi des

fonds recouvrés, ils en référeront à notre ministre du trésor public, qui prononcera.

TITRE V. *Comptabilité des receveurs généraux de département.*

17. Les receveurs généraux surveillent les receveurs particuliers d'arrondissement, sous la direction principale et surveillance des préfets, dans le recouvrement des contributions; ils dirigent la tenue de leurs écritures, l'emploi et l'application au service du trésor public, et conformément à ses ordres, de toutes les sommes recouvrées.

18. Les receveurs généraux tiendront en parties doubles un journal général détaillé, dans lequel ils inscriront, jour par jour et article par article, toutes leurs opérations, de quelque nature qu'elles soient, soit pour le compte du trésor public, soit pour celui de toute autre administration publique; ils tiendront en outre les grands-livres, livres de caisse et de portefeuille, et les livres auxiliaires, dans la forme qui sera réglée et d'après les instructions qui leur seront données par notre ministre du trésor. Ils lui adresseront, dans la forme et aux époques qu'il déterminera, les copies de journaux, bordereaux, balances et les autres éléments de comptes dont il leur prescrira l'envoi.

19. Les produits des contributions directes, des contributions indirectes et recettes diverses, seront mis par les receveurs généraux à la disposition du trésor public, soit par des envois en espèces dans les lieux désignés par le ministre du trésor public, soit par des remises en bons et réels effets de commerce sur Paris et autres places également indiquées, soit par l'acquittement des dispositions du trésor public, et des crédits ouverts par le trésor public sur eux.

20. Le ministre du trésor public fera donner crédit aux receveurs généraux, de leurs envois et remises et des paiements faits pour le compte du trésor public et d'après ses ordres, et leur fera donner avis de ce crédit.

21. Un compte d'intérêts réciproques sera ouvert entre le trésor public et les receveurs généraux, dans lequel ils seront débités sur les contributions directes, valeur à l'échéance de leurs soumissions, et sur les contributions indirectes, valeur dix jours après le recouvrement par les receveurs particuliers. Le taux des intérêts, ainsi que celui des diverses commissions qui pourraient leur être allouées pour le service du trésor, sera réglé par notre ministre du trésor public, et soumis à notre approbation.

22. Le compte courant entre le trésor public et les receveurs généraux sera arrêté, balancé et soldé tous les trois mois en capitaux et intérêts.

23. Nonobstant les remises qui seront faites par les receveurs généraux à la caisse de service du trésor, et leur compte courant à cette caisse, lequel constatera leurs versements anticipés, ils continueront à souscrire des obligations pour le produit des contributions directes, des coupes de bois et autres produits, aux échéances fixées par les soumissions arrêtées par notre ministre des finances, et à les adresser au trésor public. Ils continueront également à souscrire des bons à vue pour le produit des contributions indirectes.

24. Les obligations et bons à vue souscrits par les receveurs généraux leur seront rendus par le trésor public, lorsqu'ils en auront mis les fonds à sa disposition; si les obligations n'étaient pas au trésor public, ils seront crédités de leur montant à l'échéance.

25. La forme dans laquelle les receveurs généraux devront présenter leur compte à notre Cour des comptes, sera déterminée par un règlement particulier, en conséquence des dispositions ci-dessus.

TITRE VI. *Caisse du trésor.*

26. Les obligations, les bons à vue et tous autres engagements souscrits par les receveurs généraux pour être acquittés sur les produits de leurs recettes, et toutes valeurs provenant directement des recouvrements, seront versés par eux à la caisse des recettes journalières, qui en délivrera des reçus provisoires, visés du contrôleur, et indicatifs des valeurs dont se composeront les versements; les reçus des obligations et bons à vue constateront leurs échéances, et n'opéreront, à l'égard des comptables, qu'une décharge conditionnelle et sauf recouvrement, leur décharge ne pouvant être définitive qu'après l'acquit de leurs engagements.

27. La caisse des recettes journalières, immédiatement après avoir constaté sur ses journaux les versements qui lui auront été faits, et en avoir donné reçu, ainsi qu'il est dit ci-dessus, transmettra les valeurs reçues à la caisse générale, où elles seront classées et enregistrées dans un journal général, et distinctement dans des livres et journaux particuliers de valeurs et d'échéances, suivant la forme qui sera réglée par notre ministre du trésor public.

28. Chaque jour le caissier général arrêtera et balancera ses livres destinés à l'in-

scription des valeurs, constatera et vérifiera ses soldes matériels de caisse et de porte-feuille, et en certifiera l'exactitude et la conformité avec ses registres. Le solde de la caisse générale ne devra se composer : 1º que des espèces en caisse; 2º des valeurs exigibles ; 3º des valeurs à terme.

29. La totalité des valeurs à terme dont le service réclamera l'emploi sera délivrée par la caisse générale à la caisse de service, qui remettra en échange ses engagements payables à toute réquisition, soit en espèce pour les paiements à faire à Paris, soit en valeurs ou crédits appropriés au besoin local de chaque département et payables dans les lieux où les dépenses devront être faites.

30. Les receveurs généraux qui, avant le terme de leurs obligations, bons à vue et autres engagements et valeurs mentionnés en l'art. 26, feront des versements au tré-sor public, les adresseront directement à la caisse de service, qui les portera au crédit de leurs comptes courants : la même caisse leur fera au débit de leurs comptes courants le renvoi de leurs obligations, de leurs bons à vue et de toutes autres valeurs né-cessaires pour les couvrir de leurs envois et remises, et des dispositions et crédits de la caisse de service sur eux.

31. Les sommes et valeurs destinées au paiement des ordonnances, soit à Paris, soit dans les départements, continueront d'être versées par la caisse générale à la caisse des dépenses, qui acquittera les or-donnances payables à Paris, et dirigera vers leur destination les valeurs applicables au paiement des ordonnances payables dans les départements.

TITRE VII. *Comptabilité centrale.*

DISPOSITIONS GÉNÉRALES.

32. Le caissier des recettes journalières, le caissier général, le caissier des dépenses et le caissier général de la caisse de service, remettront chaque jour, avant la fermeture de leurs caisses, à l'inspecteur général de la comptabilité centrale, telle copie de leurs journaux et registres qui leur sera demandée, et dans la forme qui leur sera prescrite.

33. Les copies des journaux des caisses du trésor public, des receveurs généraux et particuliers, les talons envoyés par les sous-préfets, les bordereaux adressés par les directeurs des régies et administrations, seront dépouillés dans les bureaux de la comptabilité centrale, qui établira et main-

tiendra à jour, par la comparaison de leurs résultats, le compte de chacun des rece-veurs généraux, des receveurs particuliers, des régies et administrations, et des cais-siers du trésor public, et préparera les ma-tériaux des états de situation des diverses parties du trésor public que notre ministre du trésor doit mettre sous nos yeux le 15 de chaque mois.

34. Les rapports du bureau des ordon-nances, de celui des fonds et comptes, avec la comptabilité centrale, seront réglés et fixés par des arrêtés particuliers de notre ministre du trésor public.

35. Il sera ultérieurement pourvu aux modifications dont peut être susceptible la comptabilité générale des dépenses de notre trésor.

36. Nos ministres des finances et du trésor public sont chargés, etc.

(Suivent les modèles.)

---

21 février 1808 = 1er mars 1831. — Avis du con-seil d'État portant que les biens de l'État sont, comme les propriétés particulières, susceptibles d'être aliénés, sur estimation d'experts, pour cause d'utilité publique, départementale ou communale. (Séance du 9 février 1808.) (IX, Bull. O. XLVI, n. 1160.)

Le conseil d'État, qui, d'après le renvoi ordonné par Sa Majesté, a entendu le rap-port de la section de l'intérieur sur celui du ministre de ce département à l'occasion du besoin qu'a la ville d'Ivrée d'un terrain na-tional pour un cimetière, et relatif à la question de savoir si l'art. 545 du Code Napoléon est applicable aux biens natio-naux,

Est d'avis que les biens et domaines na-tionaux sont, comme les propriétés parti-culières, susceptibles d'être aliénés, en cas de besoin, pour utilité publique, départe-mentale ou communale, à estimation d'ex-perts (1); qu'en conséquence, il y a lieu à procéder d'après ce principe et de faire un rapport sur la demande de la ville d'Ivrée, d'acquérir à estimation par experts une propriété domaniale pour un cimetière; pour être, par Sa Majesté, statué sur ce qu'il appartiendra.

Approuvé : *Signé* NAPOLÉON.

---

4 mars 1808 = 25 avril 1833. — Décret relatif au bassin de la Gironde et au droit de navigation sur ce bassin. (IX, Bull. O. CCXX, 1re sect., n. 4748.)

Napoléon, etc., sur le rapport de notre

---

(1) On n'observe pas, dans ce cas, les formalités prescrites par la loi du 8 mars 1810, pour les ex-propriations de propriétés particulières.

ministre des finances ; vu la loi du 30 floréal an 10 ; notre conseil d'État entendu, etc.

TITRE Iᵉʳ. *De la composition du bassin de la Gironde et de sa division par arrondissement.*

Art. 1ᵉʳ. Le fleuve de la Gironde et les rivières affluentes à ce fleuve formeront un seul bassin de navigation, sous le nom de bassin de la Gironde.

2. Le bassin de la Gironde sera divisé en six arrondissements, ainsi qu'il suit : 1ᵉʳ *Arrondissement.* 1° La Garonne, depuis le point navigable jusqu'à Port-Boudoux ; 2° le Salat ; 3° l'Ariége, chef-lieu : Toulouse. 2ᵉ *Arrondissement.* Le Tarn, chef-lieu : Albi. 3ᵉ *Arrondissement.* 1° La Garonne, depuis Port-Boudoux jusqu'aux limites du département de Lot-et-Garonne ; 2° la Baïse dans toute son étendue ; 3° le Lot, depuis les limites du département du Lot jusqu'à l'embouchure de cette rivière dans la Gironde, chef-lieu : Agen. 4ᵉ *Arrondissement.* Le Lot, depuis le point navigable jusqu'aux limites du département du Lot, chef-lieu : Cahors. 5ᵉ *Arrondissement.* 1° La Dordogne, depuis le point navigable jusqu'aux limites du département de la Gironde ; 2° la Vesère, depuis le point navigable jusqu'à son embouchure dans la Dordogne, chef-lieu : Périgueux. 6ᵉ *Arrondissement.* 1° La Garonne, depuis les limites du département de Lot-et-Garonne jusqu'au Bec-d'Ambez ; 2° la Dordogne, depuis les limites du département de la Gironde jusqu'au Bec-d'Ambez ; 3° la Drôme et Pille, depuis leur source jusqu'à leur embouchure ; 4° la Gironde, depuis le Bec-d'Ambez jusqu'à la mer, chef-lieu : Bordeaux.

TITRE II. *De la perception.*

3. Les tarifs en vertu desquels devra se faire la perception, et les lieux où les bureaux devront être établis sont déterminés par le décret de ce jour (1).

4. Le droit de navigation sera perçu à chaque bureau pour tout l'espace compris entre ce bureau et le bureau qui suit ou celui qui précède, et toujours sans avoir égard au point de départ ou de débarquement.

5. A dater du jour de la mise en activité de la perception du droit de navigation, aucun particulier et aucune commune ne pourront percevoir au passage des écluses, vannes ou pertuis, situés sur le bassin de la Gironde, aucun droit de quelque nature qu'il soit ; le tout conformément aux art. 13 et 14 du tit. 2 de la loi du 28 mars 1790, des art. 7 et 8 de la loi du 25 août 1792, et du réglement du 8 prairial an 11.

6. Le service des pertuis, vannes et écluses s'exécutera par des individus à ce commis et dont le salaire sera pris sur les produits du droit de navigation.

7. Il est interdit aux éclusiers, sous peine de destitution, de percevoir aucun droit particulier pour la manœuvre des écluses.

8. Les meuniers ne pourront pas être nommés pour faire le service des écluses.

TITRE III. *Des exemptions et modérations.*

9. Sont exempts de tous droits : 1° les bâtiments faisant partie des flotilles impériales et ceux chargés de l'approvisionnement des armées et des objets destinés au service des camps ; 2° les bateaux pêcheurs et les bateaux suivants, contenant les agrés nécessaires à la navigation ; 3° les bateaux traversant la rivière d'un bord à l'autre ; 4° les bateaux destinés au service et aux travaux de la navigation ; 5° les bateaux des fermiers ou propriétaires d'engrais, de récoltes et de grains en gerbes, dans l'étendue de leurs exploitations.

10. Ne paieront que la moitié du droit fixé : 1° les bateaux à vide ; 2° ceux uniquement chargés de pavés de grés et de pierres à bâtir ; 3° ceux chargés de sable, engrais, fumiers et cendres de toute espèce.

TITRE IV. *De la recette.*

11. La recette du droit de navigation intérieure sur le bassin de la Gironde sera faite par l'administration générale de la régie des droits réunis, qui en tiendra compte particulièrement et distinctement au trésor public.

12. Nos ministres des finances et du trésor public sont chargés, etc.

4 MARS 1808 = 25 AVRIL 1833. — Décret contenant les tarifs de l'octroi de navigation sur le bassin de la Gironde. (IX, Bull. O. CCXX, 1ʳᵉ sect., n. 4749.)

Napoléon, etc., sur le rapport de notre ministre des finances ; vu la loi du 30 floréal an 10 ; notre conseil d'État entendu, etc.

L'octroi de navigation sera perçu, dans les arrondissements composant le bassin de la Gironde, d'après les dispositions qui suivent :

_____

(1) Voy. ci-après.

Premier arrondissement.

Art. 1ᵉʳ. Il sera établi, dans l'étendue du premier arrondissement du bassin de la Gironde, un seul bureau de perception pour l'octroi de navigation créé par la loi du 30 floréal an 10.

2. Ce bureau sera placé à Toulouse, au lieu dit *le port Garo.* L'octroi de navigation sera perçu à ce bureau : 1° pour toute la navigation supérieure descendante et venant de la Garonne ou des rivières de Salat et de l'Ariége, et pour la même navigation en remontant; 2° pour toute la navigation descendant de Toulouse au Port-Boudoux. La perception s'y fera conformément au tarif qui suit, savoir : en descendant du point navigable ou des rivières de l'Ariége et de Salat, les grands bateaux dits *sapines,* quelle que soit leur grandeur, paieront neuf francs; les bacs servant de passagères, de toute grandeur, paieront quatre francs cinquante centimes; les bateaux au-dessus de deux mètres de sole paieront quatre francs cinquante centimes; ceux d'un mètre huit décimètres jusqu'à deux mètres paieront trois francs; ceux d'un mètre trois décimètres jusqu'à un mètre huit décimètres paieront un franc; ceux de onze décimètres jusqu'à un mètre trois décimètres paieront soixante-quinze centimes; ceux d'un mètre et au-dessous paieront vingt-cinq centimes; les radeaux chargés ou non chargés paieront par trains cinquante centimes, le quart du droit sera payé en remontant. Pour la navigation descendante de Toulouse au Port-Boudoux, la perception se fera ainsi qu'il suit : les grands bateaux dits *sapines,* quelle que soit leur grandeur, paieront douze francs; les bacs servant de passagères, de toute grandeur, paieront six francs; les bateaux au-dessus de deux mètres de sole paieront six francs; ceux d'un mètre huit décimètres jusqu'à deux mètres paieront quatre francs; ceux d'un mètre trois décimètres jusqu'à un mètre huit décimètres paieront deux francs; ceux de onze décimètres jusqu'à un mètre trois décimètres paieront un franc; ceux d'un mètre et au-dessous paieront trente centimes; les radeaux chargés ou non chargés paieront par trains soixante-quinze centimes; quant à la remonte vers Toulouse, la perception aura lieu au bureau du Port-Boudoux, deuxième arrondissement.

Deuxième arrondissement.

3. Il sera établi, dans l'étendue du deuxième arrondissement du bassin de la Gironde, deux bureaux de perception placés à Montauban et à Port-Boudoux.

4. Le premier bureau sera placé à Montauban. Le droit de navigation sera perçu à ce bureau : 1° pour la navigation descendante depuis Gaillac jusqu'à Montauban, et pour la même navigation en remontant; 2° pour la navigation descendante de Montauban à Port-Boudoux, la perception s'y fera conformément au tarif qui suit, savoir : en descendant de Gaillac à Montauban, chaque bateau de vingt-cinq mètres de longueur et au-dessous paiera douze francs; chaque bateau de vingt à vingt-cinq mètres de longueur paiera dix francs; chaque bateau de quinze à vingt mètres de longueur paiera six francs; chaque bateau de dix à quinze mètres de longueur paiera deux francs; chaque bateau de cinq à dix mètres paiera cinquante centimes : le quart du droit sera payé en remontant. Pour la navigation descendante de Montauban à Port-Boudoux, le droit sera payé ainsi qu'il est réglé ci-dessus pour la descente de Gaillac à Montauban. Le deuxième bureau sera placé à Port-Boudoux. Le droit de navigation sera perçu à ce bureau : 1° pour la navigation remontante de Port-Boudoux à Montauban; 2° pour la navigation remontante de Port-Boudoux à Toulouse; 3° pour la navigation descendante de Port-Boudoux à Agen. La perception s'y fera conformément au tarif qui suit, savoir : en remontant de Port-Boudoux à Montauban, il sera payé le quart du droit réglé au présent décret pour la descente de Gaillac à Montauban. Sur toute l'étendue de la rivière du Tarn, les bateaux uniquement chargés de charbon de terre ne paieront que la moitié du droit fixé pour les autres bateaux. En remontant de Port-Boudoux à Toulouse, les grands bateaux dits *sapines,* quelle que soit leur grandeur, paieront trois francs; les bacs servant de passagères, de toute grandeur, paieront un franc cinquante centimes; les bateaux au-dessus de deux mètres de sole paieront un franc cinquante centimes; ceux d'un mètre huit décimètres jusqu'à deux mètres paieront un franc; ceux d'un mètre trois décimètres jusqu'à un mètre huit décimètres paieront cinquante centimes; ceux de onze décimètres jusqu'à un mètre trois décimètres paieront vingt-cinq centimes; ceux d'un mètre et au-dessous paieront cinq centimes. En descendant de Port-Boudoux à Agen, les bateaux dits *grands bateaux,* ayant de largeur deux mètres trente-cinq centimètres, paieront huit francs; les bateaux dits *macalets,* ayant de largeur deux mètres dix-sept centimètres, paieront six francs; les bateaux dits *miolles,* ayant de largeur deux mètres cinq centimètres, paieront quatre francs; les

bateaux dits *ramoneurs*, ayant de largeur un mètre soixante-deux centimètres, paieront trois francs ; les bateaux dits *gabarrots*, ayant un mètre quarante-six centimètres de largeur, paieront deux francs.

Troisième arrondissement.

5. Il sera établi, dans l'étendue du troisième arrondissement du bassin de la Gironde, trois bureaux de perception placés à Agen, Nicole et Villeneuve.

6. Le premier bureau sera placé à Agen. Le droit de navigation sera perçu à ce bureau : 1° pour toute navigation descendante d'Agen à Nicole ; 2° pour la navigation remontante d'Agen à Port - Boudoux. La perception s'y fera conformément au tarif qui suit, savoir : en descendant d'Agen à Nicole, les bateaux dits *grands bateaux*, ayant de largeur deux mètres trente-cinq centimètres, paieront cinq francs quatre-vingts centimes ; les bateaux dits *macalets*, ayant de largeur deux mètres dix-sept centimètres, paieront quatre francs quarante centimes ; les bateaux dits *miolles*, ayant de largeur deux mètres cinq centimètres, paieront deux francs quatre-vingts centimes ; les bateaux dits *ramoneurs*, ayant de largeur un mètre soixante-deux centimètres, paieront deux francs vingt centimes ; les bateaux dits *gabarrots*, ayant un mètre quarante-six centimètres de largeur, paieront un franc cinquante centimes. En remontant d'Agen à Port-Boudoux, les bateaux dits *grands bateaux*, ayant de largeur deux mètres trente-cinq centimètres, paieront deux francs quatre-vingt-dix centimes ; les bateaux dits *macalets*, ayant de largeur deux mètres dix-sept centimètres, paieront deux francs vingt centimes ; les bateaux dits *miolles*, ayant de largeur deux mètres cinq centimètres, paieront un franc quarante centimes ; les bateaux dits *ramoneurs*, ayant de largeur un mètre soixante-deux centimètres, paieront un franc cinq centimes ; les bateaux dits *gabarrots*, ayant un mètre quarante-six centimètres de largeur, paieront soixante et dix centimes. Quant à la descente du Port-Boudoux à Agen, la perception aura lieu au bureau de Port-Boudoux, deuxième arrondissement. Le deuxième bureau sera placé à Nicole. Le droit de navigation sera perçu à ce bureau : 1° pour la navigation descendante de Nicole à Langon ; 2° pour la navigation remontante de Nicole à Agen ; 3° pour la navigation remontante de Nicole à Villeneuve ; 4° pour la navigation descendante de Nérac sur la Baïse et pour la même navigation en remontant. La perception s'y fera conformément au tarif qui suit, savoir : pour la navigation descendante de Nicole

à Langon, les bateaux dits *grands bateaux*, ayant de largeur deux mètres trente-cinq centimètres, paieront neuf francs soixante centimes ; les bateaux dits *macalets*, ayant de largeur deux mètres dix-sept centimètres, paieront sept francs vingt centimes ; les bateaux dits *miolles*, ayant de largeur deux mètres cinq centimètres, paieront quatre francs quatre-vingts centimes ; les bateaux dits *ramoneurs*, ayant de largeur un mètre soixante-deux centimètres, paieront trois francs soixante centimes ; les bateaux dits *gabarrots*, ayant un mètre quarante-six centimètres de largeur, paieront deux francs quarante centimes. Pour la navigation remontante de Nicole à Agen, il sera perçu la moitié du droit fixé par le présent décret pour la navigation descendante d'Agen à Nicole. Pour la navigation remontante de Nicole à Villeneuve, il sera perçu moitié du droit fixé ci-après, au bureau de Villeneuve, pour la descente de Villeneuve à Nicole. Pour la navigation descendante de Nérac sur la Baïse à Nicole, il sera perçu un droit égal à celui fixé par le présent décret pour la navigation descendante d'Agen à Nicole. La moitié du droit sera payée en remontant. Le troisième bureau sera placé à Villeneuve. Le droit de navigation sera perçu à ce bureau : 1° pour la navigation descendante de Villeneuve à Nicole, sans avoir égard au point de débarquement ; 2° pour la navigation remontante de Villeneuve au Puy-l'Evêque, sans avoir égard au point de débarquement. La perception se fera conformément au tarif qui suit, savoir : en descendant de Villeneuve à Nicole, les grands bateaux, ayant vingt mètres trente centimètres de longueur, paieront six francs ; les bateaux dits *macalets*, ayant quinze mètres de longueur, paieront trois francs ; les gabarres, ayant douze mètres de longueur, paieront un franc cinquante centimes ; les gabarrots, ayant sept mètres de longueur, paieront un franc. Pour la navigation remontante de Villeneuve à Puy-l'Evêque, les grands bateaux, ayant vingt mètres trente centimètres de longueur, paieront quatre francs ; les macalets, ayant quinze mètres de longueur, paieront deux francs ; les gabarres, ayant douze mètres de longueur, paieront un franc ; les gabarrots, ayant sept mètres de longueur, paieront cinquante centimes.

7. Dans toute l'étendue du troisième arrondissement, les bateaux uniquement chargés de charbon de terre ne paieront, soit à la remonte, soit à la descente, que la moitié du droit fixé pour les autres bateaux.

Quatrième arrondissement.

8. Il sera établi, dans l'étendue du qua-

trième arrondissement du bassin de la Gironde, trois bureaux de perception placés à la Madeléne, Cahors et Puy-l'Evêque.

9. Le premier bureau sera placé à la Madeléne. Le droit de navigation sera perçu à ce bureau : 1° pour la navigation descendante depuis Entraigues jusqu'à la Madeléne, et pour la même navigation en remontant; 2° pour la navigation descendante de la Madeléne à Cahors. La perception s'y fera conformément au tarif qui suit, savoir : en descendant d'Entraigues à la Madeléne, les grands bateaux, ayant vingt mètres trente centimètres de longueur, paieront six francs; les macalets, ayant quinze mètres de longueur, paieront trois francs; les gabarres, ayant douze mètres de longueur, paieront deux francs quarante centimes; les gabarrots, ayant sept mètres de longueur, paieront un franc vingt centimes; la moitié du droit sera payée en remontant; pour la navigation descendante de la Madeléne à Cahors, les grands bateaux, ayant vingt mètres trente centimètres de longueur, paieront douze francs; les macalets, ayant quinze mètres de longueur, paieront six francs; les gabarres, ayant douze mètres de longueur, paieront quatre francs quatre-vingts centimes; les gabarrots, ayant sept mètres de longueur, paieront deux francs quarante centimes.

Le deuxième bureau sera placé à Cahors. Le droit de navigation sera perçu à ce bureau : 1° pour la navigation descendante de Cahors à Puy-l'Evêque; 2° pour la navigation remontante de Cahors à la Madeléne. La perception s'y fera conformément au tarif qui suit, savoir : en descendant de Cahors à Puy-l'Evêque, les grands bateaux, ayant vingt mètres trente centimètres de longueur, paieront neuf francs; les macalets, ayant quinze mètres de longueur, paieront quatre francs cinquante centimes; les gabarres, ayant douze mètres de longueur, paieront deux francs vingt-cinq centimes; les gabarrots, ayant sept mètres de longueur, paieront un franc dix centimes. En remontant de Cahors à la Madeléne, il sera payé moitié du droit fixé par le présent décret pour la descente de la Madeléne à Cahors.

Le troisième bureau sera placé à Puy-l'Evêque. Le droit de navigation sera perçu à ce bureau : 1° pour la navigation descendante de Puy-l'Evêque à Villeneuve; 2° pour la navigation remontante de Puy-l'Evêque à Cahors. La perception s'y fera conformément au tarif qui suit, savoir : en descendant de Puy-l'Evêque à Villeneuve, les grands bateaux, ayant vingt mètres trente centimètres de longueur,

paieront huit francs; les macalets, ayant quinze mètres de longueur, paieront quatre francs; les gabarres, ayant douze mètres de longueur, paieront deux francs; les gabarrots, ayant sept mètres de longueur, paieront un franc. En remontant de Puy-l'Evêque à Cahors, il sera payé moitié du droit fixé par le présent décret pour la descente de Cahors à Puy-l'Evêque. Quant à la remonte de Villeneuve à Puy-l'Evêque, la perception aura lieu au bureau de Villeneuve, troisième arrondissement.

10. Dans toute l'étendue du quatrième arrondissement, les bateaux uniquement chargés de charbon de terre ne paieront, soit à la remonte, soit à la descente, que la moitié du droit fixé pour les autres bureaux.

Cinquième arrondissement.

11. Il sera établi, dans l'étendue du cinquième arrondissement du bassin de la Gironde, deux bureaux de perception placés à Limeuil et à Bergerac.

12. Le premier bureau sera placé à Limeuil. Le droit de navigation sera perçu à ce bureau : 1° pour la navigation descendante du point où la Dordogne commence à être navigable jusqu'à Limeuil, et pour la même navigation en remontant; 2° pour la navigation descendante, du point où la Vezére commence à être navigable jusqu'à Limeuil, et pour la même navigation en remontant; 3° pour la navigation descendante de Limeuil à Bergerac. La perception s'y fera conformément au tarif qui suit, savoir : en descendant du point navigable de la Dordogne à Limeuil, tout bateau, quelle que soit sa dénomination, paiera par tonneau dix centimes; la moitié du droit sera payée en remontant. Pour la navigation descendante du point navigable de la Vezére à Limeuil, tout bateau, quelle que soit sa dénomination, paiera par tonneau dix centimes. Le quart du droit sera payé en remontant. Pour la navigation descendante de Limeuil à Bergerac, tout bateau, quelle que soit sa dénomination, paiera par tonneau dix centimes.

Le deuxième bureau sera placé à Bergerac. Le droit de navigation sera perçu à ce bureau : 1° pour la navigation descendante de Bergerac à Castillon; 2° pour la navigation remontante de Bergerac à Limeuil. La perception s'y fera conformément au tarif qui suit, savoir : en descendant de Bergerac à Castillon, tout bateau, quelle que soit sa dénomination, paiera par tonneau quinze centimes. Il sera payé en remontant de Bergerac à Limeuil le quart du droit fixé pour la descente de Limeuil à Bergerac. Quant à la remonte de Castillon à Bergerac, la perception aura lieu au bureau de Castillon, sixième arrondissement.

Sixième arrondissement.

13. Il sera établi dans l'étendue du sixième arrondissement du bassin de la Gironde cinq bureaux de perception placés à Bordeaux, Langon, Castillon, Libourne et Coutras.

14. Le premier bureau sera placé à Langon. Le droit de navigation sera perçu à ce bureau : 1° pour la navigation descendante de Langon à Bordeaux avec des bateaux sans quille ; 2° pour la navigation remontante de Langon à Nicole. La perception s'y fera conformément au tarif qui suit, savoir : en descendant de Langon à Bordeaux, les bateaux dits *grands bateaux,* ayant de largeur deux mètres trente-cinq centimètres, paieront neuf francs ; les bateaux dits *macalets,* ayant de largeur deux mètres dix-sept centimètres, paieront sept francs ; les bateaux dits *miolles,* ayant de largeur deux mètres cinq centimètres, paieront quatre francs ; les bateaux dits *ramoneurs,* ayant de largeur un mètre soixante-deux centimètres, paieront trois francs ; les bateaux dits *gabarrots,* ayant un mètre quarante-six centimètres, paieront deux francs. Les bateaux uniquement chargés de charbon de terre ne paieront que la moitié du droit. Aucun droit ne sera perçu pour la remonte de Bordeaux à Langon. Pour la navigation remontante de Langon à Nicole, les bateaux dits *grands bateaux,* ayant de largeur deux mètres trente-cinq centimètres, paieront quatre francs quatre-vingts centimes ; les bateaux dits *macalets,* ayant de largeur deux mètres dix-sept centimètres, paieront trois francs soixante centimes ; les bateaux dits *miolles,* ayant de largeur deux mètres cinq centimètres, paieront deux francs quarante centimes ; les bateaux dits *ramoneurs,* ayant de largeur un mètre soixante-deux centimètres, paieront un franc quatre-vingts centimes ; les bateaux dits *gabarrots,* ayant de largeur un mètre quarante-six centimètres, paieront un franc vingt centimes. Le deuxième bureau sera placé à Castillon. Le droit de navigation sera perçu à ce bureau : 1° pour la navigation descendante de Castillon à Libourne, qui aura lieu sur des bateaux sans quille ; 2° pour la navigation remontante de Castillon à Bergerac, qui aura lieu sur des bateaux sans quille. La perception s'y fera conformément au tarif qui suit, savoir : en descendant de Castillon à Libourne, tout bateau, quelle que soit sa dénomination, paiera par tonneau dix centimes. En remontant de Castillon à Bergerac, tout bateau, quelle que soit

sa dénomination, paiera de même par tonneau cinq centimes. Le troisième bureau sera placé à Bordeaux. Le droit de navigation y sera perçu sur les bases ci-après déterminées.

SECTION Iʳᵉ. *Établissement d'une taxe proportionnelle et annuelle.*

15. Tous les bâtiments à quille, pontés ou non pontés, servant au cabotage et transport sur le fleuve de la Gironde, depuis son embouchure jusqu'à Bordeaux ; sur la Dordogne, depuis le point où ils peuvent naviguer jusqu'à Bordeaux ; et sur la Garonne, depuis le point où ils peuvent naviguer jusqu'à Bordeaux, sont assujettis à une taxe proportionnelle et annuelle, et sont dispensés en conséquence d'acquitter tout autre droit de navigation aux divers bureaux établis sur le bassin de la Gironde.

16. Pour assurer la perception de la taxe proportionnelle et annuelle, chacun des propriétaires des bâtiments qui viennent d'être désignés, en fera sa déclaration au bureau des droits réunis de son arrondissement, dans le délai de trois mois, à compter de la publication du présent décret. Cette déclaration contiendra la désignation du bâtiment, la longueur de la quille, sa longueur de tête en queue, sa plus grande largeur, sa profondeur sur carlingue et son tonnage.

17. La déclaration sera vérifiée, et rectifiée s'il y a lieu.

18. A la suite de la vérification, le bâtiment sera marqué sur le flanc droit, vers le bossoir, du timbre de l'octroi de navigation.

19. Toutes les formalités prescrites par les trois articles précédents pourront être suppléées dans les bureaux de l'octroi de Bordeaux et de Libourne, où les propriétaires auront également la faculté de faire la déclaration et de faire appliquer le timbre.

20. A l'expiration de chaque trimestre, le propriétaire pourra déclarer que son bâtiment est détruit, hors d'état de naviguer ou en radoub. Cette déclaration sera vérifié et la taxe cessera d'être perçue jusqu'à une déclaration nouvelle. Cette nouvelle déclaration devra se faire au même bureau où la première déclaration a été faite.

21. Ne seront point compris dans l'état général des bâtiments sujets à la taxe : 1° les canots et chaloupes des navires français et étrangers ; 2° les pontons et les bâtiments servant au radoub ; 3° les couralins ou autres bâtiments de la même espèce servant à la communication des équipages entre les navires en rade et les berges des rivières ; 4° les bateaux plats ou sans quille

venant des affluents de la Gironde ou de la Garonne, et qui sont assujettis à la taxe sous d'autres formes, conformément aux tarifs particuliers ci-dessus décrétés.

SECTION II. *Formation des rôles, fixation et recouvrement de la taxe annuelle.*

22. Les receveurs des droits réunis des deux rives de la Gironde et des parties de rivière désignées dans l'art. 15, qui auront reçu les déclarations des propriétaires de bâtiments domiciliés dans leurs arrondissements respectifs, en formeront des états qu'ils adresseront au directeur de Bordeaux, pour être par lui convertis en rôle, après avoir été soumis à l'approbation du préfet.

23. Les rôles seront renouvelés chaque année; les bâtiments y compris seront taxés, à dater du jour de la déclaration, jusqu'à la fin de l'année.

24. La taxe ou droit annuel sera d'un franc par tonneau, payable par trimestre et d'avance dans le bureau qui aura reçu la déclaration, soit que, dans cet intervalle, le bateau ait ou n'ait point navigué. Il en sera fourni quittance, dont un double devra rester entre les mains du conducteur du bâtiment, lequel sera tenu de le représenter à toute réquisition aux employés des droits réunis.

SECTION III. *Des contraventions.*

25. Tout bateau assujetti à la taxe proportionnelle qui sera rencontré par les employés des droits réunis, soit amarré dans les ports, soit à l'ancre, soit à la voile, et qui ne sera pas timbré, ou dont les conducteurs ne pourront pas représenter quittance du dernier trimestre expiré, sera en contravention. Il en sera dressé procès-verbal, et copie en sera laissée ou au conducteur, ou au gardien spécial, ou à toute autre personne préposée à la garde du bâtiment.

26. Nonobstant la contravention constatée, les bâtiments pourront continuer leur voyage, s'ils sont chargés; mais ils ne pourront prendre de nouveaux chargements ni naviguer qu'après le paiement de la taxe due, et d'une somme double qui sera perçue pour le fait de la contravention.

27. Néanmoins, en tout état de cause, et en cas de contestation, nul bâtiment ne pourra être retenu, si la somme qu'il doit pour la taxe et la contravention a été consignée aux employés des droits réunis.

28. Les contestations qui naîtront sur les contraventions seront décidées par voie administrative. Elles seront d'abord portées au sous-préfet. Le quatrième bureau sera placé à Libourne. Ce bureau sera, pour la navigation des bateaux à quille, considéré

comme dépendance du bureau de Bordeaux. En conséquence, les déclarations y seront reçues, les abonnements y auront lieu, et les bateaux y recevront le timbre et l'indication du tonnage, comme au bureau de Bordeaux. Quant à la navigation des bateaux plats ou sans quille, la perception du droit aura lieu au bureau de Libourne: 1° pour la navigation remontant de Libourne à Castillon; 2° pour la navigation remontante de Libourne à Coutras; le droit y sera perçu conformément au tarif qui suit, savoir: en remontant de Libourne à Castillon, chaque bateau, quelle que soit sa dénomination, paiera par tonneau trois centimes. En remontant de Libourne à Coutras, chaque bateau, quelle que soit sa dénomination, paiera par tonneau trois centimes. Le cinquième et dernier bureau sera placé à Coutras. Le droit de navigation sera perçu à ce bureau: 1° pour la navigation descendante du point navigable de Lile à Coutras; 2° pour la navigation remontante de Coutras au point navigable de Lile; 3° pour la navigation descendante de Coutras à Libourne. La perception s'y fera conformément au tarif qui suit, savoir: en descendant du point navigable de Lile à Coutras, tout bateau, quelle que soit sa dénomination, paiera par tonneau cinq centimes; en remontant de Coutras au point navigable, il sera perçu le quart du droit qui vient d'être fixé pour la descente; en descendant de Coutras à Libourne, tout bateau, quelle que soit sa dénomination, paiera par tonneau dix centimes.

29. Notre ministre des finances est chargé, etc.

————————

30 MARS 1808 = 29 AOUT 1831. — Décret impérial pour la formation d'un marché et d'un entrepôt franc des vins et eaux-de-vie à Paris. (IX, Bull. O. XCVII, n. 2749.)

Napoléon, etc.

Art. 1ᵉʳ. Il sera formé dans notre bonne ville de Paris un marché et un entrepôt franc, pour les vins et eaux-de-vie, dans les terrains situés sur le quai Saint-Bernard, entre les rues de Seine et des Fossés-Saint-Bernard.

2. Les vins et eaux-de-vie conduits à l'entrepôt conserveront la faculté d'être réexportés hors de la ville sans acquitter l'octroi.

3. Cette exportation ne pourra avoir lieu que par la rivière, ou par les deux barrières de Bercy et de la Gare. Dans ce dernier cas, les transports devront suivre le quai, et sortir en deux heures.

4. Les vins destinés à l'approvisionnement de Paris n'acquitteront les droits d'octroi qu'au moment de la sortie de l'entrepôt.

5. L'entrepôt sera disposé pour placer, tant à couvert qu'à découvert, jusqu'à cent cinquante mille pièces de vin.

6. Notre ministre de l'intérieur soumettra, d'ici au 1ᵉʳ juin, l'aperçu des dépenses que pourraient exiger l'achat des terrains et les devis des constructions à faire.

7. Le tarif des droits à percevoir pour la location des abris et pour le séjour des vins sur l'emplacement découvert de l'entrepôt sera réglé d'après l'évaluation des dépenses indiquées à l'article précédent, et de manière à procurer un revenu de six pour cent sur le capital employé à ces dépenses.

8. Une compagnie d'actionnaires pourra être admise à traiter et à se charger des dépenses susdites, sous la jouissance du produit des droits qui auront été réglés par nous.

9. A compter de l'époque de l'ouverture de l'entrepôt, les vins arrivant à Paris ne pourront plus stationner à Bercy, à la Râpée et sous le quai Saint-Bernard.

10. L'entrepôt et les abris qu'il contiendra seront sous la clef de la régie de l'octroi municipal. Un règlement déterminera les heures auxquelles les marchands et les acheteurs seront admis au marché de l'entrepôt.

11. Un règlement particulier déterminera également les formes et les règles à établir pour l'entrée des vins et eaux-de-vie à l'entrepôt, leur sortie, leur surveillance et leur conservation.

12. Ces règlements, rédigés par le conseiller d'Etat préfet du département de la Seine, seront soumis, avec l'avis du conseiller d'Etat directeur général des droits réunis, à l'approbation de notre ministre des finances.

13. Nos ministres de l'intérieur et des finances sont chargés, etc.

Signé NAPOLÉON.

---

10 MAI 1808 = 21 AVRIL 1831. — Décret impérial sur la création des bourses dans les lycées et les écoles secondaires. (IX, Bull. O. LXI, n. 1561.)

Napoléon, etc., sur le rapport de notre ministre de l'intérieur, etc.

TITRE Iᵉʳ.

Art. 1ᵉʳ. Il sera créé dans chaque lycée dix bourses entières, vingt demi-bourses

et vingt-trois quarts de bourse. Total, cinquante.

2. Ces bourses et demi-bourses seront payées par les communes, conformément au tableau ci-joint, et seront destinées aux écoles secondaires des villes qui fournissent lesdites bourses.

3. En conséquence, venant la bourse à vaquer, soit par fin des études, soit par mort, le grand-maître nommera à ladite bourse parmi les jeunes gens qui se seraient le plus distingués dans la commune, en conséquence de l'examen qui sera fait par l'inspecteur des études.

TITRE II.

4. Il sera fait, dans chaque lycée, un tableau des individus appartenant aux communes qui ont des bourses ou des demi-bourses. Le préfet fera connaître aux maires les individus de sa commune auxquels seront accordées lesdites bourses.

5. Pour les communes dont les budgets sont arrêtés et qui n'auraient pas de fonds pour cet objet, l'avance leur en sera faite par la caisse d'amortissement, qu'ils rembourseront sur leur budget prochain.

TITRE III.

6. Tout individu qui voudra fonder une bourse ou une partie de bourse dans un lycée, sera admis à le faire, et pourra s'en conserver la nomination. Il sera statué ultérieurement sur le mode de fondation de ces bourses.

TITRE IV.

7. Il est ouvert à notre ministre de l'intérieur un supplément de crédit de la somme de cinq cent trois mille huit cent soixante et quinze francs pour le service des lycées pendant 1808.

Signé NAPOLÉON.

(Suit la répartition des sommes.)

---

29 MAI 1808. — Décret contenant les tarifs du droit exigible au passage des bacs dépendant de la France et existant sur le Rhin dans l'étendue du département du Bas-Rhin. (Bull. O., 4ᵉ sect., n. 5177.)

---

16 JUIN 1808 = 24 SEPTEMBRE 1832. — Décret impérial relatif au pesage, mesurage et jaugeage dans la ville de Paris (1). (IX, Bull. O. CLXXXI, 1ʳᵉ sect., n. 4367.)

---

(1) Ce décret est, depuis l'époque de sa date, exécuté à Paris; on lui reprochait cependant de n'avoir pas été inséré au Bulletin des lois; désormais ce reproche ne pourra plus lui être adressé; mais on faisait aussi remarquer qu'il était en opposition avec la loi du 29 floréal an 10; en effet, cette loi (art. 1ᵉʳ) dispose que nul n'est contraint de se servir des bureaux de pesage publics, *si ce n'est dans le cas de contestation*; et le décret, au contraire, porte dans son art. 7, que le préposé intervient *nécessairement et sans pouvoir être suppléé* pour toutes les ventes qui se font au poids avec de

Napoléon, etc., sur le rapport de notre ministre de l'intérieur ; notre conseil d'Etat entendu, etc.

Section Iʳᵉ. *Réformation du tarif.*

Art. 1ᵉʳ. Le droit de pesage, fixé uniformément par le tarif du 6 prairial an 11 à vingt centimes par cent kilogrammes de toute espèce de marchandises, ne sera perçu désormais qu'à raison de dix centimes par cent kilogrammes, en ce qui concerne les marchandises ci-après désignées ; savoir : blé, orge, avoine, farine de toute espèce, beurre frais ou salé, huiles communes à brûler, charbons, cendres, bourre, étoupes, filasses, blanc d'Espagne, blanc de céruse, craie, fruits frais, herbes potagères, ocre, brai, houblon, graisse, goudron, foin, paille, fer en verge, ferrailles, fonte en gueuse, potasse, soude, son, recoupe, remoulage, suif, poix, résine, poix blanche, noire et grasse, plomb en saumon, étain, sel ordinaire.

2. Le droit de mesurage, fixé uniformément à deux centimes par boisseau ou décalitre de grain, graines, grenailles et autres marchandises qui se vendent au litre, ne sera perçu désormais, savoir, qu'à raison d'un demi-centime par boisseau ou décalitre, pour avoine, son, recoupe et remoulage, charbon de terre, plâtre et chaux ; et à raison d'un centime par boisseau ou décalitre, pour blé, orge, graines ou grenailles.

3. Le droit de cubage, dont la fixation n'a pas été arrêtée dans le tarif du 6 prairial an 11, sera perçu à raison de cinq centimes par mètre cube.

4. Le droit de jaugeage, fixé uniformément par le tarif du 6 prairial an 11 à un centime par décalitre, sera perçu à l'avenir dans les proportions suivantes : les vins de France, la bière, le cidre, le vinaigre et les huiles communes, paieront, savoir : pour une pièce de 150 litres et au-dessous, 20 c. ; id. de 151 à 200, 25 c. ; id. de 201 à 300, 30 c. ; id. de 301 à 400, 40 c. ; id. de 401 à 500, 50 c. ; id. de 501 à 600 et au-dessus, 60 c. Les vins étrangers, les esprits, eaux-de-vie, liqueurs et huiles fines, paieront, savoir : pour une pièce de 100 litres et au-dessous, 20 c. ; id. de 101 à 150, 25 c. ; id. de 151 à 200, 30 c. ; id. de 201 à 300, 40 c. ; id. de 301 à 400, 50 c. ; id. de 401 à 500, 60 c., id. de 501 à 600 et au-dessus, 70 c.

5. Les droits à percevoir pour les opérations de pesage et mesurage des marchandises ou denrées non désignées dans les articles précédents continueront à être payés conformément au tarif du 6 prairial an 11.

Section II. *Dispositions réglementaires sur l'exercice et la perception du droit.*

6. Le préposé public ne peut intervenir dans les ventes qui se font dans les maisons, boutiques ou magasins des particuliers, s'il n'y est appelé par l'une des parties contractantes, et si le pesage se fait par un des intéressés à la vente ou à l'achat.

7. Il intervient nécessairement et sans pouvoir être suppléé, sauf l'exception ci-après, pour toutes les ventes qui se font au poids avec de grandes balances ; à la mesure avec l'hectolitre, le stère, le mètre et la jauge, dans les halles, places, marchés, chantiers de bois à brûler, ports, bateaux et autres lieux publics soumis à la surveillance permanente de la police municipale. En conséquence, nul marchand, ne peut avoir dans les lieux publics susdésignés des balances à fléaux ou romaines, ni des hectolitres, stères ou jauges, servant à peser ou mesurer pour les particuliers.

8. Sont exceptés, sauf d'ailleurs au préposé public l'obligation d'y intervenir lorsqu'il en est requis par l'une des parties intéressés, les ventes en détail qui se font dans les lieux publics susdésignés avec des balances à la main, quant aux marchandises qui se vendent au poids ; celles qui se font au boisseau ou décalitre, quant aux graines et autres marchandises qui se vendent à la mesure de capacité ; et les ventes de liquides, lorsque les pièces sont prises de gré à gré pour leur contenance sans être mesurées ou jaugées.

9. L'acheteur et le vendeur sont passibles, chacun pour moitié, des droits établis par les articles précédents ; mais ils sont solidaires envers le préposé public, et les marchandises ne peuvent être enlevées si les droits n'ont été préalablement acquittés.

10. Le préposé public fournira les poids, balances, mesures, et généralement tous les instruments nécessaires aux opérations du pesage, mesurage et jaugeage. Il fournira de même les gens de service pour le transport et la desserte de ces instruments : mais, quant aux gens de service pour transporter les marchandises de la place dans les mesures ou membrures et sur les plateaux, ils seront

---

grandes balances, à la mesure avec l'hectolitre, le stère, le mètre, et la jauge, dans les halles, places, marchés, chantiers de bois à brûler, ports, bateaux et autres lieux publics soumis à la surveillance permanente de la police municipale. Cette

contradiction ne peut être un motif de refuser effet obligatoire au décret, aujourd'hui qu'il est de jurisprudence constante que les décrets impériaux ont force de lois. Voy., à cet égard, la préface de cette Collection.

fournis et salariés par les parties pour le compte desquelles se feront les opérations. Le salaire de ces gens de service sera réglé par un arrêté du ministre de l'intérieur.

11. Il sera établi des préposés de pesage, mesurage et jaugeage, dans les halles et marchés et sur les ports et places de notre bonne ville de Paris qui seront désignés par notre ministre de l'intérieur, sur l'avis des préfets du département et de police.

12. Il sera de plus établi, pour le service du public et pour satisfaire aux demandes du commerce, un bureau central de pesage, mesurage et jaugeage, dont le placement sera déterminé par le préfet du département.

13. Enfin, dans les lieux et places où il se tient des foires et marchés à diverses époques de l'année, il sera établi, pendant la durée seulement desdites foires et marchés, des bureaux assortis à la nature des objets exposés en vente.

14. Le service dans les divers marchés publics, se composera des opérations de pesage, mesurage ou jaugeage, qui doivent y être faites, aux termes de l'art. 7 du présent décret, ou qui peuvent y être requises conformément à l'art. 8 de ce décret. Ce service sera fait par des préposés nommés par le préfet de police : ces préposés pourront être les mêmes que ceux actuellement employés sous ses ordres dans les halles, marchés, places, chantiers de bois à brûler, sur les ports et bateaux. Le tableau de leur nombre et de leurs traitements sera dressé par le préfet de police, communiqué au préfet du département, et arrêté par notre ministre de l'intérieur provisoirement jusqu'à la fixation du budget.

15. Le préfet de police déterminera et assignera les emplacements que lesdits employés devront occuper dans les lieux qui seront indiqués en conséquence de l'art. 13, et les bureaux qu'ils auront, s'il est besoin.

16. Le service du bureau central se composera principalement des opérations qui se requièrent volontairement par une seule partie, ou de gré à gré par plusieurs. Il en sera de même de celles qui doivent se faire, soit par suite de contestation, soit par suite de saisie-exécution ou de décès et inventaire, s'il y a des absents ou s'il y a des mineurs, à moins que le tuteur ne soit autorisé à faire procéder au pesage et mesurage par l'avis de parents, conformément à l'art. 588 du Code de procédure civile. Ce service sera fait par des agents et employés qui seront nommés par le préfet du département, et dont le nombre et les traitements seront, sur la proposition, fixés par notre ministre de l'intérieur, comme il est dit à l'art. 14 ci-dessus.

17. Le service extraordinaire, dans les foires et marchés qui n'ont lieu qu'à diverses époques de l'année, sera fait à l'instar de celui des halles et marchés ordinaires.

18. Au moyen de l'établissement des divers employés publics de pesage, mesurage et jaugeage ci-dessus désignés, nul ne pourra faire dans Paris les fonctions de peseur pour autrui, à peine d'être poursuivi par voie de police correctionnelle, par la confiscation tant des poids et mesures que des marchandises trouvées dans son domicile ou bureau, conformément aux lois et règlements concernant l'octroi municipal et de bienfaisance de la ville de Paris, lesquels lois et règlements sont déclarés communs à la perception des droits de pesage, mesurage et jaugeage publics. Les marchands fréquentant les halles et marchés publics ne pourront, sous la même peine, avoir, dans lesdites halles et marchés ou lieux voisins d'iceux, d'autres poids et mesures que ceux dont l'usage leur est permis par le présent décret.

19. Dans toutes les contestations relatives au défaut de poids ou de mesures, les bulletins délivrés par les préposés du poids public, et certifiés conformes aux registres, feront foi en justice.

20. Les préposés du poids public pourront porter dans l'exercice de leurs fonctions une marque distinctive.

SECTION III. *De la comptabilité et de l'inspection des perceptions.*

21. Le montant des perceptions du droit de pesage et mesurage sera versé, chaque semaine, entre les mains du receveur municipal de notre bonne ville de Paris.

22. A cet effet, il sera arrêté par notre ministre de l'intérieur, sur l'avis des deux préfets : 1o un mode de tenu de registres ; 2o une proportion de cautionnement de la part des receveurs, s'il y a lieu ; 3o et une forme de comptabilité pour les employés à la perception.

23. Il sera nommé par le préfet du département un inspecteur général et quatre inspecteurs particuliers du pesage, mesurage et jaugeage, chargés d'inspecter et de vérifier dans les divers bureaux les registres de perception, la régularité de leur tenue et l'exactitude de la comptabilité et des versements. Leur traitement sera fixé par notre ministre de l'intérieur, sur la proposition du même préfet, comme il est dit art. 14. L'inspecteur général sera le chef du bureau central.

SECTION IV. *De la suppression de la régie actuelle.*

24. La régie existante sera supprimée à

compter du 1er juillet prochain. Les administrateurs et les régisseurs sont renvoyés pour leurs demandes en indemnité devant le préfet de la Seine, qui prononcera, sur l'avis du conseil municipal.

25. Les ustensiles, instruments et mobilier appartenant aux régisseurs, seront par eux cédés à la ville de Paris : le prix leur en sera payé sur la représentation des mémoires ou factures quittancés ; et, pour les objets qui ne pourront être justifiés de cette manière, conformément à l'estimation qui sera faite par experts, dont l'un sera nommé par le préfet du département, le deuxième par les régisseurs, et le troisième par le préfet du département, en cas de partage.

26. Les dispositions de l'arrêté du 6 prairial an 11 auxquelles il n'a point été dérogé par les articles précédents, sont maintenues.

27. Notre ministre de l'intérieur est chargé, etc.   *Signé* **NAPOLÉON.**

---

17 JUILLET 1808 = 12 DÉCEMBRE 1837. — Décret impérial concernant les travaux qui s'exécutent au compte des communes. (IX, Bull. DXLVI, n. 7184.)

Napoléon, etc., sur le rapport de notre ministre de l'intérieur ; vu le décret impérial du 10 brumaire an 14 relatif aux constructions, reconstructions et réparations de bâtiments appartenant aux hospices et autres établissements de charité ; notre conseil d'Etat entendu, etc.

Art. 1er. Le décret du 10 brumaire an 14 est déclaré applicable aux villes, bourgs et villages. Le conseil municipal délibérera sur tous les travaux à exécuter, sans déroger aux règlements sur les budgets qui doivent être réglés en conseil d'Etat.

2. Notre ministre de l'intérieur est chargé, etc.

Signé **NAPOLÉON.**

---

27 JUILLET 1808. — Décret contenant le tarif de la taxe à percevoir au passage du pont établi sur le Rhin entre Strasbourg et Kehl. (Bull. O., 1re sect., n. 4693.)

---

19 AOUT 1808. — Décret qui autorise un péage sur le pont de la Serre (Aisne). (Bull. O. 58, n. 1459.)

---

10 MARS 1810 = 26 AOUT 1838. — Décret impérial relatif au canal du Midi. (IX, Bull. DXCV, n. 7517.)

Napoléon, etc., vu l'état des dotations par nous faites d'actions sur le canal du Midi ; voulant pourvoir à l'administration de cette propriété, et assurer en même temps aux actionnaires la jouissance qu'ils ont droit d'attendre, etc.

TITRE Ier. *De la propriété du canal.*

Art. 1er. La propriété du canal du Midi, cédée à notre domaine extraordinaire par acte du 21 juillet 1808, passé entre notre ministre de l'intérieur et notre conseiller d'Etat directeur général de la caisse d'amortissement, en exécution des décrets des 21 mars 1808, 7 février et 17 mai 1809, et de la loi du 25 décembre dernier, comprend : 1º les vingt et une portions deux tiers du canal principal qui appartenaient au domaine de l'Etat ; 2º l'embranchement nommé *le Canal de Saint-Pierre*, servant de communication entre la partie supérieure de la Garonne et la partie inférieure au-dessous du moulin de Basacle à Toulouse ; 3º l'embranchement ou canal en amont de Narbonne ; 4º celui dit *la Robine de Narbonne* ; 5º celui en aval de Narbonne ; 6º celui dit *Canal de Sainte-Lucie*, jusqu'à son embouchure dans le canal du port de la Nouvelle ; toutes lesdites parties du canal du Midi telles qu'elles se trouvent au plan annexé au présent.

2. Dans la vente sont compris les bords, francs-bords, maisons éclusières, usines, magasins, terrains, rentes et autres droits et actions quelconques appartenant audit canal, sans exceptions ni réserves.

3. Les effets mobiliers, tels que bureaux, embarcations, matériaux appartenant à l'Etat et autres objets quelconques affectés au canal, font également partie de la vente.

4. Les droits de propriété appartenant au domaine extraordinaire de notre couronne seront divisés en mille actions de dix mille francs chacune.

5. Les canaux donneront une propriété indivisible entre les mains des actionnaires. La propriété résidera toujours sous le titre collectif de l'association ; il ne pourra en être distrait ni séparé aucune portion par cession, donation, décès, faillite des actionnaires, liquidation, faillite de la société et toute autre cause.

6. La destination de la chose vendue ne pourra jamais être changée ni convertie à d'autres usages que ceux de la navigation.

7. Pourra néanmoins la société propriétaire faire tous les changements utiles tendant à l'amélioration, telles que de nouvelles prises d'eaux, nouvelle direction de canal, constructions d'écluses et autres ouvrages d'art sous de meilleures formes, création d'usines et autres perfectionnements ; le tout néanmoins après avoir obtenu notre approbation.

8. Conformément à l'art. 1er de la loi du 5 floréal an 11, la contribution foncière

sur le canal ne pourra être établie qu'à raison des terrains qu'il occupe, et le canal ne pourra être assujetti à aucune taxe particulière.

9. Les actionnaires feront percevoir à leur profit le droit de navigation, conformément aux tarifs actuellement établis : il ne sera rien changé à ces tarifs avant l'expiration de trente années, époque à laquelle ils pourront être révisés et augmentés, s'il y a lieu ; à raison des différences survenues dans les rapports de la valeur de l'argent avec le prix du travail et des denrées ; le tout sera réglé administrativement.

TITRE II. *De la formation de la compagnie.*

10. L'universalité des actionnaires forme une société en commandite, sous le nom de *Compagnie du Canal du Midi.*

11. Tout appel de fonds sur les actionnaires est prohibé.

12. Il y aura un registre double sur lequel les actions seront inscrites nominativement : le transfert s'opérera sur la déclaration du propriétaire, qui sera inscrite sur ce registre.

13. Les actions de la compagnie du canal du Midi, pour leur immobilisation, leur inaliénabilité, leur disposition et jouissance, sont assimilées en tout aux actions de la Banque de France.

14. Les actions peuvent être acquises par des étrangers.

TITRE III. *De l'administration de la compagnie.*

15. La compagnie entre en jouissance à compter du 1er janvier 1810. A partir de cette époque, toutes les recettes et dépenses sont partagées et supportées en commun par les actionnaires.

16. L'universalité des actionnaires de la compagnie sera représentée par les trente d'entre eux qui réuniront le plus d'actions ou par leurs fondés de pouvoirs.

17. Les représentants se réuniront en assemblée générale dans le cours de chaque année.

18. Les assemblées générales seront présidées par le grand-chancelier de la Légion-d'Honneur ; en cas d'empêchement, le président de l'assemblée sera nommé à la majorité des voix.

19. L'administration générale du canal sera confiée à un administrateur nommé par nous, sur la présentation du grand-chancelier de la Légion-d'Honneur.

20. Il devra, avant d'entrer en fonctions, justifier qu'il est propriétaire ou procureur spécial de propriétaires de cinquante actions au moins.

21. Il prêtera, entre les mains du grand-chancelier de la Légion-d'Honneur, le serment de gérer les intérêts de la compagnie en bon père de famille, et d'exécuter scrupuleusement les règlements d'administration qu'elle aura arrêtés et qui auront été approuvés.

22. Il recevra une indemnité fixée provisoirement à douze mille francs, et qui sera définitivement réglée par la première assemblée générale.

23. Il sera établi à Paris ; il aura l'administration de toutes les affaires de la compagnie, surveillera les recettes et les dépenses, fera établir les états et bordereaux, et verser à la caisse de la société tous les fonds qui ne seront pas employés aux dépenses locales.

24. Il pourra suspendre et remplacer provisoirement les employés ; il proposera à notre grand-chancelier de la Légion-d'Honneur les nominations et destitutions, la fixation des appointements et celle des dépenses à faire, tant à Paris que dans les départements. L'état de ces dépenses sera présenté chaque année à l'assemblée générale et soumis à son approbation.

25. Il ne pourra faire payer aucune dépense qu'elle ne fasse partie de celles approuvées par notre grand-chancelier de la Légion-d'Honneur.

26. Dans les dix premiers jours de chaque mois et plus souvent, s'il y a lieu, il remettra au grand-chancelier de la Légion-d'Honneur l'état de situation au 30 du mois précédent, tant de la caisse générale à Paris que des recettes et dépenses dans les départements ; lesdits états dûment certifiés et vérifiés.

27. Les actes judiciaires et extrajudiciaires concernant la compagnie, soit activement, soit passivement, seront faits au nom de la compagnie, poursuites et diligences de l'administrateur général.

TITRE IV. *Du compte à rendre aux actionnaires et du règlement de leurs intérêts et du dividende.*

28. L'administrateur général présentera à l'assemblée générale de chaque année le compte des recettes et dépenses de l'année précédente.

29. Il sera payé de six mois en six mois un intérêt annuel.

30. Le dividende sera définitivement réglé tous les ans par l'assemblée générale, d'après le compte qui lui aura été rendu pour 1810 ; il sera de cinq pour 100 : cette assemblée générale, à compter de 1811, se tiendra dans le courant du mois de mai.

31. Un dixième des bénéfices sera mis en réserve lorsqu'on aura prélevé le dividende de cinq pour cent ; il entrera en ac-

croissement de chaque action, pour devenir comme elle la propriété de l'actionnaire, et pourra cependant être employé en dépenses imprévues, s'il y a lieu.

32. Le surplus du dividende sera payé à vue à la caisse générale de la compagnie.

33. Chaque actionnaire pourra prendre connaissance de l'arrêté des recettes et dépenses, et du règlement qui aura été fait du dividende.

TITRE V. *De l'administration locale du canal, de la direction et surveillance des travaux d'entretien et autres travaux d'art.*

34. Il sera proposé à la direction des travaux d'entretien et autres travaux d'art du canal, un ingénieur pris parmi les ingénieurs des ponts et chaussées; et si les travaux exigent un plus grand nombre d'ingénieurs, ils seront pris également parmi les ingénieurs ou élèves des ponts et chaussées.

35. Chaque année, et avant le chômage du canal, l'ingénieur du canal rédigera le projet des dépenses d'entretien et autres travaux; il le remettra au directeur-receveur, qui l'adressera avec ses observations à l'administrateur général, pour obtenir l'autorisation des dépenses à faire dans la campagne.

36. Il sera fait chaque année, par l'administrateur général ou un délégué spécial nommé par lui à cet effet, et par l'ingénieur divisionnaire des ponts et chaussées ou un autre ingénieur nommé par le directeur général des ponts et chaussées, une visite générale du canal et de ses dépendances, pour en connaître l'état et faire connaître les réparations qui auraient été négligées et les reconstructions qui seraient jugées nécessaires. L'ingénieur du canal assistera à cette visite; l'employé principal de l'administration et le conducteur des travaux dans chaque arrondissement seront tenus aussi d'y assister, et il sera du tout dressé un procès-verbal.

37. Si l'ingénieur divisionnaire trouvait les travaux insuffisants pour garantir la conservation du canal, il en référera au directeur général des ponts et chaussées, qui se concertera avec l'administrateur général, et, en cas de difficultés, il y sera statué par notre grand-chancelier de la Légion-d'Honneur.

38. S'il est reconnu qu'il soit nécessaire de faire quelques constructions nouvelles, elles ne pourront avoir lieu qu'après que les plans en auront été dressés par l'ingénieur du canal avec le devis de leurs dépenses, et que tout aura été communiqué au directeur général des ponts et chaussées, pour prendre l'avis du conseil général des ponts et chaussées, et, sur le tout, l'auto-risation de notre intendant général du domaine extraordinaire.

39. Le directeur-receveur général, le contrôleur principal ambulant et les autres employés préposés à l'administration locale du canal, continueront leurs fonctions sous les ordres de l'administrateur général et la surveillance de notre grand-chancelier de la Légion-d'Honneur.

TITRE VI. *Des propriétaires des six vingt-huitièmes un tiers dans l'ancien canal du Midi.*

40. Le directeur-receveur général remettra aux propriétaires des six vingt-huitièmes un tiers une copie du compte général des recettes et dépenses particulières aux parties du canal sur lesquelles s'étend leur copropriété; ils seront tenus, en conséquence, de nommer un syndic entre eux, lequel sera chargé de les représenter, et qui pourra prendre connaissance, sans toutefois les déplacer, des pièces comptables au dépôt des archives.

41. Tous les six mois il leur sera payé un à-compte sur ordonnance de l'administrateur général, d'après la situation des recettes et dépenses et l'avis du directeur-receveur et de l'ingénieur du canal.

42. Le solde à leur payer sera réalisé sur les fonds disponibles, d'après l'arrêté définitif du compte en recettes et dépenses de chaque exercice.

---

23 MAI 1810 = 9 MARS 1832. — Décret impérial qui fixe la remise ordinaire des receveurs des droits d'enregistrement, de timbre, de greffe, d'hypothèques, des amendes, et des domaines et bois. (IX, Bull. O. CXLII, 1re sect., n. 4062.)

Napoléon, etc.

Art. 1er. A compter du 1er janvier 1810, la remise ordinaire des droits d'enregistrement, de timbre, des greffes, d'hypothèques, des amendes et autres recettes y jointes, sera réglée comme ci-après, savoir : sur les premiers 10,000 fr. de la recette de l'année, 8 p. 100; sur les recettes au-dessus de 10,000 fr. jusqu'à 50,000 fr. inclusivement, 3 p. 100; de 50,000 à 130,000 fr., 2 p. 100; de 130,000 à 300,000 fr., 1 p. 100; de 300,000 à 700,000 fr., 1/2 p. 100; au-dessus de 700,000 fr. indéfiniment, 1/4 p. 100.

2. La remise ordinaire des receveurs particuliers des domaines et bois sera fixée ainsi qu'il suit : sur les premiers 30,000 fr. de la recette de l'année, à 4 p. 100; sur les recettes au-dessus de 30,000 à 100,000 fr. inclusivement, 2 p. 100; de 100,000 jusqu'à 250,000 fr., 1 p. 100; de 250,000 jusqu'à 700,000 fr., 1/2 p. 100; au-dessus de 700,000 fr. indéfiniment, 1/8 p. 100.

3. Le traitement annuel d'un receveur dont la remise ne s'élèverait pas à six cents francs, sera porté à cette somme fixe.

4. Le montant de la remise de l'année entière se répartit, à raison du temps de l'exercice, entre les différents receveurs qui, pendant l'année, ont géré le même bureau.

5. Notre ministre des finances est chargé, etc.

---

18 juin 1810. — Décret relatif au sel accordé en franchise de droit pour la fabrication de la soude factice. (Bull. O., 1re sect., n. 4718.)

---

10 février 1811 = 8 mars 1831. — Décret impérial sur les pensions de retraite des employés de la Cour des comptes. (IX, Bull. O. XLVII, n. 1189.)

Napoléon, etc., sur le rapport de notre ministre des finances; notre conseil d'Etat entendu, etc.

Art. 1er. A dater du 1er janvier 1811, il sera fait, sur les traitements des employés du greffe et des secrétariats de notre Cour des comptes, une retenue de deux centimes et demi par franc, pour former un fonds de pension et de retraite et secours en faveur de ceux qui en seront susceptibles, ou de leurs veuves et enfants.

2. La même retenue sera exercée sur les traitements et salaires des huissiers et de tous autres attachés au service de la Cour à titre permanent.

3. Une partie du produit libre de la vente des papiers de comptabilité qui auront été réformés, sera employée à établir un premier fonds de retraite A cet effet, une somme, qui ne pourra excéder dix mille francs, sera versée à la caisse d'amortissement annuellement et jusqu'à ce que ces versements forment un capital de soixante mille francs; ladite caisse tiendra compte des intérêts à raison de trois pour cent, et ces intérêts seront appliqués au paiement des pensions.

4. Les demandes à fin de pension seront adressées au premier président, avec les pièces justificatives. Le greffier en chef les portera sur un registre particulier, par ordre de dates et de numéros. Il fera l'examen de chaque demande et en dressera un rapport.

5. Le premier président, après avoir pris l'avis des présidents et entendu le procureur général, prendra sur la demande un arrêté qui, lorsqu'elle aura été admise sera adressé à notre ministre des finances avec le rapport et les pièces.

6. Notre ministre des finances nous fera un rapport sur les demandes qui lui auront

été transmises, et il y sera statué par nous en notre conseil d'Etat.

7. Il ne sera accordé de pensions et secours que jusqu'à concurrence de ce qu'i, y aura de libre sur le fonds de retraite.

8. Pour être admis à la pension, il faudra, 1° être âgé d'au moins soixante ans; 2° avoir servi pendant trente ans dans des établissements payés des fonds du trésor, avec un traitement pour lequel on aura été en nom sur ses états; 3° que de ces trente années, dix au moins aient été employées au service de notre Cour des comptes ou des commissions qui l'ont précédée. Néanmoins, les conditions relatives à l'âge et à la durée des services ne seront pas exigées à l'égard d'un employé que des accidents ou des infirmités dûment constatées rendraient incapable de continuer les fonctions de sa place, ou qui, réformé, après dix ans au moins de service, par la suppression de son emploi, n'en remplirait pas un autre.

9. Pour fixer le montant de la pension, il sera formé une année moyenne du traitement dont l'employé aura joui pendant les trois dernières années de son service; les gratifications n'entreront point dans le calcul. La pension à accorder à trente années de service ou plus sera, 1° de la moitié dudit traitement; 2° d'autant de quarantièmes qu'il y aura d'années de service au-dessus de trente ans, sans que, dans aucun cas, la pension puisse s'élever au-dessus des deux tiers dudit traitement moyen.

10. La pension qui pourra être accordée avant trente ans de service dans le cas prévu par la deuxième partie de l'art. 8, sera d'un soixantième du traitement moyen pour chaque année de service.

11. La veuve d'un employé ne pourra prétendre à une pension qu'autant, 1° que son mari sera mort pourvu de son emploi ou pensionné; 2° que le mariage aura précédé de cinq ans au moins la cessation des services par mort ou autrement, et que ladite veuve n'aura pas divorcé. Si elle se remarie, elle perdra son droit à la pension.

12. La pension à accorder à une veuve sera du quart de celle à laquelle son mari avait ou aurait eu droit. Si l'employé décédé a laissé un ou plusieurs enfants naturels et légitimes qui n'aient pas atteint l'âge de quinze ans accomplis, chacun d'eux donne droit à sa veuve à un cinquième en sus de ce qu'elle aurait eu de son chef, sans que jamais le total puisse excéder la moitié de la pension qu'avait ou aurait pu avoir son mari.

13. Si l'employé ou pensionnaire n'a pas laissé de veuve, ou si la veuve pensionnée vient à se remarier ou à décéder, tout en-

fant dudit employé ou pensionnaire qui n'aura pas atteint l'âge de quinze ans accomplis, recevra un secours annuel qui sera du douzième de la pension à laquelle son père avait ou aurait eu droit. Néanmoins, les enfants ne pourront avoir entre eux tous plus de la moitié de cette même pension.

14. L'âge de quinze ans fera cesser, relativement à chaque enfant, la pension ou le secours accordé, soit à lui, soit à sa mère à cause de lui ; il n'y aura à cet égard aucune réversibilité. Néanmoins, en cas d'infirmité qui ne permettrait pas à un enfant de travailler pour subvenir à ses besoins, le secours se convertira, du premier jour de la seizième année, en une pension viagère à son nom et à son profit. Si l'infirmité venait à cesser, la pension cesserait pareillement.

15. S'il arrivait qu'il y eût à statuer en même temps sur plusieurs demandes de pensions, sans qu'il y eût assez de fonds libres pour les demandes réunies, il sera fait entre les ayants-droit une répartition proportionnelle de la somme disponible, avec faculté d'accroissement pour l'avenir, à mesure qu'il y aura de nouveaux fonds.

16. Un employé destitué perdra tous ses droits sur le fonds de retraite. A l'égard du démissionnaire, les sommes qui auront été retenues de ses appointements demeureront acquises à la masse ; mais, en cas de nouveaux services, ceux précédemment rendus devront être comptés, soit pour l'employé, soit pour sa femme et ses enfants.

17. Les pensions et les secours sur le fonds de retraite seront payés comme les traitements.

18. Si le produit des fonds destinés aux pensions a excédé le montant des paiements à faire aux pensionnaires, l'excédant sera versé ou restera à la caisse d'amortissement, qui tiendra compte des intérêts, de même que pour le capital mentionné en l'art. 3.

19. Au commencement de chaque semestre, il sera formé un bordereau général, contenant : 1° l'état des retenues faites pendant le semestre échu, et de celles présumées à faire sur les six mois suivants, ainsi que des capitaux provenant de l'exécution des art. 3 et 18 du présent décret, des intérêts qu'ils auront produits et de ceux qu'ils devront produire pendant le semestre commençant ; 2° l'état des pensions accordées jusqu'alors et de celles éteintes ; 3° l'état des nouvelles demandes de pensions et des sommes nécessaires pour les acquitter. Il en sera adressé une expédition au ministre des finances, et une au directeur général de la caisse d'amortissement.

20. Le directeur général de la caisse d'amortissement rendra, chaque année, au ministre des finances, compte par écrit des sommes qu'il aura reçues, payées ou employées, et des extinctions des pensions qui auront eu lieu. Ce compte sera arrêté par le ministre et mis sous nos yeux.

21. Nos ministres des finances et du trésor public sont chargés, etc.

Signé NAPOLÉON.

———

29 MARS 1811 = 21 MARS 1831. — Décret impérial contenant création d'un conseil de constructions navales. (IX, Bull. O. LII, n. 1318.)

Napoléon, etc.

Art. 1er. Il est établi près, et sous l'autorité de notre ministre de la marine, un conseil de constructions navales.

2. Ce conseil sera chargé d'arrêter les plans et devis des différentes espèces de bâtiments dont nous aurons ordonné la construction ; les devis de dépense pour toute espèce de main-d'œuvre ressortant de la direction du génie maritime ; les plans, dessins, devis et modèles ayant pour objet d'établir l'uniformité dans la confection de tous les ouvrages de construction et d'armement, ou de préciser les exceptions à faire à cette uniformité ; de proposer la nature et l'espèce de réparation ou radoubs dont nos bâtiments seront susceptibles.

3. Le conseil sera chargé de la discussion de toutes propositions relatives à la charpente, la mâture, la voilure, l'armement, l'installation de l'artillerie, les ménagements intérieurs des vaisseaux et la construction de leurs embarcations. Il proposera les instructions qu'il sera jugé utile d'adresser aux officiers du génie maritime, en ce qui concerne les constructions, et aux officiers militaires en ce qui concerne l'arrimage.

4. Le conseil examinera les rapports des officiers commandants sur la marche et les qualités des bâtiments qui leur sont confiés sur les changements que leur expérience leur aura fait connaître devoir être opérés dans la mâture, la voilure et l'arrimage de leurs bâtiments, afin de proposer au ministre les dispositions particulières ou générales dont il aura reconnu l'utilité.

5. Chaque année, au mois de décembre, le conseil fera un rapport sur l'état actuel de l'art de l'architecture navale. Il indiquera les parties qui lui paraîtront susceptibles de perfectionnement ; il établira les programmes des questions, à la solution desquelles les officiers du génie maritime seront appelés à concourir ; il proposera les innovations à créer et les divers essais à faire. Ce rapport

nous sera présenté par notre ministre de la marine, accompagné des membres du conseil.

6. A ce rapport en sera joint un sur les plans, devis, mémoires, qui auront été adressés par les officiers du génie maritime ou tous autres sur le fait des constructions navales, en tant qu'ils renfermeront des idées neuves et utiles aux progrès de l'art.

7. Tous les plans, devis, dessins, mémoires et rapports, discutés par le conseil et dignes d'être conservés, seront recueillis et inventoriés par les soins de l'inspecteur général du génie maritime.

8. Lorsque le conseil aura à délibérer sur des objets relatifs au grément, à l'intallation des bâtiments et à l'artillerie, des officiers généraux ou supérieurs de la marine et l'inspecteur du matériel de l'artillerie de cette arme, selon la nature des objets à traiter, recevront ordre du ministre d'assister aux séances du conseil et y auront voix délibérative.

9. Les membres du conseil des constructions navales seront nommés par nous tous les deux ans ou mois de novembre, et ceux de la première nomination seront nommés pour siéger au conseil jusqu'au 1er novembre 1812.

10. Les membres du conseil pourront, sur l'ordre de notre ministre de la marine, être chargés de diverses inspections particulières, outre celles de l'inspecteur général.

11. Le chef du génie maritime et les ingénieurs de ce service de toute classe, qui se trouveront à Paris, pourront assister à toutes les séances du conseil et y auront voix représentative.

12. Chaque année, notre ministre de la marine appellera à Paris, dans le mois de novembre, quatre des chefs du génie maritime ou ingénieurs de nos arsenaux pour assister aux séances du conseil pendant l'espace de deux mois, et ils y auront voix délibérative pendant la durée de leur session.

13. Notre ministre de la marine est chargé, etc.   *Signé* NAPOLÉON.

17 MARS 1812 = 2 SEPTEMBRE 1831. — Décret impérial portant modification du décret de 1811 sur le privilége des facteurs de la halle de Paris. (IX, Bull. O. C, n. 2814.)

Napoléon, etc., sur ce qu'il nous a été représenté que les dispositions du deuxième paragraphe de l'art. 1er de notre décret du 27 février 1811, mettaient obstacle à l'exercice du privilége que nous avons accordé aux facteurs de la halle de Paris sur le dépôt de garantie des boulangers de cette ville; sur le rapport de notre ministre des manufactures et du commerce; notre conseil d'Etat entendu, etc.

Art. 1er. Le deuxième paragraphe de notre susdit décret du 27 février 1811 est modifié. En conséquence, ces mots *dans le cas d'insuffisance des autres biens et propriétés du boulanger failli, ou retiré sans la permission de notre conseiller d'Etat préfet de police,* sont supprimés et considérés comme non avenus. Les autres dispositions de ce même décret qui règlent les droits desdits facteurs, auront leur plein et entier effet.

2. Notre ministre des manufactures et du commerce est chargé, etc.

22 SEPTEMBRE 1812 = 14 JANVIER 1833. — Décret impérial portant règlement sur les pensions de retraite des employés du Mont-de-Piété de Paris. (IX, Bull. O. CCV, 1re sect., n. 4611.)

Napoléon, etc.

TITRE Ier. *Dispositions générales.*

Art. 1er. Il sera créé un fonds de pensions de retraite et de secours en faveur des employés dans les bureaux et magasins du mont-de-piété de la ville de Paris, et de leurs veuves et enfants qui y auront droit en vertu des dispositions du présent décret.

2. Ce fonds de pensions et de secours sera formé: 1º de la somme de cent soixante-deux mille huit cent quarante-six francs, actuellement en caisse au mont-de-piété de Paris, et provenant de différentes réserves faites pour cet objet; 2º d'une somme de vingt mille francs qui sera prélevée annuellement, à compter du présent exercice, sur les bénéfices du mont-de-piété; 3º du produit des intérêts desdites sommes.

3. La retenue prescrite par l'article précédent sur les bénéfices aura lieu jusqu'à ce que les sommes principales, cumulées avec les intérêts, aient formé un capital donnant un revenu annuel de vingt-cinq mille francs.

4. Le fonds de pensions créé par l'art. 1er n'est applicable qu'aux employés actuels du mont-de-piété, et à ceux qui en feront partie à l'avenir. Néanmoins, les pensions dont il a été fait demande en faveur d'employés retirés pour cause d'âge ou d'infirmités, depuis le 1er janvier 1811, ou en faveur des veuves et des enfants des employés décédés depuis la même époque, et sur lesquelles il n'a pu encore être statué, seront réglées d'après le mode de liquidation prescrit par le présent décret, et le montant en sera acquitté sur les fonds indiqués par l'art. 2, sans cependant que ce montant puisse excéder les intérêts résultant desdits fonds.

TITRE II. *Des conditions pour obtenir une pension.*

5. Les demandes à fin de pensions se-

ront adressées avec les pièces à l'appui, au conseil d'administration du mont-de-piété.

6. Il sera tenu un registre de ces demandes; elles y seront portées par ordre de dates.

7. Le conseil d'administration fera examiner par le directeur général du mont-de-piété toutes les demandes de pension, ainsi que les titres à l'appui; et chaque année, ce travail sera présenté par le conseil au préfet de la Seine, qui l'adressera, avec son avis, à notre ministre de l'intérieur, pour nous en être rendu compte en notre conseil d'Etat.

8. Les droits à une pension de retraite ne pourront être réclamés qu'après trente ans de service effectif, pour lequel on comptera tout le temps d'activité dans d'autres administrations publiques et qui ressortissent au gouvernement mais sous la condition que les postulants auront au moins dix ans de service dans celle du mont-de-piété.

9. La pension pourra être accordée cependant avant les trente ans de service, à ceux que des accidents, l'âge ou les infirmités rendraient incapables de continuer leurs fonctions, ou qui, par le fait de la suppression de leurs emplois, se trouveraient réformés, pourvu toutefois que les uns et les autres aient au moins dix années de service dans l'administration du mont-de-piété.

10. L'employé âgé de soixante ans, justifiant de vingt-cinq années de service, dont quinze au moins dans l'administration du mont-de-piété, et que des infirmités obligeraient de se retirer, sera traité comme s'il avait trente ans de service effectif.

11. Pour déterminer le montant de la pension, il sera fait une année moyenne du traitement fixe dont les réclamants auront joui pendant les trois dernières années de leur service.

12. La pension accordée en vertu des art. 8 et 10 ne pourra excéder la moitié du traitement, calculé ainsi qu'il est dit en l'article précédent. Elle s'accroîtra du vingtième de cette moitié pour chaque année de service au-dessus de trente ans, sans pouvoir jamais excéder les deux tiers du traitement.

13. La pension accordée en vertu de l'art. 9 sera, pour dix ans de service, du sixième du traitement, calculé ainsi qu'il est prescrit art. 11. Elle s'accroîtra d'un soixantième de ce traitement par chaque année de service au-dessus de dix ans, sans pouvoir excéder la moitié de ce traitement.

14. Les veuves et orphelins des employés décédés ayant dix ans de service, ou jouissant d'une pension de retraite, auront droit à une pension qui ne pourra excéder la moitié de celle à laquelle aurait eu droit ou dont jouissait le décédé. Les veuves ne pourront y prétendre qu'autant qu'elles auront au moins cinq ans de mariage, et qu'elles n'auront point été divorcées. Elles perdront leur droit à la pension en contractant un nouveau mariage.

15. Si l'employé laisse une veuve sans aucun enfant au-dessous de quinze ans, sa pension sera du quart de la pension de retraite à laquelle aurait eu droit ou dont jouissait son mari. Dans le cas où le décédé aurait laissé à la charge de sa veuve un ou plusieurs enfants au-dessous de quinze ans, la pension pourra être augmentée, pour chacun de ces enfants, de cinq pour cent du montant de celle qui aurait été réglée pour le décédé, sans toutefois que la totalité de la somme à accorder à la veuve, tant pour elle que pour ses enfants, puisse jamais excéder la moitié de la pension de retraite à laquelle aurait eu droit ou dont jouissait le décédé. La pension d'une veuve pourra encore s'élever à la moitié de celle dont aurait joui ou dont jouissait son mari, si, au jour du décès, elle est âgée de cinquante ans.

16. Si la veuve décède avant que les enfants provenant de son mariage avec l'employé aient atteint l'âge de quinze ans, sa pension sera réversible à ses enfants, qui en jouiront, comme les autres orphelins jouiront de la leur, par égale portion, jusqu'à l'âge de quinze ans accomplis, sans réversibilité des uns aux autres.

17. Si les employés ne laissent pas de veuves, mais seulement des orphelins, il pourra être accordé à ces derniers des pensions de secours, jusqu'à ce qu'ils aient atteint l'âge de quinze ans; la quotité des secours sera fixée, pour chacun, à la moitié de ce qu'aurait eu leur mère si elle avait survécu à son mari, et ne pourra excéder, pour tous les enfants ensemble, la moitié de la pension à laquelle leur père aurait eu droit ou dont il jouissait. La pension qui pourrait revenir, d'après les précédentes dispositions, à un ou plusieurs de ces enfants, leur sera conservée pendant toute leur vie, s'ils sont infirmes, et, par l'effet de leurs infirmités, hors d'état de travailler pour subvenir à leurs besoins.

18. En cas de concurrence entre plusieurs employés réclamant la pension, l'âge et les infirmités d'abord, et ensuite l'ancienneté des services, décideront de la préférence.

19. L'absence pour service militaire, par

l'effet de la réquisition ou de la conscription, n'est pas considérée comme interruption de service, pour les employés qui ont déjà rempli ou qui remplissent encore ce devoir, ou qui y seront appelés par la suite. Les années de service militaire ne sont, comme celles passées dans tout autre emploi, comptées chacune que pour une année.

TITRE III. *Des cas de suspension, et de la privation du droit à la pension.*

20. Tout employé destitué perd ses droits à la pension, lors même qu'il aurait le temps de service nécessaire pour l'obtenir.

21. Si un employé démissionnaire est réadmis dans les bureaux par la suite, le temps de son premier service comptera pour la pension.

TITRE IV. *Secours.*

22. Il peut être distrait, du fonds réservé pour les pensions, des sommes applicables à des secours extraordinaires et une fois payés, sans que, dans aucun cas, ces sommes puissent excéder deux mille francs par an. Ces secours seront distribués : 1° à des employés qui éprouveraient des maladies ou des accidents graves, et qui seraient notoirement connus pour n'avoir pu se ménager les moyens de suffire à ces événements, soit à raison de leur nombreuse famille, soit pour toute autre cause, qui ne serait pas celle d'inconduite ; 2° aux veuves des employés de cette même classe, lorsque les services de leurs maris ne leur ont pas donné droit à la pension. Ces secours ne pourront être payés que sur une délibération du conseil d'administration du mont-de-piété.

TITRE V. *Mode de comptabilité.*

23. Il ne sera accordé de pensions que jusqu'à concurrence de l'intérêt que produira annuellement le fonds des pensions.

24. Si le montant de l'intérêt annuel des sommes réservées pour les pensions excède le montant des pensions, l'excédant restera dans la caisse du mont-de-piété, qui en cumulera les intérêts au profit de la caisse des pensions.

25. Les pensions seront payées tous les trois mois, par le caissier du mont-de-piété.

26. Le directeur général du mont-de-piété rendra chaque année, au préfet du département de la Seine, un compte par écrit de la situation de la caisse des pensions, sous le rapport : 1° des pensions accordées et des pensions éteintes dans le cours de l'année ; 2° du produit des sommes formant le fonds des pensions et des rete-nues prescrites par l'art. 2 ci-dessus ; 3° du montant des arrérages payés aux pensionnaires en titre.

27. Ce compte, arrêté par le préfet, sur l'avis du conseil d'administration, sera mis sous les yeux de notre ministre de l'intérieur.

28. Notre ministre de l'intérieur est chargé, etc.

---

11 AVRIL 1813 = 15 AVRIL 1833. — Extrait d'un décret portant établissement de droits au profit de la ville de Paris. (IX, Bull. O. CCXVIII, 1ʳᵉ sect., n. 4735.)

TITRE II. *Droit d'entrepôt à la halle aux vins.*

Art. 7. Les vins, esprits, eaux-de-vie et liqueurs qui seront admis à l'entrepôt général seront assujettis : 1° à un droit d'admission et de sortie, une fois payé, de vingt-cinq centimes par hectolitre ; 2° à un droit de magasinage de vingt-cinq centimes, par mois et par hectolitre.

8. Le droit de magasinage est dû pour un mois entier, lors même que les vins, eaux-de-vie et liqueurs sortiront de l'entrepôt avant l'expiration du mois. Le mois commencera à dater du jour de l'introduction des boissons à l'entrepôt.

9. En cas de transfert ou de mutation dans l'entrepôt, les vins, eaux-de-vie, esprits et liqueurs, seront soumis au droit d'admission et de sortie et au droit de magasinage, à chaque transfert ou à chaque mutation ; ces droits seront acquittés par les nouveaux propriétaires.

10. Les vins qui seront entreposés dans les celliers ou caves de l'entrepôt paieront, indépendamment des droits fixés par l'art. 7 du présent décret, un droit de location, à raison d'un franc par mètre linéaire de chantier, et par an.

11. Un règlement particulier, concerté entre notre conseiller d'État directeur général des droits réunis et le préfet de la Seine, déterminera les formalités d'admission dans l'entrepôt, ainsi que les mesures de police et de service intérieur et extérieur. Ce règlement nous sera soumis par nos ministres des finances et de l'intérieur, dans le courant du mois de mai prochain.

25. Notre ministre de l'intérieur est chargé, etc.

---

2 DÉCEMBRE 1814 = 2 SEPTEMBRE 1831. — Ordonnance du roi sur la patente des boulangers et marchands ambulants et étalagistes de Paris. (IX, Bull. O. C, n. 2816.)

Louis, etc., sur le compte qui nous a été rendu par notre ministre des finances, de la demande faite par le préfet du département de la Seine, tendant à ce qu'à compter du 1er janvier 1815, les boulangers de la ville de Paris soient tenus d'acquitter le droit de patente, et à ce que les étalagistes soient assimilés aux marchands forains pour l'époque des paiements; notre conseil d'Etat entendu, etc.

Art. 1er. A compter de 1815, l'art. 7 de l'arrêté des consuls du 19 vendémiaire an 10 (1801) cessera d'avoir son effet; en conséquence, les boulangers de la ville de Paris acquitteront, dans les termes et délais prescrits par la loi du 1er brumaire an 7 (1799), les droits de patente pour lesquels chacun sera porté aux rôles.

2. Les marchands en ambulance ou étalagistes de la ville de Paris continueront à être cotisés à la patente, conformément à l'art. 29 de la même loi, et seront, à compter de la même époque du 1er janvier, assimilés aux marchands forains, et tenus dès lors de payer leur patente entière dans le courant du mois de janvier, conformément à l'art. 26 de la loi du 15 floréal an 10 (1802).

3. Pour assurer l'exécution de l'article précédent, il sera, dans les premiers jours de janvier, délivré aux marchands en ambulance ou étalagistes un certificat d'inscription et de quotité de contribution, d'après lequel le percepteur recevra et donnera quittance.

4. Sur le vu de la quittance, il sera délivré à chacun d'eux une patente dans la forme accoutumée.

5. Les commissaires et agents de police, chargés de l'inspection des lieux où l'étalage est permis, ne laisseront s'y établir aucun vendeur, qu'il ne leur ait justifié de son paiement par la représentation de la patente analogue à la marchandise qu'il expose en vente.

6. Notre ministre des finances (baron Louis), etc.

———

Sire, la bienveillante sollicitude de Votre Majesté a permis d'entreprendre d'heureux changements dans les institutions de l'armée. J'ai pensé qu'en fournissant aux officiers généraux et supérieurs de l'armée de Votre Majesté les moyens d'étudier les diverses branches de la législation militaire, c'était leur fournir la facilité de s'instruire et de méditer la sagesse des principes adoptés par Votre Majesté. Pour atteindre ce but, il va être rédigé sous mes yeux un ouvrage qui sera publié le premier de chaque mois, et qui contiendra le recueil des ordonnances, règlements, instructions, décisions et circulaires, sur l'administration, l'instruction, etc. En préparant les moyens d'exécution, j'ai songé en même temps aux moyens d'éviter que les frais de cet établissement ne fussent à la charge du trésor de Votre Majesté (1). Ainsi, je propose à Votre Majesté que l'abonnement soit obligatoire pour les généraux en activité; les adjudants commandants, chefs d'état-major; les commandants d'armes des trois premières classes; les inspecteurs et sous-inspecteurs aux revues; les ordonnateurs et commissaires des guerres; les colonels directeurs d'artillerie et du génie; les conseils d'administration. Par cette disposition, les généraux, les conseils d'administration des corps, etc., seraient en possession d'un recueil, qui formerait avec le temps un ouvrage complet de législation et d'instruction. Le ministère de la guerre économiserait, en outre, des dépenses de réimpression. Le prix d'abonnement est très-modique pour les classes sur qui il portera. Je n'ai pas cru devoir rendre les abonnements obligatoires pour les colonels, majors, chefs d'escadron, chefs de bataillon et commandants d'armes de quatrième classe; mais l'utilité du journal militaire officiel se fera sentir à tous les officiers supérieurs, et j'ai la confiance que plusieurs s'y abonneront de leur propre mouvement. Alors, les excédants de recette que pourrait donner la régie de cet ouvrage, pourraient être affectés à améliorer la situation de la caisse des pensions des employés du ministère, qui est insuffisante, malgré la retenue de cinq pour cent qui s'exerce sur les traitements de ces employés. Ces considérations me portent à proposer à Votre Majesté de déclarer officiel *le journal militaire*, et d'approuver la mesure de l'abonnement obligatoire pour les hauts grades dont la nomenclature est indiquée.

———

———————————

(1) L'ordonnance du 31 décembre 1830 y déroge. (*Note du Bulletin officiel.*)

Louis, par la grâce de Dieu, roi de France et de Navarre, à tous ceux qui ces présentes verront, salut. Par notre ordonnance du 20 juillet dernier, nous avons autorisé notre bonne ville de Paris à lever sur elle-même une contribution directe pour acquitter les dépenses extraordinaires dans lesquelles elle a été entraînée par la force des événements. Nous aurions désiré, mais nous n'avons pu espérer, que cette contribution fût suffisante pour acquitter indéfiniment toutes les charges dont elle a pour objet de diminuer le poids. Aujourd'hui, convaincu de l'insuffisance des ressources déjà créées, nous sentons avec douleur la nécessité de nouveaux sacrifices pécuniaires qui seuls peuvent achever de soustraire les habitants à l'action immédiate des charges actuelles ; mais nous avons reconnu que si les sacrifices qu'exigent les circonstances devaient être subits, comme ils l'ont été dans plusieurs communes, ils seraient trop pesants pour le plus grand nombre des habitants de notre bonne ville de Paris, et nous avons désiré qu'il fût possible de les alléger, quant aux époques de paiement, de même que quant aux sommes à payer, en les imputant en partie sur un avenir plus heureux qu'il nous est enfin permis d'espérer; ne voulant pas d'ailleurs que la classe des propriétaires, déjà surimposée, à notre grand regret, eût seule à supporter le nouveau surcroît des charges publiques que les circonstances peuvent encore exiger, et croyant qu'il est de notre justice de les atténuer, autant que possible, par une répartition plus générale, basée sur les consommations, et par un mode moins onéreux dans la perception. A ces causes, etc.

Art. 1er. La ville de Paris est autorisée à imposer, additionnellement à sa contribution foncière des années 1816 et 1817, une somme de deux millions cent trente-quatre mille francs. Cette imposition communale sera répartie au centime le franc des cotes des contributions foncières de chacune desdites années. Elle sera comprise dans les rôles des contributions ordinaires.

2. La ville de Paris demeure aussi autorisée à imposer, pendant chacune des mêmes années 1816 et 1817, par addition à sa contribution personnelle, une somme de neuf cent soixante et dix mille francs. Cette imposition communale sera répartie au centime le franc des cotes personnelles ordinaires et dans les mêmes rôles.

3. Les percepteurs de Paris feront le recouvrement des impositions communales, et ils auront droit à des taxations égales à celles qu'ils touchent pour la perception des contributions ordinaires.

4. Le préfet de la Seine nous présentera un projet de nouveau tarif de répartition de la contribution personnelle de Paris.

5. A compter du jour de la publication de la présente ordonnance, et jusqu'à la rectification prochaine du tarif de l'octroi, les droits d'octroi municipal de la ville de Paris sur les boissons, tant à l'entrée qu'à la fabrication, seront perçus sur le même taux qu'ils l'étaient avant l'acte du 8 avril 1815, concurremment avec l'augmentation portée au nouveau tarif des droits d'octroi.

6. A compter du même jour, et jusqu'au 31 décembre 1817 inclusivement, notre bonne ville de Paris est autorisée à percevoir un dixième en sus du montant de chacun des droits d'octroi perçus tant à l'entrée de la ville qu'à la fabrication.

7. Les abattoirs seront mis en état de service pour le 1er janvier 1816. A compter dudit jour, notre bonne ville de Paris y percevra les droits réglés par le tarif annexé aux présentes.

8. A l'avenir, et à compter du jour de la publication de la présente ordonnance, la prise d'eau aux huit fontaines dépendantes de l'établissement des pompes à feu sera assujettie, comme elle l'était avant le décret du 2 février 1812, à une rétribution au profit de la ville de Paris. La rétribution à percevoir sera de vingt-cinq centimes par muid, ou neuf centimes par hectolitre. Défenses sont faites à tous agents, économes, portiers, concierges ou autres employés d'établissements publics, palais, hôtels ou maison, jouissant, à quelque titre que ce soit, d'eau provenant des eaux de notre bonne ville de Paris, de vendre ladite eau, à peine d'une amende de vingt-cinq francs pour la première contravention, et du double en cas de récidive.

9. A compter du jour de la publication de la présente ordonnance, les droits attribués à notre bonne ville de Paris dans les halles et marchés seront perçus avec les modifications suivantes, sans qu'il puisse en résulter d'augmentation, soit dans les taxations des facteurs ou factrices, soit dans les frais de perception : 1o le droit à la vente en gros des poissons de mer et des huitres, ainsi que des volailles et gibier, sera de six pour cent du produit des ventes; 2o le droit sur les ventes en gros des beurres et œufs sera de trois pour cent.

10. Nos ministres aux départements des finances et de l'intérieur (MM. baron Louis et ....) sont respectivement chargés, etc.

TARIF *des droits additionnels sur le prix de vente en gros dans les halles et marchés de Paris.*

OBJETS DE VENTE.	MONTANT de vente.	DROIT additionnel.	PRODUIT.
Marée.	3,860,300 fr.	1 p. 100.	38,603 fr.
Volaille et gibier.	6,378,100	2 p. 100.	127,562
Beurre et œufs.	5,901,600	1/2 p. 100.	29,508
Idem à destination.	4,547,800	1/2 p. 100.	22,739
Huîtres.	579,900	2 p. 100.	11,600
Total par année.			230,012

TARIF *des droits à percevoir dans les abattoirs de Paris.*

OBJET DE PERCEPTION.	MODE.	QUANTITÉ.	DROIT.	PRODUIT.
Bœufs.	Tête. . . .	67,000 fr.	6 fr. 00	402,000 fr.
Vaches.	Idem. . . .	8,000	4 00	32,000
Veaux.	Idem. . . .	80,000	2 00	160,000
Moutons.	Idem. . . .	330,000	0 50	165,080
Porcs.	Idem. . . .	57,000	2 00	114,800
				873,000
Fonte des suifs. . . .	100 kilogr.	6,000,000	3 00	180,000
Total par année.				1,053,000

9 JANVIER 1816 = 1ᵉʳ MAI 1832. — Ordonnance du roi relative au traitement des vicaires généraux et chanoines. (IX, Bull. O. CLII, 1ʳᵉ sect., n. 4111.)

Louis, etc., considérant qu'il n'y a eu jusqu'ici aucun motif fondé de n'acquitter le traitement des vicaires généraux et chanoines qu'à compter du jour où leur nomination par les évêques est agréée, lorsque c'est à compter du jour même de la nomination des évêques que sont payés les traitements des curés et des desservants, ainsi que les bourses et demi-bourses des séminaires, etc.

Art. 1ᵉʳ. Les vicaires généraux et chanoines nommés par les évêques et agréés par nous depuis le 1ᵉʳ avril 1814, ou qui obtiendront cet agrément à l'avenir, recevront leur traitement à compter du jour de leur nomination.

2. Notre ministre de l'intérieur (M. Vaublanc) est chargé, etc.

10 JANVIER 1816. — Ordonnance qui accorde des lettres de naturalité au sieur Graff. (Bull. O. 87, n. 2430.)

21 FÉVRIER 1816 = 8 MARS 1831. — Ordonnance du roi portant règlement sur les pensions et secours à accorder aux veuves et enfants or-phelins des officiers militaires et autres entrete-nus de la marine. (IX, Bull. O. XLVII, n. 1190.)

Louis, etc., vu notre ordonnance du 14 août 1814, portant règlement sur les pensions et secours aux pauvres et enfants orphelins des militaires de l'armée de terre; sur le rapport de notre ministre secrétaire d'Etat de la marine et des colonies, etc.

Art. 1ᵉʳ. Les veuves des officiers militaires ou autres entretenus du département de la marine seront susceptibles d'obtenir des pensions, 1º si leurs maris ont été tués dans les combats; 2º s'ils sont morts avant le terme de six mois des blessures qu'ils y auront reçues; 3º s'ils ont péri dans un naufrage, ou par l'effet de tout autre évé-nement résultant du service maritime.

2. Les veuves des officiers militaires et entretenus de la marine jouissant, au mo-ment de leur décès, d'une solde de retraite acquise par des blessures ou par l'ancien-neté des services, celles dont les maris morts en activité auront rempli les condi-tions exigées pour l'obtention de ladite solde de retraite, seront également suscep-tibles d'être admises à la pension.

3. Pour jouir du bénéfice de la présente ordonnance, les veuves des officiers et autres entretenus morts des suites de leurs blessures seront tenus de prouver que leur

mariage a été contracté antérieurement aux combats dans lesquels leurs maris auront été blessés. Celles des veuves mentionnées en l'art. 2 qui n'auront point d'enfants de leur mariage seront assujetties à constater qu'elles n'auront point divorcé et qu'elles ont passé au moins cinq ans en union légitime avec les officiers ou entretenus aux droits desquels elles prétendront être substituées. A défaut des preuves exigées d'elles, les unes et les autres ne pourront être proposées pour la pension. Les veuves non divorcées, ayant un ou plusieurs enfants, seront dispensées de cette justification de cinq ans de mariage.

4. Les pensions des veuves seront fixées sur le quart du *maximum* de la solde de retraite d'ancienneté affectée au grade de leurs maris.

5. Les enfants orphelins nés en légitime mariage des officiers militaires et autres entretenus de la marine, auront droit à un secours annuel. Ce secours ne pourra excéder, quel que soit le nombre des enfants, le montant de la pension qui aurait été accordée à leur mère. Il s'éteindra proportionnellement, à mesure que chaque enfant sera parvenu à l'âge de vingt ans accomplis.

6. Lorsque les officiers militaires et autres entretenus de la marine auront rendu à l'Etat des services distingués, notre ministre secrétaire d'Etat de la marine nous proposera, en faveur de leurs veuves ou de leurs orphelins, des pensions particulières proportionnées à l'importance des services.

7. Les pensions et secours qui auront été réglés en exécution de la présente ordonnance, seront acquittés sur les fonds de la caisse des invalides de la marine.

8. Toutes les pensions et secours accordés jusqu'à ce jour aux veuves et enfants des officiers militaires et autres entretenus du département de la marine, sont maintenus au taux auquel ils ont été fixés.

9. Notre ministre de la marine et des colonies (vicomte Dubouchage) est chargé, etc.

20 MARS 1816. — Ordonnance qui accorde des lettres de naturalisation au sieur Ambroise-Vincent-Marie Rossi. (Bull. O., 2ᵉ sect., n. 3445.)

20 MARS 1816. — Ordonnance qui accorde des lettres de naturalité au sieur Eberlé. (Bull. O. 131, n. 2685.)

29 MAI 1816 = 1ᵉʳ NOVEMBRE 1832. — Ordonnance du roi qui autorise la liquidation des créances de la caisse des invalides de la marine, et porte que les capitaux résultant de cette liquidation seront convertis en inscription au grand-livre, lesquelles devront être immobilisées. (IX, Bull. O, CXCII, 1ᵉʳ sect., n. 4511.)

Louis, etc., considérant que la caisse des invalides de la marine a été dépouillée de capitaux et revenus qui étaient sa propriété; que les uns et les autres ont reçu une destination étrangère au service de l'établissement; que depuis cette époque la caisse n'a pu suffire à ses dépenses qu'en recevant du trésor, à titre de secours, l'équivalent des ressources dont elle avait été privée; que, pour faire cesser un état de choses aussi contraire aux bons principes de l'administration, il convient de faire jouir la caisse des invalides du droit qu'elle partage avec les autres créanciers de l'Etat, et de libérer le trésor d'une allocation qui ne peut rester à sa charge, etc.

Art. 1ᵉʳ. La caisse des invalides de la marine est autorisée à produire les titres de ses créances sur les exercices 1806, 1807, 1808 et 1809, comme sur les exercices suivants, afin que la liquidation s'en opère conformément aux dispositions des lois de finance des 20 mars 1813, 25 septembre 1814 et 28 avril 1816.

2. Les capitaux résultant de la liquidation desdites créances seront convertis en inscriptions au grand-livre de la dette publique, lesquelles devront être immobilisées.

3. A mesure que, par l'effet des liquidations, la caisse des invalides entrera en jouissance de ses capitaux et revenus, le secours que cet établissement reçoit de notre trésor royal sera réduit proportionnellement et jusqu'à extinction absolue.

4. Tous actes ou dispositions contraires à la présente ordonnance sont et demeurent révoqués.

5. Nos ministres des finances et de la marine (comte Dubouchage) sont chargés, etc.

26 JUIN 1816. — Ordonnance qui accorde des lettres de naturalité au sieur Bianhoz. (Bull. O. 87, n. 2431.)

17 JUILLET 1816 = 1ᵉʳ AVRIL 1832. — Ordonnance du roi qui fixe le prix des tabacs à fumer de fabrication étrangère. (IX, Bull. O. CXLVI, 1ʳᵉ sect., n. 4092.)

Louis, etc., vu l'art. 177, titre 5, de la loi sur les finances, du 28 avril 1816.

Art. 1ᵉʳ. Les tabacs à fumer composés de havane, kanaster, portoricco et autres, de fabrication étrangère, seront vendus au public, en gros et en détail, aux prix fixés ci-après, savoir : cigares de toutes formes et dimensions, 10 c. la pièce; tabacs hachés dits *scaferlaty*, 20 fr. le kil.

2. Notre ministre des finances (M. de Richelieu) est chargé, etc.

14 AOUT 1816 = 1ᵉʳ AVRIL 1832. — Ordonnance

du roi qui autorise la fabrication et la vente d'un tabac dit *de cantine.* (IX, Bull. O. CXLVI, 1re sect., n. 4093.)

Louis, etc., vu les art. 5 de la loi du 24 décembre 1814 sur les tabacs et 176 de celle du 28 avril 1816, etc.

Art. 1er. L'administration des contributions indirectes est autorisée à faire fabriquer et à vendre dans les départements ou arrondissements qui seraient exposés à l'introduction des tabacs de contrebande, un tabac dit *de cantine* à fumer et en poudre, au prix réduit pour les consommateurs de trois francs vingt centimes le kilogramme de tabac en poudre, et deux francs quarante centimes le kilogramme de tabac à fumer.

2. Ces prix pourront être successivement augmentés, sans que néanmoins ils puissent dépasser le taux de quatre francs par kilogramme, établi par les lois des 24 décembre 1814 et 28 avril 1816.

3. Il sera accordé par la régie aux débitants, sur le prix de ce tabac, une réduction proportionnée à celle dont ils jouissent sur le prix des autres qualités.

4. Nous maintenons, en tant que de besoin, les réductions de prix accordées depuis la loi du 24 décembre 1814 jusqu'à ce jour par la régie aux débitants, et nous les fixons ainsi qu'il suit : Première qualité, aux consommateurs, en détail, onze francs vingt centimes le kilogramme; aux débitants, dix francs. Première qualité, aux consommateurs, en boîtes ou en carottes, dix francs soixante et dix centimes le kilogr.; aux débitants, dix francs. Deuxième qualité, aux consommateurs, sept francs vingt centimes le kilogramme; aux débitants, six francs quarante centimes. Cantine, aux consommateurs, quatre francs le kilogramme; aux débitants, trois francs cinquante centimes. Cantine, dans les départements où circulent des tabacs de fraude; pour le tabac en poudre, aux consommateurs, trois francs vingt centimes le kilogramme; aux débitants, deux francs quatre-vingts centimes; pour le tabac à fumer, aux consommateurs, deux francs quarante centimes; aux débitants, deux francs. Il sera fait de plus aux débitants une remise de cinq pour cent, pour trait de balance, sur la vente des tabacs de toutes qualités.

5. Notre ministre des finances (M. de Richelieu) est chargé, etc.

9 OCTOBRE 1816 = 1er AVRIL 1832. — Ordonnance du roi qui fixe les prix des tabacs mélangés d'exotique et d'indigène, et des tabacs étrangers. (IX, Bull. O. CXLVI, 1re sect., n. 4091.)

Louis, etc., vu les art. 176 et 177 de la loi du 28 avril 1816, et nos ordonnances des 28 février, 17 juillet et 14 août de la même année, etc.

Art. 1er. Les tabacs des espèces ci-après désignées seront vendus, savoir :

	AUX DÉBITANTS.	AUX CONSOMMATEURS.
Tabacs mélangés d'exotique et d'indigène.	fr. c.	fr. c.
Carottes à pulvériser.	10 00 le kilog.	10 70 le kilog.
Poudre.		
Carottes à fumer.	7 20 le kilog.	8 00 le kilog.
Haché et rôles à fumer.		
Menu filé à mâcher.	10 00 le kilog.	11 20 le kilog.
Cigares de toutes formes et dimensions.	10 00 les 224.	00 05 la pièce.
Tabacs étrangers.		
Cigares.	20 00 les 224.	00 10 la pièce.
Tabacs en poudre ou à fumer, en boîtes ou en paquets.	14 00 le kilog.	15 00 le kilog.

Les dispositions de notre ordonnance du 14 août 1816, relativement aux tabacs de cantine, sont maintenues.

2. Il sera fait aux débitants une remise de cinq pour cent pour trait de balance sur le prix de toutes les qualités de tabacs.

3. Notre ministre des finances (comte Corvetto) est chargé, etc.

27 NOVEMBRE 1816. — Ordonnance qui accorde des lettres de naturalité au sieur Croserio. (Bull. O. 87, n. 2432.)

30 JANVIER 1817. — Ordonnance qui accorde des lettres de naturalisation au sieur Jean-Frédéric Righer. (Bull. O., 2e sect., n. 4937.)

5 FÉVRIER 1817. — Ordonnance portant règlement pour la boulangerie des villes de Chartres, Carcassonne, Limoux, Niort, Saumur et Châlons-sur-Saône. (Bull. O. 101, n. 2837.)

10 FÉVRIER 1817. — Ordonnance qui accorde des lettres de naturalité au sieur Tamburini. (Bull. supp., n. 15011.)

26 MARS 1817. — Ordonnance qui accorde des lettres de déclaration de naturalité au sieur J.-L. Fregossi, dit G.-L. Fraygausi. (Bull. supp., n. 9706.)

———

16 AVRIL 1817. — Ordonnance qui accorde des lettres de naturalité au sieur Michel Tisci. (Bull. supp., n. 10467.)

———

30 AVRIL 1817 = 25 JUILLET 1837. — Ordonnance du roi relative au commerce connu sous le nom de troque. (IX, Bull. supp. CCXCVII, n. 11020.)

Louis, etc., la stérilité du pays habité par les sauniers et paludiers d'une partie des côtes des départements de la Bretagne les a toujours obligés, pour se procurer le grain nécessaire à leur subsistance et à celle de leurs familles, d'échanger le sel de leur récolte. Ce genre de commerce, connu sous le nom de troque, a de tous temps été l'objet de la sollicitude des rois nos prédécesseurs, ainsi que le prouvent, entre autres dispositions, les lettres-patentes accordées aux sauniers et paludiers de la ville de Croisic et de la paroisse de Batz, le 12 janvier 1644; lesquelles confirmaient la franchise de tout droit dont jouissaient antérieurement les sels destinés pour la troque. Il est certain en effet que si l'approvisionnement de ces contrées n'était encouragé, les sauniers qu'il importe d'y fixer pour la culture des marais qui s'y trouvent seraient exposés à concevoir des craintes fondées pour leur subsistance, et c'est ce que confirme l'expérience des années qui viennent de s'écouler. L'art. 26 de la loi du 17 décembre 1814 a voulu venir au secours des paludiers, en portant à quinze pour cent le déchet qui serait accordé sur les sels qu'ils enlèveraient pour la troque. Mais nous sommes informés que ce sacrifice, considérable pour le Trésor, outre qu'il ne profite pas aux paludiers, que la nécessité de transporter dans l'intérieur de grandes quantités de sel oblige à s'en défaire à vil prix, a le très-grave inconvénient d'approvisionner un rayon considérable que les spéculateurs fournissaient précédemment, et que cet état de choses, qui excite de la part de ceux-ci de vives réclamations, ne fait que prolonger et même aggraver la misère du pays habité par les paludiers, que le défaut de bénéfices réels empêche de rapporter des grains en échange de leurs sels : à ces causes, voulant pourvoir d'une manière efficace à l'approvisionnement de ces contrées, dignes de tout notre intérêt ; considérant qu'il n'est possible d'y parvenir qu'en rétablissant le système de la troque en nature; que l'art. 26 de la loi du 17 décembre 1814, qui accorde pour les sels de troque une remise extraordinaire de dix pour cent, nous fournit non seulement les moyens d'atteindre ce but, en renouvelant une faveur accordée par nos prédécesseurs, mais ceux de procurer en même temps au Trésor une économie effective, puisque les documents mis sous nos yeux prouvent que cette remise de dix pour cent peut mettre dans la consommation, sans atteindre le but de bienfaisance que la loi du 17 décembre s'est proposé, une plus grande quantité de sel en franchise du droit que celle qui lui sera fournie par suite de la concession dont il s'agit ; considérant qu'il n'est pas moins urgent de faire cesser les motifs de plainte que présente le corps des négociants en sel contre le système de troque actuel ; sur le rapport de notre ministre secrétaire d'État des finances; notre conseil d'État entendu, etc.

Art. 1er. On ne reconnaîtra désormais pour commerce de la troque que celui qui aura effectivement pour objet d'échanger du sel contre des grains qui seront rapportés et représentés en nature dans les communes dont les habitants se livrent à ce genre de trafic.

2. Il sera formé au commencement de chaque année, par les maires des communes qu'habitent les sauniers et paludiers des cantons où le commerce de la troque est en usage, un état exact de ceux qui auront déclaré vouloir faire ce commerce et du nombre d'individus composant leurs familles. Cet état sera visé par le sous-préfet et adressé par celui-ci au directeur des douanes, qui veillera à ce qu'aucun paludier autre que ceux qui y figurent ne soit admis à faire des expéditions pour la troque.

3. Chaque chef de famille compris en l'état ci-dessus recevra aussi chaque année de la part de la douane, et moyennant le seul remboursement des frais qui seront fixés par le directeur, un livret sur lequel seront indiquées les quantités de sel qu'il lui sera permis de lever pendant la durée de la troque, avec application de l'immunité ci-après indiquée. Seront considérés comme chefs de famille pour la formation dudit état : 1° les veuves de sauniers et paludiers ayant des enfants à leur charge ; 2° les aînés de famille chargés du soin d'élever leurs frères et sœurs.

4. Il sera accordé en franchise de tout droit pour le commerce de la troque, à chaque saunier et paludier, autant de fois cent kilogrammes de sel que sa famille se compose d'individus de tout âge et de tout sexe.

5. La troque n'aura lieu, ainsi qu'elle se pratiquait anciennement, que du 1er novembre de chaque année au 1er février exclusivement de l'année suivante.

6. Tout saunier ou paludier qui n'aurait point pendant ce temps expédié la totalité des quantités qu'il lui était permis d'ex-

traire ne pourra être admis à expédier la différence dans le cours de la saison suivante.

7. Un conseil de paroisse déterminera, avant l'ouverture de la *troque*, d'après les prix établis dans les contrées le plus habituellement fréquentées par les sauniers et paludiers, les quantités de chaque espèce de grains qui devront être rapportées en échange de cent kilogrammes de sel.

8. La délibération qu'il aura prise à cet égard sera soumise au sous-préfet et adressée par ce dernier au directeur des douanes, qui en fera suivre l'exécution.

9. L'évaluation des grains à rapporter sera faite sur le prix courant du sel augmenté du montant de l'impôt.

10. Le conseil de paroisse sera composé du maire et de ses adjoints, du curé et du receveur des douanes.

11. Seront aussi inscrites sur le livret dont il est parlé en l'art. 5 : 1° les quantités de sel faisant l'objet de chaque transport, avec le numéro de l'expédition qui aura été délivré pour l'accompagner, 2° sur le feuillet en regard de celui réservé pour cet enregistrement, les quantités et les espèces de grains rapportées.

12. Le receveur des douanes tiendra en outre un registre en forme de compte ouvert sur lequel seront exactement portées toutes les indications des livrets.

13. Les sauniers et paludiers ne pourront effectuer leurs expéditions par des bureaux différents ; ils devront consommer celles qu'ils seront autorisés à faire par le bureau où leur livret aura été délivré ; ils ne pourront non plus, sous quelque prétexte que ce soit, effectuer leur retour ni faire admettre en compte les grains rapportés dans un autre bureau.

14. Chaque transport de sel destiné pour la *troque* sera accompagné d'un acquit-à-caution portant obligation de représenter, au retour, une quantité de grains proportionnée, sous peine de payer le double droit sur les quantités de sel dont le grain rapporté ne justifierait pas l'emploi au trafic de la *troque*.

15. Tout saunier ou paludier poursuivi pour le paiement du double droit ne pourra être admis à faire une nouvelle expédition avant de s'être libéré ou d'avoir obtenu, sur la demande motivée du conseil de paroisse, la remise de tout ou partie de ce double droit.

16. La *troque* est interdite dans toute l'étendue du rayon des douanes. Les acquits-à-caution indiqueront la route à suivre et le délai accordé pour sortir de ce rayon.

17. Est pareillement interdit ce genre de trafic dans les villes et bourgs de l'intérieur où il existe des marchés ou des magasins de sel.

18. Tout transport de sel fait par les sauniers et paludiers, du marais au bureau de la douane, sans qu'il ait pu être préalablement délivré un permis, devra suivre, pour se rendre audit bureau, la route la plus directe, sous peine de confiscation et d'amende, conformément à la loi ; il en sera de même à l'égard du sel qui, ayant été transporté de cette manière, aurait été déposé dans une maison, sous un hangar, etc., etc., situés sur des routes obliques.

19. A cet effet, un arrêté du préfet, qui sera affiché dans toutes les communes où demeurent les sauniers et paludiers qui font la *troque*, indiquera les routes à suivre des différents points des marais salants pour arriver directement au bureau.

20. Au retour, les paludiers devront se présenter, à leur entrée dans le rayon des douanes, au plus prochain bureau de seconde ligne ou, à défaut, à la brigade la plus voisine, pour faire reconnaître les quantités et les espèces de grains qu'ils rapportent. Les préposés constateront ces quantités au dos de l'acquit-à-caution, et les paludiers devront suivre la même route qu'à leur départ pour arriver au bureau d'expédition, où les grains seront très-exactement vérifiés et portés en compte, ainsi qu'il est dit dans les art. 11 et 12.

21. Aucune commune autre que celles de la côte des départements de la Bretagne, dont les sauniers et paludiers se sont de tout temps livrés au commerce de la *troque* en vertu des anciennes ordonnances, ne sera admise à profiter de cette immunité.

22. Les sauniers et paludiers auxquels le commerce de la *troque* est permis pourront aussi se livrer à la vente du sel, soit dans les trois lieues des côtes, soit hors du rayon, en acquittant immédiatement les droits, sous la seule déduction du déchet ordinaire de cinq pour cent.

23. Toutes les dispositions concernant la *troque* contraires à la présente, sont et demeurent abrogées.

24. Notre ministre secrétaire d'Etat des finances (M. Corvetto), est chargé, etc.

14 MAI 1817. — Ordonnance qui accorde des lettres de naturalité au sieur Antonioz. (Bull. O. 87, n. 2433.)

18 JUIN 1817. — Ordonnance qui accorde des lettres de déclaration de naturalité au sieur Lemire. (Bull. supp., n. 12951.)

6 AOUT 1817. — Ordonnance qui accorde des lettres de naturalité au sieur Léonard. (Bull. supp., n. 14822.)

20 AOUT 1817. — Ordonnance relative aux travaux

de réparations du pont de Dax (Landes). (Bull. O. 123, n. 3453.)

24 SEPTEMBRE 1817. — Ordonnance portant que le nombre des membres suppléants du jury assermenté, institué par la loi du 28 avril 1816, sera fixé à quinze. (Bull. O., 1re sect., n. 5544.)

15 OCTOBRE 1817. — Ordonnance qui accorde des lettres de naturalité au sieur Manetche. (Bull. O. 91, n. 2661.)

22 OCTOBRE 1817 = 28 AVRIL 1831. — Ordonnance du roi qui concède un droit à percevoir à l'écluse de Gœulzin (canal de Mons à Condé) sur les bateaux, moyennant que le concessionnaire construira à ses frais cette écluse. (IX, Bull. O. LXIII, n. 1599.)

Louis, etc., sur le rapport de notre ministre de l'intérieur; vu la demande du sieur Honnorez, ancien entrepreneur du canal de Mons à Condé, tendant à être autorisé à construire à ses frais l'écluse de Gœulzin moyennant la concession d'un droit à percevoir sur les bateaux qui passeront à cette écluse; vu la loi du 25 mars 1817, titre 7, art. 124; notre conseil d'Etat entendu, etc.

Art. 1er. A dater du jour où l'écluse de Gœulzin sera livrée à la navigation, et pendant cinq ans et demi, le sieur Honnorez est autorisé à percevoir un droit de douze centimes par tonneau sur chaque bateau chargé, et de six centimes par tonneau sur chaque bateau vide passant à ladite écluse.

2. Pour prix de la concession portée en l'art. 1er, le sieur Honnorez sera tenu : 1o de construire à ses frais l'écluse projetée à l'extrémité du bassin de Gœulzin et du canal de Mons à Condé, ainsi que la maison éclusière; 2o d'exécuter, également à ses frais, les barrages, coupures, abaissement de digues, approfondissement du canal, et autres ouvrages à faire aux abords de cette écluse, en se conformant pour le tout aux plans et projets approuvés par M. le directeur général des ponts et chaussées.

3. Pendant toute la durée de la concession, le sieur Honnorez acquittera le salaire de l'éclusier. Il sera tenu, en outre, de maintenir en bon état toutes les parties de l'écluse et vingt mètres de longueur du canal, dont moitié en amont et moitié en aval de l'écluse.

4. Le concessionnaire ne pourra, sous aucun prétexte, prétendre à une indemnité à raison des interruptions que la navigation du canal pourra éprouver pendant le temps de sa concession.

5. Notre ministre de l'intérieur (M. Lainé) est chargé, etc.

22 OCTOBRE 1817 = 28 AVRIL 1831. — Ordonnance du roi sur la concession d'un droit sur les bateaux au passage de l'écluse de Fresnes (canal de Mons à Condé), moyennant que le concessionnaire construira ladite écluse à ses frais. (IX, Bull. O. LXIII, n. 1600.)

Louis, etc., sur le rapport de notre ministre de l'intérieur; vu la demande du sieur Honnorez, ancien entrepreneur du canal de Mons, à Condé, tendant à être autorisé à construire à ses frais une écluse sur l'Escaut, près le village de Fresne, au-dessus de Condé, moyennant la concession d'un droit à percevoir sur les bateaux qui passent à cette écluse; vu la loi du 25 mars 1817, titre 7, art. 124; notre conseil d'Etat entendu, etc.

Art. 1er. A dater du jour où l'écluse de Fresnes sera livrée à la navigation, et pendant neuf ans, le sieur Honnorez est autorisé à percevoir un droit de vingt-quatre centimes par tonneau sur chaque bateau chargé, et de douze centimes par tonneau sur chaque bateau vide passant à ladite écluse.

2. Pour prix de la concession portée en l'art. 1er, le sieur Honnorez sera tenu : 1o de construire, à ses frais, l'écluse projetée sur l'Escaut, près le village de Fresnes, au-dessus de Condé, ainsi que la maison éclusière; 2o d'exécuter, également à ses frais, les barrages, coupures, abaissement de digues, approfondissement du canal, et autres ouvrages à faire aux abords de cette écluse, en se conformant pour le tout aux plans et projets approuvés par le directeur général des ponts et chaussées. L'exécution de cette écluse ne sera entreprise que lorsqu'il aura été constaté par un procès-verbal dressé par les ingénieurs militaires et civils, qu'elle n'a aucun inconvénient pour la défense de la place de Condé.

3. Pendant toute la durée de la concession, le sieur Honnorez acquittera le salaire de l'éclusier. Il sera tenu, en outre, de maintenir en bon état toutes les parties de l'écluse.

4. Le sieur Honnorez pourra employer la chute de l'écluse de Fresnes au mouvement d'un moulin, à la charge par lui de payer toutes les indemnités que le propriétaire de l'usine supérieure pourra être en droit de réclamer par suite de l'établissement de l'écluse. Ces indemnités seront réglées d'après une expertise contradictoire, suivant les formes prescrites par les lois.

5. Le concessionnaire ne pourra, sous aucun prétexte, prétendre à une indemnité à raison des interruptions que la navigation pourra éprouver pendant le temps de sa concession.

6. Notre ministre de l'intérieur (M. Lainé) est chargé, etc.

29 OCTOBRE 1817. — Ordonnance qui accorde des lettres de naturalité au sieur Jourdain. (Bull. O. 87, n. 2434.)

6 NOVEMBRE 1817. — Ordonnance qui accorde des lettres de naturalité au sieur Thiebaud. (Bull. supp., n. 11122.)

21 JANVIER 1818. — Ordonnance qui accorde des lettres de naturalité au sieur Saadé Aly. (Bull. O. 131, n. 2686.)

10 AVRIL 1818. — Ordonnance qui accorde des lettres de naturalisation au sieur N.-F. d'Oria, capitaine d'infanterie, né en Espagne le 28 novembre 1784. (Bull. O., 2ᵉ sect., n. 3446.)

23 AVRIL 1818. — Ordonnances qui accordent des lettres de naturalité aux sieurs Sulton, comte de Clonard et Ximenes. (Bull. O. 91, n. 2662 et 7571.)

6 MAI 1818. — Ordonnance qui accorde des lettres de naturalité au sieur de Rovaran. (Bull. O. 106, n. 2930.)

20 MAI 1818. — Ordonnance qui accorde des lettres de naturalité au sieur Grosso. (Bull. supp., n. 12235.)

3 JUIN 1818. — Ordonnance qui accorde des lettres de naturalisation au sieur Thomas Brown. (Bull. O., 2ᵉ sect., n. 3447.)

3 JUIN 1818. — Ordonnance qui accorde des lettres de naturalité au sieur de la Torre. (Bull. O. 87, n. 2435.)

24 JUIN 1818. — Ordonnance qui accorde des lettres de déclaration de naturalité au sieur Vincent Orsi. (Bull. O., 2ᵉ sect., n. 7387.)

24 JUIN 1818. — Ordonnance qui accorde des lettres de naturalité au sieur Sapiti. (Bull. O. 87, n. 2436.)

19 AOUT 1818. — Ordonnance qui accorde des lettres de naturalité au sieur Cerati. (Bull. supp., n. 12236.)

26 AOUT 1818 = 15 SEPTEMBRE 1831. — Ordonnance du roi statuant, en la voie contentieuse, entre la commune de Metz et le département de la guerre, sur des terrains militaires. (IX, Bull. O. CIII, n. 2893.)

Louis, etc., sur le rapport du comité du contentieux; vu la requête à nous présentée au nom de la ville de Metz, département de la Moselle, représentée par son maire, en vertu d'une délibération du conseil municipal du 12 mars 1817; ladite requête enregistrée au secrétariat du comité du contentieux de notre conseil d'État, le 24 mai 1817, et tendant à obtenir le redressement de plusieurs griefs reprochés au département de la guerre; vu le mémoire en réponse de notre ministre secrétaire d'État au département de la guerre, enregistré audit secrétariat du comité du contentieux, le 3 avril 1818, et tendant à faire décider que la commune de Metz soit déclarée sans qualité et sans droit pour réclamer les terrains destinés à la formation des îles de maisons du quartier neuf projeté dans l'emplacement de la citadelle, et qui sont demeurés propriété libre de l'État jusqu'au décret du 4 janvier 1813, dont les dispositions, sans leur donner une destination fixe, les ont affectés d'une réserve éventuelle pour les besoins du service militaire, que ladite commune soit déclarée non recevable dans sa demande tendant à établir un chantier de bois, ou à changer la nature des promenades dont l'emplacement lui a été concédé par la loi du 5 fructidor an 5, ou à disposer du sol des rues ou voies publiques dont la propriété ne lui a pas été transférée par cette loi, sauf à elle à se pourvoir administrativement par-devant le ministre de l'intérieur pour que les plans des places publiques, dressés tant par la ville que par le génie militaire, soient examinés par la commission mixte des travaux publics, conformément à l'art. 75 du décret du 24 décembre 1811, et selon le mode d'exécution prescrit par l'ordonnance du 18 septembre 1816, dont les dispositions remplacent, en les modifiant, celles des arrêtés ou décrets relatés dans ledit article; en ce qui concerne l'île du Sauley et le bâtiment des hautes grilles dit *des Pucelles*, la ville de Metz n'ayant pris aucune conclusion, le ministre de la guerre s'est cru dispensé d'en prendre, et n'a fourni que des renseignements; vu la réplique de la ville de Metz, enregistrée audit secrétariat du comité du contentieux, le 29 mai 1818, et qui conclut à ce qu'il nous plaise annuler la décision ministérielle du 31 janvier 1817, et celles qui peuvent avoir été rendues et qui n'ont point été notifiées à l'administration municipale de la ville de Metz; en conséquence, maintenir la ville: 1° dans la propriété, possession et jouissance de tous les terrains à elle concédés par la loi du 5 fructidor an 5 (22 août 1797), suivant le plan approuvé et annexé à cette loi; 2° la maintenir également dans le droit d'exercer la police sur tous les autres terrains dont la vente est prescrite par la même loi; 3° ordonner que la ville sera réintégrée dans la propriété et jouissance de l'emplacement des chantiers de bois dans l'île de Sauley; 4° et dans la propriété et jouissance de la maison dite *la Chamoiserie* ou *des Pucelles*, acquise par la ville, en vertu de lettres-patentes du mois de juillet 1776, pour l'établissement d'une machine hydraulique, et faire défenses à qui que ce soit de troubler la ville dans la propriété, possession et jouissance des biens et droits ci-dessus énoncés; vu les ordres donnés, en 1790, par le ministre de la guerre, pour la démolition des deux fronts de la citadelle de

Metz , du côté de la ville, et l'autorisation aux officiers municipaux de faire travailler à cette démolition ; vu la loi du 5 fructidor an 5 , qui autorise l'établissement d'un quartier neuf dans l'emplacement de la ci-devant citadelle de Metz ; vu la décision du ministre de la guerre, du 2 prairial an 6 , portant que la municipalité peut , dès à présent, entrer en possession des terrains libres formant, au plan annexé à la loi de l'an 5 , les îles cotées 10, 11, 12 et 13, ainsi que du terrain longeant les mêmes îles , et que doit occuper la promenade projetée dans ce plan , et qu'avant de prononcer sur l'utilité ou l'inutilité de la conservation des bâtiments militaires occupant le surplus du terrain de la citadelle , on attendra le rapport à faire sur cet objet par une des commissions mixtes chargées du travail relatif aux places de guerre à supprimer ou conserver ; vu le décret du 4 janvier 1813 , qui accorde à la ville de Metz , à mesure de leur inutilité , les bâtiments militaires de la ci-devant citadelle , à la charge de les démolir, et sous la réserve du terrain qu'ils occupent ; vu la décision ministérielle attaquée, du 31 janvier 1817 , portant , entre autres dispositions , que les limites du terrain militaire intérieur de la place de Metz, du côté des fronts conservés de la citadelle, seront établies de la manière indiquée au plan du génie, coté B ; que l'administration municipale sera tenue de faire cesser immédiatement toute espèce d'approvisionnements de bois sur l'emplacement de l'ancien bastion de gauche de la citadelle , et de le faire entièrement évacuer , afin que les troupes de la garnison puissent jouir, à dater de cette époque, de la totalité de cet emplacement pour s'y exercer ; vu les plans produits par le ministre de la guerre et par la ville de Metz ; vu la loi du 10 juillet 1791, sur la conservation des places de guerre et la police des fortifications ; la loi du 8 mars 1810 sur les expropriations forcées pour cause d'utilité publique ; le décret du 24 décembre 1811, sur le service des places , et notre ordonnance du 18 septembre 1816 , sur la commission mixte des travaux publics ; vu toutes les pièces jointes au dossier ; considérant que , par suite de la suppression de l'ancienne citadelle de Metz , la loi du 5 fructidor an 5 a ordonné la formation d'un quartier neuf sur son emplacement ; que le terrain destiné aux promenades tracées sur le plan annexé à ladite loi , a été concédé gratuitement à la ville de Metz ; que le surplus de l'emplacement a été divisé en treize îles ou masses réservées pour des constructions particulières , et dont le sol devait être aliéné suivant le mode prescrit

pour la vente des domaines nationaux ; considérant qu'une partie de ce projet a reçu son exécution , et que les îles cotées 11 , 12 et 13 ont été concédées et distraites de la masse entière ; considérant que les autres îles sont en partie occupées par d'anciens édifices appartenant au département de la guerre , lesquels n'étant encore ni démolis ni remplacés , ont fait obstacle à l'exécution du projet sur cette partie du terrain ; considérant que , par la décision du ministre de la guerre , du 2 prairial an 6 , la ville de Metz a été autorisée à entrer en possession de l'île cotée n. 10, ainsi que de tout le terrain à elle concédé pour ses promenades , mais qu'il n'appartenait pas au ministre de disposer de la susdite île, réservée par la loi pour être vendue comme propriété nationale ; considérant que le décret du 4 janvier 1813 ne déroge point à la loi du 5 fructidor an 5 , puisqu'en même temps qu'il dispose, au profit de la ville de Metz, des matériaux de démolition des édifices en ruine , il fait la réserve du sol , et que, sous ce rapport, il concourt à l'exécution de cette loi ; considérant que le projet conçu par la ville de Metz , de former un vaste chantier de bois, et, par suite, une place royale, occuperait une partie des promenades à elle concédées par la loi de l'an 5, et , de plus , l'île n. 10 , et une partie de l'île n. 9 , lesquelles ont été réservées par ladite loi pour être vendues nationalement ; considérant que le projet conçu par le département de la guerre , de former une grande place de manœuvre pour les troupes de la garnison , occuperait les îles n. 10 et 9, destinées à être vendues nationalement, et une partie des promenades dont la ville a été rendue propriétaire par la loi de l'an 5 ; considérant que l'un et l'autre de ces projets porteraient atteinte aux dispositions de la loi de l'an 5 ; considérant que , dans le cas où le département de la guerre obtiendrait l'autorisation de faire, sur le sol concédé à la ville, des établissements quelconques , il devra préalablement se conformer à la loi du 8 mars 1810 , sur les expropriations forcées pour cause d'utilité publique , et qu'en cas de non conciliation avec la ville, les difficultés, tant sur la question de propriété que sur la fixation des indemnités , devront être portées devant les tribunaux ; en ce qui concerne le terrain prétendu militaire de la ci-devant citadelle de Metz : considérant que l'art. 55 du décret du 24 décembre 1811, relatif au terrain militaire des citadelles, n'est pas applicable à l'espèce ; que le terrain militaire environnant le quartier neuf, créé par la loi du 5 fructidor an 5, est déterminé par l'art. 54 du décret de 1811, et que, dès lors, les attributions respectives des parties sont réglées par l'art. 75 dudit décret de 1811, qui a admis l'action de l'autorité municipale, et fixé les limites de la police civile; en ce qui concerne les prétentions élevées par la ville de Metz sur la propriété de l'île de Sauley et de la maison des Chamoiseurs : considérant que toutes les questions de propriété, de déchéance ou de prescription, rentrent dans les attributions des tribunaux ordinaires; notre conseil d'Etat entendu, etc.

Art. 1er. La décision ministérielle du 31 janvier 1817 est annulée, en ce qu'elle étend les limites du terrain militaire sur l'emplacement d'un quartier neuf, créé par la loi du 5 fructidor an 5 pour l'agrandissement de la ville de Metz, et en ce qu'elle dispose des propriétés cédées à cette ville par ladite loi, ainsi que des îles 9 et 10, réservées pour être vendues comme propriétés nationales.

2. Quant aux propositions faites par le ministre de la guerre et par la ville de Metz, d'apporter des changements au plan approuvé par la loi de l'an 5, lesdits projets de changements, après avoir été contradictoirement discutés sur les lieux, seront soumis à notre approbation, dans les formes prescrites par notre ordonnance du 18 septembre 1816, sur la commission mixte des travaux publics, pour ensuite être statué ce qu'il appartiendra.

3. En cas de non conciliation entre le département de la guerre et la ville de Metz sur les questions de propriété, de prescription et de déchéance qui les divisent, et sur la fixation des indemnités par suite d'expropriation forcée pour cause d'utilité publique, les parties sont renvoyées devant les tribunaux ordinaires.

4. Nos ministres de l'intérieur et de la guerre sont chargés, etc.

---

21 OCTOBRE 1818 = 2 SEPTEMBRE 1831. — Ordonnance du roi sur le dépôt de garantie des boulangers de Paris. (IX, Bull. O. C., n. 2815.)

Louis, etc., vu l'arrêté du 19 vendémiaire an 10 (11 octobre 1801), concernant le commerce de la boulangerie de Paris; considérant que, depuis l'époque où cet arrêté a été pris, le nombre des boulangers de notre bonne ville de Paris a été considérablement diminué par suite des rachats de fonds effectués, avec l'autorisation de notre préfet de police, conformément aux art. 1er et 7 de la délibération des syndics et électeurs du 25 septembre 1807; que les boulangers qui exercent aujourd'hui ont augmenté leur commerce en raison de ces réductions, sans que la quotité des farines

formant le dépôt de garantie, ou composant leur approvisionnement particulier, ait été élevée dans la même proportion; qu'il en résulte que la boulangerie ne présente plus à l'administration la masse d'approvisionnement qu'elle s'était proposé d'assurer à la capitale; qu'il est indispensable de ramener l'approvisionnement obligé à un taux suffisant pour répondre aux motifs de prévoyance qui l'ont fait instituer; et que, pour apporter dans cette rectification toute la justice nécessaire, la division des classes doit s'opérer suivant le nombre de sacs qu'emploie chaque jour chaque boulanger, au lieu de se régler, ainsi que l'avait établi l'arrêté du 19 vendémiaire an 10, sur le nombre des fournées, qui porte en lui-même un principe d'inégalité d'après la différence de capacité des fours; d'après le compte qui nous a été rendu de la délibération prise, le 22 septembre dernier, par le conseil d'administration de la caisse syndicale, tant pour la fixation juste des frais de fabrication du sac de farine, que pour porter les boulangers à concourir plus puissamment qu'ils ne l'ont fait jusqu'ici à l'approvisionnement de Paris; sur le rapport de notre ministre secrétaire d'Etat au département de l'intérieur, etc.

Art. 1er. L'art. 2 de l'arrêté du gouvernement, du 19 vendémiaire an 10, est modifié conformément aux dispositions suivantes:

2. 1° Chaque boulanger sera tenu d'avoir à titre de garantie, au magasin de Sainte-Elisabeth, vingt sacs de farine de première qualité et du poids de cent cinquante-neuf kilogrammes; 2° chaque boulanger se soumettra à avoir constamment au magasin un approvisionnement de même farine déterminé ainsi qu'il suit : pour ceux qui cuisent par jour quatre sacs de farine et au-dessus, 140 sacs; pour ceux qui cuisent trois sacs et au-dessus, 110; pour ceux qui cuisent deux sacs et au-dessus, 80; pour ceux qui cuisent au-dessous de deux sacs, 30. Ces conditions devront être remplies dans le délai qui sera fixé par notre préfet de police.

3. L'arrêté du 19 vendémiaire an 10 continuera à recevoir son exécution dans toutes ses autres dispositions, en exceptant l'art. 7, rapporté par notre ordonnance du 2 décembre 1814.

4. Notre ministre de l'intérieur (M. Lainé) est chargé, etc.

---

21 OCTOBRE 1818. — Ordonnance qui accorde des lettres de déclaration de naturalité au sieur Korte. (Bull. supp., n. 9479.)

---

12 DÉCEMBRE 1818. — Ordonnance qui accorde des

lettres de naturalité au sieur O'Connel. (Bull. O. 87, n. 2437.)

---

4 MARS 1819. — Ordonnance qui accorde des lettres de naturalité au sieur Alessi. (Bull. supp., n. 12546.)

---

12 MAI 1819 = 31 AOUT 1833. — Ordonnance du roi concernant les concessions et ventes de grèves ou graves faites dans les îles Saint-Pierre et Miquelon. (IX, Bull. O. CCXLVI, 1re sect., n. 4932.)

Louis, etc., vu l'arrêté du 14 ventôse an 11 (5 mars 1803), relatif aux concessions de grèves ou graves qui ont été faites à divers dans les îles Saint-Pierre et Miquelon; considérant que, par l'effet de diverses circonstances, les dispositions de cet arrêté sont restées jusqu'à présent sans exécution, et voulant y pourvoir pour l'avenir, etc.

Art. 1er. Les concessions de grèves ou graves, faites à Saint-Pierre et Miquelon, en faveur de divers, jusqu'à l'année 1793 inclusivement, par les administrateurs de ces îles, pour l'encouragement et l'accroissement de la pêche de la morue, sont maintenues. Sont également maintenues les ventes de grèves ou graves concédées qui ont pu être faites par les anciens concessionnaires ou leurs ayants-cause.

2. Les individus qui sont en possession des grèves dont il s'agit, soit par concession, soit par achat, auront à justifier de leurs droits par-devant le commandant et administrateur de Saint-Pierre et Miquelon, d'ici au 1er novembre 1820; à défaut de justification dans ce délai, lesdites grèves retourneront au domaine.

3. Seront également réunies au domaine les grèves acquises ou à acquérir, soit à titre de concession, soit à titre d'achat, qui, après la publication de la présente ordonnance, resteront sans emploi pendant deux années consécutives, sauf le cas de force majeure.

4. Le commandant et administrateur de Saint-Pierre et Miquelon est autorisé à concéder les grèves qui pourront être successivement dans le cas de la réunion au domaine. Ces nouvelles concessions seront faites à la charge d'établir le terrain conformément à l'usage du pays, et à la charge aussi de retour au domaine, à défaut d'établissement dans le délai fixé par l'article précédent.

5. Le 1er novembre de chaque année, il nous sera rendu compte, par le commandant et administrateur pour le roi, des réunions au domaine qu'il aurait eu lieu de prononcer et des nouvelles concessions qu'il aurait été dans le cas d'accorder,

pour être par nous statué ainsi qu'il y aura lieu.

6. Notre ministre de la marine et des colonies (M. Portal) est chargé, etc.

---

11 AOUT 1819. — Ordonnance qui accorde des lettres de naturalité au sieur Vancattendick. (Bull. O. 87, n. 2438.)

---

22 SEPTEMBRE 1819. — Ordonnance qui accorde des lettres de déclaration de naturalité au sieur Aimond-Braham. (Bull supp., n. 13699.)

---

29 SEPTEMBRE 1819 = 8 JUILLET 1836. — Ordonnance du roi relative à la navigation de l'Oise entre Chauny et Sempigny. (IX, Bull. CDXXXIX, n. 6363.)

Louis, etc., sur le rapport de notre ministre secrétaire d'État de l'intérieur; notre conseil d'État entendu, etc.

Art. 1er. A partir de l'écluse de Chauny, il sera creusé, sur une seule ligne droite, un canal de navigation qui aboutira dans l'Oise au-dessous de Manicamp et à l'extrémité de ce canal; la différence du niveau entre les eaux de l'Oise, retenues par le barrage de Sempigny, et les eaux de ce canal, fixées à un mètre soixante-cinq centimètres au-dessus du busc d'aval de l'écluse de Chauny, sera rachetée par un sas à écluse de six mètres cinquante centimètres de largeur et de quarante mètres de longueur de busc en busc, le tout conformément au projet approuvé par la commission mixte des travaux publics, le 21 avril 1819.

2. Les redressements de la rivière d'Oise, au droit du bois de Varennes et au droit du bois de l'Evêque, indiqués au même projet, seront ultérieurement exécutés d'après les ordres que donnera à cet égard notre directeur général des ponts et chaussées.

3. Les indemnités qui pourront être dues pour l'occupation des terrains nécessaires à l'exécution des ouvrages énoncés dans les deux articles précédents seront réglées conformément à la loi du 8 mars 1810.

4. Aussitôt après l'exécution des travaux ordonnés par l'art. 1er de la présente ordonnance, il sera perçu un droit de navigation pour l'espace compris entre Chauny et Sempigny, conformément au tarif arrêté pour le canal de Saint-Quentin par notre ordonnance du 31 décembre 1817; à cet effet, le receveur du canal établi à Chauny percevra les droits sur les bateaux descendant de Chauny à Sempigny et sur ceux remontant de Sempigny à Chauny, indépendamment du droit qu'il perçoit déjà sur les bateaux remontant de Chauny à Saint-Quentin.

5. Les bornes nécessaires pour indiquer

les distances du droit de navigation seront placées ainsi qu'il est prescrit par notre ordonnance du 31 décembre 1817.

6. Nos ministres de l'intérieur et des finances sont chargés, etc.

8 DÉCEMBRE 1819. — Ordonnance qui accorde des lettres de déclaration de naturalité au sieur Yanssen. (Bull. supp., n. 13700.)

28 JUILLET 1820. — Ordonnance qui accorde des lettres de déclaration de naturalité au sieur Gérard-Lévie Herteleer. (Bull. O., 2ᵉ sect., n. 4656.)

24 AOUT 1820. — Extrait de l'ordonnance qui cède à la ville de Rouen le pont de bateaux sur la route de cette ville à Bordeaux. (Bull. O. 114, n. 3230.)

4 SEPTEMBRE 1820 = 1ᵉʳ MAI 1832. — Ordonnance du roi concernant le traitement et les frais d'établissement alloués aux archevêques et évêques. (IX, Bull. O. CLII, 1ᵉ sect., n. 4112.)

Louis, etc., vu le décret du 18 août 1802 qui avait déclaré que le traitement des archevêques et évêques leur serait payé du jour de leur nomination; considérant que cette disposition était une exception à la règle et à l'usage constamment pratiqués, qui sont que l'on n'a droit au traitement que du jour de l'entrée en fonctions; que nous avons déjà, par notre décision du 29 septembre 1819, fait cesser cette exception à l'égard d'un assez grand nombre d'archevêques et évêques, et qu'il convient de la détruire pour tous; voulant en même donner force de règle au simple usage en vertu duquel, depuis 1802, les archevêques et évêques reçoivent une première fois pour frais d'établissement, savoir : les archevêques, quinze mille francs, et les évêques, dix mille francs, etc.

Art. 1ᵉʳ. Conformément à notre décision du 29 septembre 1819, les archevêques et évêques ne recevront leur traitement qu'à dater du jour de leur prise de possession.

2. Il continuera de leur être alloué des frais d'établissement, savoir : aux archevêques, la somme de quinze mille francs, aux évêques celle de dix mille francs, mais une fois seulement lorsqu'ils prendront possession d'un siége, et sans qu'ils puissent rien prétendre lorsqu'ils passeront d'un siége à un autre.

3. Notre ministre de l'intérieur (M. Siméon) est chargé, etc.

18 OCTOBRE 1820 = 21 AVRIL 1831. — Ordonnance du roi qui transfère dans des collèges communaux des bourses antérieurement établies dans des collèges royaux. (IX, Bull. O. LXI, n. 1560.)

Louis, etc., sur le rapport de notre ministre de l'intérieur; vu le décret du 10 mai 1808, portant création de bourses et portions de bourse à la charge des communes dans les collèges royaux, vu le décret du 2 mai 1811, le titre 2 de notre ordonnance du 12 mars 1817, notre ordonnance royale du 25 décembre 1819; vu les délibérations des conseils municipaux ci-après désignés savoir : Soissons, 21 octobre 1818, 31 mars 1820; Arles, 31 octobre 1818, 5 avril 1820; Evreux, 6 novembre 1818, 21 avril 1820; Chartres, 2 novembre 1818, 14 janvier 1820; le Puy, 8 décembre 1818, 11 février 1820; Laval, 25 octobre 1818, 6 décembre 1819; Beauvais, 15 avril 1819; Arras, 11 mai 1819, 22 décembre 1819; Perpignan, 21 novembre 1818, 17 février 1820, 26 mai 1820, 11 juillet 1820; Meaux, 25 novembre 1818, 21 février 1820, 16 juin 1820; Châlons, 5 décembre 1815, 1ᵉʳ novembre 1818, 26 décembre 1819; voulant appliquer aux fondations de bourses dans les collèges communaux les règles établies par ladite ordonnance pour la collation des bourses dans les collèges royaux, et par les considérations déduites en notre ordonnance susdatée; vu le mémoire de notre commission d'instruction publique, notre conseil d'État entendu, etc.

Art. 1ᵉʳ. Les villes comprises dans le tableau ci-joint entretiendront, mais dans leurs propres collèges, et conformément à la nouvelle répartition ci-annexée, les bourses dont elles faisaient précédemment les fonds dans les collèges royaux.

2. En conséquence, lesdites communes porteront chaque année dans leurs budgets les sommes affectées à l'entretien de ces bourses, sans qu'il puisse être à l'avenir rien innové à cet égard qu'en vertu d'une ordonnance royale.

3. Toutes les dispositions des titres 2, 3, 4 et 5 de notre ordonnance du 25 décembre 1819, relatives aux fondations de bourses dans les collèges royaux, seront exécutées en ce qui touche les fondations de même genre dans les collèges communaux.

4. Les règlements de l'instruction publique sur le renvoi des boursiers de l'État seront observés à l'égard des élèves nommés aux bourses des villes dans les collèges communaux.

5. Conformément à l'art. 14 de notre ordonnance du 25 décembre, les villes n'exerceront aucune retenue sur les bourses vacantes.

6. Notre ministre de l'intérieur (M. Siméon) est chargé, etc.

Tableau de répartition des bourses ou portions de bourse fondées par les villes dans les collèges communaux.

DÉPARTEMENTS.	VILLES.	COLLÉGES et PRIX DE LA PENSION.		NOMBRE des BOURSES.			SOMMES.
				entière.	3/4	1/2	
Aisne.	Soissons.	Soissons.	450ᶠ	1	2	1	1,350ᶠ 00ᶜ
Bouches-du-Rhône. .	Arles.	Arles.	500	2	1	2	1,875 00
Eure.	Évreux. . . .	Évreux. . . .	450	»	1	2	787 50
Eure-et-Loir. . . .	Chartres. . . .	Chartres. . . .	500	1	4	1	2,250 00
Haute-Loire. . . .	Le Puy.	Le Puy.	300	1	»	4	900 00
Mayenne.	Laval.	Laval.	460	3	2	2	2,200 00
Oise.	Beauvais. . . .	Beauvais. . . .	250	4	»	»	1,000 00
Pas-de-Calais. . .	Arras.	Arras.	500	3	4	3	3,750 00
Idem.	Aire.	Aire.	300	2	2	2	1,350 00
Pyrénées-Orientales.	Perpignan	Perpignan. . . .	480	1	1	4	1,850 00
Seine-et-Marne. . .	Meaux.	Meaux.	400	2	»	»	800 00
Saône-et-Loire. . .	Châlons-sur-Saône.	Châlons-sur-Saône. .	500	»	»	6	1,500 00

15 NOVEMBRE 1820.— Ordonnance qui accorde des lettres de naturalité au sieur Cheneval. (Bull. O. 87, n. 2430.)

3 JANVIER 1821. — Ordonnance qui affecte au service de l'instruction publique l'ancienne maison de Sorbonne et les bâtiments en dépendant. (Bull. O, 1ʳᵉ sect., n. 5478.)

23 JANVIER 1821. — Ordonnance qui accorde des lettres de naturalité au sieur Marquis. (Bull. supp., n. 11240.)

6 FÉVRIER 1821 = 6 MARS 1835. — Ordonnance du roi relative à l'Académie royale de Médecine. (IX, Bull. O. CCCLII, 1ʳᵉ sect., n. 5683.)

Louis, etc., sur les représentations qui nous ont été faites de la part des membres honoraires de l'académie royale de médecine ; considérant que la différence établie, par notre ordonnance du 20 décembre dernier, entre les honoraires et les titulaires, les uns et les autres ayant les mêmes attributions académiques, n'a eu en vue que de dispenser les premiers, en raison de leur âge, des soins de l'administration et de les placer dans une position moins obligée pour les autres travaux ; mais que les mêmes motifs n'existent point lorsqu'il s'agit d'élire, soit les académiciens, soit les dignitaires ; que leurs lumières, leur expérience, ne peuvent que contribuer fort utilement à ces élections ; que seulement il est convenable, pour avoir égard à ce qui a été déjà fait, aux distinctions voulues par notredite ordonnance et aux usages pratiqués dans les corps analogues, de ne les point faire prendre part à l'élection des titulaires ; désirant aussi régler le mode d'élire et déférer à un vœu qui nous a été exprimé relativement aux secrétaires perpétuels, dont notre ordonnance du 20 décembre a prévu le besoin ; sur le rapport de notre ministre secrétaire d'Etat au département de l'intérieur, etc.

Art. 1ᵉʳ. Les membres honoraires de l'académie royale de médecine ont voix délibérative pour toutes les nominations autres que celles des titulaires.

2. Toute élection est faite à la majorité absolue des suffrages des membres présents à la séance, lesquels ne peuvent, pour que l'élection soit valable, être moins des deux tiers de ceux qui ont le droit d'y assister. Si la majorité absolue n'a point été obtenue aux deux premiers tours de scrutin, il est procédé par un troisième tour au ballottage, en liste double, de ceux qui, au second tour, ont obtenu le plus de voix.

3. Il pourra n'y avoir qu'un secrétaire perpétuel pour toute l'académie, sauf à lui donner des adjoints pour les sections dont les travaux le rendraient nécessaire.

4. Notre ministre de l'intérieur (M. Siméon) est chargé, etc.

28 FÉVRIER 1821. -- Ordonnance qui accorde des lettres de naturalité au sieur Henri Begoz. (Bull. O. 87, n. 2440.)

2 MAI 1821. — Ordonnance qui accorde des lettres de déclaration de naturalité au sieur Ajmino. (Bull. O., 2ᵉ sect., n. 8866.)

23 MAI 1821. — Ordonnance qui accorde des

lettres de naturalité au sieur Bressy. (Bull. O., 2e sect., n. 5418.)

8 AOUT 1821 = 7 SEPTEMBRE 1831. — Ordonnance du roi sur la formation et les attributions du jury d'examen à l'école d'artillerie et du génie à Metz. (IX, Bull. O. CI, n. 2835.)

Louis, etc., voulant apporter, dans le mode des examens et du classement des élèves de l'école d'artillerie et du génie établie à Metz, les améliorations dont il a été reconnu susceptible, etc.

Art. 1er. Le jury d'examen pour la sortie des élèves de l'école royale d'artillerie et du génie sera composé : d'un lieutenant-général, président le jury, lequel sera pris alternativement dans l'un et l'autre corps, et sera chargé en même temps de l'inspection générale de l'école ; d'un maréchal-de-camp d'artillerie ; d'un maréchal-de-camp du génie ; d'un officier supérieur d'artillerie, examinateur ; d'un officier supérieur du génie, idem; d'un examinateur civil, pour les sciences physiques et mathématiques appliquées.

2. Les officiers généraux, supérieurs ou autres, attachés à l'école, ne pourront faire partie de ce jury.

3. L'examinateur civil sera nommé par nous, sur la proposition de notre ministre secrétaire d'Etat de la guerre. Les examinateurs militaires seront nommés par notre ministre secrétaire d'Etat de la guerre, et révocables à sa volonté, et devront se rendre à Metz un mois avant l'ouverture de l'examen, afin de se préparer à interroger les élèves sur les cours et les parties d'instruction qui leur seront désignées par le ministre, ce qui concerne les sciences physiques et mathématiques restant exclusivement dans les attributions de l'examinateur civil.

4. Le jury d'examen s'assemblera chaque année, à Metz, pendant la première quinzaine de décembre, pour procéder à l'examen des élèves de l'école royale d'artillerie et du génie faisant partie de la première division de l'école. Les examens se feront successivement par les trois examinateurs désignés par l'art. 1er, et en présence du jury.

5. Lorsque les examens seront terminés, le jury procédera au classement définitif des élèves, et il se fera représenter, comme renseignement, le registre des notes sur chacun des élèves, ainsi que les tableaux d'évaluation des travaux et de classement qui auront été dressés par le conseil d'instruction de l'école. Les élèves qui n'auraient pas achevé entièrement leurs travaux, et que le jury reconnaîtrait néan-

moins posséder l'instruction suffisante pour être admis dans l'artillerie ou le génie, resteront à l'école jusqu'à l'époque à laquelle ils auront terminé leurs travaux arriérés. Ceux dont l'instruction serait incomplète pour cause de maladie ou autres motifs excusables, pourront être autorisés, d'après l'avis du jury, à passer à l'école une troisième année. Quant à ceux qui, pour motif de négligence ou d'inconduite, ne seraient pas reconnus admissibles par le jury, il nous sera fait un rapport à leur égard par notre ministre secrétaire d'Etat de la guerre.

6. Le jury constatera ses opérations par un procès-verbal, qui sera adressé, en double expédition, à notre ministre secrétaire d'Etat de la guerre.

7. Les officiers généraux et supérieurs, membres du jury d'examen, recevront, pour se rendre à Metz, les frais de poste attribués à leurs grades. Le lieutenant-général inspecteur, membre du jury, recevra, pour frais de séjour à Metz, pendant la durée de l'examen, une indemnité de 800 fr.; les maréchaux-de-camp, une indemnité de 500 fr.; les officiers supérieurs examinateurs, qui doivent se rendre à Metz un mois avant l'examen, une indemnité de 500 fr. L'examinateur civil recevra un traitement fixe de 4,000 fr., et les mêmes frais de poste que les examinateurs militaires.

8. Notre ministre de la guerre (vicomte de La Tour-Maubourg) est chargé, etc.

31 OCTOBRE 1821 = 8 JUIN 1831. — Ordonnance du roi portant création de préfets apostoliques à la Martinique et à la Guadeloupe. (IX, Bull. O. LXXVIII, n. 2117.)

Louis, etc., sur le rapport de notre ministre de la marine et des colonies, etc.

Art. 1er. Le culte catholique sera exercé, dans chacune de nos colonies de la Martinique et de la Guadeloupe et dépendances, sous la direction et la surveillance d'un préfet apostolique, qui ne pourra remplir simultanément les fonctions de curé.

2. Il est alloué aux préfets apostoliques, dans l'une et l'autre île : un traitement annuel de douze mille francs, un supplément annuel, pour frais de bureau et de tournées, de trois mille francs, un logement en nature et une indemnité de huit mille francs pour frais d'établissement, achat et entretien d'ameublement, laquelle sera payable au moment de l'entrée en fonctions.

3. Il y aura dans les mêmes colonies un vice-préfet apostolique, lequel sera en même temps curé d'une des principales paroisses,

et ne recevra d'autres émoluments que ceux de sa cure.

4. M. l'abbé Caraud est nommé préfet apostolique de la Martinique. M. l'abbé Graff est nommé préfet apostolique à la Guadeloupe et dépendances. Il sera pourvu ultérieurement à la nomination des vice-préfets apostoliques de la Martinique et de la Guadeloupe.

5. Notre ministre de la marine et des colonies (baron Portal) est chargé, etc.

---

28 NOVEMBRE 1821 = 1er JUILLET 1832. — Ordonnance du roi sur les pensions de retraite des employés du service des subsistances militaires. (IX, Bull. O. CLXVI, 1re sect., n. 4243.)

Louis, etc., vu les décrets et ordonnances par lesquels il est pourvu aux pensions de retraite des employés des ministères et des diverses administrations publiques au moyen d'une retenue qui s'exerce sur leurs appointements ; considérant que ce mode a le double avantage de ne point grever le trésor royal et de permettre une sorte de libéralité dans la dispensation des récompenses auxquelles peuvent donner droit les services rendus à l'Etat ; voulant, en conséquence, en faire l'application aux employés de la direction générale des subsistances militaires, dont nous avons déterminé la réorganisation par notre ordonnance du 30 janvier 1821 ; ayant reconnu, toutefois, que le traitement de ceux de ces employés qui sont gardes-magasins ne se compose pas seulement de la faible somme qui leur est allouée à ce titre, mais bien encore des bénéfices qu'ils peuvent faire sur leur abonnement de manutention, en sorte qu'il est juste que cet abonnement, jusqu'à un certain point, soit passible de la retenue à exercer et conséquemment pris en considération dans les calculs d'après lesquels la quotité de la pension de retraite desdits gardes-magasins doit être déterminée, etc.

SECTION Ire. De la retenue.

Art. 1er. La retenue qui, en vertu d'une décision ministérielle, a été exercée depuis le mois de juin 1817 sur les traitements des divers employés ou agents de la direction générale des subsistances militaires, pour leur former un fonds de pension, est approuvée.

2. Ladite retenue continuera d'être exercée sur les traitements des employés composant les deux personnels de la direction générale, jusques et compris les chefs de service ; mais, à compter du 1er janvier 1832, elle aura lieu sur les appointements dans la proportion de cinq pour cent, et

sur les abonnements de manutention dans celle de deux pour cent.

3. Le mode d'exercice de ladite retenue sera déterminé par le directeur général, de manière à ce qu'elle s'opère par mois sur les appointements et par trimestre sur les produits des abonnements de manutention.

4. Les produits de ladite retenue continueront d'être versés chaque mois à la diligence du directeur général, dans la caisse des dépôts et consignations, où ils rapporteront intérêt au taux de trois pour cent par année ; sauf le cas où, conformément à notre ordonnance du 3 juillet 1816, les sommes libres seraient converties en inscriptions au grand-livre de la dette publique, auquel cas les intérêts se composeraient naturellement du revenu desdites inscriptions.

5. Un compte desdits produits des intérêts qu'ils auront rapportés, et des paiements légalement faits sur les uns et les autres, sera tenu simultanément tant à la caisse des dépôts qu'à la caisse de la direction générale ; et la balance de ce double compte, reconnu chaque mois par les deux caissiers, sera arrêtée tous les ans par le directeur général des subsistances, qui la mettra sous les yeux du ministre de la guerre.

6. Hors le cas qui sera prévu ci-après, les employés ou leurs ayants-cause ne pourront, sous aucun prétexte, retirer les sommes pour lesquelles ils auront contribué, par les retenues faites sur leurs traitements ou abonnements, à la formation des fonds des pensions.

SECTION II. Des pensions de retraite qui peuvent être accordées aux employés sur les fonds de retenue.

7. Tout employé de la direction générale qui, à l'époque de sa retraite, justifiera de trente années effectives de services publics civils ou militaires, dont dix ans au moins dans l'administration des subsistances militaires, et qui d'ailleurs aura subi durant six ans au moins la retenue mentionnée aux art. 1er et 2, pourra prétendre à une pension de retraite.

8. La même faculté sera accordée aux employés qui, ayant atteint l'âge de soixante ans, justifieront, à l'époque de leur retraite, de vingt-cinq années effectives de services publics, dont dix ans au moins dans l'administration des subsistances militaires, et qui auront également subi la retenue pendant six ans au moins.

9. Les services rendus dans les entreprises ne seront admissibles qu'autant que les traités auraient assimilé, par clause

expresse, les employés desdites entreprises à ceux du gouvernement.

10. Le minimum des pensions auxquelles pourront prétendre les employés dans l'un et l'autre des cas spécifiés aux art. 7 et 8, demeure fixé, savoir : pour les gardes-magasins de 1ʳᵉ classe, à 1,500 fr.; de 2ᵉ *id.*, à 1,200 fr.; de 3ᵉ *id.*, à 900 fr. Pour les autres employés, au tiers du traitement annuel (terme moyen) dont ils auront joui pendant les trois dernières années, déduction faite des sommes payées à titre de gratification, frais de bureau, frais de tournée et indemnité quelconque.

11. Tout garde-magasin de 1ʳᵉ ou 2ᵉ classe, qui ne compterait pas au moins trois ans de service dans la classe dont il fera partie à l'époque de sa retraite, ne pourra prétendre qu'à la pension déterminée pour la classe immédiatement inférieure.

12. Les fixations déterminées par l'article 10 s'augmenteront d'un trentième pour chaque campagne de guerre ou chaque année de service en sus du nombre d'années exigé par les art. 7 et 8, sans toutefois que chaque pension puisse, dans aucun cas, ni s'élever au-dessus de la moitié du traitement, ni excéder le taux de cinq mille francs considéré comme maximum de la plus forte pension.

13. Les employés licenciés, soit sans leur aveu pour cause de surabondance ou de suppression d'emplois, soit sur leur demande pour cause d'infirmités dûment constatées, et qui, à l'époque de leur licenciement, justifieront de quinze ans effectifs de services publics, dont dix ans au moins dans l'administration des subsistances militaires, et qui d'ailleurs auraient subi durant six ans au moins la retenue mentionnée aux art. 1ᵉʳ et 2, auront droit à une pension de retraite dont la quotité sera égale à la moitié du minimum déterminé par l'art. 10, et devra s'augmenter d'un trentième pour chaque campagne de guerre ou chaque année de service en sus de quinze ans, sans, toutefois, qu'elle puisse excéder les proportions déterminées par l'art. 12.

14. Les employés qui se retireront par démission ou par licenciement sur plaintes, ne pourront prétendre au bénéfice de l'article ci-dessus.

SECTION III. *Des pensions et secours qui peuvent être accordés aux veuves et aux enfants des employés.*

15. Les veuves d'employés pourront prétendre à une pension sur les fonds de retenue, dans les deux cas ci-après : 1° lorsque leurs maris, à l'époque où ils seront morts, auront été en possession d'emplois dans la direction générale des subsistances militaires, et auront rempli les conditions de service et de retenues exigées par l'art. 13 ; 2° lorsque leurs maris, à la même époque, auront été en jouissance d'une pension de retraite sur lesdits fonds de retenue.

16. Les veuves d'employés qui auraient à réclamer une pension dans les cas déterminés à l'article précédent, ne pourront, toutefois, l'obtenir qu'après avoir justifié qu'elles étaient mariées cinq ans au moins avant le décès ou la retraite de leurs maris, et qu'elles n'avaient point divorcé.

17. Les veuves d'employés, pour la liquidation de leurs pensions, seront distinguées en deux classes. La première comprendra celles qui seront âgées de cinquante ans au moins, et celles dont les maris auront laissé à leur charge des enfants au-dessous de dix-huit ans d'âge ; la deuxième classe comprendra les autres veuves. La pension des veuves de première classe sera de la moitié, et celle des veuves de la deuxième classe, du quart de la pension dont leurs maris auront joui, ou qu'ils auraient eu droit de réclamer en cas de licenciement.

18. Les enfants orphelins de ceux des employés qui, à l'époque de leur mort, auront été dans l'un des deux cas spécifiés à l'art. 13, seront susceptibles d'obtenir des secours annuels sur les fonds de retenue, tant qu'ils n'auront pas atteint l'âge de dix-huit ans. Ces secours seront fixés, pour tous les enfants du même employé qui n'auront pas dix-huit ans d'âge, aux deux tiers de la pension dont la veuve aurait dû ou dû jouir d'après l'article précédent. Ils cesseront d'être payés aussitôt que le plus jeune des orphelins aura atteint l'âge de dix-huit ans.

19. Les enfants dont la mère aurait divorcé seront considérés et traités comme orphelins.

SECTION IV. *Du règlement et du paiement des pensions et secours annuels.*

20. Les pensions et secours annuels qui peuvent être accordés en vertu des dispositions ci-dessus, seront réglés, sur la proposition du directeur général des subsistances militaires, par le ministre de la guerre, qui nous en soumettra la liquidation pour être approuvée par nous.

21. Notre ministre de la guerre expédiera le titre ou brevet de chaque pension ou secours annuel dont nous aurons approuvé la liquidation.

22. Le directeur général des subsistances militaires délivrera, chaque semestre, aux personnes qui auront obtenu des pensions

secours annuels, un mandat au moyen duquel elles en seront payées à la caisse des dépôts et consignations sur les produits de la retenue.

23. Notre ministre de la guerre, avant de soumettre à notre approbation des liquidations de pensions faites en vertu de la présente ordonnance, devra acquérir la certitude que les fonds restant disponibles sur les produits de la retenue suffiront pour en assurer le paiement. Dans le cas contraire, tout règlement de pension sera provisoirement suspendu.

SECTION V. *Dispositions spéciales et particulières.*

24. Les dispositions ci-dessus ne sont applicables qu'aux employés qui, à l'époque du 1ᵉʳ janvier 1822, composeront le personnel de la direction générale des subsistances militaires, et à ceux qui y seront admis à l'avenir.

25. Ceux des employés de la direction qui ne seraient pas compris dans l'organisation qui sera faite en vertu de notre ordonnance du 30 janvier 1821, et ceux qui, venant à être licenciés par la suite, ne rempliront pas, à l'époque de leur licenciement, les conditions exigées pour prétendre à une pension par l'un des articles 7, 8 et 13, recevront du directeur général, à la caisse des dépôts et consignations, le montant de la retenue qu'ils auraient éprouvée sur leur traitement jusqu'au jour de leur retraite, sans toutefois qu'ils puissent en réclamer les intérêts, lesquels resteront acquis au fonds des pensions.

26. Dans le cas où, par la suite, nous jugerions convenable de mettre en entreprise générale le service des vivres de la guerre, l'entrepreneur serait tenu de prendre à son compte, jusqu'à concurrence des besoins, les divers employés de la direction générale, au moyen de quoi les dispositions des sections 1ʳᵉ, 2ᵉ, 3ᵉ et 4ᵉ ci-dessus continueraient de s'exécuter, sauf au ministre de la guerre à remplir lui-même ou faire remplir par qui de droit les obligations qu'elles imposent au directeur général des subsistances militaires.

27. Nos ministres de la guerre et des finances sont chargés, etc.

_____

20 FÉVRIER 1822 = 28 AVRIL 1831. — Ordonnance du roi qui proroge la concession de droits de navigation à l'écluse de Gœulzin (canal de Mons à Condé), moyennant diverses charges imposées au concessionnaire. (IX, Bull. O. LXIII, n. 1601.)

Louis, etc., sur le rapport de notre ministre de l'intérieur; vu la soumission

en date du 6 février 1822, par laquelle le sieur Honnorez se charge d'exécuter au prix de deux cent six mille neuf cent vingt francs, et conformément aux projets approuvés par notre directeur général des ponts et chaussées : 1° le curage de l'Escaut depuis Condé jusqu'à Cambrai, estimé cent cinquante-sept mille cent vingt-cinq francs dix centimes; 2° le même travail, dans l'intérieur des fortifications de Valenciennes, entre les écluses de Notre-Dame et de Grosjean, estimé cinq mille francs; à quoi ajoutant dix-sept mille huit cent soixante-quatorze francs dix centimes pour travaux imprévus, la dépense totale est de cent quatre-vingt mille francs; 3° la réparation et l'entretien des écluses, ponts de halage, digues, etc., sur l'Escaut, depuis le bassin de Canteimpré à Cambrai jusqu'à la Folie, estimés vingt-six mille neuf cent vingt francs; vu notre ordonnance du 22 octobre 1817, qui autorise le sieur Honnorez à percevoir un droit de douze centimes par tonneau sur chaque bateau chargé, et de six centimes sur chaque bateau vide passant à l'écluse de Gœulzin, située au confluent de l'Escaut et du canal de Mons à Condé; vu la loi de finances du 31 juillet 1821, art. 7, titre 2, etc.

Art. 1ᵉʳ. La soumission du sieur Honnorez pour l'exécution des travaux susdésignés est approuvée. Il ne pourra, dans aucun cas, être admis à réclamer des indemnités pour erreur de calcul ou de rédaction dans les devis et détails approuvés.

2. Le sieur Honnorez est autorisé à continuer de percevoir pendant sept ans, et aux mêmes conditions, le droit de navigation établi par notre ordonnance du 22 octobre 1817 à l'écluse de Gœulzin. Ces sept années commenceront le 21 avril 1824.

3. Le sieur Honnorez ne pourra, sous aucun prétexte, prétendre à une indemnité à raison des interruptions que la navigation pourrait éprouver pendant le temps de la présente concession.

4. Notre ministre de l'intérieur (M. Corbière) est chargé, etc.

_____

10 AVRIL 1822. — Ordonnance qui accorde des lettres de naturalité au sieur Simonelli. (Bull. O. 87, n. 2442.)

_____

17 AVRIL 1822 = 4 NOVEMBRE 1831. — Ordonnance du roi sur l'admission des élèves de l'école polytechnique dans le corps de la marine. (IX, Bull. O. CXX, n. 3356.)

Louis, etc., voulant ouvrir une nouvelle carrière aux élèves de notre école polytechnique, et procurer à notre marine royale des sujets qui réunissent les connaissances étendues et variées qu'on acquiert dans cette école, etc.

Art. 1ᵉʳ. Chaque année, à la suite des examens de sortie de l'école polytechnique, il sera destiné, pour les élèves jugés admissibles dans les services publics, un nombre de places que notre ministre de la marine déterminera en raison des besoins du service. Ce nombre ne pourra s'élever au-dessus de six. Lesdits élèves prendront rang avec les élèves de la marine de la première classe, à dater du jour de leur nomination, et ils jouiront des émoluments et prérogatives attachés à ce grade.

2. Lorsqu'ils auront complété vingt-huit mois d'embarquement en leurdite qualité, et qu'ils auront satisfait à un examen sur le traité de navigation, l'hydrographie et les observations astronomiques, sur l'arrimage et le grément d'un vaisseau, sur les principales manœuvres à la voile, les appareillages et les mouillages dans divers cas, et enfin sur l'exercice du canon et l'installation de l'artillerie à bord des bâtiments de guerre, ils seront susceptibles d'être nommés enseignes de vaisseau.

3. Nos ministres de l'intérieur et de la marine (MM. Casimir Périer et de Rigny) sont chargés, etc.

———

2 MAI 1822. — Ordonnance qui accorde des lettres de naturalité au sieur Barucci. (Bull. O. 87, n. 2441.)

———

3 JUIN 1822. — Ordonnance qui accorde des lettres de naturalisation au sieur J. Mendiaux, né en Belgique le 7 mars 1789. (Bull. O., 2ᵉ sect., n. 3448.)

———

28 AOUT 1822 = 10 AVRIL 1832. — Ordonnance du roi concernant l'organisation du corps des sapeurs-pompiers de la ville de Paris. (IX, Bull. O. CXLVII, 1ʳᵉ sect., n. 4096.)|

Louis, etc., sur le rapport de notre ministre secrétaire d'Etat au département de l'intérieur; vu le décret du 18 septembre 1811, concernant la création d'un corps de sapeurs-pompiers à Paris; vu notre ordonnance du 7 novembre 1821, portant que ce corps comptera désormais dans le complet de l'armée; considérant que le décret du 18 septembre 1811 ne se trouve plus en harmonie avec l'ordonnance précitée, et qu'il est indispensable de réunir dans une nouvelle ordonnance spéciale toutes les dispositions qui devront régler l'administration et le service du corps; considérant que le conseil municipal de notre bonne ville de Paris a, par sa délibération du 24 mai 1822, voté les fonds nécessaires pour l'entretien de ce corps au complet, déterminé par notre ordonnance du 7 novembre 1821; notre conseil d'Etat entendu, etc.

TITRE 1ᵉʳ. *Administration.*

Art. 1ᵉʳ. Le corps des sapeurs-pompiers de la ville de Paris continuera d'être sous les ordres immédiats et l'administration du préfet de police.

2. La direction et l'emploi de fonds destinés à former la solde, les masses et indemnités allouées au corps, seront confiés à un conseil d'administration composé ainsi qu'il suit : président, le lieutenant-colonel ou le chef de bataillon commandant le corps; deux capitaines, deux lieutenants, le trésorier-secrétaire.

3. Les membres du conseil, à l'exception du président, seront renouvelés tous les ans. Les six officiers du corps ayant le grade de capitaine rouleront entre eux pour la composition du conseil.

4. Les opérations du conseil seront dirigées, conformément aux lois, ordonnances et règlements en vigueur dans l'armée, par un sous-intendant militaire, qui passera les revues de terrain, visitera les magasins de toute nature, et remplira enfin auprès du corps toutes les fonctions attribuées à l'intendance militaire. Il donnera connaissance de tous les actes et de toutes les opérations du conseil au préfet de police, et soumettra annuellement à son approbation les comptes de toute espèce qu'il aura arrêtés dans le cours de chaque exercice.

5. Les hommes malades seront reçus et traités dans les hôpitaux militaires, moyennant un franc trente centimes par jour.

6. Il sera accordé une somme de quarante francs, à titre de première mise, pour chaque sapeur-pompier nouvellement admis, soit par enrôlement volontaire, soit qu'il vienne d'un des régiments de l'armée.

TITRE II. *Fonds destinés aux dépenses du corps, traitements, soldes et masses.*

7. Pour subvenir aux dépenses relatives à l'entretien du corps des sapeurs-pompiers et aux dépenses diverses qui se rattachent au service des incendies, il sera mis annuellement à la disposition du préfet de police, dans la caisse municipale de la ville de Paris, une somme de quatre cent quarante-cinq mille quatre cent vingt-deux francs quatre-vingt-cinq centimes, dont trois cent cinquante-quatre mille quatre cent quatre-vingt-deux francs quatre-vingt-cinq centimes affectés au paiement des traitements, soldes et masses, et quatre-vingt-dix mille neuf cent quarante francs aux dépenses d'administration, telles que casernement, entretien du matériel.

Ces crédits seront portés chaque année dans le budget de la ville de Paris, au chapitre des dépenses de la préfecture de police.

8. Le traitement des officiers et des employés civils est réglé ainsi qu'il suit, non compris l'indemnité de fourrage :

Commandants du corps.

Du grade de lieutenant-colonel, 8,000 f.; du grade de chef de bataillon, 6,000 fr.; adjudant-major-capitaine, 3,500 fr.; capitaine-ingénieur, 3,500 fr.; capitaine-commandant de compagnie, 3,500 fr.; lieutenant, 2,400 fr.

Employés civils.

Trésorier, 3,500 fr.; chirurgien-major, 2,400 fr.; aide, 1,800 fr.; garde-magasin, 1,500 fr.; marinier, 450 fr. Les traitements ci-dessus seront passibles d'une retenue de deux pour cent au profit de la caisse des invalides, et dont la quotité est exprimée au tarif de la présente ordonnance. Les traitements des employés civils n'éprouveront point cette retenue. Le commandant du corps sera tenu d'avoir constamment deux chevaux de main. L'adjudant-major capitaine, le capitaine ingénieur et chaque capitaine commandant de compagnie devront avoir chacun un cheval, ainsi que le chirurgien-major. Ils recevront à cet effet une indemnité qui demeure fixée à cinq cent quarante-cinq francs soixante et quinze centimes par an, par chaque cheval.

9. La solde et les masses des sous-officiers et sapeurs-pompiers sont fixées suivant le détail porté au tarif ci-dessous.

TROUPE.	SOLDE		MASSES.			DÉPENSE
	proprement dite.	destinée à la masse d'entretien à 25 c.	Boulangerie à 25 c.	Chauffage à 75 c.	d'hôpital.	annuelle par grade.
	fr. c.	fr. c.	fr.	fr. c.	fr. c.	fr. c.
Adjudant sous-officier.	1,058 50	91 25	73	51 10	1 50	1,275 35
Maître-ouvrier. . . .	346 75	91 25	73	51 10	1 50	563 60
Sergent-major. . . .	693 50	91 25	73	51 10	1 5	910 85
Sergent.	383 25	91 5	73	51 10	1 50	600 10
Caporal-fourrier. . .	383 25	91 25	73	51 10	1 0	600 10
Caporal.	346 75	91 5	73	25 55	1 50	538 5
Tambour.	310 25	91 25	73	25 55	1 0	501 55
Sapeur-pompier. . .	273 75	91 25	73	25 55	1 50	465 5

Sur la solde proprement dite des caporaux, tambours et sapeurs-pompiers, il sera prélevé quarante centimes par homme et par jour pour l'ordinaire; ce prélèvement pourra être porté, s'il en est besoin, et avec l'autorisation du préfet de police, jusqu'à cinquante centimes.

10. Les paiements à faire aux officiers s'effectueront par douzième, à la fin de chaque mois, sur des états nominatifs vérifiés et arrêtés par le sous-intendant militaire et ordonnancés par le préfet de police. La solde et les masses de la troupe seront payées d'avance et par quinzaine sur des états d'effectif arrêtés et ordonnancés comme ceux des sous-officiers. Tous les paiements d'à-compte se régulariseront chaque trimestre au moyen d'un décompte de revue.

11. Chaque homme de troupe devra avoir en dépôt dans la caisse du corps, à la masse d'entretien, une somme de cent francs : cette masse sera destinée à faire face aux pertes qu'il pourra éprouver et aux avances qui lui deviendraient nécessaires; elle se formera : 1° au moyen du versement de la première mise déterminée par l'art. 6; 2° au moyen du prélèvement de solde de vingt-cinq centimes par jour indiqué à la deuxième colonne du tableau (art. 9); 3° enfin, par le versement de la moitié du produit des services salariés, ainsi qu'il sera réglé ci-après (art. 24).

12. Il sera fait, tous les ans, aux sous-officiers et sapeurs, décompte des sommes excédant celle de cent francs. Le montant de l'avoir en masse leur sera payé à leur sortie du corps, et, en cas de décès, il sera remis à leurs héritiers.

13. Il sera formé une masse spéciale d'hôpital, au moyen d'une allocation annuelle d'un franc cinquante centimes par homme de troupe. Cette masse est destinée à pourvoir à tous les frais de traitement, concurremment avec le produit des retenues sur la solde des hommes aux hôpitaux, prélèvement fait du décompte fixé par le tarif annexé à la présente ordon-

nance. En cas d'insuffisance du produit de cette masse, il y sera pourvu sur le fonds affecté aux dépenses d'administration.

14. Les masses d'entretien, de boulangerie, de chauffage et d'hôpital, seront administrés par le conseil, qui devra, par leur moyen, subvenir à tous les besoins qu'elles indiquent. Les dépenses au compte des trois premières masses résulteront de marchés qui auront été passés par le conseil en présence du sous-intendant militaire, et approuvés par le préfet de police.

15. Tous les fonds ordonnancés au profit du corps resteront déposés à la préfecture de police dans une caisse à trois clefs, dont l'une sera entre les mains de l'officier supérieur commandant le bataillon ; la seconde, dans celles du plus ancien officier du grade de capitaine, faisant partie du conseil ; le trésorier aura la troisième.

16. La totalité des fonds dont la gestion est confiée au conseil d'administration n'étant applicable qu'à la solde et aux masses, la portion du crédit annuel qui ne sera pas employée à les payer restera dans la caisse municipale. Sur le crédit de quatre-vingt-dix mille neuf cent quarante francs affectés aux dépenses d'administration, seront payés : 1° le prix alloué pour les rengagements ; 2° les hautes-paies pour chevrons ; 3° les sommes à payer en cas d'insuffisance de la masse d'hôpital, 4° la première mise aux hommes nouvellement admis, 5° les frais de route, 6° les frais de gîte et de geôlage, 7° les frais de bureau du conseil d'administration réglés au commencement de chaque année par le préfet de police, 8° les loyers des casernes, 9° le salaire des concierges, 10° l'éclairage des casernes, 11° le loyer des lits, 12° les dépenses de menu entretien des bâtiments affectés au casernement, 13° la location des corps-de-garde pour les petits postes répartis dans Paris, 14° l'entretien de ces corps-de-garde, y compris leur éclairage et leur chauffage, 15° la dépense de réparations et d'achat de pompes, tonneaux et autres appareils nécessaires au service des incendies, 16° les gratifications et encouragements, 17° les dépenses relatives à l'instruction gymnastique. Ils fourniront aussi au remboursement des débets laissés à la masse d'entretien par les hommes morts ou désertés insolvables, et feront face enfin à toutes les dépenses imprévues.

Titre III. *Habillement, équipement, armement.*

17. Le corps des sapeurs-pompiers conservera son uniforme. Chaque homme devra être pourvu des effets ci-après, savoir : *Habillement.*—Un habit bleu, une capote bleue, une veste ou gilet à manches, un pantalon de drap bleu large, une paire de petites guêtres noires, deux pantalons blancs larges, deux paires de petites guêtres blanches, un bonnet de police. *Équipement.*—Un casque, un chapeau, une paire d'épaulettes, trois cravates, dont une noire et deux blanches, une dragonne, une giberne, un havresac, une buffleterie complète. L'armement continuera d'être composé d'un fusil à baïonnette et d'un sabre.

18. Les armes seront délivrées par le département de la guerre, sauf remboursement de ce qui sera dû pour cet objet par la ville de Paris : elles seront conservées en bon état aux frais de la masse d'entretien. L'équipement sera fourni et entretenu par la masse d'entretien.

Titre IV. *Casernement et distribution des postes.*

19. Les bâtiments actuellement occupés par le corps continueront d'être affectés à son casernement. Aucun officier, sous-officier et soldat, ne pourra loger hors des casernes, sans l'autorisation spéciale du préfet de police.

20. Dans le cas où il serait nécessaire de faire dans les casernes existantes de grands travaux autres que ceux de simple entretien, ou, s'il devenait indispensable d'établir de nouvelles casernes, les frais d'acquisition et de construction relatifs au premier établissement seront supportés par la ville de Paris, et il sera ouvert à cet effet des crédits particuliers.

21. La force des postes de sapeurs-pompiers, et les points où ils devront être placés, seront réglés par le préfet de police. Il sera pourvu à l'entretien des postes sur le crédit déterminé par l'art. 7.

22. Le préfet de police réglera les dépenses relatives au matériel des incendies ; il déterminera le nombre et la répartition des pompes, tonneaux, agrès et appareils nécessaires au service des incendies. Les frais en seront imputés sur le crédit déterminé en l'art. 7.

Titre V. *Du service.*

23. Indépendamment du service ordinaire de la ville de Paris, le corps des sapeurs-pompiers continuera de faire, sous le rapport des dangers du feu, celui des spectacles, bals et lieux de réunion publique.

24. Le préfet de police réglera la rétribution qui sera due pour le service des spectacles, bals, etc. Le montant de la rétribution sera la propriété des officiers, sous-officiers et sapeurs-pompiers qui auront fait le service : néanmoins, en ce qui con-

cerne les hommes de troupe, la moitié sera remise immédiatement, et l'autre moitié sera versée à la masse d'entretien, et il leur en sera fait décompte, s'il y a lieu, conformément à ce qui est prescrit par les art. 11 et 12.

25. Le général commandant la première division militaire, et le préfet de police, se concerteront pour assurer, en cas d'incendie, aux officiers des sapeurs-pompiers, l'autorité nécessaire, attendu qu'à eux seuls appartient la direction des moyens d'extinction.

TITRE VI. *Pensions et retraites.*

26. Les officiers, sous-officiers et sapeurs-pompiers seront à l'avenir retraités d'après les bases déterminées pour l'armée, et les pensions auxquelles ils auront droit seront imputées sur les fonds généraux affectés au paiement des retraites de l'armée.

27. Il nous sera soumis, par notre ministre secrétaire d'Etat au département de l'intérieur, des propositions pour la liquidation des traitements ou pensions auxquels auront droit les officiers, sous-officiers et soldats désignés soit pour la retraite, soit pour la réforme, et qui ne seront pas compris dans la nouvelle organisation ; le montant en sera payé par la ville de Paris. A cet effet, le fonds des pensions appartenant au corps et qui est en dépôt au mont-de-piété, en sera retiré pour être versé dans la caisse municipale.

28. Les pensions et traitements précédemment liquidés, et ceux qui le seront en vertu des dispositions de l'article précédent, seront l'objet d'un crédit spécial porté annuellement au budget de la préfecture de police.

29. La masse générale d'habillement se trouvant supprimée d'après les dispositions contenues aux art. 9, 11 et 24, l'avoir de cette masse, tant en deniers qu'en matière, sera constaté au moment de la nouvelle organisation, et le corps sera tenu d'en verser le montant à la caisse municipale dans le courant de l'exercice 1824.

30. Nos ministres de l'intérieur et de la guerre sont chargés, etc.

13 SEPTEMBRE 1822 = 29 JANVIER 1831. — Ordonnance du roi qui dispose, au profit d'une congrégation religieuse, du domaine du Mont-Valérien (1). (IX, Bull. O. XXXIX, n. 978.)

Louis, etc., sur le rapport de notre ministre secrétaire d'Etat au département des finances ; vu la demande des sieurs abbés de Forbin-Janson et de Rauzan, tendant à obtenir, en faveur des missions de France, l'abandon ou un bail emphytéotique du Mont-Valérien, situé au département de la Seine, dont ils sont en possession en vertu d'un bail de neuf années expirant le 31 décembre 1825, et à la charge, par les missions, de terminer, à leurs frais, toutes les constructions du Calvaire, et de rendre habitables les bâtiments neufs existant actuellement sur cette propriété ; vu les lettres de notre ministre de l'intérieur et de notre cousin l'archevêque de Paris, favorables à cette demande ; considérant que le Calvaire du Mont-Valérien est consacré depuis plusieurs siècles à la dévotion de la croix et à la vénération des fidèles ; considérant qu'il est dans l'intérêt de l'Etat d'accueillir l'offre des sieurs abbés de Janson et de Rauzan, de continuer et d'achever des constructions qui peuvent exiger encore des dépenses considérables ; voulant d'ailleurs donner une marque particulière de notre vénération et de celle de notre famille pour le culte de la croix ; le conseil d'Etat entendu, etc.

Art. 1er. Les bâtiments, constructions et terrains dépendant de l'établissement du Mont-Valérien, commune de Nanterre, de la contenance d'environ vingt-six hectares (quarante-neuf arpents quatre-vingt-treize perches), et détaillés au procès-verbal de visite dudit établissement, dressé le 24 janvier 1815 par Godde, architecte du département de la Seine, sont et demeurent affectés à la société des prêtres des missions de France, autorisée par notre ordonnance du 25 septembre 1816. Cette affectation est faite pour le temps et espace de soixante années consécutives, qui commenceront à partir de ce jour, aux charges, clauses et conditions suivantes.

2. Les pèlerinages continueront d'être reçus dans ledit établissement aux époques ordinaires et accoutumées, sans qu'ils puissent être interrompus, sous aucun prétexte, par le fait de la société concessionnaire.

3. Ladite société se charge de terminer à ses frais, pendant le temps de sa jouissance, tous les bâtiments neufs actuellement commencés et détaillés au procès-verbal ci-dessus relaté.

4. Il est fait abandon à ladite société des matériaux existant sur le terrain, ainsi que de ceux qui proviendraient de la démolition des vieux bâtiments qui avaient été donnés en compte aux anciens entrepreneurs, et qui sont indiqués dans le plan général annexé au procès-verbal ci-devant rappelé.

5. Ladite société est et demeure chargée,

(1) Voy. l'ordonnance du 25 décembre 1830, et les notes.

pendant tout le temps de sa jouissance, du paiement des contributions et des réparations de toute nature , tant foncières que locatives.

6. Nos ministres des finances et de l'intérieur (MM. de Villèle et Peyronnet) sont chargés , etc.

_____

9 octobre 1822 = 24 mai 1832. — Ordonnance du roi relative aux percepteurs des contributions directes de la ville de Paris. (IX , Bull. O. CLIX , 1re sect., n. 4180.)

Louis , etc., nous étant fait rendre compte des inconvénients qui résultent , pour les habitants de notre bonne ville de Paris , de l'insuffisance du nombre des percepteurs des contributions directes ; voulant donner aux divers arrondissements de perception une circonscription qui facilite les relations des contribuables avec les percepteurs, etc.

Art. 1er. A partir du 1er janvier 1823 , il sera établi deux perceptions des contributions directes dans chacun des douze arrondissements municipaux de notre bonne ville de Paris.

2. Chaque perception sera composée de deux quartiers du même arrondissement municipal , conformément au tableau ci-joint.

3. Les percepteurs seront tenus, autant que possible , d'établir leurs bureaux dans le point le plus central de leur arrondissement.

4. Les rétributions fixes des percepteurs de Paris se composeront de la moitié des remises imposées par les rôles dont le recouvrement leur sera confié. Il sera formé de l'autre moitié un fonds commun , qui sera réparti par vingt-quatrième entre chacun des percepteurs.

5. Les percepteurs des contributions directes à Paris seront nommés par notre ministre secrétaire d'Etat des finances.

6. Toutes les dispositions contraires à la présente ordonnance sont révoquées.

7. Notre ministre des finances (M. de Villèle) est chargé , etc.

Tableau présentant la circonscription des vingt-quatre arrondissements de perception de Paris , annexé à l'ordonnance du 9 octobre 1822.

Arrondissement comprenant les quartiers.

1er, Tuileries , place Vendôme ; 2e, Champs-Elysées , Roule ; 3e, Chaussée d'Antin, Faubourg-Montmartre ; 4e, Palais-Royal, Feydeau ; 5e, Poissonnière , Montmartre ; 6e, Saint-Eustache, Mail ; 7e, Saint-Honoré , Louvre ; 8e, Banque de France, Marchés ; 9e, Faubourg Saint-Denis, Porte Saint-Martin ; 10e, Bonne-Nouvelle, Montorgueil ; 11e,

Porte Saint-Denis, Lombards ; 12e, Temple, Saint-Martin-des-Champs ; 13e, Sainte-Avoie , Mont-de-Piété ; 14e, Marché Saint-Jean, les Arcis ; 15e, Marais, Popincourt ; 16e, Faubourg Saint-Antoine, Quinze-Vingts ; 17e, Arsenal , Hôtel-de-Ville ; 18e, Ile Saint-Louis , Cité ; 19e, Invalides , Faubourg Saint-Germain ; 20e, Monnaie , Saint-Thomas-d'Aquin ; 21e, Luxembourg, Sorbonne ; 22e, Ecole de Médecine, Palais de Justice ; 23e, Saint-Jacques, Jardin du Roi ; 24e, Saint-Marcel , Observatoire.

_____

4 décembre 1822. — Ordonnance qui augmente le nombre des contrôleurs placés près des receveurs particuliers percepteurs des contributions directes de la ville de Paris , et supprime ceux qui ont été établis près des percepteurs des villes de Marseille , Rouen, Bordeaux et Lyon. (Bull. O., 1re sect., n. 4181.)

_____

5 février 1823 = 20 mars 1837. — Ordonnance du roi relative à la composition des rations en usage dans le département de la marine. (IX , Bull. O. CDLXXXVI, n. 6739.)

Louis , etc., considérant que depuis le décret du 13 janvier 1806 relatif à la composition des rations en usage dans le département de la marine , quelques-unes de ces rations ont subi diverses modifications provisoires qu'il est nécessaire de régulariser ; voulant d'ailleurs donner aux marins embarqués sur nos bâtiments un témoignage de notre bienveillance , en améliorant encore essentiellement leur ration et en leur procurant une nourriture plus favorable à leur santé ; sur le rapport de notre ministre secrétaire d'Etat de la marine et des colonies, etc.

Art. 1er. A partir du 1er avril 1823 , les diverses espèces de rations qui se consomment dans le service de la marine seront composées conformément au règlement ci-joint.

2. Les quantités de bois et de charbon de terre à embarquer pour la cuisson des aliments de marins seront délivrées dans les proportions indiquées par le même règlement.

3. Les suppléments ou allocations extraordinaires qui pourront avoir lieu à bord de nos bâtiments à la mer , pour préserver les équipages de l'influence des changements de climats ou pour toute autre cause, ne pourront excéder les quantités fixées par le susdit règlement.

4. Les dispositions prescrites par le décret du 13 janvier 1806 et les décisions postérieures continueront à être exécutées jusqu'au 31 mars 1823 inclusivement.

5. Notre ministre de la marine et des colonies (M. Clermont-Tonnerre) est chargé , etc.

Réglements sur la composition des diverses rations en usage dans le département de la marine.

RATIONS DE MARINS ET AUTRES INDIVIDUS EMBARQUÉS SUR LES BATIMENTS DE L'ÉTAT.

Ration de journalier.

Cette espèce de ration, qui se délivre tant aux hommes embarqués sur les bâtiments de l'Etat, dans les ports et rades de France, qu'aux individus mis en subsistance dans les cayennes ou autres établissements à terre, sera composée pour chaque homme, sans distinction de grade, ainsi qu'il suit, savoir :

Pain. . .
Pain frais provenant de farine de froment épurée à 12 pour 100. . . . . 750 grammes.
ou
Biscuit (si les circonstances exigent qu'il en soit fourni). . . . . 550 idem.

Les fixations établies ci-contre étant destinées à la nourriture d'un homme pendant un jour, la distribution en sera faite par tiers pour chacun des trois repas indiqués ci-après.

Boissons. .
Vin de journalier. . . . . 69 centilitres.
ou
Bière ou cidre. { Si la fourniture des vivres a lieu dans les ports de la Manche, depuis Dunkerque jusqu'à Saint-Servan inclusivement. . . . . } 1 litre 38 cen-tilitres.

Il sera embarqué 3 pour 100 en sus des quantités nécessaires à la composition des rations en boissons, et ce, pour faire face aux déchets qu'entraîne leur distribution.

Nota. Il n'est point accordé de boissons aux mousses.

Déjeuners. .
Ce repas se composera seulement du tiers de la ration complète de pain et de boisson, c'est-à-dire de 250 grammes de pain et de 23 centilitres de vin, ou de 46 centilitres de bière ou de cidre, selon les localités.

Diners. .
Il y aura chaque semaine quatre dîners gras et trois dîners maigres, qui se composeront, indépendamment du tiers de la ration complète en pain et boisson, savoir :
Le dîner gras, de (1) { viande fraîche. . . . . 250 grammes / et de / légumes verts, à raison de. . . . 16 millimes 1/2 }

Ces dîners se délivreront les dimanches, mardis, jeudis et samedis.

Le dîner maigre, de (2) { morue { assaisonnée comme il sera spécifié ci-après. . . . } 120 grammes. / *ou* / fromage. . . . . 90 grammes. }

Les dîners maigres se délivreront les lundis, mercredis et vendredis.

(1) *Nota.* Il sera fourni 3 pour 100 en sus de la quantité de viande fraîche nécessaire à la composition des dîners gras, afin de couvrir le déchet à la distribution.

Si l'on était dans le cas de faire consommer du lard ou du bœuf salé en journalier, les distributions de ces salaisons, ainsi que les additions dont elles sont susceptibles, seraient fixées conformément à ce qui sera réglé ci-après pour la ration de campagne; et si, au lieu d'argent pour achat de légumes verts, on était obligé de distribuer de l'oseille confite ou de la choucroûte avec les dîners gras, les proportions en seraient de 15 grammes d'oseille confite ou de 30 grammes de choucroûte, pour chaque dîner en viande fraîche.

(2) Si, à défaut de morue ou de fromage, on était dans le cas de distribuer du riz ou des légumes pour les dîners, les quantités seraient les mêmes que celles déterminées ci-après pour les soupers, ainsi que les assaisonnements.

Soupers. .
Le repas du soir ou souper se composera tous les jours, indépendamment du tiers de la ration complète en pain et en boisson, pour chaque homme, savoir :
De légumes secs (pois, fèves ou faïols). . . 120 grammes. / *ou* / De riz. . . . . 60 idem.

Avec les assaisonnements déterminés ci-après.

S'il y avait impossibilité de faire la chaudière à bord, il serait distribué du fromage en place de légumes; mais alors ce comestible ne serait accordé qu'à raison de 60 grammes par souper.

Si, par une cause quelconque, on délivrait de la viande fraîche pour le souper de l'équipage, la quantité accordée pour ce dernier repas ne serait que de 120 grammes, au lieu de 250 qui reviennent pour le dîner; et cette seconde distribution de viande dans un jour ne donnerait lieu à aucune augmentation de la somme accordée pour achat de légumes verts, laquelle resterait toujours fixée à 16 millimes 1/2 par jour.

Assaisonnements. .
Huile d'olive. . . . { 18 grammes pour chaque dîner en morue. / 6 idem pour chaque repas en riz ou légumes.
ou
Beurre. . . . . { 30 idem pour chaque dîner en morue. / 10 idem pour chaque repas en riz ou légumes.
Vinaigre. . . . . { 3 centilitres pour chaque dîner en morue. / 5 millilitres pour chaque repas en riz ou légumes.
Sel. . . . . . . | 22 grammes par homme et par jour.

Chauffage. . . . | (Voir le tableau ci-après.)
Luminaire . . . | Chandelle. . . . . | 1 gramme 46 centigrammes par ration.

Ration de campagne.

La ration à la mer, dite *de campagne*, sera composée pour chaque homme embarqué, quelle que soit sa qualité à bord, de la manière suivante, savoir :

Pain.

Farine d'armement. . . . . 550 grammes.
ou
Pain frais en provenant. . . . . 750 idem.
ou
Biscuit provenant de farine de froment épurée
à 33 pour 100. . . . . 550 idem.
Il sera ajouté aux quantités de biscuit et de farine nécessaires pour la composition des rations ordonnées 10 pour 100, destinées à subvenir aux déchets de garde et de distribution de ces denrées.

> Les fixations établies ci-contre étant destinées à la nourriture d'un homme pendant un jour, la distribution en sera faite par tiers pour chacun des trois repas spécifiés ci-après.

Boissons.

Vin de campagne. . . . . 69 centilitres.
ou
Eau-de-vie. . . . , ... 18 idem.
ou
Bière ou cidre (si les circonstances l'exigeaient). 1 lit. 38 centil.
Il sera également embarqué, en sus du nécessaire en boisson, un supplément de 12 pour 100, destiné à faire face aux déchets et coulages ordinaires pendant la durée de la campagne.
Nota. Il n'est point accordé de boisson aux mousses.

> Les fixations établies ci-contre étant destinées à la nourriture d'un homme pendant un jour, la distribution en sera faite par tiers pour chacun des trois repas spécifiés ci-après.

Déjeûners.

Indépendamment du tiers de la ration complète en biscuit et en boisson applicable à ce repas, il sera délivré des déjeûners chauds composés ; savoir :
Dans les régions intertropicales, de café. . . . . 20 grammes } Par homme et par jour.
et de sucre. . . . . 20 idem.
et dans les régions froides ou tempérées, d'une panade formée tant avec la portion de biscuit revenant pour le déjeûner qu'avec les quantités de beurre, sel et poivre déterminées ci-après, à l'article *Assaisonnements.* } Idem.

Dîners.

Le marin recevra, chaque jour de la semaine, un dîner gras, à l'exception du vendredi, jour où il sera délivré un dîner maigre.

Chaque dîner gras se composera de
lard salé. . . . . 180 grammes.
ou
bœuf salé. . . . . 250 idem.
et il sera ajouté à chacune de ces espèces de viande,
légumes secs. . . . . 60 grammes } Sans addition d'huile
ou
riz. . . . . 30 idem. } ni vinaigre.
indépendamment des quantités de poivre et de moutarde fixées ci-après, à l'article *Assaisonnements.*

Chaque dîner maigre se composera de .
morue (assaisonnée comme il sera fixé ci-après). . 120 grammes.
ou
fromage. . . . . 120 idem.

Nota. Lorsque, dans les relâches en pays étrangers ou dans les colonies françaises, il sera jugé nécessaire de fournir de la viande fraîche en place de salaisons, la quantité de bœuf frais, ainsi que la somme à allouer pour achat de légumes verts, seront les mêmes que celles qui sont fixées pour la ration de journalier. Mais si l'allocation de 16 millimes 1/2 pour légumes verts était reconnue insuffisante, il y serait suppléé, sans cependant que la nouvelle allocation pût, en aucun cas, excéder 26 millimes par ration de viande fraîche.

Soupers.

Indépendamment du tiers de la ration complète en biscuit et en boisson incombant à ce repas, il sera délivré pour chaque homme et par jour :
légumes secs. . . . . 120 grammes.
ou
riz. . . . . 60 idem.
et indépendamment des assaisonnements déterminés ci-après, il sera ajouté à chacun de ces légumes,
oseille confite. . . . . 15 grammes.
ou
choucroûte. . . . . 30 idem.
La substitution du fromage aux légumes, que des circonstances pourraient nécessiter, aura lieu en campagne à raison de 90 grammes.

Assaisonnements.

Huile d'olive.
{ 18 grammes pour chaque dîner en morue.
{ 6 idem par repas en riz ou légumes.
Beurre. . . { 15 idem par homme et par jour pour panade.
Vinaigre. . .
{ 3 centilitres pour chaque dîner en morue.
{ 5 millilitres pour chaque repas en riz ou en légumes.
{ 5 idem par homme et par jour, tant pour aciduler l'eau des charniers que pour la préparation de la moutarde et l'aspersion du bâtiment.
Sel. . . . { tant pour panade que pour l'assaisonnement } 24 grammes par homme du riz et des légumes. . . . . } et par jour.
Graine de moutarde, | pour chaque dîner en salaison, 2 grammes.
Poivre ou piment, { pour chaque déjeûner en panade, 15 centigrammes ;
{ pour chaque dîner en salaison, 15 centigrammes.

Chauffage. . . | (Voir le tableau ci-après.)

Luminaire. . . {
Chandelle. . . . . . . 1 gramme 46 centigrammes par ration.
Huile à brûler. . . . . 1 idem 46 idem.
Coton filé. . . . . . . 2 idem par kilogramme d'huile à brûler.

Rafraîchissements à embarquer.

Le nombre de jours de rafraîchissements à embarquer sur les bâtiments de l'Etat sera fixé ainsi qu'il suit , savoir :

Pour les campagnes dans l'Inde. . . . . 120 jours.
Pour celles à l'île Bourbon et à Madagascar. 90
Pour celles de la côte d'Afrique. 60
Pour celles de l'Amérique. 45
Pour celles de la Méditerranée ou de la mer Baltique. 30

Et pour les destinations inconnues, du tiers de la durée présumée de la campagne, d'après les vivres embarqués.

Les espèces et quantités de denrées, ainsi que les proportions dans lesquelles s'effectuera leur embarquement, seront réglées pour cent hommes pendant trente jours, ainsi qu'il suit , savoir :

Viandes désossées, bouillies et accompagnées de gelée. . . . . . . 27 kil. 187 gr.
Tablettes à bouillon du poids de 25 grammes, devant faire deux bouillons
chacune. . . . . 40 tablettes.
Chocolat préparé. . . . . 0 kil. 500 gr.
Prunes. 7 300
Raisiné ou beurre. 5 000
Sucre. 2 900

Ration de malade.

La ration de malade à la mer sera prise tant sur les rafraîchissements embarqués que sur le pain et les boissons de la campagne ; elle sera composée chaque jour, sauf les modifications et réductions qui pourraient être prescrites par l'officier de santé, ainsi qu'il suit , savoir :

Pain frais blanc. . . . . 612 grammes.
Vin de campagne. . . . . 69 centilitres.
Déjeûner. . | Chocolat. 30 grammes.
Dîner. . . {
Bouillon formé de la moitié d'une tablette. . . . . . 12 grammes 1/2.
Viande désossée et entourée de gelée. . . . . 180 grammes.
Souper. . . {
Riz. . . . . 60 idem.
Avec sucre ou beurre. . . . . 15 idem.
ou
Prunes. . . . . 120 idem.
ou
Raisiné. . . . . 90 idem.

Nota. Les parties de pain et de vin non consommées, d'après les prescriptions de l'officier de santé, pourront être employées, les premières en cataplasmes et les secondes en fomentations pour les blessés, ou eau vineuse pour boisson habituelle des malades auxquels elle pourrait être utile.

Tableau de distribution des repas d'après la durée des campagnes ordonnées.

INDICATION des RATIONS ET DES REPAS.	DISTRIBUTION DES REPAS.							
	1 mois. 30 jours.	2 mois. 60 jours.	3 mois. 90 jours.	4 mois. 120 jours.	5 mois. 150 jours.	6 mois. 180 jours.	7 mois. 210 jours.	8 mois. 240 jours.
Pain.								
Farine d'armement, ou pain en provenant.	10	20	30	40	50	60	70	80
Biscuit.	20	40	60	80	100	120	140	160
	30	60	90	120	150	180	210	240
Boissons.								
Vin de campagne.	28	57	85	114	142	170	198	225
Eau-de-vie.	2	3	5	6	8	10	12	15
	30	60	90	120	150	180	210	240
Déjeûners.								
Pour les bâtiments destinés pour les climats chauds. en café.	10	40	70	100	130	160	190	220
en panade.	20	20	20	20	20	20	20	20
	30	60	90	120	150	180	210	240
Pour ceux destinés pour les climats froids ou tempérés. en café.	3	6	9	12	15	18	21	24
en panade.	27	54	81	108	135	162	189	216
	30	60	90	120	150	180	210	240
Diners.								
Lard salé.	17	35	53	79	105	130	156	182
Bœuf salé.	8	16	24	24	24	24	24	24
Morue.	3	6	8	8	8	8	8	8
Fromage.	2	3	5	9	13	18	22	26
	30	60	90	120	150	180	210	240
Soupers.								
Légumes.	25	50	75	100	125	150	175	200
Riz.	5	10	15	20	25	30	35	40
	30	60	90	120	150	180	210	240

OBSERVATIONS ESSENTIELLES.

La quantité des déjeûners en café et en panade à embarquer doit varier suivant la destination des bâtiments : ainsi un navire armé pour la station de Terre-Neuve ou pour une mission dans la mer Baltique, c'est-à-dire pour un climat froid, serait dans le cas de ne recevoir que des déjeûners en panade. Mais, afin de pourvoir aux besoins qui naîtraient de circonstances imprévues, il sera toujours embarqué, dans ce cas, du sucre et du café pour un dixième de la durée de la campagne ; et cette disposition sera applicable aux bâtiments naviguant dans la Méditerranée, ainsi qu'à ceux dont les missions seraient inconnues.

Les bâtiments destinés pour l'Amérique ne recevront en France qu'un tiers des quantités de sucre et de café nécessaire pour le nombre de jours de vivres de campagne embarqués et ceux destinés pour l'île Bourbon et les Indes-Orientales en recevront moitié, vu la facilité de se procurer le surplus, soit dans les magasins des colonies françaises, soit par des achats dans les pays étrangers.

Quant aux bâtiments destinés pour le Sénégal et autres établissements sur les côtes d'Afrique, ils recevront la totalité de leur nécessaire pour les déjeûners, tel qu'il est fixé par le tableau ci-dessus.

RATION DE TROUPES D'ARTILLERIE ET D'INFANTERIE.

Pain frais provenant de farine de froment épurée à 12 pour 100, 750 grammes.

Nota. La ration des compagnies d'ouvriers d'artillerie et d'apprentis canonniers, ainsi que celle des agents de surveillance de chiourmes, est la même que celle des troupes d'artillerie et d'infanterie de la marine.

Ration de prisonniers de guerre.

Pain frais provenant de farine de froment épurée à 12 pour 100, . 490 grammes.
Vin de journalier. . . . . 23 centilitres.
ou
Bière ou cidre. . . . . 46 idem.
Viande fraîche. . . . . 490 grammes.
Sel. . . . . 10 idem.

} Par homme et par jour.

Bois. (Voir le tableau ci-après.)

Le supplément de 3 pour 100 sur le vin et la viande est applicable à cette ration.

Rations de chiourmes.

RATION DE FORÇATS AU TRAVAIL.

Pain frais.	917 grammes.	
ou		
Biscuit.	700 idem.	
et		
Fromage (avec la ration de biscuit).	30 idem.	
Vin de journalier.	48 centilitres.	
ou		Par homme et par jour.
Bière ou cidre.	96 idem.	
Légumes secs.	120 grammes.	
Huile d'olive.	4 gr. 90 cent.	
ou		
Beurre.	8 gr. 82 cent.	
Sel.	10 grammes.	

RATION DE FORÇATS SANS TRAVAIL.

Pain.	917 grammes.	
ou		
Biscuit.	700 idem.	
Légumes secs.	120 idem.	
Huile d'olive.	4 gr. 90 cent.	Par homme et par jour.
ou		
Beurre.	8 gr. 82 cent.	
Sel.	10 grammes.	

RATION DE FORÇATS INVALIDES.

Pain frais.	750 grammes.	Par homme et par jour.
Vin de journalier.	24 centilitres.	
Viande fraîche.	250 grammes.	Les mardis, jeudis, samedis
avec légumes verts, à raison de.	25 millimes.	et dimanches.
Légumes secs.	120 grammes.	
avec huile d'olive.	4 gr. 90 cent.	Les lundis, mercredis
ou		et vendredis.
Beurre.	8 gr. 82 cent.	
Sel.	10 grammes.	Par homme et par jour.

Nota. Le pain entrant dans la composition de la ration des forçats, soit au travail, soit sans travail, soit invalides, sera généralement fait avec des farines de froment épurées à 12 pour 100. Mais lors des fabrications de biscuit, les excédants de l'épurement de la farine à biscuit sur les 12 pour 100 extraits seulement de la farine à pain entreront dans la confection du pain des forçats.

Tableau des quantités de bois de chauffage et de charbon de terre à délivrer pour la cuisson des aliments.

L'usage des déjeûners chauds à bord des bâtiments à la mer exigeant l'emploi de plus de combustibles pour le service de campagne que pour celui de journalier, le nécessaire pour chacun de ces services est réglé pour chaque mois ainsi qu'il suit, savoir :

		POUR LE SERVICE journalier, lorsque l'équipage est au moins aux 2/3 complet.		A EMBARQUER pour campagne.	
		stères.	centist.	stères.	centist.
Vaisseaux. . .	à trois ponts.	55	»	60	50
	de 80 canons.	49	25	54	17
	de 74 canons.	41	»	45	10
Frégates. . . .	de 50 à 60 canons.	33	»	36	30
	de 44 canons.	22	»	24	20
Corvettes de guerre de 26 et 24 canons et corvettes de charge.		16	50	18	15
Autres corvettes et bâtiments ayant plus de cent hommes d'équipage.		11	»	12	10
Bâtiments dont l'équipage sera au-dessous de cent hommes et au-dessus de cinquante hommes.		8	25	9	»

	POUR LE SERVICE journalier, lorsque l'équipage est au moins aux 2/3 complet.		A EMBARQUER pour campagne.	
	stères.	centist.	stères.	centist.
Bâtiments au-dessous de cinquante hommes et au-dessus de vingt hommes.	6	50	7	15
Bâtiments ayant vingt hommes et au-dessus de dix hommes.	5	»	5	50
Bâtiments ayant dix hommes et au-dessous.	un centistère par ration.		un centistère par ration.	

Bois à délivrer, tant pour les troupes et autres passagers embarqués sur les bâtiments de l'État, que pour le service journalier des bâtiments, lorsque leur équipage n'est pas aux deux tiers complet, et pour celui des cayennes :

Pour cent hommes par mois, 8 stères 25 centistères.

CHARBON DE TERRE.

A bord des bâtiments où l'on consomme du charbon de terre en roche pour les cuisines, ce combustible sera embarqué à raison de cent quarante kilogrammes de charbon pour un stère de bois.

FOURNITURES EXTRAORDINAIRES ET HORS DU SERVICE EN RATIONS.

Indépendamment des distributions applicables à la ration ordinaire du marin, dont le détail précède, il est d'autres consommations qui se font habituellement à bord des bâtiments à la mer, et qui, variant selon les climats où ils se trouvent, sont, à raison de leur éventualité, considérées comme des fournitures extraordinaires.

Les proportions de ces dernières consommations seront réglées de la manière suivante :

1° Il sera délivré aux équipages des bâtiments en mission à Terre-Neuve ou naviguant dans les mers boréales ou australes, c'est-à-dire au-delà du cinquantième degré de latitude nord et sud, un supplément de biscuit qui est fixé à soixante grammes par homme et par jour.

2° Les bâtiments devant former la station de Terre-Neuve recevront de la mélasse, destinée à faire, avec les bourgeons du sapin du nord, la boisson habituelle du marin désignée à bord sous le nom de sapinette. Cette fourniture, qui exigera un ordre spécial de l'administration de la marine dans les ports d'armement ou de départ des navires, sera calculée à raison de trente grammes de mélasse par homme et par jour, et pour la durée présumée du séjour des bâtiments dans les parages du banc de Terre-Neuve.

3° Les équipages des bâtiments en station dans les colonies françaises d'Amérique ou naviguant entre les deux tropiques jouiront, indépendamment des boissons entrant dans la composition de leur ration ordinaire, d'une boisson habituelle composée comme il suit :

Eau-de-vie, tafia ou rhum. . 25 millilitres, ⎫ Par homme et
Sucre-cassonade. 10 grammes, ⎬ par jour, pour
Vinaigre . . . . 2 centilitres, ⎭ être mêlés à l'eau des charniers.

Les deux centilitres de vinaigre seront remplacés par un demi-citron ou par la moitié d'une orange amère, lorsque les bâtiments pourront se procurer de ces fruits, et attendu la facilité d'en obtenir dans les Antilles et de se pourvoir aussi de sucre et de tafia, il ne sera fait aux bâtiments ayant cette destination aucune fourniture de ce genre avant leur départ de France, à moins d'un ordre spécial.

Les bâtiments destinés pour les Indes-Orientales et l'île Bourbon en recevront pour cinquante jours, durée présumée de leur séjour entre les tropiques pendant leur traversée.

Quant à ceux destinés pour le Sénégal et la côte d'Afrique, ils en recevront pour la moitié de la durée présumée de la campagne ordonnée, d'après les vivres embarqués.

4° Enfin, dans les climats tempérés, l'eau des charniers sera acidulée dans la proportion convenable, au moyen du vinaigre embarqué à cet effet ; mais, comme cet acide se trouve compris dans l'approvisionnement en vivres de campagne des bâtiments, tel qu'il a été réglé ci-dessus, cette dernière consommation ne donnera lieu à aucune livraison spéciale des magasins ni à aucune justification de dépenses extraordinaires.

Quant aux distributions supplémentaires de biscuit, à la fourniture de mélasse et à celle des denrées composant les boissons alcoolisées, elles seront justifiées par des états de fournitures extraordinaires.

Les commandants pourront, comme par le passé, accorder aux hommes atteints de boulimie les suppléments de pain ou de biscuit qui seront déterminés par l'officier de santé en chef.

Ils pourront également ordonner, lorsqu'il y aura lieu, la distribution des doubles rations qui s'accordent aux équipages à l'occasion de travaux extraordinaires et forcés ou de réjouissances publiques ; il est entendu, toutefois, que l'ordre donné pour une double ration en boissons ne doit s'appliquer qu'à la quantité revenant pour un repas seulement.

Toutes les consommations et fournitures extraordinaires rappelées ci-dessus devront d'ailleurs être régulièrement justifiées et constatées selon les formes prescrites par les règlements sur la comptabilité des bords.

Approuvé le présent règlement pour recevoir son exécution à partir du 1er avril 1823.

Signé LOUIS.

12 MARS 1823=7 SEPTEMBRE 1831. — Ordonnance

du roi sur la réunion et le perfectionnement des écoles d'application des corps de l'artillerie et du génie à Metz. (IX, Bull. O. CI, n. 2836.)

Louis, etc., voulant faire cesser toute indécision sur le maintien de la réunion des écoles d'application de nos corps royaux de l'artillerie et du génie, et voulant qu'il soit pourvu aux améliorations dont le régime et l'instruction de l'école de Metz seront reconnus susceptibles, etc.

Art. 1er. L'école royale d'application d'artillerie et du génie, établie à Metz, est et sera maintenue définitivement; et elle continuera, suivant le but de son institution, à recevoir les élèves sortant de l'école royale polytechnique qui sont destinés à l'une ou l'autre arme.

2. Une commission de cinq membres, composée d'un officier général et d'un officier supérieur d'artillerie et du génie, ainsi que de l'examinateur civil et du corps du génie, sera chargé de rédiger, d'après les instructions qui lui seront données à cet effet par notre ministre secrétaire d'État de la guerre, un travail préparatoire sur le perfectionnement du régime et de l'instruction de l'école de Metz.

3. Par suite du travail de la commission formée en vertu de l'article précédent, notre ministre secrétaire d'État de la guerre présentera à notre approbation, dans le cours de la présente année, un projet d'ordonnance et de règlement sur l'organisation et toutes les parties d'instruction de l'école de Metz.

4. Notre ministre de la guerre (duc de Bellune) est chargé, etc.

---

2 AVRIL 1823.—Ordonnance qui accorde des lettres de déclaration de naturalité au sieur Rouseré. (Bull. O., 2e sect., n. 8791.)

---

30 AVRIL 1823. — Ordonnance qui accorde des lettres de naturalité au sieur Depoitte. (Bull. O. 87, n. 2443.)

---

30 JUILLLET 1823. — Ordonnance qui accorde des lettres de naturalité au sieur Duboin. (Bull. O. 131, n. 2687.)

---

3 SEPTEMBRE 1823=28 AVRIL 1831. — Ordonnance du roi relative à l'adjudication des travaux du haut et bas Escaut et aux péages accordés au sieur Honnorez. (IX, Bull. O. LXIII, n. 1602.)

Louis, etc., sur le rapport de notre ministre de l'intérieur; vu les procès-verbaux des deux adjudications passées par le préfet du département du Nord le 16 juin 1823, desquelles il appert: 1° que les travaux à exécuter sur le haut Escaut, d'après l'approbation de notre directeur général des ponts et chaussées et des mines, montant à cinq cent quatre-vingt-six mille huit cents francs, ont été adjugés au sieur Augustin Honnorez, moyennant la concession à obtenir, par lui, de la prorogation pendant vingt-neuf ans du péage établi à l'écluse de Fresnes par notre ordonnance du 22 octobre 1817, et pendant trente-sept ans, de celui établi à l'écluse d'Iwuy par la loi du 13 mai 1818, portant concession du canal de la Sensée; 2° que les travaux du bas Escaut, montant à quatre cent quatre-vingt-dix mille francs, et ayant pour objet la construction de l'écluse de Rodignies et ouvrages accessoires, ont été adjugés au même Augustin Honnorez, moyennant la concession à obtenir, par lui, d'un péage à percevoir pendant six ans à ladite écluse de Rodignies immédiatement après sa construction; vu le cahier des charges du 18 mai 1823, commun aux deux adjudications; vu notre ordonnance du 22 octobre 1817, qui autorise le sieur Honnorez à percevoir pendant neuf ans un droit de vingt-quatre centimes par tonneau sur chaque bateau chargé, et de douze centimes par chaque bateau vide passant à l'écluse de Fresnes sur l'Escaut; vu la loi du 13 mai 1818, relative au canal de La Sensée, en vertu de laquelle ledit sieur Honnorez, concessionnaire de ce canal, est autorisé à percevoir, pendant douze ans, un droit de vingt-quatre centimes par tonneau sur chaque bateau chargé, et de douze centimes sur chaque bateau vide passant à l'écluse d'Iwuy sur le même fleuve; vu la loi de finances du 10 mai 1823, titre 2, art. 3; notre conseil d'État entendu, etc.

Art. 1er. Les deux adjudications passées au sieur Augustin Honnorez par le préfet du Nord, le 16 juin 1823, pour l'exécution des travaux à faire sur le haut et le bas Escaut, sont approuvées.

2. Le sieur Honnorez est autorisé à continuer de percevoir, pendant vingt-neuf ans et aux mêmes conditions, le droit de navigation établi par notre ordonnance du 22 octobre 1817 à l'écluse de Fresnes, et pendant trente-sept ans, celui établi à l'écluse d'Iwuy par la loi du 13 mai 1818. Cette prorogation commencera à courir, pour l'écluse de Fresnes, à dater du 1er décembre 1827, et pour l'écluse d'Iwuy, à dater du 1er décembre 1831.

3. L'écluse de Rodignies devra être terminée le 31 décembre 1824, au plus tard. A dater du jour où cette écluse sera livrée à la navigation, et pendant six ans, le sieur Honnorez est autorisé à percevoir un droit de dix-huit centimes par tonneau sur chaque bateau chargé, et de neuf centimes par tonneau sur chaque bateau vide passant à ladite écluse.

4. Les procès-verbaux d'adjudication du

16 juin 1823 et le cahier des charges du 18 mai précédent demeureront annexés à la présente ordonnance. Toutes les clauses et conditions qui y sont stipulées recevront leur pleine et entière exécution.

5. Notre ministre de l'intérieur (M. Corbière) est chargé, etc.

17 septembre 1823 = 8 novembre 1831. — Extrait de l'ordonnance qui concède gratuitement, aux dépens de la ville de Dinan (Côtes-du-Nord), à une communauté religieuse de femmes, les bâtiments de l'ancien collège affectés à l'école secondaire. (IX, Bull. O. CXV, n. 3259.)

Art. 42. Le maire de Dinan, département des Côtes-du-Nord, est autorisé à concéder gratuitement, au nom de la ville, aux dames Ursulines de ladite ville, la jouissance des bâtiments de l'ancien collège et dépendances, connus sous le nom de *la Victoire*, et qui avaient été donnés par l'acte du 3 vendémiaire an 13 à la ville de Dinan, pour y établir une école secondaire. Les frais de réparation et d'entretien de ces bâtiments, lesquels sont destinés à un établissement d'instruction pour les jeunes personnes, et de retraite pour les femmes âgées, pauvres et infirmes, demeureront à la charge desdites dames Ursulines; et, dans le cas où ils cesseraient d'être occupés par elles, la commune en rentrera en possession et jouissance, sans être tenue à aucune indemnité pour les travaux qui y auront été faits.

44. Notre ministre de l'intérieur (M. Corbière) est chargé, etc.

19 novembre 1823. — Ordonnance qui accorde des lettres de naturalité au sieur Vitton. (Bull. supp. n. 11123.)

31 mars 1824. — Ordonnance qui accorde des lettres de déclaration de naturalité au sieur Ringuet. (Bull. O., 2ᵉ sect, n. 7572.)

21 avril 1824 = 21 avril 1832. — Ordonnance du roi portant création d'une compagnie de discipline de la marine. (IX, Bull. O. CXLIX, 1ʳᵉ sect., n. 4105.)

Louis, etc., sur le rapport de notre ministre secrétaire d'Etat de la marine et des colonies, etc.

Art. 1ᵉʳ. Les soldats des corps d'artillerie et d'infanterie de la marine qui, sans avoir commis de délits qui les rendent justiciables des conseils de guerre, persévèrent néanmoins, par des fautes qui ne peuvent plus être réprimées par des peines de simple discipline, à porter le trouble et le mauvais exemple dans les corps dont

ils font partie, seront incorporés dans une compagnie détachée qui sera organisée à cet effet à Lorient, sous la dénomination de *compagnie de discipline de la marine*.

2. Lorsqu'un capitaine jugera qu'un soldat de sa compagnie se trouve dans le cas prévu par l'article ci-dessus, il en fera son rapport par écrit au chef de bataillon ou à l'officier qui en fait les fonctions; il relatera les fautes du soldat, les peines qui lui ont été infligées et les récidives qui donnent à sa conduite un caractère dangereux pour l'ordre et la police du corps.

3. Le rapport, visé par le chef de bataillon ou par l'officier qui en exercera l'autorité, sera remis au commandant du corps, qui convoquera un conseil de discipline, composé d'un chef de bataillon, des trois plus anciens capitaines et des trois plus anciens lieutenants ou sous-lieutenants pris hors du bataillon auquel appartiendra le militaire inculpé.

4. Le chef et l'adjudant-major du bataillon, ainsi que le capitaine de la compagnie du militaire inculpé, seront entendus et sortiront ensuite de la séance; ce dernier sera alors appelé et entendu dans ses défenses. Lorsqu'il sera retiré, le conseil rédigera un avis motivé, qui sera remis au chef du corps pour être transmis par lui, et avec son propre avis, au commandant du port.

5. Le commandant de la marine adressera à notre ministre secrétaire d'Etat de la marine toutes les pièces mentionnées en l'article précédent avec ses observations et son avis.

6. Si le militaire inculpé fait partie d'une portion de corps détachée qui n'excède pas un bataillon, le rapport dont il est parlé en l'art. 2, sera remis par le capitaine à l'officier commandant, et, dans ce cas, le conseil sera composé du capitaine le plus ancien, pourvu qu'il ne remplisse pas les fonctions de chef de bataillon, des deux plus anciens lieutenants ou des deux plus anciens sous-lieutenants, tous pris hors de la compagnie du soldat inculpé. Si le capitaine le plus ancien commandait le bataillon, il serait remplacé dans le conseil par le second capitaine. Si le capitaine de la compagnie à laquelle appartient le militaire inculpé commandait le bataillon, le rapport serait fait par le lieutenant.

7. Lorsqu'un détachement ne sera pas assez nombreux pour permettre de former un conseil de discipline, comme il est dit ci-dessus, le commandant enverra son rapport au colonel, et le militaire inculpé sera conduit au port où se trouve la portion principale du corps pour être traduit

5

devant un conseil de discipline composé conformément à ce qui est prescrit par l'art. 3 de la présente ordonnance.

8. Dans les compagnies d'ouvriers d'artillerie, la plainte sera portée par le capitaine au directeur du parc, qui composera un conseil de discipline composé du sous-directeur ou de l'officier qui en remplira les fonctions, d'un capitaine et d'un lieutenant, pris hors de la compagnie d'ouvriers parmi ceux employés à la direction. Le conseil sera présidé par le sous-directeur, et, en son absence, par le plus ancien des deux capitaines attachés à la direction : ledit conseil se conformera à ce qui est prescrit par l'art. 4 ci-dessus pour procéder à son enquête, et le directeur agira ensuite comme chef de corps.

9. Lorsque les soldats de la compagnie de discipline se distingueront par une conduite exemplaire, le rapport en sera présenté à l'inspecteur général, lors de sa revue; cet officier général vérifiera si les motifs que l'on fait valoir en faveur des disciplinaires sont de nature à être pris en considération, et il proposera ce qu'il jugera convenable au ministre de la marine, qui décidera s'il y a lieu à réadmettre ces militaires dans les corps d'où ils ont été tirés.

10. Les soldats dont le temps de service expirera pendant qu'ils seront dans la compagnie de discipline, recevront leurs congés comme les autres militaires, et il en sera donné avis au ministre de la marine.

11. La compagnie de discipline de la marine sera composée comme il suit : capitaine commandant de première classe, 1; lieutenant, 1; lieutenant ou sous-lieutenant chargé du détail, 1. Total, 3. Sergent-major, 1; sergents, 4; fourrier, 1; caporaux, 8; premier tambour, 1; deuxième tambour, 1. Total, 16. Disciplinaires, 120. Total général, 139.

12. Si le nombre des disciplinaires excédait cent vingt, il serait affecté, en sus de l'effectif porté en l'article précédent, un lieutenant ou sous-lieutenant pour quarante hommes et un sergent avec deux caporaux pour vingt hommes.

13. L'officier de détail sera chargé de la comptabilité de l'habillement, et il sera secondé dans ce service par le sergent-major et le fourrier.

14. Les officiers de la compagnie de discipline seront nommés par notre ministre de la marine, et choisis parmi les officiers d'artillerie et d'infanterie de la marine. Ceux qui mériteront d'y être conservés pendant quatre ans, recevront le grade supérieur sans autre condition que d'y servir pendant deux ans de plus.

15. Les sous-officiers et caporaux seront choisis parmi les sous-officiers, caporaux et soldats des troupes de la marine, et recevront en entrant un grade supérieur à celui qu'ils avaient dans leur corps. Les tambours seront également choisis dans les mêmes troupes, et pourront, au besoin, faire le service des caporaux.

16. Il ne sera point affecté de maîtres ouvriers à la compagnie de discipline, et toutes les confections seront faites par les soins des maîtres tailleur et cordonnier du régiment d'artillerie, avec l'autorisation du chef de ce corps.

17. Les officiers, sous-officiers, caporaux et tambours pourront seuls être armés. Les disciplinaires ne feront aucun service militaire, et seront employés à tous les travaux du port auxquels ils pourront être utiles.

18. Les officiers, sous-officiers, caporaux et tambours porteront l'uniforme de l'infanterie de la marine, à l'exception du bouton et de la plaque du schako, qui seront blancs et timbrés d'une ancre avec la légende : *Compagnie de discipline*. Les disciplinaires n'auront point d'habit; ils porteront la veste à manches et le bonnet de police en drap bleu-de-roi; le pantalon en tricot sans liséré et la capote en drap beige. Le collet de la veste et de la capote sera en drap blanc, et les boutons, ainsi que la plaque du schako, auront le timbre de la compagnie.

19. La solde, les prestations en nature, les masses et tout le détail de l'administration de la compagnie de discipline, seront les mêmes que dans l'infanterie de la marine.

20. Le conseil d'administration sera composé du capitaine, du lieutenant et du sous-lieutenant, et il se conformera aux règles établies pour ceux des compagnies qui s'administrent isolément.

21. Notre ministre de la marine et des colonies (marquis de Clermont-Tonnerre) est chargé, etc.

---

23 JUIN 1824. — Lettres de naturalité accordées au sieur Zimmermann. (Bull. O., 2e sect., n. 1064.)

---

7 JUILLET 1824 = 4 OCTOBRE 1831. — Ordonnance du roi qui détermine le siége et le ressort des intendances sanitaires sur le littoral des deux mers, et fixe le siége des commissions sanitaires. (IX, Bull. O. CVIII, n. 3068.)

Louis, etc., vu les art. 48, 49 et 70 de notre ordonnance du 7 août 1822, relative à la police sanitaire, etc.

Art. 1er. Le siége des intendances et des commissions sanitaires sur le littoral des deux mers, y compris l'île de Corse, et le ressort des premières, demeurent fixés conformément au tableau ci-annexé. Il sera ultérieurement statué sur le ressort des commissions.

2. Les intendances de Toulon et d'Ajaccio continueront à être placées sous la direction de l'intendance de Marseille.

3. Notre ministre de l'intérieur (M. Corbière) est chargé, etc.

(*Suit le tableau.*)

---

7 JUILLET 1824 = 24 NOVEMBRE 1831. — Ordonnance du roi sur les grades que les élèves de l'école polytechnique seront susceptibles d'obtenir dans la marine. (IX, Bull. O. CXX, n. 3357.)

Louis, etc.

Art. 1er. Les élèves de l'école royale polytechnique qui ont été ou qui seront admis par la suite dans le corps royal de la marine, en vertu de notre ordonnance du 17 avril 1822, seront susceptibles d'être nommés enseignes de vaisseau, lorsqu'ils auront complété deux ans de navigation; ils seront tenus toutefois de satisfaire aux autres conditions prescrites par l'art. 2 de notredite ordonnance.

2. Notre ministre de la marine et des colonies est chargé, etc.

---

22 MAI 1825 = 3 JUILLET 1835. — Ordonnance du roi sur les cautionnements des comptables des finances. (IX, Bull. O. CCCLXIX, 1re sect., n. 5833.)

Charles, etc., vu notre ordonnance du 4 novembre dernier; vu les dispositions de la loi du 21 février 1805 (2 ventôse an 13), relative aux remboursements des cautionnements fournis par les receveurs des finances, ainsi que l'ordonnance royale du 27 septembre 1820; considérant que les deux portions de cautionnement dont cette loi autorise la restitution avant l'apurement définitif des comptes représentent les deux tiers du cautionnement total; considérant que l'ordre introduit dans la comptabilité publique présente des garanties qui permettent de faire jouir tous les comptables soumis à la juridiction de notre Cour des comptes, des avantages que la loi accorde aux receveurs des finances pour le retrait de leur cautionnement, et qui ont déjà été accordés, en partie, aux agents de l'administration des contributions indirectes, par l'ordonnance royale du 8 septembre 1815; voulant fixer d'une manière uniforme les règles à suivre pour le remboursement du cautionnement des comptables qui ne sont pas soumis directement à la juridiction de notre Cour

des comptes, et les justifications à produire par les comptables pour obtenir, conformément à notre ordonnance du 14 février 1816, la compensation du cautionnement d'une gestion terminée avec celui d'une autre gestion qui serait confiée au même comptable; notre conseil d'Etat entendu, etc.

Art. 1er. Conformément à la loi du 21 février 1805 (2 ventôse an 13) et à l'ordonnance du 27 septembre 1820, tous les comptables des finances qui sont justiciables de notre Cour des comptes et qui cesseront leurs fonctions, pourront, avant l'apurement définitif de leur comptabilité, obtenir le remboursement des deux tiers du cautionnement fourni par eux en numéraire, lorsqu'ils auront remis au ministère des finances le dernier compte de leur gestion, et que la vérification de ce compte et de leurs écritures n'aura fait reconnaître aucun débet à leur charge. Le surplus du cautionnement pourra aussi être immédiatement remboursé, s'il est fourni, en remplacement de cette dernière partie, un cautionnement équivalent en immeubles ou rentes sur l'Etat.

2. Les demandes formées en vertu de l'article précédent devront être accompagnées du consentement de l'administration de finances à laquelle le titulaire est attaché, et d'un certificat constatant que le dernier compte de sa gestion, appuyé de pièces et vérifié au ministère des finances, ne le constitue pas débiteur envers le trésor royal.

3. Ces comptables obtiendront la remise du cautionnement immobilier mentionné dans l'art. 1er ou le remboursement de la portion de leur cautionnement réservée par le trésor, en produisant, avec l'arrêt de quitus rendu sur leur dernier compte de gestion, un certificat de libération définitive, qui leur sera délivré par le ministère des finances.

4. Les comptables qui ne sont pas soumis directement à la juridiction de la Cour des comptes pourront obtenir le remboursement intégral des cautionnements qu'ils auront fournis en numéraire, en produisant, à l'appui de leur demande, le certificat de quitus définitif que les comptables supérieurs, sous la responsabilité desquels ils auront géré, devront leur délivrer dans les quatre mois qui suivront la cessation du service des titulaires. Ce certificat sera visé au ministère des finances, et par le fonctionnaire chargé de surveiller la gestion du titulaire.

5. Les comptables qui réclameront, en vertu de l'ordonnance du 14 février 1816, la compensation du cautionnement d'une

gestion avec le cautionnement exigé pour une nouvelle gestion qui serait confiée au même titulaire, seront tenus de fournir, à l'appui de leurs demandes, les justifications indiquées ci-après, savoir : 1° les comptables directs de la Cour des comptes produiront le consentement et le certificat prescrits par l'art. 2, lorsque le cautionnement ancien sera égal ou inférieur au nouveau, et les pièces indiquées à l'art. 3, dans le cas où, le cautionnement exigé pour la nouvelle gestion se trouvant inférieur au cautionnement réalisé précédemment, le comptable demanderait la restitution de cet excédant ; 2° les comptables subordonnés à des comptables supérieurs produiront les pièces prescrites par l'art. 4, quelle que soit, d'ailleurs, la quotité du nouveau cautionnement.

6. Lorsqu'il y aura lieu d'appliquer les cautionnements des comptables au paiement des débets qu'ils auront contractés, cette application aura lieu en vertu des décisions spéciales de notre ministre secrétaire d'Etat des finances.

7. La présente ordonnance ne préjudiciera en aucune manière à l'exercice des droits des tiers sur les cautionnements des comptables.

8. Notre ministre des finances (M. de Villèle) est chargé, etc.

---

12 JUIN 1825. — Ordonnances qui accordent des lettres de naturalité aux sieurs Adam et Cesarroti. (Bul. O. 87, n. 2444 et 2445.)

---

29 JUIN 1825. — Ordonnance qui accorde des lettres de déclaration de naturalité à la dame Holler, veuve Koest. (Bull. O., 2e sect., n. 6618.)

---

6 SEPTEMBRE 1825. — Ordonnance qui accorde des lettres de naturalité au sieur Fetheler. (Bull. supp., n 11124.)

---

15 SEPTEMBRE 1825 = 26 OCTOBRE 1832. — Ordonnance du roi relative à la mise en régie intéressée pour quatre-vingt-dix neuf ans, au profit de l'Etat, des salines de l'Est et de la mine de sel gemme découverte à Vic (Meurthe). (IX, Bull. O. CLXCI, 1re sect., n. 4490.)

Charles, etc., vu la loi du 6 avril 1825, relative à la mise en régie intéressée pour quatre-vingt-dix-neuf ans, au profit de l'Etat, des salines de l'Est et de la mine de sel gemme découverte à Vic, département de la Meurthe ; vu l'ordonnance du 21 août suivant, qui fixe la quotité de l'indemnité attribuée aux inventeurs, prescrit le remboursement de leurs avances, et en détermine le mode ; vu le bail passé, le 29 avril 1806, entre le ministre des finances et la compagnie des salines de l'Est ; vu la lettre de notre ministre des finances à la compagnie des salines de l'Est, en date du 29 mars 1824, par laquelle il propose la résiliation du bail contracté en 1806, en se fondant sur l'impossibilité où la compagnie va se trouver d'en remplir les conditions par suite de la mise en exploitation de la mine de sel gemme découverte à Vic, département de la Meurthe ; vu le procès-verbal des délibérations de l'assemblée générale des actionnaires, tenue le 10 mai suivant, portant adhésion de la compagnie à la résiliation proposée par notre ministre des finances ; voulant pourvoir au règlement des intérêts respectifs de l'Etat et de la compagnie des salines de l'Est, ainsi qu'à l'exécution de la loi qui prescrit la mise en régie intéressée de l'exploitation des sources salées et de la mine de sel gemme ; sur le rapport de notre secrétaire d'Etat des finances ; notre conseil d'Etat entendu, etc.

Art. 1er. Le bail passé, le 29 avril 1806, devant Me Trubert et son confrère, notaires à Paris, à la compagnie des salines de l'Est, en vertu du décret du 15 du même mois, est et demeure résilié, à dater du 1er janvier 1826. La compagnie des salines de l'Est sera remboursée, tant du montant des valeurs en inventaire, que des améliorations, acquisitions de terrains et cessions de traités faits par elle dans l'intérêt de l'exploitation des sources salées.

2. Conformément à la loi du 6 avril 1825, notre ministre secrétaire d'Etat des finances est autorisé à concéder pour quatre-vingt-dix-neuf ans, avec publicité et concurrence, à titre de régie intéressée, et pour être réunies dans les mêmes mains : 1° l'exploitation des salines de Dieuze, Moyenvic et Château-Salins, département de la Meurthe ; Soultz, département du Bas-Rhin ; Saulnot, département de la Haute-Saône ; Arc, département du Doubs ; Salins et Montmorot, département du Jura ; 2° la mine de sel gemme existant dans les départements ci-dessus dénommés, ainsi que dans ceux de la Meuse, de la Moselle, du Haut-Rhin, des Vosges et de la Haute-Marne, dont l'Etat a été envoyé en possession par notre ordonnance du 21 août 1825. L'adjudication aura lieu devant notre ministre des finances, à l'époque, suivant le mode et aux conditions contenues dans le cahier des charges arrêté par notre ministre des finances, et qui sera annexé à la présente ordonnance.

3. L'adjudicataire sera tenu de fournir un cautionnement de cent mille francs de rentes sur l'Etat, pour être affecté à la

garantie des charges du bail. Pour être admis à l'adjudication, chaque soumissionnaire devra justifier du dépôt fait à la caisse des consignations d'une inscription de cent mille francs de rentes sur l'Etat; ladite somme sera remise, le lendemain de l'adjudication, au soumissionnaire dont les offres n'auront pas été acceptées.

4. Il y aura, près de la régie intéressée, un commissaire général nommé par nous, lequel sera chargé, sous l'autorité du ministre des finances, de surveiller l'exécution des clauses du bail et d'en rendre compte. Il pourra être institué par le ministre des finances tels autres agents qu'il jugera utiles dans l'intérêt de l'Etat.

5. Toutes les contestations qui surviendront sur l'exécution des clauses du bail, ou sur l'interprétation à donner aux dispositions du cahier des charges, seront décidées par le ministre, sauf appel par-devant nous en notre conseil d'Etat.

6. Notre ministre des finances (M. de Villèle) est chargé, etc.

Cahier des charges relatif à la mise en régie intéressée pour quatre-vingt-dix-neuf ans, au profit de l'Etat, des salines de l'Est et de la mine de sel gemme découverte à Vic (Meurthe).

Le ministre secrétaire d'Etat au département des finances, en exécution de l'ordonnance royale de ce jour, arrête ce qui suit :

§ Ier. *Objet et forme de l'adjudication.*

Art. 1er. Le lundi 31 octobre 1825, à midi précis, il sera procédé, dans la salle des tirages de la loterie royale, en séance publique, par adjudication et sur soumissions cachetées, à la mise en régie intéressée pour quatre-vingt-dix-neuf ans : 1° des salines de Dieuze, Moyenvic et Château-Salins, département de la Meurthe; de Soulz, département du Bas-Rhin; de Saulnot, département de la Haute-Saône; d'Arc, département du Doubs; de Salins et de Montmorot, département du Jura; 2° de la mine de sel gemme existant dans les départemens ci-dessus dénommés, ainsi que dans ceux de la Meuse, de la Moselle, du Haut-Rhin, des Vosges et de la Haute-Marne.

2. Au jour et à l'heure fixé pour l'adjudication, le ministre des finances, après avoir déposé sur le bureau une lettre cachetée contenant la déclaration du *minimum* auquel pourra être adjugée la régie intéressée, recevra successivement des mains des soumissionnaires les soumissions cachetées qui lui seront présentées; elles seront numérotées de suite et déposées sur le bureau pour être ouvertes en leur présence, sans déplacement, le tout publiquement et séance tenante; les soumissions une fois déposées ne pourront plus être retirées.

3. Toute soumission, pour être valable, devra : 1° être conforme au modèle A ci-joint; 2° avoir été précédée d'un dépôt de garantie consistant en une inscription de cent mille francs de rentes sur l'Etat, et dont il sera justifié par la production d'un récépissé de la caisse des dépôts et consignations, conforme au modèle B, lequel devra être annexé à la soumission.

4. Les dépôts pour garantie de soumissions non acceptées seront rendus le lendemain de l'adjudication.

5. La réception des soumissions étant terminée, le ministre procédera à leur ouverture par ordre de numéros, et en fera la lecture publiquement : il sera seul juge de la validité des soumissions. A défaut de validité d'une soumission, l'adjudication sera faite au soumissionnaire qui suivra immédiatement dans l'ordre des offres.

6. Dans le cas de deux soumissions à prix égal, si les soumissionnaires ne déclarent pas immédiatement vouloir se réunir, l'adjudication sera, séance tenante, ouverte de nouveau entre eux et publiquement.

§ II. *Conditions et paiement du prix du bail.*

7. La mise en régie intéressée aura lieu pour quatre-vingt-dix-neuf ans. Elle sera adjugée au soumissionnaire qui aura offert la plus forte part dans les bénéfices nets de toute nature et origine résultant des opérations de la régie intéressée. Sera considéré comme bénéfice net à partager entre l'Etat et les régisseurs, dans la proportion qui sera déterminée par l'adjudication, la somme restant libre après le prélèvement : 1° de la somme de deux millions que les preneurs s'engagent à verser annuellement au trésor, sans égard au résultat de leurs opérations; 2° de toutes dépenses d'exploitation, d'administration et contributions de toute nature; 3° d'un intérêt de trois pour cent sur les capitaux composant la mise de fonds et qui seront justifiés avoir été employés à des dépenses, soit de premier établissement, soit d'exploitation.

8. La somme de deux millions sera acquittée en quatre termes égaux, de trois mois en trois mois, à dater du 1er janvier 1826. Le ministre pourra requérir que les preneurs en fournissent dès le commencement de l'année leurs obligations au trésor. La part de bénéfice excédant le prix fixe du bail et revenant au trésor sera acquittée à l'époque du partage des bénéfices entre les intéressés et dans les mêmes valeurs.

9. Dans le cas où les quantités de sel vendues dans l'intérieur du royaume excéderaient quatre cent mille quintaux métriques, les preneurs paieront au trésor, en sus du prix du bail, un franc par chaque quintal excédant ladite quantité. Ne seront pas comptés dans le calcul de quatre cent mille quintaux ci-dessus mentionnés les sels pour lesquels il sera constaté, en bonne et due forme, qu'ils ont été employés à la fabrication de produits chimiques ou industriels.

10. La disposition comprise au premier paragraphe du précédent article cessera d'avoir son effet si la suppression du droit actuellement perçu sur les sels est ultérieurement ordonnée, comme aussi dans le cas où le droit actuellement imposé sur la consommation du sel serait réduit d'un tiers.

§ III. *Charges du bail.*

11. Pendant toute la durée du bail, les régisseurs ne pourront vendre le sel au-delà de quinze francs le quintal métrique (droit non compris); cependant, jusqu'au 1er janvier 182R, ils pourront continuer à le vendre au prix de dix-huit francs. Pour assurer l'exécution de la présente clause, les régisseurs seront tenus de faire afficher les prix auxquels le sel sera vendu dans les magasins où la livraison devra être effectuée.

12. Les régisseurs tiendront toujours approvisionnés en sel fabriqué par l'évaporation des eaux salées les départements actuellement fournis par les salines de l'Est.

13. Conformément à l'ordonnance royale du 16 décembre 1819, les régisseurs contribueront par moitié à toutes les dépenses d'entretien et de restauration des six routes départementales de la Meurthe et de la Moselle; en conséquence, ils mettront chaque année à la disposition des préfets de la Meurthe et de la Moselle des sommes égales à celles qui seront allouées au budget de chacun des deux départements ci-dessus mentionnés.

14. Les régisseurs seront tenus de payer les impôts établis ou à établir sur toutes les espèces de sel livrées à la consommation, à l'exception : 1° du droit de deux francs par quintal métrique établi par l'art. 49 de la loi des finances de 1806 ; et, 2° de la redevance fixe et de la redevance proportionnelle établies par la loi du 21 avril 1810. Ils acquitteront en outre les contributions de toute nature, octrois, frais d'entretien de routes, ainsi que les rentes, fermages et autres charges dont les salines et leurs dépendances sont ou pourront être grevées (1).

15. L'exercice et la perception des droits de consommation sur les sels de la régie intéressée auront lieu dans les mêmes formes et avec les mêmes garanties que celles en usage pour les salines de l'Est et les sels de marais salants.

16. Les régisseurs paieront, par prélèvement sur la somme de deux millions qu'ils sont obligés de verser annuellement au trésor, les pensions et secours régulièrement liquidés et reconnus au 1ᵉʳ janvier 1826 au profit des préposés et ouvriers des salines, et ce, jusqu'à extinction desdites pensions. Ces paiements aux pensionnaires auront lieu aux époques et dans les formes suivies par la compagnie des salines de l'Est.

17. Ils seront tenus de former un fonds de retraite dont la quotité sera réglée par le ministre des finances après avoir pris l'avis de l'administration des mines, et dans lequel seront versées les retenues de cinq pour cent qu'ils sont autorisés à exercer sur les traitements et salaires. Les règles d'admission à la retraite et celles pour la liquidation des pensions demeurent fixées par l'arrêté du 28 décembre 1801 (7 nivôse an 10), et il ne sera fait aucune distinction entre les services rendus à l'administration actuelle des salines et ceux rendus à la régie intéressée.

18. Il ne devra être fait par les régisseurs aucune entreprise ou construction nouvelle qu'elle n'ait été préalablement approuvée par le ministre des finances ; il ne pourra de même être abandonné aucune entreprise en bâtiment sans l'approbation du ministre des finances. Les régisseurs auront la faculté de faire, entre les mains de l'État, la remise des bâtiments qui leur deviendraient inutiles, et, dans ce cas, ils seront affranchis du paiement des contributions y afférentes. Les menues, moyennes et grosses réparations, constructions et reconstructions, seront à la charge des régisseurs. Elles pourront être faites sans autorisation quand elles n'excéderont pas trois mille francs. Dans le cas où elles excéderaient ladite somme, elles devront être préalablement soumises au ministre des finances par l'intermédiaire du commissaire général. L'ingénieur du département sera chargé de surveiller et d'assurer la bonne exécution des travaux. Si les régisseurs sont en demeure de satisfaire aux réparations qui auront été reconnues nécessaires, le commissaire général en référera au ministre, qui pourra ordonner qu'elles soient faites aux frais des régisseurs. Les cas de force majeure ne pourront être allégués par les régisseurs à l'effet d'être dispensés de payer le prix du bail tel qu'il résultera de l'adjudication et du présent cahier des charges ; il en sera de même de la restitution de la petite saline de Soulz, comprise dans l'adjudication, si elle était ultérieurement prononcée (2).

19. Les régisseurs, à l'expiration de la régie, ne pourront faire aucune réclamation ni répétition pour les constructions nouvelles et améliorations de toute nature faites dans la mine, les salines et leurs dépendances. Elles appartiendront en toute propriété à l'État, indépendamment de la remise des lieux dans le meilleur état de service, exempts de toutes réparations. Les exploitations de sel gemme devront en outre, lorsqu'elles seront rendues, être aménagées de manière à ce que l'extraction et la vente du sel ne puissent éprouver aucune diminution ni interruption. Pour assurer l'exécution des clauses ci-dessus, il sera fait, aus avant l'expiration de la régie, inventaire général et reconnaissance des lieux, afin qu'il puisse être pris telle mesure qu'il appartiendra dans l'intérêt du trésor et d'une bonne exploitation.

20. Les preneurs fourniront, avant leur mise en possession, un cautionnement de cent mille francs de rentes sur l'État, affecté à la garantie des conditions et des clauses de la présente régie. Ce cautionnement sera restitué à l'expiration de la régie et après la remise des exploitations à l'État. En cas de retard dans l'acquittement des charges imposées aux régisseurs dans le versement ou le paiement des obligations qui forment le prix de la régie, les inscriptions déposées seront vendues au profit du trésor royal, jusqu'à concurrence de ce qui sera dû ; la moitié du cautionnement ayant été vendue, si ce cautionnement n'est pas rétabli intégralement dans les trois mois, le bail sera résilié de plein droit, et le surplus du cautionnement

---

(1) *Charges annuelles de la compagnie des salines, d'après le compte de l'année* 1824.

Rentes et redevances.	3,119 fr. 42 c
Contribution foncière, portes et fenêtres.	154,861 48
Prix du bail de trois petites salines particulières à payer jusqu'en 1836. . . .	50,000 00
Contributions des mêmes salines.	18,874 85
Octrois sur les combustibles dans les villes de Dieuze, Château-Salins et Salins. .	17,200 00

Entretien des routes départementales de la Meurthe et de la Moselle.

	1822.	56,706 12
Paiements faits en	1823.	51,609 76
	1824.	55,228 86

(2) La fabrication de la saline de Soulz ne peut excéder deux cent cinquante quintaux par an.

acquis au trésor royal, sans préjudice des dommages-intérêts, s'il y a lieu.

21. Les régisseurs seront tenus de payer à la compagnie des salines, en obligations à trois et six mois, par moitié, à partir du 1ᵉʳ janvier 1826, 1° le remboursement des objets d'approvisionnement, ustensiles, meubles, effets, soudes et produits chimiques, qu'elle remettra sur inventaire après estimation, ainsi qu'il sera dit ci-après, art. 37 ; 2° le prix des sels existant en magasin, et qui ne pourront excéder deux cent dix mille quintaux, à raison de treize francs soixante-sept centimes le quintal métrique, prix moyen des ventes pendant les trois dernières années, à l'exception des parties qui pourraient être affectées de quelques vices de fabrication ou de conservation, lesquelles seront l'objet d'une estimation particulière (1). Pour en déterminer la quantité, il sera procédé comme en 1806. A l'égard des sels qui se trouvent en expédition pour l'étranger, il sera ajouté au prix de treize francs soixante-sept centimes ci-dessus le montant des avances faites par la compagnie pour les sacs ou tonneaux, et pour la voiture en raison des distances parcourues.

22. Les régisseurs seront tenus de verser au trésor royal, pour les remboursements à effectuer par le domaine entre les mains de la compagnie des salines, la somme de cinq cent quatre-vingt-douze mille francs (2), laquelle sera payable moitié dans trois mois et l'autre moitié dans six mois du jour de l'adjudication. Ils seront encore tenus de verser au trésor royal, pour l'indemnité à allouer à la compagnie des inventeurs du sel gemme, et pour les remboursements à lui faire, aux termes de l'ordonnance royale du 21 août 1825 , la somme de trois millions soixante-quinze mille francs en obligations payables le 31 mars 1826.

23. Les régisseurs acceptent pour leur compte, mais sans garantie de la part du gouvernement et de l'ancienne compagnie, les marchés contractés par la compagnie des salines, en tant qu'ils sont relatifs au service des salines. En conséquence, remise leur sera faite, avec pleine et entière subrogation et sous les charges y portées : 1° de tous les marchés pour fournitures de bois et autres objets d'approvisionnement qui seront à livrer au-delà du 1ᵉʳ janvier 1826 ; 2° de tous les baux qui ne sont pas arrivés à leur terme ; 3° de tous les marchés pour vente de sel à l'intérieur, avec les actes de cautionnement et de tous les traités de ventes avec la Suisse, le grand-duché de Bade et la Prusse ; 4° des traités et autorisations d'extraire des sels de Peccais en franchise du droit, et de les exporter pour l'approvisionnement de la Savoie, du Valais, du canton de Genève et de l'arrondissement de Gex.

24. Les régisseurs auront la faculté , en se conformant aux dispositions des lois , décrets, ordonnances et règlements, de faire toutes les fouilles et recherches qu'ils croiront utiles pour constater le gisement et l'étendue des mines de sel gemme composant le bassin salifère des départements de l'Est dénommés dans la loi. Ils établiront des puits d'extraction partout où ils le jugeront convenable, à charge, toutefois, d'environner chaque exploitation d'une enceinte. Ils pourront construire dans l'intérieur de ces enceintes tous les bâtiments et machines qui seraient nécessaires à l'exploitation. Ils auront la faculté d'extraire et de préparer le sel par les procédés qui leur paraîtront les meilleurs et le plus économiques. Ils jouiront des mêmes facilités pour la confection du sel dans les salines, et ils sont autorisés , pour cet objet , à toutes les modifications dont l'expérience leur démontrera l'utilité dans le système d'exploitation.

25. Les régisseurs auront pareillement la faculté d'établir des raffineries de sel et des manufactures de soude, de muriate de potasse et autres produits chimiques ; ils seront tenus d'en comprendre les recettes et les dépenses dans le compte général de la régie intéressée et en participation avec l'Etat, en quelque lieu que ces établissements soient situés, sans préjudice de l'exécution des lois et règlements relativement à ceux qui seraient susceptibles de répandre des odeurs insalubres et incommodes. Ils jouiront des franchises accordées aux établissements de même nature.

§ IV. *Dispositions particulières à l'exploitation de la mine.*

26. Les régisseurs exécuteront tous les travaux de recherche et d'aménagement propres à mettre la mine de sel gemme en valeur dans le plus bref délai ; ils donneront aux travaux d'extraction tous les développements nécessaires pour que, dans tous les temps, il puisse être satisfait aux besoins de la consommation, sans nuire à la conservation des mines ni à la sûreté des ouvriers. Les travaux seront constamment entretenus dans le meilleur état de service possible.

27. Les projets de travaux souterrains et autres seront arrêtés par les régisseurs ; mais ils ne seront mis à exécution qu'après avoir été approuvés par le directeur général des ponts et chaussées et des mines, sur le rapport des ingénieurs des mines, constatant que ces projets sont conformes aux règles d'une bonne et durable exploitation, et que leur exécution ne donnera lieu à aucun inconvénient relativement à la conservation des mines, à celle des sources salées et à la sûreté des hommes.

28. Dans le délai de deux mois après leur mise en possession , les régisseurs remettront les projets

---

(1) Au 1ᵉʳ janvier 1823, et suivant le bilan de la compagnie des salines, les valeurs en inventaire s'élevaient à la somme de trois millions trois cent quatre-vingt-quatre mille neuf cent quarante-huit francs vingt centimes, savoir : cent quatre-vingt-treize mille trois cent soixante-dix quintaux de sel, y compris ceux en expédition. 2,634,728 fr. 00 c.

Combustibles, outils, ustensiles et autres approvisionnements . 750,220   20
                                              —————————
                                              3,384,948   20

(2) Cette somme de cinq cent quatre-vingt-douze mille francs représente la valeur de terrains achetés par la compagnie des salines et de plusieurs notables améliorations qu'elle a effectuées ; elle est aussi destinée à indemniser la compagnie des salines de la cession de plusieurs traités avantageux et de la fabrique de soude établie à Dieuze, mobilier non compris. La fabrique de soude a produit en bénéfices nets :

En 1822, soixante-quinze mille cent cinquante-cinq francs quinze centimes ;

En 1823, quatre-vingt-dix mille quarante-quatre francs vingt-huit centimes ;

En 1824, quatre-vingt-trois mille six cent quinze francs quarante-trois centimes.

des travaux qu'ils se proposeront de poursuivre ou d'entreprendre : au 1er décembre de chaque année, ils remettront les projets qu'ils se proposeront d'exécuter dans l'année suivante.

29. Les régisseurs tiendront constamment en ordre sur les exploitations : 1° les plans et les coupes des travaux sur l'échelle d'un millimètre par mètre, et divisés en carreaux de dix en dix millimètres : un double de ces plans sera fourni, à la fin de chaque année, à l'ingénieur en chef des mines, qui en fera la vérification ; en cas d'inexécution ou d'inexactitude reconnue des plans, ils seront levés et dressés d'office aux frais des adjudicataires ; 2° un registre constatant l'avancement journalier des travaux et les circonstances particulières de l'exploitation dont il sera utile de conserver le souvenir ; 3° un registre de contrôle journalier des ouvriers employés aux travaux tant extérieurs qu'intérieurs.

30. Lorsque les régisseurs auront été autorisés à abandonner un champ d'exploitation, cet abandon ne pourra être effectué qu'après que les plans auront été vérifiés et que la reconnaissance des lieux aura été faite par l'ingénieur en chef des mines, qui en dressera procès-verbal.

31. Les débris salifères extraits au jour, dont on n'aurait fait aucun emploi, seront enfouis ou placés de manière à ce qu'il ne puisse y avoir lieu à aucune fraude ; le tout conformément à ce qui aura été prescrit par le ministre des finances : faute par les régisseurs d'exécuter les dispositions ordonnées, il y sera pourvu d'office et à leurs frais.

32. Les régisseurs ne pourront confier la direction des travaux d'exploitation qu'à un individu possédant les connaissances et les facultés nécessaires pour les bien conduire : ce directeur devra être agréé par le ministre des finances, sur le rapport du directeur général des mines. Ils ne pourront employer, en qualité de maître mineur ou chef particulier des travaux, que des individus qui auront travaillé dans les mines de France ou de l'étranger, comme mineurs, boiseurs ou charpentiers, au moins pendant trois années consécutives, ou des élèves de l'école royale des mineurs de Saint-Étienne, ayant achevé leurs cours d'étude et obtenu un brevet du directeur général des ponts et chaussées et des mines.

33. Ils entretiendront constamment en bon état sur chaque exploitation, tous les médicaments et appareils propres à donner des secours aux ouvriers en cas d'accident. Ils solderont à cet effet un officier de santé. Les indemnités à accorder aux ouvriers blessés ou devenus invalides, celles à donner aux veuves et orphelins des ouvriers qui auraient péri par accident, seront fixées par le ministre des finances ultérieurement, et sur la proposition des preneurs, et de l'avis de l'administration des mines. Les fonds seront pris sur la caisse des retraites, dont il est fait mention à l'art. 17.

34. Les régisseurs se conformeront d'ailleurs aux lois et règlements intervenus et à intervenir sur les mines.

35. Les régisseurs paieront aux propriétaires de la surface du sol les indemnités voulues par les art. 43 et 44 de la loi du 21 avril 1810, relativement aux dégâts et non jouissance de terrains, occasionnés par les travaux d'exploitation.

36. Les indemnités à payer aux propriétaires de la surface des terrains sous lesquels l'exploitation sera établie, conformément aux art. 6 et 42 de la loi du 21 avril 1810, seront supportées par les régisseurs.

§ V. Envoi en possession.

37. Les adjudicataires seront mis en jouissance des salines et de toutes leurs dépendances au 1er janvier 1826 au plus tard ; ils pourront être envoyés en possession de la mine de sel gemme et de tous les terrains, machines et constructions appartenant aux inventeurs, aussitôt après l'adjudication. L'état des lieux et la description des bâtiments servant à l'exploitation des salines dans l'état où ils se trouveront au 1er janvier prochain, et l'inventaire ainsi que la description de tous terrains, machines et constructions provenant de la compagnie des inventeurs du sel gemme, seront faits contradictoirement entre les régisseurs et la compagnie Thonnelier et celle des salines de l'Est, chacune en ce qui les concerne. Il sera dressé procès-verbal de ces opérations : un double de ces inventaires, états descriptifs et procès-verbaux, sera déposé aux archives du ministère des finances. Des experts nommés par les régisseurs et par la compagnie des salines procéderont également à l'inventaire et estimation des objets d'approvisionnement, ustensiles, meubles et autres effets servant à l'exploitation. En cas de partage d'opinions, un troisième expert sera désigné par le préfet du département.

38. Les opérations mentionnées en l'article ci-dessus se feront en présence et avec la participation du commissaire général des salines et des autres agents nommés par le ministre des finances. Les frais en seront supportés par moitié entre les compagnies ancienne et nouvelle.

§ VI. Surveillance des agents du gouvernement

39. Le ministre se réserve de faire surveiller l'exécution des clauses du bail et toutes les opérations de la régie intéressée. Le droit qui lui est ainsi attribué sera exercé en son nom par les agents qu'il aura choisis et délégués à cet effet : il prescrira aux régisseurs le mode de comptabilité qu'ils devront suivre pour la description et constatation de toutes leurs opérations dans la reddition du compte qu'ils devront rendre annuellement au trésor.

40. Aucune délibération de la régie intéressée ne pourra avoir lieu hors de la présence des agents institués par le ministre des finances, ou eux dûment appelés ; ils auront le droit de vérifier les comptes, de prendre connaissance de tous les registres, et pourront requérir des autorités compétentes la suspension de toutes les opérations qui leur paraîtraient contraires aux lois et règlements, ou dangereuses pour la sûreté publique. Ils sont plus spécialement chargés de veiller à ce qu'il ne soit livré à la consommation que des sels de bonne qualité.

§ VII. Dispositions générales et diverses.

41. Les régisseurs ne pourront céder tout ou partie du bail sans l'autorisation expresse du ministre des finances.

42. Le compte annuel des résultats de l'exploitation devra être rendu dans les quinze premiers jours d'avril de l'année suivante.

43. Aucune saline ne pourra être abandonnée par les preneurs qu'après l'autorisation du ministre des finances et avec les précautions nécessaires pour la conservation des sources.

44 et dernier. L'enregistrement du contrat de régie qui interviendra par suite de l'adjudication, ne donnera lieu qu'au droit fixe d'un franc. Le présent arrêté sera imprimé au *Moniteur*, déposé aux archives du ministère, et notifié au commissaire général des salines, qui demeure chargé de fournir aux soumissionnaires tous les renseignements et documents nécessaires.

Paris, le 15 septembre 1825.

Signé J. DE VILLÈLE.

MODÈLE A.

Soumission pour la prise en régie intéressée pour quatre-vingt-dix-neuf ans des salines de l'Est et de la mine de sel gemme découverte à Vic, département de la Meurthe.

Nous soussignés (mettre les nom, prénoms, qualités et domicile des souscripteurs), après avoir pris connaissance de l'ordonnance du roi, en date du 15 septembre 1825, relative à l'adjudication des salines de l'Est et de la mine de sel gemme, ainsi que du cahier des charges annexé à ladite ordonnance, nous soumettons à toutes les conditions insérées tant dans ladite ordonnance que dans le cahier des charges, et nous obligeons de prendre en régie intéressée, pour quatre-vingt-dix-neuf ans, les salines de l'Est et la mine de sel gemme y désignées, moyennant (exprimer ici le nombre de centièmes offerts en toutes lettres) centièmes des bénéfices nets de toute nature et origine résultant des opérations de la régie intéressée.

Pour garantie de la présente soumission, nous avons déposé à la caisse des consignations et dépôts une inscription de cent mille francs de rentes sur l'État, suivant le récépissé ci-inclus.

Nous faisons élection de domicile en la demeure de M. l'un de nous, à Paris, rue n. et nous conférons audit M. tout pouvoir d'agir, de correspondre et de nous représenter auprès du ministre des finances dans tous actes nécessaires pour la conclusion et l'exécution dudit bail.

À Paris, le

MODÈLE B.

Récépissé de dépôt (1).

Nous, caissier de la caisse des dépôts et consignations, reconnaissons que M. (agissant au nom de), s'est présenté aujourd'hui à notre caisse, et y a déposé la somme de cent mille francs de rentes sur l'État en une inscription sur le grand-livre, transférée à la caisse des dépôts, laquelle valeur ledit sieur nous a déclaré affecter à la garantie d'une soumission qui sera présentée à son excellence le ministre des finances, le 31 octobre 1825, pour l'obtention de la régie intéressée des salines de l'Est et de la mine de sel gemme découverte à Vic, département de la Meurthe, aux conditions renfermées dans ladite soumission; consentant de plus ledit sieur à ce que ladite somme soit assujettie à l'application des dispositions de l'art. 20 du cahier des charges, dans le cas où le bail des salines lui serait adjugé, et ledit sieur signé avec nous.

Paris, le **1825.**

Le déposant,

Le caissier général de la caisse des dépôts et consignations,

Vu : *le directeur général de la caisse des dépôts et consignations,*

---

16 SEPTEMBRE 1825. — Ordonnance qui fixe les droits à percevoir au passage du pont de Damery (Marne). (Bull. O., 1re sect., n. 4548.)

---

3 OCTOBRE 1825. — Lettres de naturalité accordées au sieur Franck. (Bull. O., 2e sect., n. 1065.)

---

5 OCTOBRE 1825. — Ordonnance qui accorde des lettres de naturalité au sieur Schintgen. (Bull. supp., n. 12237.)

---

9 OCTOBRE 1825 = 21 NOVEMBRE 1835. — Ordonnance du roi relative à l'achèvement du canal de la Dive, au perfectionnement de la navigation du Thouet et au desséchement des marais de la Dive. (IX, Bull. O. CCCXCIII, 1re sect., n. 6053.)

Charles, etc., sur le rapport de notre ministre secrétaire d'État au département de l'intérieur; vu l'arrêt du conseil d'État du roi, du 5 novembre 1776, qui a autorisé le sieur Augustin Lafaye à faire exécuter, en cinq ans, un canal propre à assurer la navigation de la rivière de Dive, depuis Moncontour jusqu'au Thouet; à creuser, nettoyer la rivière de Thouet jusqu'à la Loire; à dessécher tous les marais situés le long de ladite rivière de Dive; et qui lui a concédé en retour le privilège de percevoir, pendant soixante années, un droit de péage sur le canal de la Dive; vu l'arrêt du 12 juin 1781, qui, sur la demande du sieur Lafaye, restreint l'art. 1er de l'arrêt du 5 novembre 1776, réduit la longueur du canal de la Dive à l'espace compris depuis le pont de Pas-de-Jeu jusqu'au Thouet, et qui homologue les traités par lesquels le plus grand nombre de propriétaires des marais ont abandonné audit sieur Lafaye, en toute propriété, les deux tiers de leurs marais en nature pour les frais de desséchement; vu le plan du cours de la Dive et celui des marais à dessécher; vu l'arrêt du 1er mai 1787, qui accorde au sieur Lafaye un délai de cinq années pour l'exécution du canal de la Dive; évoque par devant l'intendant de la généralité de Tours, sauf appel au conseil de toutes les contestations qui pourraient s'élever au sujet

---

(1) Le présent récépissé devra être annexé à la soumission.

de cette entreprise; vu la loi du 16-19 nov. 1790, qui ordonne la continuation des travaux, et évoque le jugement de toutes les contestations qui pourraient s'élever au sujet de la perfection du canal devant le directoire du département d'Indre-et-Loire, sans préjudice aux actions et indemnités qui seront portées devant les tribunaux judiciaires; vu les diverses pièces du projet rédigé en 1819, pour la continuation du canal et des travaux de desséchement : le rapport de l'inspecteur général sur les modifications dont ce projet est susceptible, et l'avis du conseil général des ponts et chaussées sur le tout, du 6 août 1822; vu les lois des 5 janvier 1791 et 16 septembre 1807, relatives aux desséchements; vu la soumission du 21 mars 1825, par laquelle les sieurs Auguste Rochu et compagnie, au nom et comme cessionnaires, pour les trois quarts, des droits appartenant aux sieurs Lafaye, et en totalité, des droits appartenant au sieur Talon, représentant les anciens bailleurs de fonds, s'engagent à exécuter, dans l'intervalle de six années, tous les travaux de desséchement, et à ouvrir le canal conformément aux projets modifiés par le conseil des ponts et chaussées dans son avis du 6 août 1822, et demandent, en retour de l'augmentation de dépenses résultant des projets ainsi modifiés, que la durée du péage concédé soit fixée à quatre-vingt-dix ans, au lieu de soixante; vu l'acte extrajudiciaire signifié, le 17 mai 1825, à notre directeur général des ponts et chaussées, au nom du sieur Henri-Joli Canuel, qui déclare être acquéreur du quatrième quart des droits appartenant aux héritiers Lafaye, et offre d'exécuter, en ce qui le concerne, toutes les charges et clauses de la concession; vu l'acte passé le 16 septembre 1825, par lequel ledit sieur Canuel transporte tous ses droits aux sieurs Rochu et compagnie; considérant que, par la présente ordonnance, tous les droits des héritiers Lafaye, et de leurs représentants sont conservés; que les travaux commencés par le sieur Lafaye ont été interrompus par des événements de force majeure, et que ni lui ni ses héritiers n'ont été mis en déchéance par aucun acte administratif; considérant, en outre, que les modifications adoptées dans les dimensions du canal de la Dive ont pour objet de lui donner une profondeur d'eau qui le mette en harmonie avec tous les autres canaux, et que cet avantage est assez important pour motiver une prolongation dans la durée de la concession du péage; notre conseil d'État entendu, etc.

Art. 1er. Il est accordé un nouveau délai de six ans aux héritiers Lafaye ou à leurs ayants-droit, pour ouvrir le canal de la Dive, depuis Pas-de-Jeu jusqu'à son embouchure, perfectionner la navigation de Thouet jusqu'à la Loire, et dessécher les marais de la Dive.

2. Les travaux s'exécuteront d'après les plans et projets de l'ingénieur Normand, sauf les modifications approuvées par notre conseil et par l'administration des ponts et chaussées.

3. La durée de la perception du péage concédé sur le canal de navigation par les arrêts sus-visés, est fixée à quatre-vingt-dix ans, au lieu de soixante.

4. Dans un délai de six mois au plus tard, à dater de la présente ordonnance, les concessionnaires seront tenus de faire reconnaître à leurs frais, par les ingénieurs des ponts et chaussées du département, le plan et le procès-verbal des marais à dessécher : ces pièces seront déposées à la préfecture; les intéressés seront invités, par voie d'affiches placées dans les communes où les marais sont situés, à en prendre connaissance sans déplacement et fournir leurs observations.

5. Les concessionnaires pourront être mis successivement, à la fin de chaque campagne, en possession provisoire de la portion de terrains desséchés à laquelle ils auraient droit proportionnellement aux travaux exécutés; néanmoins ils ne pourront aliéner ni hypothéquer ces terrains avant l'exécution définitive et complète de l'entreprise.

6. Faute par les concessionnaires d'avoir terminé dans le délai de six années la totalité des travaux qu'ils sont obligés d'exécuter, ils seront déchus de plein droit de tous les avantages de la concession.

7. Les arrêts du conseil et les dispositions de la loi du 16-19 novembre 1790 ci-dessus visées, recevront leur exécution dans toutes les dispositions qui ne seraient pas modifiées par la présente ordonnance et par les lois actuellement en vigueur.

8. Notre ministre de l'intérieur (M. Corbière) est chargé, etc.

9 OCTOBRE 1825 = 4 OCTOBRE 1831. — Ordonnance du roi qui détermine le ressort des commissions sanitaires. (IX, Bull. O. CVIII, n. 3069.)

Charles, etc., vu l'art. 48 de l'ordonnance du 7 août 1822, relative à la police sanitaire, et l'ordonnance du 7 juillet 1824, qui détermine le siège des administrations sanitaires, etc.

Art. 1er. Le ressort des commissions sanitaires établies sur le littoral des deux mers, y compris l'île de Corse, est et demeure fixé conformément au tableau ci-annexé.

2. Notre ministre de l'intérieur (M. Corbière) est chargé , etc.

NORD.

Commission de Dunkerque : depuis la frontière de la Belgique jusqu'au village de Loon exclusivement. Comm. de Gravelines : depuis et y compris le village de Loon jusqu'à l'endroit appelé le Fort Philippe.

PAS-DE-CALAIS.

Comm. de Calais : depuis le Fort-Philippe jusques et y compris le territoire d'Escalle. Comm. de Boulogne : depuis la commune d'Escalle jusqu'à la jonction des territoires de Dannes et de Camiers. Comm. de Montreuil : depuis et y compris le territoire de Camiers jusqu'à la rivière de l'Authie.

SOMME.

Comm. de Saint-Valery : depuis la rivière de l'Authie jusqu'à La Bresle, limite du département de la Seine-Inférieure.

SEINE-INFÉRIEURE, EURE, CALVADOS MANCHE.

Intendance du Havre.

Comm. de Tréport : le syndicat maritime de Tréport et celui de Criel. Comm. de Dieppe : le syndicat de Berneval et celui de Dieppe. Comm. de Saint-Valery-en-Caux : le syndicat de Saint-Valery. Comm. de Fécamp : le syndicat de Fécamp et celui de Criquebœuf. Comm. de Honfleur : le syndicat de Honfleur, depuis la Rille jusqu'aux limites du syndicat de Touques, les syndicats de Touques, de Trouville et de Villerville. Comm. de Quillebœuf : le syndicat de Honfleur jusqu'à La Rille. Comm. de Rouen : le syndicat de Rouen. Comm. de Caen : les syndicats de Sullenelle, de Caen, d'Oyestream, de Berniers et de Port-en-Bessin. Comm. de Saint-Vaast : le syndicat de La Hougue. Comm. de Cherbourg : depuis et y compris l'anse de St.-Germain jusqu'au havre de Biron exclusivement. Comm. de Granville : depuis et y compris le havre de Biron jusqu'à l'extrémité des côtes de l'arrondissement d'Avranches.

ILLE-ET-VILAINE.

Comm. de Saint-Malo : tout le littoral du département jusqu'au cap Fichel (Côtes-du-Nord).

COTES-DU-NORD.

Comm. de Saint-Brieuc : depuis le cap Fichel jusques et y compris le Portrieux, commune de Saint-Quay. Comm. de Paimpol : depuis St.-Quay à l'île d'Er. Comm. de Lannion : depuis l'île d'Er jusqu'à la pointe du Château.

FINISTÈRE.

Intendance de Brest.

Comm. de Morlaix : depuis la pointe de Loquirec jusqu'à Carentel ; la rive droite de Peuzé, en descendant jusqu'à Peuzé inclusivement ; de plus, l'île de Calot. Comm. de Roscoff : la rive gauche de la rivière de Peuzé, de la commune de ce nom à l'embouchure de la rivière ; à partir de cette embouchure, tout le littoral jusqu'à Plounéour Trez, les îles de Batz et de Siek. Comm. de Camaret, depuis la pointe des Espagnols jusqu'à la pointe de Raz, la baie de Douarnenez et l'intérieur de cette baie. Comm. d'Audierne : depuis la pointe du Raz jusqu'à la pointe de Penmark et l'île de Sein. Comm. de Quimper : depuis la pointe de Penmark jusqu'à celle de Mousterlin. Comm. de Concarneau : depuis la pointe de Mousterlin jusqu'à la limite du littoral vers le Morbihan.

MORBIHAN.

Intendance de Lorient.

Comm. de Port-Louis : depuis la rivière de Laïta jusqu'à la rivière d'Eutel. Comm. de Quiberon : depuis la rivière d'Eutel jusqu'à la rive droite de la Vilaine. Comm. de Belle-Ile : toutes les côtes de l'île et des petites îles d'Ouat et de Médic.

MORBIHAN, LOIRE-INFÉRIEURE, VENDÉE.

Intendance de Nantes.

Comm. de La Roche-Bernard : la rive gauche de la Vilaine jusqu'à la mer. Comm. du Croisic : depuis Piziac inclusivement jusques et y compris le Poulingen. Comm. de Saint-Nazaire : depuis et non compris le village de Poulingen, sur la rive droite de la Loire, et sur l'autre rive depuis et y compris la pointe de Mindin jusqu'à l'île Saint-Nicolas. Comm. de Paimbœuf : toute la baie de Bourgneuf, depuis sa limite au département de la Vendée ; le port et la côte de Pornic jusqu'au Pointeau. Comm. de Noirmoutiers : tout le littoral de l'île de ce nom. Comm. de l'Ile-Dieu : tout le littoral de l'île de ce nom. Comm. de Saint-Gilles : depuis la baie de Bourgneuf jusques et y compris le bourg de Brétignolles.

VENDÉE, CHARENTE-INFÉRIEURE.

Intendance de La Rochelle.

Comm. des Sables-d'Olonne : depuis le

bourg de Brétignolles jusqu'à l'embouchure du Lay. Comm. de Laiguillon : depuis l'embouchure du Lay jusqu'à celle de la Sèvre Niortaise. Comm. de Marans : le cours de la Sèvre Niortaise, en remontant jusqu'à Marennes, le littoral compris entre la rive droite de la Sèvre à son embouchure et la limite occidentale d'Esnandes. Comm. de Rochefort : depuis la limite des deux arrondissemens de la Rochelle et de Rochefort jusqu'à la rive gauche de la Charente à son embouchure, y compris l'île Madame ; de plus, le cours de la Charente jusqu'au port de ce nom. Comm. de Marennes : depuis la rive gauche de la Charente, non compris l'île Madame, jusqu'à la rive gauche de la Seudre, le port de La Tremblade compris, le cours maritime de la Seudre en remontant. Comm. de Royan : la portion des rivages compris entre la rive gauche de la Seudre, à partir de la pointe d'Arvest, et l'embouchure de la Gironde, jusqu'à la limite du département de la Charente-Inférieure et de la Gironde ; de plus, la rive du fleuve. Comm. de Saint-Martin (Ile-de-Ré) : le littoral de l'île compris entre le territoire du canton d'Ars et les territoires des communes de Saint-Martin et du Bois. Comm. de La Flotte (Ile-de-Ré) : la portion du littoral de la même île limitant les territoires de la Flotte et de Saint-Martin. Comm. d'Oléron-le-Château : tous les rivages de l'île.

GIRONDE.

Intendance de Bordeaux.

Comm. de Blaye : la rive droite de la Gironde, depuis la limite des départemens de la Charente-Inférieure et de la Gironde jusqu'au bec d'Ambez. Comm. de Pauillac : la rive gauche de la Garonne, depuis le fort de Médoc jusqu'à l'embouchure de ce fleuve, et sur la côte de l'Océan depuis ce point jusques et y compris le territoire de la commune de Hourtins. Comm. de La Tête-de-Busch : depuis la commune de Hourtins jusqu'à la limite des départemens de la Gironde et des Landes.

LANDES.

Intendance de Bayonne.

Comm. de Biscarosse : le littoral de cette commune et de celles d'Aureilhan, de Sainte-Eulalie et de Sanguinet.

Comm. de Saint-Julien-en-Born : le littoral des communes de Saint-Julien-en-Born, de Vieille, de Saint-Gironde-Linxe ; de Mixe, de Lit-de-Livignac, de Bias et de Mimiran. Comm. de Vieux-Boucaud : le littoral des communes de Vieux-Boucaud, de Soustons, de Messanges, de Noisitz et

de Léon. Comm. de Cap-Breton : le littoral des communes de Cap-Breton, de **Labenne**, de Soortz et de Seignosse.

BASSES-PYRÉNÉES.

Intendance de Bayonne.

Comm. de Saint-Jean-de-Lutz : le littoral des communes d'Handaye, d'Hurrugue, de Ciboure, de Saint-Jean-de-Luz, de Guetaria et de Bidart jusqu'au pont.

VAR.

Intendance de Toulon.

Comm. d'Antibes : de la pointe de Grillon à l'embouchure du Var. Comm. de Vallauris : de la batterie de La Fourcade à la pointe de Grillon. Comm. de Cannes : depuis Notre-Dame jusqu'à la batterie de la Fourcade. Comm. de Saint-Raphaël : de la rade de Saint-Raphaël, autrement dit *le golfe de Fréjus*, jusqu'aux roches de Notre-Dame. Comm. de Fréjus : de la rivière d'Urgens à la rade de Saint-Raphaël. Comm. de Sainte Maxime : de la rivière de la Fous à celle d'Urgens. Comm. de Saint-Tropez : du cap Lardier à la rivière de la Fous. Comm. de Bormes : de l'Argentière au cap Lardier. Comm. des îles d'Hyères : depuis et y compris la presqu'île de Gien jusqu'à l'Argentière, de plus les îles d'Hyères. Comm. de Bandols : depuis les limites du département du Var jusqu'à la pointe de la Cryd.

BOUCHES-DU-RHÔNE, GARD.

Intendance de Marseille.

Comm. de La Ciotat : le littoral de cette commune. Comm. de Martigues : le littoral de cette commune. Comm. d'Arles : le littoral de cette commune et celle des Saintes-Maries. Comm. d'Aigues-Mortes : depuis le Rhône mort (*antiquus Rhodanus*) jusqu'au poste des douanes appelé le *Canalet*.

HÉRAULT, AUDE, PYRÉNÉES ORIENTALES.

Intendance de Marseille.

Comm. de Cette : depuis le Canalet jusques et y compris la Tour de Castellas. Comm. d'Agde : depuis la tour de Castellas jusqu'à l'embouchure de l'Aude. Comm. de Narbonne : depuis l'embouchure de l'Aude jusqu'au grau de La Vieille-Nouvelle. Comm. de La Nouvelle : depuis le grau de La Vieille-Nouvelle jusqu'aux limites qui divisent la commune de Leucate et le département des Pyrénées Orientales.

Comm. de Saint-Laurent-de-la-Salanque : depuis les limites du territoire de Leucate jusqu'à l'embouchure du Tech. Collioure : depuis l'embouchure du Tech jusqu'à la limite de la commune de Collioure. Comm. de Port-Vendres : depuis la limite de la commune de Collioure jusqu'à celle du territoire de Banyuls-sur-Mer, du côté de Collioure. Comm. de Banyuls-sur-Mer : depuis la limite de Port-Vendres jusqu'aux limites d'Espagne.

Corse.

Intendance d'Ajaccio.

Comm. de Calvi : de Capo-Rosso au cap Spano. Comm. de l'Ile-Rousse : de Saint-Ambroise à Acciajolo. Comm. de Saint-Florent : de Malfalco à Barsettali. Comm. de Marcinaggio : de Pino à Mezia. Comm. de Bastia : de Luzi à Torraccia. Comm. de Porto-Vecchio : de Soleuzano à Rondinara. Comm. de Bonifacio : du golfe de Santa-Mauza aux iles des moines.

Nota. Les portions du littoral qui ne sont point comprises au présent état restent spécialement placées sous la surveillance des intendances sanitaires.

19 OCTOBRE 1825 = 29 JANVIER 1831. — Ordonnance du roi qui autorise la donation d'un immeuble faite par le roi lui-même à la société des missions de France. (IX, Bull. O. XXXIX, n. 979.)

Charles, etc., vu l'ordonnance royale du 25 septembre 1816, qui autorise définitivement la société des prêtres des missions de France, et qui leur accorde la faculté de recevoir des legs et donations, en se conformant aux mêmes règles que pour les établissements de charité et de bienfaisance ; vu la loi du 2 janvier 1817 et l'ordonnance réglementaire du 2 avril, même année ; sur le rapport de notre ministre secrétaire d'Etat au département des affaires ecclésiastiques et de l'instruction publique, etc.

Art. 1ᵉʳ. Le supérieur de la société des prêtres des missions de France est autorisé à accepter, au nom de cette association, la donation faite par nous, suivant acte public du 9 octobre 1825, d'une maison située à Paris, rue des Fossés-Saint-Jacques, n. 13, aux charges et conditions exprimées audit acte de donation.

2. Notre ministre au département des affaires ecclésiastiques et de l'instruction publique (M. d'Hermopolis) est chargé, etc.

25 OCTOBRE 1825. — Ordonnance qui accorde des lettres de naturalité au sieur Veraty. (Bull. O. 132, n. 2088.)

23 NOVEMBRE 1825. — Ordonnance qui accorde des lettres de naturalité au sieur Euschen. (Bull. O. 87, n. 2446.)

7 DÉCEMBRE 1825. — Ordonnance qui accorde des lettres de naturalisation en faveur du sieur Mors (Jean). (Bull. O., 2ᵉ sect., n 3952.)

7 DÉCEMBRE 1825. — Ordonnances qui accordent des lettres de déclaration de naturalité aux sieurs Castor et Veber. (Bull. O., 2ᵉ sect., n. 8432 et 9939.)

11 JANVIER 1826 = 21 AVRIL 1831. — Ordonnance du roi sur la nomination aux bourses supérieures dans les colléges royaux. (IX, Bull. O. LXI, n. 1559.)

Charles, etc., sur le rapport de notre ministre des affaires ecclésiastiques et de l'instruction publique ; désirant mettre un terme aux difficultés qui se sont élevées relativement à l'ordonnance du 16 novembre 1821 ; vu l'avis de notre conseil royal de l'instruction publique ; notre conseil d'Etat entendu, etc.

Art. 1ᵉʳ. Les bourses supérieures de nos colléges royaux devant être des récompenses propres à exciter l'émulation des jeunes élèves, il ne pourra, hors le cas prévu par l'art. 10 de l'ordonnance du 25 décembre 1819, être disposé des bourses entretenues par les communes, qu'en faveur des titulaires des bourses inférieures fondées par les mêmes communes, qui se seront le plus distingués par leur progrès et leur bonne conduite.

2. Les promotions seront faites en conseil royal de l'instruction publique, sur l'avis des proviseurs et les rapports des recteurs.

3. Toutes les dispositions des ordonnances des 25 décembre 1819, 18 octobre 1820, et 16 novembre 1821, auxquelles il n'est point dérogé par la présente sont et demeurent maintenues.

4. Notre ministre des affaires ecclésiastiques et de l'instruction publique (M. Frayssinous) est chargé, etc.

12 FÉVRIER 1826 = 8 JUIN 1831. — Ordonnance du roi portant fixation des traitements des gouverneur et autres chefs d'administration de l'île de Bourbon. (IX, Bull. O. LXXVIII, n. 2119.)

Charles, etc, vu notre ordonnance du 21 août 1825, relative au gouvernement de l'île de Bourbon ; sur le rapport de notre ministre de la marine et des colonies, etc.

Art. 1ᵉʳ. Le gouverneur de l'île de Bourbon reçoit sur les fonds de la colonie, pendant la durée de ses fonctions, un traitement annuel de cinquante mille francs.

Il jouit, en outre, sur les fonds du département de la guerre ou du département de la marine, du traitement attribué au grade dont il est personnellement revêtu.

Ces allocations lui tiennent lieu de tous frais de représentation, de tournées, de secrétariat, et autres, de quelque nature qu'ils soient.

Le gouverneur a la jouissance de l'hôtel du gouvernement à Saint-Denis. Le mobilier de l'hôtel est fourni en nature aux frais de la colonie. Un concierge, garde du mobilier, deux pions et douze noirs ou négresses pris parmi ceux qui appartiennent à la colonie, sont attachés au service du gouverneur.

2. Le commissaire-ordonnateur, le directeur général de l'intérieur et le procureur général, reçoivent, sur les fonds de la colonie, pendant la durée de leurs fonctions, un traitement annuel de vingt mille francs.

Sur ce traitement sera précompté celui que le commissaire-ordonnateur touche du département de la marine à raison de son grade : il en sera de même à l'égard du directeur de l'intérieur, si ce fonctionnaire appartient à l'administration de la marine.

Le contrôleur colonial reçoit, sous la déduction du traitement de son grade, un traitement annuel de douze mille francs.

Le traitement du secrétaire archiviste est de six mille francs.

Ces cinq fonctionnaires ont droit au logement et à l'ameublement en nature, aux frais de la colonie.

Chacun de ces fonctionnaires aura à son service le nombre de pions et de noirs de l'un et de l'autre sexe fixé ci-après :

Le commissaire-ordonnateur, le directeur général de l'intérieur et le procureur général, un pion et quatre noirs ; le contrôleur, un pion et trois noirs ; le secrétaire archiviste, deux noirs ; l'huissier du conseil est placé sous ses ordres.

Les allocations réglées au présent article tiennent lieu de tous frais de représentation, de tournées, de secrétaire, et autres, de quelque nature qu'ils soient.

3. Il est alloué pour frais de déplacement, savoir :

Au gouverneur, 20,000 fr. ; au commissaire-ordonnateur, 10,000 fr. ; au directeur général de l'intérieur, 10,000 fr. ; au procureur général, 10,000 fr. ; au contrôleur colonial, 6,000 fr. ; au secrétaire archiviste, 3,000 fr.

Ces allocations tiennent lieu de traitement depuis le jour de la nomination jusqu'à celui de l'arrivée dans la colonie, de frais de route jusqu'au jour d'embarquement, de frais de relâche, de frais d'installation et autres, ceux de passage exceptés.

Toutefois, il n'y aura pas de suspension dans le paiement des traitemens de grade que les fonctionnaires ci-dessus désignés recevraient du département de la guerre ou du département de la marine ; mais le montant du traitement qu'ils auront reçu depuis le jour de leur nomination jusqu'à celui de leur arrivée dans la colonie, sera déduit des premiers paiemens qu'ils auront à recevoir sur les fonds coloniaux.

Les dispositions qui précèdent ne seront applicables qu'aux fonctionnaires résidant en France au moment de leur nomination : il sera statué spécialement à l'égard de ceux qui seraient envoyés d'une autre colonie dans celle de Bourbon.

4. La valeur de l'ameublement de l'hôtel du gouvernement ne pourra excéder quarante mille francs ; celle du mobilier des maisons affectées au logement des trois chefs d'administration, membres du gouvernement, et à celui du contrôleur colonial, ne pourra excéder douze mille francs pour chacun des trois chefs et huit mille francs pour le contrôleur : la valeur de l'ameublement du secrétaire archiviste est fixée à quatre mille francs.

Ces divers ameublemens ne doivent être composés que de meubles dits *meublans*, et leur entretien reste à la charge de la colonie.

5. Au moyen des allocations qui précèdent, le gouverneur, les trois chefs d'administration, le contrôleur et le secrétaire archiviste, ne peuvent, sous aucun prétexte, se faire délivrer aucune fourniture quelconque des magasins du Roi ni de ceux de la colonie.

Il est, de plus, défendu d'attacher à leur service personnel aucun agent salarié ni aucun noir appartenant à la colonie autres que ceux qui leur sont accordés par l'article 2 de la présente ordonnance.

Ces noirs ne peuvent être choisis parmi les commandeurs ni parmi les ouvriers.

6. Tout fonctionnaire quelconque cessera d'être payé par la colonie à dater du jour où il la quittera, pour quelque motif que ce soit.

7. Le fonctionnaire appelé à l'intérim de la place de gouverneur jouira, pendant la durée de la vacance et sous la déduction du traitement de son grade, des deux

tiers du traitement intégral attribué au titulaire.

A l'égard des autres emplois, l'intérimaire jouira, sous la même déduction, des trois quarts du traitement que recevait le titulaire.

8. Il sera alloué aux conseillers coloniaux, à titre de droit de présence et par chaque séance du conseil privé à laquelle ils assisteront, un jeton d'or à l'effigie du roi, dont la valeur sera ultérieurement déterminée.

9. Notre ministre de la marine et des colonies (comte Chabrol) est chargé, etc.

15 mars 1826 = 18 juin 1831. — Ordonnance du roi sur le gouvernement provisoire civil et militaire de la Guadeloupe (1). (IX, Bull. O. LXXX, n. 2170.)

Charles, etc., notre intention étant de faire jouir au plus tôt la colonie de la Guadeloupe des avantages que doit procurer aux habitants de nos possessions d'outre-mer le nouveau système de gouvernement adopté pour l'île Bourbon par l'ordonnance royale du 21 août dernier, et voulant faire coïncider la mise en vigueur de cette ordonnance avec l'époque très-prochaine de l'entrée en fonctions du sieur baron Desrotours, que nous venons de nommer gouverneur de la Guadeloupe; sur le rapport de notre ministre de la marine, etc,

Art. 1er. Aussitôt après l'installation du sieur baron Desrotours dans l'exercice de ses fonctions, l'ordonnance royale du 21 août 1825 concernant le gouvernement de l'île Bourbon sera mise en vigueur dans la Guadeloupe et ses dépendances, sous les modifications portées aux articles ci-après:

2. L'emploi de commandant militaire qui existe à la Guadeloupe est maintenu. Le commandant militaire sera choisi parmi les officiers supérieurs de l'armée de terre, et ne pourra être inférieur à celui de colonel. Le commandant militaire sera membre du conseil privé, du conseil de défense, et de la commission locale des prises. En cas de mort, d'absence, ou autre empêchement, et lorsque nous n'y aurons pas pourvu d'avance, le gouverneur de la Guadeloupe sera remplacé provisoirement par le commandant militaire, et, à défaut de celui-ci, par le commissaire ordonnateur. Le commandant militaire prendra rang dans les conseils, comme dans les cérémonies publiques, immédiatement après le gouverneur. Lorsque le gouverneur n'assiste pas au conseil privé,

la présidence appartient au commandant militaire, et, à défaut de celui-ci, au commissaire ordonnateur. Le commandant militaire est adjudant commandant des milices de la colonie : il exerce d'ailleurs, en ce qui concerne le service militaire, les fonctions que le gouverneur juge convenable de lui déléguer.

3. Il y aura à la Guadeloupe trois conseillers coloniaux et deux suppléants : la durée de leurs fonctions sera de deux ans; ils pourront être réélus.

4. Pour la première nomination du conseil général de la Guadeloupe, la liste des candidats sera formée sur la représentation des commandants et capitaines des milices, réunis aux commissaires commandants et aux lieutenants commandants des divers quartiers.

5. Notre ministre de la marine déterminera provisoirement les modifications que devront subir, dans leur application à la Guadeloupe, les dispositions de détail de l'ordonnance du 21 août 1815, notamment celles qui se rapportent spécialement aux localités de l'île de Bourbon; il nous présentera, d'ailleurs, dans le plus bref délai possible, un projet d'ordonnance royale ayant pour objet de régler définitivement ce qui concerne le gouvernement de la Guadeloupe et de ses dépendances.

6. Notre ministre secrétaire d'Etat de la marine est chargé, etc.

15 mars 1826. — Ordonnance qui accorde des lettres de naturalité au sieur Duermael. (Bull. O. 87, n. 2447.)

15 mars 1826. — Ordonnance qui accorde des lettres de naturalité au sieur Mertes. (Bull. supp., n. 12238.)

19 mars 1826 == 18 juin 1831. — Ordonnance du roi sur les traitements des gouverneur et autres fonctionnaires civils et militaires de la Guadeloupe (2). (IX, Bull. O. LXXX, n. 2171.)

Charles, etc., vu notre ordonnance du 15 mars 1826, relative au gouvernement de la Guadeloupe; sur le rapport de notre ministre de la marine et des colonies, etc.

Art 1er. Le gouverneur de la Guadeloupe reçoit, sur les fonds de la colonie, pendant la durée de ses fonctions, un traitement annuel de soixante et dix mille francs. Il jouit, en outre, sur les fonds du département de la guerre ou du département de la marine, du traitement attribué au grade dont il est personnellement revêtu. Ces al-

(1) Pièce envoyée au ministre de la justice le 1er juin 1831. (Note du Bulletin officiel.) Voy. ordonnance du 9 février 1827.

(2) Voy. ordonnances des 4 octobre et 1er décembre 1830.

locations lui tiennent lieu de tous frais de représentation, de tournées, de secrétariat, et autres, de quelque nature qu'ils soient. Le gouverneur a la jouissance des hôtels du gouvernement à la Basse-Terre et au Matouba. Le mobilier de l'hôtel est fourni, en nature, aux frais de la colonie. Deux concierges, gardes du mobilier, et quinze noirs ou négresses, pris parmi ceux qui appartiennent à la colonie, sont attachés au service du gouverneur.

2. Le commandant militaire, le commissaire ordonnateur, le directeur général de l'intérieur et le procureur général, reçoivent, sur les fonds de la colonie, pendant la durée de leurs fonctions, un traitement de vingt-quatre mille francs. Sur ce traitement seront précomptés ceux que le commandant militaire et le commissaire ordonnateur touchent du département de la guerre et du département de la marine, à raison de leur grade : il en sera de même à l'égard du directeur de l'intérieur, si ce fonctionnaire appartient à l'administration de la marine. Le contrôleur colonial reçoit, sous la déduction du traitement de son grade, un traitement annuel de douze mille francs. Le traitement du secrétaire archiviste, est de huit mille francs. Ces six fonctionnaires ont droit au logement et à l'ameublement en nature, aux frais de la colonie. Chacun de ces fonctionnaires aura à son service le nombre de noirs de l'un et l'autre sexe fixé ci-après. Le commandant militaire, le commissaire ordonnateur, le directeur général de l'intérieur, et le procureur général, cinq noirs ; le contrôleur, quatre noirs ; le secrétaire archiviste, deux noirs ; l'huissier du conseil est placé sous ses ordres. Les allocations réglées au présent article tiennent lieu de tous frais de représentation, de tournées, de secrétaire, et autres, de quelque nature qu'ils soient.

3. Il sera alloué pour frais de déplacement, savoir : au gouverneur, 30,000 fr. ; au commandant militaire, 10,000 fr. ; au commissaire ordonnateur, 10,000 fr. ; au directeur général de l'intérieur, 10,000 fr. ; au procureur général, 10,000 fr. ; au contrôleur colonial, 6,000 fr. ; au secrétaire archiviste, 3,000 fr. Ces allocations tiennent lieu de traitement depuis le jour de la nomination jusqu'à celui de l'arrivée dans la colonie, de frais de route jusqu'au port de l'embarquement, de frais de relâche, de frais d'installation et autres, ceux de passage exceptés. Toutefois, il n'y aura point de suspension dans le paiement des traitements de grade que les fonctionnaires ci-dessus désignés recevraient du département de la guerre, ou du département de la marine ; mais le montant du traitement qu'ils auront reçu depuis le jour de leur nomination jusqu'à celui de leur arrivée dans la colonie, sera déduit des premiers paiements qu'ils auront à recevoir sur les fonds coloniaux. Les dispositions qui précèdent ne seront applicables qu'aux fonctionnaires résidant en France au moment de leur nomination. Il sera statué spécialement à l'égard de ceux qui seraient envoyés d'une autre colonie dans celle de la Guadeloupe.

4. La valeur de l'ameublement de l'hôtel du gouvernement ne pourra excéder cinquante mille francs. Celle du mobilier des maisons affectées au logement des quatre fonctionnaires membres du gouvernement, et à celui du contrôleur colonial, ne pourra excéder douze mille francs pour chacun des quatre premiers, et huit mille francs pour le contrôleur. La valeur de l'ameublement du secrétaire archiviste est fixée à quatre mille francs. Ces divers ameublements ne doivent être composés que de meubles dits meublants, et leur entretien reste à la charge de la colonie.

5. Au moyen des allocations qui précèdent, le gouverneur, les quatre fonctionnaires membres du gouvernement colonial, le contrôleur et le secrétaire archiviste, ne peuvent, sous aucun prétexte, se faire délivrer aucune fourniture quelconque des magasins du roi, ni de ceux de la colonie. Il est, de plus, défendu d'attacher à leur service personnel aucun agent salarié ni aucun noir appartenant à la colonie, autres que ceux qui leur sont accordés par l'art. 2 de la présente ordonnance. Ces noirs ne peuvent être choisis parmi les commandeurs et parmi les ouvriers.

6. Le traitement des fonctionnaires qui s'absenteront de la colonie sera réglé conformément aux dispositions de l'arrêté du 14 août 1799. Il sera statué par des dispositions spéciales sur le traitement de congé dont les fonctionnaires qui ne sont pourvus d'aucun grade, seront dans le cas de jouir lorsqu'ils reviendront en France pour cause de maladie.

7. Le fonctionnaire appelé à l'intérim de la place du gouverneur jouira, pendant la durée de la vacance et sous la déduction du traitement de son grade, des deux tiers du traitement intégral attribué au titulaire. A l'égard des autres emplois, l'intérimaire jouira, sous la même déduction, des trois quarts du traitement que recevait le titulaire.

8. Il sera alloué aux conseillers coloniaux, à titre de droit de présence et à chaque séance du conseil privé à laquelle ils assisteront, un jeton d'or à l'effigie du roi,

dont la valeur sera ultérieurement déterminée.

9. Notre ministre de la marine et des colonies est chargé, etc.

---

19 MARS 1826 = 18 JUIN 1831. — Ordonnance du roi relative aux costumes des gouverneurs et autres officiers civils et militaires des colonies de la Martinique et de la Guadeloupe. (IX, Bull. O. LXXX, n. 2172.)

Charles, etc., vu nos ordonnances des 2 janvier et 15 mars 1826, relatives au gouvernement de la Martinique et de la Guadeloupe ; voulant déterminer le costume des gouverneurs et des divers fonctionnaires des deux colonies ; sur le rapport de notre ministre de la marine et des colonies, etc.

Art. 1er. L'uniforme du gouverneur est habit de drap bleu-de-roi, à retroussis, boutonnant droit sur la poitrine ; doublure écarlate, boutons dorés à fleurs de lis, veste et pantalon ou culotte blancs, ceinture de soie blanche à franges d'or, chapeau à plumes noires, et une épée dont la poignée sera en métal doré. L'habit est orné d'un double rang de broderie au collet et aux parements, d'un rang simple de chaque côté du devant de l'habit et sur les retroussis, et d'un écusson à la taille. La broderie est en or et large de cinquante millimètres. Le dessin figure des lis entrelacés avec des feuilles de chêne, entourés d'un câble ou d'une baguette unie. L'uniforme du commandant militaire, du commissaire ordonnateur et du contrôleur, est celui de leur grade dans l'armée et dans l'administration de la marine. Le commandant militaire et l'ordonnateur portent une ceinture blanche à franges d'argent. Le costume du directeur général de l'intérieur est habit de drap bleu-de-roi ; boutonnant sur la poitrine, basques tombantes, doublure bleue, boutons d'argent à fleurs de lis, veste et pantalon ou culotte blancs, ceinture blanche à franges d'argent, chapeau français sans plumes, et une épée dont la poignée sera en argent. Le collet et les parements de l'habit sont ornés d'une broderie d'argent, large de cinquante millimètres, dont le dessin figure des lis entrelacés de feuilles d'olivier : il y a un écusson à la taille, et une baguette sur le devant de l'habit. Le procureur général, lorsqu'il siége au conseil privé, ou lorsqu'il assiste aux cérémonies publiques en qualité de membre du gouvernement, porte un habit noir à la française, orné d'une broderie en soie noire du même dessin que celle du directeur de l'intérieur, un manteau court en soie noire, et un chapeau à la fran-

çaise. Le costume des conseillers coloniaux est le même que celui du directeur général de l'intérieur, mais sans ceinture, et la broderie est en soie bleu-de-ciel, au lieu d'être en argent. Le secrétaire archiviste porte l'uniforme de son grade, s'il appartient à l'administration de la marine. S'il n'en fait pas partie, son costume sera semblable à celui du directeur général de l'intérieur : toutefois, il ne portera pas de ceinture, et il n'aura de broderie que sur le collet de l'habit : cette broderie sera large de cinquante millimètres.

2. Notre ministre de la marine et des colonies (comte de Chabrol) est chargé, etc.

---

19 MARS 1826 = 18 JUIN 1831. — Ordonnance du roi sur les honneurs dus aux gouverneurs et fonctionnaires civils et militaires des colonies de la Martinique et de la Guadeloupe. (IX, Bull. O. LXXX, n. 2173.)

Charles, etc., vu nos ordonnances des 2 janvier et 15 mars 1826, relatives au gouvernement de la Martinique et de la Guadeloupe ; voulant régler les honneurs et préséances qui seront attribués aux gouverneurs et à divers fonctionnaires des deux colonies ; sur le rapport de notre ministre de la marine et des colonies, etc.

Art. 1er. Lorsque le gouverneur de la colonie prendra possession de son gouvernement, il recevra à son arrivée les honneurs suivants : 1° le capitaine de port et un officier d'état-major de la place seront envoyés à bord du bâtiment qui portera le gouverneur, pour le complimenter et recevoir ses ordres sur le moment de son débarquement ; 2° à l'instant où il quittera le bâtiment pour se rendre à terre, il sera salué de quinze coups de canon par la rade, et à son débarquement le même salut sera répété par la principale batterie de terre ; 3° le commandant militaire, à la tête de l'état-major de la place et d'une compagnie d'élite faisant partie de la garnison, le recevra sur le rivage ; 4° il y sera également reçu par le commissaire commandant du quartier et par l'état-major du bataillon de milice, escorté d'une compagnie de milice ; ce cortège l'accompagnera à son hôtel ; 5° la garnison et les milices prendront les armes et seront rangés sur la place qu'il devra traverser ; à son passage, ces troupes présenteront les armes, les officiers supérieurs et les drapeaux salueront ; les tambours battront aux champs ; 6° toutes les autorités du chef-lieu, réunies au gouvernement, viendront à sa rencontre jusqu'à la principale porte de l'hôtel, pour le complimenter ; elles lui seront ensuite présentées par le gouverneur auquel il succède; 7° il lui sera fait, en outre, des visites de corps en grande tenue par toutes les autorités de la colonie; 8° il rendra ses visites aux membres du conseil privé, au président de la Cour royale, au préfet apostolique, et aux officiers supérieurs, chefs de corps; 9° le jour de son arrivée, une garde de cinquante hommes, commandée par un capitaine et un lieutenant, sera placée à l'hôtel du gouvernement.

2. Lorsque le gouverneur fera pour la première fois sa tournée dans les divers quartiers de l'île, la batterie principale du quartier où il se trouvera, le saluera de quinze coups de canon. Le gouverneur sera reçu à cent toises en avant de chaque chef-lieu de quartier par les autorités locales. On lui rendra les honneurs prescrits aux paragraphes 4 et 5 de l'art. 1er. Le gouverneur sera reçu sur les limites de chaque paroisse par les autorités locales. Ces honneurs ne pourront être renouvelés qu'après l'intervalle d'une année.

3. Lorsque le gouverneur se rendra pour la première fois à bord d'un bâtiment du roi en station ou en mission, il sera salué de quinze coups de canon. Il fera serrer le pavillon de son canot, au moment où il abordera le bâtiment.

4. Le gouverneur aura habituellement deux sentinelles à sa porte. Il donnera le mot d'ordre. A son passage, les postes, gardes et piquets, sortiront et porteront les armes; les sentinelles les présenteront; les tambours battront aux champs.

5. Dans les fêtes et cérémonies publiques, les autorités civiles et militaires se rendront en corps à l'hôtel du gouvernement, sur l'invitation qui leur en sera faite par le gouverneur, et prendront place dans le cortége, suivant le rang qui leur est assigné. Le gouverneur marchera seul et hors rang, à la tête des autorités. Le commandant militaire marchera immédiatement après le gouverneur; il aura à sa gauche le commissaire ordonnateur. Marchera ensuite le directeur général de l'intérieur, ayant le procureur général à sa droite et le contrôleur à sa gauche. Les conseillers coloniaux suivront les chefs d'administration. Le secrétaire archiviste marchera à la suite de son conseil privé. Si une cérémonie publique avait lieu pendant la session du conseil général, le président de ce conseil marcherait immédiatement après le conseil privé.

6. Dans toutes les églises de la colonie, le gouverneur aura un fauteuil, un prie-dieu et un carreau, placés dans le chœur du côté de l'épître. Lors de sa première entrée dans les églises, il y sera reçu et complimenté, à la porte principale, par le curé à la tête de son clergé, et conduit sous le dais jusqu'à l'entrée du chœur. L'encens et le pain bénit lui seront toujours offerts après le desservant. Le commandant militaire occupera un siége avec un prie-dieu à la gauche du gouverneur, mais plus bas et hors ligne. Le pain bénit lui sera présenté après avoir été offert au gouverneur. Les trois chefs d'administration occuperont du côté de l'évangile, en face du fauteuil du gouverneur, un banc devant lequel sera placé un prie-dieu. Le pain bénit leur sera présenté après le commandant militaire. Le contrôleur et les conseillers coloniaux auront, à l'église, un banc placé en tête de ceux occupés par les officiers et les employés de l'administration.

7. A l'arrivée du commandant militaire dans la colonie, il sera reçu sur le rivage par le capitaine du port et par un officier supérieur de l'état-major de la place, à la tête d'une garde de vingt-cinq hommes commandés par un lieutenant. Il y sera également reçu par le commissaire commandant du quartier, escorté d'une garde de vingt-cinq hommes de milice commandés par un lieutenant. Ce cortége l'accompagnera jusqu'à l'hôtel du gouvernement et de là à son hôtel.

8. Le commandant militaire sera reçu à son hôtel par l'état-major de la place et du bataillon des milices et par les officiers supérieurs commandants de la milice et de la garnison. Il lui sera fait, par les autorités militaires et civiles, des visites de corps qu'il rendra dans les vingt-quatre heures.

9. Il aura habituellement un factionnaire à la porte de son hôtel. La sentinelle lui présentera les armes. Le mot d'ordre lui sera porté par un sous-officier. A son passage, les postes, gardes et piquets sortiront, et se formeront en haie, l'arme en pied. Les tambours ne battront point.

10. Le commissaire ordonnateur, le directeur général de l'intérieur et le procureur général, seront, à leur arrivée dans la colonie, reçus sur le rivage par le capitaine de port et par une garde de quinze hommes commandés par un sous-lieutenant, qui les escortera à l'hôtel du gouvernement, et qui les accompagnera ensuite jusqu'à leur hôtel.

11. Ils y seront reçus par les autorités civiles du quartier et par les fonctionnaires qui seront employés sous leurs ordres. Il leur sera fait des visites de corps, qu'ils rendront dans les vingt-quatre heures.

12. Ils auront habituellement une sentinelle à la porte de leur hôtel. Les sentinelles leur présenteront les armes. Le mot

d'ordre leur sera porté par un sous-officier.

13. Les honneurs indiqués ci-dessus, art. 8, 9, 11 et 12, seront rendus aux membres du gouvernement à leur première entrée dans les chefs-lieux du quartier. Ces honneurs ne pourront être renouvelés qu'après un intervalle d'une année.

14. A leur entrée en fonctions, les conseillers coloniaux membres du conseil privé, ainsi que le contrôleur, feront la première visite au commandant militaire, aux chefs d'administration, au président de la Cour royale, au préfet apostolique et aux chefs de corps. Cette visite leur sera rendue dans les vingt-quatre heures. Ils recevront la visite des autres fonctionnaires et des autres employés du gouvernement, et la rendront dans les vingt-quatre heures aux conseillers de la Cour, aux membres du tribunal de première instance, au curé de la paroisse et aux chefs de service.

15. Notre ministre de la marine et des colonies (comte Chabrol) est chargé, etc.

<hr>

17 mai 1826. — Ordonnance qui accorde des lettres de naturalité au sieur Ferrary. (Bull. O. 87, n. 2448.)

17 mai 1826. — Ordonnance qui accorde des lettres de naturalisation au sieur Denzeisen. (Bull. O., 2ᵉ sect., n. 3449.)

7 juin 1826 = 1ᵉʳ octobre 1831. — Ordonnance du roi qui approuve l'adjudication de l'établissement d'un chemin de fer de Saint-Etienne à Lyon. (IX, Bull. O. CVII, n. 3006.)

Charles, etc, sur le rapport de notre ministre secrétaire d'Etat au département de l'intérieur; vu l'art. 3 de la loi de finances du 13 juin 1825, qui renouvelle l'autorisation conférée au gouvernement par la loi du 4 mai 1802, d'établir des droits de péage pour subvenir aux frais des ponts, écluses et autres ouvrages d'art à la charge de l'Etat, des départements et des communes; vu le procès-verbal de l'adjudication passée, le 27 mars dernier, par notre ministre secrétaire d'Etat de l'intérieur, pour l'établissement d'un chemin de fer de Saint-Etienne à Lyon par Saint-Chamond, Rive-de-Gier et Givors; vu le mémoire imprimé au nom des propriétaires du canal de Givors, lesquels prétendent que le chemin de fer est inutile, et demandent une indemnité dans le cas où l'établissement de ce chemin de fer serait autorisé; notre conseil d'Etat entendu, etc.

Art. 1ᵉʳ. L'adjudication passée, le 27 mars dernier, par notre ministre secrétaire d'Etat de l'intérieur, pour l'établissement d'un chemin de fer de Saint-Etienne à Lyon par Saint-Chamond, Rive-de-Gier et Givors,

est approuvée. En conséquence, les sieurs Séguin frères, E. Biot et compagnie, sont et demeurent définitivement concessionnaires dudit chemin de fer, moyennant le rabais exprimé dans leur soumission, et sous les clauses et conditions énoncées au cahier des charges.

2. Le cahier des charges, le procès-verbal d'adjudication et la soumission resteront annexés à la présente ordonnance.

3. Les sieurs Séguin, E. Biot et compagnie, se conformeront aux dispositions prescrites par la loi du 8 mars 1810, relative aux expropriations pour cause d'utilité publique : à cet effet, le projet de la direction de ce chemin sera remis au préfet du département, qui le transmettra à notre directeur général des ponts et chaussées avec son avis. Ce projet sera soumis à notre approbation par notre ministre secrétaire d'Etat au département de l'intérieur.

4. Lorsque la direction du chemin de fer aura été approuvée, les concessionnaires feront lever le plan terrier indiqué dans l'art. 5 de la loi du 8 mars 1810, et les autres formalités prescrites par cette loi, seront également observées.

5. Notre ministre de l'intérieur (M. Corbière) est chargé, etc.

<hr>

21 juin 1826. — Ordonnance qui accorde des lettres de naturalité au sieur Bley. (Bull. supp., n. 12808.)

<hr>

2 aout 1826 = 1ᵉʳ juin 1832. — Ordonnance du roi portant fixation de la limite entre les départements de Vaucluse et des Bouches-du-Rhône. (IX, Bull. O. CLX, 1ʳᵉ sect., n. 4201.)

Charles, etc.

Art. 1ᵉʳ. La limite entre les départements de Vaucluse et des Bouches-du-Rhône est et demeure fixée, conformément à l'art. 3 de la loi du 4 mars 1790, par le milieu du lit de la branche principale de la Durance. En conséquence, les îles et terrains situés au nord de cette ligne seront exclusivement imposés dans le département de Vaucluse, et ceux situés au midi le seront dans celui des Bouches-du-Rhône. Dans le cas où le cours de la branche principale de la Durance ne serait pas suffisamment constaté, les ingénieurs des deux départements en feront la reconnaissance sur les lieux et l'indiqueront par des repères : ils dresseront procès-verbal de leurs opérations, et un double de ce procès-verbal sera déposé à la préfecture de chacun des deux départements. Ladite disposition aura lieu sans préjudice des droits d'usage ou autres qui pourraient appartenir aux communes des deux départements.

2. Nos ministres de l'intérieur et des finances (comte de Corbière) sont chargés, etc.

---

16 AOUT 1826. — Ordonnance qui accorde des lettres de déclaration de naturalité au sieur Gazolla. (Bull. O.; 2° sect., n. 9190.)

---

15 OCTOBRE 1826. — Ordonnance qui accorde des lettres de naturalité au sieur Wyntjes. (Bull. O. 87, n. 2449.)

---

22 NOVEMBRE 1826 = 28 SEPTEMBRE 1835. — Ordonnance du roi relative aux fonds provenant des coupes extraordinaires adjugées dans les quarts de réserve des bois de communes, hospices et bureaux de bienfaisance, séminaires, fabriques et autres établissements ecclésiastiques. (IX, Bull. O. CCCLXXXIII, 1re sect., n. 5969.)

Charles, etc., considérant que les modifications apportées, par l'ordonnance royale du 23 avril 1823, dans la comptabilité administrative, permettent aujourd'hui de simplifier la comptabilité en ce qui concerne les produits de coupes extraordinaires de bois des communes, hospices et bureaux de bienfaisance, séminaires, fabriques et autres établissements ecclésiastiques. D'après les avis de nos ministres secrétaires d'Etat des affaires ecclésiastiques et de l'instruction publique et des finances, des 20 septembre et 15 novembre derniers, et sur le rapport de notre ministre secrétaire d'Etat de l'intérieur; notre conseil d'Etat entendu, etc.

Art. 1er. A l'avenir, les fonds provenant des coupes extraordinaires adjugées dans les quarts de réserve des bois appartenant aux communes, hospices et bureaux de charité, séminaires, fabriques et autres établissements ecclésiastiques, et dont, aux termes des ordonnances royales des 5 septembre 1821 et 31 mars 1823, le montant était placé en partie au trésor royal et en partie à la caisse des dépôts et consignations, seront recouvrés en totalité par les receveurs généraux des finances, à titre de placement en compte courant au trésor royal, pour être tenus avec les intérêts qui en proviendront, à la disposition des communes et établissements ci-dessus rappelés, sur la simple autorisation des préfets.

2. Nos ministres de l'intérieur, des affaires ecclésiastiques et de l'intruction publique et des finances, sont chargés, etc.

---

13 DÉCEMBRE 1826. — Ordonnance qui accorde des lettres de déclaration de naturalité au sieur Ravignon. (Bull. O., 2° sect., n. 7175.)

---

17 JANVIER 1827. — Ordonnance qui approuve l'acquisition faite, par le maire de Lyon, des anciens bâtiments et cloître des Augustins, pour y établir l'institution fondée par le major-général Martin. (Bull. O. 125, n. 3587.)

---

22 MARS 1827. — Ordonnance qui réduit au quart les droits de péage à l'écluse de Gœulzin pour les bateaux de transit de Condé en Belgique. (Bull. 63, n. 1603.)

---

22 MARS 1827. — Ordonnance qui accorde des lettres de naturalité au sieur Scheifler. (Bull. O. 131, n. 2689.)

---

23 MAI 1827. — Ordonnance qui accorde des lettres de déclaration de naturalité au sieur Ricci. (Bull. supp., n. 9361.)

---

3 OCTOBRE 1827. — Ordonnance qui accorde des lettres de déclaration de naturalité au sieur Riga. (Bull. O., 2° sect., n. 9191.)

---

16 DÉCEMBRE 1827 = 12 OCTOBRE 1832. — Ordonnance du roi qui fixe la composition de la cour royale de Pondichéry et les traitements des membres de cette cour. (IX, Bull. O. CLXXXVI, 1re sect., n. 4399.)

Charles, etc.

Art. 1er. La Cour royale de Pondichéry sera composée de cinq conseillers et de deux conseillers auditeurs. Il y aura près de la Cour un procureur général, ou un avocat général chargé d'en remplir les fonctions, et un greffier. Sont nommés : *Conseillers à la cour royale de Pondichéry*, les sieurs Barrière de La Benne (Pierre-Augustin), actuellement conseiller à la Cour royale de Bourbon; Réboul (C. M.), avocat aux conseils du roi et à la Cour de cassation; de Senneville (Joseph-Auguste), juge provisoire à l'île de Bourbon; de Saint-Paul (François), conseiller actuel; le Faucheur (Joseph), avocat général provisoire à Pondichéry; *Conseillers-auditeurs*, les sieurs Morel (Georges-Marcel), avocat; Prud'homme (Alphonse); *Greffier en chef*, le sieur Guerre (Maurice-Vindicien).

2. Le sieur Barrière de La Benne est chargé jusqu'à nouvel ordre de la présidence de la Cour.

3. Les traitements des membres de la Cour royale sont fixés ainsi qu'il suit : à chaque conseiller, cinq mille francs; à chaque conseiller-auditeur, trois mille francs; au greffier en chef, indépendamment des droits de greffe, trois mille francs. Les trois premiers conseillers recevront un supplément de moitié en sus de leur traitement. Le conseiller chargé de la présidence recevra de plus pareil supplément pendant l'exercice de ses fonctions de président.

4. Les trois premiers conseillers recevront, à titre de frais de déplacement, savoir : les sieurs Barrière de La Benne et

de Senneville, deux mille francs ; le sieur Réboul, cinq mille francs. Le conseiller-auditeur recevra deux mille francs.

5. La Cour royale actuelle de Pondichéry cessera ses fonctions aussitôt après l'installation de la nouvelle Cour royale qui est instituée par la présente ordonnance.

6. Notre ministre de la marine (comte Chabrol) est chargé, etc.

———

23 DÉCEMBRE 1827 = 12 OCTOBRE 1832. — Ordonnance du roi concernant l'organisation des tribunaux des établissements français dans l'Inde. (IX, Bull. O. CLXXXVI, 1re sect., n. 4400.)

Charles, etc., sur le rapport de notre ministre secrétaire d'État de la marine et des colonies, et de l'avis de notre conseil, etc.

Art. 1er. Il sera établi à Pondichéry un tribunal de paix, dont la juridiction comprendra la ville de Pondichéry et les trois districts qui en dépendent.

2. Le tribunal de paix sera composé d'un juge de paix, lieutenant de police ; d'un suppléant et d'un greffier. Les fonctions du ministère public seront remplies par l'inspecteur de police, lorsque le tribunal aura à statuer sur des matières de police.

3. Ce tribunal se constituera en justice de paix pour statuer sur les matières civiles, et en tribunal de police pour prononcer sur les contraventions de police.

4. Le tribunal de paix remplacera le tribunal créé par l'ordonnance locale du 26 mai 1827. Les dispositions de cette ordonnance qui règlent, tant pour les matières civiles que pour les matières de police, la compétence, le mode de procéder et les appels de ce tribunal, sont déclarées applicables au tribunal de paix, sauf les modifications portées en la présente ordonnance.

5. Il sera établi à Pondichéry un tribunal de première instance, dont le ressort comprendra la ville de Pondichéry et les trois districts qui en dépendent.

6. Le tribunal de première instance sera composé d'un juge royal et de deux juges auditeurs. Il y aura près de ce tribunal un procureur du roi, un greffier européen, un commis assermenté et un greffier indien.

7. Le tribunal de première instance connaîtra des appels des jugements rendus, tant en matière civile qu'en matière de police, par le tribunal de paix, à l'exception des appels des jugements rendus dans les affaires dites de castes, énoncées à l'art. 6 de l'ordonnance locale du 26 mai 1827.

8. Il connaîtra, en outre, savoir : en premier et dernier ressort, 1° des actions civiles, soit personnelles, soit mobilières, lorsque la valeur de la demande en principal sera de quarante-huit francs (ou vingt roupies), et n'excédera pas quatre cent quatre-vingts francs (ou deux cents roupies) ; 2° des actions commerciales, lorsque la valeur de la demande en principal n'excédera pas quatre cent quatre-vingts francs (ou deux cents roupies) ; et en premier ressort seulement, 1° des actions réelles ou mixtes ; 2° des actions personnelles ou mobilières et des actions commerciales, lorsque la valeur de la demande en principal excédera quatre cent quatre-vingts francs (ou deux cents roupies). Toutefois, il n'est point dérogé aux règles de compétence établies par les art. 3 et 4 de l'ordonnance locale du 26 mai 1827.

9. Il pourra être formé, dans le tribunal de première instance, une section temporaire pour le jugement des affaires arriérées. Cette section sera tenue par un conseiller-auditeur. Elle ne pourra être établie qu'en vertu d'une ordonnance rendue par l'administrateur général.

10. Le juge royal rendra seul la justice dans les matières qui seront de la compétence du tribunal de première instance. Il remplira les fonctions attribuées aux présidents des tribunaux de première instance par le Code civil et par les Codes de procédure civile et de commerce. Il sera chargé de la visite des navires, ainsi qu'il est réglé par les lois, ordonnances et règlements en vigueur. Il visera, cotera et paraphera les répertoires des notaires et ceux des huissiers, ainsi que les registres du curateur aux successions vacantes. En cas d'empêchement du juge royal, il sera remplacé dans toutes ses fonctions par un conseiller-auditeur désigné par l'administrateur général.

11. La chambre de consultation continuera d'être appelée à donner son avis sur toutes les questions de droit indien qui lui seraient renvoyées par les tribunaux.

12. Le tribunal de La Chauderie est et demeure supprimé. Les affaires en instance devant ce tribunal à l'époque de la promulgation de la présente ordonnance seront portées devant le tribunal de première instance.

13. Il n'est rien innové à la composition et à la compétence des tribunaux de première instance des autres établissements français dans l'Inde ; toutefois, l'un des juges du tribunal de Karikal et de Chandernagor devra être licencié en droit, et sera spécialement chargé des enquêtes, des interrogatoires, des ordres, des contributions, et de tous les actes d'instruction,

tant en matière civile qu'en matière criminelle, ainsi que des fonctions de juge commissaire et de juge rapporteur. En cas d'empêchement du président, il le remplacera dans toutes ses fonctions. Il prendra rang immédiatement après le président.

14. La Cour royale connaîtra de l'appel des jugements rendus en matière civile par les tribunaux de première instance des divers établissements français dans l'Inde. En matière criminelle, elle connaîtra, savoir : en premier et dernier ressort, des affaires correctionnelles et criminelles poursuivies dans la ville de Pondichéry ou dans les districts qui en dépendent; et par appel, des jugements rendus en matière correctionnelle et criminelle par les tribunaux des autres établissements français dans l'Inde.

15. La Cour royale ne pourra rendre arrêt, en matière civile, qu'au nombre de cinq juges, et en matière criminelle, qu'au nombre de sept : dans ce dernier cas, elle se composera de cinq magistrats et de deux notables habitants.

16. En matière civile comme en matière criminelle, les conseillers et les conseillers-auditeurs pourront, en cas d'empêchement, être remplacés par des notables.

17. Il sera dressé par l'administrateur général une liste de huit notables, qui seront appelés à faire le service par semaine et dans l'ordre de leur nomination.

18. L'administrateur général aura entrée et séance à la Cour royale, et y occupera le fauteuil du roi toutes les fois qu'il aura à faire enregistrer des ordonnances royales. Il aura également entrée et séance à la Cour lors de la rentrée des tribunaux. L'exercice de ce droit est facultatif.

19. Sont déclarées applicables aux tribunaux de l'Inde les dispositions des articles ci-après de notre ordonnance du 30 septembre 1827, relative à l'organisation judiciaire et à l'administration de la justice à l'île de Bourbon, savoir : art. 3 à 7 inclusivement, 33, 45, 46, 53, 54, 55, 70 à 92 inclusivement, 100, 101 et 102, 107, 108 et 109, 112 à 144 inclusivement, 153 à 160 inclusivement, 230 à 285 inclusivement.

20. Les dispositions des deux ordonnances locales du 23 mai 1827 qui règlent la pénalité en matière de contraventions de police et qui modifient les art. 461 et 463 du Code pénal, sont et demeurent confirmées.

21. Toutes les dispositions des déclarations, édits, ordonnances et règlements, sont et demeurent abrogées en ce qu'elles ont de contraire à la présente ordonnance.

22. Notre ministre de la marine (comte Chabrol) est chargé, etc.

---

3 JANVIER 1828. — Ordonnance qui accorde des lettres de naturalisation au sieur Vanden Abbeile, dit Abel. (Bull. O., 2e sect., n. 3953.)

---

6 FÉVRIER 1828 = 21 FÉVRIER 1831. — Ordonnance du roi qui arrête la répartition du travail entre les différentes branches de l'administration des finances. (IX, Bull. O. XLIV, n. 1109.)

Charles, etc., vu les règlements qui ont successivement organisé les différentes branches de l'administration des finances; voulant déterminer la classification des services dont la direction est confiée au ministère des finances, et arrêter la répartition du travail entre les divisions administratives qui le composent; sur le rapport de notre ministre secrétaire d'Etat des finances, etc.

Art. 1er. Le ministère des finances comprend dix branches principales de service, dont les attributions et le travail sont répartis de la manière suivante :

BRANCHES PRINCIPALES DU SERVICE.		ATTRIBUTIONS.
1	Administration des revenus publics.	Direction des contributions directes. Direction générale de l'enregistrement et des domaines. Direction des douanes et sels. Direction des boissons, tabacs et poudres. Direction des postes. Direction des forêts. Administration de la loterie.	Assiette, répartition et recouvrement des contributions et revenus publics. Liquidation des frais de ces différents services; Personnel et exploitation de ces branches d'administration.
2	Administration des monnaies.		Surveillance des ateliers monétaires. Liquidation des frais et direction du personnel de ce service.

BRANCHES PRINCIPALES DE SERVICE.	ATTRIBUTIONS.
3 Direction du mouvement général des fonds.	Application des ressources aux besoins ; Négociations, émissions et conversions de valeurs ; Préparation des distributions mensuelles des fonds, arrêtés par le roi ; Contrôle et mise en paiement des ordonnances ; Liquidation des frais de la trésorerie.
4 Direction de la dette inscrite.	Inscription, mouvement et contrôle des rentes et pensions sur l'État et des cautionnements en numéraire ; Liquidation des arrérages et intérêts de ces divers services.
5 Direction de la comptabilité générale des finances.	Directions des comptabilités de deniers publics ; centralisation de leurs résultats, situation générale de l'administration des finances et des budgets ; comptes rendus ; contrôle et surveillance de la gestion des comptables.
6 Direction du contentieux des finances.	Questions contentieuses; poursuites et recouvrement des débets et créances litigieuses; agence judiciaire du trésor ; bureau des oppositions, cautionnements en rentes et immeubles.
7 Secrétaire général.	Dépêches, archives et contre-seing ; Matériel de l'administration centrale, ordonnancement et comptabilité spéciale des dépenses du ministère ; Correspondance avec les administrations des finances ; Personnel et direction du mouvement des inspecteurs des finances.
8 Secrétariat particulier.	Personnel extérieur ; nomination à tous les emplois ; Personnel du ministère, portefeuille du ministre ; Préparation des lois de finances ; liquidation des pensions de retraite.
9 Caisse. { Caisse centrale du trésor. { Payeur principal du trésor.	Service des fonds au ministère. Service des paiements au ministère.
10 Travaux temporaires. { Division pour l'indemnité des émigrés. { Division pour l'indemnité des colons de Saint-Domingue.	Préparation des travaux de ces deux liquidations.

20 mars 1828. — Ordonnances qui accordent des lettres de déclaration de naturalité aux sieurs Périn et Chaudoir. (Bull. O., 2ᵉ sect., n. 5477 et 7897.)

25 avril 1828. — Ordonnance qui accorde des lettres de naturalisation au sieur Hubert-Henri Willibród. (Bull. O., 2ᵉ sect., n. 3450.)

7 mai 1828. — Ordonnances qui accordent des lettres de naturalité aux sieurs Niangnot et Poncelet. (Bull. O. 87, n. 2450 et 2451.)

25 mai 1828. — Ordonnance qui accorde des lettres de naturalité au sieur Laguerre. (Bull. O. 87, n. 2452.)

9 juin 1828. — Ordonnances qui accordent des lettres de naturalité aux sieurs Gérard et Lejeune. (Bull. O., 2ᵉ sect., n. 5478 et 5479.)

19 juin 1828. — Ordonnance qui accorde des lettres de déclaration de naturalité au sieur Wilmotte. (Bull. O., 2ᵉ sect., n. 8792.)

9 juillet 1828. — Ordonnance qui accorde des lettres de naturalisation en faveur du sieur Lambert (Thomas). (Bull. O., 2ᵉ sect., n. 3954.)

3 août 1828. — Ordonnance qui accorde des lettres de naturalité au sieur Titeux. (Bull. O. 87, n. 2453.)

6 août 1828 = 28 octobre 1834. — Ordonnance du roi concernant les travaux de construction d'une écluse à sas avec pont-levis sur le canal de Dunkerque à Furnes, et de dévasement général de ce canal. (IX, Bull. O. CCCXXXI, 1ʳᵉ sect., n. 5504.)

Charles, etc., sur le rapport de notre ministre secrétaire d'Etat au département de l'intérieur; vu notre ordonnance du 13 mars 1823, portant : 1° approbation du projet de construction d'une écluse à sas avec pont-levis sur le canal de Dunkerque à Furnes, et de dévasement général de ce canal ; 2° que ces travaux, ainsi que les péages à percevoir, seront adjugés avec publicité et concurrence, et par voie de soumissions cachetées, conformément au mode suivi par l'administration des ponts et chaussées pour les travaux qu'elle fait exécuter ; vu le cahier des charges annexé à notre ordonnance précitée, d'après lequel la préférence doit être accordée à celui des concurrents dont la soumission exigera le moindre nombre d'années de jouissance au-dessous du maximum fixé à soixante-huit ans ; vu le procès-verbal du 23 mai 1828, de l'adjudication consentie par le conseil de préfecture du département du Nord, en faveur du sieur Lardé, entrepreneur à Dunkerque, pour cette même durée de jouissance de soixante-huit ans ; notre conseil d'Etat entendu, etc.

Art. 1ᵉʳ. L'adjudication des travaux de construction d'une écluse à sas avec pont-levis sur le canal de Dunkerque à Furnes, département du Nord, et de dévasement général de ce canal, ainsi que des péages à percevoir en vertu de notre ordonnance du 13 mars 1828, consentie en faveur du sieur Lardé, moyennant la jouissance de ces mêmes péages pendant soixante-huit ans, est approuvée.

2. Notre ministre de l'intérieur (M. de Martignac) est chargé, etc.

13 AOUT 1828. — Ordonnance portant établissement d'un péage sur le pont de Soussans (Gironde). (Bull. O., 1ᵉ sect., n. 6121.)

17 AOUT 1828. — Ordonnance qui accorde des lettres de naturalité au sieur Laruelle. (Bull. supp., n. 11125.)

20 SEPTEMBRE 1828. — Ordonnance qui accorde des lettres de déclaration de naturalité au sieur Vandelbulke. (Bull. O., 2ᵉ sect., n. 8867.)

20 SEPTEMBRE 1828. — Ordonnance qui accorde des lettres de naturalité au sieur Wynants. (Bull. O. 87, n. 2454.)

2 NOVEMBRE 1828 = 27 DÉCEMBRE 1832. — Ordonnance du roi relative à la Bibliothèque royale. (IX, Bull. O. CCII, 1ᵉ sect., n. 4581.)

Charles, etc., sur le compte qui nous a été rendu, par notre ministre secrétaire d'Etat au département de l'intérieur, du mode actuel d'administration de notre bibliothèque royale ; voulant assurer pour l'avenir, dans cet important service, la régularité et l'économie nécessaires, etc.

Art. 1ᵉʳ. La bibliothèque du roi est composée de cinq départements : 1° des livres imprimés ; 2° des manuscrits, chartes et diplômes ; 3° des médailles, pierres gravées et antiques ; 4° des estampes ; 5° des cartes géographiques et plans. A l'avenir, chacun de ces départements sera confié à un seul conservateur-administrateur, nommé par nous sur le rapport de notre ministre de l'intérieur. Jusqu'à ce que le nombre des conservateurs existants soit, par suite d'extinctions, réduit à un par département, il ne sera pas fait de nominations nouvelles.

2. Les cinq conservateurs dont il est parlé ci-dessus composent seuls le conseil d'administration, qui prendra le titre de *conservatoire de la bibliothèque du roi.*

3. Le conservatoire a la police générale de l'établissement, la présentation par une liste triple de candidats, aux places de conservateurs, et la nomination à tous les emplois inférieurs, sauf l'approbation de notre ministre de l'intérieur ; de plus, il dispose, sous la surveillance du même ministre, des fonds attribués à la bibliothèque, soit par la loi des finances, soit par des décisions particulières du ministre.

4. Le conservatoire nomme, chaque année, dans son sein, un président qui pourra être réélu pour une seconde année seulement : le président correspond, au nom du conservatoire, pour tous les besoins du service.

5. Il pourra être attaché à chaque département, selon la nature ou l'étendue du travail, un ou plusieurs conservateurs-adjoints qui ne feront pas partie du conseil d'administration, et seront nommés par notre ministre de l'intérieur sur une liste de trois candidats présentés par le conservatoire.

6. Notre ministre de l'intérieur (M. Martignac) est chargé de faire tous les règlements nécessaires en ce qui concerne l'administration générale, le service public et la police intérieure de l'établissement.

26 NOVEMBRE 1828. — Ordonnance qui accorde des lettres de naturalisation au sieur J. V. Tranquille Salicis. (Bull. O., 2ᵉ sect., n. 3451.)

21 DÉCEMBRE 1828 = 3 AVRIL 1831. — Ordonnance du roi concernant l'organisation de l'ordre ju-

diciaire (1) et l'administration de la justice à la Guiane française. (IX, Bull. O. LV.) (2)

Charles, etc , sur le rapport de notre ministre secrétaire d'Etat de la marine et des colonies , et de l'avis de notre conseil, etc.

TITRE Iᵉʳ. *Dispositions préliminaires.*

Art. 1ᵉʳ. La justice sera administrée à la Guiane française par un tribunal de paix, un tribunal de première instance, une Cour royale et une Cour d'assises. Les jugements en dernier ressort et les arrêts pourront être attaqués par voie d'annulation ou de cassation, dans les cas spécifiés en la présente ordonnance.

2. Le conseil privé, la commission des prises et les conseils de guerre , continueront de connaître des matières qui leur sont spécialement attribuées par notre ordonnance du 27 août 1828 et par les lois, ordonnances et règlements en vigueur dans la colonie.

3. Nul ne pourra être distrait de ses juges naturels. Il ne sera, en conséquence, créé aucune commission extraordinaire. Toutefois , une Cour prévôtale pourra être établie dans les cas et suivant les formes déterminées par la présente ordonnance.

4. Les audiences seront publiques au civil et au criminel, excepté dans les affaires où la publicité sera jugée dangereuse pour l'ordre et les mœurs. Dans tous les cas , les jugements et arrêts seront prononcés publiquement. Ils seront toujours motivés.

5. Les cours et tribunaux ne pourront, sous les peines portées par les lois, prendre directement ou indirectement aucune part à l'exercice du pouvoir législatif, ni s'immiscer dans les affaires administratives. Ils ne pourront, sous aucun prétexte et sous les mêmes peines, refuser ni retarder l'enregistrement des lois , ordonnances, arrêtés et règlements, lorsqu'ils en seront requis par le ministère public.

6. Il leur est également interdit de poursuivre, hors les cas de flagrant délit, les agents du gouvernement, pour délits commis dans l'exercice de leurs fonctions, à moins d'une autorisation spéciale donnée de la manière prescrite par l'art. 60 de notre ordonnance du 27 août 1828.

7. La colonie sera régie par le Code civil, le Code de procédure civile, le Code de commerce, le Code d'instruction criminelle et le Code pénal , modifiés et mis en rapport avec ses besoins.

TITRE II. *Des tribunaux et des Cours.*

CHAPITRE Iʳ. Du Tribunal de paix.

8. Il sera établi dans la colonie un tribunal de paix, dont le siège sera à Caïenne.

9. Ce tribunal de paix sera composé d'un juge de paix , de deux suppléants et d'un greffier. Lorsque le tribunal aura à statuer sur les matières énoncées en l'art. 15 , les fonctions du ministère public seront remplies par le commissaire de police de Caïenne, et, à son défaut, par l'officier de l'état civil.

10. Le tribunal de paix connaîtra , sauf les exceptions déterminées par les lois, des actions civiles , soit personnelles , soit mobilières , et des actions commerciales, savoir : en premier et dernier ressort, lorsque la valeur principale de la demande n'excédera pas cent cinquante francs ; en premier ressort seulement , lorsque la valeur principale de la demande sera au-dessus de cent cinquante francs , et n'excédera pas trois cents francs.

11. Il connaîtra , en premier et dernier

---

(1) L'organisation judiciaire dans les diverses colonies a été réglée par les ordonnances suivantes : à *Bourbon*, par l'ordonnance du 30 septembre 1827 ; à la *Martinique* et à la *Guadeloupe*, par l'ordonnance du 24 septembre 1828. Il existe pour le *Sénégal* une ordonnance du 7 janvier 1822, qui n'organise pas d'une manière complète les tribunaux ; elle se borne à établir quelques règles d'organisation et de procédure. L'ordonnance du 20 juillet 1828 , relative à la Guiane, se réduit à quelques dispositions touchant l'instruction criminelle.

Il convient de rappeler ici les principales ordonnances sur les colonies ; savoir : celles du 22 novembre 1819, relative à l'organisation judiciaire des colonies en général ; du 4 juillet 1827, sur la procédure criminelle à la Martinique et à la Guadeloupe ; du 12, du 19 et du 26 octobre 1828 , portant application des Codes pénal, d'instruction criminelle et de procédure à la *Martinique* et à la *Guadeloupe* ; du 19 juillet 1829 , établissant l'enregistrement à *Bourbon* ; du 31 décembre 1828 et du 14 juin 1829 , établissant l'enregistrement et les hypothèques à la Guiane ; du 25 octobre 1829 ; du 31 décembre 1828 ; du 14 juin 1829 , établissant à la Martinique et à la Guadeloupe les douanes, l'enregistrement et les hypothèques ; du 21 août 1825, sur l'organisation administrative de Bourbon ; du 9 février 1827, sur l'organisation administrative de la Martinique et de la Guadeloupe ; du 27 août 1828 , sur l'organisation administrative de la Guiane ; du 22 novembre 1819, portant établissement des comités consultatifs dans les colonies ; du 13 août 1823, sur les comités consultatifs ; du 31 août 1828 , sur le mode de procéder devant les conseils privés des colonies. Il faut consulter les notes sur ces divers actes. Voy. l'ordonnance du 24 février 1831 et celle du 7 septembre 1830.

(2) Le Bulletin des lois ne donne pas à cette ordonnance de numéro d'ordre ; elle devrait être placée sous le n. 1400.

ressort, jusqu'à la valeur de cent cinquante francs en principal ; et, en premier ressort seulement, à quelque valeur que la demande puisse monter : 1º des actions pour dommages faits, soit par les hommes, soit par les animaux, aux champs, fruits et récoltes ; 2º des déplacemens de bornes, des usurpations de terre, arbres, haies, fossés et autres clôtures, commis dans l'année ; des entreprises sur les cours d'eau, pareillement commises dans l'année, et de toutes autres actions possessoires ; 3º des réparations locatives des maisons et habitations affermées ; 4º des indemnités prétendues par le fermier ou locataire pour non jouissance, lorsque le droit à l'indemnité ne sera pas contesté, ainsi que des dégradations alléguées par le propriétaire ; 5º de l'exécution des engagemens entre le propriétaire et ses gérans ou économes, ou tous gens à gages ; entre les marchands et leurs commis ; entre les fabricans, entrepreneurs et maîtres-ouvriers, et leurs compagnons ou apprentis ; entre les maîtres et leurs domestiques ou gens de travail ; 6º des contestations relatives aux locations d'esclaves ; 7º de fournitures faites par les bouchers et les boulangers ; 8º des contestations entre les aubergistes et les voyageurs pour frais d'hôtellerie ; 9º des actions en dommages et intérêts pour injures verbales et autres contraventions de police, pour lesquelles les parties ne se seront pas pourvues par la voie extraordinaire.

12. Toutes les fois que les parties y consentiront, le juge de paix connaîtra des actions énoncées aux deux articles précédens, soit en premier et dernier ressort, soit en premier ressort seulement, à quelque valeur que la demande puisse monter, lors même qu'il ne serait pas le juge naturel des parties.

13. En matière civile et commerciale, les jugemens du tribunal de paix, jusqu'à concurrence de trois cents francs, seront exécutoires, par provision et nonobstant appel, sous les modifications portées au Code de procédure.

14. Dans les matières civiles qui excéderont sa compétence, le juge de paix remplira les fonctions de conciliateur, ainsi qu'il sera réglé par le Code de procédure civile.

15. Le tribunal de paix connaîtra des contraventions de police, telles qu'elles sont définies par le Code pénal et par le Code d'instruction criminelle ; ses jugemens seront rendus, savoir : en premier et dernier ressort, lorsque l'amende, les restitutions et autres réparations civiles n'excéderont pas cinquante francs, outre les dépens ; et

en premier ressort seulement, lorsqu'ils prononceront l'emprisonnement, ou lorsque le montant de l'amende et des condamnations civiles excédera la somme de cinquante francs, sans les dépens.

16. Les jugemens rendus en dernier ressort par le tribunal de paix, soit en matière civile, soit en matière de police, pourront être attaqués par voie d'annulation, dans les cas spécifiés aux art. 43 et 44 de la présente ordonnance.

17. Le tribunal de paix se constituera :

En justice de paix, pour prononcer sur les matières civiles et commerciales énoncées aux art. 10, 11 et 12 ; en tribunal de police, pour prononcer sur les contraventions énoncées en l'art. 15 ; et en bureau de conciliation, dans les cas prévus par l'art. 14.

18. Indépendamment des fonctions qui sont attribuées aux juges de paix par le Code civil et par les Codes de procédure, de commerce et d'instruction criminelle, le juge de paix de la Guiane française recevra l'affirmation des procès-verbaux dressés en matière de police, de grande voirie, de chasse, de pêche, de délits ruraux et forestiers, de douanes et de contributions indirectes, et en toutes autres matières, lorsque les ordonnances, arrêtés et réglemens lui en auront spécialement attribué le droit.

Il délivrera des saufs-conduits aux individus cités devant lui qui se trouveraient exposés à l'exercice de la contrainte par corps.

19. Les suppléans remplaceront le juge de paix au besoin. Ils pourront toujours assister aux audiences, et ils y auront voix consultative.

CHAPITRE II. Du Tribunal de première instance.

20. Il sera établi pour la Guiane française un tribunal de première instance, qui siégera à Caïenne.

21. Le tribunal de première instance sera composé d'un juge royal, d'un lieutenant de juge et de deux juges-auditeurs.

Il y aura près de ce tribunal un procureur du Roi, un greffier et un commis assermenté.

22. Le tribunal de première instance connaîtra, sauf les exceptions déterminées par la loi, savoir :

En dernier ressort, des matières civiles et commerciales sur l'appel des jugemens rendus par la justice de paix ;

En premier et dernier ressort : 1º des actions civiles, soit personnelles, soit mobilières, et des actions commerciales, lorsque la valeur de la demande en principal sera au-dessus de trois cents francs et n'excédera pas mille francs ; 2° des actions civiles, soit réelles, soit mixtes, lorsque la valeur de la demande en principal n'excédera pas mille francs, à l'exception de celles réservées à la justice de paix par l'article 11 ;

Et, en premier ressort seulement, des affaires civiles ou commerciales, lorsque la valeur de la demande en principal excédera mille francs, à l'exception de celles réservées à la justice de paix par l'article 11.

23. Le tribunal de première instance connaîtra de l'appel des jugemens du tribunal de police.

24. Il connaîtra des contraventions aux lois, ordonnances, arrêtés et réglemens sur le commerce étranger et sur les douanes, sauf l'appel au conseil privé, ainsi qu'il est réglé par l'article 167 de notre ordonnance du 27 août 1828.

25. Le recours en cassation sera ouvert contre les jugemens rendus en dernier ressort, dans les cas spécifiés en l'article 22.

26. Le recours en annulation sera ouvert contre les jugemens en dernier ressort rendus dans les cas prévus par l'article 23. Ce recours sera exercé ainsi qu'il est réglé par l'article 44 ci-après.

27. Le tribunal de première instance se constituera : en tribunal civil, pour prononcer sur les affaires civiles et commerciales indiquées en l'article 22 ; en tribunal correctionnel, pour prononcer sur l'appel des jugemens de police mentionnés en l'article 23, ainsi que sur les contraventions énoncées en l'article 24.

28. Il pourra être formé dans le tribunal de première instance une section temporaire pour le jugement des affaires civiles arriérées. Cette section sera tenue par le lieutenant de juge ou par un conseiller-auditeur. Elle ne pourra être établie qu'en vertu d'un arrêté pris par le gouverneur en conseil.

29. Le juge royal rendra seul la justice dans les matières qui sont de la compétence du tribunal de première instance.

Il remplira les fonctions attribuées aux présidens des tribunaux de première instance par le Code civil et par les Codes de procédure civile, de commerce et d'instruction criminelle. Il sera chargé, au lieu de sa résidence, de la visite des navires, ainsi qu'il est réglé par les lois, ordonnances et réglemens en vigueur dans la colonie. Il visera, côtera et paraphera les répertoires des notaires, ceux des huissiers, les registres du curateur aux successions vacantes, et ceux du commissaire-priseur.

30. Le lieutenant de juge remplira les fonctions attribuées au juge d'instruction par le Code d'instruction criminelle. En

cas d'empêchement du juge royal, il le remplacera dans ses fonctions.

31. Les juges-auditeurs assisteront aux audiences. Ils pourront être chargés, par le juge royal, des enquêtes, des interrogatoires, des ordres, des contributions et de tous les actes d'instruction civile, ainsi que des fonctions de juge-commissaire, de juge-rapporteur, et de celles indiquées aux deux derniers alinéas de l'article 29.

Dans tous les cas, ils n'auront que voix consultative. Ils pourront en outre être chargés par le procureur du Roi des fonctions du ministère public.

32. En cas d'empêchement du lieutenant de juge, le juge royal pourra remplir lui-même les fonctions de juge d'instruction, ou les déléguer à l'un des juges-auditeurs.

CHAPITRE III. De la Cour royale.

33. Il sera établi pour la Guiane française une cour royale, dont le siége sera à Caïenne.

34. La cour sera composée de cinq conseillers et de deux conseillers-auditeurs. Il y aura près de la cour un procureur général, ou un avocat-général chargé d'en remplir les fonctions, un greffier et un commis assermenté.

35. La cour sera présidée par celui des conseillers que nous aurons désigné.

La durée de la présidence sera de trois années. Le président ne pourra être nommé de nouveau qu'après un intervalle de trois années.

36. La justice sera rendue souverainement par la cour royale.

37. La cour royale connaîtra en dernier ressort des matières civiles et commerciales, sur l'appel des jugemens du tribunal de première instance.

38. Elle statuera directement sur les instructions en matière criminelle, correctionnelle et de police, et prononcera le renvoi devant les juges compétens, ou déclarera qu'il n'y a lieu à suivre. Dans l'un ou l'autre cas, elle ordonnera, s'il y a lieu, la mise en liberté des inculpés.

39. Elle connaîtra en premier et dernier ressort des matières correctionnelles autres que celles spécifiées dans l'article 24.

40. La voie de cassation est ouverte, 1° contre les arrêts rendus en matière civile et commerciale, sur l'appel des jugemens du tribunal de première instance ; 2° contre les arrêts rendus en matière correctionnelle.

41. Les arrêts de la chambre d'accusation pourront aussi être attaqués par voie de cassation, mais dans l'intérêt de la loi seulement.

42. Il n'est point dérogé aux dispositions

de l'article 9 de notre ordonnance du 20 juillet 1828.

43. En matière civile ou commerciale, la cour royale connaîtra des demandes formées par les parties en annulation des jugemens en dernier ressort de la justice de paix pour incompétence ou excès de pouvoir. En matière de police, elle connaîtra des demandes formées par le ministère public ou par les parties en annulation des jugemens en dernier ressort du tribunal de police, pour incompétence, excès de pouvoir ou contravention à la loi. En cas d'annulation, elle prononcera le renvoi devant le juge royal, lequel statuera définitivement. Lorsque l'annulation sera prononcée pour cause d'incompétence, la cour royale, s'il y a lieu, renverra l'affaire devant les juges qui devront en connaître.

44. En matière civile ou commerciale, la cour royale connaîtra des demandes formées dans l'intérêt de la loi, par le procureur général, en annulation, pour incompétence, excès de pouvoir ou contravention à la loi, des jugemens rendus en dernier ressort par la justice de paix, lorsqu'ils auront acquis force de chose jugée. En matière de police, elle connaîtra des demandes formées, également dans l'intérêt de la loi et pour les mêmes causes, par le procureur général, en annulation, soit des jugemens en dernier ressort du tribunal de police lorsqu'ils seront passés en force de chose jugée, soit des jugemens rendus par le tribunal correctionnel sur l'appel de ceux du tribunal de police. L'annulation ne donnera lieu à aucun renvoi.

45. La cour royale connaîtra des faits de discipline, ainsi qu'il sera réglé au titre III, chapitre V, et au titre V, section III des chapitres I et II.

46. Elle pourra proposer au gouverneur des réglemens, soit pour la plus prompte expédition des affaires, soit pour la fixation du nombre et de la durée de ses audiences, de celles du tribunal de première instance et du tribunal de paix. Ces réglemens ne seront exécutés qu'après avoir été arrêtés par le gouverneur en conseil privé, et ne deviendront définitifs que lorsqu'ils seront revêtus de l'approbation de notre ministre secrétaire d'État de la marine et des colonies.

47. La cour se constituera : en chambre civile, pour prononcer sur les affaires mentionnées en l'art. 37, sur les demandes en annulation spécifiées au paragraphe 1er des articles 43 et 44 ; en chambre d'accusation, pour prononcer sur les affaires mentionnées en l'article 38 ; en chambre correctionnelle, pour prononcer sur les affaires mentionnées en l'article 39, et sur les demandes en annulation spécifiées au second paragraphe des articles 43 et 44.

48. La chambre civile et la chambre correctionnelle ne pourront rendre arrêt qu'au nombre de cinq juges au moins.

49. La chambre d'accusation sera composée de trois membres de la cour, dont deux pourront être pris parmi les conseillers-auditeurs. Elle ne pourra rendre arrêt qu'au nombre de trois juges.

50. Le service de la chambre d'accusation ne dispensera point de celui des chambres civile et correctionnelle.

51. Au commencement de chaque semestre, deux des membres de la chambre d'accusation en sortiront sur la désignation du président de la cour, qui nommera ceux qui devront les remplacer. Chacun des membres de la cour sera successivement appelé à cette chambre, autant que les circonstances le permettront.

52. Le président de la cour remplira les fonctions qui lui sont attribuées par le Code civil et par les Codes de procédure civile et d'instruction criminelle.

Hors le cas d'empêchement, il présidera la chambre civile et correctionnelle : il pourra présider, toutes les fois qu'il le jugera convenable, la chambre d'accusation, et, dans ce cas, le juge le moins ancien de cette chambre se retirera.

53. En cas d'empêchement, seront remplacés, savoir : le président, par le plus ancien des conseillers présens ; les conseillers, par les conseillers-auditeurs, suivant l'ordre d'ancienneté.

Indépendamment des fonctions attribuées aux conseillers-auditeurs par les articles 49 et 53, ils pourront, sur la désignation du président, être chargés des enquêtes et des interrogatoires ; sur la désignation du procureur général, remplir les fonctions du ministère public ; et sur un arrêté du gouverneur, remplacer, en cas d'empêchement, soit le juge royal, soit le lieutenant de juge, soit le procureur du Roi, dans leurs diverses attributions, ou former la section temporaire du tribunal de première instance qui pourrait être établie en vertu de l'article 28.

55. Les conseillers-auditeurs auront voix délibérative, lorsqu'ils auront vingt-sept ans accomplis. Avant cet âge, ils auront seulement voix consultative.

56. Si le nombre des magistrats nécessaires pour rendre arrêt est incomplet, le président y pourvoira en appelant des magistrats honoraires ayant droit de siéger, et suivant l'ordre de leur ancienneté, ou des avocats-avoués, suivant l'ordre du tableau.

Chapitre IV. De la Cour d'assises.

57. Il y aura à la Guiane française une cour d'assises, qui siégera à Caïenne.

58. La cour d'assises se composera de trois conseillers de la cour royale et de quatre membres du collège des assesseurs, dont il sera parlé au titre IV.

Le procureur-général, ou le conseiller-auditeur désigné pour remplir les fonctions du ministère public, y portera la parole.

Le greffier de la cour royale, ou son commis assermenté, y tiendra la plume.

59. Dans les affaires qui paraîtront devoir se prolonger pendant plusieurs audiences, un conseiller-auditeur et un assesseur seront, en outre, appelés par le président pour assister aux débats, et remplacer le conseiller, ou l'assesseur, qui ne pourrait continuer de siéger.

60. La cour d'assises connaîtra de toutes les affaires où le fait qui est l'objet de la poursuite est de nature à emporter peine afflictive ou infamante.

61. Les arrêts de la cour d'assises pourront être attaqués par voie de cassation. L'article 42 est applicable à ces arrêts.

62. Dans le cas où il y aurait lieu de renvoyer d'une cour d'assises à une autre pour cause de suspicion légitime, ainsi qu'il est prévu au Code d'instruction criminelle, le renvoi sera prononcé par le conseil privé, composé de la manière prescrite par l'article 168 de notre ordonnance du 27 août 1828, et il en sera référé à notre ministre de la marine.

63. La cour d'assises tiendra une session par trimestre; un règlement délibéré dans la forme prescrite par l'article 46 fixera l'époque de l'ouverture des sessions.

Néanmoins, si les besoins du service le commandent, le gouverneur en conseil pourra changer l'époque de l'ouverture des assises, sans pouvoir en diminuer le nombre.

64. Le gouverneur en conseil pourra, lorsque les circonstances l'exigeront, convoquer des assises extraordinaires, qui se tiendront dans tel quartier de la colonie, et à tel jour qu'il jugera convenable d'indiquer.

65. Le président de la cour royale désignera, à chaque renouvellement de semestre, les magistrats de la cour qui devront composer chacune des cours d'assises du semestre, et celui des conseillers qui les présidera, dans le cas où il ne jugerait pas à propos de les présider lui-même.

66. Le président de la cour d'assises remplira les fonctions qui lui sont attri-

buées par le Code d'instruction criminelle.

67. Les membres de la cour royale et les assesseurs prononceront en commun : sur la position des questions, sur toutes les questions posées, et sur l'application de la peine.

68. Les membres de la cour royale connaîtront exclusivement des incidens de droit ou de procédure qui s'élèveraient avant l'ouverture ou pendant le cours des débats.

Chapitre V. Du Ministère public.

69. Les fonctions du ministère public seront spécialement et personnellement confiées à notre procureur général. Il portera la parole aux audiences, quand il le jugera convenable.

70. Il sera tenu de veiller, dans la limite de ses attributions, à l'exécution des lois, ordonnances, arrêtés et réglemens en vigueur dans la colonie. Il fera en conséquence les actes et réquisitions nécessaires.

71. Dans les affaires civiles, il n'exercera son ministère par voie d'action que dans les cas déterminés par les lois et ordonnances, ou lorsqu'il s'agira de la rectification d'actes de l'état civil qui, par de fausses énonciations, attribueraient à un homme de couleur libre, ou à un esclave, une qualité autre que celle qui lui appartient.

72. Il poursuivra d'office l'exécution des jugemens et arrêts, dans les dispositions qui intéressent l'ordre public.

73. Il signalera au ministre de la marine et des colonies les arrêts et jugemens en dernier ressort passés en force de chose jugée qui lui paraîtront susceptibles d'être attaqués par voie de cassation dans l'intérêt de la loi.

74. Il aura la surveillance des officiers ministériels, et pourra, sur la demande des parties, leur enjoindre de prêter leur ministère.

75. Il pourra requérir la force publique dans les cas et suivant les formes déterminés par les lois et ordonnances.

76. Le procureur général exercera l'action de la justice criminelle dans toute l'étendue du ressort de la cour. Tous les officiers de police judiciaire, même le juge d'instruction, sont soumis à sa surveillance.

77. Dans les affaires qui intéressent le Gouvernement, le procureur général sera tenu, lorsqu'il en sera requis par le gouverneur, de faire, conformément aux instructions qu'il en recevra, les notes (1) nécessaires pour saisir les tribunaux.

_____

(1) Il faut lire : *actes*.

Il sera également tenu de requérir l'enregistrement des lois, ordonnances, arrêtés et réglemens qui lui seront adressés à cet effet par le gouverneur.

78. Il aura la surveillance des prisons et des maisons d'arrêt, et veillera à ce que personne n'y soit détenu illégalement.

79. Il aura l'inspection des registres constatant l'état civil des blancs, celui des hommes de couleur libres et les affranchissemens. Il aura également l'inspection des registres qui contiennent les déclarations de naissances, de mariages et de décès des esclaves.

80. Il sera chargé de l'inspection des greffes et de tous dépôts d'actes publics autres que les dépôts des actes de l'administration.

81. Le conseiller-auditeur qui aura été désigné pour remplir les fonctions du ministère public, ne participera à leur exercice que sous la direction du procureur général. Toutes les fois qu'il en sera requis par le procureur général, il sera tenu de lui communiquer les conclusions qu'il se proposera de donner. En cas de dissentiment, le procureur général portera la parole.

82. Le procureur du Roi remplira les fonctions du ministère public près le tribunal de première instance, et participera, sous la direction du procureur général, à l'exercice des autres fonctions énoncées au présent chapitre. Il sera placé sous les ordres du procureur général.

CHAPITRE VI. Des greffiers de la cour et des tribunaux.

83. Les greffiers tiendront la plume aux audiences.

84. Ils seront chargés de recueillir et de conserver les actes des délibérations de la cour et des tribunaux.

85. Ils seront chargés de tenir en bon ordre les rôles et les différens registres prescrits par les Codes, les ordonnances et les réglemens, et de conserver avec soin les collections et la bibliothèque à l'usage de la cour ou du tribunal auquel ils seront attachés.

86. Ils auront la garde du sceau de la cour ou du tribunal près duquel ils exerceront leurs fonctions.

87. Il leur est interdit, sous peine de destitution, de recevoir sur leurs registres aucune protestation, soit de la cour ou du tribunal, soit d'aucun magistrat en particulier.

88. Les greffiers seront tenus d'établir de doubles minutes des actes destinés au dépôt des chartes coloniales, ainsi qu'il leur est prescrit par l'édit du mois de juin 1776, et de se conformer aux autres dispositions du même édit qui les concernent. Ils seront tenus également d'établir de doubles minutes des jugemens et arrêts rendus en matière civile, criminelle et correctionnelle. Dans les huit premiers jours de chaque trimestre, ils déposeront ces pièces au parquet de la cour ou du tribunal auquel ils seront attachés, ainsi que les états prescrits par les articles 243 et 244 de la présente ordonnance.

89. Le greffier de la cour assistera aux assemblées générales et y tiendra la plume.

90. Le greffier du tribunal de première instance sera chargé, sous sa responsabilité, de la garde et de la conservation des anciennes minutes de notaires, et de toutes les pièces et actes dont les lois, ordonnances et réglemens prescrivent le dépôt au greffe.

TITRE III. Des membres de l'ordre judiciaire.

CHAPITRE Ier. Des conditions d'âge et de capacité.

91. Devront être âgés, savoir : les juges-auditeurs, de vingt-deux ans ; les conseillers-auditeurs et les suppléans du juge de paix, de vingt-cinq ans ; le lieutenant de juge, le procureur du Roi et le juge de paix, de vingt-sept ans ; les conseillers, le procureur général, ou l'avocat général chargé d'en remplir les fonctions, et le juge royal, de trente ans. La condition d'âge ne sera réputée accomplie qu'après la dernière année révolue.

92. Nul ne pourra être juge-auditeur, s'il n'a été reçu avocat. Les juges-auditeurs devront en outre justifier d'un revenu annuel de deux mille francs.

93. Nul ne pourra être conseiller-auditeur, s'il n'a rempli les fonctions de juge ou d'officier du ministère public pendant un an au moins, ou celles de juge-auditeur pendant deux années.

94. Nul ne pourra être lieutenant de juge ou procureur du Roi, s'il n'a été conseiller-auditeur pendant deux ans, ou s'il n'a rempli durant le même temps les fonctions de juge, ou celles d'officier du ministère public.

95. Nul ne pourra être juge royal, s'il n'a été procureur du Roi, ou substitut du procureur général, soit en France, soit dans les colonies, ou s'il n'a rempli pendant deux ans les fonctions de lieutenant de juge dans les colonies, ou celles de conseiller-auditeur ou de juge, soit en France, soit dans les colonies.

96. Nul ne pourra être conseiller, s'il n'a

été juge royal, ou s'il ne remplit l'une des conditions énoncées en l'article précédent.

97. Nul ne pourra être procureur général ou avocat général, s'il n'a été pendant deux ans conseiller, juge royal, président d'un tribunal de première instance, officier du ministère public près d'une cour royale, ou procureur du Roi.

98. À défaut de l'accomplissement des conditions prescrites par les cinq articles précédens, les candidats seront tenus de justifier de l'exercice de la profession, soit d'avocat près une cour de France, soit d'avocat-avoué dans la colonie.

La durée de cet exercice est fixée savoir : à quatre ans, pour être conseiller-auditeur ; à six ans, pour être lieutenant du juge, ou procureur du Roi ; à huit ans, pour être juge royal, conseiller ou avocat général ; et à dix ans, pour être procureur général. Dans le nombre de ces années d'exercice seront comptés les trois ans de stage exigés pour l'inscription au tableau des avocats près l'une des cours de France.

99. Les greffiers de la Cour royale et des tribunaux devront être âgés de vingt-cinq ans ; les commis-greffiers, de vingt-un ans. Les greffiers de la cour et du tribunal de première instance ne pourront être choisis que parmi les licenciés en droit, à moins qu'ils n'aient précédemment exercé les fonctions d'avoué ou de greffier pendant trois ans au moins, soit en première instance, soit en appel.

CHAPITRE II. Des incompatibilités.

100. Les parens et alliés, jusqu'au degré de cousin-germain inclusivement, ne pourront être simultanément membres de la cour, soit comme conseillers ou conseillers-auditeurs, soit comme officiers du ministère public, soit comme greffiers.

Les mêmes causes d'incompatibilité s'appliqueront aux membres d'un même tribunal. Il y aura incompatibilité au même degré de parenté ou d'alliance entre les membres de la cour royale, le juge royal et le lieutenant de juge.

101. En cas d'alliance survenue depuis la nomination, celui qui l'aura contractée ne pourra continuer ses fonctions, et il sera pourvu à son remplacement.

102. Les fonctions de conseiller, de conseiller-auditeur, de juge royal, de juge de paix, d'officier du ministère public ou de greffier, seront incompatibles avec celles de conseiller colonial, d'avocat-avoué, d'avoué, de notaire, et avec toutes fonctions salariées. Pourront néanmoins les notaires être suppléans de juge de paix.

103. Il ne pourra, sous aucun prétexte

être accordé de dispenses pour l'accomplissement des conditions prescrites par le présent chapitre et par le précédent.

CHAPITRE III. De la nomination, et de la prestation du serment.

104. Seront nommés par nous les magistrats et les greffiers de la cour royale et du tribunal de première instance, et le juge de paix. Ils exerceront leurs fonctions dans la colonie tant que nous le jugerons convenable au bien de notre service.

105. Les juges suppléans et le greffier du tribunal de paix seront nommés par notre ministre de la marine et des colonies. Les commis-greffiers seront, sur la présentation des greffiers, agréés par la cour ou le tribunal près lequel ils exerceront.

106. Les membres de l'ordre judiciaire nommés par nous ou par notre ministre de la marine et des colonies ne pourront être révoqués par le gouverneur, si ce n'est en cas de forfaiture. Toutefois, il n'est point dérogé aux dispositions de l'article 78 de notre ordonnance du 27 août 1828.

107. Six mois avant l'expiration du terme fixé pour la durée de la présidence de la cour royale, notre ministre de la marine et des colonies présentera des candidats à notre nomination.

108. Dans le cas où, à l'expiration de ce terme, notre choix ne serait pas connu, la présidence appartiendra provisoirement au plus ancien conseiller dans l'ordre de réception, le président sortant excepté.

109. Aussitôt que des places de l'ordre judiciaire viendront à vaquer, le procureur général présentera au gouverneur la liste des candidats réunissant les conditions mentionnées aux articles 91 à 102 inclusivement, et lui fera connaître son opinion sur chacun d'eux.

110. Dans le mois de la présentation, le gouverneur pourvoira au remplacement provisoire, suivant les formes prescrites par notre ordonnance du 27 août 1828.

Il en rendra compte immédiatement à notre ministre de la marine et des colonies, en lui adressant la liste de candidats avec ses observations, afin qu'il soit par nous pourvu au remplacement définitif.

111. En cas de vacance de la place de procureur général, il sera provisoirement remplacé, conformément aux dispositions de l'article 129 de notre ordonnance du 27 août 1828.

112. Les membres de l'ordre judiciaire prêteront, avant d'entrer en fonctions, le serment dont la formule suit :

« Je jure, devant Dieu, de bien et fidè-
« lement servir le Roi et l'Etat, de garder
« et observer les lois, ordonnances et ré-

« glemens en vigueur dans la colonie, et « de m'acquitter de mes fonctions en mon « âme et conscience. »

113. Le président de la cour royale et le procureur général prêteront serment devant le gouverneur en conseil ; le procès-verbal en sera rapporté à la cour, qui en fera mention sur ses registres.

114. Les autres membres de la cour, le greffier de la cour et le commis-greffier, les membres du tribunal de première instance et ceux du parquet de ce tribunal, prêteront serment à l'audience de la cour.

115. Le tribunal de première instance recevra le serment de son greffier et du commis-greffier, ainsi que celui du juge de paix et de ses suppléans. Le juge de paix recevra le serment de son greffier. Il pourra, en outre, être délégué par le tribunal de première instance, pour recevoir le serment de ses suppléans.

Chapitre IV. De la résidence, des sessions de la cour royale, et des congés.

116. Le procureur général, les membres de la cour composant la chambre d'accusation, le greffier de la cour, et les membres du tribunal de première instance, ainsi que le juge de paix, seront tenus de résider dans la ville de Caïenne.

117. Les membres de la cour, autres que ceux désignés dans l'article précédent, seront tenus de se rendre au lieu où siége la cour, aux époques fixées pour l'ouverture des sessions ordinaires, soit civiles, soit correctionnelles, soit criminelles, et d'y résider pendant la durée de ses sessions.

118. Hors le temps des vacances, il y aura, tous les deux mois, une session civile et correctionnelle, qui s'ouvrira le premier lundi du mois de la session.

Les sessions dureront jusqu'à ce que les affaires portées au rôle et en état de recevoir jugement aient été expédiées. Il y aura cinq sessions par an.

119. Le gouverneur pourra convoquer des sessions extraordinaires pour le jugement des matières correctionnelles, l'enregistrement des lois, ordonnances et arrêtés, et lorsqu'il y aura à faire connaître à la cour des ordres du Roi.

120. Les magistrats tenus à résidence ne pourront s'absenter sans congé, si ce n'est pour cause de service. Il en sera de même des autres membres de la cour royale pendant la durée des sessions.

121. Si le congé ne doit pas excéder cinq jours, il sera délivré, savoir : aux membres de la cour royale, par le président ; aux membres du tribunal de première instance, par le juge royal ; aux officiers du ministère public, par le procureur général.

122. Si le congé doit excéder cinq jours, ou s'il est demandé par le président, le procureur général ou le juge royal, il sera délivré par le gouverneur, après qu'il se sera assuré que le service n'en souffrira pas.

123. Aucun magistrat ne pourra s'absenter de la colonie sans un congé délivré par notre ministre de la marine, sur l'avis du gouverneur en conseil.

En cas d'urgence ou de nécessité absolue, dûment constatée, le congé pourra être délivré par le gouverneur en conseil, qui en fixera provisoirement la durée.

124. Tout magistrat qui se sera absenté sans congé, mais sans sortir de la colonie, sera privé, pendant le double du temps qu'aura duré son absence, de la totalité de son traitement et de l'indemnité à laquelle il pourrait avoir droit en vertu des dispositions du chap. VI du présent titre.

Si cette absence excède dix jours, il lui sera notifié, par notre procureur général, de se rendre à son poste. Faute par lui d'obtempérer à cette notification dans le même délai, il en sera rendu compte par le procureur général au gouverneur qui, suivant les circonstances et de l'avis du conseil privé, pourra déclarer ce magistrat démissionnaire, après toutefois l'avoir entendu ou dûment appelé.

Cette décision donnera lieu au remplacement provisoire ; mais elle n'aura d'effet définitif qu'après qu'il y aura été statué par nous.

Les dispositions ci-dessus sont applicables à tout magistrat qui n'aurait pas repris ses fonctions à l'expiration de son congé, ou qui ne résiderait pas dans le lieu qui lui est assigné par ses fonctions.

L'absence sans congé hors de la colonie emportera démission. Dans ce cas, le magistrat sera déclaré démissionnaire par le gouverneur en conseil, et il sera par nous statué définitivement.

125. Les congés accordés aux membres de la cour seront visés par le procureur général et inscrits au greffe de la cour sur un registre à ce destiné.

Ceux accordés aux membres du tribunal de première instance seront visés par le procureur du Roi, et inscrits de la même manière au greffe de ce tribunal.

126. Lorsque le juge de paix voudra s'absenter, il devra en obtenir l'autorisation du procureur général. Si son absence devait excéder quinze jours, cette autorisation ne pourra lui être accordée que par le gouverneur. Dans tous les cas, l'autorité qui délivrera le congé s'assurera que le juge de paix sera remplacé par son suppléant.

CHAPITRE V. Des peines de discipline, et de la manière de les infliger.

127. Le président de la cour avertira d'office, ou sur la réquisition du procureur général, tout magistrat qui manquerait aux convenances de son état.

128. Si l'avertissement reste sans effet, ou si le fait reproché au magistrat est de nature à compromettre la dignité de son caractère, le président ou le procureur général provoquera contre ce magistrat, par forme de discipline, l'application de l'une des peines suivantes : la censure simple, la censure avec réprimande, la suspension provisoire.

129. La censure avec réprimande emportera de droit la privation, pendant un mois, de la totalité du traitement et de l'indemnité.

La suspension provisoire emportera aussi, pendant le temps de sa durée, la privation du traitement et de l'indemnité, sans que, dans aucun cas, la durée de cette privation puisse être moindre de deux mois.

130. L'application des peines déterminées par l'art. 128 sera faite par la cour en la chambre du conseil, sur les conclusions écrites du procureur général, après toutefois que le magistrat inculpé aura été entendu ou dûment appelé.

131. Lorsque la censure avec réprimande, ou la suspension provisoire, auront été prononcées, ces mesures ne seront exécutées qu'autant qu'elles auront été approuvées par le gouverneur en conseil.

Néanmoins, en cas de suspension, le juge sera tenu de s'abstenir de ses fonctions, jusqu'à ce que le gouverneur ait prononcé.

Le gouverneur rendra compte à notre ministre de la marine et des colonies des décisions prises à cet égard.

132. Les décisions de la cour, en matière de discipline, ne pourront être attaquées par voie de cassation.

133. Le juge royal, d'office, ou sur la la réquisition du procureur du Roi, exercera, à l'égard des magistrats qui composent le tribunal de première instance, et à l'égard du juge de paix, le droit accordé au président de la cour royale par l'art. 127. S'il avait négligé de le faire, le président de la cour lui en intimerait l'ordre.

134. Dans les cas prévus par l'article précédent, le juge royal et le procureur du Roi seront tenus de déférer le magistrat inculpé, le premier, au président de la cour, et le second, au procureur général; la cour exercera à son égard le droit de discipline qui lui est accordé sur ses propres membres.

135. Les officiers du ministère public qui manqueraient aux convenances de leur état, ou qui compromettraient la dignité de leur caractère, seront rappelés à leur devoir par le procureur général. Il en sera rendu compte au gouverneur, qui, suivant la gravité des circonstances, leur fera faire par le procureur général les injonctions qu'il jugera nécessaires, ou pourra leur appliquer en conseil l'une des peines de discipline indiquées en l'art. 128, après toutefois que le magistrat inculpé aura été entendu ou dûment appelé. Le gouverneur rendra compte à notre ministre de la marine et des colonies des décisions qui auront été prises à cet égard.

136. La cour royale et la cour d'assises seront tenues d'informer le gouverneur toutes les fois que les officiers du ministère public exerçant leurs fonctions près d'elles s'écarteront du devoir de leur état, ou qu'ils en compromettront l'honneur et la dignité.

137. Le juge royal informera le procureur général des reproches qu'il se croirait en droit de faire aux officiers du ministère public exerçant, soit près du tribunal de première instance, soit près du tribunal de police.

138. Tout magistrat qui se trouvera sous les liens d'un mandat d'arrêt, de dépôt, ou d'une ordonnance de prise de corps, sera suspendu de ses fonctions.

En cas de condamnation correctionnelle emportant emprisonnement, la suspension aura lieu à dater du jour de la condamnation jusqu'à celui où il aura subi sa peine, sans préjudice des mesures de discipline qui pourraient être prises contre lui, et même de la révocation, s'il y a lieu.

139. Tout jugement de condamnation, rendu contre un magistrat, à une peine même de simple police, sera transmis au gouverneur, qui pourra, s'il y a lieu, prononcer en conseil contre ce magistrat l'une des peines portées en l'art. 128. Dans ce cas, le conseil sera composé conformément aux dispositions de l'art. 168 de notre ordonnance du 27 août 1828.

140. Il est interdit aux magistrats de souscrire des billets négociables, de se charger de procurations, ou de se livrer à des opérations de commerce, à peine d'être poursuivis par voie de discipline.

141. Le gouverneur pourra toujours, quand il le jugera convenable, mander devant lui les membres de l'ordre judiciaire, pour en obtenir des explications sur les faits qui leur seraient imputés, et les déférer ensuite, s'il y a lieu, à la cour, qui statuera ce qu'il appartiendra.

142. Les greffiers seront avertis ou répri-

mandés : savoir, celui de la cour royale, par le président; celui du tribunal de première instance, par le juge royal ; et celui du tribunal de paix, par le juge de paix. Le procureur général aura, à l'égard des greffiers, les mêmes droits d'avertissement et de réprimande. Le procureur général les dénoncera, s'il y a lieu, au gouverneur.

143. Les commis-greffiers pourront être révoqués par le greffier, avec l'agrément de la cour ou du tribunal auquel ils sont attachés.

Dans les cas de faute grave, la cour ou le tribunal pourra, d'office ou sur la réquisition du ministère public, ordonner que le commis-greffier, entendu ou dûment appelé, cessera sur-le-champ ses fonctions. Le greffier sera tenu de pourvoir au remplacement dans le délai qui aura été fixé par la cour ou le tribunal.

144. En matière de discipline, les citations seront délivrées aux magistrats de la cour et des tribunaux par les greffiers.

CHAPITRE VI. Des traitemens.

145. Les membres de l'ordre judiciaire recevront des traitemens annuels.

La moitié du traitement de chacun des membres de la cour et du tribunal de première instance sera répartie en droits d'assistance, dont la quotité sera déterminée par le nombre d'audiences auxquelles il sera tenu de se trouver.

146. Le traitement des membres des cours royales est fixé ainsi qu'il suit :

Pour chaque conseiller. . . . . 4,000 f.
Pour chaque conseiller-auditeur. 2,000
Pour le greffier, indépendamment des droits de greffe. . . . 2,000
Pour le commis assermenté. . . 1,500

147. Le traitement des membres du tribunal de première instance est fixé ainsi qu'il suit :

Pour le juge royal. 4,000
Pour le lieutenant de juge. . . 3,000
Pour chaque juge-auditeur. . . 1,000
Pour le procureur du Roi. . . 4,000
Pour le greffier, indépendamment des droits de greffe. . . . 2,000
Pour le commis assermenté. . 1,500

148. Le traitement du juge de paix est fixé à. 3,000

Au moyen de ce traitement, il ne lui sera alloué ni vacations ni honoraires. Il ne pourra réclamer que les frais de transport réglés par le tarif.

Il sera alloué au greffier du tribunal de paix, indépendamment des droits de greffe, un traitement de quinze cents francs.

149. Les magistrats envoyés de la métropole auront droit à une indemnité annuelle égale à la moitié de leur traitement.

Cette indemnité cessera d'être payée au magistrat européen qui contracterait mariage avec une créole de la colonie, ou qui viendrait à y posséder des propriétés foncières, soit de son chef, soit du chef de sa femme.

Il n'est point dérogé à notre ordonnance du 31 août 1828, qui fixe à douze mille francs la somme allouée annuellement à notre procureur général. Lorsque les fonctions du procureur général seront remplies par un avocat général, le traitement de ce dernier sera de huit mille francs.

150. Le président de la cour royale recevra, pendant la durée de sa présidence, pour frais de représentation, une indemnité annuelle égale à la moitié de son traitement.

Cette indemnité sera cumulée avec celle à laquelle il pourrait avoir droit en vertu de l'article précédent.

151. Les magistrats envoyés de la métropole recevront, à titre de frais de déplacement, outre les frais de passage, auxquels il sera pourvu par notre ministre de la marine, une somme égale à la moitié de leur traitement. Ceux qui auront droit à l'indemnité annuelle fixée par l'art. 149 recevront, en outre, la moitié de cette indemnité. Au moyen de ces diverses allocations, il ne leur sera accordé aucune autre somme pour frais de route, ni pour frais de séjour dans le port d'embarquement ou dans les lieux de relâche, ni pour traitement jusqu'au jour de l'entrée en fonctions. La moitié de la somme allouée leur sera payée en France, et l'autre moitié à leur arrivée dans la colonie. Lorsque ces magistrats reviendront en France, le passage leur sera accordé aux frais du Gouvernement. Ils n'auront droit à aucune autre allocation. Il n'est point dérogé, en ce qui concerne les frais de déplacement alloués au procureur général, à l'art. 3 de notre ordonnance du 31 août 1828.

152. Les menues dépenses de la cour et des tribunaux seront réglées annuellement dans les budgets de la colonie.

CHAPITRE VII. Des pensions de retraite.

153. Le traitement des membres de l'ordre judiciaire, ainsi que leur indemnité annuelle, seront soumis à une retenue de trois pour cent, qui sera versée dans la caisse des pensions et retraites.

154. Les magistrats auront droit, après un certain temps de service dans les tribunaux des colonies, à une pension de retraite qui sera calculée sur le terme moyen du traitement pendant les trois dernières

années de leur service, et acquittée par la caisse des pensions et retraites.

155. A dater de la promulgation de la présente ordonnance, la pension de retraite des magistrats mentionnés dans l'art. 149 sera réglée de la manière suivante : Le minimum de cette pension sera d'un sixième du traitement, et le maximum de la moitié. Le minimum ne pourra être acquis qu'après dix ans de service dans l'une des fonctions mentionnées aux susdits articles, et le maximum, qu'après vingt ans. Après dix années de service, la pension sera augmentée, par chaque année, d'un trentième du traitement, jusqu'à ce qu'elle ait atteint le maximum. Les veuves des magistrats auxquelles s'appliquent les dispositions de cet article, recevront une pension égale au quart de la retraite qui aurait été accordée à leurs maris, ou à laquelle ils auraient eu droit à l'époque de leur décès.

156. Les magistrats qui ne sont point assujettis aux conditions prescrites par l'art. 149, cumuleront leurs services dans la métropole avec ceux qu'ils auront rendus dans la colonie, et leur pension sera liquidée d'après les règles prescrites par les lois, ordonnances et réglemens de la métropole.

Les magistrats soumis aux conditions prescrites par l'art. 149, pourront opter, pour la liquidation de leur pension, entre le mode fixé par l'article précédent et celui fixé par le présent article. Cette disposition s'appliquera à leurs veuves.

157. Lorsque les magistrats se trouveront atteints d'infirmités graves et permanentes qui les mettront dans l'impossibilité de faire habituellement leur service, ils pourront être remplacés et mis à la retraite, s'il y a lieu, sur la réquisition du procureur général. Dans ce cas, la cour nommera une commission qui constatera les faits, entendra les magistrats, recevra à cet égard les déclarations des témoins et des gens de l'art, et en fera son rapport dans le mois. Si la cour juge que les infirmités ou les empêchemens sont de nature à motiver le remplacement, il sera statué à cet égard par le gouverneur en conseil, et sa décision sera exécutée provisoirement, sauf notre approbation.

CHAPITRE VIII. Des magistrats honoraires.

158. Les magistrats admis à la retraite pourront recevoir le titre de conseiller honoraire, ou de juge honoraire, comme une marque de notre satisfaction.

159. Ils jouiront alors du droit d'assister aux audiences de rentrée et aux cérémonies publiques avec la cour ou le tribunal dont ils auront fait partie.

160. Les magistrats honoraires ne pourront être appelés à siéger, conformément à l'art. 56, que lorsque leur brevet en contiendra l'autorisation spéciale.

TITRE IV. *Des assesseurs.*

161. Il sera établi, pour la Guiane française, un collége d'assesseurs dont les membres seront appelés à faire partie des cours d'assises. Le collége sera composé de trente membres.

162. Les assesseurs seront tirés au sort pour le service de chaque assise. Les accusés et le procureur général pourront exercer des récusations péremptoires. Le mode du tirage, le nombre des récusations péremptoires et les cas de récusations ordinaires, seront réglés par le Code d'instruction criminelle.

163. Les assesseurs devront être âgés au moins de trente ans révolus.

164. Seront aptes à faire partie du collége des assesseurs : 1º les habitans et les négocians éligibles au conseil général ; 2º les membres de nos ordres royaux ; 3º les fonctionnaires publics et employés du Gouvernement jouissant d'un traitement de trois mille francs au moins, en y comprenant les allocations de diverses natures ; 4º les fonctionnaires publics et employés qui, ayant joui d'un traitement de pareille somme, ont été admis à la retraite ; 5º les juges de paix en retraite, les licenciés en droit non pourvus d'une commission d'avoué, les professeurs de sciences et belles-lettres, les médecins, les notaires et les avoués retirés.

165. Les fonctions d'assesseurs sont incompatibles avec celles de membre du conseil privé, de membre de l'ordre judiciaire, de ministre du culte et de militaire en activité de service dans les armées de terre et de mer.

166. Les empêchemens résultant pour les juges de leur parenté ou de leur alliance entre eux, seront applicables aux assesseurs, soit entre eux, soit entre eux et les juges, soit entre eux et les accusés ou la partie civile.

167. Le collége des assesseurs sera renouvelé tous les trois ans. Les membres qui le composent pourront être nommés de nouveau.

168. Six mois avant l'époque du renouvellement de ce collége, le gouverneur arrêtera en conseil la liste générale de ceux qui réuniront les conditions exigées par la présente ordonnance pour remplir les fonctions d'assesseur, avec indication de leurs noms, prénoms, âges, qualités, professions et demeures.

Il adressera cette liste à notre ministre de la marine et des colonies, avec ses observations et celles du conseil privé.

169. La nomination des assesseurs sera faite par nous, sur la présentation de notre ministre secrétaire d'Etat de la marine et des colonies.

Toutefois, lors de la première formation du collége, la nomination des membres qui devront le composer sera faite par le gouverneur en conseil, sur la liste qui aura été dressée conformément à l'article précédent.

Ils exerceront leurs fonctions jusqu'à ce qu'il ait été pourvu par nous à la composition définitive du collége.

170. Le gouverneur statuera en conseil sur les demandes à fin d'exemption définitive du service d'assesseurs, soit pour cause d'infirmité grave, soit pour toute autre cause. Les sexagénaires seront exemptés de droit, lorsqu'ils le requerront. Afin que le collége soit toujours tenu au complet, le gouverneur pourvoira, également en conseil, au remplacement provisoire des assesseurs, quelle que soit la cause de la vacance.

171. Avant d'entrer en fonctions, chaque assesseur appelé au service de la session, prêtera, en présence du président de la cour d'assises et de deux autres magistrats qui en feront partie, le serment dont la formule suit :

« Je jure et promets, devant Dieu, « d'examiner avec l'attention la plus scru- « puleuse les affaires qui me seront sou- « mises pendant le cours de la présente « session ; de ne trahir ni les intérêts des « accusés, ni ceux de la société; de n'é- « couter ni la haine ou la méchanceté, ni « la crainte ou l'affection, et de ne me « décider que d'après les charges, les « moyens de défense et les dispositions « des lois, suivant ma conscience et mon « intime conviction. »

172. Les fonctions d'assesseurs seront gratuites. Il sera remis à chacun d'eux, par chaque session où il siégera, une médaille d'argent à l'effigie du Roi, avec cette légende : *Colonies françaises, cour d'assises.*

TITRE V. *Des officiers ministériels.*

CHAPITRE Ier. Des avoués.

SECTION Ire. *Des fonctions des avoués.*

173. Les avoués seront exclusivement chargés de représenter les parties devant la cour royale et le tribunal de première instance, de faire les actes de forme nécessaires pour l'instruction des causes,

l'obtention et l'exécution des jugemens et arrêts.

Ils plaideront pour leurs parties, tant en demandant qu'en défendant, et ils rédigeront, s'il y a lieu, toutes consultations, mémoires et écritures.

174. Le nombre des avoués est fixé à six.

175. Les avoués postuleront et plaideront exclusivement près des cours et des tribunaux de la colonie.

176. Les avoués plaideront debout et découverts ; les avocats-avoués seront autorisés à se couvrir en plaidant, excepté lorsqu'ils liront les conclusions.

177. Il sera établi à Caïenne, près du tribunal de première instance et près de la cour royale, un bureau de consultation pour les pauvres.

178. Le procureur général nommera annuellement et à tour de rôle un avoué pour tenir ce bureau. Cet avoué sera chargé de défendre au civil les militaires et les marins absens, et de défendre, soit au civil, soit au criminel, les pauvres qui seraient porteurs de certificats d'indigence délivrés par le commissaire commandant du quartier ou par le lieutenant commissaire.

179. L'exercice de la profession d'avoué est incompatible avec les places de l'ordre judiciaire, avec des fonctions administratives salariées, avec celles de notaire, de greffier ou d'huissier, et avec toute espèce de commerce.

SECTION II. *De la nomination des avoués.*

180. Nul ne pourra être reçu avoué s'il n'est âgé de vingt-cinq ans révolus, s'il n'est licencié en droit; et s'il ne justifie de deux années de cléricature.

181. Pourront être néanmoins dispensés de la représentation du diplôme de licencié, ceux qui justifieront de cinq années de cléricature chez un avoué, soit en France, soit dans la colonie, dont trois en qualité de premier clerc ; mais alors ils seront soumis à un examen public devant l'un des membres de la cour désigné par le président, et en présence d'un officier du ministère public : cet examen devra porter sur les cinq Codes.

182. L'avoué postulant présentera requête au gouverneur, à l'effet d'être autorisé à se pourvoir devant la cour. Sur cette autorisation, il fera viser ses pièces par le procureur général, et les déposera au greffe.

Le président désignera un rapporteur chargé de recueillir les renseignemens sur la conduite du requérant ; extrait de la requête sera affiché dans l'auditoire pendant un mois, avec le nom du rapporteur, et sera inséré, à trois reprises différentes et à huit jours d'intervalle, dans une des gazettes de la colonie.

183. Dans les huit jours qui suivront l'expiration de ces délais, le juge désigné fera son rapport en chambre du conseil, et la cour, le procureur général entendu, émettra son avis.

Cet avis sera transmis par le procureur général au gouverneur, qui statuera en conseil sur la demande, et délivrera, s'il y a lieu, une commission provisoire, qui ne deviendra définitive que lorsqu'elle aura été approuvée par notre ministre de la marine et des colonies.

184. Toutefois, la nomination des avoués pourra être directement faite par notre ministre de la marine et des colonies, lorsque le postulant remplira les conditions prescrites par l'art. 180.

185. Avant d'entrer en fonctions, les avoués prêteront devant la cour le serment suivant :

« Je jure d'être fidèle au Roi, de ne rien
« dire ou publier de contraire aux lois, or-
« donnances, arrêtés et réglemens, aux
« bonnes mœurs, à la sûreté de l'Etat et
« à la paix publique; de ne jamais m'é-
« carter du respect dû aux tribunaux et
« aux autorités publiques, et de ne plaider
« aucune cause que je ne croirai pas juste
« en mon âme et conscience. »

186. Les avoués seront assujettis à un cautionnement en immeubles, qui sera spécialement et par privilége affecté à la garantie des créances résultant d'abus et de prévarications qui pourraient être commis par eux dans l'exercice de leurs fonctions. Il sera reçu et discuté par le procureur du Roi, concurremment avec le contrôleur colonial, et l'inscription sera prise à la diligence de ce dernier.

Le cautionnement des avoués est fixé à huit mille francs.

187. Les avoués ne seront admis à prêter serment qu'après avoir rapporté le certificat de l'inscription prise en conformité de l'article précédent.

188. Lorsque les avoués seront licenciés en droit, ils prendront le titre d'avocat-avoué.

189. Le gouverneur en conseil, et d'après l'avis de la cour, pourra autoriser deux licenciés en droit, postulant des places d'avoué, à plaider devant la cour et devant le tribunal. Cette autorisation devra être renouvelée annuellement et pourra toujours être révoquée. Les licenciés en droit autorisés à plaider seront tenus de prêter préalablement devant la cour le serment prescrit par l'article 185.

Section III. De la discipline des avoués.

190. Les avoués exerceront librement leur ministère pour la défense de la justice et de la vérité ; mais ils devront s'abstenir de toute supposition dans les faits, de toute surprise dans les citations, et autres mauvaises voies, même de tous discours inutiles et superflus.

191. Il leur est défendu de se livrer à des injures et à des personnalités offensantes envers les parties ou leurs défenseurs; d'avancer aucun fait contre l'honneur et la réputation des parties, à moins que la nécessité de la cause ne l'exige, et qu'ils n'en aient charge expresse de leurs cliens.

192. Il leur est enjoint pareillement de ne jamais s'écarter, soit dans leurs discours, soit dans leurs écrits, du respect dû à la religion et à la justice : de ne point attaquer les principes de la monarchie, le système constitutif du gouvernement colonial, les lois, ordonnances, arrêtés ou réglemens de la colonie, comme aussi de ne point manquer au respect dû aux magistrats devant lesquels ils exercent.

193. Il est expressément défendu aux avoués de recevoir aucune somme des parties sans en donner des reçus détaillés, et de signer des effets négociables, ou de se livrer à des opérations de commerce.

194. Il est interdit aux avoués, sous peine de destitution, de se rendre cessionnaires d'aucun droit successif, de faire des traités pour leurs honoraires, ou de forcer les parties à reconnaître leurs soins avant les plaidoiries ; de faire entre eux aucune association; d'acheter aucune affaire litigieuse, ainsi qu'il est prescrit par les codes, et d'occuper sous le nom d'un autre pour les parties qui auraient des intérêts différens ou communs.

195. Les avoués seront placés sous la surveillance directe du ministère public, qui pourra procéder à leur égard conformément aux dispositions de l'article 121 de notre ordonnance du 27 août 1828.

196. Si les avoués s'écartaient, à l'audience ou dans les mémoires produits au procès, des devoirs qui leur sont prescrits, les tribunaux pourront, suivant l'exigence des cas, d'office ou à la réquisition du ministère public, leur appliquer sur-le-champ l'une des peines de discipline suivantes : l'avertissement, la réprimande, l'interdiction. Les tribunaux pourront, en outre, proposer au gouverneur la destitution des avoués contre lesquels ils auront prononcé l'interdiction. L'interdiction temporaire ne pourra excéder le terme de deux années.

Ces peines seront prononcées sans préjudice de poursuites extraordinaires, s'il y a lieu.

197. Dans le cas où le jugement du tribunal de première instance prononcerait l'interdiction pour plus d'un mois, l'appel pourra en être porté à la cour.

198. Le droit accordé aux tribunaux sur les avoués dans les cas prévus par l'article 196 n'est point exclusif des pourvois (1) que le gouverneur pourrait exercer dans les mêmes cas, en se conformant aux dispositions du paragraphe 2 de l'article 121 de notre ordonnance du 27 août 1828.

199. L'avoué qui se refuserait au service prescrit par l'article 177 sera passible de l'une des peines de discipline portées en l'article 196.

CHAPITRE II. Des huissiers.

SECTION Iʳᵉ. Des fonctions des huissiers.

200. Le nombre des huissiers pour le service de la cour et des tribunaux de la colonie est fixé à cinq : deux seront attachés à la cour royale, deux au tribunal de première instance, et un au tribunal de paix. Le gouverneur fera en conseil, et après avoir pris l'avis de la cour, la répartition de ces officiers ministériels entre les trois juridictions. Les huissiers seront tenus de résider dans la ville de Caïenne.

201. Toutes citations autres que celles en conciliation, toutes notifications, assignations, significations, ainsi que tous actes et exploits nécessaires pour l'exécution des ordonnances de justice, jugemens et arrêts, seront faits par le ministère d'huissiers, sauf les exceptions portées par les lois, ordonnances, arrêtés et réglemens.

202. Ils auront tous le même caractère, les mêmes attributions et le droit d'exploiter concurremment dans toute l'étendue de la colonie.

Néanmoins, ils ne pourront faire le service de l'audience et des significations d'avoué à avoué que près de la cour ou du tribunal où ils seront immatriculés. En cas d'empêchement, ils pourront être remplacés par un autre huissier.

203. Le service des audiences de la cour d'assises sera fait par ceux des huissiers que le président aura désignés.

204. Les huissiers seront, en outre, chargés de faire en matière criminelle tous les actes dont ils seront requis par le procureur général, le procureur du Roi, le juge d'instruction ou les parties.

205. Les huissiers seront tenus d'exercer leur ministère toutes les fois qu'ils en seront requis. Néanmoins, il leur est défendu d'instrumenter à la requête des esclaves, à peine de destitution.

206. Les fonctions d'huissier sont incompatibles avec toute autre fonction publique salariée, et avec toute autre espèce de commerce.

SECTION II. De la nomination des huissiers.

207. Les conditions requises pour être huissier seront :

1º D'être âgé de vingt-cinq ans accomplis ;

2º D'avoir travaillé, au moins pendant deux ans, soit au greffe d'une cour royale ou d'un tribunal de première instance, soit dans l'étude d'un notaire ou d'un avoué, ou chez un huissier ;

3º D'avoir obtenu du juge royal et du procureur du Roi un certificat de bonnes vie et mœurs, et de capacité.

208. Les commissions d'huissier seront délivrées par le gouverneur en conseil sur la proposition du procureur général.

209. Avant d'entrer en fonctions, les huissiers du tribunal de première instance et du tribunal de paix prêteront, devant le tribunal de première instance, le serment suivant :

« Je jure d'être fidèle au Roi, de me
« conformer aux lois, ordonnances et ré-
« glemens concernant mon ministère, et
« de remplir mes fonctions avec exactitude
« et probité. »

Les huissiers de la cour prêteront le même serment devant elle.

210. Les huissiers seront assujettis à un cautionnement de quatre mille francs en immeubles, qui sera reçu de la même manière que celui des avoués, et affecté au même genre de garantie.

Ils ne seront admis à prêter serment qu'après avoir justifié de l'accomplissement des formalités prescrites par l'article 186.

SECTION III. De la discipline des huissiers.

211. Les huissiers seront placés, conformément à l'art. 121 de notre ordonnance du 27 août 1828, sous la surveillance du procureur général, sans préjudice de celle des tribunaux, qui pourront leur appliquer, s'il y a lieu, les peines énoncées en l'art. 196.

(1) Il faut lire *poursuites*.

TITRE VI. *De l'ordre de service.*

CHAPITRE Ier. Du rang de service aux audiences.

212. Le rang de service à l'audience sera réglé ainsi qu'il suit :

Cour royale.

Le président, les conseillers, les conseillers-auditeurs.

Cour d'assises.

Le président, les conseillers, les conseillers-auditeurs, les assesseurs.

Tribunal de première instance.

Le juge royal, le lieutenant de juge, les juges-auditeurs.

Tribunal de paix.

Le juge de paix, les suppléans.

213. Les conseillers, les conseillers-auditeurs, les juges-auditeurs et les suppléans du juge de paix, prendront rang entre eux d'après la date et l'ordre de leur réception. Les assesseurs prendront rang dans l'ordre de leur nomination.

CHAPITRE II. De la police des audiences.

SECTION Ire. *De la police des audiences de la cour royale.*

214. La police de l'audience de la cour royale appartiendra au président. Le temps destiné aux audiences ne pourra être employé ni aux assemblées générales ni à aucun autre service.

215. Le président ouvrira l'audience à l'heure indiquée par le réglement. Si l'audience vient à manquer par défaut de juge, le président, ou, en son absence, le conseiller le plus ancien, en dressera un procès-verbal qui sera envoyé au gouverneur par le procureur général.

216. Il sera tenu par le greffier, et pour chaque chambre, un registre de pointe sur lequel les conseillers et les conseillers-auditeurs seront tenus de s'inscrire. Le président arrêtera ce registre avant l'ouverture de l'audience, et pointera les absens.

217. Seront également soumis à la pointe ceux de ces magistrats qui ne se rendraient pas à une assemblée générale.

218. Les droits d'assistance, ainsi qu'ils sont réglés par l'art. 145, n'appartiendront qu'aux membres présens à l'ouverture de l'audience. Néanmoins, les absens n'en seront point privés, lorsque leur absence aura pour cause une maladie dûment constatée.

219. Les absens, même par congé, seront soumis à la retenue des droits d'assistance, à moins qu'ils ne soient absens pour service public.

220. Avant d'entrer à l'audience, le président fera prévenir par un huissier le procureur général en son parquet que la chambre est complète et qu'il est attendu.

221. Les membres du ministère public seront soumis à la pointe de la même manière et dans les mêmes cas que les autres magistrats, lorsque la cour aura été obligée de les remplacer par un de ses membres.

222. Il sera dressé par le greffier, au commencement de chaque mois, un procès-verbal constatant les retenues à exercer, conformément au registre de pointe, sur la portion du traitement répartie en droits d'assistance.

Ce procès-verbal, signé et certifié par le président, sera visé par le procureur général.

223. En vertu de ce procès-verbal, les retenues seront faites à la fin du mois sur le traitement de chaque magistrat, et l'emploi du montant de ces retenues sera déterminé par un réglement de la cour.

SECTION II. *De la police des audiences de la cour d'assises.*

224. Les dispositions de la section précédente, relative à la police des audiences, seront communes aux cours d'assises, en ce qui concerne le président et les magistrats qui en feront partie.

225. A l'égard des assesseurs qui manqueraient à leur service, les trois magistrats appelés à siéger à la cour d'assises pourront prononcer contre eux les peines ci-après, savoir : l'amende, l'affiche de l'arrêt de condamnation, l'exclusion du collége des assesseurs. Les cas où ces diverses peines pourront être appliquées seront déterminés par le Code d'instruction criminelle.

SECTION III. *De la police des audiences du tribunal de première instance et du tribunal de paix.*

226. La police de l'audience du tribunal de première instance appartiendra au juge royal.

227. Dans le cas où l'audience viendrait à manquer par défaut de juge, le procès-verbal constatant le fait sera dressé par le procureur du Roi et envoyé au procureur général, qui en rendra compte au gouverneur.

228. Les dispositions des art. 216, 218, 219, 221, 222 et 223, seront applicables aux membres du tribunal de première instance.

229. Le juge de paix aura la police de son audience.

Chapitre III. Des assemblées générales.

230. Les assemblées générales auront pour objet de délibérer sur les matières qui concernent l'ordre et le service intérieur, ainsi que la discipline, et qui sont dans les attributions de la cour. Elles se tiendront en chambre du conseil et à huis-clos, et n'auront lieu que sur la convocation du président, faite, ou de son propre mouvement, ou sur la demande de deux conseillers, ou sur le réquisitoire du procureur général, ou sur l'ordre du gouverneur. Le procureur général devra toujours être prévenu à l'avance par le président, et de la convocation et de son objet. Il sera tenu d'en informer le gouverneur. Lorsque l'assemblée sera formée, le procureur général y sera appelé et y assistera. Néanmoins, il devra se retirer avant la délibération, lorsqu'il s'agira de l'application d'une peine de discipline.

231. L'assemblée générale se composera de tous les membres de la cour. La cour ne pourra prendre de décision qu'au nombre de cinq magistrats. Ses décisions seront prises à la simple majorité. Le greffier de la cour assistera aux assemblées générales et y tiendra la plume.

232. Le président ne permettra point qu'il soit mis en délibération d'autre objet que celui pour lequel la convocation aura été faite. Le procureur général rendra compte au gouverneur du résultat de la délibération.

233. La cour se réunira en assemblée générale le premier mercredi qui suivra la rentrée pour entendre le rapport que fera le procureur général sur la manière dont la justice civile et la justice criminelle auront été rendues, pendant l'année précédente, dans l'étendue du ressort.

Le procureur général signalera dans ce rapport les abus qu'il aurait remarqués, et fera, d'après les dispositions des lois, ordonnances et réglemens, toutes réquisitions qu'il jugera convenables, et sur lesquelles la cour sera tenue de délibérer. Il adressera au gouverneur copie de son rapport, ainsi que de ses réquisitions et des arrêts qui seront intervenus.

Chapitre IV. Des vacations.

234. Chaque année, la cour et le tribunal de première instance prendront deux mois de vacances, dont l'époque sera fixée par un réglement pris dans la forme établie par l'art. 46.

235. Pendant les vacances, la chambre civile de la cour tiendra au moins une audience par mois pour l'expédition des affaires sommaires. Le tribunal de première instance tiendra au moins une audience par semaine.

236. Le service des cours d'assises, celui de la chambre d'accusation, ainsi que l'instruction criminelle, ne seront point interrompus.

Le service du parquet, soit près la cour, soit près le tribunal de première instance, sera réglé de manière qu'un de ses membres soit toujours présent.

237. Le juge de paix ne prendra point de vacances.

Chapitre V. De la rentrée de la cour royale et du tribunal.

238. Au jour fixé pour la rentrée de la cour, le gouverneur et les diverses autorités seront invités par le président à assister à l'audience.

239. Le procureur général ou son substitut fera tous les ans, le jour de la rentrée, un discours sur le maintien des lois et les devoirs des magistrats : il tracera aux avoués la conduite qu'ils ont à tenir dans l'exercice de leur profession, et il exprimera ses regrets sur les pertes que la magistrature et le barreau auraient faites, dans le courant de l'année, de membres distingués par leur savoir, leurs talens et leur probité.

Il lui est interdit de traiter de toutes autres matières.

Copie du discours de rentrée sera remise par le procureur général au gouverneur, pour être adressée à notre ministre de la marine et des colonies.

240. Le président, sur le réquisitoire du procureur général, recevra, des avoués présens à l'audience, le serment prescrit par l'art. 185.

241. Le tribunal de première instance reprendra ses audiences ordinaires le jour de la rentrée de la cour.

Chapitre VI. De l'envoi des états indicatifs des travaux des cours et des tribunaux.

242. Le procureur général sera tenu, dans les vingt premiers jours des mois de janvier et juillet, de remettre au gouverneur, pour être adressés à notre ministre de la marine et des colonies, deux états numériques relatifs au service du semestre précédent, l'un pour la justice civile et l'autre pour la justice criminelle.

243. L'état relatif à la justice civile comprendra, savoir : *pour la justice de paix*, 1° les demandes civiles et commerciales dont elle aura été saisie dans les limites de sa compétence, 2° les jugemens rendus en premier ressort, 3° les jugemens définitifs ;

pour le bureau de conciliation, 4o les demandes portées en conciliation , en indiquant celles sur lesquelles les parties auraient transigé ; *pour le tribunal civil*, 5o les causes inscrites au rôle, 6o les jugemens par défaut, 7o les jugemens préparatoires ou interlocutoires, 8o les jugemens définitifs, en distinguant ceux rendus en matière commerciale, 9o les commencemens de poursuites en saisies immobilières qui auraient été inscrites au greffe , 10o les jugemens d'adjudication sur lesdites saisies , 11o les instances d'ordre ou de contributions ouvertes, 12o les procès-verbaux définitifs faits sur lesdites instances, 13o les affaires terminées par désistement de la demande ou par transaction, 14o les affaires restant à juger, 15o les affaires arriérées, en désignant par ordre de numéros chaque affaire en retard, ainsi que l'année et le semestre auxquels elles appartiennent. Il sera fait mention, dans la colonne d'observations, des motifs du retard apporté au jugement de ces affaires.

Seront réputées causes arriérées , celles d'audience qui seraient depuis plus de trois mois sur le rôle général, ainsi que les procès par écrit qui ne seraient pas vidés dans les quatre mois du premier appel de la cause. Il en sera de même des ordres et contributions qui ne seraient point terminés dans les six mois de la date du procès-verbal d'ouverture. *Pour la cour royale*, 16o les appels, en distinguant les arrêts infirmatifs des arrêts confirmatifs, les arrêts par défaut des arrêts définitifs, 17o les procès terminés par désistement ou transaction , 18o les affaires restant à juger, 19o les affaires arriérées et les causes du retard, dans la forme établie au no 15, 20o les arrêts qui auront été cassés , 21o les arrêts rendus en annulation de jugement en dernier ressort de la justice de paix.

244. L'état relatif à la justice criminelle comprendra, savoir : *pour le tribunal de police*, 1o les jugemens définitifs, en distinguant ceux qui auront prononcé l'emprisonnement ; *pour le tribunal correctionnel*, 2o les jugemens de police rendus sur appel, en énonçant s'il y a eu confirmation ou infirmation ; *pour la cour royale*, 3o les arrêts de la chambre d'accusation portant qu'il n'y a lieu à suivre , ou portant renvoi aux assises, avec mention, pour chaque prévenu, de l'intervalle écoulé entre la délivrance du mandat d'arrêt et l'arrêt de la chambre d'accusation, 4o les arrêts rendus par la chambre correctionnelle avec mentions semblables à celles du numéro précédent , 5o les arrêts d'annulation des jugemens en dernier ressort du tribunal de police et du tribunal correctionnel statuant

sur appel en matière de simple police; *pour la cour d'assises*, 6o les arrêts d'acquittement ou de condamnation , avec mention, pour chaque affaire , du nom des accusés , de la nature du crime et de la peine prononcée en cas de condamnation ; il sera également fait mention de la durée de chaque session : 7o les noms, âge et sexe des détenus attendant jugement, et des détenus par suite de condamnation, en distinguant les blancs, les gens de couleur libres et les esclaves, 8o les déclarations de pourvoi en cassation, 9o les recours en grâce sur lesquels il aura été accordé un sursis à l'exécution de l'arrêt.

245. Ces états, dressés au greffe de la cour sur les états particuliers, seront certifiés par le greffier et visés par le procureur général.

246. Le contrôleur colonial transmettra à notre ministre de la marine et des colonies, dans les délais énoncés en l'art. 242, un état contenant : 1o les jugemens rendus correctionnellement par le tribunal de première instance sur chacune des matières énoncées en l'article 24 de la présente ordonnance ; 2o les arrêts rendus par la commission d'appel prononçant la confirmation ou l'infirmation de ces jugemens. Cet état indiquera la nature du délit, les noms, professions et demeures des inculpés , et, s'il y a eu condamnation , la peine prononcée. Cet état sera dressé, pour les jugemens rendus en première instance, par le greffier du tribunal, et pour ceux rendus en appel , par le secrétaire-archiviste.

247. Le juge de paix sera tenu, dans les cinq premiers jours des mois indiqués par l'art. 242 , d'adresser au procureur du Roi, qui le transmettra de suite au procureur général, un état en cinq colonnes, contenant les énonciations prescrites par les nos 1, 2, 3 et 4 de l'art. 243, et par le no 1 de l'art. 244. Cet état devra être certifié par le greffier et visé par le juge de paix.

248. Le procureur du Roi, dans les dix premiers jours des mêmes mois, adressera au procureur général un état en treize colonnes, contenant les énonciations prescrites par les nos 5 à 15 inclusivement de l'art. 243, et par le no 2 de l'art. 244. Cet état sera certifié par le greffier et visé par le procureur du Roi.

TITRE VII. *Du costume.*

249. Aux audiences ordinaires, les conseillers de la cour royale, les conseillers-auditeurs et les membres du parquet, porteront la toge et la simarre en étoffe de soie noire , la chausse de licencié sur l'épaule gauche , la ceinture moirée en soie noire, large de quatre pouces , avec franges

et une rosette sur le côté gauche, la cravate en batiste tombante et plissée, les cheveux courts, les bas noirs, la toque en velours noir. Le président et le procureur général auront autour de leur toque deux galons d'or en haut et deux galons d'or en bas. Les conseillers, l'avocat général, en auront deux en bas. Les conseillers-auditeurs n'en auront qu'un en bas. Ces galons seront chacun de six lignes de large, et placés, soit en haut, soit en bas, à deux lignes de distance l'un de l'autre.

250. Aux audiences solennelles, savoir : celles de rentrée ; celles où le gouverneur a le droit d'assister, aux termes de l'article 46 de notre ordonnance du 27 août 1828 ; celles où il s'agit de questions d'état ou de prise à partie ; celles où la cour exerce les astributions qui lui sont conférées par les articles 43 et 44 de la présente ordonnance, ainsi qu'aux assises et aux cérémonies publiques, les membres de la cour porteront la toge et la chausse en étoffe de soie rouge. La toge du président et celle du procureur général seront bordées, sur le devant, d'une fourrure d'hermine large de quatre pouces.

251. Le greffier de la cour portera, soit aux audiences ordinaires, soit aux audiences solennelles et aux assises, soit dans les cérémonies publiques, le même costume que celui des conseillers, à l'exception des galons d'or à la toque, qui seront remplacés par deux galons de soie noire.

252. Le commis-greffier portera la robe fermée, à grandes manches, en étamine noire, et la toque en étoffe de laine, avec un galon de laine de la même couleur.

253. Les assesseurs siégeant aux assises seront vêtus en noir.

254. Les membres du tribunal de première instance auront, aux audiences ordinaires, le costume fixé par l'art. 249, à l'exception de la toge, qui sera en étamine noire, et des galons de la toque, qui seront en argent.

Le nombre de ces galons sera le même pour le juge royal et le procureur du Roi que pour le président et le procureur général, pour le lieutenant de juge que pour les conseillers et l'avocat général, pour les juges-auditeurs que pour les conseillers-auditeurs.

Dans les cérémonies publiques, les membres du tribunal de première instance porteront la toge en soie noire.

255. Le greffier du tribunal de première instance aura, soit aux audiences ordinaires, soit dans les cérémonies publiques, le même costume que le lieutenant de juge, à l'exception des galons d'argent, qui seront remplacés par des galons de soie noire.

256. Le commis-greffier aura le même costume que celui réglé pour le commis-greffier de la cour.

257. Le juge de paix et ses suppléans porteront, aux audiences et dans les cérémonies publiques, le costume fixé par le premier alinéa de l'art. 254, à l'exception de la toque, où il n'y aura au bas qu'un galon d'argent.

Dans l'exercice de leurs autres fonctions, ils seront vêtus en noir, et porteront une écharpe en soie bleu-de-ciel, avec des franges en soie de la même couleur.

258. Le greffier de la justice de paix sera vêtu en noir dans l'exercice de ses fonctions.

259. Les avoués porteront, à l'audience, la robe d'étamine noire fermée, et la toque en laine bordée d'un ruban de velours. Lorsqu'ils seront licenciés, ils auront le droit de porter la chausse.

260. Les avoués ne pourront se présenter qu'en robe à l'audience, à la chambre du conseil, au parquet et aux comparutions devant les juges-commissaires.

261. Les huissiers de la cour et des tribunaux seront vêtus en noir, et porteront, soit à l'audience, soit dans les cérémonies publiques, une baguette noire de quinze pouces, surmontée d'une boule d'ivoire.

TITRE VIII. *Des honneurs.*

CHAPITRE Iᵉʳ. Des préséances.

262. Les corps judiciaires et les membres qui les composent prendront rang entre eux dans l'ordre ci-après :

COUR ROYALE. — Le président, les conseillers, les magistrats honoraires, les conseillers-auditeurs.

Parquet. — Le procureur général.

Greffe. — Le greffier, le commis assermenté.

COUR D'ASSISES. — Le président, les conseillers, les assesseurs.

Parquet. — Les officiers du ministère public.

Greffe. — Le greffier.

TRIBUNAL DE PREMIÈRE INSTANCE. — Le juge royal, le lieutenant de juge, les juges honoraires, les juges-auditeurs.

Parquet. — Le procureur du Roi.

Greffe. — Le greffier, le commis assermenté.

TRIBUNAL DE PAIX. — Le juge de paix, les suppléans, le greffier.

263. Lorsque la cour et les tribunaux ne marcheront point en corps, le rang individuel des membres de l'ordre judiciaire sera réglé ainsi qu'il suit : le procureur général, le président, les conseillers, le

juge royal, le procureur du Roi, les conseillers-auditeurs, le lieutenant de juge, le greffier de la cour, les juges auditeurs, le juge de paix, le greffier du tribunal de première instance, le greffier du tribunal de paix.

264. Les magistrats ayant parité de titre prendront rang entre eux d'après la date et l'ordre de leur prestation de serment.

Chapitre II. *Du cérémonial à observer, lorsque le ouverneur se rend à la cour royale.*

265. Le fauteuil du Roi sera placé dans la salle d'audience, au centre de l'estrade où siège la cour.

Le gouverneur aura seul le droit de l'occuper.

266. Dans toutes les occasions où le gouverneur se rendra au palais-de-justice pour prendre séance à la cour, il en informera à l'avance le procureur général, qui en donnera aussitôt connaissance au président.

267. Le gouverneur sera attendu en avant de la porte extérieure du palais par une députation composée d'un conseiller, d'un conseiller-auditeur, et sera conduit à l'estrade où siège la cour, pour y prendre place.

268. A l'entrée du gouverneur, les membres de la cour se lèveront et se tiendront découverts. Ils s'assiéront et pourront se couvrir, lorsque le gouverneur aura pris place.

269. La présidence d'honneur appartiendra au gouverneur. Il parlera assis et couvert.

270. Le gouverneur aura à sa droite le président, à sa gauche le plus ancien des conseillers.

271. Lorsque le gouverneur se retirera, il sera reconduit jusqu'à la porte du palais par la députation qui l'aura reçu.

272. Les fonctionnaires publics qui accompagneront le gouverneur seront placés, dans l'ordre de préséance entre eux, sur des sièges, en dedans de la barre, et au bas de l'estrade où siège la cour.

273. Lorsque le gouverneur prendra séance à la cour royale, et dans toutes les occasions où il a le droit d'y siéger, conformément aux dispositions de l'art. 46 de notre ordonnance du 27 août 1828, il ne pourra être prononcé de discours qu'avec son autorisation, et après qu'ils lui auront été communiqués.

Lorsque le président sera autorisé à prendre la parole, il parlera assis et découvert.

Chapitre III. *Des honneurs à rendre aux cours et tribunaux.*

274. Dans les cérémonies qui auront lieu hors de l'enceinte du palais-de-justice, les corps judiciaires seront convoqués par le gouverneur, ou, en cas d'absence, par le fonctionnaire appelé à le remplacer; la lettre de convocation sera transmise par le procureur général.

275. Dans les églises, les cours et tribunaux occuperont les bancs de la nef les plus rapprochés du chœur, du côté de l'épître. Ils se placeront dans l'ordre des préséances déterminé par l'art. 262.

Le pain bénit leur sera présenté, après l'avoir été aux chefs de l'administration.

276. Le commandant des troupes, sur la réquisition du procureur général, fournira à la cour et au tribunal, lorsqu'ils marcheront en corps, une garde d'honneur composée ainsi qu'il suit : pour la cour royale, trente hommes, commandés par un capitaine; pour la cour d'assises, vingt hommes, commandés par un lieutenant; pour le tribunal de première instance, dix hommes, commandés par un sergent. A défaut de troupes de ligne, la garde d'honneur sera fournie par le commandant des milices.

277. Les gardes devant lesquelles passeront les corps ci-dessus dénommés prendront les armes, et les porteront pour la cour royale et pour la cour d'assises; elles se reposeront dessus pour le tribunal de première instance.

278. Les tambours rappelleront pour la cour royale et pour la cour d'assises, et seront prêts à battre pour le tribunal de première instance.

Chapitre IV. *Des honneurs funèbres à rendre aux membres de l'ordre judiciaire.*

279. Le convoi des magistrats qui décéderont dans l'exercice de leurs fonctions, ainsi que celui des magistrats honoraires, sera accompagné, savoir : celui du procureur général et du président de la cour, par les membres de la cour et du parquet; celui d'un conseiller, par trois membres de la cour et par un membre du parquet; celui d'un conseiller-auditeur, par les conseillers-auditeurs; celui du juge royal et du procureur du Roi, par tous les membres du tribunal de première instance; celui du lieutenant de juge, par les membres du tribunal autres que le juge royal; celui d'un juge-auditeur, par un juge-auditeur; celui du juge de paix, par les suppléans et par le greffier; celui d'un suppléant, par les membres du tribunal de paix autres que le juge de paix.

280. Les avoués assisteront au convoi des membres des tribunaux près lesquels ils exercent.

TITRE IX. *De la cour prévôtale.*

281. Lorsque la colonie aura été déclarée en état de siége, ou lorsque sa sûreté intérieure sera menacée, il pourra être établi une cour prévôtale.

282. La cour prévôtale ne pourra être créée qu'en vertu d'un arrêté pris par le gouverneur en conseil privé, composé de la manière prescrite par l'art. 169 de notre ordonnance du 27 août 1828.

L'arrêté énoncera les circonstances qui rendent nécessaire l'établissement de cette cour, déterminera sa durée, qui ne pourra excéder six mois, et fixera le lieu où elle devra siéger habituellement.

283. La cour prévôtale sera composée ainsi qu'il suit : un président, un prévôt, un adjoint du prévôt, trois juges, dont un militaire, deux juges suppléans, dont un militaire, un officier du parquet, un greffier.

284. Le membres de la cour prévôtale seront nommés par le gouverneur en conseil.

285. L'un des conseillers de la cour royale, ou le juge royal, remplira les fonctions de président.

286. Le prévôt sera choisi parmi les officiers de l'armée de terre ou de mer ayant le grade de capitaine au moins, et âgé de trente ans accomplis. L'adjoint du prévôt sera pris parmi les juges-auditeurs, ou les licenciés en droit.

287. Seront aptes à remplir les fonctions de juge ou de juge suppléant : les conseillers-auditeurs, le lieutenant de juge, les juges-auditeurs, s'ils ont vingt-cinq ans, et les magistrats honoraires.

Le juge militaire et son suppléant devront être pris parmi les officiers de l'armée de terre ou de mer ayant le grade de capitaine au moins, et âgés de vingt-sept ans accomplis.

288. Les fonctions de ministère public seront exercées près la cour prévôtale par le procureur général, ou par celui des conseillers-auditeurs qu'il aura délégué.

289. Les fonctions de greffier seront remplies par le greffier de la cour ou du tribunal de première instance, et, à leur défaut, par leurs commis assermentés.

290. Pourront être déclarés justiciables de la cour prévôtale, sans distinction de classe ni de profession civile ou militaire, ceux qui seront prévenus d'avoir commis l'un des crimes qualifiés au Code pénal par les art. 75 à 85 inclusivement, 91 à 108 inclusivement, 210, 211, § 1er, 213 à 217 inclusivement, 219, 265 à 268 inclusivement, 301, 434 à 436 inclusivement, et 452.

Toutefois, la compétence de la cour prévôtale sera restreinte à ceux des crimes ci-dessus énoncés dont la connaissance lui aura été spécialement attribuée par l'arrêté qui l'aura établie.

291. Dans chaque affaire qui lui sera soumise, et avant de décider s'il y a lieu ou non d'ordonner la mise en accusation des prévenus, la cour prévôtale statuera sur sa compétence.

292. Les arrêts de compétence ou d'incompétence, rendus par la cour prévôtale, ne pourront être attaqués par la voie de cassation. Ils seront transmis dans le plus bref délai au conseil privé, qui statuera définitivement sur la confirmation ou l'annulation de ces arrêts.

Dans ce cas, le conseil sera composé et procédera de la manière prescrite par l'article 169 de notre ordonnance du 27 août 1828.

293. La cour prévôtale ne pourra rendre arrêt qu'au nombre de six juges.

L'officier du ministère public se retirera lors de la délibération.

294. Avant d'entrer en fonctions, les membres de la cour prévôtale prêteront devant le gouverneur, ou, sur sa délégation, devant la cour royale, le serment dont la formule suit :

« Je jure et promets, devant Dieu, d'exa-
« miner avec l'attention la plus scrupu-
« leuse les affaires qui me seront soumises,
« et de remplir avec impartialité et fermeté
« les fonctions qui me sont confiées. »

295. La cour prévôtale pourra, d'office ou sur la réquisition du ministère public, déclarer qu'il y a lieu par elle à se transporter dans tel quartier qu'elle aura indiqué.

La délibération ne sera exécutée que sur l'approbation du gouverneur en conseil.

296. Il sera tenu, au greffe de la cour prévôtale, un registre sur lequel seront inscrites les affaires qui seront portées devant elle. Elles seront jugées dans l'ordre indiqué par le président.

297. Tout ce qui est relatif au mode d'instruction et au jugement des affaires soumises à la cour prévôtale, sera réglé par le Code d'instruction criminelle. Il en sera de même du mode de rédaction des arrêts.

298. Il sera tenu, au secrétariat du conseil privé, un registre où seront inscrites les décisions du conseil sur les arrêts de compétence ou d'incompétence rendus par la cour prévôtale.

Les décisions du conseil sur ces arrêts seront transmises au procureur général, à la diligence du contrôleur colonial.

299. Le greffier de la cour prévôtale transmettra mensuellement au procureur général l'état des arrêts rendus par cette cour dans le mois précédent, en distinguant les arrêts de compétence ou d'incompétence, les arrêts qui déclareront n'y avoir lieu à suivre, ceux qui ordonneront la mise en accusation, et les arrêts définitifs.

Cet état indiquera, en outre, la nature de l'accusation, les noms et prénoms des accusés, avec distinction de sexe, d'âge, de classe et de couleur, et la mention des condamnations et des acquittemens.

300. Au commencement de chaque mois, le procureur général transmettra à notre ministre de la marine et des colonies l'état prescrit par l'article précédent, ainsi que celui des décisions du conseil privé sur les arrêts de compétence de la cour prévôtale.

Il y joindra ses observations.

301. A l'expiration des fonctions de la cour prévôtale, les minutes de ses arrêts, ses registres, ainsi que toutes les pièces et procédures, seront déposés au greffe de la cour royale.

302. Les dispositions relatives aux honneurs et préséances dont jouira la cour d'assises seront applicables à la cour prévôtale.

Dans le cas où la cour prévôtale siégerait dans le même lieu que la cour d'assises, elle prendra rang après celle-ci.

TITRE X. *Disposition générale.*

303. Toutes dispositions concernant l'organisation de l'ordre judiciaire et l'administration de la justice à la Guiane française sont et demeurent abrogées en ce qu'elles ont de contraire à la présente ordonnance.

304. Notre ministre de la marine et des colonies (M. Hyde de Neuville) est chargé, etc.

Extrait des lettres-patentes de Louis XV, en forme d'édit, concernant les esclaves nègres des îles de France et de Bourbon (1).

A Versailles, décembre 1723.

Art. 51. Déclarons les affranchissemens faits dans les formes ci-devant prescrites tenir lieu de naissance dans nosdites îles, et les affranchis n'avoir besoin de nos lettres de naturalité pour jouir des avantages de nos sujets naturels dans notre royaume, terres et pays de notre obéissance, encore qu'ils soient nés dans les pays étrangers; déclarons cependant lesdits affranchis, ensemble les nègres libres, incapables de recevoir des blancs aucune donation entre-vifs à cause de mort, ou autrement; voulons qu'en cas qu'il leur en soit fait aucune, elle demeure nulle à leur égard et soit appliquée au profit de l'hôpital le plus prochain.

Signé LOUIS.

Et plus bas, *signé* PHÉLYPEAUX.

———

Extrait des lettres-patentes en forme d'édit, concernant les esclaves nègres des îles de France et de Bourbon.

Art. 53. « Octroyons aux affranchis les « mêmes droits, priviléges et immunités « dont jouissent les personnes nées libres; « voulons que le mérite d'une liberté acquise produise en eux, tant pour leurs « personnes que pour leurs biens, les « mêmes effets que le bonheur de la liberté « naturelle cause à nos autres sujets, le « tout cependant aux exceptions portées « par l'article 51 des présentes. »

Donné à Versailles, au mois de décembre 1723.

Signé LOUIS.

Et plus bas, *signé* PHÉLYPEAUX.

———

Déclaration du Roi (Louis XV) *en interprétation de l'édit de 1685 contre les esclaves, sur les donations faites à des personnes de sang mêlé, et le recélé d'esclaves* (2).

A Versailles, 5 février 1726 (enregistré au conseil souverain).

Louis, etc., salut.

Le feu roi, notre très honoré seigneur et bisaïeul, aurait, par ses lettres-patentes en forme d'édit du mois de mars 1685, établi une loi et des règles certaines sur ce qui concerne l'état et la qualité des esclaves aux îles de l'Amérique. Mais, sur les représentations qui nous ont été faites, qu'il convient au bien et à l'avantage de nosdites colonies d'ajouter à certaines dispositions dudit état, et d'en retrancher d'autres, eu égard aux circonstances présentes :

A ces causes, de notre certaine science, pleine puissance et autorité royale, nous, en interprétant, en tant que besoin est, ledit édit du mois de mars 1685, avons dit, déclaré et ordonné, et, par ces présentes, disons, déclarons et ordonnons, voulons et nous plaît ce qui suit : que l'article 39 du-

———

(1,2) Voy. ordonnance du 24 février 1831.

dit édit soit exécuté selon sa forme et teneur ; et en conséquence, que les affranchis
qui auront donné retraite dans leurs maisons aux esclaves fugitifs, soient condamnés
par corps envers le maître en l'amende de
trois cents livres de sucre par chaque jour
de rétention ; et les autres personnes libres
qui leur auront donné pareille retraite, en
dix livres tournois d'amende par chaque
jour de rétention ; et en ajoutant à cet article, ordonnons que, conformément à ce
qui est porté par notredit édit du mois de
mars 1724, qui sert de loi pour les esclaves,
de notre province de la Louisiane, faute
par lesdits nègres affranchis ou libres qui
auront donné retraite auxdits esclaves, de
pouvoir payer ladite amende de trois cents
livres de sucre par chaque jour de rétention
des esclaves fugitifs, ils soient réduits à
la condition d'esclave, et, comme tels,
vendus au plus offrant et dernier enché-
risseur, à la diligence de notre procureur
en la juridiction en laquelle ils seront de-
meurants.

Voulons que, si le prix provenant de la
vente qui en sera faite excède l'amende encourue, le surplus soit adjugé au profit de
l'hôpital le plus prochain : voulons aussi
que, conformément à ce qui est porté par
l'art. 52 de notredit édit du mois de mars
1724, tous esclaves affranchis ou nègres,
leurs enfants et descendants, soient incapables de recevoir, à l'avenir, des blancs
aucune donation entre-vifs, à cause de mort
ou autrement, sous quelque dénomination
ou prétexte que ce puisse être, nonobstant
ce qui est porté par les art. 56, 57 et 59
dudit édit du mois de mars 1685, auxquels
nous avons dérogé et dérogeons par ces
présentes pour cet égard seulement, et
ordonnons qu'en cas qu'il soit fait auxdits
nègres affranchis ou libres, ou à leurs enfants et descendants, aucuns dons ou legs
en quelque manière que ce soit, ils demeureront nuls à leur égard, et soient appliqués au profit de l'hôpital le plus prochain.
Ordonnons, au surplus, que notredit édit
du mois de mars 1685 soit exécuté selon sa
forme et teneur.

Si donnons en mandement, etc.

Pour copie conforme :

Le secrétaire général de la marine,

Signé BOUCHER.

28 DÉCEMBRE 1828. — Ordonnance qui autorise
le duc de Padoue à échanger des biens prove-

nant du majorat à lui constitué sur le domaine
extraordinaire. (Bull. O. 45 bis, n. 3.)

22 MARS 1829. — Ordonnance qui accorde des
lettres de naturalité au sieur Hindelet. (Bull.
supp., n. 10687.)

5 AVRIL 1829. — Ordonnance qui accorde des
lettres de déclaration de naturalité au sieur
Van de Veen. (Bull. O., 2e sect., n. 7176.)

13 MAI 1829 = 21 DÉCEMBRE 1833. — Ordonnance
du roi relative au nombre et au traitement des
inspecteurs généraux des haras, et à la circonscription des arrondissements d'inspection. (IX,
Bull. O. CCLXXV, 1re sect., n. 5101.)

Charles, etc., vu nos ordonnances des 16
janvier 1825, 12 novembre et 10 décembre
1828 (1) ; sur le rapport de notre ministre
secrétaire d'Etat de l'intérieur, etc.

Art. 1er. La place d'inspecteur général
des haras, actuellement vacante, est supprimée. Le deuxième arrondissement d'inspection sera réparti, par notre ministre
de l'intérieur, entre les troisième, quatrième et cinquième arrondissements.

2. Le nombre des inspecteurs généraux
des haras sera réduit à six lors de la première vacance. A cette époque, la circonscription des six arrondissements sera établie conformément au tableau ci-annexé.

3. Le traitement des inspecteurs généraux est fixé à *six mille francs*. Ceux de ces
inspecteurs qui jouissent d'une indemnité
de trois mille francs, en vertu de l'art. 10
de notre ordonnance du 16 janvier 1825, ne
recevront à l'avenir que deux mille francs,
à titre de supplément de traitement.

4. Notre ministre de l'intérieur (M. de
Martignac) est chargé, etc.

TABLEAU DES HARAS ET DÉPÔTS. *Circonscription des arrondissements.*

Premier arrondissement. Etablissements : le Pin,
le Bec, Saint Lô, Abbeville, Braisne. — Départements : Orne, Sarthe, Eure-et-Loir, Seine, Seine-
et-Oise, Calvados, Eure, Seine-Inférieure, Manche,
Somme, Nord, Pas-de-Calais, Oise, Aisne, Ardennes.

Deuxième arrondissement. Etablissements : Ro-
sières, Montiérender, Auxerre, Strasbourg, Besançon. — Départements : Meurthe, Meuse, Moselle,
Vosges, Haute-Marne, Marne, Aube, Yonne, Seine-
et-Marne, Haut-Rhin, Bas-Rhin, Doubs, Jura,
Haute-Saône.

Troisième arrondissement. Etablissements : Lan-

(1) Cette ordonnance n'est pas de nature à
être insérée aujourd'hui au Bulletin des lois : elle
porte nomination des membres de la commission

créée par ordonnance du 12 novembre 1828, et
se trouve au Moniteur du 12 décembre de la
même année.

gonnet, Lamballe, Angers, Saint-Maixent, Saint-Jean-d'Angely. — Départements : Morbihan, Finistère, Côtes-du-Nord, Ille-et-Vilaine, Maine-et-Loire, Mayenne, Loire-Inférieure, Deux-Sèvres, Vendée, Vienne, Charente, Charente-Inférieure.

Quatrième arrondissement. Etablissements : Blois, Corbigny, Cluny, Pompadour. — Départements : Loir-et-Cher, Indre, Indre-et-Loire, Loiret, Nièvre, Cher, Allier, Saône-et-Loire, Ain, Côte-d'Or, Rhône, Corrèze, Haute-Vienne, Creuse.

Cinquième arrondissement. Etablissements : Libourne, Villeneuve, Pau, Tarbes, Perpignan. — Départements : Gironde, Dordogne, Lot-et-Garonne, Tarn-et-Garonne, Basses-Pyrénées, Landes, Hautes-Pyrénées, Gers, Haute-Garonne, Pyrénées-Orientales, Ariége, Aude.

Sixième arrondissement. Etablissements : Parentignac, Grenoble, Aurillac, Rodès, Arles. — Départements : Puy-de-Dôme, Loire, Haute-Loire, Isère, Drôme, Ardèche, Hautes-Alpes, Cantal, Lot, Aveyron, Tarn, Lozère, Hérault, Bouches-du-Rhône, Var, Basses-Alpes, Gard, Vaucluse.

---

20 MAI 1829. — Ordonnance qui accorde des lettres de naturalité au sieur Garcia. (Bull. O. 87, n. 2455.)

---

21 JUIN 1829. — Ordonnance qui accorde des lettres de déclaration de naturalité au sieur Colliuet. (Bull. O., 2e sect., n. 6522.)

---

29 JUILLET 1829. — Ordonnance qui accorde des lettres de déclaration de naturalité au sieur Grondona (Louis-Joseph). (Bull. O., 2e sect., n. 4990.)

---

12 AOUT 1829. — Lettres de naturalité accordées au sieur Pretzer. (Bull. O., 2e sect., n. 337.)

---

26 AOUT 1829. — Ordonnance qui accorde des lettres de déclaration de naturalité au sieur Dufour. (Bull. O., 2e sect., n. 5480.)

---

23 SEPTEMBRE 1829 = 1er SEPTEMBRE 1831. — Ordonnance du roi sur le tarif de pilotage aux ports de la Nouvelle et de Bastia. (IX, Bull. O. XCIX, n. 2772.)

Charles, etc., sur le rapport de notre ministre de la marine et des colonies; vu la loi du 15 août 1792, et le décret du 12 décembre 1806 sur le pilotage; vu notre ordonnance du 26 juillet dernier, et le règlement général du pilotage dont elle a autorisé la mise en vigueur dans l'arrondissement maritime de Toulon, etc.

Art. 1er. Les dispositions additionnelles au susdit règlement général de pilotage, arrêtées le 3 septembre courant, en ce qui touche les ports de la Nouvelle et de Bastia, par le conseil d'administration de la marine à Toulon, et contenues dans le règlement supplémentaire ci-annexé, sont approuvées.

Ces dispositions seront exécutées de la manière prescrite pour le règlement général, auquel elles se rattachent.

2. Notre ministre de la marine et des colonies (baron d'Haussez), etc.

Dispositions additionnelles au règlement général sur le service du pilotage dans les ports du cinquième arrondissement maritime.

Titre Ier. Port de la Nouvelle.

Art. 1er. Le droit de lamanage établi sur les bâtiments français à l'entrée du port de la Nouvelle est réduit à sept centimes par tonneau. Cette réduction est applicable aux bâtiments espagnols, anglais, américains, mexicains, brésiliens, et autres bâtiments qui, par l'effet des traités, seront ultérieurement assimilés aux français.

2. Les charbons de pierre et les soudes végétales, autres que celles appelées *salicor*, seront exempts de droit de lamanage à l'entrée et à la sortie du port de la Nouvelle. Le droit perçu sur les oranges y sera réduit à dix centimes par quintal métrique; celui sur le vin, à huit centimes par hectolitre; celui sur les esprits trois-sixièmes, à vingt-cinq centimes par hectolitre; celui sur les autres preuves d'eau-de-vie, à quinze centimes par hectolitre.

3. Les art. 84 et 85 du règlement sur le pilotage du cinquième arrondissement maritime, délibéré par le conseil d'administration de la marine à Toulon, le 23 novembre 1827, et approuvé par ordonnance royale du 26 juillet 1829, sont rapportés en ce qu'ils ont de contraire aux art. 1 et 2 du présent.

Titre II. Port de Bastia.

4. Il y aura un pilote lamaneur à Bastia.

5. Il sera pourvu aux salaires de ce pilote, au moyen d'un tarif semblable en tout point à celui suivi au port d'Ajaccio, et contenu en l'art. 97 du règlement délibéré par le conseil d'administration de la marine à Toulon, le 23 novembre 1827, et approuvé par ordonnance royale du 26 juillet 1829.

6. Les art. 98, 99 et 100 dudit règlement seront également applicables au port de Bastia. Le conseil d'administration de la marine, ayant examiné et discuté le projet qui précède, et que M. le commissaire général, chef d'administration, lui a présenté avec son rapport et les délibérations des assemblées commerciales de Narbonne et de Bastia, est d'avis que ce projet doit être envoyé à son excellence le ministre de la marine pour être soumis à la sanction royale. Toulon, le 3 septembre 1829.

---

23 SEPTEMBRE 1829. — Ordonnance qui accorde des lettres de naturalisation en faveur du sieur Poncelet (Guillaume). (Bull. O., 2e sect., n. 4257.)

---

25 OCTOBRE 1829. — Ordonnance qui accorde des lettres de naturalité au sieur Clermont. (Bull. O. 87, n. 2456.)

---

8 NOVEMBRE 1829. — Ordonnance qui accorde

des lettres de naturalité au sieur Noël. (Bull. supp., n. 14348.)

————

11 novembre 1829. — Ordonnance qui accorde des lettres de naturalité au sieur Azanza. (Bull. O. 87, n. 2457.)

————

22 novembre 1829 = 22 novembre 1831. — Ordonnance du roi concernant l'organisation de la conservation des hypothèques à l'île de Bourbon (1). (IX, Bull. O. CXVIII, n. 3327.)

Charles, etc.

Titre Iᵉʳ. *De la conservation des hypothèques.*

Chapitre Iᵉʳ. Du bureau de la conservation.

Art. 1ᵉʳ. Le bureau de conservation des hypothèques, établi à l'île de Bourbon continuera d'être placée dans la ville où siége le tribunal de première instance.

Chapitre II. Des fonctions du conservateur, de ses obligations, de celles des notaires et greffiers.

2. Le conservateur est chargé, sous sa propre responsabilité, conformément aux dispositions du chapitre X, titre XVIII, livre III du Code civil, de l'accomplissement des formalités prescrites pour la conservation des hypothèques, et de la perception des droits établis au profit du gouvernement.

3. Le conservateur est tenu de résider dans le lieu où il exerce ses fonctions.

4. Il aura son domicile de droit dans son bureau pour toutes les contestations auxquelles sa responsabilité donnera lieu : ce domicile durera aussi longtemps que sa responsabilité.

5. Toute poursuite pourra être dirigée contre le conservateur, même quand il ne serait plus en exercice, ou contre ses ayants-cause, à son domicile de droit.

6. Le conservateur devra avoir cinq registres, savoir :

Le premier, pour l'enregistrement du dépôt des pièces, tenu en exécution de l'art. 2200 du Code civil, sur lequel seront inscrites, jour par jour et par ordre numérique, toutes les remises d'actes qui seront faites au conservateur : ce registre aura une colonne où sera porté le montant du droit perçu pour chaque acte déposé, conformément à l'art. 44 ci-après.

Le conservateur donnera au requérant une reconnaissance qui rappellera le numéro du registre de dépôt, et il ne pourra transcrire les actes, ni enregistrer les dénonciations de saisies et les notifications de placards, ni inscrire les bordereaux sur le registre à ce consacré, qu'à la date et dans l'ordre des remises qui lui en auront été faites.

Le second registre, tenu en conformité de l'art. 2150 du Code civil, et destiné à l'inscription des bordereaux de créances hypothécaires.

Le troisième, destiné, en conformité de l'art. 2181 du Code civil, à la transcription des actes translatifs de propriété ou d'usufruit de biens immeubles.

Le quatrième, tenu conformément à l'art. 677 du Code de procédure civile, et destiné à la transcription des procès-verbaux de saisie immobilière, et à recevoir en marge la mention de l'enregistrement des actes transcrits sur le registre désigné au paragraphe suivant.

Et le cinquième, sur lequel seront enregistrées les dénonciations de saisies immobilières à la partie saisie, conformément à l'art. 681 du Code de procédure civile, et les notifications de placards aux créanciers inscrits, conformément à l'art. 696 du même Code.

Mention de l'enregistrement de chaque acte sur ce dernier registre sera faite en marge de la transcription de la saisie portée sur le quatrième registre, et le conservateur énoncera, dans ses relations au pied de ces actes, ainsi que dans les certificats ou copies qu'il délivrera, que cette mention a été faite.

La radiation de la saisie, lorsqu'elle aura lieu, sera aussi mentionnée en marge de chaque acte porté sur ce cinquième registre.

7. Chaque registre sera coté et paraphé à chaque page par première et dernière, par le juge royal.

8. Tous les enregistrements seront faits, jour par jour, dans l'ordre du registre des dépôts, sans blanc ni intervalle; chacun d'eux portera un numéro d'ordre, et sera signé du conservateur.

Ce numéro sera rapporté sur chacun des actes qui doivent rester au bureau.

Toutes les mentions qui doivent être faites sur les registres, seront également signées par le conservateur.

————

(1) La conservation des hypothèques a été établie à la Guadeloupe et à la Martinique par ordonnance du 14 juin 1829, et à la Guiane par ordonnance du 31 décembre 1828.

9. Les arrêtés qui, conformément à l'article 2201 du Code civil, doivent être effectués chaque jour, à l'instant où le bureau est fermé au public, seront inscrits immédiatement après le dernier enregistrement, ou le dernier arrêté, sans intercalation, et sans qu'il puisse en être mis plus d'un dans la même case, pour les registres divisés en cases, ni plus d'un sur la même ligne, pour les registres qui ne sont pas divisés en cases.

Chaque arrêté sera écrit en toutes lettres par le conservateur, et signé par lui.

Les contraventions aux dispositions du présent article seront punies de l'amende portée par l'art. 2202 du Code civil, sans préjudice des amendes résultant des autres contraventions prévues par ledit article et par l'art. 2203.

10. Aucune formalité hypothécaire ne pourra être remplie les dimanches et jours de fêtes légales.

Ces jours seront désignés dans l'arrêté inscrit sur le registre, indépendamment de la date.

11. Les formalités hypothécaires s'accomplissent, savoir :

1º A l'égard de l'inscription, par la copie littérale, sur le registre à ce destiné, de l'un des bordereaux présentés par le requérant ou rédigés par les notaires, ou par le conservateur, dans le cas prévu par l'art. 16 ci-après ;

2º A l'égard de la transcription, par la copie littérale des actes soumis à cette formalité.

Dans les deux cas, le conservateur remettra au requérant le bordereau inscrit ou l'acte transcrit, et il certifiera, au pied, avoir accompli la formalité, dont il énoncera la date, le volume et le numéro.

12. Les déclarations de changement de domicile seront faites en marge de l'inscription qu'elles concernent, et signées par le créancier ou par son mandataire spécial, à moins que le changement de domicile n'ait été consenti par un acte authentique dont l'expédition sera remise au conservateur.

A défaut d'espace en marge de l'inscription, le changement du domicile sera constaté sur le registre, à la date courante; mention en sera faite en marge de l'inscription, ainsi que sur le bordereau, dans le cas où il serait représenté par la partie.

13. Les cessions de priorité et les subrogations dans des inscriptions hypothécaires seront mentionnées en marge de

l'inscription du cédant, d'après le dépôt fait au conservateur d'une expédition de l'acte authentique par lequel les cessions ou subrogations auront été consenties. Ces mentions devront, en outre, être signées par le créancier, dans le cas où l'acte déposé ne contiendrait pas la nouvelle élection de domicile faite par le créancier subrogé.

14. Toutes les fois qu'il ne sera pas requis une nouvelle inscription en vertu d'un acte de prorogation de délai, la mention de la nouvelle époque d'exigibilité pourra être faite en marge de la première inscription, sur la simple représentation de l'expédition de l'acte authentique.

15. Les erreurs, omissions ou irrégularités commises sur les registres, ne pourront être rectifiées qu'au moyen d'une nouvelle formalité accomplie par le conservateur à la date courante, sans préjudice toutefois des droits acquis à des tiers antérieurement à la seconde formalité, et du recours en garantie, s'il y a lieu, contre le conservateur.

La seconde formalité rappellera la date, le volume et le numéro de celle qu'elle a pour objet de rectifier, et mention en sera faite en marge de la première formalité.

Les extraits ou certificats qui seront délivrés par le conservateur devront les comprendre toutes les deux.

16. Les notaires seront tenus, sous leur responsabilité personnelle, de requérir l'inscription ou la radiation des hypothèques conventionnelles, d'après la minute des actes constitutifs de ces hypothèques, ou de ceux qui en contiendraient main-levée.

Pour opérer l'inscription, ils seront tenus de déposer au conservateur les bordereaux prescrits par l'art. 2148 du Code civil, dans le délai, savoir : de cinq jours, pour les notaires résidant dans le lieu où est établi le bureau de la conservation; et de quinze jours, pour ceux résidant dans les autres communes. Ces délais courront à compter du jour de l'enregistrement.

Pour faire opérer la radiation, les notaires remettront au conservateur une expédition de l'acte qui contient la main-levée, dans les délais ci-dessus fixés.

Toutefois, les parties pourront, par une déclaration faite dans l'acte, se réserver le droit de requérir elles-mêmes la formalité de l'inscription ou de la radiation; et, dans ce cas, les notaires seront dispensés des obligations qui leur sont imposées par le présent article.

Dans aucun cas, l'inscription des hypothèques judiciaires, et la radiation des hypothèques dont la main-levée aura été ordonnée par jugement, ne pourront être opérées que sur la réquisition des parties.

17. Les notaires seront également tenus de faire opérer la transcription des actes passés devant eux et qui seraient translatifs de propriété ou d'usufruit de biens immobiliers.

Il en sera de même à l'égard des actes désignés dans l'art. 1069 du Code civil.

A cet effet, les notaires devront en présenter une expédition au conservateur, dans les délais fixés par l'article 16. La mention de la transcription, mise par le conservateur sur l'expédition, sera rapportée littéralement sur la minute de l'acte.

18. Les dispositions de l'article précédent s'appliqueront aux greffiers, à l'égard des jugements d'adjudication rendus par le tribunal près duquel ils exercent leurs fonctions.

19. Les notaires ne pourront recevoir en dépôt les actes sous signatures privées, de la nature de ceux désignés dans l'article 17, en faire aucun usage, ni aucune mention, sans qu'ils aient été préalablement soumis à la formalité de la transcription; ils rapporteront tout au long dans leurs minutes la mention de la transcription mise par le conservateur sur lesdits actes.

20. Dans aucun cas, les notaires ne pourront délivrer aucune grosse ou première expédition d'actes devant donner lieu à l'inscription, sans y joindre le bordereau inscrit, sauf l'exception prévue par l'avant-dernier alinéa de l'article 16 ci-dessus.

A l'égard des actes donnant lieu à la transcription, les notaires et les greffiers ne pourront en délivrer aucune expédition sans qu'elle porte la mention de l'accomplissement de cette formalité.

21. Chaque contravention par les notaires et les greffiers aux dispositions des articles 16, 17, 18, 19, qui précèdent, sera punie de l'amende prononcée en l'article 2202 du Code civil, sans préjudice des dommages et intérêts des parties, lesquels seront payés avant l'amende, conformément au même article.

Les contraventions aux dispositions de l'art. 20 seront punies d'une amende de cinquante francs par chaque contravention.

22. Les extraits, états, certificats ou copies des registres, à délivrer, devront être conformes aux intentions clairement exprimées par les réquérants dans leurs demandes.

En conséquence, le conservateur ne pourra refuser de délivrer, soit des états généraux des hypothèques de son arrondissement, soit des états d'hypothèques partielles, supplémentaires, ou d'une époque à une autre, soit des états d'hypothèques spéciales sur un individu ou sur un immeuble désigné.

23. A défaut de désignation précise par les requérants, les états devront comprendre toutes les inscriptions, à l'exception de celles périmées, ou renouvelées seulement après la période de dix années, à moins que les requérants n'aient fait à cet égard une demande spéciale, et, dans ce cas, le conservateur en fera mention expresse dans les états ou certificats qu'il délivrera.

Lorsqu'une inscription aura été renouvelée dans la période de dix ans, l'état devra comprendre la première inscription, ainsi que les inscriptions de renouvellement.

24. Les états ou certificats seront, dans tous les cas, cotés et paraphés sur chaque feuillet et au bas de chaque page par le conservateur. Dans la clôture de chaque état, il indiquera le nombre d'inscriptions qui y sont contenues.

25. Indépendamment des registres prescrits par l'article 6 ci-dessus, le conservateur tiendra un registre répertoire sur lequel seront portés, par extrait, au fur et à mesure de l'accomplissement des formalités, sous le nom de famille de chaque grevé ou de chaque nouveau possesseur, et à la case qui lui est destinée, les inscriptions à sa charge, les radiations, les transcriptions, et tous autres actes qui le concernent. Les transcriptions d'actes de mutation seront, en outre, portées sous le nom du propriétaire exproprié.

Le registre-répertoire indiquera, pour chacun des actes mentionnés au présent article, le registre où il est inscrit, son numéro sur ce registre, sa nature, et le montant des sommes qui y sont exprimées.

Il sera formé, jour par jour, une table de ce répertoire, dans l'ordre alphabétique du nom de famille de l'individu désigné en tête de chaque case.

26. Le conservateur tiendra aussi une table alphabétique pour les majorats, sous le nom de famille des propriétaires qui auront requis la transcription d'actes et lettres-patentes concernant les majorats.

27. Le conservateur sera tenu de remettre, dans le premier mois de chaque

année, au directeur de l'intérieur, pour être envoyés au dépôt des chartes coloniales :

1º Un registre contenant l'indication sommaire des inscriptions de créances hypothécaires, et énonçant, pour chaque inscription, le numéro et la date, les noms, prénoms, professions et domiciles du créancier et de l'individu grevé, la date et la nature du titre, le montant et la nature de la créance, et l'époque de l'exigibilité, la désignation des biens affectés ;

2º Un registre des transcriptions des actes de mutation, contenant l'analyse des actes authentiques et la copie littérale des actes sous-seing privé ;

3º Un registre indiquant les radiations d'inscriptions faites dans l'année, rappelant le numéro et le volume, et énonçant la somme pour laquelle la main-levée est donnée, la date de cette main-levée, le nom du débiteur, et la désignation de l'immeuble dégrevé.

Chacun de ces registres contiendra le montant, en chiffres, des créances inscrites ou radiées, et le prix exprimé dans les actes de mutation. Ces sommes seront additionnées au bas de chaque page, et le total en sera fait pour l'année.

28. Avant d'entrer en fonctions, le conservateur fera transcrire sa commission au greffe du tribunal de première instance. Il prêtera, à l'audience publique de ce tribunal, le serment de remplir avec fidélité et exactitude les fonctions qui lui sont confiées.

29. En cas d'absence ou d'empêchement, le conservateur sera suppléé dans ses fonctions par le préposé chargé de la vérification du service, et, à défaut, par le surnuméraire ou par celui de ses employés qu'il désignera lui-même.

30. S'il y a vacance des fonctions de conservateur par décès ou autrement, le cas de démission excepté, ces fonctions seront remplies provisoirement par le préposé désigné dans l'article précédent, et, à son défaut, par un surnuméraire, sur la désignation du directeur de l'intérieur.

L'employé ainsi désigné sera responsable de sa gestion.

Le démissionnaire ne cessera ses fonctions qu'après l'installation de son successeur, et jusque-là il demeurera responsable de la gestion.

31. Le conservateur devra tenir son bureau ouvert au public pendant six heures chaque jour, excepté les dimanches et jours de fêtes légales.

Les heures de séance seront affichées à la porte du bureau ; elles seront les mêmes que pour l'enregistrement.

CHAPITRE III. Du cautionnement du conservateur.

32. Le conservateur sera tenu de fournir un cautionnement, dont le montant sera ultérieurement fixé en raison de la population, sur la proposition du gouverneur en conseil.

33. Le cautionnement pourra être fourni, soit en immeubles situés en France ou dans la colonie, soit en rentes sur l'Etat, ou en actions de la Banque de France, ou de la caisse d'escompte et de prêts de l'île de Bourbon.

34. Le cautionnement ne pourra être consenti que par acte authentique.

S'il est fourni en immeubles, il sera reçu par le tribunal de première instance de leur situation, contradictoirement avec le procureur du Roi près ce tribunal. Les pièces établissant la valeur de l'immeuble seront produites par le conservateur.

35. Si le cautionnement est fourni en rentes sur l'Etat, ou en actions de la Banque de France ou de la caisse d'escompte et de prêts de la colonie, il sera reçu dans la même forme par le tribunal de première instance du lieu de la résidence du conservateur, sur la justification préalable que lesdites rentes ou actions ont été immobilisées et affectées spécialement au cautionnement.

36. Le conservateur sera tenu de faire recevoir son cautionnement dans les délais suivants, savoir :

1º Dans un mois, si le cautionnement doit être reçu par le tribunal de la colonie ;

2º Dans neuf mois, si le cautionnement consiste en immeubles situés hors de la colonie.

Ces délais courront du jour de l'enregistrement de la commission du conservateur au greffe du tribunal de première instance de l'île de Bourbon.

37. Si le cautionnement a été reçu par un tribunal situé hors de la colonie, l'expédition, tant de l'acte de cautionnement que du jugement de réception, sera déposée au greffe du tribunal de la colonie, à la diligence du conservateur, dans les neuf mois, à partir de la date de ce jugement.

38. Dans tous les cas, l'expédition, tant de l'acte de cautionnement que du jugement de réception, sera adressée par le conservateur au directeur de l'intérieur de la colonie, dans les délais prescrits par les articles 37 et 38 ci-dessus.

39. Immédiatement après la réception de son cautionnement, le conservateur sera tenu de prendre inscription sur les

Immeubles affectés à ce cautionnement, et de la renouveler six mois avant l'expiration de chaque période de dix années.

Le double du bordereau d'inscription et de renouvellement sera adressé par le conservateur au directeur de l'intérieur.

Le bordereau sera conforme au modèle annexé à la présente ordonnance.

40. Aucun changement ou substitution dans les biens affectés ne pourra s'opérer qu'avec les formalités prescrites pour l'admission du premier cautionnement.

41. Tous les frais de l'acte de cautionnement, du jugement de réception et de l'inscription, seront à la charge du conservateur.

42. L'affectation du cautionnement subsistera pendant toute la durée de la gestion du conservateur et pendant les dix années qui suivront la cessation de ses fonctions.

43. La main-levée des inscriptions ne pourra être ordonnée que par le tribunal qui aura reçu le cautionnement.

La requête en main-levée, présentée après dix années à partir de la cessation des fonctions du conservateur, sera appuyée :

1º D'un certificat du directeur de l'intérieur, constatant le jour précis de cette cessation ;

2º D'un certificat du greffier du tribunal de première instance du lieu de la résidence du conservateur, constatant qu'il n'existe aucune poursuite personnelle en garantie contre le conservateur, ni aucune action sur les biens affectés.

Si les immeubles affectés ne sont pas situés dans l'arrondissement du tribunal du lieu de la résidence du conservateur, il devra être produit, en outre, un certificat, dans la même forme, du greffier du tribunal de la situation desdits immeubles.

TITRE II. *Des droits et salaires.*

CHAPITRE Ier. Des droits au profit du Gouvernement.

44. Il sera perçu par le conservateur, au profit du Gouvernement, un droit fixe d'un franc pour chacune des formalités ci-après énoncées ; savoir :

Pour chaque inscription, excepté celles d'office, quel que soit le nombre des créanciers et des débiteurs d'une seule et même créance ;

Pour l'enregistrement de la dénonciation au saisi ;

Pour l'enregistrement de l'original de la notification de placards aux créanciers inscrits ;

Pour la radiation des saisies, et pour chaque transcription d'acte translatif de propriété immobilière, en forme authentique ou sous-seing privé.

Dans ce dernier cas, il est dû un droit pour chaque nouveau possesseur non indivis.

Tous les droits ci-dessus mentionnés seront portés en recette, article par article, sur le registre des dépôts dont la tenue est prescrite par l'art. 6 ci-dessus, et en même temps que le conservateur constatera sur ce registre le dépôt des pièces.

45. Il sera exercé un prélèvement de cinq pour cent, au profit du Gouvernement, sur chacun des articles de salaire payés au conservateur en conformité du chapitre suivant.

CHAPITRE II. Des salaires du conservateur.

46. Le conservateur recevra, pour chacun des actes et formalités désignés dans le tableau annexé à la présente ordonnance, un salaire qui sera déterminé provisoirement par le gouverneur en conseil, sauf notre approbation ultérieure.

Ce tableau, avec l'indication du salaire alloué pour chaque article, sera affiché dans le bureau du conservateur.

47. Il ne pourra être perçu ou exigé, sous le titre de droit de recherche, prompte expédition, ou, sous quelque dénomination que ce soit, aucun autre salaire que ceux dus pour les actes désignés audit tableau.

48. Le conservateur tiendra un registre conforme au modèle annexé à la présente ordonnance, sur lequel il portera, jour par jour, article par article, et par série de numéros, tous les salaires qui lui seront payés ; mention du numéro de l'article sera faite sur la quittance délivrée aux parties : le tout à peine, contre le conservateur, d'une amende de vingt francs pour chaque article ou mention omis ou incomplets, sans préjudice de toutes autres poursuites, s'il y a lieu.

Toutefois, il pourra porter en une seule ligne, à la fin de chaque mois, le nombre des articles enregistrés pendant le mois dans le registre des dépôts, et le nombre des inscriptions faites aussi pendant le mois, avec le montant en masse des salaires de ces articles.

Le prélèvement ordonné par l'art. 45 sera tiré hors ligne, à chaque article, dans la colonne à ce destinée.

Ce registre, sera arrêté, jour par jour, conformément aux dispositions de l'art. 8 ci-dessus.

CHAPITRE III. Du paiement des droits et salaires.

49. Les droits et salaires seront payés

par les requérans, sauf leur recours contre qui de droit, avant l'enregistrement sur le registre de dépôt.

50. Le conservateur donnera une quittance détaillée, article par article, et en toutes lettres, de tous les droits et salaires qui lui seront payés.

Cette quittance sera comprise dans la relation prescrite par l'art. 11 ci-dessus.

51. Les inscriptions de créances appartenant à l'Etat ou prises contre ses comptables, les inscriptions prises à la requête du ministère public, celles des hypothèques légales, celles des communes et des établissemens publics sur leurs receveurs et comptables, celles des mineurs et des interdits sur leurs tuteurs, celles des femmes sur leurs maris, seront faites sans avances de droits ni salaires.

Le conservateur énoncera, tant sur ses registres que sur e bordereau remis au requérant, le montant des droits et salaires qui seront dus il sera tenu d'en poursuivre le recouvrement contre le débiteur, dans la quinzaine de l'inscription.

TITRE III. Des instances et de la prescription.

CHAPITRE Ier. Des poursuites et instances.

52. Les contestations et poursuites relatives aux droits et aux salaires seront instruites et jugées suivant le mode réglé par le chapitre IX de notre ordonnance du 19 juillet 1829 sur l'enregistrement.

53. Toutes contestations, à raison de la responsabilité du conservateur envers les parties, seront instruites et jugées dans les formes ordinaires.

CHAPITRE II. De la prescription.

54. Les prescriptions établies pour les droits d'enregistrement par le chapitre VIII de notre ordonnance du 19 juillet 1829, s'appliqueront aux droits et salaires dus en vertu de la présente ordonnance.

55. Les droits et actions des parties contre le conservateur seront soumis aux prescriptions ordinaires.

56. Notre ministre de la marine et des colonies (baron d'Haussez) est chargé, etc.

Tableau des actes et formalités donnant lieu à un salaire pour le conservateur des hypothèques

NUMÉROS d'ordre.	DÉSIGNATION DES ACTES ET FORMALITÉS.	QUOTITÉ des salaires.
1.	Pour la rédaction des bordereaux, dans le cas prévu par l'avant-dernier alinéa de l'art. 16. *Sans qu'il y ait lieu d'en rédiger pour les inscriptions faites d'office, en conformité de l'art. 2108 du Code civil.*	
2.	Pour l'enregistrement, sur le registre des dépôts, des actes remis au conservateur ; pour l'accomplissement des formalités, et la reconnaissance qu'il doit délivrer de ce dépôt.	
3	Pour l'inscription de chaque hypothèque ou privilége, quel que soit le nombre des créanciers ou des débiteurs d'une seule et même créance.	
4.	Pour chaque inscription faite d'office par le conservateur, en vertu d'un acte translatif de propriété soumis à la transcription. . . . . *Il sera payé, en outre, un cinquantième pour chaque ligne de dix-huit syllabes de chaque inscription qui contiendrait plus de cinquante lignes.*	
5.	Pour chaque déclaration, soit de changement de domicile, d'époque d'exigibilité ou de subrogation. . . . . *Il ne sera dû qu'un seul salaire, si les trois changemens sont consentis par le même acte.*	
6.	Pour chaque mention de consentement à priorité d'hypothèque. .	
7.	Pour chaque radiation totale ou partielle d'inscription, y compris le certificat qui en est délivré immédiatement.	
8.	Pour chaque extrait ou copie d'inscript., y compris toutes les mentions qui la modifient.	
9	Pour chaque certificat qu'il n'existe pas d'inscript., et pour chaque individu y dénommé.	
10	Pour chaque rôle de transcription d'acte de mutation.	
11.	Pour chaque rôle de transcription de procès-verbal de saisie immobilière.	
12.	Pour l'enregistrement de la dénonciation de la saisie immobilière à la partie saisie ou à ses représentans, et la mention qui en est faite en marge de la transcription de la saisie.	
13.	Pour l'enregistrement de chaque exploit de notification de placard aux créanciers inscrits, quel qu'en soit le nombre, et la mention qui en est faite en marge de la transcription de la saisie.	
14.	Pour l'acte du conservateur, constatant son refus de transcription en cas de précédente saisie.	
15.	Pour la radiation partielle ou totale de la saisie immobilière, y compris toutes les mentions à en faire.	
16.	Pour chaque certificat de transcription ou de non transcription d'acte de mutation, ou de saisie, ou de non accomplissement d'autres formalités hypothécaires.	
17.	Pour chaque duplicata de quittance.	
18.	Pour chaque rôle de copie collationnée des actes déposés, transcrits ou enregistrés dans le bureau des hypothèques.	
19.	Pour chaque rôle de transcription de l'état indicatif des biens proposés pour former un majorat sur demande.	
20.	Pour radiation, en cas de refus, de la demande de l'impétrant.	
21.	Pour chaque rôle de transcription de l'acte de désignation des biens composant un majorat de propre mouvement. . . . . *Nota.* Dans toutes les copies, extraits ou transcriptions désignés sous les numéros 8, 10, 11, 18, 19 et 21 du présent tableau, les rôles d'écritures du conservateur seront calculés à raison de vingt-cinq lignes de dix-huit syllabes par page, et les fractions de rôle seront payées à raison d'un cinquantième par chaque ligne.	
22.	Pour la transcription de lettres-patentes portant institution de majorat, et pour celles autorisant l'aliénation ou le remploi des biens affectés, quel que soit le nombre de rôles : Majorat au titre de duc. . . . . *Idem,* de marquis ou de comte. . . . . *Idem,* de vicomte ou de baron.	

MODÈLE DU BORDEREAU DE L'INSCRIPTION A REQUÉRIR POUR LE CAUTIONNEMENT DU CONSERVATEUR.

A la diligence du sieur

étant à , colonie de , conservateur des hypothèques dans l'arrondissement du tribunal de première instance, , et au profit de toutes personnes qui, pour causes d'erreurs ou omissions dont la loi rend ledit conservateur responsable, auront à exercer une action en garantie sur les biens affectés à son cautionnement ci-après désignés, etc., etc.

(On se conformera pour le surplus à l'art. 2148 du Code civil.)

MODÈLE DU REGISTRE DE RECETTE DES SALAIRES DU CONSERVATEUR.

Nota. On ne portera dans la même colonne que des salaires de même quotité.

NUMÉRO D'ORDRE.	PRÉLÈVEMENT de 5 pour 100 au profit du Gouvernement.	DÉSIGNATION DES ACTES et formalités qui ont donné lieu aux salaires.	A	A	A	A	A	A	A	DROITS fixes pour la transcription des lettres-patentes des majorats.
			Rédaction des bordereaux, lorsqu'ils ne sont point présentés par les notaires ou les parties.	Inscriptions, radiations, extraits ou certificats; enregistremens de dénonciations de saisie et de notification de placards; actes de refus de transcription de saisie.	Déclarations de changement de domicile, d'époque d'exigibilité et de subrogation.	Enregistrement et reconnaissance de dépôt, duplicata de quitance.	par rôle de 25 syllabes de 18 syllabes. — Transcription d'actes de mutation et des états des biens de majorat.	par rôle de 25 lignes de 18 syllabes. — Transcription de proc.-verbaux de saisie.	par rôle de 25 lignes de 18 syllabes. — Copies ou extraits collationnés d'actes déposés, transcrits ou enregistrés.	

2 DÉCEMBRE 1829. — Ordonnance qui accorde des lettres de naturalité au sieur Schenck. (Bull. O. 87, n. 2458.)

28 DÉCEMBRE 1829 = 10 FÉVRIER 1831. — Ordonnance du roi portant distribution de fonds alloués pour les dépenses du bureau de commerce et des colonies pendant l'exercice de 1830. (IX, Bull. O. XLIJ, n. 1043.)

Charles, etc., vu la loi du 2 août 1829 qui affecte un crédit de trois millions deux cent soixante et dix-neuf mille huit cents francs aux dépenses ordinaires du ministère du commerce et des manufactures pendant l'exercice de 1830 ; nos deux ordonnances du 8 août 1829 portant la suppression du ministère du commerce et le rétablissement du bureau de commerce et des colonies ; notre ordonnance du 16 septembre 1829 qui partage entre les ministères de l'intérieur et des finances le crédit ouvert pour 1830 au ministère du commerce ; notre ordonnance du 8 décembre présent mois qui replace le bureau de commerce et des colonies dans les attributions du président de notre conseil des ministres ; l'art. 151 de la loi du 25 mars 1817 ; l'art. 2 de l'ordonnance royale du 14 septembre 1822 ; vu enfin notre ordonnance du 1ᵉʳ septembre 1827 ; sur le rapport de notre président du conseil des ministres, etc.

Art. 1ᵉʳ. Le crédit de trois cent un mille huit cents francs qui a été alloué par notre ordonnance du 16 septembre 1829 pour les dépenses du bureau de commerce et des colonies pendant l'exercice de 1830, est réparti ainsi qu'il suit : Chap. 1ᵉʳ. Traitement du président, 35,000 fr. Chap. 2. Personnel des bureaux, y compris les gens de service, 103,000 fr. Chap. 3. Indemnité allouée aux employés supprimés du ministère du commerce, 12,650 fr. Chap. 4. Matér. Loyer, 15,000 fr. Indemnité pour la résiliation du bail de l'hôtel du ministère du commerce et autres dépenses, 126,150 fr. Chap. 5. Appel, impressions, et publications de documents relatifs au commerce et à l'industrie, 10,000 fr. Total, 301,800 fr.

2. Nos ministres des affaires étrangères, président du conseil et des finances (prince Polignac et M. de Montbel) sont chargés, etc.

6 JANVIER 1830. — Ordonnance qui accorde des lettres de naturalité au sieur Benet. (Bull. O. 87, n. 2459.)

16 JANVIER 1830. — Ordonnance qui accorde des lettres de naturalité au sieur Equey. (Bull. O. 87, n. 2460.)

20 JANVIER 1830. — Lettres de naturalité accordées au sieur Piron. (Bull. O., 2ᵉ sect., n. 338.)

3 FÉVRIER 1830. — Ordonnance qui accorde des lettres de naturalité au sieur Seligmann. (Bull. O. 131, n. 3690.)

17 FÉVRIER 1830 = 29 JANVIER 1833. — Ordonnance du roi concernant l'annexe de l'entrepôt général des vins à Paris. (IX, Bull. O., 1ʳᵉ sect., n. 4643.)

Charles, etc., sur le rapport de notre ministre secrétaire d'État au département de l'intérieur ; vu l'ordonnance du 27 octobre 1819, relative au remplissage des liquides de la ville de Paris ; vu la délibération du conseil général faisant fonctions de conseil municipal de la ville de Paris, du 13 mars 1829 ; l'avis de notre ministre secrétaire d'État des finances ; notre conseil d'État entendu, etc.

Art. 1ᵉʳ. Le droit d'entrepôt, fixé par l'art. 4 de l'ordonnance du 27 octobre 1819 à cinquante centimes par hectolitre, sera réduit, sur l'annexe de l'entrepôt général des vins à Paris, à vingt-cinq centimes pour le vin seulement.

2. La faculté de laisser séjourner les eaux-de-vie sur ladite annexe pendant trois jours est accordée au commerce, mais sans réduction du droit pour ces liquides.

3. Le port aux Tuiles, jusqu'au ruisseau de la rue Pontoise, est adjoint au port annexe, sauf à affecter d'autres emplacements au débarquement des marchandises arrivant à destination, et qui débarqueront actuellement audit port aux Tuiles.

4. Il est accordé au commerce la faculté d'expédier directement les marchandises de l'annexe à l'extérieur, soit par eau, soit par terre, sous la condition que les expéditions par cette dernière voie, continueront à passer par l'entrepôt, pour la décharge des comptes-matière, et sans que ce passage puisse donner lieu à la perception du droit de cinquante centimes, lequel continuera à être perçu seulement sur les boissons qui séjourneront à l'entrepôt.

5. Nos ministres de l'intérieur et des finances (Montbel) sont chargés, etc.

17 FÉVRIER 1830. — Ordonnance qui accorde des lettres de naturalité au sieur Duraine. (Bull. O. 87, n. 2461.)

28 FÉVRIER 1830 = 8 DÉCEMBRE 1832. — Ordonnance du roi qui ouvre au ministre des finances, sur l'exercice 1830, un crédit de deux millions six cent soixante-un mille cent trente-trois francs pour les frais d'établissement d'un service rural de poste. (IX, Bull. O. CXCIX, 1ʳᵉ sect., n. 4566.)

Charles, etc., vu 1° l'art. 1ᵉʳ de la loi du 3 juin 1829, qui ordonne l'établissement, à partir du 1ᵉʳ avril 1830, d'un service de poste dans les communes du royaume où il n'existe pas de bureaux de poste ; 2° l'art. 5 de la même loi, qui a déterminé les ressources applicables aux frais de ce nouveau service ; considérant que l'évaluation de la dépense qu'il exigera n'a pu être comprise dans le budget des dépenses de 1830, préparé dès le commencement de 1829 ; voulant pourvoir à cette dépense, etc.

Art. 1er. Un crédit de deux millions six cent soixante-un mille cent trente-trois francs (2,661,133 fr.) est ouvert à notre ministre secrétaire d'Etat des finances pour solder les dépenses auxquelles sont évalués, pour 1830, les frais d'établissement et d'exécution ordonnés par la loi du 3 juin 1829, d'un service de poste dans les communes du royaume où il n'existe pas de bureaux de poste.

2. Le crédit de deux millions six cent soixante-un mille cent trente-trois francs, accordé par l'article précédent, formera l'objet d'une section spéciale, sous le n. 44 *bis* et sous le titre de *service rural*, dans le budget des dépenses du ministère des finances pour l'exercice 1830. La répartition de ce crédit est réglée ainsi qu'il suit, savoir : Chap. 1er. Salaires des facteurs ruraux, 1,800,000 fr. Chap. 2. Salaire des facteurs supplémentaires pour les banlieues des villes à bureaux composés, 54,000 fr. Chap. 3. Indemnités pour frais de distribution, 151,133 fr. Chap. 4. Traitement de vingt-cinq commis, 22,500 f. Chap. 5. Remplacement de facteurs malades et secours, 22,500 fr. Chap. 6. Création de deux cents bureaux de distribution, 30,000 fr. Chap. 7. Création de cent vingt services par entreprise, 100,000 fr. Chap. 8. Frais de matériel, 18,000 fr. Chap. 9. Travaux extraordinaires de nuit, 7,000 fr. Chap. 10. Première fourniture des boîtes et des timbres, 450,000 fr. Somme égale, 2,661,133 fr.

3. Notre ministre des finances (comte de Chabrol) est chargé, etc.

---

4 MARS 1830. — Ordonnance qui accorde des lettres de naturalité au sieur Hentz. (Bull. O. 87, n. 2462.)

---

11 MARS 1830. — Ordonnance qui accorde des lettres de naturalité au sieur Lalangue. (Bull. O. 87, n. 2463.)

---

14 MARS 1830. — Ordonnance approuvant des demi-soldes, pensions et suppléments accordés à divers marins y dénommés. (Bull. O. 76 *bis*.)

---

25 MARS 1830. — Ordonnance du roi relative aux affaires qui ne doivent pas être portées aux assemblées générales du conseil d'Etat. (Non insérée au Bulletin officiel.)

Charles, etc., considérant que certaines affaires du ministère de l'intérieur, mal à propos assimilées aux réglements d'administration publique, sont portées aux assemblées générales du conseil d'Etat, où elles ne peuvent donner lieu à aucunes observations ; qu'elles absorbent cependant, vu leur multiplicité, une grande partie de la séance, et ne permettent pas de donner à la discussion des affaires plus importantes tout le temps nécessaire, et qu'il en résulte pour ces dernières affaires des lenteurs préjudiciables soit à notre service, soit aux parties intéressées ; considérant que ces projets d'ordonnance, qui ne sont que de pure homologation, après avoir été étudiés et délibérés dans le comité de l'intérieur de notre conseil d'Etat, peuvent nous être immédiatement soumis sans aucun inconvénient, et même au grand avantage de la prompte expédition des affaires ; sur le rapport de notre garde des sceaux ministre secrétaire d'Etat au département de la justice, etc.

Art. 1er. Ne seront point portés à l'assemblée générale de notre conseil d'Etat, et nous seront immédiatement soumis, après avoir été délibérés par le comité de l'intérieur, les projets d'ordonnance, 1° qui autorisent l'acceptation des donations ou legs faits aux communes, aux établissements religieux ou de charité et autres, autorisés par la loi, lorsqu'ils n'ont donné lieu à aucune réclamation et ne s'élèvent pas au-dessus de 50,000 fr. ; les acquisitions, aliénations, concessions ou échanges de terrains par les communes, les arrondissements ou départements lorsqu'il n'y a été formé aucune opposition ; les acquisitions faites par l'administration des haras ; les baux à longues années par les communes, établissements publics, religieux ou de charité ; 2° qui accordent des pensions de retraite aux employés du ministère de l'intérieur, des départements, des communes ou des hospices ; 3° qui déterminent l'emploi des capitaux appartenant aux communes ou établissements publics, religieux ou de charité, lorsqu'ils ne s'élèveront pas au-dessus de 50,000 fr. ; 4° qui fixent le mode de jouissance des biens communaux, lorsqu'il n'y a pas opposition ; 5° qui portent déclaration d'utilité publique pour l'ouverture d'une route, d'une rue ou d'un canal, ou fixent les indemnités dues pour la plus-value du terrain ; qui classent les chemins au rang de routes départementales ou royales ; 6° qui autorisent l'établissement d'églises, de succursales ou autres établissements consacrés au culte, quand il n'y a pas d'opposition.

2. Les projets d'ordonnance sur les ob-

jets ci-dessus mentionnés porteront qu'ils ont été rendus, *le comité de l'intérieur de notre conseil d'Etat entendu.*

3. Notre ministre de l'intérieur pourra néanmoins renvoyer à la délibération de l'assemblée générale les projets d'ordonnance compris dans la présente nomenclature, dans tous les cas où il le jugera convenable.

4. Notre ministre de la justice (M. Courvoisier) et notre ministre de l'intérieur, sont chargés, etc.

---

25 mars 1830. — Ordonnance qui accorde des lettres de naturalité au sieur Falquetty. (Bull. O. 87, n. 2405.)

---

28 mars 1830 = 19 novembre 1831. — Ordonnance sur la composition du corps du génie maritime. (IX, Bull. O. CXVII, n. 3324.)

Charles, etc.

Titre Ier. *De la composition du corps royal du génie maritime.*

Art. 1er. Les ingénieurs chargés de diriger la construction de nos vaisseaux et les travaux relatifs à ce service formeront le corps du génie maritime. Ce corps prendra le titre de *corps royal*; et les officiers qui en feront partie jouiront des prérogatives et des avantages attachés à ce titre.

2. Le corps royal du génie maritime sera composé comme il suit : un inspecteur général, cinq directeurs des constructions navales, dix ingénieurs de première classe, douze ingénieurs de deuxième classe, douze sous-ingénieurs de première classe, douze sous-ingénieurs de deuxième classe, cinq sous-ingénieurs de troisième classe; total, cinquante-sept; et d'un nombre d'élèves qui sera réglé d'après les besoins du service.

Titre II. *De l'admission et de l'instruction des élèves du génie maritime.*

3. Les élèves du génie maritime seront pris parmi ceux de l'école polytechnique qui auront été déclarés admissibles dans les services publics, et suivant l'ordre établi dans ladite école pour les examens de sortie. Ils suivront pendant deux années, au port de Lorient, et sous la direction d'un ingénieur de première ou de deuxième classe, désigné par notre ministre de la marine, un cours complet d'application. Ils seront, en outre, exercés : au dessin des plans des bâtiments de guerre, ainsi que de leur mâture, voilure, installation et emménagement; aux calculs de déplacement de stabilité, de centre de gravité et de voilure, et tous autres relatifs à la théorie de l'architecture navale; à l'étude

des machines à vapeur et autres qui peuvent être d'une application utile, soit dans les arsenaux, soit à bord des bâtiments de guerre; au dessin d'ornements et au lavis; à l'étude de la langue anglaise. Ils seront conduits fréquemment sur les chantiers et dans les ateliers du port, pour acquérir la connaissance des procédés suivis dans la construction des bâtiments de guerre et dans la préparation des objets de toute espèce qui en composent l'armement. Ils pourront aussi, avec l'autorisation du préfet maritime, et sous la conduite de l'ingénieur chargé de diriger leur instruction, visiter les principaux établissements industriels qui existent dans le voisinage de Lorient, afin d'étudier les procédés qu'on y suit. Un règlement particulier sur l'enseignement et sur les travaux des élèves sera ultérieurement arrêté par notre ministre de la marine et des colonies.

4. Après avoir terminé deux années d'études, les élèves subiront un examen sur les diverses parties de l'instruction qu'ils auront reçue. Ceux qui, ayant répondu d'une manière satisfaisante, auront été déclarés admissibles par la commission d'examen, seront nommés immédiatement sous-ingénieurs de troisième classe; leur classement dans ce grade sera réglé d'après le résultat de l'examen. Les élèves qui n'auront pas été jugés admissibles pourront être autorisés à continuer leurs études pendant une troisième année, après laquelle ils seront définitivement renvoyés, s'ils n'ont pas encore acquis les connaissances exigées. La commission d'examen sera présidée par le préfet maritime, et composée du directeur des constructions navales, du directeur des constructions hydrauliques, d'un officier du génie maritime, et d'un professeur de mathématiques. Les examens seront publics.

5. L'ingénieur chargé de l'instruction des élèves fera lui-même le cours de théorie d'architecture navale et de mécanique appliquée aux arts. Il pourra néanmoins participer aux travaux de la direction des constructions navales. Il remettra, tous les trois mois, au préfet maritime, un rapport sur la conduite et sur les progrès des élèves, et il lui proposera, en outre, toutes les mesures qu'il jugera devoir contribuer au perfectionnement des études dont la direction lui est confiée.

Titre III. *De l'avancement et des fonctions.*

6. Les sous-ingénieurs de troisième classe seront promus au grade de sous-ingénieurs de deuxième classe par rang d'ancienneté, et à mesure que des places viendront à vaquer dans ce dernier grade.

Les sous-ingénieurs de deuxième classe seront promus au grade de sous-ingénieurs de première classe, dans la proportion d'un quart au choix et de trois quarts à l'ancienneté. Les ingénieurs de deuxième classe seront pris, un tiers au choix et deux tiers à l'ancienneté, parmi les sous-ingénieurs de première classe. Les ingénieurs de première classe seront pris parmi les ingénieurs de deuxième classe, également dans la proportion d'un tiers au choix et des deux autres tiers à l'ancienneté. Les directeurs des constructions navales seront nommés au choix, et pris parmi les ingénieurs de première classe. L'inspecteur général du génie maritime sera choisi parmi les directeurs des constructions navales.

7. Les officiers du génie maritime ne pourront être promus à un grade ou à une classe supérieure, qu'après avoir servi pendant trois ans au moins dans le grade ou dans la classe immédiatement inférieure.

8. Les sous-ingénieurs de deuxième classe ne pourront être portés à la première classe qu'après avoir fait une campagne de long cours d'un an au moins. Les sous-ingénieurs de première classe seront tenus de faire le même temps de navigation, pour être promus au grade d'ingénieur de deuxième classe. Toutefois, la première année de navigation pourra être faite par les sous-ingénieurs de troisième classe qui compteront trois années de service dans ce grade et dans l'un des ports de construction du royaume. Ils compléteront le temps de navigation exigé ci-dessus, lorsqu'ils seront parvenus au grade de sous-ingénieur de deuxième ou de première classe. Les officiers du génie maritime, pour satisfaire aux conditions qui leur sont imposées par le présent article, ne pourront être embarqués que sur des vaisseaux ou sur des frégates.

9. Les sous-ingénieurs embarqués en exécution de l'article précédent dirigeront particulièrement leurs observations : sur les détails de l'arrimage et de l'installation ; sur la disposition et l'effet des moyens mécaniques employés à mouvoir les mâts supérieurs et les vergues, ainsi qu'à serrer et déployer les voiles ; sur la manœuvre des ancres ; sur l'effet que le choc des lames et les mouvements de tangage et de roulis peuvent produire dans les liaisons des diverses parties de la charpente, et, en général, sur tout ce qui est relatif aux constructions navales. Lorsqu'ils auront occasion de visiter des bâtiments de guerre ou des arsenaux étrangers, ils les examineront avec détail, et prendront une connaissance aussi exacte qu'ils le pourront de tout ce qu'il leur paraîtrait utile d'imiter

dans nos arsenaux ou sur nos vaisseaux. Ils se tiendront sur le pont, avec le plus ancien des officiers appelés à commander le quart. Ils participeront, sous les ordres de l'officier en second, à tous les travaux qui seront exécutés à bord, soit dans le corps du bâtiment, soit dans la mâture. Au retour de leurs campagnes, ils consigneront, dans un rapport détaillé, le résultat de leurs observations.

10. Sauf les cas où les besoins du service des ports y mettraient obstacle, un ingénieur de première classe ou de deuxième classe sera embarqué sur chaque escadre, et sur chaque division naviguant isolément, et commandée par un officier général. Cet ingénieur remplira les fonctions déterminées au titre 12 de l'ordonnance du 31 octobre 1827 sur le service à la mer.

11. Dans chacun des cinq ports militaires, chefs-lieux d'arrondissement maritime, l'ingénieur de première classe le plus ancien en grade, présent au corps, remplira les fonctions de sous-directeur. Il remplacera le directeur des constructions, en cas d'absence ou d'empêchement, et sera spécialement chargé de surveiller la tenue de la comptabilité. Il fera, en outre, son service d'ingénieur, comme les autres officiers du même grade.

12. Les directeurs des constructions navales rempliront les fonctions qui leur sont attribuées par l'ordonnance du 17 décembre 1828 sur le service des ports.

13. L'inspecteur général du génie maritime résidera à Paris. Il correspondra avec les directeurs des constructions employés dans les cinq ports militaires, et avec les officiers du génie maritime chargés du même service dans les ports secondaires. Il sera consulté sur la destination à donner aux officiers du génie maritime de tout grade, sur leur embarquement, sur leur avancement, lorsqu'il aura lieu au choix, et sur leur admission à la retraite. Il donnera son avis sur les plans des bâtiments de guerre de tout rang, et des machines à leur usage, ainsi que sur les questions d'art et sur les marchés ou tarifs de main-d'œuvre qui seront renvoyés à son examen. Il fera, lorsque le ministre lui en donnera l'ordre, des inspections dans les ports pour s'assurer de la bonne exécution des travaux. Il établira et maintiendra l'uniformité de confection des ouvrages de même nature à faire dans les divers arsenaux, et s'attachera à introduire dans les ateliers des constructions navales la connaissance et la pratique des procédés nouveaux, tendant à l'amélioration des arts mécaniques, ainsi qu'à l'économie dans les

dépenses en matière et en main-d'œuvre. Enfin, il provoquera, par tous les moyens qui dépendront de lui, le perfectionnement de l'architecture navale. A la fin de chaque année, il remettra au ministre de la marine un rapport sur toutes les parties du service dont la direction lui est confiée.

TITRE IV. *Des appointements et autres allocations.*

14. Les appointements des officiers du corps royal du génie maritime seront réglés comme il suit, savoir : inspecteur général (y compris tous frais de logement et de représentation), 15,000 fr.; directeurs des constructions navales, à Brest, Toulon et Rochefort, 8,000 fr ; à Cherbourg et Lorient, 7,000 fr.; ingénieurs de première classe, 5,000 fr.; ingénieurs de deuxième classe, 4,000 fr.; sous-ingénieurs de première classe, 3,000 fr.; sous-ingénieurs de deuxième classe, 2,400 fr ; sous-ingénieurs de troisième classe, 2,000 fr.; élèves, 1,200 fr. Il sera alloué aux officiers ci-après désignés des suppléments, réglés de la manière suivante : à l'ingénieur chargé de l'instruction des élèves, 1,000

fr.; à chacun des ingénieurs de première classe remplissant les fonctions de sous-directeurs dans les cinq ports militaires, 400 fr.

15. Les officiers du génie maritime embarqués recevront pendant la durée de leur service à bord un supplément égal au quart de leurs appointements fixes.

16. Les directeurs des constructions dans les cinq ports militaires et les ingénieurs chargés du même service dans les ports secondaires continueront à recevoir les frais de bureau fixés par les règlements. Il sera payé, pour toute fourniture de bureau quelconque, à chacun des ingénieurs et sous-ingénieurs employés en sous-ordre dans les ports, une somme de deux cents francs par an. Ce supplément ne sera payé qu'aux officiers présents dans les ports.

TITRE V. *De l'assimilation des grades, et de l'uniforme.*

17. Les rangs des officiers du génie maritime, par assimilation à ceux du corps royal de la marine et du corps de l'administration, sont fixés de la manière suivante :

GÉNIE MARITIME.	OFFICIERS DE VAISSEAU.	ADMINISTRATION.
Inspecteur général.	Contre-amiral..	
Directeur des constructions navales.	Après les contre-amiraux, et avant les capitaines de vaisseau.	Commissaire général.
Ingénieur de 1ʳᵉ classe. . .	Capitaine de vaisseau. . .	Commissaire de marine.
Id. de 2ᵉ classe	Capitaine de frégate. . . .	
Sous-ingénieur de 1ʳᵉ classe. .	Lieutenant de vaisseau . .	Sous-commissaire de 1ʳᵉ classe.
Id. de 2ᵉ classe.		Id. de 2ᵉ classe.
Id. de 3ᵉ classe..	Enseigne de vaisseau. . . .	Commis principal.
Elèves.	Elèves de 1ʳᵉ classe	

18. L'uniforme des officiers du génie maritime est déterminé comme il suit : l'habillement grand uniforme sera composé d'un habit de drap bleu-de-roi, gilet et culotte en drap blanc : il sera porté avec un col blanc ; les souliers à boucles et le chapeau à trois cornes. L'habit sera à retroussis en drap écarlate; il boutonnera droit sur la poitrine, au moyen de neuf gros boutons uniformes; le collet et les parements seront en velours noir ; le collet sera montant ; les parements ronds; ouverts en dessous, et fermés par trois petits boutons uniformes. Les poches seront placées dans les plis des basques. Les retroussis seront réunis de chaque côté par une ancre couronnée, dans laquelle sera insérée une fleur-de-lis. Le gilet sera sans broderie ; il boutonnera droit au moyen de sept petits boutons uniformes : la culotte sera portée demi-collante. Les boutons uni-

formes seront en métal surdoré : les gros porteront au milieu l'empreinte d'une ancre câblée, entourée de l'exergue, *corps royal du génie maritime* ; les petits boutons auront seulement l'ancre sans exergue. Le chapeau sera uni, sans floches ni macarons ; la ganse en or sera retenue par un bouton semblable à ceux de l'habit. Le chapeau de l'inspecteur général, ainsi que celui des directeurs des constructions navales, sera garni d'une plume noire frisée, qui sera appliquée et cousue contre la face intérieure de ses bords. Les boucles des souliers et celles des jarretières seront en or ou en argent doré, et conformes au modèle adopté pour l'administration. L'épée sera celle du modèle actuellement en usage pour les officiers du corps royal de la marine : la dragonne sera en or, à torsades, pour les officiers supérieurs jusqu'au grade d'ingénieur de deuxième classe inclusivement, et à franges d'effilé en or pour les officiers des grades inférieurs. Le ceinturon étroit et uni pour tous les grades.

Petit uniforme. L'habillement petit uniforme sera composé d'un habit frac en drap bleu-de-roi, d'un gilet et d'un pantalon en drap bleu; bottes noires. L'habit aura le collet montant et les parements ronds, ouverts en dessous, le tout en velours noir; il sera sans retroussis et à revers croisés sur la poitrine: les poches seront dans les plis de l'habit.

Marques distinctives. Les grades des officiers du génie maritime seront distingués, comme il va être expliqué, par deux broderies en or, d'un dessin conforme au modèle adopté. Ces broderies seront, pour chaque grade, entièrement conformes, quant au nombre et aux dimensions, à celles des grades correspondants dans l'administration de la marine.

Inspecteur général.

GRAND UNIFORME. Double rang de broderie sur le collet et les parements; un seul rang autour de l'habit et sur les retroussis; écusson à la taille. — PETIT UNIFORME. Comme le grand uniforme, moins les broderies sur le devant, et le long des pans de l'habit.

Directeur des constructions navales.

GRAND UNIFORME. Broderie et baguette à fleurons sur le collet et les parements; broderie seule autour de l'habit; écusson à la taille. — PETIT UNIFORME. Comme le grand uniforme, moins la broderie autour de l'habit.

Ingénieur de première classe.

GRAND UNIFORME. — Broderie sur le collet et les parements; baguette sur le devant de l'habit et les retroussis; écusson sur la taille. — PETIT UNIFORME. Comme le grand uniforme, moins la baguette sur le devant et les retroussis; pas d'écusson.

Ingénieur de deuxième classe.

GRAND UNIFORME. Broderie sur le collet et les parements; écusson sur la taille. — PETIT UNIFORME. Comme le grand uniforme; point d'écusson sur la taille.

Sous-ingénieur de première classe.

GRAND UNIFORME. Broderie sur le collet et sur les parements seulement. — PETIT UNIFORME. Broderie au collet seulement; parements unis.

Sous-ingénieur de deuxième classe.

GRAND UNIFORME. Broderie sur le collet seulement; parements brodés d'une simple baguette. — PETIT UNIFORME. Broderie sur le collet seulement.

Sous-ingénieur de troisième classe.

Une broderie étroite sur le collet seulement.

Élève.

Une simple baguette autour du collet seulement et des parements.

TITRE VI. *Dispositions transitoires.*

19. Les officiers du génie maritime pourvus de grades supprimés, ou dont la dénomination a été changée par la présente ordonnance, seront classés comme il suit: l'inspecteur adjoint conservera le titre sous lequel il exerce actuellement ses fonctions. Les sous-directeurs des constructions navales prendront le titre d'ingénieurs de première classe, et seront portés en tête des officiers de ce grade. Les ingénieurs de troisième classe prendront le titre d'ingénieurs de deuxième classe, et seront portés à la suite des officiers actuellement pourvus de ce grade. Les élèves admis seront portés au grade de sous-ingénieurs de troisième classe. Pour cette première formation, le classement des officiers du génie maritime s'effectuera suivant le rang que chacun d'eux occupe maintenant sur le tableau du corps.

20. Il ne sera pourvu aux remplacements dans les cadres du génie maritime que dans la proportion de moitié des extinctions, jusqu'à l'époque où ce corps aura été réduit à l'effectif déterminé par l'art. 2 de la présente ordonnance.

21. Le temps de navigation mentionné à l'art. 8 ne sera point exigé des sous-ingénieurs de première classe qui font maintenant partie du corps du génie maritime.

22. Notre ministre de la marine et des colonies déterminera, chaque année, le nombre des officiers du génie maritime qui devront être employés à la recherche des bois de construction. Les officiers destinés à ce service dans l'intérieur du royaume continueront à jouir des suppléments, vacations et frais de voyage qui leur sont actuellement attribués.

TITRE VII. *Des adjoints du génie maritime.*

23. Des agents, sous la dénomination d'*adjoints du génie maritime*, seront employés à la conduite des travaux et des opérations dépendant du service des constructions navales; ils pourront suppléer les ingénieurs et les sous-ingénieurs dans les recettes de matières et d'ouvrages.

24. Les adjoints du génie maritime seront au nombre de douze, et formeront trois classes. Ils seront répartis dans les ports,

de la manière suivante : Brest, 3; Toulon, 3; Rochefort, 2; Lorient, 2; Cherbourg, 2. Total, 12.

25. Les appointements des adjoints seront réglés ainsi qu'il suit : première classe, 2,400 fr. par an; deuxième classe, 2,000 f.; troisième classe, 1,600 fr.

26. A dater de l'année 1831, et jusqu'à ce que le nombre total fixé par l'art. 24 ait été complété, il pourra être nommé, chaque année, trois adjoints de troisième classe. Ces adjoints seront nommés au concours, et notre ministre secrétaire d'Etat de la marine désignera les ports militaires où ces concours devront avoir lieu.

27. Les candidats aux places d'adjoints de troisième classe devront être âgés de vingt-cinq ans au moins, et de trente ans au plus; avoir été employés pendant cinq ans, comme maîtres ou contre-maîtres, dans les chantiers et ateliers des ports militaires ou sur nos bâtiments de guerre; présenter les certificats de bonne conduite délivrés par les chefs sous les ordres desquels ils auront servi; savoir écrire lisiblement et correctement; savoir l'arithmétique et les éléments de géométrie, y compris les solides; copier des plans de bâtiments de mer, tracer et dessiner des machines et des appareaux; connaître les qualités des matières employées dans les constructions navales.

28. Les candidats seront examinés par une commission qui sera composée du major général de la marine, président; de deux officiers du génie maritime, et du professeur de l'école d'hydrographie. L'inspecteur de la marine, ou un sous-inspecteur, assistera à cet examen, dont il sera dressé procès-verbal.

29. Les adjoints du génie maritime ne pourront passer à une classe supérieure qu'après avoir servi pendant quatre ans au moins dans la classe immédiatement inférieure. L'avancement des adjoints de troisième classe sera proposé au ministre de la marine par les conseils d'administration des ports chefs-lieux d'arrondissement maritime. Les adjoints de deuxième classe qui mériteront d'être promus à la première classe, seront désignés par l'inspecteur général.

30. Les adjoints seront subordonnés aux officiers du corps royal du génie maritime; ils seront assimilés, pour le rang et les droits à la retraite, savoir : ceux de première et de deuxième classes, aux commis principaux de la marine; et ceux de troisième classe, aux commis ordinaires.

31. L'uniforme des adjoints du génie maritime sera semblable au petit uniforme des ingénieurs; mais le collet de l'habit sera seul en velours noir, et il sera orné d'une fleur-de-lis en or. Le bouton sera en métal doré; il portera l'empreinte d'une ancre encâblée, avec l'exergue : *Constructions navales*. Les petits boutons auront seulement l'ancre, sans exergue. Les adjoints porteront l'épée du modèle adopté.

32. Notre ministre de la marine et des colonies (baron d'Haussez) est chargé, etc.

4 AVRIL 1830. — Ordonnance qui fixe la solde de retraite de deux contre-amiraux et divers autres y dénommés. (Bull. O. 65 *bis*, n. 2.)

7 AVRIL 1830. — Ordonnance qui accorde des lettres de naturalité au sieur Colléa. (Bull. O. 131, n. 2691.)

7 AVRIL 1830. — Lettres-patentes portant érection d'un majorat en faveur de M. Guilleau. (Bull. O. 38, n. 918.)

11 AVRIL 1830. — Ordonnance qui approuve des demi-soldes, pensions et suppléments accordés à divers y dénommés. (Bull. O. 74 *bis*, n. 1.)

21 AVRIL 1830. — Lettres de naturalité accordées au sieur Lardo. (Bull. O., 2ᵉ sect., n. 339.)

2 MAI 1830. — Ordonnance qui fixe la solde de retraite de vingt-deux officiers mariniers et autres. (Bull. O. 74 *bis*, n. 2.)

5 MAI 1830. — Ordonnance qui accorde des lettres de naturalité au sieur Latour. (Bull. O. 87, n. 2466.)

12 MAI 1830. — Ordonnances qui accordent des lettres de naturalité aux sieurs Bruno et Trausch. (Bull. O. 87, n. 2467 et 2468.)

20 MAI 1830 = 2 SEPTEMBRE 1831. — Ordonnance du roi qui crée un emploi d'avocat général dans les établissements français en Afrique (Sénégal), et qui modifie l'organisation judiciaire de cette colonie. (IX, Bull. O. C, n. 2819.)

Charles, etc., vu l'ordonnance royale du 7 janvier 1822 (1), concernant l'organisation judiciaire du Sénégal.

Art. 1ᵉʳ. Les fonctions du ministère public dans nos établissements d'Afrique seront remplies par un avocat général, qui résidera à Saint-Louis.

_____

(1) Publiée le 29 mai au Bulletin des lois, 7ᵉ série, n. 12845. Les lois et ordonnances concernant les colonies n'y sont exécutoires qu'en vertu d'une promulgation spéciale.

2. L'avocat général exercera la surveillance sur toutes les parties de l'administration de la justice, rendra compte au gouverneur des abus qu'il y aura reconnus, et lui fera, en se conformant aux lois, ordonnances, arrêtés et réglements, les propositions qu'il jugera convenables au bien du service et au maintien de la discipline dans les tribunaux. Il sera chargé de la recherche et de la poursuite des crimes, délits et contraventions. Il remplira les fonctions du ministère public près le tribunal de première instance de Saint-Louis et près le conseil d'appel.

3. Les attributions conférées au président du tribunal de Saint-Louis par les n. 4 et 5 de l'art. 3 de l'ordonnance royale du 7 janvier 1822, et par les art. 19, 20 et 21 de la même ordonnance, seront exclusivement dévolues à l'avocat général.

4. Le commis d'administration chargé du service de l'inspection à Gorée remplira, sous la direction de l'avocat général, les fonctions du ministère public près du tribunal de l'île.

5. Le président du tribunal de Saint-Louis continuera à remplir les fonctions de juge d'instruction qui lui sont attribuées par l'art. 8 de l'ordonnance du 7 janvier 1822.

6. Le conseil d'appel sera composé ainsi qu'il suit : le gouverneur, président ; l'officier d'administration chargé des fonctions d'ordonnateur ; l'officier commandant les troupes d'infanterie ; l'officier d'artillerie chargé de la direction de ce service ; à son défaut, l'officier du génie militaire, ou l'ingénieur des ponts et chaussées ; l'officier d'administration chargé de l'inspection ; deux notables habitants désignés par le gouverneur pour remplir les fonctions de juges pendant deux ans.

7. Sont et demeurent abrogées toutes les dispositions contraires à celles de la présente ordonnance.

8. Notre ministre de la marine (baron d'Haussez) est chargé, etc.

29 MAI 1830. — Ordonnance qui approuve des demi-soldes, pensions et suppléments accordés à divers y dénommés. (Bull. O. 78 bis, n. 1.)

29 MAI 1830. — Ordonnance qui autorise la commune de Montfort-sur-Risle à accepter la concession à elle offerte par le sieur Dufay, du droit de faire tenir la foire de Saint-Simon-Saint-Jude sur une pièce de terre en labour dont il est propriétaire. (Bull. O. 50, n. 1283.)

2 JUIN 1830. — Ordonnance qui accorde des lettres de naturalité au sieur Rava. (Bull. O. 87, n. 2469.)

9 JUIN 1830. — Ordonnance qui accorde des pensions à plusieurs marins. (Bull. O. 78 bis, n. 2.)

13 JUIN 1830 = 2 SEPTEMBRE 1831. — Ordonnance du roi sur le traitement de l'avocat général institué pour les établissements français en Afrique (Sénégal). (IX, Bull. O. C, n. 2818.)

Charles, etc.

Art. 1er. Le traitement attribué à l'emploi d'avocat général dans les établissements français en Afrique, créé par notre ordonnance du 20 mai dernier, est fixé à huit mille francs par an pendant la durée des fonctions, indépendamment du logement qui sera fourni en nature.

2. Le sieur Auger (Louis), procureur du roi près le tribunal de première instance de Marie-Galante, dépendance de la Guadeloupe, est nommé avocat général dans les établissements français en Afrique.

3. Le sieur Auger jouira, à compter de ce jour jusqu'à celui de son installation au Sénégal, d'un traitement sur le pied de quatre mille francs par an, formant la moitié du traitement colonial de son emploi.

4. Notre ministre de la marine (baron d'Haussez) est chargé, etc.

16 JUIN 1830. — Ordonnance qui accorde des lettres de naturalité au sieur Lambert. (Bull. O. 87, n. 2470.)

20 JUIN 1830. — Ordonnance qui fixe la pension de retraite de quinze officiers de la marine. (Bull. O. 78 bis, n. 3.)

23 JUIN 1831. — Ordonnance qui accorde des lettres de naturalité au sieur Bornschlégel. (Bull. O. 87, n. 2471.)

7 JUILLET 1830. — Ordonnance qui accorde des lettres de naturalité au sieur Petit. (Bull. O. 87, n. 2472.)

14 JUILLET 1830. — Ordonnance qui accorde des lettres de naturalité au sieur Rahon. (Bull. O. 106, n. 2491.)

25 JUILLET 1830. — Ordonnance qui accorde une pension à une veuve de contre-amiral. (Bull. 46 bis, n. 6.)

25 JUILLET 1830. — Ordonnances qui accordent des lettres de naturalité aux sieurs Arnaud-Godet et Guillaume. (Bull. O. 87, n. 2473 et 2474.)

13 AOUT 1830 = 23 AOUT 1831. — Décision royale qui fixe le traitement et la gratification d'entrée en campagne du commandant en chef d'une armée française. (IX, Bull. O. XCIV, n. 2725.)

Sire, j'ai l'honneur de proposer à Votre Majesté de régler ainsi qu'il suit le traitement et la gratification d'entrée en campagne de M. le lieutenant-général Clausel, en sa qualité de commandant en chef de l'armée d'Afrique, savoir : solde de grade,

40,000 fr.; frais de représentation et de bureau, 80,000 fr.; gratification d'entrée en campagne, 8,000 fr.

Le ministre secrétaire d'État de la guerre,
Signé, comte GÉRARD.

Approuvé. (*Suit le paraphe du roi.*)

20 AOÛT 1830 = 16 FÉVRIER 1831. — Ordonnance du roi qui met en non activité divers officiers généraux et les admet au traitement de réforme. (IX, Bull. O. XLIII, n. 1075.)

Louis-Philippe, etc., sur le rapport de notre ministre secrétaire d'État au département de la guerre, etc.

Art. 1er. Les officiers généraux dont les noms suivent cesseront de faire partie du cadre d'activité de l'état-major général, à dater du 1er septembre 1830 :

Lieutenants-généraux revêtus du titre de gouverneurs de divisions militaires.

MM. 1. Le duc de Damas-Crux. 2. Le comte Étienne de Durfort. 3. Le duc d'Aumont. 4. Le marquis d'Autichamp. 5. Le duc de Gramont.

Lieutenants-généraux.

6. Le baron Canuel. 7. Le comte Despinoy. 8. Le prince de la Trémoille. 9. Le marquis de Courtarvel. 10. Le comte Charles d'Autichamp. 11. Le baron de Damas. 12. Le vicomte Donadieu. 13. Le vicomte Lacroix (Pamphile). 14. Le duc de Mouchy. 15. Le marquis de Clermont-Tonnerre. 16. Le comte d'Andigné. 17. Le duc de Sabran. 18. Le comte de Vittré. 19. Le duc d'Avaray. 20. Le baron Mallet. 21. Le chevalier Caillebot de Lasalle. 22. Le prince de Croy-Solre.

Maréchaux-de-camp.

23. Le marquis de la Rosière. 24. Le baron Ducasse. 25. Le comte de Vergenne. 26. Le comte de Divonne. 27. Le baron de Viomenil. 28. Le comte de Pelissier. 29. Le marquis de Courtemanche. 30. Le comte de Caraman (Maurice). 31. Le comte d'Hoffelise. 32. Le duc de Polignac (Armand). 33. Le vicomte de Monchenu. 34. Le comte de Polignac (Charles). 35. Le comte Wal. 36. Le marquis de la Tour-du-Pin-Montauban. 37. Le comte de Menard. 38. Le comte de Malartic. 39. Le comte de Rastignac. 40. Le comte de la Tour-d'Auvergne Lauraguais. 41. Le marquis de Rochemore. 42. Le marquis de Tilly-Blaru. 43. Le marquis de Brisay. 44. Le marquis de Saint-Belin. 45. Le comte de Saint-Marsault. 46. Le comte de Trogoff. 47. Le comte de Rotalier. 48. Le prince de Polignac. 49. Le baron Rougé. 50. Le baron Crossard. 51. Le comte de Léautaud d'Onnine. 52. Le comte de Séran,

53. Le vicomte de Cheffontaines. 54. Le comte de Chalus. 55. Le marquis de la Boëssière. 56. Le comte d'Aubrugeac. 57. Le marquis de Sourdis. 58. Le duc de Clermont-Tonnerre. 59. Le comte de Polignac. (Melchior). 60. Le comte de Lapotherye. 61. Le marquis de Crenay. 62. Le marquis de Montchenu. 63. Le chevalier de Saint-Hubert. 64. Le marquis de Coislin. 65. Le baron Druault. 66. Le baron Courson de Kernescop. 67. Le marquis de Courbon-Blenac. 68. Le baron de Montgardé. 69. Le comte de Saint-Aldegonde. 70. Le marquis Forbin des Issarts. 71. Le comte de Nadaillac. 72. Le marquis de Montcalm. 73. Le marquis de Grimaldy. 74. Le comte de Bréon. 75. Le baron Kentzinger. 76. Le marquis de Tressan. 77. Le marquis de Conflans. 78. Le marquis de Vibraye. 79. Le marquis de Ruffo la Fare. 80. Le vicomte Dutertre. 81. Cadudal.

2. Les officiers généraux ci-dessus nommés qui continueront à résider en France, recevront le traitement de réforme de leur grade, sans préjudice de leurs droits à la pension de retraite, qu'ils sont admis à faire valoir.

3. Notre ministre de la guerre (maréchal comte Gérard) est chargé, etc.

21 AOÛT 1830. — Ordonnance qui accorde des lettres de naturalité au sieur Reignault de Lannoy. (Bull. O. 87, n. 2475.)

26 AOÛT 1830. — Ordonnance qui accorde des demi-soldes, pensions et suppléments à divers y dénommés. (Bull. O. 78 bis, n. 4.)

31 AOÛT 1830 = 4 OCTOBRE 1833. — Ordonnance du roi concernant les pouvoirs des gouverneurs de la Martinique et de la Guadeloupe. (IX, Bull. O. CCLVII, 1re sect., n. 4993.)

Louis-Philippe, etc., considérant que les circonstances actuelles exigent que les gouverneurs de la Martinique et de la Guadeloupe soient investis, jusqu'à nouvel ordre, d'une autorité plus forte que celle qui leur est accordée par l'ordonnance organique du 9 février 1827 ; sur le rapport de notre ministre secrétaire d'État au département de la marine et des colonies, etc.

Art. 1er. Dans les cas spécifiés par l'art. 172 de l'ordonnance royale du 9 février 1827, le gouverneur pourra, s'il le juge nécessaire, se dispenser de consulter le conseil privé.

2. Le gouverneur continuera à prendre l'avis du conseil privé, mais sans être tenu de s'y conformer, dans les cas déterminés par l'art. 173 de la même ordonnance.

3. Les pouvoirs extraordinaires conférés au gouverneur par les art. 71, 75, 76, 77

78, et 79, peuvent être exercés par lui sans qu'il soit tenu de se conformer, à l'avis du conseil privé. L'exécution de l'art. 180 est en conséquence suspendue.

4. Notre ministre de la marine et des colonies (M. Sébastiani) est chargé, etc.

———

4 septembre 1830. — Ordonnance qui accorde des lettres de naturalité au sieur Blanck. (Bull. O. 87, n. 2476.)

———

8 septembre 1830. — Ordonnances qui accordent des lettres de naturalité aux sieurs Arbocco, Bucciarelli, Drisse, Giraud, Langeinstein, Maritz, Porro et Rolandelli. (Bull. O. 87, n. 2477 à 2484.)

8 septembre 1830. — Ordonnance qui autorise un péage sur le pont de bateaux à Rouen. (Bull. O. 114, n. 3229.)

———

13 septembre 1830. — Ordonnance qui accorde des lettres de naturalité au sieur Ferrari. (Bull. O. 87, n. 2485.)

———

22 septembre 1830. — Ordonnance qui accorde des lettres de naturalité au sieur Gschedler. (Bull. O. 87, n. 2486.)

———

30 septembre 1830 = 16 février 1831. — Ordonnance du roi sur la solde de congé des officiers de toutes armes non conservés en activité. (IX, Bull. O. XLIII, n. 1076.)

Louis-Philippe, etc., vu notre ordonnance du 11 août dernier; sur le rapport de notre ministre secrétaire d'État de la guerre.

Art. 1er. La solde de congé est accordée aux officiers de toutes armes qui, n'étant pas conservés dans les cadres de l'armée, sont néanmoins reconnus susceptibles d'y être réadmis par la suite. Ils recevront ce traitement jusqu'à ce qu'ils soient remis en activité, ou admis à la pension de retraite.

2. Notre ministre de la guerre et notre ministre secrétaire d'État des finances (MM. Gérard et Laffitte) sont chargés, etc.

———

1er octobre 1830. — Ordonnance qui accorde des lettres de naturalité au sieur Dieu. (Bull. O. 87, n. 2487.)

1er octobre 1830. — Ordonnance qui accorde des lettres de déclaration de naturalité au sieur Destrain. (Bull. O., 2e sect., n. 7388.)

———

2 octobre 1830. — Ordonnance qui approuve des demi-soldes, pensions et suppléments accordés à divers y dénommés. (Bull. O. 78 bis, n. 5.)

———

10 octobre 1830. — Ordonnances qui accordent des demi-soldes, pensions et suppléments accordés à divers y dénommés; des pensions à vingt-trois veuves de marins; des retraites à trente-deux marins, et des secours à plusieurs orphelins de la marine. (Bull. O. 79 bis, n. 1 à 4.)

14 octobre 1830 = 26 février 1831. — Ordonnance du roi qui modifie les statuts de la caisse d'épargnes et de prévoyance du département de la Gironde. (IX, Bull. O. XLV bis, n. 1.)

Louis-Philippe, etc., sur le rapport de notre ministre secrétaire d'État au département de l'intérieur; vu la délibération du conseil d'administration de la caisse d'épargnes et de prévoyance du département de la Gironde, du 15 avril 1830; vu les statuts de cette société, approuvés par ordonnance royale du 24 mars 1819; notre conseil d'État entendu, etc.

Art. 1er. L'acte passé le 15 avril 1830, devant Maillères et son collègue, notaires à Bordeaux, par le conseil d'administration de la caisse d'épargnes et de prévoyance du département de la Gironde, contenant des modifications aux statuts de cette société, est approuvé. Toutefois, les dispositions de cet acte ne seront mises en exécution qu'à partir de la notification de la présente ordonnance, à laquelle une expédition de cet acte restera annexée.

2. Notre ministre de l'intérieur (M. Guizot) est chargé, etc.

Modification des statuts.

Art. 1er. A dater du 1er juillet 1830, toutes les sommes qui seront reçues des déposants à la caisse d'épargnes seront versées au trésor royal en compte courant et aux conditions stipulées par l'ordonnance royale du 3 juin dernier. Chaque déposant ne pourra verser à la caisse plus de cinquante francs par semaine, ni avoir à son crédit plus de deux mille francs.

2. L'intérêt des sommes déposées sera alloué sur chaque somme de douze francs, aucun intérêt ne sera alloué pour les sommes au-dessous de douze francs, non plus que sur la portion des dépôts excédant les multiples de douze francs.

3. L'intérêt sera dû à partir du premier jour du mois qui suivra l'époque à laquelle aura été versée ou complétée chaque somme ronde de douze francs, jusqu'au premier jour du mois où aura lieu le règlement ou le remboursement.

4. Les intérêts seront réglés et capitalisés tous les ans aux époques déterminées par le conseil des directeurs.

5. A partir dudit jour, 1er juillet 1830, les déposants à la caisse d'épargnes seront tenus de déclarer s'ils entendent que le montant de leurs dépôts soit employé en achat de rente, aussitôt que le compte courant présentera en capital et intérêts la somme nécessaire pour acheter au cours une somme de dix francs de rente sur l'État, ou s'ils préfèrent qu'il reste, au crédit de la caisse d'épargnes, au trésor royal. Il sera tenu note de cette déclaration, qui sera signée par le déposant, ou s'il ne sait pas signer, par le directeur de service à la caisse. Dans le cas d'option pour emploi des fonds versés en rentes, la caisse pourvoira, au moyen de son crédit au trésor royal, à l'achat et au transfert de ces rentes au nom du déposant; il en deviendra propriétaire, et la valeur en sera déduite de son avoir. Dans le cas contraire, le déposant deviendra propriétaire d'une somme équivalente au crédit de son compte courant, à pren-

9

dre, par l'intermédiaire de la caisse d'épargnes, sur le crédit de ladite caisse au trésor royal.

6. Les dépôts seront restitués à la volonté des déposants en prévenant douze jours à l'avance ; la caisse, se réservant cependant, si elle le juge convenable, la faculté de rembourser avant l'expiration des douze jours.

7. Avant le 31 août prochain, la caisse d'épargnes versera également au trésor royal, comme il est dit ci-dessus, le produit de la vente des rentes inscrites en son nom jusqu'à concurrence des sommes qu'elle devra, le 1ᵉʳ juillet 1830, aux déposants pour versements n'atteignant pas le maximum de dix francs de rente. Les rentes continueront à ne pouvoir être valablement transférées que par la signature de deux directeurs de la caisse.

8. Les comparants donnent à M. Paul Portal, l'un d'eux, tous pouvoirs nécessaires pour faire sanctionner par Sa Majesté les changements apportés par les articles ci-dessus aux statuts de la société anonyme formée pour l'exploitation de la caisse d'épargnes et de prévoyance, aux termes de l'acte plus haut rappelé du mois de février 1819 ; consentir aussi à tous changements et modifications qui pourraient être demandés, sans cependant porter atteinte aux bases fondamentales.

15 octobre 1830. — Ordonnance qui admet le sieur Arrigumaga à jouir des droits de citoyen français. (Bull. O. 87, n. 2488.)

16 octobre 1830. — Ordonnance qui accorde des lettres de naturalité au sieur Terriza. (Bull. O. 87, n. 2489.)

21 octobre 1830. — Ordonnance qui accorde des lettres de naturalité au sieur Gay. (Bull. O. 87, n. 2490.)

22 octobre 1830. — Ordonnances qui nomment le comte de Rumigny envoyé extraordinaire près la cour de Berlin, et M. Serrurier envoyé extraordinaire près le gouvernement des États-Unis d'Amérique. (Bull. O. 43, n. 1078 et 1079.)

23 octobre 1830 = 8 octobre 1833. — Ordonnance du roi concernant les formalités à remplir par les négociants et manufacturiers auxquels des prêts ou avances sont accordés sur le crédit ouvert par la loi du 17 octobre 1830. (IX, Bull. O. CCLVIII, 1ʳᵉ sect., n. 5002.)

Louis-Philippe, etc., ayant pris en considération l'exposé qui nous a été fait en notre conseil que les formalités imposées aux négociants auxquels des avances ou prêts sont accordés sur le crédit extraordinaire de trente millions ouvert par la loi du 17 de ce mois, ne peuvent être accomplies entièrement avant la délivrance des fonds, et que les retards apportés aux distributions rendraient inefficaces les secours qui, pour remplir l'intention de la loi, doivent être fournis avec promptitude et opportunité; sur le rapport de notre ministre secrétaire

d'État des finances, et de l'avis unanime de notre conseil, etc.

Art. 1ᵉʳ. Les prêts ou avances accordés aux négociants et manufacturiers par les ordonnances rendues jusqu'à ce jour inclusivement, pourront être payés sur les seuls engagements des parties, sauf à elles à remplir ultérieurement, sous le plus bref délai possible, les formalités hypothécaires indiquées par les délibérations de la commission de commerce et prescrites par nos ordonnances.

2. Notre ministre des finances (M. Louis) est chargé, etc.

23 octobre 1830. — Ordonnance qui nomme le comte d'Harcourt ambassadeur en Espagne. (Bull. O. 43, n. 1080.)

25 octobre 1830. — Ordonnance qui nomme le marquis de Latour-Maubourg ambassadeur près le roi des Deux-Siciles. (Bull. O. 43, n. 1081.)

27 octobre 1830. — Ordonnances qui accordent des lettres de naturalité aux sieurs Demares, Planès et Poncet. (Bull. O. 87, n. 2491 à 2493.)

28 octobre 1830. — Ordonnance qui nomme le baron de Barante ambassadeur près la cour de Turin. (Bull. O. 43, n. 1082.)

30 octobre 1830. — Ordonnance qui autorise la publication de la bulle d'institution canonique de M. de Cosnac pour l'archevêché de Sens. (Bull. O. 54, n. 1390.)

1ᵉʳ novembre 1830 = 16 février 1831. — Ordonnance du roi portant organisation de l'école navale de Brest. (IX, Bull. O. XLIII, n. 1077.)

Louis-Philippe, etc., l'expérience ayant justifié les espérances qu'on avait conçues du système actuellement suivi pour compléter l'instruction théorique et pratique des jeunes gens qui se destinent à la marine, nous avons jugé à propos de pourvoir définitivement à la régularisation de ce système. En conséquence, et sur le rapport de notre ministre secrétaire d'État de la marine et des colonies, etc.

Art. 1ᵉʳ. L'école établie à Brest, sur le vaisseau *l'Orion*, par décision du 7 mai 1827 (1) portera le nom d'*école navale*. L'école navale sera commandée par un capitaine de vaisseau, qui aura sous ses ordres : un capitaine de frégate, commandant en second ; cinq lieutenants de vaisseau ; un aumônier ; un commis d'administration ; un chirurgien-major ; deux professeurs de navigation, un de première classe, un de deuxième ; un professeur d'hydrographie et

_____

(1) C'est une simple décision ministérielle, qui n'était pas de nature à être insérée au Bulletin des lois. [*Note du Bulletin officiel.*]

de géométrie descriptive ; un professeur de mécanique et de physique générale ; un professeur de belles-lettres, histoire et morale ; un professeur de langue anglaise ; un professeur de dessin, et un équipage composé de sous-officiers, marins et soldats, dont le nombre sera fixé d'après les besoins du service.

2. L'examinateur des élèves de la marine royale et les professeurs attachés à l'école navale seront assimilés, pour le rang, les droits à la solde de retraite et l'uniforme, le premier, aux examinateurs de la marine, et les autres aux professeurs des écoles d'hydrographie des classes correspondantes. Les professeurs de l'école navale seront classés d'après le rang que leur assignent les appointements dont ils jouissent actuellement, et ils ne pourront passer à cette classe supérieure que sur la proposition du conseil d'instruction de l'école, approuvée par le ministre secrétaire d'État de la marine.

3. A l'avenir, les places de professeurs à l'école navale seront données au concours, conformément aux dispositions des art. 6, 7 et 8 de l'ordonnance du 10 (1) août 1825.

4. Les officiers de l'école navale, l'examinateur des élèves et les professeurs porteront, avec l'uniforme de leur grade, l'aiguillette en or.

5. Le commandant de l'école navale aura autorité sur toutes les personnes attachées à cet établissement ; il pourra les suspendre de leurs fonctions, lorsqu'elles lui paraîtront mériter des reproches graves, et il en rendra compte sur-le-champ au préfet maritime. Il dirigera et surveillera toutes les parties du service et de l'administration, en se conformant aux lois, ordonnances et règlements de la marine. Il exercera sur les élèves une surveillance continuelle, de manière qu'il puisse remettre au préfet maritime, tous les trois mois, et plus souvent, s'ils lui sont demandés, des comptes détaillés sur les progrès de leur instruction, sur leur conduite et leur santé. Il tiendra la main à ce que la même surveillance soit exercée dans leurs attributions respectives, par les officiers, professeurs, chefs d'escouade et sous-officiers.

6. Chaque année, il sera ouvert des concours publics à l'effet d'admettre à l'école navale les jeunes gens qui se destinent à la marine. Ces jeunes gens, après leur admission, porteront le titre d'*élèves de l'école navale*.

7. Les examens d'admission seront faits par les examinateurs de l'école polytech-nique, aux lieux et aux époques désignés pour les candidats qui se destinent à cette école. Le prospectus du concours, indiquant l'âge des candidats, la formalité de leur inscription sur les listes, et les pièces à produire par les familles sera publié dans le mois de janvier de chaque année par notre ministre de la marine et des colonies. Jusqu'à ce qu'il en soit autrement ordonné, les candidats ne devront pas avoir dépassé leur dix-septième année au 15 novembre, époque fixée pour la rentrée des classes. Dans le cas où la condition de l'âge devra être modifiée, l'avis en sera rendu public deux ans à l'avance.

8. Sauf les modifications qui pourront être ultérieurement faites au programme, les conditions exigées pour l'admission à l'école navale sont : 1° l'arithmétique complète, contenant la théorie des proportions, des progressions, des logarithmes, l'usage des tables et l'exposition du nouveau système métrique ; 2° l'algèbre, comprenant la résolution des équations des deux premiers degrés, la formule du binome pour le cas de l'exposant entier et positif ; la sommation des puissances des termes d'une progression arithmétique quelconque ; l'application aux nombres figurés et à la recherche des formules pour calculer le nombre des boulets de diverses piles ; 3° la géométrie, comprenant la mesure de la section horizontale ou verticale de la carène d'un vaisseau, et l'application des théorèmes sur les volumes des solides à la recherche du volume de la carène et au jaugeage des vaisseaux ; 4° la trigonométrie rectiligne et sphérique ; 5° la statique démontrée synthétiquement, appliquée à l'équilibre des machines simples ; 6° écrire d'une manière lisible : avoir une orthographe correcte ; pouvoir traiter par écrit, en langue française, un sujet de composition donné ; 7° la langue latine, de manière à pouvoir traduire les auteurs latins de la force de ceux qu'on explique en troisième ; 8° les éléments de la langue anglaise ; 9° le dessin, de manière à pouvoir copier une tête ou un paysage en partie ombrée au crayon. Tous ces objets seront également obligatoires ; les candidats ne seront examinés que sur les matières contenues au programme. On aura cependant égard aux connaissances qu'ils posséderont sur les branches d'instruction dont il est question à l'art. 10.

9. Un jury réuni à Paris, présidé par un officier général de la marine, et composé des examinateurs de l'école polytechnique,

(1) Lisez **7 août.** L'erreur du chiffre est attestée par une lettre du ministre de la marine du 8 février 1831. (*Note du Bulletin officiel.*)

de l'examinateur des élèves de la marine, et d'un des examinateurs hydrographes, déterminera le rang des candidats admissibles, et notre ministre secrétaire d'Etat de la marine fera expédier des lettres de nomination d'élève à l'école navale aux familles de ceux de ces jeunes gens qui, en raison de leur instruction et des besoins du service, pourront être admis à cette école.

10. L'enseignement professé à l'école navale portera sur les objets suivants : 1° le cours de navigation, comprenant les notions fondamentales de l'astronomie, le pilotage, la description et l'usage des instruments dont on se sert pour observer en mer, et l'astronomie nautique ; 2° le cours d'hydrographie, comprenant les levers sous voiles, la détermination des sondes, la construction des cartes marines, géographiques, topographiques, etc.; 3° cours de géométrie descriptive, et ses applications à l'architecture navale et aux machines employées sur les vaisseaux et dans les ports ; 4° cours de physique générale, comprenant les éléments de la dynamique et de l'hydrostatique, les théories de la chaleur, des gaz, de la vapeur, l'électricité, le magnétisme terrestre, les lois principales de la lumière, la météorologie ; 5° cours de grammaire générale, belles-lettres, morale, histoire moderne ; 6° cours de langue anglaise ; 7° cours de dessin pittoresque et linéaire ; 8° manœuvre des vaisseaux, tactique navale ; 9° théorie et exercice du canon et du fusil.

11. L'enseignement théorique et pratique de la manœuvre, de l'artillerie et de l'infanterie, aura lieu sous la surveillance du commandant et des officiers de l'école navale. Une corvette de guerre sera affectée à l'école navale pour les exercices de manœuvre, qui se régleront d'après le temps et la saison.

12. Tous les trois mois, immédiatement avant la revue trimestrielle, il sera fait à l'école navale un examen pour constater les progrès des élèves. Cet examen aura lieu devant le conseil d'instruction dont il sera parlé à l'art. 26, et chacun des professeurs y sera appelé pour poser les questions relatives au cours qu'il dirige. Il sera pris note du degré d'instruction de chaque élève.

13. Les élèves de l'école navale jouiront, pendant leur séjour à bord du vaisseau, d'une ration en nature et d'une somme d'un franc par jour, à titre de traitement de table.

14. Les cours d'étude et les exercices pratiques de l'école navale commenceront le 15 novembre et finiront le 15 septembre de l'année suivante, époque à laquelle aura lieu l'examen de sortie. Dans cet examen,

les élèves seront interrogés sur toutes les branches de l'instruction théorique et pratique qui leur auront été enseignées. L'examen de sortie sera fait devant une commission présidée par le préfet maritime, et composée du major général de la marine, de deux capitaines de vaisseau, d'un officier supérieur d'artillerie de la marine, d'un ingénieur des constructions navales, et de l'examinateur des élèves de la marine royale, lequel posera les questions de théorie et aura voix délibérative. Les membres de cette commission seront nommés par le ministre, sur la proposition du préfet maritime.

15. Les élèves qui, ayant terminé leur année scolaire à l'école navale, auront subi l'examen de sortie d'une manière satisfaisante, prendront définitivement rang entre eux, et recevront le titre d'élève de la marine de deuxième classe. Lorsqu'ils auront complété en cette qualité vingt mois de navigation sur les bâtiments de l'Etat, y compris leur temps de séjour à l'école navale, ils seront nommés par nous élèves de première classe, et portés en cette qualité sur la liste générale de la marine.

16. Les élèves de première classe qui auront navigué sur les bâtiments de l'Etat quarante-huit mois, y compris leur temps d'embarquement à l'école navale, et dont le zèle et la conduite auront mérité les éloges de leur chef, seront susceptibles d'être promus au grade d'enseigne de vaisseau.

17. Les élèves qui n'auront pas répondu d'une manière satisfaisante à l'examen de sortie de l'école navale, et dont la commission aura prononcé la non admission au grade d'élève de deuxième classe, seront immédiatement remis à la disposition de leurs familles. Le temps passé à l'école navale ne comptera point comme service à ces élèves.

18. Tout élève de l'école navale qui aura encouru trois fois la peine du cachot, sera immédiatement renvoyé de l'école et remis à la disposition de sa famille. L'élève dont l'exclusion de l'école aura été prononcée sera conduit à bord de l'amiral, et consigné jusqu'à ce que sa famille le fasse réclamer. Le commandant de l'école en rendra compte sur-le-champ au préfet maritime, qui préviendra la famille de l'élève.

19. Le redoublement d'année sera interdit aux élèves de l'école navale. Cependant il pourra être fait exception à cette règle en faveur de ceux qui, ayant jusque-là obtenu des notes favorables sur leur conduite et leurs études, auront fait à l'hôpital un séjour de plus de quarante jours pour cause de maladie constatée par le cou-

seil de santé du port et par le conseil d'administration de l'école.

20. Pendant la durée de l'examen de sortie, et jusqu'au moment où ils recevront leur destination, les élèves continueront d'être réunis à l'école navale, et exercés aux appareillages, sondages, levées des côtes, etc. Ils seront aussi conduits dans les divers ateliers du port, dont on leur expliquera la destination.

21. Dans l'intervalle qui s'écoulera depuis la clôture des examens de sortie jusqu'à la reprise des cours, il pourra être accordé des congés aux officiers et aux professeurs de l'école navale. Ces congés seront réglés d'après les besoins du service, et la demande en sera faite au ministre par l'entremise du préfet maritime.

22. Lorsque les élèves se trouveront à terre, ils seront soumis à la surveillance particulière du major général de la marine, et des officiers attachés à la majorité générale.

23. Sauf le cas de maladie, il ne pourra être accordé de congés aux élèves de la marine que lorsqu'ils auront rempli les conditions d'embarquement exigées pour être nommés enseignes de vaisseau.

24. L'école navale sera placée sous la surveillance spéciale du préfet maritime.

Le commandant de cette école recevra du préfet tous les ordres relatifs à l'établissement, et correspondra avec lui, sans préjudice des rapports de service qu'il devra entretenir avec le major général, conformément aux ordonnances.

25. Le major général inspectera l'école tous les mois, et le préfet maritime tous les trois mois, et plus souvent, s'il le juge convenable; les rapports sur ces inspections seront adressés au ministre.

Sur le rapport du ministre de la marine, nous ferons inspecter extraordinairement cet établissement par un des officiers généraux de la marine, que nous nommerons à cet effet.

26. Il sera formé dans l'école navale un conseil d'instruction et d'administration dont le but sera d'améliorer progressivement les études et le régime administratif de l'établissement.

Ce conseil sera composé du commandant de l'école, président; du commandant en second, des deux lieutenans de vaisseau, de l'état-major, et de l'un des professeurs de l'école désigné tous les trois mois à tour de rôle. Ce professeur remplira les fonctions de secrétaire, et aura voix délibérative.

Le conseil d'instruction et d'administration s'assemblera sur l'ordre du commandant immédiatement après les examens trimestriels dont il est question à l'article 12;

il réunira les notes obtenues par les élèves dans ses examens, et les remettra avec son avis au préfet maritime, pour être transmises au ministre:

Il sera gardé copie de ces notes sur un registre particulier.

27. Une caisse sera établie dans l'école navale. Elle se composera, outre les valeurs qu'elle possède actuellement, d'une somme de cent francs que chaque élève sera tenu de verser lors de son entrée à l'école. Ces sommes appartiendront à la caisse, et aucun élève ne pourra en retirer tout ou partie, quelle que soit l'époque de sa sortie de l'école. Les fonds de cette caisse seront destinés : 1° à payer le blanchissage des élèves pendant leur séjour à l'école; 2° à donner des gratifications aux maîtres et adjudans qui auront été jugés dignes de ces sortes de récompenses; 3° à procurer, soit à titre d'avance remboursable, soit comme gratification, des effets d'habillement aux élèves qui auraient éprouvé des pertes par suite d'un événement de mer, pendant la durée de leurs quarante-huit mois d'embarquement en qualité d'élèves de la marine; 4° à pourvoir à l'achat des cartes, instrumens et autres objets qui pourront être accordés aux élèves à titre de récompense pour leur instruction et leur bonne conduite. Les sommes qui excéderont les besoins courans seront déposées à la caisse des consignations.

28. La caisse de l'école navale sera placée sous la surveillance et la gestion du conseil d'administration et d'instruction, composé comme il est dit à l'article 26, et qui, dans cette circonstance, s'adjoindra le commis d'administration en qualité de secrétaire. Le conseil d'administration et d'instruction connaîtra de toutes les dépenses auxquelles il devra être pourvu par les fonds de la caisse; ses propositions seront soumises à l'approbation du ministre de la marine par l'intermédiaire du préfet maritime. La caisse sera déposée dans la chambre du commandant de l'école; elle sera fermée par trois clefs différentes, dont une sera remise au commandant, la deuxième au commandant en second, et la troisième au commis d'administration.

29. Des récompenses pourront être accordées sur les fonds de la caisse de l'école aux trois élèves qui se seront le plus distingués à l'examen de sortie, et qui auront obtenu les meilleures notes pendant toute la durée de l'année scolaire. La commission d'examen fera des propositions au ministre sur la nature et l'importance de ces prix.

30. Sur le rapport qui sera fait du zèle des maîtres et adjudans de l'école navale, notre ministre secrétaire d'Etat de la marine est

autorisé à· leur accorder , sur les fonds de l'école ou sur ceux du département de la marine , des gratifications , ou toute autre espèce de récompense qu'ils pourront avoir méritée.

31. L'uniforme des élèves de l'école navale est déterminé comme ci-après : habit veste en drap bleu , paletot en drap bleu , collet et parements de même couleur (le devant garni de deux rangs de sept boutons à l'ancre) , manches coupées et garnies de quatre boutons , gilet en drap bleu , garni d'un seul rang de petits boutons , pantalon de drap bleu à la matelote , capote courte en grosse étoffe bleue , chapeau rond à la matelote , bordé d'un galon noir en poil de chèvre , casquette de drap avec visière. Ce costume sera modifié de la manière suivante pour les élèves de seconde et de première classe : à la mer , ils porteront toujours l'habit-veste , le pantalon et le chapeau à la matelote , et un sabre conforme au modèle ; dans le port , ils porteront un habit long en drap bleu , revers , collet et parements de même couleur , le chapeau monté , et l'épée d'officier. Les élèves de deuxième classe seront distingués par une aiguillette mélangée d'or et de soie bleue , qu'ils porteront sur l'épaule droite , et ceux de première par une aiguillette en or. Le surplus du trousseau sera indiqué par le prospectus.

32. Un règlement statuera sur le régime intérieur de l'école navale ; il définira les fonctions des officiers , professeurs et adjudants ; il prescrira la distribution et l'emploi du temps , ainsi que les dispositions concernant la police et la discipline.

33. Les dispositions réglementaires contraires à la présente ordonnance sont abrogées.

(Contresignée SÉBASTIANI.)

7 NOVEMBRE 1830. — Ordonnances qui fixent la solde de retraite de quinze officiers et de vingt-huit marins. (Bull. O. 79 bis, n. 5 et 6.)

8 NOVEMBRE 1830. — Ordonnances qui accordent des lettres de naturalité aux sieurs de Bettignier, Magnin, Vacis et Maillet. (Bull. O. 87, n. 2494, 2495, 2752 et 10088.)

12 NOVEMBRE 1830. — Ordonnance qui nomme préfet maritime le contre-amiral Roussin. (Bull. O. 39, n. 982.)

12 NOVEMBRE 1830. — Ordonnance qui nomme le capitaine de vaisseau Arnous-Dessaulsays directeur du personnel de la marine. (Bull. O. 39, n. 983.)

19 NOVEMBRE 1830. — Ordonnance qui autorise l'acceptation de dons et legs faits à diverses fabriques. (Bull. O. 38, n. 928.)

21 NOVEMBRE 1830 = 10 FÉVRIER 1831. — Ordonnance du roi portant création d'un maître de port à Rouen. (IX, Bull. O. XLII, n. 1040.)

Louis-Philippe, etc. , sur le rapport de notre ministre secrétaire d'Etat au département de l'intérieur, etc.

Art. 1er. Il est créé à Rouen un emploi de maître de port de première classe.

2. Il sera nommé à cet emploi par notre ministre secrétaire d'Etat de l'intérieur , conformément aux dispositions du décret du 10 mars 1807.

3. Notre ministre de l'intérieur (M. Montalivet) est chargé , etc.

22 NOVEMBRE 1830 = 8 OCTOBRE 1833. — Ordonnance du roi qui affecte à l'escompte des effets sur Paris et les départements une nouvelle somme sur le crédit ouvert pour secours au commerce par la loi du 17 octobre 1830. (IX, Bull. O. CCLVIII, 1re sect., n. 5001.)

Louis-Philippe, etc., vu la loi du 17 octobre dernier et nos ordonnances des 18 et 23 du même mois, et du 6 novembre courant ; vu pareillement notre ordonnance du 26 octobre dernier par laquelle, dans la vue de remplir entièrement les intentions de la loi précitée du 17 octobre dernier , nous avons , 1° institué , près la commission de commerce , un comité d'escompte chargé , sous sa responsabilité morale , de juger et d'admettre à l'escompte le papier sur Paris à deux signatures reconnues solvables , échéant de trois à six mois , ainsi que le papier sur les départements à trois mois au plus d'échéance, que les statuts de la Banque ne lui permettent pas d'admettre ; 2° autorisé le ministre des finances à prélever sur le crédit de trente millions ouvert par la loi précitée , et à mettre à la disposition du comité , savoir : un million pour l'escompte du papier sur Paris , et trois cent mille francs pour celui du papier sur les départements ; vu la nouvelle délibération de la commission de commerce du 11 de ce mois , énonçant l'avis qu'il y a lieu d'ouvrir au comité d'escompte un nouveau crédit de un million applicable à l'escompte du papier sur Paris , aux conditions déterminées par notre ordonnance du 26 octobre dernier ; considérant que, sur les effets déjà escomptés par le comité , plusieurs n'ont pas été acquittés à l'échéance, et qu'il convient de ne pas trop augmenter les risques du trésor ; sur le rapport de notre ministre secrétaire d'Etat des finances , président de notre conseil des ministres , notre conseil entendu , etc.

Art. 1er. Le ministre secrétaire d'Etat des finances est autorisé à prélever , sur le crédit de trente millions ouvert par la loi du 17 octobre dernier, et à faire tenir à la disposition du comité d'escompte institué par notre ordonnance du 26 du même mois, une nouvelle somme de quatre cent mille francs, dont trois cent mille francs applicables à l'escompte des effets sur Paris, et cent mille francs à celui des effets sur les départements, et en ne prenant que le papier provenant des seuls marchands.

2. Notre ministre des finances (M. Laffitte) est chargé, etc.

————

23 novembre 1830. — Ordonnance qui autorise la publication de la bulle d'institution canonique de M. Giraud pour l'évêché de Rodez. (Bull. O. 54, n. 1391.)

23 novembre 1830. — Ordonnances qui autorisent l'acceptation de dons et legs faits à diverses fabriques. (Bull. O. 38, n. 984 et suiv.)

23 novembre 1830. — Ordonnance qui rejette un legs conditionnel fait à la fabrique de Saint-Julien-d'Arles. (Bull. O. 41, n. 1018.)

23 novembre 1830. — Ordonnance qui autorise un échange d'immeubles entre la fabrique de Grandchamp et le sieur Perrochel. (Bull. O. 41, n. 1019.)

23 novembre 1830. — Ordonnance qui autorise la fabrique de Rahay à vendre divers immeubles. (Bull. O. 41, n. 1020.)

23 novembre 1830. — Ordonnance qui autorise l'emploi du legs fait à la fabrique de Didenheim. (Bull. O. 41, n. 1021.)

23 novembre 1830. — Ordonnance qui autorise la fabrique d'Ouarville à affermer un lot de terre. (Bull. O. 41, n. 1022.)

23 novembre 1830. — Ordonnance qui autorise la vente par licitation de la moitié d'une maison par la fabrique de Montsols. (Bull. O. 41, n. 1023.)

23 novembre 1830. — Ordonnance qui autorise l'acceptation d'une offre faite à la fabrique de Volnay. (Bull. O. 41, n. 1024.)

23 novembre 1830. — Ordonnance qui autorise le transférement de la succursale établie à Ronchaux dans la commune de Montfort, canton de Quingey. (Bull. O. 41, n. 1025.)

23 novembre 1830. — Ordonnances qui accordent des lettres de naturalité aux sieurs Murzone, Damoiseau et Huber. (Bull. O. 87, n. 2491, 2496 et 2498.)

————

26 novembre 1830 = 28 janvier 1831. — Ordonnance du roi sur la publication des travaux de la commission formée pour l'examen de l'établissement des invalides de la marine. (IX, Bull. O. XXXVIII, n. 912.)

Louis-Philippe, etc., sur le rapport de notre ministre secrétaire d'Etat au département de la marine et des colonies, etc.

Art. 1ᵉʳ. Une commission sera formée sous la présidence de notre ministre de la marine pour examiner sous tous les rapports l'établissement des invalides de la marine. L'avis de cette commission sera rendu public.

2. Cette commission sera composée de la manière suivante : MM vicomte Lainé, pair de France; baron Portal, pair de France; Gautier, député de la Gironde, Duvergier de Hauranne, député de la Seine-Inférieure : membres de la commission supérieure de l'établissement des invalides : MM. Augustin Périer, député de l'Isère ; Humann, député du Bas-Rhin ; Saunac, député de la Côte-d'Or; Jacques Lefèvre, député de la Seine : rapporteurs des lois de finances; MM. amiral comte de Rigny, conseiller d'Etat; Boursaint, conseiller d'Etat, membres du conseil d'amirauté; M. Thiers, député des Bouches-du-Rhône, sous-secrétaire d'Etat des finances ; M. le marquis d'Audiffret, ancien directeur de la comptabilité générale des finances, président de la Cour des comptes ; M. Lacoudrais, commissaire principal de la marine, secrétaire rapporteur.

3. Notre ministre de la marine et des colonies (comte d'Argout) est chargé, etc.

————

26 novembre 1830 = 4 avril 1831. — Ordonnance du roi relative aux traitements et indemnités des fonctionnaires et agents des douanes à la Martinique et à la Guadeloupe. (IX, Bull. LVI, n. 1421.)

Louis-Philippe, etc., sur le rapport de notre ministre de la marine et des colonies, etc.

Art. 1ᵉʳ. Les traitements et indemnités alloués aux fonctionnaires et agents des douanes dans chacune des colonies de la Martinique et de la Guadeloupe, seront réglés conformément au tableau annexé à la présente ordonnance.

2. Le supplément annuel alloué à l'inspecteur général du service des douanes dans les deux colonies, pour frais de tournées, de déplacement et autres, sera réduit à la somme de deux mille francs. Il ne sera fait désormais aucune allocation pour frais de secrétaire de l'inspecteur général.

3. Les dispositions de l'ordonnance du 25 octobre 1829, auxquelles il n'est point dérogé par la présente, continueront à être exécutées.

4. Notre ministre au département de la marine et des colonies (M. d'Argout) est chargé, etc.

————

26 novembre 1831. — Ordonnance qui autorise l'acceptation de dons et legs faits aux hospices, pauvres de diverses communes. (Bull. O. 38, n. 925.)

27 NOVEMBRE 1830 = 29 JANVIER 1831. — Décision royale qui fixe l'indemnité accordée aux officiers appelés aux fonctions de préfet maritime. (IX, Bull. O. XXXIX, n. 973.)

Sire, lors du rétablissement des préfectures maritimes en 1827, une décision royale a fixé l'indemnité qui serait allouée à ces fonctionnaires, à titre de frais de déplacement et d'installation ; elle a été portée à douze mille francs pour les préfets de Brest et de Toulon, et à dix mille francs pour les trois autres. Les motifs qui ont donné lieu à cette allocation subsistent encore aujourd'hui ; mais les circonstances financières dans lesquelles se trouve le département de la marine, me paraissent de nature à faire réduire toutes les dépenses qui ne touchent que les individus, et je pense que l'allocation peut être réduite de moitié. Je crois donc devoir proposer à Votre Majesté de décider qu'à dater de ce jour l'indemnité à accorder aux officiers qui seront nommés à des préfectures maritimes sera de six mille francs pour Brest et Toulon, et de cinq mille francs pour Rochefort, Lorient et Cherbourg : il est bien entendu que cette indemnité ne devra être payée qu'à ceux qui seront appelés pour la première fois à exercer ces emplois.

Signé comte d'ARGOUT.

Approuvé LOUIS-PHILIPPE.

---

29 NOVEMBRE 1830. — Ordonnance qui autorise la publication de la bulle d'institution canonique de M. d'Astros pour l'archevêché de Toulouse. (IX, Bull. O. 54, n. 1392.)

29 NOVEMBRE 1830. — Ordonnance qui érige en chapelle l'établie aux Thermes. (Bull. O. 41, n. 1026.)

29 NOVEMBRE 1830. — Ordonnances qui autorisent l'acceptation de dons et legs faits à diverses fabriques, à des séminaires et écoles secondaires ecclésiastiques. (Bull. O. 41 et 42, n. 127 et suiv.)

29 NOVEMBRE 1830. — Ordonnance qui autorise la congrégation de la Mère de Dieu, à Paris, à aliéner une rente sur l'Etat. (Bull. O. 42, n. 1073.)

29 NOVEMBRE 1830. — Ordonnance qui autorise la chapelle de Mercoire, diocèse de Mende. (Bull. O. 43, n. 1088.)

29 NOVEMBRE 1830. — Ordonnance qui autorise le maire de Moux à distraire du presbytère de cette commune une partie du local pour y établir les archives et la salle d'assemblée de la mairie. (Bull. O. 43, n. 1089.)

29 NOVEMBRE 1830. — Ordonnances qui autorisent diverses fabriques à vendre, aliéner et échanger des immeubles. (Bull. O. 43, n. 1090 à 1094.)

29 NOVEMBRE 1830. — Ordonnances qui autorisent l'acceptation de legs faits à la fabrique d'Evigny et au maire de Prix (Ardennes), et qui rejettent les legs faits aux desservants successifs de Deyvillers et aux fabriques des églises de Hauteville-près-la-Mer et de la Garnache, et celui fait à l'église Saint-Vincent-de-Paul, appartenant à la paroisse Saint-Nicolas-de-Blois. (Bull. O. 43, n. 1095 et suiv.)

---

30 NOVEMBRE 1830. — Ordonnance qui autorise la publication de la bulle d'institution canonique de M. Gaillard pour l'évêché de Meaux. (Bull. O. 54, n. 1393.)

1er DÉCEMBRE 1830 = 28 JANVIER 1831. — Ordonnance du roi relative aux dépenses du service colonial de la Martinique pour 1831. (IX, Bull. O. XXXVIII, n. 913.)

Louis-Philippe, etc., sur le rapport de notre ministre secrétaire d'Etat au département de la marine et des colonies, etc.

Art. 1er. Les dépenses du service colonial de la Martinique, en 1831, sont réglées à la somme de deux millions cent trente-trois mille huit cent trente francs, conformément au budget arrêté par notre ministre de la marine et des colonies.

2. Il sera pourvu à ces dépenses au moyen des droits et autres revenus locaux dont le produit présumé est compris au même budget pour la somme de deux millions trois cent quatre-vingt-trois mille huit cent trente francs.

3. Notre ministre de la marine et des colonies (M. d'Argout) est chargé, etc.

1er DÉCEMBRE 1830 = 28 JANVIER 1831. — Ordonnance du roi relative aux dépenses du service colonial du Sénégal pour 1831. (IX, Bull. O. XXXVIII, n. 914.)

Louis-Philippe, etc., sur le rapport de notre ministre secrétaire d'Etat au département de la marine et des colonies, etc.

Art. 1er. Les dépenses du service colonial du Sénégal en 1831, sont réglées à la somme de trois cent vingt mille francs, conformément au budget arrêté par notre ministre de la marine et des colonies.

2. Il sera pourvu à ces dépenses au moyen : 1o des droits et revenus locaux dont le produit présumé est inscrit au même budget pour une somme de quatre-vingt-dix-huit mille francs ; 2o d'une allocation de deux cent cinquante mille francs sur le produit de la rente de l'Inde.

3. Notre ministre de la marine et des colonies (comte d'Argout) est chargé, etc.

1er DÉCEMBRE 1830 = 29 JANVIER 1831. — Ordonnance du roi relative aux dépenses du service colonial de la Guiane française pour 1831. (IX, Bull. O. XXXIX, n. 975.)

Louis-Philippe, etc., sur le rapport de

notre ministre secrétaire d'Etat au département de la marine et des colonies , etc.

Art. 1ᵉʳ. Les dépenses du service colonial de la Guiane française, en 1831 , sont réglées à la somme de six cent quatre-vingt-dix-sept mille cinq cent vingt-neuf francs, conformément au budget arrêté par notre ministre de la marine et des colonies.

2. Il sera pourvu à ces dépenses au moyen : 1º des droits et revenus locaux dont le produit présumé est inscrit au même budget pour une somme de cent quatre-vingt-douze mille cinq cent vingt-neuf francs ; 2º d'une allocation de cinq cent vingt-cinq mille francs sur le produit de la rente de l'Inde.

3. Notre ministre de la marine et des colonies (comte d'Argout) est chargé, etc.

1ᵉʳ DÉCEMBRE 1830 = 29 JANVIER 1831. — Ordonnance du roi qui réduit le traitement des gouverneurs des établissements coloniaux, sauf la Guadeloupe et les établissements nouveaux d'Afrique. (IX, Bull. O. XXXIX, n. 976.)

Louis-Philippe, etc., sur le rapport de notre ministre secrétaire d'Etat au département de la marine et des colonies, etc.

Art. 1ᵉʳ. Le traitement annuel alloué en vertu de diverses ordonnances aux gouverneurs de la Martinique, de la Guiane française, du Sénégal, de Bourbon et des établissements français dans l'Inde, sur les fonds de ces colonies, sera réduit et fixé ainsi qu'il suit, savoir : pour la Martinique, à soixante et dix mille francs ; pour la Guiane, à trente mille francs ; pour le Sénégal, à vingt mille francs ; pour Bourbon, à cinquante mille francs ; pour les établissements français dans l'Inde, à trente mille francs. Ces dispositions seront mises à exécution à compter du 1ᵉʳ janvier 1831, à la Martinique, à la Guiane française et au Sénégal ; et, à compter du 1ᵉʳ juillet 1831, à Bourbon et dans les établissements français de l'Inde (1).

2. Notre ministre au département de la marine et des colonies (comte d'Argout) est chargé, etc.

1ᵉʳ DÉCEMBRE 1830 = 8 JUIN 1831. — Ordonnance du roi relative aux frais de tournées et de bureau alloués aux préfets apostoliques des colonies des Antilles (la Martinique et la Guadeloupe). (IX, Bull. O. LXXVIII, n. 2116.)

Louis-Philippe, etc., sur le rapport de notre ministre de la marine et des colonies, etc.

Art. 1ᵉʳ. Les frais de bureau et de tournées alloués aux préfets apostoliques de la Martinique et de la Guadeloupe, en vertu de l'ordonnance du 31 octobre 1821, seront réduits à mille francs par an, à compter du 1ᵉʳ janvier 1831.

2. Notre ministre de la marine et des colonies (comte d'Argout) est chargé, etc.

1ᵉʳ DÉCEMBRE 1830 = 8 JUIN 1831. — Ordonnance du roi portant réduction du traitement affecté à l'officier d'administration chargé de l'inspection à l'île de Bourbon. (IX, Bull. O. LXXVIII, n. 2118.)

Louis-Philippe, etc., sur le rapport de notre ministre de la marine et des colonies, etc.

Art. 1ᵉʳ. Le traitement annuel alloué à l'officier d'administration chargé de l'inspection à l'île Bourbon, en vertu de l'ordonnance du 12 février 1826, sera réduit à *dix mille francs*, à compter du 1ᵉʳ juillet 1831.

2. Notre ministre de la marine et des colonies (comte d'Argout) est chargé, etc.

1ᵉʳ DÉCEMBRE 1830 = 2 SEPTEMBRE 1831. — Ordonnance du roi portant réduction du traitement de l'avocat général nommé dans les établissements français d'Afrique (Sénégal). (IX, Bull. O. C, n. 2817.)

Louis-Philippe, etc.

Art. 1ᵉʳ. Le traitement de l'avocat général dans les établissements français en Afrique, fixé par ordonnance du 13 juin 1830 à huit mille francs par an, sera réduit à sept mille francs, à compter du 1ᵉʳ janvier 1831.

2. Notre ministre de la marine (comte d'Argout), etc.

1ᵉʳ DÉCEMBRE 1830. — Ordonnance qui autorise l'acceptation d'un legs fait aux pauvres du Fort-Saint-Pierre (Martinique). (Bull. O. 39, n. 990.)

---

2 DÉCEMBRE 1830 = 10 FÉVRIER 1831. — Ordonnance du roi relative au crédit affecté au service du bureau du commerce et des colonies. (IX, Bull. O. XLII, n. 1042.)

Louis-Philippe, etc., vu, 1º les ordonnances des 6 janvier 1824 et 8 décembre 1829 (2) qui ont placé le bureau de commerce et des colonies dans les attributions du président du conseil des ministres ; 2º l'ordonnance du 27 décembre 1829 (3) qui, sur le crédit de trois millions deux

---

(1) Voy. ordonnances des 4 octobre 1830, 19 mars 1826, 16 août 1830, 2 janv. et 19 mars 1826.

(2) Lisez 28 décembre.
(3) Elle est du 28.

cent soixante et dix - neuf mille huit cents francs affecté par la loi du 2 août 1829 à l'ancien ministère du commerce et des manufactures pour l'exercice de 1830, a distrait un fonds de trois cent un mille huit cents francs pour le service du bureau de commerce et des colonies, et a mis ce fonds à la disposition du ministre des affaires étrangères; 3° la situation de cette partie du budget à l'époque du 30 novembre dernier ; 4° notre ordonnance du 2 du même mois qui investit notre ministre secrétaire d'Etat des finances des fonctions de président du conseil des ministres ; sur le rapport du président de notre conseil des ministres , tendant à ce que le crédit et les dépenses propres au bureau de commerce et des colonies pour l'exercice 1830 soient transportés de la comptabilité du département des affaires étrangères dans celle du département des finances, etc.

Art. 1er. Le crédit de trois cent un mille huit cents francs (301,800 fr.) mis pour 1830 à la disposition du ministre des affaires étrangères pour les dépenses du bureau de commerce et des colonies, et la dépense de deux cent trente-quatre mille cinq cent soixante-huit francs quarante-huit centimes (234,568 fr. 48 c.) déjà imputée sur ce fonds, cesseront d'être compris dans le budget et dans la comptabilité du département des affaires étrangères : le montant de ces crédit et dépense sera transporté intégralement dans le budget et dans la comptabilité du département des finances.

2. En conséquence, notre ministre secrétaire d'Etat des finances , président de notre conseil des ministres , pourra disposer par ses ordonnances, pour le service du bureau de commerce et des colonies , de la somme de soixante-sept mille deux cent trente et un francs cinquante-deux centimes (67,231 fr. 52 c.) non consommée sur le crédit qui avait été affecté aux dépenses de ce bureau, et le compte de l'emploi du crédit de trois cent un mille huit cents francs, énoncé dans la présente ordonnance, fera partie des comptes à rendre pour l'exercice 1830 par notre ministre secrétaire d'Etat des finances.

3. Le président de notre conseil des ministres et notre ministre des affaires étrangères(MM. Laffitte et comte Sébastiani) sont chargés , etc.

_____

3 DÉCEMBRE 1830. — Ordonnance qui autorise l'acceptation de titres et manuscrits légués à la Bibliothèque royale. (Bull. O. 44, n. 1114.)

_____

5 DÉCEMBRE 1830. — Ordonnances qui autorisent l'acceptation de dons et legs faits aux pauvres et hospices de diverses communes. (Bull. O. 45, n. 1115, 1129 et suiv.)

_____

7 DÉCEMBRE 1830 = 28 JANVIER 1831. — Ordonnance du roi portant suppression de l'école de marine à Angoulême. (IX , Bull. O. XXXVIII , n. 915.)

Voy. ordonnance du 31 janvier 1816.

Louis-Philippe , etc. , sur le rapport de notre ministre secrétaire d'Etat au département de la marine et des colonies, etc.

Art. 1er. L'école royale préparatoire de la marine à Angoulême est supprimée. Les cours cesseront au plus tard le 1er avril 1831.

2. Les élèves admis dans ladite école aux frais de leurs parents seront remis à leur disposition.

3. Les élèves entretenus aux frais du département de la marine, soit pour la totalité, soit pour partie de la pension , seront replacés dans les colléges royaux ou communaux situés dans les villes maritimes. Ils y conserveront les bourses entières ou portions de bourse dont ils jouissent en ce moment à l'école préparatoire d'Angoulême.

4. Notre ministre au département de la marine et des colonies (comte d'Argout) est chargé , etc.

_____

7 DÉCEMBRE 1830. — Ordonnances qui autorisent l'acceptation de dons et legs faits aux fabriques de diverses communes. (Bull. O. 45 , n. 1143 et suiv., 1164 et suiv.)

_____

7 DÉCEMBRE 1830. — Ordonnance qui accorde des pensions aux veuves de quatre militaires. (Bull. O. 79 bis, n. 8.)

_____

8 DÉCEMBRE 1830 = 1er FÉVRIER 1831. — Ordonnance du roi sur le service des travaux dans les ports et arsenaux de la marine. (IX , Bull. O. XL, n. 994.)

Louis-Philippe, etc., sur le rapport de notre ministre secrétaire d'Etat au département de la marine et des colonies, etc.

Art. 1er. Le service des travaux dans les ports et arsenaux , dépendant du département de la marine étant militaire, les maîtres ouvriers et marins non incorporés , de l'âge de vingt à soixante ans , attachés dans les ports de Cherbourg, Saint-Servan, Brest, Lorient, Rochefort, Bayonne et Toulon, aux directions des constructions navales, des mouvements, de l'artillerie, du magasin général et des constructions hydrauliques , seront formés en compagnies.

2. Chaque compagnie sera composée de la manière suivante : capitaine, 1 ; lieutenant, 1 ; sergent-major, 1 ; sergents , 6 ; caporaux , 12 ; soldats suivant les convenances du service et les localités, 144 à 216 ; tambours (apprentis) , 2 ; en tout, 167 à 239 hommes. La compagnie se partagera en six sections , la section , en deux escouades.

3. Dans chacun des ports, le préfet ou chef maritime composera les compagnies, des hommes valides et propres au service militaire. Il désignera les sous-officiers parmi les maîtres et contre-maîtres, en s'attachant, en tant que faire se pourra, à placer dans les mêmes compagnies ou sections de compagnie les maîtres et les ouvriers des mêmes ateliers ou professions. Le ministre de la marine nommera les officiers qui seront pris, soit parmi les lieutenants et enseignes de vaisseau, soit parmi les officiers du génie maritime et des constructions hydrauliques des grades correspondants, soit parmi les officiers d'infanterie de la marine.

4. Les compagnies formées d'après les dispositions des articles précédents seront au nombre de cinquante-quatre, lesquelles seront réparties entre les sept ports, ainsi qu'il suit : à Cherbourg, 8 compagnies ; Saint-Servan, 1 ; Brest, 18 ; Lorient, 6 ; Rochefort, 6 ; Bayonne, 1 ; Toulon, 14.

5. Dans les ports de Cherbourg, Brest, Lorient, Rochefort et Toulon, les compagnies seront réunies en un ou plusieurs bataillons qui seront commandés par un capitaine de frégate ou un ingénieur de la marine à notre choix. Il y aura sept bataillons d'ouvriers de la marine qui se classeront par un numéro, et seront distribués, comme il suit, entre les cinq ports : 1ᵉʳ bataillon à Cherbourg ; 2ᵉ et 3ᵉ à Brest ; 4ᵉ à Lorient ; 5ᵉ à Rochefort ; 6ᵉ et 7ᵉ à Toulon.

6. Les maîtres ouvriers et marins faisant partie des compagnies, indépendamment de leurs travaux habituels, participeront à la garde et à la défense des ports et arsenaux, toutes les fois que les besoins du service l'exigeront.

7. Ils seront exercés au maniement des armes et aux manœuvres de l'infanterie, aux jours qui seront déterminés par le préfet ou le chef maritime : à moins de circonstances extraordinaires, on choisira toujours pour ces exercices les jours où les ateliers seront fermés. Dans les cinq grands ports, les bataillons et compagnies seront exclusivement, en ce qui concerne le service militaire, sous les ordres du major général de la marine.

8. Les maîtres, contre-maîtres, ouvriers et marins, faisant partie des compagnies, recevront des magasins de la marine les effets d'habillement ci-après, savoir : les sous-officiers : une capote en drap gris ; un habit de drap bleu ; un pantalon *idem* ; un chapeau rond à petits bords, en feutre verni. Les soldats ou tambours : une capote en drap gris ; un paletot en drap bleu ; un pantalon *idem* ; un chapeau rond, comme ci-dessus. La durée de ces effets, qui ne seront portés que lorsque les hommes prendront les armes, est fixée à trois ans ; leur entretien et leur conservation seront à la charge de ceux auxquels ils auront été délivrés.

9. Lorsque les maîtres, contre-maîtres, ouvriers et marins seront appelés sous les armes les dimanches et fêtes, ils n'auront droit à aucun salaire ; lorsqu'ils y seront appelés les jours ouvrables, ils recevront une solde égale au prix de la journée réglementaire qu'ils auraient acquise sur les travaux.

10. Il sera préparé dans chaque port un local particulier dans lequel seront habituellement déposées, conservées et entretenues, les armes des compagnies.

11. Notre ministre au département de la marine et des colonies (M. d'Argout) est chargé, etc.

————

8 DÉCEMBRE 1830. — Ordonnance qui autorise le duc de Padoue à aliéner les biens du majorat à lui constitué aux dépens du domaine de l'État, à charge de remplacement. (Bull. O. 45 *bis*, n. 2.)

8 DÉCEMBRE 1830. — Ordonnances qui accordent des lettres de naturalité aux sieurs Kiatkoski et Ottone. (Bull. O. 87, n. 2499 et 2500.)

10 DÉCEMBRE 1830. — Ordonnances qui autorisent l'acceptation de dons et legs faits aux fabriques de diverses communes. (Bull. O. 46, n. 1171 et suiv.)

12 DÉCEMBRE 1830. — Ordonnances qui nomment M. le baron Mortier ministre plénipotentiaire à Munich, et M. le baron Durand de Mareuil ministre plénipotentiaire à La Haye. (Bull. O. 43, n. 1083 et 1084.)

12 DÉCEMBRE 1830. — Ordonnance qui autorise l'acceptation de legs faits à la commune de Saligny et aux hospices de Grenade et de Bourg. (Bull. O. 48, n. 1248.)

13 DÉCEMBRE 1830 = 1ᵉʳ FÉVRIER 1831. — Ordonnance du roi sur l'administration des subsistances de la marine. (IX, Bull. O. XL, n. 995.)

Louis-Philippe, etc., sur le rapport de notre ministre secrétaire d'État au département de la marine et des colonies, etc.

Art. 1ᵉʳ. À compter du 1ᵉʳ janvier 1831, l'administration centrale des subsistances de la marine, créée par ordonnance du 13 décembre 1817, est supprimée.

2. Le service des vivres formera la cinquième direction du ministère de la marine, sous le titre de *direction des subsistances* ; les rapports de cette direction avec le ministre seront les mêmes que ceux des autres directions.

3. Les directeurs et sous-directeurs ac-

tuels des subsistances dans les ports prendront, à dater du 1ᵉʳ janvier prochain, le titre de *commissaires* et *sous-commissaires des subsistances.*

Ils seront, dans les cinq grands ports, sous les ordres du chef d'administration, de la même manière que les commissaires de marine chefs de détails : dans les ports secondaires, ils seront soumis à l'autorité du chef maritime.

Les contrôleurs des subsistances conserveront leur dénomination actuelle; ils feront partie de l'inspection de la marine, sous les ordres de l'inspecteur ou du sous-inspecteur chargé de ce service.

4. Les commissaires, sous-commissaires, garde-magasins et contrôleurs des subsistances seront nommés par nous.

Tous les autres employés entretenus du même service seront à la nomination de notre ministre de la marine.

5. Tous les employés des subsistances, tant à Paris que dans les ports, tels qu'ils sont établis par la présente ordonnance, seront assimilés pour les pensions aux autres employés des grades correspondans du ministère ou de l'administration des ports.

6. L'uniforme des agens des subsistances dans les ports sera semblable à celui des officiers de l'administration ou de l'inspection du grade correspondant, avec cette seule différence que les boutons continueront à porter pour exergue *subsistances de la marine.*.

Les commissaires, sous-commissaires, commis principaux, commis entretenus et maîtres entretenus du service des subsistances, sont en tout assimilés pour le grade aux fonctionnaires et employés des mêmes dénominations dans le service général de la marine.

Les garde-magasins seront assimilés aux sous-commissaires ; les contrôleurs, aux sous-inspecteurs.

7. Les commis et autres préposés nécessaires au service des distributions, tant à bord des bâtimens de l'Etat que dans les établissemens à terre, seront nommés par le préfet maritime, sur la proposition du chef d'administration et d'après la présentation qui en aura été faite à ce dernier fonctionnaire par le commissaire des subsistances.

8. Désormais les marchés pour achat de subsistances seront passés avec publicité et concurrence, en observant les mêmes formes que pour les autres marchés relatifs au service des approvisionnemens généraux de la marine.

Le commissaire des subsistances dans chaque port concourt nécessairement à préparer les cahiers des charges, et il assistera aux adjudications pour tous les objets qui le concernent.

Les formes prescrites par les ordonnances et réglemens pour la passation des marchés d'urgence ainsi que pour les achats par conventions verbales, au-dessous de quatre cents francs, seront en tout applicables au service des subsistances.

9. Les recettes de denrées livrées par les fournisseurs ou provenant d'envois des autres ports et de remises faites par les bâtimens de l'Etat, les envois d'un port à un autre, les inventaires et recensemens, la désignation et la vente des objets inutiles ou avariés, en ce qui concerne le service des subsistances, s'opéreront conformément aux règles établies dans le département de la marine pour les approvisionnemens généraux.

Le commissaire ou sous-commissaire en chef et le garde-magasin des subsistances rempliront, dans toutes les opérations relatives à ce service, les fonctions attribuées par les ordonnances au commissaire aux approvisionnemens, et au sous-commissaire chargé des fonctions de garde-magasin de la marine.

Les visites périodiques et autres précautions ayant pour objet la conservation des vivres en magasin continueront à avoir lieu sous la direction et la responsabilité des chefs de ce service dans chaque port.

10. Les dépenses en deniers de toute espèce seront constatées, mandatées et payées, conformément aux règles générales prescrites pour toutes les dépenses du département de la marine.

11. Les commissaires ou autres préposés en chef des subsistances continueront de compter des dépenses en matière dans la forme actuellement établie.

Ces comptes, vérifiés par l'inspecteur de la marine et visés par le chef d'administration, seront soumis à l'examen du conseil d'administration de la marine, et ensuite transmis de la même manière que les comptes de dépenses des directions du port.

12. Il est défendu, sous peines de destitution, à tous les agens du service des subsistances, tant à Paris que dans les ports, de faire pour leur compte, soit par eux-mêmes, soit par un fondé de pouvoirs, le commerce d'aucune des denrées qui entrent dans les approvisionnemens de ce service et de prendre un intérêt dans la fourniture de ces denrées.

Il leur est également défendu de délivrer, des magasins ou ateliers de fabrication ou de distribution, aucune des denrées approvisionnées ou destinées pour le service, même sous la condition d'en payer la valeur ou de les remplacer en nature, tous ces approvisionnements devant être exclusivement réservés à la consommation des rationnaires de la marine.

13. Il sera fait, à la fin de chaque année, un recensement exact des espèces et quantités de vivres qui existeront dans les magasins de chaque port et à bord de chaque bâtiment de l'Etat. Il en sera dressé des inventaires, sur lesquels lesdits vivres et ustensiles seront classés par qualité, et selon le service auquel ils auront été reconnus propres. L'évaluation en sera faite au prix du tableau de l'arrondissement, pour les objets susceptibles d'un bon service, et aux prix analogues à leur état, pour ceux qui ne seront pas dans ce premier cas. Ces inventaires formeront le premier article de recette du compte de l'année suivante.

14. A la fin de chaque exercice, la direction des subsistances du ministère de la marine établira les comptes généraux des dépenses du service, tant en deniers qu'en matière et en rations, et fera connaître, par la balance et la comparaison de tous les comptes, les prix auxquels les différentes espèces de rations seront revenues à la marine, tous frais compris, pendant ledit exercice.

15. Sont et demeurent abrogées les ordonnances du 13 décembre 1817 et du 17 décembre 1828, ou toutes autres, en ce qu'elles auraient de contraire à la présente.

16. Notre ministre de la marine et des colonies (comte d'Argout) est chargé, etc.

---

13 DÉCEMBRE 1830 = 11 JUIN 1831. — Ordonnance du roi portant suppression des élèves d'administration de la marine, et règlement sur l'admission et l'avancement des commis principaux de la marine. (IX, Bull. O. LXXIX, n. 2125.)

Louis-Philippe, etc., sur le rapport de notre ministre de la marine, etc.

Art. 1er. L'institution des élèves d'administration de la marine est supprimée. Les titulaires actuels sont nommés commis principaux. Ils prendront rang et compteront leurs services en cette qualité à dater du jour de leur nomination comme élèves; ils jouiront, à partir du 1er janvier prochain, des émoluments attachés au grade de commis principal.

2. Conformément au décret du 21 septembre 1791, à la loi du 3 brumaire an 4 et à l'ordonnance du 28 février 1829 (1), nul ne pourra être reçu commis entretenu

de la marine sans avoir subi l'examen prescrit par lesdites lois.

3. A l'avenir, toutes les places de sous-commissaires et de sous-inspecteurs de la marine qui viendront à vaquer, seront données aux commis principaux, un tiers à l'ancienneté et les deux autres tiers au concours. A cet effet, aux époques qui seront fixées par notre ministre de la marine d'après les besoins du service, il sera procédé en même temps, dans les ports de Brest et de Toulon, à des examens publics dont les conditions seront déterminées par l'art. 5 de la présente ordonnance.

4. Seront admis à concourir, sur leur demande, tous les commis principaux ayant au moins douze mois de navigation en qualité de commis d'administration sur un bâtiment de l'Etat. Les commis principaux des trois premiers arrondissements maritimes subiront leur examen à Brest; ceux des quatrième et cinquième arrondissements seront examinés à Toulon : les uns et les autres auront droit, en cas de déplacement, aux frais de route que leur grade comporte; mais il ne leur sera payé aucune vacation pour séjour.

5. Les examens porteront sur les objets ci-après : les principes de la langue française; la connaissance d'une des langues anglaise ou espagnole; l'arithmétique démontrée, y compris la théorie des logarithmes; la géométrie jusqu'aux solides inclusivement; les connaissances relatives aux lieux de provenance, aux qualités, au prix, à la conservation et à l'emploi des principales munitions navales; les formes de la comptabilité, tant en deniers qu'en matières; les opérations pratiques et les règles du service administratif des arsenaux, de l'inscription maritime et des bâtiments armés; les lois et ordonnances relatives à la marine militaire et au commerce maritime; les parties du Code civil, des Codes de commerce et de procédure civile, qui sont d'une application usuelle au service de la marine, et qui seront ultérieurement indiquées par un programme spécial.

6. La commission d'examen sera composée, dans chacun des deux ports : du préfet maritime, président; du chef d'administration, de l'inspecteur, d'un commissaire de marine, d'un ingénieur de marine, du procureur du roi près le tribunal de première instance. Un des professeurs de mathématiques de la marine, un maître de langue anglaise et un maître de langue espagnole, seront appelés pour procéder, chacun en ce

---

(1) Elle est du 8, selon une lettre du secrétaire général du ministère de la marine du 1er juin

1831. (Note du Bulletin officiel.) Cette ordonnance est en effet du 8 février.

qui le concerne, à l'examen des candidats, en présence de la commission. Un sous-commissaire ou un sous-inspecteur désigné par le préfet maritime remplira les fonctions de secrétaire.

7. Lorsque l'examen sera terminé, la commission classera les candidats par ordre de mérite, et consignera dans son procès-verbal les notes et observations nécessaires pour faire apprécier le degré d'instruction de chaque candidat sur les diverses parties du programme. Ce procès-verbal sera adressé au ministre de la marine par le préfet maritime.

8. Les candidats qui, d'après les résultats comparés des examens faits dans les ports, auront été jugés les plus capables, seront nommés par nous, sur la présentation de notre ministre de la marine, aux emplois vacants de sous-commissaire ou de sous-inspecteur, les droits de l'ancienneté réservés, ainsi qu'il est expliqué à l'art. 3.

9. Sont et demeurent abrogés l'arrêté du 19 avril 1804, l'ordonnance royale du 28 janvier 1824, ou toutes autres, en ce qu'elles auraient de contraire à la présente.

10. Notre ministre de la marine et des colonies (M. de Rigny) est chargé, etc.

---

13 DÉCEMBRE 1830. — Ordonnance qui accorde des lettres de naturalité au sieur Roggieri. (Bull. O. 87, n. 2501.)

---

16 DÉCEMBRE 1830. — Ordonnances qui autorisent l'acquisition de rentes au profit des collèges royaux de Tournon, Nîmes et Marseille. (Bull. O. 43, n. 1100 à 1102.)

16 DÉCEMBRE 1834. — Ordonnance portant concession du desséchement des marais de Saint-Simon (Aisne). (Bull. O. 47, n. 1198.)

16 DÉCEMBRE 1830. — Ordonnances relatives à l'établissement d'usines à Pontgibaud, Champniers et Courcelles. (Bull. O. 47, n. 1200 et suiv.)

16 DÉCEMBRE 1830. — Ordonnances qui autorisent l'acceptation de dons et legs faits à diverses communes. (Bull. O. 49, n. 1333 et suiv.)

---

19 DÉCEMBRE 1830. — Ordonnance qui autorise la dame Descroix à établir un dépôt d'os frais sur le territoire de Saint-Maurice-lès-Amiens. (Bull. O. 47, n. 1202.)

---

23 DÉCEMBRE 1830 = 26 JANVIER 1831. — Ordonnance du roi qui autorise la ville de Paris à emprunter de la Banque de France quatre millions, pour accroître le capital du comptoir d'escompte. (IX, Bull. O. XXXVII, n. 898.)

Louis-Philippe, etc., vu la délibération du conseil général du département de la Seine, faisant fonctions de conseil municipal de la ville de Paris, datée du 21 décembre 1830, et par laquelle le préfet de la Seine est autorisé à contracter avec la Banque de France un emprunt de quatre millions, destiné à être versé au comptoir d'escompte en augmentation du fonds d'un million trois cent mille francs, déjà avancé par le trésor sur le crédit de trente millions voté par la loi du 17 octobre dernier ; considérant que cette délibération est motivée sur la nécessité d'étendre les résultats utiles qu'a produits l'établissement du comptoir et d'accroître les secours dont le commerce de Paris éprouve le plus pressant besoin ; sur le rapport de notre ministre secrétaire d'État des finances, etc.

Art. 1er. La délibération du conseil général de la Seine, en date du 21 décembre 1830, en ce qui concerne l'autorisation donnée au préfet de la Seine d'emprunter de la Banque de France une somme de quatre millions exclusivement affectée à accroître le capital du comptoir d'escompte institué par notre ordonnance du 26 octobre, est approuvée, à la charge, par le préfet de la Seine, de poursuivre la régularisation dudit emprunt dans les formes prescrites par les lois et règlements.

2. Le ministre des finances est autorisé à garantir au nom du trésor public le prêt de quatre millions qui sera fait par la Banque de France à la ville de Paris. Cette garantie sera hypothéquée (1) sur l'actif du comptoir d'escompte, et, au besoin, sur les fonds du budget de la ville de Paris.

3. Notre ministre des finances (M. Laffitte) est chargé, etc.

---

23 DÉCEMBRE 1830. — Ordonnances qui accordent des lettres de naturalité aux sieurs Anselme, de Schulenburg-Oeynhausen, Johnson, Lov et Waddington. (Bull. O. 87, n. 2502 et suiv.)

---

24 DÉCEMBRE 1830 = 16 JANVIER 1835. — Ordonnance du roi relative à l'emploi de trésorier de la garde municipale de Paris. (IX, Bull. O. CCCXLV, 1re sect., n. 5636.)

Louis-Philippe, etc., vu les ordonnances des 14 août 1814 et 10 janvier 1816, et notre ordonnance du 16 août 1830 ; sur le rapport de notre ministre secrétaire d'État de la guerre, etc.

Art. 1er. Les dispositions de l'art. 4 de

---

(1) L'expression *hypothéquée* est impropre, les immeubles seuls peuvent être hypothéqués. L'on a voulu dire par là que l'actif du comptoir d'escompte est affecté, par privilége, au remboursement des quatre millions ; mais les priviléges, soit sur les meubles, soit sur les immeubles, ne s'établissent que dans les cas et suivant les formes prévues par la loi ; il n'est pas loisible au roi d'en créer par ordonnance.

notre dite ordonnance concernant la création d'un emploi de capitaine trésorier dans la garde municipale de Paris, sont et demeurent rapportées.

2. L'emploi de trésorier dans ce corps sera occupé par un agent civil nommé par le préfet de police, sur la présentation du colonel. Ce trésorier remplira les fonctions de secrétaire près du conseil d'administration du corps, mais il n'y aura point voix délibérative.

3. Nos ministres de la guerre et de l'intérieur (M. le duc de Dalmatie et M. Thiers) sont chargés, etc.

24 DÉCEMBRE 1830 = 28 AVRIL 1831. — Ordonnance du roi qui autorise des coupes de bois dans les forêts de l'État, pour la défense des places fortes. (IX, Bull. O. LXIII, n. 1597.)

Louis-Philippe, etc., vu la demande de notre ministre secrétaire d'État de la guerre, tendant à faire autoriser des coupes extraordinaires dans les bois de l'État pour la mise en état de défense des places fortes; les observations du directeur général des forêts; sur le rapport de notre ministre des finances, etc.

Art. 1er. Les bois destinés à la confection des palissades, liteaux, piquets, fascines, clayons, barrières, blindages, ponts, radeaux et autres ouvrages nécessaires pour la mise en état de défense des places fortes situées sur la frontière, depuis la Manche jusqu'à la Méditerranée, en suivant la ligne du nord et de l'est, et sur la frontière des Pyrénées, seront coupés dans les forêts de l'État, à moins qu'à raison des distances à parcourir jusqu'aux lieux de destination, et des frais de transport qui en résulteraient, il ne soit dans l'intérêt de l'État de se les procurer par la voie du commerce.

2. Lorsque les fournitures devront être faites dans les forêts de l'État, les officiers du génie militaire feront connaître aux agents forestiers les besoins en bois de toute nature, c'est-à-dire les espèces, qualités, dimensions et quantités de bois applicables à chaque genre d'ouvrage.

3. Les agents forestiers, de concert avec les officiers du génie, désigneront, dans les forêts les plus rapprochées des places fortes, les cantons où les coupes devront

avoir lieu, et procéderont immédiatement aux opérations de martelage. Les arbres à abattre seront pris de préférence dans les coupes usées des trois derniers ordinaires et dans celles des trois ordinaires suivants. Pour ménager les bois de construction, les délivrances se feront, autant que possible, en bois qui auront seulement les dimensions reconnues suffisantes pour les travaux auxquels ils seront destinés.

4. Les bois seront délivrés sur pied. Si les délivrances se font pour le compte direct du ministre de la guerre, les officiers du génie concourront avec les agents forestiers à leur estimation; et, dans le cas où les délivrances seraient faites à un fournisseur, il sera procédé à l'estimation par trois experts : un agent forestier, l'expert du fournisseur, et un troisième expert nommé par le président du tribunal de première instance de la situation des bois.

5. L'abatage, le façonnage et le transport des bois seront à la charge du département de la guerre ou de son fournisseur.

6. Les remanents et branchages provenant du façonnage des bois destinés à la défense des places seront vendus par adjudication publique, suivant les formes déterminées par les règlements forestiers pour les adjudications de coupes de bois; et le produit de ces ventes sera déduit, sur le budget des dépenses de la guerre, du montant des estimations des bois délivrés sur pied.

7. Nos ministres des finances et de la guerre (MM. Laffitte et duc de Dalmatie) sont chargés, etc.

25 DÉCEMBRE 1830 = 14 JANVIER 1831. — Ordonnance du roi qui révoque la Société des prêtres de la mission et les dons à elle faits. (IX, Bull. O. XXXIX, n. 977.)

Louis-Philippe, etc., sur le rapport de notre ministre secrétaire d'État au département de l'instruction publique et des cultes, président du conseil d'État, etc.

Art. 1er. L'ordonnance royale du 25 septembre 1816, insérée au Bulletin des lois, n. 1214, portant autorisation de la société des missions de France, est rapportée comme contraire aux lois. En conséquence, ladite société des missions de France est déclarée éteinte à compter de ce jour (1).

_____

(1) Le roi peut-il anéantir une congrégation religieuse d'hommes établie avant la loi du 2 janvier 1817? En d'autres termes : les congrégations religieuses d'hommes, établies par ordonnance royale antérieurement à la loi du 2 janvier 1817, ont-elles une existence légale? De la discussion qui a eu lieu à la Chambre des Députés, le 7 mars 1829

(voy. Mon. du 8), il résulte que le roi a pu, avant la loi du 2 janvier 1817, autoriser une congrégation religieuse d'hommes, du moins tel fut l'avis émis par M. de Sade, rapporteur de la commission des pétitions. Cette opinion est fondée sur ce que les lois prohibitives de toutes associations religieuses ont été modifiées par le décret du 3 messidor an 12, qui, tout en renouvelant la défense de former ces associations, ajoute (art. 4) : « à moins qu'elles n'aient été formellement autorisées par un décret impérial. » Or, ce qu'a pu faire un décret impérial, une ordonnance royale a pu le faire également avant la loi du 2 janvier 1817. Il faudrait donc conclure qu'une congrégation établie avant cette loi ne peut être détruite aujourd'hui par une ordonnance. La question me semble grave et difficile ; pour la résoudre en parfaite connaissance, on doit lire le Moniteur du 8 mars 1829 et consulter les lois du 2 janvier 1817, du 24 mai 1825 ; l'ordonnance du 1er juillet 1827 et notes. Voy. aussi ordonnances des 27 octobre 1830 et 2 avril 1816.

Un rapport du ministre de l'instruction publique expose les motifs sur lesquels est fondée l'ordonnance. Je le transcris ici en entier ; mais je ne puis m'empêcher de faire remarquer qu'il ne répond pas à l'argument présenté par M. de Sade, et puisé dans l'art. 4 du décret du 3 messidor an 12. Au surplus, quelle que soit l'opinion qu'il faille adopter relativement à l'existence de la congrégation, les dispositions de la présente ordonnance, qui révoquent les aliénations du domaine de l'État, sont à l'abri de toute critique.

Voici le rapport du ministre :

« Sire, en arrivant au ministère que m'a confié Votre Majesté, un de mes premiers soins a dû être de rechercher quels étaient les établissements religieux qui existaient en contravention aux lois du royaume. Sous ce rapport, la corporation connue sous le nom de *Société des missions de France*, doit fixer au plus haut degré l'attention du gouvernement.

« Une ordonnance royale du 25 septembre 1816, insérée au Bulletin des lois, sous le n. 1214, autorise cette société, et sanctionne ses statuts. Les rédacteurs de cette ordonnance, constituant une véritable corporation religieuse, ont violé manifestement l'ensemble de nos lois qui proscrivent une pareille création.

« Il serait inutile de retracer ici l'extension rapide qu'a reçue ce corps des missionnaires, et d'examiner si les résultats de leur zèle ont toujours été favorables à la paix publique et au respect dû au clergé ordinaire ; il serait inutile surtout de rechercher les causes et les motifs de l'influence qui, à une époque peu éloignée, fut exercée par eux ; il suffira de dire qu'en peu de temps de grandes propriétés immobilières furent mises à leur disposition.

« Une ordonnance royale du 13 septembre 1822, rendue sur le rapport du ministre des finances, affecta pour soixante ans à la Société des missions de France, les bâtiments, constructions et terrains dépendants du Mont-Valérien, commune de Nanterre près Paris, moyennant l'accomplissement de certaines conditions religieuses. Cette disposition des domaines de l'État était pourtant prohibée.

« Les missionnaires, désirant tirer parti de la concession du Mont-Valérien, y ont fait exécuter des constructions importantes, au moins pour les sommes qu'elles ont coûté. Il est parvenu à mon ministère une réclamation d'ouvriers qui prétendent être créanciers de la Société des missions de France, à raison de ces constructions.

« Cette société a voulu faire à des particuliers des concessions de terrains au Mont-Valérien pour des sépultures ; l'autorisation leur en a été donnée le 22 septembre 1824, par une lettre du ministre des finances, adressée au directeur général des domaines, qui, toutefois, déclare que les sous-concessions ne pourront être faites pour un temps plus long que la concession même consentie par la couronne au profit de la Société des missions. En conséquence de cette autorisation, des concessions nombreuses de sépultures ont été obtenues de la la Société des missions de France.

« Une autre ordonnance royale du 19 octobre 1825, rendue par le roi Charles X, autorisa les supérieurs de la Société des missions de France à accepter, au nom de cette association, la donation faite par le même roi Charles X d'une maison qu'il avait acquise, acte public du 9 octobre 1825, et qui est située rue des Fossés-Saint-Jacques, n. 13.

Le roi Charles X avait acquis cette maison moyennant 200,000 fr., dont 50,000 seulement furent payés comptant.

« J'ignore si le surplus du prix a été payé ou bien s'il est encore dû.

« L'heureuse révolution qui a appelé Votre Majesté au trône ayant rendu aux lois du royaume toute leur énergie, il est devenu possible, et, par conséquent, nécessaire, de remédier aux abus introduits par diverses causes, pendant la durée du gouvernement précédent.

« Les faits que je viens d'avoir l'honneur d'exposer à Votre majesté amènent diverses questions qu'il suffit de signaler, parce que leur solution ne saurait être douteuse.

« D'abord l'illégalité de la Société des missions de France est la conséquence nécessaire de toutes les lois de l'État.

« Un décret de l'Assemblée constituante, du 28 octobre 1789, suspendit l'émission des vœux religieux ; cinq jours après, et le 2 novembre, un autre décret mit les biens ecclésiastiques à la disposition de la nation, et une loi du 18 août 1792, ajoutant aux mesures de l'Assemblée constituante, abolit définitivement pour l'avenir toutes les communautés religieuses d'hommes, sans aucune distinction.

« La loi du 8 avril 1802 (18 germinal an 10), connue sous le nom de loi organique du concordat, perfectionna la législation existante contre les communautés religieuses d'hommes. Après avoir disposé, dans ses art. 9, 10 et 11, que le culte catholique sera exercé en France sous la direction des archevêques et des évêques dans leurs diocèses, et sous celle des curés dans leurs paroisses, et que les archevêques et évêques pourront, avec l'autorisation du gouvernement, établir dans leurs diocèses des chapitres cathédraux et des séminaires, l'art. 11 ajoute : *Tous autres établissements ecclésiastiques sont supprimés*. Ainsi est interdite pour l'avenir la création de tous établissements ecclésiastiques, qui ne seraient pas des chapitres ou des séminaires.

« Le caractère prohibitif de la loi du concordat a été constamment reconnu par le gouvernement qui a précédé 1814 ; en effet, un décret du 22 juin 1804 (3 messidor an 12), portant dissolution de certaines congrégations religieuses, renouvelle, par ses art. 3 et 4, les dispositions prohibitives des lois précédentes, et ordonne même des poursuites judiciaires contre les contrevenants. Plus tard, des tentatives furent faites pour organiser un corps permanent de prédicateurs ; mais un décret du 26 septembre 1809, renouvelant les prohibitions anciennes, vint mettre à ce projet un empêchement qui est resté assez longtemps insurmontable.

« C'est sous l'empire de cette législation qu'a été

2. L'ordonnance royale du 13 septembre 1822 (1), rendue sur le rapport du ministre des finances, et portant affectation pour soixante ans, à la société des missions de France, des bâtiments, constructions et terrains dépendant du Mont-Valérien, commune de Nanterre, est rapportée comme contraire aux lois. En conséquence, l'administration des domaines reprendra immédiatement la possession desdits immeubles, pour en jouir, faire et disposer, comme si ladite ordonnance n'avait pas existé (2).

3. La décision du ministre des finances, contenue dans une lettre au directeur général des domaines, le 22 septembre 1824, portant autorisation à la société des missions de France de faire des concessions temporaires desdits terrains pour des sépultures, est et demeure annulée. Néanmoins, les concessions faites jusqu'à ce jour par ladite société des missions de France à des particuliers pour des sépultures pendant la durée de soixante ans, à compter du 13 septembre 1822, continueront d'avoir leur effet. A compter de ce jour, il ne sera point fait d'inhumations nouvelles dans les terrains concédés (3).

4. Il sera procédé par l'architecte du domaine à la vérification de la contenance actuelle des terrains et bâtiments composant la propriété du Mont-Valérien, afin de constater d'où provient la différence de la contenance énoncée lors de la remise faite à la

---

rendue l'ordonnance royale du 25 septembre 1816, portant l'autorisation de la Société des missions de France. Cette ordonnance, qui crée avec une desnation religieuse un corps de prêtres pour acquérir et posséder en commun, est une violation formelle des lois de 1792 et de 1802. Elle a été viciée dans son principe par l'incompétence du pouvoir qui l'a rendue, puisqu'en 1816 comme aujourd'hui, les ordonnances n'ont pu être faites que pour assurer l'exécution des lois, et non pour les abroger ou les violer.

« La loi du 2 janvier 1817 est venue confirmer cette vérité ; car elle n'a permis d'acquérir qu'aux établissements *reconnus par une loi*. Or, l'établissement dont il s'agit ici, non seulement n'a jamais été reconnu par une loi, mais il ne l'a été qu'*en violation de la loi*, et par l'autorité d'une simple ordonnance.

« Le 7 mars 1829, une pétition fut adressée à la Chambre des Députés pour signaler l'existence de plusieurs congrégations d'hommes, que le pétitionnaire désignait comme illégales ; la Chambre divisa les questions qui naissaient de cette controverse, et quant à celle qui touchait la Société des missions de France, autorisée par l'ordonnance royale du 25 septembre 1816, la Chambre vota le renvoi de la pétition au gouvernement, et par là le ministère fut mis en demeure de s'occuper du sort de cette association.

« Il résulte des textes qui viennent d'être rappelés que l'ordonnance du 25 septembre 1816, ayant été dès l'origine contraire aux lois, le gouvernement n'a cessé d'être en droit et en devoir d'en prononcer la révocation.

« C'est l'objet principal de l'ordonnance que j'ai l'honneur de proposer à Votre Majesté.

« A l'égard des propriétés possédées à des titres divers par la Société des prêtres de la mission de France, il y a une distinction à faire.

« Le Mont-Valérien et ses dépendances faisaient partie du domaine de l'Etat ; dès lors, cet immeuble ne pouvait être affecté temporairement par une ordonnance que pour le service d'établissements dépendants du gouvernement ; or, la Société des missions de France n'avait pas ce caractère ; aux termes de l'ordonnance d'autorisation, c'était une société religieuse, indépendante du gouvernement. Sous ce premier rapport, l'ordonnance du 13 septembre 1822, est illégale ; elle l'est encore sous un autre point de vue, puisque la législation concer-

nant la vente des domaines de l'Etat, notamment la loi du 16 brumaire an 5, et autres lois postérieures, veulent que ces domaines ne soient aliénés qu'aux enchères ; c'est également aux enchères que les baux de ces domaines doivent être passés, conformément à l'art. 13, tit. 2, de la loi du 28 octobre-5 novembre 1790 ; d'ailleurs, l'art. 15 du même titre limite à trois, six ou neuf ans, la durée de ces baux.

« L'ordonnance du 13 septembre 1822 semble donc encore illégale sous ce dernier point de vue ; car si on ne peut pas dire qu'elle opère une véritable aliénation, il est constant qu'elle attribue une jouissance de soixante ans prohibée par la loi du 5 novembre 1790 ; d'ailleurs, une vente suppose un prix, et il n'y en a point eu de donné ou de promis à l'Etat pour l'attribution du Mont-Valérien aux prêtres des missions de France.

« Par tous ces motifs, les ministres de Votre Majesté ne peuvent pas laisser subsister plus longtemps un acte qui a dépouillé illégalement l'Etat d'une partie de son domaine.

« Quant à la maison donnée par le roi Charles X à la Société des missions de France, il suffit, quant à présent, que Votre Majesté ordonne qu'elle sera provisoirement administrée par l'administration des domaines, à la conservation des droits de qui il appartiendra, jusqu'à ce que les tribunaux aient statué sur les contestations qui ne manqueront pas de s'élever.

« Ainsi, Votre Majesté aura rendu un nouvel hommage aux lois du pays, en faisant cesser les infractions commises sous le gouvernement déchu, et elle aura préservé de tout dommage les tiers de bonne foi qui auraient traité avec une corporation dont l'existence avait une apparence de légalité.

« C'est dans cette vue que je crois de mon devoir de proposer à Votre Majesté de rendre l'ordonnance dont la teneur suit :

« J'ai l'honneur d'être, avec le plus profond respect et le dévouement le plus absolu, Sire, de Votre Majesté, le très-humble et très-obéissant serviteur, MÉRILHOU. »

(1) Non insérée au Bulletin des lois.
(2) Voy. dans la note ci-dessus le rapport du ministre.
(3) Voy. l'ordonnance du 13 janvier 1831, qui rapporte cette disposition.

société des missions de France, et de la contenance déclarée aujourd'hui. Il sera également procédé par cet architecte, conjointement avec l'expert qui sera nommé par les prêtres qui composaient la société des missions de France, sinon nommé d'office par le tribunal de la Seine, à la reconnaissance de l'Etat des bâtiments, ainsi que des matériaux propres à des constructions qui peuvent encore exister sur place.

5. Le mobilier garnissant l'établissement du Mont-Valérien sera remis aux prêtres qui composaient la société des missions de France. Dans le cas où ils ne se présenteraient pas, sur la sommation qui leur en sera faite, pour enlever ce mobilier, la vente en sera poursuivie par l'administration des domaines, après toutefois que les formalités prescrites en pareil cas auront été remplies; et le produit de cette vente sera versé à la caisse des dépôts et consignations, à la conservation des droits de qui il appartiendra.

6. La maison située à Paris, rue des Fossés-Saint-Jacques, n. 13, donnée à la société des missions de France par le roi Charles X, suivant acte public du 9 octobre 1825, et l'autorisation contenue dans une ordonnance royale du 19 octobre 1825 (1), sera provisoirement administrée par l'administration des domaines, à la conservation des droits de qui il appartiendra (2).

7. Nos ministres au département des finances et au département de l'instruction publique et des cultes (MM. Laffitte et Mérilhou) sont chargés, etc.

---

25 DÉCEMBRE 1830 = 1ᵉʳ FÉVRIER 1831. — Ordonnance du roi qui détermine les conditions d'admission aux fonctions d'évêque, vicaire général, chanoine et curé, et de professeur dans les facultés de théologie. (IX, Bull. O. XL, n. 996.)

Louis-Philippe, etc., sur le rapport de notre ministre secrétaire d'Etat au département de l'instruction publique et des cultes, président du conseil d'Etat; vu le mémoire de notre conseil royal de l'instruction publique, etc.

Art. 1ᵉʳ. A dater du 1ᵉʳ janvier 1835, le grade de docteur en théologie sera nécessaire pour être professeur, adjoint ou suppléant, dans une faculté de théologie.

2. A dater de la même époque, nul ne pourra être nommé archevêque ou évêque, vicaire général, dignitaire ou membre de chapitre, curé, dans une ville chef-lieu de département ou d'arrondissement, s'il n'a

obtenu le grade de licencié en théologie, ou s'il n'a rempli pendant quinze ans les fonctions de curé ou de desservant.

3. A compter de ladite époque, nul ne pourra être nommé curé de chef-lieu de canton, s'il n'est pourvu du grade de bachelier en théologie, ou s'il n'a rempli pendant dix ans les fonctions de curé ou de desservant.

4. Les dispositions ci-dessus sont applicables à tous ceux qui, à l'époque de la publication de la présente ordonnance, n'auraient pas encore vingt et un ans accomplis.

5. Les élèves des séminaires situés hors des chefs-lieux des facultés de théologie seront admis à subir les épreuves du grade de bachelier en théologie, sur la présentation d'un certificat constatant qu'ils ont étudié pendant trois ans dans un séminaire.

6. Notre ministre au département de l'instruction publique et des cultes, président du conseil d'Etat (M. Mérilhou) est chargé, etc.

---

26 DÉCEMBRE 1830 = 29 JANVIER 1831. — Ordonnance du roi qui ouvre au ministre des cultes un crédit complémentaire pour les traitements et indemnités fixes du clergé pour l'exercice 1830. (IX, Bull. O. XXXIX, n. 974.)

Louis-Philippe, etc., attendu que le nombre des vacances d'emploi de curés, desservants et vicaires, pendant l'année 1830, est resté au-dessous de celui calculé au budget de cet exercice, suivant les renseignements alors existants, et qu'il en résulte une augmentation de dépense à laquelle il convient de pourvoir; vu l'article 152 de la loi du 25 mars 1817; vu aussi l'art. 4 de l'ordonnance royale du 1ᵉʳ septembre 1827; sur le rapport de notre ministre secrétaire d'Etat de l'instruction publique et des cultes, président du conseil d'Etat, etc.

Art. 1ᵉʳ. Un crédit complémentaire de cinq cent soixante et quinze mille francs est ouvert à notre ministre secrétaire d'Etat de l'instruction publique et des cultes, pour compléter les traitements et indemnités fixes du clergé, qui forment la deuxième section spéciale du budget de son département, exercice 1830.

2. Notre ministre de l'instruction publique et des cultes, président du conseil d'Etat, et notre ministre secrétaire d'Etat des finances (MM. Mérilhou et Laffitte) sont chargés, etc.

---

(1) Non mentionnée au Bulletin des lois.
(2) Voy. dans la note première le rapport du ministre.

26 DÉCEMBRE 1830. — Ordonnance sur la translation des bourses de la ville de Sedan, du collége royal de Reims, dans le collége communal de Sedan. (Bull. O. 61, n. 1558.)

27 DÉCEMBRE 1830. — Ordonnance portant concession de soldes de retraite en faveur de treize officiers et marins. (Bull. O. 79 *bis*, n. 7.)

27 DÉCEMBRE 1830. — Ordonnance qui autorise la congrégation des sœurs de Saint-Vincent-de-Paul établie à Paris à contracter l'obligation d'une rente viagère de 1,500 fr., en retour d'une somme de 30,000 fr. (Bull. O. 46, n. 1182.)

27 DÉCEMBRE 1830. — Ordonnance qui autorise l'évêque d'Orléans à vendre une maison aux religieuses du calvaire d'Orléans, à acquérir un terrain et à le concéder à la commune d'Orléans. (Bull. O. 46, n. 1183.)

27 DÉCEMBRE 1830. — Ordonnance qui approuve l'acte d'échange d'une maison des sœurs de Saint-Charles de Lyon établie à Ampuis contre une seconde maison. (Bull. O. 47, n. 1206.)

27 DÉCEMBRE 1830. — Ordonnance qui autorise l'acceptation, pour 600 fr. seulement, du legs de 2,000 fr. fait à la fabrique de Coligny. (Bull. O. 47, n. 1207.)

27 DÉCEMBRE 1830. — Ordonnance qui autorise l'aliénation d'une inscription de rente de 983 fr. faite par la communauté des religieuses carmélites d'Amiens. (Bull. O. 47, n. 1208.)

28 DÉCEMBRE 1830 = 28 JANVIER 1831. — Ordonnance du roi qui révoque le droit de présentation aux chaires vacantes dans les écoles spéciales, attribué au grand-maître ou aux inspecteurs généraux de l'Université. (IX, Bull. O. XXXVIII, n. 916.)

Louis-Philippe, etc., vu la loi du 11 floréal an 10 (1er mai 1802), la loi du 10 mai 1806, le décret du 17 mars 1808, et l'ordonnance du 1er juin 1822; sur le rapport de notre ministre secrétaire d'Etat au département de l'intérieur, etc.

Art. 1er. L'art. 3 de l'ordonnance du 1er juin 1822, qui donne au grand-maître de l'Université, quant aux présentations pour les places vacantes dans les écoles spéciales, les attributions accordées par l'art. 21 de la loi du 11 floréal an 10 (1er mai 1802) aux inspecteurs généraux des études, est abrogé.

2. En conséquence, la nomination aux chaires devenues vacantes dans les écoles spéciales se fera sur la double présentation de l'Institut et de l'école spéciale où la chaire sera devenue vacante, ainsi que cela avait lieu antérieurement à l'ordonnance du 1er juin 1822, dont les autres dispositions sont maintenues en tout ce qui n'est point contraire à celles de l'article précédent.

3. Notre ministre de l'intérieur (M. Montalivet) est chargé, etc.

28 DÉCEMBRE 1830 = 28 JANVIER 1831. — Ordonnance du roi sur les traitements des préfets et des secrétaires généraux, et sur les frais d'administration des préfectures. (IX, Bull. O. XXXVIII, n. 917.)

Voy. ordonnance du 29 septembre 1829.

Louis-Philippe, etc., vu l'ordonnance royale du 15 mai 1822; sur le rapport de notre ministre secrétaire d'Etat au département de l'intérieur, etc.

Art. 1er. A partir du 1er janvier 1831, les traitements des préfets, les frais d'administration des préfectures et les traitements des secrétaires généraux de préfecture, sont fixés conformément au tableau ci-joint.

2. Les traitements des sous-préfets, les frais d'administration des sous-préfectures et les traitements des conseillers de préfecture, sont maintenus conformément aux fixations de 1830.

3. Continueront d'être exécutées les autres dispositions de l'ordonnance royale du 15 mai 1822.

4. Notre ministre de l'intérieur (M. Montalivet) est chargé, etc.

DÉPARTEMENS.	TRAITE-MENS des préfets.	FRAIS d'admi-nistra-tion des préfets.	TRAITE-MENS des secré-taires généraux de préfec-ture.	DÉPARTEMENS.	TRAITE-MENS des préfets.	FRAIS d'admi-nistra-tion des préfets.	TRAITE-MENS des secré-taires généraux de préfec-ture.
Ain.	16,000f	25,000f	2,400f	Lot.	16,000f	27,000f	2,400f
Aisne.	16,000	34,000	2,400	Lot-et-Garonne. .	16,000	26,000	2,400
Allier.	16,000	25,000	2,400	Lozère.	15,000	21,000	2,400
Alpes (Basses-). .	15,000	21,000	2,400	Maine-et-Loire. .	20,000	34,000	3,200
Alpes (Hautes-).	15,000	21,000	2,400	Manche.	20,000	36,000	3,200
Ardèche.	15,000	21,000	2,400	Marne.	16,000	30,000	2,400
Ardennes. . . .	16,000	27,000	2,400	Marne (Haute-).	16,000	27,000	2,400
Ariége.	16,000	24,000	2,400	Mayenne.	16,000	28,000	2,400
Aube.	16,000	27,000	2,400	Meurthe.	24,000	39,000	3,200
Aude.	16,000	26,000	2,400	Meuse.	16,000	27,000	2,400
Aveyron.	15,000	24,000	2,400	Morbihan.	16,000	27,000	2,400
Bouch.-du-Rhône	36,000	48,000	4,800	Moselle.	24,000	39,000	3,200
Calvados.	24,000	44,000	3,200	Nièvre.	16,000	25,000	2,400
Cantal.	15,000	21,000	2,400	Nord.	32,000	53,000	4,000
Charente.	16,000	26,000	2,400	Oise.	16,000	40,000	2,400
Charente-Infér. .	20,000	39,000	3,200	Orne.	16,000	34,000	2,400
Cher.	16,000	26,000	2,400	Pas-de-Calais. . .	24,000	40,000	3,200
Corrèze.	15,000	21,000	2,400	Puy-de-Dôme. . .	20,000	39,000	3,200
Corse.	16,000	34,000	2,400	Pyrénées (Basses-)	16,000	33,000	2,400
Côte-d'Or.	24,000	38,000	3,200	Pyrénées (Hautes-)	16,000	24,000	2,400
Côtes-du-Nord. .	16,000	32,000	2,400	Pyrénées-Orient. .	16,000	26,000	2,400
Creuse.	15,000	21,000	2,400	Rhin (Bas-). . . .	32,000	50,000	4,000
Dordogne. . . .	16,000	29,000	2,400	Rhin (Haut-). . .	16,000	35,000	2,400
Doubs.	24,000	33,000	3,200	Rhône.	36,000	50,000	4,800
Drôme.	16,000	24,000	2,400	Saône (Haute-). .	15,000	26,000	2,400
Eure.	16,000	35,000	2,400	Saône-et-Loire. .	16,000	35,000	2,400
Eure-et-Loir. . .	16,000	32,000	2,400	Sarthe.	16,000	32,000	2,400
Finistère.	16,000	30,000	2,400	Seine (a).	50,000	210,000	6,000
Gard.	24,000	38,000	3,200	Seine-Inférieure. .	36,000	52,000	4,800
Garonne (Haute-)	24,000	41,000	3,200	Seine-et-Marne. .	16,000	35,000	2,400
Gers.	16,000	26,000	2,400	Seine-et-Oise. . .	28,000	50,000	4,000
Gironde.	36,000	50,000	4,800	Sèvres (Deux-). .	16,000	26,000	2,400
Hérault.	24,000	33,000	3,200	Somme.	24,000	40,000	3,200
Ille-et-Vilaine. . .	24,000	38,000	3,200	Tarn.	16,000	25,000	2,400
Indre.	16,000	23,000	2,400	Tarn-et-Garonne.	16,000	25,000	2,400
Indre-et-Loire. .	20,000	30,000	3,200	Var.	15,000	26,000	2,400
Isère.	24,000	33,000	3,200	Vaucluse.	16,000	26,000	2,400
Jura.	16,000	25,000	2,400	Vendée.	20,000	30,000	3,200
Landes.	15,000	23,000	2,400	Vienne.	16,000	29,000	2,400
Loir-et-Cher. . .	16,000	26,000	2,400	Vienne (Haute-) .	16,000	26,000	2,400
Loire.	16,000	20,000	2,400	Vosges.	15,000	27,000	2,400
Loire (Haute-). .	15,000	24,000	2,400	Yonne.	16,000	30,000	2,400
Loire-Inférieure. .	28,000	47,000	4,000				
Loiret.	24,000	38,000	3,200	Totaux. . . .	1,661,000	2,889,000	241,200

Approuvé.

Signé **LOUIS-PHILIPPE.**

Par le Roi : *Signé* **MONTALIVET.**

(a) *Voyez* ordonnance du 20 août 1830.

28 décembre 1830. — Ordonnance qui modifie les tarifs d'octroi de diverses communes. (Bull. O. 41, n. 1006.)

28 décembre 1830. — Ordonnance qui autorise l'acceptation d'une donation faite à la commune de Charbonnières. (Bull. O. 49, n. 1249.)

28 décembre 1830. — Ordonnance qui autorise l'acceptation jusqu'à concurrence des 24 quarantièmes seulement, du legs universel fait aux pauvres de Chaumes. (Bull. O. 49, n. 1250.)

29 décembre 1830. — Ordonnance qui nomme le comte de Laporto vice-consul honoraire à Tallahassée aux Florides. (Bull. O. 37, n. 900.)

31 décembre 1830 = 26 janvier 1831. — Ordonnance du roi qui accorde aux pauvres de Paris cent quatre-vingt mille francs, pour dégager gratuitement les effets du Mont-de-Piété. (IX, Bull. O. XXXVII, n. 899.)

Louis-Philippe, etc., sur le rapport de notre ministre secrétaire d'Etat de l'intérieur, d'après le compte qui nous a été rendu de l'emploi du crédit de cinq millions ouvert par la loi du 8 septembre, pour travaux et autres besoins urgents, particulièrement dans la ville de Paris, duquel compte il résulte qu'une somme d'environ deux cent mille francs a pourvu à des besoins du moment, sous la forme de prêts, qui feront retour au crédit mis à la disposition de notre ministre de l'intérieur; considérant que la loi du 30 août, qui met à la charge de l'Etat les indemnités dues aux habitants de Paris par suite des événements de la révolution de juillet, ne pourra recevoir son exécution qu'après le règlement général de ces indemnités, qui touche à son terme; que, d'un autre côté, les secours accordés aux blessés et à leurs familles n'ont pu encore être entièrement distribués; qu'il en résulte, pour un grand nombre de familles pauvres, un état de gêne, qui nous est révélé d'ailleurs par la situation sommaire du mont-de-piété, dont nous nous sommes fait rendre compte; voulant pourvoir aux besoins les plus urgents, dans l'esprit de la loi du 8 septembre dernier, etc.

Art. 1er. Notre ministre secrétaire d'Etat de l'intérieur est autorisé à disposer, sur le crédit de cinq millions ouvert par la loi du 8 septembre dernier, d'une somme de cent quatre-vingt mille francs, destinée à dégager gratuitement des articles n'excédant pas trois francs, et se composant d'objets dont la saison rigoureuse rend l'usage plus nécessaire, qui ont été engagés au mont-de-piété de Paris du 1er décembre 1829 au 1er décembre 1830, à l'exclusion des reconnaissances acquises par des tiers détenteurs.

2. Notre ministre de l'intérieur (M. Montalivet) est chargé, etc.

31 décembre 1830 = 1er février 1831. — Ordonnance du roi relative aux recettes et dépenses de l'Université pendant les quatre premiers mois de 1831. (IX, Bull. O. XL, n. 997.)

Louis-Philippe, etc., sur le rapport de notre ministre secrétaire d'Etat au département de l'instruction publique et des cultes, président du conseil d'Etat; vu l'art. 1er de la loi du 12 décembre 1830, portant que les impôts indirects autorisés par la loi du 2 août 1829 continueront d'être perçus provisoirement jusqu'au 1er mai 1831; vu l'art. 6 de la même loi, qui ouvre aux ministres, pour les dépenses de leurs départements, sur l'exercice 1831, un crédit de la somme de trois cents millions, qui sera répartie entre eux par ordonnance royale; considérant que les rétributions imposées en faveur de l'Université sur les établissements particuliers d'instruction et sur les élèves qui fréquentent les écoles publiques, sont comprises dans l'art. 1er de la loi du 2 août 1829, et que les exceptions contenues dans les art. 2, 3 et 4 de la loi du 12 décembre 1830 ne leur sont point applicables, que l'Université, qui a des fonds spéciaux, ne peut pas être comprise dans la répartition du crédit ouvert aux ministres par l'art. 6 de cette dernière loi, et qu'il est indispensable de lui ouvrir sur ses propres fonds le crédit nécessaire pour subvenir à ses dépenses pendant les premiers mois de l'exercice 1831, etc.

Art. 1er. L'Université continuera à percevoir jusqu'au 1er mai 1831 les rétributions imposées par la loi du 2 août 1829, sur les établissements particuliers d'instruction, et sur les élèves qui fréquentent les écoles publiques.

2. Un crédit d'un million cent mille francs est ouvert à l'Université sur ses fonds spéciaux, pour subvenir à ses dépenses pendant les quatre premiers mois de l'exercice 1831.

3. Notre ministre de l'instruction publique et des cultes, président du conseil d'Etat (M. Barthe) est chargé, etc.

31 décembre 1830 = 5 février 1831. — Ordonnance du roi relative à la distribution gratuite du journal militaire officiel. (IX, Bull. O. XLI, n. 1008.)

Louis-Philippe, etc., sur le rapport de notre ministre secrétaire d'Etat au département de la guerre, etc.

Art. 1er. La décision royale du 2 mars 1815, qui prescrit la publication d'un journal militaire officiel, continuera de recevoir son exécution.

2. Ce journal contiendra, comme par le passé, les lois, ordonnances, règlements (1), instructions, tarifs, modèles d'états, décisions, circulaires, et enfin tous les actes d'un intérêt général concernant le département de la guerre. Il contiendra, de plus, toutes les nominations et promotions à des grades qui auront lieu dans l'armée.

3. A partir du 1er janvier 1831, le journal militaire paraîtra par livraisons hebdomadaires. Il en sera publié extraordinairement d'autres livraisons, lorsque la nature des actes à insérer le rendra nécessaire.

4. La disposition de la décision royale du 2 mars 1815, qui rendait l'abonnement du journal militaire obligatoire pour les principaux officiers et fonctionnaires du département de la guerre, est et demeure abrogée. A partir du 1er janvier 1831, l'envoi de ce journal sera fait gratuitement aux officiers et fonctionnaires militaires dont notre ministre secrétaire d'Etat au département de la guerre aura arrêté la liste. En cas de changement de destination, ils seront tenus de faire à leurs successeurs la remise du journal militaire, avec celle de leurs archives.

5. Notre ministre de la guerre (duc de Dalmatie) est chargé, etc.

31 DÉCEMBRE 1830 = 10 FÉVRIER 1831. — Ordonnance du roi qui dissout le corps d'artillerie de la garde nationale de Paris, et prescrit la réorganisation de ce corps. (IX, Bull. O. XLII, n. 1044.)

Louis-Philippe, etc., sur le rapport de notre ministre secrétaire d'Etat au département de l'intérieur, etc.

Art. 1er. Le corps d'artillerie de la garde nationale de Paris est dissous.

2. Il sera procédé immédiatement à la réorganisation de ce corps.

3. Une commission sera nommée pour procéder à cette réorganisation.

4. Sont nommés membres de la commission : MM. le général comte de Lobau, commandant général de la garde nationale de Paris, président; le général Pernetty, vice-président ; le général Mathieu Dumas ; de Marmier, colonel de la première légion ; de Lariboissière, colonel de la cinquième légion ; de Schonen, colonel de la neuvième légion ; de Sussy, colonel de la onzième légion ; Allent, conseiller d'Etat.

5. Notre ministre de l'intérieur (M. Montalivet) est chargé, etc.

31 DÉCEMBRE 1830. — Ordonnance qui supprime le second commissariat de police établi à Alby. (Bull. O. 37, n. 901.)

31 DÉCEMBRE 1830. — Ordonnances qui autorisent l'établissement d'usines dans diverses communes. (Bull. O. 47, n. 1198 et suiv.)

31 DÉCEMBRE 1831. — Ordonnance qui autorise S. A. R. Adélaïde d'Orléans à établir diverses usines sur la rivière de Blaise (Haute-Marne). (Bull. O. 47, n. 1205.)

31 DÉCEMBRE 1830. — Ordonnance qui autorise la conservation et la construction d'usines dans les communes de Broye-les-Loups et d'Autrey. (Bull. O. 48, n. 1224.)

31 DÉCEMBRE 1830. — Ordonnances qui autorisent l'acceptation de dons et legs faits à diverses communes. (Bull. O. 49, n. 1251 et suiv.)

31 DÉCEMBRE 1830. — Ordonnance concernant la répartition de la dépense des travaux à faire pour la réparation et l'exhaussement des digues du Rhône et du Lauzon, etc. (Bull. O. 49, n. 1263.)

31 DÉCEMBRE 1830. — Ordonnance concernant la répartition de la dépense des travaux à exécuter pour la reconstruction des digues de la rive gauche du Rhône, etc. (Bull. O. 49, n. 1264.)

31 DÉCEMBRE 1830. — Ordonnance concernant la répartition de la dépense des travaux de la rive gauche de la Durance. (Bull. O. 49, n. 1265.)

---

(1) Ce journal n'est point officiel quant à la promulgation des lois, et à la publication des ordonnances et règlements généraux susceptibles d'être insérés au Bulletin des lois. Le Bulletin est le seul dépôt authentique et officiel des actes de la législation. (Avis du conseil d'Etat du 7 janvier 1818, et ordonnance royale du 27 novembre 1816.) *(Note du Bulletin officiel.)*

COLLECTION COMPLÈTE

DES

LOIS, DÉCRETS,

ORDONNANCES, RÈGLEMENTS

ET

AVIS DU CONSEIL D'ÉTAT.

1831.

~~~~~~

MONARCHIE CONSTITUTIONNELLE.— LOUIS-PHILIPPE.

———

1er JANVIER 1831. — Ordonnance qui établit un commissaire de police au Ham. (Bull. O. 37, n. 902.)

———

4 JANVIER 1831. — Ordonnance qui réintègre le sieur Darcy dans la qualité de Français. (Bull. O. 38, n. 923.)

4 JANVIER 1831. — Ordonnance qui admet les sieurs Gribaldi et Pascal à établir leur domicile en France. (Bull. O. 38, n. 928.)

4 JANVIER 1831. — Ordonnance qui accorde des lettres de naturalité aux sieurs Fischlin et Diano. (Bull. O. 87 et 97, n. 2507 et 2753.)

———

5 = 8 JANVIER 1831. — Loi sur les crédits supplémentaires pour les dépenses de l'exercice 1830 (1). (IX, bull. O. XVIII, n. 82.)

Art. 1er. Il est accordé, sur les fonds du budget de 1830, au-delà des crédits fixés pour les dépenses ordinaires de cet exercice par la loi du 2 août 1829, des suppléments montant à soixante-cinq millions deux cent quatre-vingt-dix mille cent francs, avec affectation aux dépenses extraordinaires au-

torisées en 1830 dans les formes prescrites par l'art. 152 de la loi du 25 mars 1817.

Cette somme demeure répartie entre les différents départements ministériels dans la proportion suivante :

500,000 francs aux affaires étrangères, 5,850,000 fr. à l'intérieur, 30,800,000 fr. à la guerre, 28,140,100 francs à la marine. Total, 65,290,100 fr.

2. Il sera rendu, à la session de 1831, un compte spécial des dépenses extraordinaires qui auront été définitivement autorisées sur les crédits ouverts par la présente loi.

———

5 = 8 JANVIER 1831. — Loi sur la restitution à l'État du fonds commun de l'indemnité des émigrés et condamnés, et sur le mode de création de nouvelles rentes sur le grand-livre de la dette publique (2). (IX, Bull. O. XVIII, n. 83.)

Art. 1er. Le paragraphe 3 de l'art. 2 de la loi du 27 avril 1825, concernant l'emploi des sommes qui resteraient libres sur les trente millions de rentes affectés à l'indem-

---

(1) Présentation à la Chambre des Députés le 18 septembre (Mon. du 19) ; rapport par M. Odier le 6 novembre (Mon. du 7), discussion les 15 et 16 (Mon. des 16 et 17) ; adoption le 17 (Mon. du 18), à la majorité de 248 voix contre 14.

(2) Présentation à la Chambre des Pairs le 26 novembre (Mon. du 27) ; rapport par M. le comte Roy (Mon. du 28) ; discussion et adoption le 30 (Mon. du 31), à la majorité de 81 voix contre 4.

(2) Présentation à la Chambre des Députés la

nité des émigrés et condamnés, est et demeure rapporté (1).

2. Les rentes trois pour cent qui demeureront sans affectation d'après l'article précédent, seront rayées du grand-livre de la dette publique, et annulées au profit de l'Etat, avec les intérêts qui y étaient attachés, à dater du jour où elles ont été inscrites.

3. Le ministre des finances est autorisé à faire inscrire au grand-livre de la dette publique une somme de trois millions de rentes, représentant par évaluation celle qui restera sans affectation sur le crédit de trente millions. Ces rentes seront réalisées à l'époque et aux conditions qui concilieront le mieux les intérêts du trésor et la facilité des négociations. Le produit en sera employé aux besoins de l'Etat.

4. Il sera rendu compte aux Chambres de la réalisation et de l'emploi de tout ou partie de ce crédit en rentes, dont il ne pourra être disposé que par des négociations avec concurrence et publicité.

5. Les rentes qui seront créées en vertu de l'art. 3 participeront à la dotation actuelle de l'amortissement.

5 = 26 JANVIER 1831. — Ordonnance du roi qui

dissout le régiment étranger de Hohenlohe, et crée un régiment d'infanterie légère, sous le n. 21, avec faculté de réunir les étrangers en instance pour obtenir des lettres de naturalisation. (IX, Bull. O. XXXVII, n. 889.)

Louis-Philippe, etc., sur le rapport de notre ministre secrétaire d'Etat de la guerre, etc.

Art. 1ᵉʳ. Le régiment dit *de Hohenlohe* est dissous.

2. Il sera créé, pour le remplacer dans l'armée, un régiment d'infanterie légère, à trois bataillons, qui prendra le n. 21, et recevra d'ailleurs la même organisation que les régiments de cette arme actuellement existants.

3. La solde, les accessoires, les prestations en nature, les masses et l'uniforme, seront les mêmes que pour les autres régiments d'infanterie légère.

4. Les officiers, sous-officiers, caporaux, soldats et tambours du régiment de Hohenlohe, qui sont nés ou naturalisés Français, pourront être compris dans les cadres du 21ᵉ régiment d'infanterie légère.

Dispositions transitoires.

5. Pourront également être compris dans les cadres de ce régiment les officiers, sous-

1ᵉʳ décembre 1830 (Mon. du 2) ; rapport par M. de Mosbourg le 7 décembre (Mon. du 8) ; discussion et adoption les 9 et 10 décembre (Mon. des 10, 11, 12) , à la majorité de 246 voix contre 57.
Présentation à la Chambre des Pairs le 13 décembre (Mon. du 14) ; rapport par M. de Malleville le 27 (Mon. du 28) ; discussion et adoption le 29 (Mon. du 30), à la majorité de 70 voix contre 21.

(1) Le reproche de rétroactivité a été adressé à cette loi. On a soutenu que la loi du 27 avril 1825 avait affecté trente millions de rente à l'indemnité des émigrés ; que, par conséquent, il y avait pour ceux-ci *droit acquis* à l'intégralité de ces trente millions de rente ; qu'il était fort indifférent qu'une partie fût réservée, sous la dénomination de *fonds commun*, pour réparer les inégalités ; que ce fonds commun n'était pas moins que le surplus affecté aux indemnitaires ; que l'incertitude sur le mode de distribution, sur la quotité qui devait revenir à chacun ne changeait pas la nature du *droit ;* qu'enfin, une foule de transactions étaient intervenues entre les émigrés et des tiers qui avaient acquis la portion revenant à ceux-ci sur le fonds commun ; que les droits qui avaient été ainsi légalement conférés ne pouvaient plus être enlevés, sans faire rétroagir la loi.
On a répondu que les émigrés n'avaient sur le fonds commun qu'une expectative, qu'on ne pouvait prétendre qu'il y eût pour eux *droit acquis ;* qu'il n'était pas exact de dire que les trente millions de rente eussent été affectés en entier à l'indemnité ; que le fonds commun pouvait ne pas être distribué, si, par exemple, il n'y avait pas d'inégalités à réparer, si ces inégalités ne pouvaient pas être régulièrement constatées ; que l'art. 2 de

la loi du 27 avril 1825, en disposant qu'une loi réglerait le mode de distribution du fonds commun, avait nécessairement subordonné cette distribution à la volonté du législateur ; que si des tiers avaient acheté des parts éventuelles des indemnisés dans le fonds commun, ils devaient s'imputer d'avoir légèrement exposé leur argent, en acquérant non des droits, mais des espérances, de simples éventualités.
M. *Alexis de Noailles*, pour démontrer qu'il y a des cas où la lésion éprouvée par les indemnisés est évidente, où la nécessité de la réparer, et, par suite, le droit au fonds commun ne sauraient être contestés, a dit que des propriétaires de maisons vendues par voie de loterie n'avaient reçu pour indemnité que le prix du billet gagnant, tandis que la valeur de l'immeuble était représentée par la somme totale de tous les billets. Je dois faire remarquer que le conseil d'Etat a jugé que, dans le cas de vente par loterie, l'indemnité devait être égale à l'estimation portée dans le prospectus. Voy. ordonnance du 7 juin 1826, *Recueil de M. Naylies*, t. 1, p. 291.
Au cas de vente, par un émigré, de sa part dans le fonds commun, l'acquéreur ne peut avoir de recours en garantie contre son vendeur, à moins de stipulation formelle.
En effet, ou l'émigré avait un droit certain, un droit acquis sur le fonds commun, et, dans ce cas, il l'a transmis à son acquéreur, qui, devenu propriétaire, doit seul supporter la perte, en vertu de la règle *res perit domino.*
Ou l'émigré n'avait qu'une espérance, qu'une éventualité, alors il y a un contrat aléatoire entre l'émigré et l'acheteur, celui-ci ne peut se plaindre si la chance qu'il a voulu courir a tourné contre lui.

officiers, caporaux et soldats du régiment de Hohenlohe qui déjà sont en instance pour obtenir des lettres de naturalisation, ou qui feront immédiatement à cet effet les déclarations exigées par la loi. S'ils ne justifient pas de leur naturalisation à l'expiration des délais fixés, ils ne seront point maintenus en activité.

6. Les sous-officiers et soldats qui ne voudront pas profiter de ces dispositions, recevront des feuilles de route, avec indemnité jusqu'à la frontière, pour retourner dans leur patrie.

7. Notre ministre de la guerre (duc de Dalmatie) est chargé, etc.

5 = 26 JANVIER 1831. — Ordonnance du roi relative à l'organisation de l'administration des postes. (IX, Bull. O. XXXVII, n. 890.)

Louis-Philippe, etc., sur le rapport de notre ministre secrétaire d'Etat des finances, président du conseil des ministres, etc.

Art. 1er. Les places de directeur général, d'administrateur et de secrétaire général des postes, sont et demeurent supprimées.

2. L'administration des postes sera dirigée à l'avenir par un directeur assisté de deux sous-directeurs, formant avec lui le conseil d'administration, qu'il présidera.

3. Les attributions du directeur et du conseil d'administration des postes seront déterminées par notre ministre des finances.

4. Le traitement du directeur de l'administration des postes est fixé à vingt mille francs ; celui des sous-directeurs, à douze mille francs.

5. Le directeur de l'administration des postes est nommé par nous. Le ministre des finances nommera aux places de sous-directeurs.

6. Notre ministre des finances (M. Laffitte) est chargé, etc.

5 = 26 JANVIER 1831. — Ordonnance du roi relative à l'organisation de l'administration des douanes. (IX, Bull. O. XXXVII, n. 891.)

Louis-Philippe, etc., sur le rapport de notre ministre secrétaire d'Etat des finances, président du conseil des ministres, etc.

Art. 1er. Les places de directeur général et d'administrateurs des douanes sont et demeurent supprimées.

2. L'administration des douanes sera dirigée à l'avenir par un directeur assisté de quatre sous-directeurs, formant avec lui le conseil d'administration, qu'il présidera.

3. Les attributions du directeur et du conseil d'administration des douanes seront déterminées par le ministre des finances.

4. Le traitement du directeur de l'admi-

nistration des douanes est fixé à vingt mille francs ; celui des sous-directeurs, à douze mille francs.

5. Le directeur de l'administration des douanes est nommé par nous. Le ministre des finances nommera aux places de sous-directeurs.

6. Notre ministre des finances (M. Laffitte) est chargé, etc.

5 = 26 JANVIER 1831. — Ordonnance du roi relative à l'organisation de l'administration des forêts. (IX, Bull. O. XXXVII, n. 892.)

Louis-Philippe, etc., sur le rapport de notre ministre secrétaire d'Etat des finances, président du conseil des ministres, etc.

Art. 1er. Les places de directeur général et d'administrateurs des forêts sont et demeurent supprimées.

2. L'administration des forêts sera dirigée à l'avenir par un directeur assisté de trois sous-directeurs, formant avec lui le conseil d'administration, qu'il présidera.

3. Les attributions du directeur et du conseil d'administration des forêts seront déterminées par notre ministre des finances.

4. Le traitement du directeur de l'administration des forêts est fixé à vingt mille francs ; celui des sous-directeurs, à douze mille francs.

5. Le directeur de l'administration des forêts est nommé par nous. Le ministre des finances nommera aux places de sous-directeurs.

6. Notre ministre des finances (M. Laffitte) est chargé, etc.

5 = 26 JANVIER 1831. — Ordonnance du roi relative à l'organisation de l'administration des contributions indirectes. (IX, Bull. O. XXXVII, n. 893.)

Louis-Philippe, etc., sur le rapport de notre ministre secrétaire d'Etat des finances, etc.

Art. 1er. Les fonctions de directeur général, d'administrateurs et de chefs de division des contributions indirectes, sont et demeurent supprimées.

2. L'administration des contributions indirectes sera à l'avenir dirigée par un directeur assisté de trois sous-directeurs, qui formeront avec lui le conseil d'administration, qu'il présidera.

3. Les attributions du directeur et du conseil d'administration seront déterminées par le ministre des finances.

4. Le traitement du directeur de l'administration des contributions indirectes est fixé à vingt mille francs; celui des sous-directeurs, à douze mille francs.

5. Le directeur de l'administration des contributions indirectes sera nommé par nous. Le ministre des finances nommera aux places de sous-directeurs.

6. Notre ministre des finances (M. Laffitte) est chargé, etc.

---

5 = 26 JANVIER 1831. — Ordonnance du roi relative à l'administration des tabacs. (IX, Bull. O. XXXVII, n. 894.)

Louis - Philippe, etc., sur le rapport de notre ministre secrétaire d'Etat des finances, etc.

Art. 1er. La fabrication du tabac, les approvisionnements, et en général les travaux qui en dépendent, seront administrés par un directeur spécial, nommé par nous, et assisté d'un sous-directeur, nommé par le ministre des finances.

2. La vente des tabacs dans les entrepôts et dans les bureaux de débit, et la surveillance qu'elle exige, ainsi que le personnel des entreposeurs et des débitants, resteront dans les attributions de l'administration des contributions indirectes. Toutefois, les agents attachés à la fabrication conserveront la faculté d'y vérifier la qualité des tabacs, et de s'assurer qu'on y prend les soins nécessaires à leur conservation.

3. Les affaires contentieuses et litigieuses relatives à l'exploitation du monopole des tabacs seront examinées et jugées par un conseil d'administration, dont les membres seront désignés par notre ministre des finances, et choisis parmi les directeurs des différents services de ce ministère.

4. Le traitement du directeur des tabacs est fixé à vingt mille francs; celui du sous-directeur, à douze mille francs.

5. Notre ministre des finances (M. Laffitte) est chargé, etc.

---

5 JANVIER 1831. — Ordonnance qui autorise la société anonyme formée à Limoges, sous le titre de banque de secours. (Bull. O. 57 bis, n. 1.)

---

6 JANVIER = 21 FÉVRIER 1831. — Ordonnances du roi portant réorganisation de la commission de l'indemnité attribuée aux colons de Saint-Domingue. (IX, Bull. O. XLIV, n. 1105.)

Louis-Philippe, etc., voulant pourvoir à la réorganisation de la commission chargée de la répartition de l'indemnité accordée aux anciens colons de Saint-Domingue; sur le rapport de notre ministre secrétaire d'Etat des finances, président de notre conseil des ministres, etc.

Art. 1er. Sont nommés membres de cette commission, MM. Patry, conseiller d'Etat; Pérignon, de Fleuriau, Desforges, maîtres des requêtes; Delaître, Pernot, Dutilleul, conseillers-maîtres à la Cour des comptes; Lucas, Bourlon, Jouvencel, La Borderie et Ternaux, auditeurs au conseil d'Etat: ces cinq derniers seront rapporteurs concurremment avec les autres membres, mais n'auront pas voix délibérative. Les uns et les autres n'auront droit à aucun traitement pour ces nouvelles fonctions.

2. Les anciens membres de la commission et les nouveaux nommés par l'article précédent seront répartis en trois sections, conformément à la loi du 30 avril 1826, dans l'ordre ci-après : M. le vicomte Lainé, pair de France, continuera à présider la seconde section, qui sera composée de MM. Patry, conseiller d'Etat; Derville-Maléchard, ancien préfet; de Gers et Pérignon, maîtres des requêtes; Delaître, conseiller-maître à la Cour des comptes, et Lucas, auditeur au conseil d'Etat. M. le comte de Pontécoulant, pair de France, présidera la troisième section, qui sera composée de MM. André, député; de Fleuriau, maître des requêtes; de Vergès, conseiller à la Cour royale de Paris; Pernot, conseiller-maître à la Cour des comptes; Bourlon et Jouvencel, auditeurs au conseil d'Etat; M. le baron Malouet, conseiller d'Etat, présidera la première section, qui sera composée de MM de la Mardelle, maître des requêtes; Chrétien de Poly, conseiller à la Cour royale de Paris; Dutilleul, conseiller maître des comptes; Desforges, maître des requêtes; La Borderie et Ternaux, auditeurs au conseil d'Etat.

3. Il est créé un suppléant au commissaire du roi : un arrêté ministériel nommera à cette place et fixera son traitement.

4. Les décisions d'appels de la commission pourront être rendues par cinq membres.

5. Notre ministre au département des finances (M. Laffitte) est chargé, etc.

---

6 JANVIER 1831. — Ordonnance relative à l'organisation de l'administration de la loterie (1). (Bull. O. 37, n. 895.)

6 JANVIER 1831. — Ordonnance qui nomme M. Didier secrétaire général du ministère de l'intérieur. (Bull. O. 37, n. 903.)

6 JANVIER 1831. — Ordonnance qui autorise délivrance de bois à plusieurs communes. (Bull. O. 39, n. 44.)

6 JANVIER 1831. — Ordonnances relatives à l'établissement d'usines dans les communes de Belle-

---

(1) Supprimée par la loi du 21 avril 1832, art. 48.

ville (Seine) et de Villeurbano (Isère). (Bull. O. 49, n. 1266 et suiv.)

6 JANVIER 1831. — Ordonnance qui autorise l'acceptation d'un legs fait aux pauvres de Lalinde et à l'hospice de Meulan. (Bull. O. 50, n. 1284 et 1297.)

6 JANVIER 1831. — Ordonnance qui autorise à accepter jusqu'à concurrence de 40,000 fr. le legs universel fait à l'hôpital général de Nîmes. (Bull. O. 50, n. 1285.)

7 = 26 JANVIER 1831. — Ordonnance du roi qui proroge, jusqu'aux élections municipales, les pouvoirs des maires et des conseillers municipaux. (IX, Bull. O. XXXVII, n. 884.)

Louis-Philippe, etc., sur le rapport de notre ministre secrétaire d'Etat de l'intérieur; vu l'ordonnance royale du 13 janvier 1816, suivant laquelle le renouvellement quinquennal des maires et adjoints, et le renouvellement décennal de la moitié des conseillers municipaux, doivent avoir lieu en 1831; vu l'art. 69 de la Charte constitutionnelle, qui porte qu'il sera pourvu par une loi, dans le plus court délai possible, à l'établissement d'institutions municipales fondées sur un système électif; considérant que l'époque où la loi dont il s'agit doit être mise à exécution n'est point assez éloignée pour qu'il y ait lieu de renouveler les autorités municipales, etc.

Art. 1er. Il ne sera point procédé en 1831 au renouvellement des maires et adjoints, ainsi que de la moitié des conseillers municipaux, sauf les nominations partielles qui nous paraîtraient convenables. Les pouvoirs de ceux de ces fonctionnaires qui devaient être remplacés en 1831, sont prorogés jusqu'à la réorganisation qui aura lieu en vertu de la loi sur l'administration municipale.

2. Notre ministre de l'intérieur (M. Montalivet) est chargé, etc.

7 JANVIER 1831. — Ordonnance qui autorise l'acceptation d'une somme offerte par la fabrique à la commune de Breval. (Bull. O. 51, n. 1298.)

7 JANVIER 1831. — Ordonnance portant que la commune de Villeneuve-Angoulême reprendra son ancien nom de Villeneuve-les-Maguelonne. (Bull. O. 63, n. 1662.)

8 JANVIER 1831. — Ordonnances qui autorisent l'acceptation de dons et legs faits aux fabriques de diverses communes, et rejettent le legs fait à l'église de Cazeaux. (Bull. O. 58, n. 1467 et suiv., 1481.)

9 = 26 JANVIER 1831. — Ordonnances du roi concernant les bourses attribuées aux départements de l'intérieur et de la marine à l'école polytechnique. (IX, Bull. O. XXXVII, n. 897.)

31.

Louis-Philippe, etc., sur le rapport de notre ministre secrétaire d'Etat au département de l'intérieur, etc.

Art. 1er. Les huit bourses de mille francs chacune, attribuées au département de l'intérieur en faveur des élèves peu aisés et admis à l'école royale polytechnique, sont conservées à ce département. Elles pourront être divisées en demi-bourses, distribuées de préférence à ceux des élèves qui se destineront aux services publics dépendant du département de l'intérieur.

2. Les quatre bourses de mille francs chacune, attribuées au département de la marine en faveur des élèves peu aisés de la même école, et qui se destineront aux services publics dépendant du département de la marine, sont conservées à ce département.

3. Les art. 15 et 49 de notre ordonnance du 13 novembre 1830 sont rapportés en tout ce qui serait contraire aux dispositions de la présente ordonnance.

4. Nos ministres de l'intérieur, de la guerre et de la marine (MM. Montalivet, duc de Dalmatie et comte d'Argout), sont chargés, etc.

9 JANVIER 1831. — Ordonnance qui proroge un brevet d'invention. (Bull. O. 38, n. 911.)

9 JANVIER 1831. — Ordonnance qui convoque un collège électoral à Paris. (Bull. O. 37, n. 1482.)

9 JANVIER 1831. — Ordonnance qui crée un commissariat de police à Ganges. (Bull. O. 37, n. 904.)

11 JANVIER 1831. — Ordonnance portant convocation de collèges électoraux à la Réole, Vienne, Reims et Montbrison. (Bull. O. 37, n. 1483.)

11 JANVIER 1831. — Ordonnance qui nomme le marquis de Dalmatie ministre plénipotentiaire à Stockholm. (Bull. O. 43, n. 2310.)

11 JANVIER 1831. — Ordonnance qui accorde une pension à un ex-préfet. (IX, Bull. O. 46 bis, n. 1er.)

12 = 26 1831. — Ordonnance du roi relative à l'organisation de l'administration de l'enregistrement et des domaines. (IX, Bull. O. XXXVII, n. 896.)

Louis-Philippe, etc., sur le rapport de notre ministre secrétaire d'Etat des finances, président du conseil des ministres, etc.

Art. 1er. Les places de directeur général et d'administrateur de l'enregistrement et des domaines sont et demeurent supprimées.

2. L'administration de l'enregistrement et des domaines sera dirigée à l'avenir par

1*

un directeur assisté de quatre sous-directeurs formant avec lui le conseil d'administration, qu'il présidera.

3. Les attributions du directeur et du conseil d'administration seront déterminées par le ministre des finances.

4. Le traitement du directeur de l'enregistrement et des domaines est fixé à vingt mille francs; celui des sous-directeurs, à douze mille francs.

5. Le directeur de l'enregistrement et des domaines est nommé par nous. Le ministre des finances nommera aux places de sous-directeurs.

6. Toutefois, le directeur actuel, M. Calmon, conservera le titre de directeur général pendant qu'il restera chargé de la direction de l'enregistrement et des domaines. Son traitement sera fixé à vingt-cinq mille francs.

7. Les administrateurs actuellement en fonctions prendront le titre de sous-directeurs, et jouiront d'un traitement de quinze mille francs. Leurs successeurs n'en auront que douze, conformément à l'art. 4 ci-dessus.

8. Notre ministre des finances (M. Laffitte) est chargé, etc.

---

12 = 28 JANVIER 1831. — Ordonnance du roi qui contient des dispositions relatives à l'administration du Mont-de-Piété de Paris, et soumet les comptes de cet établissement à la Cour des comptes. (IX, Bull. O. XXXVIII, n. 910.)

Louis-Philippe, etc., sur le rapport de notre ministre secrétaire d'Etat au département de l'intérieur; le comité de l'intérieur du conseil d'Etat entendu, etc.

Art. 1er. Le Mont-de-Piété de Paris sera désormais régi par un conseil d'administration, composé du préfet de la Seine, président de droit; du préfet de police, membre de droit; de quatre membres du conseil général d'administration des hospices de Paris, de deux membres du conseil général de la Seine, d'un membre de la chambre du commerce de Paris, et d'un régent de la Banque de France.

2. Les membres de ce conseil d'administration autres que les deux préfets seront choisis par le ministre de l'intérieur sur des listes triples présentées par les différents corps dont ils doivent être tirés, et sur l'avis du préfet de la Seine. Leurs fonctions dureront quatre ans. Ils seront renouvelés chaque année par quart. Le sort déterminera les membres sortants pour les trois premières années. Le premier renouvellement aura lieu le 1er janvier 1832. Les membres sortants ne pourront être réélus qu'après une année d'intervalle.

3. L'administration sera exercée, sous l'autorité du conseil, par un directeur général, qui surveillera tous les services. Ce directeur fera rapport au conseil de tout ce qui intéressera l'établissement. Il ne pourra être chargé du maniement des fonds.

4. Des agents comptables seront chargés des recettes et des dépenses, et rempliront les fonctions attribuées au caissier général par le règlement du 8 thermidor an 13. Des gardes-magasins responsables seront préposés à la conservation des dépôts d'effets mobiliers. Les agents comptables et les gardes-magasins devront fournir un cautionnement dont la quotité sera déterminée par notre ministre de l'intérieur, sur la proposition du conseil d'administration et l'avis du préfet.

5. Tous les comptes arriérés du Mont-de-Piété de Paris sont renvoyés à la Cour des comptes pour être apurés par elle.

6. Les comptes de cet établissement seront désormais soumis à la même Cour.

7. Dans les trois mois de sa formation, le conseil d'administration présentera à notre ministre de l'intérieur, par l'intermédiaire de notre préfet de la Seine, un projet de règlement définitif pour l'organisation et l'administration du Mont-de-Piété dans toutes ses parties; jusque-là les décrets et règlements actuellement existants continueront d'être exécutés dans tout ce qui n'est pas contraire à la présente ordonnance.

8. Notre ministre de l'intérieur (M. Montalivet) est chargé, etc.

---

12 JANVIER 1831. — Ordonnances qui nomment le comte René de Bouillé ministre plénipotentiaire à Bade, et M. Lacoste préfet de la Somme. (Bull. O. 37, n. 905 et 906.)

12 JANVIER 1831. — Ordonnance qui accorde une pension à la veuve d'un employé de l'arriéré de la Cour des comptes. (Bull. O. 46 bis, n. 2.)

---

13 = 29 JANVIER 1831. — Ordonnance du roi qui permet la continuation des inhumations dans les terrains concédés temporairement à la société des missions au Mont-Valérien dans le domaine de l'Etat. (IX, Bull. O. XXXIX, n. 980.)

Louis-Philippe, etc., sur le rapport de notre ministre secrétaire d'Etat au département de l'instruction publique et des cultes, président du conseil d'Etat; vu notre ordonnance du 25 décembre 1830, qui révoque, comme contraire aux lois, la société des missions de France, et l'autorisation à elle accordée de faire des concessions temporaires pour des sépultures au Mont-Valérien, commune de Nanterre, département de la Seine ; vu la disposition de l'ordonnance ainsi conçue : « Néanmoins, les con-« cessions faites jusqu'à ce jour par ladite « société des missions de France, à des par-« ticuliers pour des sépultures pendant la « durée de soixante ans , à compter du 13 « septembre 1822, continueront d'avoir leur « effet ; » considérant que, nonobstant l'il-légalité des pouvoirs conférés à la société des missions, la bonne foi des tiers conces-sionnaires et des principes de convenance et d'humanité doivent protéger, non seulement les sépultures effectuées , mais encore le droit que les familles pouvaient croire avoir acquis pour l'avenir d'opérer des inhuma-tions sur les terrains concédés , etc.

Art. 1er. La disposition de notre ordon-nance du 25 décembre 1830, ainsi conçue : « A compter de ce jour, il ne sera pas fait « d'inhumations nouvelles dans les terrains « concédés, » est rapportée (1).

2. Nos ministres au département des fi-nances et au département de l'instruction publique et des cultes (MM. Laffitte et Barthe) sont chargés , etc.

----

14 JANVIER = 1er FÉVRIER 1831. — Ordonnance du roi portant concession de l'entreprise relative au desséchement des marais de la vallée d'Anglure (Marne). (IX, Bull. O. XL, n. 992.)

Louis-Philippe , etc., sur le rapport de notre ministre secrétaire d'Etat de l'inté-rieur ; vu les plans, devis et détail estimatif sommaire , dressés sous la date du 12 juil-let 1829, des ouvrages à exécuter pour opé-rer le desséchement des marais d'Anglure, arrondissement d'Epernay, département de la Marne; vu la soumission présentée le 15 octobre suivant par la compagnie générale de desséchement, pour obtenir la concession du desséchement desdits marais, moyennant les quatre cinquièmes de la plus-value qui résultera des travaux dudit desséchement; vu l'avis du préfet du département de la Marne, du 18 août 1810 ; vu l'affiche et le procès-verbal dressé le 12 juillet 1830, constatant la mise en demeure des propriétaires et communes intéressées pendant le délai d'un mois; vu les transactions passées avec les communes de Villeneuve - Saint - Vitre , Queudes , la Chapelle-Lasson, Marsangis, Allemanche, Lannay, Anglure et Villevotte; vu la demande de la commune de Soyer, tendant à obtenir la concession de la partie desdits marais qui lui appartient; vu la pé-tition par laquelle les habitants de la com-

mune de Saint-Quentint-le-Verger réclament contre le desséchement projeté ; vu les avis du conseil général des ponts et chaussées des 7 novembre 1829, 1er juin et 31 août 1830 ; notre conseil d'Etat entendu, etc.

Art. 1er. La cession de l'entreprise rela-tive au desséchement des marais de la vallée d'Anglure, sur le territoire des communes de Queudes , Villevotte , Villeneuve-Saint-Vitre , Saint-Quentin-le-Verger, Alleman-che, Lannay, la Chapelle-Lasson, Marsan-gis et Anglure, arrondissement d'Epernay, département de la Marne, est faite à la So-ciété Thurninger, Donse , Rauch et com-pagnie.

2. Les travaux seront exécutés dans un délai de deux ans, conformément aux plans et devis dressés sous la date du 12 juillet 1829 par l'ingénieur en chef du départe-ment, et adoptés par le directeur général des ponts et chaussées le 30 novembre suivant.

3. Les transactions passées entre la so-ciété et les conseils municipaux des com-munes de Villeneuve, Queudes, la Chapelle-Lasson, Marsangis, Allemanche, Lannay , Anglure et Villevotte, les 20 , 23 , 27 , 29 septembre, 4 octobre 1829, 25 janvier et 30 avril 1830, sont homologuées. La compa-gnie ne pourra disposer des terrains à elle concédés par lesdites transactions qu'après l'entier achèvement et la réception des tra-vaux : ces transactions demeureront an-nexées à la présente.

4. Pour indemniser la compagnie conces-sionnaire de ses dépenses, elle recevra les quatre cinquièmes de la plus-value qu'ob-tiendront par suite du desséchement tous les terrains appartenant, soit à des commu-nes, soit à des particuliers qui n'ont point traité avec elle.

5. Conformément à l'art. 7 de la loi du 16 septembre 1807, il sera procédé immé-diatement aux estimations de la valeur ac-tuelle des terrains ; il sera formé en consé-quence un syndicat de sept membres, à l'effet de nommer les experts qui devront procéder auxdites estimations. Les conces-sionnaires ne pourront commencer aucuns travaux avant que ces estimations aient été terminées.

6. Il sera nommé par nous une commis-sion spéciale pour connaître de toutes les difficultés qui pourraient s'élever relative-ment au desséchement dans le cercle déter-miné par ladite loi.

7. Notre ministre de l'intérieur (M. Mon-talivet) est chargé, etc.

----

(1) Voy. l'art. 6 de l'ordonnance du 23 décembre 1830 et les ontes.

14 — 29 JANVIER 1831. — Ordonnance du Roi relative aux donations et legs, acquisitions et aliénations de biens concernant les établissemens ecclésiastiques et les communautés religieuses de femmes. (IX, Bull. O. XXXIX, n° 971.)

Louis-Philippe, etc., sur le rapport de notre ministre secrétaire d'Etat au département de l'instruction publique et des cultes, président du Conseil d'Etat ; vu les lois des 2 janvier 1817 et 24 mai 1825, relatives aux donations et legs, acquisitions et aliénations de biens meubles, immeubles et de rentes, concernant les établissemens ecclésiastiques et les communautés religieuses de femmes ; voulant remédier aux abus qui ont lieu par défaut d'exécution ou par fausse interprétation de ces lois ; notre Conseil d'Etat entendu.

Art. 1er. L'article 6 de l'ordonnance royale du 2 avril 1817 est rapporté : en conséquence, aucun transfert ni inscription de rentes sur l'Etat, au profit d'un établissement ecclésiastique ou d'une communauté religieuse de femmes, ne sera effectué qu'autant qu'il aura été autorisé par une ordonnance royale, dont l'établissement intéressé présentera, par l'intermédiaire de son agent de change , expédition en due forme , au directeur du grand-livre de la dette publique (1).

2. Aucun notaire ne pourra passer acte de vente, d'acquisition, d'échange, de cession ou transport, de constitution de rente, de transaction , au nom desdits établisse-

mens , s'il n'est justifié de l'ordonnance royale portant autorisation de l'acte, et qui devra y être entièrement insérée.

3. Nulle acceptation de legs au profit des mêmes établissemens ne sera présentée à notre autorisation sans que les héritiers connus du testateur aient été appelés par acte extrajudiciaire pour prendre connaissance du testament, donner leur consente ment à son exécution , ou produire leurs moyens d'opposition. S'il n'y a pas d'héritiers connus, extrait du testament sera affiché de huitaine en huitaine, et à trois reprises consécutives, au chef-lieu de la mairie du domicile du testateur, et inséré dans le journal judiciaire du département, avec invitation aux héritiers d'adresser au préfet , dans le même délai , les réclamations qu'ils auraient à présenter (2).

4. Ne pourront être présentées à notre autorisation les donations qui seraient faites à des établissemens ecclésiastiques ou religieux avec réserve d'usufruit en faveur du donateur.

5. L'état de l'actif et du passif, ainsi que des revenus et charges des établissemens légataires ou donataires, vérifié et certifié par le préfet, sera produit à l'appui de leur demande en autorisation d'accepter les dons ou legs qui leur seraient faits.

6. Les dispositions de la présente ordonnance sont applicables aux ntorisations à donner par le préfet, en vertu du dernier

---

(1) Lors de la discussion sur la loi du 24 mai 1825, l'on eut occasion de s'expliquer sur le sens des mots *établissemens ecclésiastiques*, et ceux-là même qui cherchaient à le restreindre, reconnaissaient qu'on devait y comprendre *un évêché , un séminaire , un chapitre , une cure , une société de missionnaires , une réunion de prêtres libres , attachés au service d'une paroisse , une société de docteurs , comme autrefois la Sorbonne.*

La première phrase de cet article est rédigée en termes trop absolus ; en effet , l'art. 6 de l'ordonnance du 2 avril 1817 n'est rapporté que relativement aux établissemens ecclésiastiques ou aux communautés religieuses de femmes ; il ne l'est pas relativement *aux pauvres , aux hospices aux collèges, aux communes, etc.*; du moins, c'est ce qui me semble résulter clairement de l'ensemble de la disposition : car après avoir dit , l'art. 6 de l'ordonnance du 2 avril 1827 est rapporté, l'on explique le sens de cette première phrase en faisant l'application du principe seulement aux établissemens ecclésiastiques et aux communautés religieuses de femmes.

Je crois , au surplus , que l'art. 6 de l'ordonnance du 2 avril 1817 avait été déjà abrogé implicitement, relativement aux congrégations religieuses de femmes , par l'art. 4 de la loi du 24 mai 1825, qui assujettit à la formalité de l'autorisation toute acquisition de biens meubles ou immeubles (ce qui comprend les rentes sur l'Etat.)

(2) Avant cette ordonnance , l'autorisation d'accepter pouvait être accordée sans que les héritiers du testateur en fussent informés , et une fois cette autorisation obtenue , elle était à l'abri de toute critique. Désormais , il n'en sera plus ainsi : d'abord les héritiers seront avertis ; et si l'ordonnance d'autorisation était accordée sans que l'avertissement leur eût été réellement donné en la forme prescrite par cet article , ils auraient le droit de former opposition à l'ordonnance d'autorisation ; car elle aurait été rendue au mépris des formes protectrices de leurs intérêts. Elle porterait atteinte au *droit* qui leur est attribué de combattre la demande d'autorisation formée par l'établissement légataire ; ce serait là du *contentieux* administratif.

D'ailleurs , même après avoir succombé dans leur opposition , ils conserveront le droit de proposer devant les tribunaux toutes les nullités de forme ou tous les autres motifs d'annulation du testament ou de la donation ; l'ordonnance d'autorisation ne décide rien sur la validité de l'acte de libéralité , elle juge seulement , si d'après l'état de fortune du donateur, si d'après la position de l'établissement donataire , et surtout d'après celle des héritiers , il est convenable de permettre l'acceptation. Voy. ordonn. du 20 juin 1816, jurisprudence du Conseil d'Etat de Sirey, t. 3, p. 317. Arrêt de la cour de Colmar du 31 juillet 1823. Sirey, 24, 2, 25, et les *Questions de droit administratif* de M. Cormenin, v° *Hospices.*

paragraphe de l'art. 1er de l'ordonnance du 2 avril 1817.

7. Nos ministres aux départements de l'instruction publique et des cultes, président du conseil d'État, de la justice et des finances (MM. Barthe, Mérilhou et Laffitte), sont chargés, etc.

14 JANVIER 1831. — Ordonnance qui fixe le prix des poudres pendant 1831 pour les départements de la guerre, de la marine et des finances. (Bull. O. 37, n. 889.)

14 JANVIER 1831. — Ordonnance qui accorde une pension à un ancien portier de l'administration des archives du royaume. (Bull. O. 46 bis, n. 3.)

14 JANVIER 1831. — Ordonnance qui nomme M. le comte Mathieu Dumas conseiller d'État en service ordinaire. (Bull. O. 37, n. 907.)

14 JANVIER 1831. — Ordonnance relative à la construction d'un pont sur la Durance, à Rousset. (Bull. O. 40, n. 993.)

14 JANVIER 1831. — Ordonnances qui approuvent les procès-verbaux de délimitation de divers bois et forêts. (Bull. O. 37 et 38, n. 908 et 920 et suiv.)

14 JANVIER 1831. — Ordonnance qui autorise l'association des propriétaires de prés et marais qui bordent l'étier de la Haute-Perche et les étiers latéraux. (Bull. O. 49, n. 1208.)

14 JANVIER 1831. — Ordonnances relatives à diverses usines dans les communes de Vaumas, Étampes et Duhort. (Bull. O. 49, n. 1269, et Bull. O. 50, n. 1287 et 1288.)

14 JANVIER 1831. — Ordonnance qui modifie les tarifs de péage des ponts Morand et de la place du Concert à Lyon. (Bull. O. 58, n. 1457.)

15 JANVIER 1831. — Lettres-patentes portant érection d'un majorat en faveur de M. Duhamel. (Bull. O. 38, n. 918.)

15 JANVIER 1831. — Ordonnance qui autorise la constitution d'une rente perpétuelle de 1,000 fr. au profit de M. Fontaine, moyennant le paiement de 20,000 fr. qu'il a versés dans la caisse de la maison royale de Charenton. (Bull. O. 51, n. 1999.)

16 JANVIER 1831. — Ordonnance qui rejette les legs faits à diverses églises et à la congrégation des missions de France. (Bull. O. 58, n. 1475 et suiv.)

16 JANVIER 1831. — Ordonnance autorisant des chapelles dans l'habitation de diverses personnes. (Bull. O. 58, n. 1486 et suiv.)

16 JANVIER 1831. — Ordonnance qui autorise l'église métropolitaine de Bourges à vendre une pièce de vigne. (Bull. O. 58, n. 1489.)

16 JANVIER 1831. — Ordonnances qui autorisent plusieurs fabriques à échanger, acquérir, donner à bail divers immeubles. (Bull. O. 58, n. 1490 à 1492.)

16 JANVIER 1831. — Ordonnance rapportant celle du 30 novembre 1825 qui érige en succursale l'église de Saint-Sauveur de Blaye, laquelle demeurera ouverte comme chapelle de secours. (Bull. O. 59, n. 1514.)

16 JANVIER 1831. — Ordonnance qui autorise la fabrique de l'église d'Epiais à vendre un terrain estimé 60 fr. (Bull. O. 54, n. 1515.)

16 JANVIER 1831. — Ordonnance qui autorise la supérieure générale des dames Saint-Maur, à Paris, à aliéner cinq inscriptions de rentes sur l'État. (Bull. O. 59, n. 1516.)

16 JANVIER 1831. — Ordonnances qui autorisent l'acceptation de dons et legs faits aux fabriques de diverses communes. (Bull. O. 60, n. 1538 et suiv.)

17 = 29 JANVIER 1831. — Ordonnance du roi qui détermine la force des régiments d'infanterie de ligne. (IX, Bull. O. XXXIX, n. 972.)

Louis-Philippe, etc., vu notre ordonnance du 18 septembre 1830, portant création d'un quatrième bataillon dans chaque régiment d'infanterie de ligne de l'armée de terre ; vu l'ordonnance du 27 février 1825, relative à l'organisation des régiments d'infanterie ; sur le rapport de notre ministre secrétaire d'État de la guerre, etc.

Art. 1er. La force des régiments d'infanterie de ligne à quatre bataillons sera de 3,620 sous-officiers et soldats ; celle de chaque bataillon, de 895 sous-officiers et soldats ; et celle de chaque compagnie d'élite, de 113 sous-officiers et soldats, y compris les sapeurs.

2. Dans les régiments à trois bataillons, le complet de chaque bataillon et de chaque compagnie d'élite sera le même que celui qui est déterminé pour les bataillons et compagnies d'élite des régiments à quatre bataillons.

3. Notre ministre de la guerre (duc de Dalmatie) est chargé, etc.

17 JANVIER 1831. — Ordonnance concernant la délimitation du canton de la Tête-Ronde, dont la commune de Naisey est propriétaire. (Bull. O. 38, n. 922.)

17 JANVIER 1831. — Ordonnance qui autorise la délivrance de bois à diverses communes. (Bull. O. 41, n. 1013.)

17 JANVIER 1831. — Ordonnance qui accorde des lettres de naturalité au sieur Jacquet-Volteche. (Bull. O., 2e sect., n. 5351.)

18 = 28 JANVIER 1831. — Ordonnance du roi portant que les jeunes gens qui se proposent d'étudier en médecine ne seront plus astreints à prendre préalablement le grade de bachelier ès-sciences. (IX, Bull. O. XXXVIII, n. 909.)

Louis-Philippe, etc., vu l'ordonnance du 5 juillet 1820, concernant les facultés de droit et de médecine ; vu la délibération de la faculté de médecine de Paris du 20 décembre dernier, et l'avis de notre conseil royal de l'instruction publique : sur le rapport de notre ministre secrétaire d'Etat au département de l'instruction publique et des cultes, etc.

Art. 1er. L'art. 4 de l'ordonnance du 5 juillet 1820, qui astreint les jeunes gens qui se proposent d'étudier en médecine à prendre préalablement le grade de bachelier ès-sciences est révoqué.

2. Notre ministre de l'instruction publique et des cultes (M. Barthe) est chargé, etc.

_____

18 JANVIER 1831.—Ordonnances qui accordent une pension à un ancien employé de préfecture et à un sous-préfet. (Bull. O. 46 bis, n. 4 et 5.)

18 JANVIER 1831. — Ordonnance portant que le collége électoral convoqué à Angers procédera à l'élection de deux députés. (Bull. O. 37, n. 2100.)

19 JANVIER 1831. — Ordonnance concernant les contestations élevées relativement à la propriété des bâtiments et dépendances de l'ancien collége Gaudrans à Dijon. (Bull. O. 43, n. 2110.)

22 JANVIER = 10 FÉVRIER 1831. — Ordonnance du roi sur la comptabilité des hospices et des établissements de bienfaisance (1). (IX, Bull. O. XLII, n. 1049.)

Louis-Philippe, etc., sur le rapport de notre ministre secrétaire d'Etat de l'intérieur ; vu les réglements relatifs à la comptabilité des hospices et des établissements de bienfaisance ; vu également l'ordonnance du 23 avril 1823, relative à la comptabilité communale ; considérant qu'il est dans l'intérêt du service public et de la bonne administration des établissements de bienfaisance d'appliquer à la comptabilité de ces établissements l'ensemble des principes qui régissent la comptabilité des communes ; notre conseil d'Etat entendu, etc.

Art. 1er. Toutes les dispositions de l'ordonnance du 23 avril 1823 seront désormais applicables à la comptabilité des hospices et des établissements de bienfaisance.

2. En conséquence, à partir des comptes de gestion de l'année 1830, les comptes des receveurs des hospices et des établissements de bienfaisance seront soumis à la même juridiction que les comptes des receveurs des communes.

3. Les comptes arriérés sur lesquels il n'aurait pas été statué au mois d'avril 1831, seront jugés conformément à la présente ordonnance.

4. Nos ministres de l'intérieur et des finances (MM. Montalivet et Laffitte) sont chargés, etc.

22 JANVIER = 1er SEPTEMBRE 1831. — Ordonnance du roi qui assimile les vétérans de l'armée aux troupes de ligne. (IX, Bull. O. XCIX, n. 2774.)

Louis-Philippe, etc., vu notre ordonnance du 26 novembre 1830, qui crée des compagnies de vétérans de l'armée au chef-lieu de chaque département ; vu l'art. 6 de cette ordonnance, portant que, pour la solde, les masses et leur administration, les compagnies de vétérans de l'armée seront assimilées aux compagnies sédentaires ; considérant que les vétérans de l'armée sont appelés à tenir garnison dans les chefs-lieux de préfecture, et qu'il y a lieu d'avoir égard aux dépenses que peut occasionner leur séjour dans de grandes villes, etc.

Art. 1er. L'art. 6 de notre ordonnance du 26 novembre 1830 est rapporté. Les vétérans de l'armée sont assimilés, pour la solde, les masses et l'administration, à nos troupes d'infanterie de ligne.

2. Notre ministre de la guerre (duc de Dalmatie) est chargé, etc.

22 JANVIER = 18 JUIN 1831. — Ordonnance du roi portant approbation d'une société anonyme formée à Reims, pour la création d'un comptoir d'escompte. (IX, Bull. O. LXXX bis, n. 1.)

Louis-Philippe, etc., sur le rapport de notre ministre de l'intérieur ; vu notre ordonnance du 30 octobre dernier, qui met à la disposition de la ville de Reims une avance de six cent mille francs sur le crédit de trente millions créé par la loi du 17 octobre ; vu la délibération du conseil municipal de la ville de Reims, qui garantit, jusqu'à concurrence de cinquante mille francs, le remboursement au trésor public de la somme de six cent mille francs ci-dessus énoncée ; vu les art. 29 à 37, 40 et 45 du Code de commerce ; notre conseil d'Etat entendu, etc.

Art. 1er. La société anonyme formée à Reims, département de la Marne, pour la création, dans cette ville, d'un comptoir d'escompte, est autorisée ; ses statuts, contenus dans l'acte sous-seing privé en date du 8 décembre dernier, et qui devra être converti en acte public dans un délai de quinze jours, à partir de la publication de la présente ordonnance, et y demeurera annexé, sont approuvés, sauf les modifications indiquées ci-dessous. Aucun acte, et notamment celui du 22 octobre, mentionné dans le préambule, et les art. 6 et 7 des statuts de la société, n'est compris dans la présente approbation.

2. Les sociétaires devront déterminer,

_____

(1) Voy. ordonnances des 28 janvier 1815, 21 mars 1816, 21 mai 1817, 31 octobre 1821 et 28 décembre 1830.

dans l'acte public à intervenir, les pouvoirs de l'assemblée générale des actionnaires, la forme des délibérations et la nature des formalités à remplir pour la modification éventuelle du contrat de société, après l'approbation des statuts.

3. La société sera tenue de remettre, tous les six mois, un extrait de son état de situation au préfet de la Marne et au greffe du tribunal de commerce de Reims; pareil extrait sera transmis au ministre de l'intérieur.

4. Nous nous réservons de révoquer notre autorisation, en cas de violation ou de non exécution des statuts approuvés, sans préjudice des droits des tiers.

5. Notre ministre de l'intérieur (M. Montalivet) est chargé, etc.

(Suivent les statuts.)

22 JANVIER 1831. — Ordonnances relatives à la construction de divers ponts. (Bull. O. 44, n. 110 à 112.)

22 JANVIER 1831. — Ordonnances qui accordent des lettres de naturalité aux sieurs de Ruiz, Jacquiers, Lolley, Mirri, Sambucetti et Schaeffer. (Bull. O. 87, n. 2508 et suiv.)

22 JANVIER 1831. — Ordonnance qui nomme aux préfectures des départements de la Meurthe, Saône-et-Loire, Tarn, Haut-Rhin, Tarn-et-Garonne, Nièvre, Basses-Alpes et Var. (Bull. O. 42, n. 2930.)

22 JANVIER 1831. — Ordonnance qui admet les sieurs Bolten, Edons, Goetz Henry, Labensky, Portenopeo, Remer, Sackmary et Weber, à établir leur domicile en France. (Bull. O. 41, n. 1016.)

22 JANVIER 1831. — Ordonnance qui autorise à établir un droit de péage à Macau, pour le paiement des réparations à faire au port et au chemin qui y conduit. (Bull. O. 42, n. 1047.)

22 JANVIER 1831. — Ordonnance qui autorise l'acceptation d'une maison et d'un terrain, pour être affectés à l'habitation du curé de Champmotteux. (Bull. O. 51, n. 1300.)

22 JANVIER 1831. — Ordonnances concernant la délimitation, le régime forestier et le pacage des bêtes à laine dans divers bois et forêts. (Bull. O. 41, n. 1010, 1014 et 1015.)

23 JANVIER = 10 MARS 1831. — Ordonnance du roi qui fixe les dépenses des collèges royaux pendant l'année 1831, et détermine le nombre des pensions aux frais du gouvernement, assignées à chacun. (IX, Bull. O. XLVIII, n. 1209.)

Louis-Philippe, etc., sur le rapport de notre ministre secrétaire d'Etat au département de l'instruction publique et des cultes, président du conseil d'Etat; vu les ordonnances du 16 mai 1830, qui élèvent le collège d'Avignon de la troisième classe à la deuxième, et qui déclarent collège royal le collège communal de Tours; vu la loi du 12 décembre 1830, qui ouvre aux ministres un crédit de trois cent millions pour les dépenses des quatre premiers mois de l'exercice 1831; vu la délibération du conseil royal de l'instruction publique, en date du 6 juillet 1830, etc.

Art. 1ᵉʳ. La somme affectée aux dépenses fixes des collèges royaux pendant l'année 1831 est provisoirement arrêtée à neuf cent vingt mille cinq cents francs, qui seront répartis entre les divers collèges, conformément au tableau ci-annexé, n. 1 : les quatre premiers douzièmes de cette somme seront ordonnancés au nom des collèges, pour leurs dépenses des quatre premiers mois de l'année 1831, sur le crédit ouvert par la loi du 12 décembre 1830.

2. La somme affectée aux bourses royales et aux dépenses diverses des collèges royaux et à l'entretien de boursiers du gouvernement dans l'école royale de Bourbon-Vendée pendant l'année 1831, est provisoirement arrêtée à sept cent cinquante-quatre mille cinq cents francs, qui seront répartis conformément au tableau ci-annexé, n. 2. Les quatre premiers douzièmes de cette somme seront ordonnancés, pour les quatre premiers mois de l'année 1831, sur le crédit ouvert par la loi du 12 décembre 1830.

3. A compter du 1ᵉʳ janvier 1831, les pensions aux frais du gouvernement, assignées à chacun des trente-sept collèges royaux à pensionnat, sont fixées à vingt-huit et demie, et réparties ainsi qu'il suit : pensions entières, 10; 3/4 de pensions, 8; 1/2 pensions, 25 : total des élèves, 43; des pensions, 28 et demie.

4. Notre ministre au département de l'instruction publique et des cultes, président du conseil d'Etat (M. Barthe), est chargé, etc.

TABLEAU Nᵒ I

Sommes affectées aux collèges royaux pour le paiement de leurs dépenses fixes.

COLLÉGES ROYAUX.

De Paris, 5.	1. Henri IV (réduit de 31,700 fr. à 25,700 fr.), à . . . . 25,700, ci 25,700 1. Louis-le-Grand (réd. de 51,700 f. à 16,700 fr.), à . . . . 16,700, ci 16,700 1. Saint-Louis, maintenu à.. . . . 31,700, ci 31,700 1. Bourbon, maintenu à. . . . . . 48,200, ci 48,200 1. Charlemagne, maintenu à.. . . 59,200, ci 59,200	181,500 f
De 1ʳᵉ classe, 6.	1. Versailles, maintenu à. . . . . 35,300, ci 35,300 3. Bordeaux, Marseille et Rouen (réduits chacun de 25,300 fr. à 24,100 fr.), à. . . . . 24,100 72,300 1. Lyon (réduit de 25,300 francs à 24,700 fr.), à. . . . . 24,700, ci 24,700 1. Strasbourg (réduit de 25,300 fr. à 24,300 fr.), à. . . . . 24,300, ci 24,300	156,600
De 2ᵉ classe, 19.	16. Y compris celui d'Avignon, élevé de la troisième à la seconde classe, à. . . . . 22,000 352,000 2. Caen et Metz (réduits chacun de 22,000 fr. à 20,800 fr.), à. . . . 20,800 41,600 1. Nantes (réduit de 22,000 fr. à 21,400 fr.), à. . . . . 21,400, ci 21,400	415,000
De 3ᵉ classe,	9. Y compris celui de Tours, érigé en collège royal de troisième classe, par ordonnance du 16 mai 1830, à 18,600 167,400, ci 167,400	

Total. . . . 920,500

TABLEAU Nᵒ 2.

Dépenses imputées sur le crédit affecté aux dépenses variables des collèges royaux et à l'entretien des boursiers du Gouvernement dans l'école royale de Bourbon-Vendée.

Répartition et frais des pensions royales dans les collèges royaux.

Paris, 3 collèges, 85 pensions 1/2 à 750 fr. . . . 64,125 f.

1ʳᵉ classe, 6 collèges, 171 pensions à 625 fr. . . . 106,875

2ᵉ classe, 19 collèges, 541 pensions 1/2 à 550 f. . . . 297,825   597,075 f.

3ᵉ classe, 9 collèges, 256 pensions 1/2 à 500 fr. . . . 128,250

Ecole normale, dépenses fixes et variables   103,000   729,500 f.

Dégrévemens, indemnités de voyage, secours pour trousseaux et dettes arriérées.   29,425

Dépenses de l'école royale de Bourbon-Vendée, frais de pension des élèves boursiers entretenus par le Gouvernement   25,000

Total. 754,500

23 janvier = 5 février 1831. — Ordonnance du roi qui réduit le traitement des ministres, leurs frais de premier établissement, et ceux de représentation au ministre des affaires étrangères. (IX, Bull. O. XLI, n. 1003.)

Louis-Philippe, etc.

Art. 1er. Le traitement annuel de nos ministres secrétaires d'Etat, fixé par notre ordonnance du 21 août 1830 à cent vingt mille francs, est réduit à cent mille francs. La somme allouée à chacun de nos ministres pour frais de premier établissement est également réduite à douze mille francs.

2. Il est attribué à notre ministre secrétaire d'Etat au département des affaires étrangères une somme de vingt mille francs, à titre de frais extraordinaires de représentation.

3. Notre ministre des finances (M. Laffitte) est chargé, etc.

---

23 janvier = 16 février 1831. — Ordonnance du roi qui fixe la solde de congé et le traitement de réforme des officiers généraux. (IX, Bull. O. XLIII, n. 1074.)

Louis-Philippe, etc., vu nos ordonnances des 11, 20 août et 30 septembre dernier ; sur le rapport de notre ministre secrétaire d'Etat de la guerre, etc.

Art. 1er. Les officiers-généraux qui, ayant cessé de faire partie du cadre d'activité de l'état-major général, ont continué de résider en France, et sont en instance pour la liquidation de leur pension de retraite, recevront, jusqu'à ce que leurs droits à cette pension aient été définitivement réglés, la solde de congé de leurs grades respectifs, savoir : les lieutenants-généraux, sur le pied de sept mille cinq cents francs par an ; et les maréchaux-de-camp, sur celui de cinq mille francs.

2. Les officiers-généraux qui ne réuniront pas les conditions exigées pour la pension de retraite, continueront à recevoir le traitement de réforme de leur grade, conformément aux dispositions de l'art. 2 de notre ordonnance du 20 août dernier.

3. Notre ministre de la guerre (duc de Dalmatie) est chargé, etc

---

23 janvier 1831. — Ordonnances qui autorisent l'établissement d'usines dans les départements des Hautes-Pyrénées, Ardèche, Bouches-du-Rhône, Jura, Basses-Pyrénées, Vaucluse, Cher, Isère, Nord, Haute-Garonne, Basses-Alpes, Vosges, Doubs, Manche. (Bull. O. 41, n. 1016 et 1017.)

23 janvier 1831. — Ordonnance qui autorise dé-livrance de bois à diverses communes. (Bull. O. 48, n. 1217.)

---

25 janvier = 5 février 1831. — Ordonnance du roi qui fixe le traitement des présidents de chambre de la Cour des comptes. (IX, Bull. O. XLI, n. 1004.)

Louis-Philippe, etc., vu le décret du 28 septembre 1807, concernant l'organisation de la Cour des comptes ; vu la loi du 12 décembre 1830, concernant l'allocation des crédits provisoires pour l'exercice 1831; sur le rapport de notre ministre secrétaire d'Etat des finances, etc.

Art. 1er. Le traitement des trois présidents de chambre de la Cour des comptes est fixé à dix-huit mille francs, à partir du 1er janvier 1831.

2. Notre ministre des finances (M. Laffitte) est chargé, etc.

---

25 janvier = 15 mars 1831. — Ordonnance du roi qui place dans les attributions du ministre de l'intérieur les théâtres royaux et l'école royale de chant et de déclamation. (IX, Bull. O. L, n. 1273.)

Louis-Philippe, etc., sur le rapport de notre ministre secrétaire d'Etat au département de l'intérieur, etc.

Art. 1er. A dater de ce jour, les théâtres dits royaux et l'école royale de chant et de déclamation, qui étaient administrés par l'intendant de la liste civile, feront partie des attributions de notre ministre secrétaire d'Etat de l'intérieur. Il sera chargé de l'administration desdits théâtres et de ladite école, ainsi que de l'emploi des fonds qui leur sont alloués par le budget.

2. Toutes les ordonnances, arrêtés, statuts et règlements concernant les théâtres dits royaux et l'école royale de chant et de déclamation, sont révoqués en ce qu'ils pourraient avoir de contraire à la présente ordonnance.

3. Notre ministre de l'intérieur (M Montalivet) est chargé, etc.

---

25 janvier 1831. — Ordonnance qui autorise l'acceptation de legs faits à diverses fabriques et congrégations religieuses. (Bull. O. 60, n. 1548 et suiv.)

---

27 janvier = 21 février 1831. — Ordonnance du roi relative aux directeurs et sous-directeurs du ministère des finances. (IX, Bull. O. XLIV, n. 1108.)

Louis-Philippe, etc., vu l'ordonnance royale du 6 février 1828 qui a réglé la distribution du travail entre les différentes branches de l'administration des finances, et nos ordonnances des 5, 6 et 12 janvier 1831, qui ont constitué dans le sein du ministère les directions de l'enregistrement et des domaines, des douanes, des contributions indirectes, des tabacs, des postes, des forêts et de la loterie, et pourvu à la nomination des directeurs; considérant qu'il importe au bien du service que la condition de tous les directeurs soit établie sur des bases uniformes; sur le rapport de notre ministre secrétaire d'Etat des finances, etc.

Art. 1er. Les directeurs des contributions directes, du mouvement général des fonds, de la dette inscrite, de la comptabilité générale et du contentieux, et le secrétaire général, seront nommés par nous. Les sous-directeurs sont nommés par notre ministre secrétaire d'Etat des finances.

2. A partir du 1er janvier 1831, le traitement des directeurs est fixé à vingt mille francs; celui des sous-directeurs est fixé à douze mille francs.

3. Sont nommés MM. de Boubers, secrétaire général, directeur; Jourdan, directeur des contributions directes; Rielle, directeur du mouvement général des fonds; d'Audiffret, directeur de la dette inscrite; Rodier, directeur de la comptabilité générale, Delaire, directeur du contentieux.

4. Notre ministre des finances (M. Laffitte) est chargé, etc.

———

27 JANVIER = 21 FÉVRIER 1831. — Ordonnance du roi qui crée une commission chargée des travaux confiés au bureau de commerce et des colonies. (IX, Bull. O. XLIV, n. 1106.)

Louis-Philippe, etc., voulant pourvoir à la surveillance et à la direction des travaux confiés au bureau de commerce et des colonies, en attendant que nous ayons pu déterminer en pleine connaissance de cause le mode définitif suivant lequel devra s'exercer l'action de notre gouvernement sur les intérêts agricoles, industriels et commerciaux du royaume; sur le rapport de notre ministre secrétaire d'Etat des finances, président du conseil des ministres, etc.

Art. 1er. Les attributions assignées par les ordonnances du 6 janvier et 20 mars 1824, au bureau de commerce et des colonies seront, jusqu'à ce qu'il en soit autrement ordonné, exercées, sous l'autorité du président de notre conseil des ministres, par une commission de sept membres, dont M. le comte de Saint-Cricq est nommé président.

2. Sont nommés membres de cette commission : MM. le comte Mollien, pair de France; le baron Portal, pair de France; Gauthier, membre de la Chambre des députés; Jacques Lefebvre, membre de la Chambre des députés; le baron de Fréville, conseiller d'Etat. M. David, maître des requêtes en service extraordinaire, est nommé secrétaire général de la commission.

3. Les fonctions du président et des membres de la commission sont gratuites. Un traitement de quinze mille francs est attribué au secrétaire de la commission.

4. Le président de la commission dirigera le travail des bureaux, et fera préparer les affaires sur lesquelles la commission aura à délibérer : il correspondra sur l'objet de ces affaires, et pour la bonne et complète instruction des questions qui s'y rapportent, avec les ministres, les chefs d'administration, les préfets, les chambres de commerce et les chambres des manufactures.

5. La commission est autorisée à procéder à toutes enquêtes qu'elle jugera nécessaires pour éclairer les déterminations qu'elle croira devoir proposer à notre gouvernement.

6. Nous nous réservons d'appeler en notre conseil le président de la commission, soit pour y prendre part à la discussion des projets de loi et des projets d'ordonnances délibérés par la commission, soit pour y être entendu sur toutes autres questions dans lesquelles les intérêts du commerce et de l'industrie se trouveraient engagés.

7. Le président de notre conseil des ministres (M. Laffitte) est chargé, etc.

———

27 JANVIER 1831. — Ordonnance qui nomme M. Rouillé d'Orfeuille préfet du Jura. (Bull. O. 42, n. 1046.)

27 JANVIER 1831. — Ordonnance qui établit un commissariat de police dans la ville de Murat. (Bull. O. 42, n. 1048.)

27 JANVIER 1831. — Ordonnance portant proclamation des brevets d'invention pris pendant le quatrième trimestre de 1830. (Bull. O. 45, n. 1119.)

27 JANVIER 1831. — Ordonnance qui autorise délivrance de bois à plusieurs communes. (Bull. O. 44, n. 1110.)

27 JANVIER 1831. — Ordonnance relative à la délimitation entre une propriété boisée et la forêt communale de Saint-Baslemont. (Bull. O. 45, n. 1120.)

27 JANVIER 1831. — Ordonnance qui autorise l'éta-

blissement de diverses usines dans les départements de la Manche, des Vosges, de l'Isère, de la Haute-Garonne, de l'Ain, de l'Eure, des Basses-Pyrénées, de la Côte-d'Or et de l'Aube. (Bull. O. 47, n. 1121.)

28 janvier 1831. — Ordonnance qui autorise la publication de la bulle d'institution canonique de M. d'Arbou pour l'évêché de Bayonne. (Bull. O. 54, n. 1394.)

28 janvier 1831. — Ordonnances qui autorisent l'acceptation de dons et legs faits aux pauvres de diverses communes. (Bull. O. 51, n. 1203, et Bull. O. 52, n. 1326 et suiv.)

28 janvier 1831. — Ordonnance qui autorise l'acceptation d'une rente offerte à l'hospice de Levroux. (Bull. O. 53, n. 1353.)

28 janvier 1831. — Ordonnance qui autorise l'établissement de deux fabriques d'acide pyroligneux dans les terrains vagues de la forêt de Durbon, département des Hautes-Alpes. (Bull. O. 53, n. 1381.)

28 janvier 1831. — Ordonnance qui autorise la conservation de la fabrique de visières en carton, feutre et cuirs vernis, établie à Charonne, près de la barrière de Montreuil. (Bull. O. 53, n. 1382.)

29 ⸗ 30 janvier 1831. — Loi portant règlement du budget définitif de l'exercice 1828, et des dispositions sur la déchéance des créanciers de l'État, sur la division du budget des dépenses, sur le sceau des titres, et sur la révision des pensions extraordinaires (1). (IX, Bull. O. XIX, n. 84.

§ Ier. Des annulations de crédits.

Art. 1er. Les crédits ouverts par les lois des 24 juin 1827, 6 août 1828 et 24 juin 1829, pour les services ordinaires et extraordinaires de l'exercice 1828, sont réduits d'une somme totale de sept millions quatre cent vingt-trois mille sept cent vingt-quatre francs (7,423,724 fr.), restée disponible et sans emploi, d'après les paiements effectués sur cet exercice, à la date du 1er décembre 1829.

Ces annulations sont et demeurent réparties entre les ministères et sections spéciales sur lesquels portent les excédants de crédits, conformément à l'état A ci-annexé.

2. Les crédits affectés au service des départements pour les dépenses fixes et variables, les secours distribués en cas de grêle, incendies, épizooties, etc., les dépenses cadastrales et les non valeurs sur contributions foncière, personnelle et mobilière,

sont réduits d'une somme de trois millions neuf cent treize mille neuf cent cinquante-huit francs (3,913,958 fr.), restée disponible au 1er décembre 1829.

Cette somme est affectée et transportée au budget de 1830 pour y recevoir la destination qui lui a été donnée par la loi du 24 juin 1827.

§ II. Des suppléments de crédit.

3. Il est accordé sur le budget de 1828, au-delà des crédits fixés par les lois des 24 juin 1827 et 24 juin 1829, des crédits additionnels et complémentaires jusques à concurrence de quatorze millions six cent quatre-vingt-huit mille neuf cent trente-six (14,688,936 fr.), qui demeurent répartis entre les ministères et services désignés au même état A ci-annexé.

§ III. Fixation du budget de l'exercice 1828.

4. Au moyen des dispositions précédentes, les crédits du budget de l'exercice 1828 sont définitivement fixés à la somme d'un milliard vingt-quatre millions cent mille six cent trente-sept francs (1,024,100,637 fr.), avec affectation, savoir :

Aux dépenses des services ordinaires, jusqu'à concurrence de. . 973,587,955 f.

Aux dépenses des services extraordinaires imputables sur le fonds spécial de quatre-vingt millions, créé par la loi du 19 juin 1828, jusqu'à concurrence de. 50,512,682

Total égal. . . . . 1,024,100,637 f.

Cette somme est et demeure répartie entre les différents ministères et services, conformément à l'état A, ci-annexé.

5. Les recettes de toute nature de ce même exercice sont arrêtées, au 1er décembre 1829, à la somme totale d'un milliard trente-deux millions sept cent quatre-vingt-deux mille cent quarante-cinq francs (1,032,782,145 fr.), conformément à l'état B, aussi annexé à la présente loi.

6. La somme de huit millions six cent quatre-vingt un mille cinq cent huit francs (8,681,508 fr.), formant la différence entre les recettes de 1828, arrêtées par l'article

(1) Présentation à la Chambre des Députés le 19 août (Mon. du 20) ; rapport par M. Lefebvre le 5 novembre (Mon. des 6 et 7) ; discussion les 22, 23 et 24 (Mon. des 23, 24 et 25); adoption le 25 (Mon. du 26), à la majorité de 261 voix contre 21.

Présentation à la Chambre des Pairs, rapport par M. le comte Mollien le 27 décembre (Mon. du 28); discussion, adoption le 30 (Mon. du 31.)

précédent à. . . . . . 1,032,782,145 f.
et les crédits du même
exercice, définitivement
réglé par l'art. 4 à. . . 1,024,100,637

Différence. . . . 8,681,508 f.

est affectée et transportée, savoir :

Au budget de l'exercice 1830, conformément à l'art. 2 de la pré-
sente loi, pour. . . . . . . 3,913,958 f.
A celui de 1829, pour la
différence, montant à. . . . 4,767,550

Total égal. . . . . . . 8,681,508 f.

§ IV. Dispositions générales.

7. Les sommes qui pourraient provenir
encore des ressources affectées à l'exercice
1828, seront portées en recette au compte
de l'exercice courant, au moment où les
recouvremens seront effectués.

8. Toute créance portant sur l'arriéré
antérieur à 1816, et dont le titulaire ou les
ayant-cause n'auront pas fourni, avant le
1er janvier 1832, les justifications nécessaires pour la délivrance du titre de paie-

ment, sera définitivement éteinte et amor-
tie au profit de l'État (1).

9. Seront prescrites et définitivement
éteintes au profit de l'État, sans préjudice
des déchéances prononcées par les lois antérieures ou consenties par des marchés ou
conventions, toutes créances qui, n'ayant
pas été acquittées avant la clôture des crédits de l'exercice auquel elles appartiennent,
n'auraient pu, à défaut de justifications
suffisantes, être liquidées, ordonnancées et
payées dans un délai de cinq années, à
partir de l'ouverture de l'exercice, pour les
créanciers domiciliés en Europe, et de six
années pour les créanciers résidant hors du
territoire européen.

Le montant des créances frappées d'oppositions sera, à l'époque de la clôture des
paiemens, versé à la caisse des dépôts et
consignations.

Le terme de prescription des créances
portant sur les exercices 1830 et antérieurs
est fixé au 31 décembre 1834 pour les créanciers domiciliés en Europe, et au 31 décembre 1835 pour les créanciers résidant hors
du territoire européen (2).

10. Les dispositions des deux articles pré-

---

(1) Voy. les lois du 28 avril 1816, art. 12 et
suiv. ; du 25 mars 1817, art. 1er et suiv. ; ordonnances du 29 mai 1816, du 24 juillet 1816 et du
2 avril 1817.

(2) La prescription de cinq ans établie contre
les créanciers de l'État est une dérogation au droit
commun, fondée sur la nécessité de régulariser les
comptes de chaque exercice. (Voy. la loi du 25
mars 1817, art. 5, loi du 15 janvier 1810, décret
du 13 décembre 1809, du 25 février 1808.)
M. Isambert a fait remarquer qu'on liquide encore des créanciers (notamment des pensions ecclésiastiques et des pensions en faveur d'anciens
ministres qui avaient cessé leurs fonctions depuis
1814) qui remontent à plus de trente ans, bien
qu'un arrêté du 3 prairial an 10 prescrive à tous
les ecclésiastiques de réclamer la liquidation de
leurs pensions dans le délai de cinq années.

Il a par suite proposé un amendement ainsi
conçu : « Aucune pension nouvelle ne pourra être
« liquidée à la charge du trésor, si la demande
« n'en a été faite dans les formes déterminées par
« la loi, par les ayant-droit, dans les trois ans du
« jour où le droit à ladite pension aura été ou-
« vert.

M. le ministre des finances a répondu :

« On pense qu'on peut opposer aux ecclésiastiques qui viennent réclamer l'inscription de leurs
pensions au trésor, après trente années, la rigueur
des dispositions du Code civil, relatives à la prescription.

« Que viennent réclamer ces ecclésiastiques? Des
revenus dont la révolution les a privés. La plupart
de ceux qui pouvaient prétendre à ces pensions
s'abstinrent de les réclamer, pour n'être pas astreints à la prestation du serment. La liquidation
s'opère en conformité des décrets du 13 décembre

1809 et du 27 juillet 1808, qui ne portent aucune
disposition restrictive. Cette liquidation s'opère
sur l'avis du comité des finances, et jamais il n'a
pensé à opposer aucune prescription. La prescription n'est encourue que lorsqu'il y a créance non
réclamée, et la créance sur le trésor ne commence
qu'au moment où la liquidation est terminée. Si,
après la délivrance de l'inscription, on ne réclame
pas l'arrérage, ce n'est pas par trente années que
ces arrérages se prescrivent ; mais c'est, aux termes
de l'arrêté du 15 floréal an 11, au bout de trois années. Aux termes du Code civil, la prescription
ne court pas pour une créance qui dépend d'une
condition, jusqu'à ce que la condition soit accomplie. Jusque-là, il n'y a pas de créance active.

« J'ajouterai qu'aujourd'hui des réclamations sur
des liquidations de pensions ecclésiastiques sont
faites contre des personnes qui, ayant rempli des
fonctions sacerdotales rétribuées aux frais de l'État,
ne pouvaient cumuler d'autres traitemens avec ces
pensions. »

L'amendement a été rejeté.

M. le ministre des finances a dit, comme on
vient de le voir, que la prescription ne commence
à courir que du jour où il y a créance, et qu'il n'y
a créance que lorsque la liquidation est terminée.
Il résulterait de ce système que celui qui a un titre
contre l'État, par exemple un fournisseur, qui né-
gligerait de se faire liquider, ne serait point déchu
cinq ans après l'ouverture de l'exercice auquel se
rattache sa fourniture. Je crois que c'est une erreur ; d'abord, il n'y a pas créance, seulement
lorsqu'il y a liquidation ; la liquidation donne un
titre, mais ne crée pas le droit ; or, le droit c'est
la créance ; d'ailleurs le texte tranche la difficulté,
il frappe de déchéance les créances qui n'auraient
pas été *liquidées, ordonnancées et payées* dans les cinq
ans.

cédens ne seront pas applicables aux créances dont l'ordonnancement et le paiement n'auraient pu être effectués, dans les délais déterminés, par le fait de l'administration ou par suite de pourvois formés devant le Conseil d'État (1).

Tout créancier aura le droit de se faire délivrer par le ministère compétent un bulletin énonçant la date de sa demande et les pièces produites à l'appui.

11. Le budget des dépenses de chaque ministère sera à l'avenir divisé en chapitres spéciaux ; chaque chapitre ne contiendra que des services corrélatifs ou de même nature (2).

La même division sera suivie dans la loi des comptes.

12. Les sommes affectées par la loi à chacun de ces chapitres ne pourront être appliquées à des chapitres différens. Toutes dispositions contraires sont abrogées (3).

13. La rente de vingt mille six cent quatre-vingt-dix francs possédée par la caisse du sceau des titres est annulée au profit de l'Etat. Le surplus de l'actif du sceau sera versé au trésor public.

14. A partir du 1er janvier 1831, les droits précédemment versés à la caisse du sceau seront perçus directement par les agens du trésor public. Il sera justifié du paiement de ces droits pour obtenir la délivrance des expéditions du sceau.

A partir de la même époque, les dépenses d'administration du sceau seront comprises au budget du ministère de la justice.

15. Les pensions actuellement inscrites à la charge du sceau seront inscrites sur le grand-livre des pensions du ministère des finances ; elles seront payées, à partir du 1er janvier 1831, par le trésor public (4).

16. Les pensions accordées depuis le 1er janvier 1828, en exécution de la loi du 11 septembre 1807, seront révisées dans le délai de six mois.

Seront révoquées, et, comme nulles, rayées du grand-livre de la dette publique, celles de ces pensions qui n'auront pas été accordées à la distinction des services et à l'insuffisance de la fortune, ainsi que le veut cette même loi.

Les titulaires des pensions annulées ne sont pas soumis à la restitution des arrérages qu'ils auront touchés (5).

(Suivent les tableaux.)

---

(1) Cet article est l'application de la règle *contra non valentem agere non currit præscriptio* ; il était utile que cette disposition fût insérée dans la loi ; car, jusqu'à ce jour, la jurisprudence a été d'une rigueur excessive dans l'application de la déchéance. Vainement les créanciers de l'Etat offraient-ils de prouver qu'ils n'avaient pas pu réclamer dans les délais prescrits, que cette impossibilité résultait même du fait de l'administration ; ils étaient impitoyablement repoussés.

Voici comment s'exprime M. Cormenin, dans ses *Questions de droit administratif*, vo *Liquidation* : « L'impossibilité d'agir, qui vient soit de l'incapacité de la personne, comme si elle était mineure, soit de la force des circonstances, *soit même du fait de l'Etat adversaire*, pourrait être un juste motif de relever le créancier de la déchéance, mais elle ne saurait avoir pour effet de placer cette créance dans un exercice qui ne se détermine que par la date originaire de ladite créance.

« Aussi ne repousse-t-on pas les créanciers de l'arriéré parce qu'ils sont déchus ; car souvent ils ont été mis dans l'impuissance matérielle ou légale d'agir ; souvent ils ont fait leurs diligences en temps utile ; souvent ils n'ont cessé d'être en instance de réclamation devant le conseil de liquidation pendant la durée de ce conseil ; souvent enfin la liquidation même a été consommée soit par le conseil général, soit par les différentes autorités investies de ce droit d'après les lois. Sous tous ces rapports, il n'y a pas lieu de prononcer leur déchéance. On ne peut dire non plus que leur créance est nulle ou mal vérifiée ; car on n'en conteste ni l'existence ni la validité, mais l'exercice sur lequel leur action porte est épuisé. *On ne refuse pas de leur ouvrir la caisse de cet exercice, mais ils la trouveront vide.* »

Ce subtil langage pourra être encore tenu aux créanciers de l'Etat. « Vous avez, leur dira-t-on,

des titres excellens, vous avez fait tout ce qu'il était possible de faire dans votre position ; vous n'êtes point déchus, vous allez être payés, on va prendre l'argent dans la caisse de l'exercice auquel appartient votre créance ; » — puis on ouvrira la caisse : mais cette caisse sera vide. Désormais, du moins, si c'est le fait de l'administration qui a empêché le paiement ; ou si le délai de cinq ans s'est écoulé, tant que le Conseil d'Etat était saisi de la réclamation du créancier, il ne sera pas possible de le renvoyer en lui montrant que la caisse est vide. Il faudra créer des fonds pour le payer : c'est une grande et notable amélioration.

(2 et 3) L'article 11 portait d'abord que chaque chapitre ne contiendrait *qu'une seule nature de service* ; c'est en effet une spécialité dérisoire que celle qui, réunissant dans une seule division plusieurs services divers, permettrait de s'écarter du vœu des Chambres, en appliquant à l'un ce qui était destiné à l'autre ; d'un autre côté, on a senti qu'il y a des services tellement corrélatifs, tellement analogues, qu'une séparation absolue pourrait nuire à la marche de l'administration : cette raison a déterminé à adopter la rédaction actuelle.

La loi du 25 mars 1817 n'attribua la spécialité qu'au crédit ouvert à chaque ministère (voyez art. 150 et 151). Voy. les ordonnances du 14 septembre 1822, du 10 décembre 1823, du 1er septembre 1827, t. 27, p. 414. Voy. aussi les notes sur la loi du 4 juillet 1829, t. 29, p. 292 et suiv.

(4) Voy. ordonnances du 25 et du 31 octobre 1830, t. 30, p. 312, et ordonnance du 30 mars 1828, t. 28, p. 113, et loi du 17 août 1828, art. 1er et 3, t. 28, p. 305 ; et enfin les notes sur l'art. 1er de la loi du 17 août 1828, t. 28, p. 310.

(5) On demandait que toutes les pensions accordées depuis la loi du 25 mars 1817, fussent

29 JANVIER 1831. — Ordonnance qui autorise l'é-
tablissement d'une fabrique à Ménilmontant.
(Bull. O. 53, n. 1383.)

30 JANVIER = 8 MARS 1831. — Ordonnance du roi
portant autorisation de la gare établie à Givors
(Rhône), pour l'embarquement et le débarquement des objets voiturés par le chemin de fer de
Saint-Etienne à Lyon. (IX, Bull. O. XLVII,
n. 1185.)

Louis-Philippe, etc., sur le rapport de
notre ministre secrétaire d'Etat au département de l'intérieur; vu la demande formée,
le 19 mai 1829, par les sieurs Mignot et
compagnie, afin d'établir une gare, alimentée par les eaux du Gier, à Givors, département du Rhône, pour l'embarquement
et le débarquement des objets voiturés par
le chemin de fer de Saint-Etienne à Lyon,
les plans à l'appui, les avis de la compagnie
dudit chemin de fer des 26 janvier et 3 mai
1830, les observations des concessionnaires
du canal de Givors, les rapports des ingénieurs, la lettre du préfet en date du 13
juillet 1830, l'avis du conseil général des
ponts et chaussées du 17 août suivant, les
observations de la compagnie Mignot du
31 de ce dernier mois, les projets de tarif
des droits à percevoir pour le stationnement dans la gare, le certificat de publications et la lettre du maire de Givors, la lettre
du préfet du Rhône en date du 6 novembre
1830; notre conseil d'Etat entendu, etc.

Art. 1er. La gare alimentée par les eaux
du Gier, que les sieurs Mignot aîné et compagnie ont établie à Givors, département
du Rhône, pour l'embarquement et le débarquement des objets voiturés par le chemin de fer de Saint-Etienne à Lyon, est autorisée.

2. Les sieurs Mignot aîné et compagnie
seront tenus d'exécuter les travaux qui seront prescrits par l'administration pour garantir le canal de Givors contre tous les
dangers auxquels il pourrait être exposé par
l'établissement de ladite gare et par les travaux accessoires entrepris pour changer la
direction d'une partie du cours du Gier et
pour rétrécir le lit de cette rivière.

3. Ils seront en outre assujettis à rétablir,

à leurs frais, les communications qui pourraient être coupées par la gare, ainsi que
l'écoulement des eaux.

4. Ils se conformeront à tous les règlements qui pourront être rendus par l'autorité compétente, pour la sûreté et la police
de la navigation, tant à l'intérieur qu'à
l'extérieur de la gare.

5. Si, par la suite, l'administration jugeait convenable, dans l'intérêt de la navigation, de modifier le régime actuel de la
rivière, la compagnie ou ses ayants-cause
n'auront aucune indemnité à prétendre envers l'Etat pour les dommages que ces modifications pourraient causer à la gare.

6. La compagnie est autorisée à percevoir
à perpétuité, sur tous les bateaux et marchandises qui entreront dans la gare, les
droits ci-après déterminés : 1° Les bateaux
paieront, pour droit de stationnement dans
la gare, un demi-centime par mètre carré
et par vingt-quatre heures de stationnement;
à cet effet, ils seront mesurés en multipliant
la plus grande longueur par la plus grande
largeur. 2° Toutes les marchandises qui
seront déposées de la gare sur les quais ou
sur le chemin de fer, et réciproquement
des quais ou du chemin de fer dans la
gare, paieront pour droit de chargement
soixante et quinze centimes par chaque
tonne de mille kilogrammes et au-dessous.
3° Ce droit sera réduit à cinquante centimes
pour la houille et les marchandises brutes
qui seront embarquées directement du chemin de fer dans la gare.

7. Notre ministre de l'intérieur (M. Montalivet) est chargé, etc.

30 JANVIER = 21 FÉVRIER 1831. — Ordonnance du
roi qui accorde une indemnité au commandant
et au chef de l'état-major des gardes nationales
de Paris et de la banlieue. (IX, Bull. O. XLIV,
n. 1107.)

Louis-Philippe, etc., sur le rapport de
notre ministre secrétaire d'Etat au département de l'intérieur, etc.

Art. 1er. Il est accordé : 1° au lieutenant-
général comte de Lobau, commandant général des gardes nationales de Paris et de

---

soumises à la révision. On faisait remarquer que
celles de ces pensions qui n'avaient pas été accordées régulièrement ne pouvaient former un titre
irrévocable; et l'on considérait comme irrégulièrement accordées celles qui l'avaient été par des
ordonnances qui n'établissaient pas, selon le vœu
de la loi du 11 septembre 1807, les droits des pensionnaires, c'est-à-dire qui ne constataient pas,
d'une part, *les grands services rendus*, de l'autre, *le
défaut de fortune*. Or, il y a un grand nombre d'ordonnances semblables; mais on a considéré que le
vote législatif des lois des comptes des exercices

successifs avait tacitement sanctionné les concessions de pensions, et l'on n'a réservé le droit de révision que pour les pensions accordées depuis 1828.
M. Salverte a proposé la révision des pensions
accordées aux Pairs en vertu de la loi du 28 mai
1829. Cette proposition a été rejetée.
M. Philippe Dupin a proposé la suppression des
pensions accordées aux Pairs ecclésiastiques, aux
termes des art. 5 et 6 de la loi du 28 mai 1829. Cet
amendement a été rejeté comme inopportun seulement, et ne pouvant être discuté à l'occasion des
comptes de 1828.

la banlieue, une indemnité annuelle de cinquante mille francs : 2° à M. le colonel Jacqueminot, chef de l'état-major général des gardes nationales de Paris et de la banlieue, une indemnité annuelle de vingt mille francs (1).

2. Ces indemnités, qui commenceront à courir du 1er janvier 1831, leur seront payées sur le budget des dépenses relatives aux gardes nationales du royaume.

3. Notre ministre de l'intérieur (M. Montalivet) est chargé, etc.

—————

30 JANVIER 1831. — Ordonnance relative au prolongement de la route d'Elbeuf à Lyon. (Bull. O. 47, n. 1186.)

30 JANVIER 1831. — Ordonnance qui nomme le contre-amiral Mallet à la préfecture maritime de Lorient. (Bull. O. 43, n. 1110.)

30 JANVIER 1831. — Ordonnance relative aux octrois de plusieurs communes. (Bull. O. 47, n. 1184.)

30 JANVIER 1831. — Ordonnance qui nomme MM. Bavoux et Dusommérard membres de la commission chargée de la répartition de l'indemnité accordée aux anciens émigrés de Saint-Domingue. (Bull. O. 45, n. 1140.)

30 JANVIER 1831. — Ordonnance qui crée deux places d'agent de change à Béziers. (Bull. O. 45, n. 1122.)

30 JANVIER 1831. — Ordonnance qui crée à Saint-Vaast-la-Hougue deux places de courtier conducteur de navire interprète. (Bull. O. 45, n. 1123.)

30 JANVIER 1831. — Ordonnances qui autorisent l'acceptation de dons et legs faits à diverses communes. (Bull. O. 53, n. 1254 et suiv.)

30 JANVIER 1831. — Ordonnances relatives à la conservation d'usines dans diverses communes. (Bull. O. 55 et 60, n. 1326 et suiv., 1529 et suiv.)

—————

31 JANVIER 1831. — Ordonnance qui réduit le nombre des huissiers de Mirecourt. (Bull. O. 41, n. 1005.)

31 JANVIER 1831. — Ordonnance qui admet le sieur Meyer à établir son domicile en France. (Bull. O. 41, n. 1012.)

31 JANVIER 1831. — Tableau du prix des grains pour servir de régulateur aux droits d'importation et d'exportation. (Bull. O. 40, n. 991.)

31 JANVIER 1831. — Ordonnance qui accorde des lettres de naturalité au sieur Bertaldi. (Bull. O., 2e sect., n. 340.)

1er FÉVRIER 1831. — Ordonnance portant convocation de collèges électoraux dans les villes de Vannes, Agen, Briey, Paris et Yvetot. (Bull. O. 44, n. 1114.)

1er FÉVRIER 1831. — Ordonnance qui réintègre le sieur Pallière dans la qualité et les droits de Français. (Bull. O. 45, n. 1127.)

1er FÉVRIER 1831. — Ordonnance qui admet les sieurs Feltz, Huerta, Pfinning, Pujol, Reter, Resueno, Rudolphe et Schumacher à établir leur domicile en France. (Bull. O. 45, n. 1128.)

1er FÉVRIER 1831. — Ordonnances relatives à la concession de diverses mines de houille, de lignite, de manganèse, de fer et de plomb sulfuré argentifère, situées dans diverses communes. (Bull. O. 55, n. 1405 et suiv.)

1er FÉVRIER 1831. — Ordonnances relatives à l'établissement et à la conservation d'usines dans diverses communes. (Bull. O. 55, n. 1400 et suiv., et 57, n. 1444.)

1er FÉVRIER 1831. — Ordonnances qui accordent des lettres de naturalité aux sieurs Beneditti, Dewerd et Joux. (Bull. O. 87 et 131, n. 2514 et 2515, 2692.)

—————

2 = 26 FÉVRIER 1831. — Ordonnance du roi concernant les affaires contentieuses portées au conseil d'Etat. (IX, Bull. O. XLV, n. 1118.)

Voy. deux ordonnances du 12 août 1830 (2).

Louis-Philippe, etc., sur le rapport de notre ministre secrétaire d'Etat au département de l'instruction publique et des cultes, président du conseil d'Etat, etc.

Art. 1er. L'examen préalable des affaires

—————

(1) M. Jacqueminot a refusé l'indemnité.

(2) M. de Cormenin a présenté à la Chambre des Députés une proposition sur le même sujet, qui diffère de l'ordonnance en plusieurs points. Voici comment est conçue cette proposition, prise en considération dans la séance du 7 février (Mon. du 8).

Art. 1er. Jusqu'à ce que l'organisation du conseil d'Etat ait été définitivement organisée par une loi, les affaires contentieuses continueront à être instruites dans les formes prescrites par le règlement du 22 juillet 1806.

Art. 2. Les rapports seront faits et les arrêts prononcés en séance publique.

Le rapporteur résumera les faits et les moyens des parties sans ouvrir un avis.

Après le rapport les avocats pourront, s'ils le requièrent, proposer de simples observations.

L'arrêt sera délibéré et rédigé immédiatement, et prononcé à l'une des plus prochaines séances.

Pour justifier sa proposition, M. de Cormenin a été dans la nécessité de faire la critique de quelques dispositions de l'ordonnance.

« Si, comme le prescrit l'art. 2, a-t-il dit, le projet de décision était arrêté d'avance à huis clos par le comité du contentieux, ce comité porterait son jugement dans l'assemblée générale, avant d'avoir entendu les avocats, et jetterait ainsi dans la balance de la justice le poids redoutable d'une décision préméditée et collective.

« S'il était lu par le rapporteur avant le délibéré, la discussion s'établirait, non sur l'affaire elle-même, mais sur le projet du jugement ; non entre deux parties, mais entre les parties et le juge.

« S'il était lu après l'audition des avocats, il ne serait plus l'expression du débat modifié par la défense orale.

« J'ajouterai que de bons esprits ont depuis longtemps regardé comme une malheureuse conception de faire rapporter, plaider et délibérer les affaires

contentieuses , actuellement attribuées à notre conseil d'Etat , continuera d'être fait par le comité de justice administrative.

2. Le rapport en sera fait en assemblée générale de notre conseil d'Etat, et en séance publique, par l'un des conseillers ou par l'un des maîtres des requêtes et des auditeurs attachés à ce comité. Le rapporteur résumera les faits , les moyens et les conclusions des parties, et soumettra le projet d'ordonnance proposé par le comité.

3. Immédiatement après le rapport, les avocats des parties pourront présenter leurs observations orales (1), après quoi l'affaire sera mise en délibéré (2).

4. La décision sera prononcée à une autre assemblée générale et en séance publique (3).

5. Ceux des conseillers d'Etat qui n'auront point assisté au rapport et observations ci-dessus énoncés ne pourront concourir au délibéré. En conséquence, il sera tenu un registre de présence.

6. Afin de pourvoir à la prompte expédition des affaires, le comité de justice administrative sera divisé en deux sections. Chacune d'elles sera composée de cinq conseillers d'Etat. Il sera par nous ultérieurement statué sur le nombre des maîtres des requêtes et auditeurs à attacher à ce comité ,

ainsi que sur la distribution des affaires entre ces deux sections.

7. Les dispositions des articles précédents seront exécutoires à compter du 1er mars prochain.

8. Notre ministre au département de l'instruction publique et des cultes, président du conseil d'Etat (M. Barthe), est chargé , etc.

———

2 FÉVRIER = 1er MARS 1831. — Ordonnance du roi qui autorise l'expropriation d'un domaine de l'Etat, pour cause d'utilité communale, au profit de la ville de Tarascon. (IX , Bull. O. XLVI , n. 1161.)

Louis-Philippe, etc., vu la demande formée par le conseil municipal de Tarascon (Bouches-du-Rhône), tendant à obtenir la cession , sur estimation, d'une propriété domaniale dite *le bureau de perception*, et dépendant du pont supprimé de bateaux qui existait entre ladite ville de Tarascon et celle de Beaucaire (Gard); vu le procès-verbal d'estimation contradictoire, en date du 4 juillet 1830, duquel il résulte que cette demande de cession est fondée sur de véritables motifs *d'utilité publique*, la délibération du conseil d'administration et l'avis du directeur général de l'administration des domaines, l'avis du conseil d'Etat, approuvé

contentieuses dans l'assemblée générale du conseil d'Etat.

« Ce mode de procéder, dont l'ordonnance du 2 février aggrave encore le mal , a toutes sortes d'inconvénients : le premier, que les conseillers d'Etat du commerce , de la guerre , de la marine , ne sont pas toujours propres , par la direction de leurs études et la spécialité de leurs talents , à juger des questions de droit et de compétence fort abstraites ; le second , que le pourvoi contre les décisions ministérielles , prises sur l'avis des comités de l'intérieur, des finances et autres, les rend en appel juges de leur propre jugement; le troisième, qu'on arrache aux travaux importants des autres comités, les conseillers d'Etat qui lui sont nécessaires , pour les appliquer à un genre d'affaires qui leur est étranger; le quatrième , que , pour bien juger, pour juger habituellement , il ne faut pas que les juges soient ni trop nombreux, ni trop distraits par d'autres fonctions, le cinquième, que, par l'assistance facultative des conseillers d'Etat en service extraordinaire , le nombre des juges variera à chaque séance ; le sixième , que , pour rendre de bons jugements , il faut avoir suivi une affaire dans toutes les filières de son instruction , tandis qu'ici ce seraient précisément les juges qui auraient le plus besoin d'assister à l'instruction écrite qui ne la connaîtraient pas. »

Enfin, M. de Cormenin a soutenu que la matière devait être réglée par une loi, non par une ordonnance.

M. le ministre de l'instruction publique a répondu qu'une commission s'occupait d'un projet de loi sur le conseil d'Etat ; que l'ordonnance n'avait point eu pour but d'établir un nouveau sys-

tème; qu'en conservant, au contraire, l'institution telle qu'elle existe d'après les règlements , elle était destinée à donner la double garantie de la publicité et de la défense orale ; que, si une loi était nécessaire pour instituer le conseil d'Etat , une ordonnance avait pu faire cesser les inconvénients les plus graves du système actuel , en donnant accès au public , en consacrant le droit de défense. Voy. ci-après l'ordonnance du 12 mars 1831, modificative de celle du 2 février, et qui fait droit à la plupart des reproches qu'on adressait à celle-ci.

(1) Le mot *observations* a été employé à dessein comme plaisant moins que le mot *plaidoiries*; mais reste la difficulté de déterminer le point où l'observation devient plaidoirie. Le décret du 1er décembre 1810 enjoignait aussi aux avocats de s'abstenir de toute supposition dans les faits , de toute surprise dans les citations et autres mauvaises voies, même de tous discours inutiles et superflus. Malheureusement, ces règles excellentes en elles-mêmes ont souvent pour résultat de nuire à la liberté de la défense.

(2) Ainsi les observations orales ne seront présentées qu'après la délibération du comité , qu'après le rapport fait en son nom , et il y a là un grave inconvénient. Voy. la note 1re.

(3) La publicité est consacrée par cette disposition et par celle de l'art. 2 : il faudra donc que les arrêts contiennent la mention expresse qu'ils ont été rendus publiquement ; j'étais tenté d'ajouter : *à peine de nullité*, en rappelant l'art. 7 de la loi du 20 avril 1810 ; mais il n'y a pas de tribunal supérieur au conseil d'Etat qui puisse casser ou réformer ses arrêts.

le 21 février 1808, d'après lequel les biens de l'Etat sont, comme les propriétés particulières, susceptible d'être aliénés pour cause d'utilité publique, départementale ou communale, sur estimation d'experts; sur le rapport de notre ministre secrétaire d'Etat des finances, etc.

Art. 1er. Le préfet du département du Gard est autorisé à céder à la ville de Tarascon au prix de onze cents francs, fixé par estimation contradictoire du 4 juillet 1830, la propriété domaniale dite *le bureau de perception de l'ancien pont de bateaux de Beaucaire.*

2. Le procès-verbal d'estimation et le plan des lieux seront joints à l'acte de cession.

3. La vente sera faite à la charge, par la ville de Tarascon, de verser entre les mains de l'administration des domaines, dans le premier trimestre de 1831, comme la ville l'a offert, ou au plus tard dans les trois mois de la cession, ladite somme de onze cents francs, et de supporter en outre tous les frais auxquels la présente cession aura donné lieu.

4. Notre ministre de l'intérieur et notre ministre secrétaire d'Etat des finances (MM. Laffite et Montalivet) sont chargés, etc.

————

2 FÉVRIER = 1er MARS 1831. — Ordonnance du roi qui autorise l'expropriation d'un domaine de l'Etat, pour cause d'utilité départementale, au profit du département des Côtes-du-Nord. (IX, Bull. O. XLVI, n. 1162.)

Louis-Philippe, etc., vu la délibération du conseil général du département des Côtes-du-Nord, en date du 22 août 1829, tendant à obtenir la concession, à prix d'estimation, de la partie de l'ancien couvent des Ursulines situé à Lannion, actuellement aux mains du domaine, les art. 17 et 19 du décret des 1er et 4 avril 1793 et le décret du 21 février 1808 (1), le plan produit par M. le préfet des Côtes-du-Nord, ainsi que le procès-verbal de l'estimation contradictoire de la propriété dont la cession est sollicitée, ledit procès-verbal en date des 2, 3 et 11 juin 1829; considérant que la cession sollicitée a pour but de fournir au département des Côtes-du-Nord les moyens de construire une prison, dont le conseil général a depuis long-temps reconnu le besoin sous le double rapport de la morale et de l'humanité; que, dès lors, il s'agit d'une utilité départementale reconnue, et qu'ainsi il y a lieu à l'application des décrets précités; sur

le rapport de notre ministre secrétaire d'Etat des finances, etc.

Art. 1er. Notre ministre secrétaire d'Etat des finances est autorisé à concéder au département des Côtes-du-Nord, moyennant six mille quatre cent soixante et dix francs, prix résultant de l'estimation contradictoire qui en a été faite, les portions de bâtiments et terrains provenant de l'ancien couvent des Ursulines, situé à Lannion, qui sont actuellement aux mains du domaine, telles qu'elles sont désignées au plan dressé le 28 octobre 1825 et dans le procès-verbal d'estimation des 2, 3 et 11 juin 1829, lesquels plan et procès-verbal resteront annexés à la minute de l'acte de cession.

2. Le prix de six mille quatre cent soixante et dix francs sera versé dans les caisses du domaine aux époques et avec les intérêts fixés par les lois des 15 floréal an 10 et 5 ventôse an 12.

3. Le département des Côtes-du-Nord sera en outre chargé d'acquitter tous les frais auxquels la présente cession aura pu ou pourra donner lieu.

4. Nos ministres des finances et de l'intérieur (MM. Laffitte et Montalivet) sont chargés, etc.

————

2 FÉVRIER = 1er MARS 1831. — Ordonnance du roi portant dépossession de l'Etat, pour cause d'utilité communale, au profit de la ville de Dijon. (IX, Bull. O. XLVI, n. 1159.)

Louis-Philippe, etc., vu la demande formée par le conseil municipal de la ville de Dijon (Côte-d'Or), tendant à obtenir, au prix d'estimation contradictoire, la portion du ci-devant palais des Etats de Bourgogne, provenant des anciennes sénatoreries, pour être réunie au surplus dudit palais dont la ville est propriétaire, et y transporter le siége de l'hôtel-de-ville et des établissements municipaux disséminés sur plusieurs points; vu l'estimation rigoureuse et contradictoire adoptée par le préfet et le directeur des domaines, qui fixe le prix de ladite portion à cent vingt mille trois cent quatre-vingt-un francs; vu l'avis de notre ministre secrétaire d'Etat au département de l'intérieur, portant que la demande du conseil municipal est fondée sur de véritables motifs d'utilité publique, et que d'ailleurs la ville de Dijon possède les ressources nécessaires pour payer cet immeuble; vu la délibération du conseil d'administration de l'enregistrement et des domaines en date du 21 janvier 1831; vu l'avis du conseil d'Etat du 9 février 1808,

————

(1) C'est l'avis du conseil d'Etat ci-dessus cité.

approuvé le 21 du même mois, portant que les biens de l'Etat sont, comme les propriétés particulières, susceptibles d'être aliénés, sur estimation d'experts, pour cause d'utilité publique, départementale ou communale; sur le rapport de notre ministre secrétaire d'Etat des finances, etc.

Art. 1er. Le préfet de la Côte-d'Or est autorisé à concéder à la ville de Dijon, au prix de cent vingt mille trois cent quatre-vingt-un francs, montant de l'estimation rigoureuse et contradictoire du 16 novembre dernier, pour y transporter l'hôtel-de-ville et les établissements municipaux disséminés sur plusieurs points, la portion de l'ancien palais des Etats de Bourgogne remise à l'administration des domaines en vertu de la loi du 28 mai 1829 sur les sénatoreries. Le procès-verbal d'estimation et le plan des lieux seront joints à l'acte de concession.

2. Le prix d'estimation ci-dessus sera versé, par la ville de Dijon, dans les caisses du domaine, aux époques et avec les intérêts fixés par les lois des 15 floréal et 5 ventôse an 12.

3. La ville de Dijon est en outre chargée d'acquitter tous les frais relatifs à l'acquisition.

4. Au moyen de l'accomplissement des conditions ci-dessus énoncées, la ville de Dijon demeurera propriétaire de la totalité des bâtiments du ci-devant palais des Etats de Bourgogne et de ses dépendances, ainsi que le tout s'étend et comporte dans son état actuel, sans en rien excepter ni réserver.

5. Notre ministre de l'intérieur et notre ministre secrétaire d'Etat des finances (MM. Laffitte et Montalivet) sont chargés, etc.

———————

3 FÉVRIER = 10 MARS 1831. — Ordonnance du roi qui crée une commission chargée de réviser les lois et règlements sur l'instruction publique. (IX, Bull. O. XLVIII, n. 1210.)

Louis-Philippe, etc., sur le rapport de notre ministre secrétaire d'Etat au département de l'instruction publique et des cultes, etc.

Art. 1er. Une commission sera chargée de la révision des lois, décrets et ordonnances concernant l'instruction publique; elle préparera un projet de loi pour l'organisation générale de l'enseignement, en conformité aux dispositions de la Charte constitutionnelle.

2. Sont nommés membres de cette commission : MM. Daunou, membre de la Chambre des Députés; de Vatimesnil, membre de la Chambre des Députés; Cuvier, conseiller d'Etat, membre du conseil de l'instruction publique; Cassini, conseiller à la Cour de cassation; Thénard, doyen de la faculté des sciences de Paris, membre de la Chambre des Députés; Villemain, professeur d'éloquence à la faculté des lettres de Paris; Dubois, doyen de la faculté de médecine de Paris; Broussais, docteur-médecin; Francœur, professeur à la faculté des sciences de Paris; Ch. de Rémusat, membre de la Chambre des Députés; Dubois, inspecteur général des études.

3. Cette commission sera présidée par notre ministre secrétaire d'Etat au département de l'instruction publique et des cultes. M. Artaud, inspecteur de l'Académie de Paris, y remplira les fonctions de secrétaire.

4. Notre ministre au département de l'instruction publique et des cultes (M. Barthe) est chargé, etc.

———————

4 = 26 FÉVRIER 1831. — Ordonnance du roi qui augmente les crédits ouverts aux ministres de l'intérieur et des finances pour les dépenses de l'exercice 1831. (IX, Bull. O. XLV, n. 1117.)

Louis-Philippe, etc., vu le tableau de répartition annexé à notre ordonnance du 21 décembre dernier, et duquel il résulte que, sur le crédit provisoire de trois cents millions ouvert à nos ministres pour l'exercice 1831 par la loi du 12 du même mois, il est demeuré disponible une somme de dix-huit millions à répartir ultérieurement; vu les nouvelles demandes que nous ont présentées nos ministres de l'intérieur et des finances pour des services urgents ou qui ne se trouvent pas suffisamment assurés par les crédits précédemment accordés, etc.

Art. 1er. Les crédits ouverts à nos ministres de l'intérieur et des finances, en exécution de la loi du 12 décembre 1850, pour les dépenses de l'exercice 1831, sont augmentés d'une somme de sept millions huit cent quatre-vingt-quinze mille francs à prélever sur la portion du crédit de trois cent millions qui est restée à répartir d'après notre ordonnance du 21 du même mois. Ces suppléments de crédits sont affectés aux services ci-après, savoir :

Ministère de l'intérieur.

Récompenses, pensions ou secours à accorder en vertu de l'art. 1ᵉʳ de la loi du 30 août 1830.	600,000 fr.	
Indemnités pour dommages (art. 2 de la même loi). .	1,000,000	1,750,000 fr.
Secours aux réfugiés espagnols, portugais et autres. .	150,000	

Ministère des finances.

Subventions aux fonds de retraite des finances. . .	300,000	
Administration centrale des finances (personnel). .	420,000	
Idem (matériel).	130,000	
Forêts (service administratif dans les départements).	650,000	6,145,000
Idem (avances irrécouvrables).	45,000	
Exploitation des tabacs.	4,600,000	

Total.	7,895,000 fr.
Portion du crédit de trois cent millions non répartie par l'ordonnance du 21 décembre 1830.	18,000,000
Reste à répartir.	10,105,000 fr.

2. Notre ministre de l'intérieur et notre ministre secrétaire d'Etat des finances (**MM.** Montalivet et Laffitte) sont chargés , etc.

————

4 FÉVRIER == 8 MARS 1831. — Ordonnance du roi qui rétablit une rente viagère dont la préjouissance avait été attribuée au trésor public. (IX , Bull. O. XLVII, n. 1187.)

Louis-Philippe, etc., vu le rapport de notre ministre secrétaire d'Etat au département des finances, sur la demande du sieur François-Joseph Derbanne, tendant à obtenir le rétablissement en son nom , comme premier expectant, d'une inscription viagère de cent quatre-vingt-trois francs de rente , dont la préjouissance avait été attribuée au trésor, représentant Louis Auvray, émigré, sur la tête de ce dernier, né le 25 janvier 1743 , et sur celle de Joseph-Louis Derbanne, né le 8 mars 1762 , frère du requérant, ladite inscription portée au compte de réduction sous le n. 26,541 , avec cessation d'arrérages à compter du 22 juin 1809 ; vu l'acte constatant le décès dudit sieur Louis Auvray, arrivé à Venise le 16 février 1830, et le certificat de vie du sieur Joseph-Louis Derbanne , deuxième tête désignée en l'inscription sus-énoncée, etc.

Art. 1ᵉʳ. L'inscription viagère de cent quatre-vingt-trois francs de rente , un tiers consolidé , qui avait été portée au compte de réduction sous le n. 26,541 , sera rétablie au nom du sieur Derbanne (François-Joseph) , pour en jouir par lui , sur la tête de Joseph-Louis Derbanne, né le 8 mars 1762 , à compter du 16 février 1830, date du décès de Louis Auvray, préjouissant , représenté par le trésor pour cause d'émigration.

2. Notre ministre des finances (**M.** Laffitte) est chargé, etc.

————

4 FÉVRIER 1831. — Ordonnance qui approuve les demi-soldes, pensions et suppléments accordés à divers. (Bull. O. 82 *bis*, n. 1.)

4 FÉVRIER 1831. — Ordonnance relative à l'établissement et la conservation d'usines dans divers départements. (Bull. O. 47, n. 1192.)

4 FÉVRIER 1831. — Ordonnance relative à la délimitation partielle de la forêt du Vieux-Essart. (Bull. O. 47, n. 1194.)

5 == 21 FÉVRIER 1831. — Ordonnance du roi concernant le service des vivres-pain. (IX , Bull. O. XLIV, n. 1103.)

Louis-Philippe, etc sur le rapport de notre ministre secrétaire d'Etat au département de la guerre , etc.

Art. 1ᵉʳ. A partir du 1ᵉʳ juillet prochain, le service des vivres-pain sera divisé en deux parties : 1° la fourniture des grains ; 2° leur conservation et manutention.

2. La fourniture des grains sera mise en adjudication avec publicité et concurrence. Les livraisons auront lieu dans l'intérieur du royaume pour le cas de guerre comme pour l'état de paix.

3. La conservation et la manutention seront confiées aux agents du service nommés et salariés par le gouvernement.

4. Pour l'exécution de la fourniture des grains, la France sera divisée en cinq régions ; il sera passé un marché à un prix unique pour chacune de ces divisions.

5. La durée des marchés sera de sept ans, à partir du 1ᵉʳ juillet.

6. L'approvisionnement de réserve de quatre cent mille quintaux métriques de froment , actuellement existant , sera main-

tenu pour subvenir aux besoins extraordinaires du service ; les ordres d'achat seront combinés de manière à entretenir constamment à la même hauteur cet approvisionnement, qui restera confié à la garde des manutentionnaires.

7. Les entrepreneurs seront tenus de fournir un cautionnement en numéraire ou en rentes sur l'Etat, dont le montant sera d'un dixième de la dépense présumée du service annuel.

8. Conformément au principe consacré par l'art. 3 de la loi du 11 septembre 1790, les contestations qui viendraient à s'élever sur l'exécution des clauses et conditions des marchés seront jugées administrativement, sauf l'appel au conseil d'Etat dans la forme et les délais prescrits ou à prescrire pour l'introduction des pourvois contre les décisions ministérielles.

9. Notre ministre au département de la guerre (maréchal duc de Dalmatie) est chargé, etc.

———

5 FÉVRIER 1831. — Ordonnance qui annulle la nomination du sieur Dusommerar en qualité de membre de la commission de Saint-Domingue. (Bull. O. 47, n. 1193.)

5 FÉVRIER 1831.—Ordonnance qui nomme M. Levasseur consul à Trieste, et M. Beyle consul à Civita-Vecchia. (Bull. O. 48, n. 1218.)

5 FÉVRIER 1831. — Ordonnances qui autorisent plusieurs fabriques à vendre et aliéner divers bâtiments et pièces de terre. (Bull. O. 76 , n. 3059 et suiv.)

5 FÉVRIER 1831. — Ordonnance qui rejette la donation faite à la communauté des religieuses de la Providence de Sainte-Thérèse à Avesnes. (Bull. O. 76, n. 2005.)

5 FÉVRIER 1831. — Ordonnance qui autorise le maire de Massy à distraire du presbytère de cette commune une grange pour servir d'emplacement à une maison d'école. (Bull.O. 81, n. 2217.)

6 FÉVRIER 1831. — Ordonnances qui autorisent l'acceptation de dons et legs faits à diverses communes (Bull. O. 53, n. 1375 et suiv.)

7 FÉVRIER 1831. — Ordonnances relatives aux octrois de diverses communes. (Bull. O. 47, n. 1188.)

7 FÉVRIER 1831. — Ordonnances relatives à la délimitation des bois et forêts appartenant à diverses communes. (Bull. O. 47, n. 1195 et 1196.)

———

8 = 10 FÉVRIER 1831. — Loi qui met à la charge de l'Etat le traitement des ministres du culte israélite (1). (IX , Bull. O. XX, n. 85.)

Art. unique. A compter du 1er janvier 1831 , les ministres du culte israélite recevront des traitements du trésor public (2).

———

9 FÉVRIER 1831. — Ordonnance qui autorise l'acceptation d'un legs fait au profit des détenus des prisons de Moulins. (Bull. O. 53, n. 1380.)

———

10 FÉVRIER = 1er MARS 1831.— Ordonnance du roi portant réorganisation du corps d'artillerie de la garde nationale de Paris. (IX, Bull. O. XLVI, n. 1158.)

Louis-Philippe , etc., vu l'art. 2 de notre ordonnance du 31 décembre, portant qu'il sera procédé immédiatement à la réorganisation du corps d'artillerie de la garde nationale de Paris ; vu les listes ouvertes dans chaque arrondissement de Paris pour l'inscription des citoyens qui ont déjà fait partie ou qui désirent faire partie de ce corps ; sur le rapport de notre ministre secrétaire d'Etat au département de l'intérieur, etc.

Organisation.

Art. 1er. Il sera créé une compagnie d'artillerie dans chacun des douze arrondissements de Paris. Cette compagnie sera attachée à la légion d'infanterie d'où elle tirera ultérieurement ses moyens de recrutement ; elle prendra le numéro de la légion d'infanterie. Les première , deuxième et troisième compagnies d'artilerie formeront le premier escadron d'artillerie de la garde nationale parisienne ; les quatrième , cinquième et sixième compagnies formeront le deuxième escadron ; les septième , huitième et neuvième compagnies , le troisième escadron , les dixième , onzième et douzième , le quatrième escadron ; les premiers , deuxième , troisième et quatrième escadrons réunis, formeront la légion d'artillerie de la garde nationale parisienne.

———

(1) Présentation à la Chambre des Députés le 13 novembre 1830 (Mon. du 14) ; rapport par M. Augustin Périer le 2 décembre (Mon. du 3) ; discussion et adoption le 4 (Mon. du 6) , à la majorité de 211 voix contre 71.

Présentation à la Chambre des Pairs le 8 janvier 1831 (Mon. du 9) ; rapport le 29 (Mon. du 30) ; discussion et adoption le 1er février 1831 (Mon. du 2), à la majorité de 57 voix contre 32.

(2) La discussion sur l'art. 7 de la Charte de 1814 , devenu l'art. 6 de la Charte de 1830, prouve que le but de cet article a été de laisser au pouvoir législatif la faculté d'accorder un traitement aux ministres des différents cultes.

La législation relative aux Juifs se compose des actes dont suit l'indication : lois des 24 décembre 1789 ; du 27 septembre-13 décembre 1791 ; décret du 30 mai 1806 ; deux décrets du 17 mars 1808 ; décret du 20 juillet 1808 ; avis du conseil d'Etat du 10 septembre 1808 ; décret du 19 octobre 1808 , du 5 septembre 1810 , du 9 février 1811.

Les traitements accordés par cette loi ne s'élèveront qu'à 65,000 fr.

2. Deux pièces de canons seront affectées àchaque compagnie d'artillerie.

3. La composition de chacune des douze compagnies d'artillerie demeure fixée de la manière suivante : capitaine-commandant, 1 ; lieutenant en premier, 1 ; lieutenant en second, 1. Total, 3 officiers. Maréchal-des-logis chef, 1 ; maréchaux-des-logis, 4 ; fourrier, 1 ; brigadiers, 8 ; canonniers (vingt-quatre par pièce), 48. Total, 62.

4. L'état-major de la légion est fixé ainsi qu'il suit : colonel, 1 ; lieutenant-colonel, 1 ; chefs d'escadron, 4 : major, 1 ; adjudants-majors, 4 ; officier payeur, 1 ; porte-étendard, 1 ; capitaine-rapporteur du conseil de discipline, 1 ; lieutenant suppléant, 1 ; lieutenant secrétaire du conseil, 1 ; médecin, 1 ; chirurgien - major, 1 ; chirurgiens aides-majors, 4. Total de l'état-major de la légion, 22. Un secrétaire d'état-major et un secrétaire du conseil de discipline seront, en outre, attachés à l'état-major. Le major et le secrétaire d'état-major seront soldés comme dans les légions d'infanterie.

5. Indépendamment du personnel déterminé par les articles ci-dessus, il sera créé un *détachement soldé*, appliqué à l'entretien du matériel, à l'instruction du corps d'artillerie, et composé comme il suit : officier commandant le détachement, 1 ; adjudant sous-officier comptable, 1 ; adjudant sous-officier garde du parc, 1 ; maréchaux-des-logis instructeurs, 4 ; brigadiers, artificiers, et canonniers, 12 ; trompette major, 1 ; trompettes, 12. Total, 32.

Mode d'admission.

6. Aussitôt la promulgation de la présente ordonnance, il sera institué au siége de chaque mairie une commission composée : du maire, président ; de quatre des membres du conseil de recensement, désignés par le maire, dans chacun des quartiers de l'arrondissement ; de quatre officiers de la légion d'infanterie de l'arrondissement, dont deux officiers supérieurs, et deux officiers du grade de capitaine ou autre, tous quatre désignés par notre ministre secrétaire d'Etat au département de l'intérieur. Cette commission sera chargée de procéder, d'après les règles ci-après, aux désignations des citoyens admis à faire partie de la compagnie d'artillerie de l'arrondissement.

7. Nul ne pourra être admis comme artilleur : 1° s'il n'est âgé de dix-huit ans, Français, ou naturalisé Français ; 2° s'il n'est imposé, ou ses père et mère à la contribution personnelle ; 3° s'il ne justifie pas de son domicile réel dans l'arrondissement de la compagnie d'artillerie dont il demande à faire partie, sauf l'exception portée à l'art. 9 ci-après.

8. Parmi les citoyens qui se sont fait inscrire jusqu'au 17 janvier 1831 pour concourir à la nouvelle formation du corps de l'artillerie de la garde nationale, et qui justifieront des qualités requises par l'art. 7 ci-dessus, la commission d'admission procédera aux désignations dans l'ordre ci-après. Elle admettra de préférence et sans condition de taille, en restant toutefois chargée d'apprécier l'aptitude de chaque candidat : 1° tous les citoyens qui prouveront qu'ils ont déjà fait partie des artilleries de terre ou de mer ; 2° sans condition de taille, si le nombre des inscrits n'excède point le complet de la compagnie, tous les citoyens qui ont fait partie de l'artillerie de la garde nationale ; 3° les citoyens qui, n'ayant servi ni dans l'artillerie de terre ou de mer, ni dans l'artillerie de la garde nationale, ont été inscrits sur les contrôles ouverts jusqu'au 17 janvier 1831 : ceux-ci devront avoir au moins la taille de cinq pieds trois pouces (un mètre sept cent sept millimètres).

9. Dans le cas où pour quelque arrondissement l'ensemble de ces ressources ne suffirait pas, la commission d'admission est autorisée, pour cette première formation seulement, à faire des désignations complémentaires de l'effectif de soixante-deux artilleurs parmi les ressources d'excédant de l'arrondissement et du quartier le plus voisin, toujours d'après les règles et l'ordre de préférence établis dans les articles précédents.

10. Les désignations à faire par chacune des douze commissions d'admission, en exécution des articles qui précèdent, devront être terminées dans chaque mairie le 5 mars. Immédiatement après, il sera dressé une liste nominative composée des soixante-deux artilleurs définitivement désignés par la commission d'admission de l'arrondissement. Cette liste, comprenant les noms, prénoms, profession, âge et domicile des citoyens admis, sera imprimée et affichée pendant huit jours dans l'étendue de l'arrondissement.

Cadre de remplacement.

11. Ceux des anciens artilleurs de la garde nationale qui, s'étant fait inscrire pour concourir à la nouvelle formation, et réunissant d'ailleurs les conditions voulues par l'art. 7, n'auront pu y être reçus immédiatement faute de place, seront admis pendant six mois, à partir de la promulgation de la présente ordonnance, à occuper les places qui viendront à vaquer dans la compagnie d'artillerie dont ils ressortiront par le lieu de leur domicile réel. A cet effet, il sera dressé dans chaque mairie un tableau no-

minatif et par rang de taille de ces anciens artilleurs. Leur admission successive aux places vacantes aura lieu d'après les règles établies ci-dessus pour la nouvelle formation. Le commandant général de la garde nationale parisienne réglera la part que devront prendre au service de la garde nationale de Paris les anciens artilleurs compris au cadre de remplacement de chaque arrondissement.

Élections.

12. Aussitôt les huit jours écoulés pour la publication des listes des citoyens appelés à faire partie de la nouvelle formation, chaque maire convoquera à la municipalité les soixante-deux artilleurs de son arrondissement, afin qu'il soit par eux procédé, en sa présence, à l'élection : du capitaine commandant, du lieutenant en premier, du lieutenant en second. Ces officiers pourront être élus, 1° parmi tous les artilleurs appelés dans les douze arrondissements à la nouvelle formation : 2° parmi les anciens artilleurs des armées de terre ou de mer, sans condition de taille ou d'inscription préalable. Ils seront élus au scrutin individuel et secret, et à la majorité absolue des suffrages.

13. Dans la même séance on procédera à l'élection : du maréchal-des-logis chef, des quatre maréchaux-des-logis, du fourrier, des huit brigadiers. Ces sous-officiers ne pourront être élus que parmi les artilleurs appelés à faire partie de la compagnie d'artillerie de l'arrondissement. Ils seront élus au scrutin individuel et secret, et à la majorité relative des suffrages.

14. Il sera immédiatement pourvu aux vacances que laisseront dans le cadre des artilleurs les élections des officiers dont il est question à l'art. 12 ci-dessus, par des désignations supplémentaires faites conformément aux règles établies dans la présente ordonnance.

Formation de l'état-major de la légion.

15. Le chef de chaque escadron sera choisi par les officiers et les maréchaux-des-logis chefs des trois compagnies formant l'escadron, et devra être élu parmi les officiers de la légion d'artillerie. Ces officiers et ces maréchaux-des-logis chefs seront, à cet effet, convoqués à l'Hôtel-de-Ville, au jour fixé par le préfet de la Seine pour procéder en sa présence à l'élection des quatre chefs d'escadron, au scrutin individuel et secret, et à la majorité absolue des suffrages.

16. Dans la même séance, les chefs d'escadron, les capitaines et lieutenants procéderont, sous la présidence du préfet, au scrutin individuel et secret, et à la majorité absolue des suffrages, à l'élection du colonel et du lieutenant-colonel pris parmi les officiers de la légion.

17. Le ministre de l'intérieur, sur la présentation du commandant général de la garde nationale parisienne, proposera à notre nomination le major, les quatre adjudants-major, l'officier payeur, le porte-étendard, le médecin, le chirurgien-major et les chirurgiens aides-majors.

18. Les nominations faites en vertu des art. 15, 16 et 17, seront considérées comme provisoires jusqu'à la promulgation de la loi actuellement en discussion sur la garde nationale. Après la promulgation de cette loi, elles devront être renouvelées, conformément à ses dispositions.

Service.

19. La légion d'artillerie sera exclusivement occupée des exercices et des manœuvres pendant six mois de l'année, du 1er avril au 1er octobre, sauf le poste à entretenir à la garde du parc.

20. Du 1er octobre au 31 mars de l'année suivante, les compagnies d'artillerie concourront, proportionnellement à leur force, au service ordinaire de la garde nationale.

21. Notre ministre du département de l'intérieur (M. Montalivet) est chargé, etc.

---

10 FÉVRIER = 22 MARS 1831. — Ordonnance du roi portant abrogation de celles qui ont créé des décorations à l'occasion ou à la suite des événements de 1814 et de 1815. (IX, Bull. O. LIII, n. 1344.)

Louis-Philippe, etc., sur le rapport de notre garde des sceaux, ministre secrétaire d'État au département de la justice ; notre conseil entendu, etc.

Art. 1er. Toutes ordonnances portant création de décorations établies à l'occasion ou à la suite des événements de 1814 et de 1815, sont et demeurent abrogées.

2. Toutes autorisations collectives ou individuelles de porter des décorations de cette nature sont révoquées.

3. Toutes personnes qui, après la publication de la présente ordonnance, continueraient de porter ces décorations seront poursuivies conformément aux lois.

4. Notre garde des sceaux, ministre au département de la justice (M. Mérilhou), est chargé, etc.

---

10 FÉVRIER 1831. — Ordonnances qui créent un commissariat de police dans chacune des communes de Gerardmer et de Muret, et supprime celui de la commune de Luc. (Bull. O. 45, n. 1124, 1125 et 1126.)

10 FÉVRIER 1831. — Ordonnances qui autorisent les dons et legs faits à divers hospices. Bull. O. 61, n. 1562.)

11 février 1831. — Ordonnance qui supprime les deux directions des contributions indirectes de Paris et de la banlieue, et nomme M. Gueau-Rouvray de Reverseaux directeur des contributions indirectes du département de la Seine. (Bull. O. 48, n. 191.)

11 février 1831. — Ordonnance relative à la délivrance de coupes de bois à plusieurs communes, à l'élagage, à la vente et à l'aménagement de bois dans divers départements. (Bull. O. 50, n. 1252.)

12 février 1831. — Ordonnance qui approuve des demi-soldes, pensions et suppléments accordés à divers y dénommés. (Bull. O. 82 *bis*, n. 2.)

13 février 1831. — Ordonnance qui accorde des lettres de naturalité aux sieurs Gréeve, Krier et Mercier. (Bull. O. 87, n. 2516 à 2518.)

13 février 1831. — Ordonnance qui admet les sieurs Cuthbert, Henrion, Sadler, Pestells et Vecchiarelli à établir leur domicile en France. (Bull. O. 46, n. 1163.)

13 février 1831. — Ordonnances qui autorisent plusieurs communautés religieuses à emprunter et à acquérir. (Bull. O. 76, n. 2068 et suiv.)

13 février 1831. — Ordonnances qui rejettent les legs faits aux desservants et aux fabriques de diverses communes. (Bull. O. 76, n. 2063 et suiv.)

13 février 1831. — Ordonnance qui accorde des lettres du déclaration de naturalité au sieur Guichanet. (Bull. supp., n. 13701.)

---

15 février = 15 mars 1831. — Ordonnance du roi concernant l'exercice de la profession d'avocat aux colonies françaises. (IX, Bull. O. L., n. 1274.)

Louis-Philippe, etc., sur le rapport de notre ministre secrétaire d'Etat au département de la marine et des colonies, etc.

Art. 1er. A dater de la promulgation de la présente ordonnance, la profession d'avocat sera librement exercée aux colonies françaises, selon ce qui est réglé par les lois et règlements en vigueur dans la métropole (1). Toutefois, les titulaires actuels des offices d'avoués, à la Martinique, à la Guadeloupe, à la Guiane et à Bourbon, conserveront, tant qu'ils demeureront en fonctions, la faculté d'exercer également la profession d'avocat, conformément aux dispositions des ordonnances organiques de l'ordre judiciaire de ces colonies, en date des 30 septembre 1827, 24 septembre et 21 décembre 1828.

2. Toutes les dispositions contraires sont et demeurent abrogées.

3. Notre ministre au département de la marine et des colonies (comte d'Argout) est chargé, etc.

15 février 1831. — Ordonnance qui nomme M. le comte Mollien président de la commission de surveillance de la caisse d'amortissement et de celle des dépôts et consignations, et M. Odier et le baron Louis membres de la même commission. (Bull. O. 48, n. 1220.)

15 février 1831. — Ordonnances relatives à diverses usines dans plusieurs communes. (Bull. O. 57, n. 1443 et suiv.)

15 février 1831. — Ordonnance portant concession du desséchement des marais de la vallée de Longsols, département de l'Aube. (Bull. O. 57, n. 1452.)

15 février 1831. — Ordonnance qui autorise les sieurs Bonfil et Percheron à construire sur le bord de la Seine, commune de Seine-Port, des digues pour réunir à leurs propriétés des îles qui leur appartiennent. (Bull. O. 57, n. 1453.)

15 février 1831. — Ordonnance portant concession à M. Van de Velde des mines d'or de la Gardette (Isère). (Bull. O. 57, n. 1454.)

15 février 1831. — Ordonnance qui autorise la société anonyme formée à Bordeaux pour l'exploitation de la navigation de la Dronne. (Bull. O. 57 *bis*, n. 2.)

---

16 = 26 février 1831. — Ordonnance du roi relative au sceau de l'Etat. (IX, Bull. O. XLV, n. 1116.)

Voy. ord. du 13 août 1830.

Louis-Philippe, etc., sur le rapport de notre garde des sceaux, ministre secrétaire d'Etat au département de la justice, etc.

Art. 1er. A l'avenir, le sceau de l'Etat représentera un livre ouvert portant à l'intérieur ces mots *Charte de 1830*, surmontée d'une couronne fermée, avec le sceptre et la main de justice en sautoir, et des drapeaux tricolores derrière l'écusson, et pour exergue *Louis-Philippe Ier, roi des Français*.

2. Notre garde des sceaux, ministre au département de la justice (M. Mérilhou), est chargé, etc.

---

16 février = 10 mars 1831. — Ordonnance du roi qui crée dans la faculté de médecine de Paris une chaire de pathologie et de thérapeutique générales. (IX, Bull. O. XLVIII, n. 1211.)

Louis-Philippe, etc., vu l'art. 24 de la loi du 11 floréal an 10 ; sur le rapport de notre ministre secrétaire d'Etat au département de l'instruction publique et des cultes, grand-maître de l'Université.

Art. 1er. Il est créé, dans la faculté de médecine de l'Académie de Paris, une chaire de pathologie et de thérapeutique générales.

2. Notre ministre de l'instruction publique et des cultes, grand-maître de l'Université, nommera pour la première fois à cette chaire ; elle sera ensuite donnée au concours.

---

(1) Voy. ordonnances des 27 août 1830, 20 novembre 1822, et décret du 14 décembre 1810, et les notes sur ces actes.

3. Notre ministre de l'instruction publique et des cultes, président du conseil d'Etat (M. Barthe), est chargé, etc.

---

16 FÉVRIER = 10 MARS 1831.—Ordonnance du roi qui crée une chaire de droit commercial dans les facultés de droit de Rennes et de Dijon. (IX, Bull. O. XLVIII, n. 1212.)

Louis-Philippe, etc., sur le rapport de notre ministre secrétaire d'Etat au département de l'instruction publique et des cultes, grand maître de l'Université, etc.

Art. 1er. Une chaire de droit commercial sera établie dans chacune des facultés de droit de Rennes et de Dijon.

2. Les professeurs seront nommés pour la première fois par notre ministre de l'instruction publique et des cultes.

3. Notre ministre au département de l'instruction publique et des cultes (M. Barthe) est chargé, etc.

---

16 FÉVRIER = 10 MARS 1831. —Ordonnance du roi concernant les pensions et indemnités temporaires à accorder aux employés réformés de l'administration des contributions indirectes. (IX, Bull. O. XLVIII, n. 1213.)

Louis-Philippe, etc., considérant que des réformes sont devenues nécessaires dans le personnel de l'administration des contributions indirectes par l'effet de la réduction de l'impôt et des modifications apportées aux formes des perceptions par la loi du 12 décembre 1830; considérant que, bien que lesdites réformes doivent porter principalement sur les plus anciens employés, l'existence de ladite administration ne remonte pas assez loin pour que ceux qui s'en trouveront atteints puissent avoir accompli la durée de services exigée par les règlements pour avoir droit à pension; que cependant il n'est pas juste de priver de la récompense due à de longs services des employés ainsi écartés de leurs fonctions par force majeure, ni de retirer à leurs veuves ou à leurs orphelins la chance de la réversibilité qui leur serait assurée, si les services desdits employés se prolongeaient jusqu'au terme ordinaire fixé pour la retraite; qu'il est également juste de régler le sort de ceux des employés qui, étant atteints par les mêmes réformes, n'auront pas le temps de services suffisant pour obtenir une pension exceptionnelle; sur le rapport de notre ministre secrétaire d'Etat des finances, etc.

Art. 1er. Les employés des contributions indirectes dont la réforme sera prononcée d'ici au 1er juillet prochain, par suite des changements ou suppressions que nécessitent, dans le personnel de ladite administration, les économies à porter au budget de la présente année, obtiendront pension, quelle que soit la position dans laquelle se termine leur activité, s'ils justifient de vingt années de services dans l'administration, dont quinze au moins entièrement accomplies dans la partie active, ou de vingt-cinq années indistinctement accomplies dans la partie active ou sédentaire.

2. Les pensions acquises par l'accomplissement de ces conditions seront liquidées d'après les bases fixées par les art. 10 et 13 de l'ordonnance réglementaire du 12 janvier 1825. Elles seront assimilées, quant au droit éventuel de réversibilité, aux pensions concédées pour trente années de services civils, et, comme telles, réversibles sur la tête des veuves ou enfants desdits employés, dans les proportions et sous les conditions déterminées par l'ordonnance précitée.

3. A l'égard des employés réformés pour les mêmes causes qui ne justifieraient pas de la durée et de la nature des services ci-dessus énoncés, il leur sera fait application des dispositions de l'art. 4 de la loi du 1er mai 1822 et de l'ordonnance du 2 octobre de la même année.

4. Les pensions et indemnités temporaires qui seront accordées en vertu des dispositions qui précèdent, ne pourront excéder en nombre celui des emplois dont la suppression sera prononcée.

5. Notre ministre des finances (M. Laffitte) est chargé, etc.

---

16 FÉVRIER = 15 MARS 1831. — Ordonnance du roi qui augmente le nombre des membres de la commission chargée des travaux précédemment confiés au bureau de commerce et des colonies. (IX, Bull. O. L, n. 1275.)

Louis-Philippe, etc., vu la demande de la commission instituée par notre ordonnance du 27 janvier dernier: sur le rapport du président de notre conseil des ministres, etc.

Art. 1er. Le nombre des membres de la commission instituée à l'effet d'exercer, jusqu'à ce qu'il en soit autrement ordonné, les attributions précédemment confiées au bureau de commerce et des colonies, est porté à neuf.

2. Sont nommés membres de ladite commission : MM. Odier et Cunin-Gridaine, membres de la Chambre des Députés.

3. Notre ministre des finances (M. Laffitte) est chargé, etc.

---

16 FÉVRIER 1831. — Ordonnance par laquelle un ancien militaire est reconnu donataire d'une action sur le canal de Loing. (Bull. O. 50, n. 1276.)

16 FÉVRIER 1831. — Ordonnances qui autorisent

l'acquisition de 5,000 fr. de rente au profit du collége royal de Henri IV, et de 2062 fr. au profit du collége royal de Strasbourg. (Bull. O. 48 , n. 1229 et 1230.)

16 février 1831. — Ordonnances qui autorisent l'acceptation de dons et legs faits aux fabriques de diverses communes. (Bull. O. 76 , n. 2072 et suiv.)

———

18 février = 10 mars 1831. — Ordonnance du roi qui réunit les fonctions de secrétaire général du ministère de la marine à celle du secrétaire du conseil d'amirauté, et fixe son traitement. (IX, Bull. O. XLVIII, n. 1214.)

Louis-Philippe, etc., sur le rapport de notre ministre secrétaire d'Etat au département de la marine et des colonies, etc.

Art. 1er. Les fonctions de secrétaire général du ministère de la marine et celles du secrétaire du conseil d'amirauté seront réunies.

2. Le sieur Boucher, secrétaire du conseil d'amirauté, est nommé secrétaire général du ministère de la marine.

3. Le sieur Boucher jouira d'un traitement de quatorze mille francs.

4. Notre ministre de la marine et des colonies (comte d'Argout) demeure chargé, etc.

———

19 février = 12 mars 1831. — Ordonnance du roi portant réorganisation de la cavalerie. (IX , Bull. O. XLIX, n. 1232.)

Louis-Philippe, etc., voulant donner à la cavalerie une organisation complète, mieux coordonnée dans toutes ses parties, et la porter à une force plus en rapport avec celle des autres armes; voulant, en outre, combiner les diverses espèces de troupes à cheval en raison de leur destination relative; sur le rapport de notre ministre secrétaire d'Etat de la guerre, etc.

Art. 1er. La cavalerie sera composée de cinquante régiments, répartis ainsi qu'il suit :

Douze régiments de cavalerie de réserve, dont deux de carabiniers, dix de cuirassiers.

Dix-huit régiments de cavalerie de ligne, dont douze de dragons, six de lanciers.

Vingt régiments de cavalerie légère, dont quatorze de chasseurs, six de hussards.

2. Tous les régiments de cavalerie seront de six escadrons.

Les régiments de dragons seront armés d'un fusil sans baïonnette, d'un mètre trois cent treize millimètres (quatre pieds six lignes) de longueur, afin que ces corps, sans rien perdre de leur importance comme cavalerie de ligne, puissent au besoin remplir leur destination première, et rendre, sous ce rapport, encore d'utiles services.

Les régiments de lanciers se composeront de quatre escadrons de ligne armés de lances , et de deux escadrons de tirailleurs armés de mousquetons. Les deux escadrons de tirailleurs seront formés des hommes et des chevaux les moins élevés en taille ; ils seront fréquemment exercés au tir à cheval.

Dans l'ordre habituel de bataille , et sauf les circonstances de route ou de guerre, les escadrons de tirailleurs tiendront la gauche du régiment et prendront, en conséquence, les n. 5 et 6.

Les régiments de chasseurs continueront de comprendre deux escadrons de lanciers, composés des hommes et des chevaux du régiment les plus propres par leur taille et leur force à l'emploi de la lance. Ces escadrons prendront la gauche dans l'ordre de bataille , et recevront les deux derniers numéros.

3. Voulant récompenser et tout à la fois encourager parmi les cavaliers de toutes armes la bonne conduite, l'attachement au service, les progrès en équitation, et, pour le temps de guerre, les actions d'éclat, nous instituons par la présente, dans chaque escadron, trente-deux cavaliers de première classe.

Ces cavaliers seront en nombre égal dans chaque peloton. Ils seront , dans l'ordre de bataille, aux deux ailes du peloton. Ils porteront , comme marque distinctive, sur chaque manche de l'habit, un seul galon de laine semblable à ceux portés par les brigadiers.

Ils jouiront, comme les grenadiers dans l'infanterie , d'un supplément de solde de cinq centimes par journées de présence.

Ils seront désignés par le colonel , sur la proposition de l'officier de peloton, l'approbation du capitaine-commandant et l'avis du chef d'escadron. Les remplacements auront lieu de la même manière.

Il sera aussi procédé de même , lorsqu'il paraîtra nécessaire de faire perdre à un cavalier cette distinction.

4. Ne seront plus compris dans l'effectif des escadrons, et seront réunis au petit état-major, sous la dénomination de *peloton hors rang*, les sous-officiers et cavaliers employés près des officiers chargés des détails de l'administration des corps et dans les ateliers. Notre ministre secrétaire d'Etat de la guerre fixera les bases de leur répartition entre les divers services.

Le nombre de cavaliers compris dans le peloton hors rang ne sera point invariable ; il pourra, selon les besoins , être augmenté ou diminué par des mutations entre ce peloton et ces escadrons : ces mutations seront autorisées par le colonel, sur le rapport du major, en ce qui concerne l'administration et les ateliers, et sur celui du lieutenant-colonel en ce qui concerne les soins à donner aux chevaux de remonte.

Le peloton hors rang sera sous la surveillance de l'officier d'habillement, qui exercera à son égard les fonctions de capitaine : le porte-étendard y remplira celles d'officier de peloton ; l'adjudant vaguemestre, celles de maréchal-des-logis chef, le brigadier-fourrier d'état-major, celles de fourrier ; chaque maître ouvrier pour son atelier, celles de maréchal-des-logis. Le premier ouvrier, dans chacun des ateliers du sellier, du tailleur et du bottier, aura le grade et remplira les fonctions de brigadier.

5. Sur le pied de paix, les régimens de cavalerie seront organisés et composés conformément aux tableaux suivans :

ÉTAT-MAJOR.

Pied de paix.

Colonel (1, 3) (a) ; lieutenant-colonel (1, 5) ; chefs d'escadron (2, 4) ; major (1, 3) ; capitaine instructeur (1, 2) ; adjudans-majors (2, 4) ; trésorier (1, 2) (b) ; adjoint au trésorier (lieutenant ou sous-lieutenant) (1, 1) ; officier d'habillement (1, 1) (c) ; porte-étendard (1, 1) ; chirurgien-major (1, 1) ; chirurgien-aide (1, 1) ; adjudans-sous-officiers (2, 2) ; adjudant vaguemestre (1, 1) ; vétérinaire en premier (1, 1) ; vétérinaire en second (1, 1) ; trompette maréchal-des-logis (1, 1) ; trompette brigadier (1, 1).

Peloton hors rang.

Maîtres ouvriers (4, 0) ; maréchaux-des-logis (4, 0) ; brigadier fourrier d'état-major (1, 0) ; brigadiers (6, 0) ; cavaliers (38, 00) ; total (14, 24), (60, 7).

ESCADRON.

Pied de paix.

Capitaine commandant (1, 2) ; capitaine en second (1, 2) ; lieutenant en premier (1, 1) ; lieutenant en second (1, 1) ; sous-lieutenans (2, 2) ; maréchal-des-logis chef (1, 1) ; maréchaux-des-logis (6, 6) ; maréchal-des-logis fourrier (1, 1) ; brigadier élève fourrier (1, 1) ; brigadiers (12, 12) ;

cavaliers de première classe (32, 32) ; cavaliers de deuxième classe, montés (69, 69) ; cavaliers de deuxième classe non montés (20, 00) ; maréchauxferrans (3, 0) ; trompettes (3, 3) ; (6, 8) ; (148, 125).

Résultat au pied de paix.

Force d'un régiment :

Etat-major et peloton hors rang (14, 24) ; (60, 7) ; six escadrons (36, 48) ; (888, 750) ; complet (50, 72), (948, 757). Force totale des cinquante régimens (2,500, 3,600) ; (47,400, 37,850.)

6. Sur le pied de guerre, les régimens de cavalerie seront composés ainsi qu'il suit :

ÉTAT-MAJOR.

Pied de guerre.

Colonel (1, 5) ; lieutenant-colonel (1, 4) ; chefs d'escadron (3, 12) ; major (1, 2) ; capitaine instructeur (1, 2) ; adjudans-majors (3, 8) (d).

Trésorier (c) (1, 1) ; adjoint au trésorier (lieutenant ou sous-lieutenant) (1, 2) ; officier d'habillement (1, 1) (f) ; porte-étendard (1, 2) ; chirurgien-major (1, 3) ; chirurgien-aide (1, 2) ; chirurgien sous-aide (1, 1) ; adjudans-sous-officiers (3, 3) (g) ; adjudant vaguemestre (1, 1) ; vétérinaire en premier (1, 1) ; vétérinaires en second (2, 2) (h) ; trompette maréchal-des-logis (1, 1) ; trompette brigadier (1, 1) ; trompettes (2, 2) ; maréchaux ferrans (3, 0) (i) ;

Peloton hors rang.

Maîtres ouvriers (4, 0) ; maréchaux-des-logis (4, 0) ; brigadier fourrier d'état-major (1, 0) ; brigadiers (6, 0) ; cavaliers (38, 00) ; (17, 45) ; (67, 11) (j).

ESCADRON DE CAVALERIE DE RÉSERVE.

Pied de guerre.

Capitaine commandant (1, 3) ; capitaine en second (1, 3) ; lieutenant en premier (1, 2) ; lieutenant en second (1, 2) ; sous-lieutenans (4, 8) ; maréchal-des-logis chef (1, 1) ; maréchaux-des-logis (8, 8) ; maréchal-des-logis fourrier (1, 1) ; brigadier élève fourrier (1, 1) ; brigadiers (16, 16) ; cavaliers de première classe (32, 32) ; cavaliers

---

(a) Le premier chiffre dans chaque parenthèse indique le nombre d'hommes, et le second celui des chevaux.

(b) A droit à deux chevaux, s'il est capitaine.
(c) A droit à deux chevaux, s'il est capitaine.
(d) Dont un au dépôt.
(e) A droit à deux chevaux, s'il est capitaine.
(f) A droit à deux chevaux, s'il est capitaine.
(g) Dont un au dépôt.

(h) Dont un au dépôt.
(i) Pour le dépôt.

(j) Le maître armurier et les brigadiers premiers ouvriers, sellier, tailleur et bottier, suivront les escadrons de guerre, auxquels on attachera en outre le nombre d'ouvriers hors rang qui sera jugé nécessaire, s'il ne s'en trouve pas d'autres en nombre suffisant dans lesdits escadrons.

de deuxième classe , montés (88, 88) ; cavaliers de deuxième classe non montés (16, 00) ; maréchaux ferrans (3, 3) ; trompettes (3, 3) ; (8, 18) ; (169, 153).

ESCADRON DE CAVALERIE DE LIGNE.

Pied de guerre.

Dans les régimens de cavalerie de ligne , chaque escadron comprendra quatre-vingt-dix-huit cavaliers de deuxième classe montés ; ce qui le portera à (8, 18), (179, 163).

ESCADRON DE CAVALERIE LÉGÈRE.

Pied de guerre.

Dans les régimens de cavalerie légère, chaque escadron comprendra cent huit cavaliers de deuxième classe montés ; ce qui le portera à (8, 18), (189, 173).

Résultat au pied de guerre.

Force de chaque régiment :

Cavalerie de réserve.

Etat-major et peloton hors rang (17, 15), (67, 11) ; six escadrons (48, 1,084) , (1,014, 918) ; complet (65, 1,583), (1,081, 929.)

Cavalerie de ligne.

Etat-major et peloton hors rang (17, 15), (67, 11) ; six escadrons (48, 1,084), (1,074, 978) ; complet (65, 1,537), (1,141, 989).

Cavalerie légère.

Etat-major et peloton hors rang (17, 45), (67, 11) ; six escadrons (48, 108) , (1,154, 1,038) ; complet (65, 153) , (1,207, 1,049).

Force des douze régimens de cavalerie de réserve (780, 1,836) , (12,972, 11,148).

Force des dix-huit régimens de cavalerie de ligne (1,170, 27,547) , (20,558, 17,802) ; force des 20 régimens de cavalerie légère (1,300, 3,060) , (24,020, 20,980) ; force générale des cinquante régimens (3,250, 7,650) , (57,530, 49,930).

7. Le passage du pied de paix au pied de guerre pourra être progressif : le complet au pied de guerre ne sera point invariable ; il pourra être fixé selon les circonstances, et , en outre, en vue de la destination particulière de chaque corps.

8. Le dépôt de chaque régiment sera ujours commandé par le major, et sous ses ordres par le capitaine instructeur. Il sera composé d'officiers, de sous-officiers, brigadiers et cavaliers tirés des

cadres de l'état-major et des escadrons, ainsi qu'il suit :

Etat-major.

Major (1, 2) ; capitaine instructeur (1, 2) ; adjudant-major (1, 2) ; trésorier (1, 1) (a) ; officier d'habillement (1, 1) ; chirurgien sous-aide (1, 1) ; adjudant sous-officier (1, 1) ; vétérinaire en second (1, 1) ; trompette brigadier (1, 1) ; trompettes (2 2) ; maréchaux ferrans (3, 0).

Peloton hors rang.

Maîtres ouvriers (3, 0) ; maréchaux des-logis (4, 0) ; brigadier fourrier d'état-major (1, 0) ; brigadier (3, 0) ; cavaliers (38, 00) ; (6, 9), (57, 5) (b).

Cadre de chaque escadron.

Maréchal-des-logis (1, 1) (c) ; brigadier élève fourrier (1, 1) ; brigadiers (2, 2 ; (4, 4 ; total pour les six escadrons (24, 24) ; état-major et peloton hors rang (6, 9,) (57, 5) ; cadre du dépôt d'un régiment (6, 9) , (81, 29 ; force totale des cinquante cadres de dépôts (300, 400 , 4,050, 1,450 .

9. Les dépôts comprendront en outre, 1o les hommes et les chevaux qui ne seront point entrés dans la première formation des escadrons de guerre ; 2o les produits ultérieurs de recrutement et de la remonte.

Ils composeront , selon la force de leur ensemble , un peloton, une section ou une escouade pour chaque escadron, et seront ensuite, autant que possible, recrutés et montés dans une proportion relative aux besoins des escadrons, en prenant pour base l'état de situation le plus récemment reçu du corps.

Quand , en raison du nombre d'hommes et de chevaux restés au dépôt, et de la quantité des recrues et de remontes attendue, chaque fraction d'escadron paraîtra devoir atteindre prochainement la force d'un peloton, il sera laissé provisoirement, pour commander cette fraction, en accélérer l'instruction et la conduire à l'armée, un officier et un sous-officier par escadron.

Si , après le départ de ce complément des escadrons de guerre, le cadre du dépôt se trouve insuffisant pour le nombre d'hommes de recrue et de chevaux de remonte, on emploiera, soit des officiers et des sous-officiers qui se trouveraient éventuellement au dépôt, soit des officiers

(a) Ont droit à deux chevaux, s'ils sont capitaines.
(b) Non compris le maître armurier et les brigadiers premiers ouvriers, sellier, tailleur et bottier, qui doivent suivre les escadrons de guerre : on y attachera, en outre, et on prendra dans les cavaliers hors rang portés ci-contre, les ouvriers nécessaires , s'il ne s'en trouve pas en nombre suffisant dans lesdits escadrons.
(c) Un des maréchaux-des-logis du dépôt y remplira les fonctions de vaguemestre.

et des sous-officiers tirés de l'école de Saumur, soit enfin des officiers et sous-officiers détachés provisoirement des escadrons de guerre.

Le capitaine instructeur remplira, à l'égard des fractions des escadrons, les fonctions de capitaine commandant.

La comptabilité relative à chaque fraction sera tenue sous sa direction par le brigadier-fourrier, et de manière qu'elle ne soit qu'une branche de l'administration de l'escadron.

10. Le conseil d'administration du dépôt sera composé du major, président ; du trésorier, de l'officier d'habillement, du capitaine instructeur et de l'adjudant-major, tous cinq responsables.

11. Lorsqu'on passera du pied de guerre au pied de paix, les officiers et sous-officiers, qui se trouveront en excédant du pied de paix, resteront à la suite de leurs corps, et auront droit aux premières vacances, sans exception, qui surviendront dans les emplois de leur grade.

12. Dans le cas prévu par l'article précédent, la composition des rations de fourrages continuera de subsister sur le pied de guerre jusqu'au *quinzième* jour inclusivement, après l'arrivée des régimens à leur destination dans l'intérieur ; et cela, afin que les chevaux ne passent pas trop vite de la ration de guerre à la ration de paix.

Egalement à dater de l'arrivée à destination, les officiers recevront, pendant un mois encore, les rations de fourrages pour les chevaux qu'ils posséderont, jusqu'à concurrence du nombre qui leur est attribué au pied de guerre.

Dispositions transitoires.

13. Les cinq premiers régimens de chasseurs composeront les cinq premiers régimens de lanciers : le régiment de lanciers existant prendra le n° 6.

Les treize autres régimens de chasseurs prendront les nos de 1 à 13, et le régiment créé par la présente ordonnance prendra le n° 14.

14. Les régimens de lanciers auront l'uniforme polonais ; les détails en seront ultérieurement réglés par une décision de notre ministre secrétaire d'Etat de la guerre, préalablement soumise à notre approbation.

15. Notre ministre au département de la guerre (duc de Dalmatie) est chargé, etc.

NOTE EXPLICATIVE DE L'ARTICLE 4.

Répartition du peloton hors rang.		Maîtres ouvriers.	Maréchaux-des-logis.	Brigadier fourrier d'état-major.	Brigadiers.	Cavaliers.
Bureau du major et du trésorier.	1 premier secrétaire.	"	1	"	"	"
	1 second secrétaire.	"	"	"	1	"
	2 secrétaires.	"	"	"	"	2
Bureau de l'habillement.	1 sous-officier chargé du magasin.	"	1	"	"	"
	1 secrétaire.	"	"	"	"	1
Comptabilité du petit état-major et du peloton hors rang.		"	"	1	"	"
Infirmerie des chevaux, et service des écuries.	1 sous-officier chargé des détails relatifs à l'éclairage et aux ustensiles des écuries.	"	1	"	"	"
	1 cavalier.	"	"	"	"	1
Escrime.	1 maître d'armes.	"	1	"	"	"
	2 prévôts.	"	"	"	2	"
Atelier du sellier.	1 maître sellier.	1	"	"	"	"
	1 premier ouvrier.	"	"	"	1	"
	6 ouvriers.	"	"	"	"	6
Ateliers de l'armurier.	1 maître armurier.	1	"	"	"	"
	2 ouvriers.	"	"	"	"	2

	Maîtres ouvriers.	Maréchaux-des-logis.	Brigadier fourrier d'état-major.	Brigadiers.	Cavaliers.
Atelier du tailleur. . . . { 1 maître tailleur.	1	«	«	«	»
1 premier ouvrier.	»	»	»	1	»
14 ouvriers.	»	»	»	«	14
Atelier du bottier. . . . { 1 maître bottier.	1	«	»	«	»
1 premier ouvrier	«	»	»	1	»
12 ouvrier.	«	»	»	«	12
	4	4	1	6	38

Ce chiffre 53 n'est pas invariable.   53

	LONGUEUR.			POIDS.	PORTÉES.
ARMEMENT.	pieds.	pouces.	lignes.	livres.	mètres.
Fusil. . . . . . { de dragons. . . .	4	5	0	9 1/4	170
{ d'artillerie. . . .	4	0	6	7 1/2	170
Mousqueton. . . . { Modèle an 9. . .	3	6	6	7	140
{ Modèle 1816. . .	2	8	6	5 1/4	134

19 FÉVRIER = 15 MARS 1831. — Ordonnance du roi qui ajourne l'exposition des produits de l'industrie, et annulle l'affectation de l'hôtel du quai d'Orsay au musée de l'industrie. (IX, Bull. O. L, n. 1277.)

Louis-Philippe, etc., sur le rapport de notre ministre secrétaire d'Etat au département de l'intérieur, ayant égard aux représentations qui nous sont parvenues au nom d'un très-grand nombre de manufacturiers, sur ce que les circonstances passagères qui ont suspendu beaucoup de travaux industriels laisseraient trop peu de temps, d'ici à la fin de la saison convenable de cette année, pour se préparer à une exposition des produits de l'industrie française, etc.

Art. 1er. L'exposition des produits de l'industrie, qui, aux termes de l'ordonnance royale du 13 janvier 1819, devait avoir lieu en 1851, est ajournée.

2. Dans le courant de cette année, les chambres de commerce et les chambres consultatives des manufactures du royaume seront invitées à donner leur avis sur l'époque la plus favorable pour l'ouverture de la prochaine exposition, et en même temps sur le maintien ou le changement de la période de quatre années assignée au

31.

retour des expositions par l'ordonnance du 13 janvier 1819.

3. L'ordonnance royale du 24 janvier 1830, portant que les constructions commencées sur le quai d'Orsay seraient reprises et adaptées à l'usage des expositions sous le nom de *Musée de l'industrie*, est rapportée. Notre ministre de l'intérieur nous proposera d'autres mesures pour assurer le local convenable aux expositions des produits de l'industrie.

4. Notre ministre de l'intérieur (M. Montalivet) est chargé, etc.

19 FÉVRIER = 21 MARS 1831. — Ordonnance du roi sur la création d'un conseil des travaux de la marine. (IX, Bull. O. LII, n. 1316.)

Louis-Philippe, etc., nous étant fait représenter l'ordonnance du 4 août 1824, qui a créé le conseil d'amirauté; considérant que ce conseil ne doit être appelé à délibérer que sur les questions de législation et de haute administration qui touchent aux différentes parties du service de la marine et des colonies, ainsi que sur les projets de lois, d'ordonnances ou de règlements qui peuvent être nécessaires pour assurer la marche de ce service; qu'il est, par conséquent, indispensable de confier à un conseil spécial l'examen préparatoire des plans, devis estimatifs et projets de détails relatifs aux travaux de tout genre à exécuter dans nos arsenaux maritimes, et qui doivent être soumis à l'approbation de notre ministre de la marine; vu l'arrêté du 18 pluviôse an 8 (7 février 1800) portant formation d'un conseil des travaux maritimes, et le décret du 29 mars 1811, qui avait pour objet la création d'un conseil de constructions navales; sur le rapport de notre ministre secrétaire d'Etat au département de la marine et des colonies, etc.

Art. 1er. Un conseil sera formé près du ministère de la marine sous le titre de *conseil des travaux de la marine*.

2. Ce conseil donnera son avis sur toutes les affaires qui lui seront renvoyées par le ministre de la marine, et qui auront pour objet: 1° l'examen des mémoires, rapports, plans, devis estimatifs, tarifs de main-d'œuvre et autres, relatifs aux constructions navales, au matériel de l'artillerie, aux ouvrages hydrauliques et bâtiments civils, et enfin tous les travaux à exécuter dans les arsenaux maritimes, ainsi que dans les autres établissements appartenant à la marine, tant en France que dans les colonies; 2° la préparation des règlements nécessaires pour l'exécution des travaux de tout genre qui se rapportent à la construction, à l'installation et à l'armement des bâtiments de l'Etat; 3° la rédaction des programmes à publier pour les concours qui devront être ouverts sur des questions relatives aux constructions navales, à l'artillerie de la marine ou aux constructions hydrauliques; 4° l'examen préparatoire des affaires destinées à être soumises à la commission mixte des travaux publics; 5° l'examen des devis de campagne remis par les commandants des bâtiments de l'Etat à leur retour en France; celui des mémoires et rapports adressés au ministre par les officiers de la marine, du génie maritime, de l'artillerie, et par les ingénieurs des constructions hydrauliques, sur des questions d'art relatives à ces diverses branches de service; 6° les propositions à faire sur les suites qu'il conviendra de donner à des systèmes nouveaux proposés par des inventeurs, et, en général, à tous les projets qui auraient pour but d'apporter des améliorations dans les constructions navales, l'artillerie de la marine et les travaux hydrauliques.

3. Le conseil des travaux de la marine sera présidé par un membre du conseil d'amirauté, et composé ainsi qu'il suit: l'inspecteur général des constructions navales; l'inspecteur du matériel de l'artillerie de la marine; l'inspecteur général et l'inspecteur divisionnaire des constructions hydrauli-

ques; deux capitaines de vaisseau; un directeur ou un ingénieur des constructions navales. Un ingénieur de la marine sera chargé des fonctions de secrétaire avec voix délibérative.

4. Toutes les fois que notre ministre de la marine le jugera nécessaire pour la plus prompte expédition des affaires, ou à raison de leur spécialité, il pourra adjoindre au conseil des travaux de la marine un ou plusieurs officiers supérieurs de la marine, du génie maritime, de l'artillerie et des constructions hydrauliques. Ces adjonctions ne seront d'ailleurs que temporaires, et dans aucun cas elles ne pourront dépasser la moitié du nombre des membres titulaires du conseil.

5. Les membres du conseil des travaux de la marine ne recevront, à ce titre, aucun autre traitement que celui que leur est assigné par les ordonnances et règlements en vigueur, soit en conséquence de leurs fonctions habituelles, soit à raison de leurs grades et de l'obligation de séjourner à Paris.

6. Notre ministre de la marine et des colonies (comte d'Argout) est chargé, etc.

---

19 FÉVRIER 1831. — Ordonnance qui approuve des demi-soldes, suppléments et pensions accordés à divers. (Bull. O. 82 *bis*, n. 3.)

19 FÉVRIER 1831. — Ordonnance qui admet les sieurs Azarow, Cooper, d'Aschen, Favre-Kœchlin, Gordon, Jonner, de Kormeliz, de Légien d'Acosta, Michaels, Plana et Volpini, à établir leur domicile en France. (Bull. O. 47, n. 1197.)

19 FÉVRIER 1831. — Ordonnances qui accordent des lettres de naturalité aux sieurs Bruchez, Gattenci, Hammerbacher, Mellano, Zizinia Stephano et Gesweiler. (Bull. O. 87, n. 2519 à 2523 et 3005.)

---

21 FÉVRIER 1831. — Ordonnances qui nomment M. le comte de Bondy préfet de la Seine, M. Odilon Barrot conseiller d'Etat en service ordinaire, M. Vivien préfet de police, et porte que M. Baude reprendra ses fonctions de conseiller d'Etat en service ordinaire. (Bull. O. 48, n. 1221, 1222 et 1223.)

---

22 FÉVRIER = 15 MARS 1831. — Ordonnance du roi portant réunion des corps royaux d'état-major des ingénieurs-géographes. (IX, Bull. O. L, n. 1278.)

Louis-Philippe, etc., vu les ordonnances du 26 mars et du 10 décembre 1826; sur le rapport de notre ministre secrétaire d'Etat au département de la guerre, etc.

Art. 1er. Le corps royal d'état-major et celui des ingénieurs-géographes sont réunis, et ne forment plus qu'un seul corps, sous la dénomination de *corps royal d'état-major*.

2. Le cadre des officiers titulaires du nou

veau corps est fixé à trente-trois colonels, trente-trois lieutenants-colonels, cent neuf chefs de bataillon, trois cent vingt-six capitaines.

3. Tous les droits acquis aux officiers du corps royal des ingénieurs-géographes sont conservés. Les lieutenants ingénieurs-géographes et les sous-lieutenants faisant fonctions de lieutenant, existant à ce jour, feront partie du corps royal d'état-major. Jusqu'à ce que les officiers composant aujourd'hui le corps des ingénieurs-géographes aient obtenu un nouveau grade, ils concourront entre eux, pour l'avancement, dans la proportion relative où ils sont avec les officiers d'état-major. Le neuvième des places vacantes leur sera, en conséquence, dévolu, suivant l'ordre des tours de remplacement établi en exécution de la loi du 10 mars 1818. Les ingénieurs qui auront été promus à un grade supérieur à celui qu'ils ont actuellement, concourront, pour leur avancement ultérieur, avec les officiers d'état-major.

4. La situation actuelle du corps d'état-major présentant un nombre d'officiers qui excède le cadre fixé par l'art. 2 de la présente ordonnance, il ne sera fait qu'une nomination pour deux vacances d'emploi, jusqu'à ce que ce corps soit rentré dans la limite du cadre ci-dessus.

5. Les dispositions des ordonnances antérieures, contraires à celles qui précèdent, sont et demeurent abrogées.

6. Notre ministre de la guerre (duc de Dalmatie) est chargé, etc.

24 FÉVRIER = 15 MARS 1831. — Ordonnance du roi portant abrogation des arrêtés coloniaux qui ont restreint, à l'égard des personnes de couleur libres, la jouissance des droits civils (1). (IX, Bull. O. L, n. 1279.)

Voy. ordonnance du 7 septembre 1830.

Louis-Philippe, etc., considérant qu'il est nécessaire de rétablir au plus tôt les personnes de couleur libres dans la jouissance entière des droits civils, en attendant la confection des lois par lesquelles les colonies doivent être régies en vertu de l'art. 64 de la Charte; sur le rapport de notre ministre de la marine et des colonies, etc.

Art. 1er. Sont et demeurent abrogées, en ce qui concerne les dispositions qui ont restreint, à l'égard des personnes de couleur libres, la jouissance des droits civils, les arrêtés coloniaux portant promulgation du Code civil à la Martinique, à la Guadeloupe, à la Guiane française et à l'île Bourbon. Sont également abrogées les restrictions portées aux art. 51 et 53 de l'édit du mois de décembre 1723, relatif à l'île Bourbon, et la déclaration du 5 février 1726, concernant la Martinique et la Guadeloupe (2).

(1) RAPPORT AU ROI.

Sire, les hommes de couleur libres étaient soumis, dans nos colonies, à une législation restreinte, dont les esprits éclairés appelaient depuis longtemps la réforme.

Votre Majesté a déjà fait cesser un grand nombre de restrictions qui, d'après leur nature, pouvaient être abrogées par des actes locaux; mais il en subsiste encore plusieurs qui se rapportent à l'exercice des droits civils les plus importants.

Dans les quatre colonies de la Martinique, de la Guadeloupe, de Cayenne et de Bourbon, les donations ou legs faits par un blanc à un individu de couleur, sont déclarés de nul effet. A Bourbon, seulement, la prohibition est, en outre, applicable aux donations et legs faits par des individus de couleur en faveur des blancs.

Les articles du Code civil relatifs au mariage et à l'adoption, à la reconnaissance des enfants naturels dans la succession de leurs pères et mères, aux tutelles officieuses ou datives, ne sont exécutoires que des blancs aux blancs entre eux, et des affranchis entre eux. Ainsi le mariage ne peut être contracté que de blanc à blanc, d'individu de couleur à individu de couleur.

L'enfant issu d'un père blanc et d'une mère noire ou de couleur, ne peut être reconnu par son père, ni participer à sa succession.

L'adoption n'est permise qu'entre personnes de même classe; les blancs peuvent seuls adopter des enfants blancs ou en être tuteurs. A la Martinique et à la Guadeloupe, les blancs ne peuvent être tuteurs d'enfants de couleur; mais cette prohibition n'existe point ailleurs: à Cayenne, la tutelle pure et simple d'un enfant de couleur peut être déférée à un blanc.

Ces restrictions résultent des arrêtés par lesquels les administrateurs des quatre colonies y ont ordonné la mise en vigueur du Code civil, moins les exceptions dont je viens de parler: un projet de loi qui devait en amener l'abrogation avait été préparé et devait être présenté aux Chambres: mais, dans l'état actuel des choses, il n'y a pas à espérer que ce projet de loi puisse être discuté dans la présente session.

Au surplus, lorsqu'il s'agit d'un bienfait réel et d'un acte de justice, le roi me paraît d'autant plus fondé à y pourvoir par voie d'ordonnance, que les restrictions ci-dessus énoncées ont été prononcées contrairement à l'esprit et à la lettre du Code noir.

A la prochaine session, une loi consacrera ces dispositions, en même temps qu'elle déterminera les droits politiques dont les personnes libres seront indistinctement appelées à jouir.

Par ces considérations, j'ai l'honneur de proposer à Votre Majesté le projet d'ordonnance ci-joint.

(2) Le Code civil a été publié à la Martinique le 16 brumaire an 14; à l'île Bourbon, le 25 vendémiaire an 14; à la Guadeloupe, le 7 brumaire an 14; à la Guiane, le 1er vendémiaire an 14.

2. Notre ministre de la marine et des colonies (M. d'Argout) est chargé, etc.

25 FÉVRIER 1831. — Ordonnances qui autorisent l'acceptation de dons et legs faits à divers pauvres et communes. (Bull. O. 62 et 63, n. 1587 et 1611.)

26 FÉVRIER—21 MARS 1831. — Ordonnance du roi relative à la révision des pensions des grands fonctionnaires, accordées depuis le 1er janvier 1828. (IX, Bull. O. LII, n. 1312.)

Voy. *suprà*, loi du 29 janvier 1831, art. 16.

Louis-Philippe, etc., vu la loi du 29 janvier 1831, pour le règlement définitif du budget de 1828, portant (art. 16) que les pensions accordées depuis le 1er janvier de ladite année, en exécution de la loi du 11 septembre 1807, seront révisées dans le délai de six mois ; sur le rapport de notre ministre secrétaire d'Etat des finances, etc.

Art. 1er. Sont nommés membres de la commission que nous chargeons de procéder à la révision prescrite par l'art. 16 de la loi du 29 janvier 1831 : MM. le duc de Choiseul, Pair de France, président ; Boissy-d'Anglas, Béranger, membres de la Chambre des Députés ; le comte Béranger, de Brevannes, conseillers d'Etat ; Dutilleul, maître des comptes, et de Bourlon, auditeur de première classe au conseil d'Etat, secrétaire. Le résultat des opérations relatives à cette révision nous sera présenté par notre ministre des finances.

2. A partir de la promulgation de notre ordonnance, les titulaires des pensions accordées depuis le 1er janvier 1828, en exécution de la loi du 11 septembre 1807, devront, dans le délai de quatre mois, produire à la commission de révision, par l'intermédiaire de notre ministre des finances, les titres et documents tendant à établir que leurs pensions ont été concédées à la distinction des services et à l'insuffisance de la fortune.

3. Notre ministre des finances (M. Laffitte) est chargé, etc.

26 FÉVRIER 1831. — Ordonnance relative aux octrois de diverses communes. (Bull. O. 52, n. 1319.)

26 FÉVRIER 1831. — Ordonnance qui nomme MM. Genty de Bussy et Jard-Panvillers membres de la commission de Saint-Domingue. (Bull. O. 54, n. 1395.)

26 FÉVRIER 1831. — Ordonnances autorisant délivrance, délimitation, emménagement et vente de bois dans plusieurs communes. (Bull. O. 54, n. 1396 et suiv.; Bull. O. 57, n. 1433 à 1435, et Bull. O. 59, n. 1498.)

27 FÉVRIER 1831. — Ordonnance qui autorise la ville de Saintes à transférer dans son collége communal les deux bourses entières qu'elle entretient au collége royal de Poitiers. (Bull. O. 57, n. 1442.)

27 FÉVRIER 1831. — Ordonnances qui autorisent l'acceptation de dons et legs faits à des séminaires et fabriques de diverses communes. (Bull. O. 76, n. 2082, et 77, n. 2094 et suiv.)

27 FÉVRIER 1831. — Ordonnance qui rejette les legs faits aux séminaires de Cahors et de Lyon, et à l'école secondaire ecclésiastique d'Izeure. (Bull. O., 77, n. 2107 et suiv.)

28 FÉVRIER — 10 MARS 1831. — Ordonnance du roi qui prescrit la formation, dans les départements maritimes, de compagnies d'artillerie tirées de la garde nationale et destinées au service des batteries des côtes. (IX, Bull. O. XLVIII, n. 1216.)

Louis-Philippe, etc.

Dispositions générales.

Art. 1er. Il sera formé dans tous les départements maritimes des compagnies d'artillerie tirées de la garde nationale des cantons dont se compose le littoral de ces départements, ou des cantons les plus voisins.

2. Ces compagnies seront destinées à la construction et au service des batteries de côte. Elles seront particulièrement exercées à la manœuvre des pièces d'artillerie de côte, et, au besoin, à celle de l'artillerie de campagne.

3. Le nombre de compagnies d'artillerie à organiser dans les cantons littoraux de chaque département maritime, en exécution de la présente ordonnance, demeure fixé conformément au tableau ci-joint.

Organisation.

4. Le complet de chaque compagnie d'artillerie de garde nationale des côtes ne pourra excéder cent hommes, et devra, autant que possible, être de cinquante. La composition en officiers et sous-officiers, brigadiers et trompettes, est fixée ainsi qu'il suit :

· *Compagnies de cinquante et au-dessous.*

Capitaine, 1 ; lieutenant, 1 ; maréchal-des-logis chef, 1 ; maréchaux-des-logis, 4 ; brigadiers, 8 ; trompette, 1.

Compagies au-dessus de cinquante et au maximum de cent.

Capitaine, 1 ; lieutenant en premier, 1 ; lieutenant en second, 1 ; maréchal-des-logis chef, 1 ; maréchaux-des-logis, 6 à 8 ; brigadiers, 12 à 16 ; trompette 1 à 2.

5. Aussitôt la promulgation de la présente ordonnance, le préfet civil, le préfet maritime et le directeur d'artillerie de la direc-

tion, d'où ressort chaque département, se concerteront : 1° pour déterminer les communes du littoral qui devront fournir le nombre des compagnies d'artillerie de garde nationale des côtes fixé au tableau ci-joint ; 2° pour régler quelles communes du même canton seront appelées à former une seule et même compagnie ; 5° pour fixer de la manière la plus conforme aux ressources locales le complet de cette compagnie. Ces dispositions préparatoires devront être terminées le 5 avril prochain.

Mode d'admission.

6. Il sera formé, d'après les instructions et à la diligence du préfet, dans chacun des cantons appelés à organiser une compagnie d'artillerie de garde nationale des côtes une commission d'admission, composée : du maire du chef-lieu du canton, président: des maires des diverses communes appelées à former une même compagnie ; d'un nombre égal d'officiers ou sous-officiers désignés par le sous-préfet et pris dans le canton, soit parmi d'anciens artilleurs de terre ou de mer faisant partie de la garde nationale, soit à défaut, parmi des officiers ou sous-officiers de la garde nationale, et, si elle n'est point encore organisée, parmi des citoyens susceptibles d'en faire partie.

7. La commission de chaque canton procédera, d'après les règles ci-après, à l'admission des citoyens appelés à faire partie de la compagnie d'artillerie de la garde nationale des côtes. Nul ne pourra être admis comme artilleur de la garde nationale des côtes : 1° s'il n'est Français, ou naturalisé Français ; 2° s'il a moins de dix-huit ans, ou s'il est âgé de plus de trente-cinq ans ; 3° s'il n'est imposé, ou ses père et mère, à la contribution personnelle ; 4° s'il ne justifie pas de son domicile réel dans l'une des communes du canton appelées à former la compagnie dont il demande à faire partie ; 5° s'il ne réunit point les qualités jugées nécessaires au service spécial de la construction des batteries et de manœuvres de l'artillerie des côtes.

8. Parmi les citoyens qui se présenteront pour faire partie des compagnies d'artillerie de la garde nationale des côtes, la commission d'admission accordera la préférence à ceux qui justifieront avoir appartenu aux artilleries de terre ou de mer.

9. Les compagnies d'artillerie de la garde nationale des côtes ne seront pas comprises dans la formation des bataillons de garde nationale; mais elles ne cesseront pas néanmoins d'être sous les ordres du commandant de la garde communale ou cantonnales.

Élections.

10. Aussitôt après la désignation des citoyens appelés à former la compagnie d'artillerie de la garde nationale des côtes, le maire du chef-lieu du canton les convoquera à la municipalité, afin qu'il soit procédé par eux, en sa présence, à l'élection : du capitaine, du lieutenant en premier, du lieutenant en second. Ces officiers pourront être élus parmi les citoyens déjà désignés pour faire partie de la compagnie, ou parmi d'anciens artilleurs de terre ou de mer domiciliés dans le canton, pris en dehors de la compagnie. Ils seront élus au scrutin individuel et secret, et à la majorité absolue des suffrages.

11. Dans la même séance, on procédera à l'élection : du maréchal-des-logis chef, des maréchaux-des-logis, des brigadiers. Les sous-officiers, comme les officiers, pourront être élus parmi les citoyens déjà désignés pour faire partie de la compagnie, ou parmi d'anciens artilleurs de terre ou de mer pris en dehors de la compagnie, conformément au second paragraphe de l'art. 10. Ils seront élus au scrutin individuel et secret, et à la majorité relative des suffrages.

Instruction.

12. Il sera détaché des treize compagnies de canonniers garde-côtes sédentaires actuellement existantes, le nombre d'anciens artilleurs nécessaire à l'instruction de chacune des compagnies de nouvelle formation.

Armement, habillement et équipement.

13. Notre ministre de la guerre mettra immédiatement à la disposition de notre ministre de l'intérieur les armes nécessaires à chaque compagnie d'artillerie de la garde nationale des côtes.

14. Tout officier, sous-officier ou brigadier de l'artillerie de la garde nationale des côtes qui ne pourra se pourvoir, à ses frais, des objets d'habillement et de grand équipement, les recevra par l'entremise du ministre de l'intérieur aux frais du département de la guerre. Toutefois, ces fournitures ne seront remises aux artilleurs de la garde nationale des côtes que pour le service spécial des batteries, les manœuvres en grand ou les revues : hors de là, les objets d'habillement, de grand équipement et les armes, seront, par les soins des officiers de ces compagnies, déposés à la maison commune, sous la responsabilité du maire.

15. Une ordonnance spéciale réglera l'uniforme de l'artillerie de la garde nationale des côtes.

Solde en cas de service actif.

16. Il sera alloué aux compagnies d'artillerie de la garde nationale des côtes, à titre de solde ou indemnité, aux frais du département de la guerre, pour chaque journée de rassemblement, soit pour le service ou les travaux des batteries, soit pour l'exercice et les manœuvres : aux capitaines, 5 fr. ; aux lieutenants, 3 fr. 50 c. ; aux maréchaux-des-logis, 1 fr. 50 c. ; aux brigadiers, 1 fr. ; aux canonniers, 75 c. ; aux trompettes, 80 c.

17. En cas de service permanent aux batteries pour la défense active des côtes, les compagnies d'artillerie de la garde nationale seront traitées comme les compagnies de canonniers sédentaires de la ligne.

18. Nos ministres de l'intérieur et de la guerre (MM. Montalivet et le duc de Dalmatie) sont chargés, etc.

Etat des compagnies d'artillerie de gardes nationales des côtes à organiser dans les départements maritimes.

Nord, 1 ; Pas-de-Calais, 2 ; Somme, 1 ; Seine-Inférieure, 4 ; Calvados, 5 ; Manche, 5 ; Ille-et-Vilaine, 1 ; Côtes-du-Nord, 3 ; Finistère, 5 ; Morbihan, 5 ; Loire-Inférieure, 4 ; Vendée, 4 ; Charente-Inférieure, 4 ; Gironde, 4 ; Landes, 1 ; Pyrénées (Basses-), 1 ; Pyrénées-Orientales, 1 ; Aude, 1 ; Hérault, 1 ; Bouches-du-Rhône, 1 ; Var, 9 ; Corse, 1 ; 60.

---

28 FÉVRIER = 15 MARS 1831. — Ordonnance du roi concernant la commission des récompenses nationales. (IX, Bull. O. L, n. 1280.)

Louis-Philippe, etc., sur le rapport de notre ministre secrétaire d'Etat au département de l'intérieur ; vu l'ordonnance du 26 août 1830 et la loi du 13 décembre même année, etc.

Art. 1ᵉʳ. Le sieur Grau de Saint-Vincent, chef de bataillon (5ᵉ légion), est nommé commissaire du gouvernement près la commission des récompenses nationales.

2. Toutes propositions et désignations, de quelque nature qu'elles soient, dont la loi du 13 décembre 1830 attribue l'initiative à la commission des récompenses nationales, seront soumises à notre approbation par notre ministre secrétaire d'Etat au département de l'intérieur.

3. Notre ministre secrétaire d'Etat de l'intérieur présentera également à notre approbation, dans le plus bref délai, les récompenses nationales qu'il peut y avoir lieu d'accorder en vertu de l'art. 14 de la loi du 13 décembre, aux communes de France auxquelles sont rendues applicables les bienfaits de cette loi. Il prendra des mesures pour que toutes les dispositions relatives à l'exécution de la loi du 13 décembre soient terminées au plus tard le 15 mai prochain.

4. Notre ministre de l'intérieur (M. Montalivet) est chargé, etc.

---

28 FÉVRIER = 15 MARS 1831. — Ordonnance du roi portant que toute proposition de travaux publics concernant les routes et canaux devra être l'objet d'une enquête préalable. (IX, Bull. O. L, n. 1272.)

Louis-Philippe, etc., vu l'art. 8 de l'ordonnance du 10 mai 1829 ; sur le rapport de notre ministre secrétaire d'Etat au département de l'intérieur, etc.

Art. 1ᵉʳ. A l'avenir, toute proposition d'ouvrir une route ou un canal, de perfectionner ou de créer la navigation d'un fleuve ou d'une rivière, de construire un chemin de fer, devra être l'objet d'une enquête préalable dans les formes ci-après déterminées.

2. L'enquête s'ouvrira sur un simple avant-projet où l'on fera connaître le tracé général de la ligne des travaux, les dispositions principales des ouvrages les plus importants, et l'appréciation sommaire des dépenses. A cet avant-projet sera joint le tarif des droits dont le produit serait destiné à couvrir les frais de l'entreprise, si elle devait être l'objet d'une concession à une compagnie.

3. Il sera formé au chef-lieu de chacun des départements que la ligne des travaux devra traverser, une commission de neuf membres au moins et de treize au plus, pris parmi les principaux propriétaires de terres, de bois, de mines, parmi les négociants et armateurs et les chefs d'établissements industriels. Cette commission sera présidée par un membre du conseil général du département.

4. Des registres resteront ouverts pendant un mois au moins et quatre mois au plus au chef-lieu de chacun des départements et des arrondissements que la ligne des travaux devra traverser, pour recevoir les observations auxquelles l'avant-projet pourra donner lieu. La durée de l'ouverture des registres sera déterminée entre ces limites, pour chaque cas particulier par le directeur général des ponts et chaussées.

5. A l'expiration du délai qui sera fixé en vertu de l'article précédent, la commission, formée ainsi qu'il est dit à l'art. 3, se réunira sur-le-champ : elle examinera

les déclarations consignées aux registres de l'enquête; elle entendra les ingénieurs des ponts et chaussées et des mines, employés dans le département : et, après avoir recueilli auprès de toutes autres personnes qu'elle jugerait utile de consulter, les renseignements dont elle croira avoir besoin, elle donnera ses conclusions motivées. Ces diverses opérations devront être terminées dans un nouveau délai d'un mois.

6. Le procès-verbal de l'enquête sera clos immédiatement. Le président de la commission le transmettra sur-le-champ au préfet, qui l'adressera, avec son avis, au directeur général des ponts et chaussées, dans les quinze jours qui suivront la clôture du procès-verbal.

7. Les chambres de commerce (et là où il n'y aura pas de chambre de commerce, les chambres consultatives et les tribunaux du commerce) des villes intéressées à l'exécution des travaux seront appelées à délibérer et à exprimer leur opinion sur l'utilité et la convenance de l'opération. Les procès-verbaux de leurs délibérations devront être remis au préfet avant l'expiration du délai fixé dans l'art. 5.

8. Si l'enquête est encore ouverte, ou si, l'enquête étant fermée, la décision du gouvernement n'était point encore arrêtée à l'époque de la tenue des conseils généraux de département et des conseils d'arrondissement, ces conseils seront également appelés à exprimer leur opinion sur les avantages ou les inconvénients de l'entreprise projetée.

9. Lorsqu'une compagnie sera autorisée à entreprendre à ses frais, risques et périls, l'une des entreprises spécifiées à l'art. 1er, et que, pour prix de ses avances, elle recevra la concession à perpétuité des produits, elle aura le libre choix de ses agents et de ses moyens d'exécution; il ne lui sera tracé qu'un simple programme qui définira le système et les dimensions générales du canal, de la navigation ou du chemin de fer. Le cahier de charges contiendra en outre les conditions qu'il serait utile ou nécessaire d'imposer dans les intérêts publics ou dans ceux des tiers. La surveillance de l'administration ne s'appliquera qu'aux conditions générales de l'entreprise, telles qu'elles auront été stipulées dans le programme des travaux et dans le cahier des charges. Toutefois, les dispositions du paragraphe précédent seront sujettes aux exceptions énoncées dans l'article qui va suivre.

10. Si la ligne des ouvrages doit traverser la zone de défense, l'avant-projet soumis à l'enquête, ainsi que la partie du cahier de charges relative aux travaux qui seraient situés dans ladite zone, sera également soumis, avant toute concession, aux formalités prescrites par les ordonnances des 18 septembre 1816 et 28 décembre 1828 pour les travaux mixtes. Les dispositions spéciales des ouvrages situés dans l'étendue de la zone de défense seront nécessairement concertées, avant toute entreprise, entre les départements de la guerre et de l'intérieur, conformément auxdites ordonnances. Parmi ces ouvrages, ceux qui seraient situés dans le rayon des places et dans la zone des servitudes, et qui, aux termes des règlements actuels, devraient être exécutés par les officiers du génie militaire, le seront par les agents des compagnies concessionnaires; mais sous le contrôle et la surveillance de ces officiers, et conformément aux projets particuliers qui auront été préalablement approuvés par les ministres de la guerre et de l'intérieur. La même faculté pourra être accordée par exception pour les travaux sur le terrain militaire occupé par les fortifications, toutes les fois que le ministre de la guerre jugera qu'il n'en pourra résulter aucun inconvénient pour la défense.

11. Les formalités d'enquête ci-dessus déterminées ne seront point appliquées aux projets de canaux déjà remis à l'administration, et qui ont été ou qui sont en ce moment l'objet d'une instruction particulière.

12. Notre ministre au département de l'intérieur et notre ministre au département de la guerre (MM. Montalivet et duc de Dalmatie) sont chargés, etc.

---

28 FÉVRIER = 22 MARS 1831. — Ordonnance du roi portant que les gardes-digues du Rhin seront remplacés par des piqueurs des ponts et chaussées. (IX, Bull. O. LIII, n. 1347.)

Louis-Philippe, etc., sur le rapport de notre ministre secrétaire d'État au département de l'intérieur, etc.

Art. 1er. Les gardes-digues du Rhin, institués par le décret du 14 novembre 1807 sont et demeurent supprimés: ils seront remplacés par des piqueurs des ponts et chaussées.

2. Notre ministre de l'intérieur (M. Montalivet) est chargé, etc.

---

28 FÉVRIER = 18 JUIN 1831. — Ordonnance du roi qui approuve une délibération prise par les actionnaires de la société anonyme de la papeterie mécanique d'Écharçon. (IX, Bull. O. LXXX bis, n. 2.)

Louis-Philippe, etc., sur le rapport de notre ministre de l'intérieur; vu l'ordonnance royale du 28 décembre 1825, qui a autorisé la société anonyme de la papeterie mécanique d'Echarçon; notre conseil d'Etat entendu , etc.

Art. 1er. La délibération prise à l'unanimité par les actionnaires de la société anonyme de la papeterie mécanique d'Echarçon, à l'effet de convertir en douze cents actions de deux mille cinq cents francs chacune les trois cents actions de dix mille francs du fonds social, est approuvée telle qu'elle est contenue en l'acte passé les 10 et 11 février 1831, par-devant Me Thifaine Desauneaux et son collègue, notaires à Paris. Ledit acte restera annexé à la présente ordonnance.

2. Notre ministre de l'intérieur (M. Montalivet) est chargé, etc.

28 février 1831. — Ordonnance relative à la création d'un péage au pont suspendu sur la Saône entre Neuville et Villever. (Bull. O. 53, n. 1349.)

28 février 1831. — Ordonnance qui fixe le jour de réunion des cinq colléges électoraux convoqués par l'ordonnance du 1er février. (Bull. O. 48, n. 1184.)

28 février 1831. — Ordonnance qui autorise le sieur Millet à ajouter à son nom celui de Joseph. (Bull. O. 59, n. 1508.)

28 février 1831. — Ordonnance qui accorde une pension à un ex-sous-préfet. (Bull. O. 58 bis, n. 1.)

28 février 1831. — Ordonnances qui accordent des lettres de naturalité aux sieurs Milne Edward, Sciama, Teulié, Balthazard et Busckardt. (Bull. O. 87 et 91, n. 2526 et 2663.)

28 février 1831. — Ordonnance qui admet les sieurs Aicardi , Dorflinger, Galleanao, Grotzer, Haussler, Josenhanse, Raufoz, Robert, Schaudenecker, Schuh , Schuhe et Wolf à établir leur domicile en France. (Bull. O. 59, n. 1509.)

28 février 1831. — Ordonnance portant concession des minerais de fer du Treuil , la Roche et du Gros , arrondissement de Saint - Etienne. (Bull. O. 73, n. 1936.)

28 février 1831. — Ordonnance qui règle la hauteur de la retenue des eaux du ruisseau de la Bonde , commune de Champvans, pour le service des deux lavoirs à bras. (Bull. O. 73, n. 1938.)

28 février 1831. — Ordonnance qui fixe les limites de la concession sud des mines de houille de Fréjus. (Bull. O. 73, n. 1939.)

28 février 1831. — Ordonnance portant concession des mines de houille des communes d'Aubin et de Cransac. (Bull. O. 73, n. 1940.)

28 février 1831. — Ordonnance qui autorise l'établissement et la conservation d'usines dans diverses communes. (Bull. O. 73, n. 1941.)

28 février 1831. — Ordonnance qui autorise les propriétaires des terrains exposés aux inondations à former une société sous le nom d'association de la vallée de Lizé et de Bouzillé. (Bull. O. 73, n. 1751.)

28 février 1831. — Ordonnance qui autorise la fabrique de l'église de Franqueville à rentrer en possession d'une rente dont jouit maintenant la fabrique de Notre-Dame. (Bull. O. 77, n. 2113.)

28 février 1831. — Ordonnances qui autorisent l'acceptation de legs faits à des communes, pauvres et hospices. ;Bull. O. 64, 65 et 66, n. 1621, 1630, 1662 et suiv., 1674 et suiv.)

28 février 1831. — Ordonnance qui autorise la fabrique de l'église de Méhun à employer 5,283 fr. en achat d'ornements et en réparation de ladite église, etc. (Bull. O. 77, n. 2114.)

28 février 1831. — Ordonnance qui approuve l'acquisition d'une maison et la vente de l'ancien presbytère faite par la fabrique de l'église Saint-Germain à Rennes. (Bull. O. 79, n. 2132.)

28 février 1831. — Ordonnance qui autorise la chapelle dépendante de l'habitation des sieur et dame Néant au hameau du Bas-Morain (Nièvre). (Bull. O. 79, n. 2132.)

28 février 1831. — Ordonnance qui érige en succursale la commune de Villing. (Bull. O. 79, n. 2133.)

28 février 1831. — Ordonnance qui rapporte le décret du 4 pluviôse an 13, portant que le culte public sera exercé dans la chapelle de Bischemberg , département du Bas-Rhin. (Bull. O. 79, n. 2134.)

28 février 1831. — Tableau du prix des grains pour servir de régulateur aux droits d'importation et d'exportation. (Bull. O. 46 , n. 1157.)

1er MARS = 15 AVRIL 1831. — Ordonnance du roi qui supprime , dans les colonies françaises la taxe administrative pour affranchissement (1). (IX, Bull. O. LIX, n. 1496.)

(1)   RAPPORT AU ROI.

Sire , des décisions locales ont , dans nos colonies , soumis à une taxe au profit des caisses coloniales, l'acte de l'autorité administrative par lequel la concession de la liberté à un esclave est rendue légale.

Cette taxe qui , dans quelques colonies, s'est élevée jusqu'à 1,500 fr. , a souvent porté les colons à s'abstenir de solliciter la confirmation des libertés par eux données , et indépendamment desquelles ils doivent assurer aux affranchis des moyens d'existence.

C'est une des causes qui ont rendu si nombreuse cette classe des libres de fait, dont l'état social n'a point été fixé.

D'un autre côté, l'intention du gouvernement étant de ne mettre désormais , en ce qui le concerne , aucun obstacle à ce que les maîtres confèrent à leurs esclaves le don de la liberté, il convient, dans cette vue, de lever au plus tôt l'empêchement qui résulte de la taxe dont il s'agit.

J'ai l'honneur de soumettre à Votre Majesté un projet d'ordonnance royale rédigée en ce sens, etc.

Louis-Philippe, etc., sur le rapport de notre ministre de la marine, etc.

Art. 1er. A compter de la publication de la présente ordonnance, il ne sera perçu dans nos colonies aucune taxe administrative pour affranchissement.

2. Notre ministre de la marine (comte d'Argout) est chargé, etc.

1er MARS = 15 AVRIL 1831. — Ordonnance du roi sur les frais de passage des personnes qui se rendent dans les possessions d'outre-mer. (IX, Bull. O. LIX, n. 1497.)

Louis-Philippe, etc., sur le rapport de notre ministre de la marine, etc.

Art. 1er. Il ne sera accordé de passage aux frais de l'Etat qu'aux personnes seulement dans les circonstances indiquées par les articles suivants.

Service de la marine.

2. Obtiendront des passages sur les bâtiments du roi, et, à défaut, sur les bâtiments du commerce, savoir : les officiers militaires et civils et les divers agents du service de la marine qui seront chargés de *missions* à l'extérieur; ceux qui auront ordre de se rendre à bord des bâtiments de l'Etat, ou qui seront débarqués de ces bâtiments pendant le cours des campagnes ; les créoles des colonies françaises attachés au service de la marine en France, qui, licenciés ou mis à la retraite, retourneraient dans les six mois aux colonies ; les gens de mer et tous autres individus à *rapatrier*, soit qu'ils appartiennent à l'inscription maritime, soit qu'ils appartiennent au service de la marine, sauf, en ce qui concerne les naufragés du commerce, le recours sur le produit des débris du navire et sur le montant du fret. (*Ordonnance de 1681, Code de commerce, arrêté du 5 germinal an 12*). Les passages mentionnés au présent article seront imputés sur les fonds du service de la marine.

Service des colonies.

3. Il sera également accordé des passages sur les bâtiments du roi, et, à défaut, sur les bâtiments du commerce : aux fonctionnaires et aux divers agents du service des colonies qui se rendront *par ordre*, ou de France aux colonies et réciproquement, ou d'un établissement colonial à l'autre; à leurs femmes et à leurs enfants qui les accompagneront, ou qui partiront pour les rejoindre dans un délai d'un an ; aux mêmes fonctionnaires et agents licenciés ou mis à la retraite, à leurs femmes et à leurs enfants voyageant avec eux, ou qui s'embarqueront dans le délai d'une année pour les rejoindre ; aux veuves et aux enfants des mêmes fonctionnaires et agents décédés en activité dans les colonies, si leur départ a lieu dans l'année qui suivra le décès du chef de famille.

4. En cas de congé pour des motifs de santé suffisamment justifiés, ou en cas de congé de semestre, le passage sera alloué pour les deux traversées d'aller et de retour. Les congés motivés sur des affaires personnelles ne comporteront aucune allocation de frais de passage.

5. La concession relative aux femmes et aux enfants des fonctionnaires et agents du service des colonies étant bornée à deux traversées, celle d'aller et de retour, cette concession sera épuisée lorsque les fonctionnaires de tout rang auront été accompagnés ou suivis de leur famille dans leurs congés de convalescence. Tous les passages ultérieurs des femmes et des enfants desdits fonctionnaires resteront à leur compte personnel.

6. Il sera accordé passage aux créoles venant en France pour y profiter des bourses qu'ils auront obtenues dans les collèges royaux, ou dans les maisons de la Légiond'Honneur. Le passage pour retourner aux colonies leur sera de même accordé, s'ils s'embarquent à cet effet dans l'année qui suivra leur sortie desdits établissements publics.

7. Les colons dépourvus de ressources pourront être rapatriés, mais à la simple ration, sur les bâtiments de l'Etat ou sur ceux du commerce.

8. Les passages indiqués dans les art. 3, 4 et 5, seront imputés sur les fonds du chapitre XI (*budget de la marine et des colonies*), ou sur les fonds coloniaux, suivant le classement de la solde attribuée aux fonctionnaires et agents respectifs. Les passages désignés dans les art. 6 et 7 seront payés sur les fonds coloniaux.

Services étrangers à la marine et aux colonies.

9. Il sera accordé passage sur les bâtiments du roi aux fonctionnaires des autres départements ministériels, mais à condition que, pour le départ de France, le passage aura toujours été préalablement demandé par le ministre ou le chef du service desdits fonctionnaires. La même demande préalable sera exigée dans les ports étrangers, toutes les fois qu'il s'y trouvera à poste fixe des agents du service auquel les fonctionnaires appartiendront. Dans tous les cas, le département de la marine sera remboursé directement, par les départements respec-

tifs, des frais qu'il aura faits pour le passage desdits fonctionnaires et agents, même lorsque, l'embarquement s'étant effectué à l'extérieur, il n'aura pu être fait de demande préalable. Les Français étrangers à tout service public et dépourvus de ressources pourront être rapatriés par les bâtiments du roi, sauf remboursement direct du ministère de l'intérieur.

Dispositions relatives aux passages sur les bâtiments de l'Etat.

10. Il ne sera plus accordé de passage sur les bâtiments de l'Etat aux particuliers voyageant par des motifs quelconques d'intérêt privé, lors même qu'ils proposeraient de rembourser au trésor le montant des allocations réglementaires. Dans le cas, toutefois, où une exception serait jugée utile, elle ne pourrait avoir lieu qu'en vertu d'une décision du roi. Tout passage du même genre avec engagement de se nourrir en nature est formellement interdit.

11. Il ne sera rien alloué aux commandants et officiers desdits bâtiments pour les enfants au-dessous de cinq ans. Pour ceux de cinq à seize ans, l'allocation ne leur sera payée qu'à raison de la moitié des fixations réglementaires.

12. Les décomptes des frais de passage seront exclusivement établis par l'administration et ordonnancés avec le traitement de table. Tous paiements directs et manuels des passagers sont défendus.

13. Le tarif sera toujours communiqué aux passagers des services étrangers à la marine.

14. Aucun paiement ne sera expédié pour les passagers à la table des commandants, avant qu'on ait reçu une décision du ministre qui en fixe la quotité.

15. Les passagers ne pourront embarquer d'autres provisions que des provisions de santé, et ils seront prévenus que cette dépense ne pourra atténuer les prix réglementaires de leur passage.

16. Toutes les fois que les bagages de chaque passager excéderont mille kilogrammes, les commandants exigeront pour les recevoir l'autorisation écrite du préfet ou du chef maritime en France : dans les colonies, celle du gouverneur, et, dans les ports étrangers, celle du consul ou du vice-consul de France.

17. Nos ministres sont chargés, etc. (1).

1er MARS = 22 AVRIL 1831. — Ordonnance du roi portant réorganisation du corps de la marine. (IX, Bull. O. LXII, n. 1581.)

Louis-Philippe, etc.

TITRE Ier. *Composition du corps de la marine.*

Art. 1er. Le corps des officiers de notre marine sera composé ainsi qu'il suit :

3 Amiraux ;
10 Vice-amiraux ;
20 Contre-amiraux ;
70 Capitaines de $\left\{ \begin{array}{l} 28 \text{ de } 1^{re} \text{ classe ;} \\ 42 \text{ de } 2^e \text{ classe.} \end{array} \right.$ vaisseau.
70 Capitaines de frégate ;
90 Capitaines de corvette ;
450 Lieutenants de vaisseau ;
550 Lieutenants de frégate ;
500 Elèves. . . . . $\left\{ \begin{array}{l} 200 \text{ de } 1^{re} \text{ classe ;} \\ 100 \text{ de } 2^e \text{ classe.} \end{array} \right.$

2. Indépendamment du cadre d'activité établi par l'article ci-dessus, il sera formé un cadre de réserve pour les officiers-généraux.

Seront susceptibles d'y être portés :

Les vice-amiraux âgés de soixante-dix ans qui seraient éloignés de la mer depuis quinze ans, ou ceux qui, ayant soixante-cinq ans d'âge, n'auraient pas navigué depuis vingt ans ;

Les contre-amiraux âgés de soixante-cinq ans qui seraient éloignés de la mer depuis quinze ans, ou ceux qui, ayant soixante ans d'âge, auraient cessé de naviguer depuis vingt ans.

Le nombre des vice-amiraux et des contre-amiraux compris à la fois dans les deux cadres d'activité et de réserve ne pourra dépasser trente-six.

Les officiers-généraux en réserve ne pourront commander à la mer ; ils seront susceptibles de remplir des emplois sédentaires, quand les besoins du service l'exigeront.

3. Les capitaines de vaisseau seront seuls chargés, en temps de paix comme en temps de guerre, du commandement des vaisseaux de ligne et des frégates du premier rang.

4. Les capitaines de frégate pourront commander des frégates du second rang.

Ils commanderont en tout temps toutes les frégates du troisième rang, les corvettes portant vingt-quatre canons et au-dessus, et les corvettes de charge.

5. Aux capitaines de corvette sera donné le commandement de tous les bâtiments de

---

(1) Cette ordonnance est contresignée par M. d'Argout, ministre de la marine.

guerre portant de dix à vingt-deux bouches à feu, de quelque espèce qu'ils soient ; celui des bombardes, des bâtimens à vapeur de grandes dimensions, et de tous les transports armés en guerre.

6. Les lieutenans de vaisseau commanderont tous les bâtimens armés en guerre portant moins de dix bouches à feux, les bâtimens à vapeur de petites dimensions et les stationnaires.

7. Il ne sera plus embarqué de capitaines de frégate, comme seconds, sur les bâtimens commandés par des capitaines de vaisseau.

Les fonctions de second seront désormais remplies :

A bord d'un vaisseau de ligne portant le pavillon d'un officier général, par un capitaine de corvette, qui présidera la table de l'état major ;

A bord de tout bâtiment commandé par un officier supérieur, par un lieutenant de vaisseau ;

A bord de tout bâtiment commandé par un lieutenant de vaisseau, par un lieutenant de frégate.

8. Les lieutenans de frégate ne pourront être chargés du commandement d'un bâtiment de guerre qu'à défaut d'officiers d'un grade supérieur.

9. Les lieutenans de vaisseau ou les lieutenans de frégate qui ne seront ni embarqués ni attachés à la majorité de la marine, aux divisions ou compagnies des équipages de ligne ou à la direction des mouvemens du port, seront alternativement désignés par le major général de la marine pour suivre les constructions et radoubs, ainsi que tous les travaux et opérations mécaniques de l'arsenal, afin d'être à portée d'acquérir toutes les connaissances de détail qui peuvent être utiles à un officier de la marine.

Ils seront également chargés de la surveillance du gardiennage des bâtimens désarmés.

Ils ne pourront donner aucun ordre dans les directions auxquelles ils seront temporairement attachés, tout le service devant être exclusivement dirigé par les officiers préposés à cet effet. (*Art. 7 de l'ordonnance du 31 octobre 1819.*)

TITRE II. *De l'avancement des officiers.*

10. Les élèves de seconde classe qui auront complété en cette qualité vingt mois de navigation sur les bâtimens de l'Etat, y compris leur temps de séjour à l'école navale, seront nommés par nous élèves de première classe, et portés comme tels sur la liste générale de la marine.

Les élèves de première classe qui auront

navigué sur les bâtimens de l'Etat quarante-huit mois, y compris leur temps d'embarquement à bord d'un vaisseau-école, et qui, en outre, auront mérité par leur zèle et leur conduite les éloges de leurs chefs, seront susceptibles d'être promus aux places vacantes dans le grade de lieutenant de frégate.

Leur classement dans ce grade aura lieu d'après l'ordre de leur inscription sur les listes d'élèves de première classe. (*Art. 15 et 16 de l'ordonnance du 31 octobre 1819.*)

11. Les places vacantes dans le grade de lieutenant de vaisseau seront données aux lieutenans de frégate, les deux tiers à l'ancienneté et un tiers au choix. (*Art. 9 de l'ordonnance du 31 octobre 1819.*)

12. Les places vacantes dans les grades de capitaine de corvette et de capitaine de frégate seront données un tiers à l'ancienneté, et les deux tiers à notre choix.

13. Les avancemens au grade de capitaine de vaisseau, ainsi qu'à tous les autres grades supérieurs, seront tous à notre choix. (*Art. 10 de l'ordonnance du 31 octobre 1819.*)

14. Nul officier ne pourra avancer à l'ancienneté aux grades de lieutenant de vaisseau, de capitaine de corvette et de capitaine de frégate, s'il n'a, dans le grade immédiatement inférieur, au moins trois ans de services effectifs, dont deux ans de navigation.

15. Les capitaines de corvette au choix ne pourront être pris que parmi les lieutenans de vaisseau qui, ayant trois ans de services effectifs dans ce grade, auront rempli les fonctions du premier lieutenant pendant une campagne d'un an au moins sur un vaisseau de ligne, ou de deux ans sur des frégates ou sur des corvettes de vingt-quatre canons et au-dessus.

Les deux années de service ci-dessus pourront être suppléées ou complétées par un temps égal de commandement d'un bâtiment affecté au grade.

16. Nul ne pourra être nommé, à notre choix, capitaine de frégate ou capitaine de vaisseau, s'il n'a commandé, pendant deux ans au moins, dans le grade immédiatement inférieur, et s'il n'a trois ans de service dans ce grade.

Les fonctions de second, exercées à bord d'un vaisseau de ligne par un capitaine de corvette, lui seront comptées, pour l'avancement au grade de capitaine de frégate, comme temps de commandement.

17. Nul capitaine de vaisseau ne pourra être nommé au grade de contre-amiral, s'il n'a commandé dans son grade pendant trois ans au moins.

18. Nul contre-amiral ne pourra être

promu au grade de vice-amiral, s'il n'a commandé une escadre ou division au moins pendant deux ans en chef, ou pendant trois ans en sous-ordre.

19. Dans chacun des grades de la marine, le temps pendant lequel un officier aura exercé les fonctions de chef d'état-major d'une armée navale, escadre ou division, lui sera compté pour l'avancement au grade immédiatement supérieur, comme temps de commandement du même grade.

20. Sont exceptés des conditions ci-dessus établies, les avancemens extraordinaires qui seraient accordés par nous en récompense d'actions d'éclat ou de services signalés. (*Art.* 16 *de l'ordonnance du* 31 *octobre* 1819.)

21. Les officiers généraux placés dans le cadre de réserve ne seront pas susceptibles d'avancement.

22. Il ne sera plus accordé, dans notre marine, de grades honorifiques ni de grades à prendre rang, notre intention étant que tout grade et tout avancement soient effectifs, et que les officiers qui auront été promus prennent place dans les cadres constitutifs du corps, à dater du jour de leur nomination. (*Art.* 17 *de l'ordonnance du* 31 *octobre* 1819.)

TITRE III. *Des appointemens.*

23. Le traitement d'activité à la mer et celui d'activité à terre, pour les officiers de tous grades du corps de la marine, resteront tels qu'ils ont été fixés par les articles 18, 19 et 20 de l'ordonnance du 31 octobre 1819, en appliquant aux lieutenans de frégate les fixations relatives aux enseignes de vaisseau.

Le traitement des vice-amiraux et des contre-amiraux, placés dans le cadre de réserve, sera de la moitié de leur traitement d'activité à la mer.

Les appointemens à terre du grade de capitaine de corvette, créé par la présente ordonnance, seront de trois mille francs par an.

Le supplément de mer sera du tiers des appointemens, au lieu du cinquième, pour les lieutenans de vaisseau qui rempliront à bord des vaisseaux de ligne, frégates et corvettes de vingt-quatre canons et au-dessus, les fonctions de premier lieutenant.

24. Le capitaine d'un bâtiment portant le pavillon d'un officier général recevra désormais les mêmes allocations que les capitaines des bâtimens à bord desquels il n'y aura pas d'officier général.

25. Le chef d'état-major d'une armée navale, escadre ou division, jouira, pendant l'exercice de ses fonctions, d'un supplément égal aux deux tiers de ses appointemens d'activité à la mer.

Tous les autres officiers attachés, sous quelque dénomination que ce soit, aux officiers généraux embarqués, recevront, quand ils seront pourvus d'une commission, un supplément égal à la moitié de leurs appointemens. (*Arrêté du* 16 *brumaire an* 12).

26. Tout officier qui débarquera après une campagne d'un an ou plus pourra obtenir, si les besoins du service ne s'y opposent pas, un congé de six mois, pendant lequel il jouira des deux tiers de ses appointemens.

Il pourra également être accordé en toute autre circonstance, aux officiers qui en feront la demande, des congés dont la durée n'excédera pas six mois; ces officiers jouiront, pendant la durée de leur absence, de la moitié de leurs appointemens.

Les congés de cette dernière espèce ne seront délivrés aux lieutenans de vaisseau et aux lieutenans de frégate qu'autant qu'il n'en résultera aucun dérangement dans le tour d'embarquement. (*Art.* 22 *de l'ordonnance du* 31 *octobre* 1819.)

27. Tout officier qui, à l'expiration de son congé, n'aurait pas rejoint son département, sera privé de ses appointemens, à dater du jour où il en aura dépassé le terme. (*Art.* 23 *de l'ordonnance du* 31 *octobre* 1819.)

28. Nul officier employé temporairement à des fonctions supérieures à celles de son grade ne pourra prétendre qu'aux appointemens du grade dont il est réellement pourvu.

TITRE IV. *Des officiers auxiliaires.*

29. Lorsque la totalité des officiers entretenus sera reconnue insuffisante pour les besoins des armemens, il y sera suppléé par des officiers auxiliaires choisis parmi les capitaines du commerce.

Ils ne pourront être appelés à notre service que comme lieutenans de frégate.

30. Les lieutenans de frégate auxiliaires ne pourront, en aucun cas, être employés à terre, même dans nos ports et arsenaux.

Ils jouiront, pendant toute la durée de leur embarquement, des mêmes émolumens et prérogatives que les lieutenans de frégate entretenus. (*Art.* 27 *et* 29 *de l'ordonnance du* 31 *octobre* 1819.)

31. Les lieutenans de frégate auxiliaires ne prendront rang qu'après tous les officiers entretenus du même grade. (*Art.* 30 *de l'ordonnance du* 31 *octobre* 1819.)

32. Les officiers auxiliaires seront susceptibles d'être admis à faire partie du

corps de la marine, comme lieutenants de frégate entretenus ; ils pourront même être nommés directement lieutenants de vaisseau, lorsqu'ils auront mérité cet avancement par des services distingués ou par des actions d'éclat. (*Art.* 31 *de l'ordonnance du* 31 *octobre* 1819.)

33. Il est défendu aux officiers-généraux commandant nos armées navales ou escadres, aux préfets maritimes et aux gouverneurs de nos colonies, de nommer des officiers auxiliaires ou provisoires.

Toutefois, s'il arrivait qu'un de nos bâtiments, en relâche dans une colonie française, ou employé dans une expédition lointaine, n'eût plus le nombre d'officiers absolument nécessaire au service du bord, et qu'il ne fût pas possible d'y suppléer par des élèves ayant plus de quatre ans de navigation, le gouverneur de la colonie, ou le commandant de l'expédition, aurait la faculté de pourvoir, pour la campagne, aux places vacantes dans le grade de lieutenant de frégate seulement, à la charge par lui d'en rendre compte au ministre de la marine, et sous la condition expresse qu'il ne se trouverait pas dans la colonie, ni à bord des bâtiments, d'officiers entretenus disponibles. (*Art.* 32 *de l'ordonnance du* 31 *octobre* 1819.)

TITRE V. *Correspondance de rang entre les officiers de la marine et ceux de l'armée de terre.*

34. Le nouveau grade de capitaine de corvette correspondra à celui de chef de bataillon.

Il n'est rien changé, pour les autres grades, à ce qui a été établi par les ordonnances antérieures à la présente, en ce qui concerne la correspondance de rang entre les officiers de la marine et ceux de l'armée de terre.

L'assimilation réglée pour le grade d'enseigne de vaisseau s'appliquera à celui de lieutenant de frégate qui le remplace.

TITRE VI. *De l'uniforme.*

35. Il n'est rien changé à l'uniforme actuel des officiers de la marine.

Les lieutenants de frégate porteront l'uniforme qui était affecté aux enseignes de vaisseau.

L'uniforme des capitaines de corvette sera le même que celui des capitaines de frégate, sauf l'épaulette, qui, pour les premiers, sera celle de chef de bataillon.

Dispositions générales.

36. Jusqu'à ce que, dans les cadres des capitaines de vaisseau et des capitaines de frégate, le nombre des officiers ait été réduit aux proportions déterminées par l'art. 1er de la présente ordonnance, il ne sera fait de remplacement dans ces grades qu'en raison d'une promotion pour deux vacances.

37. Les officiers de la marine, depuis le grade d'élève de première classe jusqu'à celui de capitaine de vaisseau inclusivement, seront tous attachés à l'un des ports de Brest, Toulon, Rochefort, Lorient et Cherbourg, et devront y résider habituellement.

38. Sont et demeurent rapportées toutes les dispositions des anciennes ordonnances qui seraient contraires à celles de la présente.

39. Notre ministre de la marine et des colonies (comte d'Argout) est chargé, etc.

1er MARS 1831. — Ordonnance portant que la cour d'assises de la Seine sera divisée en deux sections pendant les premier et deuxième trimestres de 1831. (Bull. O. 50, n. 1281.)

1er MARS 1831. — Ordonnances qui nomment M. le contre-amiral Arnou-Dessaulsays gouverneur de la Guadeloupe et dépendances, M. Pouyer directeur du personnel de la marine et des colonies, le contre-amiral Lemarant préfet maritime du premier arrondissement à Cherbourg. (Bull. O. 59, n. 1502, 1503 et 1504.)

2 MARS 1831. — Ordonnances sur l'abatage des bestiaux, et la profession de charcutier à Villeneuve-de-Berg et à Vienne. Bull. O. 53, n. 1350 et 1351.)

2 MARS 1831. — Ordonnance relative à des erreurs commises dans des inscriptions de la dette viagère. (Bull. O. 58 *bis*, n. 2.)

2 MARS 1831. — Ordonnance qui convoque des collèges électoraux à Bordeaux, Tarbes, Tournon, La Rochelle et Lunéville. (Bull. O. 51, n. 2270.)

2 MARS 1831. — Ordonnance qui autorise l'établissement de moulins et usines dans plusieurs départements. (Bull. O. 59, n. 1499.)

3 MARS 1831. — Ordonnances qui nomment M. le comte Verhuel ambassadeur en Prusse, M. de Ramigny ambassadeur près la confédération helvétique, et M. de Saint-Aulaire ambassadeur près le saint-siège. (Bull. O. 52, n. 1321 à 1323.)

3 MARS 1831. — Ordonnance qui accorde une pension à un ex-sous-préfet. (Bull. O. 58 *bis*, n. 3.)

4 = 5 MARS 1831. — Loi relative à la composition des cours d'assises et aux déclarations du jury (1). (IX, Bull. O. XXI, n. 86.)

---

(1) Présentation à la Chambre des Députés le 1er décembre (Mon. du 3) ; rapport par M. Bernard le 7 (Mon. du 8) ; discussion les 7, 8, 9, 10 (Mon. des 8, 9, 10 et 11) ; adoption le 11 (Mon. du 12), à la majorité de 186 voix contre 122.

Présentation à la Chambre des Pairs le 20 (Mon.

Art. 1er. Dans les départements où siègent les cours royales, les assises seront tenues par trois des membres de la cour, dont l'un sera président.

Les fonctions du ministère public seront remplies, soit par le procureur général, soit par un des avocats généraux, soit par un des substituts du procureur général.

Le greffier de la cour royale y exercera ses fonctions par lui-même, ou par l'un de ses commis assermentés (1).

2. Dans les autres départements, la cour d'assises sera composée :

1° D'un conseiller de la cour royale délégué à cet effet, et qui sera président de la cour d'assises ;

---

du 21) ; rapport par M. le duc de Broglie, le 7 février (Mon. du 8) ; adoption le 10 (Mon. du 11), à la majorité de 90 voix contre 1.

Retour à la Chambre des Députés le 20 (Mon. du 21) ; rapport par M. Girod de l'Ain, le 24 (Mon. du 25), discussion, adoption, le 27 (Mon. du 28), à la majorité de 267 voix contre 20.

(1) Le but que s'est proposé le législateur, dans cet article et dans l'article suivant, a été de réduire à trois les cinq magistrats qui composaient les cours d'assises. La commission de la Chambre des Députés avait proposé d'exprimer cette intention dans une disposition ainsi conçue : « A l'avenir, les cours d'assises seront tenues par un membre de la cour royale désigné pour les présider, et par deux des magistrats qui doivent l'assister, aux termes des lois existantes. »

Par cette rédaction plus concise, on évitait de reproduire les dispositions du Code d'instruction criminelle ; mais M. Renouard, commissaire du roi, a insisté pour que le projet du gouvernement fût adopté ; il a dit que c'était à dessein qu'on avait reproduit les articles 252 et 253 du Code d'instruction criminelle, en améliorant la rédaction sur quelques points de détail. On peut, en comparant les articles précités du Code d'instruction criminelle avec les deux premiers articles de la loi, apercevoir les changements de rédaction qui ont été faits.

Ce n'est pas sans hésitation que les Chambres se sont déterminées à réduire le nombre des membres composant les cours d'assises ; les considérations les plus graves ont été présentées pour et contre la réduction. Ceux qui s'opposaient à la modification faisaient remarquer que, dans notre organisation judiciaire, à mesure que l'importance des débats s'accroît, le nombre des juges augmente ; que, par conséquent, les cours d'assises, qui prononcent sur l'honneur et sur la vie des citoyens, doivent être composées au moins de cinq magistrats, lorsque les chambres civiles des cours royales ne peuvent juger qu'au nombre de sept, et lorsque les chambres d'appel de police correctionnelle sont composées de cinq juges au moins ; que, vainement, on prétendrait que les cours d'assises peuvent, sans inconvénient, être réduites à trois membres, parce qu'elles n'ont qu'à appliquer la loi au fait déclaré constant par le jury ; que ces cours ont, dans la réalité, une foule d'autres attributions de la plus grande importance ; qu'elles peuvent ordonner que les débats auront lieu à huis clos ; qu'elles sont appelées à statuer sur toutes les questions incidentes qui peuvent s'élever, et dont quelquefois la solution a une influence décisive sur le sort de l'accusé ; que, notamment, la position des questions en général, et de la question d'excuse en particulier, peut être soumise à leur jugement ; qu'elles ont, en outre, à apprécier les circonstances et à choisir entre le *maximum* et le *minimum* de la peine, toutes les fois que la loi n'a pas prononcé d'une manière positive et abso-

lue ; qu'elles sont même investies, par la loi du 25 juin 1824, du droit de constater les circonstances atténuantes, et d'opter, non pas seulement entre le *minimum* et le *maximum* d'une même peine, mais encore entre des peines de nature différente ; qu'il leur est permis, par l'article 352 du Code d'instruction criminelle, de renvoyer l'affaire à la session suivante, si le jury leur paraît s'être trompé en déclarant l'accusé convaincu ; qu'il entre enfin dans leurs attributions de prononcer sur les demandes en dommages-intérêts formées par un tiers contre l'accusé ; que des fonctions sont si graves et si variées doit nécessairement offrir la garantie qui résulte d'un certain nombre de juges.

Le commissaire du roi, et les orateurs qui ont adopté le système de la réduction, ont d'abord indiqué l'avantage d'enlever un moins grand nombre de magistrats à leurs fonctions habituelles, ce qui contribuera à rendre plus simple et plus prompte l'administration de la justice. Ils ont reconnu qu'en matière civile et correctionnelle, où les mêmes juges prononcent à la fois sur le fait et sur le droit, il est convenable de rechercher des garanties dans le nombre des magistrats et dans la faculté d'appel à une juridiction plus élevée ; mais qu'au grand criminel on a cru qu'il fallait offrir des garanties différentes et encore plus rassurantes pour l'accusé ; qu'on a séparé le jugement sur le fait du jugement sur le droit ; qu'on a abandonné le premier au jury, en confiant le second à des magistrats ; que l'accusé trouvant les garanties les plus efficaces dans ce système, n'avait plus besoin de réclamer celles que pourrait offrir le grand nombre des juges ; que, dans toutes les législations où l'appréciation du fait est séparée de la décision en droit, on voit qu'à côté de juges nombreux pour le fait se trouve placé un petit nombre de juges, et même un juge unique pour le droit (on a cité l'exemple de Rome et de l'Angleterre) ; que, d'ailleurs, la responsabilité est d'autant plus légère qu'elle est plus divisée ; que trois juges seront plus circonspects que cinq dans l'application des peines, parce qu'ils sentiront qu'une responsabilité plus grave et plus directe pèse sur chacun d'eux ; que, toutefois, on ne devait pas pousser trop loin les conséquences du principe, et aller jusqu'à adopter l'unité du juge ; parce que, lorsqu'un seul magistrat est appelé à prononcer, la contradiction, si souvent utile, ne peut pas s'élever ; qu'en réduisant le nombre de juges, on pourra faire des choix plus parfaits ; qu'on ne placera, dans les cours d'assises, que des magistrats d'élite ; qu'ainsi, s'il est permis d'employer ici cette expression, la qualité suppléera à la quantité ; qu'enfin, si l'on examine les divers systèmes qui se sont succédé depuis 1791, on s'aperçoit que l'on n'a augmenté le nombre des juges que lorsqu'en dénaturant l'institution du jury, on les a appelés à concourir à la constatation du fait ; qu'aux termes de la loi du 16-29 septembre 1791, tit. 2, art. 2, les tribunaux criminels étaient com-

2º De deux juges pris, soit parmi les conseillers de la cour royale, lorsque celle-ci jugera convenable de les déléguer à cet effet, soit parmi les présidents ou juges du tribunal de première instance du lieu de la tenue des assises ;

3º Du procureur du roi près le tribunal, ou de l'un de ses substituts, sans préjudice des dispositions contenues dans les art. 265, 271 et 284 du Code d'instruction criminelle (1) ;

4º Du greffier du tribunal, ou de l'un de ses commis assermentés (2).

5. La décision du jury se formera contre l'accusé à la majorité de plus de sept voix (3).

La déclaration prescrite par l'art. 349 du Code d'instruction criminelle constatera l'existence de cette majorité, à peine de nullité, sans qu'en aucun cas le nombre de voix puisse y être exprimé.

Le président de la cour d'assises rap-

---

posés de quatre juges ; que le Code du 3 brumaire an 4 (art. 266) éleva ce nombre à cinq, mais que la loi du 27 ventôse an 8 (art. 34) le réduisit à trois ; que le Code d'instruction criminelle, fait à une époque où le jury était suspect au pouvoir, décida, d'une part, que les cours d'assises seraient composées de cinq membres (art. 252 et 253), et, d'un autre côté, appela les cours d'assises à délibérer sur le fait, lorsque la déclaration du jury n'aurait été rendue qu'à la majorité de sept voix contre cinq, élevant ainsi le nombre des juges, en même temps qu'il leur donnait le droit de s'immiscer dans la connaissance du fait, contrairement à la nature même de l'institution du jury.

Je crois avoir fidèlement analysé la discussion, et j'ai dû me borner à présenter ainsi la substance des arguments, car, une fois la loi faite, on ne peut tirer aucun fruit pour son application des considérations ingénieuses, des savantes dissertations, des études approfondies, des recherches, des rapprochements qui ont précédé sa confection. Voy. les notes sur l'article suivant.

(1) Les mots *sans préjudice*, etc., ont été ajoutés pour qu'on ne pût se méprendre sur l'intention qu'avait eue le législateur, en désignant seulement le procureur du roi et ses substituts, et afin qu'il fût bien entendu que les attributions du procureur général et de ses substituts restent telles qu'elles sont déterminées par les articles 265, 271 et 284 du Code d'instruction criminelle.

(2) La loi du 20 avril 1810 (art. 16), et le décret du 6 juillet 1810 (art. 79), donnent au ministre de la justice le droit de désigner les présidents des cours d'assises ; il doit faire cette nomination pendant la durée d'une assise pour le trimestre suivant, et s'il n'a pas exercé son droit dans ce délai, dans la huitaine suivante, le premier président doit faire la nomination. On a craint que le droit conféré au garde des sceaux ne dégénérât en abus, et l'on a présenté divers articles qui, en ôtant la nomination des présidents d'assises au ministre, présentaient d'autres modes de nomination. Toutes ces propositions ont été rejetées. Ainsi, la législation existante conserve son effet.

(3) On a rejeté un amendement de M. Gaujal, ainsi conçu : « La décision du jury se formera, contre l'accusé, à la majorité de neuf contre trois.

» Lorsque la déclaration du jury sera négative, le nombre de voix ne sera pas énoncé. Lorsque cette déclaration sera affirmative, si la décision a été prise à l'unanimité, cette seule circonstance sera énoncée dans la déclaration du jury.

» La peine de mort ne pourra jamais être prononcée que dans le cas où la décision du jury aura été formée à l'unanimité. »

M. le commissaire du roi l'a combattu, en se fondant sur ce qu'on ne pouvait admettre deux espèces de certitude, l'une suffisante pour appliquer les peines moindres que la peine de mort, et l'autre nécessaire pour infliger cette dernière.

M. de Tracy avait répondu qu'il n'y avait rien d'extraordinaire à ce qu'on exigeât une certitude plus complète, lorsqu'il était question d'appliquer une peine dont l'*inconnu* effrayait l'esprit, et dont les effets étaient irrévocables.

La Chambre des Députés avait adopté un amendement de M. Daunou, qui exigeait la majorité de neuf contre trois, au lieu de la majorité de sept contre cinq, portée au projet. La Chambre des Pairs, et ensuite la Chambre des Députés, ont pris un terme moyen, en adoptant la disposition qui se trouve maintenant dans la loi.

Le projet de loi ajoutait : *à peine de nullité*. Ces mots ont été retranchés comme surabondants. Il est en effet incontestable que la déclaration du jury, rendue par une majorité moindre que celle qui est fixée par la loi, n'aurait aucune existence légale, et ne pourrait servir de base à une condamnation.

La loi du 16-19 septembre 1791, tit. 7, art. 28, portait que la majorité de neuf contre trois était nécessaire ; le Code du 3 brumaire an 4 (art. 398 et suiv.) exigeait dix voix pour la condamnation ; enfin, la loi du 19 fructidor an 5 (art. 33) voulait qu'aucune déclaration ne pût être rendue par les jurés, dans les vingt quatre heures de leur réunion, qu'à l'unanimité ; après les vingt-quatre heures, la majorité absolue suffisait.

M. Dumont de Saint-Priest a proposé l'amendement suivant : « La décision pour ou contre l'accusé se formera à l'unanimité, à peine de nullité. »

On sait que telle est la loi anglaise.

M. Barthe, ministre de l'instruction publique, a répondu : « La législation qui exigerait, pour rendre un jugement criminel, l'unanimité des voix, s'appuierait sur un mensonge, et le jugement serait impossible avec des opinions consciencieuses, car l'unanimité n'existerait pas : elle ne pourrait être obtenue qu'à l'aide d'une concession de la faiblesse, et, par conséquent, ce serait une législation mensongère et immorale. Ce n'est pas au moment où l'Angleterre sent le besoin d'emprunter à notre législation ce qu'elle a de sage sur ce point, que nous devons être tentés d'adopter précisément ce que la sienne a de déraisonnable, et ce qu'elle est disposée à abandonner. »

L'amendement a été rejeté.

Voy. la loi du 9 septembre 1835, art. 1.

pellera au jury, avant qu'il n'entre en délibération, les dispositions du présent article (1).

4. Les art. 252, 253, 254, 255, 347 et 351 du Code d'instruction criminelle, le paragraphe 2 de l'art. 341 du même Code, et la loi du 24 mai 1821, sont et demeurent abrogés (2).

---

4 = 8 MARS 1831. — Loi concernant la répression de la traite des noirs (3). (IX, Bull. O. XXII, n. 87.)

Art. 1er. Quiconque aura armé ou fait armer un navire, dans le but de se livrer au trafic connu sous le nom de *traite des noirs*, sera puni d'un emprisonnement de deux ans au moins à cinq ans au plus, si le navire est saisi dans le port d'armement avant le départ.

Les bailleurs de fonds et assureurs qui auront sciemment (4) participé à l'armement, le capitaine et le subrécargue du navire seront punis de la même peine.

La poursuite ne pourra avoir lieu que lorsque la preuve du but de l'armement paraîtra résulter, soit des dispositions faites à bord, soit de la nature du chargement (5).

2. Si le navire est saisi en mer avant

---

(1) La commission de la Chambre des Députés avait présenté un article additionnel ainsi conçu : « La peine la plus forte, applicable d'après la loi, ne pourra être prononcée qu'à l'unanimité des trois juges ; en cas de dissentiment, l'opinion la plus douce prévaudra. »

On sait que la loi du 29 juin 1824 permet aux cours d'assises de prononcer, dans certains cas, une peine moins sévère que celle qui est établie par le Code pénal, lorsqu'elles ont reconnu qu'il existe des circonstances atténuantes ; on sait également que c'est aux cours d'assises qu'est attribué le droit de constater l'existence de ces circonstances ; on a demandé que ce soin fût laissé au jury, juge du fait et de tout ce qui s'y rattache. Cette proposition a été rejetée.

(2) La commission demandait qu'on ajoutât : « La loi du 20 avril 1810 est abrogée en ce qu'elle a de contraire à la présente loi. » Bien que la Chambre n'ait pas admis cette disposition, il est certain que les articles de la loi du 20 avril, et de toutes autres lois, qui seraient reconnus incompatibles avec la loi nouvelle, sont frappés d'abrogation virtuelle.

(3) Présentation à la Chambre des Pairs le 13 décembre (Mon. du 14) ; rapport par M. le baron Mounier, le 8 janvier 1831 (Mon. des 9 et 11) ; discussion et adoption le 11 (Mon. du 12), à la majorité de 100 voix contre 6.

Présentation à la Chambre des Députés le 15 janvier (Mon. du 16) ; rapport par M. Martin, le 2 février (Mon. du 4) ; discussion, le 21 (Mon. du 22) ; adoption, le 22 (Mon. du 23), à la majorité de 190 voix contre 37.

Retour à la Chambre des Pairs, le 23 (Mon. du 24) ; rapport par M. le baron Mounier ; adoption, le 24 (Mon. du 26), à la majorité de 84 voix contre 1.

Voy. loi du 25 avril 1827, t. 27, p. 82, et les notes placées sous cette loi.

(4) Le mot *sciemment* est surabondant, car il n'y a jamais crime que lorsqu'il y a volonté et intention ; cependant, pour ne laisser aucun doute, on a cru convenable de conserver cette expression dans cet article et dans les articles suivants : il se trouve d'ailleurs dans la loi du 25 avril 1827.

(5) Par cette rédaction, le législateur indique que l'une de ces deux circonstances, *les dispositions faites à bord* ou *la nature du chargement*, suffit pour manifester le but de l'armement.

M. Lecoulteux de Canteleu a demandé, au contraire, que la réunion des deux circonstances fût

exigée, afin qu'un navire ne pût être arrêté, par ce motif unique que des marchandises, qui seraient placées à bord, pourraient servir à faire la traite, lorsqu'elles pourraient en même temps être destinées à un commerce licite.

M. d'Argout, ministre de la marine, a répondu : « Sans doute un navire ne sera jamais saisi dans le port, parce que la nature de son chargement serait telle, qu'elle pourrait convenir à la fois au commerce et à la traite des nègres. Il faut que la nature du chargement soit nécessairement et spécialement destinée à la traite. Sans cela il est vrai, je le sens, que l'on porterait un grand dommage au commerce, et telle n'a pas été assurément l'intention des rédacteurs de la loi. Je m'explique : lorsqu'on fait la traite des nègres, c'est en général contre des marchandises que se fait l'échange ; mais il peut avoir lieu aussi contre des denrées, contre divers autres objets, tels que de la gomme, de l'ivoire, etc. Ainsi, toutes les fois qu'on trouvera, dans un vaisseau, des marchandises en usage pour la traite, mais qui pourraient servir en même temps à un commerce licite, il ne s'ensuivra pas qu'on puisse arrêter le bâtiment ; mais si la nature du chargement prouve évidemment que le vaisseau est destiné à la traite ; s'il est chargé de fers blancs, marchandises employées à l'échange des esclaves ; si l'on y trouve des chaudières d'une très-grande dimension, la destination du navire sera suffisamment indiquée ; car, s'il s'agissait d'un commerce ordinaire, on ne serait pas forcé de prendre des chaudières aussi grandes. Ce n'est donc que dans ce dernier sens que doivent être entendus les derniers mots de ce paragraphe. Si vous effacez ces mots, quand même vous trouveriez tous les préparatifs que je viens de signaler, vous ne pourriez arrêter le vaisseau. »

« Je ferai remarquer, a ajouté M. le duc de Broglie, que la disposition qui est attaquée en ce moment est limitative. Habituellement, la preuve d'un crime résulte de tous les genres d'indices qu'il est possible de recueillir. Ici, l'intention du gouvernement a été, comme il s'agissait simplement des actes préparatoires, et non pas du crime lui-même, de faire en sorte que la preuve ne se recueillît pas partout où elle pouvait se trouver, mais seulement quelque part. C'est pourquoi on a spécifié les deux natures de preuves auxquelles le législateur attachait le soupçon véritable de la traite des nègres ; si on fait disparaître l'une des deux, vous détruisez à peu près l'utilité de l'article. Le danger qu'on a à redouter n'est pas dans des condamnations trop multipliées, ni dans la crainte

qu'aucun fait de traite ait eu lieu, les armateurs seront punis de dix ans de travaux forcés au moins à vingt ans au plus.

Les bailleurs de fonds et assureurs qui auront sciemment participé à l'armement seront punis de la réclusion.

que, soit le jury, en France, soit les cours d'assises, dans les colonies, se livrent trop facilement au soupçon de la traite, le danger est dans l'hypothèse contraire, etc. »

Ces explications ont déterminé la Chambre des Pairs à rejeter la proposition de M. Lecoulteux de Canteleu.

Dans le projet amendé par la commission de la Chambre des Pairs, il était dit : « La preuve du but de l'armement résultera, soit des dispositions faites à bord, soit de la nature du chargement. »

La commission de la Chambre des Députés a pensé que cette disposition restreignait, sans motif plausible, le droit dont le jury est investi par la nature même de son institution, de s'entourer de tous les documents qui peuvent l'éclairer. « On convient, a dit M. le rapporteur, que la composition du chargement n'est pas un indice certain, que l'opération fort licite, appelée la troque, peut comporter le placement à bord de marchandises à peu près semblables à celles qui sont destinées à la traite, et il serait possible, surtout pour les navires qui seront construits après la promulgation de la loi, que la ferrure des bâtiments, leurs différentes parties, les dispositions qu'elles comportent, ne fussent pas tout à fait suffisantes pour déterminer la conviction du jury. Pourquoi ne lui serait-il pas permis de dissiper ses doutes par les lumières qui jailliraient, soit de l'interrogatoire des accusés, soit de l'audition des témoins, soit de la production de la correspondance ou de quelque autre pièce? Restreindre à ce point le droit et la prérogative du jury, c'est s'exposer presque toujours à manquer le but qu'on se propose d'atteindre. Au surplus, le motif de la réserve du gouvernement mérite d'être sérieusement pesé : il a voulu que des négociants ne fussent pas trop légèrement inquiétés dans le soin qu'ils donnent aux opérations qu'ils ont conçues ; mais il est un moyen facile de concilier l'intérêt du commerce et celui de la justice : nous vous proposons de déclarer, etc. (la rédaction actuelle). »

Lorsque la loi a été de nouveau soumise à la Chambre des Pairs, le rapporteur de la commission a fait remarquer que la Chambre des Députés n'avait modifié que la rédaction. « Car, a-t-il dit, toutes les fois qu'on établit une pénalité, on suppose que le crime est déjà commis ; c'est ensuite à ceux chargés de la poursuite à ne le commencer que lorsque les indices sont suffisants ; il faut évidemment que les officiers du roi soient avertis que des dispositions se font sur les navires, pour qu'ils puissent faire procéder à la visite et constater le fait. »

En résumé, les poursuites ne devront commencer que lorsque les dispositions faites à bord, ou la nature du chargement, fourniront au ministère public les présomptions que le navire est destiné à la traite.

Mais le jury, une fois saisi, puisera, comme il en a le droit, les éléments de conviction partout où il le jugera convenable.

Cela est incontestable ; toutefois, il me semble qu'il y a, en outre, dans l'ensemble de l'article, une intention dont il faut bien se pénétrer.

On ne peut se dissimuler d'abord que l'article ne soit en opposition avec les principes généraux de notre législation criminelle. Les faits qu'il prohibe et qu'il punit ne constituent pas un crime, ils ne sont qu'une tentative : tous les orateurs l'ont reconnu. Le rapporteur de la Chambre des Députés a déclaré que la tentative se divisait en deux époques distinctes, 1° la préparation dans le port de l'expédition ; 2° le trajet du navire depuis le port de l'expédition jusqu'au lieu où s'opère la traite. Or, aux termes de l'art. 2 du Code pénal, pour que la tentative soit assimilée au crime, il faut non seulement qu'elle ait été manifestée par des actes extérieurs et suivis d'un commencement d'exécution, mais encore qu'elle n'ait été suspendue ou qu'elle n'ait manqué son effet que par des circonstances fortuites et indépendantes de la volonté de l'auteur. Donc, tant que le navire est dans le port, et que l'armateur et ses complices peuvent renoncer à leur projet criminel, il n'y a pas tentative, dans le sens de l'article 2 du Code pénal.

On dira peut-être, quels que soient les faits, qu'ils constituent ou non la tentative criminelle, la loi a prononcé formellement une peine ; cette peine doit être appliquée.

Cela est certain ; mais il importe de bien déterminer les faits auxquels le législateur a voulu qu'un châtiment fût infligé. A mon avis, des actes quelconques de préparation de la traite ne pourront pas être punis ; il faudra qu'il y ait armement d'un navire, c'est-à-dire, dispositions faites à bord, ou chargement opéré. Sans doute, si de ces éléments de preuve il ne résulte pas une conviction complète pour le jury, il pourra en chercher d'autres dans les interrogatoires des accusés ou dans les déclarations des témoins ; mais il faudra que le président pose aux jurés, non cette question vague : N... est il coupable de tentative de trafic de la traite ? mais bien : N... est-il coupable d'avoir armé ou fait armer un navire, dans le but de se livrer au trafic de la traite, etc.

Il paraît que, dans l'Inde, on fait des expéditions pour aller chercher des hommes libres qu'on transporte dans les colonies, où ils sont occupés à la culture. On a craint que ces expéditions ne fussent confondues avec les armements ayant la traite pour objet, et M. Dariste a proposé un amendement destiné à lever toute espèce de doute ; il était ainsi conçu : « Ceux qui voudraient faire un armement qui nécessiterait des arrangements dans les navires, pour transporter un certain nombre d'hommes libres dans les colonies, seront tenus d'en faire la déclaration aux autorités locales, qui lui délivreront une expédition pour lui servir de passeport. »

On a répondu que cela se pratiquait déjà. M. Isambert a exprimé la crainte qu'on ne se servît de ce moyen pour déguiser des opérations de traite.

M. le ministre de la marine a dit qu'ainsi que l'avait énoncé M. Dariste, les Indiens qui sont transportés dans nos colonies, pour y être employés à la culture, ne sont engagés qu'avec l'agrément des autorités du pays ; qu'ils restent libres ; qu'il n'y a aucun engagement qui les retienne dans l'esclavage ; qu'ils peuvent en sortir quand bon leur semble ; que, quand les Indiens arrivent à Bourbon, ils sont aussi sous la protection des magistrats ; que, si quelqu'un voulait faire des esclaves des

Le capitaine et le subrécargue seront punis de cinq ans de travaux forcés au moins à dix ans au plus.

Les officiers seront punis de la réclusion.

Les hommes de l'équipage seront punis d'un emprisonnement d'un an au moins à cinq ans au plus.

3. Si un fait de traite a eu lieu, le capitaine et le subrécargue seront punis de dix ans de travaux forcés au moins à vingt ans au plus.

Les officiers seront punis de cinq ans de travaux forcés au moins à dix ans au plus.

Les hommes de l'équipage seront punis de la réclusion, ainsi que tous les autres individus qui auront sciemment participé ou aidé au fait de traite, sans préjudice des peines portées contre les armateurs, bailleurs de fonds et assureurs, par l'article précédent.

4. Les peines prononcées par les précédents articles contre le capitaine et le subrécargue seront applicables aux individus qui, quoique non inscrits comme tels sur les rôles d'équipage, en auront rempli les fonctions (1).

L'aggravation des peines prononcées par l'art. 198 du Code pénal sera encourue par les fonctionnaires publics qui, chargés d'empêcher et de réprimer la traite, l'auraient favorisée ou y auraient pris part.

5. Dans tous les cas prévus par les articles ci-dessus, le navire et la cargaison seront saisis et vendus.

Si le navire et la cargaison n'ont pas été saisis, les armateurs, bailleurs de fonds et assureurs seront solidairement condamnés à une amende égale à leur valeur.

Dans tous les cas, les coupables pourront, en outre, être condamnés solidairement à une amende, qui ne sera pas moindre de la valeur du navire et de la cargaison, et qui n'excédera pas le double de cette valeur (2).

6. Ne seront passibles d'aucune peine les hommes de l'équipage autres que les capitaines, officiers et subrécargues, qui, avant toute poursuite connue d'eux, et au plus tard dans les quinze jours après leur débarquement, soit dans les ports de France ou des colonies, soit dans ceux des pays étrangers, auront déclaré aux agents du gouvernement, ou, à leur défaut, devant l'autorité du lieu, les faits relatifs à la traite auxquels ils auraient participé (3).

7. Les crimes et délits commis à bord d'un navire contre les noirs embarqués seront punis des peines portées par le Code pénal.

8. Quiconque fabriquera, vendra ou achètera des fers spécialement employés à la traite des noirs, sera puni d'un empri-

---

hommes amenés de cette manière, le ministère public serait là pour l'empêcher; qu'au surplus, l'amendement est inutile en ce qu'il renferme une disposition réglementaire qui existe déjà, qui n'a jamais donné lieu à aucune difficulté; et qu'on ne peut supposer que jamais aucun gouvernement ait intérêt à en entraver l'exécution.

(1) Cet article a été ajouté par la Chambre des Députés; et voici comment la commission en a démontré la nécessité : « L'expérience, a dit M. le rapporteur, a justifié que souvent la direction du navire négrier n'est pas, dans la réalité, confiée à celui que le rôle d'équipage indique comme devant en avoir le commandement. Souvent le véritable capitaine monte à bord, lorsque le navire a déjà pris le large, ou il n'est inscrit sur le rôle que comme simple matelot. Votre commission a pensé que, pour atteindre tous les coupables, il était utile d'insérer dans la loi une disposition additionnelle qui étendrait à celui qui a le commandement du navire l'application des peines prononcées contre celui que les papiers du bord désignent comme en étant le capitaine. »

Le ministre de la marine a parlé dans le même sens, en présentant la loi à la Chambre des Pairs pour la seconde fois.

M. le rapporteur de la commission de la Chambre des Pairs s'est donc trompé, en disant que la disposition a pour but d'étendre l'application de la peine portée par l'article précédent contre le capitaine et le subrécargue à ceux qui *rempliraient leurs fonctions en cas de mort dans le voyage*. Sans doute la peine serait applicable à ceux-ci; mais le but principal du paragraphe est d'en rendre pas-

sibles ceux qui, véritablement, *capitaines* ou *subrécargues*, auraient dissimulé leur qualité par un moyen quelconque.

(2) Ainsi, même dans le cas de saisie du navire, les tribunaux pourront prononcer une amende qui ne sera pas moindre de la valeur du navire, et qui n'excédera pas le double de cette valeur; mais ce n'est là qu'une faculté qui leur est laissée et dont ils useront d'après les circonstances.

Si le navire et la cargaison n'ont pas été saisis, il y aura nécessairement lieu à la prononciation d'une amende contre les armateurs, bailleurs de fonds et assureurs. Les autres coupables pourront n'être condamnés qu'aux peines corporelles prononcées par la loi.

L'art. 1ᵉʳ de la loi du 25 avril 1827 disposait qu'une amende serait prononcée *conjointement* et *solidairement* contre tous les condamnés. On avait voulu par là faire entendre qu'une *seule amende* pouvait être prononcée solidairement contre tous les coupables. La loi actuelle a le même sens, bien que le mot *conjointement* ne s'y trouve pas.

(3) Dans les notes sur la loi du 25 avril 1827, art. 3, j'ai examiné les questions de savoir : 1° si l'exemption de la peine pouvait être réclamée même par les hommes de l'équipage qui seraient partis, connaissant la destination du navire; 2° si un homme, embarqué sans savoir que le navire était destiné à la traite, qui aurait rempli dans le voyage son devoir comme matelot ou officier, par suite de l'obéissance due à ses chefs, serait punissable au cas de non révélation. J'ai pensé que la première devait être résolue affirmativement, et la seconde négativement. Je crois devoir persis-

sonnement d'un an au moins à deux ans au plus.

Quiconque posséderait, au moment de la promulgation de la présente loi, des fers de cette espèce, sera tenu d'en faire la déclaration dans le délai de quinze jours, et de les dénaturer dans le délai de trois mois, sous peine de six mois d'emprisonnement (1).

9. Quiconque aura sciemment recélé, vendu ou acheté un ou plusieurs noirs introduits par la traite dans une colonie de-

puis la promulgation de la présente loi, sera puni d'un emprisonnement de six mois au moins à cinq au plus.

Les délits prévus et punis par le présent article seront prescrits, et aucune poursuite ne pourra être exercée, lorsqu'il se sera écoulé une année depuis l'introduction dans la colonie du noir recélé, vendu ou acheté (2).

10. Les noirs reconnus noirs de traite, dans les cas prévus par les art. 5 et 9 ci-

---

ter dans cette opinion. Voy. tome 27, pages 84 et 85.

(1) M. l'amiral Duperré a fait remarquer que les fers qui sont employés à la traite des noirs sont également employés, en temps de guerre, à bord des bâtiments de guerre, soit en course, soit en croisière.

M. le ministre de la marine a répondu que le gouvernement fera fabriquer les fers destinés aux bâtiments de l'État; que si, plus tard, on avait une guerre maritime, le gouvernement autoriserait, par une mesure exceptionnelle, les fers nécessaires aux corsaires. Il a ajouté que le mot *spécialement* qui se trouve dans la loi ne peut laisser aucun doute sur son intention, et que la fabrication de fers destinés soit aux vaisseaux de l'État, soit à des corsaires, en cas de guerre maritime, ne donnerait lieu à aucune peine. M. le baron Mounier, rapporteur, a parlé dans le même sens; d'ailleurs, a-t-il dit, ces délits seront jugés par le jury. Si les fers avaient pu être confectionnés de bonne foi, le jury absoudrait; mais la peine serait appliquée sévèrement contre les personnes qu'on aurait reconnu s'occuper de la fabrication des fers destinés à la traite.

M. Dariste a dit que les bâtiments ont ordinairement à bord des fers qui servent à enchaîner les matelots mutins, et que, si on ne fait pas une distinction, la pénalité portée par cet article pourra atteindre aussi ceux qui fabriquent ou qui possèdent ces espèces de fers.

M. le ministre de la marine a répondu à cette observation comme il l'avait fait à celle de M. l'amiral Duperré, en disant : « L'article est relatif non pas à toute espèce de fers, non pas à ceux employés sur les navires, pour enchaîner un ou deux matelots qui se révoltent, mais aux fers exclusivement affectés à la traite, et qui sont d'une forme spéciale. Ce sont de très-longues barres, auxquelles on peut enchaîner trente à quarante personnes à la fois. C'est cette espèce de fers dont la fabrication est punie.

(2) Dans l'état actuel de notre législation, un noir éloigné des côtes de cent toises, n'était plus réputé *noir de traite*. On sent combien un pareil principe était favorable à l'introduction des noirs, et par conséquent à la traite. Désormais celui qui aura acheté, recélé ou vendu un noir, sera punissable, quelle que soit la distance des côtes où le noir aura été recélé ou vendu; cependant il faudra la réunion de ces trois circonstances : que le noir ait été introduit par la traite; que l'acheteur, le vendeur ou le recéleur l'ait su; et qu'enfin il ne se soit pas écoulé plus d'un an depuis l'introduction du noir.

Les questions de savoir si le vendeur, l'acheteur ou le recéleur a agi sciemment, et s'il y a plus d'un

an que le noir a été introduit dans la colonie, seront résolues d'après les circonstances.

« Il n'y a point de règles à cet égard, a dit M. le rapporteur, c'est d'après les renseignements que l'instruction aura recueillis, d'après les faits qui auront été constatés, que les cours d'assises décideront; elles apprécieront de même les circonstances qui détermineront l'innocence ou la culpabilité du détenteur, du vendeur et de l'acheteur. Celui qui retiendrait, qui vendrait, qui achèterait un nègre sans savoir qu'il provient d'une introduction illicite, ne saurait être coupable; il n'y a pas de délit là où il n'y a pas intention d'enfreindre la loi. »

M. l'amiral Verhuel a proposé deux articles additionnels, portant en substance que tout esclave importé de l'extérieur serait réputé noir de traite, si l'on ne représentait un certificat prouvant que l'individu est né dans une colonie européenne; et que les colons seraient obligés de faire une déclaration légale et immédiate de toute acquisition d'esclave faite, soit par importation de l'extérieur, soit par vente ou mutation de l'intérieur.

M. le ministre de la marine a pensé que ces dispositions seraient mieux placées dans la législation sur les colonies; il a ajouté que l'article du projet atteignait en partie le but qu'avait en vue l'auteur de la proposition. « En effet, a-t-il dit, toutes les fois que, postérieurement à la promulgation de la présente loi, il y aura introduction de noir, il sera présumé de traite, à moins que l'introducteur ne prouve le contraire, et qu'il provient d'une autre colonie.

« Je crois qu'il y aurait danger à permettre l'introduction d'esclaves d'une colonie dans l'autre, parce que, dans plusieurs cas, il est utile de la supprimer tout à fait, et que, par la proposition qui est faite, on semble au contraire l'autoriser. Cette précaution pourrait n'être pas suffisante en ce qu'il ne serait pas impossible qu'on présentât de certificats de complaisance qui serviraient à légaliser la traite au lieu de l'abolir. Je crois qu'il vaut mieux s'en rapporter aux tribunaux quant à la nature des preuves qui établissent que les noirs ne proviennent pas de traite, mais d'une autre colonie. »

Les paroles du ministre ne doivent pas s'entendre en un sens trop absolu et tel qu'il y ait présomption légale que tout noir importé provient de la traite, et qu'il faille que le détenteur fasse la preuve qu'il provient d'une autre colonie. Sans doute, si le détenteur n'explique pas comment le noir se trouve entre ses mains, il s'élèvera contre lui de graves soupçons; et les tribunaux seront fort disposés à considérer ce noir comme provenant de la traite; mais il y a loin de là à prétendre que, faute par le détenteur de prouver que le noir pro-

dessus, seront déclarés libres par le même jugement.

Acte authentique de leur libération sera dressé, et transcrit sur un registre spécial déposé au greffe du tribunal. Il leur en sera remis expédition en forme et sans frais.

11. Les noirs ainsi libérés pourront toutefois être soumis envers le gouvernement à un engagement dont la durée n'excédera pas sept ans, à partir de l'introduction dans la colonie ou de l'époque où ils seront devenus adultes. Ils seront employés, pendant le cours de cet engagement, dans les ateliers publics.

12. Les dispositions de l'article précédent seront applicables aux noirs de traite provenant des saisies antérieures et actuellement en la possession du gouvernement. La durée de l'engagement auquel ces noirs seraient soumis sera comptée à dater de la promulgation de la présente loi.

13. Lorsque le fait incriminé aura été commis dans un port du territoire continental du royaume, et lorsque le navire aura été saisi ou conduit dans ce port, le jugement du crime ou délit sera attribué à la cour d'assises du département (1).

14. Lorsque le fait incriminé aura été commis dans une colonie française, et lorsque le navire aura été saisi ou conduit dans un de ses ports, le jugement du crime ou délit sera attribué à la cour d'assises de la colonie.

Les quatre assesseurs seront tirés au sort par le gouverneur, en séance publique, parmi les douze fonctionnaires de l'ordre administratif les plus élevés en grade.

A cet effet, la liste de ces fonctionnaires sera dressée par le gouverneur et publiée au commencement de chaque année.

Au Sénégal, le jugement des crimes et délits commis en matière de traite des noirs continuera d'être attribué au conseil d'appel (2).

15. Lorsqu'il pourra être nécessaire de réclamer le renvoi du jugement du crime ou du délit à une Cour autre que celle de la colonie, le procureur général, soit d'office, soit sur la réquisition du gouverneur, se pourvoira à cet effet devant la Cour de cassation. La poursuite sera suspendue jusqu'à la notification de l'arrêt de cette Cour (3).

16. Les fonds provenant de la vente des navires et cargaisons seront affectés, ainsi que le produit des amendes, à l'amélioration du sort des noirs libérés, sauf les droits attribués aux capteurs, conformément aux lois et règlements sur les prises maritimes.

17. Les arrêts et jugements de condamnation seront insérés dans le *Moniteur* et dans le bulletin officiel de la colonie, par extraits contenant les noms des individus condamnés, ceux des navires et des ports d'expédition. Cette insertion sera ordonnée par les cours et tribunaux, indépendamment des publications prescrites par l'art. 36 du Code pénal.

---

4 = 21 MARS 1831. — Ordonnance du roi sur l'adjudication publique du service des fourrages, et le mode de jugement des contestations sur l'exécution des marchés. (IX, Bull. O. LII, n. 1314.)

Louis-Philippe, etc., sur le rapport de notre ministre secrétaire d'Etat de la guerre, etc.

Art. 1er. A partir du 1er octobre prochain, le service des fourrages sera exécuté, dans tout le royaume, au moyen de marchés à prix ferme, par place ou par arrondissement de localités, qui seront passés ensuite d'adjudications publiques sur soumissions cachetées, et dont la durée sera ultérieurement déterminée par notre ministre secrétaire d'Etat de la guerre.

2. Conformément au principe consacré par l'art. 5 de la loi du 11 sept. 1790 (4), les contestations qui viendraient à s'élever sur l'exécution des clauses et conditions des marchés, seront jugées administrativement,

---

çaise, voy. ordonn. du 20 juillet 1828, tome 28, page 317; et ci-après ordonnance du 21 décembre 1828. Pour le Sénégal, voy. ordonnance du 7 janvier 1822.

La loi n'a pas voulu que les assesseurs fussent choisis suivant le mode ordinaire. On a craint que les préjugés dont sont encore imbus les colons ne les rendissent trop indulgents contre les auteurs du crime de traite.

(3) C'est le cas de renvoi pour cause de suspicion légitime. Le gouverneur de la colonie et le procureur général peuvent le demander suivant les règles du Code d'instruction criminelle. Cela a été formellement reconnu et déclaré par les rapporteurs de la Chambre des Pairs et de la Chambre des Députés.

(4) C'est la loi des 6, 7-11 septembre 1790. Voy. aussi la loi du 28 pluviôse an 8, art. 4.

vient d'une autre colonie, la peine sera nécessairement prononcée par les tribunaux. Encore ici, il faut dire que les jurés ou les juges pour les colonies prononceront d'après les circonstances qu'ils apprécieront.

(1) « Dans tous les cas, a dit M. le rapporteur à la Chambre des Députés, le jugement sera déféré aux cours d'assises ; les faits relatifs à la traite, même lorsqu'ils ne sont punis que correctionnellement, sont bien assez graves pour que les tribunaux, qui figurent au premier rang dans la hiérarchie judiciaire, en soient saisis. »

(2) La formation des cours d'assises est déterminée, à l'île de Bourbon, par l'ordonnance du 30 septembre 1827, art. 57 et suiv., tome 28, p. 44 ; à la Martinique et à la Guadeloupe, par l'ordonnance du 24 septembre 1828, art. 64 et suiv., tome 28, page 303 et suiv. Pour la Guiane fran-

sauf l'appel au conseil d'Etat dans la forme et les délais prescrits ou à prescrire pour l'introduction des pourvois contre les décisions ministérielles.

3. Notre ministre de la guerre (M. le duc de Dalmatie) est chargé, etc.

4 MARS 1831. — Ordonnance qui autorise le baron Pelé à substituer à son nom celui de Pelet, et à y ajouter celui de Closeau, et le sieur Colas à ajouter à son nom celui de Saint-Blancard. (Bull. O. 57, n. 1441.)

6 = 21 MARS 1831. — Ordonnance du roi qui met en congé illimité les officiers du train des équipages militaires non compris dans le cadre d'activité. (IX, Bull. O. LII, n. 1315.)

Louis-Philippe, etc., sur le rappport de notre ministre secrétaire d'Etat de la guerre, etc.

Art. 1er. Les officiers du train des équipages militaires qui cesseront d'être compris dans le cadre d'activité par suite de la réduction sur le pied de paix des compagnies de ce service, seront considérés comme en congé illimité et recevront en conséquence la solde de congé de leur grade. Les dispositions de l'ordonnance du 10 novembre 1830, qui admettaient ces officiers au traitement de disponibilité, sont considérées comme non avenues.

2. Notre ministre de la guerre (duc de Dalmatie), est chargé, etc.

7 = 22 MARS 1831. — Ordonnance du roi qui rapporte une disposition des ordonnances relatives aux prix Montyon. (IX, Bull. O. LIII, n. 1352.)

Louis-Philippe, etc., sur le rapport de notre ministre secrétaire d'Etat au département de l'intérieur, etc.

Art. 1er. L'art. 3 des ordonnances du 5 mars 1824, relatives aux prix Montyon, est rapporté. Le surplus desdites ordonnances continuera d'être exécuté comme par le passé.

2. Notre ministre de l'intérieur (M. Montalivet) est chargé, etc.

7 MARS = 28 AVRIL 1831. — Ordonnance du roi relative aux droits de navigation sur la Haisne, écluse de Gœulzin. (IX, Bull. O. LXIII, n. 1598.)

Louis-Philippe, etc., sur le rapport de notre ministre de l'intérieur; vu l'ordonnance royale du 22 octobre 1817, portant concession au profit du sieur Honnorez, adjudicataire et entrepreneur des travaux de l'écluse de Gœulzin sur la Haisne, des droits de péage à percevoir sur les bateaux passant à ladite écluse pendant l'espace de

cinq ans et demi, à partir du jour où elle aura été livrée à la navigation; vu l'art. 2 de l'ordonnance du 20 février 1822, qui autorise le même entrepreneur, en retour de divers travaux par lui exécutés sur l'Escaut postérieurement à la construction de l'écluse de Gœulzin, à continuer de percevoir le même péage aux conditions de la précédente concession et pendant sept années, dont la dernière doit expirer le 21 avril 1831; vu l'ordonnance royale du 22 mars 1827, qui a réduit des trois quarts le péage de l'écluse de Gœulzin sur les bateaux transitants par Condé pour la Belgique; vu la soumission du 2 février 1827, par laquelle le sieur Honnorez, en consentant à la réduction du péage ci-dessus, s'est réservé une prolongation de jouissance jusqu'au 26 juin 1841; vu la dernière soumission remise le 10 janvier 1831 entre les mains de notre directeur général des ponts et chaussées, et contenant de la part du sieur Honnorez son consentement à ce que la prolongation du péage de l'écluse de Gœulzin soit définitivement limitée au 26 décembre 1838; notre conseil d'Etat entendu, etc.

Art. 1er. La soumission remise à notre directeur général des ponts et chaussées, le 10 janvier 1831, par le sieur Honnorez, concessionnaire du péage de l'écluse de Gœulzin sur la Haisne, pour régler ses droits à une prolongation de jouissance, est acceptée.

2. Le sieur Honnorez est autorisé à continuer de percevoir, aux conditions des précédentes concessions et jusqu'au décembre 1838, les droits de navigation établis à l'écluse de Gœulzin par les ordonnances des 22 octobre 1817 et 22 mars 1827.

3. Notre ministre de l'intérieur (M. Montalivet) est chargé, etc.

7 = 16 MARS 1831. — Ordonnance du roi portant organisation de l'école des mineurs instituée à Saint-Etienne (Loire). (IX, Bull. O. LI, n. 1296.)

Louis-Philippe, etc., sur le rapport de notre ministre secrétaire d'Etat au département de l'intérieur, etc.

Art. 1er. L'école des mineurs, instituée à Saint-Etienne par l'ordonnance royale du 2 août 1816, est composée du directeur, du directeur-adjoint et des professeurs. Les uns et les autres sont désignés par notre directeur général des ponts et chaussées et des mines, et choisis parmi les ingénieurs des mines : ils forment le conseil d'administration de l'école.

2. L'instruction de l'école est gratuite. Les élèves ne peuvent être admis avant l'âge de quinze ans accomplis, ni après

l'âge de vingt-cinq ans. Ils doivent, pour obtenir leur admission, faire preuve de bonne conduite et justifier qu'ils possèdent les connaissances ci-après : 1° la langue française; 2° le calcul, comprenant la numération, les quatre règles, les fractions ordinaires et décimales, et les proportions; 3° le système légal des poids et mesures; 4° l'arpentage, comprenant la mesure des angles, la théorie des lignes proportionnelles et des triangles semblables, et la mesure des surfaces.

3. Les candidats seront examinés publiquement par des ingénieurs des mines dans les lieux et aux époques qui auront été déterminés, chaque année, par notre directeur général des ponts et chaussées et des mines. Les procès-verbaux d'examen seront renvoyés au conseil d'administration de l'école, formé, à cet effet, en jury spécial ; et les propositions de ce jury seront soumises au directeur général, qui statuera définitivement sur l'admission.

4. L'enseignement a pour objet, 1° l'exploitation proprement dite ; 2° la connaissance des principales substances minérales et de leur gisement, ainsi que l'art de les essayer et de les traiter; 3° les éléments de mathématiques, la levée des plans et le dessin ; 4° la tenue des livres en partie double ; 5° les notions les plus essentielles sur la nature, la résistance et l'emploi des matériaux en usage dans les constructions nécessaires pour les mines, usines et voies de transport.

5. Des brevets de différentes classes seront délivrés, à leur sortie de l'école, à ceux des élèves qui s'en seront rendus dignes par leur capacité et leur bonne conduite.

6. Une classe est créée à l'école des mineurs de Saint-Etienne, en faveur des ouvriers mineurs ou de ceux qui se destinent à cette profession. Il pourra aussi leur être délivré des brevets à la fin de leurs études.

7. Les nouveaux règlements qu'il y aura lieu de faire pour l'exécution de la présente ordonnance seront arrêtés par notre directeur général des ponts et chaussées et des mines.

8. Tous les objets généraux de service, tels que la division, les époques et les programmes des cours, la discipline des élèves, la comptabilité, etc., seront délibérés dans le conseil d'administration de l'école. Ces délibérations, et, en général, toutes celles relatives à l'enseignement, seront soumises à l'approbation de notre directeur général des ponts et chaussées et des mines.

9. Notre ministre de l'intérieur (M. Montalivet) est chargé, etc.

—————

7 MARS 1831. — Ordonnance portant prorogation définitive du péage de l'écluse de Rodignies. (Bull. O. 56, n. 1420.)

7 MARS 1831. — Ordonnance qui nomme aux préfectures de la Côte-d'Or, des Pyrénées-Orientales et de la Haute-Marne. (Bull. O. 52, n. 1324.)

7 MARS 1831. — Ordonnance qui autorise la ville de Tours à fonder douze bourses dans le collège royal établi dans cette ville. (Bull. O. 56, n. 1425.)

7 MARS 1831. — Ordonnance portant que la demi-bourse fondée par la ville de Valence dans le collège royal de Grenoble, est transférée dans le collège communal de ladite ville de Valence. (Bull. O. 57, n. 1443.)

7 MARS 1831. — Ordonnance relative aux droits d'octroi dans plusieurs communes. (Bull. O. 64, n. 1626.)

7 MARS 1831. — Ordonnance qui autorise la formation d'une commission syndicale à l'effet de pourvoir à l'entretien et à l'amélioration des marais situés dans plusieurs communes du département de la Vendée. (Bull. O. 74, n. 1978.)

7 MARS 1831. — Ordonnance qui autorise la formation d'une commission syndicale à l'effet de pourvoir à l'entretien et à l'amélioration des marais du Lot, commune de Cordemais. Bull. O. 74, n. 1970.)

7 MARS 1831. — Ordonnance qui autorise le maire de Virac à distraire une partie du presbytère de cette commune pour y établir la mairie. (Bull. O. 80, n. 2187.)

7 MARS 1831. — Ordonnances qui autorisent l'acceptation de dons et legs faits à des pauvres, hospices, fabriques. (Bull. O. 67, 69 70 et 80, n. 1684 et suiv., 1709 et suiv., 1750 et suiv., 2175 et suiv.)

7 MARS 1831. — Ordonnances qui autorisent délivrance, délimitation de divers bois et forêts, et autorisent les habitants de diverses communes, des Basses-Pyrénées, de l'Hérault et du Var à faire paccager leurs bêtes à laine dans leurs bois. (Bull. O. 58 et 59, n. 1463, 1500 et 1506.)

7 MARS 1831. — Ordonnances autorisant l'établissement de diverses usines. (Bull. O. 58, 73, 74, n. 1467, 1754, 1955 et 1973 et suiv.)

8 MARS 1831. — Ordonnance sur l'intérim du ministère de la justice par suite de la démission de M. Mérilhou. (Bull. O. 49, n. 1231.)

9 = 15 MARS 1831. — Loi qui autorise la formation d'une légion d'étrangers en France et de corps militaires composés d'indigènes et d'étrangers, hors du territoire continental (1). (IX, Bull. O. XXIII, n. 88.)

Art. 1er. Il pourra être formé dans l'in-

—————

(1) Présentation à la Chambre des Députés le 4 février (Mon. du 5) ; rapport par M. de Caux

térieur du royaume une légion d'étrangers; mais elle ne pourra être employée que hors du territoire continental du royaume (1).

2. Les généraux en chef, commandant les pays occupés par les armées françaises hors du territoire continental, pourront être autorisés à former des corps militaires composés d'indigènes et d'étrangers.

3. Les dépenses de ces divers corps forment un article séparé au budget de la guerre (2).

———

9 MARS 1831. — Ordonnances qui autorisent l'acceptation de dons et legs faits à diverses communes. (Bull. O. 70, n. 1764 et suiv.)

10 — 21 MARS 1831. — Ordonnance du roi relative à la formation de la légion étrangère. (IX, Bull. O. LII, n. 1313.)

Louis-Philippe, etc., vu la loi du 9 mars 1831 (3); sur le rapport de notre ministre secrétaire d'État au département de la guerre, etc.

Art. 1er. Il sera formé une légion composée d'étrangers : cette légion prendra la dénomination de *légion étrangère*.

2. Les bataillons de la légion étrangère auront la même formation que les bataillons d'infanterie de ligne française, excepté qu'ils n'auront point de compagnie d'élite. Chaque compagnie sera, autant que possible, composée d'hommes de même nation et parlant la même langue.

3. Pour la solde, les masses et son administration, la légion étrangère sera assimilée aux régiments français. L'uniforme sera bleu, avec le simple passe-poil garance et le pantalon de même couleur; les boutons seront jaunes, et porteront les mots, *légion étrangère*.

4. Tout étranger qui voudra faire partie de la légion étrangère ne pourra y être admis

qu'après avoir contracté, devant un sous-intendant militaire, un engagement volontaire.

5. La durée de l'engagement sera de trois ans au moins et de cinq au plus.

6. Pour être reçu à s'engager, les étrangers devront n'avoir pas plus de quarante ans, et avoir au moins dix-huit ans accomplis et la taille d'un mètre cinquante-cinq centimètres. Ils devront en outre être porteurs; 1o de leur acte de naissance ou de toute autre pièce équivalente; 2o d'un certificat de bonnes vie et mœurs; 2o d'un certificat d'acceptation de l'autorité militaire, constatant qu'ils ont les qualités requises pour faire un bon service.

7. En l'absence des deux premières pièces indiquées à l'art. précédent, l'étranger sera renvoyé par-devant l'officier général commandant, qui décidera si l'engagement peut être reçu.

8. Les militaires faisant partie de la légion étrangère pourront se rengager pour deux ans au moins et pour cinq ans au plus. Les rengagements ne donneront droit à une haute-paie qu'autant que les militaires auront accompli cinq ans de service.

9. Notre ministre au département de la guerre (M. le duc de Dalmatie) est chargé, etc.

———

10 MARS — 17 AVRIL 1831. — Ordonnance du roi qui appelle à l'activité les quatre-vingt mille jeunes soldats composant le contingent de la classe de 1830. (IX, Bull. O. LX, n. 1520.)

Louis-Philippe, etc., vu les lois du 10 mars 1818, du 9 juin 1824 et du 11 décembre 1830; sur le rapport de notre ministre de la guerre, etc.

Art. 1er. Sont appelés à l'activité les quatre-vingt mille jeunes soldats composant le contingent de la classe de 1830.

le 12 (Mon. du 13); discussion et adoption le 21 février (Mon. du 22), à la majorité de 235 voix contre 51.

Présentation à la Chambre des Pairs le 23 février (Mon. du 24); rapport par M. le duc de Tarente le 18 février (Mon. du 1er mars); discussion et adoption le 1er mars (Mon. du 2).

Retour à la Chambre des Députés le 3 (Mon. du 4).

(1) L'art. 13 de la Charte est ainsi conçu : « Aucune troupe étrangère ne pourra être admise au service de l'État qu'en vertu d'une loi. »

Le grand nombre de déserteurs étrangers rendait nécessaire la formation d'une légion étrangère, depuis que l'on a résolu de ne plus autoriser l'*extradition*.

La rédaction de l'article ne peut laisser de doute sur l'intention qui l'a dicté; on voit que la légion d'étrangers ne pourra être employée dans l'intérieur du royaume. La Chambre des Députés avait d'abord adopté une disposition additionnelle por-

tant que la légion pourrait être employée dans l'intérieur en vertu d'une ordonnance du roi, la Chambre des Pairs l'a rejetée.

A quel moment pourra-t-on considérer la légion comme formée, de manière qu'elle ne puisse plus rester dans l'intérieur du royaume? Il était fort difficile d'établir, à cet égard, une règle claire et précise : on a dû laisser au ministre de la guerre le soin d'exécuter la loi, sous sa responsabilité.

Il a été formellement déclaré que la Corse est un département français, et qu'elle fait partie du territoire continental de la France. On a demandé que le colonel fût toujours Français. On a répondu que ce serait limiter la prérogative royale, et la proposition n'a pas eu de suite.

(2) Cet article a été ajouté, afin que, chaque année, les Chambres pussent supprimer la légion d'étrangers et les corps formés d'indigènes et d'étrangers, en refusant d'allouer les fonds nécessaires à leur entretien.

(3) Voy. *suprà.*

2. Ces jeunes soldats seront répartis entre les corps des armées de terre et de mer, suivant l'état ci-joint (1).

3. Notre ministre de la guerre (duc de Dalmatie) est chargé , etc.

10 mars = 8 avril 1831. — Ordonnance du roi sur l'instruction administrative et la décision des affaires relatives au service forestier. (IX, Bull. O. LVII, n. 1427.)

Louis-Philippe, etc. , voulant hâter l'instruction et la décision des affaires relatives au service forestier ; vu les art. 7 , 15 et 140 de l'ordonnance du 1er août 1827, rendue pour l'exécution du Code forestier ; vu , en ce qui concerne les coupes extraordinaires des bois des communes, l'avis de notre ministre de l'intérieur en date du 23 février 1831 : sur le rapport de notre ministre des finances, etc.

Art. 1er. Les attributions ci-après déterminées , qui étaient confiées au ministre des finances par l'ordonnance du 1er août 1827 , sont déléguées au directeur des forêts. En conséquence, il autorisera , après délibération du conseil d'administration: 1º les coupes ordinaires de chaque année ; 2º la coupe des arbres endommagés , ébranchés, morts ou dépérissants ; 3º le recépage des bois incendiés ou abroutis ; 4º les élagages sur les routes et les lisières des bois soumis au régime forestier ; 5º le remboursement des moins de mesure, lorsqu'ils n'excéderont pas la somme de cinq cents francs ; 6º les extractions de minerai ou de matériaux dans les forêts ; 7º la concession des terrains vagues à charge de repeuplement , lorsque la contenance des terrains ne dépassera pas cinq hectares et la durée de la concession six années ; les autres concessions demeureront soumises aux dispositions des art. 106 et 107 de l'ordonnance du 1er août 1827.

2. Les préfets pourront , en ce qui concerne l'administration des bois et communes et des établissements publics, et pour tous les objets urgents, s'adresser directement à l'agent local, chef de service, pour les renseignements dont ils auront besoin. Ces renseignements, toutefois, leur seront transmis par l'intermédiaire du conservateur. Cette marche sera observée principalement à l'égard des demandes en autorisation de coupes extraordinaires. Lorsque ces demandes seront instruites , les préfets les adresseront, avec toutes les pièces, à l'administration des forêts, qui en rendra compte à notre ministre des finances. Elles ne seront communiquées à notre ministre de l'inté-

rieur que dans le cas où l'administration forestière aurait donné un avis contraire à celui du préfet.

3. Les dispositions de l'ordonnance du 1er août 1827, contraires à la présente , sont et demeurent rapportées.

4. Notre ministre des finances (M. Laffitte) est chargé, etc.

10 mars 1831. — Ordonnance qui accepte la démission de M. Thiers de sous-secrétaire d'Etat des finances. (Bull. O. 57, n. 1436.)

10 mars 1831. — Ordonnance qui autorise délivrance de bois à diverses communes. (Bull. O. 59 et 60, n. 1385 et 1583.)

10 mars 1831. — Ordonnance relative à l'établissement d'usines dans diverses communes. (Bull. O. 60, n. 1584.)

11 mars = 1er avril 1831. — Ordonnance du roi portant établissement et organisation d'une école normale primaire. (IX, bull. O. LIV, n. 1385.)

Louis-Philippe, etc. , sur le rapport de notre ministre secrétaire d'Etat au département de l'instruction publique et des cultes; vu le décret du 17 mars 1808, art. 107 et 108 ; le décret du 15 novembre 1811 , art. 190 ; l'ordonnance du 29 février 1816, art. 59 ; l'ordonnance du 14 février 1830 , art. 10, 11 et 12; vu le mémoire de notre conseil royal de l'instruction publique, etc.

Art. 1er. Il sera établi à Paris une école normale destinée : 1º à former des instituteurs primaires pour l'académie de Paris ; 2º à éprouver ou vérifier les nouvelles méthodes d'enseignement, applicables à l'instruction primaire.

2. Le directeur et les maîtres de l'école normale primaire seront nommés par notre ministre de l'instruction publique et des cultes , grand-maître de l'université.

3. L'enseignement de l'école normale primaire comprendra , indépendamment de l'instruction morale et religieuse, la lecture , l'écriture, la grammaire française, la géographie, le dessin linéaire, l'arpentage, des notions de physique, de chimie et d'histoire naturelle, les éléments de l'histoire générale et spécialement de l'histoire de France.

4. Plusieurs classes primaires seront annexées à l'école normale. Elles seront confiées par le directeur , soit aux maîtres attachés à l'école, soit aux élèves-maîtres.

5. Il y aura des élèves-maîtres internes et des élèves-maîtres externes.

6. Nul ne sera admis comme élève-maître, soit interne , soit externe , s'il ne remplit les

---

(1) Ce tableau ne contenant rien que d'administratif, M. le garde des sceaux a décidé le 13 avril qu'il ne serait pas inséré au Bulletin des lois.

conditions suivantes : il devra, 1° être âgé de dix-huit ans au moins, 2° prouver, par les résultats d'un examen ou d'un concours, qu'il sait lire et écrire correctement, et qu'il possède les premières notions de la grammaire française et du calcul; 3° produire des certificats attestant sa bonne conduite. Les boursiers en âge de minorité devront, en outre, présenter le consentement de leur père, de leur mère ou de leur tuteur, à ce qu'ils s'engagent pour dix ans dans l'instruction publique comme instituteurs communaux.

7. Les élèves-maîtres, soit boursiers, soit externes, ne pourront rester plus d'un an à l'école normale. Ils subiront à la fin de l'année un examen d'après le résultat duquel ils seront inscrits par ordre de mérite sur un tableau dont copie sera adressée aux préfets des sept départements composant l'académie de Paris, et aux présidents des comités de ladite académie. Les élèves-maîtres qui n'auront pas satisfait à cet examen seront rayés du tableau de l'école normale, et l'engagement décennal qu'ils auraient contracté sera considéré comme non avenu.

8. Les formes et les conditions des examens ou concours seront déterminées par notre conseil royal de l'instruction publique.

9. Une bibliothèque à l'usage des élèves-maîtres sera placée dans les bâtiments de l'école normale primaire. Une somme sera consacrée tous les ans à l'acquisition des ouvrages que le conseil royal aura jugés utiles à l'instruction des élèves-maîtres, ou en général à l'enseignement primaire. Un des maîtres attachés à l'école aura la garde de la bibliothèque.

10. Des bourses entières ou partielles pourront être fondées dans l'école normale primaire, soit par les départements, soit par les communes, soit par l'université, soit par des donateurs particuliers, ou par des associations bienfaisantes. Les bourses fondées par l'université seront toujours données au concours. Il sera facultatif pour tous autres fondateurs de bourse de déterminer s'ils entendent que les bourses par eux fondées soient données par la voie du concours, ou à la suite d'examens particuliers.

11. Le taux des bourses sera fixé par le conseil royal. Les élèves externes seront admis gratuitement; ils seront seulement tenus de se procurer à leurs frais les livres, papiers, crayons, compas et autres objets nécessaires pour leurs études. Les élèves boursiers apporteront un trousseau tel qu'il aura été réglé.

12. Une commission spéciale, composée de cinq membres choisis par le ministre grand-maître parmi les fonctionnaires de l'université, sera chargée de la surveillance de l'école normale primaire, sous tous les rapports d'administration, d'enseignement et de discipline. En cas de faute grave de la part d'un élève-maître, la commission pourra prononcer la censure, ou même l'exclusion provisoire ou définitive, sauf, en cas d'exclusion définitive, l'approbation du grand-maître. Si un ou plusieurs des départements qui composent l'académie de Paris, fondent des bourses dans ladite école normale, les préfets de ces départements auront le droit d'assister avec voix délibérative, de leur personne, ou par un conseiller de préfecture délégué à cet effet, aux séances de la commission. Le directeur de l'école assistera aux séances de la commission, et il y aura voix délibérative, hors le cas où il s'agirait de juger l'administration économique de l'école.

13. Les dépenses que nécessiteront les traitements du directeur et des maîtres de l'école normale primaire, la formation et l'entretien de la bibliothèque, l'achat et l'entretien du mobilier, les gages des domestiques et les frais de bureau, seront portées au budget de l'école. Ce budget, dressé par le directeur au mois de novembre de chaque année, et présenté par lui, avec les pièces à l'appui, à l'examen de la commission de surveillance, sera soumis à l'approbation du conseil royal. La présentation du budget sera accompagnée du compte de gestion de l'exercice précédent.

14. La somme nécessaire pour subvenir aux dépenses portées au budget de l'école, et approuvées par le conseil royal, sera prélevée sur les fonds affectés à l'instruction primaire par le budget de l'État.

15. Notre ministre au département de l'instruction publique et des cultes (M. Barthe) est chargé, etc.

———

11 MARS 1831.—Ordonnance qui nomme M. Besson préfet de la Charente. (Bull. O. 52, n. 1325.)

———

12 MARS = 29 OCTOBRE 1831. — Ordonnance du roi sur la création d'une commission d'examen des créances sur la régence de Tripoli de Barbarie. (IX, Bull. O. CXII, n. 3177.)

Louis-Philippe, etc., vu l'art. 7 de la convention conclue, le 11 août dernier, entre la France et la régence de Tripoli de Barbarie, par lequel le gouvernement français s'est chargé d'acquitter, sur la contribution de huit cent mille francs que le gouvernement de Tripoli s'est engagé à lui payer, les créances des Français sur cette régence, d'une date antérieure à la signature de ladite convention.

Art. 1ᵉʳ. La commission établie pour l'exécution de la convention du 25 avril 1818, et de celle du 30 avril 1822, est également chargée de l'examen et de la liquidation des créances des Français sur la régence de Tripoli de Barbarie, antérieures au 11 août 1830.

2. Notre ministre des affaires étrangères (**M. Sébastiani**) est chargé, etc.

---

12 = 21 mars 1831. — Ordonnance du roi qui modifie celle du 2 février dernier sur la publicité des séances du conseil d'État, et le mode de décision des affaires contentieuses et des conflits, à l'exception des appels comme d'abus, des mises en jugement des fonctionnaires, et des autorisations de plaider demandées par les communes et établissements publics, et qui crée un ministère public au sein du comité de justice administrative. (IX, Bull. O. LII, n. 1311.)

Voy. *suprà*, l'ordonnance du 2 février 1831.

Louis-Philippe, etc., sur le rapport de notre ministre secrétaire d'État au département de l'instruction publique et des cultes, président du conseil d'État; vu notre ordonnance du 2 février dernier qui prescrit la publicité des séances du conseil d'État, lorsqu'il procède au jugement des affaires contentieuses; vu les observations adressées à notre ministre président du conseil d'État, par le conseil de l'ordre des avocats au conseil, sur la disposition de l'art. 2 de l'ordonnance du 2 février, qui veut que le comité de justice administrative fasse lire le projet de l'ordonnance à la séance publique; vu l'ordonnance du 1ᵉʳ juin 1828 (1) sur les conflits; considérant les inconvénients qu'il y aurait à ce que le comité de justice administrative arrêtât et lût un projet d'ordonnance avant que la défense ait été complétée par les observations verbales des avocats; considérant qu'au moment où les parties obtiennent les avantages de la publicité et de la discussion orale, il est convenable que l'administration et l'ordre public trouvent des moyens de défense analogues à ceux qui leur sont assurés devant les tribunaux ordinaires; considérant que les autorisations de plaider demandées par les communes et établissements publics, les autorisations de poursuivre les fonctionnaires publics, pour raison de leurs fonctions, sont des actes de tutelle ou de haute administration rendus sous la responsabilité des ministres, et qui n'appartiennent point à la juridiction contentieuse, et que les formes établies par la loi encore subsistante du 18 germinal an 10, concernant les appels comme d'abus, ne permettent pas de les traiter en séance publique; considérant qu'il est nécessaire de modifier l'ordonnance sur les conflits en raison des délais que la publicité apportera à la décision des affaires, etc.

Art. 1ᵉʳ. La disposition de l'art. 2 de notre ordonnance du 2 février dernier, qui prescrit la lecture en séance publique du projet d'ordonnance proposé sur chaque affaire par le comité de justice administrative, est rapportée (2).

2. Au commencement de chaque trimestre, notre ministre, président du conseil d'État désignera trois maîtres des requêtes qui exerceront les fonctions du ministère public. Dans chaque affaire, l'un d'eux devra être entendu; il prendra, à cet effet, communication du dossier (3).

3. Lorsqu'il y aura recours en notre conseil d'État contre une décision de l'un de nos ministres, rendue après délibération du comité attaché à son département, les membres de ce comité ne pourront participer au jugement de l'affaire (4).

4. Aucun des membres de notre conseil d'État en service extraordinaire ne siégera aux séances publiques du conseil, et ne participera au jugement des affaires contentieuses.

5. Notre ordonnance du 2 février dernier n'est point applicable aux autorisations de plaider demandées par les communes ou établissements publics (5), aux demandes en

---

(1) Voy. cette ordonnance et les notes qui s'y trouvent jointes.

(2 M. de Cormenin avait fait remarquer que cette lecture pourrait avoir un effet dangereux. Désormais le comité de justice administrative sera-t-il chargé de l'examen préalable des affaires contentieuses et de préparer un projet d'ordonnance? Je ne le pense pas. Si le projet d'ordonnance ne doit pas être lu publiquement, à plus forte raison, il ne peut être présenté au conseil d'État au moment et dans le secret des délibérations. La communication secrète aurait encore plus d'inconvénients que la lecture publique.

(3) Rien ne détermine les fonctions et les devoirs des membres de ce ministère public; on appliquera sans doute comme analogues les dispositions organiques du ministère public près les tribunaux ordinaires.

(4) M. de Cormenin a très-bien fait remarquer qu'appeler à l'assemblée générale du conseil d'État les membres du comité sur l'avis duquel ont été prises les décisions ministérielles attaquées, c'était rendre les membres de ce comité juges de leurs propres jugements (voy. *suprà*).

(5) Les demandes en autorisation de plaider,

autorisation de poursuivre devant les tribunaux les fonctionnaires publics pour raison de leurs fonctions (1), ni aux appels comme d'abus (2).

6. Le rapport sur les conflits ne pourra être présenté qu'après la production des pièces ci-après énoncées, savoir : la citation, les conclusions des parties, le déclinatoire proposé par le préfet (3), le jugement de compétence, l'arrêté de conflit. Ces pièces seront adressées par le procureur du roi à notre garde des sceaux, ministre de la justice, qui devra, dans les vingt-quatre heures de la réception, lui adresser un récépissé énonciatif des pièces envoyées, lequel sera déposé au greffe du tribunal (4). Le ministre transmettra aussitôt (5) les pièces au secrétaire général du conseil d'Etat.

7. Il sera statué sur le conflit dans le délai de deux mois, à dater de la réception des pièces au ministère de la justice (6). Si, un mois après l'expiration de ce délai, le tribunal n'a pas reçu notification de l'ordonnance royale rendue sur le conflit, il pourra procéder au jugement de l'affaire (7).

8. Notre ministre de l'instruction publique et des cultes, président de notre conseil d'Etat, et notre garde des sceaux,

ministre de la justice (MM. Barthe et Mérilhou), sont chargés, etc.

12 MARS = 1er AVRIL 1831. — Ordonnance du roi relative à la délivrance des brevets de capacité pour les fonctions d'instituteur primaire (1). (IX, Bull. O. LIV, n. 1386.)

Louis-Philippe, etc., vu les lois, décrets et ordonnances concernant l'instruction primaire ; considérant qu'en attendant qu'il ait pu être statué législativement sur l'instruction primaire, il importe d'introduire dans les réglements existants les modifications que réclame avec plus d'instance le besoin de la société; sur le rapport de notre ministre secrétaire d'Etat au département de l'instruction publique et des cultes, etc.

Art. 1er. A l'avenir, pour être admis à subir l'examen qui doit, aux termes des ordonnances du 29 février 1816 et du 21 avril 1828, précéder la délivrance des brevets de capacité, il suffira que les candidats remplissent les conditions suivantes : ils devront, 1° justifier qu'ils sont âgés de dix-huit ans accomplis ; 2° présenter au recteur de l'Académie et aux examinateurs délégués par le recteur, des certificats de bonnes vie et mœurs délivrés par les maires des com-

---

formées par les communes, n'ont pas évidemment le caractère contentieux : les demandes en autorisation de plaider, formées par des particuliers contre les communes, ne doivent-elles pas être considérées au contraire comme ayant ce caractère? Non, sans doute ; si le refus d'autorisation pouvait léser le particulier, il faudrait lui accorder toutes les garanties qui sont données dans les autres cas ; mais comme le refus que fait le conseil de préfecture d'autoriser un particulier à plaider contre une commune, comme le même refus de la part du conseil d'Etat, si le conseil d'Etat se trouvait saisi de la demande, devrait être considéré comme un ordre donné à la commune de passer condamnation et non comme une entrave à l'action du particulier, celui-ci n'a aucun intérêt à réclamer l'emploi des formes protectrices établies pour le jugement des affaires contentieuses.

(1) Il me semble que les demandes en autorisation pour poursuivre les fonctionnaires ont un caractère véritablement contentieux ; c'est un droit qu'exerce un citoyen lorsqu'il poursuit par la voie civile, ou par la voie criminelle l'auteur d'un crime ou d'un délit dont il a été la victime ; l'obstacle qu'il rencontre dans le caractère de fonctionnaire public, dont est revêtu l'auteur du fait incriminé, peut le priver de la réparation qui lui est due ; il est donc juste qu'en formant sa demande en autorisation il soit environné de toutes les garanties possibles.

(2) Voy. l'art. 8 de la loi du 18 germinal an 10. Cet article porte que la partie qui voudra appeler comme d'abus devra s'adresser au ministre pour que l'affaire soit, sur son rapport, suivie et terminée en la forme administrative. De ce mode de procéder, on conclut avec raison que les appels

comme d'abus ne doivent pas être considérés comme faisant partie du contentieux administratif; mais si, au lieu de s'attacher à la forme, on examinait la nature même de ces sortes d'affaires, on arriverait, il me semble, à un résultat opposé.

(3) C'est le mémoire dont parle l'art. 6 de l'ordonnance du 1er juin 1828.

(4) Outre les pièces indiquées dans cet article, le procureur du roi doit adresser toutes celles qu'indique l'art. 14 de l'ordonnance du 1er juin 1828.

(5) Egalement dans les vingt-quatre heures de la réception (art. 14 de l'ordonnance du 1er juin 1829).

(6) Ce délai ne peut être prorogé en aucun cas (art. 15 de l'ordonnance du 1er juin 1828).

(7) S'il était justifié au tribunal que le conseil d'Etat n'a pas prononcé dans les deux mois, le tribunal pourrait statuer sur la contestation ; il n'aurait pas besoin d'attendre qu'un autre mois fût expiré. Tel me paraît être le sens de cet article, combiné avec l'art. 16 de l'ordonnance du 1er juin 1828.

De ces deux articles, qui n'ont rien de contradictoire, il me semble résulter qu'après le délai de deux mois expiré, sans que le conseil d'Etat ait prononcé, l'instance peut être reprise, mais à la charge de prouver que le conseil n'a pas prononcé ; que, lorsqu'après les deux mois, un troisième mois s'est écoulé, il y a présomption que le conseil n'a pas prononcé ; l'instance doit être reprise, sans qu'aucune justification soit nécessaire.

(8) Une ordonnance du 18 avril 1831 (voyez ci-après), exige que tous les instituteurs primaires sans distinction soient pourvus du certificat de capacité.

munes où ils auront résidé depuis trois ans.

2. Toutes dispositions contraires sont abrogées.

3. Notre ministre de l'instruction publique et des cultes (M. Barthe) est chargé , etc.

---

12 MARS = 4 AVRIL 1831. — Ordonnance du roi qui crée une chaire d'archéologie au collége de France. (IX, Bull. O. LVI, n. 1417.)

Louis-Philippe, etc.

Art. 1er. Une chaire d'archéologie est créée au collége de France. M. Champollion jeune, membre de l'Institut, est nommé professeur de cette chaire.

2. Notre ministre de l'intérieur (M. Montalivet) est chargé, etc.

---

12 MARS = 4 AVRIL 1831. — Ordonnance du roi qui crée une chaire d'économie politique au collége de France. (IX, Bull. O. LVI, n. 1418.)

Louis-Philippe, etc.

Art. 1er. Une chaire d'économie politique est créée au collége de France. M. Jean-Baptiste Say est nommé professeur de cette chaire.

2. Notre ministre de l'intérieur (M. Montalivet) est chargé, etc.

---

12 MARS = 4 AVRIL 1831. — Ordonnance du roi qui crée au collége de France une chaire d'histoire des législations comparées. (IX , Bull. O. LVI, n. 1419.)

Louis-Philippe, etc.

Art. 1er. Une chaire d'histoire générale et philosophique des législations comparées est créée au collége de France. M. Eugène Lerminier, avocat et docteur en droit, est nommé professeur de cette chaire.

2. Notre ministre de l'intérieur (M. Montalivet) est chargé, etc.

---

12 MARS = 4 AVRIL 1831. — Ordonnance du roi portant rétablissement du mont-de-piété d'Apt (Vaucluse). (IX , Bull. O. LVI, n. 1422.)

Louis-Philippe, etc. , sur le rapport de notre ministre au département de l'intérieur, le comité de l'intérieur du conseil d'État entendu , etc.

Art. 1er. Le mont-de-piété qui existait anciennement à Apt (Vaucluse) sera rétabli , et régi conformément au règlement annexé à la présente ordonnance.

2. L'administration dudit mont-de-piété est autorisée à accepter la donation d'une somme de sept mille cinq cents francs, faite à cet établissement par M. Arnavon , suivant acte public du 11 juillet 1829.

3. Notre ministre de l'intérieur (M. Montalivet) est chargé, etc.

---

12 MARS 1831. — Ordonnance qui accorde une pension à un ancien directeur de dépôt de mendicité. (Bull. O. 58 *bis*, n. 4.)

12 MARS 1831. — Ordonnance qui approuve des demi-soldes , suppléments et pensions accordés aux marins , ouvriers , veuves , père et mère y dénommés. (Bull. O. 86 *bis*, n. 1.)

12 MARS 1831. — Ordonnance qui nomme M. A. de Jussieu préfet de l'Ain. (Bull. O. 54, n. 2840.)

12 MARS 1831. — Ordonnance qui crée un commissariat de police à Nangis. (Bull. O. 56 , n. 1429.)

12 MARS 1831. — Ordonnance qui autorise délivrance de bois à plusieurs communes. (Bull. O. 58, n. 1466.)

12 MARS 1831. — Ordonnance relative à l'établissement de plusieurs usines. (Bull. O. 60, n. 1424.)

12 MARS 1831. — Ordonnance qui autorise l'acceptation de dons et legs faits aux prisons , hospices et pauvres de diverses communes. (Bull. O. 70, n. 1765.)

---

13 MARS 1831. — Ordonnances qui nomment M. Casimir Périer ministre de l'intérieur et président du conseil des ministres, M. Barthe garde des sceaux , ministre de la justice , président du conseil d'État ; M. Louis , ministre des finances ; M. de Montalivet, de l'instruction publique et des cultes, M. d'Argout, du commerce et des travaux publics ; M. de Rigny, de la marine et des colonies. (Bull. O. 51, n. 1289 à 1294)

13 MARS 1831.—Ordonnance qui nomme M. Zédé maître des requêtes en service extraordinaire. (Bull. O. 56, n. 1425.)

---

15 = 17 MARS 1831. — Loi qui ouvre un crédit provisoire pour la liquidation des dettes de l'ancienne liste civile, et pour le paiement de secours aux anciens pensionnaires (1). (IX, (Bull. XXIV, n. 90.)

Art. 1er. Il est ouvert au ministre des fi-

---

(1) Présentation à la Chambre des Députés le 15 décembre (Mon. des 16 et 17) ; rapport par M. Thil le 12 février (Mon. du 14) ; discussion et adoption le 22 février (Mon. du 23), à la majorité de 241 voix contre 9.

Présentation à la Chambre des Pairs le 28 février (Mon. du 1er mars) ; rapport par M. le comte Lecoulteux le 8 mars (Mon. du 9) ; discussion et adoption le 10 (Mon. du 11), à l'unanimité.

nances un crédit provisoire de trois millions pour servir au paiement des créanciers de l'ancienne liste civile dont les titres seront vérifiés et reconnus légitimes, sans préjudice du recours de l'Etat, s'il y a lieu, contre qui de droit.

Les créanciers seront tenus de déposer leurs titres dans le délai de trois mois, à partir de la publication de la présente loi. Le ministère des finances présentera, à la prochaine session des Chambres, le tableau des créances qui auront été vérifiées et reconnues légitimes.

2. Un crédit de quinze cent mille francs est également ouvert au ministre des finances pour être distribué, à titre de secours, aux pensionnaires de l'ancienne liste civile dont la situation paraîtra l'exiger (1).

15 = 17 mars 1831. — Loi portant création d'un

crédit extraordinaire pour pensions militaires, et confirmation des liquidations faites en vertu d'une ordonnance (2). (IX, Bull. XXIV, n. 89.)

Art. 1er. Il est ouvert un crédit extraordinaire de deux millions pour servir à l'inscription, au trésor public, des pensions militaires a liquider au-delà des crédits d'inscription fixés par les art. 3 et 5 de la loi du 20 juin 1827 (3).

2. Les liquidations seront faites conformément au tarif annexé à l'ordonnance du 10 octobre 1829 (4).

3. Il sera sursis, jusqu'à la loi générale sur les pensions, à toute liquidation qui serait demandée en vertu des ordonnances des 31 mai 1814 et 1er août 1815 (5).

4. Les inscriptions qui auront lieu en vertu de la présente loi ne pourront donner ouverture à des paiements d'arrérages antérieurs au 1er janvier 1830.

(1) Cette loi se composait, dans le projet, de plusieurs articles; on y déclarait en principe que l'Etat devait se charger de la liquidation de l'ancienne liste civile; on y fixait le chiffre de l'actif et du passif; on en déterminait les éléments; on réglait la somme à laquelle devait être réduite la masse totale des pensions; on disposait qu'elles seraient toutes révisées, à l'exception de celles qui ne s'élèvent pas à plus de 250 fr., et qu'aucune ne pourrait excéder 1,000 fr. La commission de la Chambre des Députés, qui d'abord avait examiné et modifié le projet de loi, a pensé qu'il convenait de le remplacer par des dispositions transitoires. L'esprit de ces dispositions doit être nettement indiqué. A-t-on entendu consacrer en principe que la liquidation était mise à la charge de l'Etat, ou n'est-ce qu'une espèce de secours qu'on a voulu accorder aux créanciers? M. Isambert, considérant l'Etat comme assumant sur lui l'obligation de payer les dettes de l'ancienne liste civile, avait proposé de dire que les créanciers ne pourraient provisoirement faire ni poursuites ni actes conservatoires; mais M. le rapporteur a dit : « On ne préjuge rien; « on laisse entière la question de savoir si l'Etat « sera chargé de faire face à toutes les dettes de la « liste civile. »

M. Marchal a fait observer qu'il ne suffisait pas de réserver le recours du trésor contre qui de droit; qu'il fallait en outre se ménager les moyens d'exercer ces droits; et qu'en conséquence, on devait déclarer « que les biens du roi déchu, Charles X, et « ceux des autres membres de sa famille ne pour- « raient être aliénés avant la liquidation de l'an- « cienne liste civile. »

Cette proposition n'a pas été adoptée : on a considéré que les biens de Charles X et ceux de sa famille se trouvaient par le fait hors de leur libre disposition : l'on n'a rien préjugé.

(2) Présentation à la Chambre des Députés le 5 février (Mon. du 6); rapport par M. Paixhans le 24 (Mon. du 25); discussion et adoption le 26 (Mon. du 28), à la majorité de 212 voix contre 91.

Présentation à la Chambre des Pairs le 3 mars

(Mon. du 4); rapport par M. le duc de Plaisance le 8 (Mon du 9); discussion et adoption le 10 (Mon. du 11), à l'unanimité.

(3) Les art. 3 et 5 de la loi du 20 juin 1827 (voy. t. 27, p. 206) ouvraient deux crédits, l'un de 1,800,000 fr. et l'autre de 700,000 fr. Ces crédits sont devenus insuffisants par un double motif, a dit M. le ministre de la guerre; d'abord, indépendamment des pensions résultant de la marche du service ordinaire, et qui se sont trouvées suspendues en 1830, par la nécessité d'en ajourner l'inscription au trésor public, tant que le tarif sur lequel elles étaient basées (voy. l'ordonnance du 10 octobre 1829, et le tarif y annexé, t. 29, p. 654) n'aurait pas reçu la sanction de la loi; les changements survenus depuis le mois d'août dans l'organisation de l'état-major, la dissolution de la garde royale, ont appelé un grand nombre de militaires de tous grades à faire valoir leurs droits à la retraite; d'ailleurs, le nombre des pensions à accorder sera pareillement augmenté par la nouvelle loi sur les pensions, dont les dispositions bienveillantes adoucissent la rigueur des conditions précédemment exigées des veuves et orphelins de militaires.

(4) L'ordonnance du 10 octobre 1829 (voy. t. 29, p. 654) a apporté des améliorations notables dans la fixation des pensions; on peut s'en convaincre en comparant ses dispositions à celles de l'ordonnance du 27 août 1814; mais l'ordonnance du 10 octobre 1829 avait besoin de la sanction législative pour qu'on pût opérer l'inscription des pensions au trésor.

(5) Pour bien comprendre le sens de cet article, il faut connaître les motifs qui l'ont dicté. La Chambre des Députés, après avoir consacré par l'article précédent les bases de liquidation des pensions, n'a pas oublié que des bases encore plus favorables étaient portées dans la loi générale sur les pensions, à elle présentée par le ministre de la guerre; elle a reconnu que les militaires ayant droit à la pension seraient placés dans une position singulière; que, s'ils se faisaient liquider avant la loi nouvelle, ils seraient privés des avantages qu'elle pouvait leur procurer; que, s'ils différaient de

Il en sera rendu compte, dans la forme déterminée, pour les crédits annuels d'inscription.

5. Les pensions militaires, inscrites au trésor public en vertu de l'ordonnance du 10 octobre 1829, sont et demeurent confirmées.

———

15 MARS = 15 SEPTEMBRE 1831. — Ordonnance du roi sur la place de Metz. (IX, Bull. O. CIII, n. 2892.)

Louis-Philippe, etc., vu la loi du 5 fructidor an 5, relative à la démolition d'une partie de la citadelle de Metz, et à la destination des terrains provenant de cette démolition; vu les lois des 10 juillet 1791 et 17 juillet 1819 sur les places de guerre et les servitudes qui en dérivent, ainsi que l'ordonnance du 1er août 1821 relative au même objet; vu l'ordonnance du 26 août 1818, rendue sur une contestation entre la ville de Metz et le ministre de la guerre au sujet des terrains provenant de la citadelle; considérant que tout ce qui devait être démoli d'après le plan annexé à la loi du 5 fructidor an 5, ne l'a pas été; que les bâtiments restés debout sont indispensables au service de la place; que les terrains non aliénés provenant des démolitions qui ont été faites sont nécessaires au même service; sur la demande de notre ministre de la guerre et le rapport de notre ministre des finances, etc.

Art. 1er. Tous les terrains provenant de la citadelle de Metz, qui avaient été mis à la disposition de l'administration des domaines, et déclarés aliénables par la loi du 5 fructidor an 5, sont affectés au ministère de la guerre, et remis sous l'administration de notre ministre de ce département, comme *terrains militaires*, conformément à la loi

du 10 juillet 1791, sans préjudice des droits que des tiers peuvent avoir acquis jusqu'à ce jour en vertu des lois existantes.

2. Nos ministres de la guerre et des finances (duc de Dalmatie et baron Louis) sont chargés, etc.

15 MARS 1831. — Ordonnance qui admet les sieurs Thompson, Brand, Claude, Fritz-Perregaux, Hirschauer, Muller, Pitsch, Rauschenberger et Sigel à établir leur domicile en France. (Bull. O. 59, n. 1510.)

15 MARS 1831. — Ordonnance relative à la délivrance de coupes de bois à plusieurs communes. (Bull. O. 60, n. 1525.)

15 MARS 1831. — Ordonnance contenant approbation des tarifs pour la perception de l'octroi dans plusieurs villes. (Bull. O. 60, n. 1526.)

15 MARS 1831. — Ordonnance relative à l'établissement d'usines dans plusieurs départements. (Bull. O. 60, n. 1527.)

15 MARS 1831. — Ordonnance qui autorise l'inscription de onze pensions au trésor. (Bull. O. 58 *bis*, n. 5.)

15 MARS 1831. — Ordonnances qui accordent des lettres de naturalité aux sieurs Corbai, Calderon, Pinuela-Perez et Mannel. (Bull. O. 88, 91, 97 et 134, n. 2531, 2664, 3754 et 4066.)

15 MARS 1831. — Ordonnance qui accorde des lettres de naturalité au sieur Allbier. (Bull. supp., n. 12706.)

———

16 MARS 1831. — Ordonnance qui admet les sieurs Balberek, Barbey, Cullat, David, Falterbaum, Hœgi, Heintz, Hilmann, Pietragrua, Rau, Stoehlin, Stoutz, Vogel et Weber à établir leur domicile en France. (Bull. O. 59, n. 1511.)

16 MARS 1831. — Ordonnances qui accordent des lettres de naturalité aux sieurs Martin, Lichtenstein et Larut. (Bull. O. 88 et 131, n. 2532, 2533 et 3693.)

———

présenter leurs demandes, la liquidation se trouverait entravée. Pour prévenir cet inconvénient, on a proposé un article portant, en substance, que les militaires liquidés avant la loi nouvelle, pourraient, dans les six mois de la promulgation de cette loi, réclamer le bénéfice de ses dispositions; l'intention de cet article a été généralement trouvée bonne; mais on a jugé qu'il était peu parlementaire de s'en référer à une loi non existante; on s'est donc occupé à chercher une rédaction qui rendît la même pensée et qui n'eût pas l'inconvénient qu'on venait de faire remarquer; mais une autre considération a été présentée à la Chambre; on a dit que si l'on autorisait, d'une manière générale, tous les militaires à se faire liquider, d'après les règles actuellement existantes, plusieurs pourraient présenter comme éléments de liquidation, les services dans les armées étrangères, durant l'émigration, conformément à certaines ordonnances du 31 mai 1814 et du 1er août 1815. Il paraît que la Chambre, préoccupée de l'idée

qu'il ne fallait pas, jusqu'à la publication de la loi nouvelle, laisser compter ainsi les services rendus dans l'émigration, a perdu de vue ce qui avait d'abord attiré son attention, c'est-à-dire la nécessité d'offrir aux militaires dont la pension serait liquidée avant la loi nouvelle, les moyens d'invoquer plus tard le bénéfice de ses dispositions. L'article, tel qu'il est rédigé, subordonne aux dispositions de la loi nouvelle la question de savoir si le temps de service, durant l'émigration et dans les armées étrangères, sera ou ne sera point compté et comment il le sera; et il n'est plus possible de se faire liquider en vertu des ordonnances des 31 mai 1814 et 1er août 1815. Mais le militaire qui n'a point les ordonnances à invoquer, et qui aura été liquidé avant la loi nouvelle, pourra-t-il, après cette loi, si elle lui est avantageuse, demander qu'elle lui soit appliquée? L'article ne lui en donne pas le droit. L'ordonnance du 31 mai 1814 n'a point été insérée au Bulletin des lois.

16 MARS 1831. — Ordonnance qui accorde des lettres de naturalité aux sieurs Kaminski et Biscardi. (Bull. O., 2e sect., n. 3452, 6117.)

16 MARS 1831. — Ordonnance qui accorde des lettres de naturalité au sieur Metzinger. (Bull. supp., n. 13102.)

---

17 = 22 MARS 1831. — Ordonnance du roi qui augmente le nombre des sous-lieutenants et des sergents dans chaque compagnie du bataillon d'ouvriers d'administration. (IX, Bull. O. LIII, n. 1345.)

Louis-Philippe, etc., sur le rapport de notre ministre secrétaire d'Etat de la guerre, etc.

Art. 1er. Le nombre des sous-lieutenants et des sergents à attacher à chaque compagnie du bataillon d'ouvriers d'administration sera porté, savoir : celui des sous-lieutenants, à deux, au lieu d'un seulement ; et celui des sergents, à six au lieu de quatre.

2. Notre ministre de la guerre (duc de Dalmatie) est chargé, etc

---

17 = 22 MARS 1831. — Ordonnance du roi qui dissout la 20e compagnie de fusiliers sédentaires. (IX, Bull. O. LIII, n. 1346.)

Louis-Philippe, etc., sur le rapport de notre ministre secrétaire d'Etat de la guerre, etc.

Art. 1er. La 20e compagnie de fusiliers sédentaire est dissoute.

2. Les officiers de cette compagnie seront admis à la solde de congé. Les sous-officiers et soldats seront versés dans d'autres compagnies sédentaires.

3. La 31e compagnie de fusiliers sédentaires prendra le n. 20.

4. Notre ministre de la guerre (duc de Dalmatie) est chargé, etc.

---

17 MARS = 1er AVRIL 1831. — Ordonnance du roi sur le personnel de l'administration provisoire des domaines privés du roi, l'apanage de sa maison, et des domaines des princes et princesses. (IX, Bull. O. LIV, n. 1387.)

Louis-Philippe, etc., vu notre ordonnance du 4 septembre dernier, etc.

Art. 1er. M. de Gérente, conservateur de nos forêts, est nommé directeur provisoire de l'administration de nos domaines privés et de ceux qui composent l'apanage de notre maison, en remplacement de M. Deviolaine, décédé.

2. M. Oudard, secrétaire de notre cabinet, est nommé directeur de l'administration des domaines appartenant aux princes et princesses nos bien-aimés enfants, pendant leur minorité, en remplacement de M. Badouix, appelé à des fonctions publiques.

3. Toutes actions judiciaires, tant en demandant qu'en défendant, seront exercées par les susnommés en ladite qualité, et chacun en ce qui le concerne. Les institutions des agents pour les différentes branches de service seront faites de la même manière.

4. Notre garde des sceaux, ministre de la justice (M. Barthe), est chargé, etc.

---

17 MARS = 1er AVRIL 1831. — Ordonnance du roi qui détermine les attributions du ministère de l'intérieur et de celui du commerce et des travaux publics. (IX, Bull. O. LIV, n. 1388.)

Louis-Philippe, etc. sur le rapport de notre ministre secrétaire d'Etat de l'intérieur, président de notre conseil des ministres, etc.

Art. 1er. Les attributions du ministère de l'intérieur sont déterminées ainsi qu'il suit : le personnel des préfets, sous-préfets et maires, des membres des conseils généraux, conseils d'arrondissement et conseils municipaux, et autres fonctionnaires administratifs ; l'exécution des lois sur les élections ; la police générale du royaume ; l'exécution des lois et règlements en matière de police administrative ; la surveillance des passeports, ports d'armes, etc. ; l'organisation et l'administration des gardes nationales ; les sapeurs-pompiers, le recrutement, la gendarmerie et les autres affaires militaires dans lesquelles intervient l'autorité civile ; les journaux, les feuilles périodiques, les contraventions aux lois et règlements relatifs aux publications par la voie de la presse ou par tout autre moyen.

2. Toutes les autres attributions de l'ancien ministère de l'intérieur appartiendront au ministère du commerce et des travaux publics.

3. Notre ministre de l'intérieur, président du conseil, et notre ministre au département du commerce et des travaux publics (MM. Casimir Périer et d'Argout) se concerteront pour nous proposer la répartition des fonds assignés à chaque service, et sont chargés, etc.

---

18 MARS = 8 AVRIL 1831. — Ordonnance du roi qui augmente les crédits ouverts aux ministres de la justice, de la marine et des finances pour les dépenses de l'exercice 1831. (IX, Bull. O. LVII, n. 1426.)

Louis-Philippe, etc., vu nos ordonnances

des 21 décembre 1830 et 4 février derniers desquelles il résulte que sur le crédit provisoire de trois cents millions, ouvert à nos ministres pour l'exercice 1831 par la loi du 12 décembre 1830, il est demeuré disponible une somme de dix millions cent cinq mille francs, à répartir ultérieurement; vu les nouvelles demandes que nous ont présentées nos ministres de la justice, de la marine et des finances, pour des services urgents ou qui ne se trouvent pas suffisamment assurés par les crédits précédemment accordés, etc.

Art. 1ᵉʳ. Les crédits ouverts à nos ministres de la justice, de la marine et des finances, en exécution de la loi du 12 décembre 1830, pour les dépenses de l'exercice 1831, sont augmentés d'une somme de neuf millions cinq cent treize mille francs, à prélever sur la portion du crédit de trois cents millions qui est restée à répartir d'après notre ordonnance du 4 février dernier. Ces suppléments de crédits sont affectés aux services ci-après, savoir :

Ministère de la justice

Administration centrale (personnel).	44,700
Administration centrale (matériel).	8,457
Cour de cassation.	121,598
Cours royales.	403,854
Cours d'assises	18,600
Tribun. de première instance.	464,303
Tribunaux de commerce.	14,725
Tribunaux de police.	5,200
Justices de paix.	260,133
Frais de justice criminelle.	100,000
Subvention à la caisse des pensions du ministère.	36,470
Secours temporaires à d'anciens magistrats, à leurs veuves et orphelins; indemnité pour le Journal des Savants; dépenses extraordinaires.	5,000
Total.	1,483,000

Ministère de la marine.

Solde à terre, solde à la mer, et dépenses assimilées à la solde.	1,700,000
Hôpitaux.	80,000
Vivres.	800,000
Constructions, armements et approvisionnements.	2,200,000
Artillerie.	150,000
Travaux hydrauliques.	300,000
Colonies.	500,000
Total.	5,730,000

Ministère des finances.

Liste civile.	1,500,000
Contributions indirectes (service administratif et de perception dans les départements).	500,000
Postes (idem).	300,000
Total.	2,300,000
Total général.	9,513,000
Portion de crédit de trois cents millions non répartie par les ordonnances des 21 décembre 1830 et 4 février 1831.	10,105,000
Reste à répartir.	592,000

2. Nos ministres de la justice, de la marine et des finances (MM. Barthe, de Rigny et Louis) sont chargés, etc.

---

18 MARS = 8 AVRIL 1831. — Ordonnance du roi qui transfère la résidence du conservateur du dix-huitième arrondissement forestier. (IX, Bull. O. LVII, n. 1428.)

Louis-Philippe, etc., vu le tableau annexé à l'ordonnance du 1ᵉʳ août 1827, qui détermine le siége et la circonscription des conservations forestières ; vu les observations du directeur de l'administration des forêts ; sur le rapport de notre ministre des finances, etc.

Art. 1ᵉʳ. La résidence du conservateur du dix-huitième arrondissement forestier, fixée à Nismes par l'ordonnance précitée, sera transférée et désormais fixée à Montpellier.

2. Notre ministre des finances (baron Louis) est chargé, etc.

---

18 MARS = 18 AVRIL 1831. — Ordonnance du roi sur la délivrance des arbres des grandes routes pour le service de l'artillerie. (IX, Bull. O. LXIII, n. 1604.)

Louis-Philippe, etc., vu la demande de notre ministre secrétaire d'État de la guerre, tendant à obtenir pour le service de l'artillerie la cession d'arbres appartenant à l'État sur les grandes routes ; vu les observations du directeur général des ponts et chaussées et celles tant du conseil d'administration que du directeur général de l'enregistrement et des domaines ; vu la loi du 12 mai 1825 concernant les arbres plantés sur le sol des routes royales et départementales, et notre ordonnance du 24 décembre 1830 portant autorisation de coupes extraordinaires dans les bois de l'Etat pour les besoins de la défense des places frontières ; sur le rapport de notre ministre des finances, etc.

Art. 1er. Les arbres qui, appartenant à l'Etat sur les grandes routes et reconnus par l'administration susceptibles d'être abattus, seront désignés par notre ministre secrétaire d'Etat de la guerre comme nécessaires aux travaux de l'artillerie, lui seront cédés sur estimation.

2. L'estimation de ces arbres sera faite concurremment par trois experts : un ingénieur des ponts et chaussées, un officier de l'artillerie et un agent des forêts.

3. Le prix d'estimation sera payé par le ministère de la guerre dans la caisse du receveur des domaines de la situation.

4. Les arbres seront délivrés sur pied.

5. L'abatage, le façonnage et le transport des arbres, seront à la charge du département de la guerre.

6. Les rémanents et branchages provenant du façonnage des arbres et qui ne seraient point utiles à l'administration de la guerre, seront vendus par adjudication publique, suivant les formes déterminées par les règlements pour les ventes d'objets mobiliers inutiles au service des ministères ; et le produit de ces ventes, également payable entre les mains des receveurs des domaines, sera déduit, sur le budget des dépenses de la guerre, du montant des estimations des arbres délivrés sur pied.

7. Notre ministre de la guerre et notre ministre des finances (duc de Dalmatie et baron Louis) sont chargés, etc.

18 MARS 1831. — Ordonnances autorisant délivrance de bois à plusieurs communes. (Bull. O. 60 et 94, n. 1528 et 1627.)

18 MARS 1831. — Ordonnances relatives à l'établissement et à la construction d'usines dans diverses communes. (Bull. O. 65, n. 1656.)

19 MARS = 1er AVRIL 1831. — Ordonnance du roi relative aux officiers du corps royal d'état-major non employés. (IX, Bull. O. LIV, n. 1389.)

Louis-Philippe, etc.

Art. 1er. L'art. 5 de notre ordonnance du 12 novembre 1830 est et demeure rapporté.

2. Notre ministre de la guerre (duc de Dalmatie) est chargé, etc.

19 MARS 1831. — Ordonnance qui accorde des pensions, suppléments et demi-soldes à des marins et ouvriers de la marine. (Bull. O. 91 bis, n. 1.)

20 = 27 MARS 1831. — Loi qui autorise la ville de Paris à faire un emprunt (1). (IX, Bull. XXVII, n. 93.)

Art. 1er. La ville de Paris est autorisée, conformément aux délibérations du conseil municipal des 9 et 23 décembre 1830, à créer sept cent cinquante mille francs de rentes au capital de quinze millions, et à les négocier avec publicité et concurrence dans la proportion et à mesure des besoins, pour subvenir :

1° A la réalisation définitive des dernières obligations municipales souscrites en vertu de la loi du 28 avril 1816 pour couvrir les dépenses causées par l'occupation de Paris en 1815 ;

2° Au remboursement de l'emprunt d'un million deux cent mille francs autorisé par ordonnance royale du 19 août 1818 ;

3° Au remboursement de l'emprunt provisoire de quatre millions autorisé par ordonnance royale du 24 décembre 1828 ;

4° Au règlement définitif du budget de 1830 et à la balance de celui de 1831.

2. La ville de Paris pourra, selon ses besoins, soit négocier lesdites rentes, soit émettre des bons à échéance jusqu'à concurrence de quinze millions ; et, dans ce dernier cas, les rentes créées par l'art. 1er et non négociées, seront spécialement affectées à la garantie desdits bons.

3. Pour assurer l'amortissement tant des rentes anciennes, que de la dette nouvelle à contracter par la ville de Paris en vertu de la présente loi, le fonds de deux cent mille francs, inscrit annuellement au budget de cette ville, et prélevé sur ses revenus pour le rachat des rentes déjà existantes, sera porté à cinq cent mille francs au moins, en outre de la somme nécessaire au paiement

---

(1) Présentation à la Chambre des Députés le 19 janvier (Mon. du 20) ; rapport par M. Baillot le 10 février (Mon. du 11) ; discussion et adoption le 12 (Mon. du 14), à la majorité de 212 voix contre 8.

Présentation à la Chambre des Pairs le 23 février (Mon. du 24) ; rapport par M. le comte de Germiny le 10 mars (Mon. du 12) ; discussion et adoption le 12 (Mon. du 13), à la majorité de 87 voix contre une.

des arrérages des rentes ou des intérêts au taux légal des valeurs émises.

Ce fonds d'amortissement s'accroîtra du montant des arrérages des rentes rachetées, ou des intérêts des valeurs retirées de la circulation jusqu'à leur extinction totale.

4. Conformément aux délibérations du conseil municipal des 21 décembre 1830 et 6 janvier 1831, la ville de Paris est autorisée en outre à garantir les opérations de la Banque de France en faveur du comptoir d'escompte de cette ville jusqu'à concurrence d'une somme de quatre millions, pour laquelle il sera souscrit, au nom de ladite ville, des obligations qui seront déposées à la Banque (1).

---

20 = 27 mars 1831. — Lois portant autorisation à plusieurs villes de s'imposer extraordinairement ou de faire des emprunts, et réunion de deux villages à la commune dans laquelle ils sont enclavés. (IX, Bull. XXVII, n. 94.)

PREMIÈRE LOI (Rouen). — Article unique. La ville de Rouen (Seine-Inférieure) est autorisée à s'imposer extraordinairement en 1831, par addition à ses contributions directes, savoir : cinq centimes sur le principal des contributions foncière, portes et fenêtres, et des patentes, et quinze centimes sur le principal de la contribution personnelle et mobilière, à l'effet de pourvoir à des travaux d'utilité publique par voie d'ateliers de charité.

Cette perception sera effectuée dans les délais fixés par la délibération du conseil municipal du 16 décembre 1830.

DEUXIÈME LOI (Montauban). — Article unique. La ville de Montauban (Tarn-et-Garonne) est autorisée à s'imposer extraordinairement en 1831 douze centimes additionnels par franc sur le principal de ses contributions foncière, personnelle, mobilière, des portes et fenêtres et des patentes, à l'effet de pourvoir aux frais de terrassement à faire exécuter pour former une levée destinée à défendre une portion de la ville contre les eaux du Tarn.

TROISIÈME LOI (Poitiers). — Article unique. La ville de Poitiers (Vienne) est autorisée à s'imposer extraordinairement en 1831, au centime le franc de ses contributions foncière, personnelle et mobilière, une somme de dix mille quatre cent soixante-six francs, à l'effet de pourvoir à une portion des travaux d'utilité publique voté par le conseil municipal dans la séance du 25 novembre 1830.

QUATRIÈME LOI (Lisieux).—Article unique. La ville de Lisieux (Calvados) est autorisée à emprunter une somme de cinquante mille francs pour payer le prix de divers travaux d'utilité publique.

Cet emprunt sera remboursé, avec un intérêt qui n'excédera pas cinq pour cent, en cinq années, à partir de 1833, sur les revenus ordinaires de la ville.

CINQUIÈME LOI (Angers). — Article unique. La ville d'Angers (Maine-et-Loire) est autorisée à emprunter, à un intérêt qui ne pourra pas excéder cinq pour cent par an, une somme de vingt mille francs remboursable en deux années, à compter de 1832, pour servir à acquitter les frais d'organisation de la garde nationale de cette ville.

SIXIÈME LOI (Metz). — Article unique. La ville de Metz (Moselle) est autorisée à emprunter, à un intérêt qui ne pourra excéder cinq pour cent par an, une somme de quatre-vingt-quinze mille francs remboursable en dix années et par dixième, à compter de 1832, pour servir à acquitter les frais d'organisation de la garde nationale, et autres dépenses énoncées dans la délibération du conseil municipal du 24 septembre 1830.

SEPTIÈME LOI (Creuse, — Corrèze). — Article unique. Les villes de Comps et de Langanne, dépendant de la commune de Feuier, canton de Gentioux, arrondissement d'Aubusson, département de la Creuse, sont réunis au département de la Corrèze et à la commune de Peyrelevade,

---

(1) Voy. l'ordonnance du 23 décembre 1830.
Le projet de loi contenait un cinquième article ainsi conçu : « Il ne sera perçu qu'un droit fixe d'un franc pour l'enregistrement des actes auxquels pourra donner lieu la négociation de 750,000 fr. de rentes, ou des valeurs dont la création est autorisée par la présente loi. »
On a demandé pourquoi cette faveur de l'exemption du droit d'enregistrement était accordée à la ville de Paris, tandis qu'elle n'avait pas été consentie au profit d'autres villes qui la réclamaient.

M. Odilon-Barrot, M. Calmon et M. Laffitte ont fait remarquer qu'il ne s'agissait pas de contrats donnant lieu à la perception d'un droit d'enregistrement, mais d'effets négociables ou de bons dont l'émission et la négociation n'est assujettie à aucun droit.

L'article a été rejeté, non pas qu'on ait voulu soumettre les titres émis au droit d'enregistrement, mais, au contraire, parce qu'on a reconnu qu'ils n'y étaient pas sujets par leur nature.

canton de Sornac, arrondissement d'Ussel, dans laquelle ils sont enclavés.

Les dispositions qui précèdent auront lieu sans préjudice des droits d'usage ou autres qui seraient réciproquement acquis.

(1) Proposition à la Chambre des Députés par M. Humblot-Conté le 7 septembre; rapport par M. Félix Faure le 29 décembre 1830 (Mon. des 2 et 3 janvier 1831); discussion les 29 et 30 (Mon. des 30 et 31 janvier, 1er, 2, 3, 4, 5, 6, 7, 8, 9, 10, 11, 12, 13, 15, 16, 17 février) (Mon. idem) : adoption le 18 (Mon. du 19), à la majorité de 152 voix contre 86.

Envoi à la Chambre des Pairs le 19 février (Mon. du 21); rapport par M. le duc de Praslin le 1er mars (Mon. du 2); discussion le 3 (Mon. du 4); adoption le 4 (Mon. du 5), à la majorité de 95 voix contre 4.

L'histoire du pouvoir municipal en France a été retracée par M. Henrion de Pansey avec une exactitude parfaite et une rare concision; voici comment s'exprime ce grand magistrat :

« Les Francs, qui trouvèrent le régime municipal établi dans les Gaules, en conservèrent tout ce qui était compatible avec le droit de conquête; mais cette institution, successivement affaiblie pendant les troubles de la première race, se perdit dans la confusion des derniers règnes de la seconde, et ne reparut sous la troisième que dans les premières années du douzième siècle. La France alors présentait le spectacle d'un grand royaume déchiré par une multitude de seigneurs de fiefs, qui avaient envahi tous les droits du prince et toutes les libertés du peuple.

« Telle était la triste condition des habitants des campagnes, qu'ils avaient perdu jusqu'au sentiment de leur dégradation; mais ceux des villes, plus éclairés, sentaient mieux le poids de la honte du joug sous lequel ils gémissaient. Enfin, l'oppression exerça sur eux sa lente, mais inévitable influence. Elle leur révéla le secret de leur force, et ils arrachèrent des seigneurs les concessions que nous appelons Chartes de communes. . . . .

« Les Chartes de communes différaient en quelques points; mais, uniformes sur les plus importants, toutes abolissaient la servitude personnelle et les taxes arbitraires.

« Toutes renfermaient un certain nombre de dispositions législatives qui réglaient les principaux actes civils et déterminaient les peines des délits les plus communs, notamment des délits de police.

« Toutes consacraient le principe que le choix des officiers municipaux appartient aux habitants.

« Toutes attachaient au pouvoir municipal la manutention des affaires de la commune, le maintien de la police et l'administration de la justice, dans les cas où il s'agissait de statuer sur des points réglés par la Charte.

« Enfin, et ceci est fort remarquable, tous ces diplômes autorisaient les officiers municipaux à faire prendre les armes aux habitants, toutes les fois qu'ils le jugeraient nécessaire pour défendre les droits et les libertés de la commune, soit contre

des voisins entreprenants, soit contre le seigneur lui-même.

« Aux villes qui n'étaient pas assez populeuses pour présenter une force imposante, ou dans lesquelles il était difficile de trouver des hommes capables de remplir successivement les charges municipales, on réunissait les bourgs et les villages circonvoisins, qui, tous ensemble, ne formaient qu'une seule municipalité.

« Ces municipalités étaient enfin parvenues à dépouiller la puissance féodale de ce qu'elle avait de menaçant pour l'ordre public, et de plus oppressif pour les citoyens. L'autorité royale, qui, pendant toute la durée de cette lutte, les avait puissamment secondées, non seulement leur retira son appui, mais, comme l'architecte qui brise ses échafauds lorsque l'édifice est construit, elle abolit successivement, et sur les prétextes souvent les plus légers, toutes les Chartes des communes.

« Telle ville fut privée de sa Charte, parce que, disait-on, elle en abusait; telle autre, parce qu'elle était hors d'état d'en représenter l'original. Chaque jour voyait augmenter leurs charges et diminuer leurs privilèges. Les choses furent portées au point qu'en 1374 la commune de Roze sollicita, comme une grâce, la révocation de sa Charte, et que celle de Villeneuve demanda et obtint la même faveur de Charles V.

« A ces mesures partielles on en joignit de générales : les officiers municipaux étaient juges des affaires entre marchands. En 1563, cette attribution leur fut enlevée par l'établissement de la juridiction consulaire. En 1579, l'ordonnance de Blois leur fit défense de connaître des affaires criminelles. Les juges royaux les dépouillèrent successivement de la justice civile, et la vénalité des officiers municipaux acheva de les dénaturer.

« Cependant le droit d'élire les officiers municipaux fut rendu aux habitants des communes par un édit du mois d'août 1764; mais, sept ans après, par un autre édit du mois de novembre 1771, cette prérogative leur fut enlevée. (Du Pouvoir municipal, page 22 et suiv.) »

Telle est, suivant l'expression de M. Dupin, l'histoire ancienne des communes.

Nous croyons devoir ajouter que c'est sous le règne de François 1er que la vénalité des offices municipaux fut établie, c'est-à-dire que l'on put acheter le titre de maire ou d'échevin, en versant au trésor du prince une certaine somme, soit à titre de prêt, soit à titre de cautionnement.

L'ordonnance de Blois, rendue en 1579 par le roi Henri III, porte dans son dernier article :

« Voulons que toutes élections des prévôts des marchands, maires, échevins, capitouls, jurats, conseillers et gouverneurs des villes, se fassent librement, et que ceux qui, par autres voies, entre-

---

21 = 23 MARS 1831. — Loi sur l'organisation municipale (1). (IX, Bull. XXV, n. 91.)

TITRE Ier. Du corps municipal.

Art. 1er. Le corps municipal de chaque commune se compose du maire, de ses adjoints et des conseillers municipaux (1).

Les fonctions des maires, des adjoints, et des autres membres du corps munici-pal, sont essentiellement gratuites, et ne peuvent donner lieu à aucune indemnité ni frais de représentation (2).

---

ront en telles charges, en soient ôtés et leurs noms rayés des registres. »

L'ordonnance de 1629, art. 422, dispose dans le même sens : « Les'élections de prévôts des mar-chands, maires, échevins, capitouls, jurats, con-suls, procureurs, syndics, pairs-bourgeois, conseil-lers, quarteniers, et autres charges des villes, seront faites ès-manières accoutumées, sans brigues et monopoles, des personnes les plus propres et ca-pables à exercer telles charges pour le bien de no-tre service, repos et sûreté desdites villes; ès-quelles ils seront tenus de résider, sans que, pour quelque cause que ce soit, lesdites charges se puissent ré-signer. »

Comme on l'a vu, un édit d'août 1764 avait rendu aux villes le droit d'élire leurs officiers mu-nicipaux ; un autre édit de l'année suivante (mai 1765) établit des règles fort sages sur l'organisation des municipalités ; il gradua le nombre des officiers municipaux en raison de la population ; il déter-mina le mode d'élection et les conditions d'éligi-bilité.

D'après cet édit, l'assemblée des notables était présidée par le lieutenant - général du bailliage ; elle nommait directement les échevins et conseil-lers ; le maire était choisi par le roi entre trois candidats.

Nous avons dit que l'édit de 1771 vint enlever aux municipalités leurs priviléges, en rétablissant la vénalité des offices. Cependant la plupart des villes se maintinrent dans le droit d'élection, soit parce que les offices ne furent pas achetés, soit parce que les villes les achetèrent elles-mêmes.

Depuis 1789, l'organisation du pouvoir munici-pal a subi diverses vicissitudes.

La loi du 14-18 décembre 1789 constitua les mu-nicipalités dans tout le royaume ; elle établit dans chacune : *un maire*, *un procureur de la commune*, plusieurs *officiers municipaux* formant *le corps muni-cipal*, un *conseil général* composé de *notables* réunis aux membres du corps municipal. Chaque corps municipal composé de plus de trois membres se divisait en *bureau* et en *conseil*.

Tous les citoyens actifs concouraient à l'élec-tion.

La constitution du 5 fructidor an 3 appelait également tous les citoyens domiciliés à l'élection des magistrats municipaux. Elle n'établissait dans les communes dont la population était inférieure à 5,000 habitants, qu'un agent municipal et un adjoint ; la réunion des agents municipaux de chaque commune formait la municipalité du can-ton, à la tête de laquelle était placé un président de l'administration municipale. Toutes les com-munes, d'une population de 5,000 à 100,000 habi-tants, avaient chacune une administration munici-pale. Un commissaire était nommé près de chaque administration municipale par le directoire exé-cutif.

La loi du 28 pluviôse an 8 rétablit, dans chaque commune, une municipalité distincte ; elle confia l'administration à un maire ayant un ou plusieurs adjoints ; enfin, elle plaça auprès de lui un con-seil municipal. Mais alors disparut le droit d'élec-tion ; la nomination des maires et adjoints des communes de plus de 5,000 habitants fut ré-servée au chef du gouvernement ; elle fut aban-donnée aux préfets pour les communes d'une po-pulation inférieure. Dans toutes, les membres des conseils municipaux étaient à la nomination du préfet.

Plus tard, le sénatus-consulte du 16 thermidor an 10 établit un simulacre d'élection et de candi-dature ; il disposa que les assemblées de canton désigneraient deux citoyens parmi les plus im-posés pour chaque place vacante au conseil mu-nicipal, que le premier consul devrait choisir l'un de ces candidats, et qu'enfin les maires et adjoints ne pourraient être pris que parmi les membres des conseils municipaux. A l'époque de la restauration, ces règles n'étaient plus ob-servées ; elles sont restées dans l'oubli jusqu'à ce jour.

(1) Il ne faut pas considérer comme équivalentes l'expression *conseillers municipaux* et l'expression *conseil municipal*, car le conseil municipal comprend, outre les conseillers municipaux, le maire et ses adjoints. (Voy. art. 3, § 3.)

On pourrait supposer que la disposition qui crée et qui définit *le corps municipal* change quelque chose aux attributions actuelles des différents fonc-tionnaires qui en font partie, et lui confère, par exemple, les pouvoirs que la législation antérieure réservait au maire seul ou au maire et à ses ad-joints. Ce serait une erreur : telle n'a point été l'intention du législateur. D'abord, on a formelle-ment déclaré à la Chambre des Députés que la partie du projet présenté en 1829, relative aux at-tributions, était ajournée ; en second lieu, M. Bau-det-Lafarge avait proposé un amendement ainsi conçu : « L'administration municipale est col-lective ; elle se compose du maire et des adjoints ayant voix délibérative et d'un conseil munici-pal. » Mais, sur l'observation qui lui a été faite par M. Duvergier de Hauranne, que cela touchait à la question d'attributions, il a retiré son amen-dement.

(2) Ce paragraphe a été ajouté sur la proposition de MM. Salverte et Lepelletier d'Aulnay. M. le rapporteur à la Chambre des Députés a pensé que, s'il y a eu des dépenses réellement faites par le maire, le conseil municipal ne peut refuser une indemnité. « Je voudrais, a-t-il dit, qu'on exprimât que, toutes les fois qu'il y aura lieu à accorder une indemnité réellement due, le conseil municipal ne sera pas lié par les dispositions qu'on vous pro-pose. » Il a trouvé convenable d'ajouter à la dispo-sition ceci : « que dans les cas particuliers et spéciaux déterminés par les conseils municipaux. »

« C'est sortir par la porte et rentrer par la fe-nêtre ! » s'est écrié M. Dupin.

La proposition de M. le rapporteur a été re-jetée.

M. Lepelletier d'Aulnay a toutefois formelle-ment reconnu que « si les maires, dans l'intérêt de la commune, font des avances pour lesquelles il y aurait lieu de les indemniser, alors il faudrait les

2. Il y aura un seul adjoint dans les communes de deux mille cinq cents habitants et au-dessous : deux, dans celles de deux mille cinq cents à dix mille habitants ; et, dans les communes d'une population supérieure, un adjoint de plus par chaque excédant de vingt mille habitants (Loi du 28 pluviôse an 8, art. 12) (1).

Lorsque la mer ou quelque autre obstacle rend difficiles, dangereuses ou momentané-ment impossibles, les communications entre le chef-lieu et une portion de commune, un adjoint spécial, pris parmi les habitants de cette fraction, et nommé en sus du nombre ordinaire, remplit les fonctions d'officier de l'état civil dans cette partie détachée de la commune (2).

3. Les maires et les adjoints sont nommés par le roi, ou, en son nom, par le préfet (3).

---

rembourser..... Ils deviennent, a-t-il dit, créanciers de la commune. »

Ainsi, en résumé, le maire qui justifiera d'une dépense spéciale aura droit d'en réclamer le remboursement ; le conseil municipal jugera si la dépense était nécessaire ou convenable, et si elle a été faite par le maire en cette qualité.

A la Chambre des Pairs, M. de Saint-Aulaire a fait remarquer que le conseil municipal ne pouvant faire rembourser aux maires des grandes villes les frais considérables de représentation auxquels ils sont assujettis, il y aura nécessité de choisir pour *maires* des hommes riches, ce qui restreindra le choix laissé au roi. M. le rapporteur a reconnu la justesse de ces observations ; mais il a dit que l'initiative n'appartient pas à la Chambre des Pairs, pour constituer une dépense publique ; que, sans cela, la commission aurait présenté une rédaction différente.

(1) On a demandé que le nombre des adjoints ne pût excéder six, quelle que fût la population des villes. Cette proposition a été rejetée.

(2) Il est bien entendu que cet adjoint supplémentaire sera pris parmi les membres du conseil municipal. On a proposé de le dire expressément ; mais on a répondu que cela résultait des dispositions de l'art. 1er, et que, dans les communes dont on parle, les électeurs municipaux seront prévoyants ; qu'en nommant les membres du conseil municipal, ils auront soin d'en choisir au moins un qui soit de la portion de commune qui pourrait se trouver hors d'état de communiquer avec le chef-lieu. C'est, en effet, une précaution indispensable, et, lors des élections, on devra en faire l'observation. La loi du 18 floréal an 10 contenait une disposition semblable ; elle ajoutait que, lorsque les communications sont impossibles, les affiches et publications nécessaires pour la validité des mariages se font à la porte de la maison de l'adjoint ; que l'adjoint remet, à la fin de chaque année, les registres de l'état civil clos et arrêtés, et que le maire les réunit à ceux du chef-lieu. Sans doute, ces sages dispositions trouveront place dans la loi sur les attributions des autorités municipales. On pourrait croire, d'après la rédaction de l'article, que c'est seulement au moment où se manifeste la difficulté ou l'impossibilité des communications, qu'il faut nommer l'*adjoint spécial* : ce serait une erreur ; il faut prévoir la nécessité, et nommer d'avance l'adjoint : cela est évident.

Une demande de création d'un adjoint spécial et d'un conseiller municipal supplémentaire ne peut être présentée au conseil d'État par la voie contentieuse. 7 août 1835, ord., Mac., t. 17, p. 593.

(3) Cet article a donné lieu à de longues et vives discussions.

On a demandé que les maires et les adjoints fussent nommés directement par les électeurs communaux. D'autres ont pensé que la confirmation du roi devrait être demandée.

On a proposé de diviser les attributions qui sont actuellement réunies dans la main des magistrats municipaux, de réserver aux maires tout ce qui tient à l'administration des intérêts de la commune, et de confier à un commissaire du roi, nommé par lui, tout ce qui tient à l'exécution des lois générales, tout ce qui est relatif, par exemple, aux élections, au recrutement, aux tribunaux de police, etc.

On laissait au roi, dans ce système, la faculté de choisir, pour commissaire, celui que les électeurs auraient élu maire.

Enfin, on a pensé qu'en laissant au roi le droit de nomination, il fallait établir que ce droit ne pourrait s'exercer que sur trois candidats désignés par le conseil municipal ou par les électeurs eux-mêmes, ou enfin dans la première moitié du conseil municipal, dans l'ordre des élections.

Pour soutenir ces diverses propositions, on a invoqué le principe de la souveraineté du peuple ; on a fait remarquer que donner au roi la faculté de choisir dans tout le conseil municipal, c'était lui laisser à peu près le droit de choisir dans toute la commune ; que c'était d'ailleurs ôter au maire son caractère véritable, celui de défenseur des intérêts communaux, pour y substituer celui d'agent de l'administration ; que la disposition de la Charte (art. 13), qui attribue au roi la nomination à tous les emplois d'administration, souffre de nombreuses exceptions, et que, d'ailleurs, elle ne peut prévaloir sur le principe qui veut que le tuteur de la commune soit l'homme de son choix. On a rappelé la législation de l'Assemblée constituante, et les anciennes franchises et libertés des communes avant la révolution de 1789.

On a répondu que le maire, élu par ses concitoyens et choisi par le roi, puiserait dans ces deux sources différentes les pouvoirs distincts dont il doit être investi ; que cette combinaison réaliserait, pour la commune, le système qui doit se retrouver dans toutes les branches et dans tous les degrés de l'administration et du gouvernement, sous le régime représentatif ; qu'en refusant à la couronne toute action dans la nomination des maires, on s'exposait à entraver la marche de l'administration, à placer sur plusieurs points des agents, sinon insubordonnés, du moins peu disposés à l'exécution rapide et franche des ordres

Dans les communes qui ont trois mille habitants et au-dessus, ils sont nommés par le roi , ainsi que dans les chefs-lieux d'arrondissement , quelle que soit la population.

Les maires et les adjoints seront choisis parmi les membres du conseil municipal , et ne cesseront pas pour cela d'en faire partie (1).

Ils peuvent être suspendus par un arrêté du préfet ; mais ils ne sont révocables que par une ordonnance du roi (2).

4. Les maires et les adjoints sont nommés pour trois ans ; ils doivent être âgés de vingt-cinq ans accomplis.

Ils doivent avoir leur domicile réel dans la commune (3).

5. En cas d'absence ou d'empêchement, le maire est remplacé par l'adjoint disponible , le premier dans l'ordre des nominations (4).

En cas d'absence ou d'empêchement du maire et des adjoints, le maire est remplacé par le conseiller municipal le premier dans l'ordre du tableau, lequel sera dressé suivant le nombre des suffrages obtenus (5).

6. Ne peuvent être ni maires ni adjoints (6) :

---

supérieurs ; que la nécessité d'avoir, dans chaque commune , un maire et un commissaire du roi, offrirait de graves inconvénients ; que le traitement des commissaires, s'ils étaient salariés, s'élèverait à des sommes considérables ; qu'on ne pourrait espérer de trouver des hommes qui voulussent se charger gratuitement de fonctions pénibles et rigoureuses , et qui, d'ailleurs, à raison de leur origine, donneraient bien moins de considération et d'autorité que n'en auraient les magistrats élus par la commune ; que le concours des deux fonctionnaires pourrait enfin amener des divisions funestes, qu'aucune espèce d'analogie n'existait entre l'ordre de choses antérieur à 1789 et le régime actuel ; que les franchises de quelques villes étaient autrefois les seules libertés dont les citoyens eussent la jouissance, tandis que, aujourd'hui, les droits politiques les plus étendus leur sont accordés.

Cette analyse des opinions et des arguments suffit ici. Avant la loi, il était nécessaire d'étudier profondément la matière pour adopter tel ou tel système ; maintenant, la loi a parlé, il faut l'appliquer telle qu'elle est faite.

(1) On a demandé que, comme dans la législation antérieure, les adjoints ne fissent point partie du conseil municipal ; mais , comme les adjoints ont commencé par être conseillers municipaux, au moyen de l'élection de leurs concitoyens, on a reconnu que le témoignage de confiance qu'ils reçoivent du roi ne peut leur enlever le titre que les électeurs leur ont conféré.

(2) La loi du 28 pluviôse an 8 (art. 20) donnait aux préfets le droit de remplacer provisoirement les maires et adjoints suspendus ; d'ailleurs , il suffisait d'une décision du ministre de l'intérieur pour révoquer définitivement les maires ou adjoints qui étaient à la nomination des préfets. On a proposé de conserver ces dispositions ; mais cet amendement a été rejeté.

(3) « La crainte de restreindre le choix du roi , a dit M. le rapporteur à la Chambre des Députés, par suite de la condition de domicile imposée au maire , n'a point arrêté votre commission , parce qu'en ce cas, si l'électeur non domicilié, à qui on destinerait ces fonctions, est réellement animé du zèle nécessaire pour s'en bien acquitter, il lui sera toujours possible de remplir cette condition en établissant son domicile réel dans la commune où se fait l'élection ; mais, si une condition si facile arrête son zèle, il est probable que son administration sera peu à regretter. » — Ainsi, le citoyen qui établirait son domicile dans la commune, au moment même de l'élection, pourrait être nommé maire.

(4) Le rapporteur de la commission de la Chambre des Députés a dit qu'on avait voulu indiquer l'ordre dans lequel sont placées les nominations dans l'arrêté du préfet, ou dans l'ordonnance du roi.

(5) M. le rapporteur a dit que l'ordre serait déterminé par le plus grand nombre de voix ; que, quand il y aurait égalité de suffrages, ce serait le plus ancien qui serait placé le premier. « Il est certain, a-t-il ajouté , que, dans toutes les villes où les électeurs seront divisés en sections, le nombre des suffrages dépendra du hasard ; mais cela est peu important. Il fallait adopter un ordre ; cet ordre se trouve indiqué dans les villes où la division par sections n'a pas lieu ; dans les autres , ce sera le hasard. » — Par là, il ne faut pas entendre qu'on tirera au sort, pour classer les conseillers municipaux des villes où les électeurs auront été divisés en sections ; mais seulement que, le hasard déterminant le numéro des sections, le nombre des votants dans chacune, et par conséquent la quantité des suffrages obtenus , ce sera le hasard qui fixera le rang des membres du conseil municipal.

Il n'est pas absolument nécessaire que l'adjoint appelé à remplacer le maire, ou que le conseiller municipal appelé à remplacer l'adjoint, énonce la cause de l'empêchement ; par cela même que le remplacement a eu lieu, il y a présomption qu'il était nécessaire. De nombreuses décisions ont été rendues, en ce sens, dans des matières où il importait encore plus que dans celle-ci que les substitutions d'un fonctionnaire à un autre ne fussent pas arbitraires. Cependant on croit devoir conseiller à MM. les adjoints ou conseillers municipaux d'indiquer les causes d'empêchement.

(6) Il y a une observation générale à faire sur cet article, c'est qu'il ne contient pas l'indication de toutes les fonctions qui sont incompatibles avec celles de maire ou d'adjoint. D'autres incompatibilités sont virtuellement établies par l'art. 18 ; en effet, ce dernier article désigne les personnes qui ne peuvent être membres d'un conseil municipal ; or, comme les maires et les adjoints ne peuvent être pris que parmi les conseillers municipaux, il est clair que les personnes déclarées, par l'art. 18, incapables de faire partie du conseil municipal, sont, par cela même, exclues des fonctions de maire et d'adjoint ; tels sont les préfets, les membres des

1º Les membres des cours et tribunaux de première instance et des justices de paix (1).

2º Les ministres des cultes (2) ;

3º Les militaires et employés des armées de terre et de mer, en activité de service ou en disponibilité ;

4º Les ingénieurs des ponts et chaussées et des mines, en activité de service ;

5º Les agents et employés des administrations financières et des forêts ;

6º Les fonctionnaires et employés des colléges communaux et les instituteurs primaires (3) ;

7º Les commissaires et agents de police.

7. Néanmoins, les juges suppléants aux tribunaux de première instance et les suppléants des juges de paix peuvent être maires ou adjoints.

Les agents salariés du maire ne peuvent être ses adjoints (4).

8. Il y a incompatibilité entre les fonctions de maire et d'adjoint et le service de la garde nationale.

CHAPITRE II. Des conseils municipaux.

SECTION 1ʳᵉ. De la composition des conseils municipaux.

9. Chaque commune a un conseil municipal composé, y compris les maires et adjoints,

De dix membres, dans les communes de cinq cents habitants et au-dessous ;

De douze, dans celles de cinq cents à quinze cents ;

De seize, dans celles de quinze cents à deux mille cinq cents ;

De vingt-un dans celles de deux mille cinq cents à trois mille cinq cents ;

De vingt-trois, dans celles de trois mille cinq cents à dix mille ;

De vingt-sept, dans celles de dix mille à trente mille ;

Et de trente-six, dans celles d'une population de trente mille âmes et au-dessus.

---

conseils de préfecture, les secrétaires généraux de préfecture, etc.

(1) Les juges suppléants des tribunaux de première instance et les suppléants des juges de paix sont-ils compris dans la disposition ? Non. Voy. l'article suivant. Les greffiers des tribunaux et des justices de paix sont compris dans la disposition : il résulte de la discussion que c'est précisément pour ce paragraphe leur fût applicable qu'on a conservé l'expression membres des cours et tribunaux, etc., au lieu de dire les conseillers et les juges.

On a proposé de déclarer incompatibles les fonctions de président des tribunaux de commerce et des conseils de prud'hommes : cette proposition n'a pas été adoptée. A la vérité, M. de Schonen a prétendu que dans ces mots, tribunaux de première instance, se trouvent virtuellement compris les tribunaux de commerce. Mais plusieurs députés se sont écriés : Non, non ; vous êtes dans l'erreur. M. de Schonen a insisté en disant : Je vous demande pardon; les tribunaux de commerce sont essentiellement des tribunaux de première instance.

M. de Schonen s'est évidemment trompé : les tribunaux de commerce jugent en première instance ; cela est vrai, et, sous ce rapport, on peut dire qu'ils sont tribunaux de première instance : mais l'expression, tribunaux de première instance, ne s'entend que des tribunaux civils.

(2) L'art. 18 exclut des fonctions de conseillers municipaux les ministres des cultes en exercice dans la commune. D'après cette disposition, un ministre du culte qui n'est pas en exercice dans la commune pourrait être membre du conseil municipal, si d'ailleurs il réunit les qualités exigées : mais il ne pourrait être maire ou adjoint, d'après le texte formel de l'art. 6.

La loi n'entend parler que des cultes légalement reconnus ; il ne peut dépendre du premier venu de se dire ministre d'un culte. Il ne faut pas considérer, comme légalement reconnus, seulement les cultes dont les ministres sont salariés par l'Etat ; car, avant la loi du 8 février 1831 (voy. suprà, p. 33), les ministres du culte israélite n'étaient pas salariés, et ce culte était cependant reconnu, puisqu'il était l'objet de dispositions nombreuses dans notre législation. Un culte est reconnu lorsque l'autorité publique le déclare formellement, lorsque, par ses actes, elle s'occupe de son régime intérieur, ou lorsqu'elle lui attribue certains droits, certaines prérogatives.

(3) On a proposé d'ajouter : et tous les fonctionnaires salariés des établissements auxquels la commune accorde dans son budget une subvention. Cette addition a été rejetée.

Cette incapacité ne peut être étendue au mari dont la femme est institutrice et reçoit en cette qualité une rétribution sur les fonds communaux. 18 mai 1889, ord., Mac., 19, 193 ; Sirey-Devilleneuve, 37. 2. 456.

(4) Le projet présenté par la commission étendait l'incompatibilité aux fermiers et aux colons partiaires du maire. La Chambre des Députés a pensé que le maire pouvait, sans inconvénients, avoir pour adjoint son fermier ou son colon partiaire.

Dans certaines parties de la France, il y a des colons partiaires pour certaines récoltes, qui sont en même temps salariés pour d'autres, qui, par exemple, cultivent les terres à blé, moyennant une part des fruits, et qui cultivent la vigne moyennant un salaire fixe et déterminé. Il me paraît évident qu'ils ne pourront être adjoints du propriétaire qui les emploie ; car ils sont des agents

Dans les communes où il y aura plus de trois adjoints, le conseil municipal sera augmenté d'un nombre de membres égal à celui des adjoints au-dessus de trois (1).

Dans celles où il aura été nommé un ou plusieurs adjoints spéciaux et supplémentaires en vertu du second paragraphe de l'art. 2 de la présente loi, le conseil municipal sera également augmenté d'un nombre égal à celui de ces adjoints (2).

10. Les conseillers municipaux sont élus par l'assemblée des électeurs communaux.

11. (3) Sont appelés à cette assemblée

---

salariés, en même temps qu'ils sont fermiers ou colons partiaires.

(1) Dans une ville de 50,000 âmes, il y aura quatre adjoints, aux termes de l'art. 2, § 1ᵉʳ; par conséquent, elle devra avoir trente-sept conseillers municipaux. Dans une ville de 70,000 âmes, il y aura cinq adjoints et trente-huit conseillers. Dans une ville de 90,000 âmes, il y aura six adjoints et trente-neuf conseillers, etc.

(2) Dans ce dernier paragraphe, il est question de toute commune dans laquelle un adjoint supplémentaire a été nommé, soit qu'il y ait plus ou moins de trois adjoints.

M. Accarier a proposé le paragraphe additionnel suivant :

« Dans les communes qui ont des adjonctions ou hameaux séparés, possédant des propriétés distinctes, et ayant des intérêts autres que ceux de la commune principale ou chef lieu, il sera attribué à chacune de ces adjonctions un nombre de membres au conseil municipal, relatif à sa population, sans que, pour cela, le nombre total du conseil, fixé par la loi, puisse être augmenté. Ce nombre sera déterminé par le préfet, et les électeurs seront obligés de le prendre parmi les éligibles de ces adjonctions. »

On comprend facilement le but de cette disposition : les adjonctions de commune, ayant des intérêts distincts, pourraient les voir sacrifiés par le conseil municipal, si elles n'avaient pas de représentants spéciaux dans son sein ; on a généralement reconnu la nécessité d'admettre dans la loi ce paragraphe ; mais on a pensé qu'il serait plus convenablement placé dans la section relative au mode d'élection des conseillers municipaux. Voy. art. 44, § 4.

La fixation par le préfet du nombre des membres du conseil municipal, d'après le vœu de la loi, est un acte administratif qui n'est pas susceptible d'être déféré au conseil de préfecture. 24 octobre 1832, ord., Mac., t. 14, p 585. — Voy. notes sur l'art. 2.

(3) La discussion sur ce seul article a occupé sept jours entiers à la Chambre des Députés. — Plus de trente amendements ont été présentés ; nous devons nous borner à reproduire ceux qui avaient pour but de substituer au système adopté par la loi un système différent ; nous négligerons tous ceux qui ne portaient que sur des détails, à moins que les motifs qui ont déterminé la Chambre à les rejeter ou à les adopter ne présentent des éclaircissements utiles.

La loi, telle qu'elle existe, exige comme conditions : 1° d'être citoyen ; 2° d'être un des plus imposés aux contributions directes de la commune ; 3° d'être âgé de vingt-un ans accomplis. Elle détermine ensuite le nombre des plus imposés d'après la population de la commune.

La commission de la Chambre des Députés s'est décidée à restreindre ainsi le nombre des électeurs,

afin que le droit électoral ne fût exercé que par des citoyens offrant, par leur position sociale, des garanties de capacité et d'attachement à l'ordre : elle a rappelé les effets funestes qu'avait produits, à une autre époque, l'extension trop grande des droits politiques.

M. Kœchlin a présenté un amendement qui admettait tout citoyen majeur, jouissant des droits civils et payant la contribution *personnelle*, à concourir à l'élection des conseillers municipaux.

Plusieurs autres amendements conçus à peu près dans le même esprit ont été présentés par MM. Du-Bois-Aimé, Isambert, Marchal et Lamarque. On invoquait, pour les faire admettre, le principe de la souveraineté du peuple, le droit qu'ont également tous les citoyens, habitants d'une commune, de choisir les magistrats municipaux, puisqu'ils supportent une part des charges publiques.

M. Humblot-Conté a reconnu que tous ces amendements avaient pout but d'appeler à l'élection le plus grand nombre de citoyens possible, tandis qu'au contraire, la commission avait voulu limiter ce nombre, dans chaque commune, à celui des citoyens qui, plus que les autres, étaient en état d'en apprécier les intérêts et de connaître les hommes les plus capables de les bien gouverner. Les auteurs de ces amendements, a-t-il ajouté, ne tiennent compte que *du droit*, la commission ajoute *la capacité*. . . . .

Au surplus, pour mettre la Chambre à même d'apprécier cette aristocratie et ces privilèges que l'on accuse la commission de vouloir créer d'une manière si illibérale, il suffit de dire qu'il y a en France 17 mille communes qui ont moins de 500 âmes, qui auront 50 électeurs, et dans lesquelles le cens descendra le plus souvent à 3 fr. ; qu'il en est 28 mille qui ont moins de 1,000 âmes, et où le cens descendra, terme moyen, à 6 fr. Enfin, j'oserai garantir que la moyenne du cens des électeurs communaux n'atteindra pas 25 fr.

M. de Paixhans a proposé de substituer au système du cens variable des plus imposés le système d'un cens fixe, dans chaque commune, d'après la population.

Les avantages qu'offrait cette proposition s'aperçoivent facilement. En prenant pour électeurs les plus imposés de chaque commune, jusqu'à concurrence d'une quotité déterminée, non seulement le nombre des électeurs doit varier, mais le cens qui confère la capacité électorale est nécessairement différent ; de là incertitude pour chacun sur l'existence de son droit d'électeur. M. de Paixhans, en fixant, au contraire, dans chaque commune, suivant la population, un cens déterminé qui conférait la faculté de concourir à l'élection, levait toutes les difficultés et toutes les incertitudes : chacun pouvait savoir, en examinant la cote de ses contributions, s'il était ou s'il n'était pas électeur.

Voici comment était conçu l'amendement ;

« Sont électeurs communaux, ceux qui, etc.....

1° Les citoyens (1) les plus imposés aux rôles des contributions directes de la com-

paient en contributions directes 5 fr., pour les communes de 1,000 habitans ; — 10 fr., pour les communes de 1,000 à 3,000 ; — 15 fr., pour les communes de 3,000 à 20,000 ; — 20 fr., pour les communes de 20,000 à 50,000 ; — 50 fr., pour toutes les communes au-dessus de 50,000. »

M. Demarçay a sous-amendé en proposant de réduire le cens.

M. Kératry a fait remarquer que ce système avait le double inconvénient, ou d'abaisser trop le cens, ou de l'élever trop haut, ou de multiplier le nombre des électeurs d'une manière indéfinie, qui pourrait être désavantageuse à la chose publique, ou de les priver des droits civils auxquels ils ont droit.

M. le général Lamarque a proposé d'admettre tous les Français payant la contribution personnelle et sachant lire et écrire.

D'ailleurs, on a critiqué les dispositions de l'article, en faisant remarquer : 1° que le nombre des électeurs n'augmente pas, d'après la population, autant que cela devrait être, en prenant pour base la proportion établie à l'égard des communes de mille âmes et au-dessous ; 2° qu'il est singulier que quelques centimes de contributions, payés en plus par un citoyen, lui confèrent le droit électoral, refusé à son voisin.

M. Faure, rapporteur de la commission, a répondu que la préférence résultant du paiement de quelques centimes payés en plus tient à la nature même des choses, à la nécessité de fixer une règle, et une règle fondée seulement sur la probabilité.

« Je vais faire sentir mon idée, par une application à nos lois civiles, a-t-il ajouté : de deux hommes, dont l'un a 21 ans moins un jour, l'autre 21 ans plus un jour, le premier est privé de certains droits dont l'autre jouit ; cette différence, qui tient à quelques heures, est souvent peu d'accord aussi avec la réalité ; le plus jeune peut être aussi *capable* que l'autre l'est peu, et cependant la loi est-elle inconséquente ? non, parce qu'elle n'a pas été faite seulement pour ces deux jeunes hommes, mais pour tous les citoyens, et que l'expérience ayant indiqué l'âge de 21 ans comme le plus convenable à la majorité, il a fallu en faire une règle générale, fondée, non pas sur quelques exceptions, mais sur ce que l'expérience prouve être le plus probable. . . . .

« Appeler un dixième de la population, dans les communes de mille habitans et au-dessous, a paru sans danger, parce que les intérêts ne sont pas compliqués, que les assemblées seront peu nombreuses, et que la population, presque toute agricole et composée d'hommes qui se connaissent, pour ainsi dire, intimement, n'offre point les germes de ces passions qui s'échauffent si facilement ailleurs ; à mesure que la population s'élève, il en est autrement : le budget grossit, les intérêts se compliquent, s'agrandissent, les habitans sont plus étrangers les uns aux autres ; d'autres industries que l'industrie agricole viennent y figurer et y prédominer ; alors, les assemblées trop nombreuses renferment de véritables dangers ; dans des élémens si divers, les passions se glissent facilement, car il s'agit de grands intérêts ; et, pour peu que les assemblées deviennent tumultueuses, ou seulement les opérations trop longues, il en résulte l'éloignement des électeurs les plus recommandables, ceux

qui composent cette partie moyenne de la société, laborieuse, active, amie de la paix et avare de son temps, qui se rend aux assemblées, non pas pour cabaler, mais pour remplir régulièrement un devoir.

« Il est un autre point de vue presque matériel, et qui ne doit cependant pas être négligé ; c'est le temps nécessaire pour les opérations régulières d'une assemblée trop nombreuse. Avec quelque soin que vous la fractionniez, si vous adoptiez certains amendemens, vous verrez en appliquant le calcul fait dans le rapport de votre commission à une assemblée de 4,000 électeurs, combien ce temps est considérable ; inconvénient grave encore, en ce qu'il fatigue les électeurs et écarte les hommes occupés qui ne pourraient sacrifier une partie si notable de leur temps.

(1) Que doit-on entendre par *citoyen français*, dans l'état actuel de la législation ?

La difficulté sur cette question naît de ce que la qualité de citoyen ne peut s'acquérir que suivant les dispositions de la loi constitutionnelle. L'art. 7 du Code civil le dit expressément, et il doit en être ainsi. La qualité de citoyen se compose de la réunion des droits politiques : c'est donc la loi politique qui doit déterminer les conditions auxquelles elle est subordonnée ; mais la Charte de 1814 et la Charte de 1830 sont, l'une et l'autre, muettes sur ce point. Faut-il donc recourir à la Constitution du 22 frimaire an 8 ? Il semble d'abord que cette constitution a dû être abrogée, dans son ensemble et dans tous ses détails, par le changement survenu dans le Gouvernement, en 1814, par l'établissement d'une nouvelle Constitution. Cependant, il a été généralement reconnu que la Constitution de l'an 8 n'avait pas été frappée d'une abrogation générale et absolue, et que plusieurs de ses dispositions étaient encore en vigueur. Restait à savoir si, parmi ces dispositions maintenues, se trouvait l'article 2, ainsi conçu : « Tout homme né et résidant en France, qui, âgé de vingt-un ans accomplis, s'est fait inscrire sur le registre civique de son arrondissement communal, et qui a demeuré depuis un an sur le territoire de la République, est citoyen français. »

M. Marchal, pensant qu'il ne fallait pas laisser dans l'incertitude les règles relatives à la qualité de citoyen, avait proposé d'ajouter à la loi un titre nouveau, intitulé *de l'État des citoyens*. Cette proposition a été combattue, d'abord, parce que, sous la forme d'amendement, elle contenait un projet de loi ; en second lieu, parce que la loi de l'an 8 était suffisante. La Chambre des Députés a décidé qu'il n'y avait pas même lieu à délibérer sur la proposition de M. Marchal, et a ainsi manifesté l'opinion que l'article 2 de la Constitution de l'an 8 est encore en vigueur, et que c'est à cet article qu'on doit se référer pour déterminer les élémens de la qualité de citoyen. Mais il ne suffit pas de rappeler cette solution ; il est utile de reproduire les argumens qui ont été présentés en sens contraire.

« La Constitution de l'an 8, a dit M. Marchal, impose la nécessité de l'inscription sur le registre civique de l'arrondissement, pour être citoyen.

« Or, ces registres, dont la durée fut plus ou moins longue dans les divers arondissemens, disparurent entièrement dans les premières années

n.une (1), âgés de vingt-un ans accomplis ,

de la Restauration. Dès qu'il n'y avait plus ni assemblée primaire, ni élection municipale, le registre civique devenait tout-à-fait sans objet, et, de fait, il n'existe plus nulle part. Mais si l'art. 2 de la Constitution de l'an 8, qui définit le citoyen, est à peu près sans application aujourd'hui, il faut en conclure la nécessité d'établir une nouvelle définition de cet état politique qui fait le citoyen. »

M. Dupin aîné a répondu :

« S'il n'y avait pas de loi qui définit à quel titre on est citoyen français, faudrait-il le définir dans une autre loi qui suppose que les citoyens français sont mis en action? Voilà la question ; mais il y a des lois, et même des lois plus libérales ou, du moins, qui reposent sur une base plus large que celle qui vous est présentée ; vous avez une législation en matière de naturalisation ; en un mot, des lois sur tous les articles qui vous sont proposés. C'est donc uniquement par esprit de *codification* (c'est un mot nouveau), pour rendre le système plus complet, qu'on fait cette proposition.

« S'il y avait des droits de bourgeoisie, je concevrais qu'on vînt dire, à l'occasion de la commune, il faut régler quels seront ces droits de bourgeoisie ; mais la qualité de citoyen n'est pas seulement considérée dans la loi communale ; elle l'est encore dans la loi de la garde nationale et dans la loi électorale ; il n'y a pas de nécessité à refaire les lois existantes sur cette matière. Si elles ne sont pas exécutées, c'est à l'administration qu'il faut s'en prendre. Le décret du 17 janvier 1806 a prescrit une formalité qui n'est pas remplie. Qui empêche d'en provoquer l'exécution? Ainsi, rien n'est en péril. Vous avez une législation ; on veut la refondre ; ce n'est pas dans la loi municipale qu'on peut proposer cette refonte par amendement. »

Remarquons que, dans l'opinion de M. Dupin, l'article 2 de la loi du 22 frimaire an 8 est en vigueur, et que l'administration devrait faire rétablir dans chaque municipalité le registre civique, en se conformant au titre 1er du décret du 17 janvier 1806.

M. Isambert a répliqué :

« Je soutiens que les lois qu'on invoque n'existent pas. Il y a deux moyens d'abroger les lois, l'abrogation formelle et la désuétude. Or, les lois relatives à la reconnaissance des droits du citoyen sont inexécutées depuis plus de vingt ans. Il est impossible de rétablir l'institution des listes de citoyens. On peut donc dire qu'il n'existe pas aujourd'hui de citoyens français. Oui, la loi qui définit le citoyen français est tombée en désuétude. Sans doute, il existe d'autres citoyens, les citoyens électeurs et les citoyens, qui, après votre loi, auront le droit de voter dans les municipalités, et encore les citoyens qui, après la loi départementale, pourront élire les membres des conseils généraux; mais je dis que, dans l'état de la législation, il n'existe pas, à proprement parler, une qualité générale de citoyens, parce que la loi de l'an 8 qui a déterminé cette qualité est tombée en désuétude. »

Dans la discussion, M. Isambert a interpellé M. le rapporteur sur le sens qu'il attachait au mot *citoyen*.

« J'entends par citoyen, a répondu M. Faure, tout Français qui réunit les conditions voulues par la loi constitutionnelle, telle que les définit la Constitution de l'an 8, qui, sous ce rapport, n'est point abrogée. Elle ne l'a été ni d'une manière expresse, ni d'une manière indirecte; d'une manière expresse, par aucune loi ; d'une manière indirecte, je regrette que M. le garde des sceaux ne soit pas présent, il pourrait attester que dans son ministère on en fait tous les jours l'application. Toutes les fois qu'un étranger cherche à se faire naturaliser Français, c'est la Constitution de l'an 8 et le décret de 1806 qui servent de règle sur ce point. Il est vrai que la Constitution de l'an 8 exige une condition qui n'est pas remplie. C'est un registre civique sur lequel tous les citoyens doivent être inscrits. Cette formalité est tombée en désuétude ; mais il ne faut pas conclure qu'elle n'existe pas. Je crois donc qu'il existe en France des citoyens dans le sens légal. »

M. Isambert a insisté :

« Je ferai remarquer, a-t-il dit, que la Constitution de l'an 8 n'existe pas, quant à la disposition dont il s'agit. Les lettres de naturalisation sont un mode de devenir citoyen français ; mais ce mode n'est pas applicable à ceux qui sont déjà Français. Il n'y a donc d'autre moyen, pour constater la qualité de citoyen, que l'inscription sur le registre civique. Non seulement ce registre n'existe plus, mais il n'a pu exister depuis la restauration. Depuis 1814, l'état des citoyens a été changé en celui de sujets. On conçoit très bien que l'ordre en ait été donné aux préfets de cette époque de ne plus tenir de registres civiques. J'ai réclamé, en 1814, une inscription sur registre civique, et l'autorité s'y est refusée. Il y avait des ordres donnés pour que ce registre ne fût plus tenu à la mairie. Il est donc nécessaire de régler, dès à présent, comment on pourra déterminer la qualité de citoyen. »

La Chambre, comme on l'a déjà dit, a supposé que la qualité de citoyen était réglée par la loi de l'an 8 ; voyez cependant les notes sur l'article 32 ci-après.

(1) La seconde question à laquelle cet article a donné naissance est celle de savoir s'il faut être domicilié dans la commune pour être électeur : elle a été résolue négativement.

M. Marchal avait proposé d'ajouter le mot *domiciliés*, après les mots *contributions directes* ; la Chambre a rejeté l'amendement.

M. Humblot-Conté a dit que la commission avait été frappée de cette considération, que souvent, dans les petites communes, il n'y a pas de personnes suffisamment éclairées pour composer le conseil municipal, et qu'elle avait pensé qu'il convenait de laisser à ces communes la faculté de choisir un certain nombre de conseillers hors de la commune. Or, comme il a été décidé qu'on ne serait éligible au conseil municipal, qu'autant qu'on ferait partie du collège électoral, on a dû établir que les citoyens propriétaires dans la commune, mais qui n'y seraient pas domiciliés, pourraient être membres du collège électoral.

« La commission, a-t-il ajouté, n'a pas été arrêtée par cette autre considération, que les propriétaires non domiciliés dans la commune, pourraient venir dominer les élections. Il n'est point probable qu'un grand nombre d'électeurs forains puissent venir participer aux élections d'une commune ; tout le monde sait que lorsqu'il y a des proprié-

dans les proportions suivantes (1) :

Pour les communes de mille âmes et au-dessous, un nombre égal au dixième de la population de la commune :

Ce nombre s'accroîtra de cinq par cent habitants en sus de mille jusqu'à cinq mille;

De quatre par cent habitants en sus de cinq mille jusqu'à quinze mille;

De trois par cent habitants au-dessus de quinze mille ;

2º Les membres des cours et tribunaux, les juges de paix et leurs suppléants (2);

Les membres des chambres de commerce, des conseils de manufactures, des conseils de prud'hommes ;

Les membres des commissions administratives des colléges, des hospices et des bureaux de bienfaisance (3);

Les officiers de la garde nationale (4);

Les membres et correspondants de l'Institut, les membres des sociétés savantes instituées ou autorisées par une loi ;

Les docteurs de l'une ou de plusieurs des facultés de droit, de médecine, des sciences, des lettres, après trois ans de domicile réel dans la commune ;

Les avocats inscrits au tableau, les avoués (5) prés les cours et tribunaux, les notaires, les licenciés de l'une des facultés de droit, des sciences, des lettres, chargés

---

taires forains dans une commune, il n'y en a ordinairement qu'un petit nombre ; et ceux qui possèdent une grande partie de la propriété de la commune en sont le plus souvent éloignés. On a eu en vue d'appeler dans le corps électoral les petits propriétaires qui quelquefois sont domiciliés dans une commune voisine, et qu'il serait utile de faire entrer dans le conseil municipal de la commune où ils ne sont pas domiciliés.

M. de Tracy a répondu : « Les intérêts qui composent ceux de la commune ne sont pas purement matériels. Les membres du conseil municipal n'ont pas à statuer simplement sur les fonds, sur des dépenses ; il est des intérêts moraux sur lesquels ils peuvent avoir à prononcer. Une commune est une véritable famille collective. Dès lors j'ai peine à concevoir comment des individus, à cause de leurs impôts, pourraient faire partie indéfiniment de cette espèce de famille. . . . . .

« Je suppose, et l'exemple se présentera fréquemment, qu'un propriétaire foncier se trouve, en vertu de ses impôts, électeur communal dans cinq ou six communes voisines de celle où il est domicilié de fait. En général, l'assemblée électorale se tiendra dans un canton le même jour ; est-il convenable, est-il possible même que cet électeur aille successivement voter dans toutes ces communes ? . . . .

« Il est donc moral, utile, que le domicile soit une condition nécessaire pour voter dans une commune. Donnez ensuite toutes les garanties que vous jugerez convenables pour que les plus imposés, dans le cas prévu par la loi du 15 mai 1818, dans le cas où la commune vote un supplément à la contribution, y soient représentés en nombre suffisant ; mais n'admettez pas indéfiniment les citoyens à prendre part, en vertu de leur cote d'imposition, à la participation des intérêts purement moraux de la commune. Cette disposition serait propre à étouffer des sentiments qu'il faut au contraire féconder, qui sont tout naturels, qui font qu'on aime à faire du bien dans sa localité, qu'on s'y attache comme à une seconde famille. »

Ici se présente une réflexion importante : les art. 39 et suiv. de la loi du 15 mai 1818 ordonnaient d'adjoindre au conseil municipal les plus forts imposés forains, lorsqu'il était question de voter des centimes extraordinaires. Cette adjonction était fondée sur ce que les plus forts imposés forains ne faisaient pas partie du conseil municipal composé de citoyens domiciliés dans la commune sur ce qu'ils étaient cependant le plus intéressés dans le vote des centimes extraordinaires. Aujour-

d'hui, les plus forts imposés, même forains, étant appelés à faire partie du collège électoral, et pouvant être nommés conseillers municipaux, la nécessité de l'adjonction disparaît, et l'on peut considérer comme abrogés les articles précités de la loi du 15 mai 1818. Cependant, lorsque M. Mestadier a dit qu'en rejetant l'amendement de M. Marchal, la loi de 1818 disparaîtrait, plusieurs voix ont protesté en criant : Non, non. A notre avis, il y a incompatibilité évidente entre la loi actuelle et la loi de 1818, et, par conséquent, abrogation tacite de cette dernière. Voy. les art. 12 et 15.

Il a été décidé, d'une part, que la loi ne s'oppose pas à ce que l'on exerce les droit d'électeur municipal dans plusieurs communes. 4 février 1836, ord., Mac., t. 18, p. 57.

En second lieu, que la loi du 15 mai 1818 doit continuer à être appliquée. Je dois donc rétracter l'opinion que j'ai émise.

(1) On ne compte à chaque électeur que les contributions qu'il paie dans la commune ; celles qu'il paie ailleurs ne peuvent lui servir à composer le cens électoral pour l'élection des conseillers municipaux. Voy. le dernier paragraphe de l'article.

(2) Les greffiers ne sont pas électeurs ; on a proposé de les admettre, mais la proposition a été rejetée.

Les juges suppléants des tribunaux seront électeurs ; ils sont membres des tribunaux ; d'ailleurs la rédaction des art. 6 et 7 fournirait au besoin un argument décisif.

(3) Les maires n'ont pas le droit, à raison de leur seule qualité de présidents des bureaux de bienfaisance, d'être portés sur la liste des électeurs communaux. Cette qualité, attachée à celle de maire, ne rend pas les maires membres des bureaux de bienfaisance. 25 février 1833, cass., Sirey, 33. 1. 499.

(4) Les officiers de la garde nationale qui, quoique non habillés, n'ont pas été remplacés et continuent leur service, doivent être maintenus sur la liste électorale, 19 mai 1835, ord., Mac., t. 17, p. 358. — A fortiori, s'ils ont été réélus. 8 février 1838, ord., Mac., t. 20, p. 77; Sirey-Devilleneuve, 38. 2. 398 ; 21 février 1840, ord., Mac., t. 22, p. 75 ; Sirey-Devilleneuve, 40. 2. 541.

Le capitaine rapporteur d'un conseil de discipline, quoique non élu, doit être maintenu sur les listes électorales en qualité d'officier. 11 juin 1834, ord., Mac., t. 16, p. 388.

(5) Il a été expliqué que la qualité de licencié n'était pas exigée des avoués.

de l'enseignement de quelqu'une des matières appartenant à la faculté où ils auront pris leur licence, les uns et les autres après cinq ans d'exercice et de domicile réel dans la commune (1);

Les anciens fonctionnaires de l'ordre administratif et judiciaire jouissant d'une pension de retraite;

Les employés des administrations civiles et militaires jouissant d'une pension de retraite de six cents francs et au-dessus;

Les élèves de l'école polytechnique qui ont été, à leur sortie, déclarés admis ou admissibles dans les services publics, après deux ans de domicile réel dans la commune : toutefois, les officiers appelés à jouir du droit électoral en qualité d'anciens élèves de l'école polytechnique ne pourront l'exercer dans les communes où ils se trouveront en garnison qu'autant qu'ils y auraient acquis leur domicile civil ou politique avant de faire partie de la garnison;

Les officiers de terre et de mer jouissant d'une pension de retraite;

Les citoyens appelés à voter aux élections des membres de la Chambre des Députés ou des conseils généraux des départements,

quel que soit le taux de leurs contributions dans la commune.

12. Le nombre des électeurs domiciliés dans la commune ne pourra être moindre de trente, sauf le cas où il ne se trouverait pas un nombre suffisant de citoyens payant une contribution personnelle (2).

13. Les citoyens qualifiés pour voter dans l'assemblée des électeurs communaux, conformément au paragraphe 2 de l'art. 11, et qui seraient en même temps inscrits sur la liste des plus imposés, voteront en cette dernière qualité.

14. Le tiers de la contribution du domaine exploité par un fermier à prix d'argent ou à portion de fruits, lui est compté pour être inscrit sur la liste des plus imposés de la commune, sans diminution des droits du propriétaire du domaine (3).

15. Les membres du conseil municipal seront tous choisis sur la liste des électeurs communaux, et les trois quarts, au moins, parmi les électeurs domiciliés dans la commune (4).

16. Les deux tiers des conseillers municipaux sont nécessairement choisis parmi les électeurs désignés au paragraphe 1er de

---

(1) Il existe dans plusieurs collèges royaux et communaux des cours de droit commercial; les licenciés en droit qui les font sont compris dans les dispositions de la loi.

On a proposé d'admettre les licenciés des diverses facultés qui, n'étant ni inscrits au tableau des avocats et des avoués, ni chargés de l'enseignement, auraient dix ans de domicile réel dans la commune; les bacheliers des lettres et sciences chargés de l'enseignement public, après cinq années d'exercice dans la commune; les officiers de santé et les pharmaciens. Toutes ces adjonctions et plusieurs autres ont été repoussées.

(2) Si cet article n'eût pas dit que le nombre des électeurs serait au moins de trente, dans plusieurs communes, il n'y aurait eu qu'un très-petit nombre d'électeurs; l'art. 11 porte en effet que, dans les communes de mille âmes et au-dessous, le nombre des électeurs sera du dixième de la population; par conséquent, dans une commune de cent âmes, le corps électoral eût été composé de dix individus. — Toutefois, il est un cas où le nombre de trente ne sera pas complet, c'est lorsqu'il n'y aura pas trente citoyens inscrits au rôle des contributions. En résumé, quelque minime que soit la contribution que paie un citoyen, il doit être appelé pour compléter les trente électeurs, ou pour compléter le dixième de la population totale, dans les communes qui ont plus de trois cents âmes. La commission de la Chambre des Députés avait proposé de fixer un minimum du cens, toujours exigible pour être électeur. Ce système n'a pas été accueilli; mais remarquons bien que celui qui ne paie aucune contribution directe ne peut absolument, et dans aucun cas, faire partie du corps électoral.

(3) Si donc, un domaine paie 60 fr. de contributions, le propriétaire sera classé comme payant

60 fr., et le fermier comme en payant 20; si celui qui est colon partiaire pour certains fruits (par exemple les céréales), est travailleur salarié pour d'autres (le vin), devra-t-il profiter du tiers des contributions? Nous ne le pensons pas; car, malgré les termes généraux dans lesquels l'article est conçu, évidemment on ne peut compter an fermier que le tiers des contributions applicables à la partie du domaine qu'il exploite comme fermier; celui qui est tout à la fois salarié et colon partiaire pour un même domaine doit être considéré comme celui qui travaillerait, en qualité de salarié, un domaine, et qui exploiterait, comme fermier, un domaine contigu. Il sera cependant quelquefois difficile de déterminer quelle est, dans la somme totale des contributions payées par le domaine, la part relative à ce qui est exploité par le fermier, et la part afférente à ce qui est travaillé moyennant salaire.

Celui qui prétend avoir le droit d'être porté sur la liste des électeurs en qualité de fermier n'est pas tenu de justifier de son bail par acte authentique. Tout mode de preuve est admissible. 1er août 1837, cass., Sirey-Devilleneuve, 37. 1. 662. Voy., toutefois, l'arrêt cité sous l'art. 41, et la note de l'arrêtiste.

Les juges peuvent, sans violer aucune loi, ne voir dans un bail de quatre-vingt-dix-neuf ans qu'un bail ordinaire et non un bail emphytéotique transférant au preneur le domaine utile ou l'usufruit, et l'autorisant à se prévaloir de la totalité de l'impôt. 23 juillet 1839, cass., Sirey-Devilleneuve, 39. 1. 930. Voy. aussi mon *Traité du louage*, t. 1er, n. 150.

(4) Sur la question de savoir si les plus forts imposés forains pourront être appelés à faire partie du conseil municipal dans les cas prévus par les art. 39 et suiv. de la loi du 15 mai 1818, voyez *suprà*, notes sur l'art. 11, § 1er.

l'art. 11; l'autre tiers peut être choisi parmi tous les citoyens ayant droit de voter dans l'assemblée en vertu de l'art. 11 (1).

17. Les conseillers municipaux doivent être âgés de vingt-cinq ans accomplis. Ils sont élus pour six ans et toujours rééligibles.

Les conseils seront renouvelés par moitié tous les trois ans (2).

18. Les préfets, sous-préfets, secrétaires généraux et conseillers de préfecture, les ministres des divers cultes en exercice dans la commune (3), les comptables des revenus communaux et tout agent salarié par la commune, ne peuvent être membres des conseils municipaux (4). Nul ne peut être membre de deux conseils municipaux (5).

19. Tout membre d'un conseil municipal

---

(1) L'art. 15 et l'art. 16 doivent être combinés dans l'application : supposons que le nombre total des électeurs soit de 90 ; que 60 soient compris dans le premier paragraphe de l'art. 11, 30 dans le second paragraphe ; que d'ailleurs 70 soient domiciliés dans la commune, et 20 seulement hors de la commune, le nombre des conseillers municipaux à élire étant de 12, il faudra que 9 soient pris au moins parmi les 70 domiciliés, et que 8 au moins soient choisis parmi les plus imposés, compris dans le premier paragraphe de l'art. 11 ; ainsi, 8 conseillers devront être à la fois domiciliés dans la commune et compris dans le premier paragraphe de l'art. 11 ; il faudra un autre soit domicilié dans la commune, soit qu'il figure dans le premier ou dans le deuxième paragraphe de l'art. 11 ; les quatre derniers pourront être choisis, comme on le voudra, parmi les domiciliés ou les non domiciliés, parmi les électeurs du premier ou du deuxième paragraphe de l'art. 11. Cet exemple peut servir de guide ; mais lorsque les deux tiers ou les trois quarts ne seront pas des nombres ronds, les fractions devront être comptées pour une unité. Ainsi, lorsqu'il y aura seize ou vingt-un conseillers à nommer, les deux tiers de seize étant 10 2/3, il faudra 11 conseillers pris dans le premier paragraphe de l'art. 11 ; et les trois quarts de vingt-un étant 15 3/4, il faudra 16 conseillers pris parmi les domiciliés.

(2) Dans trois ans, à compter de la première élection, la moitié des conseils devra donc sortir ; le sort déterminera pour cette première réélection les membres sortants. Voy. ci-après, art. 53.

Le conseiller démissionnaire doit être compris dans le nombre des conseillers sortants.

Lorsque le nombre des conseillers municipaux est augmenté par suite du recensement de la population de la commune, il doit être procédé au remplacement des conseillers sortants et à la nomination des membres appelés à compléter le conseil municipal. 25 mars 1835, ord., Mac., t. 17, p. 235.

Lors du tirage au sort pour le renouvellement triennal, les premiers noms extraits de l'urne doivent être considérés comme membres sortants. 18 juin 1835, ord., Mac., t. 17, p. 408.

Le ministre de l'intérieur est seul compétent pour statuer sur appel des arrêtés du préfet, sur les questions de validité de tirage au sort pour la désignation de la moitié sortant du conseil municipal. 10 septembre 1835, ord., Mac., t. 17, p. 547.

La loi n'ayant pas prescrit un intervalle déterminé entre le tirage au sort des membres sortants et l'opération de l'élection, il n'y a pas lieu d'annuler les élections, parce qu'elles auraient eu lieu le même jour que le tirage au sort. 4 décembre 1835, ord., Mac., t. 17, p. 677.

Il n'y a pas lieu d'annuler des opérations électorales par le motif qu'il n'aurait pas été fait de tirage au sort des membres sortants, et que le maire

seul, en l'absence du conseil municipal, en aurait fait la désignation, si cette irrégularité n'a point été attaquée devant l'autorité compétente. 16 novembre 1835, ord., Mac., t. 17, p. 638.

Si la moitié des membres d'un conseil municipal ayant été désignée pour sortir, les autres membres donnent leur démission, ces derniers peuvent être réélus à l'assemblée convoquée pour remplacer la première moitié, c'est-à-dire les membres sortants. 19 août 1835, ord., Mac., t. 17, p. 518.

(3) Ainsi, les ministres du culte, en exercice dans une autre commune, pourront être conseillers municipaux, s'ils réunissent d'ailleurs les conditions exigées. Voy. notes sur l'art. 6, § 2.

(4) On a proposé d'exclure : *tout agent salarié par un établissement placé sous la surveillance municipale* : cet amendement a été rejeté ; ainsi l'incapacité ne frappe que ceux qui sont directement salariés par la commune.

Lorsque, en fait, un receveur de bureau de bienfaisance n'est ni comptable de deniers communaux, ni agent salarié de la commune, il y a lieu de maintenir son élection. 8 janvier 1836, ord., Mac., t. 18, p. 17.

Les fonctions de gérant provisoire de la recette municipale sont incompatibles avec celle de conseiller municipal.

Si le gérant a déclaré se démettre des fonctions qu'il avait provisoirement remplies, avant l'installation et même avant l'élection, l'élection est valable. 16 août 1832, ord., Mac., t. 14, p. 445.

Lorsque le secrétaire de la mairie s'est démis de ses fonctions avant l'installation du conseil municipal, cette circonstance a fait cesser pour lui l'incompatibilité résultant de sa qualité d'agent salarié. 11 avril 1834, ord., Mac., t. 16, p. 222.

Même décision si, le jour de son élection, il a donné verbalement sa démission, et l'a ensuite renouvelée par écrit. 18 juillet 1838, ord., Mac., t. 20, p. 418 ; Sirey-Devilleneuve, 39. 2. 157.

L'horloger qui, moyennant un salaire annuel, remonte l'horloge de la commune n'est pas agent salarié de la commune. 19 août 1836, ord., Mac., t. 17, p. 517.

Un percepteur des contributions directes, chargé seulement du recouvrement des centimes additionnels de la commune, peut être membre du conseil municipal, lorsqu'il existe d'ailleurs un receveur municipal en titre. 17 septembre 1838, ord., Mac., t. 20, p. 555 ; Sirey-Devilleneuve, 39. 2. 557.

M. Marchal a proposé de dire que *nul ne pourrait être membre de plusieurs assemblées d'électeurs communaux*, mais cette disposition a été repoussée.

M. de Tracy a demandé comment se ferait l'option dans le cas où un citoyen serait nommé membre de deux conseils municipaux. On a répondu qu'une instruction ministérielle déterminerait cela, que la loi ne pouvait pas tout dire.

(5) On doit valider l'élection de deux conseillers

dont les droits civiques auraient été suspendus, ou qui en aurait perdu la jouissance, cessera d'en faire partie, et ne pourra être réélu que lorsqu'il aura recouvré les droits dont il aurait été privé (1).

20. Dans les communes de cinq cents âmes et au-dessus, les parents au degré de père, de fils, de frère, et les alliés au même degré, ne peuvent être en même temps membres du même conseil municipal (2).

21. Toutes les dispositions des lois précédentes, concernant les incompatibilités et empêchements des fonctions municipales, sont abrogées (3).

22. En cas de vacance dans l'intervalle des élections triennales, il devra être pro-

---

municipaux déjà membres du conseil municipal d'autres communes, lorsqu'avant l'installation du conseil auquel ils ont été appelés en dernier lieu, ils ont donné leur démission de membres des conseils dont ils faisaient précédemment partie. 4 février 1836, ord., Mac., t. 18, p. 56.

(1) « L'exercice des droits de citoyen français (ou droits civiques) est suspendu par l'état de débiteur failli ou d'héritier immédiat détenteur à titre gratuit de la succession totale ou partielle d'un failli, par l'état de domestique à gage attaché au service de la personne ou du ménage. » — (Constitution du 22 frimaire an 8, tit. 1, art. 5.)

Le Code pénal porte, art. 28 : « Quiconque aura été condamné à la peine des travaux forcés à temps, du bannissement, de la réclusion ou du carcan, ne pourra jamais être juré ni expert, ni être employé comme témoin dans les actes, ni déposer en justice, autrement que pour y donner de simples renseignements ; il sera incapable de tutelle et de curatelle, si ce n'est de ses enfants et sur l'avis seulement de la famille.

« Il sera déchu du droit de port d'armes et du droit de servir dans les armées de l'empire. »

Art. 34. La dégradation civique consiste dans la destitution et l'exclusion du condamné de toutes fonctions et emplois publics, et dans la privation de tous les droits énoncés en l'art. 28.

Art. 9. Les peines en matière correctionnelle sont : 1° l'emprisonnement à temps dans un lieu de correction ; 2° l'interdiction à temps de certains droits civiques, civils ou de famille ; 3° l'amende.

Art. 42. Les tribunaux jugeant correctionnellement pourront, dans certains cas, interdire en tout ou en partie l'exercice des droits civiques, civils et de famille suivants :

1° De vote et d'élection ;

2° D'éligibilité ;

3° D'être appelé ou nommé aux fonctions de juré ou autres fonctions publiques, ou aux emplois de l'administration, ou d'exercer ces fonctions ou emplois ;

4° Du port d'armes ;

5° De votes et de suffrages dans les délibérations de famille ;

6° D'être tuteur, curateur, si ce n'est de ses enfants, et sur l'avis seulement de la famille ;

7° D'être expert ou employé comme témoin dans les actes ;

8° De témoignage en justice, autrement que pour y faire de simples déclarations.

M. Isambert a proposé une disposition additionnelle ainsi conçue :

« Toutes délibérations auxquelles il aurait pris part sont nulles, sans préjudice de la peine portée en l'art. 258 du Code pénal.

« Cette disposition est applicable aux maires qui se seraient prorogés dans l'exercice de leurs fonctions hors du terme qui leur est assigné par la loi, ou qui auraient pris l'exercice de ces fonctions quoique nommés hors du sein du conseil munici-

pal, ou qui les auraient continuées après la notification de leur suspension ou révocation.

« Tout citoyen de la commune aura qualité pour opposer cette nullité. »

M. le rapporteur a répondu que cette disposition lui semblait conçue en termes trop absolus : « Je ne crois pas, a-t-il dit, que l'on doive prononcer d'avance la nullité de toute espèce de délibérations, parce qu'un seul membre du conseil ayant perdu ses droits civiques y aurait pris part ; on trouvera dans l'art. 258 du Code pénal, et dans les circonstances qui auront accompagné la délibération, les motifs de nullité nécessaires. Je conçois que les citoyens puissent faire valoir des moyens de nullité ; mais, encore une fois, je pense qu'il est dangereux de prononcer cette nullité d'avance. »

Sur ces explications, M. Isambert a retiré sa proposition.

Un conseiller municipal ne doit pas être révoqué de ses fonctions, par cela seul qu'il a perdu sa qualité d'électeur. 30 novembre 1832, ord., Mac., t. 14, p. 663.

Un individu déclaré par jugement en état de faillite cesse par cela même de faire partie du conseil municipal, et il doit être procédé dès lors à son remplacement, sans qu'il soit besoin de faire prononcer son élimination. 2 mars 1839, ord., Mac., t. 21, p. 180 ; Sirey-Devilleneuve, 40. 2. 544.

(2 Lorsque le fait d'alliance est contesté, cette question préjudicielle doit être décidée par les tribunaux. 21 octobre, 16 novembre 1835, ord., Mac., t. 17, p. 569 et 639.

Id., 9 mars 1836, ord., Mac., t. 18, p. 117.

En cas d'incompatibilité entre les élus pour cause d'alliance ou parenté, la préférence doit être déterminée par l'antériorité des élections. 27 nov. 1835, ord., Mac., t. 17, p. 655.

Id., 25 janvier, 31 juillet, 25 octobre 1833, ord., Mac., t. 15, p. 57, 432 et 585.

Id., 23 avril, 2, 23 novembre 1832, ord., Mac., t. 14, p. 645, 605 et 217.

L'incompatibilité prétendue entre deux conseillers municipaux ne peut vicier l'ensemble des opérations.

Elle doit vicier seulement l'élection de celui des deux élus qui a obtenu le moins de suffrages dans le scrutin où ils ont été nommés. 9 mars 1836, ord., Mac., t. 18, p. 117.

(3) Cet article n'abroge pas l'art. 5 de la loi du 22 frimaire an 8, portant que l'exercice des droits de citoyen est suspendu par l'état de domesticité. Arrêt de la Cour de cassation du 14 août 1837 (Sirey-Devilleneuve, 37. 1. 884).

Et par l'état de failli, même concordataire. Arrêt de la Cour de cassation du 6 août 1838 (Sirey-Devilleneuve, 39. 1. 139.)

La possession annale du cens n'est pas exigée en matière d'élections municipales, comme elle l'est en matière d'élections parlementaires. Arrêt de la Cour de cassation du 30 avril 1838 (Sirey-Devilleneuve, 38. 1. 472.)

cédé au remplacement dès que le conseil municipal se trouvera réduit aux trois quarts de ses membres (1).

SECTION II. *Des assemblées des conseils municipaux.*

23. Les conseils municipaux se réunissent quatre fois l'année, au commencement des mois de février, mai, août et novembre. Chaque section peut durer dix jours (2).

24. Le préfet ou sous-préfet prescrit la convocation extraordinaire du conseil municipal, ou l'autorise sur la demande du maire, toutes les fois que les intérêts de la commune l'exigent.

Dans les sessions ordinaires, le conseil municipal peut s'occuper de toutes les matières qui rentrent dans ses attributions.

En cas de réunion extraordinaire, il ne peut s'occuper que des objets pour lesquels il a été spécialement convoqué.

La convocation pourra également être autorisée pour un objet spécial et déterminé, sur la demande du tiers des membres du conseil municipal adressée directement au préfet, qui ne pourra la refuser que par un arrêté motivé, qui sera notifié aux réclamants, et dont ils pourront appeler au roi.

Le maire préside le conseil municipal; les fonctions de secrétaire sont remplies par un de ses membres, nommé au scrutin et à la majorité à l'ouverture de chaque session.

25. Le conseil municipal ne peut délibérer que lorsque la majorité des membres en exercice assiste au conseil (3).

Il ne pourra être refusé à aucun des citoyens contribuables de la commune communication sans déplacement, des délibérations des conseils municipaux.

26. Le préfet déclarera démissionnaire tout membre d'un conseil municipal qui aura manqué à trois convocations consécutives, sans motifs reconnus légitimes par le conseil (4).

27. La dissolution des conseils municipaux peut être prononcée par le roi.

L'ordonnance de dissolution fixera l'époque de la réélection (5).

Il ne pourra y avoir un délai de plus de trois mois entre la dissolution et la réélection. Toutefois, dans le cas où les maire et adjoints cesseraient leurs fonctions par des causes quelconques avant la réélection du corps municipal, le roi, ou le préfet en son nom, pourront désigner, sur la liste

(1) Les conseillers municipaux nommés ainsi en remplacement ne resteront en fonctions que le temps durant lequel auraient été en exercice ceux qu'ils remplacent. S'il en était autrement, le renouvellement triennal par moitié présenterait des difficultés insurmontables; d'ailleurs, dans la législation, on trouve un grand nombre de dispositions qui disent expressément que les fonctions d'un remplaçant ne peuvent se prolonger au-delà du terme fixé pour la durée des fonctions du remplacé.

(2) Précédemment, il n'y avait qu'une session au mois de mai. On avait proposé de donner au maire le droit de provoquer des réunions extraordinaires : cette proposition n'a point été accueillie. Voy. l'article suivant. — On a également présenté un article additionnel ainsi conçu : « Les assemblées des conseils municipaux sont publiques, à moins que trois membres ne s'y opposent; l'examen du budget de la commune et le règlement du compte annuel seront rendus en séance publique. »

Il a été rejeté.

(3) Je crois que ce texte, qui est celui du Bulletin des lois, est erroné, et que c'est un article différemment conçu qu'a voulu adopter la Chambre des Députés

Le Moniteur dit que l'article tel qu'il est ci-dessus a été proposé par la commission, et ajoute : « M. Baudet-Lafarge propose l'amendement suivant : *Le conseil municipal ne peut délibérer que lorsque la majorité des membres en exercice et* DOMICILIÉS DANS LA COMMUNE *assiste au conseil.* (Appuyé! appuyé!)

« M. Duvergier de Hauranne : « Puisque l'amendement est appuyé, je crois devoir soumettre à la Chambre quelques observations. S'il était adopté, la commune pourrait, en certains cas, être conduite par la minorité, ce qu'il est impossible de sanctionner. On avait exigé dans l'ancienne loi la présence des deux tiers des membres du conseil à ses délibérations; cela était gênant, la majorité suffit; mais je crois qu'il faut que ce soit la majorité absolue, et non pas seulement celle des membres domiciliés dans la commune. »

« M. Marchal : « Je sens toute la force de l'observation qui vient de vous être présentée, et je crois la détruire par l'amendement que je propose pour la fin de l'article : *Lorsque la majorité. des membres en exercice assiste au conseil et comprend la majorité des conseillers municipaux domiciliés dans la commune.* »

« Cet amendement a été adopté.

« Le président consulte la Chambre sur l'amendement de M. Baudet-Lafarge.

« Cet amendement n'est pas appuyé.

« L'article de la commission, *amendé* par M. Marchal, est adopté. »

Voy. Moniteur du 27 février 1831, p. 325, première colonne.

S'il n'y a pas d'erreur dans le Moniteur, et tout porte à croire qu'il n'y en a point, la discussion étant de nature à montrer que la Chambre a bien voulu adopter l'amendement de M Marchal; si, dis-je, il n'y a pas d'erreur, le texte du Bulletin doit être rectifié, et il faut, pour que le conseil municipal puisse délibérer légalement, que non seulement sa majorité absolue soit présente, mais encore que, dans les membres présents, se trouve la majorité des conseillers municipaux domiciliés dans la commune.

(4) La loi dit *convocations*, et non pas *séances*. L'effet des absences d'un conseiller municipal est couvert par son assistance à une réunion postérieure, sans opposition ni réserve de la part du conseil. 22 juillet 1839, ord., Mac., t. 21, p. 411; Sirey-Devilleneuve, 40. 2. 544.

(5) On a demandé que l'ordonnance de dissolution fût motivée. On a rejeté cette proposition,

des électeurs de la commune , les citoyens qui exerceront provisoirement les fonctions de maire et d'adjoints.

28. Toute délibération d'un conseil municipal portant sur des objets étrangers à ses attributions est nulle de plein droit. Le préfet, en conseil de préfecture, déclarera la nullité ; le conseil pourra appeler au roi de cette décision (1).

29. Sont pareillement nulles de plein droit toutes délibérations d'un conseil municipal prises hors de sa réunion légale. Le préfet, en conseil de préfecture, déclarera l'illégalité de l'assemblée et la nullité de ses actes.

Si la dissolution du conseil est prononcée, et si dans le nombre de ses actes il s'en trouve qui soient punissables d'après les lois pénales en vigueur, ceux des membres du conseil qui y auraient participé sciemment pourront être poursuivis.

30. Si un conseil se mettait en correspondance avec un ou plusieurs autres conseils, ou publiait des proclamations ou adresses aux citoyens , il serait suspendu par le préfet, en attendant qu'il eût été statué par le roi.

Si la dissolution du conseil était prononcée , ceux qui auraient participé à ces actes pourront être poursuivis conformément aux lois pénales en vigueur (2).

31. Lorsqu'en vertu de la dissolution prononcée par le roi , un conseil aura été renouvelé en entier, le sort désignera, à la fin de la troisième année , les membres qui seront à remplacer (3).

CHAPITRE III. Des listes et des assemblées des électeurs communaux.

SECTION Ire. De la formation des listes.

32. Le maire , assisté du percepteur et des commissaires répartiteurs , dressera la liste de tous les contribuables de la commune jouissant des droits civiques (4) , et qualifiés , à raison de la quotité de leurs contributions , pour faire partie de l'assem-

---

(1) On sait que *le préfet en conseil de préfecture* n'est pas la même chose que *le conseil de préfecture présidé par le préfet*. Dans le premier cas, le préfet décide *seul* ; il ne fait que prendre l'avis du conseil : dans le second, les conseillers et le préfet délibèrent et décident à la majorité des voix. —On a demandé que le conseil de préfecture fût appelé à statuer ; mais on a répondu que la décision du préfet seul présente réellement plus de garantie ; car, s'il prononce contrairement aux lois, et, sur le recours au roi, il intervient une ordonnance, elle sera contresignée par un ministre responsable , et l'on pourra poursuivre le ministre et le préfet , tandis que le conseil de préfecture et le conseil d'État prononçant comme tribunaux , leurs décisions seraient inattaquables.

Lorsqu'un conseil municipal délibère qu'il n'y a lieu d'exécuter une décision du conseil de préfecture, sous prétexte qu'elle fait une fausse application de la loi, et que la délibération est annulée par le préfet, en conseil de préfecture, l'arrêté de préfecture n'est pas susceptible d'être attaqué par la *voie contentieuse*. 2 novembre 1832 , ord., Mac., t. 14, p. 605.

(2) L'art. 258 du Code pénal serait applicable.

(3) Voyez l'art. 53.

(4) La discussion sur ce qui constitue la qualité de citoyen s'est renouvelée sur cet article (V. *suprà*, notes sur l'art. 11, § 1er).

M. Marchal a fait remarquer qu'aux termes de l'art. 2 de la loi du 22 frimaire an 8, trois conditions sont requises pour avoir la qualité de citoyen : 1° avoir 21 ans ; 2° s'être fait inscrire sur le registre civique ; 3° avoir demeuré un an sur le territoire français ; il en a conclu qu'on ne peut être citoyen avant 22 ans. « Or, a-t-il dit , l'art. 11 de la loi permet d'être électeur communal à 21 ans ; donc les électeurs communaux ne seront pas citoyens. »

M. le rapporteur a répondu que la loi dérogeait à la constitution de l'an 8, en accordant l'exercice du droit électoral à des citoyens âgés de moins de 22 ans.

M. le ministre de l'intérieur a dit que, dans son opinion, la constitution du 22 frimaire an 8 était abrogée ; il a invoqué l'autorité de M. Toullier, voy. t. 1er, n. 258 ; puis il a ajouté : « Quant à l'article en discussion , les expressions *jouissant des droits civiques*, me paraissent évidemment s'appliquer à des circonstances dont la constatation est laissée au maire, telle que la qualité d'étranger ou la privation des droits civiques ; d'ailleurs , avec le vague que comporte cette rédaction, il n'y a, dans aucune hypothèse, d'objection fondée à y opposer; si, plus tard, une loi sur la qualité de citoyen était proposée et adoptée, les conditions qu'elle imposerait s'accorderaient naturellement avec la disposition de l'art. 32. »

Ainsi, en résumé, le maire pourra considérer comme jouissant des droits civiques, celui qui n'en sera point privé par jugement, celui qui ne sera point étranger, sans s'occuper de la question fort délicate de savoir si la loi du 22 frimaire an 8 est ou n'est pas abrogée. Voy. les notes sur l'art. 19.

Voici , d'ailleurs , quelques notions sur la manière dont on peut acquérir et perdre les droits de citoyen.

Rappelons d'abord le texte de l'art. 2 de la constitution du 22 frimaire an 8 ; il porte : « Tout homme né et résidant en France, qui , âgé de vingt et un ans accomplis, s'est fait inscrire sur le registre civique de son arrondissement communal, et qui a demeuré depuis , pendant un an , sur le territoire de la république, est citoyen français. »

L'art. 3 ajoute : « Un étranger devient citoyen français, lorsqu'après avoir atteint l'âge de vingt et un ans accomplis, et avoir déclaré l'intention de se fixer en France , il y a résidé pendant dix années consécutives. »

L'article du Code civil indique même que, pour jouir en France des droits civils et y établir son domicile, l'étranger est obligé d'obtenir la permission du gouvernement ; à plus forte raison , s'il veut acquérir les droits politiques , il faut qu'il le demande, et qu'il obtienne ou des lettres de natu

blée communale, conformément à l'art. 11 ci-dessus.

Les plus imposés seront inscrits sur cette liste dans l'ordre décroissant de la quotité de leurs contributions.

33. Cette liste présentera la quotité des impôts de chacun de ceux qui y seront portés; elle énoncera le chiffre de la population de la commune, et sera affichée dans la commune, et communiquée, au secrétariat de la mairie, à tout requérant (1).

34. Tout individu omis pourra, pendant un mois, à dater de l'affiche, présenter sa réclamation à la mairie.

Dans le même délai, tout électeur inscrit sur la liste pourra réclamer contre l'inscription de tout individu qu'il croirait indûment porté (2).

---

ralité, suivant le décret du 17 mars 1809, ou des lettres de grande naturalisation, vérifiées par les deux Chambres, conformément à l'ordonnance du 4 juin 1814.

La loi du 14 octobre 1814 contient des dispositions spéciales pour la naturalisation des habitants des départements qui avaient été réunis à la France depuis 1791.

L'art. 4 du titre 1ᵉʳ de la constitution de l'an 8 porte:

« La qualité de citoyen français se perd :

« Par la naturalisation en pays étranger ;

« Par l'acceptation de fonctions ou de pensions offertes par un gouvernement étranger ;

« Par l'affiliation à toute corporation qui supposerait des distinctions de naissance ;

« Par la condamnation à des peines afflictives ou infamantes. »

«Cette disposition a été modifiée, dit M. Dupin, par l'art. 17 du Code civil, lequel porte que la qualité de Français se perd : 1ᵛ par la naturalisation acquise en pays étranger ; 2° *par l'acceptation non autorisée par le roi de fonctions publiques conférées par un gouvernement étranger*, etc.» Sans doute, l'article du Code civil diffère de la constitution de l'an 8, puisque celle-ci parle en général des *fonctions et pensions*, et que le Code ne considère comme une cause de déchéance de la qualité de Français que les fonctions *publiques acceptées sans autorisation du roi*. Mais on pourrait soutenir que cette différence n'a pas l'effet que lui attribue M. Dupin ; le Code ne dispose que pour la qualité de *Français*, tandis que la constitution s'occupe de la qualité de *citoyen*. En conséquence, on pourrait dire que celui qui accepte des fonctions ou des pensions quelconques d'un gouvernement étranger, même avec l'autorisation du roi, perd la qualité de citoyen français, aux termes de la constitution de l'an 8, mais qu'il conserve la qualité de Français, d'après l'art. 17 du Code civil. Lors de la promulgation faite en l'an 11, le Code civil reproduisait, dans son art. 17, la disposition de la constitution de l'an 8 relative à *l'affiliation à toute corporation qui supposerait des distinctions de naissance* ; mais, sous le régime impérial et sous la restauration, la noblesse ayant été rétablie et maintenue, le Code Napoléon et le Code civil (nouvelle édition officielle de 1816) ne contiennent plus cette disposition.

Les peines afflictives sont : 1° la mort ; 2° les travaux forcés à perpétuité ; 3° la déportation ; 4° les travaux forces à temps ; 5° la réclusion.

Les peines infamantes sont : 1° le carcan ; 2° le bannissement ; 3° la dégradation civique (C. pén., art. 7 et 8).

Il est évident, d'ailleurs, que celui qui perd la qualité de Français, par les moyens indiqués dans l'art. 17 du Code civil, cesse aussitôt d'être citoyen : car, ainsi que je l'ai dit, on peut être Français sans être citoyen ; mais la qualité de citoyen suppose nécessairement celle de Français.

Quant aux causes qui suspendent la qualité de citoyen, voy. note sur l'art. 19.

Celui qui a été condamné pour fait d'escroquerie n'en conserve pas moins le droit d'exercer les fonctions d'électeur municipal. 25 août 1834, cass., Sirey, 34. 1. 788.

Les questions relatives aux droits politiques des individus inscrits sur la liste des électeurs municipaux doivent être portées *de plano* devant les tribunaux civils. Il n'est pas vrai que ces tribunaux ne puissent en être saisis que par appel et après décision préalable de l'autorité administrative. 18 septembre 1831, tribunal civil de Saumur, Sirey, 31. 2. 274.

(1) Le refus de communication des listes électorales la veille et l'avant-veille du jour de l'élection n'est pas de nature à entraîner la nullité des opérations électorales, surtout lorsqu'il résulte du procès-verbal desdites opérations que les listes ont été affichées dans la salle le jour même de l'élection. 8 janvier 1836, ord., Mac., t. 18, p. 18.

Le refus de communication du registre destiné à enregistrer les réclamations concernant les listes électorales ne doit pas entraîner la radiation des électeurs admis sur ladite réclamation, sous prétexte qu'on ne peut dès lors vérifier si ces réclamations ont été formées dans les délais légaux.

Lorsque les listes rectifiées ont été communiquées à un électeur dans le délai fixé par l'art 35 de la loi du 21 mars 1831, cet électeur ne peut se faire un grief de ce que le maire aurait refusé de lui donner communication des décisions rendues par lui sur les réclamations à fin d'inscription.

On ne peut, en admettant qu'il soit établi que des réclamations ont été formées tardivement, s'armer de ce fait pour demander la radiation d'un certain nombre d'électeurs inscrits qu'on ne prouve pas être au nombre des réclamants retardataires. 13 mai 1836, ord., Mac., t. 18, p. 237.

(2) Dans une ville divisée en plusieurs sections, l'électeur inscrit sur la liste électorale comme domicilié dans une section autre que celle où il est réellement domicilié, et où, par conséquent, il doit voter, est indûment inscrit. La rectification de cette inscription peut, en conséquence, être demandée par un tiers. 17 février 1836, cass., Sirey, 36. 1. 211.

Un tiers n'a pas qualité pour se pourvoir au nom de deux électeurs. 2 janvier 1835, ord., Mac., t. 17, p. 13.

Les électeurs omis sur des listes peuvent demander leur inscription par des mandataires. 20 février 1835, ord., Mac., t. 17, p. 139.

Les réclamations concernant la confection des listes doivent être portées devant le maire dans le délai d'un mois de l'affiche, sauf recours au préfet en conseil de préfecture, dans les quinze jours qui suivent la décision du maire.

35. Le maire prononcera, dans le délai de huit jours, après avoir pris l'avis d'une commission de trois membres du conseil, délégués à cet effet par le conseil municipal. Il notifiera, dans le même délai, sa décision aux parties intéressées.

36. Toute partie qui se croirait fondée à contester une décision rendue par le maire, dans la forme ci-dessus, peut en appeler, dans le délai de quinze jours, devant le préfet, qui, dans le délai d'un mois, prononcera en conseil de préfecture, et notifiera sa décision (1).

37. Le maire, sur la notification de la décision intervenue, fera sur la liste la rectification prescrite (2).

38. Le maire dressera la liste des électeurs appelés à voter dans l'assemblée de la commune en vertu du paragraphe 2 de l'art. 11 ci-dessus, avec l'indication de la date des diplômes, inscriptions, domicile, et autres conditions exigées par ce paragraphe.

39. Les dispositions des art. 33, 34, 35, 36 et 37, sont applicables aux listes des électeurs, dressées en exécution de l'article précédent.

40. L'opération de la confection des listes commencera, chaque année, le 1ᵉʳ janvier; elles seront publiées et affichées le 8 du même mois, et closes définitivement le 31 mars. Il ne sera plus fait de changement aux listes pendant tout le cours de l'année; en cas d'élections, tous les citoyens qui y seront portés auront droit de voter, excepté ceux qui auraient été privés de leurs droits civiques par un jugement (3).

41. Les dispositions relatives à l'attribu-

Dès lors, c'est avec raison que le conseil de préfecture rejette les réclamations d'électeurs qui demandent la nullité d'opérations électorales, en se fondant : 1° sur ce que la commission dont le maire est tenu de prendre l'avis avant de statuer sur les réclamations concernant la révision des listes, aurait été irrégulièrement formée; 2° sur ce que plusieurs individus auraient été illégalement inscrits. 2 juillet 1836, ord., Mac., t. 16, p. 329.

Ou sur ce que les listes n'auraient pas été publiées conformément à la loi et n'indiqueraient ni l'âge, ni le domicile des électeurs. 4 février 1836, ord., Mac., t. 18, p. 56.

Lorsqu'un citoyen précédemment inscrit réclame à la fois sa réintégration sur les listes électorales et la radiation d'un autre, le maire ne peut, après avoir ordonné la réintégration du réclamant, refuser de statuer sur sa demande en radiation, par le motif qu'elle ne pourrait être formée que par un électeur inscrit. 14 décembre 1837, ord., Mac., t. 19, p. 537; Sirey-Devilleneuve, 38. 2. 184.

Le défaut de notification du retranchement de quelques-uns des individus portés sur la liste ne vicie pas les opérations électorales, si aucune réclamation n'a été élevée lors de l'affiche de la liste rectifiée. 14 juillet 1838, ord., Mac., t. 20, p. 385; Sirey-Devilleneuve, 39. 2. 557.

L'élection est valable, quoique le membre élu ne paie pas le cens nécessaire pour être inscrit sur sur la liste électorale, lorsque cette inscription n'a pas été elle-même attaquée en temps utile. 18 mai 1837, ord., Mac., t. 19, p. 199; Sirey-Devilleneuve, 37. 2. 456.

(1) Les tribunaux ne peuvent réformer, sur appel, l'arrêté d'un préfet rendu en conseil de préfecture qui maintient ou ordonne l'inscription de certains individus sur la liste électorale. 6 avril 1835, cass., Sirey, 35. 1. 703.

Ce délai de quinze jours court du jour de l'affiche du tableau de rectification.

Lorsqu'aucun des électeurs radiés par la décision du maire n'a réclamé en temps utile, la réclamation des tiers est non recevable. 23 novembre 1832, ord., Mac., t. 14, p. 647.

Le maire chargé de prononcer sur les inscriptions n'a pas qualité pour se pourvoir contre un arrêté du préfet qui a annulé une de ses décisions.

15 août 1834, ord., Mac., t. 16, p. 564. — *Idem,* 5 décembre 1837, ord., Mac., t. 19, p. 522; Sirey-Devilleneuve, 38. 2. 141.

Les questions relatives à la confection des listes électorales devant être jugées par le maire, et en appel par le préfet en conseil de préfecture, le conseil d'État ne peut statuer sur ces questions qu'autant qu'il y aurait recours contre un arrêté du préfet pris conformément auxdits articles. 21 juin 1833, ord., Mac., t. 15, p. 333.

(2) Il suffit pour qu'un candidat soit éligible qu'il se trouve extrait de la seconde partie de la liste des électeurs jointe au procès-verbal. 7 avril 1835, ord., Mac., t. 17, p. 270.

(3) On sait que les lois sur les élections des membres de la Chambre des Députés ont présenté de grandes difficultés dans l'application des dispositions qui veulent que, lors des élections qui ont lieu dans le cours de l'année, on dresse des tableaux de rectification, afin d'écarter ceux des électeurs inscrits qui ont perdu leur capacité, et afin d'admettre ceux à qui la capacité électorale a été acquise depuis la formation de la liste annuelle. Ici, le législateur a déclaré que la liste faite au commencement de l'année n'éprouvera aucun changement; que tous ceux qui s'y trouveront inscrits y resteront, sauf le cas de perte des droits civiques, et que personne ne pourra s'y faire porter dans le cours de l'année. Sans doute, il pourra résulter de là que quelques personnes voteront, quoiqu'elles n'aient plus la capacité, et que quelques autres, devenus capables, ne seront pas admises à voter; mais cet inconvénient est bien compensé par l'avantage de rendre les listes fixes et permanentes.

Pour savoir dans quel cas il y a perte des droits civiques, voyez les notes sur l'art. 19.

Le membre élu qui n'est pas inscrit nominativement sur la liste des électeurs, doit être éliminé, et son élection doit être annulée. 22 juillet 1835, ord., Mac., t. 17, p. 482.

Si l'élu est reconnu, par jugement, incapable, en raison de sa qualité d'étranger, et que le candidat qui a obtenu le plus de voix après lui n'ait pas réuni la majorité des suffrages, il faut procéder à une nouvelle élection. 22 juillet 1835, ord., Mac., t. 17, p. 480.

Tout individu porté sur la liste des électeurs

tion des contributions, contenues dans les lois concernant l'élection des députés, sont applicables aux élections réglées par la présente loi (1).

42. Les difficultés relatives, soit à cette attribution, soit à la jouissance des droits civiques ou civils et au domicile réel ou politique, seront portées devant le tribunal civil de l'arrondissement, qui statuera en dernier ressort, suivant les formes établies par l'art. 18 de la loi du 2 juillet 1828 (2).

---

communaux et contre l'inscription duquel il n'a pas été fait de réclamation, a le droit de participer aux opérations de l'assemblée électorale. 16 août 1832, ord., Mac., t. 14, p. 441.

Notamment les officiers de la garde nationale, quoiqu'ils ne soient pas habillés. 24 août 1832, ord., Mac., t. 14, p. 501.

Lorsqu'un jugement qui prononce la radiation de deux électeurs n'a pas été notifié aux parties intéressées, et que les électeurs ont voté, il y a lieu de maintenir leurs votes comme valables. 10 juin 1835, ord., Mac., t. 17, p. 398.

(1) Nous devons renvoyer à la loi du 19 avril 1831 sur les élections, art. 4 et suiv.

Le beau-père ne peut se prévaloir contre le texte formel des rôles, des contributions payées par sa bru. 7 avril 1835, ord., Mac., t. 17, p. 269.

Il faut, pour que le fermier puisse s'attribuer le tiers des contributions du domaine par lui exploité, qu'il justifie de sa qualité de fermier par un bail ayant date certaine. 25 février 1833, cass., Sirey, 33. 1. 766.

La loi se réfère aux dispositions générales de la loi du 19 avril 1831, notamment en ce qui touche l'assimilation de l'*avancement d'hoirie* au titre *successif* et non aux dispositions transitoires de cette même loi (art. 70 et suiv.), lesquelles sont inapplicables aux élections municipales. 30 septembre 1831, cass., Sirey, 31. 1. 369. Voy. la note sur l'art. 14.

(2) Cet article est ainsi conçu : « Toute partie qui se croira fondée à contester une décision rendue par le préfet en conseil de préfecture, pourra porter son action devant la Cour royale du ressort.

« L'exploit introductif d'instance devra, sous peine de nullité, être notifié dans les dix jours, tant au préfet qu'aux parties intéressées.

« Dans le cas où la décision du préfet en conseil de préfecture aurait rejeté une demande d'inscription, formée par un tiers, l'action ne pourra être intentée que par l'individu dont l'inscription était réclamée.

« La cause sera jugée sommairement, toutes affaires cessantes, et sans qu'il soit besoin du ministère d'avoué ; les actes judiciaires auxquels elle donnera lieu seront enregistrés *gratis*. L'affaire sera rapportée en audience publique par un des membres de la Cour, et l'arrêt sera prononcé après que le ministère public aura été entendu.

« S'il y a pourvoi en cassation, il sera procédé comme devant la Cour royale, avec la même exemption de droits d'enregistrement, sans consignation d'amende. »

On voit, à la lecture de cet article, quelles sont les dispositions qui peuvent être appliquées en matière d'élections communales.

Je dois faire observer que la signification de l'exploit faite le *onzième* jour pourrait être déclarée tardive ; que les dix jours ne courent qu'à compter de la *notification* de la décision du préfet ; que si, devant le tribunal, il y a deux parties en cause, celle qui voudrait proposer la nullité, fondée sur ce que l'exploit aurait été notifié après les dix jours, devrait proposer cette nullité avant de plaider au fond ; sans cela la nullité serait couverte, d'après l'art. 173 du Code de procédure. D'ailleurs, quoique l'article ne le dise pas, la partie a le droit d'être entendue, ou par elle-même ou par son défenseur ; enfin, le recours en cassation n'est pas suspensif, puisqu'il s'agit de matière civile. (Voyez t. 28, p. 234.)

Les difficultés réservées aux tribunaux de première instance doivent, à peine de déchéance, être portées devant eux dans les dix jours de la notification de la décision du maire. 21 mai 1834, cass., Sirey, 34. 1. 427.

Le tribunal saisi d'un recours contre l'arrêté d'un maire ne peut, sans excès de pouvoir, en accueillant ce recours, blâmer la conduite du maire ni le condamner aux dépens. 22 juillet 1840, cass., Sirey-Devilleneuve, 40. 1. 831. Voy. la note de l'arrêtiste.

C'est devant le tribunal civil que doit être porté le recours contre la décision du maire qui refuse de compter dans la formation du cens électoral d'un citoyen, des contributions d'une certaine espèce, telles que les prestations en nature pour les chemins vicinaux. 8 juillet 1840, ord., Mac., t. 22, p. 209 ; Sirey-Devilleneuve, 40. 2. 541. — 3 juin 1840, cass., Sirey-Devilleneuve, 40. 1. 563.

La question de savoir quelles sont, parmi les ouvertures imposées dans la maison d'un particulier, celles dont la taxe doit lui être comptée pour compléter son cens électoral, est de la compétence de l'autorité judiciaire. 14 juin 1837, ord., Mac., t. 19, p. 244 ; Sirey-Devilleneuve, 37. 2. 511.

Lorsqu'il y a réclamation contre l'inscription du maire sur la liste des électeurs communaux, la radiation est valablement poursuivie contre le maire, tant en son nom personnel que comme représentant la commune, alors que deux copies de l'assignation lui ont été laissées en sa double qualité,...... sauf à lui à remettre une des copies à l'adjoint, s'il ne croit pas pouvoir, dans son intérêt personnel, représenter la commune. 23 juillet 1839, cass., Sirey-Devilleneuve, 39. 1. 950.

Les préfets n'ont point qualité pour se pourvoir en cassation, dans l'intérêt de la loi ; ce droit n'appartient qu'au ministère public. 15 janvier 1838, cass., Sirey-Devilleneuve, 38. 1. 465.

Les questions de la compétence de l'autorité judiciaire peuvent être portées *de plano* devant le tribunal, et sans qu'il soit nécessaire d'attendre que l'autorité administrative ait prononcé sur la réclamation portée devant elle. 9 juillet 1832, cass., Sirey, 32. 1. 524 ; 27 juillet 1839, cass., Sirey-Devilleneuve, 39. 1. 950 ; 15 juillet 1840, cass., Sirey-Devilleneuve, 40. 1. 900.

Les demandes relatives aux difficultés dont la connaissance est attribuée aux tribunaux civils, sont valablement formées contre le maire seul. Peu importe que l'action n'ait été intentée qu'après un arrêté du préfet qui, sur le renvoi à lui fait par le maire, de la réclamation du demandeur s'était déclaré incompétent. 6 août 1838, cass., Sirey-Devilleneuve, 38. 1. 684.

SECTION II. *Des assemblées des électeurs communaux.*

43. L'assemblée des électeurs est convoquée par le préfet (1).

44. Dans les communes qui ont deux mille cinq cents âmes et plus, les électeurs sont divisés en sections.

Le nombre des sections sera tel, que chacune d'elles ait au plus huit conseillers à nommer dans les communes de deux mille cinq cents à dix mille habitants; six, dans celles de dix mille à trente mille; et quatre, dans celles dont la population excède ce dernier nombre.

La division en sections se fera par quartiers voisins, et de manière à répartir également le nombre des votants, autant que faire se pourra, entre les sections.

Le nombre et la limite des sections seront fixés par une ordonnance du roi, le conseil municipal entendu (2).

Chaque section nommera un nombre égal de conseillers, à moins toutefois que le nombre des conseillers ne soit pas exactement divisible par celui des sections, auquel cas les premières sections, suivant l'ordre des numéros, nommeront un conseiller de plus. Leur réunion aura lieu à cet effet, successivement, à deux jours de distance (3).

Les tribunaux sont compétents pour statuer sur la demande formée par des tiers contre un individu inscrit sur la liste des électeurs communaux, à fin de radiation de son nom, comme ne payant pas un cens suffisant, encore bien qu'un arrêté du préfet ait précédemment, sur la demande de cet individu, prononcé la réformation d'une décision du maire qui l'avait rayé de la liste. 8 janvier 1838, cass., Sirey-Devilleneuve, 38. 1. 23.

Les jugements des tribunaux civils doivent être rendus sur rapport, à peine de nullité. 2 février 1835, cass., Sirey, 35. 1. 206; Dalloz, 35. 1. 134.

La question de savoir si un domestique peut être électeur communal est du ressort des tribunaux. 12 décembre 1834, ord., Mac., t. 16, p. 815.

La réclamation qui a pour but de faire rectifier la liste des électeurs municipaux d'une ville divisée en plusieurs sections, en ce qu'un électeur domicilié dans une section est à tort désigné comme domicilié dans une autre, constitue une question de domicile, et doit, en conséquence, être portée devant les tribunaux civils. — Mais il en est autrement lorsqu'il s'agit seulement de faire compléter les énonciations de la liste, en indiquant le domicile des électeurs; c'est alors devant l'administration que doit être portée la réclamation. 17 février 1836, cass., Sirey, 36. 1. 211.

(1) La circonstance qu'il n'y aurait eu qu'un jour d'intervalle entre la convocation de l'assemblée et l'élection n'est pas un motif pour annuler les opérations. 27 février 1836, ord., Mac., t. 18, p. 99.

Si le jour et l'heure de la réunion électorale ont été indiqués par une publication faite dans la forme accoutumée, et s'il résulte des circonstances de la cause que les électeurs aient été suffisamment avertis, on ne peut faire de ce défaut de convocation à domicile un moyen de nullité. 18 février 1836, ord., Mac., t. 18, p. 84.

Id., 17 juin 1835, ord., Mac., t. 17, p. 420.

Si, pour la convocation des électeurs, des lettres d'invitation personnelle ont été envoyées à un certain nombre d'électeurs et non aux autres, ce mode de procéder vicie ou peut vicier l'élection. 16 juillet 1840, Mac., t. 22, p. 232; Devilleneuve, 40. 2. 542.

La loi n'oblige pas le maire à convoquer à domicile les électeurs forains pour leur faire connaître le jour de l'élection. 16 août 1832, ord., Mac., t. 14, p. 441.

De ce que la translation de l'assemblée électorale hors du chef-lieu de la commune aurait été ordonnée par le maire, au lieu de l'être par le préfet, il ne s'ensuit pas que les opérations du collège doivent être annulés, s'il est d'ailleurs certain que les électeurs ont été suffisamment avertis de cette translation. 19 juin 1838, ord., Mac., t. 20, p. 326; Devilleneuve, 39. 2. 558. Voyez la note de l'arrêtiste.

Id., 24 octobre 1832., ord., Mac., t. 14, p. 589.

C'est au préfet seul qu'il appartient de convoquer l'assemblée des électeurs. Cependant, lorsque l'élection d'un conseiller, dans une assemblée convoquée par le maire, n'a point suscité de réclamations dans les délais utiles, et n'a point été déférée au conseil de préfecture, soit par des tiers électeurs, soit par le préfet, elle est inattaquable devant le conseil d'État. Mais l'élection qui a été attaquée dans les délais utiles doit être annulée. 18 février 1836, ord., Mac., t. 18, p. 85.

La maison du maire peut être désignée comme lieu de réunion. 19 juin 1838, ord., Mac., t. 20, p. 326; Devilleneuve, 39. 2. 558.

Il n'est point nécessaire, à peine de nullité des élections, d'afficher dans la salle l'arrêté de convocation de l'assemblée électorale. 15 mars 1837, ord., Mac., t. 19, p. 82.

(2) La division en sections est surtout nécessaire, dans le cas prévu par M. Accarier (voy. les notes sur l'art. 8), c'est-à-dire lorsqu'une commune sera divisée en sections et que l'une de ces sections aura des propriétés et des intérêts distincts; on sent que si l'une de ces sections n'avait pas des représentants spéciaux, elle pourrait être sacrifiée aux intérêts d'une autre section, dans le sein de laquelle seraient pris tous les membres du conseil municipal. M. Accarier a demandé qu'une disposition expresse de la loi consacrât le droit des sections propriétaires de biens distincts, mais on a répondu que souvent cette disposition serait impraticable, lorsque, par exemple, la section ne serait composée que de quelques maisons, et qu'un très-petit nombre d'électeurs communaux y auraient leur domicile. L'article, tel qu'il est, donne tous les moyens de subvenir au besoin qu'ont certaines sections de communes d'avoir des représentants particuliers dans le conseil municipal, et il n'a pas l'inconvénient d'établir une règle dont l'exécution serait quelquefois impossible.

(3) Lorsque l'adjonction d'un certain nombre d'électeurs à une section peut paraître irrégulière, mais qu'elle a été faite en vertu d'une ordonnance royale qui a fixé le nombre et la limite des sections, on ne peut tirer argument de cette adjonction pour demander la nullité des opérations

L'ordre des numéros sera déterminé pour la première fois par la voie du sort, en assemblée publique du conseil municipal. A chaque élection nouvelle, la section qui avait le premier numéro dans l'élection précédente prendra le dernier, celle qui avait le second prendra le premier, et ainsi de suite.

Les sections seront présidées, savoir : la première à voter, par le maire, et les autres successivement, par les adjoints dans l'ordre de leur nomination, et par les conseillers municipaux dans l'ordre du tableau. Les quatre scrutateurs sont les deux plus âgés et les deux plus jeunes des électeurs

présents sachant lire et écrire ; le bureau ainsi constitué désigne le secrétaire (1).

43. Dans les communes qui ont moins de deux mille cinq cents âmes, les électeurs se réuniront en une seule assemblée. Toutefois, sur la proposition du conseil général du département, et le conseil municipal entendu, les électeurs pourront être divisés en sections par un arrêté du préfet. Le même arrêté fixera le nombre et la limite des sections, et le nombre des conseillers qui devront être nommés par chacune d'elles (2).

Les dispositions du précédent article, relatives à la constitution du bureau, sont

---

de l'assemblée. 4 février 1836, ord., Mac., t. 18, p. 58.

La convocation des sections à un seul jour d'intervalle est licite, quoique la loi porte que la réunion des sections aura lieu successivement à deux jours de distance. 24 août 1832, ord., Mac., t. 14, p. 505.

Lorsqu'un citoyen déjà élu conseiller municipal par une section, est élu postérieurement par une autre section, mais que les opérations de la première sont annulées, le conseil de préfecture doit valider la seconde élection. 9 mars 1836, ord., Mac., t. 18, p. 116.

(1) Le président d'une section de l'assemblée ne peut pas voter à la fois dans la section qu'il préside et dans celle où il a son domicile. 28 mai 1835, ord., Mac., t. 17, p. 372.

Lorsqu'après les opérations électorales il s'agit de procéder à l'élection de nouveaux membres, par suite de décès ou démission, l'ancien maire a qualité pour présider l'assemblée. 21 juin 1833, ord., Mac., t. 15, p. 330.

Les élections doivent être annulées, lorsqu'après la retraite du maire président, qui a levé la séance, les électeurs se sont constitués en assemblée pour continuer leurs opérations. 22 février 1833, ord., Mac., t. 15, p. 126.

Lorsque, le maire et l'adjoint d'une commune ayant donné leur démission, l'administration de la commune a été confiée au conseiller municipal, le quatorzième dans l'ordre du tableau, par suite du refus de tous les conseillers municipaux qui le précédaient, ce conseiller municipal a le droit de présider l'assemblée électorale, bien que quelques-uns des autres conseillers se trouvent présents et prennent part aux opérations. 7 juin 1836, ord., Mac., t. 18, p. 270.

Lorsqu'un scrutateur a apposé sa signature sur le procès-verbal, il n'y a pas lieu de s'arrêter à l'allégation qu'il est illettré. 7 juin 1836, ord., Mac., t. 18, p. 270.

Le fait que le procès-verbal des opérations électorales a été écrit par l'un des scrutateurs et non par le secrétaire, ne peut être de nature à vicier les élections, lorsque, d'ailleurs, il n'est élevé aucun doute sur la sincérité du procès-verbal. 9 mars 1836, ord., Mac., t. 18, p. 118 ; 28 mai 1838, ord., Mac., t. 20, p. 286 ; Devilleneuve, 39. 2. 559.

La loi n'indique aucune incompatibilité entre les scrutateurs ; le père et le fils peuvent faire partie du même bureau. 24 août 1832, ord., Mac., t. 14, p. 505.

Le secrétaire du bureau n'a pas voix délibérative. 24 août 1832, ord., Mac., t. 14, p. 501.

On ne peut arguer de nullité des opérations électorales, sous prétexte que le bureau n'aurait pas été composé, pour ces opérations, de la même manière qu'aux précédentes élections qui avaient été annulées, et en remplacement desquelles les élections attaquées avaient lieu, lorsqu'il résulte du procès-verbal que le bureau a été composé des deux électeurs les plus âgés, et de deux électeurs les plus jeunes, sachant lire et écrire, présents à l'assemblée. 13 mai 1836, ord., Mac., t. 18, p. 236.

Lorsque les élections d'une section de collège électoral ont été annulées, le maire peut présider les opérations nouvelles de cette section, bien que les premières opérations aient été présidées par une autre personne. 14 juillet 1838, ord., Mac., t. 20, p. 386 ; Devilleneuve, 39. 2. 557.

Lorsqu'un individu a été admis à faire partie du bureau, bien que son nom ne se trouvât pas régulièrement inscrit sur la liste électorale, mais lorsque son identité avec un individu inscrit sous un autre nom ne saurait être douteuse, et que, d'ailleurs, sa participation n'a pu influer sur le résultat de l'élection, cette participation ne peut être invoquée comme moyen de nullité. 18 février 1836, ord., Mac., t. 18, p. 83.

Il n'y a pas lieu d'annuler des opérations électorales, par cela seul que la majorité des membres du bureau a refusé de signer le procès-verbal. 13 mai 1836, ord., Mac., t. 18, p. 237.

Il n'est pas nécessaire, à peine de nullité, que le procès-verbal soit rédigé séance tenante. 31 décembre 1838, ord., Mac., t. 20, p. 708 ; Devilleneuve, 39. 2. 559.

De ce que le procès-verbal d'une élection présidée par l'adjoint du maire n'énonce pas en quelle qualité cet adjoint a présidé l'assemblée (notamment comme remplaçant le maire démissionnaire), il ne saurait résulter nullité des opérations électorales. 4 décembre 1837, ord., Mac., t. 19, p. 509 ; Devilleneuve, 38. 1. 140.

(2) Voy. ci-dessus, p. 84, note n. 2.

Le conseil de préfecture doit respecter l'arrêté du préfet qui a fixé le nombre des membres que chaque section doit élire.

L'arrêté du préfet ne peut être déféré au conseil d'Etat directement. 10 juin 1835, ord., Mac., t. 17, p. 397 ; 10 juin 1835, ord., Mac., t. 17, p. 397 ; 11 janvier, 28 mai et 4 juillet 1838, ord., Mac., t. 20, p. 19, 288, 364 ; Devilleneuve, 59. 2. 560.

applicables aux assemblées électorales des communes qui ont moins de deux mille cinq cents âmes.

46. Lorsqu'en exécution de l'art. 22, il y aura lieu à remplacer des conseillers municipaux dans les communes dont le corps électoral se divise en sections, ces remplacements seront faits par les sections qui avaient élu ces conseillers.

47. Aucun électeur ne pourra déposer son vote qu'après avoir prêté entre les mains du président serment de fidélité au roi des Français, d'obéissance à la Charte constitutionnelle et aux lois du royaume (1).

48. Le président a seul la police des assemblées. Elles ne peuvent s'occuper d'autres objets que des élections qui leur sont attribuées. Toute discussion, toute délibération, leur sont interdites (2).

49. Les assemblées des électeurs communaux procèdent aux élections qui leur sont attribuées au scrutin de liste. La majorité

Lorsque l'assemblée des électeurs communaux a été divisée en deux sections par un arrêté de préfet non réformé, la réunion des électeurs en une seule assemblée vicie les opérations électorales. 25 mars 1835, ord., Mac., t. 17, p. 234.

(1) C'est la formule du serment, telle qu'elle est établie par la loi du 31 août 1830.

M. de Podenas avait proposé un article additionnel ainsi conçu :

« La table, placée devant le président et les scrutateurs, sera disposée de telle sorte que les électeurs puissent circuler alentour pendant le dépouillement du scrutin. Lorsque la boîte aura été ouverte, et, le nombre des bulletins vérifié, un des scrutateurs prendra successivement chaque bulletin, le dépliera, le remettra au président, qui en fera lecture à haute voix et le passera à chacun des autres scrutateurs. La demande de cinq électeurs suffira pour que chaque bulletin, après qu'il aura été lu, soit déposé sur le bureau du secrétaire, où il pourra en être pris communication. »

Cet article a été rejeté. Le secret des votes n'est point prescrit comme il l'est par les lois sur les élections des Députés (art. 48, loi du 19 avril 1831). Au surplus, on peut consulter, non comme règle obligatoire, mais comme offrant des moyens d'interprétation de la loi, l'instruction ministérielle du 29 septembre 1830. Voy. t. 30. On pourra consulter aussi la loi électorale du 19 avril 1831, art. 38 et suiv. Voy. la note in fine.

Le serment prêté après le vote déposé dans l'urne est irrégulier : toutefois, si cette irrégularité n'a donné lieu à aucune réclamation, elle ne peut pas entraîner la nullité des opérations électorales. 6 mars, 13 novembre 1835, ord., Mac., t. 17, p. 204, 622.

La formalité du serment est tellement substantielle, que, si son accomplissement n'est point mentionné dans le procès-verbal, ou n'est point prouvé, les opérations sont viciées de nullité. 18 février 1836, ord., Mac., t. 18, p. 83.

Id., 8 fév. 1833, ord., Mac., t. 15, p. 88.

Lorsqu'un électeur paralytique n'a pas levé la main pour prêter serment, cette circonstance n'entraîne pas l'irrégularité du serment. 24 octobre 1832, ord., Mac., t. 14, p. 585.

Il n'est pas nécessaire que la prestation de serment soit renouvelée à chaque tour de scrutin. 19 décembre 1838, ord., Mac., t. 20, p. 679 ; Devilleneuve, 39. 2. 558.

Les opérations d'un collége électoral peuvent, selon les circonstances, être maintenues, quoique plusieurs électeurs n'aient prêté serment qu'après leur vote. 17 septembre 1838, ord., Mac., t. 20, p. 557 ; Devilleneuve, 39. 2. 558.

Lorsque l'un des scrutateurs, appelé à donner son vote, a refusé de prêter serment, et que néanmoins il a continué de siéger au bureau et a participé aux décisions rendues par ce même bureau lors du dépouillement du scrutin, il y a lieu d'annuler les opérations. 21 décembre 1837, ord., Mac., t. 19, p. 558 ; Devilleneuve, 38. 2. 185.

(2) Le président méconnaît ses pouvoirs en prévenant les électeurs que leurs suffrages ne peuvent porter efficacement sur les membres démissionnaires. 19 août 1835, ord., Mac., t. 17, p. 518.

Lorsque des candidats étrangers à une section ont été élus et proclamés sans difficulté, on ne peut demander la nullité des opérations, sous le prétexte que le président de l'assemblée aurait déclaré que les suffrages ne pouvaient se porter que sur des membres de la section, et aurait ainsi restreint la liberté des suffrages. 4 février 1836, ord., Mac., t. 18, p. 58.

Le président n'est pas obligé à donner, à l'ouverture d'une séance, lecture du procès-verbal des opérations de la séance de la veille, lorsque cette lecture avait déjà eu lieu à la fin de ladite séance. 13 mai 1836, ord., Mac., t. 18, p. 236.

Il n'y a pas lieu d'annuler des opérations électorales par le motif que le procès-verbal de la première séance n'aurait été lu qu'après la seconde. 15 mars 1837, ord., Mac., t. 19, p. 82.

Lorsque la présence momentanée d'individus non électeurs, dans la salle de l'assemblée, n'a aucune influence sur le résultat des opérations, elle ne peut être un moyen de nullité. 7 juin 1836, ord., Mac., t. 18, p. 99, 272 ; 15 mars 1837, ord., Mac., t. 19, p. 82.

La présence de gardes soldés dans la salle des élections n'entraîne pas la nullité des assemblées électorales.

Il en est de même de la présence d'un gendarme, lorsqu'elle n'a donné lieu à aucune réclamation. 24 août 1832, ord., Mac., t. 14, p. 503 et 505.

L'intervention du juge de paix du canton, dans les opérations électorales d'une commune, ordonnée par le préfet, sur la demande du maire, pour donner à celui-ci les instructions nécessaires sur l'exécution de la loi, n'est pas une cause de nullité des élections, lorsque le juge de paix n'a pris d'ailleurs aucune part aux opérations électorales. 8 février 1833, ord., Mac., t. 15, p. 90.

On ne peut tirer un moyen de nullité de ce que plusieurs électeurs qui auraient oublié leurs cartes, n'auraient pas été admis par le président dans l'assemblée électorale. 4 février 1836, ord., Mac., t. 18, p. 58.

La distribution des bulletins, faite par le maire pour écrire les votes, ne doit pas être considérée comme ayant pu porter atteinte à la liberté des suffrages. Il en serait autrement si les bulletins

absolue des votes exprimés est nécessaire au premier tour de scrutin; la majorité relative suffit au second.

Les deux tours de scrutin peuvent avoir lieu le même jour. Chaque scrutin doit rester ouvert pendant trois heures au moins. Trois membres du bureau au moins seront toujours présents (1).

---

avaient porté des numéros. 8 février 1833, ord., Mac., t. 15, p. 89.

L'absence momentanée du maire président de l'assemblée électorale ne vicie pas l'élection. 8 février 1838, ord., Mac., t. 20, p. 76; Devilleneuve, 38. 2. 399.

La prononciation d'un discours dans un collége électoral, malgré les réclamations d'une partie de l'assemblée, doit entraîner l'annulation de l'élection lorsqu'il est reconnu que ce discours a été de nature à exercer de l'influence sur les votes. 11 janvier 1838, ord., Mac., t. 20, p. 21; Devilleneuve, 38. 2. 227, et la note.

(1) Le fait d'un retard de deux heures dans l'ouverture des opérations électorales ne suffit pas pour faire annuler ces opérations. 27 février 1835, ord., Mac., t. 18, p. 99.

Les élections doivent être annulées, si le procès-verbal ne constate pas que le scrutin est resté ouvert pendant trois heures au moins. 8 février 1833, ord., Mac., t. 15, p. 88.

Les suffrages exprimés par les électeurs ne peuvent être authentiquement constatés que quand les bulletins sont écrits dans le sein de l'assemblée. 19 août 1832, ord., Mac., t. 14, p. 482. Id., 25 mars 1835, ord., Mac., t. 17, p. 236.

Les bulletins d'élection peuvent être écrits ailleurs que sur le bureau à ce destiné, pourvu que ce soit dans la salle de réunion. 22 février 1838, ord., Mac., t. 20, p. 114; Devilleneuve, 38. 2. 399.

Le fait qu'une liste de candidats aurait été affichée dans la salle de réunion de l'assemblée électorale n'est pas de nature à vicier les opérations de nullité. 1ᵉʳ novembre 1837, ord., Mac., t. 19, p. 485.

La circonstance que les bulletins ont été écrits hors de la salle de l'assemblée, lorsqu'elle a pu faire obstacle à ce qu'on s'assurât de la sincérité des votes, peut être invoquée comme un moyen de nullité des opérations électorales. 18 février 1836, ord., Mac., t. 18, p. 83.

La loi ne prescrit pas aux électeurs d'écrire leur vote sur les bulletins revêtus du sceau de la mairie. 13 mai 1836, ord., Mac., t. 18, p. 235.

Le grief résultant de ce que le président de l'assemblée aurait exigé des électeurs illettrés qu'ils désignassent à haute voix la personne par laquelle ils voulaient faire écrire leur vote, n'est fondé sur aucune disposition de la loi. 7 juin 1836, ord., Mac., t. 18, p. 272.

L'électeur a le droit de faire écrire son vote par un autre électeur.

Il peut le faire écrire par le président.

Les électeurs illettrés ne sont pas tenus de faire écrire leurs votes par un membre du bureau. 27 novembre 1835, ord., Mac., t. 17, p. 655.

Il y a lieu d'annuler des élections municipales lors desquelles le président de l'assemblée a prévenu les électeurs qu'ils devaient écrire eux-mêmes leur bulletin ou le faire écrire par un membre du bureau. 11 avril 1837, ord., Mac., t. 19, p. 110; Devilleneuve, 37. 2. 419.

Toutefois, cette nullité ne doit être prononcée qu'autant qu'il y aurait eu réclamation au moment de l'élection. 27 novembre 1835, ord., Mac., t. 17, p. 655; Devilleneuve, 37. 2. 413.

L'électeur qui a fait écrire son vote par un électeur de son choix ne peut être admis, après l'élection consommée, à désavouer l'usage qui a été fait de son mandat. 4, 27 novembre 1835, ord., Mac., t. 17, p. 606, 655.

On doit compter à un candidat un vote dont le nom mal écrit ne peut cependant s'appliquer à un autre que lui. 13 novembre 1835, ord., Mac., t. 17, p. 622.

On doit compter à un candidat un bulletin qui porte son nom, et un prénom biffé qui n'est pas le sien. 20 avril 1835, ord., Mac., t. 17, p. 512.

Lorsqu'un bulletin porte le nom d'un électeur, sans autre désignation, le bureau peut l'attribuer à l'électeur que les circonstances de l'élection désignent suffisamment. 7 juin 1836, ord., Mac., t. 18, p. 271.

On doit compter à un électeur un bulletin qui le désigne par son surnom, lorsque cette désignation ne peut s'appliquer à aucun autre électeur. 17 juin 1837, ord., Mac., t. 17, p. 421.

Le candidat qui a un homonyme dans l'assemblée ne peut pas réclamer, pour son compte, des bulletins qui ne portent que son nom, sans autre désignation.

On doit, dans ce cas, annuler les bulletins homonymes. 22 juillet 1835, ord., Mac., t. 17, p. 479.

On doit compter à un candidat les bulletins portant son nom seul, quoiqu'il y ait plusieurs électeurs du même nom, si la candidature de cet individu est notoire, et s'il ne s'élève dans l'assemblée aucune réclamation. 8 février 1838, ord., Mac., t. 20, p. 76; Devilleneuve, 38. 2. 399.

Encore bien qu'il y ait d'autres électeurs du même nom dans la même section, s'il est d'ailleurs certain que c'est cet électeur que l'on a voulu désigner. 14, 18 juillet et 17 septembre 1838, ord., Mac., t. 20, p. 383, 416, 556; Devilleneuve, 39. 2. 559.

Mais il en est autrement s'il résulte des circonstances que ces bulletins pouvaient s'appliquer à d'autres électeurs. 23 juillet 1838, ord., Mac., t. 20, p. 446; Devilleneuve, 39. 2. 559.

On doit compter à un candidat des bulletins portant son nom seul sans autre désignation, alors même que ce nom lui serait commun avec d'autres électeurs, mais d'une autre section. 4 juillet 1838, ord., Mac., t. 20, p. 365; Devilleneuve, 39. 2. 558.

Ou qu'il aurait un fils faisant partie du collège électoral, si ce fils remplit des fonctions incompatibles avec celles de conseiller municipal. 4 décembre 1837, ord., Mac., t. 19, p. 508; Devilleneuve, 38. 2. 141.

L'admission de deux bulletins ne portant que des prénoms ne doit pas être une cause de nullité des opérations électorales, lorsque des deux individus auxquels ces bulletins ont été appliqués, l'un n'a pas été élu, et l'autre a obtenu plus que la majorité requise. 24 août 1832, ord., Mac., t. 14, p. 505.

On ne peut se faire un moyen de nullité de ce que des bulletins irrégulièrement écrits auraient été comptés à des candidats auxquels il n'était pas

50. Le bureau juge provisoirement les difficultés qui s'élèvent sur les opérations de l'assemblée (1).

51. Les procès-verbaux des assemblées des électeurs communaux seront adressés, par l'intermédiaire du sous-préfet, au pré-

---

constant qu'ils appartinssent, lorsque l'attribution de ces bulletins n'a donné lieu à aucune réclamation au moment des opérations. 4 février 1836, ord., Mac., t. 18, p. 56.

Le refus d'insérer au procès-verbal les protestations de plusieurs électeurs n'entraîne pas la nullité des opérations. 21 juin 1833, ord., Mac., t. 15, p. 333.

On ne doit pas consigner dans le procès-verbal une protestation présentée par quelques électeurs avant les opérations électorales.

Il suffit de l'annexer au procès-verbal. 21 juin 1833, ord., Mac., t. 15, p. 330.

Le grief résultant de l'ajournement à huitaine du second tour de scrutin n'est fondé sur aucune disposition de la loi. 7 juin 1836, ord., Mac., t. 18, p. 272 ; 14 juillet 1838, ord., Mac., t. 20, p. 383 ; Devilleneuve, 39. 2. 558.

Lorsqu'à un second tour de scrutin, le bulletin portant, sans prénom, profession, ni aucune désignation, le nom d'un membre sortant du conseil municipal, qui était seul candidat de son nom au premier tour de scrutin, on doit le lui compter. 17 juin 1835, ord., Mac., t. 17, p. 421.

Le deuxième tour de scrutin est régulier, lors même qu'il n'a lieu que quatorze jours après le premier. 21 octobre 1835, ord., Mac., t. 17, p. 568.

Le dépouillement du scrutin, opéré dans les formes légales et sans aucune protestation immédiate, est la seule base qui constate légalement le résultat de l'élection. 27 novembre 1835, ord., Mac., t. 17, p. 654.

Id., 7 juin 1836, ord., Mac., t. 18, p. 271.

Le secrétaire fait partie des trois membres du bureau, dont la présence suffit pour la validité du scrutin. 15 juillet 1835, ord., Mac., t. 17, p. 471; 22 février 1838, ord., Mac., t. 20, p. 114 ; Devilleneuve, 38. 2. 299; 22 juillet 1839, ord., Mac., t. 21, p. 412 ; Devilleneuve, 40. 2. 542.

Lorsqu'un citoyen a été inscrit sur la liste des électeurs d'une section, qu'il a été admis à voter sans qu'il se soit élevé aucune réclamation dans l'assemblée, et que, d'ailleurs, en retranchant son suffrage, la majorité n'en serait pas moins acquise à l'élu, on ne peut pas invoquer son inscription comme un moyen de nullité. 4 février 1836, ord., Mac., t. 18, p. 58.

Lorsqu'un électeur, qui n'était pas inscrit sur les listes, a été admis à voter, et qu'en retranchant son vote du nombre des suffrages exprimés et de celui des votes obtenus par deux conseillers municipaux, ces derniers n'ont pas obtenu la majorité absolue des suffrages, on doit annuler leur élection, mais seulement leur élection. 22 juin 1836, ord., Mac., t. 18, p. 309.

Lorsqu'il résulte de l'instruction qu'un citoyen admis à voter, était réellement porté sur la liste électorale sous un nom et prénom, et avec un cens qui lui appartenaient, mais que l'âge que l'on lui attribuait était celui de son père, on ne peut demander la nullité des opérations électorales, en se fondant sur l'admission au vote de ce citoyen. 13 mai 1836, ord., Mac., t. 18, p. 236.

Un électeur peut être admis à voter, bien qu'il eût été désigné sur la liste électorale sous les noms de sa femme. 5 décembre 1837, ord., Mac., t. 19, p. 523 ; Devilleneuve, 38. 2. 140.

De même, on ne peut faire valoir, comme moyen de nullité des opérations électorales, que l'on avait admis à voter des électeurs ajoutés aux listes postérieurement à leur clôture, lorsque les noms de ces électeurs se trouvaient compris sur la liste arrêtée au 31 mars, et que, d'ailleurs, l'admission de ces électeurs n'a donné lieu à aucune réclamation dans le sein de l'assemblée. 4 février 1836, ord., Mac., t. 18, p. 57.

Lorsqu'il y a plus de bulletins que de votants, et que l'on peut déterminer, par la manière dont le dépôt en a été fait *quels sont les bulletins excédants*, le bureau peut annuler ces bulletins sans qu'il soit besoin de recourir à un nouveau scrutin. 24 août 1832, ord., Mac., t. 14, p. 501.

Si le membre élu a obtenu la majorité des suffrages exprimés, déduction faite des votes nuls pour défaut de serment, l'élection est valable. 17 juin 1835, ord., Mac., t. 17, p. 421.

Pour retrancher le vote d'un intrus et établir la majorité requise, il faut le déduire du nombre total des suffrages, et non des votes obtenus par un candidat. 19 mai 1835, ord., Mac., t. 17, p. 360.

Dans le silence de la loi, sur les formalités à observer dans l'intérieur des collèges, il y a lieu de recourir aux lois d'élection des députés qui ont prescrit les mesures propres à assurer le secret et la sincérité des suffrages. 24 mai 1833, ord., Mac., t. 15, p. 286.

Les élections ne peuvent être annulées sur le motif qu'un individu non électeur aurait été appelé dans le sein de l'assemblée pour y remplir les fonctions de secrétaire, alors qu'il est constant que son introduction n'a influé en rien sur le résultat des opérations. 4 juillet 1838, ord., Mac., t. 20, p. 366 ; Devilleneuve, 39. 2. 557, et la note.

Une élection ne peut être annulée par cela seul que, pendant un certain temps, il se serait trouvé un bureau moins de trois membres, s'il n'est ni prouvé ni même allégué que, durant ce temps, aucun bulletin ait été déposé. 19 décembre 1838, ord., Mac., t. 20, p. 679 ; Devilleneuve, 39. 2. 557.

Le fait que les bulletins d'élection, au lieu d'être brûlés dans la salle de l'assemblée, ont été emportés à cet effet par le président dans une maison voisine, constitue une grave irrégularité, mais non une nullité de nature à vicier l'élection. 4 décembre 1837, ord., Mac., t. 19, p. 509 ; Devilleneuve, 38. 2. 140. Voy. la note.

Id., Si les bulletins n'ont été brûlés que le lendemain de l'élection. 31 décembre 1838, ord., Mac., t. 20, p. 708 ; Devilleneuve, 39. 2. 559.

Les bulletins d'une élection peuvent être déposés dans un carton ouvert, sans qu'il en résulte nullité. 22 février 1838, ord., Mac., t. 20, p. 114 ; Devilleneuve, 38. 2. 399.

(1) La compétence du bureau ne s'applique qu'aux opérations confiées aux électeurs, et ne peut embrasser les questions relatives aux incapacités, incompatibilités et autres objets étrangers à l'opération elle-même. 26 février, 23 avril 1832, ord., Mac., t. 14, p. 60, 209.

La loi n'a pas rangé au nombre des causes de nullité, pour les élections municipales, le défaut d'insertion au procès-verbal des décisions provisoires. 24 août 1832, ord., Mac., t. 14, p. 505.

Id., 21 juin 1833, ord., Mac., t. 15, p. 330.

let, avant l'installation des conseillers élus.

Si le préfet estime que les formes et conditions légalement prescrites n'ont pas été remplies, il devra déférer le jugement de la nullité au conseil de préfecture dans le délai de quinze jours, à dater de la réception du procès-verbal. Le conseil de préfecture prononcera dans le délai d'un mois (1).

52. Tout membre de l'assemblée aura

également le droit d'arguer les opérations de nullité. Dans ce cas, si la réclamation n'a pas été consignée au procès-verbal, elle devra être déposée dans le délai de cinq jours, à compter du jour de l'élection, au secrétariat de la mairie; il en sera donné récépissé, et elle sera jugée dans le délai d'un mois par le conseil de préfecture (2).

Si la réclamation est fondée sur l'incapa-

Id., 16 décembre 1835, ord., Mac., t. 17, p. 604.

Le bureau doit conserver, sous peine de nullité des élections, les éléments sur lesquels il a basé ses décisions. 7 août 1835, ord., Mac., t. 17, p. 500.

Des élections sont nulles, lorsqu'un bulletin contesté, duquel dépend l'élection, n'a été ni décrit, ni annexé au procès-verbal. 18 juillet 1838, ord., Mac., t. 20, p. 416; Devilleneuve, 39. 2. 558. Voy. la note.

Les membres du bureau ne sont pas tenus de s'abstenir de délibérer sur les questions qui les concernent personnellement. 22 juillet 1835, ord., Mac., t. 17, p. 479.

(1) Le préfet commet un excès de pouvoir en statuant, en conseil de préfecture, sur une question d'incompatibilité. 11 avril 1834, ord., Mac., t. 16, p. 222; 1er juillet 1839, ord., Mac., t. 21, p. 380; Devilleneuve, 40. 2. 544.

A défaut de réclamation dans le délai de quinze jours contre l'élection de membres d'un conseil municipal dont la nomination est incompatible, cette élection devient définitive et inattaquable. 1er juillet 1839, ord., Mac., t. 21, p. 380; Devilleneuve, 40. 2. 544.

Lorsque les faits allégués par les réclamants sont contraires aux énonciations du procès-verbal et ne sont pas justifiés, il y a lieu de rejeter le pourvoi. 7 avril, 19 mai, 10, 17 juin, 10 juillet, 7 août, 21, 23 octobre, 4, 16 novembre, 4 décembre 1835, ord., Mac., t. 17, p. 269, 420, 452, 502, 567, 568, 583, 605, 675, 360, 361, 397.

Les membres du bureau électoral sont non recevables à alléguer contre la validité des opérations, des faits qui sont en contradiction avec les énonciations du procès-verbal qu'ils ont eux-mêmes signé. 5 juin 1838, ord., Mac., t. 20, p. 301; Devilleneuve, 39. 2. 560.

Secùs, si ces faits n'y sont pas contraires. 27 avril 1838, ord., Mac., t. 20, p. 231; Devilleneuve, 39. 2. 64.

La déclaration du président ne peut prévaloir contre les énonciations du procès-verbal. 27 novembre 1835, ord., Mac., t. 17, p. 654.

Tout changement fait à la rédaction du procès-verbal des élections, postérieurement à sa clôture, doit être considéré comme non avenu. 31 octobre 1838, ord., Mac., t. 20, p. 574; Devilleneuve, 39. 2. 559.

Aucune disposition de loi ou de règlement n'ayant fixé le mode d'après lequel les conseils de préfecture peuvent être saisis, par les préfets, de la connaissance des contestations électorales, ils peuvent l'être verbalement. 13 mai 1836, ord., Mac., t. 18, p. 237.

Il suffit d'une simple remise des pièces au conseil. 12 avril 1838, ord., Mac., t. 20, p. 207; Devilleneuve, 39. 2. 64.

Le préfet n'est pas recevable à intervenir dans une instance engagée devant le conseil d'État pour

demander le maintien d'élections attaquées par des particuliers. 9 janvier 1839, ord., Mac., t. 21, p. 2; Devilleneuve, 39. 2. 560.

(2) Les conseils de préfecture ne peuvent annuler une élection qui ne leur a été déférée ni par le préfet, ni par les électeurs. 13 mai 1836, ord., Mac., t. 18, p. 237.

Un électeur ne peut attaquer les opérations d'une section à laquelle il est étranger, quand même ce serait dans l'intérêt de sa candidature. 6 avril, 2 août 1836, ord., Mac., t. 18, p. 157, 379; 31 décembre 1838, ord., Mac., t. 20, p. 707; Devilleneuve, 39. 2. 559, et la note.

Lorsque le maire n'a pas présidé une section dont il n'est pas électeur, il ne peut se prévaloir du droit qu'il aurait eu de présider, et prétendre, en conséquence, qu'il a le droit d'arguer de nullité les opérations de cette section. 6 avril 1836, ord., Mac., t. 18, p. 157.

Lorsqu'une réclamation a été déposée directement à la sous-préfecture, au lieu de l'être à la mairie, cette irrégularité ne peut entraîner la nullité du recours. 9 mars 1836, ord., Mac., t. 18, p. 110.

Lorsqu'une réclamation n'a été ni consignée au procès-verbal, ni déposée, dans le délai de cinq jours, au secrétariat de la mairie, et que la protestation des réclamants a été adressée au préfet vingt jours après l'élection publiquement consommée et après l'installation du conseil municipal, il y a lieu de rejeter la réclamation comme tardivement faite. 31 juillet 1833, ord., Mac., t. 15, p. 430.

Lorsqu'il résulte de l'instruction (par exemple, de l'affirmation du préfet) qu'une protestation contre les opérations électorales a été déposée à la préfecture le lendemain même de ces opérations, les électeurs ne peuvent soutenir que le conseil de préfecture devait rejeter la réclamation comme tardivement formée. 2 août 1836, ord., Mac., t. 18, p. 378.

Dans le cas où l'assemblée est divisée en plusieurs sections, le délai doit se compter à partir de la clôture des opérations de chaque section et non à partir des dernières opérations. 31 décembre 1838, ord., Mac., t. 20, p. 707, Devilleneuve, 39. 2. 560.

Dans le délai de cinq jours n'est pas compris le jour des opérations. 23 juillet 1838, ord., Mac., t. 20, p. 446; Devilleneuve, 39. 2. 560.

Le délai d'un mois pour le jugement des réclamations élevées ne peut courir qu'à compter du jour de la réception des pièces à la préfecture.

Les conseils de préfecture ne peuvent annuler les opérations relatives à la confection et à la composition des listes. 22 février 1833, ord., Mac., t. 15, p. 124; 12 juillet 1837, ord., Mac., t. 19, p. 311; Devilleneuve, 38. 2. 93.

cité légale d'un ou de plusieurs des membres élus, la question sera portée devant le tribunal d'arrondissement, qui statuera comme il est dit à l'art. 42 (1).

S'il n'y a pas eu de réclamations portées devant le conseil de préfecture, ou si ce conseil a négligé de prononcer dans les délais ci-dessus fixés, l'installation des conseillers élus aura lieu de plein droit. Dans tous les cas où l'annulation aura été prononcée, l'assemblée des électeurs devra être convoquée dans le délai de quinze jours, à partir de cette annulation (2).

L'ancien conseil restera en fonctions jusqu'à l'installation du nouveau.

CHAPITRE IV. Dispositions transitoires.

53. Toutes les opérations relatives à la

La défense aux réclamations doit être présentée immédiatement. 16 août 1832, ord., Mac., t. 14, p. 441.

Le délai d'un mois s'applique même aux décisions que le conseil de préfecture aurait à rendre sur l'opposition formée à un de ses arrêtés rendus par défaut. 23 février 1837, ord., Mac., t. 19, p. 52; Devilleneuve, 37. 2. 303; 11 avril 1838, ord., Mac., t. 20, p. 207; Devilleneuve, 39. 2. 64.

Les conseils de préfecture ne peuvent pas connaître des réclamations contre les arrêtés de préfet. 12 juin 1835, ord., Mac., t. 17, p. 408.

Un conseil de préfecture excède ses pouvoirs en réformant un arrêté par lui contradictoirement rendu. 18 et 24 octobre 1832, ord., Mac., t. 14, p. 587, 575.

Les décisions rendues par les conseils de préfecture ne peuvent être attaquées par la voie de la tierce-opposition. 29 juin, 16 août, 2 novembre 1832, ord., Mac., t. 14, p. 607 et 326, 327, 440; 17, 25 janvier 1833, Mac., t. 15, p. 37, 56, 57; 6 mai 1836, Mac., t. 18, p. 218; 18 juillet 1838, Mac., t. 20, p. 420; Devilleneuve, 39. 2. 560.

Le réclamant qui ne s'est pourvu contre l'opération du tirage au sort pour le renouvellement du conseil qu'après les élections auxquelles il a pris part, sans aucune protestation, est non recevable. 17 juin 1835, ord., Mac., t. 17, p. 420.

Un électeur n'est pas recevable à attaquer les opérations électorales, par le motif que le préfet a méconnu les dispositions de la loi en formant les sections de l'assemblée. 22 juillet 1835, ord., Mac., t. 17, p. 481.

Les délibérations du bureau n'étant que provisoires et toujours soumises à l'examen de l'autorité supérieure, le conseil de préfecture doit examiner au fond les décisions du bureau lorsqu'elles lui sont déférées. 21 juin 1833, ord., Mac., t. 15, p. 330.

Le conseil de préfecture, en prononçant l'annulation de la nomination d'un membre du conseil municipal pour défaut d'inscription sur la liste des électeurs communaux, ne peut désigner, comme devant le remplacer, celui qui a obtenu le plus de suffrages après lui, lorsque le nombre des suffrages se trouve uniquement constaté par une déclaration du bureau, après la clôture du procès-verbal des opérations. 12 avril 1832, ord., Mac., t. 14, p. 155.

S'il existe deux procès-verbaux qui présentent un nombre différent de suffrages exprimés, que les notes du dépouillement du scrutin n'aient pas été conservées, et qu'on se trouve ainsi hors d'état de pouvoir reconnaître si les conseillers élus ont obtenu la majorité des suffrages, c'est avec raison que le conseil de préfecture prononce pour ce motif l'annulation des élections. 2 août 1836, ord., Mac., t. 18, p. 378...

Bien qu'une réclamation contre des opérations électorales ait été formée dans le délai légal, il n'y a pas lieu d'admettre, après ce délai, une seconde réclamation contre les mêmes opérations contenant de nouveaux griefs à l'appui de la demande en nullité. 8 février 1838, ord., Mac., t. 20, p. 77; Devilleneuve, 38. 2. 400.

Le conseiller municipal dont l'élection se trouve attaquée est suffisamment mis en demeure de se défendre devant le conseil de préfecture, par le dépôt à la mairie, dans les délais de la loi, de la protestation formée contre son élection. 4 décembre 1837, ord., Mac., t. 19, p. 508; Devilleneuve, 38. 2. 141.

(1) La question de savoir s'il y a incompatibilité entre les fonctions de receveur d'un bureau de bienfaisance et celle de membre d'un conseil municipal n'est pas de celles que les art. 51 et 52 de la loi du 21 mars 1831 ont réservées aux tribunaux de l'ordre judiciaire. 8 janvier 1836, ord., Mac., t. 18, p. 17.

Un tribunal ne peut plus connaître de la contestation, si déjà le conseil de préfecture a prononcé, quoique incompétemment. 17 février 1832, ord., Mac., t. 14, p. 54.

(2) Il n'y a pas lieu d'appliquer la disposition du règlement du 22 juillet 1806, qui ne fait courir les délais d'appel qu'à compter de la signification des arrêtés attaqués.

Il suffit que la partie ait eu connaissance desdits arrêtés. 16 août, 16 novembre 1832, ord., t. 14, p. 629 et 442.

Id., 16 août, 18-24 octobre, 16 novembre 1832, ord., Mac., t. 14, p. 629, 442, 587, 575 et 442.

Id., 17-25 janvier, 15 mars 1833, ord., Mac., t. 15, p. 38, 59 et 163.

Id., 23 mai 1834, ord., Mac., t. 16, p. 322.

Id., 27 février 1836, ord., Mac., t. 18, p. 100.

Cette règle doit être appliquée au ministre de l'intérieur. 10 septembre 1835, ord., Mac., t. 17, p. 548.

Le recours, formé par des électeurs de la Corse contre une décision du conseil de préfecture, n'est pas recevable lorsque la décision attaquée a été notifiée aux réclamants et que le pourvoi n'a pas été enregistré au secrétariat du conseil d'État dans les cinq mois de la notification. 9 août 1836, ord., Mac., t. 18, p. 392.

Les pourvois doivent être déposés au secrétariat du conseil d'État dans les trois mois à dater de la notification de la décision attaquée; il ne suffit pas qu'ils soient signifiés dans ce délai aux autorités locales. 23 novembre 1839 et 1er avril 1840, ord., Mac., t. 21, p. 556, et t. 22, p. 92; Devilleneuve, 40. 2. 544.

Les opérations faites au premier tour de scrutin sont devenues inattaquables lorsqu'un premier arrêté du conseil de préfecture qui les a confirmées n'a pas été déféré au conseil d'État dans le

confection des listes pour la première convocation des assemblées des électeurs devront être terminées dans le délai de six mois, à dater de la promulgation de la présente loi. La première nomination qui sera faite aura lieu intégralement pour chaque conseil municipal.

Lors de la deuxième élection, qui aura lieu trois ans après, le sort désignera ceux qui seront compris dans la moitié sortante.

Si la totalité du corps municipal est en nombre impair, la fraction la plus forte sortira la première.

54. L'exécution de la présente loi pourra être suspendue par le gouvernement dans les communes où il le jugera nécessaire.

Cette suspension ne pourra durer plus d'un an, à partir de la promulgation de la présente loi (1).

---

délai du règlement. 23 décembre 1835, ord., Mac., t. 17, p. 709.

Lorsque les réclamants n'ont fait que protester sans adresser des réclamations régulières contre les opérations électorales, il y a lieu de rejeter le pourvoi. 10 septembre 1835, ord., Mac., t. 17, p. 548;

Lorsque la réclamation de plusieurs électeurs contre le résultat des élections municipales a été formée dans un intérêt public et non personnel, la signification de l'arrêté attaqué faite à quelques-uns d'entre eux, a fait courir les délais du pourvoi contre tous. 29 juin 1832, ord., Mac., t. 14, p. 328; 22 février 1838, ord., Mac., t. 20, p. 115; Devilleneuve, 38. 2. 400.

Cette dernière ordonnance ne mentionne point que la réclamation a été formée dans un intérêt public.

Il y a lieu de statuer sur le pourvoi formé par un électeur, quoiqu'il ait perdu cette qualité postérieurement.

Lorsque l'arrêté qui déclare les élections régulières n'a été exécuté que depuis le pourvoi, et que le réclamant a renouvelé ses protestations, l'exécution dudit arrêté ne rend pas le pourvoi non recevable. 19 août 1832, ord., Mac., t. 14, p. 482.

Id., 14 juillet 1838, ord., Mac., t. 20, p. 386 et 387; Devilleneuve, 39. 2. 560.

Lorsque l'arrêté attaqué a été exécuté par de nouvelles élections, sans aucune protestation ni réserve de la part des requérants qui ont pris part à ces nouvelles élections, le pourvoi est non recevable. 31 juillet, 15 octobre 1832, ord., Mac., t. 15, p. 585, 430 et 432.

Id., 19 août 1832, ord., Mac., t. 14, p. 481 et 482.

Id., 16 décembre 1835, ord., Mac., t. 17, p. 694.

Les réclamants qui ont concouru aux nouvelles élections pour ne pas perdre l'exercice de leur droit, et dont le pourvoi a été formé au moment de ces nouvelles élections contre l'arrêté qui annule les premières élections, sont recevables. 6 mars 1835, ord., Mac., t. 17, p. 204.

La requête du réclamant devient sans objet lorsque le conseil municipal a été dissous par ordonnance royale, et qu'il a été ensuite procédé à l'élection d'un nouveau conseil composé comme le réclamant le demandait. 24 juillet 1835, ord., Mac., t. 17, p. 488.

Lorsqu'un chef de nullité n'a point été soumis au conseil de préfecture, il ne peut l'être au conseil d'État. 18 février 1836, ord., Mac., t. 18, p. 83; 8 février 1838, ord., Mac., t. 20, p. 76; Devilleneuve, 38. 2. 399.

Lorsque l'arrêté du conseil de préfecture a été pris lors des délais fixés par la loi, il y a lieu de

l'annuler et de maintenir les élections. 2 novembre 1832, ord., Mac., t. 14, p. 607.

Toute décision ultérieure du conseil est un excès de pouvoir. 26 août 1835, ord., Mac., t. 17, p. 537.

Lorsque, par suite d'un arrêté pris tardivement par le conseil de préfecture, il a été procédé à de nouvelles élections, il y a lieu, par le conseil d'État, d'annuler ces nouvelles élections et de maintenir les premières. 20 juillet 1836, ord., Mac., t. 18, p. 361.

Lorsque l'élection d'une partie des élus est annulée, on doit, dans la réunion nouvelle, renouveler les formalités prescrites par la loi. La réunion nouvelle n'est pas la continuation de la première. 4 mai, 4 décembre 1835, ord., Mac., t. 17, p. 320 et 675.

Des conseillers municipaux dont l'élection a été cassée par une ordonnance sont recevables à y former opposition.

Des électeurs n'auraient pas qualité pour former une tierce-opposition. 3 mai 1833, ord., Mac., t. 15, p. 235.

Un électeur ne peut déférer directement au conseil d'État, par la voie contentieuse, un arrêté du préfet auquel il reproche seulement d'avoir convoqué l'assemblée électorale sans qu'il y eût lieu à le faire, par exemple, avant que le conseil municipal fût réduit aux trois quarts de ses membres. 6 avril 1836, ord., Mac., t. 18, p. 157.

La preuve testimoniale n'est pas admissible à l'effet de prouver, après l'élection consommée, qu'un des votants n'était pas électeur. 10 juillet 1832, ord., Mac., t. 14, p. 357.

Lorsque les réclamations ne sont pas justifiées, et se trouvent détruites par les énonciations du procès-verbal des opérations électorales, il y a lieu de rejeter le pourvoi. 24 octobre 1832, ord., Mac., t. 14, p. 589.

En cette matière, lorsque les réclamants ne justifient pas les assertions qu'ils avancent, il y a lieu de rejeter leur pourvoi. 2 novembre 1832, ord., Mac., t. 14, p. 609.

Le recours par voie de requête civile contre une décision contradictoire du conseil d'État ne peut être formé sans l'assistance d'un avocat aux conseils, conformément à l'art. 32 du décret du 22 juillet 1806. 14 janvier 1829, ord., Mac., t. 21, p. 41; Devilleneuve, 39. 2. 560.

(1) M. Isambert pensant que le pouvoir de suspendre la loi municipale donnait au gouvernement toute la force qui pouvait lui être utile dans des cas extraordinaires, a proposé la disposition suivante : « Aucune ville, autre que les places fortes, « ne pourra être mise en état de siége. » Il a d'ailleurs soutenu que l'art. 39 de la loi du 16 fructidor an 5, qui donne au gouvernement le pouvoir

CHAPITRE V. Dispositions générales.

55. Il sera statué par une loi spéciale sur l'organisation municipale de la ville de Paris (1).

---

21 MARS = 17 AVRIL 1831. — Ordonnance du roi qui autorise la formation, en Afrique, de corps de Zouaves et de chasseurs algériens. (IX, Bull. O. LX, n. 1521.)

Louis-Philippe, etc., vu la loi du 9 mars 1831, qui autorise la formation d'une légion étrangère (2); sur la proposition de notre ministre de la guerre, etc.

Art. 1er. Il pourra être formé en Afrique des bataillons et des escadrons de Zouaves.

2. Chaque bataillon sera composé d'un état-major et de huit compagnies, conformément au tableau ci-après :

Etat-major.—Chef de bataillon commandant, 1; adjudant-major, 1; officier payeur, 1; interprète, 1; chirurgien, 1; adjudant-sous-officier, 1; maître armurier, 1; caporal tambour, 1.

Compagnie. — Capitaine, 1; lieutenant, 1; sous-lieutenant, 1; sergent-major, 1; sergents, 4; fourrier, 1; caporaux, 8; soldats, 95; tambours ou clairons, 2; et un enfant de troupe. Ainsi, la force de chaque bataillon, y compris l'état-major, sera de vingt-neuf officiers et huit cent quatre-vingt-onze sous-officiers et soldats, et huit enfants de troupe.

3. Il sera organisé, quant à présent, sous la dénomination de *chasseurs algériens*, deux escadrons, composés ainsi qu'il suit :

Etat-major. — Chef d'escadron, 1, 2 chevaux; adjudant-major, 1, 2 ch.; officier payeur, 1, 1 ch.; interprète, 1, 1 ch.; chirurgien, 1, 1 ch.; adjudant-sous-officier, 1, 1 ch.; vétérinaire, 1, 1 ch.; maître sellier, 1; maître armurier, 1; trompette brigadier, 1, 1 ch.

Escadron. — Capitaine commandant, 1, 2 ch.; capitaine en second, 1, 2 ch.; lieutenant en premier, 1, 1 ch.; lieutenant en second, 1, 1 ch.; sous-lieutenants, 4, 4 ch.; maréchal-des-logis chef, 1, 1 ch.; maréchaux-des-logis, 8, 8 ch.; maréchal-des-logis-fourrier, 1, 1 ch.; brigadier élève fourrier, 1, 1 ch.; brigadiers, 16, 16 ch.; chasseurs, 120, 100 ch.; trompettes, 3, 3 ch., et deux enfants de troupe. La force

totale des deux escadrons, y compris l'état-major, sera par conséquent de vingt-un officiers, trois cent cinq sous-officiers et cavaliers, quatre enfants de troupe ; de vingt-sept chevaux d'officiers et deux cent soixante-cinq chevaux de troupe.

4. Les bataillons et les escadrons recevront des volontaires français et étrangers.

5. Des officiers, sous-officiers et caporaux ou brigadiers français pourront être placés dans les corps de Zouaves. Ceux qui seront admis pour occuper un emploi du grade immédiatement supérieur à celui dont ils sont revêtus, seront promus par nous à ce grade lorsqu'ils y auront servi pendant un an; dès lors, ils pourront rentrer dans la ligne avec ce nouveau grade; et s'ils sont maintenus dans les corps des Zouaves, ils seront susceptibles d'y occuper un emploi du grade supérieur, qui leur donnera droit au bénéfice des dispositions ci-dessus.

6. Lorsqu'il n'existera pas, dans les bataillons ou escadrons de Zouaves, de sujets réunissant les conditions déterminées dans l'article précédent pour passer par avancement à un emploi supérieur à celui qu'ils occupent, les emplois vacants seront conférés à des officiers ou sous-officiers tirés des autres corps de l'armée ou de la non activité.

7. Les officiers et sous-officiers français qui quitteraient le corps de Zouaves, soit volontairement, soit par l'effet de la dissolution de ce corps, avant d'y avoir occupé pendant un an l'emploi du grade supérieur à celui qu'ils ont dans l'armée, ne rentreront dans leur arme respective qu'avec ce dernier grade.

8. Les officiers, sous-officiers, caporaux ou brigadiers arabes, ne pouvant, en aucun cas, être admis dans les régiments français, leur avancement dans le corps de Zouaves n'est pas assujetti aux règles établies ci-dessus.

9. Les corps de Zouaves jouiront de la solde, de la masse individuelle et des autres prestations accordées aux troupes françaises d'infanterie et de cavalerie légère.

10. Les corps de Zouaves s'administreront séparément, et se conformeront, en ce qui pourra leur être applicable, aux réglements en vigueur dans les troupes françaises.

---

de mettre une commune en état de siége, fut un coup d'Etat dirigé contre une partie de la représentation nationale, qui n'a pu détruire les lois de l'assemblée nationale et celle du 10 du même mois, par lesquelles l'état de siége ne pouvait résulter que de l'investissement.

M. Demarçay a combattu la proposition; il a soutenu qu'il faut que les places soient investies, pour que l'état de siége puisse être ordonné; il a

ajouté que l'ordonnance du 28 juillet 1830 a été faite pour un cas hors des lois, et qu'elle ne peut être citée pour exemple.

La proposition a été rejetée. Voy. le décret du 24 décembre 1811, art. 101 et suiv. et les notes sur l'ordonnance du 28 juillet 1830.

(1) Voy. loi du 20 avril 1834, titre 3.
(2) Voy. *suprà*.

11. Les dispositions qui ont été faites par M. le général Clausel pour l'organisation provisoire de ces corps, sont confirmées. Celles contenues dans la présente ordonnance seront mises à exécution sans délai.

12. L'habillement des bataillons et escadrons des Zouaves sera maintenu tel qu'il a été déterminé provisoirement par M. le général Clausel, sauf les modifications qui seraient jugées nécessaires.

13. Notre ministre de la guerre (duc de Dalmatie) est chargé, etc.

21 mars 1831.—Ordonnance qui nomme M. Pouyer membre du conseil d'amirauté. (Bull. O. 59, n. 1505.)

22 = 25 mars 1831. — Loi sur la garde nationale (1). (IX, Bull. XXVI, n. 92.)

TITRE Ier. Dispositions générales.

Art. 1er. La garde nationale est instituée pour défendre la royauté constitutionnelle, la Charte et les droits qu'elle a consacrés;

pour maintenir l'obéissance aux lois, conserver ou rétablir l'ordre et la paix publique, seconder l'armée de ligne dans la défense des frontières et des côtes, assurer l'indépendance de la France et l'intégrité de son territoire.

Toute délibération prise par la garde nationale sur les affaires de l'Etat, du département et de la commune, est une atteinte à la liberté publique et un délit contre la chose publique et la constitution (2).

2. La garde nationale est composée de tous les Français, sauf les exceptions ci-après (3).

3. Le service de la garde nationale consiste :

1° En service ordinaire dans l'intérieur de la commune (4);

2° En service de détachement hors du territoire de la commune (5);

3° En service de corps détachés pour seconder l'armée de ligne, dans les limites fixées par l'art. 1er (6).

_____

(1) Présentation à la Chambre des Députés le 9 octobre (Mon. du 10 et du 15 novembre) ; rapport par M. Charles Dupin le 3 décembre (Mon. du 5) ; discussion les 11, 12, 13, 14, 15, 16, 17, 18, 21, 22, 23, 24, 25, 28, 29, 30 et 31 décembre 1830; 1er, 4, 5, 6 janvier 1831 (Mon. des 12 , 13, 14, 15, 16, 17, 18, 19, 22, 23, 24, 25, 26, 28, 29 30, 31 décembre 1830 ; 1er, 2, 4, 5, 6 janvier 1831) ; adoption le 6 janvier (Mon. des 7 et 10), à la majorité de 245 voix contre 70.

Présentation à la Chambre des Pairs le 20 janvier (Mon. du 21) ; rapport par M. de Saint-Aulaire le 21 février (Mon. du 23) ; discussion le 23 (Mon. du 24) ; adoption le 24 (Mon. du 26), à la majorité de 100 voix contre 3.

Retour à la Chambre des Députés le 26 février (Mon. du 27) ; rapport par M. Charles Dupin le 1er mars (Mon. du 2) ; discussion et adoption le 5 (Mon. des 6 et 7), à la majorité de 194 voix contre 30.

Retour à la Chambre des Pairs le 8 mars (Mon. du 9) ; rapport, discussion et adoption le 10 (Mon. du 11), à la majorité de 99 voix contre 12.

Voy. lois du 7-12 septembre et du 6-12 décembre 1790; des 26, 27 juillet-3 août 1791, du 28 juillet-12 août 1791 ; du 29 septembre-14 octobre 1791 ; du 28 prairial an 3 , du 15 messidor an 3 ; du 25 thermidor an 5 ; arrêtés du 26 nivôse an 6, du 13 floréal an 7 ; sénatus-consulte du 2 vendémiaire an 14; décrets du 8 vendémiaire an 14, du 12 novembre 1806, du 29 août 1809 ; sénatus-consulte du 13 mars 1812; décrets du 5 avril et du 17 décembre 1813 , ordonnances du 16 juillet 1814, des 9, 21, 22 et 26 mars 1815; des 4 , 10 avril et 23 juin 1815; ordonnances des 7 juillet, 9 octobre, 18, 21 novembre, 27 décembre 1815 ; des 11 janvier, 17 juillet et 11 décembre 1816 ; du 30 septembre 1818 , du 30 janvier 1825, des 29 juillet, 9 août, 16 août, 23 août, 5 octobre, 26 et 27 décembre 1830.

(2) Cette disposition est prise de la loi du 14-29 septembre 1791. Voy. l'art. 4 de la section 3 ;

voy. aussi l'ordonnance du 17 juillet 1816, art. 9.

La Chambre des Pairs en ajoutant ce paragraphe aurait dû, à notre avis, déterminer avec plus de précision le délit, et indiquer la peine qui serait applicable. Le Code pénal contient un chapitre intitulé : des crimes et délits contre la constitution ; mais aucune des dispositions de ce chapitre ne peut s'appliquer au fait d'une délibération illégale de la garde nationale. Voudrait-on prétendre que l'article 258 peut être invoqué ? Cet article punit quiconque, sans titre, se sera immiscé dans des fonctions publiques, civiles ou militaires. Or, des gardes nationaux qui délibèrent sur des objets qui ne sont pas soumis à leur délibération, ne s'immiscent point dans des fonctions publiques. L'article reste donc sans effet. Il ne contient qu'une déclaration de principe qui sans doute sera respecté, mais dont la violation ne donnerait lieu à l'application d'aucune peine.

(3) Le projet du gouvernement portait : « La garde nationale est composée de tous les citoyens qui ne font pas partie de l'armée. »

La commission de la Chambre des Députés a proposé de substituer le mot Français au mot citoyen, et d'ajouter ensuite sauf les exceptions mentionnées ci-après.

M. Las-Cazes a demandé qu'on ajoutât après le mot Français ceux-ci : jouissant des droits civils. M. Jacquinot de Pampelune lui a répondu qu'on ne jouissait pas des droits civils à 20 ans : l'amendement n'a pas été appuyé.

Ainsi, il suffit d'être Français pour être apte au service de la garde nationale, la qualité de citoyen n'est pas exigée. Pour savoir en quels cas on est, on devient, ou l'on cesse d'être Français, il faut consulter les art. 7 et suiv., 17 et suiv. du Code civil. La loi de 1791 n'admettait en principe que les citoyens actifs et les fils de citoyens actifs. Voy. section 1re.

(4) Voy. les art. 19 et suiv.

(5) Voy. les art. 127 et suiv.

(6) Voy. les art. 138 et suiv.

4. Les gardes nationales seront organisées dans tout le royaume : elles le seront par commune.

Les compagnies communales d'un canton seront formées en bataillons cantonaux lorsqu'une ordonnance du roi l'aura prescrit (1).

5. Cette organisation sera permanente; toutefois, le roi pourra suspendre ou dissoudre la garde nationale en des lieux déterminés.

Dans ces deux cas, la garde nationale sera remise en activité ou réorganisée dans l'année qui s'écoulera à compter du jour de la suspension ou de la dissolution, s'il n'est pas intervenu une loi qui prolonge ce délai.

Dans le cas où la garde nationale résisterait aux réquisitions légales des autorités, ou bien s'immiscerait dans les actes des autorités municipales, administratives ou judiciaires, le préfet pourra provisoirement la suspendre (2).

Cette suspension n'aura d'effet que pendant deux mois, si pendant cet espace de temps elle n'est pas maintenue, ou si la dissolution n'est pas prononcée par le roi (3).

---

(1) Le gouvernement avait proposé primitivement la rédaction suivante :

« La garde nationale sédentaire sera organisée en gardes communales dans les communes qui forment un ou plusieurs cantons. »

La commission a proposé la rédaction suivante, à laquelle le gouvernement a adhéré :

« La garde nationale sera organisée par communes; néanmoins, dans les cantons composés de plusieurs communes, la garde nationale pourra être organisée en bataillons cantonaux, lorsqu'une ordonnance du roi l'aura prescrit. »

M. Allent, commissaire du roi, s'est exprimé en ces termes :

« Permettez que je caractérise en peu de mots la différence qui distingue le projet de la commission.

« Dans le projet du gouvernement, les gardes nationales des communes rurales sont nécessairement organisées *en gardes cantonales*, et subdivisées en gardes communales.

« Dans le projet de votre commission, les gardes nationales des communes rurales sont *nécessairement* organisées *en gardes communales* et réunies facultativement *en gardes cantonales*.

« Ainsi, dans les deux systèmes, il y a des *gardes communales*.

« Mais, dans le premier système, il y a *nécessité*, et dans le second, *faculté* pour le gouvernement d'organiser les gardes cantonales.

« C'est en ce point que consiste la différence des deux systèmes.

« Maintenant, je vais exposer les motifs qui ont déterminé le gouvernement à adopter l'amendement de votre commission.

« L'élément de la société, lorsqu'on s'élève au-dessus de la famille, c'est la commune.

« Le canton n'est qu'une division politique formée par l'agrégation d'un certain nombre de communes; déjà cette agrégation a paru la plus convenable pour le ressort de la justice de paix ; il est possible que dans la discussion de la loi municipale, vous reconnaissiez que le canton soit préférable comme division administrative, à l'arrondissement de sous-préfecture ; mais, dans l'état actuel, cet arrondissement est, après la commune, votre première division territoriale, dans la hiérarchie administrative.

« Il est donc certain que, dans l'état actuel de votre organisation administrative, les gardes cantonales seront de droit sous l'autorité du sous-préfet, et les gardes communale sous l'autorité des maires.

« Mais de même que la commune est votre unité sociale, il est simple et naturel que vous organisiez d'abord les *gardes communales*, avant de les réunir en gardes cantonales ; cette organisation se fera avec plus de simplicité, elle est d'ailleurs nécessaire dans tous les systèmes, pour maintenir l'ordre dans les limites de la commune.

« Il sera facile ensuite de réunir les gardes communales, dont le cadre sera inférieur au bataillon, pour en former des bataillons de gardes cantonales; cette réunion sera utile, et, dans certains cas, nécessaire, sur les frontières et sur les côtes, et dans les cantons de l'intérieur où cette utilité sera manifestée par l'organisation spontanée d'un grand nombre de bataillons.

« La question se réduit donc à savoir si vous imposerez au gouvernement l'obligation d'organiser ces bataillons cantonaux, partout et sans exception, ou si vous lui laisserez la faculté de les organiser partout où il le jugera nécessaire à la défense du territoire et au développement de l'esprit public.

« Or, il suffit qu'il existe certaines localités dans lesquelles l'organisation cantonale soit intempestive, ou peu favorisée par l'esprit des populations, pour que le gouvernement doive accepter la *faculté* que lui laisse le projet de votre commission, d'ajourner cette organisation dans les lieux où il la croira dangereuse, et de la faire, comme de la maintenir, partout où cette organisation plus militaire sera nécessaire à la défense, utile au pays, agréable aux populations. »

On avait proposé de subordonner la faculté de former des bataillons cantonaux, à la demande des conseils municipaux; mais on a reconnu que le roi devait être seul juge de la question de savoir si la formation des bataillons cantonaux est convenable. Voy. l'art. 48 et les notes.

(2) La mesure de la dissolution ne sera nécessaire que lorsque l'autorité croira qu'il y a des torts à imputer à toute la garde nationale, ou à un nombre considérable de gardes nationaux. Si les reproches ne s'adressaient qu'à un ou plusieurs officiers, ce serait le cas de recourir à la disposition de l'art. 61.

(3) Cette rédaction pourrait laisser quelque doute sur le véritable sens de l'article ; mais, dans la discussion, on a parfaitement expliqué la volonté du législateur.

La suspension prononcée par le préfet ne pourra durer plus de deux mois. Mais le roi aura le droit de maintenir la suspension pour un temps plus long, qui ne pourra toutefois excéder une année ; le roi aura également le droit, s'il le préfère, de prononcer la dissolution pour une année ; il faut

6. Les gardes nationales sont placées sous l'autorité des maires, des sous-préfets des préfets, et du ministre de l'intérieur.

Lorsque la garde nationale sera réunie en tout ou en partie au chef-lieu de canton, ou dans une autre commune que le chef-lieu du canton, elle sera sous l'autorité du maire de la commune où sa réunion aura lieu d'après les ordres du sous-préfet ou du préfet.

Sont exceptés les cas déterminés par les lois où les gardes nationales sont appelées à faire dans leur commune ou leur canton un service d'activité militaire, et sont mises par l'autorité civile sous les ordres de l'autorité militaire.

7. Les citoyens ne pourront ni prendre les armes, ni se rassembler en état de gardes nationales, sans l'ordre des chefs immédiats, ni ceux-ci donner cet ordre sans une réquisition de l'autorité civile, dont il sera donné communication à la tête de la troupe (1).

8. Aucun officier ou commandant de

---

remarquer que la suspension et la dissolution ont un effet commun, celui de faire cesser les fonctions de la garde nationale, mais qu'il y a une différence notable entre ces deux mesures. Comme l'a dit M. Allent, commissaire du roi, la dissolution brise les cadres et fait cesser les pouvoirs des officiers. La suspension au contraire laisse subsister l'organisation. Aussi, après une dissolution, il faudra procéder à une nouvelle organisation, à l'élection des officiers, etc., tandis qu'après une suspension, l'ancienne organisation reprendra toute sa force et aura tous ses effets.

La dissolution de la garde nationale est une mesure administrative qui ne peut être déférée au conseil d'Etat par la voie contentieuse. 8 mars 1833, ord., Mac., t. 15, p. 153.

(1) De quelle nature sera cette communication ? les chefs diront-ils seulement qu'ils ont reçu une réquisition de l'autorité civile ? ou bien liront-ils cette réquisition en entier ? C'est dans ce dernier sens qu'on doit, ce nous semble, entendre la disposition. D'abord, quand on dit donner communication, on fait entendre qu'on donne une connaissance entière et complète. Quelques députés ont vu là un inconvénient, en ce que souvent il importe que le motif et l'objet d'une réunion de la garde nationale soient tenus secrets; ils ont demandé en conséquence qu'on supprimât ces mots à la fin de l'article, *dont il sera donné communication*, etc. M. le rapporteur de la commission de la Chambre des Députés a répondu : « Il me semble impossible d'admettre en principe que les gardes nationales pourraient être obligées de prendre les armes sur un ordre de leur chef, sans explication de sa part. Il pourrait arriver que les citoyens fussent employés à agir contre l'intérêt public. Il n'en est pas ainsi quand la réquisition légale existe. Le chef doit dire à sa troupe : Je vous ai appelé parce qu'une réquisition légale vous invite à prendre les armes. Il doit ensuite lui communiquer la réquisition, sans donner d'autre motif; si vous ne preniez pas cette précaution, les gardes nationales seraient tenues à l'obéissance des troupes de ligne. Vous n'auriez plus, comme le voulait l'assemblée constituante, des citoyens appelés par l'autorité civile à remplir momentanément les fonctions de gardes nationaux, demeurant citoyens jusqu'à ce qu'un ordre vienne les transformer pour un moment en gardes nationaux. »

M. Allent, commissaire du gouvernement, a ajouté : « L'article en discussion ne peut être appliqué au service ordinaire ; on ne peut l'appliquer qu'aux cas de réquisition légale déterminés par la loi de 1791. Cette loi prévoit tous les cas de réquisition légale et en détermine les formes. Elle veut que l'officier lise à sa troupe la réquisition qu'il a reçue. Jamais on n'a éprouvé l'inconvénient de cette mesure. C'est dans cette limite qu'il faut appliquer l'article qui est en discussion : dans aucun cas, il ne doit être appliqué au service ordinaire. » Enfin, M. de Tracy a dit : Il sera donné connaissance de la réquisition et non de l'ordre à exécuter.

Il résulte de cette discussion : 1° que les gardes nationales ne peuvent agir qu'en vertu d'une réquisition légale ; 2° que cette réquisition légale doit être communiquée ; 3° qu'on doit se référer, pour les cas et les formes des réquisitions, à la loi du 29 septembre-14 octobre 1791.

Les articles de cette loi qu'on doit consulter sont les art. 2 et suiv. de la section 3.

Nous croyons devoir rappeler ici que plusieurs articles de la loi des 26, 27 juillet-3 août 1791, sont encore en vigueur, sauf les modifications que nous indiquerons ci-après. Voy. notamment les art. 25 et suivants.

Nous avons dit que quelques modifications ont été introduites.

Les unes résultent des changements survenus dans l'organisation de l'autorité municipale ; elles consistent uniquement dans la désignation des fonctionnaires publics à qui est confié le droit de faire les réquisitions.

Les autres sont la conséquence nécessaire de la loi du 20 avril 1831, sur les attroupements, qui sera insérée ci-après à sa date.

C'est d'ailleurs ici l'occasion de rappeler que l'art. 106 du Code d'instruction criminelle dispose « que tout dépositaire de la force publique et « même toute personne sera tenue de saisir le « prévenu surpris en flagrant délit, ou poursuivi « soit par la clameur publique, soit dans les cas « assimilés au flagrant délit, et de le conduire de- « vant le procureur du roi, sans qu'il soit besoin « de mandat d'amener, si le crime ou le délit em- « porte peine afflictive ou infamante. »

Il résulte d'un arrêt de la Cour de cassation, du 30 mai 1823 (Sirey, 23, 1, 363), que cet article a dérogé, pour les cas qu'il prévoit, à la loi des 26, 27 juillet-3 août 1791 ; qu'il a établi une réquisition légale et permanente, qui dispense de la réquisition écrite des magistrats civils, dans les circonstances urgentes qui n'ont pu être prévues, et qu'il détermine ; que, d'après ces dispositions, tous dépositaires de la force publique, quoique non requis par un officier civil, sont tenus d'agir et de prêter main-forte, dans le cas d'un délit flagrant, soit que les faits de ce délit emportent peine afflictive ou infamante, soit qu'ils ne soient passibles que de peines correctionnelles ; qu'ils doivent aussi déployer la même action dans les cas que la loi a assimilés au délit actuellement flagrant, mais seu-

poste de la garde nationale ne pourra faire distribuer des cartouches aux citoyens armés, si ce n'est en cas de réquisition précise : autrement il demeurera responsable des événements (1).

TITRE II.

SECTION 1re. De l'obligation du service.

9. Tous les Français âgés de vingt à soixante ans (2) sont appelés au service de la garde nationale, dans le lieu de leur domicile réel (3) ; ce service est obligatoire et personnel, sauf les exceptions qui sont établies ci-après.

10. Pourront être appelés à faire le service, les étrangers admis à la jouissance des droits civils, conformément à l'art. 13 du Code civil, lorsqu'ils auront acquis

---

lement alors si les faits du délit sont de nature à être punis de peines afflictives et infamantes.

La loi des 26 et 27 juillet - 3 août 1791, art. 22, donne le modèle de l'acte de réquisition, le voici :
« Nous,   , requérons , *en vertu de la loi*, N....., commandant, etc., de prêter le secours des troupes de ligne, ou de la gendarmerie nationale, ou de la garde nationale, nécessaire pour repousser les brigands, etc., prévenir ou dissiper les attroupements, etc., ou pour assurer le paiement de..., etc., ou pour procurer l'exécution de tel jugement ou telle ordonnance de police, etc.

« Pour la garantie dudit ou desdits commandants, nous apposons notre signature. »

« Il nous reste une observation importante à faire. M. le commissaire du gouvernement a dit que l'article ne s'appliquait point au cas de service ordinaire. La loi du 29 septembre-14 octobre 1791, art. 6, sect. 3, disposait formellement à cet égard. Il y est dit : « Pourront cependant les chefs, sans réquisition particulière, faire toutes les dispositions et donner tous les ordres relatifs au service ordinaire journalier, aux patrouilles de sûreté et aux exercices. » — L'art. 73 de la loi actuelle contient une disposition semblable ; voyez aussi l'art. 13 de l'ordonnance du 17 juillet 1816. Les notes sur l'art. 162 de la présente loi doivent également être consultées. Je dois également renvoyer aux notes que j'ai placées sur l'art. 4 de la Charte de 1814.

(1) L'art. 15 de la section 3 de la loi du 29 septembre-14 octobre 1791 était conçu à peu près de la même manière. Seulement, il ajoutait : *dans le service ordinaire*. Il est évident que c'est aussi pour le cas de service ordinaire que dispose l'art. 8 de la loi actuelle.

« La modération et la patience, a dit M. le rapporteur à la Chambre des Pairs, doivent être le caractère de la milice citoyenne. On ne saurait lui rappeler trop souvent que , si son devoir est de maintenir l'ordre, sa gloire est de le maintenir sans recourir aux moyens extrêmes. »

(1) On a proposé une disposition additionnelle ainsi conçue :

« Les Français âgés de dix-huit ans pourront être admis, avec le consentement de leurs parents ou tuteurs. » Elle a été rejetée. Ainsi, il n'est pas possible d'admettre un jeune homme de moins de vingt ans. Cependant, il résulte de l'art. 17 que les jeunes gens qui sont entrés dans leur vingtième année, dans le cours d'une année, doivent être portés sur les registres-matricules au 1er janvier de l'année suivante ; mais l'obligation du service ne leur est imposée que lorsqu'ils ont vingt ans accomplis. Voyez, d'ailleurs, les notes sur l'art. 2. L'art. 141 permet d'admettre les jeunes gens de dix-huit à vingt ans dans les corps détachés de la garde nationale.

(2) M. Laugier de Chartrouse a proposé un amendemens ayant pour but, a-t-il dit, de fixer d'une manière précise le lieu où chaque Français doit satisfaire au service de la garde nationale : « Je ne tiens nullement aux termes de cet amendement, a-t-il ajouté ; je désire que les nombreux et savants jurisconsultes qui font partie de cette Chambre y trouvent une rédaction plus heureuse ; mais je commence à en perdre l'espoir, puisque les lumières des membres de la commission y ont échoué. En effet, l'art. 10 du projet du gouvernement soumettait tous les Français, quant au service de la garde nationale dans le lieu *de leur principal établissement* ; la commission a substitué à ces derniers mots ceux-ci : *dans le lieu de leur domicile réel*. Pour bien me fixer sur ce que la loi entend par *domicile réel*, j'ouvre le Code civil et j'y vois, art. 102 : « *Le domicile de tout Français*, *quant à l'exercice de ses droits civils, est au lieu où il a son principal établissement*. Vous voyez, Messieurs, que la question est retournée, mais non pas éclaircie ; que nous restons dans un cercle, sinon vicieux, du moins obscur.

« Il s'agit pourtant de déterminer d'une manière positive le lieu où chaque citoyen se doit au service de la garde nationale. J'en connais qui ont quatre établissements dans quatre résidences voisines, et qui passent trois mois de l'année dans chacune, attirés par leurs affaires ou par des relations de famille. Un grand nombre de propriétaires passent trois ou quatre mois à Paris, et sept à huit, non pas seulement à la campagne, mais dans des villes et des provinces où, plus en évidence, ils doivent donner l'exemple, et éviter tout ce qui pourrait faire supposer qu'ils veulent se soustraire à une charge si honorable. Où satisferont-ils à la garde nationale ? Sera-ce dans leur domicile politique ? Cette base me paraît beaucoup trop large ; car tout Français a le droit d'établir son domicile politique dans un département où il paie une faible contribution, et quoiqu'il n'y réside pas : il serait facile, par ce moyen, de se soustraire à tout service.

« Choisirez-vous le lieu où l'on paie les contributions personnelles et mobilières ? Mais, d'abord, la nouvelle loi proposée par le gouvernement porte que la contribution mobilière se paiera autant de fois qu'on aura d'établissements. A Paris, où cette contribution est remplacée par l'octroi, on perçoit une taxe basée sur la valeur des loyers, et que l'on décore du titre de contribution personnelle. Cette taxe, soit dit en passant, est exigée, *quoiqu'on paie la contribution personnelle dans un autre département*, d'après un certain arrêté du gouvernement, en date du 13 vendémiaire an 12, et malgré la loi qui donne pour base à cette contribution la valeur de trois journées de travail.

« Les conseils de recensement n'ayant donc aucune règle bien déterminée, et étant juges et par-

en France une propriété, ou qu'ils y auront formé un établissement (1).

**11. Le service de la garde nationale est
incompatible avec les fonctions des ma-**

ties, puisque, *présidés par le maire, et composés des
membres pris dans le quartier*, ils arbitreront dans
leur horizon particulier, et maintiendront sur les
contrôles le plus de gardes nationaux qu'ils pourront ; il arrivera que la même personne sera comprise à la fois dans la garde nationale de Paris et
dans celle de Lyon ou de Marseille. Dans ce cas,
quel est le conseil de recensement qui devra céder
ses prétentions sur l'habitant qui leur présente
également un domicile et une position sociale en
évidence ? L'opinion présentée par mon honorable
collègue, M. de Laborde ferait cesser tout conflit. Si
la Chambre ne l'adopte pas, je me bornerai à demander à M. le rapporteur s'il est dans la pensée de
la commission que le certificat d'inscription et de
service, dans une garde nationale légalement organisée, doive suffire pour que le conseil de recensement d'une autre localité ne puisse maintenir sur
ses contrôles un citoyen qu'il y aurait porté ? »

M. le rapporteur a répondu : « La commission
n'a jamais entendu que l'on dût être appelé dans
la garde nationale de deux localités, et elle pense
que le certificat dont parle M. de Chartrouse serait
parfaitement suffisant. »

D'après cette déclaration, M. de Chartrouse a
déclaré retirer son amendement.

M. Isambert a dit : « Je demande le maintien
de la rédaction de la commission. La commission
propose de déclarer que le service sera dans le
domicile réel ; le domicile réel résulte de diffé-
rantes circonstances déterminées par le Code civil,
et qui, en cas de difficulté, sont jugées par le conseil
de recensement.

« Il importe au maintien de la garde nationale
que le service soit fait dans le lieu du domicile réel.

« Quant à l'amendement de M. de Chartrouse,
il soulève de nouvelles difficultés, bien loin de les
résoudre. Il faut en revenir à la rédaction de la
commission. Il n'y a pas de nécessité de déroger ici
au principe du droit commun sur le domicile réel. »

M. de Laborde a ajouté : « Il faut que les citoyens puissent voter pour les élections dans un
lieu, et faire le service de la garde nationale dans
un autre. »

M. le rapporteur lui a répondu : « La commission
est de l'avis de M. Laborde. Il est entendu que,
quand un manufacturier a plusieurs établissements
dans lesquels il réside, il peut en choisir un, et dire :
C'est là mon domicile réel. »

M. Gillon (Jean-Landry) a dit : « Je demande
que, pour le service de la garde nationale, le domicile résulte de trois mois de résidence continue,
et qu'en conséquence, quiconque aura habité cet
espace de temps la même commune, soit porté
sur le contrôle de la garde nationale de celle-ci.
Cet amendement a pour but, dit-il, d'empêcher
la désertion de ces mols citoyens, qui, se donnant
tous les plaisirs de la ville et les agréments de la
campagne, sont insaisissables pour le service public. »

M. Las-Cazes a dit : « Il faut que chaque citoyen
soit astreint au service de la garde nationale, mais
de manière pourtant à être aussi peu gêné que
possible. Je propose de mettre, après ces mots :
domicile réel, ceux-ci : *ou le domicile élu à cet effet.* »

M. Jacquinot de Pampelune a répondu qu'il
s'opposait aux deux amendements, et qu'il demandait le maintien de la rédaction de la commission

ou de celle du gouvernement, car toutes les deux
ont la même signification. Le gouvernement dit le
principal domicile ; la commission dit le *domicile réel*.
Il n'y a aucune différence dans ces deux expressions. Si des difficultés s'élèvent par rapport au
domicile, elles seront résolues par l'autorité administrative, ou peut-être même par les tribunaux.

La loi du 29 septembre-14 octobre 1791 contenait une disposition qu'il eût été convenable de
reproduire. L'art. 18, sect. 1re, était ainsi conçu :
« En cas de changement de domicile ou de rési-
« dence habituelle, le citoyen inscrit fera rayer
« son nom sur le registre de l'ancienne munici-
« palité, s'inscrira sur celui de la nouvelle, et sera
« distribué dans une compagnie ; faute de quoi, il
« demeurera au service ou au remplacement
« dans l'une et l'autre municipalités. »

Il est bien certain que le conseil de recensement
ne devra rayer un garde national du registre matricule qu'autant qu'il justifiera de son inscription
sur les registres d'une autre commune.

M. Jacquinot de Pampelune a dit que la question de domicile serait peut-être jugée par les tribunaux. Avant la présente loi, le conseil d'État
était compétent pour décider en quel lieu un citoyen était assujetti au service de la garde nationale. Ainsi jugé par arrêt du conseil d'État, du
31 mars 1819. Mais il nous semble que dorénavant
toutes les questions, celle relative au domicile,
comme les autres, ne pourront être soumises
qu'aux conseils de recensement et aux jurys de révision en appel, sans qu'aucun recours devant les
tribunaux ou devant le conseil d'État soit possible.
Voy. l'art. 25.

Le citoyen inscrit sur les contrôles de la garde
nationale du canton où il a son domicile réel, ne
peut, encore bien qu'il eût été nommé officier dans
la garde nationale d'un canton voisin, se dispenser
de faire le service dans le lieu de son domicile réel,
tant qu'il n'a pas été rayé des contrôles. 13 septembre 1835, cass., Sirey, 35. 1. 971.

(1) M. Salverte a dit : Le mot garde nationale
suffirait pour faire rejeter cet article ; cette garde
est instituée pour défendre la Charte, conserver
l'ordre et la paix publique, et pour seconder l'armée de ligne dans la défense des frontières et des
côtes. Peut-on exiger de pareilles obligations d'un
étranger ? Que des troubles s'élèvent, vous devez
compter beaucoup moins sur l'intervention armée
de la garde nationale que sur son ascendant moral ; cet ascendant, des étrangers ne peuvent l'avoir.

M. le rapporteur lui répond qu'il y a en France
des étrangers qui ont plusieurs milliers d'ouvriers
sous leurs ordres ; lorsque leurs subordonnés pourraient être de la garde nationale, voudriez-vous
laisser subsister une espèce d'ostracisme pour ces
étrangers seuls, qui enrichissent le pays par leur
industrie ? Remarquez, comme l'a dit M. Jaquinot,
que l'admission des étrangers dans la garde nationale est simplement facultative.

La loi de 1791, sect. 1re, art. 8, n'admettait les
étrangers qu'après qu'ils avaient rempli les conditions prescrites pour devenir citoyens français.

Le service est obligatoire pour l'étranger inscrit
sur les contrôles jusqu'à ce qu'il ait obtenu sa radiation par les voies légales. 13 février 1835, cass.,
Sirey, 35. 1. 970.

Un citoyen français, revêtu de la qualité de

gistrats qui ont le droit de requérir la force publique (1).

12. Ne seront pas appelés à ce service (2) :

1° Les ecclésiastiques engagés dans les ordres, les ministres des différents cultes, les élèves des grands séminaires et des facultés de théologie (3) :

2° Les militaires des armées de terre

---

consul étranger, est exempt du service de la garde nationale, alors même que, dans l'ordonnance qui l'a admis à exercer ses fonctions en France, il serait déclaré qu'il ne pourra se soustraire aux charges royales et municipales ou autres services dont les Français sont tenus. 26 avril 1834, cass., Sirey, 34. 1. 637.

Les consuls étrangers sont exempts du service de la garde nationale, bien que par une ordonnance du roi ils aient été autorisés à établir leur domicile en France. 25 août 1832, cass., Sirey, 33. 1. 337. Id., 21 déc. 1827, cass., Sirey, 28. 1. 1018.

Bien qu'un étranger soit né dans un pays autrefois réuni à la France, mais qui depuis en a été séparé, qu'il ait presque constamment habité la France et qu'il y ait formé un établissement, il n'est pas soumis au service de la garde nationale, s'il n'a pas été admis dans les formes prescrites par l'art. 13 C. civ. à jouir des droits civils. 15 août 1839, ord., Devilleneuve. 40. 1. 1004.

(1) La loi du 29 septembre-14 octobre 1791, sect. 1ʳᵉ, art. 16, portait : « Les fonctions de la garde nationale et celles des fonctionnaires publics, qui ont le droit de requérir la force publique, sont incompatibles; en conséquence, les membres du corps législatif, les ministres du roi, les citoyens qui exercent les fonctions de juges ou commissaires du roi près les tribunaux, les juges des tribunaux de commerce, les juges de paix, les présidents des administrations, vice-présidents et membres des directoires, les procureurs-syndics du département et de districts, les officiers municipaux, les procureurs de la commune et leurs substituts, ne pourront, nonobstant leur inscription, faire aucun service personnel dans la garde nationale, mais ceux d'entre eux qui seront salariés par la nation, seront soumis au remplacement ou à la taxe. »

Cette nomenclature ne peut être adoptée aujourd'hui, à raison des changements survenus dans l'organisation politique, administrative et judiciaire : mais l'ordonnance du 17 juillet 1816, rendue à une époque plus rapprochée, doit inspirer plus de confiance.

L'art. 20 porte : « Sont incompatibles avec le service de la garde nationale, les fonctions des magistrats investis du droit de la requérir, tels que :
« Nos ministres secrétaires d'État ;
« Les sous-secrétaires d'État ;
« Les préfets, sous-préfets, maires et adjoints ;
« Les présidents, juges d'instruction de nos cours et tribunaux ;
« Nos procureurs et leurs substituts ;
« Les prévôts et les assesseurs (il n'y a plus de cours prévôtales) ;
« Les juges de paix et leurs suppléants ;
« Les lieutenants et commissaires de police. »

Toutefois, cette nomenclature ne doit pas être considérée comme parfaitement complète ; c'est à l'expérience à montrer si elle embrasse tous les magistrats qui ont le droit de requérir la force publique ; il faut, d'ailleurs, bien remarquer que cette expression, magistrats, a été employée à dessein ; on avait dit d'abord officiers de police judiciaire : et si cette expression eût été conservée, elle eût

compris plusieurs officiers ou fonctionnaires auxquels on ne peut appliquer la qualification de magistrats, notamment les gardes-champêtres et forestiers, les officiers de gendarmerie, qui, aux termes de l'art. 9 du Code d'instruction criminelle, sont officiers de police judiciaire ; ainsi, le droit de requérir la force publique ne suffit pas seul pour créer une incompatibilité, il faut, en outre, que le droit réside en une personne revêtue du titre de magistrat.

Les présidents des tribunaux de commerce étaient expressément désignés par la loi de 1791, l'ordonnance de 1816 ne s'explique pas aussi formellement ; mais, comme il est certain que les présidents des tribunaux de commerce ont le droit de requérir la force publique, leurs fonctions sont incompatibles avec celles de la garde nationale.

Tous les conseillers des cours royales peuvent être obligés de présider les cours d'assises, et, en cette qualité, ils ont droit de requérir la force publique; y a-t-il, par cela seul, incompatibilité entre les fonctions de conseiller et le service de la garde nationale? Nous ne le croyons pas ; la loi n'a eu en vue que les magistrats, qui, dans l'ordre ordinaire des choses, et d'après la nature de leurs fonctions habituelles, ont le droit de requérir la force publique.

L'art. 8 de la loi du 21 mars 1831 déclare les fonctions de maire et d'adjoint incompatibles avec le service de la garde nationale.

L'incompatibilité entre les fonctions de maire ou d'adjoint et le service de la garde nationale s'applique même au cas où les fonctions de maire ou d'adjoint s'exercent dans une autre commune que celle où le service de la garde nationale est demandé. 1ᵉʳ juin 1832, cass., Sirey, 32. 1. 701.

En sens contraire, 10 mars 1837, cass., Sirey, 38. 1. 1018.

Les suppléants des juges de paix ne peuvent faire partie de la garde nationale. Il en est autrement des juges suppléants près les tribunaux de première instance : ils peuvent et doivent même faire partie de la garde nationale. 30 septembre 1831, cass., Sirey, 32. 1. 347. Il a été jugé que ces derniers n'y sont pas forcés. Voy. notes sur l'art. 18.

Les fonctions de conseiller municipal ne sont pas incompatibles avec le service de la garde nationale. 1ᵉʳ septembre 1832, cass., Sirey, 34. 1. 369. Id., pour les conseillers de préfecture. 12 octobre 1833, cass., Sirey, 34. 1. 369.

(2) Cette expression, ne seront pas appelés, a-t-elle établi une exclusion, ou a-t-elle seulement créé une faculté de se dispenser du service? Nous pensons qu'il y a seulement dispense pour les personnes qui sont désignées dans cet article. Voy. les notes sur l'article suivant.

(3) Ce paragraphe désigne trois classes distinctes de personnes : les ministres des cultes, les ecclésiastiques, qui, sans être ministres des cultes, sont déjà engagés dans les ordres ; enfin, ceux qui n'étant pas même engagés dans les ordres sont élèves des grands séminaires et des facultés de théologie, soit protestantes, soit catholiques.

Évidemment, l'exception ne peut être invoquée que par les ministres des cultes reconnus par l'État. Sans cela, chaque citoyen pourrait se présenter

et de mer en activité de service : ceux qui auront reçu une destination des ministres de la guerre ou de la marine ; les administrateurs ou agents commissionnés des services de terre et de mer également en activité ; les ouvriers des ports, des arse-

naux, et des manufactures d'armes, organisés militairement : ne sont pas compris dans cette dispense les commis et employés des bureaux de la marine au-dessous du grade de sous-commissaire (1) ;

3°. Les officiers, sous-officiers et soldats

---

comme fondateur ou sectateur d'une religion particulière, se dire ministre du culte de cette religion, et se soustraire à la disposition de la loi. On doit considérer comme cultes reconnus par l'État, ceux que l'autorité a formellement déclarés tels, ceux dont elle règle le régime intérieur, ceux enfin auxquels elle attribue certains droits, certaines prérogatives.

L'art. 16, sect. 1re de la loi du 29 septembre-14 octobre 1791 portait : « Les évêques, curés et vicaires, et tous citoyens qui sont dans les ordres sacrés, ne pourront également faire aucun service personnel, mais ils seront soumis au remplacement et à la taxe. »

L'art. 23 de l'ordonnance du 17 juillet 1816 disait : « Ne seront inscrits sur aucun desdits contrôles, 1° les ecclésiastiques ; 2° les ministres des différents cultes.

La dispense ne s'applique pas à celui qui prend la qualité de clerc minoré, encore bien qu'il ait été auparavant élève d'un grand séminaire. 9 juillet 1835, cass., Sirey, 35. 1. 970.

L'exemption ne s'applique qu'aux ministres des cultes reconnus par l'autorité publique. 23 décembre 1841, cass., Sirey, 32. 1. 286.

(1) M. Estancelin a proposé d'amender ainsi ce paragraphe :

« Les militaires des armées de terre et de mer en activité de service, ceux qui sont à la disposition des ministres de la guerre et de la marine, les marins classés naviguant habituellement pour la pêche, etc. »

« Cet amendement, a-t-il dit, a pour objet de dispenser des obligations du service de la garde nationale une partie de la population des cantons littoraux du royaume, que l'intérêt public place et doit toujours placer dans une situation exceptionnelle.

« Je sais, Messieurs, qu'on pourrait à la rigueur inférer des expressions du projet que ma proposition est inutile, et que la disposition de l'art. 12, qui exempte du service ceux qui sont à la disposition du ministre de la marine comprend les marins classés ; mais, comme il doit être dans la nature de notre constitution de suivre la lettre de la loi, et qu'il ne doit y avoir dans son expression rien de vague ni d'incomplet, il m'a paru nécessaire de ne pas m'en rapporter à des apparences, à des probabilités.

« Le 3e paragraphe de l'art. 12, amendé par la commission, précise l'exemption des ouvriers des ports, des arsenaux et des manufactures d'armes organisés militairement, et ne fait aucune mention de l'inscription maritime. L'art. 41, qui ordonne la formation de compagnies de marins dans les ports, vient d'inspirer probablement l'ordonnance du 8 de ce mois, relative à l'organisation des compagnies d'ouvriers et de marins non incorporés de l'âge de 20 à 60 ans, mais dans les seuls ports militaires, en sorte que partout, hors des sept grands établissements qu'elle spécifie, cette organisation n'est point applicable.

« Il est évident que l'auteur du projet de la com-

mission n'a pas entendu dispenser les marins classés ou déclassés par l'effet des réformes, ou naviguant pour la pêche et le cabotage, du service de la garde nationale. »

Après avoir combattu cette disposition et démontré ses conséquences funestes pour notre marine et notre commerce, M. Estancelin termine ainsi :

« Ménageons donc nos braves marins, ne les détournons pas d'occupations si utiles et si fructueuses, ne les divertissons pas d'une profession spéciale, dans laquelle ils ne peuvent être suppléés ; et déclarons, par une disposition formelle que tous les marins classés ou déclassés pour cause de réforme, se livrant habituellement à la navigation pour la pêche maritime, ne sont pas soumis ou ne pourront être appelés à servir dans la garde nationale. »

M. le rapporteur a répondu :

« Les personnes qui appartiennent au service des classes, lorsqu'elles ne sont pas appelées par le gouvernement sont dans la même catégorie que les personnes qui seraient tombées au sort et que le gouvernement n'aurait pas appelées dans les régiments ; ces personnes feraient partie de la garde nationale : et, sous ce point de vue, il serait difficile d'apercevoir pourquoi les personnes classées, mais qui ne sont pas en activité de service, qui sont dans leurs foyers, ne feraient pas aussi partie de la garde nationale ; cette question a été présentée à la commission et discutée dans une séance à laquelle ont assisté les ministres de l'intérieur, de la guerre et de la marine ; dans cette séance, il a été reconnu que les personnes qui étaient classées et qui exerçaient une industrie sur le littoral, n'étaient pas de droit exemptés du service de la garde nationale ; aujourd'hui, il se forme des corps volontaires de personnes effectivement classées, c'est dans l'intérêt de la marine, que le maire de Bordeaux a été autorisé à former une institution de ce genre.

« C'est pour cela que vous trouvez parmi les articles du projet une disposition qui autorise la formation de semblables corps ; rien de plus naturel sans doute que des personnes qui se consacrent à la pêche puissent exercer librement leur industrie ; rien de plus naturel que lorsqu'un matelot est engagé pour un navire, lorsqu'il n'est plus habitant du port et de la côte, il ne soit pas astreint au service de la garde nationale ; il est du plus haut intérêt pour les armateurs, pour les propriétaires de toute espèce de richesses sur le littoral, qu'il y ait des compagnies maritimes : en Angleterre, des compagnies maritimes sont établies sur les côtes pour protéger les barques des pêcheurs, les navires des armateurs, pour aller à leur secours s'il s'élève des émeutes ; tous les hommes qui ont appris à servir des canons sur les vaisseaux pourraient être de la plus grande utilité, si les ennemis faisaient quelque attaque imprévue ; c'est pour défendre leurs propriétés mêmes que nous avons voulu qu'ils fissent partie de la garde nationale, et nullement dans un but hostile à la marine. »

M. Duvergier de Hauranne a ajouté : « Je com-

des gardes municipales et autres corps soldés (1).

4° Les préposés des services actifs des douanes, des octrois, des administrations sanitaires, les gardes-champêtres et forestiers (2).

13. Sont exceptés (3) du service de la garde nationale les concierges des maisons

---

prends très-bien que, par un article séparé, on puisse autoriser la formation en compagnies particulières, c'est une disposition à laquelle je ne saurais m'opposer ; mais il faut bien connaître la position des marins, et je crois que je vais démontrer qu'ils ne peuvent pas faire partie de la garde nationale, moins encore de la garde nationale détachée : les marins sont, jusqu'à l'âge de cinquante ans, astreints au service militaire ; ils peuvent être à tout moment levés pour être placés sur les vaisseaux. Du moment où ils ont contracté cette obligation, ils doivent être dispensés de quelques autres ; en temps de paix, les marins sont occupés, soit à la pêche, soit sur les vaisseaux du commerce ; très-peu restent à terre : on aurait beau les mettre sur les contrôles, ils ne pourraient faire un service habituel de gardes nationaux. En temps de guerre, si vous faisiez entrer les marins dans les corps détachés, l'Etat ne les trouverait plus : il me semble qu'il n'y a pas de réplique à cette objection ; l'amendement de M. Estancelin me paraît très-bon, mais il faudrait ajouter, *sauf les dispositions portées en l'art. 41.* »

M. le rapporteur a répondu : « Vous pourriez dès à présent accepter l'article tel qu'il vous est proposé, et quand viendra la discussion de l'art. 41, en décidant que les marins seront organisés en compagnies maritimes spéciales, vous les affranchirez par cela même du service, et vous resterez dans l'ordre naturel de la loi, de même, comme nous avons réuni, dans un titre, tout ce qui concerne le service des corps détachés, on pourrait attendre que la discussion fût établie sur les dispositions de ce titre pour proposer les amendements qu'on trouverait nécessaires. »

M. Estancelin a adopté les conclusions du rapporteur.

M. Martin Laffitte a insisté pour qu'on déclarât formellement si les marins classés feraient partie de la garde nationale.

M. le rapporteur et M. le ministre des affaires étrangères ont répondu que, lorsque les marins ne sont employés ni sur les bâtiments de l'Etat, ni sur les bâtiments du commerce, ils doivent faire partie de la garde nationale ; si, pendant qu'ils font partie de la garde nationale, ont-ils ajouté, l'Etat a besoin d'eux, il les appelle. S'il leur convient de s'embarquer sur les bâtiments du commerce, ils s'y embarquent.

Enfin, pour faire disparaître tous les doutes, on a supprimé ces mots : *ceux qui sont à la disposition des ministres de la guerre et de la marine.* On y a substitué les mots : *qui auront reçu une destination des ministres de la guerre ou de la marine*, qui ne peuvent faire naître les mêmes doutes.

(1) L'art. 17, sect. 1re de la loi du 29 septembre-14 octobre 1791 portait : « Seront dispensés du service de la garde nationale les officiers, sous-officiers, cavaliers et soldats des troupes de ligne et de la marine, étant actuellement en activité de service, les officiers, sous-officiers et cavaliers de la gendarmerie nationale, et des gardes soldées, les sexagénaires, les infirmes, les impotents et les invalides. »

L'art. 23 de l'ordonnance du 17 juillet 1816,

dont nous avons déjà cité les deux premiers paragraphes, disposait aussi qu'on ne devait pas inscrire : 3° les militaires des armées de terre et de mer en activité de service ; ceux qui sont à la disposition des ministres de la guerre et de la marine ; les administrateurs ou agents commissionnés du service de terre et de mer, également en activité de service ; 4° les officiers, sous-officiers et soldats des compagnies départementales et autres corps soldés ; 5° les préposés des douanes en service actif. »

Les officiers de l'armée en *disponibilité* doivent être considérés comme étant en *activité de service.* 23 décembre 1831, cass., Sirey, 32. 1. 36.

Id., 17 mai 1832, cass., Sirey, 32. 1. 593.

Id., pour les officiers en congé illimité recevant, en cette qualité, une solde d'activité d'absence. 17 mai 1832, cass., Sirey, 32. 1. 594.

(2) Un membre avait proposé d'exempter du service de la garde nationale les employés des contributions indirectes.

M. de Riberolles avait proposé un amendement tendant à excepter les préposés des ponts à bascule, les éclusiers et autres employés des ponts et chaussées.

Ces deux propositions n'ont pas été appuyées.

(3) Ne faut-il pas lire *exemptés ?* C'est avec le mot *exemptés* que l'article a été présenté et adopté à la Chambre des Pairs d'après le *Moniteur.* Cette remarque n'est pas tout à fait inutile, car le mot *excepté* pourrait avoir un sens autre que le mot *exemptés.*

Au surplus, quelle différence y a-t-il entre *être excepté* ou *exempté*, selon l'art. 13, et *n'être pas appelé*, selon l'art. 12 ?

M. le président de la Chambre des Pairs a dit qu'il voyait une *nuance* entre ces deux rédactions.

M. le duc de Praslin a également fait remarquer que les art. 12 et 13 prévoyaient deux cas différents ; mais personne n'a expliqué en quoi consistait la différence. Il semble que l'art. 12 n'établit pas une incompatibilité absolue, et qu'il dépendrait de ceux que cet article désigne de se faire porter sur les registres matricules.

En faveur de ce système, on peut dire que si l'on avait eu l'intention de prononcer une exclusion absolue, on aurait employé une expression plus formelle que celle dont on a fait usage ; qu'il résulte d'ailleurs de la discussion que c'est dans l'intérêt des personnes énumérées dans l'art. 12 que cet article a été placé dans la loi, et que le mot *dispense* se trouve employé dans le paragraphe 2. Sans doute, parmi les individus qu'indique l'art. 12, plusieurs ne pourraient, quand ils le voudraient, faire le service de la garde nationale, mais ce serait par la force des choses, et par suite de l'obligation d'accomplir les devoirs qui leur sont imposés, qu'ils seraient écartés.

Si l'on examine les articles de la loi de 1791 et de l'ordonnance de 1816, que nous avons cités dans les notes sur l'article précédent, on verra que la loi et l'ordonnance excluaient absolument les ecclésiastiques ; que la loi dispensait, et que l'ordonnance écartait les militaires, etc.

d'arrêt, les géôliers, les guichetiers, et autres agents subalternes de justice ou de police.

Le service de la garde nationale est interdit aux individus privés de l'exercice des droits civils, conformément aux lois (1).

Sont exclus de la garde nationale :

1° Les condamnés à des peines afflictives ou infamantes;

2° Les condamnés en police correctionnelle pour vol, escroquerie, pour banqueroute simple, abus de confiance, pour soustraction commise par des dépositaires publics, et pour attentats aux mœurs, prévus par les art. 331 et 334 du Code pénal;

3° Les vagabonds ou gens sans aveu déclarés tels par jugement (2).

SECTION II. *De l'inscription au registre-matricule.*

14. Les Français appelés au service de la garde nationale seront inscrits sur un registre-matricule établi dans chaque commune (3).

A cet effet, des listes de recensement seront dressées par le maire et révisées par un conseil de recensement, comme il est dit ci-après.

Ces listes seront déposées au secrétariat de la mairie; les citoyens seront avertis qu'ils peuvent en prendre connaissance.

15. Il y aura au moins un conseil de recensement par commune.

Dans les communes rurales, et dans les villes qui ne forment pas plus d'un canton, le conseil municipal, présidé par le maire, remplira les fonctions de conseil de recensement.

Dans les villes qui renferment plusieurs cantons, le conseil municipal pourra s'adjoindre un certain nombre de personnes choisies à nombre égal, dans les divers quartiers, parmi les citoyens qui sont ou qui seront appelés à faire le service de la garde nationale.

Le conseil municipal et les membres adjoints pourront se subdiviser, suivant les besoins, en autant de conseils de recensement qu'il y aura d'arrondissements.

Dans ce cas, l'un des conseils sera présidé par le maire; chacun des autres le sera par l'adjoint ou le membre du conseil municipal délégué par le maire.

Ces conseils seront composés de huit membres au moins.

A Paris, il y aura par arrondissement un conseil de recensement, présidé par le maire de l'arrondissement, et composé de huit

---

Les art. 28 et 29 prévoient quelques cas de dispense.

Au surplus, l'ordonnance du 17 juillet 1816, art. 24, portait : « Ne pourront être inscrits sur aucun desdits contrôles, les concierges des maisons d'arrêt, les géôliers, guichetiers, et autres agents subalternes de justice et de police. »

Le mot *excepté* doit s'entendre en un sens absolu et prohibitif : le rapport de M. de Saint-Aulaire, à la Chambre des Pairs, s'exprime de manière à montrer que l'article a prononcé une véritable exclusion. Après avoir parlé des incompatibilités, il ajoute : « Quelques exemptions viennent ensuite pour des employés subalternes que la garde nationale *verrait avec défaveur dans ses rangs.* » On a demandé si les huissiers devaient être compris dans l'expression *agents subalternes de justice et de police.* Évidemment non. Les huissiers sont des *officiers ministériels*, et non des agents subalternes chargés d'un service purement matériel comme ceux dont parle la loi.

Si le mot *excepté* doit être pris dans un sens absolu et prohibitif, il a le même effet que le mot *exclus*; il n'y a de différence que dans les motifs de l'exclusion. Il faut l'avouer, les art. 11, 12 et 13 sont mal rédigés : le législateur aurait dû nettement distinguer trois cas, celui d'*incompatibilité*, celui d'*exclusion facultative*, celui d'*exclusion absolue*, et ne pas dire tantôt *il y a incompatibilité* (art. 11), tantôt *ne seront pas appelés* (art. 12), tantôt *sont exceptés*, tantôt le *service est interdit*, tantôt *sont exclus* (art. 13), tantôt *peuvent se dispenser* ou *sont dispensés* (art. 28 et 29).

(1) La perte des droits civils résulte de la perte de la qualité de Français et de certaines condamnations judiciaires. Voy. les art. 17 et suiv., 22 et

suiv. du Code civil; voy. aussi les art. 42 et 43 du Code pénal.

Il faut bien remarquer que l'interdiction des droits civiques seulement, les droits civils n'étant pas ôtés, ne serait pas un motif d'exclusion. L'ordonnance du 17 juillet 1816, art. 25, prononçait l'exclusion contre ceux qui étaient privés de l'exercice des droits civiques.

Un commerçant failli n'a pas besoin de se faire réhabiliter pour être apte à faire partie de la garde nationale et même du conseil de discipline. 25 juillet 1839, cass., Devilleneuve, 39. 1. 988.

(2) Les art. 269 et suiv. du Code pénal définissent le vagabondage. Pour qu'un individu soit réputé vagabond ou sans aveu, il faut qu'une peine ait été prononcée contre lui, en cette qualité.

D'ailleurs, ce n'est pas seulement pendant la durée des peines que les condamnés, énumérés sous les n. 1er, 2 et 3 de cet article, seront exclus de la garde nationale; l'exclusion aura évidemment son effet après l'accomplissement de la peine et jusqu'à la réhabilitation.

M. Maës avait proposé d'ajouter à ce paragraphe ces mots, *et aux faillis non réhabilités.*

M. Sevin-Moreau a proposé de priver du service de la garde nationale *les faillis déclarés non excusables par le tribunal de commerce.*

Ces deux propositions ont été rejetées.

(3) M. Marmier avait proposé l'amendement suivant :

« Les Français appelés au service de la garde nationale seront tenus de se faire inscrire sur le registre matricule qui sera établi dans la commune qu'ils habitent, indépendamment de cette obligation, des listes de recensement seront dressées d'of-

membres choisis par lui, comme il est dit au troisième paragraphe de cet article (1).

16. Le conseil de recensement procédera immédiatement à la révision des listes et à l'établissement du registre-matricule.

17. Au mois de janvier de chaque année, le conseil de recensement inscrira au registre-matricule les jeunes gens qui seront entrés dans leur vingtième année pendant le cours de l'année précédente, ainsi que les Français qui auront nouvellement acquis leur domicile dans la commune; il raiera dudit registre les Français qui seront entrés dans leur soixantième année pendant le cours de la même année, ceux qui auront changé de domicile et les décédés.

Toutefois, le service ne sera pas exigé avant l'âge de vingt ans accomplis.

18. Dans le courant de chaque année, le maire notera, en marge du registre-matricule, les mutations provenant, 1° des décès, 2° des changements de résidence (2), 3° des actes en vertu desquels les personnes désignées dans les art. 11, 12 et 13, au-

raient cessé d'être soumises au service de la garde nationale, ou en seraient exclues.

Le conseil de recensement, sur le vu des pièces justificatives, prononcera, s'il y a lieu, la radiation.

Le registre-matricule, déposé au secrétariat de la mairie, sera communiqué à tout habitant de la commune qui en fera la demande au maire.

TITRE III. *Du service ordinaire.*

Section Ire. *De l'inscription au contrôle du service ordinaire et de réserve.*

19. Après avoir établi le registre-matricule, le conseil de recensement procédera à la formation du contrôle de service ordinaire et du contrôle de réserve.

Le contrôle du service ordinaire comprendra tous les citoyens que le conseil de recensement jugera pouvoir concourir au service habituel (3).

Néanmoins, parmi les Français inscrits sur le registre-matricule, ne pourront être

---

fice par le maire, et révisées par un conseil de recensement établi comme il est dit ci-après. »

Cet amendement a été rejeté.

La loi du 29 septembre-16 octobre 1791 imposait l'obligation de se faire inscrire. Voy. sect. 1re, art. 1 et 2.

(1) Les conseils de recensement sont investis du droit de supprimer la garde nationale à cheval, et de porter sur les contrôles des autres compagnies les citoyens qui en faisaient partie. 6 décembre 1834, cass., Sirey, 35. 1. 971.

Les décisions des conseils de recensement de la garde nationale, relatives à la répartition en compagnies et subdivisions de compagnie des gardes nationaux inscrits sur les contrôles du service ordinaire, ne sont pas susceptibles de recours devant le jury de révision. 31 août 1837, ord., Devilleneuve, 37. 1. 1026.

(2) Comme nous l'avons dit dans les notes sur l'art. 9, le conseil de recensement ne devra prononcer la radiation qu'après avoir acquis la certitude que l'individu est assujetti au service dans un autre lieu. Le mot *résidence* est employé ici pour *domicile*.

La déclaration de changement de domicile faite dans le cours d'une année, n'empêche pas que l'inscription sur les contrôles, régulièrement faite, n'ait son effet pendant le reste de l'année. 9 février 1837, cass., Devilleneuve, 38. 1. 1017.

(3) Tout citoyen pourra-t-il, sur sa demande, se faire inscrire sur le contrôle du service ordinaire?

On a proposé un amendement pour établir ce droit; mais il a été rejeté. Sans doute, tout citoyen pourra demander son inscription (voyez les notes sur l'art. 25); mais le conseil de recensement et le jury de révision auront un pouvoir à peu près discrétionnaire pour statuer sur cette demande.

M. Voyer d'Argenson a dit : « Je demanderai à M. le rapporteur si les Français inscrits sur le contrôle du *service de réserve*, et qui, aux termes de l'art. 21, seront répartis à la suite des cadres, pourront concourir à la nomination des officiers?

Les exclure de toute participation à l'élection des officiers qui devront les commander, ce serait faire d'eux une classe que je ne veux pas caractériser, mais qui serait distinguée dans la société d'une manière offensante pour elle : je ne crois pas qu'il soit dans les intentions des représentants du pays d'établir des priviléges pour les uns, des humiliations pour les autres. »

M. le rapporteur a répondu :

« Le service ordinaire est une espèce de charge qui revient souvent. C'est pour cela que le roi a voulu que ceux qui supporteront cette charge habituelle eussent des moyens habituels de la supporter. Quant aux autres gardes nationaux, le moment pourra venir de les appeler, et ici je ne comprends pas l'objection faite par M. Voyer d'Argenson, qui a dit que ce serait cette partie qu'on appellerait dans les moments les plus difficiles, les plus dangereux; mais, quand on appellera ceux-ci, les autres ne resteront pas oisifs. Les personnes du service ordinaire seront obligées de marcher comme les personnes du service extraordinaire; il n'y aura donc pas privilége, mais plutôt redoublement de charges pour elles. On a dit que tous les citoyens susceptibles d'être gardes nationaux devraient concourir à la nomination des officiers. Les officiers doivent être nommés par les personnes qu'ils sont appelés à commander. En service ordinaire, ils ne commandent que les gardes nationaux en service ordinaire.

« Lorsqu'on appelle les personnes de la réserve et celles du service ordinaire pour en former des corps détachés, les officiers des corps détachés sont élus par tous les gardes nationaux appelés. Ainsi, soit pour le service ordinaire, soit pour le service extraordinaire, la loi a saisi toutes les convenances et respecté tous les droits. »

M. Demarçay a dit : « Je demande s'il est bien déterminé par le projet que les hommes portés sur le contrôle du service extraordinaire, lorsqu'ils seront appelés en cas de besoin, concourront à la nomination des officiers. » Sans doute le service or-

portés sur le contrôle du service ordinaire que ceux qui sont imposés à la contribution personnelle, et leurs enfants, lorsqu'ils auront atteint l'âge fixé par la loi, ou les gardes nationaux non imposés à la contribution personnelle, mais, qui ayant fait le service postérieurement au 1er août dernier, voudront le continuer.

Le contrôle de réserve comprendra tous les citoyens pour lesquels le service habituel serait une charge trop onéreuse, et qui ne devront être requis que dans les circonstances extraordinaires (1).

20. Ne seront pas portés sur les contrôles du service ordinaire les domestiques attachés au service de la personne (2).

---

dinaire, a-t-il ajouté, sera bien plus fréquent que le service extraordinaire ; mais aussi le service extraordinaire peut être d'une bien autre gravité ; et c'est précisément une des circonstances où il importe à tous les hommes appelés à combattre, de n'être commandés que par des officiers de leur choix. »

M. le rapporteur a répondu que la loi est positive, qu'elle dit formellement que les gardes nationaux, appelés dans les corps détachés, nommeront leurs officiers jusqu'à un certain grade (voy. l'art. 157).

« Ce n'est pas répondre à ma question, a dit M. Demarçay; vous parlez de la garde nationale mobile, je ne parle pas de cela. »

M. Lepelletier d'Aulnay a ajouté : « Il ne s'agit pas de service extraordinaire, les mots rendent mal la pensée. Les personnes portées sur le contrôle du service ordinaire concourent seules à l'élection des officiers, parce que ces officiers ne peuvent commander que ceux qui sont portés sur le contrôle du service ordinaire, et organisés ainsi en garde nationale habituelle. Ce n'est que pour le cas où la garde nationale est mobilisée qu'il est fait des recherches sur les contrôles de réserve, et, dans ce cas, les gardes nationaux désignés pour former les corps détachés ont le droit d'élire leurs officiers jusqu'au grade de lieutenant. »

« Ce point, a dit M. Demarçay, est de ceux sur lesquels il importe que la loi soit précise, et je vous avoue que tout ce que j'ai lu et entendu ne me laisse pas d'idées claires à ce sujet. Il s'agit de savoir s'il y aura des hommes qui, non compris le cas où l'on mobilisera une partie de la garde nationale, seront appelés à l'élection des officiers, bien que seulement inscrits sur le contrôle du service de réserve. »

Plusieurs voix : « Ces cas-là ne se présenteront jamais. »

De cette discussion, il ressort évidemment que les gardes nationaux portés sur le contrôle du service ordinaire concourront seuls à la nomination des officiers du service ordinaire.

Que, si l'on forme des corps détachés pris sur le contrôle du service ordinaire et sur le contrôle du service de réserve, les officiers, jusqu'au grade de lieutenant inclusivement, seront élus par tous les gardes nationaux formant les corps détachés (voy. art. 157).

Mais il n'y a rien de décidé pour le cas où, sans former de corps détachés, on prendrait des gardes nationaux sur le contrôle du service de réserve, pour les joindre à ceux qui sont portés au contrôle du service ordinaire.

Le principe général étant l'élection par ceux qui doivent être commandés, il faut reconnaître que, dans ce cas, les appelés du service de réserve devraient concourir à l'élection. Au surplus il ne faut pas confondre le cas où un ou plusieurs gardes nationaux seraient extraits au mois de janvier par le conseil de recensement du contrôle du service de réserve, et placés sur le contrôle du service

ordinaire, et le cas où, par mesure extraordinaire, une partie du contrôle de réserve serait incorporée aux compagnies faisant le service ordinaire. Sans doute, dans l'un et l'autre cas, les gardes nationaux appelés au service ordinaire, concourraient à l'élection des officiers ; mais ce ne serait que dans le cas d'incorporation extraordinaire qu'on pourrait prétendre qu'une réélection des officiers doit avoir lieu. Il faut avouer que, même dans ce cas, la prétention nous paraît devoir être repoussée ; celui où ceux qui sont incorporés dans une compagnie qui est organisée, qui a ses officiers et sous-officiers, y prennent place, les choses restant d'ailleurs dans le même état.

(1) Ce dernier paragraphe modifie le précédent. Le conseil de recensement pourra placer sur le contrôle de réserve ceux pour lesquels le service habituel serait une charge trop onéreuse, bien qu'ils paient la contribution personnelle.

« Il est essentiel de faire remarquer, a dit M. le rapporteur, que, lorsque nous fixons une limite, nous ne supposons pas que les conseils de recensement doivent descendre jusqu'au dernier terme de la limite. Ce paragraphe donne la faculté de dispenser du service de la garde nationale les personnes qui, bien que possédant quelque chose, possèdent trop peu pour pouvoir remplir, sans grande gêne, un service qui est une obligation, une charge, un devoir. »

Cette explication a été donnée par M. le rapporteur pour démontrer l'inutilité de plusieurs amendements par lesquels on déterminait la quotité de contributions que l'on devait payer, suivant la population des communes, pour être assujetti au service de la garde nationale : ces amendements ont en effet été rejetés.

Le droit de concourir à la nomination des officiers ou sous-officiers, et celui d'être appelé à faire partie du conseil de discipline ou du jury de révision, n'appartiennent qu'aux citoyens portés le contrôle du service ordinaire et non à ceux inscrits seulement sur le contrôle de réserve. 22 octobre 1831, cass., Sirey, 32. 1. 356.

Id., 10 sep. 1831, cass., Sirey, 32. 1. 130.

Le conseil de recensement et, sur appel, le jury de révision sont, à l'exclusion du conseil de discipline, seuls compétents pour statuer sur une dispense de service invoquée par un citoyen. 10 octobre 1832, cass., Sirey, 33. 1. 337.

Est illégal l'arrêté d'un maire qui dispense, même momentanément, du service de la garde nationale une certaine classe d'individus. Le conseil de discipline ne doit donc avoir aucun égard à un tel arrêté. 11 octobre 1832; cass., Sirey, 33. 1. 337.

(2) Le projet portait : *ou de la maison.* M. de Tracy a fait remarquer que, dans les campagnes, il y a des employés, dans les fermes, qui pourraient convenir pour le service de la garde nationale rurale, et qui pourraient être exclus comme attachés au service de la maison.

M. le rapporteur a dit que la commission n'avait

21. Les compagnies et subdivisions de compagnie sont formées sur les contrôles du service ordinaire. Les citoyens inscrits sur les contrôles de réserve seront répartis à la suite desdites compagnies ou subdivisions de compagnie, de manière à pouvoir y être incorporés au besoin.

22. Les inscriptions et les radiations à faire sur les contrôles auront lieu d'après les règles suivies pour les inscriptions et radiations opérées sur les registres matricules (1).

23. Il sera formé, à la diligence du juge de paix, dans chaque canton, un jury de révision composé du juge de paix, président, et de douze jurés désignés par le sort, sur la liste de tous les officiers, sous-officiers, caporaux et gardes nationaux sachant lire et écrire, et âgés de plus de vingt-cinq ans.

Il sera dressé une liste par commune de tous les officiers, sous-officiers, caporaux et gardes nationaux ainsi désignés : le tirage définitif des jurés sera fait sur l'ensemble de ces listes pour tout le canton.

24. Le tirage des jurés sera fait par le juge de paix en audience publique. Les fonctions de juré et celles de membre du conseil de recensement sont incompatibles.

Les jurés seront renouvelés tous les six mois.

25. Ce jury prononcera sur les réclamations relatives :

1º A l'inscription ou à la radiation sur les registres-matricules, ainsi qu'il est dit art. 14 ;

2º A l'inscription ou à l'omission sur le contrôle du service ordinaire (2).

Seront admises les réclamations des tiers gardes nationaux sur qui retomberait la charge du service (3).

Ce jury exercera en outre les attributions qui lui seront spécialement confiées par les dispositions subséquentes de la présente loi (4).

26. Le jury ne pourra prononcer qu'au

---

voulu désigner que ce qu'on entend par cette expression dans les villes, c'est-à-dire les portiers, les gens de peine ; qu'elle n'a pas voulu dire que les hommes employés à l'agriculture, dans une exploitation, pussent être considérés comme attachés au service de la maison.

M. Salvandy a proposé de dire : *les domestiques ou hommes de services à gages*.

« Qu'entend-on par *serviteurs à gages ?* » a dit M. Duvergier de Hauranne.

« Il y a des serviteurs qui ne sont pas gagés, a dit M. Salverte ; ainsi, un maître-valet, dans une ferme, n'est pas un serviteur à gages. Je propose la suppression des mots *ou de la maison*. » Cette proposition a été accueillie ; ainsi, tout domestique qui n'est pas attaché au service de la personne n'est pas exclu par cet article.

L'ordonnance du 17 juillet 1816 disposait aussi, art. 24, que les domestiques et serviteurs à gages, attachés au service de la maison ou à la personne du maître, ne seraient inscrits sur aucun des contrôles.

(1) Voy. les art. 17 et 18.

(2) Il a été bien expliqué que les réclamations sur lesquelles le jury est appelé à statuer sont non seulement celles qui ont pour but de se faire rayer des registres-matricules ou du contrôle du service ordinaire, mais aussi celles qui tendent à se faire inscrire sur ces registres ou sur ce contrôle, lorsqu'on y a été omis. C'est précisément pour exprimer cette intention, qu'après le mot *inscription*, on a ajouté *ou omission*. M. Allent commissaire du gouvernement, s'est d'ailleurs expliqué, à cet égard, de la manière la plus claire. « Cet article, a-t-il dit, laisse certainement la faculté de faire toute réclamation *relative à l'inscription* au contrôle du service ordinaire, soit que cette réclamation ait pour objet *l'inscription même ou l'omission*. C'est ce qui résulte du mot *relative* qui est général. Cela, d'ailleurs, est juste et raisonnable. Le service de la garde nationale n'est pas seulement une obligation, c'est aussi un droit. Tout citoyen peut donc réclamer l'exécution de ce droit. Tout se réduit à

examiner s'il est ou s'il n'est pas dans un des cas d'exclusion ou d'incompatibilité prévus par la loi. S'il satisfait aux conditions que la loi détermine pour être admis au service, le conseil de recensement doit l'inscrire, et s'il doute ou refuse, le jury de révision prononcera : tel est le système de l'article, et le principe même de la loi. »

(3) On pourrait supposer que, puisque les tiers gardes nationaux ne seront admis qu'à raison de ce que la charge du service retombe sur eux, ils ne sont autorisés à réclamer que pour faire porter sur le contrôle du service ordinaire celui qui y aurait été omis ; qu'ils ne peuvent réclamer pour faire rayer celui qui aurait indûment été inscrit ; car la radiation, loin d'alléger la charge du service, l'accroîtrait. Mais, comme ce paragraphe se sert du mot *réclamations*, dont le sens est déterminé par les dispositons du même article, on doit reconnaître que les tiers peuvent demander la radiation, au jury de révision, d'individus indignes ou incapables. D'ailleurs, un garde national doit tenir autant à ne pas se trouver dans le service avec un individu qui aurait été condamné, par exemple, à une peine afflictive ou infamante, qu'à empêcher un homme capable de s'affranchir du service ; il a au moins autant d'intérêt à faire rayer l'un qu'à faire inscrire l'autre.

(4) L'autorité de la chose jugée est violée par un jury de révision lorsqu'il a connaissance que le réclamant est maintenu sur les contrôles d'une autre commune.

Il en est autrement lorsque ce fait n'est pas prouvé par le réclamant. 8 août 1833, ord., Mac., t. 15, p. 495.

Le jury de révision excède ses pouvoirs lorsqu'il ordonne la radiation d'un garde national sur le contrôle de réserve sans qu'aucune réclamation ait été portée devant lui à cet effet. 18 octobre 1833, ord., Mac., t. 15, p. 567.

En recevant le recours contre la décision du conseil de recensement qui a décidé si un étranger doit être porté sur le contrôle du service ordinaire, le jury de révision n'a pas commis un excès de pouvoir ou un acte d'incompétence. 8 février 1833, ord., Mac., t. 15, p. 99.

nombre de sept membres au moins, y compris le président.

Ses décisions seront prises à la majorité absolue, et ne seront susceptibles d'aucun recours (1).

SECTION II. *Des remplacements, des exemptions, des dispenses du service ordinaire.*

27. Le service de la garde nationale étant obligatoire et personnel, le remplacement est interdit pour le service or-

---

Un jury de révision n'excède pas ses pouvoirs lorsqu'il maintient sur les contrôles d'une commune un citoyen qui ne justifie d'aucune décision définitive qui l'ait maintenu sur les contrôles de la garde nationale d'une autre commune. 8 janvier, 6 mai, 17 août 1836, ord., Mac., t. 18, p. 24, 219, 400.

Id. lorsqu'il maintient sur les contrôles d'une commune un citoyen qui prétend faire partie de la garde nationale d'une autre commune, mais sans justifier d'une décision définitive qui l'ait maintenu sur les contrôles de cette autre commune. 28 août 1838, ord., Mac., t. 20, p. 511 ; Devilleneuve, 39. 1. 988.

Id. 23 février, 26 mai, et deux ord. du 12 juillet 1837, Mac., t. 19, p. 52, 206 et 312; Devilleneuve, 37. 1. 1037.

Id., 31 août 1837, ord., Mac., t. 19, p. 440, S.-Dev., 37. 1. 1037.

Id., 17 août 1836, ord., Mac., t. 18, p. 400, S.-Dev., 37. 1.1037.

Id., lorsqu'il maintient sur les contrôles un citoyen non imposé. 17 septembre 1838, ord., Mac., t. 20, p. 115, Devilleneuve, 39, 1. 988.

Id., lorsqu'il maintient sur les contrôles de la garde nationale d'une commune un citoyen qui, dans une année précédente, avait été rayé des contrôles du service ordinaire par décision du conseil de recensement. 17 août 1836, ord., Mac., t. 18, p. 400.

Id., lorsqu'il maintient sur les rôles d'une commune un particulier qui ne justifie pas d'une décision définitive qui l'aurait porté sur les contrôles d'une autre commune. 3 janvier, 6 juin, 24 octobre, 12 décembre 1834, ord., Mac., t. 16, p. 8, 359, 680, 822.

Id., lorsqu'il maintient un citoyen sur le contrôle du service ordinaire d'une commune, si le citoyen inscrit sur le registre-matricule d'une autre commune y a été rayé pour cause de non résidence. 31 juillet 1833, ord., Mac., t. 15, p. 433.

Les décisions du jury de révision qui maintiennent un individu sur les contrôles de la garde nationale sont exécutoires de plein droit et sans signification préalable. Cass., 28 juin 1839, Devilleneuve, 40. 1. 1005.

Les incompatibilités établies par l'art. 11 doivent être jugées par le jury. 31 mai 1833, ord., Mac., t. 15, p. 304.

Les jurys de révision sont compétents pour apprécier une question de domicile réel auquel est attachée l'obligation du service de la garde nationale. 31 mai 1835, ord., Mac., t. 17, p. 253.

Cette question est de leur compétence exclusive, et le conseil de discipline ne peut en connaître. Cass., 12 janvier 1837, Devilleneuve, 38. 1. 1020.

Les questions relatives à la reconnaissance d'un officier élu ne sont pas du ressort du jury de révision. 15 mai 1835, ord., Mac., t. 17, p. 337.

Les réclamations élevées contre les élections des délégués des compagnies, sont de la compétence du jury de révision. 15 juillet 1832, cass., Sirey, 32. 2. 614, 20 juillet, 24 août, 15 oct., 16 nov. 1832, ord., Mac., p. 401, 510, 564 et 631.

Un jury de révision ne peut pas rapporter une de ses précédentes décisions qui maintient un citoyen sur les contrôles de la garde nationale d'une commune, lorsqu'il n'est produit devant lui aucune décision nouvelle du conseil de recensement. 15 juillet 1835, ord., Mac., t. 17, p. 471.

Le jury ne peut connaître des décisions des conseils de recensement statuant sur la composition des cadres. 23 avril 1832, ord., Mac., t. 14, p. 225; 28 déc. 1832, ord., Mac., t. 14, p. 735.

Id., 18 août 1833, ord., Mac., t. 15, p. 496.

Id., 19 décembre 1834, ord., Mac., t. 16, p. 844.

Id., 18 avril 1835, ord., Mac., t. 17, p. 296.

(1) Cette disposition donne aux décisions du jury une autorité souveraine ; mais si une décision était rendue par un jury composé de moins de sept membres, ou bien, si l'un ou plusieurs de ses membres n'avaient pas été légalement appelés à en faire partie, il nous semble que la décision serait non avenue, comme émanée d'une réunion de personnes sans pouvoirs.

Le recours au conseil d'Etat, pour incompétence ou excès de pouvoir contre les décisions du jury de révision, est de droit comme pour toutes les décisions des autorités administratives inférieures. 25 avril 1833, ord., Mac., t. 15, p. 220.

Id., 17 septembre 1838, ord., Mac., t. 20, p. 559.

La décision par laquelle un jury de révision annule l'élection d'un officier de la garde nationale, sous prétexte que cet officier n'était pas régulièrement inscrit sur les contrôles (par exemple en ce qu'il serait âgé de plus de soixante ans), alors cependant que personne n'a contesté la régularité de cette inscription, contient un excès de pouvoir qui peut être réprimé par le conseil d'Etat. 11 décembre 1838, ord., Devilleneuve, 39. 1. 990.

La voix du président n'est pas prépondérante, en cas de partage. 11 octobre 1833, ord., Mac., t. 15, p. 547.

Les membres du jury de révision peuvent être récusés. 25 avril 1833, ord., Mac., t. 15, p. 220.

Les recours doivent être formés par le ministère d'un avocat conformément au décret du 22 juillet 1806. 14 novembre, 12 décembre 1834, ord., Mac., t. 16, p. 732, 824.

La loi du 22 mars 1831 n'a pas dérogé à ce décret. 12 décembre 1834, ord., Mac., t. 16, p. 824.

Id., 25 août 1835, ord., Mac., t. 17, p. 552.

Les jurys de révision sont des autorités administratives ; ils ne peuvent, en conséquence, être dessaisis, par un arrêté de conflit, des questions qui leur sont soumises.

Leurs décisions ne peuvent donner lieu qu'à un recours au conseil d'Etat, pour incompétence ou excès de pouvoir. 15, 20 juillet, 24 août, 15 octobre, 16 novembre 1832, ord., Mac., t. 14, p. 382 401, 510, 564 et 631.

En conséquence le recours au conseil d'Etat n'est pas ouvert contre une décision du conseil de révision qui a fait application à une élection de garde nationale du principe puisé dans la loi des élections municipales, quant à la durée du scrutin. 14 juin 1837, ord., Mac., t. 19, p. 245 ; Devilleneuve, 37. 1. 1036.

dinaire, si ce n'est entre les proches parents, savoir : du père par le fils, du frère par le frère, de l'oncle par le neveu, et réciproquement, ainsi qu'entre alliés aux mêmes degrés, à quelque compagnie ou bataillon qu'appartiennent les parents et les alliés.

Les gardes nationaux de la même compagnie qui ne sont ni parents ni alliés aux degrés ci-dessus désignés, pourront seulement échanger leur tour de service (1).

28. Peuvent se dispenser du service de la garde nationale, nonobstant leur inscription :

1º Les membres des deux Chambres,

2º Les membres des cours et tribunaux (2),

3º Les anciens militaires qui ont cin-

quante ans d'âge et vingt années de service,

4º Les gardes nationaux ayant cinquante-cinq ans,

5º Les facteurs de poste aux lettres, les agents des lignes télégraphiques, et les postillons de l'administration des postes reconnus nécessaires au service (3).

29. Sont dispensés du service ordinaire les personnes qu'une infirmité met hors d'état de faire le service.

Toutes ces dispenses, et toutes les autres dispenses temporaires demandées pour cause d'un service public, seront prononcées par le conseil de recensement, sur le vu des pièces qui en constateront la nécessité,

---

Lorsque, sur le recours du ministre de l'intérieur, il est intervenu en conseil d'état un arrêt qui a prononcé l'annulation d'une décision du jury de révision, sans que le pourvoi eût été communiqué aux gardes nationaux qui avaient saisi le jury, ceux-ci sont recevables à former tierce-opposition devant le conseil d'Etat. 9 mars 1836, ord., Mac., t. 18, p. 118.

Le pourvoi au conseil d'Etat contre une décision du jury de révision qui a maintenu un garde national sur les contrôles du service, n'a pas un effet suspensif qui le dispense d'obéir provisoirement aux ordres de service qu'il reçoit. 30 mai 1835, cass., Sirey, 35. 1. 971.

Id., contre une décision du conseil de révision qui ne donnerait pas de motif. 31 août 1837, ord., Mac., t. 19, p. 440; Devilleneuve, 37. 1. 1057.

(1) Le principe que consacre cet article est la prohibition du remplacement pour le service ordinaire. On a reconnu qu'autoriser le remplacement, ce serait introduire dans la garde nationale un germe de dissolution. L'on n'a voulu admettre que deux exceptions à la règle ; par la première, on autorise le remplacement entre proches parents ; par la seconde, on permet d'échanger le tour de service. On doit regretter que cette dernière disposition ait été admise ; nous croyons qu'on en abusera ; sous prétexte d'échanger le tour de service, on se fera réellement remplacer à prix d'argent. Pour l'empêcher, il faudrait que le sergent-major ou les officiers eussent le soin de surveiller l'exécution de l'échange. La loi du 29 septembre-14 octobre 1791 autorisait le remplacement en cas d'empêchement légitime, par des citoyens inscrits sur les registres et servant dans la même compagnie ; elle autorisait le remplacement des pères par leurs fils, des frères par leurs frères, sect. 1re, art. 13.

L'ordonnance du 17 juillet 1816 portait, art. 30: « Dans le service ordinaire, les remplacements ou échanges de tour de service ne peuvent avoir lieu qu'entre les gardes nationaux de la même compagnie ou entre proches parents ; savoir, le père pour le fils, le frère pour le frère, l'oncle pour le neveu, et réciproquement. »

Les remplacements ne sont pas subordonnés à la condition que le remplaçant ait un uniforme. 18 avril 1835, cass., Sirey, 35. 1. 971.

Le remplacement entre proches parents n'est au-

torisé qu'à l'égard de ceux qui sont incorporés dans les compagnies ou bataillons de la même garde. 22 mars 1833, cass., Sirey, 33. 1. 891.

La faculté du remplacement n'est pas admise pour monter une garde hors de tour. 17 mai 1834, cass., Sirey, 34.1. 588.

Id., 3 juillet 1835, cass., Sirey, 36. 1. 975.

(2) Des termes mêmes qui sont employés dans l'article, et des explications qui ont eu lieu à la Chambre des Députés, il résulte que la Cour des comptes et tous les membres qui la composent, que les juges suppléants des tribunaux de première instance, sont compris dans la dispense facultative.

On ne doit pas oublier qu'il y a incompatibilité entre le service de la garde nationale et les fonctions des magistrats qui ont le droit de requérir la force publique. Voy. art. 11.

Les greffiers sont membres des cours et tribunaux. Voy. les articles 6 et 11 de la loi municipale, suprà, p. 88 et 91. Voy. d'ailleurs les articles 63 de la loi du 20 avril 1810, 36 du décret du 6 juillet 1810, 28 du 18 août 1810.

Les présidents des tribunaux peuvent bien se dispenser du service de la garde nationale, mais leurs fonctions ne sont pas incompatibles avec ce service. En conséquence, est valable le jugement d'un conseil de discipline auquel a concouru comme garde national le président d'un tribunal. 27 avril 1833, cass., Sirey, 33. 1. 704.

Les juges suppléants des tribunaux de 1re instance peuvent se dispenser du service de la garde nationale. 28 sept. 1833, cass., Sirey, 34. 1. 369.

Les greffiers, notamment ceux des justices de paix, peuvent également se dispenser du service de la garde nationale. 21 mars 1834, cass., Sirey, 34. 1. 370.

Id., 21 juillet 1832.

(3) On a proposé de dispenser facultativement les médecins et chirurgiens en chef attachés aux établissements publics, les proviseurs, censeurs et professeurs des collèges royaux, les principaux et régents des collèges communaux, les chefs d'institution, les maîtres de pension, et surtout les instituteurs primaires : toutes ces propositions ont été rejetées.

L'ordonnance du 17 juillet 1816, art. 27, contenait des causes de dispense plus nombreuses ; elle désignait les pairs de France et les membres de la Chambre des Députés, les ministres d'Etat

Les absences constatées seront un motif suffisant de dispense temporaire.

En cas d'appel, le jury de révision statuera (1).

SECTION III. Formation de la garde nationale, composition des cadres.

30. La garde nationale sera formée dans chaque commune par subdivisions de compagnie, par compagnies, par bataillons et par légions.

La cavalerie de la garde nationale sera formée dans chaque commune ou dans le canton par subdivisions d'escadron et par escadrons.

Chaque bataillon aura son drapeau, et chaque escadron son étendard.

31. Dans chaque commune, la formation en compagnie se fera de la manière suivante :

Dans les villes, chaque compagnie sera composée, autant que possible (2), des gardes nationaux du même quartier ; dans les communes rurales, les gardes nationaux de la même commune forment une ou plusieurs compagnies, ou une subdivision de compagnie.

32. La répartition en compagnies ou en subdivisions de compagnie de gardes nationaux inscrits sur le contrôle du service ordinaire, sera faite par le conseil de recensement.

§ 1er. Formation des compagnies.

33. Il y aura par subdivision de compagnie de gardes nationaux à pied de toutes armes :

(il n'y en a plus), les membres du conseil privé et du conseil d'État, les militaires de tout grade, en retraite, les membres des cours et tribunaux, les greffiers des tribunaux et de justices de paix, les directeurs généraux, les secrétaires généraux des ministères, les conseillers et secrétaires généraux de préfecture, les inspecteurs généraux des études, les recteurs et inspecteurs d'académie, les chefs et professeurs des colléges et établissements royaux d'enseignement, les premiers commis des finances, et les chefs de division des ministères.

Les directeurs des postes ne sont pas dispensés du service de la garde nationale. 10 octobre 1832, cass., Sirey, 33. 1. 337.

La qualité de percepteur n'est pas elle-même un motif qui dispense un garde national de faire le service de nuit. Arrêt de la Cour de cassation du 28 septembre 1836, Devilleneuve, 37. 1. 1037.

Le garde national nommé aux fonctions de chirurgien-major dans un autre bataillon que celui de son domicile est exempt, pendant toute la durée de ses fonctions, du service de la garde nationale au lieu de son domicile. 9 janv. 1835, cass., Sirey, 36. 1. 968.

(1) L'article du projet portait que les gens de l'art seraient consultés pour constater les infirmités ; mais cette disposition a été supprimée. On a voulu laisser au conseil de recensement et au jury de révision la faculté de se déterminer, soit d'après l'examen des gens de l'art, soit d'après les renseignements qu'ils auraient recueillis.

Il ne s'agit ici que des dispenses qui doivent durer un certain temps : quant à la dispense d'un service spécial, pour lequel un garde national est commandé, soit que la dispense soit réclamée pour cause de maladie, ou pour tout autre motif. Voyez l'art. 78.

L'absence ne dispense point du service, à moins qu'il n'en ait été donné avis aux chefs et qu'elle ait été constatée avant le jour du service. 1er sept. 1832, cass., Sirey, 34. 1. 370.

Id., encore bien que le prévenu n'ait pas averti ses supérieurs de son absence. 22 fév. 1833, cass., Sirey, 33. 1. 891.

Le jury de révision ne peut prononcer qu'en cas d'appel, et jamais directement une dispense de service. 14 novembre 1834, ord., Mac., t. 16, p. 731.

Le fils d'un octogénaire n'est pas dispensé du service de la garde nationale sédentaire. 15 juin 1832, cass., Sirey, 32. 1. 702.

La dispense du service accordée à titre provisoire, mais sans limitation de temps, par le conseil de recensement, dure jusqu'à révocation par ce conseil. 30 janv. 1840, cass., Devilleneuve, 40. 1. 1004.

(2) Par ces mots autant que possible, on n'a pas voulu dire que les gardes nationaux du même quartier devaient être réunis dans chaque compagnie, à moins d'impossibilité absolue ; il a été reconnu, au contraire, qu'il suffirait, pour faire fléchir la règle, que certaines convenances l'exigeassent. Ainsi, M. Viennet a fait remarquer que, surtout dans le Midi, si les habitants de chaque quartier étaient placés dans une même compagnie, il y aurait des compagnies d'une seule classe de citoyens ; que ces classes auraient un esprit de corps différent de celui de la garde nationale, et qu'il fallait laisser dans la loi les mots autant que possible, afin de permettre à l'administration municipale de modifier les compagnies l'une par l'autre. M. Jacqueminot a dit que la même observation s'appliquait aux villes manufacturières, qu'il convenait que les ouvriers fussent mêlés aux autres citoyens, afin de ne pas former une classe à part ; enfin, M. le rapporteur a fait observer qu'il y a beaucoup de villes dans lesquelles on ne pourrait former une compagnie de cavalerie par quartier, et que si, dans une ville qui ne peut fournir qu'un bataillon, on veut former des compagnies de grenadiers et de voltigeurs, il faut nécessairement les recruter dans tous les quartiers.

	NOMBRE TOTAL D'HOMMES,				
	jusqu'à 14.	de 15 à 20.	de 20 à 30.	de 30 à 40.	de 40 à 50.
Lieutenant.	«	«	«	1	1
Sous-lieutenant. . . .	«	1	1	1	1
Sergens.	1	1	2	2	3
Caporaux.	1	2	4	4	6
Tambours.	«	«	«	«	1

34. La force ordinaire des compagnies sera de soixante à deux cents hommes ; néanmoins la commune qui n'aura que cinquante à soixante gardes nationaux formera une compagnie.

35. Il y aura par compagnie de garde nationale à pied de toutes armes :

	NOMBRE TOTAL D'HOMMES,			
	de 50 à 80.	de 80 à 100.	de 100 à 140.	de 140 à 200.
Capitaine en premier.	1	1	1	1
Capitaine en second.	«	«	«	1
Lieutenans.	1	1	2	2
Sous-lieutenans.	1	2	2	2
Sergent-major.	1	1	1	1
Sergent-fourrier.	1	1	1	1
Sergens.	4	6	6	8
Caporaux.	8	12	12	16
Tambours.	1	2	2	2

36. Il pourra être formé une garde à cheval dans les cantons ou communes où cette formation sera jugée utile au service, et où se trouveraient au moins dix gardes nationaux qui s'engageraient à s'équiper à leurs frais, et à entretenir chacun un cheval :

37. Il y aura par subdivision d'escadron et par escadron :

	NOMBRE TOTAL D'HOMMES,					
	jusqu'à 17.	de 17 à 30.	de 30 à 40.	de 40 à 50.	de 50 à 70.	de 70 à 100.	de 100 à 120 et au-dessus.
Capitaine en premier. . . .	«	«	«	«	«	1	1
Capitaine en second. . . .	«	«	«	«	«	«	1
Lieutenans.	«	«	1	1	1	2	2
Sous-lieutenans.	«	1	1	1	2	2	2
Maréchal-des-logis chef. .	«	«	«	«	«	1	1
Fourrier.	«	«	«	«	«	1	1
Maréchaux-des-logis. . .	1	2	2	3	4	4	8
Brigadiers.	2	4	4	6	8	6	16
Trompettes.	«	«	1	1	1	1	2

38. Dans toutes les places de guerre et dans les cantons voisins des côtes, il sera formé des compagnies ou des subdivisions de compagnie d'artillerie.

A Paris, et dans les autres villes, une ordonnance du Roi pourra prescrire la formation et l'armement de compagnies ou de subdivisions de compagnie d'artillerie. L'ordonnance réglera l'organisation, la réunion ou la répartition des compagnies (1).

39. Les artilleurs seront choisis par le conseil de recensement parmi les gardes nationaux qui se présenteraient volontairement (2), et qui réuniraient, autant que possible, les qualités exigées pour entrer dans l'artillerie (3).

40. Partout où il n'existe pas de corps soldés de sapeurs-pompiers, il sera, autant que possible, formé par le conseil de recensement des compagnies ou subdivisions de compagnie de sapeurs-pompiers volontaires (4), faisant partie de la garde nationale. Elles seront composées principalement d'anciens officiers et soldats du génie militaire, d'officiers et agens des ponts-et-chaussées et des mines, et d'ouvriers d'art (5).

41. Dans les ports de commerce et dans les cantons maritimes, il pourra être formé des compagnies spéciales de marins et d'ouvriers marins, ayant pour service ordinaire la protection des navires et du matériel maritime situé sur les côtes et dans les ports.

42. Toutes les compagnies spéciales concourront par armes, et suivant leur force numérique, au service ordinaire de la garde nationale.

§ II. Formation des bataillons.

43. Le bataillon sera formé de quatre compagnies au moins et huit au plus.

44. L'état-major du bataillon sera composé :

d'un chef de bataillon,
d'un adjudant-major capitaine,
d'un porte-drapeau sous-lieutenant,
d'un chirurgien-aide-major,
d'un adjudant-sous-officier,
d'un tambour-maître.

A Paris, lorsque la force effective d'un bataillon sera de mille hommes et plus, il pourra y avoir un chef de bataillon en second et un deuxième adjudant-sous-officier.

45. Dans toutes les communes où le nombre des gardes nationaux inscrits sur le contrôle du service ordinaire s'élèvera à plus de cinq cents hommes, la garde nationale sera formée par bataillons.

Lorsque, dans le cas prévu par l'art. 4, une ordonnance du Roi aura prescrit la formation en bataillons des gardes nationales de plusieurs communes, cette ordonnance indiquera les communes dont les gardes nationales doivent participer à la formation du même bataillon.

La compagnie ou les compagnies d'une commune ne pourront jamais être réparties dans des bataillons différens.

46. Les bataillons formés par les gardes nationales d'une même commune pourront seuls avoir chacun une compagnie de grenadiers et une de voltigeurs.

47. Les compagnies de sapeurs-pompiers et de canonniers volontaires ne seront pas comprises dans la formation des bataillons de garde nationale ; elles seront cependant, ainsi que les compagnies de cavalerie, sous les ordres du commandant de la garde communale ou cantonale.

§ III. Formation des légions.

48. Dans les cantons et dans les villes où la garde nationale présente au moins deux bataillons de cinq cents hommes chacun, elle pourra, d'après une ordonnance du Roi, être réunie par légions.

Dans aucun cas, la garde nationale ne pourra être formée par département ni par arrondissement de sous-préfecture (6).

49. L'état-major d'une légion sera composé :

d'un chef de légion colonel,

---

(1) Voy. l'art. 36, sect. 2 de la loi du 29 sept. == 14 octobre 1791 et l'art. 14 de l'ordonnance du 17 juillet 1816.

(2) On ne peut contraindre les gardes nationaux à entrer dans l'artillerie.

(3) La commission de la Chambre des Députés avait indiqué plusieurs conditions nécessaires pour être admis dans l'artillerie; elle avait également indiqué un mode particulier d'élection des officiers. La chambre a jugé plus convenable de donner au conseil de recensement un pouvoir discrétionnaire pour le choix des artilleurs, et de laisser les élections

soumises aux règles générales et ordinaires. Voy. art. 63.

(4) Ainsi, on ne peut contraindre les gardes nationaux à entrer dans les corps de sapeurs-pompiers.

(5) Le projet laissait au ministre de l'intérieur la nomination des officiers; cette disposition a été supprimée comme contraire au principe fondamental sur lequel repose l'organisation de toute garde nationale. Voy. l'art. 63.

(6) Voy. l'art. 1, sect. 2 de la loi du 29 septembre = 14 octobre 1791. Voy. l'art. 4 de la présente loi.

d'un lieutenant-colonel,
d'un major chef de bataillon,
d'un chirurgien-major,
d'un tambour-major.

A Paris, et dans les villes où la nécessité en sera reconnue, il pourra y avoir près des légions un officier payeur et un capitaine d'armement.

Section IV. *De la nomination aux grades.*

50. Dans chaque commune, les gardes nationaux appelés à former une compagnie ou subdivision de compagnie, se réuniront sans armes et sans uniforme, pour procéder,

en présence du président du conseil de recensement, assisté par les deux membres les plus âgés de ce conseil, à la nomination de leurs officiers, sous-officiers et caporaux, suivant les tableaux des art. 33, 35 et 37.

Si plusieurs communes sont appelées à former une compagnie, les gardes nationaux de ces communes se réuniront dans la commune la plus populeuse pour nommer leur capitaine, leur sergent-major et leur fourrier (1).

51. L'élection des officiers aura lieu pour chaque grade successivement, en commençant par le plus élevé, au scrutin indivi-

---

(1) On peut ne pas comprendre d'abord pourquoi les gardes nationaux se réunissent dans la commune la plus populeuse, pour nommer seulement leur capitaine, leur sergent-major et leur fourrier ; et l'on se demande si elles ne doivent pas également procéder à l'élection des autres officiers, sous-officiers et caporaux.

Voici l'explication très claire qu'a donnée M. le rapporteur de la commission à la Chambre des Députés.

« D'après le premier paragraphe de l'article, chaque commune doit nommer les officiers et sous-officiers pour la subdivision de compagnie formée dans cette commune. Mais, lorsque les officiers et sous-officiers de la subdivision seront nommés, restera à nommer les officiers et les sous-officiers qui appartiennent à toute la compagnie, et c'est à cette nomination que concourront toutes les communes qui sont appelées à former ensemble une compagnie. Si on n'avait pas pris cette mesure, il serait arrivé que la commune la plus considérable, ayant la majorité, aurait pu choisir chez elle tous les officiers et sous-officiers ; ce qui aurait été contraire au principe que vous avez adopté de l'organisation par communes. »

Sur la question de savoir si les gardes nationaux inscrits sur le contrôle de réserve concourront à l'élection des officiers, voy. les notes sur l'article 19.

Les officiers peuvent-ils être choisis hors de la compagnie, ou du bataillon, ou de la légion ?

Cette question n'est pas résolue par la loi ; mais nous pensons qu'elle ne peut être l'objet d'un doute sérieux.

A notre avis, les officiers de la compagnie ne peuvent être choisis que parmi les gardes nationaux de la compagnie ; les officiers du bataillon que parmi les gardes nationaux du bataillon, les officiers de la légion que parmi les gardes nationaux de la légion.

En effet, l'art. 9 de la loi dit que tout Français est tenu au service de la garde nationale *dans le lieu de son domicile réel.* Il n'est donc pas permis de faire partie de la garde nationale hors du lieu où l'on est domicilié, dans la rigoureuse acception du mot ; le texte s'y oppose, et il est facile d'apercevoir les inconvéniens graves qu'aurait la faculté laissée à chacun de se faire garde national, là où il le trouverait bon. Mais si, pour être garde national dans une commune, il faut y avoir son domicile, il est

évident que pour être officier il faut être également domicilié dans la commune ; car un officier n'est qu'un garde national revêtu d'un grade. En résumé, l'officier doit être un garde national ; on ne peut être garde national dans une compagnie que lorsqu'on est domicilié dans la commune où la compagnie est organisée ; il faut donc être de la compagnie pour pouvoir être élu officier. Les mêmes raisons s'appliquent aux officiers du bataillon et de la légion ; à la vérité, l'art. 31 dit que chaque compagnie sera composée, autant que possible, des gardes nationaux du même quartier ; ce qui permet d'admettre dans une compagnie un individu domicilié dans un quartier autre que celui où la compagnie est formée ; mais quelle est la conséquence qu'on peut tirer de là ; peut-on en conclure que celui qui ne fait point partie d'une compagnie pourra y être nommé officier ? Non, sans doute. Le conseil de recensement pourra, s'il le juge utile ou convenable, placer dans une compagnie des citoyens placés dans un autre quartier, et ces citoyens, une fois incorporés, pourront être choisis pour officiers par leurs camarades ; mais ce choix ne sera possible que parce qu'ils feront partie de la compagnie ; il y aurait d'ailleurs des inconvéniens très graves à ce que les officiers d'une compagnie se trouvassent éloignés du quartier qui la compose : en cas d'alerte, l'officier ne se trouverait pas sur-le-champ à la tête de ses soldats ; les rapports ordinaires entre les chefs et les subordonnés seraient lents et difficiles. Il n'est pas besoin d'insister davantage sur des choses si évidentes.

La loi ne dit pas par qui sera convoquée l'assemblée électorale ; il me paraît que ce devrait être par le conseil de recensement, ou par le président de ce conseil. A la vérité, l'art. 6 porte que les gardes nationales sont placées sous l'autorité des maires, des sous-préfets, des préfets et du ministre de l'intérieur ; mais une fois que les conseils de recensement sont formés, n'est-il pas convenable de laisser aux présidens le soin de convoquer les gardes nationaux pour les élections qu'ils doivent diriger ? Sous l'empire de la loi de 1791, les maires convoquaient les compagnies pour l'élection des officiers ; mais c'est parce que cette loi donnait aux maires la présidence des assemblées électorales.

La loi du 29 septembre==14 octobre 1791 ne prescrivait pas comme celle-ci le secret des votes. Voy. l'art. 10 de la section 2. C'est la seule différence qui existe entre les deux lois.

duel et secret, à la majorité absolue des suffrages.

Les sous-officiers et caporaux seront nommés à la majorité relative.

Le scrutin sera dépouillé par le président du conseil de recensement, assisté, comme il est dit dans l'article précédent, par au moins deux membres de ce conseil, lesquels rempliront les fonctions de scrutateurs.

52. Dans les villes et communes qui ont plus d'une compagnie, chaque compagnie sera appelée séparément et tour à tour pour procéder à ses élections.

53. Pour nommer le chef de bataillon et le porte-drapeau, tous les officiers du bataillon réunis à pareil nombre de sous-officiers, caporaux ou gardes nationaux, formeront une assemblée convoquée et présidée par le maire de la commune, si le bataillon est communal, et par le maire délégué du sous-préfet, si le bataillon est cantonal.

Les sous-officiers, caporaux et gardes nationaux chargés de concourir à l'élection seront nommés dans chaque compagnie.

Tous les scrutins d'élection seront individuels et secrets; il faudra la majorité absolue des suffrages (1).

54. Les réclamations élevées relativement à l'inobservation des formes prescrites pour l'élection des officiers et sous-officiers seront portées devant le jury de révision, qui décidera sans recours (2).

---

(1) L'art. 69, n. 5 de la Charte porte que la garde nationale sera organisée avec intervention des gardes nationaux dans le choix de leurs officiers.

De ce mot intervention, on a conclu que les nominations ne devaient pas être entièrement abandonnées aux gardes nationaux; qu'ils devaient seulement y prendre part; qu'ainsi, après leur avoir confié l'élection de tous les officiers, jusqu'au grade de capitaine inclusivement, il était convenable de confier au roi la nomination des officiers supérieurs.

Divers systèmes ont été proposés, l'un laissait à la garde nationale le droit absolu d'élire tous les officiers; l'autre, directement opposé, voulait que le roi pût choisir les officiers d'un grade supérieur à celui de capitaine, dans tous les rangs de la garde nationale, sans aucune condition de candidature. Enfin, un troisième système, on a proposé de faire concourir l'élection des gardes nationaux et le choix du roi, en donnant au roi le pouvoir de choisir, soit entre les officiers déjà élus, soit entre des candidats nommés par la garde nationale.

Ces bases ont été longuement discutées; mais l'on a reconnu qu'il convenait de suivre un mode différent pour l'élection des chefs de bataillon et pour celle des chefs de légion et lieutenants-colonels.

Comme on le voit, le roi n'intervient en aucune manière dans la nomination du chef de bataillon et du porte-drapeau. Seulement le nombre des électeurs est limité, et l'on doit reconnaître que le mode qui est consacré par cet article offre toutes les garanties désirables. La loi du 29 septembre-14 octobre 1791 était moins libérale. Dans son art. 19, sect. 2, elle donnait aux officiers et aux sergents seulement le droit d'élire le commandant en chef du bataillon, le commandant en second et l'adjudant.

Les officiers d'état-major sont sans qualité pour concourir à la nomination des chefs de bataillon et des porte-drapeau, et à celle des candidats aux grades de colonel et de lieutenant colonel. 31 déc. 1831, cass., Sirey, 32, 2, 432.

(2) Les jurys de révision sont seuls compétents pour statuer non seulement sur l'observation des formes, mais sur les conditions d'éligibilité des officiers. 7, 20 avril et 15 juillet 1835, ord., Mac., t. 17, p. 313 et 314, 277 et 472.

Id., sur les nullités qui tiennent à la composition de l'assemblée électorale. 14 fév. 1839, ord., Sirey-Devilleneuve, 39. 1. 990.

Un jury de révision excède ses pouvoirs en annulant les élections d'une compagnie, lorsque les officiers élus ont été reconnus, qu'ils ont prêté serment et ont concouru à la nomination du porte-drapeau et du chef de bataillon dont les élections se trouveraient ainsi mises en question. 25 mars 1835, ord., Mac., t. 17, p. 14 et 236.

La remise de la réclamation faite par erreur avant la reconnaissance et le serment des officiers à un jury de révision autre que celui qui était compétent pour statuer n'est pas suffisante pour faire considérer la réclamation comme formée en temps utile. 9 mars 1835, ord., Mac., t. 18, p. 118.

La désignation des délégués des compagnies chargés de dresser la liste de candidature, peut être l'objet d'un recours devant le jury de révision.

Le droit d'attaquer la désignation des délégués ne peut exister qu'autant que lesdits délégués n'ont point accompli leur mission et conféré des droits qui se trouveraient attaqués par le recours dirigé contre eux. 3, 24 mai 1833, ord., Mac., t. 15, p. 240, 289.

Le rapporteur près le conseil de discipline ne peut prendre part à l'élection des officiers supérieurs comme délégué de sa compagnie. 18 novembre 1838, ord., Devilleneuve, 39. 1. 989.

Lorsqu'une protestation ayant pour objet d'obtenir l'annulation de l'élection des officiers supérieurs, a été soumise à un jury de révision, ce jury commet un excès de pouvoir, en annulant indistinctement les élections des officiers inférieurs et sous-officiers, contre lesquelles aucune réclamation n'avait été faite devant lui. Dès lors, sa décision doit être annulée en ce qui concerne les élections des officiers inférieurs et sous-officiers, et maintenue en ce qui concerne les élections des officiers supérieurs, 2 juillet 1836, ord., Mac., t. 18, p. 333.

Lorsque la garde nationale a été dissoute depuis l'élection attaquée, le pourvoi relatif à l'élection d'un officier devient sans objet. 22 nov. 1833, ord., Mac., t. 15, p. 649.

Il y a excès de pouvoir du jury qui persiste à annuler des élections maintenues par une ordonnance. 18 avril 1835, ord., Mac., t. 17, p. 297.

Les jurys de révision ne peuvent connaître des ordonnances qui nomment les colonels. 14 déc. 1832, ord., Mac., t. 14, p. 713.

Id., 8 mars, 21 juin 1833, ord., Mac., t. 15, p. 155, 338.

Les préfets excèdent leurs pouvoirs en prononçant sur les élections de la garde nationale. 15 juillet 1835, ord., Mac., t. 17, p. 472.

Même dans le cas où la nullité de l'élection est

55. Si les officiers de tout grade, élus conformément à la loi, ne sont pas, au bout de deux mois, complétement armés, équipés et habillés suivant l'uniforme, ils seront considérés comme démissionnaires et remplacés sans délai (1).

56. Les chefs de légion et les lieutenans-colonels seront choisis par le Roi, sur une liste de dix candidats présentés, à la majorité relative, par la réunion, 1º de tous les officiers de la légion ; 2º de tous les sous-officiers, caporaux et gardes nationaux désignés dans chacun des bataillons de la légion pour concourir aux choix du chef de bataillon, comme il est dit article 53 (2).

57. Les majors, les adjudans-majors, chirurgiens-majors et aides-majors, seront nommés par le Roi.

L'adjudant sous-officier sera nommé par le chef de légion ou de bataillon.

Le capitaine d'armement et l'officier payeur seront nommés par le commandant supérieur ou le préfet, sur la présentation du chef de légion.

58. Il sera nommé aux emplois autres que ceux désignés ci-dessus, sur la présentation du chef de corps, savoir :

Par le maire, lorsque la garde nationale sera communale ;

Et par le sous-préfet, pour les bataillons cantonaux (3).

59. Dans chaque commune, le maire fera reconnaître à la garde nationale assemblée sous les armes le commandant de cette garde. Celui-ci, en présence du maire, fera reconnaître les officiers.

Les fonctions du maire seront remplies, à Paris, par le préfet.

Pour les compagnies et bataillons qui comprennent plusieurs communes, le sous-préfet, ou son délégué, fera reconnaître l'officier commandant, en présence de la compagnie ou du bataillon assemblé.

Dans le mois de la promulgation de la loi, les officiers de tout grade actuellement en fonctions, et à l'avenir ceux nouvellement élus, au moment où ils seront reconnus, prêteront serment de fidélité au Roi des Français et d'obéissance à la Charte constitutionnelle et aux lois du royaume.

60. Les officiers, sous-officiers et caporaux, seront élus pour trois ans. Ils pourront être réélus (4).

61. Sur l'avis du maire et du sous-préfet, tout officier de la garde nationale pourra être suspendu de ses fonctions pendant deux mois, par arrêté motivé du préfet pris en conseil de préfecture, l'officier préalablement entendu dans ses observations.

L'arrêté du préfet sera transmis immédiatement par lui au ministre de l'intérieur.

Sur le rapport du ministre, la suspension pourra être prolongée par une ordonnance du Roi.

Si, dans le cours d'une année, ledit officier n'a pas été rendu à ses fonctions, il sera procédé à une nouvelle élection (5).

---

fondée sur ce que les élus n'appartenaient pas à la circonscription des compagnies qui les ont élus. 25 avril 1833, ord., Mac., t. 15, p. 223.

(1) Cet article n'est obligatoire qu'à partir du jour où, conformément à l'art. 68 de la même loi, l'uniforme a été réglé par une ordonnance royale. — Dans tous les cas, l'officier qui se trouve en contravention n'est pas, par cela seul, dépouillé de ses fonctions ; il peut continuer à les remplir jusqu'à son remplacement. — Il peut, en conséquence, valablement concourir à la formation d'un conseil de discipline. 12 mai 1832, cass., Sirey, 32. 1. 781.

(2) Voyez les notes sur l'art. 53. Le système de la loi du 29 septembre = 14 oct. 1791 consistait à confier aux officiers de chaque légion l'élection du chef de la légion. La loi actuelle appelle à concourir à cette élection les sous-officiers, les caporaux et un certain nombre de gardes nationaux ; mais ils n'éliront que dix candidats, entre lesquels le Roi choisit.

Les jurys de révision n'ont pas le droit de prononcer sur le mérite d'une décision ministérielle qui a prescrit la formation d'une nouvelle liste de candidats pour la nomination des chefs de légion et des lieutenans-colonels. 27 fév. 1836, ord., Mac., t. 18, p. 102.

(3) Évidemment les tambours et autres personnes revêtues d'emplois salariés sont les seuls auxquels s'applique cette disposition.

(4) L'art. 23, sect. 2, de la loi du 29 septembre = 14 octobre 1791, portait que les officiers et sous-officiers n'étaient élus que pour un an, et qu'ils ne pouvaient être réélus qu'après avoir été soldats pendant une année.

(5) Il peut paraître d'abord assez extraordinaire que les officiers de la garde nationale qui tiennent leur grade de la volonté de leurs concitoyens puissent être suspendus par un arrêté du préfet et par une ordonnance du Roi. M. le rapporteur à la Chambre des Pairs a prévu le reproche que l'on pourrait faire sous ce rapport à la loi, il y a répondu : « Si l'on n'accordait pas au Gouvernement, a-t-il dit, le droit de suspension dans chaque commune de France, on placerait, en présence du maire, un commandant nominalement dans sa dépendance, mais qui pourrait, par le fait, braver impunément toutes les autorités administratives. Le recours aux tribunaux serait un remède bien insuffisant, car la privation du grade et de l'emploi par jugement ne peut être prononcée que pour des délits caractérisés ; or, il s'agit moins ici de punir des délits que de pourvoir à des incompatibilités possibles entre des hommes honorables et même bien intentionnés. Personne ne suppose as-

62. Aussitôt qu'un emploi quelconque deviendra vacant, il sera pourvu au remplacement, suivant les formes établies par la présente loi.

63. Les corps spéciaux suivront, pour leur formation et pour l'élection de leurs officiers, sous-officiers et caporaux, les régles prescrites par les articles 33 et suivans (1).

64. Dans les communes où la garde nationale formera plusieurs légions, le Roi pourra nommer un commandant supérieur.

Il ne pourra être nommé de commandant supérieur des gardes nationales de tout un département, ou d'un même arrondissement de sous-préfecture. Cette disposition n'est pas applicable au département de la Seine (2).

65. Lorsque le Roi aura jugé à propos de nommer dans une commune un commandant supérieur, l'état-major sera fixé, quant au nombre et aux grades des officiers qui devront le composer, par une ordonnance du Roi.

Les officiers d'état-major seront nommé par le Roi, sur la présentation du commandant supérieur, qui ne pourra choisir les candidats que parmi les gardes nationaux de la commune.

66. Il ne pourra y avoir dans la garde nationale aucun grade sans emploi (3).

67. Aucun officier exerçant un emploi actif dans les armées de terre ou de mer ne pourra être nommé ni officier ni commandant supérieur des gardes nationales en service ordinaire (4).

---

surément que pour se débarrasser d'un maire ou d'un préfet mal habile, le ministre de l'intérieur puisse être réduit à lui faire un procès. Voudrait-on qu'il ne lui restât d'autre ressource contre un chef de la garde nationale en hostilité déclarée contre les magistrats de son département, ou qui conduirait avec plus ou moins d'adresse une opposition habituelle contre le Gouvernement du Roi. La liberté serait compromise encore plus que le pouvoir royal; car la magistrature municipale, principale garantie des droits du citoyen, dans les communes rurales, serait avilie la première, et s'il restait un moyen pour la défendre, on ne pourrait le trouver que dans la dissolution de la garde nationale tout entière; contradiction bizarre du projet de loi, dont l'art. 5 permet l'usage de ce moyen contre des populations entières, et qui ne permettrait pas une destitution individuelle dans des cas que le cours naturel des affaires ne peut manquer de ramener fréquemment. »

D'ailleurs, l'officier pourra être réélu; d'abord cela résulte même du silence de la loi; et M. le rapporteur à la Chambre des Pairs l'a formellement reconnu.

Le préfet qui suspend un chef de bataillon de la garde nationale, par le motif que, sans s'arrêter aux désignations faites par les autorités municipales et préfectorales pour la composition du conseil de discipline, il a lui-même composé ce conseil de sa propre autorité, ne peut être considéré comme ayant annulé la décision d'un conseil de discipline, et ayant, dès lors, excédé ses pouvoirs. L'arrêté de suspension pris par le préfet, en conseil de préfecture, ne peut être déféré au Conseil d'Etat par la voie contentieuse. 22 juin 1836, ord., Mac., t. 18, p. 310.

(1) On entend par corps spéciaux, .a cavalerie, l'artillerie, les sapeurs-pompiers, les compagnies de marins ou ouvriers marins.

(2) Il est évident qu'à plus forte raison il ne peut y avoir un commandant général de toutes les gardes nationales du royaume. Les fonctions de ce commandant seraient d'ailleurs incompatibles avec le principe adopté et consacré dans l'art. 6, qui place les gardes nationales sous l'autorité des maires, des sous-préfets, des préfets et du ministre de l'intérieur. Un commandant général serait un véri-

table ministre des gardes nationales. Cependant plusieurs propositions ont été faites pour déclarer expressément que désormais il n'y aurait point de commandant général des gardes nationales du royaume; elles ont été rejetées comme inutiles, c'est-à-dire comme exprimant ce qui était suffisamment exprimé par la loi; plusieurs amendemens ont été présentés tendant à conserver le commandement général à M. de Lafayette, ou au moins le titre de commandant général honoraire. La Chambre des Députés, en rendant hommage aux vertus de ce grand citoyen, en exprimant sa reconnaissance pour les services qu'il avait rendus, a pensé qu'il n'était pas convenable d'insérer dans une loi fondamentale une pareille disposition. La loi de 1791, sect. 2, art. 11, attribuait le commandement supérieur des légions à chaque chef de légion, à tour de rôle, pendant trois mois. Dans les villes au-dessus de cent mille âmes, elle autorisait l'élection d'un commandant supérieur par tous les citoyens actifs de chaque section et distribués en compagnies.

(3) Cette disposition est textuellement puisée dans l'art. 8 de l'ordonnance du 17 juillet 1816.

(4) Le projet portait : « Aucun officier de l'armée de terre ou de mer, *en activité de service*, etc. » Mais on a pensé que, si cette rédaction était adoptée, les officiers portés *sur le cadre d'activité*, sans être réellement *en service actif*, se trouveraient exclus, on a cru devoir employer les mots *exerçant un emploi actif*, pour exprimer que c'était l'activité réelle qui seule était une cause d'exclusion.

« La commission, a dit M. le rapporteur, ne voulant porter aucun motif d'exclusion ni contre les maréchaux de France, ni contre les officiers dans le cadre de l'activité, vous propose la rédaction suivante. »

L'art. 22, section 2 de la loi du 29 septembre 1791 disait également : « Aucun officier des troupes de ligne, ni de gendarmerie nationale, ne pourra être nommé officier de gardes nationales. »

L'art. 16 de l'ordonnance du 17 juillet 1816 portait également : « Nul ne peut avoir un commandement actif dans les armées de terre ou de mer, ou autre corps soldé, et un commandement dans la garde nationale. »

8

68. L'uniforme des gardes nationales sera déterminé par une ordonnance du roi : les signes distinctifs des grades seront les mêmes que ceux de l'armée (1).

69. Lorsque le gouvernement jugera nécessaire de délivrer des armes de guerre aux gardes nationales, le nombre d'armes reçues sera constaté dans chaque municipalité au moyen d'états émargés par les gardes nationaux à l'instant où les armes leur seront délivrées.

L'entretien de l'armement est à la charge du garde national, et les réparations, en cas d'accident causé par le service, sont à la charge de la commune.

Les gardes nationaux et les communes sont responsables des armes qui leur auront été délivrées : ces armes restent la propriété de l'Etat.

Les armes seront poinçonnées et numérotées.

70. Les diverses armes dont se compose la garde nationale sont assimilées, pour le rang à conserver entre elles, aux armes correspondantes des forces régulières.

71. Toutes les fois que la garde nationale sera réunie, les différents corps prendront la place qui leur sera assignée par le commandant supérieur.

72. Dans tous les cas où les gardes nationales serviront avec les corps soldés, elles prendront le rang sur eux.

Le commandement dans les fêtes ou cérémonies civiles appartiendra à celui des officiers des divers corps qui aura la supériorité du grade, ou, à grade égal, à celui qui sera le plus ancien.

SECTION VI. *Ordre du service ordinaire.*

73. Le règlement relatif au service ordinaire, aux revues et aux exercices, sera arrêté par le maire sur la proposition du commandant de la garde nationale, et approuvé par le sous-préfet.

Les chefs pourront, en se conformant à ce règlement et sans réquisition particulière, mais après en avoir prévenu l'autorité municipale, faire toutes les dispositions et donner tous les ordres relatifs au service ordinaire, aux revues et aux exercices.

Dans les villes de guerre, la garde nationale ne pourra prendre les armes, ni sortir des barrières, qu'après que le maire en aura informé par écrit le commandant de la place (2).

74. Lorsque la garde nationale des communes sera organisée en bataillons cantonaux, le règlement sur les exercices et revues sera arrêté par le sous-préfet, sur la proposition de l'officier le plus élevé en grade du canton, et sur l'avis des maires des communes (3).

75. Le préfet pourra suspendre les revues et exercices dans les communes et dans les cantons de son département, à la charge d'en rendre immédiatement compte au ministre de l'intérieur (4).

76. Pour l'ordre du service, il sera dressé, par les sergents-majors, un contrôle de chaque compagnie, signé du capitaine, et indiquant les jours où chaque garde national aura fait un service.

77. Dans les communes où la garde nationale est organisée par bataillons, l'adjudant-major tiendra un état, par compagnie, des hommes commandés chaque jour dans son bataillon.

---

(1) L'uniforme a été réglé par des ordres du jour du général en chef. Une ordonnance générale sera sans doute rendue pour établir des règles certaines et générales, mais provisoirement l'uniforme actuel est maintenu sans changement ; cela résulte d'une circulaire ministérielle.

Des gardes nationaux prévenus de désobéissance et d'insubordination, à l'occasion du placement ordonné par l'officier commandant, ne peuvent être excusés sur le motif qu'il existe un règlement local contraire à ce placement ; en cette matière, obéissance est due au commandant. 7 juin 1839, cass., Devilleneuve, 40. 1. 1008.

(2) Voy. les notes sur l'art. 7. On avait proposé, non de régler précisément tout ce qui est relatif aux revues et aux exercices, mais d'établir des bases dont les autorités locales n'auraient pu s'écarter ; on a cru qu'il était plus convenable de laisser aux maires, aux sous-préfets et aux officiers supérieurs un pouvoir entièrement discrétionnaire à cet égard. Voy. l'art. 16, sect. 3 de la loi du 29 septembre-14 octobre 1791.

L'autorité civile, sous les ordres de laquelle est placée la garde nationale, a le droit de la réunir toutes les fois qu'elle le juge convenable. Ainsi les revues et exercices commandés par un maire et un sous-préfet, en vertu des pouvoirs que leur confère l'art. 6, sont obligatoires, lors même qu'ils sont ordonnés en dehors du règlement dressé pour les revues et exercices périodiques ordinaires. 2 fév. 1833, cass., Sirey, 33. 1. 583.

Les règlements légalement faits pour le service de la garde nationale, sont provisoirement obligatoires, alors même que les heures qu'ils déterminent pour les réunions des gardes nationaux, coïncideraient avec les heures consacrées à l'exercice d'un culte. 17 mai 1834, cass., Sirey, 34. 1. 589.

Est obligatoire le règlement par lequel injonction est faite aux gardes nationaux habillés d'assister en uniforme aux revues, gardes, etc. 30 mai 1833, cass., Sirey, 34. 1. 370.

L'autorité municipale ne peut, par un règlement, limiter les cas d'excuse du service de la garde nationale, et, par exemple, déclarer que le cas de maladie sera seul admis comme excuse. 22 nov. 1839, cass., Devilleneuve, 40. 1. 1005.

Voy. notes sur l'art. 89.

(3 et 4) Voy. les notes sur l'art. 73.

Cet état servira à contrôler le rôle de chaque compagnie.

78. Tout garde national commandé pour le service devra obéir, sauf à réclamer, s'il s'y croit fondé, devant le chef du corps (1).

SECTION VII. *De l'administration.*

79. La garde nationale est placée, pour son administration et sa comptabilité, sous l'autorité administrative et municipale.

Les dépenses de la garde nationale sont votées, réglées et surveillées comme toutes les autres dépenses municipales (2).

80. Il y aura dans chaque légion ou dans chaque bataillon formé par les gardes nationaux d'une même commune, un conseil d'administration chargé de présenter annuellement au maire l'état des dépenses nécessaires et de viser les pièces justificatives de l'emploi des fonds.

Le conseil sera composé du commandant de la garde nationale, qui présidera, et de six membres choisis parmi les officiers, sous-officiers et gardes nationaux.

Il y aura également par bataillon cantonal un conseil d'administration chargé des mêmes fonctions, et qui devra présenter au sous-préfet l'état des dépenses résultant de la formation du bataillon.

Les membres du conseil d'administration seront nommés par le préfet sur une liste triple de candidats présentés par le chef de légion, ou par le chef de bataillon dans les communes où il n'est pas formé de légion.

Dans les communes où la garde nationale comprendra une ou plusieurs compagnies non réunies en bataillon, l'état des dépenses sera soumis au maire par le commandant de la garde nationale.

81. Les dépenses ordinaires de la garde nationale sont :

1° Les frais d'achat des drapeaux, des tambours et des trompettes ;

2° La partie d'entretien des armes qui ne sera pas à la charge individuelle des gardes nationaux ;

3° Les frais de registres, papiers, contrôles, billets de garde, et tous les menus frais de bureau qu'exigera le service de la garde nationale.

Les dépenses extraordinaires sont :

1° Dans les villes qui, d'après l'art. 64, recevront un commandant supérieur, les frais d'indemnité pour dépenses indispensables de ce commandant et de son état-major ;

2° Dans les communes et les cantons où seront formés des bataillons ou légions, les appointements des majors, adjudants-majors et adjudants sous-officiers, si ces fonctions ne peuvent pas être exercées gratuitement ;

3° L'habillement et la solde des tambours et trompettes.

Les conseils municipaux jugeront de la nécessité de ces dépenses.

Lorsqu'il sera créé des bataillons cantonaux, la répartition de la portion afférente à chaque commune du canton dans les dépenses du bataillon, autres que celles des compagnies, sera faite par le préfet en con-

---

(1) La réclamation du garde national tendante à se faire dispenser du service ordinaire est portée, comme nous l'avons dit, devant le conseil de recensement, et, en appel, devant le jury de révision. Voy. les notes sur les art. 19 et 25. Il ne s'agit ici que du service spécial indiqué pour tel jour, comme, par exemple, la garde à monter, d'après le tour de rôle.

Il ne faut pas entendre l'article ce sens que c'est seulement après avoir obéi qu'on peut réclamer ; il est évident que la réclamation, ayant pour objet d'être dispensé du service, serait inutile après le service. Au surplus, si le chef du corps n'accueille pas la réclamation, le garde national devra obéir : s'il refuse, il sera exposé aux peines établies par les art. 83 et 89.

Les maires ne peuvent dispenser les gardes nationaux de l'obéissance qu'ils doivent aux ordres de service par eux reçus : ce droit appartient exclusivement aux chefs de corps. 28 déc. 1832, cass., Sirey-Dev., 34. 1. 370.

Le citoyen inscrit sur les contrôles de la garde nationale, qui n'a réclamé devant le conseil de recensement, contre son inscription, qu'après avoir reçu des ordres de service, est tenu d'obéir provisoirement à ces ordres.

Il en est autrement, lorsque, antérieurement à tout ordre de service, le garde national était en instance devant l'autorité compétente. 20 oct.

1831, cass., Sirey, 32. 1. 354. 1er juin 1832, cass., Sirey, 32. 1. 781.

Id., 5 nov. 1835, cass, Sirey-Dev., 36. 1. 968.

Le pourvoi au conseil d'État contre une décision du jury de révision n'a pas un effet qui dispense d'obéir provisoirement aux ordres de service. 6 juin 1835, cass., Sirey-Dev., 36. 1. 968.

Le garde national pourrait refuser le service commandé, sur le motif que ce service n'aurait pas été requis par l'autorité civile. 30 mai 1835, cass., Sirey-Dev., 36. 1. 967.

Id., sur le motif que l'ordre de service émané du chef du corps n'aurait pas été donné en conformité des règlements arrêtés par l'autorité municipale et approuvés par l'autorité administrative. 21 juillet et 18 août 1838, cass., Devilleneuve, 38. 1. 1016.

Le service commandé pour assurer l'exercice de la juridiction de la Cour des Pairs, est obligatoire. 18 sept. 1835, cass., Sirey-Dev., 36. 1. 967.

(2) On a proposé d'assujettir à une taxe certaines personnes dispensées du service, et de consacrer le produit de ces taxes aux dépenses de la garde nationale : cette proposition a été rejetée. La loi de 1791 avait fixé la taxe de remplacement à deux journées de travail, sect. 1re, art. 14 et 15. L'ordonnance du 17 juillet 1816 dispensait du service personnel au-dessus de cinquante ans, à la charge

seil de préfecture, après avoir pris l'avis des conseils municipaux.

Section VIII. — § Ier. Des peines (1).

82. Les chefs de poste pourront employer contre les gardes nationaux de service les moyens de répression qui suivent (2);

1° Une faction hors de tour contre tout garde national qui aura manqué à l'appel, ou se sera absenté du poste sans autorisation (3);

2° La détention dans la prison du poste, jusqu'à la relevée de la garde, contre tout garde national de service en état d'ivresse, ou qui se sera rendu coupable de bruit, tapage (4), voies de fait, ou de provocation au désordre ou à la violence, sans préjudice du renvoi au conseil de discipline, si la faute emporte une punition plus grave (5).

83. Sur l'ordre du chef du corps, indépendamment du service régulièrement commandé, et que le garde national, le caporal ou le sous-officier doit accomplir, il sera tenu de monter une garde hors de tour lorsqu'il aura manqué pour la première fois au service (6).

84. Les conseils de discipline pourront,

---

de payer une indemnité, si, d'après sa fortune, on était jugé pouvoir la supporter.

(1) Il faut remarquer que les dispositions *sur la discipline*, contenues dans cette loi, restent seules en vigueur; toutes les lois, ordonnances ou décrets antérieurs sont abrogés par elle. Voy. ci-après art. 162.

Il est bon, d'ailleurs, de rappeler ici quelques dispositions de la loi du 29 septembre-14 octobre 1791, qui, si elles n'ont plus le caractère obligatoire, ont du moins en leur faveur l'autorité de la raison. Voy. les art. 1er, 2 et 5 de la section 5.

M. le rapporteur de la Chambre des Députés a dit que, si l'on voulait n'avoir à appliquer que rarement les peines de discipline, le meilleur moyen était de ne pas fatiguer les gardes nationaux en les employant sans une indispensable nécessité, et de n'exiger d'eux le sacrifice de leur temps que lorsque ce sacrifice est nécessaire à la cité. M. le rapporteur de la Chambre des Pairs a parlé dans le même sens : « Le patriotisme, a-t-il dit, est la vie de l'institution, elle ne peut s'appuyer que sur des vertus civiques; elle périrait, si ces vertus venaient à s'éteindre, et ces vertus ne sont pas inspirées par la crainte des châtiments. Une confiance exagérée dans les sentiments d'honneur et de dévouement de tous les individus qui composent une population nombreuse, serait cependant une utopie contredite par l'expérience de tous les jours. Ayons donc recours aux châtiments, s'il le faut, pour triompher de certaines résistances exceptionnelles; mais, à l'instant où leur usage devient fréquent, tenons pour certain que leur effet est manqué... C'est dans la diminution du service qu'il faut chercher le remède, et non dans la pénalité... La prison est une ressource extrême, à laquelle il nous a coûté de recourir. »

(2) On sait que, par *chef de poste*, on entend celui qui commande un poste, quel que soit son grade, quel que soit ce poste. Le chef de poste peut donc être un officier, un sous-officier ou même un caporal.

(3) L'ordre du jour par lequel le colonel d'une légion prescrit aux chefs de poste de ne plus infliger de faction ou patrouille hors de tour, pour des arrivées tardives au poste ou des absences non autorisées et de consigner seulement ces infractions dans leur rapport, n'est pas obligatoire pour les chefs de poste. 21 juillet 1838, cass., Devilleneuve, 38. 1. 1017.

Celui qui excède le temps pour lequel il lui a été permis de s'absenter, doit évidemment être assimilé à celui qui s'absente sans autorisation.

Le fait par un garde national de s'absenter du poste sans autorisation, n'est point abandon du poste; ce fait n'est passible que d'une faction hors de tour. 12 mai 1832, cass., Sirey, 32. 1. 701.

Jugé cependant que la faction hors tour infligée, n'empêche pas celui auquel elle a été infligée d'être traduit, à raison du même fait, devant le conseil de discipline et condamné à l'emprisonnement. 14 novembre 1836, cass. Devilleneuve. 37. 1. 1040.

Id., 21 juillet 1838, Devilleneuve. 38. 1. 1024.

Id., 24 avril 1839, cass., Devilleneuve, 39. 1. 990.

(4) On avait demandé la suppression de ces mots, *bruit* et *tapage*; la détention paraissant une punition trop forte pour un garde national qui ne serait coupable que d'avoir fait quelque bruit. Mais M. le rapporteur les a expliqués ainsi : « Ces expressions sont susceptibles de plus ou de moins. Il est bien évident que le garde national qui n'aura fait qu'un peu de bruit ne sera pas puni aussi rigoureusement. Ce qu'on appelle *faire du tapage*, c'est commettre de ces désordres qui sont susceptibles de vous faire conduire au violon. D'ailleurs, ce n'est pas là une innovation : c'est un droit que les chefs de poste exercent partout. »

(5) La rédaction indique clairement qu'après avoir subi la détention dans la prison du poste, le garde national pourra encore, s'il y a lieu, être renvoyé devant le conseil de discipline.

(6) On a jugé qu'on ne devait pas placer au rang des peines le commandement d'une garde hors de tour, c'est-à-dire d'une garde en sus du nombre commun que règle le tour de service. Même dans le cas où le service est une fatigue, a-t-on dit, cette fatigue en fait le mérite et le rend honorable comme devoir. Il est bon de le prescrire avec redoublement à ceux qui l'oublient ou le négligent, mais toujours à titre de dette, et jamais comme une corvée à laquelle ne s'attache aucune idée de pénalité.

Ainsi, lorsqu'un garde national, un caporal ou un sous-officier, manque *pour la première fois* au service, il n'y a pas lieu à renvoi devant le conseil de discipline, il doit être simplement tenu de monter une garde hors de tour, sur l'ordre du chef du corps.

Il en résulte aussi qu'il dépend du chef de corps de lui imposer cette garde hors de tour, ou d'user d'indulgence s'il le croit plus convenable.

Mais ces mots qui terminent l'article, *lorsqu'il aura manqué pour la première fois au service*, ne doivent pas être entendus dans un sens restrictif, tel que, si le prévenu, ayant déjà manqué au service, y manque de nouveau, soit qu'il ait été usé d'indulgence à son égard par le chef de corps, soit qu'il ait déjà eu, sur l'ordre de ce dernier, une garde

dans les cas énumérés ci-après, infliger les peines suivantes :

1º La réprimande (1) ;
2º Les arrêts pour trois jours au plus (2) ;
3º La réprimande avec mise à l'ordre (3) ;
4º La prison pour trois jours au plus (4) ;
5º La privation du grade (5).

Si, dans les communes où s'étend la juridiction du conseil de discipline il n'existe ni prison, ni local pouvant en tenir lieu, ce conseil pourra commuer la peine de prison en une amende d'une journée à dix journées de travail (6).

85. Sera puni de la réprimande l'officier

---

hors de tour à monter, le chef de corps ne puisse l'obliger de monter une garde hors de tour pour son nouveau manquement au service, et qu'il soit obligé, ou de le renvoyer au conseil de discipline, ou de laisser l'infraction impunie.

Je pense que le véritable sens de la loi est seulement que, lorsqu'un garde national, caporal ou sous-officier, manque au service, il ne peut, pour la première fois, être renvoyé, à raison de cette faute, devant le conseil de discipline ; que le chef de corps doit d'abord commander une garde hors de tour ; et que ce n'est que lorsque, depuis cet avertissement, le manquement au service a lieu de nouveau, qu'il peut y avoir renvoi au conseil. La loi a voulu graduer les peines.

Il n'appartient qu'aux chefs de corps de prononcer une garde hors de tour : les conseils de discipline n'ont pas ce droit. 18 août 1832, cass., Sirey, 33. 1. 338.

Les conseils de discipline excèdent leurs pouvoirs, en infligeant une garde hors de tour. 18 fév. 1832, cass., Sirey, 32. 1. 451.

Id., 3 janv. 1834, cass., Sirey, 34. 1. 378.

Les conseils de discipline devant lesquels un garde national est cité pour avoir refusé de monter une garde hors de tour à lui infligée, ne peuvent renvoyer le prévenu sous prétexte que cette garde aurait été mal à propos commandée. 9 février 1833, cass., Sirey, 33. 1. 584.

Le chef de corps qui fait citer un garde national devant le conseil de discipline ne peut ensuite, pour le même fait, condamner à une garde hors de tour. 16 novembre 1833, cass., Sirey, 34. 1. 378.

Le chef de corps peut infliger à un garde national une garde hors de tour, même après avoir renvoyé l'affaire devant le conseil de discipline, si ce renvoi n'a pas été suivi d'une citation valable. 30 janvier 1840, cass., Devilleneuve, 40. 1. 1007.

L'art. 83 s'applique au service des revues et des exercices, comme au service d'ordre et de sûreté. 14 avril 1832, cass., Sirey, 32. 1. 698.

(1) Lorsque le conseil croira devoir appliquer cette peine, après en avoir délibéré, le conseil rentrera en séance ; le président prononcera le jugement, et ajoutera une réprimande. Tout cela aura lieu publiquement.

Pour que la peine de la réprimande puisse être prononcée, il n'est pas nécessaire que le prévenu comparaisse en personne, cette peine peut être prononcée contre celui qui comparaît par un fondé de pouvoir, et même contre le prévenu qui fait défaut. Dans tous les cas, le jugement est prononcé de la même manière.

(2) La Chambre des Députés, pour obtenir une gradation de peine plus satisfaisante, avait adopté, après une longue discussion, les arrêts simples et les arrêts de rigueur. La Chambre des Pairs a supprimé cette distinction et la peine des arrêts de rigueur, dans les articles où elle était prononcée. Ainsi, il ne s'agit ici que des arrêts simples.

On sait que les arrêts simples consistent dans la peine infligée à un officier de ne pas sortir de chez

lui, pendant un temps déterminé ; dans les arrêts de rigueur, l'officier doit remettre son épée, et, pour assurer leur exécution, un factionnaire est placé à sa porte.

On a objecté qu'il serait difficile de s'assurer si un officier condamné à la peine des arrêts la subissait réellement ; mais il a été répondu que, dans beaucoup de villes, les officiers de l'armée logeant chez des bourgeois avaient la même facilité pour rompre leurs arrêts, et que cependant cela ne se voyait point. D'ailleurs, il y a un moyen facile de s'assurer si un officier condamné aux arrêts les garde réellement ; on peut envoyer à son domicile pour lui faire signer une attestation de présence. C'est ce que fait l'adjudant de place à l'égard des officiers de la garnison mis aux arrêts.

(3) Voy. la note 1re.

(4) On avait demandé que les conseils de discipline pussent prononcer jusqu'à dix jours de prison ; on a rejeté cette rigueur extrême. Les gardes nationaux sont, en général, des pères de famille, dont l'immense majorité vit du fruit de son travail. La peine de la prison ne doit être prononcée que dans les cas les plus graves. La commission de la Chambre des Députés avait proposé pour maximum cinq jours.

(5) Les conseils de discipline peuvent bien priver un officier de son grade ; mais ils ne peuvent ordonner qu'il sera publiquement dégradé. 29 sept. 1832, cass., Sirey, 34. 1. 379.

(6) L'on n'a pas cru pouvoir adopter l'amende en principe, comme une peine applicable à la garde nationale. L'amende n'est pas une punition pour l'homme riche ; elle serait une peine excessive pour l'homme qui n'est pas dans l'aisance. Si l'on adoptait un système d'amende proportionnelle à la fortune des citoyens, on trouverait des difficultés inextricables pour appliquer la peine avec équité. D'ailleurs, c'est par le sentiment de l'honneur que l'on doit conduire les Français, et non par la crainte de payer de l'argent.

Cependant, dans la plupart des communes rurales, il n'existe ni prison, ni local pouvant en tenir lieu ; les prisons les plus voisines sont assez éloignées, il faudrait une escorte pour y conduire les condamnés. Les condamnations à la prison seraient d'une exécution difficile ; il en résulterait ou qu'il n'en serait pas prononcé, ou qu'elles ne seraient pas exécutées. C'est sur ces observations développées à la Chambre des Pairs, par M. le comte d'Haubersart, qu'a été ajouté le dernier paragraphe de cet article.

Il faut bien remarquer que les peines portées par cet article ne peuvent être appliquées que dans les cas prévus par les articles suivants. C'est ce qui résulte du texte même de l'article, et ce qui a été répété plusieurs fois dans la discussion à la Chambre des Députés.

Voy. cependant les notes sur l'art. 88.

Il résulte de la discussion à la Chambre des Députés que les peines énumérées dans cet article le sont dans l'ordre indiqué par leur gravité, en com-

qui aura commis une infraction, même légère, aux règles du service (1).

86. Sera puni de la réprimande avec
mise à l'ordre, l'officier qui, étant de service ou en uniforme, tiendra une conduite
propre à porter atteinte à la discipline de
la garde nationale ou à l'ordre public (2).

87. Sera puni des arrêts ou de la prison,
suivant la gravité des cas, tout officier qui,
étant de service, se sera rendu coupable
des fautes suivantes :

1° La désobéissance et l'insubordination ;

2° Le manque de respect, les propos of-
fensants et les insultes envers des officiers
d'un grade supérieur ;

3° Tout propos outrageant envers un
subordonné, et tout abus d'autorité ;

4° Tout manquement à un service commandé ;

5° Toute infraction aux règles de service (3).

---

mençant par les plus faibles. En effet, quand la
Chambre a eu adopté la peine des arrêts. qui n'é-
tait pas comprise dans l'article de la commission ,
M. Demarçay a dit : « J'aurais une observation à
faire sur la gradation des peines. Je crois qu'on
peut être embarrassé pour décider si la réprimande
n'est pas une peine plus grave que les arrêts.
Quant à moi, je suis de cet avis. Je demande qu'on
mette les arrêts après les réprimandes, etc. »

La peine des arrêts ne peut être prononcée que
contre les officiers, de même que la privation du
grade ne peut évidemment être encourue que par
les officiers, sous-officiers ou caporaux.

Un corps-de-garde destiné au service et accessible
au public, ne peut être considéré comme un local
pouvant tenir lieu de prison. 26 juillet 1833. cass.,
Sirey, 34. 1. 381.

Le fait, par un garde national, de s'être évadé,
avec bris , d'un local où il avait été enfermé pour
y subir une peine disciplinaire d'emprisonnement,
ne constitue le délit d'évasion par bris de prison,
prévu et puni par l'art. 245 Code pén., qu'autant
que ce local aurait été une prison ou aurait été désigné par l'autorité compétente pour en tenir lieu.
2 janvier 1832, cass., Sirey, 32. 2. 629.

Cet article est limitatif : aucune autre commu-
tation n'est autorisée. 26 juillet 1833, cass., Sirey,
34. 1. 380.

Id., 12 mai 1832, cass., Sirey, 32. 1. 781.

Le conseil ne peut ordonner que le condamné
subira sa peine dans la prison d'une autre commune. 4 mars 1836, cass., Sirey, 36. 1. 975.

Id., 3 sept. 1835, cass., Sirey, 36. 1. 975.

Id., 3 mai 1838, cass., Sirey-Devilleneuve, 39.
1. 992.

Le condamné à l'égard duquel la peine a été
commuée ne peut s'acquitter en offrant des journées de travail en nature. 21 sept. 1833, cass.,
Sirey, 34. 1. 380.

(1) Voy. ci-après l'art. 88 et les notes.

Le simple refus ou abstention du service des revues et exercices constitue tantôt une infraction aux
règles du service, passible de la peine de la réprimande (art. 85 et 88), tantôt une désobéissance et
insubordination, passible de la peine d'emprisonnement (art. 89). 5 août 1831, cass., Sirey, 31. 1. 305.

Le fait par un officier d'avoir manqué à un service de théorie pratique, à lui commandé en vertu
d'un règlement légal, ne rentre pas dans l'application de l'art. 86 ; il ne peut motiver que l'application de l'art. 85 ou de l'art. 87. 6 juillet 1833 ,
cass., Sirey, 34. 1. 377.

Id., 21 juillet 1838, Sirey-Devilleneuve, 39. 1.
989.

L'ordre du jour d'un commandant de la garde
nationale qui prescrit aux capitaines la formation
de tableaux relatifs à la composition du conseil de

discipline, n'est pas obligatoire avec sanction pé-
nale. 18 août 1838, cass., Sirey-Dev., 38. 1. 1017.

(2) Voy. ci-après l'art. 88 et les notes.

La démission donnée par un officier n'est pas
un obstacle à l'exercice de l'action publique, quant
aux fautes disciplinaires commises par lui antérieurement. 15 juin 1832, cass., Sirey, 32. 1. 849.

L'officier réélu, qui n'a pas été reconnu par la
garde assemblée, n'en doit pas moins être considéré
comme légalement pourvu de son grade et soumis
à la juridiction du conseil de discipline. 8 novembre 1838, cass., Devilleneuve, 38. 1. 1021.

(3) L'article adopté d'abord par la Chambre des
Députés portait : toute infraction GRAVE aux règles
du service. Il paraît que le mot grave a été supprimé
par la commission de la Chambre des Pairs.

Mais, comme nous l'avons déjà dit, il faut bien
remarquer que cet art. 87 n'est applicable qu'aux
officiers. Voy. cependant art. 88.

M. de Vaucelle avait proposé à la Chambre des
Députés un article additionnel ainsi conçu « Sera
puni de la prison pour un temps qui ne pourra
excéder trois jours, et en cas de récidive cinq, tout
sous-officier ou caporal qui se sera rendu coupable
de propos outrageants ou humiliants envers un inférieur, et d'abus d'autorité à son égard. Cet amendement n'a pas été appuyé.

En résulte-t-il que cette faute, de la part d'un
sous-officier ou caporal, n'est prévue ni punie par
aucun article de la loi ; que les autres fautes prévues par l'art. 87, à l'égard des officiers ne sont
punissables de la part d'un sous-officier,-caporal
ou garde national, qu'autant qu'elles sont prévues
par un article spécial ? Voy. l'art. 89. La faveur
avec laquelle doivent être appliquées les lois pénales nous porterait à adopter l'affirmative : mais
la généralité des termes, dans lesquels est conçu le
paragraphe 2 de l'art. 89, laissera aux conseils de
discipline le moyen de punir le sous-officier ou le
caporal qui aurait adressé des propos outrageants
à un subordonné, ou qui aurait commis un abus
d'autorité.

Les manquements, de la part d'un officier, à
plusieurs réunions d'officiers pour l'étude de la
théorie, ne le rendent passible des peines portées
par l'art. 87 qu'autant qu'il était de service lorsque
ces manquements ont eu lieu. 16 février 1833,
cass., Sirey, 33. 1. 584.

Un officier ne peut être renvoyé des poursuites
pour avoir négligé d'exécuter une consigne sur le
motif qu'elle lui aurait été donnée par un officier
d'état-major vêtu en bourgeois, et qu'il aurait cru
n'avoir reçu qu'une invitation et non un ordre.
15 septembre 1832, cass., Sirey, 34. 1. 377.

Un officier régulièrement commandé pour un
service d'instruction et de revue, qui y assiste sans
y prendre part, se rend en cela coupable de déso-

88. Les peines énoncées dans les art. 85 et 86, pourront, dans les mêmes cas, et suivant les circonstances, être appliquées aux sous-officiers, caporaux et gardes nationaux (1).

89. Pourra être puni de la prison, pendant un temps qui ne pourra excéder deux jours, et en cas de récidive, trois jours (2):

1° Tout sous-officier, caporal et garde

---

béissance et d'insubordination, punissables d'emprisonnement. 22 mars 1833, cass., Sirey, 34. 1. 377.

Le simple manquement à un service de revue et à une garde hors de tour ne peut motiver l'application de la réprimande *avec mise à l'ordre*, cette peine n'étant applicable qu'à une infraction commise pendant la durée du service ou sous l'uniforme. 12 oct. 1833, cass, Sirey, 34. 1. 379.

Id., 23 nov. » cass., Sirey, 34. 1. 379.

Id., 14 déc. » cass., Sirey, 34. 1. 379.

Est passible de la peine de l'emprisonnement l'officier reconnu coupable d'avoir manqué à deux services légalement commandés, encore bien que ce ne soient pas des services d'ordre et de sûreté. 12 août 1837, cass., Sirey-Dev., 39. 1. 992.

L'arbitraire de la part d'un chef dans la distribution des ordres et des gardes, constitue un manquement à la discipline et au service puni par l'art. 86. 31 janvier 1840, cass., Sirey-Dev., 40. 1. 1007.

Les infractions commises dans le service de la garde nationale, ne peuvent être excusées entièrement à raison du défaut d'intention coupable de la part du prévenu : ce n'est là qu'un motif d'atténuation de la peine. 5 juillet 1839, cass., Devilleneuve, 40. 1. 1008.

L'officier commandé pour être de service est, par cela même, censé de service, et punissable pour son absence totale et absolue. 16 mars 1837, cass., Devilleneuve, 38. 1. 1023.

L'infraction aux règles du service n'est punissable de prison qu'à l'égard des officiers et non à l'égard des simples gardes nationaux : ceux-ci ne sont, pour ce fait, passibles que de la réprimande. 16 mars 1837, cass., Devilleneuve, 38. 1. 1023. Voy. aussi, pour les sous-officiers, 25 juillet 1834, cass., Sirey-Dev., 34. 1. 855.

Toute infraction aux règles du service de la part d'un officier, même alors qu'elle n'a pas été accompagnée d'insubordination, peut être punie de la peine de l'emprisonnement. 30 mars 1839, cass., Devilleneuve, 40. 1. 1007.

(1) Un des principes à établir dans l'organisation de la garde nationale, c'est l'égalité entre les chefs et les simples gardes nationaux; or, pour établir cette égalité, il fallait la mettre dans les peines.

Nous disons, dans une note précédente (voy. note sur l'art. 84), que les peines portées par la loi ne peuvent être prononcées que dans les cas qu'elle a prévus et déterminés; si donc il se présentait un cas de culpabilité non prévu par la loi, quelque flagrant qu'il fût, il ne pourrait y être appliqué aucune peine. La combinaison des art. 85, 86, 88 et 89, § 2, pourvoira en partie à cet inconvénient. En effet, il y aura peu de fautes qu'on ne puisse faire rentrer dans ces expressions : *infraction, même légère, aux règles du service, conduite propre à porter atteinte à la discipline de la garde nationale ou à l'ordre public*. Ces fautes pourront être punies de la réprimande, de la réprimande avec mise à l'ordre, ou même de la prison. Voy. les notes sur l'art. 87.

Les règles de détail sur la subordination et le service ne sont, pour la garde nationale, l'objet d'aucun règlement particulier; mais ces règles sont déterminées par les ordonnances militaires. Un long usage les a consacrés, et les rend communes à toutes les portions de la force publique.

Dans la garde nationale, le manque de respect, hors du service, ne doit être mis au rang des fautes de discipline qu'autant que l'infraction a été commise envers un supérieur revêtu des marques distinctives de son grade.

Il est des actes qui, comme ceux des officiers et sous-officiers, ne se font pas dans le service même, et cependant ont lieu pour le service pour objet, soit qu'il faille régler les tours du service, le commander ou l'organiser. Les infractions aux règlements peuvent, dans ce cas, être réprimées par les conseils de discipline; mais il importe de vérifier qu'elles ont été commises à raison du service, ce qui seul en attribue la connaissance aux conseils.

(2) Un conseil de discipline ne peut condamner un prévenu pour refus d'obéissance à des ordres de service reçus depuis qu'il était en instance pour obtenir sa radiation des contrôles, jusqu'à ce qu'il ait été définitivement statué sur cette demande. 5 juin 1835, cass., Sirey, 35. 1. 971.

Id., 18 oct. 1831, cass., Sirey, 31. 1. 377.

Tout citoyen porté sur les contrôles, fût-il infirme, est justiciable du conseil de discipline pour manquement aux services commandés, tant qu'il ne s'est pas pourvu en radiation devant le conseil de recensement et le jury de révision. 3 mai 1838, cass., Devilleneuve, 39. 1. 988.

Le service, dans la garde nationale à cheval, ne dispense pas du service dans la garde nationale à pied, tant que la garde ne justifie pas de sa radiation des contrôles de cette arme. 30 novembre 1837, cass., Devilleneuve, 39. 1. 988.

Les peines pour refus d'un service d'ordre et de sûreté doivent être appliquées, bien que l'élection des officiers et sous-officiers de la compagnie ait été annulée par le jury de révision, lorsque, malgré cette annulation, un arrêté du préfet avait ordonné que ces officiers et sous-officiers continueraient à remplir leurs fonctions. 28 février 1835, cass., Sirey, 35. 1. 973.

La dispense de service accordée par un supérieur, quelque faux ou supposés que fussent les motifs donnés pour l'obtenir, affranchit le garde national de toute peine à raison du manquement au service. 29 août 1833, cass., Sirey, 33. 1. 891.

Les maladies présentées comme excuse d'un défaut de service, peuvent être valablement constatées et certifiées par tous autres médecins que ceux de la légion. 8 octobre 1836, cass., Devilleneuve, 38. 1. 1019.

L'obligation imposée aux gardes nationaux de prévenir leurs chefs de leur absence, peut s'étendre aux services supplémentaires commandés *de momento ad momentum*; mais, dans ce cas, ils doivent justifier de la réalité de leur absence. 20 mars 1828, cass., Devilleneuve, 38. 1. 1019.

Un fonctionnaire public, tel qu'un conseiller de préfecture, appelé en cette qualité à une cérémonie

national coupable de désobéissance et d'insubordination (1), ou qui aura re-

religieuse, est, par ce fait, légalement dispensé de se rendre à la même cérémonie comme garde national. 21 septembre 1838, cass., Devilleneuve, 38. 1. 1018.

Le garde national qui a continué de faire son service et d'être porté sur les contrôles d'une légion, malgré la translation de son domicile dans la circonscription d'une autre légion, ne peut être condamné pour manquement à son service dans celle-ci. 7 avril 1837, cass., Devilleneuve, 38. 1. 1018.

La dispense du service qui n'est ni temporaire, ni dans un intérêt privé (par exemple, celle établie en faveur des agents du service du télégraphe), peut être proposée pour la première fois devant le conseil de discipline, quoiqu'elle ne l'ait pas été devant le conseil de recensement. 12 janvier 1837, cass., Devilleneuve, 38. 1. 1020..

Il n'y a récidive, en matière de refus de service de garde nationale, qu'autant que la première condamnation est intervenue à l'occasion d'un délit d'une gravité égale à celui qui donne lieu à la seconde, et emportant, comme ce dernier, la peine d'emprisonnement. 9 mai 1835, cass., Sirey, 35. 1. 976.

Il n'y a pas récidive si la condamnation, étant par défaut, se trouve encore susceptible d'opposition. 6 février 1832, cass., Sirey, 32. 1. 449.

Id., 27 avril 1833, cass., Sirey, 33. 1. 703.

Id., 13 août 1836, cass., Devilleneuve, 37, 1, 1040.

Il n'y a récidive de la part d'un garde national, pour refus de service, qu'autant que la première condamnation, motivée sur de semblables refus, a eu lieu dans l'année. A ce cas s'applique l'art. 483 du Code pénal. 5 mai 1836, cass., Devilleneuve, 37. 1. 1040..

Le jugement qui prononce une condamnation pour récidive, doit, à peine de nullité, indiquer d'où résulte cette récidive. 17 mars 1832, cass., Sirey, 32. 1. 451.

Pour qu'un refus de service dans la garde nationale soit considéré comme ayant eu lieu en récidive, et puisse, en conséquence, donner lieu à l'application de la peine de trois jours de prison, il faut qu'il y ait eu précédemment condamnation prononcée contre le même individu, pour un double refus de service d'ordre et de sûreté, c'est-à-dire qu'il y ait eu trois refus successifs d'un service commandé. 24 juin 1831, cass., Sirey, 31. 1. 421.

(1) La simple désobéissance, isolée de l'insubordination, n'est point punissable de la peine portée par cet article. 6 septembre 1833, cass., Sirey, 33. 1. 893.

Les refus réitérés, de la part d'un garde national, de se rendre aux revues et exercices, ne peuvent être considérés comme constituant par eux-mêmes, et indépendamment de toute circonstance aggravante, le délit de désobéissance et d'insubordination. 2 mars 1832, cass., Sirey, 32. 1. 523.

Id., 4 mai 1832, cass., Sirey, 32. 1. 668.

Id., 11 mai 1832, cass., Sirey, 32. 1. 700.

Id., 6 juillet 1833, cass., Sirey, 33. 1. 892 et 893.

Id., 24 juin 1836, cass., Sirey, 36. 1. 972.

Alors même qu'un règlement particulier et local aurait assimilé ces revues et exercices à un service ordinaire. 5 janvier 1836, cass., Sirey, 36. 1. 971.

Id., 19 mars 1836, cass., Devilleneuve, 37. 1. 1038.

Mais le refus obstiné, de la part d'un garde national, de se rendre aux revues, peut, lorsque le garde national a déjà été condamné une première fois à la réprimande avec mise à l'ordre, être considéré comme constituant l'insubordination. 4 août 1832, cass., Sirey, 33. 1. 338.

Id., du refus par un garde national de se rendre aux revues et exercices, avec déclaration, devant le conseil de discipline, qu'il les regarde comme n'étant pas obligatoires. 19 mai 1836, cass., Sirey, 36. 1. 971.

Id., 1er juin 1832, cass., Sirey, 32. 1. 781.

Id., de la circonstance que le garde national s'est promené devant les rangs de la garde nationale, et a été signalé comme devant, par son exemple, exciter les autres gardes nationaux à ne plus assister aux revues. 10 mars 1836, cass., Devilleneuve, 37. 1. 1039.

Le simple manquement à un service extraordinaire ne peut être puni comme désobéissance ou insubordination. 3 septembre 1836, cass., Sirey, 36. 1. 972.

Le manquement à un service commandé pour un détachement destiné à maintenir le bon ordre dans une cérémonie publique, ne peut être considéré comme désobéissance et insubordination. 19 nov. 1835, cass, Sirey, 36. 1. 973.

Id., du refus par un garde national qui a un uniforme, de revêtir celui qui lui est offert par la commune. 11 novembre 1836, cass., Sirey-Dev., 37. 1. 1039.

Id., du refus, par un garde national, de recevoir l'arme qui lui est envoyée à son domicile par le maire. 9 mai 1835, cass., Sirey, 35. 1. 975.

Du moins si ce refus est une désobéissance, il n'est pas une insubordination qui doit être jointe à la désobéissance, pour être passible de la peine d'emprisonnement. 4 juillet 1835, cass., Sirey, 35. 1. 975.

Le simple refus de monter une garde hors de tour, ne peut seul être considéré comme constituant la désobéissance et l'insubordination. 6 avril 1833, cass., Sirey, 33. 1. 893.

Id., 24 mars 1836, cass., Devilleneuve, 37. 1. 1039.

Il en est autrement si à ce refus se joint la déclaration de ne vouloir pas assister à l'avenir aux revues. 14 avril 1832, cass., Sirey, 32. 1. 698.

Le fait d'avoir quitté les rangs de la compagnie, et d'avoir refusé d'y rentrer, malgré les ordres de son capitaine, constitue un acte de désobéissance et d'insubordination. 12 mai 1832, cass., Sirey, 32. 1. 781.

Jugé en sens contraire, 17 août 1833, cass., Sirey, 34. 1. 376.

La désobéissance et l'insubordination par un garde national, soit dans le service, soit hors du service, mais à son occasion, est punissable de l'emprisonnement. 22 octobre 1831, cass., Sirey, 32. 1. 355.

Les gardes nationaux faisant partie des compagnies d'élite sont tenus de se présenter en uniforme toutes les fois qu'ils sont appelés au service, alors même qu'aucun règlement spécial ne leur imposerait cette obligation.

fusé (1) pour la seconde fois un service d'ordre et de sûreté (2) ;

2º Tout sous-officier, caporal et garde national qui, étant de service, sera dans

---

Et le fait, par ces gardes nationaux, de s'être présentés en tenue bourgeoise, peut, selon les circonstances, être déclaré constituer la désobéissance et l'insubordination. 21 février 1833, cass., Sirey-Devill., 33. 1. 702.

Id., 27 juin 1835, cass., Sirey-Devill., 35. 1. 974.

Id., 10 juill. 1835, cass., Sirey-Devill., 35. 1. 974.

Le garde national qui, ayant un uniforme et étant armé, se présente à une revue sans uniforme et sans armes, se rend, par là, coupable de désobéissance et d'insubordination, alors qu'il existait un arrêté régulier qui enjoignait aux gardes nationaux habillés et armés de se revêtir de leur uniforme les jours de revue. 30 mai 1833, cass., Sirey-Devill., 34. 1. 376.

Jugé en sens contraire à l'égard d'un garde national qui, ayant un uniforme, se présente en bourgeois pour monter sa garde. 30 mai 1835, cass., Sirey-Devill., 35. 1. 974.

Le garde national incorporé dans une compagnie d'élite où l'uniforme est obligatoire, est tenu d'entretenir son uniforme tant qu'il n'a pas fait statuer sur son incorporation dans une compagnie où l'uniforme n'est pas exigé. Il importe peu qu'antérieurement à l'ordre du service, il se soit pourvu devant le conseil du recensement pour obtenir sa radiation des contrôles de la compagnie d'élite. 2 juin 1838. Sirey-Devilleneuve, 38. 1. 1022.

Un garde national ne fait pas partie d'une compagnie d'élite, ne peut être condamné à la prison pour avoir cessé de paraître en uniforme, lorsque rien n'établit qu'il soit encore en possession de celui qu'il avait auparavant. 11 août 1836, cass., Sirey-Devill., 37. 1. 1039. Voy. les notes.

Les gardes nationaux non habillés se rendent coupables de désobéissance et d'insubordination s'ils refusent de prendre la cocarde nationale et le fourniment qui leur est offert au poste, et s'ils refusent de les garder pendant la durée du service. 14 janvier 1832, cass., Sirey-Devill., 32. 1. 128.

Id., 3. janv. 1834, cass., Sirey-Devill., 34. 1. 371.

Jugé en sens contraire, 27 décembre 1834, cass., Sirey-Devill., 35. 1. 974.

(1) Pour qu'il y ait refus de service, il n'est pas nécessaire que le prévenu ait déclaré ne pas vouloir faire le service. Il y a refus de service, dans le sens de la loi, toutes les fois qu'il y a eu manquement à un service commandé.

(2) Ces mots *un service d'ordre et de sûreté* ont été ajoutés, afin que l'article ne fût pas applicable au garde national qui, commandé pour une revue ou des manœuvres ou exercices, y aurait manqué. En effet, la faute est moins grave et ne devait pas être punie avec la même sévérité Dans ce cas, les art. 85, 86 et 88 seront applicables.

Le refus d'un service d'ordre et de sûreté de la part d'un garde national (non officier), n'est punissable de la peine de la prison qu'autant qu'il a eu lieu pour la seconde fois. La première fois il n'est passible que de la réprimande. 27 août 1831, cass., Sirey-Devill., 32. 1. 107.

Id., 25 mai 1839, cass., Sirey Devill., 40. 1. 1008.

Le manquement au service des revues et exercices de la garde nationale ne peut être assimilé à un refus de service *d'ordre et de sûreté*. 23 novembre 1834, cass., Sirey-Devill., 32. 2. 13.

Id., 25 avril, 1835, cass., Sirey-Devill., 35. 1. 973.

Une revue commandée de rigueur, pour l'inspection des armes, en vertu d'un règlement dûment approuvé, peut être considérée comme un service d'ordre et de sûreté. 21 février 1833, cass., Sirey-Devill., 33. 1. 583.

Id., 9 mai 1835, cass., Sirey-Devill., 35. 1. 973.

Id., 12 août 1837, cass., Sirey-Devill., 39. 1. 992.

Id., 25 mai 1839, cass., Sirey-Devill., 40. 1. 1006.

Ces revues sont obligatoires même pour les gardes nationaux qui n'ont pas d'armes en leur possession. 5 juillet 1839, cass., Sirey-Devill., 40. 1. 1006.

.... Alors même que les armes dont sont pourvus les gardes nationaux n'auraient pas été fournies par l'État. 5 mars 1839, cass., Sirey-Devill., 40. 1. 1006.

Les gardes nationaux doivent présenter eux-mêmes leurs armes aux inspections commandées ; ils ne peuvent faire faire cette présentation par un tiers. 25 mai 1839, cass., Sirey-Devill., 40. 1. 1006.

Les exercices et manœuvres du canon sont des services d'ordre et de sûreté pour les artilleurs de la garde nationale, comme les inspections d'armes pour les fantassins. 25 juillet 1839, cass., Sirey-Devill., 39. 1. 991.

Des faits antérieurs sur lesquels il a déjà été statué, ne peuvent être rattachés par le conseil de discipline à un nouveau fait, pour établir un double refus de service d'ordre et de sûreté. 6 avril 1833, cass., Sirey-Devill., 33. 1. 893.

Les refus, par un garde national, de se rendre au poste établi près d'un conseil de discipline, peuvent être considérés comme des refus de service d'ordre et de sûreté. 18 avril 1834, cass., Sirey-Devill., 35. 1. 974.

Le fait de la part d'un tambour de la garde nationale de s'être joint à une procession, revêtu de son uniforme, et de l'avoir conduite au son du tambour, sans en avoir reçu l'ordre de ses chefs, ne constitue pas la désobéissance et l'insubordination punies par l'art. 89, mais seulement l'infraction prévue par les art. 85, 86 et 88. 6 septembre 1833, cass., Sirey-Devill., 34. 1. 378.

L'art. 89 est applicable au manquement de deux services d'ordre et de sûreté, encore bien que le premier manquement n'ait pas été puni d'une garde hors de tour par le chef de corps. 15 juin 1832, cass., Sirey-Devill., 32. 1. 702.

On doit considérer comme service d'ordre et de sûreté le service d'escorte à la procession du Saint-Sacrement. 4 juin 1836, cass., Sirey-Devill., 36. 1. 973.

Les exercices des pompiers de la garde nationale. 8 octobre 1835, cass., Sirey-Devill., 36. 1. 972.

Les gardes hors de tour commandées à titre de punition. 21 février 1839, cass., Sirey-Devill., 40. 1. 1007.

Le service qui consiste à escorter les autorités municipales à une fête publique et à y maintenir l'ordre et la tranquillité. 28 janvier 1837, cass., Sirey-Devill., 38. 1. 1022.

L'invitation adressée par un maire à la garde nationale d'accompagner les autorités à une procession du culte catholique, peut être considérée comme n'ayant qu'un but honorifique et n'étant pas un service d'ordre et de sûreté. 23 mai 1840, cass., Sirey-Devill., 40. 1. 1007.

La garde hors de tour à laquelle un garde national est condamné pour un premier manquement

un état d'ivresse, ou tiendra une conduite qui porte atteinte à la discipline de la garde nationale ou à l'ordre public (1) ;

5° Tout garde national qui . étant de service, aura abandonné ses armes ou son poste avant qu'il ne soit relevé (2).

90. Sera privé de son grade tout officier, sous-officier ou caporal , qui , après avoir

subi une condamnation du conseil de discipline, se rendra coupable d'une faute qui entraîne l'emprisonnement, s'il s'est écoulé moins d'un an depuis la première condamnation. Pourra également être privé de son grade tout officier, sous-officier et caporal , qui aura abandonné son poste avant qu'il ne soit relevé.

à un service d'ordre et de sûreté, n'efface pas ce premier manquement. 18 octobre 1832, cass., Sirey-Devill., 33. 1. 338.

Le garde national qui, après avoir refusé un service d'ordre et de sûreté, refuse de monter la garde hors de tour qui lui a été infligée, se rend coupable d'un double refus de service. 18 avril 1835, cass., Sirey-Devill., 35. 1. 973.

Id., 30 nov. 1837, cass., Sirey-Devill., 39. 1. 991.

Le fait d'un double manquement à une garde hors de tour suffit pour constituer un double refus d'un service d'ordre et de sûreté. 18 octobre 1834, cass., Sirey-Devill., 35. 1. 973.

Le refus d'un garde national de monter une garde hors de tour qui lui a été infligée par le chef de corps pour manquement aux exercices, ne peut être considéré comme un manquement par *récidive* à un service *d'ordre et de sûreté*. 15 juin 1832, cass., Sirey-Devill., 32. 1. 850.

Le double refus d'un service d'instruction ne peut être assimilé à un double refus de service d'ordre et de sûreté. 2 mars 1832, cass., Sirey-Devill., 32. 1. 523.

La peine de l'emprisonnement n'est pas applicable lorsque le premier manquement a été couvert par une ordonnance d'amnistie. 21 septembre 1838, cass., Sirey-Devill., 39. 1. 992.

(1) Voy. la note sur l'art. 88.

(2) M. le comte de Sesmaisons a fait observer qu'il arrive tous les jours, sans aucun inconvénient, que les gardes nationaux laissent leurs armes au râtelier du corps-de-garde pendant qu'ils vont vaquer à leurs occupations. « D'ailleurs, a-t-il dit, le garde national est responsable de ses armes , et doit les payer s'il vient à les perdre. » Mais M. le comte d'Ambrugeac a répondu que l'abandon des armes ne pouvait être racheté par le paiement de la valeur du fusil; qu'il y avait des cas où l'abandon des armes pouvait armer un ennemi de l'ordre public. Un autre article (l'art. 62) porte que le garde national qui abandonne momentanément son poste, peut être condamné à une faction hors de tour. Cet article prévoit l'abandon momentané du poste. Mais un factionnaire qui abandonne ses armes à son poste est bien autrement coupable ; dans ce cas, il ne s'agit pas seulement de lui faire payer son arme ; la prison n'est pas une peine trop grave pour cette faute. C'est dans ce sens que l'article doit être entendu.

Le sous-officier déclaré coupable d'avoir abandonné son poste, peut être condamné cumulativement à la peine de la privation de son grade et à la peine de l'emprisonnement. 14 mai 1835, cass., Sirey-Devill., 36. 1. 975.

La peine de la réprimande peut être cumulée avec celle de l'emprisonnement , sans qu'il y ait violation du principe posé par l'art. 365 du Code d'inst. cr. 12 janvier 1837, cass., Sirey-Devilleneuve, 38. 1. 1024.

L'abandon du poste s'entend aussi bien de l'abandon du corps-de-garde que de l'abandon de la

faction elle-même. 3 décembre 1831, cass., Sirey-Devill., 32. 1. 348.

Id., 30 mai 1835, cass., Sirey-Devill., 36. 1. 974.

L'absence momentanée du poste ne peut être punie comme l'abandon du poste. 30 juillet 1835, cass., Sirey-Devill., 35. 1. 974.

Id., 29 janv. 1836, cass., Sirey-Devill., 36. 1. 974.

Id., 11 juin 1836, cass., Sirey-Devill., 36. 1. 974.

Le fait , par le garde national , de s'absenter du poste sans autorisation , et de ne reparaître que quelques instants avant la levée de ce poste, ne peut être considéré comme un abandon du poste. 20 juillet et 8 novembre 1838, cass., Sirey-Devill., 38. 1. 1022.

La peine d'emprisonnement , prononcée pour le cas d'abandon du poste , est facultative : les juges peuvent choisir une peine moins grave parmi celles qui sont applicables aux gardes nationaux. 3 janvier 1834, cass., Sirey-Devill., 34. 1. 379.

Les conseils de discipline peuvent prononcer la peine d'emprisonnement pour une durée moindre de vingt-quatre heures. 22 oct. 1831, cass., Sirey-Devill., 32. 1. 281.

Le défaut de comparution d'un garde national devant le conseil de discipline où il a été cité, ne peut donner lieu contre lui à aucune aggravation de peine. 6 mars 1834, cass., Sirey-Devill., 34. 1. 379.

Le fait, par un garde national, d'avoir adressé à l'officier commandant le poste des paroles offensantes et des provocations suivies de désobéissance , doit être considéré , soit comme désobéissance et insubordination , soit comme atteinte portée à la discipline, et non comme délit de rebellion ou d'outrages envers un commandant de force publique, dans le sens de l'art. 209 et suivants du Code pénal. 23 avril 1836, cass., Sirey-Devill., 36. 1. 972.

Les violences exercées par un garde national contre son chef de poste ne caractérisent pas seulement la désobéissance et l'insubordination , mais constituent le délit prévu par les art. 228 et 230 du Code pénal. 9 septembre 1831, cass., Sirey-Devill., 32. 1. 695.

Id., 25 mai 1837, cass., Sirey-Devill., 38. 1. 1021.

Les peines de discipline dont est passible un garde national à raison de refus par lui fait de prêter, dans l'une des circonstances énumérées dans l'art. 475, n. 12 du Code pénal, le secours dont il avait été légalement requis, en sa qualité, par l'autorité municipale, ne peuvent être cumulées avec les peines de police portées par cet article. 2 décembre 1831, cass., Sirey-Devill., 32. 1. 517.

Le fait par un garde national en uniforme d'avoir fait partie d'un rassemblement qui, sur l'invitation de l'autorité, a refusé de se séparer, constitue un délit commun de la compétence du tribunal correctionnel, et non une infraction à la discipline. 14 mars 1834, cass., Sirey-Devill., 34. 1. 378.

Un conseil de discipline est incompétent pour connaître du fait imputé à un chirurgien du bataillon, d'avoir délivré un faux certificat de mala-

Tout officier, sous-officier et caporal, privé de son grade par jugement, ne pourra, être réélu qu'aux élections générales.

91. Le garde national prévenu d'avoir vendu à son profit les armes de guerre ou les effets d'équipement, qui lui ont été confiés par l'Etat ou par les communes, sera renvoyé devant le tribunal de police correctionnelle pour y être poursuivi à la diligence du ministère public, et puni, s'il y a lieu, de la peine portée en l'art. 408 du Code pénal (1), sauf l'application, le cas échéant, de l'art. 463 dudit Code (2).

Le jugement de condamnation prononcera la restitution au profit de l'Etat ou de la commune du prix des armes ou effets vendus.

92. Tout garde national qui, dans l'espace d'une année, aura subi deux condamnations du conseil de discipline, pour refus de service, sera, pour la troisième fois, traduit devant les tribunaux de police correctionnelle, et condamné à un emprisonnement qui ne pourra être moindre de cinq jours, ni excéder dix jours (3).

En cas de récidive (4), l'emprisonnement ne pourra être moins de dix jours, ni excéder vingt jours (5).

---

dié à un garde national pour l'exempter du service. C'est là un délit prévu part l'art. 160 du Code pénal. 6 mai 1836, cass., Sirey-Devill., 36. 1. 969.

(1) Les peines prononcées par l'art. 408 du Code pénal, sont l'emprisonnement de deux mois au moins, et de deux ans au plus; l'amende, qui ne peut être moindre de vingt-cinq francs, ni excéder le quart des restitutions et dommages-intérêts dus aux parties lésées. En outre, les tribunaux peuvent, selon les cas, interdire pendant cinq ans au moins et dix ans au plus, l'exercice des droits mentionnés dans l'art. 42 du Code pénal.

(2) L'art. 463 porte : « Dans tous les cas où la peine d'emprisonnement et celle de l'amende sont prononcées par le Code pénal, si les circonstances paraissent atténuantes, les tribunaux correctionnels sont autorisés, même en cas de récidive, à réduire l'emprisonnement, même au-dessous de six jours, et l'amende, même au-dessous de seize francs. Ils pourront aussi prononcer séparément l'une ou l'autre de ces peines, et même substituer l'amende à l'emprisonnement, sans que d'en aucun cas elle puisse être au-dessous des peines de simple police. »

Les peines de simple police sont elles-mêmes ainsi établies : « Art. 465. L'emprisonnement pour contravention de police ne pourra être moindre d'un jour, ni excéder cinq jours. »

« Art. 466. Les amendes pour contravention pourront être prononcées depuis un franc jusqu'à quinze francs inclusivement. »

Il résulte, du rapprochement et de la combinaison de ces articles, que les tribunaux auront une grande latitude ; qu'ils pourront, selon les circonstances, étendre ou restreindre la peine. En effet, ils pourront prononcer un emprisonnement de deux ans, une amende égale au quart des restitutions des dommages-intérêts, et la privation des droits civiques, civils et de famille énoncés en l'art. 42, ou bien ne prononcer qu'un jour de prison et un franc d'amende. Il n'est pas besoin de dire qu'entre ce maximum et ce minimum ils peuvent s'arrêter à tel degré de sévérité qu'ils jugent convenable.

(3) On a conservé le renvoi devant le tribunal de police correctionnelle, parce que ce renvoi seul est un désagrément très-sensible, qui rendra plus rares les délits passibles de ce moyen de répression.

Il faut bien remarquer, dans cet article, les deux conditions nécessaires à son application : deux condamnations dans l'espace d'une année, et pour refus de service.

Cet article n'est applicable qu'au cas où les refus de service sont des refus réitérés et persévérants

d'un service d'ordre et de sûreté, dans le sens du n. 1 de l'art. 89 de la même loi, et non au cas où il s'agit de simples manquements à un service de revue ou encore de désobéissance et d'insubordination. 23 nov. 1831, cass., Sirey-Devill., 32. 1. 13.

Id., 11 fév. 1832, cass., Sirey-Devill., 32. 1. 540.

Id., 4 mai 1832, cass., Sirey-Devill., 32. 1. 700.

Id., 11 mai 1832, cass., Sirey-Devill., 32. 1. 540

Les ordonnances d'amnistie sont applicables aux infractions de la compétence de la juridiction correctionnelle comme à celles de la compétence des conseils de discipline. 19 juillet 1839, cass., Sirey-Devill., 39. 1. 992.

(4) Il y a récidive, emportant renvoi devant le tribunal correctionnel, lorsqu'un garde national se rend coupable d'un troisième double refus de service, encore bien que le troisième double refus soit intervenu à une époque où l'exécution des deux premières condamnations était suspendue par un pourvoi en cassation (depuis rejeté), et qu'à raison du pourvoi contre le premier jugement, le conseil de discipline n'ait point prononcé les peines de récidive lors du second. 22 novembre 1832, cass., Sirey-Devill., 33. 1. 703.

Les peines de la récidive ne peuvent être prononcées contre un garde national qu'autant que les précédentes condamnations sont passées en force de chose jugée..... notamment par le rejet de son pourvoi. 20 déc. 1833, cass., Sirey-Devill., 34. 1. 379 ; 1er mars 1834, cass., Sirey-Devill., 34. 1. 379.

Id., 13 nov. 1835, cass., Sirey-Devill., 36. 1. 975.

Le jugement correctionnel qui a appliqué les peines portées par l'art. 92, purge tous les refus antérieurs ; en conséquence, le garde national ne peut devenir de nouveau justiciable du tribunal correctionnel, que lorsque, depuis ce premier jugement, il a subi deux condamnations nouvelles du conseil de discipline. 16 novembre 1832, cass., Sirey-Devill., 33. 1. 496.

Il y a récidive lorsqu'un garde national qui a déjà subi une première condamnation correctionnelle pour un troisième double refus de service d'ordre et de sûreté, se rend coupable, dans la même année, d'un nouveau double refus de service de la même nature : il n'est pas nécessaire, pour qu'il y ait récidive correctionnelle, que le prévenu ait de nouveau épuisé la juridiction du conseil de discipline, en se rendant coupable d'un troisième double refus. Cette condition ne serait exigée qu'autant qu'il se serait écoulé plus d'une année depuis la première condamnation. 15 février 1833, cass., Sirey-Devill., 33. 1. 585.

(5) L'article adopté d'abord par la Chambre des

Il sera en outre condamné aux frais et à une amende qui ne pourra être moindre de cinq francs, ni excéder quinze francs, dans le premier cas, et, dans le deuxième, être moindre de quinze francs, ni excéder cinquante francs (1).

92. Tout chef de corps, poste ou détachement de la garde nationale, qui refusera d'obtempérer à une réquisition des magistrats ou fonctionnaires investis du droit de requérir la force publique, ou qui aura agi sans réquisition et hors des cas prévus par la loi, sera poursuivi devant les tribunaux et puni conformément aux art. 254 et 258 du Code pénal (2).

La poursuite entraînera la suspension, et, s'il y a condamnation, la perte du grade.

§ II. Des conseils de discipline (3).

94. Il y aura un conseil de discipline :

1° Par bataillon communal ou cantonal ;

2° Par commune ayant une ou plusieurs compagnies non réunies en bataillon ;

3° Par compagnie formée de gardes nationaux de plusieurs communes.

95. Dans les villes qui comprendront une ou plusieurs légions, il y aura un conseil de discipline pour juger les officiers supérieurs de légion et officiers d'état-major

---

Députés était moins sévère ; il portait que l'emprisonnement ne pourrait excéder six jours, et en cas de récidive, quinze jours. Le dernier paragraphe de l'article a également été ajouté par la Chambre des Pairs.

La commission de cette Chambre avait, en outre, proposé deux autres paragraphes ainsi conçus : « Si, dans le cours de la même année, une troisième condamnation intervenait contre le même garde national, il pourra, en outre, être privé en tout ou en partie des droits civiques énoncés dans les quatre premiers numéros de l'art. 42 du Code pénal, et rayé des contrôles du service ordinaire de la garde nationale : ces deux peines seront prononcées pour un temps qui ne pourra être moindre d'un an ni excéder deux ans. »

Pour soutenir ces deux paragraphes, on disait (M. le duc de Choiseul) qu'il n'y avait pas de devoir plus impérieux que celui de défendre son pays, de faute plus grave que de s'y refuser ; qu'on ne pouvait la punir trop sévèrement ; (M. le duc Decazes), que la cinquième récidive prévue par la commission avait souvent lieu dans les grandes villes ; que celui qui refusait cinq fois de remplir ses devoirs de citoyen, comme garde national, était indigne ou incapable de les remplir comme électeur ou éligible.

Mais M. le comte Portalis les a combattus par ces motifs, que la prévoyance des lois ne doit pas excéder de certaines bornes ; que le législateur se contente toujours de prévoir le cas de récidive ; que l'article faisait assez en sévissant contre quatre refus de service dans la même année, les deux premiers formant la faute de discipline, et la récidive, les deux autres, le délit correctionnel et la récidive de ce délit ; qu'une obstination plus coupable encore, si elle existait, serait trop rare pour que la loi s'en occupât ; que la privation des droits civiques est la plus grave des peines correctionnelles ; qu'on ne pouvait invoquer, pour la garde nationale actuelle, l'expérience de ce qui avait eu lieu sous la restauration ; qu'alors, le zèle était éteint, l'institution en décadence, et le service une charge sans compensation ; qu'à cette époque, la légalité, même des conseils de discipline, était contestée, tandis qu'à l'avenir tout sera réglé par la loi. Enfin, M. d'Ambrugeac a fait observer que la loi militaire était moins sévère envers l'officier qui refusait de servir : ces deux paragraphes ont été rejetés par la Chambre des Pairs.

(1) Ainsi, la condamnation aux frais et à l'amende a lieu non seulement pour la récidive, mais dans tous les cas, sauf la différence dans la gravité de l'amende.

Le projet du gouvernement portait que le garde national qui, après avoir été condamné par le tribunal de police correctionnelle, refuserait de nouveau le service, serait rayé des contrôles. Cette disposition a été supprimée. Chaque fois que reviendra le tour de service du garde récalcitrant, reviendra pareillement son tour de police correctionnelle, et une condamnation à l'amende et à la prison.

(2) Et hors les cas prévus par la loi, ont été ajoutés par la Chambre des Pairs. « Il ne faut pas, a dit M. Salverte à la Chambre des Députés, que les chefs de la garde nationale puissent agir sans réquisition. Ils sont soumis à l'autorité civile, qui doit remplir les formalités prescrites par la loi avant d'ordonner l'emploi de la force armée. Voy. les notes sur l'art. 7. »

A la Chambre des Députés, M. Doria a trouvé que la peine portée par l'art. 258 était exorbitante. Mais M. Jacquinot-Pampelune a répondu que cet article pouvait toujours être modifié par l'application de l'art. 463, quand il y avait des circonstances atténuantes. M. le rapporteur a également dit : « Un garde national qui n'obéit pas à un ordre supérieur est passible d'une peine, mais cette peine ne peut avoir aucune proportion avec celle qui doit frapper le garde national qui refuse d'obéir aux réquisitions de l'autorité civile. Il faut pour ce délit une peine distincte. »

M. Isambert avait proposé de retrancher de l'article le renvoi à l'art. 258 du Code pénal, qui n'est relatif qu'à l'usurpation des fonctions publiques. M. Allent, commissaire du roi, a répondu que les deux renvois portés par l'article étaient également nécessaires. « L'art. 234, a-t-il dit, s'applique au cas où le chef de corps, de poste ou de détachement, refuse d'obtempérer à une réquisition des magistrats ou fonctionnaires investis du droit de requérir la force publique. L'art. 258 s'applique au cas où ce même chef aura agi sans réquisition, parce qu'alors il usurpe l'autorité civile, qui peut seule donner l'impulsion légale à cette portion de la force publique. » L'amendement de M. Isambert n'a pas été appuyé. Il ne faut pas perdre de vue cette observation ; les art. 234 et 258 ne sont pas indifféremment applicables, l'un s'applique au refus d'obtempérer aux réquisitions légales, l'autre à l'action sans réquisition ; nous avons indiqué dans les notes sur l'art. 7, les cas où la force publique peut agir sans réquisition.

(3) Les art. 15 et suivants, sect. 5 de la loi du

non justiciables des conseils de discipline ci-dessus (1).

96. Le conseil de discipline de la garde nationale d'une commune ayant une ou plusieurs compagnies non réunies en bataillon, et celui d'une compagnie formée de gardes nationaux de plusieurs communes, seront composés de cinq juges, savoir :

Un capitaine, président ; un lieutenant ou un sous-lieutenant, un sergent, un caporal et un garde national (2).

97. Le conseil de discipline du bataillon sera composé de sept juges, savoir :

Le chef de bataillon, président ; un capitaine, un lieutenant ou un sous-lieutenant, un sergent, un caporal et deux gardes nationaux (3).

98. Le conseil de discipline pour juger les officiers supérieurs et officiers d'état-major sera composé de sept juges, savoir :

D'un chef de légion président ; de deux chefs de bataillon, deux capitaines et deux lieutenants ou sous-lieutenants (4).

99. Lorsqu'une compagnie sera formée des gardes nationaux de plusieurs communes, le conseil de discipline siégera dans la commune la plus populeuse.

100. Dans le cas où le prévenu serait officier, deux officiers du grade du prévenu entreront dans le conseil de discipline, et remplaceront les deux derniers membres.

S'il n'y a pas dans la commune deux officiers du grade du prévenu, le sous-préfet les désignera par la voie du sort parmi ceux du canton, et, s'il ne s'en trouve pas dans le canton, parmi ceux de l'arrondissement.

S'il s'agit de juger un chef de bataillon, le préfet désignera, par la voie du sort, deux chefs de bataillon des cantons ou des arrondissements circonvoisins (5).

101. Il y aura par conseil de discipline

---

29 septembre-14 octobre 1791, déterminent la composition et les attributions du conseil de discipline. On peut consulter aussi l'art. 35 de l'ordonnance du 17 juillet 1816.

La formalité de l'installation des membres des conseils de discipline n'est point prescrite à peine de nullité, et n'a rien par elle-même de substantiel. 17 mars 1832, cass., Sirey-Devill., 32. 1. 684.

Le défaut prétendu de prestation de serment, par l'un des membres du conseil de discipline, ne peut servir de fondement à un moyen de cassation, s'il n'est pas établi que ce même membre fût du nombre de ceux qui sont astreints au serment, et qu'il ne l'ait pas prêté avant de faire partie du conseil de discipline. 17 mars 1832, cass., Sirey-Devill., 32. 1. 684.

Les sous-officiers et simples gardes nationaux, faisant partie des conseils de discipline, ne sont pas soumis à l'obligation de prêter le serment prescrit aux fonctionnaires par la loi du 31 août 1830. 10 septembre 1831, cass., Sirey-Devill., 32. 1. 130.

Ceux-là seuls auxquels le titre d'officier, sous-officier ou caporal, a été conféré par l'élection, peuvent faire partie, en cette qualité, des conseils de discipline de la garde nationale. 10 novembre 831, cass., Sirey-Devill., 32. 1. 281.

Les sexagénaires peuvent faire partie des conseils de discipline de la garde nationale. 10 septembre 1831, cass., Sirey-Devill., 32. 1. 130.

(1) Cet article a été ajouté par la Chambre des Pairs. Il règle lui-même la compétence des conseils qu'il établit ; mais ces conseils ne doivent pas être considérés comme des conseils supérieurs aux conseils ordinaires, devant lesquels on puisse appeler de leurs décisions. Voy. l'art. 120 ci-après.

Dans les villes qui comprennent une ou plusieurs légions, les porte-drapeaux sont justiciables du conseil de discipline de bataillon. 21 février 1835, cass., Sirey-Devill., 35. 1. 972.

(2) Le projet du gouvernement proposait d'introduire un jury dans chaque conseil de discipline. Il en résultait des formes longues et compliquées pour des affaires, en général, peu importantes et extrêmement nombreuses. Les conseils de discipline, tels qu'ils existent, sont des tribunaux pleins

de bienveillance, et presque paternels. Composés de gardes nationaux de tous les grades, ils sont, aux formes près, de véritables jurys. L'adoption du projet du gouvernement aurait occasionné une immense perte de temps, l'encombrement des affaires et le dérangement constant du nombre énorme des jurés qu'il aurait fallu pour toute la France.

(3) Un conseil de discipline appelé à juger un simple garde national est légalement constitué, bien que parmi ses membres ne se trouvent que deux simples gardes nationaux ; il suffit que le conseil soit composé de cinq des membres désignés par la loi. 31 mai 1833, cass., Sirey-Devill., 33. 1. 891.

La nullité résultant de ce qu'un individu a illégalement fait partie du conseil de discipline est d'ordre public et ne peut être couverte par l'acquiescement. 22 novembre 1839, cass., Sirey-Devilleneuve, 40. 1. 1005.

Le conseil de discipline d'un bataillon ne peut être présidé par le chef d'un autre bataillon, même au cas d'empêchement du chef de bataillon. 22 novembre 1839, cass., Sirey-Devilleneuve, 40. 1. 1005.

(4) Les jugements rendus par un conseil de discipline de bataillon composé de huit membres, est vicié de nullité. 2 février 1833, cass., Sirey-Devill., 33. 1. 495.

Id., 11 novembre 1836, cass., Sirey-Devilleneuve, 37. 1. 1038.

Le citoyen inscrit comme garde national sur les contrôles d'une commune, doit être cité devant le conseil de discipline ordinaire, quoiqu'il ait été élu officier dans une autre localité. 9 février 1837, cass., Sirey-Devilleneuve, 38. 1. 1020.

(5) Afin que la nécessité de se rendre au conseil ne cause, tant aux juges qu'aux prévenus, que le moins de déplacement et de perte de temps possible.

D'après cet article, si l'officier traduit devant le conseil de discipline est d'un grade inférieur à celui de chef de bataillon, les deux gardes nationaux, qui font partie du conseil de discipline organisé par l'art. 97, seront remplacés par deux officiers du

de bataillon ou de légion, un rapporteur ayant rang de capitaine ou de lieutenant, et un secrétaire ayant rang de lieutenant ou de sous-lieutenant.

Dans les villes où il se trouvera plusieurs légions, il y aura par conseil de discipline un rapporteur-adjoint et un secrétaire-adjoint, du grade inférieur à celui du rapporteur et du secrétaire (1).

102. Lorsque la garde nationale d'une commune ne formera qu'une ou plusieurs compagnies non réunies en bataillon, un officier ou un sous-officier remplira les fonctions de rapporteur, et un sous-officier celles de secrétaire du conseil de discipline (2).

103. Le sous-préfet choisira l'officier ou les sous-officiers rapporteur et secrétaire du conseil de discipline, sur des listes de trois candidats désignés par le chef de légion, ou, s'il n'y a pas de légion, par le chef de bataillon.

Dans les communes où il n'y a pas de bataillon, les listes de candidats seront dressées par le plus ancien capitaine.

Les rapporteurs, rapporteurs-adjoints, secrétaires et secrétaires-adjoints, seront nommés pour trois ans ; ils pourront être réélus.

Le préfet, sur le rapport des maires, et des chefs de corps, pourra les révoquer ; il sera, dans ce cas, procédé immédiatement à leur remplacement par le mode de nomination ci-dessus indiqué (3).

---

grade du prévenu ; si au contraire le prévenu est chef de bataillon, c'est dans le conseil de discipline, tel qu'il est formé, d'après l'art. 98, que seront introduits les deux officiers du grade de chef de bataillon.

Lorsqu'un conseil de discipline est appelé à juger un capitaine, il doit, au cas d'empêchement ou abstention du chef de bataillon, être présidé par le premier capitaine du bataillon, dans l'ordre du tableau : ce n'est pas le cas d'appeler un chef de bataillon étranger. 19 mai 1836, cass., Sirey, 36. 1. 969.

Est nul le jugement d'un conseil de discipline qui est rendu contre un officier de la garde nationale, lorsque ce conseil a été composé d'un plus grand nombre de juges que celui déterminé par la loi, et encore lorsque de simples gardes nationaux ont fait partie du conseil. Cette nullité est d'ordre public. 3 avril 1835, cass., Sirey, 35. 1. 972 ; 26 décembre 1835, cass., Sirey, 36. 1. 998.

(1) Dans les villes où il y a plusieurs légions, les bataillons sont beaucoup plus nombreux. Le nombre des affaires portées au conseil de discipline est beaucoup plus grand, et le travail plus considérable.

Les grades des officiers des conseils de discipline (rapporteur, secrétaire, rapporteur-adjoint, secrétaire-adjoint) sont fixés par cet article d'une manière très-claire. Le secrétaire a le grade immédiatement inférieur à celui du rapporteur ; le rapporteur-adjoint a le même grade que le secrétaire, le secrétaire-adjoint, le grade immédiatement inférieur à celui du secrétaire.

Mais quel doit être le grade du rapporteur ? Pour les rapporteurs des conseils appelés à juger les officiers supérieurs, nous pensons qu'ils doivent avoir rang de capitaine, et qu'il ne saurait y avoir doute à cet égard. Reste à examiner la question pour les rapporteurs des conseils de bataillon.

La Chambre des Députés avait d'abord adopté un article ainsi conçu : « Il y aura par conseil de « discipline de bataillon un rapporteur, ayant rang « de lieutenant et un secrétaire ayant rang de sous-« lieutenant. » Mais la Chambre des Pairs a modifié cet article, ainsi qu'on le voit dans le premier paragraphe de l'art. 101, et a en outre ajouté l'art. 102. Elle a donc introduit un nouveau système, et l'on ne saurait argumenter de l'article primitif adopté par la Chambre des Députés. Or, la rédaction du paragraphe premier de l'art. 101 permet

d'attribuer au rapporteur du conseil de bataillon, le grade de capitaine ou de lieutenant.

Dans l'organisation actuelle, ces rapporteurs ont reçu en général le grade de lieutenant, mais dans quelques grandes villes ils ont reçu celui de capitaine. Cette distinction était basée sur ce que, dans ces villes, ils étaient chargés de travaux plus nombreux ; sur ce que les grades de capitaine et de lieutenant étaient distribués en plus grande quantité, chaque compagnie ayant deux capitaines, deux lieutenants, etc.

Cette supériorité de grade se trouve, du reste, parfaitement en rapport avec la disposition de la loi, qui accorde, dans les mêmes villes, un rapporteur-adjoint et un secrétaire-adjoint.

Nous pensons que cette distinction doit être maintenue, et que les rapporteurs qui ont reçu le rang de capitaine doivent être conservés dans ce grade ; le leur enlever serait leur infliger une punition imméritée, et exciter gratuitement, non seulement leur mécontentement, mais celui des rapporteurs-adjoints, secrétaires et secrétaires-adjoints, qui, leur rang étant fixé d'après celui du rapporteur, se trouveraient également renvoyés de leur grade au grade inférieur.

Pour être apte à remplir ces fonctions, il n'est pas nécessaire d'avoir été élu préalablement officier. 10 nov. 1831, cass., Sirey-Devill., 31. 1. 425.

(2) Voyez les notes de l'art. 101.

Les fonctions de secrétaire des conseils de discipline de compagnies peuvent être remplies par un sous-lieutenant au lieu d'un sous-officier, sans qu'il en résulte nullité. 3 janvier 1834, cass., Sirey-Devill., 34. 1. 372.

Les fonctions de secrétaire du conseil de discipline de bataillon peuvent être remplies par intérim et en l'absence du titulaire par un sous-officier. 4 juillet 1835, cass., Sirey-Devilleneuve, 40. 1. 1005.

(3) Aux termes de la Charte, toute justice émanant du roi, et ces officiers étant les organes du ministère public près les conseils de discipline, ils devaient être au choix du gouvernement.

Toutefois, il y a souvent dérogation à ce principe, ou du moins, si le roi donne l'institution, il ne la donne que lorsque les citoyens ont fait le choix, et pour le confirmer. C'est ce qui se pratique notamment pour les juges des tribunaux de commerce. Aussi plusieurs orateurs ont-ils regretté que le choix des officiers de conseils de discipline ne fût pas

104. Les conseils de discipline sont permanents ; ils ne pourront juger que lorsque cinq membres au moins seront présents dans les conseils de bataillon et de légion, et trois membres au moins dans les conseils de compagnie. Les juges seront renouvelés tous les quatre mois. Néanmoins, lorsqu'il n'y aura pas d'officiers du même grade que le président ou les juges du conseil de discipline, ceux-ci ne seront pas remplacés (1).

105. Le président du conseil de recensement, assisté du chef de bataillon, ou du capitaine commandant, si les compagnies ne sont pas réunies en bataillon, formera, d'après le contrôle du service ordinaire, un tableau général, par grade et par rang d'âge, de tous les officiers, sous-officiers et caporaux, et d'un nombre double de gardes nationaux de chaque bataillon, ou des compagnies de la commune, ou de la compagnie formée de plusieurs communes.

Ils déposeront ce tableau, signé par eux, au lieu des séances des conseils de discipline, où chaque garde national pourra en prendre connaissance (2).

106. Lorsque la garde nationale d'une commune ou d'un canton n'aura qu'un seul conseil de discipline, les gardes nationaux faisant partie des corps d'artillerie, de sapeurs-pompiers et de cavalerie, seront justiciables de ce conseil.

S'il y a plusieurs bataillons dans le même canton, les gardes nationaux ci-dessus désignés seront justiciables du même conseil de discipline que les compagnies de leur commune.

S'il y a plusieurs bataillons dans la même commune, le préfet déterminera de quels conseils de discipline les mêmes gardes nationaux seront justiciables.

Dans ces trois cas, les officiers, sous-officiers, caporaux et gardes des corps ci-dessus désignés, concourront pour la formation du tableau du conseil de discipline.

Lorsqu'en vertu d'une ordonnance du roi les corps d'artillerie et de cavalerie seront réunis en légion, ils auront un conseil de discipline particulier.

107. Les juges de chaque grade ou gardes nationaux seront pris successivement d'après l'ordre de leur inscription au tableau.

108. Tout garde national qui aura été condamné trois fois par le conseil de discipline, ou une fois par le tribunal de

---

laissé à l'élection, soit des gardes nationaux, soit des officiers du bataillon. M. le ministre de l'intérieur, consulté par plusieurs préfets, a répondu que d'après l'esprit général de la loi, les rapporteurs et secrétaires ne peuvent être pris que parmi les gardes nationaux déjà élevés aux grades qui correspondent à ces fonctions. Mais je pense que c'est une erreur du ministre, et que les rapporteurs et secrétaires peuvent être pris parmi tous les gardes nationaux.

Nous avons déjà établi (voy. les notes sur l'art. 50) que les officiers de chaque compagnie devaient être choisis dans la compagnie ; ceux du bataillon, dans le bataillon ; ceux de la légion, dans la légion. C'est là une règle générale qui doit s'appliquer aux officiers des conseils de discipline comme à tous les autres officiers. En effet, il y a pour tous parité de motifs. Les gardes nationaux peuvent avoir besoin de voir le rapporteur du conseil devant lequel ils doivent paraître, et c'est au domicile du secrétaire qu'ils doivent faire signifier leurs oppositions ou pourvois contre les jugements. Enfin les officiers des conseils de discipline remplacent le ministère public ; il convient qu'ils soient habituellement placés, et pour cela qu'ils demeurent sur le territoire pour lequel ils exercent leurs fonctions.

Les conseils de discipline peuvent, en cas d'empêchement de l'officier rapporteur, nommer un de leurs membres pour les remplacer. 21 février 1833, cass., Sirey-Devill., 33. 1. 585.

Id., 22 mars 1834, cass., Sirey-Devill., 34. 1. 373.

(1) Cette disposition était aussi de la plus grande nécessité. L'usage avait établi diverses distinctions sur le nombre de juges nécessaires pour que les conseils pussent prononcer une peine ; ce nombre variait selon que le jugement était contradictoire ou par défaut et selon la nature de la peine. Mais ces distinctions n'étaient fondées sur aucune disposition législative.

Les conseils de discipline de compagnie, bien qu'ils puissent juger au nombre de *trois* juges, n'en doivent pas moins, à peine de nullité de leurs décisions, être composés de *cinq* juges. 5 janvier 1833, cass., Sirey-Devill., 33. 1. 495.

(2) L'article adopté par la Chambre des Députés avait un paragraphe de plus, ainsi conçu : « Ce tableau sera rectifié au fur et à mesure des mutations. » Ce paragraphe ne se retrouve pas dans la rédaction adoptée par la Chambre des Pairs ; mais il est évident que les rectifications devront être faites comme il était dit, au fur et à mesure des mutations. Voyez ci-après les notes sur l'art. 108.

Les conseils de discipline doivent, à peine de nullité, être composés des gardes nationaux appelés par leur âge à faire partie, sans distinction de ceux qui sont ou non revêtus de l'uniforme. 12 octobre 1833, cass., Sirey-Devill., 34. 1. 371.

Les gardes nationaux, appelés par leur rang d'inscription à faire partie du conseil, ne peuvent être exclus de cette fonction sous prétexte qu'ils refuseraient de se présenter au conseil en uniforme. — En conséquence, le remplacement de ces gardes nationaux vicie la composition du conseil. 8 juin 1833, cass., Sirey-Devill., 33. 1. 892.

Les officiers, sous-officiers et caporaux doivent continuer de remplir leurs fonctions et, en cette qualité, de faire partie du conseil de discipline, même après le délai fixé par la loi pour la durée de leurs grades, et tant qu'ils n'ont pas été légalement remplacés. 19 août 1837, cass., Sirey-Devilleneuve, 38. 1. 1019.

L'inscription d'un garde national sur les contrôles et sur le tableau des membres du *conseil de discipline*, constitue une présomption de *capacités*

police correctionnelle, sera rayé pour une année du tableau servant à former le conseil de discipline (1).

109. Toute réclamation pour être réintégré sur le tableau, ou pour en faire rayer un garde national, sera portée devant le jury de révision.

§ III. De l'instruction et des jugements.

110. Le conseil de discipline sera saisi, par le renvoi que lui fera le chef de corps, de tous rapports, procès-verbaux, ou plaintes, constatant les faits qui peuvent donner lieu au jugement de ce conseil (2).

111. Les plaintes, rapports et procès-verbaux seront adressés à l'officier rappor-teur, qui fera citer le prévenu à la plus prochaine des séances du conseil.

Le secrétaire enregistrera les pièces ci-dessus.

La citation sera portée à domicile par un agent de la force publique (3).

112. Les rapports, procès-verbaux ou plaintes constatant des faits qui donneraient lieu à la mise en jugement, devant le conseil de discipline, du commandant de la garde nationale d'une commune, seront adressés au maire, qui en référera au sous-préfet. Celui-ci procédera à la composition du conseil de discipline, conformément à l'art. 100.

---

en sa faveur jusqu'à preuve contraire. 15 juillet 1839, cass., Sirey Devilleneuve, 39. 1. 988.

(1) Pour quelque infraction que ce soit, il n'est pas nécessaire que la condamnation ait été prononcée pour refus de service.

Par qui seront faites les rectifications et les radiations dont parle cet article et l'article précédent ? Par le président du conseil de recensement assisté du chef de bataillon ou du capitaine commandant s'il n'y a pas de chef de bataillon. Le rapporteur du conseil aura toujours le droit de les requérir, sauf le recours au jury de révision, ainsi qu'il est dit dans l'article suivant.

(2) Dans le projet, cet article était ainsi conçu : « Le conseil de discipline sera saisi : 1° par le renvoi que lui fera le commandant de la garde nationale ou communale, de tous les rapports ou procès-verbaux constatant les faits qui peuvent donner lieu au jugement de ce conseil ; 2° par la plainte de toute partie lésée qui n'aurait pas saisi de la plainte les tribunaux ordinaires. »

A la Chambre des Députés, M. Thil a dit (nous copions textuellement le Moniteur) : « Je propose de supprimer le dernier paragraphe, et de mettre dans le premier, au lieu de *procès-verbaux* seulement, les mots : *procès-verbaux ou plaintes*. Devant les conseils de discipline on ne reconnaîtra pas de partie civile ; aucune personne autre que l'inculpé ne pourra se présenter ; et il me semble qu'une partie ne doit pas avoir directement le droit de mettre le conseil de discipline dans la nécessité de s'assembler ; si une plainte doit être appréciée, il l'examine d'abord. »

« L'article amendé par M. Thil est adopté. »

La dernière phrase de M. Thil a sans doute été dénaturée, car elle est inintelligible. Voici quels ont été (nous le pensons) le but et les motifs de son amendement :

Il ne faut pas qu'une partie puisse, par une plainte bien ou mal fondée, mettre le conseil dans la nécessité de s'assembler. En prescrivant d'adresser les plaintes au chef de corps, et non directement au conseil, il arrivera que le chef de corps pourra examiner ces plaintes, et que, si elles sont évidemment mal fondées, il n'en prononcera pas le renvoi au conseil.

A notre avis, c'est dans ce sens qu'on doit interpréter l'amendement adopté.

On voit que nous attribuons au chef de corps le droit de renvoyer ou de ne pas renvoyer les rapports, procès-verbaux ou plaintes au conseil de dis-cipline. En effet, nous pensons que c'est un droit qui lui appartient dans presque tous les cas.

Ce principe a été jusqu'ici constamment reconnu et observé.

Le chef de corps a le pouvoir discrétionnaire de saisir ou de ne pas saisir les conseils de discipline des rapports ou plaintes qui lui sont adressés, sans distinguer entre les plaintes qui lui sont remises par les subordonnés contre les gardes nationaux pour infraction à la discipline, et celles qui lui seraient remises par des tiers contre les abus d'autorité des officiers. On ne peut, dès lors, attaquer par la voie contentieuse, devant le conseil d'État, une décision du ministre de l'intérieur qui approuve le refus, fait par le colonel d'une légion, de transmettre la plainte à lui remise par un adjudant-major contre un chef de bataillon pour abus d'autorité prétendu. 3 septembre 1836, ord., Mac., t. 18, p. 440.

Les rapporteurs ne peuvent poursuivre *d'office* les gardes nationaux contrevenants. 20 juillet 1832, cass., Sirey-Devill., 33. 1. 338.

Les conseils de discipline de la garde nationale sont incompétents pour connaître des délits ou contraventions commis par des gardes nationaux hors de leur service, même envers d'autres gardes nationaux de service. 6 janvier 1832, cass., Sirey-Devill., 32. 1. 281.

Les officiers de la garde nationale, ni le maire, n'ont le droit de décider que toutes les fautes disciplinaires, commises avant une certaine époque déterminée, resteront sans poursuites. Ce serait, de leur part, se substituer à l'autorité souveraine ; quant au droit d'amnistie. 15 juin 1832, cass., Sirey-Devill., 32. 1. 849.

(3) Par un gendarme, un garde municipal. Ordinairement c'est un tambour de la garde nationale qui remplit auprès du conseil de discipline les fonctions d'appariteur, c'est-à-dire d'huissier.

Les gardes-champêtres sont agents de la force publique. 28 décembre 1832, cass., Sirey-Devill., 33. 1. 705.

Id., les tambours-maîtres de la garde nationale. 7 mars 1834, cass., Sirey-Devill., 34. 1. 374.

Est nulle la citation, lorsqu'elle ne porte pas de date. 4 mars 1836, cass., Sirey-Devill., 36. 1. 970.

Id., lorsqu'étant remise à une personne autre que le garde national cité, elle n'indique pas la qualité et les rapports de cette personne avec le prévenu. 14 novembre 1839, cass., Sirey-Devill., 40. 1. 1006.

Il n'est pas nécessaire d'énoncer, dans la cita-

113. Le président du conseil convoquera les membres sur la réquisition de l'officier rapporteur, toutes les fois que le nombre et l'urgence des affaires lui paraîtront l'exiger (1).

114. En cas d'absence, tout membre du conseil de discipline, non valablement excusé (2), sera condamné à une amende de cinq francs par le conseil de discipline, et il sera remplacé par l'officier, sous-officier, caporal ou garde national, qui devra être appelé immédiatement après lui.

Dans les conseils de discipline des bataillons cantonaux, le juge absent sera remplacé par l'officier, sous-officier, caporal ou garde national du lieu où siége le conseil, qui devra être appelé d'après l'ordre du tableau (3).

115. Le garde national cité comparaîtra en personne ou par un fondé de pouvoirs (4).

Il pourra être assisté d'un conseil (5).

116. Si le prévenu ne comparaît pas au jour et à l'heure fixés par la citation, il sera jugé par défaut.

L'opposition au jugement par défaut devra être formée dans le délai de trois jours, à compter de la notification du jugement. Cette opposition pourra être faite par déclaration au bas de la signification. L'opposant sera cité pour comparaître à la plus prochaine séance du conseil de discipline (6).

S'il n'y a pas opposition, ou si l'opposant ne comparaît pas à la séance indiquée, le jugement par défaut sera définitif (7).

117. L'instruction de chaque affaire de

---

tion, le nom de l'agent chargé de la notification. — En tous cas, le garde national cité est non recevable à tirer un moyen de nullité de cette omission, s'il reconnaît avoir reçu la citation. 10 septembre 1831, cass., Sirey-Devill., 32. 1. 130.

(1) Cet article change l'usage suivi jusqu'à présent : c'était le secrétaire du conseil qui faisait les convocations ; cependant on conçoit que le secrétaire pourra convoquer en exécution des ordres du président.

Les conseils de discipline peuvent siéger les jours fériés. 29 décembre 1832, cass., Sirey-Devill., 33. 1. 490.

Id., 13 déc. 1833, cass., Sirey-Devill., 34. 1. 374.

(2) Ce sera le conseil de discipline qui statuera sur la validité de l'excuse.

Peu importe que ce soit un officier ou tout autre membre. L'art. 100 n'est point applicable. 30 juillet 1835, cass., Sirey-Devill., 38. 1. 1020.

(3) Si un membre du conseil qui s'absente ne prévient pas le président ou ne le prévient qu'au moment de l'ouverture de la séance, il sera difficile de le faire remplacer par celui qui vient après lui sur le tableau, qui n'aura pas été averti et qui ne sera pas présent. La difficulté serait encore plus grande pour les conseils des gardes nationales rurales.

Mais il ne sera pas toujours nécessaire de remplacer les absents, puisqu'aux termes de l'art. 104, les conseils peuvent prononcer au nombre de cinq et de trois juges.

Le refus, même réitéré, par un officier, de se rendre aux séances du conseil de discipline, sous prétexte que la convocation a été illégale, ne peut être considéré comme une insubordination, et puni des peines portées par l'art. 87. Un tel fait n'est passible que de l'amende prononcée par l'art. 114. 17 juin 1836, cass., Sirey-Devill., 36. 1. 973.

Lorsqu'en remplacement de plusieurs de ses membres absents ou empêchés, le conseil de discipline est obligé d'appeler au moins un garde national pour se compléter, il doit le prendre suivant l'ordre d'inscription au tableau, dans une position hiérarchique semblable à l'un des membres empêchés qu'il s'agit de remplacer. 16 novembre 1833, cass., Sirey-Devill., 34. 1. 372.

31.

(4) Il ne pourra point envoyer sa défense par écrit. Cet usage, toléré par quelques conseils, entraînerait une foule d'inconvénients et d'abus.

Le fondé de pouvoir doit justifier devant le conseil de son pouvoir, et le remettre au secrétaire, qui l'annexera aux pièces de l'affaire. Nous ne pensons pas qu'il soit nécessaire que ce pouvoir soit authentique, ni enregistré.

Un pouvoir verbal suffit, un mandat écrit n'est point indispensable. 6 décembre 1834, cass., Sirey-Devill., 35. 1. 972.

(5) M. Lemercier a demandé la suppression de ce paragraphe. « On n'appelle devant le conseil de discipline, a-t-il dit, que pour des cas très-légers. Si vous permettez que le garde national soit assisté d'un conseil, vous aurez des obstacles, des plaidoiries d'une longueur excessive ; les jugements seront interminables ; les peines à prononcer, pour les fautes commises par les gardes nationaux, ne sont efficaces qu'autant qu'elles sont appliquées promptement ; il faut qu'elles soient infligées au plus tard dans la semaine, et si vous permettez que le garde national soit assisté d'un conseil, chaque affaire traînera en longueur, et la peine ne pourra être infligée qu'au bout d'un mois ou deux. »

Mais M. Isambert a appuyé le paragraphe et a cité ce qui s'est passé à l'égard du sergent Mercier, qui avait refusé d'arrêter Manuel, pour prouver qu'en certain cas, le fait qui donne lieu à l'accusation devant le conseil de discipline peut être assez important pour nécessiter la présence d'un défenseur.

On doit toutefois veiller à ce que la faculté accordée de se faire ainsi représenter et défendre, ne dégénère pas en abus, et ne substitue point l'appareil des plaidoiries à la simplicité qui doit caractériser la procédure et la justice des conseils.

(6) La peine prononcée par un jugement par défaut peut être élevée par le jugement rendu sur l'opposition du condamné, si ce dernier comparaît ; peu importe qu'il se retire avant le prononcé du nouveau jugement. 23 janvier 1840, cass., Sirey-Devill., 40. 1. 1008.

(7) L'opposition doit être signifiée au secrétaire du conseil.

L'opposition aux jugements par défaut peut être

9

vant le conseil sera publique, à peine de nullité (1).

La police de l'audience appartiendra au président, qui pourra faire expulser ou arrêter quiconque troublerait l'ordre (2).

Si le trouble est causé par un délit, il en sera dressé procès-verbal (3).

L'auteur du trouble sera jugé de suite par le conseil, si c'est un garde national (4), et si la faute n'emporte qu'une peine que le conseil puisse prononcer.

Dans tout autre cas, le prévenu sera renvoyé et le procès-verbal transmis au procureur du roi (5).

118. Les débats devant le conseil auront lieu dans l'ordre suivant :

Le secrétaire appellera l'affaire.

En cas de récusation, le conseil statuera.

Si la récusation est admise, le président appellera, dans les formes indiquées par l'art. 114, les juges suppléants nécessaires pour compléter le conseil (6).

Si le prévenu décline la juridiction du

---

valablement formée autrement que par une déclaration au bas de la signification des jugements. 11 janvier 1833, cass., Sirey-Devill., 33. 1. 496.

La signification des jugements par défaut ne fait courir le délai de l'opposition qu'autant que cette signification a été faite au domicile réel du condamné. 29 novembre 1832, cass., Sirey-Devill., 33. 1. 338.

Les conseils de discipline ne peuvent, sur l'opposition à un jugement par défaut, apprécier des faits postérieurs à ce jugement. 22 mars 1833, cass., Sirey-Devill., 33. 1. 637.

(1) Les jugements sont nuls lorsqu'ils ne font pas mention expresse de la publicité de l'audience. 26 mai 1831, cass., Sirey, 31. 1. 400.

(2) L'arrestation ne pourra cependant être ordonnée que s'il y a un délit ; car, dans l'état actuel de la législation, on ne peut arbitrairement faire arrêter un citoyen pour une action qui n'est qu'inconvenante. L'individu arrêté devra être conduit sur-le-champ dans une prison publique. Les articles 89, 90, 91 et 92 du Code de procédure, qui déterminent les pouvoirs des juges, en ce qui touche la police des audiences, ne les autorisent à faire expulser les personnes qui troublent l'ordre qu'après un avertissement, et à faire arrêter et déposer dans la maison d'arrêt que ceux qui les outrageraient ou les menaceraient.

Des propos inconvenants tenus par un prévenu ne peuvent être pris en considération pour caractériser des manquements antérieurs ; ils ne peuvent être punis que comme infraction d'audience. 6 juillet 1833, cass., Sirey-Devill., 34. 1. 378.

Id., 15 déc. 1834, cass., Sirey-Devill., 35. 1. 975.

(3) Quand même l'auteur du trouble ne serait pas un garde national.

(4) Soit que le garde national fasse partie du corps auquel appartient le conseil de discipline, soit qu'il fasse partie d'un autre corps. La loi ne distingue point ; elle ne considère que la qualité de garde national pour déclarer le conseil de discipline compétent.

(5) Si le fait constitue non seulement une faute de discipline, mais un délit, si, par exemple, un garde national manque de respect à un officier au point de le frapper, et qu'il en résulte des blessures, le conseil n'a pas le droit d'appliquer une peine de discipline ; il doit renvoyer au procureur du roi : cela résulte de la rédaction de loi, et c'est le cas d'invoquer le principe non bis in idem.

(6) Voy. la note sur l'art. 114.

La loi ne dit point pour quelles causes les juges

pourront être récusés : notre législation criminelle est également muette sur la question de savoir si la récusation peut être exercée, et pour quels motifs elle peut l'être contre les juges qui composent les tribunaux criminels ; mais la jurisprudence et les auteurs s'accordent à reconnaître que les dispositions du Code de procédure civile sur la récusation sont applicables aux matières criminelles. Voyez M. Legraverend, Traité de législation criminelle, 3ᵉ édit., t. 2, p. 45.

Il faut consulter par conséquent l'art. 378 du Code de procédure.

La nature particulière du tribunal dont il est ici question, et des faits dont il est juge, rend quelques-unes des dispositions de l'art. 378 inapplicables : on apercevra facilement les cas où il n'est pas possible de les invoquer. On se demandera peut-être si le prévenu pourra récuser un des juges, parce qu'il est son parent. Au premier abord, on croirait que cela n'est pas possible, puisque la parenté entre le juge et le prévenu semble favorable à celui-ci ; mais si les liens du sang sont souvent des motifs d'union, ils sont aussi quelquefois des causes de haine. Cette raison a déterminé tous les auteurs qui ont écrit sur le Code de procédure civile, à décider que la parenté du juge peut le récuser : il faut donc ici décider également que la parenté entre le juge et le prévenu fournira à celui-ci une cause de récusation.

Ainsi jugé, 10 septembre 1831, cass., Sirey-Devill., 32. 1. 231.

L'officier qui a rédigé la plainte par suite de laquelle un garde national est traduit devant le conseil est récusable. 10 septembre 1831, cass., Sirey-Devill., 32. 1. 231.

Id., 31 mars 1832, cass., Sirey-Devill., 32. 1. 607.

Id., 22 août 1835, cass., Sirey-Devill., 35. 1. 972.

Id., 17 juin 1836, cass., Sirey-Devill., 37. 1. 1038.

Id., 21 janv. 1837, cass., Sirey-Dev., 38. 1. 1020.

Les membres peuvent prononcer sur leur récusation : en cette matière, il y a exception aux règles du droit commun. 10 septembre 1831, cass., Sirey-Devill., 32. 1. 231.

La récusation peut n'être proposée qu'au moment de l'appel de la cause : il n'est pas nécessaire de signifier préalablement un acte de récusation. 10 septembre 1831, cass., Sirey-Devill., 32. 1. 231.

Est nul le jugement qui prononce au fond, sans avoir statué sur les récusations proposées contre quelques-uns de ses membres. 4 juillet 1835, cass., Sirey-Devill., 35. 1. 972.

Le défaut d'audition du ministère public sur une

conseil de discipline, le conseil statuera d'abord sur sa compétence; s'il se déclare incompétent, l'affaire sera renvoyée devant qui de droit (1).

Le secrétaire lira le rapport, le procès-verbal ou la plainte, et les pièces à l'appui (2).

Les témoins, s'il en a été appelé par le rapporteur et le prévenu, seront entendus (3).

---

récusation opère nullité. 1er mars 1834, cass., Sirey-Devill., 34. 1. 375.

(1) Les gardes nationaux sont seuls justiciables des conseils de discipline, et la qualité de garde national est déterminée par un fait positif : c'est l'inscription aux contrôles.

Quant à cette inscription, soit sur les registres matricules, soit sur les contrôles de service ordinaire ou de réserve, à l'appréciation des exceptions, exemptions ou dispenses, et au jugement des diverses réclamations auxquelles l'inscription peut donner lieu, toutes ces difficultés sont étrangères au conseil de discipline. Le conseil doit se borner, lorsque le prévenu prétend n'être pas son justiciable, à vérifier les formes extérieures des contrôles, et lorsqu'elles lui paraissent régulières, à constater le fait de l'inscription.

Si, de cette vérification, il résulte que les contrôles sont irréguliers, ou que le prévenu n'y est point inscrit, ou que l'inscription, en vertu de laquelle il a été commandé, ne lui est point applicable, le conseil doit *s'abstenir* par le motif que la qualité de garde national n'est point établie par les contrôles, et renvoyer à l'autorité administrative pour leur rectification.

Si le conseil trouve, après vérification, que les contrôles sont réguliers, que le prévenu est inscrit, et si le nom est mal écrit, que l'inscription lui est applicable d'après toutes les autres qualifications du contrôle, il doit reconnaître et déclarer sa compétence.

Le conseil ne doit surseoir à statuer sur sa compétence, dans le cas de l'inscription, que lorsqu'on lui produit une attestation en règle, portant que le prévenu réclame contre son inscription devant le conseil de recensement ou le jury de révision. Le conseil doit prononcer alors le sursis pour le délai déterminé par l'attestation, et à l'expiration du délai, si le prévenu ne produit point un jugement de ce tribunal administratif, ou une attestation qui constate la nécessité d'un nouveau délai pour l'obtenir, le conseil de discipline doit statuer sur sa compétence, et passer, s'il y a lieu, au jugement de l'affaire.

Toute exception préjudicielle ou d'incompétence prise de la composition irrégulière du conseil peut être proposée. 6 septembre 1833, cass., Sirey-Dev., 34. 1. 374.

La représentation du tableau sur lequel doivent être pris les membres du conseil, ne peut être refusée au prévenu qui annonce l'intention de critiquer la composition du conseil. 6 septembre 1833, cass., Sirey-Devill., 34. 1. 373.

Un étranger est admissible à faire valoir cette cause d'exemption, bien qu'il ait été antérieurement maintenu sur les contrôles par le conseil de recensement et le conseil de révision. 14 mai 1836, cass., Sirey-Devill., 36. 1. 970.

Les conseils de discipline sont compétents pour décider si la qualité d'officier en disponibilité est un motif d'exemption du service. 6 janvier 1832, cass., Sirey-Devill., 32. 1. 593.

Et en général pour apprécier la légitimité des exemptions légales proposées devant eux. 9 janvier 1836, cass., Sirey-Devill., 36. 1. 970.

Le recours d'un garde national devant le jury de révision ne saurait arrêter le cours de l'action disciplinaire à son égard : lorsque ce recours est exercé pour irrégularité prétendue dans les formes de l'élection des membres du conseil, ou par défaut de droit de l'un d'eux à être porté sur la liste de recensement. 12 mai 1832, cass., Sirey-Devill., 32. 1. 781.

Un conseil de discipline ne cesse pas d'être compétent pour cela seul que le prévenu établit, par acte authentique, avoir changé de domicile....., si d'ailleurs il ne justifie pas qu'il était, antérieurement aux ordres de service, en instance devant le conseil de recensement. 12 mai 1832, cass., Sirey-Devill., 32. 1. 781.

Lorsque la demande en sursis s'appuie sur des faits qui, fussent-ils établis, ne feraient pas disparaître la contravention, cette demande ne constitue pas une véritable question préjudicielle. 23 décembre 1831, cass., Sirey-Devill., 32. 1. 286.

Le conseil de discipline n'est pas tenu de statuer par un jugement séparé sur une exception préjudicielle : ce n'est qu'au cas où il s'agit d'une question de compétence qu'il y a nécessité de prononcer par jugement séparé. 16 juin 1832, cass., Sirey-Devill., 32. 1. 858.

Le conseil de discipline devant lequel on oppose l'exception d'incompétence statue suffisamment sur cette exception par cela seul qu'il apprécie et punit le fait objet de la poursuite, alors que l'exception rentrait dans l'examen du fond. 14 mai 1835, cass., Sirey-Devill., 36. 1. 971.

(2) Le garde national inculpé d'insubordination est en droit d'exiger (surtout lorsque la citation qui lui a été donnée porte sur un autre objet) que les faits d'où l'on infère l'insubordination soient précisés, afin qu'il puisse s'en défendre. 28 déc. 1832, cass., Sirey-Devill., 33. 1. 702.

Le prévenu a le droit de demander qu'il lui soit donné lecture du rapport dressé contre lui. Le refus emporte nullité du jugement. 13 juin 1835, cass., Sirey-Devill., 35. 1. 972.

Le jugement n'est pas nul par cela seul qu'il ne fait pas mention que lecture publique a été donnée au prévenu des rapports sur lesquels ce conseil a été saisi. 17 mars 1832, cass., Sirey-Devill., 32. 1. 684.

Est nul le jugement, lorsque deux des juges qui y ont concouru, n'ont pas assisté à la lecture de la citation et du rapport. 6 juillet 1833, cass., Sirey-Devill., 34. 1. 372.

(3) Les témoins peuvent être entendus sans notification ni citations préalables, sauf le droit pour la partie adverse de demander la remise de la cause. 16 mars 1833, cass., Sirey-Dev., 33. 1. 544.

Les témoins doivent, à peine de nullité, prêter serment dans la forme prescrite par l'art. 155 Code inst. crim. 17 fév. 1832, cass., Sirey-Dev., 32. 1. 639.

Mention de cette formalité doit, à peine de nullité, être faite dans les jugements. 2 décembre 1834, cass., Sirey-Devill., 32. 1. 319.

Le prévenu, ou son conseil, sera entendu.

Le rapporteur résumera l'affaire, et donnera ses conclusions (1).

L'inculpé, ou son fondé de pouvoirs et son conseil, pourront proposer leurs observations (2).

Ensuite, le conseil délibérera en secret et hors de la présence du rapporteur, et le président prononcera le jugement (3).

119. Les mandats d'exécution de jugement des conseils de discipline seront dé-

---

Le conseil de discipline ne peut tenir pour constant un fait dénié par le garde national cité devant lui en se fondant sur l'unique motif que ce fait est à la connaissance personnelle des membres du conseil et même à celle de tout le bataillon. 28 juin 1839, cass., Sirey-Devill., 40. 1. 1006.

Les conseils de discipline peuvent entendre des personnes à titre d'explications, et sans prestation de serment. 17 mars 1832, cass., Sirey-Devill., 32. 1. 684.

Voy. en sens contraire l'arrêt de la Cour de cassation du 7 juin 1838. Sirey-Devill., 38. 1. 1021.

Le président du conseil de discipline ne peut ordonner qu'un témoin cité devant le conseil ne sera entendu qu'à titre de simples renseignements et sans prestation de serment. 27 février 1837, cass., Sirey-Devill., 38. 1. 1021.

Les conseils de discipline ne peuvent refuser l'audition de témoins cités par le rapporteur, sous prétexte qu'ils ont participé à l'infraction reprochée au prévenu. 20 septembre 1833, cass., Sirey-Devill., 34. 1. 375.

Est nul le jugement d'un conseil de discipline, lorsque quelques-uns des faits qui ont motivé la condamnation ont été révélés par l'un des membres du conseil, et que ce membre ne s'est pas récusé. 28 déc. 1832, cass., Sirey-Devill., 33. 1. 495.

Id., 11 janvier 1833, cass., Sirey-Devill., 33. 1. 495 et 496.

Id., 17 juin 1836, cass., Sirey-Dev., 37. 1. 1038.

Le rapport dressé, contre un garde national, par un officier, à raison de faits qui lui sont personnels, ne peut faire foi, s'il n'est appuyé de témoignages. 10 mars 1833, cass., Sirey-Devill., 33. 1. 544.

Celui qui a rédigé, contre un garde national, un rapport faisant foi jusqu'à preuve contraire, ne peut plus être entendu devant le conseil de discipline qu'à titre de renseignement, et non comme témoin assermenté. 6 juillet 1833, cass., Sirey-Devill., 33. 1. 894.

Le chef de corps qui a infligé une garde hors tour à un garde national, peut plus tard, et lorsque ce garde vient à être traduit devant le conseil de discipline pour une seconde infraction, faire partie du conseil comme juge. 21 février 1839, cass., Sirey-Devill., 40. 1. 1005.

(1) Les débats ne sont pas clos par les observations du prévenu, présentées à la suite du résumé et des conclusions du rapporteur; la parole doit encore être accordée au rapporteur, s'il la demande, sauf la réplique du prévenu. 23 mai 1835, cass., Sirey-Devill., 35. 1. 972.

Les jugements des conseils de discipline sont nuls s'ils n'ont pas été précédés du résumé de l'officier rapporteur et de ses conclusions. 8 décembre 1837, Sirey-Devill., 38. 1. 1021.

(2) L'inculpé, devant tous les tribunaux répressifs, a la parole le dernier.

(3) Que le secrétaire devra écrire en même temps. Dans l'usage, le secrétaire se contente de prendre des notes pendant l'audience, et ne rédige les jugements que plus tard; mais ils doivent être signés dans les vingt-quatre heures par le président.

Le jugement doit, à peine de nullité, contenir la mention expresse de la publicité; il doit être motivé. En cas de partage, l'opinion favorable au prévenu l'emportera. Ce sont des principes généraux qui s'appliquent à toutes les matières et à tous les tribunaux.

Un arrêt de la Cour de cassation, du 19 décembre 1822 (Sirey, 23. 1. 57), et plusieurs arrêts de 1831, ont décidé que le défaut de mention expresse de la publicité, dans un jugement de conseil de discipline, emportait nullité. (Voy. suprà, note 3.) Ces arrêts se sont fondés sur la disposition de l'art. 153 du Code d'instruction criminelle. A plus forte raison, il en doit être ainsi aujourd'hui, aux termes de l'art. 117 de la loi. Par l'arrêt de 1822, il a été décidé, implicitement, que le jugement doit, à peine de nullité, contenir l'énonciation des noms et des grades de tous les membres du conseil, afin qu'il soit possible de vérifier si sa composition a été légale. Voy. arrêt contraire, infrà.

Y a-t-il également nécessité d'insérer dans le jugement les termes de la loi appliquée? L'art. 163 du Code d'instruction criminelle exige cette insertion dans les jugements des tribunaux de police. Nous pensons que la loi actuelle, ne prescrivant pas expressément cette formalité, il n'y aurait point ouverture à cassation contre un jugement où elle serait omise. La Cour de cassation a jugé plusieurs fois que le défaut d'insertion de la loi, dans les jugements des tribunaux correctionnels, ne donnait point ouverture à cassation, parce que l'art. 195 du Code d'instruction criminelle n'exige point l'insertion à peine de nullité.

La présence du secrétaire à la délibération n'entraîne pas la nullité du jugement. 30 mai 1835, cass., Sirey-Devill., 36. 1. 969.

Il n'est pas nécessaire que le jugement mentionne la substance de la justification présentée par le prévenu; il suffit que ce jugement constate que le prévenu a été entendu. 6 avril 1833, cass., Sirey-Dev., 34. 1. 375.

Il n'est pas nécessaire que le jugement contienne la transcription des dispositions pénales appliquées, ni la mention de leur lecture au condamné. 17 mars 1832, cass., Sirey-Devill., 32. 1. 451.

Ni qu'il énonce les grades des membres qui composaient le conseil. 21 novembre 1833 et 3 janvier 1834, cass., Sirey-Devill., 34. 1. 375.

Ni qu'il mentionne le nom et le nombre des juges qui y ont participé. 10 mars 1836, cass., Sirey-Devill., 37. 1. 1038.

Ni que la décision du conseil de discipline sur une demande d'abstention formée par l'un de ses membres, soit motivée ni prononcée publiquement. 8 octobre 1836, cass., Sirey-Devill., 37. 1. 1038.

L'art. 372 C. inst. cr., qui défend d'imprimer à l'avance les procès-verbaux des cours d'assises, ne s'applique pas aux jugements des conseils de discipline. 20 déc. 1832, cass., Sirey-Devill., 34. 1. 376.

L'obligation imposée aux juges de motiver leurs décisions est applicable aux conseils de discipline. 17 mars 1832, cass., Sirey-Devill., 32. 1. 451.

livrés dans la même forme que ceux des tribunaux de simple police (1).

120. Il n'y aura de recours contre les jugements définitifs des conseils de discipline que devant la Cour de cassation, pour incompétence, ou excès de pouvoir, ou contravention à la loi.

Le pourvoi en cassation ne sera suspensif qu'à l'égard des jugements prononçant l'emprisonnement, et sera dispensé de la mise en état (2).

Dans tous les cas, ce recours ne sera assujetti qu'au quart de l'amende établie par la loi (3).

Le conseil de discipline motive suffisamment un jugement par lequel il rejette une exception, en déclarant que le fait qui fondait cette exception est mensonger. 12 mai 1832, cass., Sirey Devill., 32. 1. 781.

Est nul, pour défaut de motifs, le jugement qui condamne un prévenu, sans s'expliquer sur des conclusions formelles tendant à une preuve testimoniale qui aurait pu établir sa non culpabilité. 3 octobre 1833, cass., Sirey-Devill., 34. 1. 376.

Id., le jugement qui condamne, pour récidive, à plus de deux jours d'emprisonnement, sans indiquer que le prévenu ait antérieurement subi aucune condamnation. 30 juin 1836, cass., Sirey-Devill., 36. 1. 971.

Id., le jugement qui condamne à la prison, pour plusieurs manquements à des services d'ordre et de sûreté, sans indiquer la nature de ces services et la date de ces manquements. 30 juin 1836, cass., Sirey-Devill., 36. 1. 971.

Un garde national ne peut être condamné à l'emprisonnement pour des faits non relevés dans la citation. 12 août 1836, cass., Sirey-Devill., 37. 1. 1038.

Il n'est pas nécessaire que les jugements soient signés par tous les membres du conseil ; il suffit qu'ils le soient par le président et le secrétaire. 10 septembre 1831, cass., Sirey-Devill., 32. 1. 130 ; 6 janvier 1832, cass., Sirey - Devill., 32. 1. 282.

Il suffit même de la signature du président. 12 mai 1832, cass., Sirey-Devill., 32. 1. 781.

L'art. 365 C. inst. cr., portant que la peine la plus forte, en cas de conviction de plusieurs crimes ou délits, sera seule prononcée, est applicable en matière de garde nationale. 9 mai et 4 juillet 1835, cass., Sirey-Devill., 35. 1. 976.

Id., 5 août 1836, cass., Sirey-Devill., 37. 1. 1040.

Un conseil de discipline de la garde nationale viole la règle *non bis in idem*, lorsqu'il connaît, sous la forme de prévention disciplinaire, de faits à raison desquels le prévenu a déjà été traduit en police correctionnelle et acquitté. 15 novembre 1834, cass., Sirey-Devill., 35. 1. 975.

Les conseils de discipline de la garde nationale ne peuvent prononcer, même avec un garde national traduit devant eux, une injonction par voie réglementaire ; par exemple, ils ne peuvent faire défense à ce garde national de se présenter à l'avenir dans sa compagnie, *coiffé d'un chapeau à cornes.* 31 mars 1832, cass., Sirey-Devill., 32. 1. 697.

Les conseils ne peuvent prononcer aucune condamnation de dépens. 31 mars 1832, cass., Sirey-Devill., 32. 1. 697.

Les gardes nationaux traduits devant les conseils de discipline peuvent être condamnés à des dépens, lorsque ces dépens ne portent, ni sur des droits perçus par le fisc, ni sur des émoluments que se seraient attribués des agents d'un service public. 26 janvier 1833, cass., Sirey-Devill., 33. 1. 894.

(1) Avant d'en venir à l'exécution forcée du jugement, le commandant de la garde nationale doit user de tous les ménagements qu'il peut croire propres à ramener le garde national à l'exécution volontaire ; ce n'est qu'à la dernière extrémité qu'on doit recourir aux moyens de rigueur.

(2) Voy. l'art. 421 du Code d'instruction criminelle.

Cette disposition n'est pas applicable lorsque la condamnation émane du tribunal correctionnel. 18 mai 1837, cass., Sirey-Devilleneuve, 38. 1. 1024.

(3) L'amende établie par la loi est de 150 fr., si le jugement est contradictoire, et de 75 fr., s'il est par défaut. En conséquence, l'amende à consigner, s'il s'agit d'un jugement contradictoire, sera de 37 fr. 50 cent., et s'il s'agit d'un jugement par défaut, de 18 fr. 75 cent. Il y a même dispense absolue de consignation pour les personnes qui joignent à leur demande en cassation, 1° un extrait du rôle des contributions constatant qu'elles paient moins de six francs, ou un certificat du percepteur de leur commune, portant qu'elles ne sont point imposées ; 2° un certificat d'indigence à elles délivré par le maire de la commune de leur domicile, ou par son adjoint, *visé* par le sous-préfet et *approuvé* par le préfet de leur département. Telle est la disposition de l'art. 420 du Code d'instruction criminelle, qui doit, sans aucun doute, recevoir ici son application. Mais il faut bien remarquer que la loi dispense seulement de la consignation préalable, et que si le demandeur en cassation succombe dans son pourvoi, il sera condamné à l'amende. Cela a été jugé ainsi plusieurs fois. Outre l'amende à consigner, il y a 25 fr. de droit d'enregistrement à payer, dans tous les cas, aux termes de l'art. 47 de la loi du 28 avril 1816.

M. Martin (du Nord) avait proposé un amendement ainsi conçu : « Le pourvoi en cassation ne sera assujetti à aucune des amendes prescrites par les lois et règlements. » Il a dit, pour le justifier, que si l'on conservait l'article il y aurait à déposer plus de 40 fr. pour se pourvoir ; que le service de la garde nationale était tout de dévouement ; que la loi y appelait tous les Français de vingt à soixante ans ; qu'il suffisait de payer la plus légère contribution pour en faire partie ; que la nécessité d'une consignation d'amende de plus de 40 fr. placerait la moitié de la garde nationale dans l'impossibilité de se pourvoir contre une décision injuste, parce que plus de la moitié de cette garde ne sauraient, au moins sans une gêne extrême, faire une semblable consignation ; que ce serait établir un privilége en faveur des gardes nationaux riches et aisés, qu'en matière électorale, les pourvois en cassation n'étaient assujettis à aucune condition, à aucune consignation d'amende.

M. le rapporteur a répondu que, lorsqu'un électeur réclamait, il n'était pas coupable, et que, par conséquent, il n'était pas nécessaire de lui imposer une condition quelconque ; que, si on n'imposait pas de condition aux pourvois de gardes na-

121. Tous actes de poursuites devant les conseils de discipline, tous jugements, recours et arrêts rendus en vertu de la présente loi, seront dispensés du timbre, et enregistrés gratis (1).

122. Le garde national condamné aura trois jours francs, à partir du jour de la notification, pour se pourvoir en cassation (2).

TITRE IV. Mesures exceptionnelles et transitoires pour la garde nationale en service ordinaire (3).

123. Dans les trois mois qui suivront la promulgation de la présente loi, il sera procédé à une nouvelle élection d'officiers, sous-officiers et caporaux, dans tous les corps de la garde nationale (4).

tionaux condamnés, la Cour de cassation en serait encombrée ; qu'il était impossible que le garde national, condamné injustement, ne trouvât pas 37 fr. dans sa légion ; que ce n'était qu'un dépôt à effectuer.

M. Allent, commissaire du roi, a ajouté : « Rappelez-vous que déjà l'art. 120 dispense le garde national, condamné à l'emprisonnement, qui se pourvoira en cassation, de la règle du droit commun, qui veut qu'en ce cas le condamné se constitue prisonnier ou donne caution. Si vous le dispensez en outre de consigner le quart de l'amende, si vous ne mettez aucune limite aux pourvois téméraires, craignez d'affaiblir beaucoup trop la discipline de la garde nationale. »

L'amendement de M. Martin a été rejeté.

Le garde national reconnu coupable d'un double refus de service d'ordre et de sûreté ne peut se faire un moyen de cassation de ce qu'il n'aurait été condamné qu'à la réprimande avec mise à l'ordre, au lieu de la prison. 16 juin 1832, cass., Sirey-Devill., 32. 1. 858.

Est nulle, pour excès de pouvoir, la décision par laquelle un conseil de discipline statue, non par voie de décision, dans une affaire particulière qui lui est soumise, mais d'une manière générale et par voie réglementaire, que les exemptions de service pour maladies pourront ou ne pourront pas être délivrées par des médecins autres que ceux attachés à la garde nationale. 27 septembre 1833, cass., Sirey-Devill., 34. 1. 376.

(1) Les jugements rendus par les conseils de discipline sont valablement signifiés par huissier, pourvu que les frais de signification ne soient pas mis à la charge des condamnés. 29 décembre 1832, cass., Sirey-Devill., 33. 1. 496.

Cet article ne fait pas obstacle à ce que les témoins qui ont été appelés pour déposer devant le conseil de discipline, soient indemnisés et taxés suivant les règles prescrites par la loi. 19 janvier 1833, cass., Sirey-Devill., 33. 1. 496.

Les significations, en matière de garde nationale, peuvent être faites les jours fériés. 5 juillet 1839, Sirey-Devill., 40. 1. 1006.

(2) Où et comment doit-on faire la déclaration du pourvoi ? Elle peut être déposée au secrétariat du conseil, pourvu qu'on y trouve un commis déclaré tel, et reçu par le conseil ; elle peut être faite au secrétaire personnellement. Dans ce cas, elle doit être signée de celui qui se pourvoit ou de son fondé de pouvoirs et du secrétaire ; et si le déclarant ne peut ou ne veut signer, le secrétaire en fera mention. Elle sera inscrite sur un registre à ce destiné. Du moins, telle est la forme établie par l'art. 416 du Code d'instruction criminelle ; et, comme la loi actuelle ne prescrit aucune règle spéciale, il faut se référer aux principes généraux. On pourrait aussi déclarer, au moment de la signification du jugement, qu'on se pourvoit en cassation, et exiger que l'officier ministériel, qui fait la notifi-

cation, mentionnât la déclaration du pourvoi. Mais cette notification ne dispenserait pas de la nécessité de former son pourvoi chez le secrétaire du conseil qui remplace les greffiers près les tribunaux ordinaires.

Le pourvoi en cassation est valablement formé par exploit d'huissier ; il n'est pas nécessaire, à peine de déchéance, de le former par déclaration au secrétariat du conseil. 11 janvier 1833, cass., Sirey-Devill., 33. 1. 704.

Le recours en cassation contre les jugements par défaut doit être formé, au plus tard, le septième jour après la signification, c'est-à-dire trois jours francs après l'expiration des trois jours pendant lesquels l'opposition était recevable. 14 juillet 1832, cass., Sirey-Devill., 32. 1. 859.

Un garde national est réputé avoir conservé le domicile qu'il avait dans la circonscription du corps auquel il appartient, quoique, de fait, il en ait changé, tant qu'il n'a pas été rayé des contrôles de ce corps. La signification d'un jugement du conseil de discipline lui est donc valablement faite à son ancien domicile, tant que cette radiation n'a pas eu lieu. 30 mai 1835, cass., Sirey-Devill., 35. 1. 972.

Le pourvoi en cassation est recevable, bien que le jugement n'ait pas été signifié. 20 décembre 1835, cass., Sirey-Devill., 36. 1. 976.

(3) M. le rapporteur à la Chambre des Pairs a présenté, sur ce titre IV, les réflexions suivantes : « La garde nationale existe déjà depuis six mois : peut-être la pratique immédiate de la loi nouvelle ne donnerait-elle pas partout d'aussi bons résultats que ceux déjà obtenus..... Vous exagérerez sans doute, Messieurs, la prudence qui conseille de ne point se précipiter dans des expériences hasardeuses, et de ne point échanger trop hâtivement ce qui est bon et éprouvé contre un inconnu toujours incertain. »

(4) La commission avait proposé un article tout différent ; il était ainsi conçu : « Le premier renouvellement triennal des sous-officiers et des officiers de la garde nationale aura lieu le 1er janvier 1833. »

M. le vicomte Lemercier a proposé par amendement le premier paragraphe de l'article, tel qu'il a été adopté. « La loi de 1791, a-t-il dit, voulait que les grades ne fussent conférés que pour un an. Les nominations des officiers et sous-officiers ont eu lieu en vertu de cette loi. Aussi, dans la plupart des élections, inscrivait-on, sur le bulletin, nommé pour un an. L'élection fait toute la force et l'autorité des grades. Il serait fâcheux qu'on méconnût les règles d'après lesquelles la garde nationale actuelle a été organisée. Les choix ont été, en général, très-bons ; mais quelques-uns ne sont pas aussi satisfaisants qu'on pourrait le désirer, et le vœu général est pour une nouvelle élection. » M. Agier a ajouté : « L'article proposé par la commission assigne pour la réélection une époque trop éloignée ; ce délai pourrait donner lieu à des inconvénients que nous devons chercher à éviter. On s'attend partout à

Néanmoins, le Gouvernement pourra suspendre pendant un an la réélection des officiers dans les localités où il le jugera convenable (1).

124. Le Roi pourra suspendre l'organisation de la garde nationale pour une année dans les communes qui forment un ou plusieurs cantons, et dans les communes rurales pour un temps qui ne pourra excéder trois ans.

Les délais ne pourront être prorogés qu'en vertu d'une loi (2).

125. Les organisations actuelles de la garde nationale par compagnies, par bataillons et par légions, qui ne se trouveraient pas conformes aux dispositions de la présente loi, pourront être provisoirement maintenues par une ordonnance du Roi, sans toutefois que cette autorisation puisse dépasser l'époque du 1er janvier 1832 (3).

126. Les compagnies qui dépassent le maximum fixé par la présente loi (4) ne recevront pas de nouvelles incorporations, jusqu'à ce qu'elles soient rentrées dans les limites voulues par cette loi, à moins que toutes les compagnies du bataillon ne soient au complet.

TITRE V. *Des détachemens e la garde nationale* (5).

SECTION 1re. *Appel et service des détachemens.*

127. La garde nationale doit fournir des détachemens dans les cas suivans :

---

réélire les officiers aussitôt que la loi que nous discutons aura été promulguée. »

Enfin, on a fait remarquer que, par l'adoption de cette disposition, les officiers élus au moment de l'organisation resteraient en fonctions un an, temps pour lequel on les avait nommés.

M. Gaillard de Kerbertin avait demandé qu'on fit une exception pour les départemens de l'ouest et du midi.

Cet amendement n'a pas été appuyé.

(1) Ce second paragraphe a été ajouté sur la proposition de M. Daunant : il a donné lieu à une discussion que nous devons faire connaître.

Plusieurs voix s'écrient : « Mais c'est la reproduction de l'article de la commission. »

« C'est une proposition toute différente, dit M. le rapporteur. M. Daunant ne vous demande pas un délai général, mais un délai spécial, pour certaines localités. Vous accorderez cette marque de confiance au Gouvernement, vous lui laisserez le délai d'un an, pour faire le premier renouvellement des officiers, dans les lieux où il le jugera convenable. »

M. Laveuillière fait remarquer qu'un article (art. 24) consacre la faculté de suspendre l'organisation de la garde nationale dans certaines communes. Il regarde le paragraphe additionnel comme inutile.

M. Demarçay : « Si vous donnez au Gouvernement la faculté de suspendre l'élection pendant un an, dans les communes où il le jugera convenable, il est certain qu'il pourra appliquer cette exception à toutes les gardes nationales de France : conséquemment, cette disposition sera subversive de l'article que vous avez adopté. »

M. Daunant: « On a, à la vérité, décidé que le Roi pouvait suspendre l'organisation de la garde nationale dans certaines localités ; mais mon amendement ne s'applique pas aux gardes nationales qu'on organise, mais à celles qui seront déjà organisées. »

M. le rapporteur : « Autre chose est d'accorder un droit général, autre chose est de réserver une faculté exceptionnelle qui entraîne une responsabilité. On n'a pas de compte à demander de l'exécution d'une mesure générale ; mais on peut prendre à partie celui qu'on a chargé d'exécuter une mesure exceptionnelle. C'est donc, comme vous le voyez, une chose différente. »

M. Amilhau : « Je ne veux pas citer des villes en particulier, pour ne pas affliger certaines populations ; mais il en est où, pour être organisée dans le sens de nos institutions, la garde nationale a éprouvé les plus grands obstacles ; et il serait imprudent et même dangereux de remettre en question cette organisation. »

De cette discussion résulte que le deuxième paragraphe de cet article n'établit point un droit général ; qu'il ne crée, en faveur du Gouvernement, qu'une faculté exceptionnelle, dont il ne doit user qu'avec ménagement et dont on peut lui demander compte.

(2) On avait demandé, à la Chambre des Députés, que le Gouvernement ne pût user de ce droit à l'égard de plus du quart du territoire français. Cet amendement n'a pas été appuyé.

(3) « Les gardes nationales, a dit M. le rapporteur à la Chambre des Députés, sont organisées dans toute la France, mais elles le sont sur des bases différentes ; si vous vouliez immédiatement refondre leur organisation, et rapporter tout à la nouvelle loi, vous tomberiez dans des inconvéniens graves. Ainsi, l'uniforme sera désormais le même pour toutes les gardes nationales, et actuellement il ne l'est pas ; si vous exigiez que, dès à présent, il fût le même partout, vous obligeriez à des dépenses considérables, etc.

L'organisation de la garde nationale par *bataillons*, créée en vertu de la loi de 1791, continue, de plein droit, de subsister dans tous les lieux où elle a été ainsi formée, jusqu'à ce que le Roi lui ait fait l'application des dispositions de la loi du 22 mars 1831. Une ordonnance spéciale n'est pas nécessaire pour continuer l'existence de cette organisation par bataillons. 24 juin 1831, cass., Sirey, 31. 1. 422.

(4) C'est-à-dire deux cents hommes.

(5) M. le rapporteur, à la Chambre des Députés, a dit : « La garde nationale peut former *des détachemens et des corps détachés*. La différence entre ces deux mots, c'est que faire un *détachement*, c'est prendre la garde nationale pour l'envoyer telle qu'elle est, par exemple, dans un arrondissement ou un département voisin, au lieu que *former des*

1º Fournir par détachemens, en cas d'insuffisance de la gendarmerie et de la troupe de ligne, le nombre d'hommes nécessaire pour escorter d'une ville à l'autre les convois de fonds ou d'effets appartenant à l'Etat (1), et pour la conduite des accusés, des condamnés et autres prisonniers ;

2º Fournir des détachemens pour porter secours aux communes, arrondissemens et départemens voisins qui seraient troublés ou menacés par des émeutes ou des séditions, ou par l'incursion de voleurs, brigands et malfaiteurs.

128. Lorsqu'il faudra porter secours d'un lieu dans un autre, pour le maintien ou le rétablissement de l'ordre et de la paix publique, des détachemens de la garde nationale en service ordinaire seront fournis, afin d'agir dans toute l'étendue de l'arrondissement, sur la réquisition du sous-préfet; dans toute l'étendue du département, sur la réquisition du préfet ; enfin, s'il faut agir hors du département, en vertu d'une ordonnance du Roi.

En cas d'urgence, et sur la demande écrite du maire d'une commune en danger, les maires des communes limitrophes, sans distinction de département, pourront néanmoins requérir un détachement de la garde nationale de marcher immédiatement sur le point menacé, sauf à rendre compte, dans le plus bref délai, du mouvement et des motifs à l'autorité supérieure.

Dans tous ces cas, les détachemens de la garde nationale ne cesseront pas d'être sous l'autorité civile. L'autorité militaire ne prendra le commandement des détachemens de la garde nationale pour le maintien de la paix publique, que sur la réquisition de l'autorité administrative (2).

129. L'acte en vertu duquel, dans les cas déterminés par les deux articles précédens, la garde nationale est appelée à faire un service de détachement, fixera le nombre des hommes requis.

130. Lors de l'appel, fait conformément aux articles précédens, le maire, assisté du commandant de la garde nationale de chaque commune, formera les détachemens parmi les hommes inscrits sur le contrôle du service ordinaire, en commençant par les célibataires et les moins âgés (3).

131. Lorsque les détachemens des gardes nationales s'éloigneront de leur commune pendant plus de vingt-quatre heures, ils seront assimilés à la troupe de ligne pour la solde, l'indemnité de route et les prestations en nature.

132. Les détachemens à l'intérieur ne pourront être requis de faire un service, hors de leurs foyers, de plus de dix jours, sur la réquisition du sous-préfet ; de plus de vingt jours, sur la réquisition du préfet, et de plus de soixante jours, en vertu d'une ordonnance du Roi (4).

---

corps détachés, c'est militariser plus particulièrement la garde nationale. »

M. Allent a dit également : « Dans le cas de simples détachemens, les gardes nationaux marchent avec leurs cadres, avec leurs officiers et sous-officiers, et ne marchent que pour un temps très limité. »

(1) M. Gillon a demandé qu'on substituât à ces mots de fonds et d'effets appartenant à l'état ceux-ci de fonds ou d'effets publics. Incontestablement, a-t-il dit, les fonds appartenant aux communes, aux départemens, ont un droit aussi à la garde des citoyens. L'expression générique fonds publics satisferait à toutes les exigences. On a répondu qu'il n'y avait pas lieu de s'occuper des fonds communaux et départementaux, parce qu'ils ne voyageaient presque jamais. L'amendement de M. Gillon a été rejeté. Mais il n'y a nul doute que, si l'occasion se présentait, la garde nationale pourrait être requise pour escorter des fonds communaux ou départementaux.

(2) M. de Bérigny avait proposé à la Chambre des Députés un amendement ainsi conçu :

« Lorsque, pour satisfaire aux dispositions des paragraphes ci-dessus, la réunion totale ou partielle de la garde nationale de plusieurs communes rurales sera jugée nécessaire et requise par le préfet ou par le sous-préfet, dans les cantons où l'organisation par bataillon cantonal n'aura pas eu lieu, des gardes nationales des communes ainsi réunies se formeront en sections, compagnies et bataillons; à cet effet, plusieurs communes qui ne fourniraient qu'une escouade chacune, composeront une section qui sera commandée par le plus élevé en grade, ou, à grade égal, par le plus âgé; plusieurs sections formeront une compagnie que le plus élevé en grade, ou, à grade égal, le plus âgé commandera ; enfin, les compagnies seront réunies en bataillon, que le plus élevé en grade, ou, à grade égal, le plus âgé commandera. »

Cet amendement n'a pas été appuyé.

(3) A la Chambre des Pairs, on a demandé si la décision du maire était définitive et sans aucun recours; il a été répondu que oui, qu'on avait proposé d'admettre le recours devant le jury de révision, mais que cette proposition avait été repoussée. L'article doit s'entendre en ce sens, que tous les célibataires, sauf les exceptions fondées sur des circonstances particulières, devront être désignés avant les hommes mariés, surtout à âge égal.

(4) La commission avait proposé des délais moins longs de moitié. Ceux fixés par l'article ont été calculés de façon que chaque fonctionnaire pût prendre les ordres du fonctionnaire supérieur : c'est-à-dire le sous-préfet, ceux du préfet ; le préfet, ceux du ministre de l'intérieur. On a objecté que le dernier délai, celui de deux mois, pourrait, dans certaines circonstances, être trop court; qu'il pourrait être nécessaire de prolonger le service de la garde nationale tant que les causes qui l'auraient

133. Lorsque, conformément à l'art. 127, la garde nationale devra fournir des détachemens en service ordinaire, sur la réquisition du sous-préfet, du préfet, ou en vertu d'une ordonnance du Roi, les peines de discipline seront fixées ainsi qu'il suit :

Pour les officiers,

1º Les arrêts simples, pour dix jours au plus (2) ;

2º La réprimande avec mise à l'ordre ;

3º Les arrêts de rigueur, pour six jours au plus (3);

4º La prison, pour trois jours au plus.

Pour les sous-officiers, caporaux et soldats :

1º La consigne, pour dix jours au plus ;

2º La réprimande avec mise à l'ordre ;

3º La salle de discipline, pour six jours au plus ;

4º La prison pour quatre jours au plus.

134. Les peines des arrêts de rigueur, de la prison, et de la réprimande avec mise à l'ordre, ne pourront être infligées que par le chef du corps : les autres peines pourront l'être par tout supérieur à son inférieur, à la charge d'en rendre compte dans les vingt-quatre heures, en observant la hiérarchie des grades (4).

135. La privation du grade, pour causes énoncées dans les art. 90 et 93, sera prononcée par un conseil de discipline, composé ainsi qu'il est dit à la section VIII du titre III.

Il n'y aura qu'un seul conseil de discipline pour tous les détachemens formés d'un même arrondissement de sous-préfecture (5).

136. Tout garde national désigné pour faire partie d'un détachement, qui refusera d'obtempérer à la réquisition, ou qui quittera le détachement sans autorisation, sera traduit en police correctionnelle, et puni d'un emprisonnement qui ne pourra excéder un mois ; s'il est officier, sous-officier ou caporal, il sera en outre privé de son grade.

Disposition commune aux deux titres précédens.

137. Les gardes nationaux blessés pour cause de service auront droit aux secours, pensions et récompenses que la loi accorde aux militaires en activité de service (6).

TITRE VI. *Des corps détachés de la garde nationale pour le service de guerre.*

Section Ire. *Appel et service des corps détachés.*

138. La garde nationale doit fournir des corps détachés pour la défense des places

---

nécessité existeraient ; mais on a répondu qu'il était impossible de laisser un terme indéfini ; que, d'ailleurs, rien n'empêchait, à l'expiration des deux mois, d'envoyer relever la garde nationale en détachement par celle d'un autre département.

(1) « La loi présentée à la Chambre des Députés, a dit à la Chambre des Pairs M. d'Ambrugeac, ne contenait aucunes dispositions relativement à la discipline de la garde nationale, pour une bonne raison, c'est que, dans le projet du Gouvernement, la garde nationale devrait être scindée en deux portions, en garde nationale mobile et en garde nationale sédentaire. Le service de détachemens, ainsi que celui des corps détachés pour le service de guerre, était exclusivement fourni par la garde nationale mobile. Ces corps détachés et ces détachemens étaient alors soumis à la discipline militaire ; votre commission a cru devoir procéder autrement ; de même que la Chambre des Députés avait, avec toute raison, établi des différences entre le service des détachemens et celui des corps détachés, il a été essentiel de s'occuper de la discipline de ces corps détachés. La commission n'a pas cru voir dans cette portion de la garde nationale une assimilation complète avec les troupes de ligne, et il lui a paru juste d'affaiblir les peines de discipline prononcées par les lois et réglemens militaires. C'est dans ce système et cette vue de douceur, et en même temps de justice, qu'ont été conçus les amendemens soumis à votre discussion. »

(2 et 3) Nous avons déjà expliqué dans les notes,

sur l'art. 84, ce qu'on devait entendre par arrêts simples et arrêts de rigueur.

(4) « Nous avons supprimé, a dit encore M. le comte d'Ambrugeac, le conseil de discipline pour ce cas. En effet, dans ces sortes de détachemens, des fractions de détachement peuvent être éparpillées et placées dans des postes fort éloignés les uns des autres. Si une faute est commise dans un de ces sous-détachemens assez éloignés du principal corps de détachement, il n'y aurait pas de répression possible. »

(5) A la Chambre des Députés, M. Isambert a dit : « L'art. 93 porte qu'on sera poursuivi devant le tribunal de police correctionnelle pour les causes énoncées dans cet article ; il y aurait donc la conflit entre deux autorités, l'une correctionnelle, l'autre du conseil de discipline. » Mais M. le rapporteur a répondu : « Il n'y a là rien de contradictoire. Lorsque le corps est en marche, on ne peut aller chercher un tribunal correctionnel ; il faut qu'à l'instant même le conseil de discipline fasse cesser l'abus. Cela n'empêche pas le tribunal de police correctionnelle de conserver son action pleine et entière. »

(6) On a fait remarquer que, d'après sa position, cet article ne s'appliquait qu'aux gardes nationaux blessés dans le service de détachement, et non au service des corps détachés : mais il a été répondu que les corps détachés étant assimilés aux corps d'armée, ce serait comme soldats que les gardes nationaux qui y seraient blessés seraient pensionnés.

fortes, des côtes et des frontières du :oyaume, comme auxiliaires de l'armée active (1).

Le service de guerre des corps détachés de la garde nationale comme auxiliaires de l'armée ne pourra pas durer plus d'une année (2).

139. Les corps détachés ne pourront être tirés de la garde nationale qu'en vertu d'une loi spéciale, ou, pendant l'absence des chambres, par une ordonnance du Roi qui sera convertie en loi lors de la plus prochaine session.

140. L'acte en vertu duquel la garde nationale est appelée à fournir des corps détachés pour le service de guerre, fixera le nombre des hommes requis.

SECTION II. *Désignation des gardes nationaux pour la formation des corps détachés.*

141. Lors de l'appel fait en vertu d'une loi ou d'une ordonnance, conformément à l'art. 139, les corps détachés de la garde nationale se composeront :

1o Des gardes nationaux qui se présenteront volontairement, et qui seront trouvés propres au service actif;

2o Des jeunes gens de dix-huit à vingt ans qui se présenteront volontairement et qui seront également reconnus propres au service actif;

3o Si ces enrôlemens ne suffisaient pas pour compléter le contingent demandé, les hommes seront désignés dans l'ordre spécifié dans l'art. 143 ci-après.

142. Les jeunes gens de dix-huit à vingt ans, enrôlés volontaires ou remplaçans dans les corps détachés de la garde nationale, resteront soumis à la loi de recrutement.

Mais le temps que les volontaires auront servi dans les corps détachés de la garde nationale, leur comptera en déduction de leur service dans l'armée régulière, si plus tard ils y sont appelés.

143. Les désignations des gardes nationaux pour les corps détachés seront faites par le conseil de recensement de chaque commune parmi tous les inscrits sur le contrôle du service ordinaire et sur celui du service extraordinaire, dans l'ordre qui suit (3) :

1re classe : Les célibataires.

Seront considérés comme célibataires tous ceux qui, postérieurement à la promulgation de la présente loi, se marieraient avant d'avoir atteint l'âge de vingt-trois ans (4);

---

(1) Les corps détachés pourront-ils être pris dans quelques départemens seulement que désignera la loi ou l'ordonnance royale? Dans la discussion, plusieurs orateurs, à la Chambre des Députés, ont raisonné dans l'hypothèse de l'affirmative, et personne n'a élevé de doutes à cet égard.

Mais M. le rapporteur, à la Chambre des Pairs, a dit : «Ou la garde nationale d'aucun département ne sera appelée aux frontières, ou cette condition sera commune à toute la France : c'est précisément parce que le nom de garde national ne nous paraît pas synonyme de celui de soldat que nous ne prévoyons pas de levées partielles. Dans les guerres ordinaires, une armée de cinq cent mille hommes doit suffire à tout ; c'est donc pour résister aux efforts de l'Europe entière coalisée contre la France que des levées de gardes nationales pourraient devenir nécessaires; et, en ce cas, tous les départemens auraient le devoir et la volonté d'y concourir.»

Malgré cette opinion, à défaut de texte positif, la loi, ou le Roi, pourra n'ordonner la mobilisation que dans certains départemens.

La commission de la Chambre des Députés avait proposé de dire *que les corps détachés seraient portés aux frontières menacées les plus voisines de leurs foyers.* Cette disposition restrictive n'a point été accueillie, et, comme l'a fait remarquer M. le rapporteur à la Chambre des Pairs, elle pouvait occasioner dans l'exécution des difficultés fâcheuses. Mais il est néanmoins certain qu'ordinairement les corps détachés seront portés vers les points les plus voisins de leurs foyers.

(2) Une loi pourra-t-elle proroger la durée du service? M. Lemercier a proposé de dire positivement que cela sera possible; mais plusieurs voix ont répondu : *c'est le droit commun.*

M. Lemercier a insisté.

« Il me semble, a-t-il ajouté, que si la loi dit d'une manière positive que le service ne peut durer plus d'une année, quand viendra une autre loi, les corps détachés seront frappés de surprise. J'aimerais mieux qu'ils fussent prévenus que la loi peut prolonger la durée du service. »

M. le rapporteur a dit : « Alors la durée pourrait être indéfinie. »

M. Mathieu Dumas a pensé qu'il valait mieux poser une limite.

La proposition de M. Lemercier a été rejetée. De cette discussion, il faut conclure qu'en règle générale, la durée du service ne sera que d'un an ; mais que, dans des circonstances extraordinaires, une loi pourra l'augmenter.

(3) Il est bien entendu qu'une classe ne peut être appelée qu'après l'épuisement total de la classe précédente. Entre les classes, on ne procède pas, comme on le fait, entre les années d'une même classe. Voyez ci-après, notes sur l'article 144.

(4) Celui qui serait marié avant l'âge de vingt-trois ans, mais qui aurait vingt-quatre ans au moment de l'appel, devrait-il être considéré comme célibataire? Le texte de la loi semblerait devoir faire résoudre la question affirmativement ; mais il serait trop singulier que celui qui, étant appelé à l'âge de vingt-quatre ans, jouirait du rang favorable accordé aux hommes mariés, s'il n'était marié que depuis trois mois, en fût privé parce qu'il serait marié depuis trois ans. Il faut donc entendre l'article en ce sens que, jusqu'à vingt-trois ans, on ne peut tirer avantage de son mariage ; mais qu'après vingt-trois ans, on doit être classé parmi les hommes mariés, à quelque âge qu'on se soit marié,

2ᵉ Les veufs sans enfans ;

3ᵉ Les mariés sans enfans (1).

4ᵉ Les mariés avec enfans.

144. Pour la classe des célibataires, les contingens seront répartis proportionnellement au nombre d'hommes appartenant à chaque année, depuis vingt jusqu'à trente-cinq ans.

Dans chaque année, la désignation se fera d'après l'âge (2).

Pour chaque année, depuis vingt ans jusqu'à vingt-trois, les veufs et mariés seront considérés comme plus âgés que les célibataires de cette année, auxquels ils sont assimilés par l'art. 143, paragraphe 1ᵉʳ.

Dans chacune des autres classes successives, les appels seront toujours faits en com-mençant par les moins âgés, jusqu'à l'âge de trente ans (3).

145. L'aîné d'orphelins mineurs de père et de mère, le fils unique ou l'aîné des fils, ou, à défaut de fils, le petit-fils ou l'aîné des petit-fils d'une femme actuellement veuve, d'un père aveugle, ou d'un vieillard septuagénaire, prendront rang dans l'appel au service des corps détachés, entre les mariés sans enfans et les mariés avec enfans (4).

146. En cas de réclamations pour les dé-signations faites par le conseil de recensement, il sera statué par le jury de révision.

147. Ne sont point aptes au service des corps détachés,

1º Les gardes nationaux qui n'auront pas la taille fixée par la loi du recrutement (5) ;

Le troisième paragraphe de l'art. 144 confirme cette interprétation.

(1) Dans le projet présenté par la commission de la Chambre des Députés, à la fin de cet article se trouvait un paragraphe ainsi conçu :

« Les personnes valides exemptées du service militaire, en vertu de la loi de recrutement, si elles sont encore dans les cas qui leur auraient procuré l'exemption, prendront rang, dans l'appel, au service des corps détachés de la garde nationale, entre les mariés sans enfans et les mariés avec enfans. Les motifs d'exemption relatifs au nombre des enfans seront appréciés, ainsi qu'il sera expliqué ci-après. »

M. Decazes a fait observer que la conséquence de cette disposition était que les hommes qui auraient fait leur service seraient moins bien traités que ceux que la loi du recrutement aurait exemptés ou exceptés. « Vous faites revivre, a-t-il dit, les moyens d'exemption pour ceux-là seulement qui en ont profité une première fois, et vous ne les appliquez pas à ceux qui ont déjà payé une dette à l'État. Ainsi, un soldat, qui rentrera dans ses foyers, après huit années de service, sera plutôt appelé que celui qui aura été exempté du service militaire par son numéro ou de toute autre manière. Cet article mène donc à une injustice. »

M. le rapporteur a répondu : « La loi de recrutement reconnaît qu'il existe des personnes qui, par la situation de leurs familles, par l'âge de leurs parens, ou par d'autres raisons, ne doivent pas satisfaire au service militaire ; il nous a semblé que les motifs qui les exemptent du service de l'armée active devaient, nous ne disons pas les exempter aussi du service de la garde nationale mobilisée qui ne dure qu'un an, mais au moins les placer après ceux qui n'ont aucune espèce de motifs d'exemption. Nous les avons placés entre les mariés sans enfans et les mariés avec enfans. . . . . . »

Le préopinant a paru croire qu'on devait comprendre, dans les personnes exemptées, les personnes qui auraient tiré au sort et qui auraient amené des billets blancs. Évidemment ce ne sont pas les personnes exemptées de la conscription, mais les personnes comprises au contraire dans la loi de la conscription qui se trouveraient exemptées. »

M. Pataille a demandé que les personnes qui n'auraient pas été exemptées du service militaire, mais qui, dans le moment où l'on organiserait les corps détachés, se trouveraient dans un des cas d'exemption, fussent placées au rang de celles qui auraient été exemptées.

La justesse de cette observation a été reconnue, et en conséquence on a rédigé et adopté le paragraphe de cette manière : « Les personnes valides qui seront dans un des cas d'exemption prévus par la loi de recrutement, prendront rang entre les mariés sans enfans et les mariés avec enfans. » Mais pour faire disparaître tous les doutes, la Chambre des Pairs a cru convenable d'indiquer les causes d'exemption qui pourront faire placer certains individus immédiatement après les mariés sans enfans et avant les mariés avec enfans, quoiqu'ils ne soient point mariés. Voy. l'art. 145. Il est d'ailleurs incontestable que ces causes d'exemption produisent leur effet, soit qu'elles aient été invoquées pour se soustraire à l'appel à l'armée active, soit qu'on en fasse usage pour la première fois, lors d'un appel de corps détachés de la garde nationale.

(2) Ainsi, la somme totale des hommes qui doivent faire partie des corps détachés sera divisée en quinze parties correspondantes aux quinze années, et dans chaque année, le moins âgé partira le premier, ainsi de suite. Ce système est fort différent de celui qui consisterait à épuiser d'abord la classe de vingt à vingt-un ans, puis celle de vingt-un à vingt-deux, et ainsi de suite, et dans lequel on s'arrêterait dès que le contingent serait complet ; de façon que certaines classes seraient entièrement prises, tandis qu'on ne toucherait pas aux autres.

(3) La distribution du contingent se fait entre les années comme pour la classe des célibataires. Voy. la note ci-dessus ; mais au lieu de prendre dans ces classes jusqu'à trente-cinq ans, on ne prend que jusqu'à trente ; ainsi un célibataire peut être appelé dans les corps détachés jusqu'à trente-cinq ; mais un veuf ou un homme marié, ou un individu compris dans l'art. 145, ne peut être appelé que jusqu'à trente ans.

(4) Voy. notes sur l'art. 143.

(5) Il est bien entendu que si la loi du recrutement, actuellement en vigueur vient à changer, on devra se référer à la loi qui lui sera substituée. La

2º Ceux que des infirmités constatées rendront impropres au service militaire (1).

148. L'aptitude au service sera jugée par un conseil de révision, qui se réunira dans le lieu où devra se former le bataillon (2).

Le conseil se composera de sept membres, savoir :

Le préfet, président, et, à son défaut, le conseiller de préfecture qu'il aura délégué ;

Trois membres du conseil de recensement, désignés par le préfet parmi les membres des conseils de recensement des communes qui concourront à la formation du bataillon ;

Le chef du bataillon,

Et deux des capitaines dudit bataillon, nommés par le général commandant la subdivision militaire ou le département.

149. Les conseils de révision apprécieront les motifs d'exemption relatifs au nombre des enfans (3).

150. Les gardes nationaux qui ont des remplaçans à l'armée ne sont pas dispensés du service de la garde nationale dans les corps détachés ; toutefois, ils ne prendront rang dans l'appel qu'après les veufs sans enfans (4).

151. Le garde national désigné pour faire partie d'un corps détaché pourra se faire remplacer par un Français âgé de dix-huit à quarante ans (5).

Le remplaçant devra être agréé par le conseil de révision (6).

152. Si le remplaçant est appelé à servir pour son compte dans un corps détaché de la garde nationale, le remplacé sera tenu d'en fournir un autre ou de marcher lui-même.

153. Le remplacé sera, pour le cas de désertion, responsable de son remplaçant (7).

154. Lorsqu'un garde national porté sur le rôle du service ordinaire se sera fait remplacer dans un corps détaché de la garde nationale, il ne cessera pas pour cela de concourir au service ordinaire de la garde nationale.

SECTION III. *Formation, nomination aux emplois e administration des corps détachés de la garde nationale.*

155. Les corps détachés de la garde nationale en vertu des articles 138 et 139 seront organisés par bataillon d'infanterie, et par escadron ou compagnie pour les autres armes. Le Roi pourra ordonner la réunion de ces bataillons ou escadrons en légion.

---

loi du 11 décembre 1830 fixe la taille à 4 pieds 9 pouces.

(1) M. de Bérigny a demandé que les marins qui font partie de l'inscription maritime ne fussent pas désignés pour faire partie des corps détachés.

M. le rapporteur a répondu : « Les corps détachés doivent être envoyés aux frontières les plus voisines. Si les côtes sont menacées, les marins y seront envoyés, et là, pour ainsi dire, ils défendront leurs foyers. Vous ne pouvez pas admettre dans cette loi, pour les marins, une exemption qui n'est pas dans la loi du recrutement. Il est bien entendu qu'on ne prendra pas des corps détachés du Morbihan, par exemple, pour les faire servir à la défense des frontières du côté des Alpes. Ainsi l'on ne doit pas craindre que les marins soient éloignés des côtes. L'amendement de M. Bérigny a été rejeté.

(2) Les opérations du conseil de révision et celles du conseil de recensement sont dirigées dans des vues essentiellement différentes, a dit M. le rapporteur. Le conseil de recensement jugera dans l'intérêt de la localité ; le conseil de révision jugera dans l'intérêt de l'armée. Il s'assurera si les hommes sont aptes au service militaire.

(3) Il a été expliqué que le conseil de révision n'aura pas seulement à prendre en considération le nombre des enfans, il pourra également examiner la position particulière d'un père de famille, et accorder une exemption, en combinant ce qu'exige cette position et ce que réclame le nombre des enfans. Ainsi, entre deux hommes ayant un nombre égal d'enfans, le conseil appréciera quel est celui qui doit être exempté ; et même, entre deux hommes ayant des enfans en nombre inégal, il pourra exempter de préférence celui qui en a le moins, lorsque d'ailleurs quelques considérations militeront en sa faveur.

(4) On avait proposé d'exempter les gardes nationaux qui ont des remplaçans à l'armée, du service dans les corps détachés ; mais cette proposition a été rejetée, par le motif que si les remplaçans n'étaient point à l'armée, ils seraient eux-mêmes appelés dans les corps détachés.

(5) L'article du projet portait que le remplaçant ne serait pris que dans l'arrondissement du remplacé ; la commission voulait que le remplaçant fût du département du remplacé ; on a rejeté l'une et l'autre propositions. Il suffit donc que le remplaçant soit Français. On avait également demandé que le remplaçant fût armé et équipé aux frais du remplacé. Mais cette proposition a été rejetée.

(6) On a proposé de donner expressément au conseil de révision le droit de faire porter son examen sur la moralité du remplaçant, on a pensé aussi que le remplaçant devrait être porteur d'un certificat de bonne conduite. Mais on a répondu que, par le mot *agréé* on indiquait suffisamment que le conseil de révision a le pouvoir d'exiger toutes les garanties de bonne moralité, et qu'ainsi ces amendemens étaient inutiles.

(7) La Chambre des Pairs avait ajouté à cet article : *pendant un an, il sera libéré si, dans l'année, le remplaçant est arrêté, en cas de désertion, ou s'il meurt sous les drapeaux.* La Chambre des Députés a cru devoir supprimer cette disposition. La responsabilité reste donc indéfinie.

156. Des ordonnances du Roi détermineront l'organisation des bataillons, escadrons et compagnies ; le nombre, le grade des officiers ; la composition et l'installation des conseils d'administration.

157. Pour la première organisation (1), les caporaux et sous-officiers, les sous-lieutenans et lieutenans, seront élus par les gardes nationaux. Néanmoins, les fourriers, sergens-majors, maréchaux-des-logis chefs et adjudans sous-officiers, seront désignés par les capitaines et nommés par les chefs de corps.

Les officiers comptables, les adjudans-majors, les capitaines et les officiers supérieurs seront à la nomination du Roi.

158. Les officiers à la nomination du Roi pourront être pris indistinctement dans la garde nationale, dans l'armée ou parmi les militaires en retraite.

159. Les corps détachés de la garde nationale, comme auxiliaires de l'armée, sont assimilés, pour la solde et les prestations en nature, à la troupe de ligne.

Une ordonnance du Roi déterminera les premières mises, les masses et les accessoires de la solde.

Les officiers, sous-officiers et soldats jouissant d'une pension de retraite, cumuleront, pendant la durée du service, avec la solde d'activité des grades qu'ils auront obtenus dans les corps détachés de la garde nationale.

160. L'uniforme et les marques distinctives des corps détachés seront les mêmes que ceux de la garde nationale en service ordinaire.

Le Gouvernement fournira l'habillement, l'armement et l'équipement, aux gardes nationaux qui n'en seraient pas pourvus, ou qui n'auraient pas le moyen de s'équiper et de s'armer à leurs frais.

SECTION IV. *Discipline des corps détachés.*

161. Lorsque les corps détachés de la garde nationale seront organisés, ils seront soumis à la discipline militaire.

Néanmoins, lorsque les gardes nationaux refuseront d'obtempérer à la réquisition, ils seront punis d'un emprisonnement qui ne pourra excéder deux ans ; et lorsqu'ils quitteront leurs corps sans autorisation, hors de la présence de l'ennemi, ils seront punis d'un emprisonnement qui ne pourra excéder trois ans.

Dispositions générales.

162. Sont et demeurent abrogées toutes les dispositions des lois, décrets ou ordonnances, relatives à l'organisation et à la discipline des gardes nationales.

Sont et demeurent abrogées les dispositions relatives au service et à l'administration des gardes nationales, qui seraient contraires à la présente loi (2).

---

(1) Ces mots *pour la première organisation*, indiquent qu'une fois les corps formés, les choix des caporaux, sous-officiers et officiers qui deviendraient nécessaires seront faits par le Roi.

(2) Comme on l'aperçoit sur-le-champ à la lecture de cet article, toutes les lois relatives à *l'organisation et à la discipline des gardes nationales* sont formellement abrogées ; il n'y a point à examiner si elles sont ou si elles ne sont pas contraires à la présente loi ; un système nouveau et complet *sur l'organisation et la discipline* est établi ; tout le système antérieur sur les mêmes objets est anéanti : il n'en est pas de même des lois sur *le service et l'administration des gardes nationales*. Sans doute les dispositions de ces lois, qui sont contraires à celles de la loi actuelle, sont abrogées, mais celles qui peuvent se concilier avec la loi nouvelle, conservent leur efficacité. Il serait impossible de citer ici toutes les dispositions qui ont ainsi conservé leur force obligatoire, mais il est utile d'indiquer les plus importantes, et pour cela, nous ne pouvons mieux faire que de transcrire la réponse de M. Allent, commissaire du Gouvernement, à M. Isambert, qui proposait d'abroger absolument toutes les lois antérieures, relatives à la garde nationale.

Voici comment s'est exprimé M. Allent :

« Le premier paragraphe abroge toutes les dispositions des lois, décrets et ordonnances relatives, soit à *l'organisation*, soit à *la discipline* de la garde nationale, et sur ces deux points, l'abrogation peut être entière et sans restriction, parce que la loi, telle qu'elle est rédigée, renferme les dispositions essentielles de l'organisation et de la discipline, et n'oblige de recourir à aucune loi antérieure.

« Mais la loi que vous discutez ne renferme pas toutes les dispositions de *l'administration et du service* de la garde nationale, et, sur ces deux points, l'article qui vous est proposé, abroge les lois et décrets antérieurs, seulement en ce qu'ils ont de contraire à la présente loi.

« Ici se présente une première réponse à faire au reproche de l'honorable préopinant, sur la contrariété de ces lois et décrets avec la loi nouvelle. Par la rédaction même de l'article, tout ce que l'ancienne législation aura de contraire à la nouvelle loi sera et demeurera abrogé.

« Il n'y aura donc de maintenu que les dispositions des lois et décrets antérieurs qui ne seront pas contraires à la présente loi, et ces dispositions renferment des règles *d'administration ou de service*, nécessaires, importantes, et sans lesquelles la législation de la garde nationale resterait incomplète et défectueuse.

« Les lois administratives, par exemple, renferment des dispositions sages et applicables, soit à l'administration, soit au régime des gardes nationales que vous ne pouvez abroger ni transcrire dans la loi actuelle. Ainsi, pour ne citer qu'un seul exemple, la loi du 12 = 20 août 1790 règle avec sagesse les rapports des autorités administratives et des gardes nationales. Cette loi défend aux gardes nationales de s'immiscer dans l'administration municipale, et de délibérer sur les objets relatifs à l'administration générale; réciproquement, elle défend à l'autorité civile d'exercer sur les corps militaires une autre action que celle des réquisitions légales, et d'intervenir dans la police intérieure, la discipline et l'ordre du service.

« Le *service* de la garde nationale, sur lequel la loi que vous discutez ne renferme qu'un petit nombre de règles générales, est régi dans une foule de cas particuliers, et même dans le service habituel, par des articles de lois ou de décrets législatifs que vous ne pouvez abroger, ni transcrire dans la loi actuelle, à moins de l'étendre beaucoup et d'en ajourner l'adoption.

« Le service de la garde nationale dans les places de guerre, et les postes militaires, est régi par la loi du 8 = 10 juillet 1791, et par le décret du 24 décembre 1811. L'honorable préopinant croit que ce décret a abrogé la loi de 1791, mais l'art. 50 du décret et plusieurs autres, se réfèrent expressément à cette loi, et se bornent à la modifier. M. Isambert cite une loi de l'an 5, qui autorisait à *mettre en état de siége des villes ouvertes.* Mais cette loi révolutionnaire est depuis long-temps abrogée. *L'état de siége* n'est régi que par la loi du 10 juillet 1791, et par le décret du 24 décembre 1811; cette loi et ce décret ne s'appliquent *qu'aux places de guerre et aux postes militaires.*

« Mais, dans ces places mêmes et dans ces postes militaires, M. Isambert est effrayé de voir que l'état de siége place la garde nationale sous les ordres du gouverneur. Ce n'est pas seulement la garde nationale, c'est l'autorité civile elle-même, que la loi du 8 = 10 juillet 1791 (tit. 1er, art. 10), et le décret du 24 décembre 1811 (art. 101), subordonnent au gouverneur d'une place en état de siége. Ce pouvoir dictatorial du gouverneur est indispensable pour qu'il puisse répondre à l'état de la place qui lui est confiée. Pouvez-vous jeter dans la loi que vous discutez, ou abroger par cette loi, un système de législation compliqué, nécessaire, consacré par l'expérience de tous les temps, et dont l'abrogation compromettrait dans les états de paix, de guerre et de siége, le service, la sûreté, la défense des places de guerre?

« J'arrive maintenant au service de la garde nationale dans l'intérieur et dans tous les points qui ne sont pas régis par la législation des places de guerre.

« Abrogerez-vous la loi du 6 = 12 décembre 1790, qui renferme les principes constitutifs de la force publique dont la garde nationale forme le corps le plus considérable? Abrogerez-vous ces dispositions qui portent que la force publique est essentiellement obéissante; que nul corps armé ne peut exercer le droit de délibérer; qu'aucun citoyen armé ou en uniforme ne peut exercer le droit de suffrage dans les assemblées politiques?

« Abrogerez-vous la loi du 26, 27 juillet = 3 août 1791, relative à l'action de la force publique contre les attroupemens, et dont les nombreux articles règlent les cas et les formes des réquisitions temporaires et permanentes, détermine les circonstances où la force publique agit pour sa propre

défense, ceux où elle ne doit agir qu'après des sommations faites aux rassemblemens, et les formes dans lesquelles ces sommations doivent être faites par les officiers civils? Abrogerez-vous enfin l'article de cette loi, qui, dans l'intérieur, subordonne le pouvoir militaire au pouvoir civil?

« La loi même du 29 septembre = 14 octobre 1791 contient, sur les fonctions des citoyens servant en qualité de gardes nationales, des règles que la loi nouvelle ne reproduit pas, et dont la sagesse est incontestable. Telles sont celles qui défendent aux gardes nationaux et à leurs chefs, de discuter les réquisitions écrites de l'autorité civile, et leur interdisent les délibérations. Telle est encore celle qui défend d'incorporer dans les troupes de ligne les corps ou détachemens de la garde nationale.

« Enfin, la loi du 28 germinal an 6, sur la gendarmerie, renferme, un chapitre entier qui règle non pas des préséances, comme le croit l'honorable préopinant, mais les rapports de la garde nationale avec la gendarmerie, dans tous les cas où l'intervention de la garde nationale est indispensable pour maintenir ou rétablir la paix publique, la sûreté des personnes ou des propriétés.

« Cette énumération suffit pour justifier l'article de M. Dumeilet, amendé par votre commission.

« Ajouter ces nombreuses dispositions à la loi que vous discutez, c'est l'étendre, c'est l'ajourner plus que ne le permettent l'importance et la nécessité de cette loi.

« Abroger ces dispositions en général et sans réserve, ce serait effacer, ou mettre en ruine des branches essentielles de votre législation militaire et civile, et vous ne pourriez le faire, qu'après un long et mûr examen.

» Qu'y-a-t-il donc de plus sage que l'article qui vous est proposé?

« Votre loi sur la garde nationale est complète sur *l'organisation et la discipline*; sur ces deux points, abrogez sans réserve la législation antérieure.

« Votre loi ne règle que sur un petit nombre de points *l'administration et le service*; abrogez encore, mais seulement ce qui sera contraire à la nouvelle loi. Laissez subsister les lois et décrets antérieurs, dans ce qui n'est pas contraire à la nouvelle législation. »

En reproduisant ce discours de M. Allent, nous avons voulu faire ressortir les dispositions de loi qui sont en vigueur, nous avons déjà transcrit un grand nombre d'articles de la loi du 29 septembre = 17 octobre 1791; on peut consulter cette loi entière, nous avons également reproduit plusieurs dispositions de la loi du 26, 27 juillet = 3 août 1791; M. Allent a cité en outre, la loi du 6 = 12 décembre 1790, qui porte que nul corps armé ne peut exercer le droit de délibérer; que la force armée est essentiellement obéissante, que les citoyens ne peuvent exercer aucun acte de la force publique, sans en avoir été requis, mais que, lorsque l'ordre public troublé, ou la patrie en péril, demanderont l'emploi de la force publique, les citoyens ne pourront refuser le service dont ils seront légalement requis; les diverses constitutions, et notamment celle de 1791, tit. 4, ont consacré les mêmes principes. Nous devons rappeler encore ici, comme nous l'avons fait sous l'art. 7, que la loi du 20 avril 1831, *sur les attroupemens,* doit être consultée. Voy. ci-après

22 MARS = 8 AVRIL 1831. — Ordonnance du roi relative à la maison d'éducation primaire fondée à Paris par M. Cochin. (IX, Bull. O. LVII, n. 1429.)

Louis-Philippe, etc., sur le rapport de notre ministre du commerce et des travaux publics; vu la délibération du conseil général d'administration des hospices de Paris, en date du 3 novembre 1830; l'avis du préfet de la Seine, du 21 janvier 1831, et toutes autres pièces produites; le comité de l'intérieur de notre conseil d'Etat entendu, etc.

Art. 1er. Est et demeure approuvé l'acte sous signatures privées, du 13 novembre 1830, portant vente à l'administration des hospices civils de Paris, par MM. Cochin, Marcellot et Salleron, au prix de cent quarante-un mille deux cent cinquante-trois francs soixante-dix-sept centimes, d'un immeuble situé à Paris, rue Saint-Hippolyte, n. 15, et rue Pascal, composé de terrains et de bâtiments tels qu'ils sont indiqués au plan annexé audit acte, et dans lequel immeuble se trouve établie la maison complète d'éducation primaire fondée par M. Cochin.

2. Est et demeure également approuvé l'acte notarié, aussi en date du 13 novembre 1830, et portant : 1° donation, de la part de M. Cochin, aux hospices de Paris, du mobilier qui garnit la maison désignée en l'art. 1er, et qui est évalué à huit mille quatre cent cinquante-huit francs quatre-vingt-quinze centimes; 2° abandon, de la part du même M. Cochin, et auxdits hospices de Paris, de la répétition qu'il pourrait faire du remboursement des dépenses et avances par lui effectuées pour la fondation et l'entretien de la maison complète d'éducation primaire, et qui s'élèvent à douze mille quatre cent cinquante-huit francs quatre-vingt-deux centimes, déduction faite des secours et encouragements qu'il a reçus, soit de particuliers charitables, soit de diverses sociétés ou administrations.

3. Afin de perpétuer le souvenir de la bienfaisance et du désintéressement du fondateur d'un établissement aussi intéressant et aussi digne de servir de modèle, la maison complète d'éducation primaire portera, à l'avenir, le nom de *Maison Cochin*.

4. Notre ministre au département du commerce et des travaux publics (comte d'Argout) est chargé, etc.

22 MARS = 12 AVRIL 1831. — Ordonnance du roi relative au crédit ouvert pour les dépenses du conseil d'Etat pendant les premiers mois de 1831. (IX, Bull. O. LVIII, n. 1455.)

Louis-Philippe, etc., vu notre ordonnance en date du 13 mars 1831, qui nomme M. Barthe, garde des sceaux, ministre d'Etat au département de la justice, président du conseil d'Etat, etc.

Art. 1er. Le crédit provisoire de cent soixante-cinq mille francs ouvert par notre ordonnance du 21 décembre 1830 au ministre secrétaire d'Etat de l'instruction publique et des cultes, président du conseil d'Etat, pour les dépenses de ce conseil pendant les premiers mois de l'année 1831, est mis à la disposition de notre garde des sceaux, ministre secrétaire d'Etat au département de la justice, président du conseil d'Etat.

2. Nos ministres de l'instruction publique et des cultes, de la justice, et des finances (MM. Montalivet, Barthe et Louis) sont chargés, etc.

22 MARS = 12 AVRIL 1831. — Ordonnance du roi concernant les travaux à faire pour l'amélioration du port d'Harfleur (Seine-Inférieure). (IX, Bull. O. LVIII, n. 1456.)

Louis-Philippe, etc., sur le rapport de notre ministre secrétaire d'Etat au département du commerce et des travaux publics; le conseil d'Etat entendu, etc.

Art. 1er. Les travaux à faire pour l'amélioration du port d'Harfleur, département de la Seine-Inférieure, et notamment pour le redressement de la rivière de la Lézarde, sont déclarés d'utilité publique, et seront exécutés conformément aux deux plans annexés à la présente ordonnance et portant la date du 4 septembre 1828.

2. Les indemnités qui pourront être dues pour dépossession par suite de l'exécution de ce projet, seront réglées conformément aux dispositions de la loi du 8 mars 1810.

3. Notre ministre du commerce et des travaux publics (comte d'Argout) est chargé, etc.

22 MARS 1831. — Ordonnance qui résilie l'adjudication de la construction d'un pont suspendu sur la Durance, près d'Avignon. (Bull. O. 57, n. 1430.)

22 MARS 1831. — Ordonnance qui autorise la formation d'une société sous le titre de *Syndicat des digues de Grignon*. (Bull. O. 74, n. 1987.)

22 MARS 1831. — Lettres-patentes portant constitution d'un majorat en faveur de M. Aurran de Pierrefeu. (Bull. O. 57, n. 1439.)

23 MARS 1831. — Ordonnance qui autorise la ville de Beauvais à fonder, dans son collège communal, quatre nouvelles bourses entières, en remplacement de deux bourses qu'elle entretient

dans le collège royal d'Amiens. (Bull. O. 59, n. 1512.)

23 MARS 1831. —Ordonnances qui autorisent plusieurs fabriques à faire un échange et des ventes de terrain. (Bull. O. 80, n. 2188 et suiv.)

23 MARS 1831. — Ordonnance qui autorise le maire d'Epinac à distraire du presbytère de cette commune une partie des bâtiments pour servir de maison d'école. (Bull. O. 80, n. 2191.)

23 MARS 1831. — Ordonnance qui distrait les sections A. B. C. du territoire de la cure de Bouchoux (Jura), et les érige en annexe vicariale. (Bull. O. 80, n. 2192.)

———

24 MARS = 8 AVRIL 1831. — Ordonnance du roi relative à l'organisation du corps des artilleurs sédentaires de la ville de Lille. (IX, Bull. O. LVII, n. 1431.)

Louis-Philippe, etc., vu l'art. 125 de la loi du 22 mars 1831, contenant l'organisation définitive de la garde nationale; sur le rapport de notre ministre de l'intérieur, et en considération des services signalés par lesquels s'est constamment illustré, depuis sa formation jusqu'à nos jours, l'ancien et honorable corps des artilleurs sédentaires de la ville de Lille, etc.

Art. 1er. Le corps des artilleurs sédentaires de la ville de Lille est autorisé à conserver son organisation actuelle jusqu'au 1er janvier 1832, époque à laquelle il sera statué définitivement sur les conditions d'existence légale des compagnies d'artillerie de la garde nationale.

2. Notre ministre au département de l'intérieur (M. C. Périer) est chargé, etc.

———

24 MARS 1831. — Ordonnance qui convoque un collège électoral à Tarbes. (Bull. O. 56, n. 3229.)

24 MARS 1831. — Ordonnances qui nomment M. Blanc secrétaire général du ministère du commerce et des travaux publics; M. Martin de Maillefer, membre de la commission des récompenses nationales, et M. Mianné de Saint-Firmin, secrétaire de ladite commission. (Bull. O. 57, n. 1437 et 1438.)

24 MARS 1831. — Lettres-patentes relatives à l'érection d'un majorat en faveur de M. Thénard. (Bull. O. 57, n. 1440.)

24 MARS 1831. — Ordonnance qui autorise l'établissement d'un collège communal dans la ville de Craon. (Bull. O. 59, n. 1513.)

24 MARS 1831. — Ordonnances qui accordent une pension à un ancien secrétaire général de préfecture et à un ancien sous-préfet. (Bull. O. 58 bis, n. 6 et 7.)

———

25 = 27 MARS 1831. = Loi qui autorise la création de deux cents millions d'obligations du trésor, et l'aliénation de bois de l'Etat jusqu'à concurrence de quatre millions de revenu net (1). (IX, Bull. XXVIII, n. 95.)

Art. 1er. Le ministre des finances est au-

———

(1) Présentation à la Chambre des Députés le 11 février (Mon. du 12); rapport par M. Odier le 1er mars (Mon. du 11); discussion les 10 et 11 (Mon. des 11 et 12); adoption le 11 (Mon. des 12 et 13), à la majorité de 192 voix contre 75.

Présentation à la Chambre des Pairs le 17 mars (Mon. du 18); rapport par M......; discussion, adoption le 22 (Mon. du 23), à la majorité de 98 voix contre 18.

Retour à la Chambre des Députés; discussion, adoption le 24 (Mon. du 26), à la majorité de 227 voix contre 7.

Cette loi a été présentée à la Chambre des Députés le même jour où lui fut présentée la loi du budget de 1831, qui, comme on le sait, n'a été ni discutée, ni votée. Dans l'exposé des motifs, M. le ministre des finances avait établi une distinction entre les dépenses ordinaires et les dépenses extraordinaires; pour faire face aux premières, il avait présenté l'état des recettes ordinaires; pour subvenir aux secondes, il avait indiqué diverses ressources, au nombre desquelles se trouvaient celles que doit procurer la loi dont il s'agit ici.

Une première observation doit être faite. Le but de la loi est de procurer au trésor une somme de deux cents millions; les circonstances ont paru assez graves au ministère et aux Chambres pour qu'il fût nécessaire d'accumuler les moyens d'exécution, en laissant au gouvernement le soin de choisir. En conséquence, le ministre des finances est autorisé à émettre des bons ou obligations aux conditions qui lui paraîtront les meilleures (art. 1er).

Pour assurer le paiement de ces effets, la vente des bois de l'Etat est autorisée jusqu'à concurrence de quatre millions de revenu net (art. 3).

Si l'émission des obligations n'est pas jugée convenable, ou si elle est insuffisante, si également le gouvernement ne trouve pas dans la vente des bois les 200 millions, il pourra être créé des rentes cinq pour cent, pour former ou pour compléter le capital nécessaire (art. 6).

Toutes les autres dispositions de la loi ne sont qu'accessoires.

Le projet de loi autorisait le ministre des finances à vendre jusqu'à concurrence de 300 mille hectares de bois.

Mais on a fait remarquer qu'une pareille disposition portait atteinte au droit de gage que les créanciers de l'Etat ont sur tous les bois, aux termes de l'art. 143 de la loi du 25 mars 1817, qui déclare tous les bois de l'Etat affectés à la caisse d'amortissement.

M. le ministre des finances, dans l'exposé des motifs, avait prévu cette objection et y avait répondu en ces termes:

« Les bois n'appartenaient pas seulement à la dette de 1817, mais aux dettes de l'Etat en général. Or, s'ils appartiennent à toutes les dettes présentes ou futures, toutes ont droit à ce gage; dès lors vendre des bois pour faire face à une nouvelle dette, ou créer des rentes ayant l'hypothèque commune sur les bois de l'Etat, c'est faire exactement la même chose. Dans les deux cas, en effet, le gage se trouve diminué de la valeur de la dette nouvelle. »

torisé à créer et à émettre, pour les besoins ordinaires et extraordinaires des exercices 1830 et 1831, des obligations du trésor portant intérêts payables par trimestres et à des échéances fixes, qui ne pourront dépasser cinq années à dater de 1831.

La négociation desdits effets, dont le montant ne pourra excéder deux cents millions en capital, sera faite aux époques, aux conditions et pour les sommes qui seront déterminées par des ordonnances royales.

2. La disposition de la loi de finances du 25 mars 1817, qui a réservé sur les bois de l'Etat la quantité nécessaire pour former un revenu net de quatre millions, destiné à doter les établissements ecclésiastiques, est abrogée.

3. Le ministre des finances est autorisé à aliéner successivement, à partir de 1831, en se conformant aux règles établies pour la vente des propriétés publiques, des bois de l'Etat jusqu'à concurrence de quatre millions de revenu net, dont le produit sera spécialement affecté au remboursement des effets qui auraient été émis en vertu de l'article ci-dessus, et subsidiairement à la diminution de la dette flottante (1).

4. Le cahier des charges indiquera quelles parties de bois pourront être défrichées (2).

5. Sur le produit des bois vendus en exécution de l'art. 3 ci-dessus, et au fur et à

Malgré ces raisons, la commission de la Chambre des Députés, pénétrée du respect religieux que l'on doit avoir pour les engagements pris envers les créanciers de l'Etat, a pensé qu'il n'était pas convenable d'adopter la disposition autorisant d'une manière absolue l'aliénation de 300 mille hectares de bois; elle a rapppelé que l'art. 143 de la loi du 25 mars 1817, après avoir affecté le sol forestier aux créanciers de l'Etat, a excepté de cette affectation la quantité de bois nécessaire pour former un revenu net de quatre millions de rentes, dont il pourrait être disposé pour la dotation d'établissements ecclésiastiques. Elle a pensé que rien, par conséquent, ne s'opposait à ce que les bois donnant ce revenu de quatre millions fussent vendus.

L'art. 3 autorise en effet cette aliénation; mais on a cru, avec raison, qu'il fallait abroger, par une disposition expresse, la partie de l'art. 143 de la loi de 1817, qui consacrait une partie déterminée des bois de l'Etat à la dotation des établissements ecclésiastiques. Voy. art. 3.

(1) On sait que les propriétés publiques se vendent par adjudication aux enchères. Le ministre craignant que ce mode n'apportât des obstacles ou des lenteurs à l'aliénation avait présenté, et la Chambre des Députés avait adopté un article ainsi conçu:

« Si la négociation des effets mentionnés aux art. 1, 3 et 5, ne peut se faire à des conditions favorables aux intérêts du trésor, et pour des sommes suffisantes à ses besoins, le ministre des finances est autorisé à traiter pour l'aliénation des bois avec une ou plusieurs compagnies, et à leur céder tout ou partie des bois, sous la condition d'en avancer la valeur à des époques correspondantes aux besoins du trésor. Dans ce cas, il traitera avec elle aux conditions qui lui sembleront concilier le mieux les besoins du service avec le plus grand avantage des ventes, et ces traités seront faits avec concurrence et publicité. »

Les inconvénients d'une pareille disposition avaient été présentés dans la Chambre des Députés; mais le désir d'assurer par tous les moyens possibles les ressources nécessaires, avait fait passer sur les considérations dont on avait reconnu la justesse; la Chambre des Pairs a pensé, au contraire, qu'en suivant le mode ordinaire des ventes, on parviendrait également au but qu'on avait en vue, elle a retranché l'article adopté par la Chambre des Députés.

Il n'est pas nécessaire de reproduire ici, avec détail, les arguments par lesquels on a cherché à démontrer que l'aliénation des forêts de l'Etat était une mesure désastreuse. On a dit que les forêts offraient des valeurs qu'il fallait réserver pour des occasions plus difficiles, et qu'on devait considérer comme une dernière ressource; on a pensé que l'aliénation du sol forestier amènerait une disette absolue de bois de construction, parce que les particuliers ne pouvaient pas raisonnablement laisser croître leurs forêts en futaies; on a rappelé la prédiction de Colbert, que la France périrait faute de bois. Le ministre a répondu que dans le choix des cantons qui seraient aliénés, le gouvernement s'attacherait à concilier tous les intérêts; qu'à la vérité, il ne pouvait pas s'interdire de vendre des futaies, parce qu'il fallait arriver au but, c'est-à-dire à procurer au trésor 200 millions; mais qu'il vendrait de préférence les bois où se trouvent des espaces en friche; que, loin de s'appauvrir par ces aliénations, le fisc recevrait plus par les droits de mutation, par les contributions auxquelles seraient assujettis les bois aliénés que ne lui donnait le revenu de ces bois, déduction faite des frais de garde et de perception.

(2) L'art. 219 du Code forestier (voy. t. 27, p. 363) porte que pendant vingt ans aucun particulier ne pourra défricher qu'après fait la déclaration au moins six mois d'avance, durant lesquels l'administration pourra signifier son opposition au défrichement,

Si dans le cahier des charges la faculté de défricher est accordée, il n'y aura plus nécessité de faire la déclaration ni d'attendre six mois.

Si, au contraire, le cahier des charges ne contient aucune disposition relative au défrichement, on rentrera dans la disposition de l'art. 219 Code forestier. On avait présenté quelques amendements à la Chambre des Députés, ayant pour but d'interdire au gouvernement le droit d'autoriser le défrichement, pendant un temps plus ou moins long, lorsque l'autorisation n'aurait pas été donnée dans le cahier des charges. Ces amendements ont été rejetés.

« Il faut, a dit M. Thiers, sous-secrétaire d'Etat au département des finances, que l'administration déclare d'avance les bois qui doivent être défrichés, et que postérieurement elle puisse accorder la faculté de défrichement aux bois auxquels elle ne l'aurait pas accordée d'abord. La convenance peut changer, on peut vendre les bois par portion. Il y a des bois susceptibles d'être défrichés à une époque, qui peuvent ne plus l'être à une autre. »

mesure des rentrées, une somme égale au montant des obligations émises sera versée à la caisse des dépôts et consignations, et employée exclusivement au remboursement ou au rachat des obligations. Dans le cas où ce produit serait insuffisant pour l'acquittement des obligations à leurs échéances, il y sera pourvu par le trésor public.

6. Le ministre des finances est, au besoin, autorisé à faire inscrire au grand-livre de la dette publique, avec jouissance du 22 mars 1831, la somme de rentes cinq pour cent qui deviendrait nécessaire pour réaliser tout ou partie des deux cents millions dont le crédit est ouvert par la présente loi, et à suppléer, soit à la vente de tout ou partie des bois de l'Etat, soit aux obligations qui ne seraient point émises.

Ces rentes inscrites seront disponibles pour les besoins du trésor, mais ne pourront être définitivement aliénées qu'avec publicité et concurrence, dans les formes suivies pour les adjudications des emprunts, ainsi qu'aux conditions qui concilieront le mieux les intérêts du trésor avec la facilité des négociations.

Dans aucun cas, les ressources à créer ne pourront dépasser la somme de deux cents millions.

7. Dans le cas où il serait négocié des rentes en vertu de l'article précédent, la dotation de l'amortissement sera accrue d'une somme égale au centième du capital nominal desdites rentes.

8. A la prochaine session, le ministre des finances fera distribuer aux Chambres l'état, par chaque département, des bois qui auraient été vendus ou qui resteraient à vendre en exécution de la présente loi, et fera connaître en même temps les bases de leurs évaluations.

Il sera, en outre, rendu compte à chaque session du progrès et du résultat des opérations autorisées par la même loi.

25 mars 1831. — Ordonnance qui accorde des lettres de naturalité au sieur Bartolini. (Bull. O. 82, n. 2464.)

26 = 31 mars 1831. — Loi relative aux contributions personnelle et mobilière, des portes et fenêtres, et des patentes (1). (IX, Bull. XXIX, n. 96.)

CHAPITRE 1ᵉʳ. — De la taxe personnelle (2).

Art. 1ᵉʳ. A compter du 1ᵉʳ janvier 1831, l'impôt personnel sera séparé de la contribution mobilière : il deviendra l'objet d'une taxe distincte pour laquelle il ne sera pas

(1) Présentation à la Chambre des Députés le 15 novembre 1830 (Mon. du 16) ; rapport par M. de Saunac le 13 janvier 1831 (Mon. du 14) ; discussion les 18, 19, 20, 21, 22, 23, 24, 25 (Mon. des 19, 20, 21, 22, 23, 24, 25 et 26) ; adoption le 26 (Mon. du 27), à la majorité de 210 voix contre 101.
Présentation à la Chambre des Pairs le 19 février (Mon. du 21) ; rapport par M. le comte Roy le 10 mars (Mon. du 13) ; discussion et adoption le 12 (Mon. du 13), à la majorité de 90 voix contre 8.
Retour à la Chambre des Députés le 16 mars (Mon. du 17) ; discussion et adoption le 17 (Mon. du 18), à la majorité de 224 voix contre 7.
Voy. loi du 13 janvier-18 février 1791, art. 10, 11, 12 et 13 ; constitution du 5 fructidor an 3, art. 304 ; lois du 22 thermidor an 4, du 14 thermidor an 5, du 3 nivôse an 7, art. 20 ; du 21 ventôse an 9 ; et les différentes lois de finances depuis 1814. Voy. la loi du 23 septembre 1814 sur laquelle se trouvent indiquées celles qui ont suivi. Voy. loi du 21 avril 1832 qui modifie celle-ci.
Puisque l'impôt personnel actuellement réuni à la contribution personnelle doit en être séparé à l'avenir, il faut bien désigner en quoi l'un diffère de l'autre.
M. le rapporteur a dit que la taxe personnelle est un tribut que tout citoyen au-dessus de l'indigence doit au gouvernement pour la protection qu'il lui accorde, et, sans avoir égard ni à sa position ni à sa fortune, assez faible pour être à la portée des facultés les plus restreintes ; qu'aucun habitant ne doit vouloir s'y soustraire, pas même l'étranger qui vient sur le sol de la France participer à la protection commune.
M. le ministre des finances a dit, dans l'exposé

des motifs, que, par la contribution mobilière, on charge la personne suivant ses facultés ; qu'on étale la taxe sur les loyers, parce qu'il n'y a pas de dépense qui se proportionne plus exactement à la fortune des individus.
(2) Dans l'exposé des motifs, M. le ministre des finances a dit :
« Nous ne venons pas vous proposer de modifier l'assiette de nos impôts directs, mais nous venons vous demander d'apporter à leur mode de perception une modification importante. Ce mode de perception rend les impôts directs, impôts de répartition ou impôts de quotité.
« Dans l'impôt de répartition, l'autorité législative fixe d'avance la somme exigible, et la répartit ensuite entre les départements ; l'autorité départementale répartit à son tour le contingent qui lui est échu entre les arrondissements ; l'autorité d'arrondissement entre les communes, et l'autorité communale entre les individus.
« Dans l'impôt de quotité, au contraire, les contingents ne sont point déterminés d'avance pour les diverses circonscriptions territoriales, par les autorités immédiatement supérieures.
« Les agents du fisc s'adressent directement aux individus et leur demandent la contribution qui leur est imposée par les conditions de la loi ; c'est trois journées de travail pour la cote personnelle ; c'est une valeur proportionnée au loyer pour la contribution mobilière.
« Le caractère de ces deux modes est facile à saisir ; l'impôt de répartition est un abonnement avec les localités ; on traite à forfait avec elles, en leur laissant le soin de répartir comme elles l'entendent la somme qu'on leur demande ; nécessairement, l'autorité qui abonne fait un sacrifice de la quantité du produit en faveur de la certitude

assigné de contingent aux départements, arrondissements et communes.

de sa rentrée : l'impôt de quotité est l'opposé du précédent ; loin d'abonner, le gouvernement, dans ce cas, assied et lève l'impôt lui-même, il a les avantages de la plus-value et court les chances de la perception.

« Trois de nos contributions directes sont impôt de répartition : la contribution foncière, la contribution personnelle et mobilière, et la contribution des portes et fenêtres.

« Quant aux patentes, elles sont impôt de quotité et ne pouvaient pas ne pas l'être. . . . . . .

. . . .

« Deux moyens se présentaient pour faire cesser les inégalités si dommageables à la masse des contribuables ; le premier, de maintenir l'impôt de répartition en changeant cette répartition et la rendant plus équitable.

« Le second, d'adopter la forme d'impôt de quotité, c'est-à-dire de renoncer à l'abonnement fait avec les localités, de s'adresser directement aux contribuables et d'appliquer à tous indistinctement les conditions de la loi. . . . .

. . . .

« Mais si l'impôt de quotité est reconnu, au fond, plus avantageux que l'autre, on lui oppose les difficultés de l'exécution, et c'est là le motif pour lequel beaucoup d'administrateurs éclairés aiment mieux l'impôt de répartition : c'est ici que la question devient tout à fait grave et digne d'une sérieuse attention.

« Nous avons dit que, par le mode de répartition, les autorités supérieures ayant fixé d'avance les contingents, les autorités locales n'avaient plus qu'à répartir l'impôt entre les individus : par le mode de quotité, c'est le gouvernement qui devra les répartir, et l'on ne saurait disconvenir que, s'il le peut mieux que les communes, la chose sera plus mal prise de sa part que de la leur ; pour que vous saisissiez nettement la difficulté, il faut vous exposer quelques faits.

« Le travail de l'assiette consiste à la fois à dresser un état des individus non indigents pour les soumettre à la contribution personnelle, et à évaluer les loyers pour répartir, à proportion de ces loyers, la contribution mobilière ; les contrôleurs des contributions se rendent dans les communes accompagnés des répartiteurs choisis par elles, et les répartiteurs désignent à leur gré les individus cotisables et la valeur des loyers. Le directeur des contributions divise ensuite le contingent invariable imposé à la commune et le fait peser sur chaque individu.

« Pour les villes et les gros bourgs, on évaluera d'après les baux dont le témoignage évident ne permettra pas à la plainte de s'élever ; dans les campagnes, il y aura deux classes de communes ; les unes cadastrées comprendront les deux tiers au moins, les autres non cadastrées : dans les premières, toutes les valeurs locatives étant fixées par le cadastre, mais avec atténuation, il ne s'agit que de les remettre à leur véritable taux, en recherchant tous les baux qui pourront en fournir le moyen ; dans les autres, il faudra procéder à un recensement nouveau, en se servant des éléments ordinaires pour ces sortes d'évaluations : on n'éprouvera de difficulté réelle que pour ces dernières, qui sont en assez petit nombre pour lesquelles on a récemment acquis l'assurance que cette mesure ne rencontrerait pas d'obstacles bien sérieux

dans son exécution. . . . . »

. . . .

« Dans ce système, les contrôleurs seront chargés de fixer les évaluations : l'autorité locale sera consultée pour donner des renseignements, mais non pour régler les appréciations ; enfin le recours à l'autorité départementale restera ouvert aux contribuables pour contester la contribution qui leur sera imposée. »

Le projet présenté par le gouvernement, ainsi que l'indiquent les paroles de M. le ministre des finances, que je viens de reproduire, convertissait l'impôt personnel et l'impôt mobilier en impôt de quotité, et ce changement était proposé pour parvenir à une meilleure répartition, pour faire disparaître les inégalités choquantes qui existent de département à département, d'arrondissement à arrondissement, de commune à commune. On a cité comme preuve de cette inégalité l'exemple de certaines localités où la contribution personnelle n'est pas payée, la répartition de la contribution mobilière suffisant pour former la somme imposée. Mais une vive opposition s'est élevée dans la Chambre des Députés contre ce système : pour le combattre, on s'est fondé principalement sur les difficultés que présenterait l'assiette de la contribution mobilière devenue impôt de quotité ; on fait remarquer que les répartiteurs pris aujourd'hui parmi les contribuables seraient remplacés par les contrôleurs des contributions ; que ceux-ci, agents du fisc, seraient obligés de faire, dans chaque maison, des visites, sinon aussi vexatoires que celles des agents des contributions indirectes, du moins toujours odieuses aux contribuables ; qu'il était d'ailleurs singulier d'enlever aux communes le droit de concourir à l'assiette et à la distribution de l'impôt, par l'intermédiaire des répartiteurs pris dans leur sein, au moment où un système municipal fondé sur l'élection allait être substitué au régime antérieur.

Ces observations ont été entendues par le ministre des finances et par la commission de la Chambre des Députés ; elles ont amené une transaction : la Chambre a donné son adhésion au projet relativement à l'impôt personnel ; elle a consenti qu'il devînt impôt de *quotité* ; mais, de son côté, le gouvernement a reconnu que la contribution mobilière devait rester impôt de répartition.

La commission, d'accord avec le gouvernement, a d'abord rédigé l'article ainsi qu'il suit :

« A compter du 1er janvier 1831, l'impôt personnel sera séparé de la contribution mobilière ; il deviendra l'objet d'une taxe distincte, pour laquelle il ne sera pas assigné de contingent aux départements, arrondissements et communes.

« La contribution mobilière continuera d'être un impôt de répartition ; le contingent pour cette contribution sera porté, pour l'année 1831, au principal assigné en 1830 à la contribution personnelle et mobilière.

« Néanmoins, ce contingent sera ramené au principal de 24 millions par un dégrèvement sur les départements reconnus les plus surchargés. » Mais cette rédaction a été modifiée, tout en conservant le fond des dispositions. Voy. l'art. 6.

M. Gillon a dit : « L'amendement me semble repousser de l'assiette de l'impôt personnel l'action et la surveillance des conseils généraux et des conseils d'arrondissement : notre loi organique d'ad-

2. La taxe personnelle sera établie sur chaque habitant français de tout sexe, jouissant de ses droits, et qui ne serait pas réputé indigent, et sur tout habitant non français résidant depuis six mois dans la commune (1).

Seront considérés comme jouissant de leurs droits les garçons et filles ayant un revenu personnel; les garçons et les filles exerçant une profession, lorsqu'ils auront un établissement distinct de celui de leurs père et mère, ou s'ils sont sujets à la patente; les veuves et les femmes séparées de leur mari.

L'état des imposables sera dressé par le contrôleur des contributions directes, de concert avec le maire ou l'adjoint, et les commissaires répartiteurs, qui désigneront les individus susceptibles d'être réputés indigens (2). Les propositions des répar-

---

ministration départementale en serait blessée, violée, et remarquez que c'est cette loi même qui soutient encore nos préfectures. Ne voudrait-on plus conserver de cette loi organique, qui a porté le nom de constitution, que ce qui est étranger au régime municipal?

« Pour moi, je n'abandonnerai jamais les garanties que les conseils de département et d'arrondissement donnent contre les erreurs de l'administration ; je ne m'associerai jamais par mon vote à une loi qui fera échapper à l'action de ces divers conseils un impôt direct quel qu'il soit, même celui appelé *personnel ;* ils doivent, fidèles gardiens des droits les plus anciens et les moins contestés dont jouirent nos pères, présider à la dispensation de toute contribution. Depuis trente ans, une loi, celle du 28 pluviôse an 8, qui constitue en cette matière le droit public du royaume, ordonne que l'administration municipale se répande et sur le département entier par l'action du conseil général, et sur les arrondissemens par celles des conseils d'arrondissement, comme l'esprit municipal est entretenu sans cesse dans chaque commune par le conseil de la commune. Certes, ce n'est pas à la veille du jour où toute cette vaste machine va être régénérée par des élections libres et ravivée par des attributions nouvelles, que nous leur donnerons, j'espère, en les ôtant aux préfets qui doivent avoir quelque surprise de s'en voir encore en possession ; non, certes, ce n'est pas quand doit s'accomplir le grand œuvre municipal, avec autant d'ampleur que s'est accompli le grand œuvre politique, que nous soustrairons une partie des bases qui doivent s'asseoir avec solidité pour le bonheur de cette nation qui a tout fait pour qu'on assure son repos, sa sécurité, et pour qu'on lui offre tous les élémens de contentement.

« Eh bien ! ces garanties, aussi anciennes que la France même, et qui n'ont fait que changer de forme au gré de quelques vicissitudes politiques, sans jamais s'altérer dans leur jouissance, je le demande en vain au projet de notre honorable collègue, je ne les aperçois pas dans le texte. »

M. Augustin Perrier a ajouté:

« Il s'agit de convertir seulement en impôt de quotité la contribution personnelle et celle des portes et fenêtres, et de laisser la contribution mobilière soumise comme elle l'est aujourd'hui au système de répartition, en améliorant cependant cette répartition par le moyen d'un dégrèvement sur les départemens les plus chargés, et en augmentant d'ailleurs le principal d'une somme égale à celui de la contribution personnelle qui s'y trouvait jusqu'ici compris.

« J'appuie volontiers cet amendement, parce qu'il satisfait aux objections qui se sont élevées sur le système primitif du Gouvernement, et qu'il assure, d'ailleurs, l'augmentation de produit devenue indispensable pour compenser le déficit sur l'impôt des boissons et quelques autres branches de revenus publics.

« Il est à remarquer, en effet, que ces objections ont paru exclusivement porter sur les difficultés d'exécution relatives à l'assiette de la contribution mobilière par voie de quotité; c'est à cette contribution que s'adressent également et de préférence les réflexions judicieuses que vous avez entendues à la fin de la séance d'hier, sur la nécessité qu'il y aurait de modifier la juridiction administrative dans le système de la loi : les conseils de préfecture n'avaient jusqu'ici à prononcer que sur des intérêts individuels, sans que celui du fisc y fût compromis, puisque la répartition de chaque commune étant fixée, on obtenait toujours, fût-ce par voie de réimposition, la compensation des décharges accordées, et le montant intégral de la répartition primitive; mais avec l'impôt de quotité, l'intérêt du fisc est constamment en opposition avec les réclamations des contribuables, et dès lors le Gouvernement serait en quelque sorte juge dans sa propre cause, puisque la décision serait rendue par les tribunaux administratifs nommés et révocables par lui.

« Cet inconvénient ne se retrouve guère lorsqu'il s'agit de portes et fenêtres et de l'impôt personnel, où toutes les contestations peuvent être tranchées sur une vérification matérielle, sur laquelle l'arbitraire n'a pas de prise : rien n'est plus simple ni plus régulier que de demander directement l'impôt personnel aux individus qui sont désignés par la loi pour le payer, et d'asseoir celui des portes et fenêtres sur le nombre d'ouvertures désignées par la loi pour y être soumises. » Voyez l'art. 2 et le chap. 3.

(1) La contribution personnelle ne peut être assise que sur chaque habitant résidant depuis six mois dans la commune. 7 fév. 1834, ord., Mac., 1834, 97.

Lorsqu'un particulier qui habite une commune depuis plus de six mois, l'a quittée dans le cours de l'année, il est valablement compris sur les rôles personnel et mobilier de cette commune pour l'année entière. 18 oct. 1832, ord., Mac., 1832, 571.

(2) Lorsque le réclamant qui se prétend indigent, n'a pas été, lors de la formation de la matrice des rôles, désigné par le conseil municipal, pour être exempté de toute cotisation, conformément à l'art. 18 de la loi du 21 avril 1822, et qu'il ne justifie d'ailleurs d'aucun motif d'exemption, sa cote doit être maintenue. 18 juillet 1834, ord. Mac., 1834, 470.

Id., 18 juillet 1834, ord., Mac., 1834, 471.

titeurs seront soumises à l'approbation du préfet (1).

(1) Après avoir désigné les personnes imposables, et avoir établi une exception au profit des indigens, il restait à déterminer comment et par qui cette qualité d'indigent serait reconnue et constatée.

La commission de la Chambre des Députés avait d'abord pensé qu'il était possible d'établir une règle qui servît de guide à ceux qui seraient chargés de la confection des rôles. Voici la disposition qu'elle avait proposée et qui formait le paragraphe 3 de l'article : « Seront de droit réputés indigens tous ceux dont le revenu ou le salaire journalier ne sont pas au-dessus du taux de la journée de travail, fixé pour l'impôt dans leur commune. »

Mais on a facilement démontré que cette base serait souvent trompeuse, que tel dont le salaire ou le revenu connu ne serait pas au-dessus du taux de la journée de travail, pourrait profiter de la disposition de la loi, quoique étant réellement dans l'aisance, tandis que tel père de famille gagnant chaque jour un peu plus que le taux de la journée de travail, serait par cela même imposé, quoique réellement indigent.

« En Angleterre, a dit M. Charles Dupin, on classe à titre de droit, parmi les pauvres, tous les hommes dont le salaire journalier ne dépasse pas une limite déterminée. Qu'en résulte-t-il? C'est qu'au lieu de regarder comme une infortune, comme une disgrâce involontaire peut-être, mais aussi parfois et trop souvent comme un état produit par l'incapacité, la fainéantise et mille vices honteux, l'indigent anglais regarde comme un titre, comme un droit, et je dirais presque une fonction publique la qualification de *pauvre*, et qu'au lieu de demander humblement et la rougeur sur le front les dons de la charité publique, il demande arrogamment sa solde de pauvre. Ah! préservons nos classes ouvrières si distinguées aujourd'hui par leurs sentimens héroïques, préservons-les de cette dégradation.

« Je ferai une autre observation : l'on veut classer parmi les indigens des propriétaires respectables, qui n'auront pas suivant les localités un revenu supérieur de 3 à 400 fr., et même à 500 fr.; à Lyon, à Toulouse, à Bordeaux, à Paris, un homme de lettres ayant 500 fr. de revenu, et trouvant le surplus, qui lui procure l'aisance, non pas dans un salaire journalier, mais dans les fruits de son génie, cet homme de lettres, ce savant, cet artiste, qui sera peut-être la gloire de sa patrie, la loi le placerait à titre de droit dans la classe des indigens : la loi l'humilierait d'office; non, Messieurs, vous n'adopterez pas une mesure à tel point avilissante, à tel point ennemie des plus nobles sentimens, et des professions les plus honorables. Supprimons l'amendement qu'on nous propose et celui de la commission qui conduirait à ce résultat; il suffira de l'autorité municipale, de sa bienveillance et de son équité, pour qu'elle exempte comme indigentes, les personnes assez infortunées pour être privées de tout moyen de payer sur le fruit de leur travail ou de leur revenu, leurs dettes envers la patrie. » La justesse de ces observations a été généralement sentie, et la Chambre a prononcé la suppression du paragraphe.

Le soin de dresser les rôles de contributions peut être abandonné sans inconvéniens aux fonctionnaires municipaux ou à des répartiteurs pris

parmi les contribuables, lorsqu'il s'agit d'un impôt de répartition, dans ce cas, la somme que doit payer la commune entière est fixée : il faut qu'elle soit répartie entre les différens habitans; l'injustice commise envers l'un retomberait sur l'autre ; tous sont intéressés à une juste et équitable répartition. Au contraire, lorsqu'il s'agit d'un impôt de quotité, il faut nécessairement que des agens étrangers à la commune fassent le travail, ou du moins y coucourent, sans cela il serait à craindre que les magistrats municipaux, ou les répartiteurs ne se montrassent trop favorables aux intérêts de leurs concitoyens, soit dans la désignation des personnes imposables, soit dans la fixation des cotes. Cependant, et malgré la force de ces raisons, on ne pouvait laisser aux contrôleurs des contributions directes le pouvoir absolu de désigner les indigens dans chaque commune; d'une part, ils eussent souvent manqué des renseignemens convenables; de l'autre, une trop grande sévérité était à craindre de leur part : la commission de la Chambre des Députés avait cru obvier à tous les inconvéniens et donner, soit au trésor, soit aux contribuables les garanties convenables en proposant un paragraphe ainsi conçu :

« L'état des imposables sera dressé par le contrôleur des contributions directes, communiqué au conseil municipal, qui désignera les personnes susceptibles d'être assimilées aux indigens, la délibération sera soumise au préfet pour être approuvée ou modifiée. »

M. de Las Cases a au contraire proposé d'abandonner la désignation des indigens aux maires et aux répartiteurs.

Enfin, sur la proposition de M. Prunelle, le paragraphe a été adopté tel qu'il est. Le sens qu'il présente n'est pas douteux, la désignation des indigens sera faite par le maire et les commissaires répartiteurs. Mais le contrôleur assistera à l'opération, et il pourra rédiger des notes et observations qui seront transmises au préfet, et qui serviront à éclairer ce fonctionnaire dans la décision qu'il doit rendre sur la proposition des répartiteurs.

Il faut bien remarquer, d'ailleurs, que la loi n'impose pas l'obligation, mais même ne donne pas la faculté de dresser une liste d'indigens. Les imposables seuls doivent être portés sur un état; et les individus qui seront déclarés indigens ne figureront point parmi les imposables.

Le véritable esprit de la loi a été indiqué par M. Humblot-Conté, membre de la commission ; nous croyons devoir reproduire l'explication qu'il a données. Elles seront un guide dans l'application.

« Plusieurs orateurs, a-t-il dit, se sont tout-à-fait mépris sur le but du projet de loi et de celui de la commission : ils ont toujours supposé que l'intention du Gouvernement et de la commission avait été de faire payer l'impôt *personnel par les classes moins élevées que celles qui le paient maintenant :* ce n'est pas du tout leur but ; l'on vous a fait remarquer qu'il existait, dans la distribution de l'impôt personnel, des inégalités entre les départemens; qu'il y a des départemens dont le cinquième de la population est imposé pour la contribution personnel, tandis que dans d'autres il n'y a que le dixième de la population qui le soit ; il est évident que dans

L'impôt personnel est dû dans la commune du domicile réel (1).

3. Les officiers de terre et de mer qui n'ont point de résidence fixe, et n'ont d'habitation que celle de leur garnison, continueront à être exempts (2) de la contribution personnelle et mobilière. Néanmoins, ceux qui ont d'autres habitations particulières, soit pour eux, soit pour leur famille, seront cotisés, comme les autres contribuables, au rôle de la commune où ces habitations sont situées.

4. La taxe personnelle, calculée d'après le prix de trois journées de travail, est fixée et sera perçue conformément au tarif ci-après :

	PRIX de la journée.	MONTANT de la taxe.
Dans les villes de 50,000 âmes et au-dessus.	1f 50c	4f 50c
de 20,000 à 50,000. . . . . : . . .	1 25	3 75
de 10,000 à 20,000.	1 10	3 30
de 5,000 à 10,000, et dans les chefs-lieux de département et d'arrondissement qui n'ont qu'une population au-dessous de 5,000 âmes.	1 00	3 00
Dans les communes qui ont une population agglomérée de 1,500 âmes jusqu'à 5,000.	0 80	2 40
Dans toutes les autres communes au-dessous de 5,000 âmes.	0 70	2 10 (3)

5. Au montant de la taxe personnelle seront ajoutés les centimes additionnels généraux et particuliers que les lois annuelles de finances fixeront.

---

les départemens où il n'y a d'imposé que le dixième de la population se trouvent des classes qui ne le sont pas et qui le sont dans les départemens où il y a le cinquième : le but du projet de loi, comme celui de la commission, a été de faire que ces priviléges fussent supprimés, que tous les départemens fussent traités également pour des charges de même nature.

« Or, qu'arriverait-il si l'on adoptait les propositions qui sont faites, c'est-à-dire si on laissait les administrations communales seules juges de l'indigence? Voici ce qui arriverait dans les départemens où le dixième de la population est imposé : les conseils municipaux ne consentiraient jamais qu'on imposât un plus grand nombre de contribuables; ils se renfermeraient toujours dans le nombre de contribuables actuellement imposés; ils le feraient par patriotisme : il arriverait bien autre chose, c'est que dans les départemens où le cinquième est imposé, les conseils municipaux diraient, il n'est pas juste que nous imposions le cinquième de la population, lorsqu'il y a des départemens qui n'imposent que le dixième; et on ferait comprendre un bien plus grand nombre de personnes sur la liste des indigens : la commission n'a pas eu pour but de faire descendre la contribution à des classes inférieures, mais de faire en sorte qu'elle fût également répartie sur la même portion de population dans tous les départemens. Il s'ensuit que si l'amendement qu'on vous propose était adopté, il en résulterait une diminution, puisque dans certains départemens, on ne prendrait que les personnes actuellement imposées. — Relativement au choix des répartiteurs, voyez notes sur l'art. 7.

(1) La taxe personnelle n'est due que dans la commune du domicile réel. 14 nov. 1834, ord., Mac., 1834, 720.

(2) M. de Paixhans a fait remarquer qu'on ne devait pas dire *continueront à être exempts*; qu'il fallait dire *seront exempts*, parce qu'il y avait une classe nombreuse d'officiers sans troupes qui payaient l'impôt personnel. Si la proposition de M. de Paixhans eût été accueillie, on aurait pu penser que tous les officiers, même ceux qui jusqu'alors avaient payé l'impôt personnel, en auraient été exempts à l'avenir ; mais cette proposition n'a pas été admise. On a fait remarquer, d'ailleurs, que les officiers sans troupe ont une résidence fixe, et que ceux qui sont exempts de la contribution n'ont point de résidence fixe. Voyez arrêté du 28 thermidor an 10.

Comme officiers avec troupes, et sans résidence fixe, les officiers des compagnies de vétérans sont exempts de la contribution personnelle et mobilière, à moins qu'ils n'aient des habitations particulières, soit pour eux, soit pour leur famille. 5 déc. 1834, ord., Mac., 1834, 793.

L'appartement qu'occupe l'officier avec troupes, dans le lieu de sa garnison, et dont il paie le loyer avec l'indemnité allouée par la loi n'est point considéré comme une habitation particulière. 30 oct. 1834, ord., Mac., 1834, 690.

(3) Sous la législation antérieure, les conseils généraux de département fixaient le taux de la journée de travail, entre un *minimum* de 50 cent. et un *maximum* de 1 fr. 50 cent. Voy. loi du 3 nivôse an 7, art. 5 et suiv.

CHAPITRE II. *De la contribution mobilière* (1).

6. La contribution mobilière continuera d'être un impôt de répartition (2).

Le contingent pour cette contribution sera porté, pour l'année 1831, au principal assigné en 1830 à la contribution personnelle et mobilière : néanmoins, lors de la fixation du budget de 1831, ce contingent sera ramené au principal de vingt-quatre millions par un dégrèvement sur les départements reconnus les plus chargés.

7. Le conseil général répartit le contingent assigné au département entre les arrondissements, et le conseil d'arrondissement répartit son contingent entre les communes de son ressort ; les cotes individuelles sont réglées par les répartiteurs communaux.

Les commissaires répartiteurs établissent les valeurs locatives (3). Le conseil municipal désignera les habitants qu'il croira devoir exempter de la cotisation mobilière : la délibération sera soumise à l'approbation du préfet (4).

On ne comprendra dans les loyers que la partie des bâtiments servant à l'habitation (5).

Désormais, la contribution mobilière sera due dans toutes les communes où les contribuables auront des habitations meublées (6).

8. Ne seront pas compris dans l'évaluation des loyers d'habitation, les magasins, boutiques, auberges, usines et ateliers, pour raison desquels les contribuables paient patente ; les bâtiments servant aux exploitations rurales, non plus que les locaux destinés au logement des élèves dans les écoles et pensionnats, et aux bureaux des fonctionnaires publics.

9. Les officiers de terre et de mer ayant des habitations particulières, soit pour eux, soit pour leur famille ; les officiers sans troupe, officiers d'état-major, officiers de gendarmerie et de recrutement, les employés de la guerre et de la marine dans les garnisons et dans les ports seront imposés à la contribution mobilière d'après le même mode et dans la même proportion que les autres contribuables (7).

---

(1) Voy. lois du 13 janvier-18 février 1791 ; du 3 nivôse an 7, du 21 ventôse an 9, du 2 ventôse an 13, du 23 juillet 1820, art. 29 et 30.

(2) J'ai expliqué dans les notes sur l'art. 1er ce qu'on doit entendre par *impôt de répartition*.

La contribution mobilière est établie sur l'habitation et non sur la personne. 7 février 1834, ord., Mac., 1834, p. 97.

(3) M. Pataille avait proposé la rédaction suivante :

« Les valeurs locatives réelles et non pas seulement proportionnelles. »

M. le rapporteur lui a répondu :

« La commission a entendu que c'était d'après les valeurs locatives réelles, et non pas d'après les facultés présumées. »

M. Mestadier a dit : « L'article doit être entendu dans ce sens que dans les communes cadastrées les répartitions ne s'écarteront pas des bases du cadastre. »

M. Gillon a également insisté sur ce point et a fait sentir l'inconvénient qu'il y aurait à ce que l'évaluation d'une maison pour l'impôt locatif fût différente de l'évaluation pour l'impôt foncier ; il a même cru devoir présenter un amendement ainsi conçu : « Dans chaque commune cadastrée, la matrice des contributions foncières servira de base pour l'assiette de la contribution mobilière. Dans toutes les autres communes, les commissaires répartiteurs établiront les valeurs locatives. »

M. le président ayant pensé que l'amendement n'avait pas été appuyé, plusieurs membres ont déclaré qu'ils l'appuyaient : M. Mestadier a dit : « S'il n'est pas appuyé, c'est qu'il est inutile, le respect pour la proportion du cadastre étant de droit. M. Lepelletier d'Aulnay a ajouté : *Oui, c'est vrai.* La Chambre, par son silence, a paru confirmer l'opinion de MM. Gillon, Mestadier et Lepelletier.

La cote mobilière d'un individu doit être exclusivement fixée d'après la valeur locative de son habitation personnelle et non d'après sa fortune présumée ou le revenu assigné à son habitation personnelle dans la matrice foncière de la commune. 24 avril 1837, ord., Mac., 1837, p. 138 ; Sirey-Devilleneuve, 37. 2. 380.

Id., 18 février 1839, ord., Mac., 1839, p. 149 ; Sirey-Devilleneuve, 39. 2. 510.

L'administration n'est pas tenue dans l'évaluation par elle faite de la valeur locative de l'habitation pour fixer la cote de l'imposition mobilière, de s'en rapporter aux baux produits par le contribuable. 6 mai 1836, ord., Mac., 1836, p. 207 ; Sirey-Devilleneuve, 36. 2. 376.

(4) La commission avait proposé la rédaction suivante : *Le conseil municipal règle le taux des loyers qui ne doivent être atteints ;* mais on a pensé que par là, le conseil municipal se trouverait obligé d'établir une base souvent fausse ; que c'était régler les facultés des contribuables, seulement par le prix de leurs loyers ; qu'il convenait de laisser plus de latitude dans les moyens d'appréciation de la fortune des contribuables. Quant à la nomination des répartiteurs, il faut se reporter à la loi du 3 nivôse an 7, art. 1er, qui renvoie elle-même à la loi du 3 frimaire an 7. Voy. les art. 8 et suivants de cette dernière loi.

(5) Voy. notes sur l'art. 26.

Les pièces qu'un individu laisse non meublées dans sa maison d'habitation doivent néanmoins, être comptées pour la fixation de la contribution mobilière dès qu'elles sont une dépendance de la partie servant à l'habitation. 21 mai 1840, ord., Mac., 1840, p. 142 ; Sirey-Devilleneuve, 40. 2. 432.

(6) La loi du 21 ventôse an 9, art. 5, disposait, au contraire, que nul ne doit être taxé à la contribution mobilière qu'au lieu de sa principale habitation.

(7) Voy. arrêté du 28 thermidor an 10, loi du 23 juillet 1820, art. 30.

10. Les fonctionnaires, les ecclésiastiques et les employés civils et militaires, ogés gratuitement dans les bâtiments publics (1), seront imposés d'après la valeur locative de leur habitation personnelle, évaluée par comparaison avec le loyer connu des autres habitants.

11. Les individus résidant dans des communes, où ils n'occupent que des appartements garnis, ne seront assujettis à la contribution qu'à raison de la valeur locative de leur logement, évalué comme un logement non meublé (2).

Mode d'assiette.

12. Il sera formé une matrice par les commissaires répartiteurs, assistés d'un contrôleur des contributions. A cet effet, tout individu demeurant dans la commune est tenu de faire devant le maire, par lui-même ou par un fondé de pouvoirs, une déclaration qui indiquera :

1º Son nom, ses prénoms et sa profession ;

2º Sa demeure ;

5º La valeur locative de son habitation personnelle, et sans y comprendre la valeur locative des locaux exceptés par l'article 8 (5).

Cette déclaration sera faite dans les dix jours qui suivront la publication ordonnée par le maire.

15. Les commissaires répartiteurs, assistés du contrôleur des contributions, vérifieront les déclarations, rectifieront celles qui seraient reconnues inexactes, suppléeront d'office à celles qui n'auraient pas été

faites, et dresseront la matrice des valeurs locatives qui doivent servir de base à la répartition individuelle de la contribution mobilière (4).

14. Les commissaires répartiteurs, assistés du contrôleur des contributions, dresseront annuellement un état des changements survenus dans la formation de la matrice pour cause de décès, de changement de résidence, de diminution ou d'augmentation de loyer.

15. Le préfet, sur les propositions motivées du directeur des contributions directes, arrêtera définitivement la matrice et autorisera la confection du rôle.

16. Dans les villes qui ont été autorisées jusqu'à présent à prélever une portion de la contribution mobilière sur les produits de l'octroi, les cotisations seront établies d'après les bases et suivant les formes réglées par la présente loi : les conseils municipaux détermineront la portion du contingent qui devra être payée par les caisses municipales, et la portion à percevoir au moyen d'un rôle dans lequel cesseront alors d'être compris les faibles loyers que les conseils municipaux croiront devoir exempter de toute cotisation.

Les délibérations prises par les conseils municipaux, en conformité du paragraphe précédent, ne recevront leur exécution qu'après avoir été approuvées par ordonnance royale.

Toutefois, cette exception cessera au 1er janvier 1855 pour les villes en faveur desquelles une loi spéciale n'en aura pas ordonné la continuation (5).

Les officiers des remontes appartiennent à un cadre fixe et sont soumis à la contribution personnelle et mobilière. 30 juin 1835, ord., Mac., 1835, p. 457.

Un officier d'artillerie de la marine faisant partie d'un état-major auquel une résidence fixe a été assignée par ordonnance royale doit être imposé à la contribution personnelle et mobilière dans le lieu de cette résidence. 17 septembre 1838, ord., Mac., 1838, p. 556 ; Sirey-Devilleneuve, 38. 2. 509.

Les officiers avec troupes et sans résidence fixe, sont exempts de la contribution personnelle et mobilière, bien qu'ils occupent un logement particulier hors des bâtiments de l'Etat, lorsque ce logement n'excède pas l'importance de celui qui leur aurait été concédé dans ces bâtiments, s'il en eût existé dans le lieu où ils habitent. 23 avril 1837, ord., Mac., 1837, p. 120 ; Sirey-Devilleneuve, 37. 2. 381.

(1) La commission pense, a dit M. le rapporteur, que le gouvernement a voulu comprendre, sous cette dénomination de *bâtiments publics*, ceux appartenant aux départements et aux communes.

(2) M. le rapporteur à la Chambre des Députés a dit :

« Cet article a été considéré par la commission

comme ne devant atteindre que les individus demeurant habituellement, et depuis six mois au moins, dans la même commune. »

(3) « Nous croyons inutile, a dit M. le rapporteur, de rappeler ici ce que nous avons dit plus haut, que le cadastre, partout où cette opération est terminée, doit être l'une des principales bases de l'évaluation des loyers, sauf à y introduire les modifications qu'on croirait nécessaires, mais en les motivant avec soin. » Voy. notes sur l'art. 7.

(4) Voir la note précédente.

(5) Vingt-cinq villes sont autorisées à convertir une partie de la contribution mobilière en droits d'octroi. La convenance de cette mesure a été l'objet d'une grave discussion ; on a soutenu que l'octroi étant supporté par toutes les classes, et même dans une mesure proportionnellement plus forte par les classes peu fortunées, la conversion avait pour effet d'imposer indirectement à ces classes, non seulement une portion dans la contribution mobilière, mais même de leur faire supporter une portion de la contribution des classes riches, qui payaient en moins pour leurs valeurs mobilières tout ce qui était reporté sur l'octroi. En conséquence, on a demandé que cette faculté de prélever sur l'octroi une portion de la contribution mobilière fût retirée aux villes qui en jouissent, ou que du moins on

17. La contribution mobilière étant établie pour l'année entière, lorsqu'un contribuable viendra à décéder dans le courant de l'année, ses héritiers sont tenus d'acquitter le montant de sa cote.

18. En cas de déménagement hors du ressort de la perception, comme en cas de vente volontaire ou forcée, la contribution mobilière et la contribution personnelle seront exigibles pour la totalité de l'année courante.

19. Les propriétaires, et, à leur place, les principaux locataires, sous leur responsabilité personnelle, devront, un mois avant l'époque du déménagement de leurs locataires, se faire représenter par ces derniers les quittances de leur contribution personnelle et mobilière, et, à défaut de cette représentation, en donner immédiatement avis au percepteur.

20. Dans les cas de déménagement furtif, les propriétaires, et, à leur place, les principaux locataires, deviendront responsables des termes échus de la contribution de leurs locataires, s'ils n'ont pas fait constater dans les trois jours ce déménagement par le maire, le juge de paix ou le commissaire de police.

Dans tous les cas, et nonobstant toute déclaration de leur part, les propriétaires ou principaux locataires demeureront responsables des personnes logées par eux en garni, et désignées par l'art. 11 ci-dessus.

21. L'avertissement remis au contribuable indiquera le nombre de centimes par franc des valeurs locatives sur lequel les taxes auront été calculées.

CHAPITRE III. *De la taxe des portes et fenêtres* (1).

22. A compter du 1ᵉʳ janvier 1831, il ne sera plus assigné de contingent aux départements, arrondissements et communes, dans la contribution des portes et fenêtres (2).

23. Le recensement des portes et fenêtres continuera d'être fait par les contrôleurs des contributions directes, de concert avec les autorités municipales, d'après les bases établies par les lois des 4 frimaire an 7 et 4 germinal an 11 (3). Néanmoins, on ne comprendra dans le recensement qu'une seule porte cochère pour chaque ferme, métairie, ou toute autre exploitation rurale (4).

24. La perception aura lieu à raison du nombre des ouvertures imposables de chaque maison, conformément au tarif annexé à la loi du 13 floréal an 10 (3 mai 1802) (5).

---

ne reportât sur l'octroi que la portion de la contribution assise sur les loyers les plus faibles, qui, par là, se trouveraient affranchis de la contribution directe, et qu'aucune portion des cotes élevées ne fût reportée sur l'octroi, afin que les classes les moins riches, en payant les droits d'octroi, ne fussent pas indirectement forcées à payer une portion de la contribution des classes fortunées. L'article, tel qu'il est rédigé, permet de prélever sur l'octroi une portion de la contribution; il ajoute que, par là, les faibles loyers seront exempts; mais il ne dit pas que la portion prélevée sera égale à la somme qu'aurait produite la contribution assise sur ces faibles loyers; elle pourra donc être plus forte; dans ce cas, et au moyen de la conversion, non seulement les faibles loyers seront affranchis, mais les forts loyers paieront moins qu'ils n'auraient payé; cette diminution sur les forts loyers étant compensée par l'augmentation que paient pauvres et riches, les pauvres seront taxés pour procurer la diminution aux riches.

M. Odillon-Barrot a fait remarquer, toutefois, que l'on ne devait pas perdre de vue qu'en rejetant sur l'octroi une partie de la contribution mobilière, on atteint cette population flottante des grandes villes, et que la mesure, considérée sous ce rapport, a des avantages qu'on ne doit pas négliger. Voy. lois du 24 avril 1806, tit. 12, et du 15 mai 1818, art. 48.

M. Cunin-Gridaine a proposé d'ajouter un quatrième paragraphe, ainsi conçu :

« Dans les villes où un abonnement prélevé sur le droit d'octroi remplace la contribution personnelle et mobilière, les rôles de cette contribution n'en seront pas moins établis; chaque cote sera portée pour mémoire au rôle de chaque contribuable, et lui sera comptée comme ses autres contributions directes, pour l'exercice des droits attribués à la quotité de ses contributions directes. »

Cet amendement a été rejeté.

Un arrêt du conseil du 10 avril 1828, et un arrêt de la Cour de Rouen du 28 août 1829 ont décidé que l'impôt mobilier, remplacé par le supplément d'octroi, ne pouvait être compté pour le cens électoral. Ces deux arrêts sont rapportés par M. Favard de Langlade dans la *Législation électorale*, p. 71.

(1) Voy. lois du 4 frimaire an 7, du 18 ventôse an 7, du 6 prairial an 7, du 13 floréal an 10, du 4 germinal an 11, art. 19.

(2) L'impôt des portes et fenêtres devient, par conséquent, *impôt de quotité*. Voy. les notes sur l'art. 1ᵉʳ. C'est surtout une contribution de cette espèce qui doit être impôt de quotité, puisque la base est un fait matériel, l'existence des ouvertures des maisons, qu'il est très-facile de constater. Il est évident ici que le nombre des ouvertures doit seul déterminer la quotité de l'impôt, et que toute répartition faite entre les départements, arrondissements et communes, est nécessairement arbitraire.

(3) Art. 19.

(4) Les portes établies aux étages supérieurs d'une maison, et qui n'ont pas d'issue extérieure, ne sont pas soumises à la taxe des portes et fenêtres. 18 octobre 1832, ord., Mac., 1832, p. 571.

(5) M. Demarçay a proposé un amendement ainsi conçu :

« Les ouvertures des étables, bergeries, granges et autres bâtiments destinés aux mêmes usages, ne seront pas sujettes à l'impôt. »

Mais M. Lepelletier d'Aulnay a fait observer que la loi du 4 frimaire an 7 exempte ces sortes d'ouvertures. M. de Demarçay a, par ce motif, retiré son

25. Au montant de la taxe des portes et fenêtres seront ajoutés les centimes additionnels généraux et particuliers que les lois annuelles de finances fixeront.

CHAPITRE IV. *De la taxe des patentes* (1).

26. La taxe des patentes (2) est maintenue pour 1851, et les deux droits dont elle se compose seront réglés et perçus, savoir : les droits fixes, d'après les tarifs annexés aux lois actuellement en vigueur ; les droits proportionnels, d'après la valeur locative des maisons d'habitation, usines, ateliers, boutiques et magasins, et dans le rapport déterminé par lesdites lois (3).

La valeur locative de tous les bâtiments réunis sera établie au moyen de baux authentiques (4), si ces bâtiments sont loués ou affermés, et, dans le cas contraire, par comparaison avec ceux dont le loyer aura été régulièrement constaté ou sera notoirement connu (5).

CHAPITRE V. *Des réclamations* (6).

27. Tout contribuable qui se croira sur-

---

amendement. Voy. l'art. 5 de la loi du 4 frimaire an 7.

Aux termes de cet article, la perception de la taxe des portes et fenêtres, pour l'exercice 1851, doit être basée sur le tarif annexé à la loi du 15 floréal an 10. 28 fév. 1834, ord., Mac., 1834, p. 140.

Id., 1er août 1834, ord., Mac., 1834, p. 520.

(1) Voy. lois du 2-17 mars 1791, art. 7 et suiv., du 1er brumaire an 7, du 9 brumaire an 8, arrêtés du 15 fructidor an 8, du 26 brumaire an 10 ; loi du 13 floréal an 10, tit. 3 ; décret du 25 octobre 1806 ; lois du 28 avril 1816, du 25 mars 1817, du 15 mai 1818, du 17 juillet 1819 ; ord. du 20 janvier 1819.

La loi du 13 floréal an 10, qui a gradué le tarif des portes et fenêtres d'après la population des communes, ne permet pas de diviser la population comprise dans les limites d'une même commune. 30 août 1832, ord., Mac., 1832, p. 519.

(2) Le droit proportionnel de patente doit être fixé sur la valeur locative entière des maisons d'habitation, bâtiments et magasins servant à l'exploitation des industries patentables, et non, comme la contribution foncière, sur cette valeur réduite d'un tiers ou d'un quart à raison des frais d'entretien et de réparation. 16 mars 1837, ord., Mac., 1837, p. 84 ; Sirey-Devilleneuve, 37. 2. 382.

Id., et non en prenant pour base l'évaluation cadastrale de l'usine. 22 novembre 1836, ord., Mac., 1836, p. 108 ; Sirey-Devill., 37. 2. 46.

Le droit proportionnel de patente est du 10e du loyer des maisons d'habitation et des usines, suivant la nature du commerce ou de l'industrie. Les produits industriels ne doivent pas être impliqués dans la valeur locative. 30 mai 1834, ord., Mac., 1834, 331.

Id., 6 juin 1834, ord., Mac., 1834, p. 359.

(3) Le réclamant ne peut être admis à demander une réduction par le motif que quelques maisons par lui prises pour point de comparaison ont été estimées à un taux moindre, lorsqu'il a été reconnu que ces maisons avaient été trop peu imposées pour un exercice, et qu'aux exercices suivants cette erreur a été réparée. 18 juin 1834, ord., Mac., p.405.

Aucune réduction du droit de patente établi dans une commune ne peut être accordée sur le motif que le contribuable exerce son industrie dans une section rurale de cette commune. 27 mai 1839, ord., Mac., 1839, p. 294 ; Sirey-Devilleneuve ; 40. 2. 96.

(4) Lorsque le contribuable justifie de son loyer par un bail authentique, et que ce bail n'est pas argué de faux, le droit proportionnel de patente ne peut être assis sur d'autres bases. 29 mars 1831, ord., Mac., 1834, p. 125.

(5) On a proposé d'exempter du droit proportionnel la valeur locative de la maison d'habitation,

lorsque la contribution mobilière a été assise sur cette valeur. Il n'est pas juste, a-t-on dit, que la maison d'habitation ayant déjà donné lieu à la contribution mobilière, soit encore atteinte par la patente. Ce serait frapper de deux contributions directes le même objet. On a invoqué le texte de la loi du 1er brumaire an 7, art. 5 et 34, et la jurisprudence. On a répondu que si l'on admettait l'amendement, on diminuerait gravement les revenus de l'État ; que les riches négociants qui occupent des maisons d'un loyer fort élevé profiteraient seuls de la disposition. La proposition a été rejetée.

Les membres d'une société en nom collectif, logeant ailleurs que dans l'établissement de leur commerce, sont-ils assujettis au paiement du droit proportionnel pour leurs locations particulières ne servant uniquement qu'à leur logement ou à celui de leur famille ?

M. le rapporteur a dit que généralement la question était résolue affirmativement, et qu'il ne fallait pas innover.

M. Lemercier a, au contraire, proposé de résoudre la question négativement par une disposition expresse.

M. Odier a fait remarquer que tous les associés doivent payer, puisque tous jouissent du bénéfice et de la protection accordée au commerce. La proposition de M. Lemercier a été rejetée.

Voy. 24 juin 1840, ord., Mac., 1840, p. 171 ; Sirey-Devilleneuve, 40. 2. 476.

La réunion en société de plusieurs propriétaires pour l'exploitation des tourbières qui se trouvent dans leurs fonds, les soumet à la patente, lorsque cette association a été établie ou publiée dans les formes prescrites pour les sociétés commerciales.

Mais dans la détermination du droit proportionnel, on ne doit pas faire entrer la valeur locative d'une maison d'habitation où réside momentanément l'un des propriétaires, lorsqu'une autre maison d'habitation est attachée à l'exploitation des tourbières : celle-ci seule doit y être comprise. 4 juillet 1838, ord., Mac., 1838, p. 358 ; Sirey-Devilleneuve, 39. 2. 170.

Dans la détermination du droit proportionnel, on doit faire entrer l'habitation personnelle du contribuable, alors même qu'elle se trouve hors de la commune où il exerce son industrie. 26 mai 1837, ord., Mac., 1837, p. 205 ; Sirey-Devill., 37. 2. 458.

Id., 1er juillet 1839, ord., Mac., 1839, p. 369 ; Sirey-Devilleneuve, 40. 2. 142.

(6) Voy. lois du 6-13 juin 1790, du 2 messidor an 7, du 28 pluviôse an 8, art. 4 ; arrêtés du 24 floréal an 8, du 16 thermidor an 8 ; lois du 19 ventôse an 9 et du 12 novembre 1808.

taxé adressera au préfet (1), dans les trois premiers mois de l'émission du rôle, sa demande en décharge ou réduction (2). Il y joindra la quittance des termes échus de sa contribution, sans pouvoir, sous prétexte de réclamation, différer le paiement des termes qui viendront à échoir pendant les trois mois qui suivront la réclamation, dans lesquels elle devra être jugée définitivement (3).

Le même délai est accordé au contribuable, qui réclamera contre son omission au rôle. Le montant de ces cotisations extraordinaires, en ce qui concerne la contribution mobilière, sera imputé sur le contingent assigné à chaque commune pour l'année suivante.

Ne sont point assujetties au droit de timbre les réclamations en décharge ou réduction d'une taxe ou cote moindre de dix francs.

28. La pétition sera renvoyée au contrôleur des contributions, qui vérifiera les faits et donnera son avis, après avoir pris les observations du maire, s'il s'agit d'une taxe, ou des répartiteurs, si la réclamation est relative à une contribution.

Le directeur fera son rapport, et le conseil de préfecture statuera.

Cependant, si l'avis du directeur est opposé à la demande, il devra en informer le réclamant, en l'invitant à prendre communication du dossier à la sous-préfecture, et à faire connaître, dans les dix jours, s'il veut fournir de nouvelles observations ou recourir à la vérification par voie d'experts.

Dans le cas où l'expertise serait réclamée, les deux experts seront nommés, l'un par le sous-préfet, l'autre par le réclamant (4).

29. Dans le cas où le conseil de préfecture aurait jugé nécessaire d'ordonner une contre-vérification, cette opération sera faite par l'inspecteur des contributions, ou, à son défaut, par un contrôleur autre que celui qui aura procédé à la première instruction, en présence du maire ou de son délégué, et du réclamant, ou de son fondé de pouvoirs. L'inspecteur dressera procès-verbal, mentionnera les observations du réclamant, celles du maire s'il s'agit d'une taxe, celles des répartiteurs si la réclamation est relative à une contribution, et donnera son avis. Le directeur fera son rapport; et le conseil de préfecture prononcera. Le recours contre les arrêtés des conseils de préfecture sera affranchi de tous droits d'enregistrement et autres que celui du timbre. Il pourra être transmis au gouvernement par l'intermédiaire du préfet, sans frais (5).

CHAPITRE VI. *Dispositions générales.*

30. Les dispositions concernant la perception de la contribution foncière, le recouvrement et la surveillance du recouvrement, demeurent communes et applicables à la contribution mobilière, à la taxe personnelle et à la taxe des portes et fenêtres.

31. Toutes les lois ou dispositions de lois contraires à la présente sont abrogées (6).

---

(1) Les conseils de préfecture ne peuvent prononcer sur les demandes en remise des contributions, cette compétence n'appartient qu'au préfet. 31 janvier 1834, ord., Mac., 1834, p. 79.
Id., 25 avril 1834, ord., Mac., 1834, p. 254.
Id., 18 juin 1834, ord., Mac., 1834, p. 403.
(2) C'est à partir de l'émission des rôles, et non de leur publication dans la commune, que court le délai de trois mois accordé aux contribuables pour former les demandes en décharge ou en réduction. 4 février 1836, ord., Mac., 1836, p. 52; Sirey-Devilleneuve, 36. 2. 233.
La déchéance faute de réclamation dans les trois mois de l'émission des rôles est applicable à une commune qui demande la restitution de la contribution foncière par elle payée par erreur pour un bois appartenant à l'Etat, qui, comme tel, n'était pas même imposable. 22 août 1838, ord., Mac., 1838, p. 521 ; Sirey-Devill., 39. 2. 363.
(3) Le mot *définitivement* se trouvait dans la rédaction primitive présentée par le gouvernement ; la commission de la Chambre des Députés avait jugé convenable d'en proposer la suppression, parce qu'elle craignait qu'on ne supposât que le recours au conseil d'Etat serait interdit contre les décisions des conseils de préfecture ; mais un amendement, proposé par M. Isambert à l'art. 29, disant que les recours au conseil d'Etat, contre les décisions des conseils de préfectures, seraient exempts de tous droits d'enregistrement et autres que ceux du timbre, on ne pouvait plus dire que le recours au conseil d'Etat était interdit ; il n'y avait donc plus de raison pour retrancher le mot *définitivement* ; il a été rétabli par la Chambre des Pairs.
Une décision qui accorde décharge pour un exercice ne dispense pas d'examiner de nouveau, pour un exercice suivant, les motifs présentés par le réclamant, encore bien que ces motifs soient les mêmes. 23 février 1839, ord., Mac., 1839, p. 163; Sirey-Devilleneuve, 39. 2. 555.
(4) Lorsque, sur une demande en réduction d'imposition, les répartiteurs ne conviennent pas de la surtaxe, il y a nécessité, si le contribuable le demande, d'ordonner une expertise, et le conseil de préfecture ne peut rejeter la réclamation, sans que, au préalable, les experts aient fait leur rapport. 2 août 1838, ord., Mac., 1838, p. 463; Sirey-Devilleneuve, 39. 2. 315.
Id., 27 mars 1839, ord., Mac., 1839, p. 192; Sirey-Devilleneuve, 40. 2. 40.
(5) Cette forme exceptionnelle de procédure n'est autorisée que pour les recours transmis par l'intermédiaire des préfets. 2 janvier 1835, ord., Mac., 1835, p. 3.
Id., 3 février 1835, ord., Mac., 1835, p. 60.
Id., 27 février 1835, ord., Mac., 1835, p. 151.
(6) Toutes les lois qui peuvent se concilier avec la présente loi, et notamment la plupart de celles que j'ai citées sous les divers articles, sont encore en vigueur.

26 MARS = 8 AVRIL 1831. — Ordonnances du roi qui augmente le nombre des maréchaux vétérinaires dans les régiments d'artillerie organisés sur le pied de guerre. (IX, Bull. O. LVII, n. 1432.)

Louis-Philippe, etc., vu l'ordonnance 5 août 1829 sur l'organisation du corps de l'artillerie; considérant que le nombre des maréchaux vétérinaires attachés aux régiments de cette arme est insuffisant pour un effectif en chevaux sur le pied de guerre, et qu'il importe au bien du service de l'augmenter; sur le rapport de notre ministre de la guerre, etc.

Art. 1er. Chaque régiment d'artillerie organisé sur le pied de guerre aura désormais quatre maréchaux vétérinaires, dont un en premier et trois en second.

2. Notre ministre de la guerre (duc de Dalmatie) est chargé, etc.

---

26 MARS = 17 AVRIL 1831. — Ordonnance du roi sur l'émission de trois millions de rentes cinq pour cent, et l'annulation de pareille somme de rentes trois pour cent sur l'indemnité des émigrés. (IX, Bull. O. LX, n. 1517.)

Voy. loi du 5 janvier 1831.

Louis-Philippe, etc., vu la loi du 5 janvier 1831, qui autorise la création de trois millions de nouvelles rentes au grand-livre de la dette publique; sur le rapport de notre ministre des finances, etc.

Art. 1er. Aux termes de l'art. 5 de la loi précitée, le ministre des finances fera inscrire au grand-livre de la dette publique une somme de trois millions de francs en rentes cinq pour cent consolidés, avec jouissance du 22 mars 1831.

2. Ces rentes seront inscrites à un compte spécial au nom du trésor public; les extraits d'inscription en seront déposés à la caisse générale; toutefois, lesdites rentes ne pourront être définitivement aliénées qu'avec concurrence et publicité.

3. Une somme pareille de trois millions de francs en rentes trois pour cent sera immédiatement annulée, au débit du trésor, dans les comptes ouverts au grand-livre de la dette publique pour les cinquièmes de l'indemnité.

4. Notre ministre des finances (M. Louis) est chargé, etc.

---

26 MARS 1831. — Ordonnance qui approuve l'adjudication de la construction d'un pont suspendu sur la Durance, à Mirabeau. (Bull. O. 62, n. 1582.)

26 MARS 1831. — Ordonnance qui accorde une pension à un ex-administrateur des lignes télégraphiques. (Bull. O. 58 bis, n. 8.)

26 MARS 1831. — Ordonnance qui autorise la so-

ciété anonyme formée à Bordeaux pour l'établissement d'une galerie ou passage couvert. (Bull. O. 84 bis.)

26 MARS 1831. — Ordonnances relatives à la délivrance de coupes de bois à plusieurs communes. (Bull. O. 65 et 70, n. 1658 et 1747.)

26 MARS 1831. — Ordonnances qui autorisent la conservation d'usines dans diverses communes. (Bull. O. 74, n. 1988 et 1989.)

26 MARS 1831. — Ordonnances qui acceptent des renonciations faites aux concessions des mines de fer de Cavalaire, de Penne et de Puicelsis. (Bull.O. 74, n. 1991.)

26 MARS 1831. — Ordonnance qui concède les mines de houille anthracite situées dans la commune de Briançon. (Bull. O. 74, n. 1992.)

---

27 MARS = 12 AVRIL 1831. — Ordonnance du roi qui accorde un nouveau délai pour terminer les travaux qui doivent rendre navigable la rivière de Dronne. (IX, Bull. O. LVIII, n. 1458.)

Louis-Philippe, etc., sur le rapport de notre ministre du commerce et des travaux publics; vu l'ordonnance du 12 octobre 1828 qui autorise les sieurs Vesin et Devanne à rendre la rivière de Dronne navigable depuis La Roche-Chalais (Dordogne) jusqu'à son embouchure dans celle de l'Ile à Coutras (Gironde), et leur accorde pendant quatre-vingt-dix-neuf ans la concession des droits de navigation, à la condition que les travaux seront exécutés dans un délai de deux ans, à partir de la notification qui leur en sera faite; vu la demande des concessionnaires tendant à obtenir que le délai qui a expiré le 16 novembre dernier, soit prorogé au 31 décembre de la présente année pour mettre à terme leur entreprise; considérant que si les sieurs Vesin et Devanne n'ont point achevé les travaux dans le délai qui leur avait été fixé, ce retard provient des essais auxquels ils se sont livrés pour introduire dans le système d'abord adopté un perfectionnement dont il a été reconnu susceptible; le comité de l'intérieur de notre conseil d'Etat entendu, etc.

Art. 1er. Il est accordé un nouveau délai aux sieurs Vesin et Devanne pour terminer les travaux qui doivent rendre navigable la rivière de Dronne dans la partie dont ils sont concessionnaires.

2. Ce délai expirera le 31 décembre de la présente année. Passé cette époque, lesdits sieurs Vesin et Devanne seront passibles, à défaut de l'achèvement de leur entreprise, de la déchéance prévue par l'art. 6 de l'ordonnance précitée.

3. Notre ministre du commerce et des travaux publics (comte d'Argout) est chargé, etc.

---

27 MARS = 17 AVRIL 1831. — Ordonnance du roi

sur l adjudication publique de rentes cinq pour cent au capital de cent vingt millions. (IX, Bull. O. LX, n. 1518.)

Louis-Philippe, etc., vu les lois des 5 janvier et 26 mars 1831 ; sur le rapport de notre ministre des finances , etc.

Art. 1er. Notre ministre secrétaire d'Etat des finances est autorisé à procéder à la vente, avec publicité et concurrence, et sur soumissions cachetées , de la somme de rentes nécessaires pour produire un capital de cent vingt millions. Cette vente aura lieu en rentes cinq pour cent, portant jouissance du 22 mars 1831 ; elle sera faite à la compagnie qui offrira le prix le plus élevé des rentes à inscrire.

2. Notre ministre des finances (M. Louis) est chargé, etc.

27 mars = 30 avril 1831. — Ordonnance du roi relative aux droits d'usage dans les forêts domaniales et communales du département de l'Ariége. (IX, Bull. O. LXIV, n. 1625.)

Voyez ci-après, ordonnance du 27 mars.

Louis-Philippe, etc., vu le procès-verbal de la commission des forêts , créée par ordre de notre ministre secrétaire d'Etat des finances dans le département de l'Ariége , à l'effet d'examiner les causes qui ont pu donner lieu aux désordres dont les forêts publiques et privées sont l'objet depuis plusieurs années , et de proposer les mesures convenables pour mettre un terme à ces désordres ; le procès-verbal commencé le 23 octobre 1830 , et terminé le 27 du même mois ; les observations du directeur de l'administration des forêts ; sur le rapport de notre ministre des finances, etc.

Art. 1er. L'administration des forêts s'occupera de fixer, dans le plus court délai possible, l'aménagement des forêts domaniales et communales du département de l'Ariége qui sont grevées de droits d'usage. En attendant l'exécution de cette mesure , il sera fait une vérification générale des forêts royales, à l'effet d'assurer partout la délivrance des bois d'affouage et de maronage qui appartiennent aux usagers, et de suspendre les coupes au profit de l'Etat dans celles où cette mesure sera reconnue nécessaire.

2. Dans la vue d'étendre les parties de bois à délivrer pour le pâturage , et de favoriser l'éducation des arbres propres aux constructions, le quart au moins des forêts royales sera mis en réserve pour croître en futaie. Les bois d'œuvre et de construction auxquels les usagers peuvent avoir droit , seront pris de préférence dans ces quarts de réserve , lesquels se composeront d'un ou plusieurs massifs , suivant les localités , et seront placés, autant que possible, vers les hautes dépaissances , pour servir, pendant l'été , à abriter les bestiaux contre les chaleurs. Indépendamment de ces quarts de réserve, l'administration recherchera les moyens d'augmenter encore l'éducation des futaies, toujours dans le double but d'agrandir l'étendue des parties défensables , et de favoriser la croissance des bois d'œuvre et de construction , mais sans nuire aux délivrances des bois d'affouage. Les massifs réservés pour croître en futaie seront exploités suivant la méthode des éclaircies.

3. Les agents forestiers entendront les conseils municipaux des communes usagères , lorsqu'ils procéderont aux aménagements, soit des forêts royales, soit des forêts communales. Dans les unes et les autres, les coupes seront assises de manière qu'elles puissent s'exploiter successivement, et, autant que possible, sans interruption , afin que le pâturage puisse s'exercer sur toutes les parties défensables , sans inconvénient pour les parties non défensables.

4. Dans les endroits où il y aura nécessité de livrer, à travers bois, passage aux bestiaux pour se rendre au pâturage , la largeur du passage sera déterminée par des arbres qu'on laissera croître en futaie, et qui ne seront point abattus avec les coupes ordinaires.

5. Les agents forestiers, avant de déclarer les bois défensables dans les forêts royales et communales, entendront les maires ou les délégués des communes usagères, et ils feront mention de leurs observations dans leurs procès-verbaux.

6. Les communes usagères sont autorisées à intervenir dans les instances ayant pour objet de réprimer les délits d'outrepasse, et même à prendre l'initiative en cas de besoin , et , à cet effet, elles pourront faire réarpenter les coupes à leurs frais ; le tout sans préjudice de la faculté qui leur est assurée par le Code forestier et l'ordonnance d'exécution, d'intervenir, dans les formes légales, dans toutes les actions ou opérations qui peuvent intéresser la jouissance de leurs droits.

7. Le pâturage des bêtes à laine dans les bois déclarés défensables continuera d'avoir lieu dans toutes les forêts domaniales et communales où il était exercé avant la promulgation du Code forestier (1).

(1) Toutes conventions autorisant l'introduction des bestiaux dans les bois non déclarés défensables sont nulles. Voy. les notes sur l'art. 67 et sur l'article 119 du Code forestier. Voy. aussi arrêts de la Cour de cassation du 22 juin 1826 (Sirey, 27. 1 62), du 2 février 1831 (Dalloz, 31. 1. 94).

8. Ne seront point considérés comme bestiaux de commerce ceux appartenant aux usagers qui pacagent pendant l'été, et qui sont ensuite envoyés dans la plaine. En conséquence, l'art. 70 du Code forestier ne leur sera point appliqué.

9. L'administration des forêts, attendu la difficulté constatée d'exécuter dans toutes les forêts des Pyrénées les dispositions des art. 71, 72, 73, 74 et 75 du Code forestier, facilitera la conduite des bestiaux au pâturage par tous les moyens compatibles avec la conservation des bois, et usera des ménagements et tolérances que réclament les localités relativement à l'exécution de ces articles.

10. Lorsque des prévenus de délits forestiers, pour éviter des poursuites devant les tribunaux, se soumettront à payer le montant des dommages et amendes résultant des délits commis par eux, il sera rendu compte de leurs soumissions à notre ministre des finances, qui statuera.

11. Les communes usagères dans les forêts de l'Etat, qui n'auraient pas produit leurs titres dans le délai fixé par l'art. 64 du Code forestier, sont relevées de la déchéance, et autorisées à introduire leurs instances jusqu'au 1ᵉʳ janvier 1832.

12. Les agents forestiers poursuivront tout défrichement de terrains boisés ou non boisés dans les forêts royales et communales, à l'effet de faire rétablir les lieux dans leur état. Sont exceptés de cette disposition les défrichements ordonnés ou autorisés par le gouvernement.

13. Chaque année, et jusqu'à ce qu'il en soit autrement ordonné, il sera délivré à la commune de Montaillon, sur la demande qu'elle en fera, un certain nombre d'arbres dépérissants, à prendre dans les forêts voisines, et dont elle paiera le prix d'après l'estimation des agents forestiers.

14. Notre ministre des finances (baron Louis) est chargé, etc.

---

27 MARS = 1ᵉʳ MAI 1831. — Ordonnance du roi relative aux droits d'usage des communes du département des Pyrénées-Orientales dans les bois et pâquis royaux. (IX, Bull. O. LXV, n. 1650.)

Voy. ordonnance du 27 mars 1831.

Louis-Philippe, etc., vu le procès-verbal, en date du 2 octobre 1830, de la commission formée d'après une décision ministérielle du 23 septembre précédent, par le préfet des Pyrénées-Orientales, pour examiner les titres et droits d'usage des communes de ce département dans les bois et pâquis royaux, et pour concilier l'intérêt forestier avec les besoins des localités; l'avis du préfet, en date du 13 novembre

dernier, et les observations du directeur des forêts; sur le rapport de notre ministre des finances, etc.

Art. 1ᵉʳ. Les propriétaires ou fermiers des terres situées dans les territoires de la Cerdagne et du Capsir jouiront, conformément à l'arrêté du préfet du département des Pyrénées-Orientales du 15 juillet 1808, approuvé le 25 août 1809 par le ministre des finances, de la faculté d'introduire toute espèce de bestiaux, les chèvres exceptées, dans la totalité des pâquis domaniaux situés sur ledit territoire, à la charge par ces propriétaires et fermiers de payer annuellement les redevances fixées par l'arrêté précité.

2. Le nombre des bestiaux à introduire dans ces pâquis sera déterminé par l'administration forestière, et la répartition entre les propriétaires ou fermiers en sera réglée par l'autorité administrative, conformément aux usages locaux.

3. Le pâturage des bêtes à laine, dans les forêts composées d'arbres résineux, appartenant aux communes, continuera d'avoir lieu sans exception de quartiers.

4. Les commune du pays de Conflans, eu égard à leurs besoins, jouiront, comme celles de la Cerdagne et du Capsir, du parcours et du pâturage dans les bois de l'Etat situées sur leurs territoires, comme elles en ont joui jusqu'à ce jour, d'après les constitutions de la Catalogne, en se soumettant néanmoins à payer les mêmes redevances, et aux mêmes conditions.

5. Notre ministre des finances (baron Louis) est chargé, etc.

---

27 MARS 1831. — Ordonnance relative au péage du pont établi sur la Serre (Aisne). (Bull. O. 53, n. 1459.)

27 MARS 1831. — Ordonnance qui approuve l'adjudication de la construction d'un pont sur la Seine, à Argenteuil, et d'une portion de route. (Bull. O. 61, n. 1557.)

27 MARS 1831. — Ordonnance qui approuve l'adjudication de la construction d'un pont suspendu sur la rivière de Chassezac. (Bull. O. 65, n. 1651.)

27 MARS 1831. — Ordonnance qui approuve le procès-verbal de délimitation des forêts de Spiekeren. (Bull. O. 63, n. 1605.)

27 MARS 1831. — Ordonnances qui autorisent l'acceptation de dons et legs faits aux pauvres, hospices et fabriques de diverses communes. (Bull. O. 70, 71 et 72, n. 1801, 1812 et suiv.)

---

29 MARS 1831. — Ordonnance portant fixation du nombre des avoués près le tribunal de Saint-Malo et de celui des huissiers des tribunaux de l'Argentière et de Bourges. (Bull. O. 58, n. 1461.)

29 MARS 1831. — Ordonnance qui autorise, 1° les

sieurs Guez et Adolphe à ajouter à leurs noms ceux de Dérabique-Dupuy et de Bertet ; 2° le sieur Ligeron et les sieur et demoiselle Cantegrill à substituer à leurs noms ceux de Houdaille et de Bégué. (Bull. O. 62, n. 1585.)

29 MARS 1831. — Ordonnance qui accorde des lettres de naturalité au sieur Hutter. (Bull. O. 88, n. 2534.)

_____

30 MARS = 2 AVRIL 1831. — Loi concernant l'amélioration des pensions accordées aux officiers de tous les corps de la marine, réformés par mesures générales de 1814 à 1817 (1). (IX, Bull. O. XXX, n. 97.)

Art. 1ᵉʳ. Les officiers entretenus de tous les corps de la marine, compris dans les réformes générales ordonnées depuis le 31 mars 1814 jusqu'au 31 décembre 1817, obtiendront , sans condition d'âge , en remplacement des soldes de retraite, des pensions proportionnelles ou des gratifications qu'ils ont obtenues, savoir :

Ceux qui, à l'époque où ils ont été réformés, étaient entrés dans leur vingtième année de services effectifs , le maximum d'ancienneté fixé par l'arrêté du 11 fructidor an 11, ou par l'ordonnance du 27 août 1814, suivant les corps auxquels ils appartenaient ;

Ceux qui, n'ayant pas alors atteint leur vingtième année, étaient entrés dans leur quinzième année de services effectifs , les trois quarts du maximum d'ancienneté fixé par les mêmes actes ;

Ceux qui, n'ayant pas alors atteint leur quinzième année, étaient entrés dans leur dixième année de services effectifs, les cinq huitièmes du maximum d'ancienneté fixé par les mêmes actes ;

Enfin ceux qui n'étaient pas entrés dans leur dixième année de services effectifs, le minimum d'ancienneté fixé par les actes précités.

2. La solde de retraite sera celle du der-

nier grade, dans le cas même où ce grade n'aurait pas été exercé deux ans.

Les pensions des veuves seront établies sur la même base.

3. Les dispositions des art. 1ᵉʳ et 2 seront appliquées aux officiers de vaisseau et aux officiers des troupes de la marine qui , jouissant au 1ᵉʳ avril 1814 d'un traitement de réforme, ont obtenu postérieurement des soldes de retraite, des pensions proportionnelles ou des gratifications.

4. Ne pourront jouir du bénéfice des dispositions précédentes :

1° Les officiers réformés avant le 31 décembre 1817, qui ont obtenu soit un grade supérieur en vertu de l'ordonnance du 25 mai 1814, soit une pension exceptionnelle en vertu de la décision du 6 février 1815 ;

2° Les officiers dont la retraite avec pension a été volontaire ;

3° Les officiers démissionnaires sans pension ;

4° Enfin, les officiers sortis des divers corps de la marine par le mouvement ordinaire du service, avant le 1ᵉʳ avril 1814, ou depuis le 31 décembre 1817.

5. Les nouvelles soldes de retraite et pensions à régler, en exécution des art. 1ᵉʳ et 2, seront imputées sur les fonds de la caisse des invalides de la marine. Elles commenceront à courir du 1ᵉʳ août 1830.

6. Sont déchus de tout droit à l'application de la présente loi, les officiers ou les veuves qui, n'ayant pas déjà réclamé , ne présenteraient pas de réclamation avant le 1ᵉʳ août 1831.

_____

30 MARS = 12 AVRIL 1831. — Ordonnance du roi portant que le chef-lieu de la justice de paix du canton de Ginasservis (Var) est transféré à Rians, commune du même canton (IX, Bull. O. LVIII, n. 1462.)

Louis-Philippe, etc., vu la délibération

_____

(1) Présentation à la Chambre des Députés le 24 février (Mon. du 25) ; rapport par M. Charles Dupin le 4 mars (Mon. du 5) ; discussion et adoption le 9 (Mon. du 11), à la majorité de 226 voix contre 8.

Présentation à la Chambre des Pairs le 17 mars (Mon. du 18) ; rapport par M. l'amiral Duperré le 19 (Mon du 20) ; discussion et adoption le 23 (Mon. du 25), à la majorité de 76 voix contre 8.

Voy. le décret du 12 fructidor an 11. Les ordonnances du 9 décembre 1815 et du 31 décembre 1817, non insérées au Bulletin des lois, avaient réglé le sort des officiers de marine. — Voy. ci-après, la loi du 18 avril 1831 sur les pensions de l'armée de mer.

M. le ministre, dans l'exposé des motifs, à la Chambre des Députés, a dit que ce projet, ainsi que l'indique le titre , ne s'applique qu'aux officiers expulsés du service de la marine de 1814 à

1817. On a demandé que la même faveur fût accordée à tous ceux qui ont été renvoyés du service jusqu'à 1830. Cette proposition n'a pas été accueillie. M. Charles Dupin , rapporteur de la commission de la Chambre des Députés, a fait remarquer en quoi consistaient les avantages accordés par la présente loi, en rapprochant ses dispositions de celles du décret du 11 fructidor an 11. D'après le décret, le _maximum_ était acquis après quarante-cinq ans , les six huitièmes du _maximum_ après trente-cinq ans, les cinq huitièmes après trente ans, la moitié après vingt-cinq ans. D'après la loi, on a droit au _maximum_ après vingt ans, aux six huitièmes après quinze ans, aux cinq huitièmes après dix ans, et la moitié quand on a moins de dix ans.

D'ailleurs, le décret n'accordait la retraite d'un grade que dans le cas où le titulaire l'aurait possédé deux ans au moins : la loi n'exige plus cette condition.

du conseil municipal de la commune de Rians, département du Var, en date du 6 mai 1828, par laquelle ce conseil demande que le chef-lieu du canton de Ginasservis soit transféré à Rians; vu les délibérations des conseils municipaux des autres communes du même canton consultés sur cette demande; vu le vœu émis par le conseil d'arrondissement de Brignoles, session de 1829, en faveur de la translation demandée; vu celui émis à l'unanimité par le conseil général du département du Var, session de 1829, en faveur de la même translation; vu les avis favorables du préfet du département du Var, du premier président et du procureur général à la cour royale d'Aix; vu celui de notre ministre secrétaire d'Etat au département de l'intérieur; vu l'art. 8 de la loi du 28 janvier 1801 (8 pluviôse an 9); sur le rapport de notre ministre de la justice, garde des sceaux de France; notre conseil d'Etat entendu, etc.

Art. 1er. Le chef-lieu de la justice de paix du canton de Ginasservis, arrondis-

sement de Brignoles, département du Var, est transféré à Rians, commune du même canton.

2. Notre garde des sceaux, ministre au département de la justice, et notre ministre au département de l'intérieur (MM. Barth et Casimir Périer), sont chargés, etc.

---

30 MARS == 2 AVRIL 1831. — Loi relative à l'expropriation et à l'occupation temporaire, en cas d'urgence, des propriétés privées nécessaires aux travaux des fortifications (1). (IX, Bull. O. XXXI, n. 98.)

Art. 1er. Lorsqu'il y aura lieu d'occuper tout ou partie d'une ou de plusieurs propriétés particulières pour y faire des travaux de fortifications dont l'urgence ne permettra pas d'accomplir les formalités de la loi du 8 mars 1810, il sera procédé de la manière suivante (2).

2. L'ordonnance royale qui autorisera les travaux et déclarera l'utilité publique,

---

(1) Présentation à la Chambre des Députés le 9 février (Mon. du 10); rapport par M. Gillon (Jean-Landry), le 6 mars (Mon. du 15); discussion, adoption le 14 (Mon. des 15 et 16), à la majorité de 197 voix contre 20.

Présentation à la Chambre des Pairs le 18 mars (Mon. du 19); rapport par M. le comte de Villegontier, le 23 (Mon du 26); discussion, adoption le 25 (Mon. du 26), à la majorité de 101 voix contre 1.

(2) L'esprit de cette loi a été nettement indiqué par M. le ministre de la guerre dans l'exposé des motifs:

« La loi du 8 mars 1810, a-t-il dit, n'a eu en vue que les travaux civils; elle a voulu que les motifs d'urgence fussent soumis aux tribunaux et appréciés par eux; persuadés que les formes sont protectrices des droits, lorsqu'elles sont nécessaires, nous ne voulons pas non plus vous proposer de supprimer celles de cette nature qui ont été déterminées par la loi du 8 mars 1810, notre but est d'obtenir le retranchement des formalités préparatoires qui peuvent disparaître, sans enlever en aucune façon au droit de propriété les garanties qui lui sont dues; ce que nous demandons, en outre, c'est que l'appréciation des motifs d'urgence soit réglée autrement qu'elle ne l'a été par la législation actuellement en vigueur, lorsqu'il s'agira de travaux de fortification; vous sentirez que ce n'est là qu'une conséquence obligée de la loi du 17 juillet 1819, qui reconnaît au roi le droit de créer de nouvelles places fortes et d'augmenter celles existantes.

« Je dois vous faire remarquer que l'administration militaire ne pourra se dispenser de remplir toutes les formalités prescrites par la loi du 8 mars 1810 que quand elle en sera empêchée par des circonstances qui lui feront un devoir impérieux de la célérité; dans ce cas, il sera nécessaire qu'une ordonnance royale autorise les travaux et déclare en même temps qu'il y a urgence.

« Une disposition nouvelle, et sur laquelle je ne dois pas omettre d'arrêter votre attention, est celle qui permet à l'administration militaire d'occuper une propriété temporairement, c'est-à-dire sans payer la valeur du fonds. Voy. l'art. 13. »

Il ne faut donc pas supposer que toutes les formalités de la loi du 8 mars 1810 puissent être négligées: l'exposé des motifs a désigné celles de ces formalités dont la présente loi permet de s'affranchir. Voy. la note précédente; les notes sur les articles suivants indiquent en quoi la loi du 8 mars 1810 est modifiée.

M. Prunelle a proposé un amendement qui reproduisait les dispositions des art. 2 et 4 de la loi du 8-10 juillet 1791, portant que nulle construction ou suppression de places de guerre ne pouvait être ordonnée qu'en vertu d'une loi; il a soutenu que la rédaction de la loi du 17 juillet 1819 était ambiguë, qu'elle n'abrogeait pas formellement la loi de 1791; que, d'ailleurs, en supposant que la loi de 1819 eût attribué au roi le droit d'ordonner la construction de places de guerre, c'était aux termes de l'art. 14 de la Charte de 1814, qui chargeait le roi de faire des ordonnances pour la sûreté de l'Etat; que cet art. 14 ayant été supprimé dans la Charte de 1830, l'art. 1er de la loi du 17 juillet 1819 ne pouvait plus conserver d'autorité. Il a fait remarquer d'ailleurs que le concours des Chambres devait être exigé, lorsqu'il s'agissait de convertir une ville en place de guerre, puisque cette mesure avait pour résultat d'imposer des servitudes onéreuses et de modifier le droit de propriété pour tous les habitants.

On a répondu qu'en 1791 le corps législatif exerçait, conjointement avec le roi, le droit de paix et de guerre; que, sous un pareil régime, il était naturel de soumettre à la délibération des assemblées législatives la question de savoir s'il convenait de construire ou de détruire des places fortes; mais que, depuis le directoire, le pouvoir exécutif a été seul investi du droit d'élever des fortifications, que

tradictoirement avec l'agent de l'administration des domaines et l'expert nommé par le préfet, avec les parties intéressées, si elles sont présentes, ou avec l'expert qu'elles auront désigné. Si elles sont absentes et qu'elles n'aient point nommé d'expert, ou si elles n'ont point le libre exercice de leurs droits, un expert sera désigné d'office par le juge-commissaire pour les représenter.

8. L'expert nommé par le tribunal devra, dans son procès-verbal :

1° Indiquer la nature et la contenance de chaque propriété, la nature des constructions, l'usage auquel elles sont destinées, les motifs des évaluations diverses, et le temps qu'il paraît nécessaire d'accorder aux occupans pour évacuer les lieux ;

2° Transcrire l'avis de chacun des autres experts, et les observations et réquisitions, telles qu'elles lui seront faites, de l'agent militaire, du maire, de l'agent du domaine, et des parties intéressées ou de leurs représentans. Chacun signera ses dires, ou mention sera faite de la cause qui l'en empêche.

9. Lorsque les propriétaires, ayant le libre exercice de leurs droits, consentiront à la cession qui leur sera demandée, et aux conditions qui leur seront offertes par l'administration, il sera passé entre eux et le préfet un acte de vente qui sera rédigé dans la forme des actes d'administration, et dont la minute restera déposée aux archives de la préfecture.

10. Dans le cas contraire, sur le vu de la minute du procès-verbal dressé par l'expert, et de celui du juge-commissaire qui

aura assisté à toutes les opérations (1), le tribunal, dans une audience tenue aussitôt après le retour de ce magistrat, déterminera, en procédant comme en matière sommaire, sans retard et sans frais :

1° L'indemnité de déménagement à payer aux détenteurs avant l'occupation ;

2° L'indemnité approximative et provisionnelle de dépossession qui devra être consignée, sauf réglement ultérieur et définitif préalablement à la prise de possession.

Le même jugement autorisera le préfet à se mettre en possession, à la charge :

1° De payer, sans délai, l'indemnité de déménagement, soit au propriétaire, soit au locataire ;

2° De signifier, avec le jugement, l'acte de consignation de l'indemnité provisionnelle de dépossession.

Ledit jugement déterminera le délai dans lequel, à compter de l'accomplissement de ces formalités, les détenteurs seront tenus d'abandonner les lieux.

Ce délai ne pourra excéder cinq jours pour les propriétés non bâties, et dix jours pour les propriétés bâties.

Le jugement sera exécutoire nonobstant appel ou opposition (2).

11. L'acceptation de l'indemnité approximative et provisionnelle de dépossession ne fera aucun préjudice à la fixation de l'indemnité définitive (3).

Si l'indemnité provisionnelle n'excède pas cent francs, le paiement en sera effectué sans production d'un certificat d'affranchissement d'hypothèque et sans formalité de purge hypothécaire (4).

---

(1) « M. le juge-commissaire, a dit M. le rapporteur, a l'indispensable devoir d'assister à toutes les opérations que décrit la loi ; c'est l'accomplissement de ce devoir que ce procès-verbal est destiné à constater ; mais les détails seront consignés dans le procès-verbal de l'expert : nous avons cru nécessaire aussi que tous les experts prêtassent le serment avant de commencer leurs fonctions : c'est encore là une garantie, et non pas une simple formalité que l'on retrouvera dans le procès-verbal du juge-commissaire. »

(2) Les art. 19 et 20 de la loi du 8 mars 1810 avaient autorisé la dépossession avant le paiement de l'indemnité. Ainsi se trouvait violé le principe que nul ne peut être dépouillé de sa propriété, pour cause d'utilité publique, sans une juste et préalable indemnité ; mais l'art. 10 de la Charte de 1814, ayant reproduit cette règle, la jurisprudence a décidé que les art. 19 et 20 de la loi du 8 mars 1810 étaient implicitement abrogés. L'obligation imposée par cet article de consigner, avant la prise de possession, l'indemnité provisionnelle est un hommage rendu aux principes, il faut que le propriétaire ait reçu ou du moins ait la certitude de recevoir son indemnité, avant d'être obligé d'aban-

donner son bien. Voy. les notes sur les art. 19 et 20 de la loi du 8 mars 1810.

(3) Cette première disposition, a dit M. le rapporteur de la commission de la Chambre des Députés, n'est qu'un principe d'équité qui s'appliquera, soit dans l'hypothèse prévue par la seconde disposition, soit lorsque l'indemnité étant supérieure à 100 fr., le propriétaire dépossédé aurait consenti primitivement à la consignation des deniers.

(4) Cette seconde disposition est contraire au droit sur les hypothèques, a dit M. le rapporteur, mais elle a été introduite par une décision du ministre des finances du 25 mai 1825, et par plusieurs autres rappelées dans une circulaire de la direction générale des ponts-et-chaussées, en date du 15 juillet même année ; admise enfin par l'usage, il nous a paru convenable de l'ériger en loi exceptionnelle. Ce sera aux créanciers hypothécaires, si leur gage affaibli d'une simple valeur de 100 fr. leur cause quelque inquiétude, à veiller à ce que l'indemnité leur soit payée à eux-mêmes par le trésor de l'état. Les moyens judiciaires ne leur manqueront pas ; mais la modicité de l'intérêt a dû forcer à s'écarter des règles de purge

31.

11

Si l'indemnité excède cette somme, le Gouvernement fera, dans les trois mois de la date du jugement dont il est parlé dans l'article précédent, transcrire ledit jugement, et purgera les hypothèques légales. A l'expiration de ce délai, l'indemnité provisionnelle sera exigible de plein droit, lors même que les formalités ci-dessus n'auraient pas été remplies, à moins qu'il n'y ait des inscriptions ou des saisies-arrêts ou oppositions. Dans ce cas, il sera procédé selon les règles ordinaires et sans préjudice des dispositions de l'art. 26 de la loi du 8 mars 1810 (1).

12. Aussitôt après la prise de possession, le tribunal procédera au réglement définitif de l'indemnité de dépossession, dans les formes prescrites par les art. 16 et suivans de la loi du 8 mars 1810. Si l'indemnité définitive excède l'indemnité provisionnelle, cet excédant sera payé conformément à l'article précédent (2).

13. L'occupation temporaire prescrite par ordonnance royale ne pourra avoir lieu que pour des propriétés non bâties.

L'indemnité annuelle représentative de la valeur locative de ces propriétés et du dommage résultant du fait de la dépossession, sera réglée à l'amiable ou par autorité de justice, et payée par moitié, de six mois en six mois au propriétaire et au fermier, le cas échéant.

Lors de la remise des terrains qui n'auront été occupés que temporairement, l'indemnité due pour les détériorations causées par les travaux, ou par la différence entre l'état des lieux au moment de la remise et l'état constaté par le procès-verbal descriptif, sera payée sur réglement amiable ou judiciaire, soit au propriétaire, soit au fermier ou exploitant, et selon leurs droits respectifs (3).

14. Si, dans le cours de la troisième année d'occupation provisoire, le propriétaire ou son ayant-droit n'est pas remis en possession, ce propriétaire pourra exiger, et l'Etat sera tenu de payer, l'indemnité pour la cession de l'immeuble, qui deviendra dès lors propriété publique.

L'indemnité foncière sera réglée, non sur l'état de la propriété à cette époque, mais sur son état au moment de l'occupation, tel qu'il aura été constaté par le procès-verbal descriptif.

Tout dommage causé au fermier ou exploitant par cette dépossession définitive lui sera payé après réglement amiable ou judiciaire (4).

15. Dans tous les cas où l'occupation provisoire ou définitive donnerait lieu à des travaux pour lesquels un crédit n'au-

---

hypothécaire, qui ne seraient pas accomplies, sans une dépense au moins égale à la somme principale elle-même. »

Voy. ordonnance du 31 août 1830, tome 30, p. 227.

(1) Ce troisième paragraphe a été ainsi expliqué par M. le rapporteur :

« Si le gouvernement ne fait pas transcrire le contrat, il sera contraint de se libérer du prix, à moins que l'immeuble ne se trouve grevé d'hypothèques inscrites. S'il a fait transcrire et qu'aucune inscription ne se trouve, mais si en même temps, il a négligé de faire purger les hypothèques légales, il sera encore contraint de verser le montant de l'indemnité. Il ne doit imputer qu'à sa propre négligence la rigueur de cette obligation, qui est la peine de la faute qu'il a commise ; l'honorable M. His (il a présenté le paragraphe) n'a pas voulu que le gouvernement fût obligé de purger les hypothèques inscrites. La commission avait proposé de lui en imposer le devoir dans tous les cas ; mais cette modification n'a rien qui altère la garantie de paiement de l'indemnité. Le texte clair et précis de l'amendement détermine avec sagesse en quels cas ce paiement s'effectuera entre les mains du propriétaire. »

Puis, il a ajouté que ces derniers mots, *et sans préjudice des dispositions de l'art. 26 de la loi du 8 mars 1810* lui paraissaient fort utiles, « c'est le sûr moyen, a-t-il dit, de conserver au propriétaire le droit de donner à ses créanciers une hypothèque nouvelle, en remplacement de celle qui reposait sur l'immeuble, qui, de sa fortune privée, a passé

dans le domaine de l'état. Ce droit est précieux à maintenir, car sans lui le propriétaire serait contraignable au remboursement inopiné et peut-être ruineux, de dettes considérables qui avaient l'immeuble exproprié pour partie de leur gage hypothécaire. »

(2) « La purge commence aussitôt après la dépossession commencée, a dit M. le rapporteur. Le droit du propriétaire et celui des créanciers ne s'en trouvent que mieux garantis. Ces derniers peuvent prétendre à d'autant plus de sollicitude de la part du législateur, que la faculté de surenchérir leur est ôtée par cela seul que le besoin de la propriété se fait sentir pour l'état. »

(3) « Il ne pouvait suffire, a dit M. le rapporteur, ni d'une indemnité annuelle au propriétaire, ni d'un dédommagement pour lui à la fin de l'occupation temporaire, si le terrain est donné à bail ; car l'exploitant a aussi des droits qu'on ne saurait méconnaître. Quand le propriétaire touchera du gouvernement le loyer annuel qu'il recevait auparavant du fermier, celui-ci devra obtenir à son tour une indemnité représentative de la jouissance qu'il a perdue, et en vue de laquelle il avait peut-être fait des dépenses. De même, lorsque le gouvernement délaissera la possession, la réparation pécuniaire qu'il devra des dommages faits par lui à la propriété peut la soumettre à des obligations envers le fermier comme envers le propriétaire. »

(4) « Il est évident que, dans l'hypothèse de l'art. 14, a dit M. le rapporteur, l'exploitant peut avoir encore des droits personnels nettement distincts,

rait pas été ouvert au budget de l'État, la dépense restera soumise à l'exécution de l'art. 152 de la loi du 25 mars 1817 (1).

30 MARS = AVRIL 1831. — Lois qui modifient la circonscription de plusieurs départements ou arrondissements (IX, Bull. O. XXXII, n. 99.)

PREMIÈRE LOI (*Gers*). — *Article unique.* L'enclave de Seignans, dépendant de la commune de Meilhan, arrondissement de Lombez, département du Gers, sera distraite de cette commune et réunie à l'arrondissement de Mirande et à la commune de Montiés-Aussos, où elle sera exclusivement imposée.

Cette disposition aura lieu sans préjudice des droits d'usage ou autres qui seraient réciproquement acquis.

DEUXIÈME LOI (*Cantal*). — *Article unique.* Les villages de Lestampes, de Chabourlious, et le hameau de la Fayde, commune de Marchastel, et leurs dépendances, sont distraits de l'arrondissement de Murat, département du Cantal, et sont réunis à l'arrondissement de Mauriac et à la commune de Riom, chef-lieu de canton de ce nom, même département.

Ladite réunion aura lieu sans préjudice des droits d'usage et autres qui seraient réciproquement acquis.

TROISIÈME LOI (*Corrèze.*) — *Article unique.* Le village du Mas et ses dépendances sont distraits de l'arrondissement de Brives, département de la Corrèze, et réunis à l'arrondissement de Tulle, et à la commune de Chastang, même département.

Ladite réunion aura lieu sans préjudice des droits d'usage et autres qui seraient réciproquement acquis.

QUATRIÈME LOI (*Hautes-Pyrénées — Gers*). *Article unique.* La section dite des *Marguils* et ses dépendances sont distraites du département des Hautes-Pyrénées, et réunies au département du Gers et à la commune de Montaut.

Ladite réunion aura lieu sans préjudice des droits d'usage et autres qui seraient réciproquement acquis.

CINQUIÈME LOI (*Seine-Inférieure*). — *Article unique.* La limite des arrondissements de Rouen et d'Yvetot, département de la Seine-Inférieure, entre les communes de Butot et d'Hugleville, est fixée, du point J au point G du plan ci-annexé, par le chemin de Saint-Laurent, et, du point G au point C, par le chemin de Pavilly, suivant la ligne tracée en orange.

En conséquence, le hameau de Hagues et ses dépendances, qui faisaient anciennement partie de la commune de Renfeugère sont définitivement réunis à l'arrondissement de Rouen et à la commune de Butot, ainsi que les terrains lavés en rose et cotés E, qui dépendaient de l'arrondissement d'Yvetot et de la commune d'Hugleville. Les parties du hameau de Grosfry qui dépendaient de l'arrondissement de Rouen, qui sont lavées en jaune et cotées A, sont de même définitivement réunies à l'arrondissement d'Yvetot et à la commune d'Hugleville.

Lesdites dispositions sont faites sans préjudice des droits d'usage ou autres qui pourraient être réciproquement acquis.

SIXIÈME LOI (*Tarn — Haute-Garonne*). — *Article unique.* La limite entre les départements du Tarn et de la Haute-Garonne est fixée par la ligne bleue tracée sur le plan ci-annexé, et qui suit les chemins de Saint-Pierre à Gandels, de Garravaques à Sorèze, et de Vaucré à Cofinal, jusqu'au ruisseau de la Mayrette. En conséquence, la portion de terrain lavée en jaune sur le-

---

et essentiellement séparés de ceux du propriétaire du sol. »

(1) M. Lévêque de Pouilly a proposé un article additionnel ainsi conçu :

« Les propriétés situées dans les zones militaires des places déclarées places de guerre, et qui ne sont pas comprises dans le tableau des places fortes annexé à la loi du 10 juillet 1791, seront expertisées, et les propriétaires seront indemnisés en proportion de la diminution de valeur que fait subir à ces propriétés l'obligation des servitudes militaires, auxquelles ces villes ou bourgs n'étaient pas assujettis avant l'ordonnance qui les déclare places de guerre. »

L'auteur de l'amendement a fait remarquer, qu'en créant une place de guerre, on impose diverses servitudes aux propriétés voisines, soit aux termes de la loi du 8-10 juillet 1791, soit aux termes de la loi du 17 juillet 1819; qu'il est juste par conséquent d'accorder une indemnité.

M. Allent, commissaire du roi, a fait remar-

quer que la loi en discussion avait pour objet de modifier la loi du 8 mars 1810, et qu'elle était étrangère à la loi du 17 juillet 1819 ; que l'amendement de M. Lévêque de Pouilly se rattachait à cette dernière loi ; que, par conséquent, il était étranger à la loi présentée ; que, d'ailleurs, il était impossible d'adopter la proposition avant d'avoir calculé la dépense qu'entraîneraient les indemnités de dépréciation. L'amendement a été rejeté : il semblerait résulter de là qu'il n'est pas reconnu en principe qu'une indemnité soit due à raison des servitudes imposées aux propriétaires environnant les places de guerre. L'ordonnance du 1er août 1821, art. 45 et suiv., n'attribue aussi d'indemnité qu'au cas de dépossession, démolition et privation de jouissance. Les servitudes *non œdificandi*, le dommage qui résulte du seul voisinage des places de guerre ne doivent-ils pas donner lieu à indemnité ? C'est une question délicate que la jurisprudence paraît avoir jusqu'ici résolue négativement.

dit plan, et faisant partie de la commune de Revel, département de la Haute-Garonne, est réunie à la commune de Garravaques-Gandels, département du Tarn, et la portion de terrain lavée en rose sur le plan et appartenant à la commune de Garravaques-Gandels est réunie au département de la Haute-Garonne et à la commune de Revel ; lesdites portions de territoire seront exclusivement imposées dans les départements auxquels elles sont réunies.

Toutefois, les dispositions qui précèdent auront lieu sans préjudice des droits d'usage et autres qui seraient réciproquement acquis.

SEPTIÈME LOI (*Haute-Vienne — Creuse*). — *Article unique.* La limite des départements de la Haute-Vienne et de la Creuse est fixée entre la commune d'Arnac-la-Poste, arrondissement de Bellac, département de la Haute-Vienne, et la commune de la Souterraine, arrondissement de Guéret, département de la Creuse, conformément au plan ci-annexé, dans la direction de la ligne jaune et bleue et des lettres A B B B : du point B B au point C, cette limite suit le chemin d'Arnac à la Souterraine, puis le chemin désigné par une ligne ponctuée et le tracé jaune et bleu de l'ancienne limite jusqu'à la rencontre du ruisseau de Champlong au point D ; de là, la limite est déterminée par ce ruisseau jusqu'au chemin d'Arnac à la Souterraine ; enfin, par ce chemin et celui de Saint-Maurice à Veza, dans la direction de la ligne ponctuée E F G. En conséquence, les portions de terrain cotées n. 1, n. 2 et n. 3 sur le plan, sont réunies, les deux premières, au département de la Creuse et à la commune de la Souterraine ; la dernière, au département de la Haute-Vienne et à la commune d'Arnac. Sont également réunies au département de la Haute-Vienne et à la commune d'Arnac, les parties du territoire de la Souterraine, enclavées dans cette commune, et désignées par une teinte jaune sur le plan ; au département de la Creuse et à la commune de la Souterraine, les enclaves de la commune d'Arnac-la-Poste, situées dans son territoire, et circonscrites par le liséré bleu à l'est de la nouvelle limite. Ces diverses portions de terrain seront exclusivement imposées dans le département et la commune auxquels elles sont réunies.

Toutefois, les dispositions qui précèdent auront lieu, sans préjudice des droits d'usage ou autres qui seraient réciproquement acquis.

HUITIÈME LOI (*Deux-Sèvres*). — *Article unique.* Le village d'Asnières et son territoire, formant enclave dans l'arron-

dissement de Parthenay et dans la commune de Saint-George-de-Noiné, sont distraits de l'arrondissement de Niort et de la commune de Saivre, département des Deux-Sèvres, et réunis à l'arrondissement de Parthenay et à la commune de Saint-George-de-Noiné, même département.

NEUVIÈME LOI (*Aveyron*). — *Article unique.* Le village d'Alaret et son territoire sont distraits de l'arrondissement de Milhau et de la commune de Sales-Curan, département de l'Aveyron, et réunis à l'arrondissement de Rodez et à la commune de Pont-de-Salars, même département.

Cette disposition aura lieu sans préjudice des droits d'usage ou autres qui pourraient être réciproquement acquis.

DIXIÈME LOI (*Mayenne — Orne*). — Art. 1er. Les communes de Tessé-la-Madelaine, la Chapelle-Moche, Etrigé, Saint-Fraimbault-sur-Pisse, Céancé, et toute la partie de celle de Geneslay qui est située sur la rive droite de la Mayenne, sont distraites du département de la Mayenne, et réunies à l'arrondissement de Domfront, département de l'Orne, dans lequel elles seront désormais exclusivement imposées.

2. Les communes de Rennes-en-Grenouille, Sainte-Marie-du-Bois, le Housseau, Bretignolles Melleray, les Bois, et les portions de territoire des communes de Haillaine et de Loré, qui sont situées sur la rive gauche de la même rivière, sont distraites du département de l'Orne, et réunies à l'arrondissement de Mayenne, département de la Mayenne, dans lequel elles seront désormais exclusivement imposées.

3. La limite entre les deux départements de l'Orne et de la Mayenne sera désormais déterminée par la ligne ponctuée et le filet jaune tracés sur le plan qui sera annexé à la présente loi, suivant le cours de la Mayenne depuis Couterne jusqu'au chemin dit *la rue Saint-Hernier,* longeant ensuite ledit chemin et les territoires des communes de Céancé, Saint-Fraimbault-sur-Pisse, Saint-Siméon-de-Vancé et l'Epinay, de manière à comprendre ces territoires dans la circonscription du département de l'Orne.

4. Les dispositions qui précèdent recevront leur exécution, sans préjudice, pour les fractions de territoire distraites des communes auxquelles elles appartiennent maintenant, des droits d'usage ou autres qui pourraient être réciproquement acquis.

ONZIÈME LOI (*Tarn*). — *Article unique.* La commune de Bruc est supprimée. Le village de ce nom et son territoire feront à l'avenir partie de la commune de Mondragon, arrondissement de Castres.

DOUZIÈME LOI (*Gironde*). — *Article unique.* La limite des arrondissements de

Bazas et de La Réole, département de la Gironde, entre les communes de Saint-Pardon et de Saint-Pierre-d'Aurillac, est fixée par la rivière de la Garonne. En conséquence, les terrains dits l'*Ile-Barreau*, et lavés en vert sur le plan ci-annexé, sont réunis à l'arrondissement de Bazas et à la commune de Saint-Pardon, où ils seront exclusivement imposés à l'avenir.

Lesdites dispositions sont faites sans préjudice des droits d'usage ou autres qui seraient réciproquement acquis.

TREIZIÈME LOI (*Basses - Pyrénées — Landes*). — *Article unique*. Les trois portions de terrains dépendant de la commune de Cabidoz, arrondissement d'Orthez, département des Basses-Pyrénées, sont distraites de ce département et de la commune de Cabidos, et réunies au département des Landes et à la commune de Phillondeux, arrondissement de Saint-Sever, dans laquelle elles sont enclavées. Elles y seront exclusivement imposées à l'avenir.

———

30 MARS == 20 JUILLET 1831. — Ordonnance du roi qui ouvre au ministre des affaires étrangères un crédit extraordinaire de cinq cent mille francs, sur l'exercice 1831, pour dépenses secrètes extraordinaires. (IX, Bull. O. LXXXVIII, n. 2527.)

Louis - Philippe, etc., vu la loi du 25 mars dernier, qui autorise le ministre des finances à émettre des obligations du trésor jusqu'à concurrence de 200,000,000 de francs, applicables aux besoins ordinaires et extraordinaires des exercices 1830 et 1831 ; vu l'art. 152 de la loi du 25 mars 1817 ; sur le rapport de notre ministre des affaires étrangères, etc.

Art. 1er. Il est ouvert au ministre secrétaire d'Etat des affaires étrangères un crédit extraordinaire de cinq cent mille francs (500,000 fr.) sur l'exercice 1831.

2. Le crédit ci-dessus, applicable à des dépenses secrètes extraordinaires, formera un chapitre spécial du budget des affaires étrangères pour l'exercice 1831.

3. Nos ministres des affaires étrangères et des finances (MM. Sébastiani et Louis) sont chargés, etc.

———

30 MARS 1831. — Ordonnance qui autorise délivrance de bois à plusieurs communes. (Bull. O. 70, n. 1748.)

———

31 MARS == 7 AVRIL 1831. — Loi concernant les travaux de perfectionnement à exécuter au port et aux quais de Rouen. (IX, Bull. XXXII, n. 100.)

Art. 1er. Le gouvernement est autorisé à emprunter huit cent quarante mille francs

pour concourir à la dépense des travaux de perfectionnement à exécuter au port et aux quais de Rouen. Cet emprunt aura lieu avec publicité et concurrence ; les travaux devront être terminés dans un intervalle de deux ans.

2. Seront, en outre, affectées à l'exécution desdits travaux :

1º Une somme de cent sept mille cinq cent deux francs soixante-douze centimes, payable en deux ans, et votée par le conseil municipal de Rouen dans ses délibérations des 15 mai 1829 et 6 mai 1830 ;

2º Une somme de cinquante mille francs provenant de deux premiers paiements d'un contingent annuel de vingt-cinq mille francs, qui sera porté pendant quatorze ans au budget du ministère de l'intérieur, section des ponts et chaussées ;

3º Une somme de trente - deux mille francs, produit des deux premières annuités du contingent de seize mille francs, qui sera inscrit pendant quatorze ans au budget de la ville de Rouen, conformément à la délibération de son conseil municipal, du 6 novembre 1830 ;

4º Une somme de cent trente-huit mille francs, produit présumé de deux années de perception du droit de navigation qui se paie au bureau de Rouen pour la navigation descendante du Pont-de-l'Arche à Rouen et de Rouen à la mer, et pour la navigation ascendante de la mer à Rouen.

Ce droit sera, en conséquence, à partir du 1er avril 1831, spécialement affecté pendant quatorze années consécutives à la dépense des travaux et à l'amortissement de l'emprunt autorisé par la présente loi.

3. A l'expiration de la deuxième année, terme fixé pour l'achèvement des travaux, les contingents annuels du budget des ponts et chaussées et de la ville de Rouen, et le produit du droit de navigation mentionné en l'article précédent, seront exclusivement affectés au paiement des intérêts et à l'amortissement du capital emprunté.

———

31 MARS == 21 avril 1831. — Ordonnance du roi portant nomination des membres des commissions spéciales chargées de diriger, dans les départements y désignés, les travaux pour l'amélioration du répartement de l'impôt foncier entre les arrondissements et les communes. (IX, Bull. O. LXI, n. 1556.)

Louis-Philippe, etc., vu l'ordonnance royale qui autorise, pour les départements du Jura, du Haut-Rhin, de l'Isère et du Pas-de-Calais, les commissions spéciales chargées de diriger les travaux prescrits par la loi du 31 juillet 1821, pour l'amélioration du répartement de l'impôt foncier entre les arrondissements et les communes ;

vu les lettres des préfets de ces départements exposant la nécessité de pourvoir au remplacement des membres des commissions spéciales, démissionnaires, absents ou décédés; sur le rapport de notre ministre des finances, etc.

Art. 1ᵉʳ. Sont nommés membres titulaires de la commission spéciale du département du Jura :

MM. Monnier-Jobez, membre du conseil général; Vuillier-Véry, *idem;* Colin, *idem;* Febvre, membre du conseil d'arrondissement de Lons-le-Saulnier; Blanchot, *idem;* Papillon, notaire à Orgelet; Bouvier-Montmoyeur, membre du conseil d'arrondissement de Dôle; Boichoz, *idem;* Blandin, notaire à Dôle; Sergent, membre du conseil d'arrondissement de Poligny; Muller, *idem;* Chapuis, notaire à Salins; Duparchy, membre du conseil d'arrondissement de Saint-Claude; Vandel, *idem;* Colomb, notaire à Saint-Claude.

Sont nommés membres suppléants de la même commission :

MM. Bonzon, membre du conseil général; Jannez, *idem;* Vandel, *idem;* Cuenne, membre du conseil d'arrondissement de Lons-le-Saulnier; Lemire père, *idem;* Clerc, notaire à Saint-Julien; Commissaire, membre du conseil d'arrondissement de Dôle; Husson-Morel, *idem;* Rebouillat, notaire à Chaussin; Choupot, avocat, membre du conseil d'arrondissement de Poligny; Bataillard, *idem;* Chauvin, notaire à Arbois; Gauthier, membre du conseil d'arrondissement de Saint-Claude; Roche, *idem;* Saillard, notaire à Saint-Laurent.

2. Sont nommés membres titulaires de la commission spéciale du département du Haut-Rhin :

MM. Bruck, membre du conseil général; de Reinach, *idem;* Japy, *idem;* Baumann, membre du conseil d'arrondissement de Colmar; Beisser, *idem;* Kœchlin, membre du conseil d'arrondissement d'Altkirch; Freund, *idem;* Lacompart, membre du conseil d'arrondissement de Belfort; Chomas, *idem;* Mathieu, notaire à Colmar; Risacker, *idem* à Altkirch; Ingold, *idem* à Cernay.

Sont nommés membres suppléants de la même commission :

MM. Schlumberger, membre du conseil général; Struch, *idem;* Roman, *idem;* Bauer, membre du conseil d'arrondissement de Colmar; Reber, *idem;* Zuber, membre du conseil d'arrondissement d'Altkirch; Mangold, *idem;* Hartmann, membre du conseil d'arrondissement de Belfort; Kœchlin, *idem;* Prudhomme, notaire à Herbourg; Ebersol, *idem* à Mulhausen; Billig, *idem* à Thann.

3. Sont nommés membres titulaires de la commission spéciale du département de l'Isère :

MM. Ducruy aîné, négociant à Grenoble; Blanchet (Augustin), négociant à Rives; Boissat, propriétaire à Vienne; Regnaud, juge de paix; Giroud (Henri), avocat; Rivier, notaire; Gérard; Tézier; Charmeil, notaire; Giraud, maire à Morestel; Tranchand, procureur du roi à Bourgoin; Martin, notaire; Chanron, juge de paix à la Côte; Couturier, avocat à Vienne; Boissat, notaire.

Sont nommés membres suppléants de la même commission :

MM. Ferrier de Montal; Dubouchage (Humbert); Emery, maire à Beaurepaire; Flauvant; Penet (Félix), maire de Grenoble; Julien, notaire; La Villardière, à la Frette; Berret, avocat à Saint-Lattier; Simian, notaire à Saint-Etienne-de-Geoirs; Bouvier-Lapierre, notaire; Permezel (Louis); Barbier, notaire; Guignard, à Chandieu; Rostaing-Feya, maire à Chanas; Pioct, notaire.

4. Sont nommés membres titulaires de la commission spéciale du département du Pas-de-Calais :

MM. Lesergeant-d'Hendecourt, membre du conseil général; Dudouit, *idem;* Porcher, *idem;* Mahou, membre du conseil d'arrondissement de Béthune; Leclercq, notaire à Lens; Dessaux, membre du conseil d'arrondissement de Boulogne; Lévêque, *idem* de Montreuil; Largillière, *idem* de Saint-Pol.

Sont nommés membres suppléants de la même commission :

MM. Lemaire-Donze, membre du conseil général; Herreng de Boisgérard, *idem;* Payen, *idem;* Billet, membre du conseil d'arrondissement d'Arras; Buissard (Joseph), *idem* de Béthune; Dodevin, *idem* de Boulogne; Deherly, *idem* de Montreuil; Plichon, *idem;* Armand, *idem* de Saint-Omer; Jouvet, *idem;* Deslavier, *idem* de Saint-Pol; Heroguelle-Lombard, *idem.*

5. Le ministre des finances (baron Louis) est chargé, etc.

31 MARS = 17 AVRIL 1831. — Ordonnance du roi qui augmente le nombre des membres du comité d'escompte de Paris. (IX, Bull. O. LX, n. 1522.)

Louis-Philippe, etc., sur le rapport de notre ministre du commerce et des travaux publics; vu notre ordonnance du 26 octobre dernier portant création d'un comptoir d'escompte en faveur du petit commerce, et nomination d'un comité de sept membres chargé de diriger les opérations de ce comptoir ; considérant que la ville de Paris est intervenue pour faire accroître le capital de ce comptoir d'une somme de quatre millions garantie par elle et fournie par la Banque de France; qu'au moyen de cet accroissement de capital, les opérations du comptoir prendront une extension qui n'avait pas été prévue dans l'origine, et que, dès lors, il est nécessaire d'augmenter le nombre des membres du comité d'escompte ; sur la proposition du préfet de la Seine, etc.

Art. 1ᵉʳ. Sept nouveaux membres sont adjoints aux sept membres qui composaient le comité d'escompte institué par notre ordonnance précitée.

2. Sont nommés en cette qualité : MM. Bertier, Legentil, Legros (Athanase), Minoret aîné, Seyérick, Sourdeaux, Vassal (Louis).

3. Notre ministre du commerce et des travaux publics (comte d'Argout), et notre ministre des finances (baron Louis) sont chargés, etc.

———

31 MARS 1831. — Ordonnances qui accordent des pensions, suppléments, demi-solde à des marins et ouvriers, pères, mères ou veuves. (Bull. O. 91 bis, n 2 et 3, et 97 bis, n. 1ᵉʳ.)

31 MARS 1831. — Tableau du prix des grains pour servir de régulateur aux droits d'importation et d'exportation. (Bull. O. 54, n. 1384.)

———

2 = 15 AVRIL 1831. — Ordonnance du roi qui supprime les conseils de charité. (IX, Bull. O. LIX, n. 1493.)

Louis-Philippe, etc., sur le rapport de notre ministre du commerce et des travaux publics ; vu l'art. 2 de l'ordonnance du 31 octobre 1821, relative à l'administration des établissements de bienfaisance ; considérant que l'institution des conseils de charité qui avait eu pour objet de faciliter l'administration des établissements charitables, n'a pas atteint le but qu'on s'en était promis ; que, dans plusieurs localités, ces conseils n'ont pas pu même être organisés, et que, dans les autres, leurs réunions étaient souvent incomplètes; qu'il en est résulté, pour les administrations charitables, des retards et des embarras qui compromettent le service et excitent depuis long-temps les justes réclamations des autorités locales, qui en ont, dans un grand nombre de lieux, demandé la suppression ; le comité de l'intérieur de notre conseil d'Etat entendu, etc.

Art. 1ᵉʳ. L'ordonnance du 31 octobre 1821, relative à l'administration des hospices, est rapportée dans les dispositions qui instituent des conseils de charité et en déterminent l'organisation.

2. Notre ministre du commerce et des travaux publics (comte d'Argout) est chargé, etc.

———

2 = 17 AVRIL 1831. — Ordonnance du roi relative à la présidence des séances du conseil d'Etat, en cas d'empêchement du garde des sceaux. (IX, Bull. O. LX, n. 1519.)

Louis-Philippe, etc., sur le rapport de notre ministre de la justice, président de notre conseil d'Etat, etc.

Art. 1ᵉʳ. En cas d'absence ou d'empêchement de notre garde des sceaux, ministre de la justice, le conseiller d'Etat, vice-président du comité de justice administrative, présidera les séances publiques de notre conseil d'Etat.

2. Notre ministre de la justice, président du conseil d'Etat (M. Barthe) est chargé, etc.

———

2 AVRIL = 7 MAI 1831. — Ordonnance du roi qui reconnaît la société de statistique de Marseille et approuve son règlement, mais sans donner à ses membres la qualité de jurés. (IX, Bull. O. LXVI bis.)

Louis-Philippe, etc., sur le rapport de notre ministre du commerce et des travaux publics; notre conseil d'Etat entendu, etc.

Art. 1ᵉʳ. La société de statistique de Marseille est reconnue ; son règlement est approuvé tel qu'il est annexé à la présente ordonnance.

2. Ladite société sera considérée comme société d'utilité publique, à laquelle ne sont pas applicables les dispositions du paragraphe 4 de l'art. 2 de la loi du 2 mai 1827.

3. Notre ministre du commerce et des travaux publics (comte d'Argout) est chargé, etc.

———

2 AVRIL 1831. — Ordonnance qui autorise la société anonyme formée à Saintes, sous la dénomination de Compagnie de navigation de la Charente, et approuve ses statuts. (Bull. O. 89 bis, n. 1.)

2 AVRIL 1831. — Ordonnance qui classe un chemin au rang des routes départementales de l'Aveyron. (Bull. O. 62, n. 1583.)

2 AVRIL 1831. — Ordonnances qui autorisent l'acceptation de dons et legs faits aux pauvres de diverses communes. (Bull. O. 72, n. 1867 et suiv.)

2 AVRIL 1831. — Ordonnances qui autorisent l'établissement et la conservation de fabriques et usines dans diverses communes. (Bull. O. 74, n. 1993 à 1996.)

———

3 AVRIL 1831. — Ordonnances établissant un se-

cond commissariat de police à Castres, et supprimant celui de Janzac. (Bull. O. 63, n. 1606 et 1607.)

4 = 15 AVRIL 1831. — Ordonnances du roi qui fixe les époques des séances publiques annuelles de l'Institut et de l'Académie française. (IX, Bull. O. LIX, n. 1494.)

Louis-Philippe, etc., sur le rapport de notre ministre du commerce et des travaux publics, etc.

Art. 1er. La séance publique commune aux quatre académies composant l'Institut royal de France aura lieu tous les ans au 1er. mai, jour de la Saint-Philippe. L'art. 8 de l'ordonnance du 21 mars 1816, qui fixait cette séance au 24 avril, est rapportée.

2. La séance publique de l'Académie française, autrefois fixée au 25 août, aura lieu désormais le 9 août, jour anniversaire du serment à la Charte de 1830.

3. Notre ministre du commerce et des travaux publics (comte d'Argout) est chargé, etc.

4 = 15 AVRIL 1831. — Ordonnance du roi qui crée dans l'école des Beaux-Arts de Lyon une chaire d'anatomie pittoresque. (IX, Bull. O. LIX, n. 1495.)

Louis-Philippe, etc., sur le rapport de notre ministre du commerce et des travaux publics, etc.

Art. 1er. Une chaire d'anatomie pittoresque est créée dans l'école des Beaux-Arts établie à Lyon. M. le docteur Clerjon est nommé professeur de cette chaire.

2. M. Mouton de Fontenille, conservateur du cabinet d'histoire naturelle de Saint-Pierre, est admis à faire valoir ses droits à la retraite.

3. Notre ministre du commerce et des travaux publics (comte d'Argout) est chargé, etc.

4 AVRIL = 1er MAI 1831. — Ordonnance du roi qui remplace les droits de navigation sur la rivière d'Allier par des droits de péage. (IX, Bull. O. LXV, n. 1652.)

Louis-Philippe, etc., sur le rapport de notre ministre du commerce et des travaux publics; le conseil d'Etat entendu, etc.

Art. 1er. Pendant dix-huit ans, à partir du 1er avril 1831, les droits de navigation de la rivière d'Allier seront remplacés par des droits de péage d'une quotité égale, dont les produits seront spécialement et exclusivement affectés à l'exécution des ouvrages d'amélioration de la navigation de cette rivière.

2. Les droits de péage substitués aux droits de navigation seront perçus par les agents des contributions indirectes; il sera tenu un compte particulier de cette perception, dont le montant, applicable aux travaux dont il s'agit, sera ajouté chaque année, à titre de crédit supplémentaire, au budget du ministère de l'intérieur, section des ponts et chaussées.

3. Notre ministre du commerce et des travaux publics et notre ministre des finances (comte d'Argout et baron Louis) sont chargés, etc.

4 AVRIL 1831. — Ordonnances qui autorisent l'établissement et la conservation de diverses fabriques et usines. (Bull. O. 74, n. 1998 et 1999.)

4 AVRIL 1831. — Ordonnances qui concèdent les mines des communes de Winckel, Clairac et Saint-Léger-du-Bois. (Bull. O. 74, n. 2001.)

5 AVRIL = 1er MAI 1831. — Ordonnance du roi sur l'ouverture des ports de Carteret (Manche) et de Caudebec (Seine-Inférieure) à l'entrée et à la sortie des grains et farines. (IX, Bull. O. LXV, n. 1653.)

Louis-Philippe, etc., vu les ordonnances royales des 17 janvier et 23 août 1830 ; vu la réclamation du maire de Carteret, du 16 novembre 1830, et l'avis du préfet de la Manche, du 18 décembre suivant ; vu les observations et l'avis présenté dans la lettre du préfet de la Seine-Inférieure, du 7 décembre 1830, au sujet du port de Caudebec ; sur le rapport de notre ministre du commerce et des travaux publics, etc.

Art. 1er. Le port de Carteret (Manche) sera ouvert à l'entrée et à la sortie des grains, farines et légumes, dans les temps où l'importation et l'exportation de ces denrées seront permises suivant la loi.

2. Le port de Caudebec, département de la Seine-Inférieure, sera ouvert à l'entrée des grains, farines et légumes, lorsque l'importation en sera permise suivant la loi.

3. Nos ministres du commerce et des travaux publics, et des finances (comte d'Argout et baron Louis) sont chargés, etc.

5 AVRIL 1831. — Ordonnance qui fixe le nombre des avoués près le tribunal de Vienne. (Bull. O. 55, n. 1654.)

5 AVRIL 1831. — Ordonnance qui accorde une pension à l'ancien trésorier du sceau. (Bull. O. 83 bis, n. 5.)

5 AVRIL 1831. — Ordonnance qui accorde des lettres de naturalité au sieur Petry. (Bull. O. 91, n. 2665.)

5 AVRIL 1831. — Ordonnance qui admet les sieurs Agthé, Grosset, Kelch et Vincent à établir leur domicile en France. (Bull. O. 62, n. 1586.)

5 AVRIL 1831. — Ordonnance qui rejette un legs

de 6,000 fr. fait au séminaire de Nancy. (Bull. O. 80, n. 2195.)

5 AVRIL 1831. — Ordonnance qui érige en chapelle vicariale la commune de Passenans. (Bull. O. 80, n. 2200.)

5 AVRIL 1831. — Ordonnances qui autorisent l'acceptation de legs faits à des fabriques et séminaires de plusieurs communes. (Bull. O. 80, 81, 82, n. 2183 et suiv., 2218, 2254 et suiv.)

6 AVRIL 1831. — Ordonnance qui convoque le conseil général de la Seine. (Bull. O. 51, n. 1554.)

6 AVRIL 1831. — Ordonnance qui accepte la démission de M. le baron Poyferré de Céré, maître des requêtes, et le nomme conseiller d'Etat honoraire. (Bull. O. 63, n. 1608.)

6 AVRIL 1831. — Ordonnance portant que M. Tarbé de Vauxclairs est nommé conseiller d'Etat en service ordinaire. (Bull. O. 63, n. 1609.)

7 AVRIL 1831. — Ordonnance relative à la délivrance de coupes de bois à plusieurs communes. (Bull. O. 71, n. 1806.)

7 AVRIL 1831. — Ordonnances relatives à l'établissement d'usines dans plusieurs départements. (Bull. O. 71, n. 1807 et 1809.)

7 AVRIL 1831. — Ordonnance relative aux droits d'octroi dans plusieurs communes. (Bull. O. 71, n. 1808.)

7 AVRIL 1831. — Ordonnances relatives à la délivrance de coupes de bois à plusieurs communes. (Bull. O. 71, n. 1810.)

8 = 9 AVRIL 1831. — Loi sur la procédure en matière de délits de la presse, d'affichage et de criage publics (1). (IX, Bull. O. XXXIII, n. 101.)

Art. 1er. Le ministère public aura la faculté de saisir les cours d'assises de la connaissance des délits commis par la voie de la presse, ou par les autres moyens de publication énoncés en l'art. 1er de la loi du 17 mai 1819, en vertu de citation donnée directement au prévenu.

La même faculté existera au cas de poursuites contre les afficheurs et crieurs publics, en exécution des art. 5 et 6 de la loi du 10 décembre 1830 (2).

2. Le ministère public adressera son réquisitoire au président de la cour d'assises, pour obtenir indication du jour auquel le prévenu sera sommé de comparaître.

Il sera tenu d'articuler et de qualifier les provocations, attaques, offenses, outrages, faits diffamatoires ou injures, à raison desquels la poursuite est intentée, et ce, à peine de nullité de la poursuite. Le président fixera le jour de la comparution devant la cour d'assises, et commettra l'huissier qui sera chargé de la notification.

La notification du réquisitoire et de l'ordonnance du président sera faite au prévenu dix jours au moins avant celui de la comparution, outre un jour par cinq myriamètres de distance.

(1) Présentation à la Chambre des Députés le 24 février (Mon. du 25) ; rapport par M. Martin (du Nord) le 10 mars (Mon. du 13) ; discussion et adoption le 12 (Mon. du 13), à la majorité de 230 voix contre 30.
Présentation à la Chambre des Pairs le 16 mars (Mon. des 17 et 18) ; rapport par M. le comte Bastard le 28 (Mon. du 30) ; discussion et adoption le 29 (Mon. du 30), à la majorité de 84 voix contre 10.
Retour à la Chambre des Députés, discussion et adoption le 2 avril (Mon. du 3), à la majorité de 208 voix contre 15.

(2) Le projet de loi donnait aussi à la partie civile la faculté de saisir directement la cour d'assises des poursuites qu'elle croyait devoir intenter dans son intérêt ; mais la commission de la Chambre des Députés a cru qu'il convenait de supprimer cette disposition, par le motif que la loi du 8 octobre dernier maintient la juridiction correctionnelle toutes les fois qu'il y a lieu de prononcer sur les délits de la presse concernant les particuliers.

On s'aperçoit que la loi parle des *délits de la presse*, mais non des *délits politiques*. M. le baron Séguier a dit : « La raison pour laquelle on n'a pas étendu aux délits politiques la manière abrégée adoptée pour les délits de la presse est facile à comprendre : un délit politique, un complot, est tramé sourdement, à la longue ; pour l'instruire, il faut pénétrer dans beaucoup de secrets, dans beaucoup de détails, indiquer les agents, les confronter ; et c'est souvent avec beaucoup de peine

que l'on arrive ainsi à la vérité. Au contraire, un délit de la presse est né du jour au lendemain ; il paraît le matin, il cause dans l'instant un tort à la société ; il est très-urgent de le punir.

M. le rapporteur à la Chambre des Pairs a dit : « Cependant ce ne sera que pour les délits commis par la voie de la presse *périodique* que le ministère public usera de la faculté qu'il vous demande ; il est présumable que, dans presque tous les autres cas, il continuera à suivre les formalités réglées par la loi du 26 mai 1819.

M. de Portalis a ajouté : « Je tiens pour nécessaire la garantie de l'instruction préalable dans tous les cas qui requièrent examen, et qui présentent matière à doute ; aussi je ne consentirai jamais à ce qu'on supprime cette nature de procédure ; mais c'est ce que la loi proposée ne fait pas, elle maintient au contraire toutes les dispositions de la loi du 26 mai 1819 ; elle les complète seulement : la voie de l'*instruction préalable continuera d'avoir lieu toutes les fois qu'il y aura saisie*. » Voy. l'art. 5.

Il résulte suffisamment du texte de la loi et des explications qui ont eu lieu dans la discussion, que le ministère public pourra, lorsqu'il le jugera convenable, ne pas user de la faculté que lui donne la présente loi, et laisser l'instruction suivre la marche ordinaire, telle qu'elle est fixée par la loi du 26 mai 1819. Dans ce dernier cas, il faudra ne pas oublier que, par arrêt du 4 mars 1831, la Cour de cassation a jugé qu'il n'est pas nécessaire qu'il y ait un acte d'accusation dressé contre le prévenu (Dalloz, 31. 1. 131).

Si le prévenu ne comparaît pas au jour fixé, il sera jugé par défaut : la cour statuera sans assistance ni intervention de jurés, tant sur l'action publique que sur l'action civile (1).

3. Le prévenu pourra former opposition à l'arrêt par défaut dans les cinq jours de la notification qui en aura été faite à sa personne ou à son domicile, outre un jour par cinq myriamètres de distance, à charge de notifier son opposition tant au ministère public qu'à la partie civile.

Le prévenu supportera sans recours les frais de l'expédition et de la signification de l'arrêt par défaut, et de l'opposition, ainsi que de l'assignation et de la taxe des témoins appelés à l'audience pour le jugement de l'opposition.

4. Dans les cinq jours de la notification de l'opposition, le prévenu devra déposer au greffe une requête tendant à obtenir du président de la cour d'assises une ordonnance fixant le jour du jugement de l'opposition ; elle sera signifiée à la requête du ministère public, tant au prévenu qu'au plaignant, avec assignation au jour fixé,

---

(1) M. le rapporteur à la Chambre des Députés a dit :

« Une question grave a sérieusement occupé la commission : il était nécessaire pour lever les doutes de déterminer expressément quel serait l'effet du défaut de comparution du prévenu au jour fixé par le président de la cour. Il nous a semblé qu'il n'était pas possible qu'aucune décision intervînt ; le droit qui aurait été accordé à la cour elle-même de prononcer par défaut sur la culpabilité du prévenu eût violé la Charte, qui repousse, pour les délits de la presse, toute autre compétence que celle du jury ; et si le jury eût été appelé à juger l'écrit et à déclarer son opinion, la faculté de l'opposition, qui n'aurait pu être refusée au prévenu, eût été incompatible avec l'institution du jury, la haute idée que nous en avons conçue et le respect que doivent inspirer ses déclarations. Il faut en effet que les décisions du jury soient souveraines et irrévocables ; et cependant, dans le cas de l'opposition par le prévenu, un deuxième jury pourrait venir détruire l'œuvre du premier. Le mode adopté par la commission a paru remédier à ce double inconvénient ; le défaut de comparution du prévenu peut faire supposer que, malgré toutes les précautions de la loi, l'assignation ne lui est pas parvenue, ou qu'il a rencontré, pour obéir à la sommation qui lui était faite, des obstacles qu'il n'a pu surmonter ; une seconde assignation le mettra en demeure de comparaître devant la cour d'assises ; mais, dans le cas d'un second défaut, le jury entendra le ministère public, il portera sa décision, et l'arrêt qui interviendra ne pourra donner lieu à aucun autre recours que le pourvoi en cassation.

La commission avait, en conséquence, proposé et la Chambre avait adopté les articles suivants :

« Si le prévenu ne comparaît pas au jour fixé, la cour ordonnera qu'il sera réassigné, et commettra un huissier autre que celui qui aura fait la première notification.

« Art. 3. Les délais pour la comparution seront les mêmes que ceux prescrits par l'article précédent.

« Art. 4. Si le prévenu ne comparaît pas au nouveau jour indiqué, il sera statué par le jury, et l'arrêt qui interviendra sera définitif, sauf le pourvoi en cassation dans les formes et délais voulus par la loi.

Mais, sur le rapport de sa commission, la Chambre des Pairs a amendé le projet de la Chambre des Députés tel qu'il se trouve aujourd'hui.

M. le rapporteur a dit à l'appui de l'avis de la commission :

« Quand l'accusé se présente et qu'il est sous la main de la justice, la loi lui donne les jurés pour juges ; mais, lorsqu'il refuse de s'en rapporter à leur décision, peut-il se plaindre que les magistrats de la cour d'assises déclarent ce que la procédure écrite paraît avoir établi ? C'est changer l'institution du jury que de lui demander, quand il s'agit de délits de la presse, de former sa conviction sur des éléments différents de ceux qui doivent la faire naître lorsqu'il est appelé à se prononcer sur un crime ; il est contraire aux idées que l'on se forme du jugement par jurés, de les voir condamner un homme qu'ils n'entendent pas, sur le témoignage de témoins que le prévenu ne peut combattre, que le ministère public ne peut discuter, que les jurés eux-mêmes ne peuvent interroger, lorsqu'un jugement de jurés s'appuie sur une discussion orale, sur un débat et des témoignages dont les impressions fugitives font naître la conviction, mais que des procès-verbaux ne peuvent ni faire saisir, ni exprimer, même incomplétement. On conçoit que le jugement du jury puisse être regardé comme la vérité même ; qu'il commande le respect et la confiance ; mais, si ce jugement se déduit d'examen de pièces, de raisonnements souvent contredits, de comparaisons qui peuvent être refaites sans cesse, puisque les pièces de la procédure, seuls éléments de la décision portée, ne sauraient s'évanouir, la réponse du jury perd de ce caractère mystérieux et irréfragable que l'on doit craindre d'altérer, puisqu'elle est la base sur laquelle reposent la certitude et la justice de tous les jugements qui prononcent sur la vie et l'honneur de tous les citoyens.

« Votre commission a donc reconnu qu'en n'appelant les jurés à se prononcer qu'après un débat public, qu'après une solennelle discussion entre le prévenu et ses accusateurs, on maintenait le jury dans l'esprit de son institution ; que cet esprit serait altéré si le jury était forcé de répondre en l'absence du prévenu, et uniquement sur une procédure faite en secret et sur des témoignages écrits, dont le rédacteur peut très-involontairement altérer la force et le sens.

« Votre commission a pensé enfin que, si l'article 69 de la Charte donne au prévenu d'un délit de la presse le jugement par jury, ce n'est qu'au prévenu qui se présente devant ses juges que ce droit est assuré, et non au défaillant qui, après avoir violé les lois de son pays, refuse de venir devant ses pairs rendre compte de sa conduite. »

D'ailleurs on sait que, conformément aux dispositions du Code d'instruction criminelle (art. 470), les crimes qui sont ordinairement jugés par le jury sont jugés par la cour d'assises *sans assistance de jurés*, lorsque l'accusé ne se présente pas.

cinq jours au moins avant l'échéance. Faute par le prévenu de remplir les formalités mises à sa charge par le présent article, ou de comparaître par lui-même au jour fixé par l'ordonnance, l'opposition sera réputée non avenue, et l'arrêt par défaut sera définitif.

5. Dans le cas de saisie autorisée par l'art. 7 de la loi du 26 mai 1819 , les formes et délais prescrits par cette loi seront observés.

———

8 = 9 AVRIL 1831. — Loi sur le cautionnement des journaux ou écrits périodiques, paraissant même irrégulièrement (1). (IX, Bull. O. XXXIV, n. 102.)

Art. 1ᵉʳ. Si un journal ou écrit périodique paraît plus de deux fois par semaine, soit à jour fixe, soit par livraisons et irrégulièrement (2), le cautionnement sera de deux mille quatre cents francs de rente.

2. Le premier paragraphe de l'art. 1ᵉʳ. de la loi du 14 décembre 1830 est abrogé.

———

8 = 21 AVRIL 1831. — Ordonnance du roi portant que la statue de Napoléon sera rétablie sur la colonne de la place Vendôme. (IX, Bull. O. LXI, n. 1555.)

Louis-Philippe, etc., sur le rapport de notre président du conseil, ministre de l'intérieur, etc.

Art. 1ᵉʳ. La statue de Napoléon sera rétablie sur la colonne de la place Vendôme.

2. Notre président du conseil, ministre de l'intérieur (M. Casimir Périer), est chargé, etc.

8 AVRIL 1831. — Ordonnance qui accorde des demi-soldes, suppléments et pensions à des marins et ouvriers , à des veuves , pères ou mères. (Bull. O. 97 bis, n. 2.)

8 AVRIL 1831. — Ordonnances qui nomment MM. Moiroud et Lucas maîtres des requêtes. (Bull. O. 60, n. 1695 et 1696.)

8 AVRIL 1831. — Lettres-patentes relatives au majorat institué par M. Odet-Chapelle de Jumilhac, duc de Richelieu. (Bull. O. 59, n. 1507.)

9 AVRIL 1831. — Ordonnances qui approuvent l'adjudication de la construction d'un pont à Pont-d'Ain et à Givors, moyennant un péage. (Bull. O. 65 et 72, n. 1655 et 1845.)

9 AVRIL 1831. — Ordonnances qui autorisent les maires d'Orliénas et de Charly à distraire du presbytère de leurs communes des bâtiments pour y établir une école primaire, un corps-de-garde , et la mairie et maison-commune. (Bull. O. 81, n. 2220.)

9 AVRIL 1831. — Ordonnance qui autorise la fabrique de Meillères à vendre les matériaux, l'emplacement et le cimetière de l'ancienne chapelle de Saint-Remi. (Bull. O. 81, n. 2221.)

9 AVRIL 1831. — Ordonnance qui autorise l'acceptation d'un legs fait à la fabrique de Nogent-le-Rotrou. (Bull. O. 81, n. 2222.)

9 AVRIL 1831. — Ordonnances qui autorisent des communautés à emprunter, vendre et acquérir divers immeubles. (Bull. O., n. 2223 et 2224.)

9 AVRIL 1831. — Lettres-patentes relatives au majorat institué par M. Walsh, comte de Serrant. (Bull. O. 59, n. 1507.)

———

10 = 11 AVRIL 1831. — Loi contre les attroupements (3). (IX, Bull. XXXV, n. 103.)

Art. 1ᵉʳ. Toutes personnes qui forme-

———

(1) Présentation à la Chambre des Députés le 2 avril (Mon. du 3) ; l'adoption a eu lieu sans discussion.

Présentation à la Chambre des Pairs ; discussion, adoption le 5 avril (Mon. du 6).

(2) J'ai fait remarquer dans mes notes sur l'article 1ᵉʳ de la loi du 14 décembre 1830, que c'était par erreur que le texte portait *régulièrement*, qu'on avait évidemment voulu dire *irrégulièrement* ; j'ajoutais que la Cour de cassation, malgré le fait qu'une erreur matérielle s'était glissée dans la rédaction de l'article, pourrait se croire enchaînée par le texte ; en effet, par arrêt du 11 mars 1831, elle a décidé qu'un journal paraissant par livraisons et irrégulièrement n'était point assujetti à un cautionnement (Dalloz, 31. 1. 131). Il a fallu une loi nouvelle pour rectifier l'erreur et rétablir le texte. Il y a une autre loi plus ancienne et tout aussi importante, dans laquelle se trouvent plusieurs erreurs du même genre ; c'est celle du 15 juillet 1829. J'en ai fait l'observation ; elle est restée encore sans effet ; ainsi les conseils de guerre appliquent chaque jour un texte qui n'est pas voté par les trois pouvoirs.

(3) Présentation à la Chambre des Députés le 18 mars (Mon. du 19) ; rapport par M. de Schonen

le 26 mars (Mon. du 27) ; discussion le 29 (Mon. du 30), le 1ᵉʳ avril (Mon. du 2), le 2 (Mon. du 3) ; adoption le 3 avril, à la majorité de 227 voix contre 54.

Présentation à la Chambre des Pairs le 1ᵉʳ avril (Mon. du 6) ; rapport par M. le duc de Choiseul le 7 avril (Mon. du 8) ; discussion et adoption le 9 avril (Mon. du 11).

M. de Schonen a dit dans son rapport à la Chambre des Députés :

« Le principe de la loi, c'est que l'attroupement est un délit dès qu'il y a sommation de l'autorité compétente pour sa dispersion, et que cette dispersion ne s'est point opérée. Le but coupable de l'attroupement n'a pas besoin d'être connu, nul autre délit d'avoir été commis. Le délit, nous le répétons, c'est l'attroupement sur la voie publique, persistant malgré la voix du magistrat, et qui s'aggrave suivant sa persistance. »

Il faut bien remarquer d'ailleurs que cette loi ne contient aucune disposition réglant l'exercice de la force publique, déterminant les cas où l'on peut en faire usage, et les précautions que l'on doit prendre dans ces différents cas. Il convient de se reporter à la loi du 26-27 juillet-3 août 1791, qui , ainsi que l'a fait remarquer M. le rappor-

ront des attroupements sur les places ou sur la voie publique, seront tenues de se disperser à la première sommation des préfets, sous-préfets, maires, adjoints de maire, ou de tous magistrats et officiers civils chargés de la police judiciaire, autres que les gardes champêtres et gardes forestiers (1).

Si l'attroupement ne se disperse pas, les sommations seront renouvelées trois fois. Chacune d'elles sera précédée d'un roulement de tambour ou d'un son de trompe.

Si les trois sommations sont demeurées inutiles, il pourra être fait emploi de la force, conformément à la loi du 3 août 1791 (2).

Les maires et adjoints de la ville de Paris ont le droit de requérir la force publique et de faire les sommations.

Les magistrats chargés de faire lesdites sommations seront décorés d'une écharpe tricolore (3).

2. Les personnes qui, après la première des sommations prescrites par le second pa-

---

teur, est encore en vigueur. La loi du 21 octobre 1789, appelée *loi martiale*, est-elle également maintenue? Un décret du 23 juin 1793 a déclaré qu'elle était abolie. Cependant en 1820 on a soutenu qu'elle continuait à avoir effet obligatoire. Dans tous les cas, elle a été au moins modifiée par la loi du 27 juillet-3 août 1791. Voy. l'article additionnel placé à la fin de cette loi. Voyez aussi loi du 18 juillet 1791.

Quelques orateurs ont pensé que la loi de 1791 était abrogée en entier. M. Isambert a fait remarquer que du moins elle l'était en certaines parties par le Code pénal.

M. de Schonen, rapporteur, a dit que la commission consentait à retirer un amendement par lequel elle semblait restreindre l'application de la loi de 1791 aux art. 25, 26 et 27. « Je crois, a-t-il ajouté, qu'il y a plus d'avantage à rentrer dans l'application générale de la loi de 1791. M. Isambert a dit que la loi de 1791 avait été modifiée par le Code pénal. Oui, sans doute, relativement à la qualification de délit qui pouvait avoir été commis. Mais faites bien attention que la loi de 1791 avait surtout pour objet l'emploi de la force publique contre les attroupements. »

Voy. les art. 96 et suiv. du Code pénal.

« Nous n'avons pas eu, a dit également M. le garde des sceaux, la pensée d'abolir la loi de 1791, tout au contraire, nous avons voulu la maintenir. »

(1) Il a bien été expliqué que, quoique les officiers de gendarmerie soient, aux termes de l'art. 9 du Code d'instruction criminelle, officiers de police judiciaire, ils n'auront pas le droit de faire des sommations; ils ne sont pas *des magistrats et officiers civils*.

On a proposé d'exclure les commissaires de police du nombre des magistrats chargés de faire les sommations. Cet amendement n'a point été adopté.

Cet article et les trois suivants ont été modifiés par les art. 24, 25 et 26 de la première loi du 9 septembre 1835.

(2) M. Thil a fait observer que le paragraphe était rédigé de manière à faire croire qu'après la première sommation il en faudrait encore trois autres.

M. Pelet de la Lozère a pensé que l'intention du gouvernement avait été en effet d'établir d'abord une première sommation. « Viennent ensuite, a-t-il dit, les trois sommations renouvelées (de vives dénégations se sont élevées). S'il n'en était pas ainsi, a poursuivi l'orateur, vous priveriez la population d'une des garanties données par la loi de 1791. Je pense que l'intention du gouvernement a été qu'on fît d'abord une première sommation,

qu'on peut appeler une sommation *sans frais*; ensuite viennent les trois sommations faites avec toute la solennité que la loi exige, et pour lesquelles elle a établi une graduation de peines. Pour éviter toute équivoque, on pourrait, dans le premier paragraphe, substituer le mot *injonction* au mot *sommation*.

M. Girod de l'Ain a répondu que, dans le système de la loi de 1791, comme dans celui de la loi actuelle, on n'a entendu parler que de trois sommations. Il propose la rédaction suivante:

« Si l'attroupement ne se disperse pas, la première sommation sera renouvelée deux fois: chacune de ces trois sommations sera précédée, etc. »

M. le garde des sceaux a dit: « La loi de 1791, comme celle-ci, n'admet qu'une sommation trois fois réitérée; elle dit que chacune d'elles sera précédée d'un roulement de tambour. Je maintiens la rédaction de l'article, parce qu'elle répond à la pensée exprimée par M. Girod de l'Ain. Du reste, je ne m'oppose pas à l'adoption de celle qu'il a proposée.

M. le président ayant demandé si la proposition de M. Girod de l'Ain était appuyée, on a répondu de toutes parts: Non, non, la rédaction est assez claire. Voy., au surplus, les notes sur l'art. 2.

Le fait seul d'avoir été arrêté dans un attroupement qui ne s'est pas dissipé sur les sommations de l'autorité ne donne lieu à aucune peine, si ces sommations n'ont pas été faites par un officier municipal décoré de son écharpe, ou si elles n'ont pas été précédées d'un roulement de tambour ou d'un son de trompe, lorsque d'ailleurs rien n'établit qu'il y ait eu impossibilité de remplir ces formalités. 3 mai 1834, cass., Sirey-Devill., 34. 1. 574.

Voy. art. 13, 14 et 15 de la première loi du 9 septembre 1835.

(3) Les sommations sont nulles et illégales, si les magistrats chargés de les faire ne sont pas décorés du signe national, de l'écharpe tricolore. (Rapport de M. le duc de Choiseul.)

Les sommations préalables cessent d'être nécessaires, aux termes de l'art. 25 de la loi du 26-27 juillet-3 août 1791, si des violences ou voies de fait sont exercées contre les dépositaires de la force publique, s'ils ne peuvent défendre que par la force le terrain qu'ils occupent ou les postes dont ils sont chargés. C'est le cas de légitime défense, comme l'a fait remarquer M. Duboys-Aimé. Si donc un chef de poste ordonnait l'emploi des armes, sans les sommations préalables faites par un officier civil, sa responsabilité ne serait à couvert qu'autant qu'il serait constaté que des violences ont été exercées, ou qu'il a fallu user de la force pour la conservation du terrain ou du poste.

fagraphe de l'article précédent (1), continueront à faire partie d'un attroupement,
pourront être arrêtées, et seront traduites
sans délai (2) devant les tribunaux de simple police (3), pour y être punies des peines
portées au chapitre 1ᵉʳ du livre 4 du Code
pénal.

3. Après la seconde sommation, la peine
sera de trois mois d'emprisonnement au
plus; et, après la troisième, si le rassemblement ne s'est pas dissipé, la peine pourra
être élevée jusqu'à un an de prison.

4. La peine sera celle d'un emprisonnement de trois mois à deux ans, 1° contre
les chefs et les provocateurs de l'attroupement, s'il ne s'est point entièrement dis-
persé après la troisième sommation; 2° contre tous individus porteurs d'armes appa-
rentes ou cachées, s'ils ont continué de faire
partie de l'attroupement après la première
sommation.

5. Si les individus condamnés en vertu
des deux articles précédents n'ont pas leur
domicile dans le lieu où l'attroupement a
été formé, le jugement ou l'arrêt qui les
condamnera pourra les obliger, à l'expiration de leur peine, à s'éloigner de ce lieu
à un rayon de dix myriamètres, pendant
un temps qui n'excédera pas une année, si
mieux ils n'aiment retourner à leur domicile (4).

6. Tout individu qui, au mépris de l'o-
bligation à lui imposée par le précédent
article, serait retrouvé dans les lieux à lui
interdits, sera arrêté, traduit devant le tribunal de police correctionnelle, et condamné à un emprisonnement qui ne pourra
excéder le temps restant à courir pour son
éloignement du lieu où aura été commis le
délit originaire (5).

7. Toute arme saisie sur une personne
faisant partie d'un attroupement sera, en
cas de condamnation, déclarée définitivement acquise à l'État.

8. Si l'attroupement a un caractère politique, les coupables des délits prévus par
les art. 3 et 4 de la présente loi pourront
être interdits pendant trois ans au plus, en
tout ou en partie, de l'exercice des droits
mentionnés dans les quatre derniers paragraphes de l'art. 42 du Code pénal (6).

9. Toutes personnes qui auraient con-

---

(1) Si l'officier civil s'était borné à faire des injonctions de se retirer, les personnes arrêtées, sans
qu'aucun délit spécial eût été commis par elles, ne
seraient passibles d'aucune peine. Pour que l'application d'une peine quelconque ait lieu contre
ceux qui ont continué à faire partie d'un attroupement, il faut qu'il y ait eu au moins une sommation solennelle, précédée d'un roulement de
tambour. « Ce n'est, a dit M. le garde des sceaux,
qu'après une première sommation, accompagnée
d'un roulement de tambour, que la mise en demeure commence. »

(2) M. Podenas a exprimé la crainte que cette
expression *sans délai* ne parût donner au ministère
public le droit de faire juger les prévenus, sans
observer les délais de citations fixés par l'art. 146
du Code d'instruction criminelle. M. le garde des
sceaux a déclaré que tel n'était pas le sens de cette
expression. « Si, quand un individu est arrêté, a-
« t-il dit, on donne au ministère public ou au com-
« missaire de police la faculté de le faire détenir
« sans le faire juger, lorsque cet individu arrivera
« devant les tribunaux, il pourra avoir déjà subi
« une peine plus longue que celle qui est portée
« par la loi. C'est dans cette pensée que la com-
« mission a mis *sans délai*. »

(3) Soit devant les tribunaux de police tenus par
les juges de paix, soit devant les tribunaux de police tenus par le maire. M. Podenas a demandé que
cela fût exprimé, mais on lui a répondu avec raison que cela était inutile.

(4) La faculté de retourner à son domicile a lieu
dans tous les cas, soit qu'il y ait plus ou moins de
dix myriamètres de distance entre ce domicile et le
lieu où la condamnation a été prononcée. M. le
garde des sceaux l'a expressément reconnu.

(5) M. Podenas a demandé quel serait le tribunal chargé d'appliquer la peine, le tribunal du
lieu où aura été prononcée la première condam-

nation, ou le tribunal du lieu où le condamné
aura résidé.

M. le garde des sceaux a répondu que, conformément au droit commun, le tribunal qui a prononcé la première condamnation sera chargé de
prononcer la seconde.

(6) L'art. 10 attribue aux cours d'assises la connaissance des délits commis, lorsque les attroupements auront un caractère politique. Il pourra donc
s'élever d'abord des difficultés sur la question de
compétence. Il est possible que le prévenu traduit
devant le tribunal de police correctionnelle présente un déclinatoire, et demande son renvoi devant la cour d'assises. Si son déclinatoire est admis,
soit en première instance, soit en appel, en d'autres termes, si, sur la demande même du prévenu,
le renvoi à la cour d'assises est ordonné, et si enfin
le jury le déclare coupable, faudra-t-il que le jury
soit consulté en outre sur la question de savoir si
l'attroupement avait un caractère politique, et
que cette question soit résolue affirmativement,
pour que l'interdiction des droits civiques soit applicable ?

Je ne le pense pas. Comment le prévenu, ou son
défenseur, pourrait-il prétendre que l'attroupement n'avait aucun caractère politique; comment
le jury pourrait-il le déclarer, lorsque le renvoi à
la cour d'assises aurait été prononcé, précisément
sur la demande du prévenu, lorsque le caractère
politique du délit serait reconnu par décision passée en force de chose jugée ?

Mais la circonstance que le prévenu a lui-même
sollicité son renvoi devant la cour d'assises peut ne
pas se rencontrer; il peut se faire que ce soit le
ministère public qui ait lui-même soutenu que la
cour d'assises était compétente; ou bien, il peut
arriver que le ministère public ait saisi la cour
d'assises sans qu'aucune difficulté se soit élevée sur
la compétence.

Dans ces deux derniers cas, il y a sans doute une

tinué à faire partie d'un attroupement après les trois sommations, pourront, pour ce seul fait, être déclarés civilement et solidairement responsables des condamnations pécuniaires qui seront prononcées pour réparation des dommages causés par l'attroupement.

10. La connaissance des délits énoncés aux art. 3 et 4 de la présente loi est attribuée aux tribunaux de police correctionnelle, excepté dans le cas où, l'attroupement ayant un caractère politique, les prévenus devront être, aux termes de la Charte constitutionnelle et de la loi du 8 octobre 1830, renvoyés devant la cour d'assises (1).

11. Les peines portées par la présente loi seront prononcées sans préjudice de celles qu'auraient encourues, aux termes du Code pénal, les auteurs et les complices des crimes et délits commis par l'attroupement. Dans le cas du concours de deux peines, la plus grave seule sera appliquée.

10 AVRIL 1831. — Ordonnance portant proclamation des brevets d'invention pris pendant le premier trimestre de 1831. (Bull. O. 64, n. 1624.)

10 AVRIL 1831. — Ordonnances qui autorisent la conservation des usines de fer des communes de Paimpont et Saint-Front. (Bull. O. 74 et 75, n. 2003, 2004, 2015 et suiv.)

10 AVRIL 1831. — Ordonnances portant concession de mines dans les communes de Saint-Léon, Cagnotte et Nant. (Bull. O. 75, n. 2017 et 2018.)

11 = 14 AVRIL 1831. — Loi sur les pensions de l'armée de terre (2). (IX, Bull. XXXVI, n. 104.)

TITRE I⁻. *Des pensions militaires pour ancienneté de service.*

SECTION I⁻. *Des droits à la pension.*

Art. 1er. Le droit à la pension de retraite par ancienneté est acquis à trente ans accomplis de service effectif.

2. Les années de service, pour la pension militaire de retraite, se comptent de

considération de moins pour refuser au prévenu le droit de soumettre au jury la question relative au caractère de l'attroupement ; mais, en droit, ne faut-il pas reconnaître que la question de compétence étant définitivement jugée, ou le prévenu ayant tacitement acquiescé, en n'élevant aucune difficulté sur la compétence, il n'est plus possible de poser au jury une question qui remettrait en doute la compétence de la cour d'assises ?

Toutefois, je ne dois pas dissimuler qu'une autorité bien imposante s'élève contre mon opinion.

M. Vatimesnil, répondant à M. Salverte, a dit que le jury serait consulté sur la question de savoir si l'attroupement a un caractère politique. « L'art. 8, a-t-il dit, ne pourra être appliqué que « sur sa déclaration. Deux questions seront posées « au jury : 1° la question du fait principal, celle de « savoir si l'individu a fait partie d'un attroupe- « ment et a persisté à y rester ; 2° celle de circon- « stance aggravante, qui consiste à savoir si l'at- « troupement avait un caractère politique ; car « s'il n'avait pas eu un caractère politique, la pri- « vation des droits civiques ne pourrait être appli- « quée. La première décision n'est attributive que « de la juridiction, elle ne statue pas définitive- « ment sur le caractère du délit, ni sur la culpabi- « lité. Ainsi, par exemple, lorsqu'une chambre « d'accusation renvoie devant une cour d'assises, « pour un délit avec une circonstance aggravante, « la circonstance aggravante n'est pas pour cela « résolue ; le jury a toute liberté pour déclarer si « le fait est constant et si la circonstance aggra- « vante existe. Ce sera donc le jury, c'est-à-dire le « pays, qui aura déclaré que l'attroupement avait « un caractère politique. »

Aucun doute sur les principes que M. de Vatimesnil a professés ; mais il me semble qu'il en a fait une fausse application. Lorsqu'une circonstance aggravante détermine le renvoi devant la cour d'assises, il n'y a en effet rien de jugé sur l'existence de la circonstance ; il a suffi que le ministère public l'ait comprise dans son accusation, pour que la compétence ait été fixée ; mais, dans le cas

particulier, l'inverse peut se présenter. Le ministère public, loin d'articuler la circonstance tirée de ce que l'attroupement avait un caractère politique, aura traduit le prévenu en police correctionnelle ; devant le tribunal, le prévenu aura plaidé que l'attroupement avait un caractère politique, le tribunal se sera, par ce motif, déclaré incompétent ; la cour d'assises aura été saisie, le jury pourra-t-il être raisonnablement consulté dans l'intérêt du prévenu sur le caractère du rassemblement ?

(1) En cas de connexité, a dit M. de Schonen, la juridiction supérieure l'emportera sur celle de la police correctionnelle. C'est le droit commun.

(2) Présentation à la Chambre des Députés le 5 février (Mon. du 7) ; rapport par M. Molin, le 24 (Mon. du 25) ; discussion le 15 mars (Mon. du 16) ; adoption le 16 (Mon. du 17), à la majorité de 266 voix contre 26.

Présentation à la Chambre des Pairs le 18 mars (Mon. du 19) ; rapport par M. le comte d'Ambrugeac le 23 (Mon. du 26) ; discussion, adoption le 25 (Mon. du 27), à la majorité de 73 voix contre 2.

Retour à la Chambre des Députés le 26 (Mon. du 28) ; discussion, adoption le 29 (Mon. du 30), à la majorité de 240 voix contre 17.

Voy. règlement du 25 mars 1776 ; lois des 3-22 août, et 14-25 décembre 1790 ; des 11 brumaire et 6 germinal et 14 fructidor an 6 ; du 28 fructidor an 7 ; du 8 floréal an 11 ; et du 23 vendémiaire an 13 ; du 16 frimaire an 14 ; ord. des 14 et 27 août 1814 ; 1er août 1817 ; lois des 25 mars 1817, art. 22 ; 15 mai 1818, art. 11 ; 17 août 1822, art. 8 et suiv. ; ordonnance du 10 octobre 1829. Cette dernière ordonnance avait réglé d'une manière convenable les pensions militaires ; mais elle était l'objet de justes critiques, en ce que la loi seule peut régler cette matière. M. le ministre de la guerre en a fait l'observation dans l'exposé des motifs. Voy. la loi du 15 mars 1831 ; et ci-après, la loi du 18 avril 1831, sur les pensions de l'armée de mer, et ordonnance du 2 juillet 1831.

l'âge où la loi permet de contracter un engagement volontaire (1).

3. Le service des marins incorporés dans l'armée de terre leur est compté pour le temps antérieur à cette incorporation, d'après les lois qui régissent les pensions de l'armée de mer (2).

4. Est compté pour la pension militaire de retraite le temps passé dans un service civil qui donne droit à pension, pourvu toutefois que la durée des services militaires soit au moins de vingt ans.

5. Il est compté quatre années de service effectif, à titre d'études préliminaires, aux élèves de l'école polytechnique, au moment où ils entrent comme officiers dans les armes spéciales (3).

6. Le temps passé hors de l'activité, avec jouissance d'une pension de retraite, ne peut entrer dans la supputation du service effectif.

Il en est de même du temps pendant lequel une pension militaire aura été cumulée avec la solde d'activité dans les corps détachés de la garde nationale, comme auxiliaires de l'armée, à moins

que le pensionnaire n'ait acquis dans ces corps, et par les causes énoncées au titre II ci-après, des droits à une pension plus élevée, ou qu'il n'y ait fait campagne, auquel cas il jouira du bénéfice de l'article 7 (4).

7. Les militaires qui auront le temps de service exigé par les articles précédens, seront admis pour la pension d'ancienneté, à compter en sus les années de campagne d'après les règles suivantes :

Sera compté pour la totalité, en sus de sa durée effective, le service militaire qui aura été fait :

1º Sur le pied de guerre ;

2º Dans un corps d'armée occupant un territoire étranger, en temps de paix ou de guerre ;

3º À bord, pour les troupes embarquées en temps de guerre maritime ;

4º Hors d'Europe, en temps de paix (5), pour les militaires envoyés d'Europe ; le même service en temps de guerre leur sera compté pour le double en sus de sa durée effective (6).

Sera compté de la même manière le

---

(1) On peut contracter un engagement volontaire à dix-huit ans (Code civil, article 374). Voy. l'article suivant.

(2) Les années de service pour les pensions de retraite dans les armées de mer se comptent de l'âge de seize ans. Voy. ci-après, loi du 18 avril 1831, art. 2.

(3) M. Charles Dupin avait demandé la suppression des mots *comme officier*, parce que sans cela on pourrait regarder les services civils comme non compris dans les armes spéciales.

M. Demarçay lui a répondu que les quatre années d'études préliminaires qui sont comptées aux jeunes gens de l'Ecole polytechnique, ne compteront qu'à dater du jour où ils entrent dans un des services où il sont admis à leur sortie de l'Ecole. M. Dupin a, sur cette explication, retiré son amendement. Voy. art. 29 ; voy. le décret du 12 vendémiaire an 11, art. 43.

(4) M. le duc de Tarente a dit, en rendant compte de deux pétitions qui lui avaient été adressées au sujet de cette loi, que l'une d'elles avait pour but « de faire compter pour temps de service « l'interruption forcée pour cause de délits politi- « ques que la révolution de juillet a fait annuler. » Après avoir cité l'article 2 de l'ordonnance du 26 août 1830, et l'art. 2 de la loi du 11 sept. même année M. de Tarente ajoute : « On voit claire- « ment que ces deux dispositions sont communes, « et qu'elles se décident contre toutes les prétentions « de la nature de celles que je viens d'exposer. »

M. de Sesmaisons, répondant au duc de Tarente, a dit : « Il est évident, qu'à l'exception du traite- « ment qui ne sera pas rendu à ces officiers pour « le temps écoulé pendant leur condamnation, « rien ne sera perdu pour eux, et qu'ils seront in- « scrits de nouveau sur le contrôle de l'armée sans « avoir perdu leurs services. »

M. le ministre de la guerre a ajouté que la ques-

tion soulevée par M. le duc de Tarente était soumise au Conseil d'Etat.

L'amnistie produit des effets tellement étendus, qu'il me semble certain que les militaires pourront compter le temps écoulé durant leurs condamnations. Un arrêt de la cour de cassation, du 11 juin 1825, déclare, dans ses considérans, que les délits couverts par l'amnistie sont comme s'ils n'avaient jamais été commis (Sirey, 1826, 1ʳᵉ partie, page 164). Voy. aussi un avis du Conseil d'Etat, du 8 janvier 1823, rapporté dans la Collection, à sa date.

(5) M. l'amiral Duperré a proposé d'ajouter, *soit à terre, soit à bord.* « Il est juste, a-t-il dit, que les militaires embarqués comme garnison à bord d'un vaisseau, employés dans les pays hors d'Europe, jouissent des mêmes avantages. Je crois que, par le mot militaires employés *hors d'Europe,* on exclurait ceux qui auraient servi par suite d'engagemens volontaires contractés, soit qu'ils aient été fournis comme garnison. »

M. le ministre de la guerre a répondu : « Il ne peut y avoir de doute à ce sujet, de quelque part que viennent les militaires embarqués sur les bâtimens de l'Etat, soit qu'ils aient contracté des engagemens volontaires, soit qu'ils aient été fournis comme garnison, leur situation est la même. Cela ne peut être entendu autrement. Les mots, *envoyés d'Europe, hors d'Europe,* ne peuvent donner lieu à aucune équivoque : le texte de la loi est explicite, et je ne vois pas la nécessité d'y ajouter d'autres développemens.

(6) C'est-à-dire qu'une année compte pour trois, a dit M. Demarçay, en proposant l'adoption de ce paragraphe. D'après la législation antérieure, le service hors d'Europe comptait double, soit en temps de paix, soit en temps de guerre. Voy. ordonnance du 27 août 1814, art. 9. Maintenant le service hors d'Europe en temps de paix sera compté double ; en temps de guerre, il sera compté *triple.*

temps de captivité, à l'étranger, des militaires prisonniers de guerre (1).

Sera compté pour moitié en sus de sa durée effective :

1° Le service militaire sur la côte, en temps de guerre maritime ;

2° Le service militaire à bord, pour les troupes embarquées en temps de paix.

8. Dans la supputation des bénéfices attachés aux campagnes par l'art. 7, chaque période dont la durée aura été moindre de douze mois, sera comptée comme une année accomplie.

Néanmoins, il ne peut être compté plus d'une année de campagne dans une période de douze mois.

La fraction qui excédera chaque période dont la durée aura été de plus d'une année, sera comptée comme une année entière (2).

SECTION II. *Fixation de la pension d'ancienneté.*

9. Après trente années de service effectif, les militaires ont droit au minimum de la pension d'ancienneté déterminée pour leur grade par le tarif annexé à la présente loi.

Chaque année de service au-delà de trente ans et chaque année de campagne, supputée selon les art. 7 et 8, ajoutent à la pension un vingtième de la différence du minimum au maximum.

Le maximum est acquis à cinquante ans de service, campagnes comprises.

10. La pension d'ancienneté se règle sur le grade dont le militaire est titulaire.

Si, néanmoins, il demande sa retraite avant d'avoir au moins deux ans d'activité dans ce grade, la pension se règle sur le grade immédiatement inférieur (3).

11. La pension de retraite de tout officier, sous-officier, caporal et brigadier, ayant douze ans accomplis d'activité dans son grade, est augmenté du cinquième.

Dans ce cas spécial, le bénéfice du présent article est acquis aux officiers, sous-officiers, caporaux et brigadiers, qui ont droit au maximum déterminé par le tarif annexé à la présente loi.

Jouiront de la même augmentation les gendarmes ayant douze années de service dans la gendarmerie.

TITRE II. *Des pensions de retraite pour cause de blessures ou d'infirmités.*

SECTION Iʳᵉ. *Des droits à la pension.*

12. Les blessures donnent droit à la pension de retraite, lorsqu'elles sont graves et incurables, et qu'elles proviennent d'événements de guerre, ou d'accidents éprouvés dans un service commandé.

Les infirmités donnent le même droit, lorsqu'elles sont graves et incurables, et qu'elles sont reconnues provenir des fatigues ou dangers du service militaire.

Les causes, la nature et les suites des blessures ou infirmités seront justifiées dans les formes et dans les délais qui seront déterminés par un règlement d'administration publique.

13. Les blessures ou infirmités provenant des causes énoncées dans l'article précédent ouvrent un droit immédiat à la pension, si elles ont occasionné la cécité, l'amputation, ou la perte absolue de l'usage d'un ou plusieurs membres.

14. Dans les cas moins graves, elles ne donnent lieu à la pension que sous les conditions suivantes :

1° Pour l'officier, si elles le mettent hors d'état de rester en activité, et lui ôtent la possibilité d'y rentrer ultérieurement ;

2° Pour le sous-officier, caporal, brigadier ou soldat, si elles le mettent hors d'état de servir et de pourvoir à sa subsistance.

---

(1) M. le rapporteur à la Chambre des Pairs a dit :

« Nous ferons observer que la rédaction aurait été meilleure si on avait continué pour ce paragraphe l'ordre des numéros, tandis qu'il paraît faire suite à l'alinéa précédent ; au surplus, il est convenu que le temps de la captivité à l'étranger sera compté au militaire prisonnier de guerre pour la totalité en sus de sa durée effective, ou, en d'autres termes, comme le service sur le pied de guerre. Il ne peut pas rester d'incertitude à ce sujet. » En un mot, toutes les règles applicables aux militaires présents au corps, sont applicables aux militaires prisonniers de guerre.

(2) M. le comte Roy a dit : « Aux termes de cet article, la fraction qui excédera chaque période dont la durée aura été de plus d'une année, sera comptée comme année entière ; ainsi, celui dont le service militaire hors d'Europe comptera une année et un mois, un jour, comptera quatre années

pour le double en sus, et en outre l'année de service effectif, ce qui fera en tout cinq années pour une année, un mois ou un jour. »

Le ministre de la guerre lui a répondu : « La fraction d'année devait nécessairement être comptée ou admise, par la raison que jusqu'à présent on avait supputé toutes les fractions pour faire une année ; d'où il résultait que souvent il restait une quotité en sus qui était perdue par les parties intéressées : dans le nouveau système, la fraction qui est en dehors n'est jamais comptée que pour une année ; l'art. 8 ne peut laisser aucune incertitude ou donner ouverture aux droits exorbitants qui résulteraient de l'interprétation de M. Roy.

(3) Un officier ne peut réclamer la liquidation de sa pension d'après un grade dont il ne représente pas le brevet, encore bien qu'il ait touché pendant un certain temps la solde et la demi-solde de ce grade. 14 février 1839, ord., Mac, 1839, p. 137 ; Sirey-Devill., 39. 2. 397.

Section II. *Fixation de la pension.*

15. Pour la cécité, l'amputation ou la perte absolue de l'usage de deux membres, la pension est fixée conformément au tarif annexé à la présente loi.

16. Les blessures ou infirmités qui occasionnent la perte absolue de l'usage d'un membre, ou qui y sont reconnues équivalentes, donnent droit au minimum de la pension d'ancienneté, quelle que soit la durée des services.

Chaque année de service, y compris les campagnes, supputées selon les art. 7 et 8, ajoute à cette pension un vingtième de la différence du minimum au maximum d'ancienneté.

Le maximum est acquis à vingt ans de service, campagnes comprises.

17. Pour les blessures ou infirmités qui mettent le militaire dans une des positions prévues par l'art. 14, les pensions sont fixées pareillement au minimum d'ancienneté; mais elles ne sont augmentées, dans la proportion déterminée par l'article précédent, que pour chaque année de service au-delà de trente ans, campagnes comprises.

Le maximum est acquis à cinquante ans de service, y compris les campagnes.

18. La pension, pour cause de blessures ou infirmités, se règle sur le grade dont le militaire est titulaire.

L'art. 11 ci-dessus est applicable à la pension pour cause de blessures ou d'infirmités (1).

Titre III. *Des pensions des veuves et orphelins.*

Section Iʳᵉ. *Des droits à la pension.*

19. Ont droit à une pension viagère :

1º Les veuves de militaires tués sur le champ de bataille ou dans un service commandé :

2º Les veuves de militaires qui ont péri à l'armée ou hors d'Europe (2), et dont la mort a été causée, soit par des événements de guerre, soit par des maladies contagieuses ou endémiques, aux influences desquelles ils ont été soumis par les obligations de leur service :

3º Les veuves de militaires morts des suites de blessures reçues, soit sur le champ de bataille, soit dans un service commandé, pourvu que le mariage soit antérieur à ces blessures.

La cause, la nature et les suites des blessures seront justifiées dans les formes et dans les délais prescrits par un règlement d'administration publique (3);

4º Les veuves de militaires morts en jouissance de la pension de retraite, ou en possession de droits à cette pension, pourvu que le mariage ait été contracté deux ans avant la cessation de l'activité ou du traitement militaire du mari, ou qu'il y ait un ou plusieurs enfants issus du mariage antérieur à cette cessation (4).

Dans les cas prévus par le présent article, le mariage contracté par les militaires en activité de service, postérieurement à la promulgation du décret du 16 juin 1808, n'ouvrira de droit à pension, aux veuves et aux enfants, qu'autant qu'il aura été autorisé dans les formes prescrites par ledit décret (5).

20. En cas de séparation de corps, la veuve d'un militaire ne peut prétendre à aucune pension : les enfants, s'il y en a, sont considérés comme orphelins.

21. Après le décès de la mère, ou lors-

---

(1) Lorsqu'après avoir été admis à une pension de retraite, un officier est rentré en activité et en est sorti sur sa demande, sans qu'il soit établi que cette nouvelle sortie de l'activité ait eu pour cause les fatigues de son nouveau service ou ses anciennes blessures, cet officier ne peut réclamer la liquidation d'une nouvelle pension de retraite fixée sur son nouveau grade et eu égard à ses nouveaux services. 18 mai 1838, ord., Mac, 1838, p. 270 ; Sirey-Devill., 39. 2. 127.

(2) Voy. ord. du 8 février 1838, Sirey-Devill., 38. 2. 397; Mac, 1838, p. 81.

(3) M. le comte Roy a dit : « Je sais ce que c'était qu'un règlement d'administration publique sous l'empire de la constitution de l'an 8 ; le droit de faire ces règlements était accordé au conseil d'État, qui était un pouvoir constitué ; mais sous l'empire de la Charte, il n'est pas un pouvoir, il n'a d'autre droit que celui de donner son avis, qui est adopté ou qui n'est pas adopté, et l'ordonnance qui s'y conforme n'est qu'une mesure administrative : or, on ne peut admettre que ce soit à l'administration à régler les conditions de la concession des pensions à la charge de l'État ; c'est à la loi seule qu'il peut appartenir de les fixer. »

M. le ministre de la guerre lui a répondu : « Je crois, a-t-il dit, que cela est connu ; cela indique le recours au conseil d'État, ou, en d'autres termes, que l'ordonnance réglementaire à intervenir ne sera rendue qu'après discussions, et sur l'avis du conseil d'État. C'est une garantie de plus, que la Chambre ne peut manquer d'apprécier et qui prévient tout accès à l'arbitraire. » Voy. ci-après ordonnance du 2 juillet 1831.

(4) Le projet du gouvernement accordait la pension de retraite aux veuves de militaires morts en activité de service après vingt ans de service effectif. M. Lepelletier d'Aulnay a demandé à la Chambre a adopté la suppression de ce paragraphe.

(5) Le rapporteur à la Chambre des Pairs a dit : « Ce décret défend aux officiers en activité de service de se marier avant d'avoir obtenu la permission par écrit du ministre de la guerre. Les sous-officiers et soldats devront obtenir cette permission du conseil d'administration de leur corps.

que, par l'effet des dispositions de l'article précédent, elle se trouve déchue de ses droits à la pension, l'enfant ou les enfants mineurs des militaires morts dans les cas prévus par l'art. 19, ont droit, quel que soit leur nombre, à un secours annuel égal à la pension que la mère aurait été susceptible d'obtenir.

Ce secours est payé jusqu'à ce que le plus jeune d'entre eux ait atteint l'âge de vingt et un ans accomplis ; mais, dans ce cas, la part des majeurs est réversible sur les mineurs.

SECTION II. *Fixation des pensions des veuves.*

22. La pension des veuves de militaires est fixée au quart du maximum de la pension d'ancienneté affectée au grade dont le mari était titulaire, quelle que soit la durée de son activité dans ce grade.

Néanmoins, la pension des veuves des maréchaux de France est fixée à six mille francs.

Celle des veuves de caporaux, brigadiers, soldats et ouvriers ne sera pas moindre de cent francs.

TITRE IV. *Dispositions générales.*

23. Dans les cas non prévus par la présente loi, où il y aura lieu de récompenser des services militaires éminents ou extraordinaires, les pensions ne pourront être accordées que par une loi spéciale (1).

24. Les pensions militaires sont personnelles et viagères. Elles sont inscrites, comme dette de l'Etat, au livre des pensions du trésor public.

25. Tout pourvoi contre la liquidation d'une pension militaire doit être formé, à peine de déchéance, dans le délai de trois mois, à partir du jour du premier paiement, des arrérages, pourvu qu'avant ce premier paiement les bases de la liquidation aient été notifiées (2).

26. Le droit à l'obtention ou à la jouissance des pensions militaires est suspendu :

Par la condamnation à une peine afflictive ou infamante, pendant la durée de la peine ;

Par les circonstances qui font perdre la qualité de Français, durant la privation de cette qualité ;

Par la résidence hors du royaume, sans l'autorisation du roi, lorsque le titulaire de la pension est Français ou naturalisé Français.

27. Les pensions militaires, dans la fixation desquelles il sera fait application de l'art. 4 de la présente loi, ne pourront, en aucun cas, être cumulées avec un traitement civil d'activité.

28. Les pensions militaires et leurs arrérages sont incessibles et insaisissables, excepté dans le cas de débet envers l'Etat, ou dans les circonstances prévues par les art. 203 et 205 du Code civil (3).

Dans ces deux cas, les pensions militaires

« Le décret du 16 juin 1808 ne pouvait pas avoir d'effet rétroactif; il ne statuait que pour l'avenir : jusqu'à cette époque, les mariages des militaires n'étaient soumis qu'aux mêmes formalités que ceux des autres citoyens; le paragraphe dit positivement que les droits à pension aux veuves et enfants ne seront ouverts qu'en faveur des militaires qui ont satisfait aux formes prescrites par le décret de 1808, ce qui serait l'exclusion positive de tous les autres : telle n'a pas été l'intention de l'auteur de l'amendement et de la Chambre des Députés. »

M. de Sesmaisons a fait remarquer qu'évidemment il ne s'agit ici que des veuves qui s'étaient mariées postérieurement à ce décret ; car nécessairement les femmes qui sont veuves aujourd'hui n'ont pu s'y soumettre, si le mariage est antérieur à cette époque. Il ne peut donc y avoir aucune difficulté ; cependant on a cru nécessaire de s'expliquer nettement sur ce point. Voy. art. 34.

(1) Après cet article, se trouvait placé, sous le n. 24, un article ainsi conçu : « A l'égard des emplois militaires non compris dans la hiérarchie de l'armée, l'assimilation à ces grades sera déterminée par des ordonnances du roi, insérées au Bulletin des lois. » La commission en a proposé la suppression, par le motif que le tarif des pensions a été complété sous le rapport de la nomenclature des grades ou emplois, de manière à prévenir toute incertitude dans l'application qui en sera faite. Aucune fausse interprétation relativement aux assimilations prévues par l'art. 24, a dit M. le rapporteur, ne pourra désormais avoir lieu.

(2) Le sens de cet article a été exposé par M. Allent : « Le délai, a-t-il dit, ne court que du jour où le paiement du premier quartier leur a fait connaître d'une manière certaine le montant de la pension, et leur a permis de la comparer avec les droits que donnent la nature et la durée de leurs services. C'est à compter de ce jour seulement que court, pour eux, le délai de trois mois pendant lequel ils peuvent se pourvoir. De plus, le ministre est obligé de notifier d'abord les bases de la liquidation, en donnant au militaire la faculté de se pourvoir immédiatement contre cette décision. Ainsi, le militaire est admis à discuter successivement les bases de la liquidation *ministérielle*, et, si le ministre y persiste, *l'ordonnance du roi qui aura fixé la pension*, d'après ces bases.

Il est bien entendu, d'ailleurs, que c'est seulement contre l'ordonnance du roi qu'il y a lieu à se pourvoir au conseil d'Etat. Lorsque les bases de la liquidation sont notifiées, le militaire n'a que des observations à présenter au ministre. Sur la forme des pourvois, voy. le décret du 22 juillet 1806.

(3) L'art. 28 est démonstratif et non limitatif; ainsi, les femmes des pensionnés militaires peuvent saisir jusqu'à concurrence du tiers la pension de

sont passibles de retenues, qui ne peuvent excéder le cinquième de leur montant pour cause de débet, et le tiers pour aliments.

TITRE V. *Dispositions transitoires.*

29. Le service militaire antérieur à la promulgation de la présente loi ne pourra être compté au-dessous de l'âge de quatorze ans, pour les tambours et trompettes, et de l'âge de seize ans, tant pour les autres militaires que pour les élèves des écoles spéciales, sauf le cas prévu par l'art. 5.

30. Les trois années de service effectif accordées à titre d'études préliminaires, en vertu des lois des 15 décembre 1790 et 27 avril 1791, aux officiers des corps de l'artillerie, du génie et des ingénieurs-géographes qui n'ont pas été élèves de l'école polytechnique, continueront de leur être comptées pour la pension de retraite.

31. Tous les droits acquis en vertu de dispositions antérieures à la présente loi, relativement aux services susceptibles d'être admis dans la liquidation des pensions militaires, sont conservés, sauf les restrictions spécifiées dans l'article suivant.

32. Les services hors des armées nationales, qui ne sont devenus admissibles pour la pension de retraite qu'en vertu des ordonnances des 25 et 31 mai 1814, ne pourront être comptés qu'autant qu'ils seront accompagnés de quinze ans au moins de service effectif dans les armées nationales.

Dans aucun cas, les campagnes faites dans le cours desdits services ne donneront lieu au bénéfice des art. 7 et 8.

Les années de service et les campagnes dans les armées des États en guerre contre la France ne seront jamais comptées pour la pension (1).

Toutefois, les droits acquis par les traités ou les décrets antérieurs à 1814 sont maintenus.

33. Est réputé temps d'activité, pour le bénéfice de l'art. 11 : 1o le temps passé avec jouissance de la solde de non-activité régie par les ordonnances des 20 mai 1818 et 5 mai 1824; 2o le temps passé en réforme, suivant les règles posées par les ordonnances des 5 février 1823 et 8 février 1829.

34. Les dispositions de la présente loi seront appliquées à toutes les pensions non inscrites, avant sa promulgation, au livre de la dette publique.

Sont néanmoins réservés les droits acquis avant la promulgation de la présente loi, en vertu des règlements d'organisation, aux militaires de l'ex-garde royale, de la ci-devant maison militaire, des divers corps spéciaux et de l'intendance militaire, en ce qui concerne les avantages qui leur étaient attribués pour la liquidation de la pension de retraite;

A la charge par lesdits militaires de faire, dans le délai de six mois, à partir de la promulgation de la présente loi, sous peine de déchéance, leur demande d'admission à la pension de retraite (2).

35. Dans tous les cas, le tarif annexé à la présente loi sera seul appliqué dans la fixation des pensions.

---

leurs maris à raison des provisions alimentaires qu'elles ont obtenues contre eux. Toulouse, 18 janvier 1840, Sirey-Devill., 40. 2. 303.

(1) Ce paragraphe a été ajouté sur la proposition de M. Charles Dupin. M. Demarçay a expliqué que, par exemple, lorsque nous nous sommes emparés de la Hollande, il y a eu des Hollandais qui sont entrés au service de la France, et cependant, a-t-il ajouté, ils étaient auparavant dans des cadres qui avaient été en partie dirigés contre l'armée française. Ce service-là, depuis, a été compté pour la liquidation de leur pension. La Chambre paraît admettre cette manière d'agir, et je suis de son avis. Voyez le dernier paragraphe de l'article. Elle paraît aussi à peu près unanime pour que les services rendus dans l'émigration contre les armées françaises, ainsi que les services rendus dans les chouans, dans la Vendée, ne soient pas comptés.

(2) M. de Berbis avait demandé que les veuves ne pussent invoquer les dispositions de la loi, qu'autant que leurs droits se seraient ouverts postérieurement à sa promulgation; mais M. le commissaire du roi a répondu : « Il est impossible de refuser les pensions aux veuves des militaires morts antérieurement à la promulgation de la loi, alors qu'elles rempliront les conditions prescrites; c'est

ce qui résulte de la loi du 17 août 1822; ce sont des droits imprescriptibles.

M. Lepelletier d'Aulnay a insisté. Il a fait remarquer que, d'après la loi nouvelle, les veuves ne sont plus tenues, comme autrefois, à présenter un certificat d'indigence. « Il est évident, a-t-il dit, que, pour se prévaloir de ces droits nouveaux, il faudra qu'elles aient perdu leur mari depuis la promulgation de la loi. »

M. le commissaire du roi a répondu : « Ce n'est pas dans ce sens que le projet a été conçu; il comprend tous les droits qui n'ont pas été réglés. Il y a des veuves dont les pensions n'ont pu être mises en liquidation, parce qu'elles n'étaient mariées que depuis quatre ans à l'époque de la cessation de l'activité de leurs maris, et que la loi du 17 août 1822 exigeait cinq ans La loi nouvelle n'exigeant plus que deux ans, ces veuves pourront être admises à faire valoir leurs droits, si d'ailleurs elles remplissent les conditions voulues, c'est-à-dire si elles fournissent la preuve qu'elles étaient mariées à des militaires morts en jouissance de pension.

Enfin, on a fait remarquer qu'il n'en résulterait que 50,000 fr. environ d'augmentation de dépense du système d'interprétation, que repoussait M. de Berbis. Celui-ci a retiré son amendement.

Les campagnes seront également suppu-tées conformément aux dispositions de la présente loi.

Continuera néanmoins d'être observé le décret du 21 octobre 1805, qui compte le mois de vendémiaire an 14 pour une campagne entière.

36. Les retenues qui s'exercent au profit de la dotation de l'hôtel des Invalides, tant sur les pensions civiles et militaires inscrites au trésor public, que sur les traitements des membres de la Légion-d'Honneur, sont supprimées, pour les arrérages postérieurs au 31 décembre 1830, en ce qui concerne les pensions militaires de retraite et les traitements des membres de la Légion-d'Honneur ; et pour les arrérages postérieurs au 22 du même mois, à l'égard des pensions civiles et de celles des veuves et orphelins de militaires.

37. Sauf les cas prévus par les art. 29, 30, 31, 32, 33, 34 et 35, tous règlements, décrets, ordonnances et lois, antérieurement rendus ou promulgués, tant sur les droits et titres auxquels sont et peuvent être accordées les pensions militaires, que sur la fixation de ces pensions, sont et demeurent abrogées.

TARIF DES PENSIONS

GRADES.	PENSIONS DE RETRAITE Pour ancienneté de service. (Art. 9 de la loi.)		
	Minimum à trente ans de service effectif.	Accroissement pour chaque année de service effectif au-delà de trente ans, et pour chaque année résultant de la supputation des campagnes.	Maximum à cinquante ans de service, campagnes comprises.
	francs.	francs. cent.	francs.
Lieutenant général.	4,000	100 00	6,000
Maréchal-de-camp.	3,000	50 00	4,000
Colonel.	2,400	30 00	3,000
Lieutenant-colonel.	1,850	30 00	2,400
Chef de bataillon, d'escadron, major.	1,500	25 00	2,000
Capitaine.	1,200	20 00	1,600
Lieutenant.	800	20 00	1,200
Sous-lieutenant.	600	20 00	1,000
Adjudant sous-officier. Secrétaire-archiviste de place (s'il n'est pas officier). Portier-consigne de 1re classe dans les places de guerre.	400	10 00	600
Sergent-major, maréchal-des-logis chef. Tambour-major, trompette-major (maréchal-des-logis trompette. Portier-consigne de 2e classe dans les places de guerre. Gardien de batterie.	300	10 00	500
Sergent, maréchal-des-logis. Maître-ouvrier dans les corps de troupe. Portier-consigne de 3e classe dans les places de guerre, et portier-consigne des parcs de construction du train des équipages militaires.	250	7 50	400
Caporal, brigadier. Soldat de toute arme.	220	6 00	340
Instrumentiste, tambour, trompette, clairon. Batelier, aide-portier-consigne.	200	00	300
Gardes d'artillerie et des équipages militaires de 1re et de 2e classes. Garde du génie de 1re classe. Chef-ouvrier d'Etat d'artillerie, du génie et des équipages militaires. Maître artificier.	800	20 00	1,200
Garde du génie de 2e classe. Garde d'artillerie et des équipages militaires de 3e classe. Conducteur d'artillerie. Sous-chef ouvrier d'Etat d'artillerie, du génie et des équipages militaires.	600	20 00	1,000
Garde du génie de 3e classe. Garde des équipages militaires de 4e classe	400	10 00	600

(a, b, c) D'après l'art. 33 de la loi du 28 fructidor an 7, la pension pour le cas de cécité, ou d'amputation de deux membres, est augmentée, en sus du maximum d'ancienneté (colonne 4), savoir :
Pour le sergent ou le maréchal-des-logis, de 50 fr.; pour le caporal ou le brigadier, de 60 fr.; pour le soldat, de 65 fr.

POUR L'ARMÉE DE TERRE.

PENSIONS DE RETRAITE Pour cause de blessures ou infirmités graves et incurables. (Art. 12, 13, 14, 15, 16 et 17 de la loi.)								PENSIONS aux veuves, secours annuels aux orphelins. (Art. 21 et 22 de la loi.)
Amputation de deux membres, ou perte totale de la vue. (Art. 15 de la loi.)	Amputation d'un membre ou perte absolue de l'usage de deux membres. (Art. 15 de la loi.)	Blessures ou infirmités graves qui occasionent la perte absolue de l'usage d'un membre, ou qui y sont équivalentes. (Art. 16 de la loi.)			B'essures ou infirmités moins graves qui mettent dans l'impossibilité de rester au service avant d'avoir accompli les trente ans exigés pour le droit à la pension d'ancienneté. (Art. 17 de la loi.)			Quart du maximum de la pension d'ancienneté affecté au grade militaire.
Pension fixe, quelle que soit la durée des services.	Pension fixe, quelle que soit la durée des services.	Minimum.	Accroissement pour chaque année de service, y compris les campagnes.	Maximum à vingt ans de services, campagnes comprises.	Minimum.	Accroissement pour chaque année de service au-delà de 30 ans, lorsque les campagnes, cumulées avec les services effectifs forment un total de 30 ans.	Maximum à cinquante ans de service, campagnes comprises.	
francs.	francs.	francs.	fr. c.	francs	francs.	francs. cent.	francs.	francs.
6,000	6,000	4,000	100 00	6,000	4,000	100 00	6,000	1,500
4,000	4,000	3,000	50 00	4,000	3,000	50 00	4,000	1,000
3,000	3,000	2,400	30 00	3,000	2,400	30 00	3,000	750
2,400	2,400	1,800	30 00	2,400	1,800	30 00	2,400	600
2,000	2,000	1,500	25 00	2,000	1,500	25 00	2,000	500
1,600	1,600	1,200	20 00	1,600	1,200	20 00	1,600	400
1,200	1,200	800	20 00	1,200	800	20 00	1,200	300
1,000	1,000	600	20 00	1,000	600	20 00	1,000	250
600	600	400	10 00	600	400	10 00	600	150
500	500	300	10 00	500	300	10 00	500	125
(a) 450	400	250	7 50	400	250	7 50	400	100
(b) 400	340	220	6 00	540	220	6 00	340	(d) 100
(c) 365	300	200	5 00	300	200	5 00	300	(d) 100
1,200	1,200	800	20 00	1,200	800	20 00	1,200	300
1,000	1,000	600	20 00	1,000	600	20 00	1,000	250
600	600	400	10 00	600	400	10 00	600	150

(d) Pour les veuves de caporaux, brigadiers, soldats et ouvriers, la pension ne peut être moindre de 100 francs (art. 22 de la loi).

TARIF DES PENSIONS

GRADES.	PENSIONS DE RETRAITE Pour ancienneté de service. (Art. 9 de la loi.)		
	Minimum à trente ans de service effectif.	Accroissement pour chaque année de service effectif au-delà de trente ans, et pour chaque année résultant de la supputation des campagnes.	Maximum à cinquante ans de service, campagnes comprises.
	francs.	francs. cent.	francs.
Ouvrier d'Etat d'artillerie, du génie ou des équipages militaires.	250	7 50	400
Maître-ouvrier dans les manufactures d'armes de guerre, forges et fonderies.	250	7 50	400
Ouvriers *idem*.	200	5 00	300
Intendant militaire.	3,000	50 00	4,000
Sous-intendant militaire.	2,400	30 00	3,000
Sous-intendant militaire adjoint.	1,500	25 00	2,000
Médecin, chirurgien et pharmacien — en chef d'armée ou inspecteur.	2,400	60 00	3,600
Médecin, chirurgien et pharmacien — principal.	1,800	30 00	2,400
Médecin, chirurgien et pharmacien — major.	1,500	25 00	2,000
Médecin, chirurgien et pharmacien — aide-major.	800	20 00	1,200
Médecin, chirurgien et pharmacien — sous-aide-major.	600	20 00	1,000
Administration des hôpitaux — Officier principal d'administration.	1,800	30 00	2,400
Administration des hôpitaux — Officier comptable.	1,500	25 00	2,000
Administration des hôpitaux — Adjudant de 1re et 2e classes.	800	20 00	1,200
Administration des hôpitaux — Sous-adjudant.	600	20 00	1,000
Administration des hôpitaux — Infirmier-major entretenu.	250	7 50	400
Administration des hôpitaux — Infirmier entretenu.	220	6 00	340
Vétérinaire en premier.	400	10 00	600
Vétérinaire en second.	300	10 00	500
Service de l'habillem. et du campement. — Agent principal.	1,800	30 00	2,400
Service de l'habillem. et du campement. — Agent comptable.	1,500	25 00	2,000
Service de l'habillem. et du campement. — Commis.	800	20 00	1,200
Inspecteur en chef aux revues.	4,000	100 00	6,000
Inspecteur aux revues.	3,000	40 00	4,000
Sous-inspecteur aux revues.	2,400	30 00	3,000
Adjoint aux sous-inspecteurs aux revues.	1,200	30 00	1,800
Commissaire ordonnateur.	2,400	60 00	3,600
Commissaire des guerres.	1,200	30 00	1,800
Adjoint au commissaire des guerres.	800	20 00	1,200

(*a*, *b*, *c*) D'après l'article 33 de la loi du 28 fructidor an 7, la pension pour le cas de cécité, ou d'amputation de deux membres, est augmentée, en sus du maximum d'ancienneté (colonne 4), savoir : Pour le sergent ou le maréchal-des-logis, de 50 fr.; pour le caporal ou le brigadier, de 60 fr.; pour le soldat, de 65 fr.

POUR L'ARMÉE DE TERRE.

PENSIONS DE RETRAITE — Pour cause de blessures ou infirmités graves et incurables. (Art. 12, 13, 14, 15, 16 et 17 de la loi.)								PENSIONS aux veuves, secours annuels aux orphelins. (Art. 21 et 22 de la loi.)
Amputation de deux membres, ou perte totale de l'usage de la vue. (Art. 15 de la loi.) — Pension fixe, quelle que soit la durée des services.	Amputation d'un membre ou perte absolue de l'usage de deux membres. (Art. 15 de la loi.) — Pension fixe, quelle que soit la durée des services.	Blessures ou infirmités graves qui occasionent la perte absolue de l'usage d'un membre, ou qui y sont équivalentes. (Art. 16 de la loi.)			Blessures ou infirmités moins graves qui mettent dans l'impossibilité de rester au service avant d'avoir accompli les trente ans exigés pour le droit à la pension d'ancienneté. (Art. 17 de la loi.)			Quart du maximum de la pension d'ancienneté affecté au grade militaire.
		Minimum.	Accroissement pour chaque année de service, y compris les campagnes.	Maximum à vingt ans de service, campagnes comprises.	Minimum.	Accroissement pour chaque année de service au-delà de 30 ans, lorsque les campagnes, cumulées avec les services effectifs, forment un total de 30 ans.	Maximum à cinquante ans de service, campagnes comprises.	
francs.	francs.	francs.	fr. c.	francs.	francs.	francs. cent.	francs.	francs.
(a) 450	400	250	7 50	400	250	7 50	400	100
(a) 450	400	250	7 50	400	250	7 50	400	100
(c) 365	300	200	5 00	300	200	5 00	300	(d) 100
4,000	4,000	3,000	50 00	4,000	3,000	50 00	4,000	1,000
3,000	3,000	2,400	30 00	3,000	2,400	30 00	3,000	750
2,000	2,000	1,500	25 00	2,000	1,500	25 00	2,000	500
3,600	3,600	2,400	60 00	3,600	2,400	60 00	3,600	900
2,400	2,400	1,800	30 00	2,400	1,800	30 00	2,400	600
2,000	2,000	1,500	25 00	2,000	1,500	25 00	2,000	500
1,200	1,200	800	20 00	1,200	800	20 00	1,200	300
1,000	1,000	600	20 00	1,000	600	20 00	1,000	250
2,400	2,400	1,800	30 00	2,400	1,800	30 00	2,400	600
2,000	2,000	1,500	25 00	2,000	1,500	25 00	2,000	500
1,200	1,200	800	20 00	1,200	800	20 00	1,200	300
1,000	1,000	600	20 00	1,000	600	20 00	1.000	250
(a) 450	400	250	7 50	400	250	7 50	400	100
(b) 400	340	220	6 00	340	220	6 00	340	(d) 100
600	600	400	10 00	600	400	10 00	600	150
500	500	300	10 00	500	300	10 00	500	125
2,400	2,400	1,800	30 00	2,400	1,800	30 00	2,400	600
2,000	2,000	1,500	25 00	2,000	1,500	25 00	2,000	500
1,200	1,200	800	20 00	1,200	800	20 00	1,200	300
6,000	6,000	4,000	100 00	6,000	4,000	100 00	6,000	1,500
4,000	4,000	3,000	50 00	4,000	3,000	50 00	4,000	1,000
3,000	3,000	2,400	30 00	3,000	2,400	30 00	3,000	750
1,800	1,800	1,200	30 00	1,800	1,200	30 00	1,800	450
3,600	3,600	2,400	60 00	3,600	2,400	60 00	3,600	900
1,800	1,800	1,200	30 00	1,800	*1,400	30 00	1,800	450
1,200	1,200	800	20 00	1,200	800	20 90	1,200	300

(d) Pour les veuves de caporaux, brigadiers, soldats et ouvriers, la pension ne peut être moindre de 100 francs (art. 22 de la loi).

* Nous pensons que c'est par erreur qu'on a mis 1,400, et qu'il faut lire 1,200.

11 AVRIL = 7 MAI 1831. — Ordonnance du roi portant organisation du servive général de la remonte. (IX, Bull. O. LXVI, n. 1673.)

Louis-Philippe, etc., considérant que les dépôts de remontes établis comme essai sur divers points du royaume réalisent chaque jour davantage les résultats qu'on s'en était promis, tant dans l'intérêt de l'industrie agricole que dans celui de la remonte militaire ; que ces dépôts établis le meilleur moyen de mettre nos ressources en rapport avec les besoins de l'artillerie, des équipages, et notamment de la cavalerie, tels qu'ils résultent de notre ordonnance constitutive du 19 février dernier ; voulant, en conséquence, donner au service général de la remonte toute l'extension convenable, ainsi qu'une organisation définitive et complète ; sur le rapport de notre ministre de la guerre, etc.

TITRE Ier. *Organisation et objet du service général de la remonte.*

Art. 1er. La remonte de troupe de la cavalerie et de l'artillerie, la remonte du train des parcs d'artillerie et du génie, celle des équipages militaires, seront à l'avenir réunies sous la dénomination de *service général de la remonte.*

2. Le service général de la remonte comprendra :

1º L'achat de chevaux indigènes propres au service de la guerre,

Leur séjour dans des établissements appelés *dépôts de remonte,*

Les soins à leur donner pour les faire passer progressivement et sans risque au régime militaire,

La livraison et la conduite de ces chevaux aux divers corps auxquels ils sont destinés;

2º L'achat de poulains présumés propres au service militaire, et leur éducation dans les dépôts de remonte jusqu'à l'âge où ils peuvent être mis à la disposition des corps;

3º Et, en cas d'urgence et d'insuffisance des deux moyens ci-dessus indiqués, l'achat par marchés généraux de chevaux à livrer, soit dans les dépôts de remonte, soit sur d'autres points déterminés.

3. Le nombre des dépôts de remonte est provisoirement fixé à quinze ; ces dépôts seront placés au centre des pays qui produisent ou élèvent plus particulièrement des chevaux, et répartis en trois circonscriptions, de l'est, du midi, de l'ouest, conformément à la base dont l'indication suit :

Circonscription de l'est : départements des Ardennes, de la Meurthe, des Vosges, de l'Yonne.

Circonscription du midi : départements de l'Indre, du Puy-de-Dôme, du Cantal, du Tarn, du Gers.

Circonscription de l'ouest : départements du Calvados, de l'Eure, de l'Orne, de la Manche, des Côtes-du-Nord, des Deux-Sèvres.

Les dépôts pourront comprendre dans leur circonscription tout ou partie des départements voisins de celui où ils seront établis. Le chef-lieu du dépôt pourra même être transféré d'un département dans un autre, si l'expérience en fait sentir l'utilité, enfin il pourra être formé des succursales dans l'étendue des circonscriptions.

4. Ceux des établissements qui existent et doivent être maintenus seront mis sans délai en état de recevoir un plus grand nombre de chevaux.

Ceux qui doivent être formés le seront à mesure des besoins du service.

5. Le personnel de chaque dépôt sera composé ;

D'un officier supérieur commandant,

D'officiers sous ses ordres,

De sous-officiers, brigadiers et cavaliers.

Le nombre d'officiers composant avec le commandant l'état-major de chaque dépôt sera fixé en raison de l'étendue de la circonscription et de l'importance des opérations.

Le petit état-major de chaque dépôt comprendra :

Un vétérinaire en premier, et, si l'importance du dépôt l'exige, un adjudant sous-officier.

6. Un corps de remonte composé de sous-officiers, brigadiers et cavaliers mentionnés à l'article précédent, sera organisé pour le service des dépôts, et classé dans la nomenclature à la suite de la cavalerie.

Ce corps se subdivisera, selon les établissement, par escadrons, divisions, pelotons.

Chacune de ces fractions sera administrée comme corps particulier par le conseil d'administration du dépôt dont elle dépendra.

7. Le corps de la remonte est porté dès à présent à quatre cent soixante sous-officiers, brigadiers et cavaliers, qui seront répartis dans les dépôts existants ; l'effectif en pourra être augmenté par notre ministre secrétaire d'Etat de la guerre en raison des créations de nouveaux établissements ou du développement à donner à ceux qui existent.

8. Les emplois dans les dépôts de re

monte seront confiés à des officiers justifiant des connaissances nécessaires au
choix, à l'achat et à la conservation des
chevaux.

Ces officiers seront facultativement tirés
des cadres de l'activité ou de la non activité. Dans le premier cas, ils continueront
d'appartenir aux corps dont ils auront été
détachés; dans le second cas, ils seront
placés à la suite d'un des régiments de
troupes à cheval et portés sur les contrôles
de l'activité, du jour de leur nomination à
un emploi dans le service de la remonte.

Les officiers du grade de capitaine à tirer
des cadres de l'activité seront pris parmi
les capitaines en second.

Le vétérinaire sera choisi, autant que
possible, parmi les vétérinaires en premier
de l'armée les plus instruits et les plus
exercés à la pratique de la castration.

Le maréchal-des-logis chef sera pris
parmi les sous-officiers, soit du corps de la
remonte, soit des régiments de cavalerie.

Le corps de la remonte se formera :

1º De tous les hommes de troupe faisant
actuellement partie des détachements permanents, s'ils conviennent au service de la
remonte, exception faite pourtant des enrôlés volontaires qui exprimeraient le désir
d'être renvoyés à leurs corps;

2º De cavaliers des corps de troupes à
cheval que choisiront les inspecteurs généraux d'armes d'après les instructions de
notre ministre secrétaire d'État de la
guerre;

3º D'hommes ayant l'habitude et le goût
du cheval, soit enrôlés volontaires, soit
(subsidiairement) choisis sur le produit annuel du recrutement des départements dans
lesquels seront établis les dépôts.

9. Les officiers attachés aux dépôts jouiront de tous leurs droits à l'avancement,
et les généraux inspecteurs de la remonte
rempliront à leur égard les fonctions attribuées aux inspecteurs généraux d'armes.

Les sous-officiers et brigadiers rouleront,
pour l'avancement, sur la portion du corps
de la remonte comprise dans la circonscription principale dont fera partie le dépôt
auquel ils appartiendront.

10. Les officiers conserveront l'uniforme
de leur régiment.

L'uniforme du vétérinaire sera le même
que celui des autres vétérinaires de l'armée.

L'uniforme du corps de la remonte est
réglé ainsi qu'il suit :

Habit-veste bleu mélangé; collet, parements et passe-poils en drap garance.

Boutons portant au centre : *remonte militaire.*

La forme du schako, les distinctions,
l'armement et le petit équipement, seront
déterminés par notre ministre secrétaire
d'État de la guerre.

11. Les dépôts sont, quant à la police
et à la discipline, placés sous les ordres des
lieutenants-généraux et maréchaux-de-camp
commandant les divisions et subdivisions
territoriales.

Ces officiers généraux ne pourront, hors
le cas d'événements majeurs et imprévus,
disposer des officiers, sous-officiers et cavaliers, pour un service étranger à celui de
la remonte.

12. L'ordonnance sur le service intérieur des corps est applicable aux dépôts
de remonte. Toutefois, les officiers ne seront pas habituellement assujettis aux obligations de tenue imposées par cette ordonnance.

Les officiers de la remonte seront considérés dans les cérémonies publiques comme
faisant partie de l'état-major de la subdivision où se trouve le dépôt; ils y prendront
rang selon leur grade.

TITRE II. *Commandement et administration
des dépôts de remonte.*

13. Le commandant du dépôt est le chef
du service.

Il reçoit les ordres du ministre de la
guerre, est responsable de leur exécution,
et lui en rend un compte direct et détaillé.

Il commande les officiers et les hommes
de troupes employés sous sa direction.

Il dirige et fait effectuer par des officiers
de son dépôt les achats ordonnés par le
ministre de la guerre, assigne à ces officiers les localités qu'ils doivent explorer,
rédige les instructions qui doivent les guider, achète par lui même lorsqu'il en aperçoit la nécessité, et prend enfin toutes les
dispositions qu'il croit utile dans l'intérêt
d'un bon service.

Les officiers sont employés à l'achat ou à
la surveillance du service intérieur, selon
les ordres qu'ils reçoivent du commandant
du dépôt.

Un officier du dépôt est chargé de la
comptabilité et des détails qui s'y rattachent.

14. Les hommes de troupe sont employés à amener aux dépôts les chevaux
achetés au-dehors, à les soigner pendant

leur séjour dans ces établissemens, et à les conduire à leur destination.

15. Un conseil d'administration est chargé de l'administration des dépenses et de leur justification : ce conseil est assimilé, pour le mode de comptabilité, de paiement et de régularisation des dépenses, aux conseils d'administration des corps de troupes.

Le conseil d'administration est composé du commandant du dépôt, président, et des officiers les plus élevés en grade, au nombre de deux à quatre, selon que le comporte le personnel du dépôt.

L'officier comptable remplit les fonctions de secrétaire.

16. Les fonctionnaires de l'intendance militaire exerceront sur l'administration des dépôts de remonte la surveillance qui leur est attribuée à l'égard de l'administration des corps de troupes et des établissemens militaires.

Ils vérifieront l'effectif et assisteront à la réception des chevaux pour la constater ; ils arrêteront la comptabilité des dépenses aux époques et dans les formes prescrites par les réglemens.

TITRE III. *Exécution du service.*

17. L'achat doit être direct, sans aucun intermédiaire, il s'opère entre le producteur ou le propriétaire et le commandant du dépôt ou l'officier que celui-ci a préposé.

Il a lieu, soit au domicile du producteur, éleveur ou propriétaire, soit au chef-lieu du dépôt, soit aux foires, marchés ou autres réunions de chevaux, mais de préférence à domicile.

18. A moins d'autorisation spéciale de notre ministre secrétaire d'Etat de la guerre, il est interdit aux commandans des dépôts de traiter pour la fourniture d'un nombre quelconque de chevaux à une époque déterminée et à des prix réglés d'avance.

19. Les chevaux seront présentés un à un ; ils seront achetés à prix débattu, sans que le prix moyen résultant de la totalité des achats dans chaque dépôt et par arme puisse dépasser le *maximum* fixé au budget de chaque année.

20. Aucun cheval ne sera acheté, s'il ne réunit les conditions d'âge, de taille, d'aptitude à l'arme ou au service auquel il est destiné. Ces conditions, ainsi que la proportion relative des jumens à admettre, seront réglées ultérieurement, en ayant égard à l'intérêt de la reproduction.

21. Un tableau détaillé des vices réputés rédhibitoires par le département de la guerre et des délais réservés pour constater ces vices, sera publié et affiché dans toutes les communes de la circonscription de chaque dépôt.

La quittance portant garantie stipulera que le vendeur a eu connaissance de ce tableau et qu'il en accepte les conditions.

22. La vente faite par achat direct, soit dans les communes, soit à l'établissement du dépôt, est définitive, sous la garantie indiquée dans l'article précédent, et le paiement en est fait au comptant sur quittance timbrée du vendeur, dûment légalisée.

23. Dans les circonstances où il serait indispensable d'employer les courtiers, les commandans de dépôt seront autorisés à en faire usage ; mais l'intervention de ces agens sera bornée à l'indication des chevaux, l'achat devant toujours être débattu et conclu par les officiers préposés à cet effet.

24. La réception des chevaux s'opérera au chef-lieu du dépôt ; son résultat ne saurait dans aucun cas faire résilier l'achat direct.

Une commission composée du commandant du dépôt et de deux membres du conseil délégués à cet effet, assistée du vétérinaire, procédera à cette opération en présence du sous-intendant militaire, qui en dressera procès-verbal.

Ce procès-verbal énoncera la date et le prix de l'achat, le nom, la profession, la commune du vendeur, l'arme dans laquelle la commission aura classé les chevaux, le nom de l'officier acheteur, et les observations auxquelles l'acquisition pourra avoir donné lieu.

Si les observations consignées au procès-verbal étaient de nature à provoquer une décision de notre ministre secrétaire d'Etat de la guerre, il lui en serait immédiatement référé.

25. La réception des chevaux qui proviendraient de marchés généraux s'opérera par les soins des conseils d'administration des dépôts dans les formes prescrites en l'article précédent.

A l'égard des réceptions qui seront à faire sur des points déterminés, le mode d'opérer sera spécialement prescrit par notre ministre secrétaire d'Etat de la guerre.

26. Les chevaux admis dans les dépôts seront séparés par arme, par âge et par tempérament ; ils seront soumis à un traitement hygiénique propre à les amener progressivement et avec méthode au régime habituel des chevaux de troupe.

L'âge, l'état de santé, la guérison plus ou moins prompte après la castration, détermineront, suivant les diverses saisons de l'année, la fixation du départ.

27. Si dans les dépôts, des chevaux devenaient, par faiblesse d'organisation, par accident ou par toute autre cause imprévue, impropres au service militaire, il en serait dressé procès-verbal, et la remise de ces chevaux serait faite au domaine sur autorisation de notre ministre secrétaire d'État de la guerre.

28. La livraison des chevaux de remonte est faite par le commandant du dépôt aux officiers envoyés des corps pour les recevoir et les emmener.

Ces officiers ne peuvent refuser les chevaux qui leur sont livrés; mais ils ont le droit de consigner, sur le contrôle signalétique qui leur est remis avant le départ, les observations qu'ils auraient à faire sur l'âge, la taille, etc., l'aptitude à l'arme, l'état de santé des chevaux, l'état de la ferrure. Le commandant du dépôt émet sur le même contrôle son opinion contradictoire, s'il y a lieu.

Le *visa* du sous-intendant militaire constate, *ne varietur*, les observations faites de part et d'autre.

Les officiers envoyés en remonte seront désignés par les chefs de corps, et choisis, sous la responsabilité de ceux-ci, parmi les plus capables de remplir cette mission de confiance, qui est comptée comme tour de détachement.

29. La conduite des chevaux sera ordinairement confiée aux cavaliers du corps de la remonte, à raison d'un homme pour six ou sept chevaux.

Les convois marcheront sous la direction des officiers envoyés par les corps.

30. Les officiers chargés de la conduite des chevaux de remonte seront pourvus, comme il sera expliqué au titre *des dépenses diverses*, des fonds nécessaires pour les faire loger et nourrir, à prix débattu, dans les auberges de chaque gîte.

31. Les dispositions relatives à l'achat, à la nourriture et à l'éducation des poulains, seront ultérieurement prescrites par notre ministre secrétaire d'État de la guerre.

TITRE IV. *Des dépenses diverses et de leur justification*

32. Au commencement de chaque mois, il sera mis à la disposition du conseil d'administration, au moyen d'ordonnances directes du ministre de la guerre, une somme suffisante pour subvenir aux dépenses présumées du mois suivant.

Les intendans militaires pourront en outre, mais seulement subsidiairement et en cas d'urgence, faire faire dans la forme prescrite par l'ordonnance du 14 septembre 1822, et sur les crédits qui leur seront ouverts à cet effet, les avances reconnues nécessaires.

33. Les allocations de solde, supplémens de solde et indemnités attribués aux officiers, sous-officiers, brigadiers et cavaliers, seront payés au titre de la cavalerie dont le corps de la remonte formera un article spécial.

34. Les officiers des dépôts de remonte recevront la solde et les indemnités de toute nature attribuées à leur grade.

Ils jouiront en outre, à l'exception du commandant titulaire, du supplément de solde accordé aux officiers employés au recrutement.

35. Les hommes de troupe du dépôt recevront la solde, la masse individuelle et les autres prestations attribuées aux hommes de troupe des régimens de cuirassiers.

Il leur sera alloué en outre, à raison du service spécial des dépôts, un supplément de solde fixé à cinq centimes par jour.

36. Les officiers envoyés dans les dépôts pour recevoir les chevaux destinés à leurs régimens et les y conduire jouiront, pendant le temps que durera cette mission, du supplément de solde accordé par l'ordonnance du 19 mars 1823 aux officiers détachés pour le service du recrutement.

37. Les dépenses d'administration sont mises à la charge de l'officier comptable, dont les frais de bureau seront réglés en conséquence.

38. Les sous-officiers, brigadiers et cavaliers du corps de remonte auront droit à la première mise et à la masse d'habillement.

39. Les dépôts de remonte percevront la masse d'entretien, de harnachement et de ferrage.

Les dépenses ordinaires ou imprévues à l'acquittement desquelles cette masse devra subvenir, seront faites par abonnement ou par économie, selon les localités; elles seront acquittées, à la fin de chaque mois, sur pièces justificatives.

40. Les avances nécessaires pour le paiement des dépenses en route seront faites sur les fonds généraux de la solde, au moyen de mandats délivrés par les sous-intendans militaires, et imputées aux corps dans les décomptes de libération des revues trimestrielles.

Ces dépenses seront réglées sur pièces justificatives à l'arrivée de chaque détachement, et le conseil d'administration en sera définitivement remboursé par ordonnance directe du ministre de la guerre.

41. Il est accordé sur le fonds de la remonte, aux commandans des dépôts, un traitement extraordinaire de dix-huit

cents francs à deux mille quatre cents francs.

42. L'officier commandant par *intérim* en l'absence du chef de dépôt jouira de la moitié de ce traitement pendant tout le temps qu'il exercera le commandement.

43. Le vétérinaire recevra sur le même fonds de la remonte un supplément destiné à porter son traitement annuel à deux mille quatre cents francs.

44. Les frais de tournée pour achats de chevaux seront fixés d'après un tarif par jour et par grade.

Les dépenses en seront acquittées sur mandats de l'intendance militaire appuyés de la déclaration écrite du conseil d'administration, indiquant les jours d'absence des officiers ou du vétérinaire, les communes qu'ils auront parcourues, les foires, marchés ou autres réunions de chevaux auxquels ils auront assisté.

45. Il sera accordé pour la conduite des chevaux une indemnité fixée par jour pour les sous-officiers à deux francs, pour les brigadiers et cavaliers à un franc cinquante centimes.

Dans cette position, ces militaires ne recevront que la solde dite *de présence*, sans vivres.

46. En cas d'insuffisance dans le nombre des cavaliers de remonte présens au dépôt, des palefreniers pourront être pris au dehors, soit pour panser, soit pour conduire les chevaux; le prix de leur journée sera accordé par le conseil d'administration, sous l'approbation du sous-intendant militaire.

47. Le prix de courtage sera réglé par un tarif et acquitté par le conseil d'administration; les quittances des parties prenantes seront dûment légalisées et feront connaître les chevaux procurés par voie de courtage.

48. Il ne sera pas alloué de frais pour la castration; mais il pourra être accordé annuellement des gratifications aux vétérinaires qui auront pratiqué le plus fréquemment et avec le plus de succès cette opération.

49. Les chevaux de remonte seront nourris par les magasins de l'Etat.

Les fourrages qui leur seront distribués devront être de première qualité.

La ration sera déterminée par notre ministre secrétaire d'Etat de la guerre.

Sur la demande écrite et motivée des commandans de dépôt, les sous-intendans militaires autoriseront provisoirement et sans délai les substitutions de fourrages réclamées. Ces fonctionnaires rendront un compte immédiat à l'intendant de la division, qui approuvera les substitutions,

ou en référera au ministre, selon qu'il le jugera convenable.

50. Les ordonnancemens de fonds applicables aux dépôts de remonte seront faits au nom du conseil d'administration, et leur montant sera versé dans une caisse à trois clefs.

Les sorties de caisse pour dépenses faites ou à faire auront lieu conformément aux réglemens en vigueur.

Le conseil d'administration sera autorisé à verser, sur l'ordre écrit du commandant du dépôt, dans les mains des officiers acheteurs ou dans celles du commandant, quand celui-ci jugera à propos d'opérer par lui-même, les sommes nécessaires à la consommation des achats.

51. Les officiers préposés aux achats justifieront au conseil d'administration des dépenses qu'ils auront faites tant pour l'achat que pour la nourriture des chevaux avant leur réception au dépôt; et le conseil, après avoir reconnu ces dépenses, les comprendra dans ses comptes généraux.

TITRE V. *Dispositions générales et d'ordre.*

52. Les commandans de dépôt ne borneront pas leur mission à l'acquisition et à la conservation des chevaux qui leur seront demandés par le département de la guerre; ils devront encore, dans un intérêt général et d'avenir, s'occuper des moyens d'activer la reproduction et d'améliorer les races.

Ils apporteront une attention continue à constater, dans l'étendue de leur circonscription, les ressources en chevaux propres aux divers services de la guerre, l'accroissement ou la diminution de ces ressources, le nombre et les qualités distinctives des espèces de chevaux, l'amélioration ou le dépérissement des races, l'espèce d'étalons qui réussit le mieux, les méthodes diverses suivies par les principaux producteurs ou éleveurs de chaque canton pour élever, nourrir et abriter les chevaux, les encouragemens donnés au pays, ceux qu'il serait nécessaire d'y ajouter, la nouvelle direction qu'il pourrait être utile d'imprimer à la reproduction et à l'éducation des chevaux. Ils entreront en communication, pour obtenir ces renseignemens, avec MM. les préfets, les maires, les officiers de l'administration des haras, et informeront notre ministre secrétaire d'Etat de la guerre de tout ce qui leur paraîtra propre à perfectionner le service important dont la direction leur est confiée.

53. Des inspections générales des dépôts auront lieu, soit à époques fixes, soit inopinément.

Les généraux inspecteurs de la remonte rempliront à l'égard des dépôts de remonte les fonctions dévolues aux inspecteurs généraux d'armes.

Ils prononceront les réformes nécessaires, arrêteront définitivement les comptes, au moment de leur inspection, et statueront, s'il y a lieu, sur les dépenses en litige.

Ils prescriront, dans l'esprit de la présente ordonnance, toutes les mesures propres à activer et à régulariser les opérations des dépôts.

54. Les fonctionnaires de l'intendance vérifieront et arrêteront la comptabilité par trimestre et par exercice; ils assisteront, conformément aux réglements, MM. les inspecteurs généraux dans toutes les opérations qui se rattachent à l'administration.

55. Une instruction rédigée par les soins de notre ministre secrétaire d'État de la guerre indiquera les régles à suivre tant dans le service actif des dépôts de remonte que dans leur administration.

56. Notre ministre de la guerre (duc de Dalmatie) est chargé, etc.

————

12 AVRIL = 31 AOUT 1831. — Ordonnance du roi sur l'institution d'un collége royal militaire à La Flèche. (IX, Bull. O. XCVIII, n. 2759.)

Louis-Philippe, etc., vu notre décision du 21 février 1831 (1) qui ordonne la formation d'un collége royal militaire, etc.

Dispositions générales et conditions d'admission.

Art. 1ᵉʳ. Un collége royal militaire est institué dans la ville de La Flèche.

Il est placé sous la direction du ministre secrétaire d'État de la guerre.

Il sera établi dans les bâtiments de l'ancienne école militaire préparatoire, supprimée par notre décision du 10 novembre 1830 (2).

2. Trois cents élèves y seront entretenus aux frais de l'État. Ils seront choisis parmi les enfants dont les péres auraient servi ou serviraient encore comme officiers dans les armées, lorsque leur fortune ou celle de leurs parents ne permettra pas de pourvoir autrement aux frais de leur éducation.

3. Les places gratuites seront accordées de préférence aux orphelins de père et de mère, et subsidiairement aux enfants à la charge de leurs mères dans l'ordre ci-après :

1º Aux orphelins dont les pères auront été tués au service, ou seront morts des blessures qu'ils auront reçues à la guerre ;

2º Aux orphelins dont les pères seront morts au service, ou après l'avoir quitté avec une pension de retraite ;

3º Aux enfants dont les pères auront été amputés ou seront restés estropiés par suite des blessures reçues à la guerre.

4. Les enfants qui rempliront les conditions indiquées dans les art. 2 et 3 ne seront admis au collége, à titre gratuit, que lorsque leurs parents ou tuteurs auront produit à l'appui de leurs demandes :

1º L'acte de naissance de l'enfant, revêtu des formalités prescrites par la loi, à l'effet de constater qu'à l'époque fixée pour l'admission annuelle des élèves il aura dix ans accomplis, et n'en aura pas plus de douze ;

2º Une déclaration signée d'un docteur en médecine ou en chirurgie, et dûment légalisée, constatant que l'enfant a eu la petite-vérole naturelle, ou qu'il a été vacciné, et qu'il n'est atteint ni d'affection chronique, ni de maladie contagieuse ;

3º Un certificat constatant le degré de son instruction ;

4º Un état, appuyé des pièces authentiques, qui constate la durée et la nature des services du père, son grade et l'époque de sa mort, de ses blessures ou de sa retraite ;

5º Un certificat du sous-préfet, vérifié par le préfet, par lequel ce fonctionnaire, après avoir pris les renseignements nécessaires, attestera que l'enfant et ses parents sont sans fortune.

5. Il sera également admis au collége royal cent élèves à demi-bourses, ainsi que des pensionnaires entretenus en entier aux frais des familles.

6. Les parents qui demanderont pour leurs enfants des demi-bourses, seront tenus de fournir les quatre premières pièces ci-dessus indiquées, et y joindront : 1º un certificat du sous-préfet, vérifié par le préfet, attestant que la famille a besoin du secours de la demi-bourse, mais est en état de payer la portion restant à sa

————

(1) Le département de la guerre a fait connaître, le 11 août 1831, que cette décision royale s'appliquait au collége de La Flèche, et n'était pas susceptible d'insertion.

(2) Non insérée au Bulletin des lois.

charge ; 2° un engagement sous-seing privé de verser par trimestre et d'avance dans la caisse du receveur d'arrondissement le montant de la demi-pension

7. Les familles des pensionnaires fourniront seulement les trois premières pièces, et y joindront : 1° un certificat comme ci-dessus, constatant qu'elles sont en état de payer le prix de la pension ; 2° un engagement sous-seing privé d'en verser le montant par trimestre et d'avance

8 Les pièces exigées par les articles précédens seront adressées au ministre avant le 1er août.

9. Le prix de la pension est fixé à huit cent cinquante francs, celui de la demi-pension à quatre cent vingt-cinq francs, non compris le trousseau, dont on indiquera aux familles la composition et le prix.

Les élèves admis à titre gratuit seront également tenus de subvenir aux frais du trousseau au moment de leur admission.

10. L'époque unique d'admission est fixée au 1er octobre de chaque année : les élèves payans ou gratuits qui n'auront pas alors onze ans révolus, devront savoir lire et écrire, connaître les premiers élémens des langues française et latine, et pouvoir entrer en septième à l'époque de l'admission.

Ceux qui auraient complété la onzième année devront être susceptibles d'entrer dans la sixième classe d'humanités.

11. L'admission des élèves sera suspendue, ou même annulée par le ministre, si l'examen qu'ils devront subir au collège constate qu'ils ne satisfont pas aux conditions prescrites par l'article précédent.

12. Les élèves pourront rester au collège jusqu'à la fin de l'année scolaire dans le courant de laquelle ils auront complété leur dix-huitième année.

Instruction.

13 L'instruction donnée au collège royal militaire comprendra les cours et exercices suivans : 1° un cours complet d'humanités, y compris la rhétorique ; 2° un cours de mathématique ; 3° un cours d'histoire et de géographie ; 4° un cours de langue allemande ; 5° un cours élémentaire de dessin ; 6° des exercices gymnastiques. Les élèves y compléteront leur éducation religieuse.

Personnel.

14. Le commandement du collège royal militaire sera confié à un officier général en retraite ou dans les cadres de réserve

Ce commandant sera spécialement chargé de l'exécution des ordonnances,

réglemens ou instructions qui concerneront le collège ; son autorité s'étendra sur toutes les parties de l'administration, de l'instruction et du service.

15. Le commandant, nommé par nous sur la proposition du ministre secrétaire d'Etat de la guerre, aura sous ses ordres, pour la surveillance et la police :

Un officier supérieur du grade de lieutenant-colonel ou de chef de bataillon, un capitaine, un lieutenant.

16. Un censeur des études sera chargé de régler et de surveiller toutes les parties de l'enseignement : il aura sous sa direction les professeurs, agrégés et maîtres, dont le nombre et les fonctions seront déterminés par le ministre, d'après les besoins du service.

Instruction religieuse et service du culte.

17. Deux ecclésiastiques seront attachés au collège, et spécialement chargés, sous la surveillance du commandant, du service du culte et de l'instruction religieuse des élèves. L'un d'eux remplira les fonctions d'aumônier ; l'autre, celles de chapelain.

Ces ecclésiastiques seront nommés par le ministre.

Personnel du service de santé.

18. Le personnel du service de santé sera composé d'un chirurgien-médecin, d'un aide-chirurgien.

Il sera désigné un médecin et un chirurgien consultans qui pourront être appelés dans les maladies graves, et en cas de difficulté sur l'admission des élèves pour cause de santé, s'ils sont demandés par le commandant.

Le ministre déterminera, d'après les besoins du service de l'infirmerie, le nombre des sœurs de la charité qui devront y être attachées.

Conseil d'instruction et de discipline.

19. Un conseil d'instruction et de discipline sera établi au collège.

Ce conseil adressera tous les ans au ministre les observations qu'il jugera utiles dans l'intérêt des études, ainsi que de sa discipline. Il se réunira une fois par mois pour entendre le rapport qui lui sera présenté par le censeur des études sur le mode et les progrès de l'instruction. Le procès-verbal de la séance sera adressé par le commandant au ministre de la guerre, qui prononcera sur les propositions du conseil.

20. Le conseil délibérera sur les punitions à infliger en cas de fautes graves commises par les élèves, lorsque le commandant aura demandé son avis.

Dans le cas où il y aurait lieu de proposer au ministre le renvoi d'un élève, la proposition sera accompagnée d'un avis motivé, signé par tous les membres du conseil.

Aucune punition corporelle ne sera infligée aux élèves pour quelque motif et sous quelque prétexte que ce soit.

21. Le conseil d'instruction et de discipline sera composé ainsi qu'il suit :

Du commandant, du lieutenant-colonel ou chef de bataillon, du capitaine, du censeur des études, de trois professeurs annuellement désignés par le ministre de la guerre.

Administration.

22. L'administration du collége royal militaire sera confiée au conseil composé de cinq membres, savoir :

Du commandant, du lieutenant-colonel ou chef de bataillon, du censeur des études, de deux professeurs annuellement renouvelés et pris à tour de rôle suivant leur rang d'ancienneté.

23. Le conseil aura sous ses ordres :

Un trésorier, qui sera en même temps bibliothécaire, archiviste et secrétaire des conseils,

Un économe.

Ces deux comptables seront tenus de fournir un cautionnement fixé, pour le premier, à vingt mille francs, et pour le second, à dix mille francs, et constitué en numéraire ou en rentes sur l'Etat.

Le trésorier n'aura pas voix délibérative au conseil, où il remplira les fonctions de secrétaire.

L'économe sera appelé aux séances, lorsque le conseil le jugera convenable.

24. Le conseil sera chargé de diriger et de surveiller toutes les parties de l'administration intérieure du collége, établira les demandes de fonds, et pourvoira à toutes les dépenses au moyen des sommes mises à sa disposition par les soins de l'intendant militaire. Il en réglera seul l'emploi sous sa responsabilité, en se conformant aux dispositions des réglemens et aux décisions ministérielles.

25. Le conseil administrera d'office les dépenses des trousseaux en ce qui concerne les fournitures que les familles laisseront aux soins de l'administration, et dont elles seront tenues de payer la valeur au prix fixé par les tarifs.

Inspection.

26. Un inspecteur annuellement désigné par le ministre aura la mission temporaire de s'assurer de l'état de l'instruction, des progrès des élèves, et de la direction donnée aux études.

Cet inspecteur sera choisi parmi les officiers généraux des armes spéciales : il pourra lui être adjoint un inspecteur civil choisi parmi les hommes qui ont suivi la carrière de l'enseignement.

27. L'inspecteur donnera son avis sur les propositions du conseil d'instruction, et présentera ses vues au ministre sur les perfectionnemens à apporter dans le mode d'enseignement ; il désignera dans le rapport relatif à cette inspection les professeurs, agrégés et maîtres, qu'il aura jugés susceptibles d'obtenir de l'avancement.

28. Un intendant militaire inspectera le collége royal militaire, sous le rapport administratif, au moins une fois par an, conformément aux dispositions de l'ordonnance du 19 mars 1823 (1). Il fera connaître les améliorations et économies dont l'administration et le régime intérieur du collége lui auront paru susceptibles.

Des examens d'admission et des concours.

29. L'admission au collége des enfans nommés élèves, à quelque titre que ce soit, sera subordonnée à la décision d'un jury chargé de les interroger.

Ce jury sera composé du censeur des études et de quatre professeurs choisis tous les ans suivant l'ordre d'ancienneté.

L'un de ces professeurs sera toujours pris parmi ceux qui sont chargés de la cinquième ou de la sixième classe d'humanités.

Lorsque le jury aura reconnu qu'un élève n'a pas, à raison de son âge, les connaissances exigées par l'art. 10, il en rendra compte au conseil d'administration, qui proposera au ministre son ajournement à une époque déterminée, ou sa radiation du tableau.

30. Lors de la tournée annuelle des examinateurs pour l'admission à l'école polytechnique et à l'école spéciale militaire, les jeunes gens qui, par leur âge et leur instruction, seront susceptibles de concourir pour l'une ou l'autre, seront présentés par le commandant du collége à l'examinateur d'admission dans la tournée duquel la ville de La Flèche sera comprise.

Il en sera de même pour les élèves qui voudront se présenter au concours pour les autres écoles dans lesquelles l'admission est subordonnée à de pareils examens.

---

(1) Non insérée au Bulletin des Lois ; mais publiée par la voie du journal militaire.

Dispositions générales.

31. Le traitement des fonctionnaires du collége sera réglé conformément au tarif ci-annexé. Ils seront tous nommés par le ministre, à l'exception du commandant, dont nous nous réservons la nomination.

32. Le commandant nommera, sur la proposition du conseil d'administration, les employés et les agents subalternes dont le nombre, les fonctions et le traitement seront déterminés, sauf l'approbation du ministre, d'après les besoins du service.

33. Les fonctionnaires civils payés sur les fonds du collége subiront sur leur traitement une retenue de cinq pour cent. Elle leur donnera droit à la pension de retraite, dont les conditions et la quotité ont été fixées par l'ordonnance du 4 novembre 1818.

34. Les enfants de la ville de La Flèche pourront être admis comme externes à suivre les cours du collége royal militaire, moyennant une rétribution de cinq francs par mois.

35. Toutes dispositions contraires à la présente ordonnance sont abrogées.

36. Le ministre de la guerre (duc de Dalmatie) est chargé, etc.

Tarif des traitements payés sur les fonds du collége royal militaire de La Flèche.

Maréchal-de-camp commandant, 6,000 f.

Chef de bataillon, capitaine, lieutenant: ces officiers, s'ils sont en activité, ont droit à la solde d'activité de première classe de leur grade avec accessoires, et à un tiers en sus sur les fonds de la solde.

Trésorier-archiviste et secrétaire des conseils, 4,000 fr.; censeur des études, 3,500 fr.; économe, 3,000 fr.; professeurs de 1re classe, 3,000 fr.; professeurs de 2e classe, 2,500 fr.; professeurs de 3e classe, 2,000 fr.; agrégés professeurs, 1,800 fr.; agrégés de 1re classe, 1,000 fr.; agrégés de 2e classe, 900 fr.; maîtres de 1re classe, 1,800 fr.; maîtres de 2e classe, 1,500 fr.; aumônier, 2,000 fr.; chapelain, 1,600 fr.; chirurgien-médecin, 3,000 fr.; aide-chirurgien, 1,800 f.

---

12 AVRIL = 15 SEPTEMBRE 1831. — Ordonnance du roi sur les exercices à feu des corps de la garde nationale. (IX, Bull. O. CIII, n. 2894.)

Louis-Philippe, etc.

Art. 1er. Notre ministre de la guerre est autorisé à mettre à la disposition de notre ministre secrétaire d'État au département de l'intérieur les munitions de guerre nécessaires pour les exercices à feu des différents corps de la garde nationale.

2. Les distributions seront faites seulement aux corps dont l'instruction dans les manœuvres et le maniement des armes sera assez avancée pour comporter leur admission aux exercices à feu, conformément aux ordres et instructions qui seront donnés, à cet égard, par notre ministre secrétaire d'État au département de l'intérieur.

3. Les exercices à feu auront lieu sous la surveillance de l'autorité militaire, en se conformant aux réglements prescrits en pareil cas.

4. Nos ministres de l'intérieur et de la guerre (MM. Périer et duc de Dalmatie) sont chargés, etc.

---

12 AVRIL 1831. — Ordonnance qui autorise l'acceptation d'une donation faite à la commune de Loges-sur-Brécey. (Bull. O. 72, n. 1882.)

12 AVRIL 1831. — Ordonnances qui autorisent l'acceptation de dons et legs faits à divers hospices et communes. (Bull. O. 73, n. 1871 et suiv.)

---

13 = 28 AVRIL 1831. — Ordonnance du roi qui autorise, jusqu'à concurrence de quatre-vingts millions, les versements offerts à titre de prêt national. (IX, Bull. O. LXIII, n. 1596.)

Louis-Philippe, etc., sur le compte qui nous a été rendu de la proposition faite à notre ministre des finances par le bureau de la souscription nationale ouverte pour l'emprunt de cent vingt millions, et tendant à ce qu'il soit offert aux souscripteurs, en échange des sommes que la brièveté du temps n'aura pas permis d'appliquer audit emprunt, des obligations du trésor public à cinq ans d'échéance, portant intérêt à cinq pour cent par an, et échangeables, à la volonté des porteurs, contre des rentes cinq pour cent au pair; considérant que les engagements pris par le gouvernement dans l'annonce de l'emprunt ne lui permettent pas d'en différer l'époque; considérant en outre que les dépenses extraordinaires auxquelles le trésor doit pourvoir dans l'intérêt de la patrie exigent des ressources supérieures au montant de l'emprunt, en attendant la réalisation entière des voies et moyens mis à la disposition du gouvernement par les lois des 5 janvier 1831 et 25 mars dernier; voulant répondre aux intentions généreuses et patriotiques qui ont dicté des offres éminemment utiles au pays et au crédit public; sur le rapport de notre ministre des finances, etc.

Art. 1er. Le ministre des finances est autorisé à admettre jusqu'au 31 mai prochain inclusivement, et jusqu'à concurrence de quatre-vingts millions, les versements qui lui seront offerts à titre de prêt national.

31.

13

2. Les versements seront reçus à Paris, à la caisse centrale du trésor public, et dans les départements, chez les receveurs généraux et particuliers. Ils seront admis pour toutes sommes depuis le minimum de deux cents francs. Au-dessus de ce minimum les sommes devront être arrondies par cent francs.

3. En échange de leurs versements, les dépenses recevront, à leur volonté, soit des obligations du trésor à ordre ou au porteur, payables dans cinq années (1er juin 1836), et portant un intérêt de cinq pour cent l'an, à partir du 22 mars 1831, soit une rente cinq pour cent nominative ou au porteur, laquelle sera inscrite au grand-livre de la dette publique avec la même jouissance au pair de cent francs pour cinq francs de rente. Les porteurs d'obligations auront le droit d'en exiger le remboursement en numéraire à leur échéance, ou de les échanger à toute époque, jusqu'au 31 mai 1836, contre des rentes au pair.

4. Les intérêts des obligations seront, comme les rentes, payés par semestre, les 22 mars et 22 septembre de chaque année.

5. Notre ministre des finances (baron Louis) est chargé, etc.

---

13 AVRIL 1831. — Avis du conseil d'Etat sur le concours à l'élection des officiers, pour les citoyens inscrits au contrôle de réserve.

Les membres du conseil d'Etat composant le comité de l'intérieur, consultés par M. le ministre de l'intérieur sur la question de savoir *si les citoyens inscrits au contrôle de réserve de la garde nationale doivent concourir à l'élection des officiers, sous-officiers et caporaux des compagnies du service ordinaire;*

Vu la note relative à cette question, émanée, le 9 du courant, de la division des gardes nationales et des affaires militaires;

Vu la loi du 22 mars 1831;

Considérant que, parmi les Français appelés par l'art. 14 au service de la garde nationale, la section première du titre 3 établit deux divisions, le service ordinaire et la réserve; qu'aux termes de l'art. 30, les compagnies et subdivisions de compagnies, formées en exécution de l'art. 21, sur les contrôles du service ordinaire, constituent à elles seules la garde nationale; que les citoyens inscrits sur les contrôles de réserve ne sont répartis à la suite des compagnies (art. 21) que pour y être

incorporés au besoin; d'où il suit que les membres de la réserve sont susceptibles d'être appelés dans la garde nationale, mais n'en font réellement point encore partie;

Considérant que l'art. 50 ne convoque à l'élection des officiers, sous-officiers et caporaux que les gardes nationaux appelés à former les compagnies ou subdivisions de compagnies, lesquelles, comme on vient de le rappeler, sont formées sur les contrôles du service ordinaire, ce qui exclut du droit électoral les hommes qui ne sont point inscrits sur ces contrôles;

Considérant que les art. 33, 35 et 37, corrélatifs à l'art. 50, règlent les nominations à faire dans les compagnies ou subdivisions, en raison du nombre des gardes nationaux dont elles se composent, et sans tenir aucun compte du nombre des hommes inscrits à la suite sur les contrôles de réserve;

Qu'aux termes de l'art. 21, la seule destination des hommes de la réserve est d'être, au besoin, incorporés dans les compagnies, et qu'il est impossible de concevoir comment des hommes qui ne sont point incorporés dans une compagnie, qui n'ont point de devoirs à y remplir, auraient des droits à y exercer, et prendraient part à son acte le plus important;

Considérant enfin qu'il serait subversif du principe de l'élection de faire concourir à celle des chefs de la garde nationale des citoyens qui, ne faisant point de service, n'ont ni qualité pour juger les titres et l'aptitude des candidats, ni intérêt direct à la bonté des choix;

Sont d'avis:

Que les citoyens inscrits sur les contrôles de réserve ne sont point appelés, par l'art. 50 de la loi, à concourir à la nomination des officiers, sous-officiers et caporaux du service ordinaire de la garde nationale (1).

---

13 = 20 AVRIL 1831. — Ordonnance du roi portant formation d'une commission chargée de réviser les pensions à la charge du département de la justice. (IX, Bull. O. LXIV, n. 1623.)

Louis-Philippe, etc., vu l'art. 3 de l'ordonnance du 12 mars dernier (2), portant que, « lorsqu'il y aura recours en notre « conseil d'Etat contre une décision de l'un « de nos ministres, rendue après la déli- « bération du comité attaché à son dépar- « tement, les membres de ce comité ne « pourront participer au jugement de l'af- « faire; » vu l'art. 3 de l'ordonnance du 20

---

(1) Cet avis est conforme à l'opinion que nous avons émise sur l'art. 50 et l'art. 19. Mais nous persistons dans les distinctions que nous avons présentées.

(2) Voy. *suprà.* Voy. aussi les notes sur l'art. 16 de la loi du 29 janvier 1831.

juin 1817 ; sur le rapport de notre ministre de la justice, etc.

Art. 1er. Les rapports sur les demandes de pensions présentées à notre garde des sceaux, ministre de la justice, seront révisés, dans les formes prescrites par l'ordonnance royale du 20 juin 1817, par une commission composée de MM. de Brévannes, Lechat, conseillers d'Etat ; de Cheveigné, O'Donnell, maître des requêtes ; de Bourlon, de Jouvencel, auditeurs.

2. Notre ministre de la justice (M. Barthe) est chargé, etc.

———

13 = 22 AVRIL 1831. — Ordonnance du roi qui accorde amnistie pour les crimes et délits forestiers commis par des bandes connues sous le nom de *Demoiselles*. (IX, Bull. O. LXII, n. 1580.)

Louis-Philippe, etc., considérant que des bandes armées, connues principalement sous le nom de *Demoiselles,* ont parcouru, à diverses reprises le département de l'Ariége et l'arrondissement de Saint-Gaudens (Haute-Garonne), depuis les premiers mois de l'année 1829 ; que ces bandes se sont livrées à de graves désordres, qui ont eu en général pour but de soustraire les forêts de cette contrée à la surveillance des agents de l'administration, et d'entraver l'exécution du Code forestier ; qu'un grand nombre de coupables ont été ou sont actuellement l'objet de poursuites judiciaires, et que plusieurs de ces poursuites ont amené des condamnations ; que la gravité des excès auxquels ces individus se sont livrés a été atténuée, jusqu'à un certain point, par diverses circonstances qui n'existent plus aujourd'hui ; qu'ainsi il est convenable d'user d'indulgence à l'égard des crimes et délits antérieurs à ce jour, et de réserver toute la rigueur des lois pour ceux qui seraient commis désormais ; sur le rapport de notre ministre de la justice ; notre conseil entendu, etc.

Art. 1er. Amnistie pleine et entière est accordée pour tous les crimes et délits qui ont été commis, depuis le 1er janvier 1829 jusqu'à ce jour, dans le département de l'Ariége et dans l'arrondissement de Saint-Gaudens, par des bandes armées et non armées, et notamment par celles connues sous le nom de *Demoiselles*, dans le but de soustraire les forêts à la surveillance de l'autorité ou d'entraver l'exécution du Code forestier.

2. L'amnistie s'appliquera tant aux amendes qu'aux frais et dommages-intérêts prononcés ou encourus au profit de l'Etat. Il sera fait remise aux parties des objets saisis et non vendus qui seront reconnus leur appartenir. Toutefois, les sommes versées dans les caisses du domaine antérieurement à ce jour ne seront pas sujettes à restitution.

3. L'amnistie ne fera aucun obstacle à l'action qui serait intentée par l'administration forestière à fin de démolition des constructions élevées à la distance prohibée des forêts. Elle ne pourra être opposée aux particuliers, aux communes et aux établissements publics, auxquels des dommages-intérêts et des dépens auraient été ou devraient être alloués.

4. Nos ministres de la justice et des finances (MM. Barthe et baron Louis) sont chargés, etc.

———

13 AVRIL 1831 = 22 MARS 1833. — Ordonnance du roi relative à la distribution du secours accordé aux pensionnaires de l'ancienne liste civile par la loi du 15 mars 1831. (IX, Bull. O. CCXIV, 1re sect., n. 4698.)

Louis-Philippe, etc., vu l'art. 2 de la loi du 15 mars dernier, qui ouvre au ministre des finances un crédit d'un million cinq cent mille francs pour secours à payer à ceux des pensionnaires de l'ancienne liste civile dont la situation paraîtra l'exiger, etc.

Art. 1er. Il sera payé à titre de secours et sauf précompte, s'il y a lieu, aux pensionnaires de l'ancienne liste civile résidant en France, savoir : 1° aux titulaires de pensions de mille francs et au-dessous, un trimestre desdites pensions ; 2° aux titulaires de pensions au-dessus de mille francs une somme de deux cent cinquante francs. Dans le cas où un pensionnaire jouirait de plusieurs pensions sur l'ancienne liste civile, le secours ne pourra s'élever au-dessus de deux cent cinquante francs.

2. Les paiements seront faits par les payeurs du trésor sur états arrêtés par les commissaires conservateurs de la liste civile, et ordonnancés par le ministre des finances. Chaque pensionnaire sera tenu, en outre, de fournir à l'appui du paiement un certificat du maire de sa résidence constatant que sa situation lui rend le secours nécessaire. Ce certificat sera délivré sur papier libre et sans frais ; il pourra même être donné à la suite du certificat de vie. La signature du certificat sera légalisée par le préfet, le sous-préfet ou le président du tribunal de première instance.

3. Il n'est rien innové à l'égard des pensionnaires vendéens. Les sommes qui leur ont été payées sur l'exercice 1830 et celles dont le paiement sera ultérieurement autorisé seront imputées sur le crédit d'un million cinq cent mille francs ci-dessus mentionné.

4. Notre ministre des finances (baron Louis) est chargé, etc.

MODÈLE DE CERTIFICAT.

Nous maire { de la ville de
{ de la commune de
Certifions que les dispositions de l'art. 2 de la loi du 15 mars dernier, qui accorde un secours aux pensionnaires dont la situation paraîtra l'exiger, sont applicables à M. (nom, prénoms, qualités et demeure), titulaire d'une pension de
sur l'ancienne liste civile.
En foi de quoi nous avons délivré le présent certificat pour servir et valoir ce que de raison.
Fait à   le
                        Le maire,
Vu pour la légalisation de la signature de M.
    maire ou adjoint de la ville ou commune
de
A   le   183
            Le

---

13 AVRIL 1831 = 22 MARS 1833. — Ordonnance du roi qui autorise le paiement du premier trimestre 1831 des pensions accordées sur les fonds de la liste civile à d'anciens militaires des départements de l'Ouest. (IX, Bull. O. CCXIV, 1re sect., n. 4699.)

Louis-Philippe, etc., vu l'art. 2 de la loi du 15 mars 1831 qui ouvre au ministre des finances un crédit de quinze cent mille francs pour secours à payer aux pensionnaires de l'ancienne liste civile ; vu la lettre de MM. les commissaires conservateurs de l'ancienne liste civile, en date du 23 mars dernier, tendant à obtenir qu'un fonds de soixante-six mille huit cent quatre-vingt-treize francs soixante-quinze centimes soit mis à leur disposition, par prélèvement sur le crédit d'un million cinq cent mille francs ci-dessus rappelé, pour le paiement du premier trimestre 1831 des pensions accordées sur les fonds de la liste civile à d'anciens militaires des départements de l'Ouest ; considérant qu'il y a nécessité de pourvoir à ces paiements, etc.

Art. 1er. Le ministre secrétaire d'État des finances est autorisé à mettre à la disposition des commissaires conservateurs de la liste civile une somme de soixante-six mille huit cent quatre-vingt-treize francs soixante-quinze centimes, laquelle sera affectée au paiement des dépenses ci-dessus indiquées.

2. Ces paiements seront faits par les payeurs du trésor sur états arrêtés par les commissaires conservateurs de la liste civile et ordonnancés par le ministre des finances.

3. Notre ministre des finances (baron Louis) est chargé, etc.

---

13 AVRIL 1831. — Ordonnance qui convoque des conseils d'arrondissement. (Bull. O. 61, n. 1553.)

13 AVRIL 1831. — Ordonnance qui fixe le nombre des avoués près le tribunal de Ruffec. (Bull. O. 71, n. 1803.)

13 AVRIL 1831. — Ordonnance qui crée un second commissariat de police à Perpignan. (Bull. O. 63, n. 1620.)

13 AVRIL 1831. — Ordonnances qui admettent les sieurs Burdet, Guhl, Lepage, Lœffler, Stoltemberg, Willer, Allaz, Bas, Beevor, Boubaye, Fevrier, Girod, Kendall, Mena, Monard, Perrot, Steuben et Waelb à établir leur domicile en France. (Bull. O. 69, n. 1705 et suiv.)

13 AVRIL 1831. — Ordonnance relative aux octrois de plusieurs communes. (Bull. O. 69, n. 1708.)

13 AVRIL 1831. — Ordonnances relatives à la conservation d'usines dans plusieurs départements. (Bull. O. 72, n. 1846 et 1847.)

13 AVRIL 1831. — Ordonnances qui accordent des lettres de naturalité aux sieurs Kahn et Moller. (Bull. O. 88, n. 2535 et 2536.)

13 AVRIL 1831. — Ordonnance qui accorde une pension à un ancien préfet. (Bull. O. 67 bis, n. 1er.)

13 AVRIL 1831. — Ordonnances autorisant la délivrance et approuvant la délimitation des bois de plusieurs communes. (Bull. O. 69 et 72, n. 2669 et suiv., et 1847.)

13 AVRIL 1831. — Ordonnance qui accorde des lettres de naturalité au sieur Lacave. (Bull. supp., n. 11126.)

---

15 AVRIL = 9 SEPTEMBRE 1831. — Ordonnance du roi sur le placement et la surveillance de l'école normale primaire. (IX, Bull. O. CII, n. 2884.)

Louis-Philippe, etc., vu notre ordonnance en date du 11 mars 1831, portant qu'il sera établi une école normale primaire pour l'académie de Paris, etc.

Art. 1er. L'école normale destinée à former des instituteurs primaires pour l'académie de Paris, qui doit être créée en vertu de notre ordonnance du 11 mars 1831, pourra être placée dans telle commune du ressort académique que notre ministre de l'instruction publique et des cultes jugera le plus convenable de choisir pour cet établissement.

2. La commission de surveillance de l'école normale primaire, instituée par l'art. 12 de ladite ordonnance, pourra être composée de neuf membres, tant fonctionnaires de l'université que personnes notables du ressort académique, choisis par notre ministre de l'instruction publique et des cultes.

3. Les art. 1 et 2 de l'ordonnance du 11 mars 1831 sont modifiés conformément aux dispositions ci-dessus.

4. Notre ministre de l'instruction publique et des cultes (M. Montalivet) est chargé, etc.

---

15 AVRIL 1831. — Ordonnance qui accorde des

demi-soldes, suppléments et pensions aux marins, ouvriers, et aux veuves, père et mère y dénommés. (Bull. O. 97 *bis*, n. 3.)

15 AVRIL 1831. — Ordonnance portant réduction du nombre des bourses entretenues par la ville de Marseille dans le collége royal de cette ville. (Bull. O. 65, n. 1660.)

15 AVRIL 1831. — Ordonnance qui rapporte la disposition de l'ordonnance d'après laquelle la ville de Landerneau devait pourvoir à l'entretien d'une bourse entière dans le collége royal de Pontivy. (Bull. O. 65, n. 1665.)

15 AVRIL 1831. — Ordonnance relative à diverses parties de bois appartenant à la commune de la Loge-aux-Chèvres. (Bull. O. 60, n. 1701.)

15 AVRIL 1831. — Ordonnance relative à la délivrance de coupes de bois à plusieurs communes. (Bull. O. 72, n. 1849.)

16 AVRIL = 17 MAI 1831. — Ordonnance du roi sur la reconstruction, la réparation et l'entretien des pertuis de la Haute-Yonne. (IX, Bull. O. LXXI, n. 1804.)

Louis-Philippe, etc., sur le rapport de notre ministre du commerce et des travaux publics ; vu le mémoire adressé, le 1er février 1826, à la Chambre des Députés, pour et au nom des propriétaires des moulins situés sur la rivière d'Yonne, entre Lucy et Armes, tendant à ce que le décret du 14 juin 1804 (25 prairial an 11) soit rapporté ; que les pertuis d'Armes, de la Forêt, de Coulanges, de Crain et de Clamecy, aux constructions, réparations et entretien desquels les réclamants sont obligés de contribuer, soient régis et administrés sur les produits de l'octroi de navigation, conformément à l'arrêté du gouvernement du 28 mai 1805 (8 prairial an 11) ; vu un mémoire présenté dans le même but au préfet de l'Yonne, le 18 octobre même année 1826, par les syndics et adjoints du commerce de bois de chauffage tenant chantiers à Paris, les observations et avis de l'ingénieur en chef, directeur des travaux des ponts-et-chaussées du département de l'Yonne, la lettre écrite au préfet de ce département, le 13 décembre suivant, par l'agent général du commerce de bois de Paris, l'avis, en forme d'arrêté, du préfet, en date du 15 mars 1827, le rapport de l'inspecteur divisionnaire et l'avis du conseil général des ponts-et-chaussées des 5 et 28 juillet même année, le rapport du commissaire général de la navigation du 27 décembre suivant, l'avis émis par le conseil général des ponts-et-chaussées le 12 janvier 1828, d'après les observations faites le 6 novembre précédent par l'agent général du commerce, le nouvel avis de ce conseil en date du 15 mars 1828, à la suite d'une lettre du même

agent du 22 février ; vu une note sur un travail général relatif à l'entretien des pertuis de l'Yonne et de ses affluents, remise le 16 juin suivant par l'ingénieur en chef directeur, lettres jointes des syndics, agents généraux du commerce et de la navigation, le rapport du commissaire général de la navigation du 26 février 1829, accompagné du procès-verbal de conférences et renseignements résultant d'une enquête faite contradictoirement, sur les lieux mêmes, touchant le mode d'entretien des ouvrages d'art construits sur la Haute-Yonne, la Cure, l'Armençon et les petites rivières de Beuvron et de Sozay, l'avis donné d'après ce travail par le conseil général des ponts-et-chaussées le 28 mars suivant, diverses pièces, notamment des rapports d'ingénieurs sur les réclamations du propriétaire du moulin Jacot, tendant à obtenir que le pertuis Jacot, établi sur la Cure, soit désormais entretenu au compte de l'Etat, comme les autres pertuis de cette rivière, l'arrêté du préfet de l'Yonne du 3 août 1829, sa lettre du même jour, et le rapport de l'ingénieur en chef directeur du 5 juin précédent, ensemble un tableau sur la répartition des dépenses des pertuis et barrages de l'Yonne et de ses affluents dans toute l'étendue qui intéresse la navigation en trains, l'avis émis enfin sur toute cette affaire par le conseil général des ponts-et-chaussées le 22 dudit mois d'août ; vu le décret précité du 14 juin 1804 (25 prairial an 12), qui, en modifiant celui du 8 juin 1803 (19 messidor an 11), rendu en exécution de la loi du 30 floréal an 10, a remis à la charge des propriétaires d'usines et du commerce de bois l'entretien des cinq pertuis désignés ci-dessus ; vu la loi et l'arrêté précités des 20 mai 1802 et 8 juin 1803 (30 floréal an 10 et 19 messidor an 11), et celui du 28 mai 1805 (8 prairial précédent), la loi du 28 juillet 1824, relative aux droits à payer pour le chômage des moulins, les art. 11 et 12 du chapitre 17 de l'ordonnance de 1672 ; vu l'avis donné, le 8 janvier 1830, par le comité de l'intérieur et du commerce de notre conseil d'Etat ; vu les pièces produites en conséquence de cet avis, desquelles il résulte que les sieurs Coulon, Bazin, Bernard et Momon-Touvenel, renoncent en faveur de l'Etat à la propriété desdits pertuis ; vu les observations faites par le préfet le 12 janvier dernier, touchant les moulins de Clamecy et la Forêt ; vu l'art. 34 de la loi du 16 septembre 1807 ; notre conseil d'Etat entendu, etc.

Art. 1er. Le décret du 14 juin 1804 (25 prairial an 12) est rapporté.

Les cinq pertuis de la Haute-Yonne,

connus sous le nom de *pertuis d'Armes*, *Clamecy*, *la Forêt*, *Coulanges* et *Crain*, seront, pour l'avenir et à dater de la présente ordonnance, reconstruits, réparés, et entretenus aux frais de l'Etat et sur les fonds du budget des ponts-et-chaussées.

Sous la condition que les commerces de bois flotté, tant à bûches perdues qu'en trains, ainsi que les propriétaires d'usines, ne pourront répéter aucun remboursement ni indemnité pour raison des sommes payées par chacun d'eux en vertu du susdit décret.

Et encore sous la condition, pour les propriétaires d'usines, de ne pouvoir réclamer la valeur des pertuis, ni aucune indemnité pour la prise de possession de ces pertuis par l'administration, ainsi qu'ils s'y sont engagés.

Les dégradations occasionnées par le flottage à bûches perdues, aux pertuis dans les parties des rivières d'Yonne, de Cure et d'Armançon, servant au flottage en trains, seront réparées aux frais des intéressés au flottage à bûches perdues, conformément aux dispositions des art. 11 et 12 du chapitre 17 de l'ordonnance de 1672 (1);

3. Les propriétaires d'usines seront tenus d'entretenir les vannages, déversoirs et autres ouvrages d'art dépendant de leurs usines, et de supporter sans indemnité l'ouverture des pertuis pour les flottages et pour les réparations à y faire au besoin.

En cas de chômage desdites usines par suite de cette ouverture nécessitée par le passage des bois flottés à bûches perdues, les propriétaires d'usines n'auront droit qu'à l'indemnité réglée par la loi du 28 juillet 1824.

Ils n'auront droit, au surplus, à aucune indemnité de chômage en cas de réparation ou de reconstruction des pertuis.

4. Le pertuis du moulin Jacot, situé sur la rivière de Cure au territoire d'Accolay, étant reconnu nécessaire au flottage des trains, et rentrant ainsi dans la classe de ceux existant sur la Haute-Yonne, sera désormais reconstruit, réparé et entretenu comme ces derniers, et aux mêmes conditions, le tout suivant qu'il est énoncé ci-dessus.

5. Notre ministre du commerce et des travaux publics (comte d'Argout) est chargé, etc.

---

16 AVRIL 1831. — Ordonnances qui autorisent l'acceptation de dons et legs faits à diverses communes, ainsi qu'aux hospices de plusieurs communes. (Bull. O. 73, n. 1900 et suiv.)

16 AVRIL 1831. — Ordonnance qui autorise l'établissement d'une fonderie de suif en branche dans la commune de Tillières. (Bull. O. 75, n. 2033.)

16 AVRIL 1831. — Ordonnance qui autorise à transférer à l'extrémité du clos Saint-Lazare, à Paris, un atelier d'artificier actuellement établi rue du Faubourg-Saint-Denis, n. 178. (Bull. O. 75, n. 2034.)

17 AVRIL 1831. — Ordonnance qui nomme M. Devaux conseiller d'Etat en service ordinaire. (Bull. O. 69, n. 2553.)

---

18 AVRIL = 11 MAI 1831. — Ordonnance du roi relative à la délivrance du brevet de capacité pour l'exercice des fonctions d'instituteur primaire. (IX, Bull. O. LXIX, n. 1694.)

Louis-Philippe, etc., sur le rapport de notre ministre de l'instruction publique et des cultes; vu le mémoire de notre conseil royal de l'instruction publique, etc.

Art. 1er. A l'avenir, nul ne pourra obtenir un brevet de capacité, à l'effet d'exercer les fonctions d'instituteur primaire à quelque titre que ce soit, s'il n'a préalablement subi, dans les formes établies et devant qui de droit, les examens prescrits par les ordonnances.

Toutes dispositions contraires à la présente ordonnance sont et demeurent abrogées.

---

(1) Ces articles sont ainsi conçus :

Art. 11. « Pour prévenir les contestations fréquentes d'entre les marchands et les seigneurs, et autres propriétaires des moulins, vannes, écluses et pertuis établis et construits sur lesdits rivières et ruisseaux, pour prétendues dégradations causées par le passage des bois, seront lesdits marchands tenus, avant que de jeter leur flot, de faire visiter par le premier juge ou sergent sur ce requis, partie présente, ou dûment appelée aux domiciles de leurs meuniers, lesdites vannes, écluses, pertuis ou moulins, et de faire le récolement de ladite visite, après le flot passé, par le même juge ou sergent, à peine d'être tenus de toutes les dégradations qui se trouveront auxdites vannes, écluses, moulins et pertuis. »

Art. 12. « Si par la visite faite avant le flot, il paraît qu'il y ait aucune réparation à faire auxdites vannes, écluses, pertuis et moulins, les propriétaires seront tenus de les faire incessamment rétablir, après une simple sommation faite auxdits propriétaires, à leurs personnes ou domiciles de leurs meuniers, sinon permis auxdits marchands d'y mettre ouvriers, et d'avancer pour ce les deniers nécessaires, qui leur seront déduits et précomptés sur ce qu'ils pourront devoir pour le chômage desdits moulins, causé par le passage de leurs bois, et le surplus sera porté par lesdits propriétaires, et pris par préférence sur le revenu des moulins, qui demeurera, par privilège, affecté auxdites avances. »

Cette ordonnance de 1672 n'est relative qu'à l'approvisionnement de Paris.

2. Notre ministre de l'instruction publique et des cultes (M. Montalivet) est chargé, etc.

---

18 AVRIL = 11 MAI 1831. — Loi sur les pensions de l'armée de mer (1). (IX, Bull. XLI, n. 109.)

TITRE Ier. *Des pensions militaires pour ancienneté de service.*

SECTION Ire. *Des droits à la pension.*

Art. 1er. Le droit à la pension de retraite d'ancienneté est acquis, pour les officiers de la marine et pour les marins de tous les grades, à vingt-cinq ans accomplis de service effectif.

Dans les autres corps de la marine, le même droit est acquis à trente ans accomplis de service effectif.

Toutefois, les individus de ces derniers corps qui réuniraient, ou six ans de navigation sur les vaisseaux de l'État, ou neuf ans tant de navigation sur lesdits vaisseaux que de service dans les colonies, seront assimilés aux marins. Mais, dans aucun cas, le service des colonies ne motivera de réduction sur la durée légale des services que pour les individus envoyés d'Europe.

2. Les années de service effectif pour la pension de retraite se comptent de l'âge de seize ans (2).

3. Le service des militaires entrés dans la marine leur est compté, pour le temps antérieur à cette admission, d'après les lois qui régissent les pensions de l'armée de terre.

Ils seront toutefois assimilés aux marins si, avant ou après leur admission dans la marine, ils réunissent les conditions voulues par le troisième paragraphe de l'art. 1er.

4. Est compté pour la pension de retraite le temps passé pour un service civil qui donne droit à pension, pourvu toutefois que la durée des services dans le département de la marine soit au moins, ou de vingt ans en France, ou de dix ans dans les colonies pour les individus envoyés d'Europe.

5. Il est compté quatre années de service effectif, à titre d'études préliminaires, aux élèves de l'école Polytechnique, au moment où ils entrent dans les corps de la marine.

Est aussi compté comme service effectif le temps passé à l'école navale, à partir de l'âge de seize ans.

6. Le temps passé hors de l'activité, avec jouissance d'une pension de retraite, ne peut entrer dans la supputation du service effectif.

Il en est de même du temps pendant lequel une pension aura été cumulée avec la solde d'activité dans les corps détachés de la garde nationale, comme auxiliaires de l'armée, à moins que le pensionnaire n'ait acquis dans ce corps, et par les causes énoncées au titre 2 ci-après, des droits à une pension plus élevée, ou qu'il n'y ait fait campagne, auquel cas il jouira du bénéfice de l'art. 7.

7. Les officiers, marins et autres, qui auront le temps de service exigé par les articles précédents pour la pension d'ancienneté, seront admis à compter en sus les bénéfices de campagne d'après les règles suivantes:

Sera compté pour la totalité en sus de sa durée effective le service qui aura été fait:

1º En temps de guerre maritime, à bord d'un bâtiment de l'État;

2º A terre, en temps de guerre, soit dans les colonies françaises, soit sur d'autres points hors d'Europe, pour les individus envoyés d'Europe;

3º Le temps de captivité à l'étranger des officiers, marins et autres, faits prisonniers sur les bâtiments de l'État ou sur les prises faites par les bâtiments de l'État;

4º Le temps de navigation des voyages de découverte ordonnée par le gouvernement.

Sera compté pour moitié en sus de sa durée effective:

1º Le service en paix maritime à bord d'un bâtiment de l'État;

2º Le service à terre en temps de paix, soit dans les colonies françaises, soit sur d'autres points hors d'Europe, pour les individus envoyés d'Europe.

Sera compté pour sa durée simple le service fait, en temps de guerre, à bord d'un

---

(1) Présentation à la Chambre des Députés le 21 mars (Mon. du 22); rapport par M. Viennet le 26 (Mon. du 28); adoption le 29 (Mon. du 30), à la majorité de 254 voix contre 25.

Présentation à la Chambre des Pairs le 5 avril (Mon. du 6); rapport par M. l'amiral Duperré le 7 (Mon du 8); discussion et adoption le 9 avril (Mon du 11.)

Voy. loi des 3-22 août 1790; 27 fructidor an 7; 7 brumaire an 9; 8 floréal an 11; 11 fructidor

an 11, et la loi du 11 avril 1831, sur les pensions de l'armée de terre, dont plusieurs articles sont identiques avec ceux de la présente loi.

(2) L'arrêté du 11 fructidor an 11, art. 4, comptait le temps de service à partir de l'âge de dix ans: maintenant, de dix à seize ans, le service ne comptera qu'à titre de bénéfice dans les différents cas prévus par l'art. 7. Voy. l'avant-dernier alinéa de cet article. Voy. aussi l'art. 31.

bâtiment armé en course, ainsi que le temps de captivité en cas de prise ;

Et pour une moitié de sa durée effective, le service fait en guerre comme en paix sur les bâtiments ordinaires du commerce.

Dans tous les cas ci-dessus spécifiés, la navigation faite à l'âge de dix à seize ans sera comptée pour sa durée effective, mais à titre de bénéfice seulement (1).

Les bénéfices résultant de la navigation sur tous autres bâtiments que ceux de l'Etat ne peuvent jamais entrer pour plus d'un tiers dans l'évaluation totale des services qui donnent droit à pension.

8. Dans la supputation des bénéfices attachés aux campagnes par l'art. 7, on comptera pour une année entière la campagne dans laquelle l'officier, marin ou autre, aura été blessé et mis hors du service (2).

En tout autre cas, on supputera le temps écoulé à partir de la mise en rade jusqu'à la rentrée dans un port de France, et, sur cette période, le mois commencé sera compté comme fini.

Néanmoins, si l'officier, marin ou autre, retourne immédiatement à la mer, il ne pourra compter qu'une année de bénéfice pour chaque période de douze mois, plus le mois commencé lors du désarmement.

Le service, tant sur les bâtiments armés en course que sur les navires du commerce, ne sera compté que du jour du départ du bâtiment pour sa destination. Il ne comprendra ni le temps de l'équipement, ni celui de la relâche dans un port de France, toutes les fois que cette relâche aura excédé quinze jours (3).

SECTION II. *Fixation de la pension d'ancienneté.*

9. Les officiers de la marine et marins de tous les grades après vingt-cinq ans, et les individus des autres corps de la marine après trente ans de service effectif, ont droit au *minimum* de la pension d'ancienneté déterminée pour leur grade par le tarif annexé à la présente loi.

Chaque année de service au-delà des termes fixés ci-dessus et chaque année de campagne, supputées selon les art. 7 et 8, ajoutent à la pension un vingtième de la différence du *minimum* au *maximum*.

Le *maximum* est acquis pour les officiers de la marine et marins à quarante-cinq ans, et pour les individus des autres corps de la marine, à cinquante ans de service, campagnes comprises.

10. La pension se règle sur le grade dont l'officier est titulaire.

Si néanmoins il demande sa retraite avant d'avoir au moins deux ans d'activité dans ce grade, la pension se règle sur le grade immédiatement inférieur.

11. La pension de retraite de tout officier, sous-officier, quartier-maître et caporal, ayant douze ans accomplis d'activité dans son grade, est augmentée du cinquième.

Dans ce cas spécial, le bénéfice du présent article est acquis même aux individus désignés par le précédent paragraphe qui ont droit au *maximum* déterminé par le tarif annexé à la présente loi.

TITRE II. *Des pensions de retraite pour cause de blessures ou d'infirmités.*

SECTION Ⅰʳᵉ. *Des droits à la pension.*

12. Les blessures donnent droit à la pension de retraite, lorsqu'elles sont graves et incurables, et qu'elles proviennent d'événements de guerre ou d'accidents éprouvés dans un service commandé.

Les infirmités donnent les mêmes droits, lorsqu'elles sont graves et incurables, et qu'elles sont reconnues provenir des fatigues ou des accidents du service.

Les causes, la nature et les suites des blessures ou infirmités seront justifiées dans les formes et dans les délais qui seront déterminés par un règlement d'administration publique.

13. Les blessures ou infirmités provenant des causes énoncées dans l'article précédent ouvrent un droit immédiat à la pension, si elles ont occasionné la cécité, l'amputation ou la perte absolue de l'usage d'un ou de plusieurs membres.

14. Dans les cas moins graves, elles ne donnent lieu à la pension que sous les conditions suivantes :

1° Pour l'officier, si elles le mettent hors

---

(1) M. le contre-amiral Augier a fait remarquer que sur les vaisseaux de l'Etat on n'admet que les enfants de quatorze à quinze ans. M. le ministre de la marine a répondu qu'on les admet à l'âge de douze ans ; « mais nous ne pouvons empêcher, a-t-il dit, des bâtiments du commerce de prendre des enfants au-dessous de cet âge : ensuite, lorsqu'ils prennent du service sur les bâtiments de l'Etat, il faut bien leur compter ce temps ; et, dans tous les cas, il ne compte que pour bénéfice de campagne. » Voy. art. 2 et 31.

(2) Cette disposition manque dans la loi sur les pensions de terre. Voy. art. 8, *suprà.*

(3) Sur l'interpellation de M. Abrial, qui demandait si le temps du cabotage et de la pêche du poisson frais comptait pour compléter le temps du service, M. le ministre de la marine a répondu : « Le temps de service de la grande et de la petite pêche compte évidemment dans la liquidation de la pension de retraite pour les marins qui ont, bien entendu, acquis le temps révolu.

d'état de rester en activité, et lui ôtent la possibilité d'y rentrer ultérieurement.

2° Pour tout individu au-dessous du rang d'officier, si elles le mettent hors d'état de servir et de pourvoir à sa subsistance.

SECTION II. *Fixation de la pension.*

15. Pour la cécité, l'amputation ou la perte absolue de l'usage de deux membres, la pension est fixée conformément au tarif annexé à la présente loi.

16. Les blessures ou infirmités qui occasionnent la perte absolue de l'usage d'un membre, ou qui sont reconnues équivalentes, donnent droit au *minimum* de la pension d'ancienneté, quelle que soit la durée des services.

Chaque année de service, y compris les campagnes, supputées selon les art. 7 et 8, ajoute à cette pension un vingtième de la différence du *minimum* au *maximum* d'ancienneté.

Le *maximum* est acquis à vingt ans de service, campagnes comprises.

17. Pour les blessures ou infirmités qui mettent l'officier, marin ou autre, dans une des positions prévues par l'art. 14, les pensions sont fixées pareillement au *minimum* d'ancienneté; mais elles ne sont augmentées, dans la proportion déterminée par l'article précédent, que pour chaque année de service au-delà de vingt-cinq ans ou de trente ans, campagnes comprises.

Le *maximum* est acquis, pour les officiers et marins, à quarante-cinq ans, et pour les individus des autres corps de l'armée de mer, à cinquante ans de service, y compris les campagnes.

18. La pension pour cause de blessures ou infirmités se règle sur le grade dont l'officier, marin ou autre, est titulaire.

L'art. 11 ci-dessus est applicable à la pension pour cause de blessures ou d'infirmités.

TITRE III. *Des pensions des veuves et orphelins.*

SECTION Iʳᵉ. *Des droits à la pension.*

19. Ont droit à une pension:

1° Les veuves d'officiers, marins ou autres, qui ont été tués dans un combat, ou qui ont péri dans un service commandé ou requis (1);

2° Les veuves d'officiers, marins ou autres, qui ont péri sur les bâtiments de l'Etat ou dans les colonies, et dont la mort a été causée, soit par des événements de guerre, soit par des maladies contagieuses ou endémiques aux influences desquelles ils ont été soumis par les obligations de leur service;

3° Les veuves d'officiers, marins ou autres, qui sont morts des suites de blessures reçues, soit dans un combat, soit dans un service commandé ou requis, pourvu que le mariage soit antérieur à ces blessures.

Les causes, la nature et les suites des blessures seront justifiées dans les formes et dans les délais prescrits par un règlement d'administration publique;

4° Les veuves d'officiers, marins ou autres personnes mentionnées dans le tarif, morts en jouissance de la pension de retraite, ou en possession de droits à cette pension, pourvu que le mariage ait été contracté deux ans avant la cessation de l'activité du mari, ou qu'il y ait un ou plusieurs enfants issus du mariage antérieur à cette cessation.

Dans les cas prévus par le présent article, le mariage contracté par les officiers et autres en activité de service n'ouvrira de droits à la pension aux veuves et aux enfants qu'autant qu'il aura été autorisé dans les formes prescrites par les décrets des 16 juin et 3 août 1808.

20. En cas de séparation de corps, la veuve d'un officier, marin ou autre, ne peut prétendre à aucune pension. Les enfants, s'il y en a, sont considérés comme orphelins.

21. Après le décès de la mère, ou lorsque, par l'effet des dispositions de l'article précédent, elle se trouve déchue de ses droits à la pension, l'enfant ou les enfants mineurs des officiers, marins et autres, qui sont morts dans les cas prévus par l'art. 19, ont droit, quel que soit leur nombre, à un secours annuel égal à la pension que la mère aurait été susceptible d'obtenir.

Ce secours leur est payé jusqu'à ce que le plus jeune d'entre eux ait atteint l'âge de vingt et un ans accomplis; mais, dans ce cas, la part des majeurs est réversible sur les mineurs.

SECTION II. *Fixation des pensions des veuves.*

22. La pension des veuves des officiers,

_____

(1) « Voici ce qu'on entend, dans la marine, par un *service requis*, a dit M. le ministre de la marine. Souvent il arrive qu'un bâtiment de guerre a besoin de l'assistance d'un autre bâtiment, et qu'il requiert l'équipage de ce bâtiment de lui prêter secours. Si le bâtiment requis est un bâtiment de commerce, il est juste que les hommes de l'équipage qui ont pris part à l'action jouissent du même bénéfice que ceux du bâtiment de guerre.

marins ou autres, est fixée au quart du *maximum* de la pension d'ancienneté affectée au grade dont le mari était titulaire, quelle que soit la durée de son activité dans ce grade.

Néanmoins, la pension des veuves des amiraux est fixée à six mille francs.

Celle des veuves des marins ou autres au-dessous du rang d'officier ne sera pas moindre de cent francs.

TITRE IV. *Dispositions générales.*

23. Les dispositions de la loi sur les pensions de l'armée de terre sont pleinement applicables aux officiers, sous-officiers et soldats des troupes de la marine, sauf le bénéfice résultant de l'art. 1ᵉʳ en ce qui concerne l'époque à laquelle ils pourront acquérir droit à la pension d'ancienneté.

24. La pension des magistrats et autres fonctionnaires de l'ordre judiciaire attachés au service des colonies est, à parité d'offices, réglée sur les mêmes bases et fixée au même taux que celle des magistrats employés en France, sauf les bénéfices résultant des art. 1ᵉʳ, 4 et 7, pour les individus envoyés d'Europe.

La même règle d'assimilation s'applique aux fonctionnaires civils des colonies, autres que ceux qui sont compris dans l'organisation du département de la marine en France, pourvu que ces fonctionnaires soient rétribués sur les deniers publics.

25. Dans les cas non prévus par la présente loi où il y aura lieu de récompenser des services éminents ou extraordinaires, les pensions ne pourront être accordées que par une loi spéciale.

26. Les pensions de l'armée de mer sont personnelles et viagères : elles sont payables, comme dette de l'Etat, sur la caisse des invalides de la marine, sans rien préjuger sur ce qui pourra être ultérieurement déterminé relativement à l'administration de cette caisse.

27. Tout pourvoi contre la liquidation d'une pension de retraite doit être formé, à peine de déchéance, dans les trois mois à partir du jour du premier paiement des arrérages, pourvu qu'avant ce premier paiement les bases de la liquidation aient été notifiées (1).

28. Le droit à l'obtention ou à la jouissance d'une pension de retraite est suspendu :

Par la condamnation à une peine afflictive ou infamante, pendant la durée de la peine ;

Par les circonstances qui font perdre la qualité de Français, durant la privation de cette qualité ;

Par la résidence hors du royaume, sans l'autorisation du roi, lorsque le titulaire de la pension est Français ou naturalisé Français.

29. Les pensions de retraite dans la fixation desquelles il sera fait application de l'art. 4 de la présente loi, ne pourront, en aucun cas, être cumulées avec un traitement civil d'activité.

30. Les pensions de retraite et leurs arrérages sont incessibles et insaisissables, excepté dans le cas de débet envers l'Etat ou dans les circonstances prévues par les art. 203 et 205 du Code civil.

Dans ces deux cas, les pensions de retraite sont passibles de retenues qui ne peuvent excéder le cinquième de leur montant pour cause de débet, et le tiers pour aliments.

TITRE V. *Dispositions transitoires.*

31. La navigation faite sur les bâtiments de l'Etat antérieurement à la promulgation de la présente loi sera comptée comme service effectif à partir de l'âge de dix ans (2).

32. Les trois années de service effectif accordées à titre d'études préliminaires, en vertu des lois des 15 décembre 1790 et 27 avril 1791, aux officiers du génie maritime et aux ingénieurs hydrographes qui n'ont pas été élèves de l'école polytechnique, continueront de leur être comptées pour la pension de retraite.

33. Tous les droits acquis en vertu de dispositions antérieures à la présente loi, relativement aux services susceptibles d'être admis dans la liquidation des pensions de retraite, sont conservés, sauf les restrictions spécifiées dans l'article suivant.

34. Les services hors des armées nationales, qui ne sont devenus admissibles pour la pension de retraite qu'en vertu des ordonnances des 25 et 31 mai 1814, ne pourront être comptés qu'autant qu'ils seront accompagnés de quinze ans au moins de service effectif dans lesdites armées nationales.

Dans aucun cas, les campagnes faites dans le cours desdits services ne donneront lieu au bénéfice des art. 7 et 8.

---

(1) Le délai du recours contre une décision ministérielle qui rejette une demande en augmentation d'une pension déjà allouée, court du jour de la notification de ce rejet, bien que, depuis le réclamant n'ait pas touché sa pension. A ce cas ne s'applique pas l'art. 27. (13 février 1840, ord., Mac., 1840, p. 35 ; Sirey-Devill., 40. 2. 332.)

(2) Voy. art. 2 et 7.

Les années de service et les campagnes dans les armées des états en guerre contre la France ne seront jamais comptées pour les pensions.

Toutefois, les droits acquis par les traités ou les décrets antérieurs à 1814 sont maintenus.

35. Les dispositions de la présente loi seront appliquées à toutes les pensions de la marine dont la liquidation est restée en suspens depuis la publication de l'ordonnance du 10 octobre 1829, rendue pour l'armée de terre.

Sont néanmoins réservés les droits acquis avant la promulgation de la présente loi, en vertu des règlements d'organisation, aux officiers de la marine et des autres corps spéciaux, en ce qui concerne les avantages qui leur étaient attribués pour la liquidation de la pension de retraite (1);

A la charge par lesdits officiers de faire, dans le délai de six mois, à partir de la promulgation de la présente loi, sous peine de déchéance, leur demande d'admission à la pension de retraite.

36. Dans tous les cas, le tarif annexé à la présente loi sera seul appliqué dans la fixation des pensions. Les campagnes seront également supputées conformément aux dispositions de la présente loi.

Ne sont pas comprises, toutefois, dans les dispositions des art. 35 et 36, les pensions nouvelles qui, en exécution d'une loi spéciale, doivent être accordées aux officiers des divers corps de la marine, réformés du 31 mars 1814 au 31 déc. 1817.

37. Sauf les cas prévus par les art. 31, 32, 33, 34, 35 et 36, tous règlements, décrets, ordonnances et lois antérieurement rendus ou promulgués, tant sur les droits et titres auxquels peuvent être accordées les pensions de retraite comprises dans la présente loi, que sur la fixation de ces pensions, sont et demeurent abrogés.

---

(1) En matière de liquidation de pension de retraite due au titulaire ou à sa veuve, on doit appliquer la législation existante au moment où le droit à la pension est acquis et non les règlements nouveaux qui restreindraient l'effet des anciens. (17 janvier 1833, ord., Mac., 1833, p. 43 ; Sirey-Devill., 34. 2. 576.)

TARIF DES PENSIONS

GRADES.	PENSIONS DE RETRAITE Pour ancienneté de service. (Art. 9 de la loi.)		
	Minimum à 25 ou 30 ans de service effectif, suivant le corps.	Accroissement pour chaque année de service effectif au-delà de 25 ou 30 ans, suivant le corps, et pour chaque année résultant de la supputation des campagnes.	Maximum à 45 ou 50 ans de service, suivant le corps, campagnes comprises.
	francs.	francs. cent.	francs.
Vice-amiral.	4,000	100 00	6,000
Contre-amiral..	3,000	50 00	4,000
Capitaine de vaisseau.	2,400	30 00	3,000
Capitaine de frégate.	1,800	30 00	2,400
Capitaine de corvette.	1,500	25 00	2,000
Lieutenant de vaisseau.	1,200	20 00	1,600
Lieutenant de frégate.	800	20 00	1,200
Élève de marine.	600	20 00	1,000
Maîtres entretenus à 1,500 fr. et au-dessus. Conducteurs de travaux de 1re classe.	660	20 00	1,000
Maîtres entretenus au-dessous de 1,500 fr. Conducteurs de travaux de 2e et 3e classes.	500	10 00	700
Second maître et contre-maître.	250	7 50	400
Aide et quartier-maître.	220	6 00	340
Matelot, novice et mousse.	200	5 00	300
Commissaire général de la marine et inspecteur de la marine de 1re classe. . . . . Trésorier général des invalides de la marine (e). . . .	3,000	50 00	4,000
Commissaire principal de la marine et inspecteur de la marine de 2e classe..	2,700	35 00	3,400
Commissaire de la marine et inspecteur adjoint. . . . Commissaire des subsistances. . . . . Commissaires rapporteurs à Brest, Toulon et Rochefort.	2,400	30 00	3,000
Sous-commissaire de la marine. . . . . Sous-inspecteur de la marine. . . . . Sous-commissaire des subsistances. . . . . Contrôleur des subsistances.. . . . . Commissaires rapporteurs à Cherbourg et à Lorient. . Trésoriers des invalides de 1re et 2e classes (e). . . . Garde-magasin des subsistances. . . . . Greffiers à Brest, Toulon et Rochefort.	1,200	20 00	1,600

(a, b, e) D'après l'art. 33 de la loi du 28 fructidor an 7, la pension pour le cas de cécité ou d'amputation de deux membres, est augmentée, en sus du maximum d'ancienneté (colonne 4),

SAVOIR :

Pour le sergent et maréchal-des-logis (et, par analogie, pour le 2e maître et le contre-maître), de 50 fr.;
Pour le caporal ou le brigadier (et, par analogie, pour l'aide et le quartier-maître), de 60 fr.;
Pour le soldat (et, par analogie, pour le matelot, novice et mousse). de 65 fr.

POUR L'ARMÉE DE MER.

PENSIONS DE RETRAITE Pour cause de blessures ou infirmités graves et incurables. (Art. 12, 13, 14, 15, 16 et 17 de la loi.)									PENSIONS aux veuves, secours annuels aux orphelins. (Art. 21 et 22 de la loi.)
Amputation de deux membres, ou perte totale de la vue. (Art. 15 de la loi.)	Amputation d'un membre ou perte absolue de l'usage de deux membres. (Art. 15 de la loi.)	Blessures ou infirmités graves qui occasionent la perte absolue de l'usage d'un membre, ou qui y sont équivalentes. (Art. 16 de la loi.)			Blessures ou infirmités moins graves qui mettent dans l'impossibilité de rester au service avant d'avoir accompli le temps exigé pour le droit à la pension d'ancienneté. (Art. 17 de la loi.)				Quart du maximum de la pension affecté au grade.
Pension fixe, quelle que soit la durée des services.	Pension fixe, quelle que soit la durée des services.	Minimum.	Accroissement pour chaque année de service, y compris les campagnes.	Maximum à vingt ans de services, campagnes comprises.	Minimum.	Accroissement pour chaque année de service au-delà de 25 ou 30 ans, suiv. le corps, lorsque les campagnes, cumulées avec les services effectifs, forment un total de 25 ou 30 ans.	Maximum à 45 ou 50 ans de service, suivant le corps, campagnes comprises. 12	
francs.	francs.	francs.	fr. c.	francs.	francs.	francs. cent.	francs.	francs.
6,000	6,000	4,000	100 00	6,000	4,000	100 00	6,000	1,500
4,000	4,000	3,000	50 00	4,000	3,000	50 00	4,000	1,000
3,000	3,000	2,400	30 00	3,000	2,400	30 00	3,000	750
2,400	2,400	1,800	30 00	2,400	1,800	30 00	2,400	600
2,000	2,000	1,500	25 00	2,000	1,500	25 00	2,000	500
1,600	1,600	1,200	20 00	1,600	1,200	20 00	1,600	400
1,200	1,200	800	20 00	1,200	800	20 00	1,200	300
1,000	1,000	600	20 00	1,000	600	20 00	1,000	250
1,000	1,000	600	20 00	1,000	600	20 00	1,000	250
700	700	500	10 00	700	500	10 00	700	175
(a) 450	400	250	7 50	400	250	7 50	400	100
(b) 410	340	220	6 00	340	220	6 00	340	(d) 100
(c) 365	300	200	5 00	300	200	5 00	300	(d) 100
4,000	4,000	3,000	50 00	4,000	3,000	50 00	4,000	1,000
3,400	3,400	2,700	35 00	3,400	2,700	35 00	3,400	850
3,000	3,000	2,400	30 00	3,000	2,400	30 00	3,000	750
1,600	1,600	1,200	20 00	1,600	1,200	20 00	1,600	400

(d) Pour les veuves des marins et autres individus au-dessous du grade d'officier, la pension ne peut être moindre de 100 francs (art. 22 de la loi).

(e) Les trésoriers et leurs veuves restent passibles des lois et réglemens relatifs aux comptables en débet, et notamment de la loi du 18 avril 1792.

TARIF DES PENSIONS

GRADES.	PENSIONS DE RETRAITE Pour ancienneté de service. (Art. 9 de la loi.)		
	Minimum à 25 ou 30 ans de service effectif, suivant le corps.	Accroissement pour chaque année de service effectif au-delà de 25 ou 30 ans, suivant le corps, et pour chaque année résultant de la supputation des campagnes.	Maximum à 45 ou 50 ans de service, suivant le corps, campagnes comprises
	francs.	francs. cent.	francs.
Commis principal et commis de la marine.. Commis principal et commis des subsistances. Trésoriers des invalides de 3e et de 4e classes (e). Chef de comptabilité de tous les services. Garde-magasin des travaux maritimes et des forges et fonderies. Conducteur principal des forges et fonderies. Greffiers à Cherbourg et à Lorient. Commis-dessinateur. Commis aux écritures des travaux maritimes.	800	20 00	1,200
Inspecteur général du génie maritime. Directeur des constructions et ingénieur hydrographe en chef.	3,000	50 00	4,000
Ingénieur de la marine et ingénieur hydrographe de 1re classe..	2,400	30 00	3,000
Ingénieur de la marine et ingénieur hydrographe de 2e classe..	1,800	30 00	2,400
Sous-ingénieurs de la marine de 1re et 2e classe, et ingénieur hydrographe de 3e classe..	1,200	20 00	1,600
Sous-ingénieur de la marine de 3e classe, sous-ingénieur hydrographe et adjoint du génie maritime.	800	20 00	1,200
Inspecteur général du service de santé.	3,000	50 00	4,000
Officier de santé en chef.	2,400	60 00	3,000
Deuxième officier de santé en chef.	1,800	30 00	2,400
Officier de santé de 1re classe.	1,500	25 00	2,000
Officier de santé de 2e classe.	800	20 00	1,200
Officier de santé de 3e classe.	600	20 00	1,000
Examinateur de la marine.	2,800	40 50	3,600
Examinateur des élèves de la marine.	1,800	30 00	2,400
Professeur de 1re classe.	1,800	30 00	2,400
Professeur de 2e classe.	1,200	30 00	1,800
Professeurs des 3e et 4e classes.	800	20 00	1,200

(e) Les trésoriers et leurs veuves restent passibles des lois et réglemens relatifs aux comptables en débet, et notamment de la loi du 18 avril 1792.

POUR L'ARMÉE DE MER.

PENSIONS DE RETRAITE Pour cause de blessures ou infirmités graves et incurables. (Art. 12, 13, 14, 15, 16 et 17 de la loi.)								PENSIONS aux veuves, secours annuels aux orphelins. (Art. 21 et 22 de la loi.)
Amputation de deux membres, ou perte totale de la vue. (Art. 15 de la loi.)	Amputation d'un membre ou perte absolue de l'usage de deux membres. (Art. 15 de la loi.)	Blessures ou infirmités graves qui occasionent la perte absolue de l'usage d'un membre, ou qui y sont équivalentes. (Art. 16 de la loi.)			Blessures ou infirmités moins graves qui mettent dans l'impossibilité de rester au service avant d'avoir accompli le temps exigé pour le droit à la pension d'ancienneté. (Art. 17 de la loi.)			Quart du maximum de la pension affecté au grade.
Pension fixe, quelle que soit la durée des services.	Pension fixe, quelle que soit la durée des services.	Minimum.	Accroissement pour chaque année de service, y compris les campagnes.	Maximum à vingt ans de service, campagnes comprises.	Minimum.	Accroissement pour chaque année de service au-delà de 25 ou 30 ans, suiv. le corps, lorsque les campagnes, cumulées avec les services effectifs, forment un total de 25 ou 30 ans.	Maximum à 45 ou 50 ans de service, suivant le corps, campagnes comprises.	
francs.	francs.	francs.	fr. c.	francs.	francs.	francs. cent.	francs.	francs.
1,200	1,200	800	20 00	1,200	800	20 00	1,200	300
4,000	4,000	3,000	50 00	4,000	3,000	50 00	4,000	1,000
3,000	3,000	2,400	30 00	3,000	2,400	30 00	3,000	750
2,400	2,400	1,800	30 00	2,400	1,800	30 00	2,400	600
1,600	1,600	1,200	20 00	1,600	1,200	20 00	1,600	400
1,200	1,200	800	20 00	1,200	800	20 00	1,200	300
4,000	4,000	3,000	50 00	4,000	3,000	50 00	4,000	1,000
3,600	3,600	2,400	60 00	3,600	2,400	60 00	3,600	900
2,400	2,400	1,800	30 00	2,400	1,800	30 00	2,400	600
2,000	2,000	1,500	25 00	2,000	1,500	25 00	2,000	500
1,200	1,200	800	20 00	1,200	800	20 00	1,200	300
1,000	1,000	600	20 00	1,000	600	20 00	1,000	250
3,600	3,600	2,800	40 00	3,600	800	40 00	3,600	900
2,400	2,400	1,800	30 00	2,400	800	30 00	2,400	600
2,400	2,400	1,800	30 00	2,400	800	30 00	2,400	600
1,800	1,800	1,200	30 00	1,800	1,200	30 00	1,800	450
1,200	1,200	800	20 00	1,200	800	20 00	1,200	300

18 — 25 avril 1831. — Loi sur les contributions extraordinaires de l'exercice 1831, la contribution des majorats, la retenue sur les pensions et traitemens, les crédits extraordinaires, les dépenses départementales, l'enregistrement des mutations concernant les communes, départemens et établissemens publics, le transit des marchandises et le tarif des primes de sortie des laines (1). (IX, Bulletin XXXVIII, n. 106.)

Art. 1ᵉʳ. Il sera ajouté temporairement, et pour l'année 1831 seulement, trente centimes au principal de la contribution foncière.

Ces trente centimes seront payés par le propriétaire, partout où les contributions ordinaires n'ont pas été mises, par stipulation expresse, à la charge du fermier, colon ou métayer. Dans ce dernier cas, cet accroissement de contributions sera, nonobstant toute stipulation contraire, par moitié à la charge des propriétaires et à celle des fermiers. Le paiement en sera fait en entier directement, comme pour les contributions ordinaires, par les fermiers, qui donneront pour comptant, dans le paiement du prix de leurs baux, la moitié des sommes qu'ils justifieront avoir payées pour l'acquit des trente centimes (2).

Les frais de la contribution temporaire sont fixés, pour les percepteurs, au quart du taux déterminé pour les contributions ordinaires; il ne sera alloué aucuns frais aux receveurs généraux et particuliers.

2. Les contributions foncière, personnelle, mobilière, des portes et fenêtres, et des patentes, sont fixées, pour 1831, en principal et centimes additionnels, conformément à l'état A ci-annexé (3).

Le contingent de chaque département, dans les contributions foncière et mobilière, est fixé aux sommes portées dans les états B, nᵒˢ 1 et 2, annexés à la présente loi.

3. Les majorats et remplois de dotation, institués ou convertis en rentes ou en actions de banque immobilisées, seront, comme immeubles, assujettis à une contribution proportionnellement égale à celle qui frappe tous les autres immeubles (4).

4. L'art. 3, relatif aux rentes et actions de banque immobilisées, n'est applicable qu'aux rentes et actions qui seront immobilisées postérieurement à la promulgation de la présente loi.

Le Gouvernement présentera à la prochaine session un projet pour déterminer le mode et la quotité de l'impôt établi par cet article.

5. Le recouvrement des contributions directes continuera à s'opérer provisoirement sur les rôles de 1830, jusqu'à l'émission des rôles de 1831; mais il ne pourra être perçu, sans une nouvelle loi, au-delà des huit douzièmes de ces derniers rôles, y compris les quatre douzièmes, dont la perception provisoire a déjà été autorisée par la loi du 12 décembre dernier.

6. Les conseils généraux de département et les conseils d'arrondissement seront con-

---

(1) Présentation à la Chambre des Députés le 18 mars (Mon. du 19); rapport par M. Humann le 29 (Mon. du 30); discussion les 4, 5, 6 et 7 avril (Mon. des 5, 6, 7 et 8); adoption le 8 (Mon. du 9), à la majorité de 227 voix contre 32.

Présentation à la Chambre des Pairs le 14 (Mon. du 15); rapport par M. le comte Roy; discussion, adoption le 16 (Mon. du 17), à la majorité de 94 voix contre 8.

(2) On a proposé de mettre l'impôt entier à la charge du propriétaire; mais on a reproché à cette disposition d'intervenir dans les conventions particulières. On a répondu que le législateur pouvait, à son gré et nonobstant toutes conventions antérieures, désigner la matière imposable et indiquer sur qui devait porter l'impôt. On a adopté l'article tel qu'il est, en le considérant comme une sorte de transaction. Voy. le décret du 9 janvier 1814, qui contient une disposition analogue.

(3) « Je crois devoir faire remarquer, a dit M. Lepelletier d'Aulnay, que l'état A ne contient pas seulement une augmentation d'impôt de trente centimes, mais une augmentation d'impôt de six centimes sur les contributions foncière, personnelle, mobilière et des portes et fenêtres; et cette augmentation a lieu, parce que les centimes centralisés au trésor étaient jusqu'ici portés aux centimes additionnels pour les impositions que je viens d'énumérer, et qu'actuellement, à ce tableau A, elles sont portées pour dix-sept centimes; cependant l'augmentation n'est que de six centimes, parce

que le nombre des centimes qui était à dix-neuf n'est plus qu'à dix huit. »

M. Humann, rapporteur, a répondu que M. Lepelletier d'Aulnay était dans l'erreur; qu'il n'y avait point d'augmentation dans l'impôt direct ordinaire.

« Les centimes additionnels de la contribution foncière, personnelle et mobilière, étaient, il est vrai, a-t-il dit, de trente et un en 1830, et le nouveau tableau les porte à trente-sept; mais on a perdu de vue que l'état de 1830 contenait en outre, et en dehors de trente et un centimes, les centimes ajoutés aux rôles, pour les remises des percepteurs et des receveurs des finances. Or, ces centimes de perception, qui sont au nombre de six centimes du principal, ne figurent pas dans le tableau de 1831; attendu qu'à partir de cette année, ils formeront un fonds commun, et que dès lors on a dû les ajouter aux centimes additionnels, sans affectations spéciales.

(4) On a demandé si l'article s'appliquait également aux majorats dont les fonds ont été faits par l'état, et à ceux dont les fonds appartiennent en toute propriété aux titulaires.

Le texte n'établit aucune distinction. Il faut donc considérer l'article comme s'appliquant à tous les cas, et quelle que soit la source d'où proviennent les rentes ou les actions de la banque. Voyez décret du 1ᵉʳ mars 1808, art. 1, 2 et suivans.

voqués après la promulgation de la présente loi, pour procéder à la répartition des contributions foncière et mobilière de 1831 (1).

Les conseils généraux régleront en même temps les budgets de leurs recettes et dépenses, ainsi que la quotité des centimes extraordinaires d'utilité départementale et du cadastre, qu'ils sont autorisés à voter d'après les lois existantes.

Les conseils municipaux tiendront leur session annuelle à l'époque ordinaire pour dresser les budgets communaux de 1832 (2).

7. Seront perçus les centimes additionnels légalement autorisés pour le service des départemens et des communes, et destinés aux besoins de l'exercice 1831, par des votes spéciaux qui ont été établis sur le principal des contributions directes de 1830. La perception de ces centimes sera définitive, et ne pourra donner lieu à aucun décompte lors de la confection des rôles généraux de 1831.

8. Dans les villes qui ne peuvent plus prélever sur l'octroi la portion de contri-

bution personnelle et mobilière qu'elles avaient été précédemment autorisées à ne point répartir entre les contribuables, il sera fait immédiatement un rôle provisoire, d'après le contingent intégral en principal et centimes additionnels fixé pour ces deux contributions en 1830. Les à-comptes payés pour 1831 sur les rôles de 1830 seront émargés sur le rôle provisoire, sauf règlement au rôle définitif de 1831. Les frais d'avertissement sont ajoutés au rôle.

9. Les impôts indirects maintenus par la loi du 12 décembre 1830 jusqu'au 1er mai 1831 continueront d'être perçus jusqu'au 1er sept. prochain, avec les exceptions contenues dans les art. 3, 4 et 5 de ladite loi.

10. A compter du 1er mai jusqu'au 31 décembre de la présente année, tous traitemens, appointemens, salaires, pensions et dotations, payés sur les fonds du budget de l'Etat, et toutes remises accordées sur les sommes reçues ou payées pour le compte de l'Etat, seront assujettis à une retenue proportionnelle, conformément au tarif ci-après :

SÉRIE des classes.	CLASSE des traitemens.	CENTIMES de retenue.
1	de 1,000 à 1,500	2
2	de 1,501 à 2,000	3
3	de 2,001 à 2,500	4
4	de 2,501 à 3,000	5
5	de 3,001 à 3,500	6
6	de 3,501 à 4,000	7
7	de 4,001 à 4,500	8
8	de 4,501 à 5,000	9
9	de 5,001 à 6,000	10
10	de 6,001 à 7,000	11
11	de 7,001 à 8,000	12
12	de 8,001 à 9,000	13
13	de 9,001 à 10,000	14
14	de 10,001 à 11,000	15
15	de 11,001 à 12,000	16
16	de 12,001 à 13,000	17
17	de 13,001 à 14,000	18
18	de 14,001 à 15,000	19
19	de 15,001 à 16,000	20
20	de 16,001 à 17,000	21
21	de 17,001 à 18,000	22
22	de 18,001 à 19,000	23
23	de 19,001 à 20,000	24
24	de 20,001 et au-dessus.	25

(1) M. Dumeilet avait proposé de supprimer, pour cette fois, la première session des conseils d'arrondissement.

Mais on a fait remarquer que les modifications apportées par la loi sur la contribution mobilière rendaient inévitables des changemens dans les contingens des arrondissemens ; qu'ainsi la première session des conseils d'arrondissement était absolument nécessaire.

(2) Ordinairement les conseils généraux sont convoqués par ordonnance ; mais la convocation n'a lieu qu'après le budget ; or, la loi du budget n'étant pas votée, on aurait pu penser que les conseils généraux ne seraient pas légalement convoqués pour voter et régler leurs dépenses. On a trouvé utile d'insérer dans la loi une disposition formelle.

La présente disposition n'est point applicable aux armées actives de terre et de mer jusqu'au grade de chef de bataillon et de capitaine de corvette, et grades correspondans exclusivement ; ni aux traitemens, pensions et dotations au-dessous de mille francs par an (1).

11. Les retenues faites sur les traitemens militaires pour les caisses des invalides de terre et de la marine sont comprises dans celles qui ont été fixées par l'article précédent (2).

12. Le ministre des finances est autorisé à faire inscrire au grand-livre de la dette publique, et à négocier d'après les formes établies, des rentes cinq pour cent, portant jouissance du 22 mars 1831, jusqu'à concurrence de la somme nécessaire pour produire un capital de cinquante millions de francs.

Lesdites rentes pourront être affectées, à titre de garantie, aux négociations que réclameraient les besoins du service ; elles ne pourront être définitivement aliénées que par une adjudication faite avec concurrence et publicité.

Il y sera affecté un amortissement d'un pour cent du capital.

13. Il est ouvert aux ministres, pour les dépenses de leurs départemens de l'exercice 1831, un crédit provisoire supplémentaire de la somme de quatre cents millions, qui sera réparti entre eux par une ordonnance royale insérée au Bulletin des Lois.

Toutefois, pour les dépenses de l'exercice 1831 autres que celles pour lesquelles il a été ou serait alloué des crédits extraordinaires, chacun des ministres se renfermera provisoirement dans les crédits et dans les allocations spéciales du projet de budget présenté aux Chambres pour l'exercice 1831.

14. Les centimes additionnels généraux affectés aux dépenses départementales seront divisés ainsi qu'il suit :

Pour dépenses départementales fixes communes à plusieurs départemens	5° 1/2	
Pour dépenses variables des départemens.	7 1/2	18
Pour fonds communs des mêmes départemens.	5	

15. Le crédit en bons royaux, ouvert au ministre des finances par l'article 7 de la loi du 12 décembre dernier, est porté à deux cents millions.

En cas d'insuffisance, il y sera pourvu au moyen d'une émission supplémentaire qui devra être autorisée par des ordonnances royales, et qui sera soumise à la sanction législative dans la plus prochaine session des Chambres.

16. Les comptes de l'emploi des quatre centimes alloués pour frais de recensement de la contribution personnelle et mobilière, des portes et fenêtres, seront distribués aux Chambres.

17. Sont et demeurent abrogés l'article 7 de la loi du 16 juin 1824, et les dispositions des lois, décrets et arrêtés du Gouvernement qui n'ont assujetti qu'au droit fixe, pour l'enregistrement et la transcription hypothécaire, les actes d'acquisition et les donations et legs faits au profit des départemens, arrondissemens, communes, hospices, séminaires, fabriques, congrégations, consistoires et autres établissemens publics.

En conséquence, ces acquisitions, donations et legs, seront soumis aux droits proportionnels d'enregistrement et de transcription établis par les lois existantes.

18. Des ordonnances du Roi pourront, d'ici à la prochaine session des Chambres,

1° Accorder l'extension du transit des marchandises de toute espèce et dans toutes les directions, sans distinction de celles qui sont prohibées à l'importation, ainsi qu'une extension de facultés à certains entrepôts maritimes ; désigner les lieux, ports ou bureaux où les nouvelles facultés pourront s'exercer ; déterminer les formalités et obligations à accomplir par ceux qui voudront en profiter ; et, quant aux marchandises prohibées, fixer, dans les limites de l'article 15 de la loi du 10 brumaire an 5, les amendes et confiscations applicables aux fausses déclarations, soit à l'entrée, soit à la sortie, ou de non-rapport, dans les délais voulus, des acquits-à-caution dûment déchargés (3) ;

2° Réviser, s'il y a lieu, le tarif des primes de sortie allouées aux tissus de laine, à l'effet de rendre entière la com-

(1) M. Duboy-sAimé a demandé qu'on exemptât également de la retenue le traitement des préposés du service actif des douanes, jusqu'au grade d'inspecteur, par la raison qu'en temps de guerre les différentes brigades des douanes font un service militaire sur les frontières et sur les côtes.

M. Humann, rapporteur, a combattu la proposition ; cependant il a dit : « Lorsque les préposés des douanes se joignent à l'armée, étant considérés comme militaires, ils sont soumis aux mêmes conditions que les militaires. »

(1 et 2) Voy. ci-après ordonnances des 10, 11 et 14 mai 1831.

(3) Voy. ci-après ordonnances du 29 avril et du 27 juin 1831.

pensation du droit que les laines étrangères subissent à l'entrée, et de comprendre dans ce tarif les espèces de tissus que la loi du 27 mai 1826 n'a pas désignées.

Les ordonnances qui auront été rendues en vertu du présent article seront présentées à la prochaine session des Chambres pour être converties en loi (1).

(*Suivent les tableaux.*)

---

19 = 23 avril 1831. — Loi sur les élections à la Chambre des Députés (2). (Bull. XXXVII, n. 105.)

TITRE Ier. *Des capacités électorales.*

Art. 1er. Tout Français jouissant des droits civils et politiques (3), âgé de vingt-cinq ans accomplis (4), et payant deux cents francs de contributions directes (5),

---

(1) Voy. ordonnance du 13 mai 1831.

(2) Présentation à la Chambre des Députés le 30 janvier (Mon. du 31); rapport par M. Béranger le 22 février (Mon. du 23); discussion les 24, 25, 26, 27, 28 février, 1er, 2, 3, 4, 5, 6, 7, 8 mars (Mon. des 25, 26, 27, 28 février, 1er, 2, 3, 4, 5, 6, 7, 8, 9 mars; adoption le 9 Mon. du 10) à la majorité de 290 voix contre 62.

Présentation à la Chambre des Pairs le 16 mars (Mon. du 17; rapport par M. le duc Decazes le 30 mars (Mon. du 31); adoption le 31 mars, 1er avril (Mon. des 1er et 2 avril) à la majorité de 95 voix contre 12.

Retour à la Chambre des Députés le 7 avril (Mon. du 8); discussion le 9 (Mon. des 11, 12 et 13); adoption le 13 (Mon. du 15), à la majorité de 301 voix contre 52.

Retour à la Chambre des Pairs le 14 avril (Mon. du 15); discussion, adoption le 15 (Mon. du 16), à la majorité de 83 voix contre 12.

Dans les notes placées sur l'art. 69 de la loi, j'ai eu soin d'indiquer toutes les lois antérieures, en signalant celles qui restent encore en vigueur. On peut au surplus consulter les lois du 5 février 1817 et du 29 juin 1820; du 25 mars 1818, du 2 mai 1827, du 2 juillet 1828 et les notes. J'ai eu le soin de recueillir dans la collection les diverses circulaires ministérielles. Lorsqu'elles seront indiquées dans les notes sur les différents articles, et qu'on désirera les consulter, on les trouvera en les cherchant à leur date.

(3) Dans le commentaire sur la loi du 21 mars, relative à l'organisation municipale, j'ai exposé l'état de la législation sur la manière d'acquérir et de perdre les droits civils et politiques. Voy. *suprà*.

Remarquons que, d'après la constitution de 1793 (art. 4), tout étranger âgé de vingt-un ans accomplis, qui domicilié en France depuis une année, y vivait de son travail, avait épousé une femme française, était réputé citoyen et investi irrévocablement des droits résultant de cette qualité, tels que ceux d'électeur, sans être obligé de faire aucune déclaration, de prêter aucun serment, et de remplir aucunes formalités; que les dispositions ultérieures, qui ont exigé d'autres conditions et établi d'autres règles pour que l'étranger puisse acquérir la qualité de Français, ne sont point applicables aux étrangers qui étaient réputés Français en vertu d'une loi antérieure. Ainsi jugé par la cour de Lyon le 10 novembre 1827 et par la cour d'Amiens le 12 février 1824 (Sirey, 24. 2. 76; et 28. 2. 30). La qualité de Français n'a pas besoin d'être prouvée après une longue résidence (arrêt de la cour de Rennes du 7 mai 1827) ; sont Français les résidents en France depuis cinq ans, au moment de la promulgation de la loi du 30 avril 1790, s'ils y sont propriétaires, mariés à une Française, ou commerçants. (Arrêt de la cour de Colmar du 26 décembre 1829, Sirey, 30. 2. 62).

Un arrêt du 18 juin 1830, rendu par la cour royale de Bordeaux (Dalloz, 30. 2. 194) a décidé qu'à défaut d'acte de naissance, l'électeur peut justifier qu'il a l'âge requis par la représentation d'autres actes authentiques qui ne permettent pas de douter qu'il a cet âge; par exemple, par la production du contrat et de l'acte civil de son mariage, passés en l'an 11, et énonçant qu'alors il avait plus de vingt-trois ans.

Le débiteur qui a fait cession de biens n'est pas, comme le failli, privé de l'exercice de ses droits électoraux. Montpellier, 25 octobre 1837, Sirey-Devill., 37. 2. 490.

(4) A quelle époque l'électeur doit-il avoir vingt-cinq ans accomplis? Voyez art. 19, § 4. La disposition de cet article fait cesser tous les doutes qui s'élevaient sous l'empire de la législation antérieure.

(5) A quelle époque l'électeur doit-il payer les 300 fr. de contributions? L'art. 7 résout cette difficulté. Quelles sont les contributions qui peuvent composer le cens électoral? Voyez l'art. 4 et les notes.

La commission de la Chambre des Pairs avait pensé qu'il y avait un inconvénient grave à subordonner la perte ou l'acquisition des droits électoraux, à la diminution ou à l'augmentation de l'impôt; elle a fait remarquer que c'était le revenu et non l'impôt qui conférait la capacité électorale; que l'impôt n'était employé pour fixer le cens, que parce qu'il était lui-même un signe déterminant le revenu : qu'en conséquence, lorsque le revenu restait le même, la capacité ne devait pas changer; que cependant, en posant en règle générale qu'on est électeur lorsqu'on paie telle ou telle somme de contributions, on arrive nécessairement à ce résultat, qu'un dégrèvement ôte à plusieurs le titre et la qualité d'électeur, tandis qu'un accroissement d'impôt confère ces mêmes titres et qualités à un certain nombre. Pour entrer dans un système de fixité mettant la capacité électorale à l'abri des variations résultant des changements dans la quotité des impôts, M. le rapporteur a proposé, au nom de la commission, d'exiger, pour composer le cens électoral, 150 fr. de contributions directes *en principal*. Cette disposition aurait en effet atteint le but qu'on se proposait, car on sait que nos contributions directes se divisent *en principal* et en *centimes additionnels*; que toutes les fois qu'on augmente ou qu'on diminue les contributions, on le fait sans toucher au principal, et en augmentant ou diminuant le nombre des centimes additionnels. Ainsi, on aurait pu désormais augmenter ou diminuer les impôts, sans rien changer à la position électorale.

La Chambre des Pairs avait, en adoptant cette proposition, pris en considération les droits acquis ; elle avait apprécié ce qui est ajouté aux diverses contributions directes, en centimes additionnels : mais elle n'avait pu faire à cet égard qu'un calcul approximatif, parce que le nombre des centimes

est électeur, s'il remplit d'ailleurs les autres conditions fixées par la présente loi.

2. Si le nombre des électeurs d'un arrondissement électoral ne s'élève pas à cent cinquante, ce nombre sera complété, en appelant les citoyens les plus imposés au-dessous de deux cents francs (1).

Lorsqu'en vertu du paragraphe précédent les citoyens payant une quotité de contribution égale se trouveront appelés concurremment à compléter la liste des électeurs, les plus âgés seront inscrits jusqu'à concurrence du nombre déterminé par ledit article.

3. Sont en outre électeurs, en payant cent francs de contributions directes,

1° Les membres et correspondants de l'Institut (2);

2° Les officiers des armées de terre et de mer jouissant d'une pension de retraite de douze cents francs au moins, et justifiant d'un domicile réel de trois ans dans l'arrondissement électoral.

Les officiers en retraite pourront compter, pour compléter les douze cents francs ci-dessus, le traitement qu'ils toucheraient comme membres de la Légion-d'Honneur (3).

4. Les contributions directes qui confèrent le droit électoral sont la contribution foncière, les contributions personnelle et mobilière (4), la contribution des portes et fenêtres, les redevances fixes et proportionnelles des mines (5), l'impôt des patentes (6), et les suppléments d'impôt de

---

varie suivant les différentes natures de contributions; elle avait pensé que 150 fr. de principal étaient à peu près la même chose que 200 fr. en principal et centimes additionnels.

La Chambre des Députés n'a pas cru devoir admettre cette innovation.

(1) Il a été clairement expliqué, dans le rapport fait à la Chambre des Pairs, que si, dans un arrondissement électoral, il y a moins de 150 électeurs payant 200 fr., cependant on ne devra pas appeler les plus imposés au-dessous de 200 fr., lorsque le nombre de 150 sera complété au moyen des adjonctions établies par l'art. 3. Voy. notes sur l'art. 10.

(2) Les correspondants de l'Institut sont nommés à vie; il y en a environ cinquante.

(3) On avait proposé d'ajouter les membres des conseils généraux de département; les maires, adjoints des villes d'une population agglomérée de trois mille habitants ou chefs-lieux de départements et d'arrondissements; les juges des cours et tribunaux en activité ou en retraite; les professeurs des facultés de droit et de médecine, etc.; les avocats inscrits sur le tableau près les cours et tribunaux; les docteurs des facultés de médecine; les notaires et les avoués, avec certaines conditions relativement au domicile et à l'exercice de la profession; les licenciés en droit, ès-sciences et lettres, aussi avec certaines conditions; les anciens élèves de l'école polytechnique; les citoyens possédant une rente de 3,000 fr., inscrite au grand-livre et immobilisée pour cinq ans; les capitaines au long cours. — Toutes ces adjonctions ont été rejetées.

(4) Lorsqu'un individu se trouve mal à propos payer deux contributions personnelles et mobilières on ne doit lui en compter qu'une, la plus élevée. (Arrêts des cours de Rennes et de Grenoble en date des 18 décembre 1828 et 4 août 1829.)

(5) Sous l'empire de la législation antérieure, la cour de cassation avait décidé que la redevance fixe ne pouvait être comptée dans le cens électoral. (Arrêt du 14 juin 1830, Sirey, 30. 1. 207; et Dalloz, 30. 1. 290.) Cette jurisprudence est anéantie par la disposition formelle de la loi.

(6) La patente, prise sous le nom du père, ne doit pas profiter aux enfants pour former leur cens électoral, encore que, dans la réalité, le commerce pour lequel la patente a été prise, soit exercé par eux seuls depuis plusieurs années. (Arrêts de la

cour royale de Rennes du 24 décembre 1828, et de la cour de Riom du 20 novembre 1828; Sirey, 29. 2. 53; Dalloz, 29. 2. 48.)

Un citoyen ne peut compter, pour compléter son cens électoral, la patente délivrée à un tiers, bien qu'il ait succédé à l'industrie et acquis la fabrique de ce tiers. (Arrêt de la cour de Nancy du 16 juin 1830, Sirey, 30. 2. 329; Dalloz, 30. 2. 230.)

La patente de fileurs de cocons est comprise dans le cens. (Arrêt de la cour de cassation du 6 juillet 1830; Dalloz, 30. 1. 273.)

Il a été formellement reconnu, par la Chambre des Députés, que la contribution additionnelle à la patente destinée aux dépenses des chambres et bourses de commerce, devait concourir, pour former le cens électoral; c'est afin de manifester cette intention qu'on a placé les mots, *l'impôt de patentes*, avant ceux-ci, *et les suppléments d'impôts*, etc. La cour de cassation, par arrêt du 26 mai 1830 (Sirey, 30. 1. 224; Dalloz, 30. 1. 185), avait déjà consacré cette opinion.

M. le ministre de l'intérieur a d'ailleurs fait une observation générale fort utile sur tous les impôts qui ne sont pas expressément désignés.

« La loi, a-t-il dit, doit contenir le principe et ensuite l'application de ce principe se fait d'après les bases établies par la jurisprudence. Sans aucun doute, les contributions dont on vient de parler, doivent compter dans le cens électoral, mais il est inutile de les mentionner.

« Il y a beaucoup d'autres contributions pour lesquelles il arrivera ce qui arrive ici, et je ne crois pas trop dire en avançant qu'il faudrait vingt amendements pour les désigner toutes. Remarquez d'ailleurs que vous sembleriez exclure les autres en votant celle-ci. »

Ces paroles doivent être remarquées; elles prouvent que la loi ne contient pas la liste complète de toutes les contributions dont le cens électoral peut se composer; elle proclame seulement un principe général, en offre quelques applications et laisse à la jurisprudence le soin de résoudre les difficultés qui peuvent se présenter.

Rappelons d'ailleurs un principe que la cour de Bordeaux a consacré par un arrêt du 10 septembre 1829 (Sirey, 29. 2. 281; Dalloz, 29. 2. 300), savoir que, dans le doute, sur la question de savoir si telle ou telle contribution doit être comptée pour la formation du cens électoral), il faut tou-

toute nature connus sous le nom de *centimes additionnels* (1).

Les propriétaires des immeubles temporairement exemptés d'impôts pourront les faire expertiser contradictoirement et à leurs frais pour en constater la valeur de manière à établir l'impôt qu'ils paieraient, impôt qui alors leur sera compté pour les faire jouir des droits électoraux (2).

La patente sera comptée à tout médecin ou chirurgien employé dans un hôpital, ou attaché à un établissement de charité, et exerçant gratuitement ses fonctions, bien que, par suite de ces mêmes fonctions, il soit dispensé de la payer.

5. Le montant du droit annuel de diplôme, établi par l'art. 29 du décret du 17 septembre 1808, sera compté dans le cens électoral des chefs d'institution et des maîtres de pension, tant que les lois an-

nuelles sur les finances continueront à en autoriser la perception.

Les chefs d'institution et les maîtres de pension justifieront de leur qualité par la représentation de leur diplôme; ils justifieront du paiement du droit par la représentation de la quittance que leur aura délivrée le comptable chargé de la perception de ce droit.

Le montant de ce droit annuel ne sera compté dans le cens électoral des chefs d'institution et des maîtres de pension qu'autant que leur diplôme aura au moins une année de date à l'époque de la clôture de la liste électorale.

6. Pour former la masse des contributions nécessaires à la qualité d'électeur, on comptera à chaque Français les contributions directes qu'il paie dans tout le royaume (3); au père, les contributions des biens

---

jours interpréter la loi en faveur de la capacité électorale.

(1) Tous les centimes additionnels, même les *centimes communaux*, sont compris dans la disposition qui fait cesser les incertitudes de la jurisprudence à cet égard. Les mots *de toute nature* ont été ajoutés précisément pour que l'article embrassât absolument tous les centimes additionnels, aussi bien ceux votés par les Chambres d'une manière générale, que ceux perçus en vertu des votes des conseils généraux du département et des conseils municipaux. Sous l'empire de la législation antérieure, on décidait que les prestations en nature, imposées aux termes de la loi du 28 juillet 1824, relative aux chemins vicinaux, devaient être comptées pour composer le cens électoral, et il en doit être de même, à plus forte raison, sous la loi actuelle. (Arrêt de la cour de cassation du 28 juillet 1830; Sirey, 30. 1. 359; Dalloz, 30. 1. 271.)

La contribution pour vérification des poids et mesures frappant directement sur la personne, est une contribution directe. (Arrêt de la cour de Grenoble du 19 juin 1830).

Id., Montpellier, 28 octobre 1837, Sirey-Devill., 37. 2. 492.

Voy., en sens contraire, cass., 10 mai 1837, Sirey-Devill., 37. 1. 387.

Le prix de la feuille timbrée de la patente ne peut être considéré comme un accessoire de la patente elle-même. (Arrêt de la cour de cassation du 10 mai 1837, Sirey-Devill., 37. 1. 387.)

Les contributions payées dans les colonies ne peuvent servir à composer le cens électoral. (Ordonnance du 30 décembre 1823.)

Si, à raison de pertes éprouvées, un contribuable obtient une remise ou modération sur sa contribution foncière ou sur sa patente, on doit néanmoins lui compter la totalité de la cote pour laquelle il est inscrit au rôle (solution ministérielle du 18 août 1817); il n'en serait pas de même s'il s'agissait d'une réduction réelle de contribution, d'un dégrèvement obtenu pour sur-imposition. (Favard de Langlade, p. 65 et 66.)

Les contributions doivent compter, quoique le rôle ne soit pas encore en recouvrement. (Arrêt de la cour de Bourges, du 14 juin 1830, Sirey, 30. 2. 350; Dalloz, 30. 2. 206.)

La valeur estimative des prestations en nature pour l'entretien des chemins vicinaux doit être comptée dans la formation du cens électoral. (Arrêts de la cour de cassation des 12 février et 2 avril 1838, Sirey-Devill., 38. 1, p. 105 et 575.)

(2) Par exemple, les propriétaires des maisons nouvellement bâties sont exempts de la contribution foncière pendant deux ans, aux termes de l'art. 88 de la loi du 3 frimaire an 7. La jurisprudence a été quelque temps incertaine; mais deux ordonnances, en date des 11 février 1824 et 21 septembre 1827, et un arrêt de la Cour royale de Rouen, en date du 28 août 1829, avaient décidé qu'un propriétaire ne pouvait compter, dans le cens électoral, l'impôt relatif à une maison, déclarée exempte par la loi, même en offrant de payer la contribution. Ces décisions n'ont plus aucune autorité, en présence du texte formel qui a adopté le système opposé.

Le propriétaire d'un immeuble imposé ne peut se prévaloir de la plus-value que cet immeuble aurait acquise par suite d'amélioration, pour faire entrer dans son cens électoral un impôt plus élevé dont ces améliorations l'auraient rendu susceptible. Ici, ne s'applique pas le paragraphe 2 de l'art. 4. (Arrêt de la cour de Nancy du 13 octobre 1837, Sirey-Devill., 37. 2. 495.)

(3) Les contributions assises sur un immeuble doivent compter à l'usufruitier, et non au nu-propriétaire, pour former le cens électoral, lorsque l'usufruit et la nue-propriété ne résident pas sur la même tête. Il en est ainsi, alors même que les contributions sont payées en réalité par le nu-propriétaire, et par suite de conventions entre lui et l'usufruitier. (Arrêt de la cour de cassation du 9 avril 1829; Sirey, 29. 1. 129, Dalloz, 29. 1. 215.)

Plusieurs arrêts de cours royales, notamment un arrêt de la cour de Montpellier, en date du 12 octobre 1829, ont jugé dans le même sens.

Lorsqu'un propriétaire, en vendant un immeuble, s'en est réservé la jouissance pour un temps très-court, et s'est chargé d'en payer la contribution pendant un temps déterminé, il n'y a pas lieu de lui attribuer cette contribution, parce qu'il n'est pas véritablement usufruitier. (Ordonnances du 27 janvier 1828.)

de ses enfants mineurs dont il aura la jouissance (1) ; et au mari, celles de sa femme, même non commune en biens, pourvu qu'il n'y ait pas séparation de corps (2).

L'impôt des portes et fenêtres des propriétés louées est compté, pour la formation du cens électoral, aux locataires ou fermiers (3).

Les contributions foncières, des portes et fenêtres, et des patentes, payées par une maison de commerce composée de plusieurs associés, seront, pour le cens électoral, partagées par égales portions entre les associés, sans autre justification qu'un certificat du président du tribunal de commerce, énonçant les noms des associés (4). Dans le cas où l'un des associés prétendrait à une part plus élevée, soit parce qu'il serait seul propriétaire des immeubles, soit à tout autre titre, il sera admis à en justifier

---

Les contributions sur un bien grevé de rentes foncières comptent au propriétaire de l'immeuble, et non à celui de la rente. (Solution du 7 septembre 1820.)

Les contributions comptent à l'acquéreur à réméré, et non au vendeur ; elles comptent au propriétaire des biens engagés par antichrèse. (Solution du 16 septembre 1820.)

Les héritiers, quoiqu'ils aient payé la contribution personnelle du défunt, ne peuvent la compter pour compléter le cens électoral à leur profit.

En tous cas, elle se diviserait entre eux. (Arrêts de la cour de Bordeaux du 28 mai 1830, et de la cour de Rennes du 18 décembre 1828, Sirey, 30. 2. 320 ; Dalloz, 30. 2. 212.)

Lorsque, parmi les personnes appelées à une succession, il s'en trouve dont l'existence n'est pas reconnue, l'héritier présent peut demander que la totalité des contributions lui soient comptées. (Arr. de la cour de Bordeaux, du 16 juin 1830, Dalloz, 80. 2. 211.)

L'administration ne doit pas soulever des prétentions touchant aux intérêts privés que ne veulent point élever les intéressés. Lors donc que, pour former son cens électoral, un citoyen se prévaut d'un legs à lui fait, l'administration n'est pas recevable, si les intéressés gardent le silence, à opposer au réclamant que la libéralité excède la quotité disponible. (Arrêt de la cour de Bourges du 3 décembre 1829, Sirey, 30. 2. 135 ; Dalloz, 30. 2. 28.)

Si un cohéritier prétend qu'il a reçu des avantages, et qu'en conséquence, il doit lui être compté une plus forte contribution qu'aux autres, il doit en justifier jusqu'à la preuve contraire, il y a présomption que les cohéritiers possèdent proportionnellement à leurs droits successifs. (Solution du 18 septembre 1820.)

Si plusieurs héritiers, renonçant aux avantages d'un testament, consentent à partager la succession par portions égales, et, par ce moyen, se trouvent tous électeurs, le préfet ne peut refuser de les admettre, sous prétexte que la renonciation est simulée. (Arrêt de la cour de Bordeaux du 18 juin 1830, Sirey, 30. 2. 327 ; Dalloz, 30. 2. 205.)

Un héritier peut s'appliquer la totalité des contributions de la succession, lorsque son cohéritier a renoncé ; il ne suffit pas de dire que le renonçant avait accepté d'abord et pris la qualité d'héritier, et qu'ensuite il n'a renoncé que pour conférer à son cohéritier le cens électoral. (Arrêt de la cour de Toulouse du 23 novembre 1829.)

Dans le calcul du cens électoral, on doit compter à un cohéritier sa portion intégrale des contributions de l'hérédité, bien que les autres cohéritiers aient un préciput en argent ; ce préciput n'empêche pas que le cohéritier ne soit propriétaire de sa part dans les immeubles ; il ne constitue qu'une créance sur ces immeubles. (Arrêt de la Cour de Pau du 10 décembre 1828.)

Un contribuable ne peut compter, pour la composition de son cens électoral, les contributions qu'il devrait à raison des portes et fenêtres qui ont été par erreur exemptées d'impôt. (Arrêt de la Cour de Colmar du 23 octobre 1837, Sirey-Devill., 37. 2. 493.)

Un bien étant vendu à plusieurs acquéreurs, et le cadastre n'ayant pas déterminé la contribution de chaque portion, chacun d'eux profite de la portion d'impôt qu'ils se sont engagés à payer par acte authentique. (Solution du 11 septembre 1820.)

(1) Un père ne peut se faire compter les contributions des biens de ses enfants émancipés. (Solution ministérielle du 18 octobre 1820.)

(2) Le mari ne profite point des contributions assises sur les immeubles dont sa femme a la nue-propriété ; mais il profite des contributions des biens dont elle a l'usufruit. (Solution du 22 octobre 1820.)

Il est certain que si les époux séparés de corps se réunissent, comme ils en ont le droit, le mari pourra de nouveau former le cens électoral avec les contributions de sa femme ; mais la réunion après le divorce serait inutile.

(3) Les différentes cours étaient en opposition sur la question de savoir si la contribution des portes et fenêtres devait compter au propriétaire ou au locataire : la Cour de cassation s'était prononcée pour le locataire. Comme on le voit, la loi nouvelle a adopté cette opinion. Si le bail mettait expressément la contribution des portes et fenêtres à la charge du propriétaire, devrait-on la compter néanmoins pour composer le cens électoral du locataire ? Nous pensons que l'affirmative doit être adoptée ; la cour de Bordeaux l'a ainsi jugé, par arrêt du 15 novembre 1828, même sous l'empire de l'ancienne législation. Sirey, 29. 2. 3 ; Dalloz, 29. 2. 48.) D'ailleurs, lorsque le propriétaire se charge de payer l'impôt des portes et fenêtres, c'est après avoir calculé le prix de son bail en conséquence, de manière qu'en définitive, c'est toujours le locataire qui supporte l'impôt.

Voy., en ce sens, arrêt de la cour de cassation du 5 avril 1837, Sirey-Devill., 38. 1. 51.

Il est, du reste, bien entendu, qu'en cas de non location de tout ou partie des bâtiments, la contribution des portes et fenêtres profite au propriétaire pour la partie non louée.

L'impôt des portes et fenêtres payé par un fonctionnaire public, à raison de son logement gratuit dans des bâtiments de l'Etat, doit entrer dans la formation de son cens électoral. (Arrêts de la cour de cassation des 24 et 25 avril 1838, Sirey-Devill., 38. 1. 465.)

Voy. en sens contraire, arrêt de la cour de Besançon du 28 octobre 1837, Sirey - Devill., 37. 2. 492.

(4) Il s'était élevé plusieurs difficultés assez graves, sur la manière de compter la patente d'une

devant le préfet en produisant ses titres.

7. Les contributions foncière, personnelle et mobilière, et des portes et fenêtres, ne sont comptées que lorsque la propriété foncière aura été possédée, ou la location faite, antérieurement aux premières opérations de la révision annuelle des listes électorales (1). Cette disposition n'est point applicable au possesseur à titre successif ou par avancement d'hoirie (2). La patente ne

---

maison de commerce composée de plusieurs associés ; elles se trouvent résolues par la disposition de la loi.

Si une société, en nom collectif, occupe hors de son domicile des magasins, pour lesquels elle est inscrite au rôle de la contribution personnelle et mobilière, cet impôt, bien que qualifié personnel, doit être considéré comme une charge sociale, et profite à tous les associés. (Ordonnance du 25 février 1824.)

L'associé gérant d'une société en commandite ne peut compter, pour la formation de son cens électoral, les contributions assises sur des immeubles qu'il a achetés au nom et pour le compte de la société. (Arrêt de la Cour de Bourges du 13 novembre 1829, et de la Cour de cassation du 10 mars 1830, Sirey, 30. 1. 93 ; Dalloz, 30. 1. 166.)

Cette décision nous paraît conserver toute sa force, depuis la loi nouvelle ; mais il a été jugé que, si le chef d'un établissement d'industrie n'a que des associés commanditaires, la contribution mobilière assise sur la totalité de l'usine doit lui être comptée. (Arrêt de la Cour de Metz du 10 février 1829.)

L'associé gérant et responsable d'une société en commandite profite seul, pour la formation de son cens électoral, de la patente payée par la société. (Arrêt de la Cour de cassation du 24 juillet 1840, Sirey-Devill., 40. 1. 725.)

Dans une société anonyme, aucun des associés ne peut s'appliquer une partie des contributions assises sur les immeubles de la société. (Solutions des 15 septembre 1820, 3 novembre 1828 et 10 juillet 1829.)

Le principe posé par la loi ne peut être appliqué aux sociétés en commandite, à l'égard des commanditaires, ni aux sociétés anonymes. (Circulaire ministérielle du 20 avril 1831. Voy. ci-après.)

Un certificat d'un associé ne suffit pas pour prouver qu'on fait partie d'une société, et qu'on a droit de profiter de la patente frappant sur la société. (Arrêt de la Cour de Bordeaux du 15 juin 1830, Dalloz, 30. 2. 209.)

Les impôts assis sur des immeubles apportés dans une société doivent être répartis entre les divers associés. Peu importe que celui qui en a fait l'apport se soit engagé par l'acte de société à passer vente au profit des ses associés, dans le cas où ils opteraient, lors de la dissolution de la société et conformément aux clauses sociales, pour une part en nature dans les immeubles dont il s'agit. (Arrêt de la Cour de cassation du 17 janvier 1837, Sirey-Devill., 37. 1. 620).

Voy. toutefois arrêt de la Cour de Montpellier du 24 octobre 1837, Sirey-Devill., 37. 2. 493.

Un associé peut compter dans son cens électoral une partie de la patente payée au nom de la société, bien que celle-ci n'ait pas été légalement publiée, si la nullité n'en est pas demandée par les tiers intéressés, et si son existence est prouvée par le certificat du président du tribunal de commerce. (Arrêt de la Cour de cassation du 13 juin 1839, Sirey-Devill., 39. 1. 692.)

L'électeur inscrit qui a compté, pour compléter

son cens, le cinquième de la patente payée par une société composée de cinq personnes dont il fait partie, mais dans laquelle il n'a qu'un huitième d'intérêt, peut être rayé de la liste, même sur la demande d'un tiers qui prouve que l'intérêt de cet associé n'est réellement que d'un huitième. (Arrêt de la Cour de cassation du 28 octobre 1837, Sirey-Devill., 37. 2. 493.)

Jugé, au contraire, par la Cour de Rennes, que ce droit est personnel aux associés. (Voy. le Droit du 6 novembre 1837.)

(1) Il faut de plus que l'on soit encore en possession de la propriété imposée au moment de la clôture des listes. (Arrêt de la cour de Colmar du 23 octobre 1837, Sirey-Devill., 37. 2. 496.)

(2) L'art. 4 de la loi du 29 juin 1820 exigeait que la propriété foncière fût possédée, la location faite, une année avant la convocation du collège électoral. Il s'est élevé des difficultés assez graves sur ce qu'on devait entendre par ces mots convocation du collège. Les uns prétendaient que la possession annale devait être accomplie avant l'ordonnance de convocation ; d'autres, qu'il suffisait qu'elle fût acquise avant le jour fixé pour la réunion des collèges : désormais, ces questions ne pourront plus se reproduire. Il faut, d'après la loi nouvelle, que la propriété soit possédée ou la location faite antérieurement aux premières opérations de la révision annuelle des listes. L'art. 14 fixe l'époque de ces premières opérations ; ainsi, la vérification sera fort aisée. Tout individu qui se présentera devra prouver qu'il possédait, ou qu'il était locataire avant l'époque fixée pour les premières opérations, conformément à l'art. 14. Cette preuve devra se faire par les moyens propres à prouver la possession annale, c'est-à-dire par un certificat du maire : des arrêts de la Cour de Bordeaux, en date des 16 et 23 juin 1820 (Dalloz, 30. 2. 210 et 212), ont jugé que ce certificat était la seule pièce propre à établir le fait de possession annale, et l'on doit admettre aujourd'hui qu'il sera également nécessaire pour établir la possession antérieure aux opérations de la révision annuelle des listes.

La question de savoir si le possesseur par avancement d'hoirie était dispensé de la possession annale était fort contestée sous l'ancienne législation ; elle est maintenant résolue par le texte de la loi, et il est inutile de rappeler les nombreux arrêts qui l'avaient décidée en sens divers ; mais nous devons nous attacher à reproduire tous ceux qui ont jugé des questions qui peuvent se présenter encore aujourd'hui, notamment ceux qui ont jugé dans quel cas on peut être réputé possesseur à titre successif, dans quel cas la possession remonte à une époque antérieure à la date du titre en vertu duquel on possède, etc. Nous devons aussi expliquer de quelle manière ces différents arrêts recevront leur application. Lorsqu'il aura été décidé que, par un motif quelconque, la possession annale n'est pas exigée, il faudra en conclure aujourd'hui que le possesseur, placé dans ce cas particulier, pourra se faire inscrire sur la liste, bien qu'il

comptera que lorsqu'elle aura été prise, et l'industrie exercée un an avant la clôture de la liste électorale (1).

ne fût pas en possession avant les premières opérations de la révision annuelle.

La possession annale n'était pas exigée dans le cas où il s'agissait de biens acquis en remploi, de biens d'une femme aliénés, conformément aux art. 1434 et 1435 du Code civil. (Circulaire du 2 septembre 1822.)

La possession annale est nécessaire, encore que les biens à raison desquels l'électeur réclame son inscription aient été acquis par voie d'échange, que l'électeur eût la possession annale des biens échangés, et qu'enfin les contributions soient les mêmes sur les biens aliénés et sur les biens acquis. (Arrêt de la cour de cassation du 13 juillet 1830, Sirey, 30. 1. 361 ; Dalloz, 30. 1. 274.)

La possession compte à l'acquéreur non du jour de la vente, mais de celui de la ratification du vendeur pour lequel on s'était porté fort. (Arrêt de la cour de Paris du 20 novembre 1829, Dalloz, 30. 2. 115.)

Les enfants au profit desquels le père et mère ont fait, par acte entre-vifs, un partage anticipé, sont réputés jouir, à titre successif, des revenus, comme de la nue-propriété des biens compris au partage. (Arrêt de la cour d'Angers du 20 mars 1829, Sirey, 29. 2. 250.)

L'acquisition sur licitation, par l'un des héritiers, des biens d'une succession, est un titre successif. (Arrêt de la cour de Rouen du 13 novembre 1828, Sirey, 29, 2. 22.)

L'héritier dont le droit s'est ouvert antérieurement aux premières opérations de révision annuelle des listes électorales, et qui, postérieurement à ces mêmes opérations, s'est rendu adjudicataire sur licitation d'un immeuble dépendant de la succession, peut se prévaloir des contributions que paie cet immeuble pour réclamer son inscription sur la liste électorale. (Arrêt de la cour de Paris du 6 octobre 1836, Sirey-Devill., 37. 2. 84.)

Le cohéritier peut, aussitôt après le partage fait avec ses cohéritiers, ou la vente que ceux-ci lui ont consentie de leurs droits successifs, se prévaloir, pour former son cens électoral, de la totalité des contributions payées par les immeubles dont il se trouve propriétaire, bien qu'il ne possède que depuis un an. En un tel cas, le cohéritier est réputé posséder à titre successif. (Arrêts de la cour de Nancy du 27 novembre 1828, Sirey, 29. 2. 155 ; de la cour d'Amiens du 11 décembre 1828 ; de la cour de Rouen du 13 décembre 1828 ; de la cour d'Orléans du 14 janvier 1829, et de la Cour de cassation du 7 juillet 1830, Dalloz, 30. 1. 274.)

Le légataire d'un immeuble doit être considéré comme possesseur à titre successif. (Arrêt de la cour de cassation du 19 avril 1838. Sirey-Devill., 38. 1. 465.)

Le cohéritier indivis qui, postérieurement aux premières opérations de la révision des listes électorales, acquiert de ses cohéritiers *une portion seulement* de l'immeuble indivis, ne doit pas être considéré comme acquéreur à titre successif. (Arrêt de la cour de Nancy du 13 octobre 1837, Sirey-Devill., 37. 2. 494.)

Une donation faite par un père à ses enfants est réputée faite à titre d'avancement d'hoirie ; il n'est pas nécessaire que cela soit formellement exprimé.

8. Les contributions directes payées par une veuve, ou par une femme séparée de corps ou divorcée, seront comptées à celui (Arrêt de la cour de Rouen du 23 avril 1828, Sirey, 28. 2. 203.)

Le défaut de transcription d'une donation contenue dans un partage n'est pas un obstacle à ce que le donataire soit considéré comme investi de l'objet donné. (Arrêt de la cour de Grenoble du 29 juin 1830, Dalloz, 30. 2. 255.)

Un électeur doit être porté pour la totalité de la contribution assise sur son lot, bien que le partage soit postérieur à la clôture du registre des demandes en radiation. (Arrêt de la cour d'Orléans du 14 janvier 1829, Dalloz, 29. 2. 50.)

Le partage de société n'a pas le même effet que celui de la succession. (Arrêt de la cour de Bourges du 17 juin 1830, Dalloz, 30. 2. 211.)

(1) M. Génin a fait remarquer qu'il pourrait arriver, lorsqu'un négociant a changé de domicile, que la patente du domicile précédent ne lui fût pas comptée pour le cens électoral ; pour éviter toutes difficultés et rendre la disposition plus claire, il a proposé d'ajouter « sans préjudice toutefois du droit « résultant de l'autre patente payée l'année précé- « dente. » M. le rapporteur a répondu que cette addition était sans objet, et que, malgré le changement de domicile, la patente doit toujours être comptée. M. Génin a retiré son amendement.

Ces mots *et l'industrie exercée* ont été ajoutés sur la proposition de M. Séran, « afin, a-t-il dit, de prévenir l'inconvénient qu'il y aurait à ce qu'une patente conférât le droit électoral sans avoir été prise pour exercer une industrie ; elle ne doit conférer le droit électoral qu'autant qu'elle sera la représentation de l'industrie. » Ainsi celui qui prendrait une patente, sans exercer réellement l'industrie, ne devrait pas être admis comme électeur. On le décidait ainsi sous l'empire de la législation précédente. (Arrêt de la cour de Bourges du 14 juin 1830, Sirey, 30. 2. 330.)

Un négociant qui exerce une industrie depuis plusieurs années peut-il faire compter dans la composition du cens électoral l'augmentation de sa patente, lorsque cette augmentation n'est pas payée par lui depuis plus d'un an ? peut-il être dispensé de la possession annale par le motif que si la patente n'est augmentée que depuis six mois, par exemple, elle est relative à une industrie exercée depuis plusieurs années ? Trois ordonnances, des 21 et 27 septembre 1827 et 3 mai 1828, ont décidé que l'augmentation ne pouvait être comptée avant l'expiration de l'année, lorsqu'elle résulte de ce que la patente a été portée à une classe supérieure par le préfet. M. Favard de Langlade, qui rapporte cette solution, ajoute qu'elle n'est pas applicable au cas où l'augmentation résulte d'un changement dans l'évaluation de la valeur locative des magasins, ateliers, etc., sans modification dans la classification de la patente. L'arrêt de la cour de Bourges du 14 juin 1830 précité l'a ainsi jugé.

Il nous semble que lorsque l'industrie est la même, quelle que soit la cause de l'augmentation de la patente, la possession annale ne doit pas être exigée pour cette augmentation : le législateur a voulu prévenir la fraude au moyen de laquelle on pourrait s'attribuer le droit électoral en prenant une patente la veille des élections ; or, cette fraude n'est pas possible lorsque l'industrie est exercée de-

de ses fils, petit-fils, gendres ou petits-gendres qu'elle désignera (1).

9. Tout fermier à prix d'argent ou de

denrées qui, par bail authentique d'une durée de neuf ans au moins, exploite par lui-même une ou plusieurs propriétés ru-

---

puis longtemps, et que c'est non la volonté du commerçant, mais la décision de l'autorité qui augmente le taux de la patente. Un arrêt de la cour de Bourges du 14 juin 1830 l'a ainsi jugé. Voy. la note précédente.

La contribution des portes et fenêtres étant une charge de l'habitation, ne doit être comptée au propriétaire de la maison pour la formation du cens électoral qu'en proportion de la partie de cette maison qu'il habite, et non en proportion de ses droits de propriété dans la maison. (Arrêt de la cour de cassation du 30 septembre 1831, Sirey, 31. 1. 369.)

La contribution mobilière d'une maison doit, pour la composition du cens électoral, être comptée au propriétaire qui en habite une partie, dans la même proportion que les contributions des portes et fenêtres. (Peu importe qu'au moment de la formation des listes il n'ait pas encore été inscrit en son nom personnel au rôle de la contribution mobilière. (Arrêt de la cour de cassation du 30 septembre 1831, Sirey, 31. 1. 369.)

La taxe personnelle exigée par la loi du 26 mars 1831, doit profiter en matière électorale, même pour l'année courante, à celui qui acquiert dans cette année un revenu personnel. Peu importe qu'il ne soit pas encore porté sur les rôles de cette contribution. (Arrêt de la cour de cassation du 30 septembre 1831, Sirey, 31. 1. 369.)

Celui qui se trouve électeur ou éligible au moyen d'une délégation d'imposition, n'a pas besoin, pour être porté sur les listes électorales ou pour être élu, d'avoir la possession annale du cens : il suffit que la personne dont il est délégataire ait la possession annale des biens soumis à l'impôt. (Arrêt de la cour de cassation du 19 février 1835, Sirey-Devill., 36. 1. 39.)

(1) L'art. 5 de la loi du 29 juin 1820 autorisait la femme veuve à déléguer ses *contributions foncières*; on en concluait avec raison qu'elle ne pouvait déléguer ses contributions personnelle et mobilière, ni sa contribution des portes et fenêtres; maintenant, la loi autorise la délégation des *contributions directes*, ce qui embrasse toutes les contributions indiquées dans l'art. 4.

Ce n'est pas la seule différence entre le présent article et l'art. 5 de la loi du 29 juin 1820 ; ce dernier portait : « Les contributions foncières payées par une veuve sont comptées à celui de ses fils ; à défaut de fils, à celui de ses petits-fils, et, à défaut de fils et de petit-fils, à celui de ses gendres qu'elle désigne. »

Cet article, en disant que les contributions seront comptées à celui des fils, petits fils, gendres ou petits-gendres qui sera désigné, fait disparaître toutes les difficultés qui naissaient de la loi de 1820 relativement à l'ordre dans lequel pouvaient être faites les désignations. La femme désignera qui il lui plaira ; son petit-fils par préférence à son fils, son gendre, par préférence à l'un et à l'autre, selon qu'elle le croira convenable.

Il n'est pas nécessaire que les contributions déléguées forment seules le cens électoral ; la délégation peut être faite, pour compléter le cens qui sera ainsi composé en partie des contributions déléguées et en partie des contributions personnellement payées par le délégataire.

Il est incontestable que le même individu peut recevoir simultanément des délégations de différentes femmes, par exemple, de sa mère et de sa belle-mère.

La faculté accordée à la veuve de déléguer ses contributions à son gendre, continue d'exister, bien que le gendre ait, après le décès de son épouse, contracté un second mariage, alors qu'il existe un enfant issu de la première union. (Arrêt de la cour de Paris du 21 octobre 1829, Sirey, 30. 2. 94.)

Id., lors même que celui-ci est resté veuf sans enfants. (Arrêt de la cour de Rennes, octobre 1837, Sirey-Devill., 37. 2. 495.)

Une veuve peut aussi valablement déléguer les contributions imposées au nom du mari, mais payées par la veuve depuis le décès de celui-ci, (Arrêt de la cour de Nancy du 27 octobre 1837, Sirey-Devill., 37. 2. 495.)

La délégation faite par une veuve à son gendre de moitié des contributions assises sur des biens qui ont été possédés par son mari, doit être admise, bien qu'il ne soit pas prouvé par titres que ces biens étaient des acquêts. Il suffit au délégataire d'invoquer la présomption de l'art. 1402 du Code civil, qui, jusqu'à preuve contraire, répute tous les immeubles acquêts de communauté. (Arrêt de la cour de cassation du 7 juillet 1830, Sirey, 30. 1. 360 ; arrêt de la cour de Bourges du 31 octobre 1829.)

La mère peut-elle déléguer les contributions qu'elle paie pour les biens de ses enfants mineurs, dont elle a l'usufruit légal ? La cour d'Agen a, dans les considérants d'un de ses arrêts, en date du 15 janvier 1829, préjugé l'affirmative. Et cela nous paraît ne pas faire de doute.

Une veuve qui a des fils de plusieurs lits peut-elle déléguer à un fils de chaque lit les contributions dont il est nu-propriétaire ? Un double motif s'oppose à une semblable délégation : d'abord, une femme veuve ne peut faire qu'une seule délégation ; et, en second lieu, c'est à l'usufruitier, et non au nu-propriétaire, que comptent les contributions. (Solution du 9 septembre 1820.)

Une veuve remariée ne peut, même avec le consentement de son second mari, déléguer à un fils du premier lit les contributions d'un bien dont elle est usufruitière, et dont ce fils a la nue-propriété. Ces contributions sont comptées au second mari. (Solution du 29 novembre 1820.)

La veuve interdite ne peut déléguer ses contributions ; le conseil de famille ni le tuteur ne peuvent les déléguer en son nom ; mais les autres incapacités civiles ne peuvent affecter cette délégation, qui ne transmet pas un droit personnel. (Solutions ministérielles du 29 août 1820 et du 3 novembre 1828.)

La mère adoptive peut déléguer ses contributions à son fils adoptif. (Arrêt de la cour de Nancy du 9 septembre 1829.)

On peut déléguer par acte sous-seing privé. (Arrêt de la cour de cassation du 28 juin 1830, Dalloz, 30. 1. 271.)

Une instruction ministérielle, en date du 27 juillet 1820, disposait en sens contraire.

La délégation subsiste tant qu'elle n'est pas révoquée. (Décision ministérielle du 29 août 1820 ;

rales, a droit de se prévaloir du tiers des contributions payées par lesdites propriétés, sans que ce tiers soit retranché au cens électoral du propriétaire (1).

Dans les départements où le domaine congéable est usité, il sera procédé de la manière suivante pour la répartition de l'impôt entre le propriétaire foncier et le colon:

1° Dans les *tenues* composées uniquement de maisons ou usines, les six hui-

tièmes de l'impôt seront comptés au colon, et deux huitièmes au propriétaire foncier;

2° Dans les *tenues* composées d'édifices et de terres labourables ou prairies, et formant ainsi un corps d'exploitation rurale, cinq huitièmes compteront au propriétaire, et trois huitièmes au colon;

3° Enfin, dans les *tenues* sans édifices, dites *tenues sans etage*, six huitièmes seront comptés au propriétaire, et deux hui-

---

arrêt de la cour de Nancy du 21 décembre 1830.) Elle cesse de droit quand la veuve se remarie.

Après une première délégation de ses contributions, consentie par une veuve en faveur de l'un de ses enfants, et inscription du délégataire sur la liste électorale, la veuve ne peut plus, jusqu'à la révision annuelle des listes, consentir une nouvelle délégation, qui ait effet actuel au profit d'un autre enfant: la première délégation, ou du moins l'inscription qui en a été la suite, étant irrévocable, l'effet de la seconde délégation se trouve nécessairement suspendu. (Arrêt de la cour de cassation du 15 mai 1833, Sirey-Devill., 33. 1. 632.)

La mère d'un enfant naturel reconnu ne peut lui faire délégation de ses contributions pour la composition du cens électoral; cette faculté doit être restreinte aux veuves et aux femmes séparées de corps ou divorcées. (Arrêt de la cour de Bourges du 8 décembre 1834, Sirey-Devill., 36. 2. 332.

Id. (Arrêt de la cour de cassation du 4 novembre 1835, Sirey-Devill., 35. 1. 786.)

La délégation des impositions pour former le cens électoral ou d'éligibilité à la Chambre des Députés, rend également le délégataire électeur et éligible aux conseils généraux de département. (Arrêt de la cour de cassation du 19 février 1835, Sirey-Devill., 36. 1. 39.)

Les délégations ne sont assujetties qu'à un droit d'enregistrement d'un franc. (Décision de la régie de l'enregistrement, en date du 10 juillet, Dalloz, 30. 2. 204.)

Les conditions d'âge et de domicile exigées de tous les électeurs sont imposées à celui qui se prévaut d'une délégation de contributions faite à son profit par sa mère ou belle-mère; il ne suffirait pas que celle-ci remplît ces conditions. (Arrêt de la cour de cassation du 21 juin 1837, Sirey-Devill., 37. 1. 634.)

(1) Il ne faut pas confondre le colon partiaire avec le fermier à *prix de denrées*. Le colon partiaire donne au propriétaire une quotité déterminée des fruits : la moitié, le tiers, le quart. Le fermier à prix de denrées donne une quantité déterminée de fruits : 50 pièces de vin, 50 hectolitres de blé, etc. On a proposé d'étendre aux colons partiaires le droit accordé par cet article aux fermiers; mais cette proposition a été rejetée.

L'emphytéote payant la contribution foncière doit en profiter pour le cens électoral, il en est de même du preneur de biens concédés à locatairie perpétuelle. (Solution du 16 septembre 1820.)

M. le duc Decazes, rapporteur à la Chambre des Pairs, a fait remarquer que cette disposition pouvait donner ouverture à la fraude. « Vainement, a-t-il dit, exige-t-on un bail de neuf années. L'electeur ou l'élu, lorsque son droit aura été reconnu ou exercé, pourra résilier son bail s'il a été sérieux,

et l'abandonner s'il n'a été que fictif. L'article exige, il est vrai, que le fermier exploite par lui-même; mais qu'entend-on par cette expression? ce n'est pas sans doute que le fermier exploite par ses mains? Lui sera-t-il interdit d'afferner? Nous le pensons. — S'il ne lui était pas permis d'exploiter par des métayers ou des colons partiaires, la disposition de la loi serait illusoire pour cette partie si étendue du royaume, où ce dernier mode de culture est le seul usité, et peut-être pendant long-temps le seul possible dans beaucoup de localités. Le citoyen auquel il ne manquera que 20 ou 30 fr. pour atteindre le cens électoral, affermera réellement ou fictivement quelques portions de terre imposées à 60 ou 100 fr., et se trouvera ainsi électeur. Le cens d'éligibilité pourra être complété ou formé aussi facilement, et moyennant le léger sacrifice d'un droit d'enregistrement dix fois inférieur à celui qu'il aurait fallu payer et perdre pour acquérir simulément une propriété conférant ce même cens. Ce sera à la vigilance de l'administration et des tiers, relativement aux électeurs, à la sévérité de la Chambre des Députés pour les éligibles, à empêcher le succès de ces fraudes, sur lesquelles il suffira sans doute, d'ailleurs, d'avoir appelé l'attention publique pour qu'elles soient rendues, si ce n'est impossibles, du moins plus difficiles. »

Il y a lieu d'exiger du fermier la production d'une expédition en forme du bail, et un certificat du maire attestant qu'il exploite par lui-même et ne sous-afferme pas le domaine. (Circulaire ministérielle du 20 avril 1831; voyez ci-après.)

La production du bail ne suffit pas pour établir en faveur du fermier une présomption légale qu'il exploite par lui-même. (Arrêt de la cour de cassation du 11 juin 1838; Sirey-Devill., 38. 1. 734.)

L'impôt des portes et fenêtres ne doit être compté, pour la formation du cens électoral, aux locataires ou fermiers, qu'autant que ceux-ci justifient, selon le droit commun, d'un droit écrit ou ayant reçu un commencement d'exécution. Toutes autres preuves, telles que celles qui résulteraient d'attestations délivrées aux prétendus locataires ou fermiers, sont à cet égard insuffisantes. (Arrêt de la cour de cassation du 11 juin 1834, Sirey-Devill., 34. 1. 437.)

Le droit conféré à tout fermier de propriétés rurales, en vertu de bail authentique d'une durée de neuf ans au moins, de se prévaloir, pour former son cens électoral, du tiers des contributions payées par les propriétés affermées, ne peut être invoqué par le fermier dont le bail, bien que fait pour neuf ans, contient faculté de résilier avant l'expiration de ce délai. (Arrêt de la cour de Bourges du 7 juin 1831, Sirey Devill., 32. 2. 81.)

Id. (Arrêt de la cour de cassation du 30 avril 1838, Sirey-Devill., 38. 1. 576.)

La valeur estimative des prestations en nature

tièmes seulement au colon , sauf, dans tous les cas , la faculté aux parties intéressées de demander une expertise aux frais de celle qui la requerra (1).

TITRE II. *Du domicile politique.*

10. Le domicile politique de tout Français est dans l'arrondissement électoral où il a son domicile réel (2) ; néanmoins, il pourra le transférer dans tout autre arrondissement électoral où il paie une contribution directe, à la charge d'en faire, six mois d'avance, une déclaration expresse au greffe du tribunal civil de l'arrondissement électoral où il aura son domicile politique actuel , et au greffe du tribunal civil de l'arrondissement électoral où il voudra le transférer : cette double déclaration sera soumise à l'enregistrement (3). Dans le cas où un électeur aura séparé son domicile politique de son domicile réel , la translation de son domicile réel n'emportera pas le changement de son domicile politique, et ne le dispensera pas des déclarations ci-dessus prescrites , s'il veut le réunir à son domicile réel (4).

pour l'entretien des chemins vicinaux imposées au colon partiaire d'un domaine doit être comptée exclusivement à ce colon pour la formation du cens électoral ; le propriétaire du domaine ne peut s'en attribuer aucune partie. (Arrêt de la cour de cassation du 28 mai 1838, Sirey-Devill., 38. 1. 465.)

Un bail sous-seing privé, même enregistré et déposé dans l'étude d'un notaire, n'a pas le caractère d'authenticité exigé par l'art. 9. (Arrêt de la cour de Nancy du 27 octobre 1837, Sirey-Devill., 37. 2. 495.)

(1) M. Isambert a proposé deux articles additionnels ainsi conçus :

« Ne peuvent être électeurs dans le département où ils exercent leurs fonctions, les préfets et commandants militaires ; et , dans les arrondissements où ils exercent leurs fonctions, les sous-préfets, les procureurs du roi et leurs substituts.

« Les Pairs de France ne pourront faire partie des colléges électoraux d'arrondissement. »

Pour justifier ce dernier, il a invoqué les principes de la législation anglaise ; mais l'un et l'autre articles ont été rejetés.

(2) Le domicile réel ou *civil* est au lieu où l'on a son principal établissement. (Code civil, art. 102.)

Un militaire ne peut être considéré comme ayant son domicile réel dans le lieu où il est en garnison. (Arrêt de la cour de Colmar du 23 octobre 1837, Sirey-Devill., 37. 2. 490.)

(3) Cet enregistrement donnera lieu à la perception ordinaire du droit. Quelques doutes auraient pu s'élever à cet égard ; une instruction ministérielle, du 31 mai 1817, paraissait affranchir de tous droits les actes relatifs à l'exercice des droits politiques, et notamment les déclarations pour translation de domicile politique ; partant de cette base, on aurait pu supposer que l'enregistrement devait être fait *gratis* ; mais la Chambre des Députés a formellement manifesté l'opinion contraire , en supprimant les mots, *sans frais*, qui avaient été mis dans le projet, pour affranchir de tous droits les déclarations.

Le défaut d'enregistrement rendrait-il la déclaration sans effet ? Cette question peut paraître délicate ; car, en général, la validité des actes ne dépend pas de la formalité de l'enregistrement ; mais le motif particulier qui l'a fait admettre ici autorise à penser que la déclaration non enregistrée serait inutile. On a voulu rendre les fraudes impossibles, en donnant aux déclarations une date certaine. Si l'enregistrement n'avait pas lieu, un tiers, qui contesterait l'efficacité de la déclaration, serait fondé à dire : Pour que la déclaration produise son effet, il faut qu'elle soit faite six mois d'avance. Dans l'espèce, elle n'est pas enregistrée ; il n'est donc pas légalement certain qu'elle remonte à six mois ; elle ne peut donc opérer la translation du domicile. L'art. 1328 du Code civil indique des cas où les actes acquièrent date certaine autrement que par l'enregistrement ; nous pensons que, dans ce cas, la déclaration devrait être admise , sauf les peines fiscales qu'aurait encourues la partie ou le greffier pour défaut d'enregistrement.

M. le duc Decazes a déclaré, dans la discussion : 1° qu'il n'y a pas nécessité pour l'électeur de payer des contributions au *domicile réel* ; que cette obligation n'est imposée qu'à celui qui sépare son domicile réel , et qui ne peut placer son domicile politique que dans un lieu où il paie des contributions ; 2° que le domicile politique se réunit de droit au domicile réel, lorsqu'on cesse de payer des contributions dans le domicile politique, par la raison que l'électeur doit toujours pouvoir exercer ses droits quelque part , que la séparation des deux domiciles n'est qu'une fiction de la loi, et que cette fiction cesse du jour où le domicile politique perd son utilité par le non-paiement du cens. Ainsi décidé, d'ailleurs, par une circulaire ministérielle du 25 octobre 1823, et par un avis du comité de l'intérieur du 10 juillet 1819. De même, si , à l'époque de la clôture de la liste annuelle, les six mois nécessaires, pour opérer la translation, ne sont pas expirés, on doit inscrire l'électeur sur la liste électorale de l'arrondissement auquel il appartenait précédemment. (Ord. du roi, du 14 octobre 1827.)

La déclaration dont s'agit n'est pas soumise, pour produire effet, à la nécessité d'une notification au préfet. (Arrêt de la cour de cassation du 7 février 1837, Sirey-Devill., 37. 1. 219.

Ce dernier paragraphe confirme la jurisprudence de la cour de cassation. (Arrêt du 16 juin 1830 ; Sirey, 30. 1. 255.)

Au contraire, si le domicile politique est resté uni au domicile réel, la translation de ce dernier emportera également translation du domicile politique, sans qu'il soit besoin de faire les deux déclarations dont il est question ci-dessus. L'ancienne jurisprudence était constante sur ce point , et rien dans la loi nouvelle n'autorise à la modifier ; on sait que la translation du domicile réel résulte de l'habitation réelle dans un autre lieu , jointe à l'intention d'y fixer son principal établissement ; que cette intention peut être manifestée ou par les circonstances, par exemple , par l'acceptation de fonctions à vie, ou par une déclaration expresse faite à la municipalité du lieu que l'on quitte, et à la municipalité du lieu où l'on va (art. 103, 104, 105 et 107 du Code civil). Il ne faut pas s'on-

11. Nul individu appelé à des fonctions publiques, temporaires ou révocables, n'est dispensé de la susdite formalité ; les individus appelés à des fonctions inamovibles pourront exercer leur droit électoral dans l'arrondissement où ils remplissent leurs fonctions (1).

12. Nul ne peut exercer le droit d'électeur dans deux arrondissements électoraux.

TITRE III. *Des listes électorales.*

13. La liste des électeurs dont le droit dérive de leurs contributions, et la liste des électeurs appelés en vertu de l'art. 3, sont permanentes, sauf les radiations et inscriptions qui peuvent avoir lieu lors de la révision annuelle.

Cette révision annuelle sera faite con-

---

fondre les déclarations prescrites par l'art. 104 du Code civil avec celles dont parle le présent article. Celles-ci doivent être faites six mois à l'avance, les autres produisent leur effet, qui est la translation du *domicile réel*, aussitôt après qu'elles sont faites. Relativement aux fonctionnaires amovibles, voyez l'article suivant.

Lorsqu'un électeur a fait sa déclaration de changement de domicile politique, et qu'il intervient des élections avant l'expiration des six mois, il conserve la faculté d'exercer ses droits politiques dans son ancien domicile, qu'il ne peut perdre que lorsque le nouveau lui est acquis⁼ : dans son rapport, M. le duc Decazes l'a déclaré au nom de la commission.

Celui qui ne paie pas 200 fr. de contributions et qui a son domicile réel dans un arrondissement, où, vu le nombre des électeurs, il n'y a pas lieu d'appeler les plus imposés, pourra-t-il transférer son domicile politique dans un autre arrondissement, où il y a nécessité d'appeler les plus imposés, et pourra-t-il par ce moyen se rendre électeur? La question doit être résolue affirmativement, on ne trouve rien dans l'art. 2 ni dans l'art. 10 qui s'y oppose ; et d'ailleurs, on a proposé à la Chambre des Députés d'interdire ce cas la translation de domicile politique ; mais cet amendement a été rejeté. « L'art. 10, a dit M. le rapporteur, porte que le domicile politique de tout Français est dans l'arrondissement électoral où il a son domicile réel. Vous comprenez qu'il serait injuste de priver un citoyen, qui paierait une contribution dans un autre arrondissement que celui où il a son domicile réel, d'y remplir les fonctions d'électeur. »

Peut-on transporter son domicile politique dans un autre lieu où l'on ne paie pas de contributions, mais où l'on a des contributions déléguées par sa mère ou belle-mère? Une solution ministérielle du 24 décembre 1823 a admis la négative ; mais nous pensons, avec M. Favard de Langlade, que l'on doit adopter l'affirmative.

Sous l'ancienne législation, l'on décidait que la translation du domicile politique d'un électeur d'un département à un autre département pouvait être valablement faite par simple lettre écrite au préfet du département du domicile actuel, et au préfet du département dans lequel on veut transférer ce domicile : et que la forme prescrite par la loi du 5 février 1817 (une double déclaration sur des registres tenus à cet effet par les préfectures), n'était ni sacramentelle, ni prescrite à peine de nullité. (Arrêt de la cour de cassation du 16 juin 1830 ; arrêt de la cour de Pau du 2 décembre 1828, et de la cour de Grenoble du 29 décembre 1829, Sirey, 30. 1. 255.)

La loi nouvelle s'explique d'une manière trop positive sur la nécessité d'une déclaration faite au greffe ; on a attaché trop d'importance à la désignation du lieu où devait être faite cette déclara-

tion, pour qu'il soit possible d'admettre qu'elle puisse être remplacée par une simple lettre, fût-elle enregistrée.

Le fait d'avoir été inscrit, et d'avoir voté comme électeur dans un département ou dans un arrondissement, ne dispense pas de faire la déclaration prescrite pour la translation de domicile politique, et de remplir les conditions que la loi impose en ce cas, si lors de l'inscription et du vote, on n'avait ni son domicile réel, ni son domicile politique, dans ce département ou arrondissement. (Arrêt de la cour d'Agen du 16 janvier 1829, Sirey, 29. 2. 202 ; Dalloz, 29. 2. 237.)

La déclaration de translation de domicile, faite par un fonctionnaire révocable, seulement dans le lieu où il remplit ses fonctions, est insuffisante, lors même que précédemment son domicile politique n'était point séparé de son domicile réel. (Arrêt de la cour de cassation du 25 avril 1838, Sirey-Devill., 38. 1. 465.)

La dignité de pair étant compatible avec l'exercice d'autres fonctions publiques, continues et permanentes dans les départements du royaume, n'est pas exclusive d'un domicile politique dans un autre département que celui de la Seine. (Arrêt de la cour de cassation du 16 juin 1830 ; arrêt de la cour de Grenoble, du 29 décembre 1829, Sirey, 30. 2. 255 ; Dalloz, 30. 2. 132.)

L'acceptation des fonctions d'auditeur au conseil d'État n'opère pas de droit translation du domicile réel du titulaire au lieu où il exerce ses fonctions. (Arrêt de la cour du 13 octobre 1837 ; Sirey-Devill., 37. 2. 490.)

Il en est de même des fonctions de préfet. (Arrêt de la cour d'Agen 20 octobre 1837, Sirey-Devill., *ibid.*)

(1) M. le duc Decazes a déclaré qu'on devait sous-entendre, à la fin de l'article, *sans qu'ils remplissent les formalités ;* ainsi les fonctionnaires inamovibles ne sont point assujettis à la double déclaration.

Le sens de cet article est le même que celui de l'art. 25 de la loi du 2 juillet 1828, ainsi conçu : « Nul individu appelé à des fonctions temporaires « ou révocables ne pourra être inscrit sur la pre- « mière partie de la liste du département où il « exerce ses fonctions, que six mois après la dou- « ble déclaration prescrite par l'art. 3 de la loi du « 5 février 1817. »

Ainsi, vainement le fonctionnaire révocable prétendrait-il avoir voulu transférer son domicile réel dans le lieu où l'appelle l'exercice de ses fonctions, vainement ferait-il les déclarations dont parle l'art. 104 du Code civil ; cette déclaration serait considérée comme non avenue. M. le ministre de l'intérieur, en exposant les motifs de la loi du 2 juillet 1828, a ainsi expliqué le sens de l'art. 25. La cour de Grenoble, par arrêt du 29 décembre 1829, et la cour de cassation, par arrêt du 17 juillet 1830, ont formellement consacré cette

formément aux dispositions suivantes (1).

14. Du 1er au 10 juin de chaque année, et aux jours qui seront indiqués par les sous-préfets, les maires des communes composant chaque canton se réuniront à la mairie du chef-lieu, sous la présidence du maire, et procéderont à la révision de la portion des listes mentionnées à l'article précédent qui comprendra les électeurs de leur canton appelés à faire partie de ces listes. Ils se feront assister des percepteurs du canton (2).

15. Dans les villes qui forment à elles seules un canton, ou qui sont partagées en plusieurs cantons, la révision des listes sera faite par le maire et les trois plus anciens membres du conseil municipal, selon l'ordre du tableau. Les maires des communes qui dépendraient de l'un de ces cantons, prendront part également à cette révision, sous la présidence du maire de la ville.

A Paris, les maires des douze arrondissements, assistés des percepteurs, procéderont à la révision, sous la présidence du doyen de réception.

16. Le résultat de cette opération sera transmis au sous-préfet, qui, avant le 1er juillet, l'adressera avec ses observations au préfet du département.

17. A partir du 1er juillet, le préfet procédera à la révision générale des listes.

18. Le préfet ajoutera aux listes les citoyens qu'il reconnaîtra avoir acquis les qualités requises par la loi, et ceux qui auraient été précédemment omis.

Il en retranchera :

1o Les individus décédés ;

2o Ceux dont l'inscription aura été déclarée nulle par les autorités compétentes.

Il indiquera comme devant être retranchés :

1o Ceux qui auront perdu les qualités requises ;

2o Ceux qu'il reconnaîtrait avoir été indûment inscrits, quoique leur inscription n'ait point été attaquée.

Il tiendra un registre de toutes ces décisions.

Il fera mention de leurs motifs et de toutes les pièces à l'appui (3).

19. Les listes de l'arrondissement électoral (4), ainsi rectifiées par le préfet, seront affichées, le 15 août, au chef-lieu de chaque canton et dans les communes dont la population sera au moins de six cents habitants. Elles seront déposées, 1o au secrétariat de la mairie de chacune de ces communes ; 2o au secrétariat de la préfecture, pour être données en communication à toutes les personnes qui le requerront.

La liste des contribuables électeurs contiendra, en regard du nom de chaque individu inscrit, la date de sa naissance et l'indication des arrondissements de perception où sont assises ses contributions propres ou déléguées, ainsi que la quotité et l'espèce de contributions pour chacun des arrondissements.

La liste des électeurs désignés par l'art. 3 contiendra, en outre, en regard du nom de chaque individu, la date et l'espèce du titre qui lui confère le droit électoral, et l'époque de son domicile réel.

Le préfet inscrira sur cette liste ceux des individus qui, n'ayant pas atteint, au 15 août, les conditions relatives à l'âge, au domicile et à l'inscription sur le rôle de la patente, les acquerront avant le 21 octo-

---

doctrine (Sirey, **30. 1. 255**; Dalloz, **30. 2. 131**). Elle est aussi exposée dans la circulaire du 20 avril **1831**. Voyez ci-après ; voyez aussi les notes sur l'art. 25 de la loi du 2 juillet 1828.

(1) M. le duc Decazes a déclaré au nom de la commission que l'électeur inscrit n'avait aucune justification à faire pour les années suivantes, sauf le devoir de conscience de se faire rayer, s'il a perdu la capacité électorale, et sauf le droit du préfet de le rayer, s'il sait qu'il ne paie plus le cens, ou ne remplit plus les autres conditions. Voy. les art. **18** et suiv., et les notes sur l'art. **21**.

L'effet de la permanence des listes a été clairement indiqué en **1828** ; lorsque cette permanence fut établie par la loi du 2 juillet. M. Hyde de Neuville, alors ministre de la marine, disait que les listes électorales ne donnaient pas plus de droits que la liste des vingt-cinq mille adresses qui court dans Paris.

(2) Voy. les notes sur la loi du 2 juillet 1828.

(3) Le laps de temps qui s'écoule depuis le 1er juin jusqu'au 15 août est consacré au travail spontané de l'administration ; ensuite, et à partir du

15 août, chacun peut faire valoir ses droits ; mais il est certain que chaque particulier a toute faculté d'envoyer même durant la première période, ses pièces au préfet, au sous-préfet ou au maire pour faciliter leur travail et prévenir les erreurs, sans pouvoir, toutefois, exiger des récépissés, comme dans la seconde période. (Explication de M. Cuvier, commissaire du gouvernement, dans la discussion de la loi du 2 juillet 1828.)

(4) On a ajouté les mots *de l'arrondissement électoral*, afin de dispenser d'afficher les listes dans tout le département, comme on le faisait précédemment. M. Favard de Langlade a fait remarquer que l'ancien mode était fondé sur ce qu'il y avait autrefois une liste départementale des plus imposés, tandis qu'il n'y a plus maintenant que des listes séparées pour les divers arrondissements, et que l'art. 25 restreint le droit d'intervention dans les limites de l'arrondissement électoral, d'où il a conclu avec raison qu'il suffit d'afficher les listes de l'arrondissement dans les chefs-lieux de canton, et dans les communes de six cents habitants de l'arrondissement.

bre, époque de la clôture de la révision annuelle (1).

20. S'il y a moins de cent cinquante électeurs inscrits, le préfet ajoutera, sur la liste qu'il publiera, le 15 août, les citoyens payant moins de deux cents francs, qui devront compléter le nombre de cent cinquante, conformément au § 1ᵉʳ de l'art. 2.

Toutes les fois que le nombre des électeurs ne s'élévera pas au-delà de cent cinquante, le préfet publiera, à la suite de la liste électorale, une liste complémentaire dressée dans la même forme et contenant les noms des dix citoyens susceptibles d'être appelés à compléter le nombre de cent cinquante, par suite des changements qui surviendraient ultérieurement dans la composition du collége, dans les cas prévus par les art. 30, 32 et 33.

21. La publication prescrite par les articles 19 et 20 tiendra lieu de notification des décisions intervenues aux individus dont l'inscription aura été ordonnée (2).

Les décisions provisoires du préfet, qui indiquent ceux dont le nom devrait être retranché comme ayant été indûment inscrit, ou comme ayant perdu les qualités requises, seront notifiées, dans les dix jours, à ceux qu'elles concernent, ou au domicile qu'ils sont tenus d'élire dans le département pour l'exercice de leurs droits électoraux, s'ils n'y ont pas leur domicile réel, et, à défaut de domicile élu, à la mairie de leur domicile politique (3).

Cette notification, et toutes celles qui doivent avoir lieu aux termes de la présente loi, seront faites suivant le mode employé jusqu'à présent pour les jurés, en exécution de l'art. 389 du Code d'instruction criminelle (4).

22. Après la publication de la liste rectifiée, il ne pourra plus y être fait de changements qu'en vertu de décisions rendues par le préfet en conseil de préfecture, dans les formes ci-après (5).

23. A compter du 15 août, jour de la publication, il sera ouvert, au secrétariat général de la préfecture, un registre coté et paraphé par le préfet, sur lequel seront inscrites, à la date de leur présentation et suivant un ordre de numéros, toutes les réclamations concernant la teneur des listes. Ces réclamations seront signées par le réclamant ou par son fondé de pouvoir (6).

---

(1) M. le duc Decazes a déclaré que si des élections avaient lieu le 19 octobre, elles seraient faites sur les listes de l'année précédente.

(2) La permanence des listes électorales ne s'entend point de la quotité des contributions variable chaque année. Le préfet qui change ou réduit cette quotité n'est pas tenu de notifier une décision motivée. (Arrêts du 4 décembre 1828, cour d'Orléans, Dalloz, 29. 2. 49; des 14 et 15 juin 1830, cour de Bordeaux, Sirey, 30. 2. 330; du 14 juin 1830, de la cour de Bourges, Sirey, 30. 2. 331.)

(3) Lors de la discussion de la loi du 2 juillet 1828, M. le rapporteur à la Chambre des Députés a dit : « que l'élection de domicile devrait être annexée à l'acte même qui contient la déclaration « du domicile politique. » La loi ne prescrit pas la forme de cette élection. On peut ou se présenter devant le préfet et faire sa déclaration, ou bien la lui notifier par huissier.

(4) Les notifications prescrites par l'art. 389 Code d'instruction criminelle, se font par des huissiers ou par des gendarmes qui sont tenus de rapporter un reçu.

La notification irrégulière ou tardive ne pourrait faire encourir à l'électeur la déchéance prononcée par l'art. 24. Ainsi, l'électeur à qui la notification ne serait pas faite, ou à qui elle serait faite irrégulièrement, et qui s'apercevrait de sa radiation après le 30 septembre, devrait s'adresser au préfet en conseil de préfecture, pour se faire rétablir sur la liste ; si le préfet le déclarait non recevable, il s'adresserait à la cour royale qui, sans doute, déciderait qu'à défaut de notification, la déchéance n'a pas été encourue, et qui examinerait si au fond l'électeur a véritablement droit à se faire rétablir sur la liste. La cour de Bordeaux l'a ainsi jugé par arrêt du 18 juin 1830. (Sirey, 30. 2. 330.)

Les motifs des décisions doivent être contenus dans la notification ; nous ne connaissons de décisions que celles qui sont motivées, disait M. le ministre de l'intérieur, lors de la discussion de la loi du 2 juillet 1828. Voy. t. 28.

L'arrêté de radiation doit être signifié au domicile élu. La notification qui, au mépris de la déclaration, serait faite à la mairie de l'ancien domicile serait nulle. (Arrêt du 18 juin 1830, cour de Bordeaux, Sirey, 30. 2. 330.)

Le domicile réel de tout électeur est réputé connu de l'administration ; la notification qui serait faite à la mairie sous prétexte que le domicile de l'électeur ne serait pas connu, serait nulle. (Arrêt du 17 juin 1830, cour de Bordeaux, Sirey, 30. 2. 327.)

(5) Après la publication de la liste annuelle rectifiée, aucun électeur ne peut y être inscrit d'office par le préfet ; le droit d'inscrire d'office, lors de la révision annuelle des listes, n'appartient au préfet qu'antérieurement à la publication de la liste rectifiée. (Arrêt du 22 décembre 1828, cour de Rouen, Sirey, 30. 2. 158; arrêt de la cour d'Aix du 4 mai 1830, Dalloz, 29. 2. 249.)

Ces décisions, rendues sous l'ancienne législation, sont également vraies sous la législation actuelle.

Un préfet peut, après la clôture des listes, porter sur un propriétaire les impôts attribués d'un co-propriétaire, dont l'inscription n'a pas été attaquée, si cette rectification ne nuit pas à ce dernier. (Arrêt du 14 janvier 1829, cour d'Orléans, Dalloz, 29. 2. 50.)

(6) On a demandé d'ajouter spécial ; mais on a répondu qu'on l'avait toujours entendu ainsi, et, par ce motif, la Chambre a refusé de faire l'addition demandée.

Il a été déclaré, au nom de la commission de la Chambre des Pairs, que les préfets ne peuvent refuser de recevoir les pièces et les demandes qui

Le préfet donnera récépissé de chaque réclamation et des pièces à l'appui. Ce récépissé énoncera la date et le numéro de l'enregistrement.

24. Tout individu qui croirait avoir à se plaindre, soit d'avoir été indûment inscrit, omis ou rayé, soit de toute autre erreur commise à son égard dans la rédaction des listes, pourra, jusqu'au 30 septembre inclusivement (1), présenter sa réclamation, qui devra être accompagnée de pièces justificatives (2).

25. Dans le même délai, tout individu inscrit sur les listes (3) d'un arrondissement électoral pourra réclamer l'inscription de tout citoyen qui n'y sera pas porté, quoique réunissant les conditions nécessaires ; la radiation de tout individu qu'il prétendrait indûment inscrit, ou la rectification de toute autre erreur commise dans la rédaction des listes.

Ce même droit appartiendra à tout citoyen inscrit sur la liste des jurés non électeurs de l'arrondissement (4).

---

leur sont présentées au nom de l'électeur, bien que le porteur de pièces ne soit pas fondé de pouvoirs par un acte écrit. Ainsi jugé par arrêt de la cour royale de Rouen du 20 décembre 1828. (Dalloz, 29. 2. 49.)

Voici, au surplus, ce qu'ont décidé quelques autres arrêts relativement à la forme et à la régularité du mandat.

Une procuration n'est pas nécessaire à l'huissier pour offrir par exploit, au nom d'électeurs, les pièces qui ont pour objet de constater leurs droits électoraux, et requérir par suite leur inscription sur la liste électorale. En conséquence, le préfet n'est pas fondé à refuser, sous ce seul prétexte, de recevoir les pièces qui lui sont présentées et de faire droit à la réclamation. (Arrêt de la cour de Toulouse du 13 novembre 1827.)

Le mandat donné au fondé de pouvoirs peut être en forme de simple lettre. (Circulaire du 9 octobre 1827 et du 25 août 1828.) Toutefois, il convient que la signature soit légalisée. (Arrêt de la cour de Dijon du 15 octobre 1829.)

Il suffit que le mandat soit constant, et que la signature, quoique non légalisée, soit reconnue vraie. (Arrêt de la cour de cassation du 26 juin 1830, Dalloz, 30. 1. 270.)

Un mandat verbal est suffisant. (Arrêts de la cour de Rennes, octobre 1837, Sirey-Devill., 37. 2. 496 ; de la cour de cassation du 2 avril 1838, Sirey-Devill., 38. 1. 330.)

(1) La déchéance serait-elle opposable à l'électeur à qui n'aurait pas été faite la notification de l'arrêté de radiation, ou à qui on n'aurait fait qu'une notification irrégulière ? Voyez la solution de cette question dans les notes sur le dernier paragraphe de l'art. 21.

L'électeur dont le nom inscrit sur la liste électorale a été, par erreur, omis ou retranché lors de la révision annuelle, est recevable, même après le 30 septembre, à réclamer contre ce retranchement, si aucune notification ne lui en a été faite. En un tel cas, si la réclamation est formée postérieurement au 21 octobre, la cour royale est seule compétente pour en connaître. (Arrêt de la cour de Poitiers du 19 juin 1834 ; Sirey-Devill., 34. 2. 545 et 546.)

Id. (Arrêt de la cour de cassation du 31 juillet 1834, Sirey-Devill., 34. 1. 545.)

Id. (Deux arrêts de la cour de cassation du 15 janvier 1839, Sirey-Devill., 39. 1. 124.)

L'électeur qui n'a acquis que postérieurement à la clôture des listes annuelles les six mois exigés pour opérer la translation de son domicile politique, ne peut, dans le courant de l'année, réclamer son inscription sur les listes du nouvel arrondissement électoral qu'il a choisi. (Arrêt de la cour

de cassation du 5 juin 1834, Sirey-Devill., 34. 1. 401.)

Id. (Arrêt de la cour de Paris du 13 mai 1834, Sirey-Devill., 34. 2. 322.)

Jugé en sens contraire. (Arrêt de la cour de Poitiers du 19 juin 1834, Sirey-Devill., 34. 2. 546.)

(2) Lorsque des extraits de rôles sont signés par le percepteur et attestés par le maire, il suffit que la signature de ce fonctionnaire soit légalisée par le sous-préfet ; la légalisation du préfet n'est pas nécessaire, quoiqu'on fasse usage des extraits hors du département où ils ont été délivrés. (Arrêt de la cour de Bordeaux du 15 juin 1830, Dalloz, 30. 2. 210.)

Il ne paraît pas que l'on doive considérer comme frappés de la déchéance, dit M. Favard de Langlade, les individus qui, ayant réclamé avant le 1er octobre, n'auraient pu alors faire admettre leurs réclamations, parce qu'ils ne les avaient pas accompagnées de pièces justificatives ou de preuves suffisantes.

La production des pièces justificatives d'une demande en inscription sur les listes électorales, faite en temps utile, peut être complétée après les délais fixés pour former la demande. (Arrêt de la cour d'Amiens du 24 octobre 1837, Sirey-Devill., 37. 2. 496.)

Le retard de production n'est pas opposable au réclamant, s'il ne provient pas de son fait, mais de celui des fonctionnaires auxquels il a été obligé de demander des certificats. (Arrêt de la cour de Grenoble du 19 juin 1830.)

Id. (Arrêt de la cour d'Amiens du 24 octobre 1837, Sirey-Devill., 37. 2. 496.)

Il y a production ou équivalent à production, lorsque le réclamant invoque à l'appui de sa demande des pièces qui se trouvent dans les mains mêmes du préfet.

Voy. trois arrêts de la cour de cassation des 23 et 24 avril 1838, Sirey-Devill., 38. 1. 465.

(3) M. le duc Decazes a dit que la commission avait cru devoir substituer les mots les listes à ceux-ci : la liste, afin d'indiquer que le droit de réclamer appartient également aux personnes indiquées, pour compléter la liste des cent cinquante.

(4) S'il y a diffamation ou calomnie de la part du tiers réclamant, les tribunaux prononceront les peines légales ; s'il y a lésion, les dépens et les dommages-intérêts seront prononcés contre qui de droit, en prenant en considération la bonne ou la mauvaise foi du réclamant ; mais il est certain que l'électeur, dont l'inscription a été critiquée, ne pourra point répéter les frais qu'il aura faits pour la justification de sa qualité, et, par exemple, les droits d'enregistrement qu'il aura été obligé de payer pour des actes qui, sans la réclamation

26. Aucune des demandes énoncées en l'article précédent ne sera reçue, lorsqu'elle sera formée par des tiers, qu'autant que le réclamant y joindra la preuve qu'elle a été par lui notifiée à la partie intéressée, laquelle aura dix jours pour y répondre, à partir de celui de la notification (1).

27. Le préfet statuera en conseil de préfecture sur les demandes dont il est fait mention aux art. 24 et 25 ci-dessus, dans les cinq jours qui suivront leur réception, quand elles seront formées par les parties elles-mêmes ou par leurs fondés de pouvoirs; et dans les cinq jours qui suivront l'expiration du délai fixé par l'art. 26, si elles sont formées par des tiers. Ses décisions seront motivées (2).

La communication, sans déplacement, des pièces respectivement produites sur les questions et contestations, devra être

---

n'eussent pas été présentés à l'enregistrement. Cela résulte de la discussion à la Chambre des Députés, sur l'art. 12 de la loi du 2 juillet 1828. Voy. t. 28.

En cas d'action de tiers, la clôture de la liste est suspendue, à l'égard de celui dont l'inscription est attaquée, jusqu'au jugement de l'action; en conséquence, ce dernier peut produire ses titres justificatifs, et présenter de nouvelles contributions, même après le 30 septembre. (Arrêts de la cour de Caen du 29 décembre 1828; de la cour de Rennes du 9 janvier 1829; de la cour d'Orléans du 14 janvier 1829, Dalloz, 29. 2. 50; de la cour de Paris du 20 novembre 1829, Sirey, 30. 2. 151.)

Les tiers ne peuvent agir qu'individuellement, ils ne peuvent se réunir pour exercer une action collective. (Circulaire du 21 octobre 1828.)

Id. (Arrêt de la cour de Montpellier du 31 octobre 1837, Sirey-Devill., 37. 2. 497.)

Il n'y a point de jurés d'arrondissement, il n'y a que des jurés de département; ainsi, l'on doit entendre l'article comme s'il y avait jurés non électeurs dans l'arrondissement; cela a été reconnu par la Chambre des Députés.

Les demandes en inscription ou en radiation, formées par des tiers devant le conseil de préfecture ne sont pas nulles par cela seul qu'elles sont faites sur papier libre ou par exploit non enregistré. (Arrêt de la cour royale de Bastia du 27 novembre 1833, Sirey-Devill., 34. 2. 548.)

On ne peut demander la radiation d'un électeur sur le motif qu'il a fait entrer dans son cens les contributions de biens de mineurs par lui achetés sans l'accomplissement des formalités voulues par la loi. (Arrêt de la cour de Montpellier du 28 octobre 1837, Sirey-Devill., 37. 2. 497.

L'électeur qui demande la radiation d'un individu inscrit sur la liste électorale n'est pas tenu de joindre à sa demande les pièces justificatives : cette obligation n'existe que dans le cas où la réclamation a lieu dans l'intérêt personnel du réclamant. Voy. six arrêts de cassation des 23 et 24 avril 1838 (Sirey-Devill., 38. 1. 465).

La demande en radiation est valablement formée, quoique non signée du réclamant, si, au bas de la réclamation présentée au préfet, se trouve l'exploit de la notification qui en a été faite à la partie intéressée : l'huissier signataire de cet exploit est réputé avoir eu pouvoir de la part du tiers-réclamant pour former la demande. Voy. deux arrêts de la cour de cassation du 23 avril 1838 (Sirey-Devill., 38. 1. 465).

La demande en radiation est suffisamment motivée lorsqu'elle est appuyée sur ce que cet électeur ne paie pas le cens voulu par la loi. (Arrêts de la cour de cassation du 23 avril 1838, Sirey Devill., 38. 1. 465.)

Toutes les demandes dont parlent les art. 24 et 25 ont un effet suspensif. Voy. l'art. 34.

(1) Si plusieurs personnes réclamaient contre l'inscription d'un même individu, les frais des diverses significations seront à la charge de ceux qui les feront; telle est l'opinion émise par le commissaire du gouvernement sur l'art. 13 de la loi du 2 juillet 1828. Voy. t. 28.

Le tiers doit rapporter la preuve de la notification, mais il est non recevable à la rapporter après le 30 septembre. Peu importe qu'il ait formé sa réclamation avant cette époque. (Arrêts de la cour royale de Rennes des 16 décembre 1828 et 10 janvier 1829.)

La preuve de la notification est faite utilement devant la cour royale : il ne résulte aucune déchéance de ce que cette preuve n'aurait pas été faite devant le préfet. (Arrêt de la cour de cassation du 24 avril 1838, Sirey-Devill., 38. 1. 465.)

(2) Le préfet, en conseil de préfecture, ne peut condamner aux dépens le tiers dont la réclamation est rejetée. (Solution du 14 avril 1829.) Voy. notes sur l'art. 25 et notes sur le § 4 de l'art. 33.

Tout individu inscrit d'office sur la liste électorale (ou du jury) ne peut être retranché de cette liste, pour défaut de justification de ses droits, qu'en vertu d'une décision motivée et légalement communiquée. (Arrêt de la cour de Toulouse du 15 novembre 1827, Dalloz, 27. 2. 86.)

Le préfet saisi d'une demande, à fin d'inscription sur la liste électorale, est obligé de rendre une décision quelconque disant droit sur la réclamation; il ne peut renvoyer le jugement de la question à la cour royale, et s'abstenir de prononcer l'admission ou le rejet de la demande. (Arrêts de la cour de Paris du 25 août 1829, Dalloz, 29. 2. 299; de la cour de Douai du 17 septembre 1829.)

Un arrêté du préfet qui, lors de la confection de la liste des électeurs d'une année, a admis un particulier à compter, pour former son cens électoral, les contributions d'une certaine nature, ne peut être invoqué par le particulier, lors de la publication d'une liste, comme ayant l'autorité de la chose jugée sur l'admission des contributions. (Arrêt de la cour d'Amiens du 15 novembre 1828, Dalloz, 29. 2. 48; Sirey, 29. 2. 3.)

Une demande en inscription, en vertu d'une patente où se trouve un prénom différent de celui qui est réclamé au réclamant par son acte de naissance et les autres pièces par lui produites, peut être rejetée pour défaut d'identité. Si cette différence n'est qu'une erreur, ce n'est pas au préfet à en faire ni en provoquer la rectification. (Arrêt de la cour de Bordeaux du 19 juin 1830, Dalloz, 30. 2. 205.)

L'administration est compétente pour examiner si les titres d'où le réclamant fait résulter ses droits électoraux, lui confèrent réellement ces droits, si, par exemple, ils lui attribuent la possession de biens compris dans un legs fait à son profit; peu importe qu'il n'y eût à cet égard aucune contesta-

donnée à toute partie intéressée qui la requerra (1).

28. Les art. 23, 24, 25, 26 et 27 ci-dessus sont applicables à la liste supplémentaire prescrite par le dernier paragraphe de l'art. 20 (2).

29. Il sera publié tous les quinze jours un tableau de rectification, conformément aux décisions rendues dans cet intervalle, et présentant les indications mentionnées en l'art. 19.

Aux termes de l'art. 21, la publication de ces tableaux de rectification tiendra lieu de notification aux individus dont l'inscription aura été ordonnée ou rectifiée.

Les décisions portant refus d'inscription, ou prononçant des radiations, seront notifiées, dans les cinq jours de leur date, aux individus dont l'inscription ou la radiation aura été réclamée par eux ou par des tiers.

Les décisions rejetant les demandes en radiation ou en rectification seront notifiées dans le même délai, tant au réclamant qu'à l'individu dont l'inscription aura été contestée (3).

30. Le préfet en conseil de préfecture

apportera, s'il y a lieu, à la liste électorale, en dressant les tableaux de rectification, les changements nécessaires pour maintenir le collège au complet de cent cinquante électeurs. Il maintiendra également la liste supplémentaire au nombre de dix suppléants.

31. Le 16 octobre, le préfet procédera à la clôture des listes. Le dernier tableau de rectification, l'arrêté de clôture des listes des collèges électoraux du département, seront publiés et affichés le 20 du même mois.

32. La liste restera, jusqu'au 20 octobre de l'année suivante, telle qu'elle aura été arrêtée conformément à l'article précédent, sauf néanmoins les changements qui y seront ordonnés par des arrêts rendus dans la forme déterminée par les articles ci-après, et sauf aussi la radiation des noms des électeurs décédés, ou privés des droits civils ou politiques par jugements ayant acquis force de chose jugée.

L'élection, à quelque époque de l'année qu'elle ait lieu, se fera sur ces listes (4).

33. Toute partie (5) qui se croira fondée à contester une décision rendue par le pré-

---

tion de la part des parties intéressées. (Arrêt de la cour de cassation du 6 décembre 1836, Sirey-Devill., 37. 1. 121.)

(1) C'est à-dire par l'une des parties qui figurent dans la contestation. Un tiers étranger aux débats ne pourrait demander la communication. Cela a été ainsi expliqué dans la discussion de l'art. 14 de la loi du 2 juillet 1828.

(2) Cet article, a dit M. Viennet, a pour but d'accorder aux tiers le droit d'examiner les listes complémentaires.

(3) Il faut remarquer que, d'après les dispositions de cet article, les décisions portant refus d'inscription ne doivent pas être signifiées au tiers, et cela par la raison que le tiers n'a pas le droit d'appeler à la cour royale de la décision par laquelle le préfet a rejeté la demande d'inscription formée par ce tiers. Voy. les notes sur l'art. 21.

(4) La loi du 2 juillet 1828, dans le titre 4, pourvoyait au cas où des élections générales ou partielles auraient lieu un mois après la clôture des listes définitives, et elle ordonnait que, dans ce cas, il fût dressé des tableaux de rectification contenant le nom des électeurs qui auraient acquis, soit par l'âge, soit par la possession annale, ou par succession, des droits électoraux, et que l'on retranchât le nom des électeurs qui auraient perdu leurs droits. Ce système avait de graves inconvénients, la loi nouvelle tranche toutes les difficultés; elle veut que la liste, une fois dressée, serve pour toute l'année; plus de rectification, plus d'inscription possible pour les électeurs ayant acquis leurs droits depuis la clôture; plus de radiation, si ce n'est au cas de décès ou de privation des droits civils ou politiques.

Sans doute, il résultera de là que quelques indi-

vidus devenus électeurs ne voteront pas; que quelques autres, ayant perdu cette qualité, voteront. Mais cet inconvénient disparaît devant les avantages incontestables de la fixité des listes.

La question de savoir si les tableaux de rectification doivent comprendre seulement ceux qui ont acquis leurs droits depuis la clôture, question qui a divisé les jurisconsultes et les tribunaux, et plusieurs autres difficultés du même genre, ne peuvent plus aujourd'hui se présenter, puisqu'il n'y aura plus de changement dans les listes pendant toute l'année. Voy. la note sur l'art. 19.

Les citoyens qui, postérieurement à la clôture des listes électorales, ont acquis le droit d'être électeurs à *titre successif* ou par *avancement d'hoirie*, ne peuvent requérir, pas plus que tous autres qui auraient acquis le même droit à d'autres titres, leur inscription sur la liste électorale avant la révision annuelle. (Arrêt de la cour de Limoges du 5 août 1834, Sirey-Devill., 34. 2. 547.)

Id. (Arrêt de la cour de cassation du 2 février 1835, Sirey-Devill., 35. 1. 635.)

(5) Voy. le troisième paragraphe de l'article qui ne permet pas au tiers de se pourvoir contre les décisions qui rejettent une demande d'inscription.

Qu'arriverait-il si un préfet refusait ou négligeait de statuer avant le 20 octobre? Par quel moyen l'électeur pourrait-il faire valoir ses droits? La commission de la Chambre des Pairs s'est posé cette question; elle a reconnu, par l'organe de son rapporteur, que le préfet ne pouvait plus statuer après le 20 octobre; que la cour royale, chargée de prononcer sur les réclamations contre les décisions du préfet, ne pourrait prononcer, en l'absence de

fet (1) pourra porter son action devant la Cour royale du ressort (2), et y produire toute décision ; que, par conséquent, le réclamant n'aurait plus d'autre recours que celui d'une action en déni de justice dirigée contre le préfet.

« La majorité de votre commission, a dit M. le duc Decazes, a pensé que cette action était tout-à-fait suffisante pour rassurer la société et pour garantir les parties des inconvénients d'un refus de statuer, ou d'une négligence si extraordinaire qu'elle ne pourrait être considérée que comme un refus et qualifiée aussi sévèrement ; que le préfet qui s'en rendrait coupable s'exposerait à des poursuites criminelles, et aux peines portées par les lois contre les dénis de justice ; qu'on ne devait pas prévoir qu'il s'en trouvât qui oubliassent leur devoir au point d'appeler sur eux l'application de ces lois, qui, dans tous les cas, étaient plus que suffisantes pour prévenir une prévarication contre laquelle il était inutile de chercher d'autre remède. »

Deux arrêts de la cour de cassation , en date du 6 juillet 1830 et du 25 juin 1830 , paraissent , du moins le premier, être en opposition avec cette doctrine de M. le rapporteur.

Le premier a jugé qu'une cour royale est compétente pour statuer sur la réclamation d'un électeur, quoique le préfet n'ait point prononcé sur cette réclamation, s'il est constant que les pièces ont été produites devant le préfet en temps utile ; que l'électeur ne peut souffrir de ce que le préfet a négligé ou refusé de statuer. (Arrêt de la cour de cassation du 6 juillet 1830, Dalloz, 30. 1. 266.)

Le second arrêt juge seulement que la décision par laquelle un préfet *seul* déclare non recevable une réclamation en matière électorale , est incompétemment rendue, en ce que , sur toute réclamation électorale, le préfet doit statuer *en conseil de préfecture*, et qu'il entre dans les attributions de la cour royale de prononcer la nullité d'une telle décision du préfet. (Arrêt de la cour de cassation du 25 juin 1830, Sirey, 30. 1. 362.)

Lorsque , sur la sommation à lui faite par exploit , le préfet refuse de recevoir les pièces qui lui sont présentées pour constater les droits d'un individu à être porté sur la liste électorale, refus fondé sur ce que la production des pièces n'est pas faite par une personne ayant pouvoir à cet effet, et qu'il signe son refus , il y a là décision contre laquelle le recours devant la cour royale est ouvert à la partie intéressée. Vainement on dirait que le refus ne constitue qu'un déni de justice, qui ne peut être réprimé que par l'autorité administrative supérieure. (Arrêt de la cour de Toulouse du 13 novembre 1829 , Dalloz, 29. 2. 86.)

L'arrêté d'un préfet portant qu'il n'y a pas lieu à statuer sur une réclamation en matière électorale est une véritable décision contre laquelle le recours devant la cour royale est ouvert. (Arrêt de la cour de cassation du 24 avril 1838 , Sirey-Devill., 38. 1. 465.)

L'électeur rayé de la liste électorale par le préfet ne peut se pourvoir *de plano* devant la cour royale pour obtenir sa réintégration. Il doit d'abord porter sa réclamation devant le préfet. (Arrêt de la cour de Bastia du 20 mars 1837, Sirey-Devill., 37. 2. 497.)

(1) Le tiers qui a demandé qu'un électeur fût porté dans un autre arrondissement , ne peut

toutes pièces à l'appui (3).
L'exploit introductif d'instance devra ,

changer sa demande en une demande en élimination. (Arrêt de la cour de Bordeaux du 23 juin 1830, Dalloz, 30. 2. 201.)

(2) La loi du 2 mai 1827 ne disait pas expressément si le recours devait être porté directement devant la cour royale, et la cour de cassation avait jugé, par arrêt du 21 février 1828, qu'il fallait d'abord porter sa demande devant le tribunal de première instance, et seulement en appel devant la cour ; mais l'art. 18 de la loi du 2 juillet 1828 décida formellement que l'on devait saisir directement la cour royale. Le présent article n'est que la reproduction de l'art. 18 de la loi du 2 juillet 1828.

(3) M. Gaujal a dit : « Il s'est élevé de graves difficultés dans les cours royales sur la question de savoir si les pièces qui n'avaient pas été produites devant le préfet pouvaient l'être devant les cours royales. La jurisprudence , sur ce point , est incertaine , les cours ont jugé diversement.

« Il n'y a qu'un seul arrêt de la cour de cassation, qui ne suffit pas pour fixer cette incertitude.

« Je demande que l'article soit renvoyé à la commission pour qu'elle y ajoute une disposition. »

M. Amilhan a répondu : « Cette addition me paraît inutile. Nous devons rester dans les termes du droit commun, on peut toujours produire des pièces jusqu'à la décision définitive. »

M. Gaujal a fait observer que la cour de cassation avait jugé le contraire.

M. Amilhan a insisté, en disant de nouveau : « Il convient que nous restions dans les termes du droit commun, c'est-à-dire dans le système adopté par les cours royales, qui permet de produire les pièces jusqu'au dernier moment. »

M. Gillon (Jean-Landry) a dit : « Le ministère, en gardant le silence , paraît adopter cette interprétation , et regarder l'amendement de M. Gaujal comme inutile. »

Pour faire cesser tous les doutes , et pour que les parties pussent produire devant la cour toutes les pièces qu'elles croiraient propres à justifier leurs prétentions, encore qu'elles ne les eussent pas présentées au préfet, la Chambre des Pairs a ajouté au paragraphe ces mots : *et y produire toutes pièces à l'appui.*

Voy. en ce sens, arrêts de la cour de cassation du 29 décembre 1837, Sirey-Devill., 37. 2. 496 : de Rennes, octobre 1837 ; de Bastia, 28 novembre 1836, *ibid.*

Dans la discussion sur l'art. 18 de la loi du 2 juillet 1828 , il a été formellement déclaré et reconnu que les préfets ne pourront élever de conflit, si ce n'est dans quelques cas rares , où la contestation serait purement administrative ; il est même assez difficile de concevoir que des cas semblables se présentent. Cependant, si un électeur prétendait qu'à raison de la valeur ou du revenu de son immeuble, la contribution à laquelle il a été imposé doit être plus considérable, le préfet pourrait présenter à la cour ses observations pour qu'elle se déclarât incompétente, et si , ce qui n'est pas présumable, la cour se déclarait compétente , nul doute que le préfet ne pût élever le conflit ; car l'assiette et la fixation des contributions sont entiè-

sous peine de nullité (1), être notifié dans les dix jours, quelle que soit la distance des lieux (2), tant au préfet qu'aux parties intéressées (3).

Dans les cas où la décision du préfet aurait rejeté une demande d'inscription formée par un tiers, l'action ne pourra être intentée que par l'individu dont l'inscription aurait été réclamée.

La cause sera jugée sommairement, toutes affaires cessantes, et sans qu'il soit besoin du ministère d'avoué. Les actes judiciaires auxquels elle donnera lieu seront enregistrés *gratis* (4). L'affaire sera rapportée en audience publique par un des membres de la Cour, et l'arrêt sera prononcé après que la partie ou son défenseur et le ministère public auront été entendus (5).

S'il y a pourvoi en cassation, il sera procédé sommairement, et toutes affaires cessantes, comme devant la Cour royale,

---

rement attribuées à l'autorité administrative. Voy. t. 28.

La cour de Paris a jugé avec raison, par arrêt du 21 octobre 1829 (Sirey, 30. 2. 94), que lorsqu'un électeur est rayé de la liste électorale, comme ne payant plus le cens par suite de la réduction de ses contributions, l'autorité judiciaire, appelée à statuer sur la légalité de la radiation, ne peut examiner si la réduction de contributions qui a servi de base à cette radiation a été légalement opérée; que l'autorité administrative seule est compétente pour statuer sur ce point.

Mais une cour n'excède pas ses pouvoirs en décidant que, des pièces produites devant le préfet, il résulte un cens différent de celui qu'il a admis; ou en décidant, par une rectification de calcul, qu'un citoyen doit être porté sur la liste. (Arrêt de la cour de cassation du 3 juillet 1830, Dalloz, 30. 1. 272.)

(1) Conclure au fond, sans opposer la nullité de notification, c'est se rendre non recevable à l'opposer. (Arrêt de la cour de Bordeaux du 17 juin 1830, Sirey, 30. 2. 327.)

L'art. 173 du Code de procédure est ici applicable. Voy. t. 28.

(2) Et, par conséquent, sans augmentation à raison des distances; la Chambre des Pairs l'a ainsi reconnu.

Le délai court du jour de la notification. M. le ministre de l'intérieur l'a déclaré formellement lors de la discussion de la loi du 2 juillet 1828, art. 18.

Le jour de la notification ne doit pas être compté dans le délai. (Arrêt de la cour de Nancy du 16 juin 1830, Sirey, 30. 2. 329.)

Mais la notification faite le *onzième* jour serait nulle, puisqu'il est dit *dans les dix jours*. Voy. t. 28, p. 235.

(3) En matière électorale, les préfets doivent, au cas de recours contre leurs arrêtés, être appelés en cause, c'est-à-dire ajournés par exploit d'huissier. (Arrêts de la cour de Nancy du 27 novembre 1828, Sirey, 29. 2. 155, et de la cour de Bordeaux du 23 juin 1830, Dalloz, 30. 2. 212.)

(4) M. Isambert a proposé de les affranchir des droits de timbre et de greffe. Sa proposition a été écartée.

(5) Quelques arrêts avaient décidé que les avocats des parties ne seraient pas entendus; maintenant, le texte est formel et le droit reconnu; mais l'avocat pourra-t-il répliquer au ministère public? Cette question a été diversement décidée. Les cours d'Orléans (arrêt du 9 juin 1830, Dalloz, 30. 2. 266) ; de Bourges et de Paris (arrêt du 25 août

1829), l'ont jugé négativement; la cour d'Angers, par arrêt du 3 mai 1830 (Dalloz, 30. 2. 266), s'est prononcée pour l'affirmative. Nous devons reconnaître que, comme le ministère public n'est point partie principale au procès, suivant les principes généraux, l'avocat n'a pas le droit de lui répliquer.

Le serment ne peut être déféré sur la question de savoir si celui qui réclame son inscription ou son maintien sur la liste électorale, est propriétaire réel des immeubles dont les contributions lui confèrent le cens. (Arrêt de la cour de Nancy du 21 juin 1830, Dalloz, 30. 2. 204.)

Le tiers qui attaque une inscription peut se servir des pièces de l'électeur. (Arrêt de la cour de Bordeaux du 22 juin 1830, Sirey, 30. 2. 327.)

Une cour royale, devant laquelle un individu ne justifie pas complétement de sa capacité électorale, peut ordonner son inscription, à la charge par lui d'achever la justification dans un délai déterminé. (Arrêt de la cour de Nancy du 9 juin 1830, Sirey, 30. 2. 329.)

Le préfet, dont un arrêté en matière électorale a été annulé par la cour royale, sur le recours de l'électeur que l'arrêté concernait, n'est pas passible des dépens envers cet électeur. (Arrêts de la cour de Paris du 8 octobre et du 24 novembre 1828; de la cour de Poitiers du 17 août 1828; de la cour de Toulouse du 1er juillet 1829, Dalloz, 29. 2. 224.)

Id. (Arrêt de la cour de cassation du 20 avril 1836, Sirey-Devill., 36. 1. 268.)

Id. (15 janvier 1838, Sirey-Devill., 38. 1. 465.)

Id. (14 novembre 1838; Sirey-Devill., 39. 1. 384.)

Le tiers qui succombe doit être condamné aux dépens. (Arrêts de la cour de Nancy du 21 juin 1830, Dalloz, 30. 2. 204.) Voy. notes sur l'art. 27.

Un arrêt est suffisamment motivé, lorsqu'il déclare que les pièces produites devant le préfet justifient le cens électoral, ou la possession, ou la patente, etc. (Arrêts de la cour de cassation des 26 et 30 juin 1830, Dalloz, 30. 1. 272.)

Un électeur n'a pu être maintenu par arrêt de défaut, et sans faire de justification. (Arrêt de la cour de cassation du 12 juillet 1830, Dalloz, 30. 1. 272.)

Les cours royales peuvent, en cette matière, continuer la cause à une prochaine audience pour prononcer le jugement. (Arrêt de la cour de cassat. du 5 juin 1834, Sirey-Devill., 34. 1. 401.)

Les tiers assignés devant la cour royale aux délais de la loi, par l'électeur dont ils ont fait ordonner la radiation, peuvent se présenter avant

avec la même exemption du droit d'enregistrement, sans consignation d'amende (1).

34. Les réclamations portées devant les préfets en conseil de préfecture, et les

actions intentées devant les Cours royales par suite d'une décision qui aura rayé un individu de la liste, auront un effet suspensif (2).

---

l'expiration de ces délais, et obtenir un arrêt par défaut contre l'électeur qui ne se présente pas. (Arrêts de la cour de Montpellier des 25 et 31 octob. 1837, Sirey-Devill., 37. 2. 497.)

Les cours royales peuvent-elles, lorsqu'il y a urgence, ordonner l'exécution de leurs arrêts sur minute? La cour de Pau, par arrêt du 16 décembre 1828, s'est prononcée pour la négative ; mais la cour de Rennes, par arrêt du 9 janvier 1829, et la cour de Caen, par deux arrêts du 19 janvier 1830, ont décidé la question affirmativement ; cette dernière opinion nous paraît devoir être adoptée.

Les arrêts doivent, à peine de nullité, être rendus sur rapport, et constater l'observation de cette formalité. (Arrêt de la cour de cassation du 1er août 1837, Sirey-Devill., 37. 1. 663.)

La voie d'opposition est ouverte contre les arrêts par défaut rendus en matière électorale. (Arrêts de la cour de Montpellier du 30 octobre 1837, Sirey-Devill., 37. 2. 497; de la cour de cassation du 29 novembre 1837, Sirey-Devill., 38. 1. 51 ; secùs, Toulouse, 25 novembre 1836, Sirey-Devill., 36. 2. 81.)

Une cour royale qui ordonne la radiation du nom d'un individu porté sur la liste électorale d'un arrondissement, sur le motif que cet individu est domicilié dans un autre arrondissement du même département, ne doit pas ordonner l'inscription de cet individu sur la liste de ce dernier arrondissement si cette inscription ne lui est pas demandée par la partie intéressée. (Arrêt de la cour de cassation du 23 avril 1838, Sirey-Devill., 38. 1. 465.)

(1) Les préfets ont qualité pour se pourvoir en cassation contre les arrêts de la cour royale, ordonnant l'inscription d'un électeur sur la liste électorale. (Arrêt de la cour de cassation du 2 juillet 1830, Sirey, 30. 1. 248.)

Id. (Arrêt de la cour de cassation du 12 février 1838, Sirey-Devill., 38. 1. 105.)

Le pourvoi doit nécessairement être soumis à la chambre des requêtes : il n'y a pas lieu à le porter de plano devant la chambre civile. (Arrêt de la cour de cassation du 9 avril 1829, Dalloz, 29. 1. 215.)

Il peut être formé sans le ministère d'un avoué. (Arrêt de la cour de cassation du 12 février 1838, Sirey-Devill., 38. 1. 105.)

La cour de cassation peut, si la signification de l'arrêt d'admission est nulle, et si les délais pour assigner devant la chambre civile ne sont pas expirés, ordonner que l'électeur sera réassigné. (Arrêt de la cour de cassation du 7 juillet 1830, Dalloz, 30. 1. 235.)

Des deux délais accordés au défendeur devant la cour de cassation, l'un pour comparaître, l'autre pour se défendre, le premier seul peut être abrégé par la cour ; le second ne peut pas l'être. (Arrêt de la cour de cassation du 21 juin 1830, Dalloz, 30. 1. 241.)

Est valable l'assignation à la prochaine audience de la cour de cassation. (Arrêts de la cour de cassation des 6 et 7 juillet 1830, Dalloz, 30. 1. 265.)

Les arrêts d'admission de la chambre des requêtes

obtenus par le préfet peuvent être notifiés aux défendeurs par des gendarmes aussi bien que par des huissiers. (Arrêts de la cour de cassation des 1er et 2 juillet 1830, Sirey, 30. 1. 248.)

Les notifications d'arrêts d'admission, portant assignation devant la chambre civile de la cour de cassation, ne sont pas assujetties aux formes prescrites par le Code de procédure (art. 61 et 62). Il suffit qu'elles soient faites conformément à l'art. 389 du Code d'instruction criminelle, relatif au mode de convocation des jurés. (Arrêts de la cour de cassation des 2, 3, 5 et 6 juillet 1830, Sirey, 30. 1. 248 et 357.)

La signification faite par un gendarme au domicile d'un électeur, en son absence, ne peut être querellée par le motif que le gendarme n'aurait pas, conformément à l'art. 389 du Code d'instruction criminelle, fait, en outre, la signification au maire, lorsqu'il est constant en fait que l'électeur a reçu la copie laissée à son domicile. (Arrêt de la cour de cassation du 15 juillet 1830, Dalloz, 30. 1. 268 ; Sirey, 30. 1. 359.)

La chambre civile de la cour de cassation n'est point valablement saisie, lorsque, dans l'assignation donnée au défendeur, il lui a été laissé copie d'un arrêt d'admission relatif à un autre que lui. (Arrêt de la cour de cassation du 5 juillet 1830, Dalloz, 30. 1. 268.)

L'assignation devant la chambre civile de la cour de cassation, en vertu d'un arrêt d'admission, est nulle, même en matière électorale, si la copie laissée à l'électeur n'est point signée par le gendarme, alors même que l'original est signé par l'électeur. (Arrêts de la cour de cassation des 5 et 13 juillet 1830, Dalloz, 30. 1. 268.)

Plusieurs arrêts de la cour de cassation, rendus en juillet 1830, ont décidé que les irrégularités des notifications peuvent ne pas emporter nullité, s'il résulte, soit de l'aveu de l'électeur, soit de ce qu'il a signé l'original, soit de ce qu'il se représente avec la copie, la preuve qu'il a effectivement reçu la notification. (Sirey, 30. 1. 357.)

L'omission de paraphe des renvois dans l'exploit peut n'être pas une nullité. (Arrêt de la cour de cassation du 6 juillet 1830, Dalloz, 30. 1. 268.)

La signification de l'arrêt d'admission doit être faite, à peine de nullité, à personne, ou, en cas d'absence de l'assigné, une copie doit être laissée à son domicile, et une copie au maire, qui vise l'original ; mais la nullité ne peut être proposée par l'électeur qui comparaît, en représentant sa copie. (Arrêts des 1er, 6 et 7 juillet 1830, Dalloz, 30. 1. 268.)

Deux dates, dans la signification de l'arrêt d'admission n'annulent pas la signification, si les deux dates sont dans les délais. (Arrêt de la cour de cassation du 3 juillet 1830, Dalloz, 30. 1. 267.) Voy., au surplus, toutes les notes sur l'art. 18 de la loi du 2 juillet 1828, t. 28.

Les appréciations de fait des cours royales sont souveraines en matière électorale, comme en toute autre matière : elles ne peuvent tomber sous la censure de la cour de cassation. (Arrêts de la cour de cassation des 15 janvier et 24 avril 1838, Sirey-Devill., 38. 1. 405.)

(2) Ainsi l'effet suspensif ne s'applique point

35. Le préfet, sur la notification de l'arrêt intervenu, fera sur la liste la rectification qui aura été prescrite (1).

Si, par suite de la radiation prescrite par arrêt de la Cour royale, la liste se trouve réduite à moins de cent cinquante, le préfet en conseil de préfecture complétera ce nombre, en prenant les plus imposés de la liste supplémentaire arrêtée le 16 octobre, et seulement jusqu'à épuisement de cette liste.

36. Les percepteurs des contributions directes seront tenus de délivrer sur papier libre, et moyennant une rétribution de vingt-cinq centimes par extrait de rôle concernant le même contribuable, à toute personne portée au rôle, l'extrait relatif à ses contributions, et à tout individu qualifié comme il est dit à l'art. 25 ci-dessus, tout certificat négatif ou tout extrait des rôles de contributions.

37. Il sera donné communication des listes annuelles et des tableaux de rectification à tous les imprimeurs qui voudront en prendre copie. Il leur sera permis de les faire imprimer sous tel format qu'il leur plaira choisir, et de les mettre en vente.

TITRE IV. — *Des colléges électoraux* (2).

38. La Chambre des Députés est composée de quatre cent cinquante-neuf députés (3).

39. Chaque collége électoral n'élit qu'un député.

Le nombre des députés de chaque département, et la division des départements en arrondissements électoraux, sont réglés par le tableau ci-joint, faisant partie de la présente loi.

40. Les colléges électoraux sont convoqués par le roi. Ils se réunissent dans la ville de l'arrondissement électoral ou administratif que le roi désigne (4). Ils ne peuvent s'occuper d'autres objets que de l'élection des députés ; toute discussion, toute délibération, leur sont interdites.

41. Les électeurs se réunissent en une seule assemblée dans les arrondissements électoraux où leur nombre n'excède pas six cents.

Dans les arrondissements où il y a plus de six cents électeurs, le collége est divisé en sections ; chaque section comprend trois cents électeurs au moins, et concourt directement à la nomination du député que le collége doit élire (5).

42. Les présidents, vice-présidents, juges et juges suppléants des tribunaux de première instance, dans l'ordre du tableau, auront la présidence provisoire des colléges électoraux, lorsque ces colléges s'assembleront dans une ville chef-lieu d'un tribunal. Lorsqu'ils s'assembleront dans une autre ville, comme dans le cas où, attendu que le nombre des colléges ou des sections, celui des juges serait insuffisant, la présidence provisoire sera, à leur défaut, déférée au maire, à ses adjoints, et successivement aux conseillers municipaux de la ville où se fait l'élection, aussi dans l'ordre du tableau.

Si le collége se divise en sections, la première sera présidée provisoirement par le premier des fonctionnaires dans l'ordre

---

aux pourvois en cassation qui pourraient être formés. Cela résulte du texte même ; cela est d'ailleurs conforme au principe général, qu'en matière civile le pourvoi n'est pas suspensif ; enfin, l'intention formelle de réserver l'effet suspensif aux réclamations portées devant les préfets en conseil de préfecture, et aux actions devant les cours royales, a été exprimée de la manière la plus positive par M. le duc Decazes au nom de la commission de la Chambre des Pairs.

Par suite de l'effet suspensif dont parle cet article, l'électeur réclamant aurait le droit de voter, si les colléges se réunissaient avant la décision de la cour sur sa demande.

(1) Si le préfet refusait de faire la rectification, il pourrait être passible de la peine prononcée par l'art. 114 du Code pénal, du moins telle est l'opinion émise par M. Pardessus dans la discussion sur l'art. 20 de la loi du 2 juillet 1828. Voy. t. 28.

(2) Voy. l'instruction ministérielle du 29 septembre 1830. Elle peut être consultée avec fruit ; mais elle est incompatible dans quelques-unes de ses parties avec la loi actuelle. Par exemple, elle indique la marche à suivre pour appeler au bureau provisoire un président. Mais les dispositions

de l'art. 42 rendent inutiles les règles qu'elle traçait à cet égard.

(3) Aux termes de la loi du 29 juin 1820, la Chambre des Députés était composée de 430 membres, savoir : 258 nommés par les colléges d'arrondissement, et 172 par les colléges de département.

(4) Ainsi lorsqu'un arrondissement administratif composé d'une ville et de cantons ruraux, se trouve divisé en deux arrondissements électoraux, et que, dans l'un de ces arrondissements électoraux, il n'y a point de ville ou de bourg assez considérable pour que les électeurs puissent s'y réunir, le gouvernement pourra convoquer dans la même ville les deux colléges électoraux, sauf à les réunir dans des lieux séparés.

(5) L'ordonnance du 4 septembre 1820 porte (art. 6) que la division des colléges en sections est faite par le préfet en conseil de préfecture et suivant l'ordre des numéros de la liste définitive.

L'arrêté est un acte purement administratif non susceptible d'être réformé par la cour royale. (Arrêt de la cour de Rouen du 2 novembre 1837, Sirey-Devill., 37. 2. 497.)

du tableau; la seconde le sera par celui qui vient après, et successivement.

Si plusieurs colléges se réunissent dans la même ville (1), leur présidence provisoire sera déférée de la même manière et dans le même ordre que le serait celle des sections.

Si plusieurs colléges réunis dans la même ville se subdivisent en sections, la première du premier collége sera provisoirement présidée par le fonctionnaire le plus élevé ou le plus ancien dans l'ordre du tableau; la première section du second collége le sera par le deuxième; la seconde section du premier collége par le troisième; la seconde section du deuxième collége par le quatrième, et ainsi des autres (2).

Les deux électeurs les plus âgés et les deux plus jeunes inscrits sur la liste du collége ou de la section sont scrutateurs provisoires. Le bureau choisit le secrétaire, qui n'a que voix consultative (3).

43. La liste des électeurs de l'arrondissement doit rester affichée dans la salle des séances pendant le cours des opérations.

44. Le collége ou la section élit à la majorité simple le président et les scrutateurs définitifs. Le bureau ainsi formé nomme un secrétaire, qui n'a que voix consultative (4).

45. Le président du collége ou de la section a seul la police de l'assemblée. Nulle force armée ne peut être placée, sans sa réquisition, dans la salle des séances, ni aux abords du lieu où se tient l'assemblée. Les autorités civiles et les commandans militaires sont tenus d'obéir à ses réquisitions.

Trois membres au moins du bureau seront toujours présens.

Le bureau prononce provisoirement sur les difficultés qui s'élèvent touchant les opérations du collége ou de la section. Toutes les réclamations sont insérées au procès-verbal, ainsi que les décisions motivées du bureau. Les pièces ou bulletins relatifs aux réclamations sont paraphés par les membres du bureau, et annexés au procès-verbal.

La Chambre des Députés prononce définitivement sur les réclamations (5).

46. Nul ne pourra être admis à voter, soit pour la formation du bureau définitif, soit pour l'élection du député, s'il n'est inscrit sur la liste affichée dans la salle et remise au président.

Toutefois, le bureau sera tenu d'admettre à voter ceux qui se présenteraient munis d'un arrêt de la cour royale déclarant qu'ils font partie du collége (6), et ceux qui justifieraient être dans le cas prévu par l'art. 34 de la présente loi (7).

47. Avant de voter pour la première fois, chaque électeur prête le serment prescrit par la loi du 31 août 1830 (8).

---

(1) Voy. notes sur l'art. 40.

(2) Il a été bien expliqué que les fonctionnaires désignés pour présider provisoirement les colléges électoraux peuvent n'être pas électeurs.

(3) Le secrétaire n'a que voix consultative, parce qu'il n'est choisi que par le bureau. Au surplus, et comme l'a fait remarquer M. le comte Portalis, il a le droit de voter, s'il est électeur, pour la formation du bureau définitif et pour la nomination des députés.

(4) Si le président provisoire n'est pas électeur, il ne pourra point voter pour la formation du bureau définitif; cela résulte de la discussion à la Chambre des Pairs, et cela est formellement exprimé par l'art. 46 ci-après.

On a demandé si le collége pouvait élire pour président un citoyen qui ne fût pas électeur; M. le duc Decazes a dit que la Charte, en laissant aux électeurs le choix de leur président, a entendu que le choix aurait lieu parmi eux.

(5) Le bureau n'a pas le droit de statuer sur la capacité de citoyens, qui, n'étant pas dans les cas prévus par l'art. 46, se présenteraient pour voter; il est également incompétent pour statuer sur des demandes tendant à faire écarter comme incapables des électeurs inscrits sur la liste. La Chambre des Députés est seule juge et juge souverain de l'influence qu'a pu exercer sur la validité des élections l'éloignement d'électeurs capables, ou l'admission d'électeurs incapables. On a prétendu qu'une fois que la capacité d'un ou de plusieurs électeurs a été jugée par les autorités compétentes, la Chambre des Députés doit respecter les décisions rendues en dernier ressort, et qu'elle ne pourrait, par exemple, déclarer nulle une élection par le motif qu'un ou plusieurs faux électeurs y auraient concouru, lorsque ces électeurs auraient été admis par les autorités compétentes; mais dans la session de 1828, la Chambre des Députés a, par plusieurs délibérations, décidé que son omnipotence ne connaissait aucune limite dans l'appréciation de la validité des élections; et qu'elle n'était point liée par les décisions des tribunaux judiciaires ou administratifs. Voy. tome 28, note de la page 108.

(6) Les arrêts ne décident jamais qu'un électeur fait partie d'un collége, ils réforment l'arrêté du préfet et ordonnent que l'électeur sera inscrit sur la liste. Voyez tome 28, page 236.

(7) Un électeur qui voudra justifier qu'il est dans le cas prévu par l'art. 34, ne devra pas, à notre avis, se borner à présenter l'original de son assignation devant la cour; il devra aussi être porteur d'un certificat du greffier constatant qu'il n'y a pas eu arrêt rendu par la cour. Si l'on n'exigeait pas ce certificat, tout électeur qui aurait assigné le préfet devant la cour aurait un moyen sûr de voter dans les colléges électoraux, soit qu'il y eût ou qu'il n'y eût pas arrêt; il présenterait l'original de son exploit et dirait que la cour n'a pas prononcé.

(8) Le serment est ainsi conçu : « Je jure fidélité au Roi des Français, obéissance à la Charte constitutionnelle et aux lois du royaume. »

48. Chaque électeur, après avoir été appelé, reçoit du président un bulletin ouvert, sur lequel il écrit ou fait écrire secrètement son vote par un électeur de son choix, sur une table disposée à cet effet, et séparée du bureau.

Puis il remet son bulletin écrit et fermé au président, qui le dépose dans la boîte destinée à cet usage (1).

49. La table placée devant le président et les scrutateurs sera disposée de telle sorte que les électeurs puissent circuler alentour pendant le dépouillement du scrutin.

50. A mesure que chaque électeur déposera son bulletin, un des scrutateurs, ou le secrétaire, constatera ce vote, en écrivant son propre nom en regard de celui du votant, sur une liste à ce destinée, et qui contiendra les noms et les qualifications de tous les membres du collége ou de la section.

Chaque scrutin reste ouvert pendant six heures au moins, et est clos à trois heures du soir, et dépouillé séance tenante.

51. Lorsque la boîte du scrutin aura été ouverte et le nombre des bulletins vérifiés, un des scrutateurs prendra successivement chaque bulletin, le dépliera, le remettra au président, qui en fera lecture à haute voix, et le passera à un autre scrutateur; le résultat de chaque scrutin est immédiatement rendu public.

52. Immédiatement après le dépouillement, les bulletins seront brûlés en présence du collége.

53. Dans les colléges divisés en plusieurs sections, le dépouillement du scrutin se fait dans chaque section; le résultat en est arrêté et signé par le bureau; il est immédiatement porté par le président de chaque section au bureau de la première section, qui fait, en présence de tous les présidens des sections, le recensement général des votes.

54. Nul n'est élu à l'un des deux premiers tours de scrutin, s'il ne réunit plus du tiers des voix de la totalité des membres qui composent le collége, et plus de la moitié des suffrages exprimés.

55. Après les deux premiers tours de scrutin, si l'élection n'est point faite, le bureau proclame les noms des deux candidats qui ont obtenu le plus de suffrages; et, au troisième tour de scrutin, les suffrages ne pourront être valablement donnés qu'à l'un de ces deux candidats.

La nomination a lieu à la pluralité des votes exprimés (2).

56. Dans tous les cas où il y aura concours par égalité de suffrages, le plus âgé obtiendra la préférence.

57. La session de chaque collége est de dix jours au plus. Il ne peut y avoir qu'une séance et un seul scrutin par jour. La séance est levée immédiatement après le dépouillement du scrutin, sauf les décisions à porter par le bureau sur les réclamations qui lui sont présentées au sujet de ce dépouillement, et sur lesquelles il sera statué séance tenante.

58. Nul électeur ne peut se présenter armé dans un collége électoral.

TITRE V. *Des éligibles.*

59. Nul ne sera éligible à la Chambre des Députés, si, au jour de son élection, il n'est âgé de trente ans (3), et s'il ne paie cinq cents francs de contributions directes, sauf le cas prévu par l'art. 33 de la Charte. Les dispositions de l'art. 7 sont applicables au cens d'éligibilité (4).

---

(1) M. Favard pense qu'il y a nécessité d'écrire son vote sur le bureau, non seulement pour l'élection des députés, mais aussi pour la nomination des présidens et secrétaire. C'était l'usage constamment suivi.

La violation du secret des votes emporte-t-elle nullité? Cette question n'a pas été formellement résolue par la Chambre des Députés; mais, dans la session de 1828, plusieurs fois les rapporteurs des bureaux chargés de la vérification des pouvoirs ont manifesté l'opinion que la violation du secret des votes pourrait entraîner la nullité de l'élection. Voyez tome 28, notes des pages 109 et 241.)

(2) M. Favard de Langlade pense que si l'on trouve dans l'urne des billets blancs, ils ne doivent pas être comptés pour déterminer le nombre des votans, et par conséquent la majorité; il se fonde avec raison sur ce que ceux qui ont mis des billets blancs ont par là exprimé qu'ils ne voulaient pas voter, et que, par conséquent, ils ne doivent pas être considérés comme ayant fait partie du collége.

(3) La loi du 25 mars 1818 exigeait aussi que les conditions d'éligibilité fussent accomplies au jour de l'élection. L'art. 32 de la Charte dispose que nul ne peut être admis dans la Chambre s'il n'est âgé de trente ans. Cette rédaction ne semble pas exiger que les trente ans soient accomplis au jour de l'élection; mais on sent que le texte n'est pas assez formel pour qu'on puisse considérer comme une dérogation à la Charte la disposition qui veut que les trente ans soient accomplis au jour de l'élection.

(4) On a proposé d'ajouter *s'il n'est pas né Français*, M. de Vatimesnil a fait observer qu'il ne suffit pas d'être naturalisé Français; qu'un homme naturalisé est Français, mais qu'il n'est pas apte à être nommé à la Chambre des Députés; qu'ainsi l'amendement n'atteindrait pas le but que son auteur propose.

M. le rapporteur a dit : « Il est deux sortes de naturalisation; la naturalisation simple donne des droits civils, la grande naturalisation donne des droits politiques, par exemple, le droit de siéger à la

60. Les délégations et attributions de contributions, autorisées pour les droits électoraux par les art. 4, 5, 6, 8 et 9, le sont également pour le droit d'éligibilité (1).

61. La Chambre des Députés est seule juge des conditions d'éligibilité.

62. Lorsque des arrondissemens électoraux ont élu des députés qui n'ont pas leur domicile politique dans le département, en nombre plus grand que ne l'autorise l'article 56 de la Charte, la Chambre des Députés tire au sort, entre ces arrondissemens, celui ou ceux qui doivent procéder à une réélection.

63. Le député élu par plusieurs arrondissemens électoraux sera tenu de déclarer son option à la Chambre dans le mois qui suivra la déclaration de la validité des élections entre lesquelles il doit opter. A défaut d'option dans ce délai, il sera décidé, par la voie du sort, à quel arrondissement ce député appartiendra (2).

64. Il y a incompatibilité entre les fonctions de député et celles de préfet, sous-préfet, de receveurs généraux, de receveurs particuliers des finances et de payeurs.

Les fonctionnaires ci-dessus désignés, les officiers-généraux commandant les divisions ou subdivisions militaires, les procureurs généraux près les cours royales, les procureurs du Roi, les directeurs des contributions directes et indirectes, des domaines et enregistrement et des douanes dans les départemens, ne pourront être élus députés par le collège électoral d'un arrondissement compris en tout ou en partie dans le ressort de leurs fonctions.

Si, par démission ou autrement, les fonctionnaires ci-dessus quittaient leur emploi, ils ne seraient éligibles dans les départemens, arrondissemens ou ressorts dans lesquels ils ont exercé leurs fonctions, qu'après un délai de six mois, à dater du jour de la cessation des fonctions (3).

Chambre des Députés ou à la Chambre des Pairs. Si vous mettez *né Français* seulement, vous assimilerez les droits de la grande et de la petite naturalisation. Il peut arriver qu'au moyen des lettres de naturalisation un citoyen pense être admis à la Chambre des Députés, comme il l'est à la Chambre des Pairs. »

« S'il reçoit des lettres de grande naturalisation, a dit M. Caumartin, auteur de l'amendement, il est réputé né Français. » L'amendement a été rejeté. En résumé, nous pensons que les lettres de grande naturalisation sont nécessaires, conformément à l'ordonnance du 4 juin 1814, pour siéger à la Chambre des Députés.

La Chambre des Pairs avait substitué au cens de 500 fr. de contributions en principal et centimes additionnels, le cens de 400 fr. en principal, par les mêmes raisons qui l'avaient déterminée à fixer le cens électoral à 150 fr. en principal. Voyez notes sur l'article 1er, page 177.

(1) M. Salvandy a demandé que la liste des éligibles de chaque département fût affichée dans les collèges électoraux de ce département. Sa proposition a été rejetée.

On a soulevé la question de savoir si le fermier élu député, et dont le cens d'éligibilité se composait de partie des contributions du domaine qu'il exploitait, pourrait continuer à siéger pendant cinq ans, si son bail venait à expirer un an, par exemple, après l'élection.

On peut généraliser davantage la question, et demander si le député qui, par un événement quelconque, cesse de payer, ou de pouvoir s'attribuer les contributions composant le cens d'éligibilité, doit continuer à siéger à la Chambre?

Il nous semble que la question doit être résolue affirmativement. Il faudrait un texte positif dans la loi pour écarter de la Chambre un député dont l'élection a été régulière, et qui réunissait lorsqu'il a été élu toutes les conditions requises.

(2) Mais il ne peut y avoir option quand le député nouvellement élu par un arrondissement était

déjà admis comme député d'un autre. (Décision de la Chambre des Députés du 22 décembre 1820.)

(3) Le sens des différentes dispositions de cet article est assez difficile à saisir; il convient d'en expliquer avec quelques détails.

Le paragraphe premier crée une incompatibilité absolue entre les fonctions de député et celles de préfet, sous-préfet, de receveurs généraux, de receveurs particuliers des finances et de payeurs. En conséquence, il est impossible d'être à la fois préfet, sous-préfet, etc., et député. Un préfet ou un sous-préfet élu ne serait admis à la Chambre qu'après s'être démis de ses fonctions; et se démettant il doit être admis; jusqu'ici aucun doute ne peut s'élever.

Le second paragraphe ajoute que les fonctionnaires désignés dans le premier paragraphe et certains autres fonctionnaires, savoir : les officiers généraux, commandant les divisions ou subdivisions militaires, les procureurs-généraux, etc., ne pourront être élus par le collège électoral d'un arrondissement compris en tout ou en partie dans le ressort de leurs fonctions.

On conçoit bien l'utilité de cette disposition relativement aux officiers-généraux, aux procureurs généraux, etc., etc. Elle n'établit pas à leur égard une incompatibilité absolue ; elle défend seulement de les élire députés dans les arrondissemens compris dans leur ressort, et cela à cause de l'influence qu'ils pourraient exercer sur les électeurs; partout ailleurs ils sont éligibles. Mais, on se demandera peut-être à quoi bon dire que les préfets, sous-préfets, receveurs et payeurs ne pourront se faire élire dans les collèges des arrondissemens compris dans leur ressort, lorsque déjà le paragraphe 1er déclare, d'une manière absolue, que leurs fonctions sont incompatibles avec celles de députés? La réponse est facile : le paragraphe 1er ne dit point qu'un préfet ou un sous-préfet ne pourra être élu député; mais seulement que s'il est élu député et qu'il accepte, il cessera d'être préfet ou sous-préfet. Puis le second paragraphe ajoute qu'un préfet,

TITRE VI. *Dispositions générales.*

65. En cas de vacances par option, décès, démission ou autrement (1), le collége électoral qui doit pourvoir à la vacance sera réuni dans le délai de quarante jours : ce délai sera de deux mois pour le département de la Corse (2).

En cas d'élection, soit générale, soit partielle, l'intervalle entre la réception de l'ordonnance de convocation du collége au chef-lieu du département et l'ouverture du collége, sera de vingt jours au moins.

66. La Chambre des Députés a seule le droit de recevoir la démission d'un de ses membres (3).

---

sous-préfet, receveur ou payeur ne pourra se faire nommer député dans un arrondissement compris dans son administration. Sans cette seconde disposition, un préfet ou sous-préfet, abusant de l'influence qu'il exerce sur ces administrés, aurait pu se faire élire ; il se serait ensuite conformé au vœu du paragraphe 1er, en donnant sa démission.

Après avoir bien saisi le sens des deux premiers paragraphes, on comprend aisément le dernier. Le législateur a pensé que les fonctionnaires dont il a supposé l'influence dangereuse pourraient exercer cette influence jusqu'au moment des élections, et la veille de la réunion des colléges, donner leur démission. Il a voulu, pour prévenir un pareil abus, qu'il y eût un intervalle de six mois au moins entre la cessation de leurs fonctions, et le jour de leur élection. Au surplus, comme cela est dit formellement, l'intervalle de six mois n'est exigé que dans le cas où l'élection est faite dans le ressort des fonctionnaires. S'ils sont élus ailleurs, il n'y a plus d'intervalle nécessaire.

En résumé, les préfets, sous-préfets, receveurs et payeurs ne peuvent se faire élire dans leur ressort, qu'après un délai de six mois à dater du jour de la cessation de leurs fonctions. Ils peuvent se faire élire ailleurs même étant encore dans l'exercice de leurs fonctions ; mais ils ne peuvent être admis en qualité de députés, en conservant leur qualité de préfet, sous-préfet, receveur ou payeur.

Les officiers généraux, procureurs généraux, procureurs du Roi, directeurs, etc., ne peuvent se faire élire dans leur ressort qu'après six mois à dater du jour de la cessation de leurs fonctions ; s'ils sont élus hors de leur ressort, ils peuvent conserver leurs fonctions après l'élection, et être admis à la Chambre, sans cesser de les exercer.

On a demandé si les procureurs généraux, près la cour de cassation et la cour des comptes étaient compris dans la disposition de l'article. M. le rapporteur a répondu qu'il n'était question que des procureurs généraux près des cours royales. Voyez art. 77.

On a demandé que la disposition fût étendue aux substituts des procureurs généraux. Cette proposition a été rejetée.

La loi du 12 septembre 1830, sur la réélection des députés promus à des fonctions publiques salariées, continue-t-elle à être en vigueur ?

On aurait pu considérer la loi du 12 septembre 1830 comme tacitement abrogée par la présente loi, qui, contenant un système complet sur les élections, est censée remplacer toutes les lois antérieures. Mais la Chambre des Députés a expressément déclaré qu'elle n'entendait point abroger la loi du 12 septembre 1830.

En effet, M. de Malaret ayant proposé un amendement portant que nul député ne pourrait accepter, pendant la durée de ses fonctions législatives, aucun emploi rétribué, plusieurs voix se sont écriées : *Il y a une loi.* M. le rapporteur a ajouté qu'on ne pouvait abroger par amendement une disposition de la loi sur les réélections ; que, d'ailleurs, l'article proposé serait en opposition avec la dernière Charte, qui, parmi les articles sur lesquels il doit être statué ultérieurement, comprend *la réélection des députés promus à des fonctions publiques salariées.* L'amendement a été rejeté.

(1) Sur la proposition de M. de Riberolles, la Chambre des Députés avait adopté l'addition suivante : *et d'acceptation de fonctions publiques salariées, aux termes de la loi du 12 septembre 1830.* Mais la Chambre des Pairs a pensé que cela était inutile. Voy. les notes sur l'art. 64.

(2) De quel jour courra le délai ? Il faut distinguer : s'il y a vacance par suite de décès, le délai courra du jour où le ministre en aura été informé.

S'il y a vacance par suite d'acceptation de fonctions salariées, et pendant la durée d'une session, la Chambre décidera.

Mais la question se complique si la vacance a lieu hors du temps des sessions ; en effet, la loi du 12 septembre 1830 porte que toute acceptation par un député de fonctions salariées est une démission ; l'art. 66 déclare qu'à la Chambre seule appartient le droit de recevoir la démission d'un de ses membres, faut-il en induire que le député qui a accepté des fonctions hors des sessions ne doit être remplacé que lorsque la Chambre sera réunie ? Et s'il renonce à ses fonctions avant cette réunion ou avant que la Chambre ait commencé ses travaux, devra-t-il néanmoins être soumis à la réélection ? M. le duc Decazes a pensé que la solution de ces questions devait être laissée à la Chambre des Députés. Qu'il nous soit permis de dire comment elles nous semblent devoir être résolues.

Le député qui accepte des fonctions salariées cesse d'être député par la force de la loi, et non par l'effet de sa volonté ; c'est là une démission d'une espèce particulière, il n'y a pas nécessité que la Chambre la reçoive et l'accepte : l'art. 66 est sans application. Le ministre qui ne peut pas ignorer la nomination et l'acceptation, doit donc dans les quarante jours, à compter de celle-ci, convoquer le collége électoral.

Une fois qu'un député s'est dépouillé de son caractère par l'acceptation de fonctions salariées, il ne dépend plus de lui de le faire revivre par la renonciation à ses fonctions. La démission par acceptation est un fait accompli, le caractère de député a cessé d'exister ; une nouvelle élection peut seule le faire revivre.

(3) M. Prévost-Leygonie a proposé un paragraphe ainsi conçu : « Sera déclaré démissionnaire tout député qui, sans motif légitime dûment justi-

67. Les députés ne reçoivent ni traitement ni indemnité (1).

68. Les dispositions de la présente loi sont applicables à la révision de la liste des jurés non électeurs établie par les art. 1er et 2 de la loi du 2 mai 1827.

69. Il sera formé, pour chaque arrondissement électoral, une liste des jurés non électeurs qui ont leur domicile réel dans cet arrondissement.

Le droit d'intervention des tiers relativement à cette liste appartient à tous les électeurs et à tous les jurés de l'arrondissement (2).

TITRE VII. *Articles transitoires* (3).

70. Dans le cas où des élections, soit générales, soit partielles, auraient lieu avant le 21 octobre 1851, l'ordonnance de convocation des colléges sera publiée dans chaque arrondissement électoral au moins quinze jours avant celui qui sera fixé pour l'élection.

Dans le délai de quinze jours, à compter de la promulgation de la présente loi, l'inscription des citoyens qui auront acquis le droit électoral, soit en vertu de la législation antérieure, soit en vertu des dispositions de la présente loi, pourra être requise, soit par eux, soit par des tiers, conformément aux articles 24, 25 et 26 (4).

Pendant cet espace de temps, le registre prescrit par l'art. 23 sera ouvert, et les réquisitions prévues par le précédent paragraphe y seront inscrites.

---

lié, ne se rendra pas à l'ouverture de la session ou qui s'absentera pendant sa durée sans congé. »

M. Isambert a soutenu la proposition en invoquant toutes les constitutions antérieures et la législation anglaise; elle a été rejetée.

(1) La Chambre des Députés a rejeté une disposition présentée par M. Isambert, dans les termes suivans : « Les députés recevront, à titre de droit de présence, une indemnité de 20 fr. par jour pendant la session, et les frais de poste pour l'aller et le retour du chef-lieu du Gouvernement au chef-lieu de l'arrondissement électoral. »

M. Beaudet-Lafarge a proposé de dire que les députés ne recevraient ni traitement, ni indemnité, *du trésor public*, afin de laisser aux conseils généraux de département la faculté, s'ils le jugeaient convenable, de voter des fonds, pour payer une indemnité à leurs députés. La Chambre a également rejeté cette disposition.

(2) Voir l'art. 25.

Le projet présenté par le Gouvernement contenait un article ainsi conçu : « Les lois, décrets, « ordonnances et réglemens sur le mode des élec- « tions, antérieurs à la présente loi, sont abro- « gés. »

La commission a proposé cette rédaction : « Les lois, décrets, ordonnances et réglemens antérieurs à la présente loi, sont abrogés en ce qui touche les élections. »

M. Dumeilet a présenté un article ainsi conçu : « Sont et demeurent abrogées les propositions des lois du 5 février 1817, du 29 juin 1820, du 2 mai 1827, du 2 juillet 1328, en ce qui serait contraire à la présente loi. »

M. le rapporteur a pensé qu'il vaudrait mieux dire, *en ce qui touche le mode des élections*.

M. Pelet de la Lozère a dit : « Le cens électoral et le cens d'éligibilité ne tiennent pas au mode des élections. Ainsi, la rédaction que vient de proposer M. le rapporteur n'atteindrait pas son but. En voulant faire un code complet sur la matière électorale, nous nous sommes traînés péniblement dans une discussion beaucoup trop longue. Vous avez vu qu'on avait oublié des dispositions dont le maintien était indispensable, et il y aura sans doute encore bien des lacunes. J'adopte l'amendement proposé

dans lequel on énumère les lois qui seront abrogées.

M. de Schonen a proposé de dire : « Les lois, décrets, ordonnances et réglemens antérieurs à la présente loi sont abrogés, en ce qu'ils ont de contraire à la présente loi. »

Sur l'observation de M. Dupin, qu'on ne faisait rien en disant que les dispositions des lois antérieures contraires à la loi nouvelle étaient abrogées, car il restait toujours la question de savoir quelles étaient les dispositions anciennes contraires aux dispositions nouvelles, la Chambre a rejeté tous les articles qui lui avaient été présentés.

On ne saurait trop déplorer le vague dans lequel les législateurs laissent ordinairement les questions d'abrogation : sans doute, il est difficile de les décider ; mais c'est là un motif de plus pour les résoudre par des dispositions précises. La loi actuelle succède à une foule d'autres qui ont tour à tour régi les matières électorales : voici quel est, dans mon opinion, le résultat de la loi nouvelle sur les dispositions antérieures.

La loi du 5 février 1817 paraît abrogée en entier; celle du 25 mars 1818 l'est également; aucun des articles de la loi du 29 juin 1820 ne reste en vigueur ; la loi du 2 mai 1827 conserve son effet obligatoire dans toutes les dispositions relatives à la capacité des jurés et à la formation du jury ; mais elle est abrogée en tout ce qui est relatif à la confection des listes ; ainsi l'art. premier, le second paragraphe de l'art. 2, les art. 7, 8, 9, 10, 11, 12, 13 et 14 sont encore en vigueur ; les art. 2, § 1er, 3, 4, 5 et 6 sont abrogés ; la loi du 2 juillet 1828 nous paraît également abrogée en entier. Quant aux ordonnances qui ont été rendues en exécution de ces différentes lois, elles suivent nécessairement le sort des lois auxquelles elles se rattachaient. L'instruction du 27 septembre 1830, voyez tome 30, p. 259, peut être consultée avec fruit, mais elle n'a point l'autorité législative ; d'ailleurs plusieurs des règles qu'elle trace sont incompatibles avec la loi nouvelle, il sera facile de s'en apercevoir. Voyez *suprà*, p. 193.

(3) Voyez ci-après, .a circulaire du 20 avril 1831.

(4) La Chambre des Pairs avait adopté la rédac-

Après l'expiration dudit délai de quinze jours, ces réquisitions ne seront plus admises.

En cas d'élections, soit générales, soit partielles, avant le 21 octobre 1831, les contributions foncière, personnelle, mobilière et des portes et fenêtres, ne seront comptées, soit pour être électeur, soit pour être éligible, que lorsque la propriété foncière aura été possédée, ou la location faite, antérieurement à la promulgation de la présente loi.

Cette disposition n'est pas applicable aux possesseurs à titre successif.

La patente ou le diplôme universitaire ne seront comptés que lorsqu'ils auront été pris un an avant la promulgation de la présente loi. Cette disposition n'est pas applicable aux citoyens qui, ayant pris une patente avant le 1er août 1830, ont été inscrits, en vertu de la loi du 12 septembre dernier, sur les listes supplémentaires formées depuis cette époque.

71. Le préfet, en conseil de préfecture, dressera d'office, ou d'après les réclamations des intéressés ou des tiers, une liste additionnelle contenant les noms des citoyens qui auront acquis le droit électoral.

Cette liste sera affichée vingt-cinq jours au plus tard après la promulgation de la présente loi.

72. Les décisions portant refus d'inscription seront signifiées aux parties par le préfet, dans les cinq jours, pour tout délai, après le jour où elles auront été rendues.

73. Les réclamations qui pourront être dirigées, soit par des tiers contre les inscriptions, soit par les parties contre les refus d'inscription, seront formées, à peine de déchéance, le trente-cinquième jour au plus tard après la promulgation de la présente loi.

L'assignation sera donnée devant la cour à huitaine pour tout délai, quelle que soit la distance des lieux.

Ce délai expiré, la cour prononcera, toutes affaires cessantes. Son arrêt, s'il est par défaut, ne sera pas susceptible d'opposition.

74. Il ne sera fait de changemens à la liste additionnelle, mentionnée dans l'article 71, qu'en exécution d'arrêts rendus par les cours royales.

75. Il ne sera fait de changemens à la liste arrêtée le 16 novembre dernier, et affichée le 20 du même mois, que dans les cas prévus par l'art. 32 de la présente loi.

Il sera procédé à l'élection sur cette liste et sur la liste additionnelle prescrite par les articles précédens.

76. Tout électeur ayant son domicile dans un arrondissement qui, d'après la présente loi, se trouverait divisé en plusieurs arrondissemens électoraux, pourra opter entre ces arrondissemens, s'il paie des contributions dans l'un et dans l'autre. L'option devra être faite dans le délai de quinze jours, à dater de la promulgation de la présente loi, et dans la forme déterminée par l'article 10. A défaut d'option dans le délai ci-dessus fixé, l'électeur appartiendra à l'arrondissement électoral dans lequel sera compris le canton où il a maintenant son domicile politique. Si l'électeur ne paie de contributions que dans un des deux arrondissemens électoraux, il appartiendra à cet arrondissement, et ne pourra faire d'option.

L'électeur dont le domicile politique, au moment de la promulgation de la présente loi, serait différent de son domicile réel, aura le même délai de quinze jours pour faire son option. A défaut par lui de la faire dans ledit délai, il continuera d'appartenir à l'arrondissement électoral dans lequel il exerçait ses droits.

77. Les fonctionnaires désignés dans l'article 64 qui cesseront leurs fonctions par démission ou autrement dans le délai de quinze jours, à dater de la promulgation de la présente loi, seront éligibles dans les départemens, arrondissemens ou ressorts dans lesquels ils exercent leurs fonctions pour

---

tion suivante : « *Soit depuis le 16 novembre 1830 en vertu de la législation antérieure.* » M. le duc Decazes a déclaré que ce membre de phrase avait été ajouté pour exprimer clairement que l'intention n'avait pas été de restreindre l'inscription aux droits acquis en vertu de la présente loi. M. Favard de Langlade a fait remarquer à la Chambre des Députés que la Chambre des Pairs avait oublié de comprendre ceux qui ont omis de se faire inscrire en 1830, et qu'elle avait maintenu par là la déchéance établie par l'art. 22 de la loi du 2 juillet 1828 ; cette déchéance, a-t-il ajouté, devient générale dans le système de la loi nouvelle (art. 32) ; mais, comme il y a une exception pour cette année, puisqu'on fait une liste additionnelle (art. 71), comme la loi tend à augmenter le plus possible le nombre des électeurs, il ne serait pas juste d'exclure ceux qui ont négligé de se faire inscrire en 1830 ; cette exclusion de la Chambre des Pairs a été l'effet d'une erreur involontaire. Tout peut être réparé en supprimant de l'article : *depuis le 16 novembre 1830.* Cette suppression a été adoptée.

les élections qui pourraient avoir lieu avant le 21 octobre 1831.

78. Si, avant qu'il n'ait été procédé à des élections générales, il y a lieu de remplacer un député élu par un collége départemental, la Chambre des Députés déterminera, par la voie du sort, le collège d'arrondissement qui devra procéder à l'élection.

S'il y a lieu de remplacer un député élu par le collége d'un arrondissement électoral dont la circonscription aurait été modifiée pa la présente loi, la Chambre des Députés déterminera de la même manière celui des arrondissemens compris dans l'ancien ressort qui devra procéder au remplacement.

79. Dans le cas où les élections, soit générales, soit partielles, auraient lieu avant le 21 octobre de la présente année, les listes électorales seront dressées d'après les rôles des contributions directes pour l'année 1830, et nulles contributions autres que celles de ladite année ne seront comptées pour le cens électoral.

(Suivent les tableaux.)

TABLEAU de la circonscription des arrondissemens électoraux et du nombre de députés par département.

DÉPARTEMENS.	NOMBRE DE DÉPUTÉS.	ARRONDISSEMENS ÉLECTORAUX.	DÉPARTEMENS.	NOMBRE DE DÉPUTÉS.	ARRONDISSEMENS ÉLECTORAUX.
AIN.	5	1ᵉʳ { Pont-de-Vaux, Bagé, Pont-de-Veyle, Saint-Trivier, Montrevel } Cantons.	ARDÈCHE.	4	2ᵉ { Saint-Martin de Valamas, Saint-Peray, Vernoux } Cantons.
		2ᵉ { Bourg, Ceyzeriat, Coligny, Pont-d'Ain, Treffort }			3ᵉ { Annonay, Saint-Agrève, Saint-Félicien, Satilheu, Serrière } Cantons.
		3ᵉ Trévoux.			4ᵉ L'Argentière.
		4ᵉ Belley.	ARDENNES.	4	1ᵉʳ { Mézières, Rocroy.
		5ᵉ { Nantua, Gex.			2ᵉ Rethel.
AISNE.	7	1ᵉʳ { Laon, Neufchâtel, Craonne, Marle, Rocroy-sur-Serre, Sissonne } Cantons.			3ᵉ Sedan.
					4ᵉ Vouziers.
		2ᵉ Laon (arrondissement), moins les six cantons ci-dessus.	ARIÉGE.	3	1ᵉʳ Pamiers.
		3ᵉ Saint-Quentin (ville et canton).			2ᵉ Foix.
		4ᵉ St.-Quentin (arrondissement), moins la ville et le canton.			3ᵉ Saint-Girous.
		5ᵉ Vervins.	AUBE.	4	1ᵉʳ { Troyes (la ville), trois cantons, Piney, Lusigny } Can.
		6ᵉ Soissons.			2ᵉ { Bar-sur-Seine (arrondiss.), Bouilly, Ervy } Can.
		7ᵉ Château-Thierry.			
ALLIER.	4	1ᵉʳ Moulins.			3ᵉ { Nogent-sur-Seine (arrondiss.), Aix-en-Othe, Estissac } Can.
		2ᵉ La Palisse.			
		3ᵉ Gannat.			4ᵉ { Arcis-sur-Aube, Bar-sur-Aube.
		4ᵉ Montluçon.	AUDE.	5	1ᵉʳ Carcassonne (ville), deux cant.
ALP. (B.).	2	1ᵉʳ { Barcelonnette, Digne, Castellane.			2ᵉ Carcassonne (arrondiss.), moins les deux cantons de la ville.
		2ᵉ { Sisteron, Forcalquier.			3ᵉ Castelnaudary.
ALP. (H.).	2	1ᵉʳ { Briançon, Embrum.			4ᵉ Limoux.
		2ᵉ Gap.			5ᵉ Narbonne.
ARDÈCHE.	4	1ᵉʳ Privas.	AVEYRON.	5	1ᵉʳ Rodès.
		2ᵉ { Tournon, Le Cheylard, Lamastre } Cant.			2ᵉ Saint-Affrique.
					3ᵉ Espalion.
					4ᵉ Milhau.
					5ᵉ Villefranche.
			BOUC.-DU-R.	6	1ᵉʳ { Marseille, 1ᵉʳ et 4ᵉ cantons, Roquevaire (canton).
					2ᵉ { Marseille, 2ᵉ et 5ᵉ cantons, Aubagne (canton).

DÉPARTEMENS.	NOMBRE DE DÉPUTÉS.	ARRONDISSEMENS ÉLECTORAUX.
BOUCHES-DU-RHÔNE.	6	3e { Marseille, 3e et 6e cantons. / La Ciotat (canton).
		4e { Aix (deux cantons). / Gardanne. / Peyrolles. / Trets. } Cant.
		5e { Arles (deux cantons). / Saintes-Maries. / Salon. / Berré. / Istres. / Martigues. } Cantons.
		6e { Tarascon. / Saint-Rémi. / Château-Renard. / Orgon. / Lambesc. / Eyguières. }
CALVADOS.	7	1er Caen (ville), les deux cantons.
		2e Caen (arrondissement), moins les deux cantons de la ville.
		3e Bayeux.
		4e Falaise.
		5e Lisieux.
		6e Vire.
		7e Pont-l'Evêque.
CANTAL.	4	1er Saint-Flour.
		2e Aurillac.
		3e Mauriac.
		4e Murat.
CHARENTE.	5	1er Angoulême.
		2e Barbezieux.
		3e Cognac.
		4e Confolens.
		5e Ruffec.
CHARENTE-INF.	7	1er La Rochelle (ville), les deux cantons.
		2e La Rochelle (arrondissement), moins les cantons de la ville.
		3e Saint-Jean-d'Angély.
		4e Jonzac.
		5e Marennes.
		6e Rochefort.
		7e Saintes.
CHER.	4	1er Bourges (la ville et le canton).
		2e Bourges (l'arrondissement), moins le canton de Bourges.
		3e Saint-Amand.
		4e Sancerre.

DÉPARTEMENS.	NOMBRE DE DÉPUTÉS.	ARRONDISSEMENS ÉLECTORAUX.
CORRÈZE.	4	1er { Tulle (nord et sud). / Argentat. / Corrèze. / Laplau. / La Roche-Canillac. / Mercœur. / Servières. }
		2e { Brives. / Ayen. / Beaulieu. / Beynat. / Donzenac. / Larche. / Meyssac. } Cantons.
		3e { Uzerches. / Scilhac. / Juillac. / Lubersac. / Vigeois. }
		4e { Ussel (arrondissement). / Egletons. / Treignac. } Can.
CORSE.	2	1er { Sartène. / Ajaccio. }
		2e { Bastia. / Calvi. / Corte. }
CÔTE-D'OR.	5	1er Dijon (la ville), trois cantons.
		2e Dijon (l'arrondiss.), moins les trois cantons de la ville.
		3e Beaune.
		4e Semur.
		5e Châtillon.
CÔTES-DU-NORD.	6	1er { Saint-Brieuc (ville), deux cant. / Lambal (canton). }
		2e St-Brienc (arrondiss.), moins les trois cantons ci-dessus.
		3e Dinan.
		4e Guingamp.
		5e Lannion.
		6e Loudéac.
CREUSE.	4	1er Guéret.
		2e Aubusson.
		3e Bourganeuf.
		4e Boussac.
DORDOG.	7	1er { Périgueux. / Vergt (St-Jean de). / Saint-Astier. / Brantôme. } Cant.

DÉPARTEMENS.	NOMBRE DE DÉPUTÉS.	ARRONDISSEMENS ÉLECTORAUX.	DÉPARTEMENS.	NOMBRE DE DÉPUTÉS.	ARRONDISSEMENS ÉLECTORAUX.
DORDOGNE.	7	2e Périgueux (l'arrondiss.), moins les quatre cantons ci-dessus. 3e { Bergerac. / La Force. / Velines. / Villefranc.-de-Longchapt. / Sigoulès. / Eymet. / Villamblard. } Cantons. 4e Bergerac (l'arrondiss.), moins les sept cantons ci-dessus. 5e Nontron. 6e Ribérac. 7e Sarlat.	FINISTÈRE.	4	1er Chartres. 2e Châteaudun. 3e Dreux. 4e Nogent-le-Rotron.
DOUBS.	5	1er Besançon (ville), deux cantons. 2e Besançon (arrondiss.), moins les deux cantons de la ville. 3e Baume. 4e Montbéliard. 5e Pontarlier.	EURE-ET-LR.	6	1er Brest (ville), les trois cantons. 2e Brest (arrondiss.), moins les trois cantons de la ville. 3e Châteaulin. 4e Morlaix. 5e Quimper. 6e Quimperlé.
DRÔME.	4	1er { Valence. / Chabeuil. / Loriol. / Tain. / Saint-Vallier. } Cantons. 2e Valence (arrondiss.), moins les trois cantons ci-dessus. 3e Die. 4e { Montélimart. / Nyons. }	GARD.	5	1er Nismes (ville), les trois cantons. 2e Nismes (arrondiss.), moins les trois cantons ci-dessus. 3e Alais. 4e Uzès. 5e Vigan (le).
EURE.	7	1er { Evreux (ville), deux cantons. / Vernon. / Saint-André. / Pacy-sur-Eure. } Cant. 2e Evreux (arrondiss.), moins les cinq cantons ci-dessus. 3e Andelys (les). 4e Bernay (arrondiss.), moins les cantons de Beaumont et de Brionne. 5e Louviers. 6e { Quillebœuf. / Pont-Audemer. / Cormeille. / Routot. / Beuzeville. } Cantons. 7e { Pont-Audemer (arrondissem.), moins les cinq cant. ci-dessus. / Beaumont. / Brionne. } Can.	GARONNE (H.-).	6	1er Toulouse (1er et 2e cantons, centre et nord). 2e Toulouse (3e et 4e, O. et S.). 3e Toulouse (arrondiss.), moins les cantons de la ville. 4e Muret. 5e Saint-Gaudens. 6e Villefranche.
			GERS.	5	1er Auch. 2e Condom. 3e Lectoure. 4e Lombez. 5e Mirande.
			GIRONDE.	9	1er Bordeaux (ville), 1er et 2e cant. 2e Bordeaux (3e et 4e). 3e Bordeaux (5e et 6e). 4e Bordeaux (arrondiss.), moins les six cantons de la ville. 5e Bazas. 6e Blaye. 7e Lesparre. 8e Libourne. 9e La Réole.
			HÉRAULT.	6	1er Montpellier (ville), trois cant. 2e Montpellier (arrond.), moins les trois cantons de la ville. 3e { Béziers (ville), deux cantons. / Capestang. / Murviel. / Servian. } Cant. 4e { Agde. / Pézenas. / Bédarieux. / Florensac. } Cant.

DÉPARTEMENS.	NOMBRE DE DÉPUTÉS.	ARRONDISSEMENS ÉLECTORAUX.
HÉRAULT.	6	4ᵉ { Roujan, Montagnac, Saint-Gervais. } Cant. — 5ᵉ Saint-Pons. — 6ᵉ Lodève.
ILLE-ET-VILAINE.	7	1ᵉʳ Rennes (ville), quatre cantons. — 2ᵉ Rennes (arrondis.), moins les quatre cantons de la ville. — 3ᵉ Saint-Malo. — 4ᵉ Vitré. — 5ᵉ Fougères. — 6ᵉ Redon. — 7ᵉ Montfort.
INDRE.	4	1ᵉʳ Châteauroux. — 2ᵉ Issoudun. — 3ᵉ La Châtre. — 4ᵉ Blanc (le).
INDRE-ET-Lʳᵉ.	4	1ᵉʳ Tours (ville), trois cantons. — 2ᵉ Tours (arrond.), moins les trois cantons de la ville. — 3ᵉ Loches. — 4ᵉ Chinon.
ISÈRE.	7	1ᵉʳ Grenoble (ville), trois cantons. — 2ᵉ Grenoble (arrondiss.), moins les trois cantons de la ville et les cantons de Voiron et St. Laurent. — 3ᵉ { Vienne (ville), deux cantons. Laverpillière. Saint-Symphorien. } Can. — 4ᵉ Vienne (arrondiss.), moins les quatre cantons ci-dessus. — 5ᵉ Saint-Marcellin (arrondiss.), moins les cantons de Rives et Saint-Etienne. — 6ᵉ La Tour-du-Pin (arrondiss.), moins les cantons de Saint-Geoire, Grands-Lemps et Virieu. — 7ᵉ { Voiron. Saint-Laurent. Rives. Saint-Etienne. Grand-Lemps. Saint-Geoire. Virieu. } Cantons.
JURA.	4	1ᵉʳ Dôle. — 2ᵉ Lons-le-Saulnier. — 3ᵉ Poligny. — 4ᵉ Saint-Claude.

DÉPARTEMENS.	NOMBRE DE DÉPUTÉS.	ARRONDISSEMENS ÉLECTORAUX.
Lᵗ-ET-Cʳ LANDES.	3	1ᵉʳ Mont-de-Marsan. — 2ᵉ Dax. — 3ᵉ Saint-Sever.
	3	1ᵉʳ Blois. — 2ᵉ Romorantin. — 3ᵉ Vendôme.
LOIRE.	5	1ᵉʳ Saint-Etienne (ville), deux cantons. — 2ᵉ Saint-Etienne (arrondiss.), moins les deux cantons de la ville. — 3ᵉ { Saint-Galmier. Feurs. Néronde. Saint-Symphorien. } Cant. — 4ᵉ Montbrison, moins les cantons de Saint-Galmier et de Feurs. — 5ᵉ Roanne, moins les cantons de Néronde et de St.-Symphorien.
LOIRE (H.-).	3	1ᵉʳ Le Puy. — 2ᵉ Brioude. — 3ᵉ Issengeaux.
LOIRE-INF.	7	1ᵉʳ Nantes (ville), trois premiers cantons. — 2ᵉ Nantes (ville), les trois autres cantons. — 3ᵉ Nantes (arrondiss.), moins les six cantons de la ville. — 4ᵉ Ancenis. — 5ᵉ Châteaubriant. — 6ᵉ Paimbœuf. — 7ᵉ Savenay.
LOIRET.	5	1ᵉʳ Pithiviers. — 2ᵉ Orléans (ville), cinq cantons. — 3ᵉ Orléans (arrondiss.), moins les cinq cantons de la ville. — 4ᵉ Gien. — 5ᵉ Montargis.
LOT.	5	1ᵉʳ { Cahors (deux cantons). L'Albenque. Lauzès. Limogne. Saint-Gery. } Cantons. — 2ᵉ { Castelnau. Catus. Cazals. Luzech. Puy-l'Evêque. Moncer... } Cantons.

DÉPARTEMENS.	NOMBRE DE DÉPUTÉS.	ARRONDISSEMENS ÉLECTORAUX.
LOT.	5	3e Figeac (arrondiss.), moins les cantons de Bretenoux et de Saint-Céré. 4e Gourdon (arrondiss.), moins les cantons de Veyrac, Martel et Souillac. 5e { Saint-Céré. Bretenoux. Vairac. Martel. Souillac. } Cantons.
LOT-ET-GAR.	5	1er Agen (ville), deux cantons. 2e Agen (arrond.), moins les deux cantons de la ville. 3e Marmande. 4e Nérac. 5e Villeneuve-d'Agen.
LOZÈRE.	3	1er Mende. 2e Florac. 3e Marvejols.
MAINE-ET-LOIRE.	7	1er Angers (ville), trois cantons. 2e Angers (arrondiss.), moins les trois cantons de la ville. 3e Baugé. 4e Beaupréau. 5e Saumur (ville), trois cantons. 6e Saumur (arrondiss.), moins les trois cantons de la ville. 7e Segré.
MANCHE.	8	1er { Saint-Lô. Percy. Tessy. Torigny. Canisy. } Cantons. 2e { Carentan. Saint-Clair. Marigny. Saint-Jean-de-Daye. } 3e Cherbourg. 4e Valognes. 5e { Coutances. Bréhal. Gerisy. Gavray. Montmartin-sur-Mer. } Cantons. 6e { Perrière. La Haye-du-Puits. Lessay. Saint-Sauveur. Saint-Malo de La Lande. } Cantons. 7e Mortain. 8e Avranches

51.

DÉPARTEMENS.	NOMBRE DE DÉPUTÉS.	ARRONDISSEMENS ÉLECTORAUX.
MARNE.	6	1er Reims (ville), trois cantons. 2e Reims (arrondiss.), moins les trois cantons de la ville. 3e Châlons. 4e Epernay. 5e Sainte-Ménéhould. 6e Vitry-sur-Marne.
MARNE (HAUTE-).	4	1er { Langres. Auberive. Longeau. Neuilly. Prauthoy. } Cantons. 2e { Bourbonne. Varennes. Montigny. La Ferté-sur-Amance. Fay-Billot. } 3e Chaumont. 4e Vassy.
MAYENNE.	5	1er Laval (ville), deux cantons. 2e Laval (arrondiss.), moins les deux cantons de la ville. 3e Mayenne (ville), deux cantons. 4e Mayenne (arrondiss.), moins les deux cantons de la ville. 5e Château-Gontier.
MEURTHE.	6	1er Nancy (ville), trois cantons. 2e Nancy (arrondiss.) moins les deux cantons de la ville. 3e Lunéville. 4e Château-Salins. 5e Toul. 6e Sarrebourg.
MEUSE.	4	1 Bar-le-Duc. 2e Commercy. 3e Montmédy. 4e Verdun.
MORBIHAN.	6	1er Vannes (ville), deux cantons. 2e Vannes (arrondiss.), moins les deux cantons de la ville. 3e Lorient (ville), deux cantons. 4e Lorient (arrondiss.), moins les deux cantons de la ville. 5e Pontivy. 6e Ploërmel.
MOSELLE.	6	1er Metz (ville), les deux premiers cantons. 2e { Metz (ville), le 3e canton. Vigny (canton). } 3e Metz (arrondiss.), moins les quatre cantons ci-dessus. 4e Thionville. 5e Briey. 6e Sarreguemines.

16

DÉPARTEMENS.	NOMBRE DE DÉPUTÉS.	ARRONDISSEMENS ÉLECTORAUX.	DÉPARTEMENS.	NOMBRE DE DÉPUTÉS.	ARRONDISSEMENS ÉLECTORAUX.
NIÈVRE.	4	1er Nevers. 2e Château-Chinon. 3e Clamecy. 4e Cosne.	PAS-DE-CALAIS.	8	1er Arras (ville), deux cantons. 2e Arras (arrondiss.), moins les deux cantons de la ville. 3e Béthune. 4e Boulogne. 5e Montreuil. 6e St.-Omer (ville), deux cantons. 7e St.-Omer (arrondiss.), moins les deux cantons de la ville. 8e Saint-Pol.
NORD.	12	1er Lille (ville), cantons ouest et centre. 2e Lille (ville), cantons nord-est, sud-est et sud-ouest. 3e Lille (arrondiss.), moins les cantons de la ville. 4e Douai (ville), trois cantons. 5e Douai (arrondiss.), moins les trois cantons de la ville. 6e Dunkerque (ville), deux cant. 7e Dunkerque (arrondiss.), moins les deux cantons de la ville. 8e Cambrai (ville), deux cantons. 9e Cambrai (arrondiss.), moins les deux cantons de la ville. 10e Valenciennes. 11e Avesnes. 12e Hazebrouck.	PUY-DE-DÔME.	7	1er Clermont (ville), 4 cantons. 2e Clermont (arrondiss.), moins les 4 cantons de la ville. 3e { Riom (ville), deux cantons. Aigueperse (canton). } 4e Riom (arrondiss.), moins les trois cantons ci-dessus. 5e Issoire. 6e Thiers. 7e Ambert.
OISE.	5	1er { Beauvais (ville), deux cantons. Nivilliers (canton). } 2e Beauvais (arrondiss.), moins les trois cantons ci-dessus. 3e Senlis. 4e Clermont. 5e Compiègne.	PYRÉN. (B.-).	5	1er Pau. 2e Bayonne. 3e Mauléon. 4e Oleron. 5e Orthez.
ORNE.	7	1er Alençon (ville), deux cantons. 2e Alençon (arrondiss.), moins les deux cantons de la ville. 3e { Briouze. Argentan. Écouché. Mortrée. Putanges. } cantons. 4e { Le Mêlerault. Exmes. Gacé. La Ferté-Fresnel. Tron. Vimoutiers. } cantons. 5e Domfront. 6e { L'Aigle. Moulins-la-Marche. Tourouvre. Longny. Bazoches. } cantons. 7e Mortagne (arrondiss.), moins les cinq cantons ci-dessus.	PYRÉN. (H.-).	3	1er Tarbes (arrondiss.), moins le canton sud de Tarbes et le canton d'Ossun. 2e { Tarbes (canton sud). Ossun (canton). Argelès (arrondissement). } 3e Bagnères.
			PYR.-O. PYRÉN. (O.).	3	1er Perpignan. 2e Céret. 3e Prades.
			RHIN (BAS-).	6	1er Strasbourg (ville), cantons nord et est. 2e Strasbourg (ville), cantons sud et ouest. 3e Strasbourg (arrondiss.), moins les quatre cantons de la ville. 4e Saverne. 5e Schelestadt. 6e Wissembourg.
			RHIN (HAUT-).	5	1er { Colmar. Andolsheim. Ensisheim. } cantons 2e { Mulhausen. Cernay. } cantons 3e Colmar (arrondiss.), moins les cantons de Colmar, Ensisheim et Andolsheim.

DÉPARTEMENS.	NOMBRE DE DÉPUTÉS.	ARRONDISSEMENS ÉLECTORAUX.	DÉPARTEMENS.	NOMBRE DE DÉPUTÉS.	ARRONDISSEMENS ÉLECTORAUX.
RHIN (H.-).	5	4e Altkirch (arrondiss.), moins le canton de Mulhausen. 5e Belfort (arrondiss.), moins le canton de Cernay	SEINE.	14	1er 1er arrondissement municipal. 2e 2e idem. 3e 3e idem. 4e 4e idem. 5e 5e idem. 6e 6e idem. 7e 7e idem. 8e 8e idem. 9e 9e idem. 10e 10e idem. 11e 11e idem. 12e 12e idem. 13e Sceaux. 14e Saint-Denis.
RHÔNE.	5	1er Lyon (ville), 1er et 2e cantons. La Guillotière. 2e Lyon (ville), 3e et 4e cantons. La Croix-Rousse. 3e Lyon (ville), 5e et 6e cantons. Vaises. 4e Lyon (arrondiss.), moins les cantons ci-dessus. 5e Villefranche.			
SAÔNE (HAUTE-).	4	1er { Vesoul. Monthozon. Noroy. Port-sur-Saône. Rioz. Scey-sur-Saône. } Cantons. 2e { Jussey. Amance. Combeau-Fontaine. Vitrey. Saint-Loup. Vauvilliers. } 3e Lure (arrondiss.), moins les cantons de Vauvilliers et de Saint-Loup. 4e Gray.	SEINE-INFÉRIEURE.	11	1er Rouen (ville), 1er et 2e cantons. 2e Rouen (ville), 3e et 4e cantons. 3e Rouen (ville), 5e et 6e cantons. 4e Rouen (arrondiss.), moins les six cantons de la ville. 5e { Le Havre (canton). Montivilliers et Ingouville (cantons). } 6e Le Havre (arrondiss.), moins les trois cantons ci-dessus. 7e { Dieppe. Offranville. Envermeu. } Cant. 8e Dieppe (arrondiss.), moins les trois cantons ci-dessus. 9e Neufchâtel. 10e { Yvetot. Caudebec. Fauville. Yerville. Doudeville. Saint-Valery. } 11e { Cany. Fontaine-le-Dun. Valmont. Ourville. } Cantons.
SAÔNE-ET-LOIRE.	7	1er { Mâcon (ville), deux cantons. La Chapelle de Guinchay (canton). } 2e Mâcon (arrondiss.), moins les trois cantons ci-dessus. 3e Châlons (ville), deux cantons. 4e Châlons (arrondiss.), moins les deux cantons de la ville. 5e Autun. 6e Charolles. 7e Louhans.			
SARTHE.	7	1er Le Mans (ville), 1er canton. 2e { Le Mans (ville), 2e et 3e cant. Montfort (canton). } 3e Le Mans (arrondiss.), moins les quatre cantons ci-dessus. 4e Saint-Calais. 5e La Flèche. 6e { Mamers. Tuffé. La Ferté-Bernard. Bonnetable. } Cantons. 7e Mamers (arrondiss.), moins les quatre cantons ci-dessus.	SEINE-ET-M.	5	1er Melun. 2e Meaux. 3e Fontainebleau. 4e Provins. 5e Coulommiers.
			SEINE-ET-OISE.	7	1er Versailles (ville), trois cantons. 2e Versailles (arrondiss.), moins les trois cantons de la ville. 3e Corbeil. 4e Etampes. 5e Mantes. 6e Rambouillet. 7e Pontoise.

DÉPARTEMENS.	NOMBRE DE DÉPUTÉS.	ARRONDISSEMENS ÉLECTORAUX	DÉPARTEMENS.	NOMBRE DE DÉPUTÉS.	ARRONDISSEMENS ÉLECTORAUX.
SÈVRES (D.-)	4	1er Niort. 2e Melle. 3e Partenay. 4e Bressuire.	VENDÉE.	5	1er { Sainte-Hermine. Luçon. Chaillé. Mareuil. L'Hermenault. } 2e { Fontenay. La Châtaigneraie. Saint-Hilaire. Maillezay. } 3e { Bourbon-Vendée. Le Poiré. Les Essarts. Chantonnay. } 4e { Les Herbiers. Roche-Servière. Pouzauges-la-Ville. Saint-Fulgent. Montaigu. Mortagne. } 5e Les Sables. (Cantons)
SOMME.	7	1er Amiens (ville), quatre cantons. 2e Amiens (arrondiss.), moins les deux cantons de la ville. 3e Abbeville (ville), deux cantons. 4e Abbeville (arrondiss.), moins les deux cantons de la ville. 5e Doulens. 6e Montdidier. 7e Péronne.	VIENNE (H.-).	5	1er Poitiers. 2e Châtellerault. 3e Civray. 4e Loudun. 5e Montmorillon.
TARN.	5	1er Alby. 2e { Castres. Vielmur. Lautrec. Mazamet. } (Cantons) 3e Castres (arrondiss.), moins les quatre cantons ci-dessus. 4e Gaillac. 5e Lavaur.	VIENNE (H.-).	5	1er Limoges (ville), deux cantons. 2e Limoges (arrondiss.), moins les deux cantons de la ville. 3e Bellac. 4e Saint-Yriex. 5e Rochechouart.
TARN-ET-G.	4	1er Montauban (ville), deux cant. 2e Montauban (arrondiss.), moins les deux cantons de la ville. 3e Castel-Sarrasin. 4e Moissac.	VOSGES.	5	1er Epinal. 2e Mirecourt. 3e Neufchâteau. 4e Remiremont. 5e Saint-Dié.
VAR.	5	1er Toulon (ville), deux cantons. 2e Toulon (arrondiss.), moins les deux cantons de la ville. 3e Draguignan. 4e Grasse. 5e Brignoles.	YONNE.	5	1er Auxerre. 2e Avallon. 3e Joigny. 4e Sens. 5e Tonnerre.
VAUCLUSE.	4	1er Avignon. 2e Orange. 3e Carpentras. 4e Apt.			

Total . . . 459

19 = 28 AVRIL 1831. — Ordonnance du roi pour l'exécution partielle de la loi sur l'organisation municipale jusqu'aux élections. (IX , Bull. O. LXIII, n. 1595.)

Voy. loi du 21 mars 1831.

Louis-Philippe, etc., sur le rapport de notre ministre de l'intérieur, président de notre conseil ; vu la loi du 21 mars dernier sur l'organisation municipale ; considérant que les opérations préliminaires relatives à la formation des listes d'électeurs communaux, et le délai de trois mois prescrit par l'art. 40 de ladite loi, ne permettent pas de renouveler immédiatement les conseils municipaux et de choisir les nouveaux maires et adjoints parmi les conseillers tenant leurs pouvoirs de l'élection ; que cependant il est utile d'appliquer dès à présent aux autorités communales actuellement en fonctions celles des dispositions de la loi du 21 mars qui sont indépendantes du système électif ; qu'il importe, pour prévenir les difficultés qui pourraient s'élever à cet égard, de désigner quels sont ces articles en les distinguant de ceux qui sont subordonnés à l'application du mode d'élection ; le comité de l'intérieur de notre conseil d'Etat entendu, etc.

Art. 1ᵉʳ. Sont immédiatement applicables aux autorités municipales actuellement en fonctions les art. 4, 6, 7, 8, 17, 18, 19, 20, 21, 22, 25, 26, 28, 29 et 30, de la loi du 21 mars dernier.

2. Toutefois, il n'y a pas lieu de remplacer les fonctionnaires municipaux actuellement en fonctions qui ne rempliraient pas les conditions exigées par les articles ci-dessus.

3. Toutes les autres dispositions de la législation antérieure continueront d'être exécutées jusqu'au moment où les autorités municipales auront été renouvelées conformément à la loi du 21 mars.

4. Notre président du conseil, ministre de l'intérieur (M. Casimir Périer) est chargé, etc.

19 AVRIL 1831. — Ordonnance qui accorde une pension à un ancien préfet. (Bull. O. 67 *bis*, n. 2.)

19 AVRIL 1831. — Ordonnances relatives à l'établissement d'usines dans plusieurs départements. (Bull. O. 72 et 75, n. 1850 et 2036.)

19 AVRIL 1831. — Ordonnances relatives à la délivrance de coupes de bois à plusieurs communes. (Bull. O. 72, n. 1852 et suiv.)

19 AVRIL 1831. — Ordonnance qui autorise l'établissement d'un pont-aqueduc sur le canal de Vaucluse au territoire d'Avignon. (Bull. O. 75, n. 2035.)

20 AVRIL 1831. — Circulaire de M. le ministre de l'intérieur relative aux élections. (Mon. du 26 avril 1831.)

Monsieur le préfet,

La loi du 19 avril prescrit la formation immédiate de listes additionnelles d'électeurs, afin de compléter celles qui ont été arrêtées le 16 novembre dernier, et de former les nouveaux colléges électoraux auxquels il appartiendrait de procéder aux élections, soit générales, soit partielles, qui pourraient avoir lieu d'ici au 21 octobre 1831.

Ces opérations doivent, en ce qui vous concerne, être accomplies dans les vingt-cinq jours, après la promulgation de la loi, c'est-à-dire dans les vingt-cinq jours qui suivront celui où la loi deviendra exécutoire dans votre département.

Je dois d'abord vous entretenir du travail relatif aux listes annuelles qui ont été dressées en novembre 1830, pour les anciens arrondissements électoraux.

La circonscription électorale ayant été modifiée, il est nécessaire d'extraire de ces listes les noms des électeurs qui appartiennent à chacun des nouveaux colléges.

Suivant l'art. 75, ces listes ne doivent éprouver d'autres changements que ceux qui sont indiqués par l'art. 52. Vous ne devez donc y ajouter (1) que les électeurs qui auraient obtenu leur inscription en vertu d'un arrêt de Cour royale, et en retrancher que ceux qui auraient été rayés par un semblable arrêt, ou qui seraient décédés, ou qui seraient privés des droits civils ou des droits politiques par un jugement ayant acquis force de chose jugée. (Voyez aussi l'observation relative aux changements de domicile.)

Il n'y a donc pas lieu d'examiner si les citoyens qui, à l'époque du 16 novembre 1830, jouissaient du droit électoral, sont encore aujourd'hui dans la même position. La loi nouvelle interdit à l'avenir la formation de tout tableau de rectification dans le cours de l'année qui suit la clôture de la révision annuelle : elle veut que la liste, une fois arrêtée, serve une année entière pour les élections, sans qu'on tienne compte des droits acquis ou perdus dans cet intervalle.

Des considérations de stabilité, d'ordre, de simplicité dans le travail et d'économie dans les dépenses, ont dicté cette disposi-

___

(1) Voy. ci-dessous le parti qu'il faudra prendre à l'égard des électeurs qui ont été inscrits sur les tableaux de rectification, s'il y a eu dans votre département des élections depuis le 20 décembre 1830.

tion qui est plus en harmonie avec le principe de la permanence des listes. Elle avait déjà été proposée lors de la discussion de la loi du 2 juillet 1828, et l'expérience du système opposé en a confirmé les avantages.

La loi nouvelle n'applique immédiatement ce principe qu'aux radiations. En effet, si l'art. 75 défend de faire aucun changement aux listes arrêtées le 16 novembre 1830, l'art. 74, en prescrivant de former une liste additionnelle des citoyens ayant acquis le droit électoral en vertu de la nouvelle loi, autorise à inscrire comme électeurs ceux qui auraient été omis sur les listes arrêtées le 16 novembre 1830, ou qui, depuis cette époque, auraient acquis le droit électoral. Mais cette inscription est étrangère au travail d'ordre que vous avez à faire concernant les anciennes listes.

Vous répartirez dans les nouveaux collèges les électeurs qu'elles comprennent, selon le domicile politique qui leur était attribué.

L'art. 76, ayant égard aux changements que subit la circonscription électorale actuelle, facilite certains changements de domicile politique, et abrège, à leur égard, les délais prescrits par l'art. 10. Ainsi, tout électeur dont le domicile politique est séparé de son domicile réel, soit que ces deux domiciles soient situés dans le même département ou dans deux départements différents, pourra, dans la quinzaine, après la promulgation, opter entre ces deux domiciles, c'est-à-dire pourra réunir son domicile politique à son domicile réel. A défaut d'option, il devra voter au domicile politique qu'il avait acquis, puisque c'est là qu'il exerçait ou qu'il devait légalement exercer ses droits.

Dans le même délai de quinze jours, tout électeur ayant son domicile politique (1) dans un arrrondissement électoral que la loi nouvelle divise en plusieurs arrondissements, et qui paie des contributions dans deux ou plusieurs de ces arrondissements, pourra opter entre eux et choisir celui où il désire exercer le droit électoral.

Ces déclarations devront être faites selon la forme déterminée par l'art 10, c'est-à-dire au greffe du tribunal civil, si les deux arrondissements électoraux font partie du même ressort judiciaire, et, dans le cas contraire, aux greffes des deux tribunaux.

La loi nouvelle modifie, à cet égard, la loi du 5 février 1817, qui prescrivait de faire cette déclaration devant les préfets.

Ces dispositions exceptionnelles devront être accomplies dans les quinze jours après la promulgation de la loi nouvelle; et, plus tard, aucune translation de domicile politique ne pourra avoir lieu qu'avec les délais prescrits par les art. 10 et 11.

Comme l'époque de la promulgation de la loi varie selon les distances, une difficulté peut s'élever sur le terme où l'option cesse d'être autorisée à l'égard d'un électeur qui, par exemple, aurait son domicile réel à Paris et son domicile politique à Perpignan. Mais cette difficulté cesse si l'on considère qu'il a deux déclarations à faire; qu'ainsi, chacune doit être faite avant l'expiration des quinze jours qui suivent respectivement la promulgation dans chaque localité.

Je vous engage à vous entendre avec les greffiers pour la tenue du registre des déclarations de translation de domicile politique. Déjà j'ai eu soin de prévenir M. le garde des sceaux, pour que ces registres soient préparés d'avance, que les déclarations puissent être reçues dès le jour même où la loi deviendra exécutoire dans chaque département, et que les extraits du registre qui devront vous être présentés soient promptement délivrés.

Comme les arrondissements électoraux n'ont pas de chef-lieu déterminé, le greffier d'un tribunal ne peut recevoir que les déclarations concernant des communes situées dans son ressort judiciaire : si donc un arrondissement électoral s'étend sur le territoire de deux arrondissements judiciaires, l'électeur qui voudra acquérir le domicile politique, ou changer celui qu'il possède dans une commune de l'arrondissement électoral, devra faire sa déclaration au greffe du tribunal dont dépend cette commune (2).

Il est des électeurs dont la translation de

(1) Le sens du premier paragraphe de l'art. 76 indique assez qu'il s'agit du *domicile politique* : au reste, le mot *politique* se trouvait dans la rédaction originaire adoptée par la Chambre des Députés; et c'est par une erreur de copie qu'il a disparu dans la première expédition officielle transmise par cette Chambre.

(2) A l'égard du domicile spécial pour les notifications, j'ai prié M. le garde des sceaux de recommander aux greffiers de faire connaître aux déclarants qui n'auraient pas leur domicile réel dans le département, la nécessité d'y choisir un

domicile spécial, avec invitation, s'ils ne le mentionnent pas dans la déclaration, de le désigner ultérieurement.

Vous remarquerez que l'art. 21 consacre les précautions qu'avait déjà établies l'instruction du 25 août 1828, pour assurer et accélérer les notifications que vous auriez à faire à des électeurs qui n'auraient pas leur domicile réel dans votre département. Ainsi, ils peuvent choisir le *domicile spécial pour les notifications*, dans une commune quelconque du département, et non pas seulement dans celle où ils ont leur domicile politique. Le

domicile politique est *commencée* et non *accomplie*, c'est-à-dire qui ont fait, *depuis moins de six mois*, la double déclaration prescrite pour séparer le domicile politique du domicile réel. Suivant la rigueur des principes, ces électeurs n'ont pas, *au moment de la promulgation de la loi*, *un domicile politique différent de leur domicile réel*. On peut dire qu'ils ne sont pas compris dans les dispositions de l'art. 76; qu'ils restent par conséquent dans le droit commun, qu'ils sont assujettis au délai de six mois pour acquérir leur nouveau domicile politique, et que nul électeur ne pouvant rester sans en avoir un, ils doivent voter là où ils exerçaient précédemment leurs droits.

Mais cette interprétation paraît trop étroite. La déclaration faite depuis moins de six mois ayant manifesté suffisamment l'intention de l'électeur, on peut le considérer comme ayant déjà deux domiciles, et comme pouvant user de l'option. S'il ne la fait pas dans la quinzaine, il devra voter dans l'arrondissement de son domicile réel, puisque c'est là qu'il exerçait ses droits. C'est dans ce sens plus large que la Chambre des Pairs paraît avoir entendu l'art. 76.

Si un électeur avait, depuis moins de six mois, fait une déclaration de translation de domicile politique, non pour *séparer* ce domicile de son domicile réel, mais pour *y réunir*, au contraire, le domicile politique qu'il en avait précédemment séparé, sa position serait, sans aucun doute, celle qu'a prévue le deuxième paragraphe de l'art. 76. Ses deux domicile seraient encore séparés *au moment de la promulgation de la loi*, et il pourrait profiter de l'option pour voter au lieu de son domicile réel.

En thèse générale, le fonctionnaire révocable est dans une circonstance exceptionnelle quand il transfère son domicile réel dans le lieu où il exerce ses fonctions. Son domicile politique ne l'y suit pas de plein droit, et il est assujetti à la double déclaration faite six mois d'avance. (Art. 25 de la loi du 2 juillet 1828; art. 11 de la loi du 19 avril.) Mais l'art. 76 s'exprimant en termes généraux, et permettant à tout électeur dont le domicile politique est séparé de son domicile réel, d'opter entre eux dans le délai de quinze jours, il paraît en résulter que le fonctionnaire révocable qui a régulièrement acquis, *avant la promulgation de la loi*, domicile réel dans le lieu

où il exerce ses fonctions, peut y établir, dans la quinzaine, son domicile politique. Cette explication a été donnée dans la discussion de la loi à la Chambre des Pairs, séance du 31 mars.

La loi du 19 avril ne prescrit pas de publier de nouveau les listes arrêtées le 16 novembre 1830. Cependant, comme les colléges électoraux ne conservent plus la même composition, comme il importe d'établir avec exactitude le nombre d'électeurs des nouveaux colléges pour le cas où le nombre des électeurs censitaires doit être complété (art. 2) au moyen des plus imposés au-dessous de 200 fr., il est nécessaire de former et de publier pour chaque arrondissement la liste des anciens électeurs qui lui appartiennent. Mais cette liste ne devra pas reproduire les détails de contributions que comprend la liste annuelle. Il suffira d'y porter les noms, prénoms, professions et domicile des anciens électeurs, avec l'indication du numéro de leur inscription sur la liste annuelle. L'art. 19 de la loi du 19 avril prescrit d'indiquer la date de la naissance des électeurs : mais, comme il serait peut-être fort difficile de recueillir avec exactitude ces renseignements dans le court délai qui vous est laissé, comme d'ailleurs la publication de la liste des anciens électeurs n'est pas formellement prescrite, vous pouvez, pour simplifier le travail et pour économiser des frais d'impression, vous dispenser d'y comprendre cette indication.

Les électeurs y seront inscrits par canton dans l'ordre alphabétique des noms et les cantons également par ordre alphabétique (voyez ci-dessous). Chaque liste devra mentionner le nombre d'électeurs qu'elle renferme aujourd'hui.

Vous y comprendrez les électeurs qui, précédemment, exerçaient leurs droits dans un autre département, et qui auraient usé de la faculté accordée par le deuxième paragraphe de l'art. 76, ou qui auraient acquis, depuis le 16 novembre 1830, leur domicile politique dans votre département, conformément à la législation antérieure. En effet, ces électeurs appartiennent aux listes de 1830, et non pas à la liste additionnelle. Seulement, en regard de leurs noms, vous indiquerez dans quel département ils étaient inscrits comme électeurs, le total de leurs contributions et la date des déclarations qu'ils auraient faites pour

motif de cette disposition est qu'ils ont quelquefois des relations plus fréquentes et plus promptes avec un correspondant, un homme d'affaires, un parent, un ami, habitant hors du lieu de leur domicile politique, qu'avec le fermier ou l'agent

chargé de la gestion des biens qui leur donnent ce domicile.

Si un électeur n'a pas choisi de domicile spécial de notification, les notifications sont faites au maire de la commune de son domicile politique (art. 21).

établir leur domicile politique dans le vôtre. Réciproquement, vous retrancherez les électeurs qui étaient inscrits dans votre département et qui déclareraient vouloir voter dans un autre, ou qui y auraient acquis l'exercice de leurs droits politiques.

A la suite de la liste des anciens électeurs appartenant à chaque collège d'arrondissement, sera placée, sous le titre *radiations*, la liste des anciens électeurs rayés pour décès, changements de domicile dont il vient d'être parlé, ou en vertu d'arrêts de cour royale ou de jugements qui les auraient privés des droits civils ou politiques.

La liste dont il s'agit devra être publiée en même temps que la liste additionnelle, c'est-à-dire vingt-cinq jours après la promulgation de la loi (art. 71), et suivant le même mode (art. 19), c'est-à-dire être affichée dans les chefs-lieux de canton et dans les communes de 600 âmes et au-dessus, et déposée dans les mairies des mêmes communes, ainsi qu'au secrétariat des sous-préfectures et de la préfecture.

L'art. 71 prescrit de former, pour chaque arrondissement électoral, une liste additionnelle contenant les noms de tous les citoyens ayant acquis le droit électoral, et qui ne sont pas compris sur les listes de 1830.

Aux termes de l'art. 70, vous devez, immédiatement après la promulgation, ouvrir le registre mentionné à l'art. 23, et qui est destiné à recevoir les réclamations des intéressés et des tiers. Ces réclamations seront jugées par vous en conseil de préfecture. Mais elles ne sont pas la seule voie par laquelle peuvent parvenir au conseil de préfecture, des pièces et documents propres à déterminer l'inscription de nouveaux électeurs. En effet, l'art. 71 vous charge de dresser la liste, *d'office ou d'après les réclamations des intéressés et des tiers*. Il est donc de votre devoir de recueillir les titres des nouveaux électeurs, de les présenter au conseil de préfecture, et d'y statuer, comme sur ceux qui seront produits par les intéressés et les tiers. Les circulaires des 2 mars et 2 avril vous ont déjà invité à faire des recherches pour reconnaître les citoyens qui sont susceptibles d'être portés sur la liste additionnelle, et déjà vous avez dû réunir des renseignements à cet égard. De plus, vous devrez, aussitôt après la réception de la présente loi, publier un avis aux ayants-droit pour les inviter à former leurs réclamations. Vous y ferez entrer une indication abrégée des conditions qui donnent droit à l'inscription électorale.

La liste additionnelle doit comprendre tous citoyens qui ont acquis le droit électoral *en vertu de la nouvelle loi*. Cette expres-

sion générale s'applique : 1º aux citoyens à qui les art. 1, 2, 3, 4, 5, 6, 8 et 9 ouvrent un droit nouveau; 2º à ceux qui, depuis le 16 novembre 1830, ont acquis le droit électoral en vertu de la législation antérieure; 3º à ceux enfin qui, possédant le droit électoral avant le 16 novembre 1830, auraient été omis sur les listes formées à cette époque. Ces derniers sont relevés de la déchéance qui résulterait des art. 32 et 75 de la nouvelle loi. (Voy. la séance de la Chambre des Députés du 11 avril.)

Dans la seconde de ces trois classes d'électeurs, se trouvent ceux qui, dans les départements où il y a eu des élections depuis le 20 décembre 1830, ont été portées sur les tableaux de rectification dressés conformément à l'art. 22 de la loi du 2 juillet 1828. Ces électeurs ont, de plus que les autres, *un droit acquis*. On a vu ci-dessus qu'ils doivent être portés sur la liste additionnelle, puisqu'ils ne faisaient point partie de la liste annuelle arrêtée le 16 novembre dernier, et qui, aux termes de l'article 75, ne doit éprouver que les changements prévus par l'art. 32.

A leur égard, il n'y a d'autre travail à faire que de porter leurs noms sur la liste additionnelle, avec les autres détails prescrits par l'art. 19. Une note marginale indiquera qu'ils ont déjà été inscrits sur les tableaux de rectification.

Mais pour les autres électeurs susceptibles d'être portés sur la liste additionnelle, il y a lieu d'examiner les diverses conditions desquelles dépend la capacité électorale.

En général, ces conditions sont de quatre natures : l'âge, la jouissance des droits civils et politiques, le domicile et le cens contributifs.

Vous verrez ci-dessous à quelle époque l'âge de vingt-cinq ans doit être accompli, pour donner droit à l'inscription.

Vous devrez demander les actes de naissance, puisque l'art. 19 prescrit d'indiquer la date de la naissance sur les listes.

Je n'ai point à vous donner d'explications particulières en ce qui concerne les droits civils et politiques : vous aurez à appliquer les règles de la jurisprudence ordinaire.

A l'égard du domicile et du cens, vous trouverez un grand nombre de solutions qui s'y rapportent, dans l'ouvrage de M. Favard de Langlade, qui a été distribué, il y a un an, à MM. les préfets, et qui présentait alors un tableau complet de la jurisprudence sur cette matière. Elle est simplifiée à beaucoup d'égards par la suppression du double vote.

La loi nouvelle reproduit, dans ses articles 10, 11 et 12, les dispositions antérieures sur le domicile (loi du 5 février 1817, art. 3 ; loi du 2 juillet 1828, art. 25), si ce n'est qu'elle a retranché les paragraphes de l'art. 3 de la loi du 5 février 1817, sur la prohition du vote dans deux arrondissements différents, pendant l'espace de quatre années.

Il me paraît utile de vous rappeler ici, d'une manière succincte, les principes sur le domicile politique, du moins en ce qui concerne les opérations très-rapides que vous allez être obligé d'effectuer.

1° Le domicile politique n'est autre que le domicile réel, quand il n'en a pas été séparé formellement.

En général, les nouveaux électeurs, ne prévoyant pas qu'ils jouiraient du droit électoral, n'auront pas pensé à élire un domicile politique séparé de leur domicile réel ; et, comme l'art. 76 n'est point applicable dans ce cas, il n'est pas possible qu'ils puissent user de cette faculté avant la formation de la liste additionnelle.

Mais il a été reconnu qu'un individu qui ne jouit pas des droits électoraux, peut transférer son domicile politique : il a donc pu arriver que des citoyens, susceptibles d'être portés sur la liste additionnelle, aient fait déjà des actes pour séparer leur domicile politique de leur domicile réel. Si cette translation est accomplie aux termes de l'art. 3 de la loi du 5 février 1817, ils doivent être inscrits au lieu de leur nouveau domicile, à moins qu'ils n'usent de la faculté que leur accorde l'art. 76. Dans le cas contraire, ils doivent voter au lieu de leur domicile réel, à moins qu'ils n'optent dans la quinzaine, pour le domicile politique qu'ils devaient acquérir au bout de six mois. (Voyez ci-dessus les explications relatives aux électeurs de 1830.)

La plupart des nouveaux électeurs devront donc être inscrits au lieu de leur domicile réel.

Vous reconnaîtrez ce domicile d'après les règles du droit civil.

Je dois vous rappeler qu'il a été déclaré par les tribunaux que le domicile réel peut exister indépendamment du paiement d'une contribution directe. Au reste, cette circonstance deviendra extrêmement rare, après la mise à exécution de la loi du 26 mars dernier.

2° Les fonctionnaires révocables qui changent de domicile réel, ne peuvent voter au lieu de leur nouveau domicile qu'après avoir rempli toutes les formalités prescrites pour la translation du domicile politique (loi du 19 avril, art. 11) ; c'est-à-dire que pour eux il y a exception au principe général, suivant lequel le domicile politique suit toujours le domicile réel, sans qu'il soit besoin d'une déclaration faite six mois d'avance. Mais lorsqu'un fonctionnaire amovible n'a point encore exercé les droits électoraux, la détermination du lieu où il doit être inscrit présente des questions difficiles à résoudre. D'abord, il est évident que l'art. 11 ne peut s'appliquer au fonctionnaire amovible qui exerce ses fonctions dans le lieu où il avait domicile réel avant sa nomination auxdites fonctions. Dans le cas contraire, ce fonctionnaire peut avoir acquis domicile réel au lieu où s'exercent ses fonctions ; ou bien il conserve celui qu'il avait précédemment, et souvent il n'en a d'autre que son *domicile d'origine*, celui qu'il avait au moment où il est entré dans les fonctions publiques. Point de difficultés dans cette dernière hypothèse ; mais s'il avait régulièrement acquis domicile réel *avant la promulgation de la loi*, l'art. 11 ne paraît pas lui être applicable : en effet, il ne s'agit pas ici d'un changement de domicile ; et si on refusait d'inscrire ce fonctionnaire au domicile réel dont la loi le trouve en possession, il serait quelquefois à peu près impossible de reconnaître où il doit exercer ses droits. Il faudrait chercher quel était son domicile avant qu'il ne fût fonctionnaire.

Le cens contributif doit, aux termes de l'art. 79, être établi d'après les rôles des contributions directes de l'année 1830 (1).

On doit y comprendre (art. 4) les centimes de *toute nature* ajoutés aux quatre contributions directes (2).

Le titre en vertu duquel a lieu l'inscription est un extrait du rôle de 1830, accompagné, si l'extrait comprend une patente, d'un certificat du maire indiquant l'époque de la délivrance de cette patente et de l'exercice de l'industrie. D'autres pièces doivent être produites pour établir l'attribution de l'impôt quand il n'est pas payé par l'individu auquel il doit être compté pour le cens électoral (art. 6, 8 et 9), ou quand le nom du véritable propriétaire n'est pas porté sur le rôle (ce qui a lieu

(1) Il a été expliqué dans la discussion (Chambre des Pairs, séance du 15 avril), que cette expression n'excluait pas les redevances des mines, ni des diplômes universitaires, quoique ces impôts n'aient pas été portés aux rôles des contributions directes de 1830.

(2) Il a été reconnu que la contribution pour les dépenses des bourses et chambres de commerce fait partie des centimes additionnels aux patentes. (Séance de la Chambre des Députés du 28 février.)

quand les mutations n'ont pas été opérées, dans des cas de vente, de succession, d'indivision, etc.).

La loi nouvelle a résolu plusieurs questions qui étaient jusqu'à présent en litige, relativement à l'attribution des contributions directes. Elle a modifié à d'autres égards les règles précédemment suivies pour l'attribution de l'impôt. Enfin, elle a accordé, dans certains cas, des droits nouveaux. (Voy. les art. 4, 5, 6, 8 et 9).

Des difficultés assez graves s'étaient présentées jusqu'ici pour le partage des contributions imposées sous la raison d'une société commerciale en nom collectif. Elles ont été simplifiées par le dernier paragraphe de l'art. 6; et, jusqu'à preuve contraire, ces contributions sont partagées par égale portion entre tous les associés, sur la simple production d'un certificat du président du tribunal de commerce.

Ce partage a lieu pour toutes les contributions imposées au nom de la société : savoir : la contribution foncière, la contribution des portes et fenêtres et celle des patentes.

Mais ce nouveau principe ne peut être applicable aux sociétés en commandite, à l'égard des commanditaires, ni aux sociétés anonymes. Les difficultés qui ont donné lieu à la proposition qui est devenue le dernier paragraphe de l'art. 6, n'avaient eu lieu que pour les sociétés en nom collectif. (Favard, pag. 107 et suiv.)

Le deuxième paragraphe de l'art. 6 consacre l'attribution au fermier ou locataire de l'impôt des portes et fenêtres. Comme cet impôt est porté au rôle sous le *nom du propriétaire*, l'indication de la portion payable par *tel* locataire se fait ordinairement par un certificat du propriétaire, ou par un procès-verbal de recensement que dresse le contrôleur des contributions qui ne sont pas réellement payées : ainsi le médecin et le chirurgien attaché à un établissement de charité jouit, selon l'art. 4, du bénéfice de la patente qu'il paierait s'il n'en était dispensé à raison de ses fonctions, et le même article autorise le propriétaire d'un immeuble temporairement exempt d'impôt, à le faire expertiser, pour établir la cote foncière afférente à cet immeuble. Je vous invite à vous concerter avec M. le directeur des contributions directes pour que ces expertises aient lieu promptement, afin que le résultat vous en soit adressé avant la clôture de la liste additionnelle.

Suivant l'art. 8, la veuve, la femme divorcée ou séparée de corps, peut déléguer ses contributions *directes* à celui de ses fils, petits-fils, gendres qu'elle désignera.

Cette disposition résout, à l'égard de la femme divorcée et du petit-gendre, des difficultés qui s'étaient élevées précédemment. Elle assimile à la veuve, pour ce droit de délégation, la femme séparée de corps (1), et elle étend à *toutes les contributions directes* la faculté de délégation, que la loi de 1820 n'accordait que pour la *contribution foncière*.

La loi nouvelle n'ayant répété les dispositions de l'art. 5 de la loi du 29 juin 1820, sur l'ordre dans lequel la veuve pouvait déléguer ces contributions, d'abord à son fils, puis à *défaut* de fils à son petit-fils, etc., elle a la faculté de choisir l'un quelconque de ses descendants, sans égard au degré ou à la distinction de parenté ou d'alliance : ainsi elle peut déléguer à un de ses petits-gendres, quoiqu'elle ait des fils, petits-fils ou gendres susceptibles de recevoir la délégation. (Voyez la discussion qui a eu lieu à la Chambre des Députés, séance du 28 février.)

Les instructions publiées en 1820 recommandaient que la délégation fût en forme d'acte notarié. La jurisprudence des cours royales a reconnu assez généralement, en 1830, qu'elle peut avoir lieu par acte sous-seing privé, pourvu que la signature de la veuve soit légalisée.

De nouvelles contributions ont été admises dans le cens électoral.

Ainsi, on tient compte aujourd'hui (art. 4) de la redevance fixe des mines, qui précédemment n'était point comptée.

L'art. 4 attribue aux maîtres de pensions et chefs d'institution le montant du droit de diplôme qu'ils ont à payer. Cet article indique comment ils doivent justifier de leur qualité et du paiement du droit.

Un nouveau droit est attribué aux fermiers à prix d'argent ou de denrées (art. 9). Ils peuvent se prévaloir du tiers des contributions du domaine affermé, sans que cette portion soit retranchée du cens du propriétaire.

Mais il faut que la location soit constatée par un bail authentique d'une durée de neuf ans au moins, et que le fermier exploite *par lui-même*. Il y a donc lieu de lui demander la production d'une expédition en forme du bail, et un certificat du maire

---

(1) Par une disposition corrélative à celle-ci, le mari ne peut profiter des contributions de sa femme séparée de biens, quand il y a de plus *séparation de corps*. Cette modification à la législation antérieure est établie par l'art. 6.

pour attester que le fermier exploite par lui-même, et ne sous-afferme pas le domaine.

Le même art. 9 établit de nouvelles dispositions pour le genre de propriétés connu sous le nom de *domaine congéable*, et qui appartient en partie au propriétaire du fonds, en partie au colon ou domainier. Suivant la nature des diverses *tenues*, les droits respectifs de l'un et de l'autre ont été réglés dans des proportions différentes, plus favorables en général au domainier que celles qui avaient été déterminées en 1817.

On a demandé si, indépendamment de la portion d'impôt dont le domainier jouit comme copropriétaire, il n'y aurait pas lieu de lui compter, comme *fermier*, le tiers des contributions de la portion attribuée au propriétaire. La loi ne contient aucune disposition à cet égard, et l'on ne peut ajouter à ses dispositions textuelles.

On a demandé si la nouvelle répartition de l'impôt des domaines congéables enlevait aux électeurs déjà inscrits les droits dont ils jouissaient en vertu de la législation antérieure, et, par exemple, si un électeur inscrit pour 301 fr. en 1830, et à qui l'on ne devrait plus compter que 198 fr., devrait être rayé.

La réponse à cette question se trouve dans les art. 52 et 75, qui défendent de réviser ces dernières listes. Ainsi, les électeurs qui jouissent de droits acquis, en conservent la possession jusqu'à la prochaine révision annuelle, sans préjudice des droits accordés sur les mêmes contributions, par la nouvelle loi, à d'autres citoyens qui en tirent la capacité électorale.

L'art. 70 a réglé, du moins en partie, les conditions du temps desquelles dépend la capacité électorale. Il exige que, sauf le cas de succession ou d'avancement d'hoirie, la propriété soit possédée, et que la location soit faite antérieurement à la promulgation de la présente loi (ce qui doit s'entendre, pour chaque département, du jour où la loi devient exécutoire). Il a été reconnu dans la discussion que la concession des mines doit, comme la possession ou location, être antérieure à la promulgation de la loi. Quant à la patente, ainsi qu'au diplôme universitaire, ils doivent avoir un an de date à la même époque, et l'industrie doit avoir été réellement exercée pendant ce temps.

La loi du 12 septembre 1830 autorisait à comprendre dans le cens électoral des citoyens de vingt-cinq à trente ans la patente qu'ils auraient prise avant le 1er août dernier. Cette disposition était motivée sur ce que, la Charte ouvrant à ces citoyens

un droit nouveau, ils n'avaient pu se mettre en mesure un an d'avance. Parmi les patentés dont il s'agit, les uns ont été portés sur les listes arrêtées le 16 novembre 1830, et leur inscription est devenue définitive. D'autres ont été compris sur les tableaux de rectification, ou *listes supplémentaires*, formés, depuis le 20 décembre 1830, dans les départements où il y a eu des élections, et ils doivent être portés sur la liste additionnelle en vertu d'un droit acquis; mais, comme la condition en vertu de laquelle ils sont électeurs n'est plus la même que celle établie par la loi nouvelle (art. 7 et 70), il a paru nécessaire de consacrer à leur égard cette exception (art. 70, § 7). Il résulte de cette mention expresse, en leur faveur, que l'exception établie par la loi du 12 septembre 1830 ne peut être invoquée par d'autres patentés, même lorsque, réunissant les conditions exigées, ils auraient été omis sur les listes de 1850. Il n'y a pas, en effet, de raison pour leur accorder une faveur dont ne jouissent pas les électeurs de plus de trente ans, à qui, par l'abaissement du cens, ou par d'autres circonstances, la loi du 19 avril accorde un droit nouveau, dont, il y a un an, ils ne pouvaient prévoir qu'ils auraient l'exercice.

L'art. 70 se tait sur l'époque à laquelle doivent être accomplies les autres conditions de temps desquelles dépend la capacité électorale, savoir: l'âge de vingt-cinq ans, les trois ans de domicile réel exigés des officiers (art. 5), les six mois exigés pour compléter la translation du domicile politique (art. 10 et 11).

On peut, par des raisons diverses, prétendre que ces conditions doivent être accomplies, *soit avant la promulgation de la loi, soit avant la publication de la liste additionnelle*, c'est-à-dire au vingt-cinquième jour après la promulgation.

L'adoption de la première époque pourrait avoir lieu par analogie avec les autres dispositions de l'art. 70, qui exigent que la possession, la location et l'annalité de la patente soient antérieures à la promulgation de la loi.

Mais la seconde époque paraît devoir être adoptée de préférence.

Elle correspond à celle qui est fixée par l'art. 19 (dernier paragraphe) pour les conditions de même nature, relativement à la révision annuelle. Cet article porte *que les conditions dont il s'agit doivent être accomplies avant le 21 octobre, terme de la clôture des opérations*. En appliquant cette règle à la formation de la liste additionnelle, on reconnaît que la publication de cette liste répond à la clôture des opérations annuelles.

De plus, cette interprétation est plus large, plus favorable à l'exercice du droit électoral, et le rapporteur de la loi à la Chambre des Pairs a fait valoir avec raison cette considération.

L'art. 2 limite à *cent cinquante* le *minimum* du nombre d'électeurs payant un cens de 200 fr. qui doivent faire partie de chaque collége. Ainsi, lorsque le nombre des électeurs payant 200 fr. ne s'élèvera pas à ce *minimum*, il devra être complété par l'inscription des citoyens les plus imposés au-dessous de 200 fr.

Si, d'après les recherches que vous avez déjà faites, vous avez lieu de croire qu'il soit nécessaire de recourir à ces inscriptions complémentaires pour tel collége de votre département, vous devrez, dans l'avis aux ayants-droit, inviter les citoyens dont les contributions directes se rapprochent de la limite de 200 fr., à faire connaître leur situation, quant aux conditions de nature à leur donner la capacité électorale. De plus, vous userez de l'action d'office pour former *cette liste complémentaire* (1).

Indépendamment des censitaires au-dessus de 200 fr. et des plus imposés au-dessous de ce taux pour compléter le nombre de cent cinquante, chaque collége électoral comprend encore les citoyens domiciliés dans l'arrondissement, et désignés à l'art. 3, qui paient seulement de 100 à 200 fr. de contributions directes, et qu'on peut appeler *électeurs adjoints.* Ils doivent être portés sur une liste séparée, puisqu'ils comptent en dehors du nombre cent cinquante, et que l'art. 19 exige des indications différentes pour les uns et pour les autres.

Ces citoyens sont les membres et correspondants de l'Institut, et les officiers en retraite jouissant d'une pension de 1,200 fr., y compris le traitement qu'ils toucheraient comme membres de la Légion-d'Honneur, pourvu qu'ils les uns et les autres paient la moitié du cens des autres électeurs.

Ces conditions, à l'exception d'un cens contributif, donnaient déjà le droit d'inscription sur la deuxième partie de la liste générale du jury : vous pouvez donc consulter cette liste pour en extraire les noms des citoyens de ces deux classes, et rechercher ceux qui accompliraient les autres conditions exigées à leur égard pour l'exercice du droit électoral ; de plus, vous rechercherez tous les citoyens désignés à l'art. 3, qui ne seraient pas portés sur la liste du jury, et vous les inviterez à justifier de leurs droits.

Il va sans dire que tous ces électeurs adjoints doivent avoir vingt-cinq ans au moins, et jouir des droits civils et politiques.

La nécessité d'indiquer la date de la naissance de chaque électeur (art. 19) vous oblige à demander l'acte de naissance de chacun d'eux. Ils devront donc produire, en outre, l'acte de leur nomination, ou une copie du brevet de leur pension, ou un acte officiel constatant qu'ils touchent un traitement comme membres de la Légion-d'Honneur.

Le domicile exigé de ces électeurs adjoints n'est autre que le domicile réel, et ils doivent le posséder depuis trois ans. (Voy. ci-dessus les observations relatives à l'accomplissement des conditions de temps : elles sont applicables à la manière de compter ces trois ans.)

C'est dans les règles du droit civil que vous trouverez les directions que vous aurez à suivre pour reconnaître le domicile réel des électeurs adjoints. Il me paraît utile, en ce qui concerne les officiers, de vous faire remarquer que le séjour dans une garnison et le temps passé sous les drapeaux ne faisant pas acquérir le domicile, la plupart des militaires ne cessent pas de conserver celui de leur naissance, celui qu'ils avaient quand ils ont commencé à servir ; et qu'ainsi, en retournant dans leur pays, ils doivent, dans bien des cas, être considérés comme n'ayant jamais cessé d'y être domiciliés.

Après ces observations, qui se rapportent à la justification et à l'appréciation de la capacité électorale, soit qu'elle ait lieu d'après votre action d'office, soit qu'elle ait été provoquée par les réclamations des intéressés et des tiers, je dois vous entretenir des formes relatives à la réception et au jugement de ces réclamations, et à la tenue du registre destiné à les recevoir.

Il convient toutefois de faire une observation préliminaire ; c'est que le travail dont le préfet en conseil de préfecture doit s'occuper, en vertu des art. 70 et 71, n'est pas précisément de même nature que celui dont il est chargé annuellement, du 15 août au 16 octobre (art. 23 à 29). Il ne s'agit pas, en effet, comme lors de la révision annuelle, de statuer sur des réclamations contre des décisions déjà prises par le préfet ayant agi administrativement ; il s'agit de statuer en première instance sur des de-

(1) Cette expression est employée pour mieux indiquer les électeurs ainsi ajoutés ; mais il n'y aura pas lieu de les séparer des autres électeurs censitaires sur la liste que vous publierez. Cette séparation y jetterait de la confusion. (Voy. ci-dessous.)

mandes d'inscription. Seulement, le préfet, au lieu de décider *seul*, comme il le fait, avant le 15 août, doit s'éclairer de l'avis du conseil de préfecture, dont l'assistance est une garantie qui équivaut à la suppression d'un des deux degrés de l'instruction, puisqu'on ne peut plus recourir qu'à la cour royale.

Du reste, si l'instruction est plus simple en ce qu'il s'agit du premier et non du second degré d'instance, les formes de procéder sont les mêmes, du moins en ce qui ne touche pas à un *appel* sur des décisions qui n'existent point.

Ces formes sont tracées dans les art. 23, 24, 25, 26 et 27 de la loi nouvelle, et qui sont, sauf quelques changements de rédaction, les mêmes que les art. 10, 11, 12, 13 et 14 de la loi du 2 juillet 1828. La seule modification importante est celle qui restreint le droit d'intervention des tiers aux citoyens inscrits sur la liste des électeurs de l'arrondissement électoral, aux électeurs suppléants susceptibles de compléter le nombre de cent cinquante censitaires (article 28), et aux jurés non électeurs domiciliés dans cet arrondissement (art. 25). De plus, les réclamations autorisées par l'art. 70 ne peuvent avoir pour objet que *des inscriptions nouvelles*, puisqu'il n'y a pas lieu à réviser la liste arrêtée le 16 novembre, mais seulement à y ajouter de nouveaux électeurs. Enfin, vous remarquerez que l'art. 23 substitue le préfet au secrétaire général pour délivrer les récépissés.

Vous ferez bien, en tenant compte toutefois de ces changements, de consulter les instructions du 25 août 1828, quant à cette partie de votre travail.

Cette instruction (page 13) faisait observer que toutes les réclamations ne sont pas de nature à être portées en conseil de préfecture, et qu'ainsi il y a lieu de refuser d'admettre et de porter sur le registre des réclamations les demandes formées par des individus sans qualités, ou non appuyées des pièces, etc. Toutefois, l'usage a établi qu'il convient de statuer sur les demandes, et de les déclarer non recevables, afin que les réclamants ne puissent pas se plaindre d'un déni de justice, et aient la faculté de former un recours devant la cour royale. (Voy. Favard, page 188.)

Il se présente, relativement à la formation de la liste additionnelle, la même difficulté, quant aux délais relatifs à l'intervention des tiers, que celle qui existait précédemment pour les tableaux de rectification. L'art. 26 porte que le tiers-réclamant doit justifier que sa réclamation a été notifiée à la partie intéressée; que celle-ci a

dix jours pour y répondre, et, suivant l'art. 27 la décision doit être prise dans les cinq jours après l'expiration de ce délai, si l'intéressé a négligé de produire sa réponse dans les dix jours.

D'autre part, l'art. 71 prescrit de publier la liste additionnelle *vingt-cinq jours* après l'ouverture du registre; mais elle doit être arrêtée plusieurs jours avant cette époque; et le délai de quinze jours, prescrit par les art. 26 et 27, dépasserait quelquefois la période assignée par l'art. 71. On peut observer que les réclamations relatives à la liste additionnelle n'ayant pour objet que des inscriptions nouvelles, il y a moins de motifs d'attendre les réponses de l'intéressé, qui, en général, ne contestera pas la demande de son inscription formée par un tiers. Cependant la loi n'établit aucune distinction. Mais vous pourriez, pour éviter cette difficulté, vous servir des renseignements donnés par les demandes des tiers, comme s'ils vous étaient parvenus par voie administrative, et ordonner d'office l'inscription de l'électeur dont ils vous auraient fait reconnaître les droits.

Les arrêtés que vous prendrez sur les réclamations des intéressés et des tiers, et qui prononceraient des refus d'inscription, devront être motivés. Vous les notifierez immédiatement (art. 71) pour que les parties puissent, si elles le jugent convenable, se pourvoir le plus tôt possible à la Cour royale. (Voyez le tableau inséré page 15 de la circulaire du 25 août 1828, quant à la suite à donner aux demandes en inscription, les seules dont vous ayez à vous occuper.)

L'art. 71 laisse un délai de dix jours entre la clôture du registre des réclamations et la publication de la liste additionnelle. Les premiers jours de cette période de temps doivent être consacrés à juger les dernières réclamations, qui devront l'être toutes le vingtième jour au plus tard après l'ouverture du registre. Plus tôt vous aurez terminé ces décisions, plus il vous restera de temps pour l'impression des listes.

Vous procéderez alors à la formation de la liste additionnelle.

Pour ne pas compliquer la composition de cette liste, vous y comprendrez tous les électeurs censitaires, sans distinction de ceux qui paieraient plus ou moins de deux cents francs; mais, dans le cas d'inscription de ces derniers, vous indiquerez en tête de la liste le taux des contributions du moins imposé d'entre eux, comme on faisait précédemment pour le collège départemental.

Indépendamment des plus imposés au-dessous de deux cents francs en nombre nécessaire pour compléter le minimum de cent cinquante censitaires ; la loi prescrit (art. 20, 30 et 35) de publier, en même temps que la liste principale, une liste *supplémentaire* des dix citoyens qui les suivent dans l'ordre décroissant des contributions directes, afin de pouvoir compléter ultérieurement le nombre de cent cinquante, par suite des circonstances qui, du 15 août au 16 octobre, diminueraient ce nombre, et des arrêts de Cour royale qui, après la clôture, ordonneraient des radiations (1). Vous devez publier cette liste supplémentaire à la suite de la liste additionnelle mentionnée à l'art. 17. Elle servirait à combler les vides que laisseraient dans le nombre de cent cinquante censitaires, les radiations ordonnées par la Cour royale. Ce sont les seuls changements que peut éprouver la liste (art. 74).

En tête de la liste additionnelle, vous indiquerez le nombre de membres du collége qui étaient déjà inscrits sur les listes arrêtées le 16 novembre 1830. Ce nombre, réuni à celui des électeurs censitaires de deux cents francs portés dans la liste additionnelle, donnera la force numérique du collége, d'après laquelle il y aurait lieu de le compléter dans le cas prévu par l'art. 2.

Lors même que le nombre des censitaires à deux cents francs s'élèverait un peu au-dessus de cent cinquante, vous devriez préparer d'avance, et vous pourriez même publier cette liste supplémentaire pour le cas où des radiations ordonnées par la Cour royale réduiraient la liste des censitaires au-dessous du minimum, avant l'élection.

La liste additionnelle devra être dans la forme indiquée par les circulaires des 19 juillet 1827 et 25 août 1828, c'est-à-dire disposée par cantons ; les cantons, selon l'ordre alphabétique (2), et les électeurs, classés dans chaque canton, selon l'ordre alphabétique de leurs noms.

Vous ajouterez à l'ancien modèle une colonne de plus pour inscrire la date de la naissance, ou, à défaut de date précise, et s'il ne peut y avoir aucun doute sur l'âge supérieur à vingt-cinq ans, une indication approximative.

La liste de dix électeurs suppléants, quand il y aura lieu de la former, pourra, pour plus de facilité, être imprimée à la suite de la liste des censitaires. Elle contiendra les mêmes indications, et, comme on l'a dit ci-dessus, elle classera les suppléants dans l'ordre décroissant des contributions.

Ensuite, viendra la liste des électeurs adjoints.

Pour la facilité des réclamations, on pourra les inscrire par cantons, comme les censitaires, en passant les noms des cantons où il n'y aurait pas d'électeurs adjoints.

L'indication du domicile politique sera remplacée par celle du domicile réel ; et cette liste contiendra deux renseignements de plus, savoir : le titre qui donne le droit électoral, et la date du domicile réel (art. 19).

Le titre qui donne le droit électoral devra être indiqué sommairement. Pour ne pas multiplier les colonnes, cette indication pourra se faire à la suite de la qualification, par exemple : *correspondant de l'Institut* (*nomination du 22 octobre 1828*) ; *colonel en retraite et officier de la Légion-d'Honneur* (*pension accordée par ordonnance du 22 février 1816*) ; *officier de la Légion-d'Honneur* (*décret du 14 mai 1813*).

La date du domicile réel pourrait être mentionnée à la suite de l'indication de ce domicile. Exemple : *Lyon* (*août 1820*) : *Nantes* (*depuis sa naissance, ou depuis plus de vingt ans*).

Les listes d'un arrondissement électoral ne devront être publiées que dans cet arrondissement ; elles le seront dans chaque chef-lieu et dans chaque commune de six cents âmes et au-dessus, par voie d'affiche, et par le dépôt d'un exemplaire en cahier à la mairie. Vous déposerez également au secrétariat de la préfecture et de chacune des sous-préfectures (3) des exemplaires en

---

(1) Le texte des art. 2, 30 et 35, semble établir que cette liste de suppléants est destinée à compléter le *collége* et non pas la *liste des censitaires*. Mais ce vice de rédaction tient à ce que la Chambre des Députés, en modifiant le système adopté primitivement par la Chambre des Pairs, qui comptait les électeurs adjoints dans le nombre 150, a laissé subsister la rédaction des art. 20, 30 et 35, appropriée à ce système. Son intention de mettre en dehors du nombre 150 les électeurs adjoints, résulte clairement de la discussion qui a eu lieu dans la séance du 9 avril et de la transposition qu'elle a faite des art. 2 et 3 de la Chambre des Pairs, ainsi que des mots, *en outre*, placés dans l'art. 3.

(2) Lorsqu'un collége comprend des électeurs de deux ou plusieurs arrondissements de sous-préfecture, vous pouvez cependant, si vous le préférez, mettre à la suite l'un de l'autre, les cantons de la même sous-préfecture.

(3) C'est par une erreur dans la discussion à la Chambre des Députés, séance du 9 avril, que les mots *et des sous-préfectures* ont été supprimés dans le premier paragraphe de l'art. 19.

cahier de toutes les listes électorales du département.

L'imprimeur ne devra faire qu'une *composition* pour les listes en placard et les listes en cahier. Vous pourrez même, pour économiser des frais de papier, ne faire imprimer que des cahiers, et substituer à l'affiche l'exposition d'un cahier placé dans la journée à la porte de la mairie, et que l'on retirerait le soir. (Voy. la circulaire du 6 juillet 1829).

Enfin, si des documents de nature à motiver des inscriptions vous parvenaient pendant l'impression de la liste additionnelle, vous pourriez en faire la matière d'un *supplément*, qui paraîtrait le vingt-cinquième jour après la promulgation de la loi, c'est-à-dire en même temps que la liste additionnelle. (Circulaire du 5 août 1829.)

Je vous recommande de m'adresser, selon l'usage, deux exemplaires en cahier de chacune des listes que vous publierez.

Telles sont, Monsieur le préfet, les observations qu'il me paraît utile de vous adresser, pour les opérations importantes dont vous êtes chargé en vertu des art. 70 et suivants de la loi du 19 avril; j'ai cru devoir les développer avec quelque étendue, pour faciliter le travail assez compliqué de la formation des listes additionnelles, et prévenir des explications qui auraient pu m'être demandées ou vous parvenir trop tard. Mais vous ne perdrez pas de vue qu'il vous appartient de statuer sur les questions litigieuses selon vos propres lumières, aidées de celles du conseil de préfecture, sauf appel devant la cour royale.

Je vous adresserai ultérieurement, s'il est nécessaire, des instructions sur l'exécution des autres parties de la loi.

Recevez, Monsieur le préfet, l'assurance de ma considération distinguée.

Le président du conseil, ministre secrétaire d'État de l'intérieur,
CASIMIR PÉRIER.

Concordance (*) *des articles de la loi du 19 avril avec les articles correspondans des lois antérieures concernant les élections.*

LOI DU 19 AVRIL.	LOIS ANCIENNES.	
Art. 1, 2, 3, 4.	5 février 1817.	Art. 1er
6	Idem.	2
7	29 juin 1820.	4
8	Idem.	5
10	5 février 1817.	6
11	2 juillet 1828.	25
12	5 février 1817.	4
13	2 juillet 1828.	1er
14	Idem.	2
15	Idem.	3
16	Idem.	4
17	Idem.	5
18	Idem.	6
19	Idem.	7
21	Idem.	8
22	Idem.	9
23	Idem.	10
24	Idem.	11
25	Idem.	12
26	Idem.	13
27	Idem.	14
29	Idem.	15
31	Idem.	16
32	Idem.	17
33	Idem.	18
34	Idem.	19
35	Idem.	20
36	Idem.	26
37	Idem.	27
40	5 février 1817.	8
41	Idem.	9
44	12 septembre 1830.	2, 3, 4
45	5 février 1817.	11
48	29 juin 1820.	6
50 et 53	5 février 1817.	13
54	29 juin 1820.	7
55	5 février 1817.	15
56	Idem.	16
57	Idem.	12
59	25 mars 1818.	1er
	29 juin 1820.	4
61	5 février 1817.	11
62	29 juin 1820.	9
63	25 mars 1818.	2
64	5 février 1817.	17
	29 juin 1820.	8
65	29 juin 1820.	10
	2 juillet 1828.	21
67	5 février 1817.	19

(*) Ce tableau facilitera les recherches qu'il y aurait à faire dans les circulaires antérieures et dans le titre de la législation électorale.

21 = 25 AVRIL 1831. — Loi relative à un crédit éventuel de cent millions, et à la création éventuelle d'obligations du trésor échangeables contre des rentes cinq pour cent au pair, pour compléter un emprunt national au pair de cent vingt millions (1). (IX, Bull. XXXIX, n. 107.)

Art. 1er. En cas de nécessité, le gouvernement est autorisé, durant l'intervalle de la session de 1830 à celle de 1831, à porter, par ordonnance supplémentaire et d'urgence, les crédits et moyens qui lui ont été accordés, à une nouvelle somme de cent millions, laquelle pourra être réalisée par voie, soit d'emprunt, soit par addition aux contributions actuellement existantes, de telle sorte néanmoins que l'addition ne porte pas exclusivement sur une seule nature de contributions, soit directes, soit indirectes, mais qu'elle soit répartie entre les diverses natures de contributions, proportionnellement aux évaluations pour lesquelles elles figurent au projet du budget 1831.

2. Toute contribution établie, s'il y a lieu, en vertu de l'article précédent, n'aura d'effet que pendant l'année 1831.

3. Les dispositions ci-dessus cesseront de plein droit à l'ouverture de la prochaine session, s'il n'a pas été fait usage de la faculté qui en résulte.

4. Dans le cas où la souscription nationale ouverte pour soumissionner au pair l'emprunt de cent vingt millions ne serait pas complétée, le ministre des finances est autorisé à délivrer, contre les versements qui seront faits au trésor par suite de cette souscription, des obligations du trésor portant intérêt à cinq pour cent, échangeables, à la volonté des porteurs, contre des rentes cinq pour cent au pair.

L'échéance desdites obligations ne pourra excéder cinq ans.

---

2 = 26 AVRIL 1831. — Loi portant allocation d'un crédit extraordinaire pour les dépenses secrètes de la police, pour 1831 (2). (IX, Bull. XL, n. 108.)

Article unique. Il est ouvert au ministre secrétaire d'État de l'intérieur un crédit extraordinaire de quinze cent mille francs, pour complément des dépenses secrètes de l'année 1831, et autres besoins urgents et non prévus.

---

22 AVRIL = 7 MAI 1831. — Ordonnance du roi sur l'uniforme des compagnies d'artillerie gardes-côtes de la garde nationale. (IX, Bull. O. LXVI, n. 1671.)

Louis-Philippe, etc., vu l'art. 15 de l'ordonnance du 28 février 1831, relative à la création de soixante compagnies d'artillerie gardes-côtes de la garde nationale; vu l'art. 68 de la loi du 22 mars dernier, et sur le rapport de notre ministre de l'intérieur, etc.

Art. 1er. Les nouvelles compagnies d'artillerie de gardes nationales dont la formation a été autorisée par l'ordonnance du 28 février dernier dans tous les départements maritimes du royaume, porteront l'uniforme et l'équipement affectés à l'artillerie de la garde nationale de Paris et des départements.

2. Notre ministre de l'intérieur (M. Casimir Périer) est chargé, etc.

---

22 AVRIL = 17 DÉCEMBRE 1831. — Ordonnance du roi, en matière contentieuse, qui renvoie l'entrepreneur du pont de Lannion devant le conseil de préfecture du département des Côtes-du-Nord, pour être statué sur ses demandes. (IX, Bull. O. CXXVI, n. 3614.)

Louis-Philippe, etc., sur le rapport du comité de législation et de justice administrative; vu la requête à nous présentée par le sieur Desjars, négociant à Guingamp, département des Côtes-du-Nord, ladite requête enregistrée au secrétariat général de notre conseil d'État le 30 novembre 1829, et tendant à ce qu'il nous plaise le recevoir appelant de la décision du ministre de l'intérieur du 29 août 1829, ordonner que le réclamant sera remboursé de la somme de *dix mille deux cent soixante francs*, suivant état, et qu'il sera pourvu à ce remboursement, soit par une prolongation de la concession du droit de péage sur le pont de Sainte-Anne, soit par tel autre moyen que nous jugerons convenable; vu la décision attaquée, qui n'alloue au sieur Desjars qu'une somme de huit cent cinquante huit francs quarante-cinq cen-

---

(1) Présentation à la Chambre des Députés le 9 mars (Mon. du 30); rapport par M. Cuninridaine le 9 avril (Mon. du 11); discussion, adoption les 12, 13 et 14 avril (Mon. des 13, 14 15), à la majorité de 246 voix contre 51.

Présentation à la Chambre des Pairs le 15 avril (Mon. du 16); rapport le 16 (Mon. du 17); discussion, adoption le 18 (Mon. du 19), à la majorité de 110 voix contre 8.

(2) Présentation à la Chambre des Députés le 2 avril (Mon. du 3); rapport par M. Giraud de l'Ain; discussion, adoption le 15 (Mon. des 16 et 17), à la majorité de 212 voix contre 51.

Présentation à la Chambre des Pairs le 16 avril (Mon. du 17); rapport par le comte Tascher le 18 (Mon. du 19); discussion, adoption le 19 (Mon. du 20), à la majorité de 96 voix contre 11.

times ; savoir : six cent trente trois francs quarante-cinq centimes, pour frais de peinture, et deux cent vingt-cinq francs pour emploi de pièces d'une plus forte dimension ; vu la soumission du sieur Desjars, du 9 novembre 1819, portant : 1° que le soumissionnaire versera entre les mains du receveur général une somme de soixante et douze mille neuf cent quarante-trois francs cinquante centimes, pour subvenir aux frais de construction du pont de Lannion et à l'indemnité pour la destruction du moulin dit *du Roi* ; 2° qu'en cas de désistement du sieur Laurent, précédent adjudicataire, il s'engage à faire construire ledit pont conformément aux plans, devis et détails estimatifs approuvés ; 3° qu'il a pris connaissance du détail estimatif du projet de pont provisionnel en charpente, montant à quarante-sept mille cinq cent vingt-six francs quatre vingt-dix centimes ; vu le procès-verbal d'adjudication du 13 avril 1820, tant dudit pont que du péage, pendant neuf années, au profit du sieur Desjars ; vu le tarif et le cahier des charges, portant que pendant toute la durée du péage le concessionnaire devra fournir, à ses frais, aux réparations ordinaires du pont, et que les contestations qui pourront s'élever seront portées par-devant le conseil de préfecture du département des Côtes du-Nord ; vu le devis estimatif des ouvrages du pont arrêté le 25 juin 1818 pour la somme de quarante-sept mille cinq cent vingt-six francs quatre-vingt-dix centimes ; plus, pour valeur résultant de l'adjudication, six mille francs ; vu la lettre du directeur général des ponts et chaussées, du 23 mai 1823, qui autorise le préfet à faire procéder aux travaux que peut exiger le curage de la rivière ; vu la délibération du conseil municipal de la ville de Lannion du 13 juillet 1827 ; vu le traité fait entre le sieur Desjars et le sieur Mounier le 25 novembre 1820, portant marché pour la confection du pont, moyennant la somme de cinquante-trois mille cinq cent vingt-six francs quatre-ving-dix centimes, ledit traité approuvé par le préfet le 15 février 1821 ; vu toutes les autres pièces produites, notamment le mémoire ampliatif et les nouvelles observations du sieur Desjars ; ouï en ses défenses Me Lacoste, avocat du requérant ; ouï M. d'Haubersart, maître des requêtes, remplissant les fonctions du ministère public ; considérant que, conformément à la loi du 28 pluviôse an 8, à la quelle se réfère l'art. 11 du cahier des charges relatif à la concession du péage, toutes les contestations relatives à l'exécution de ladite concession doivent être soumises au jugement du conseil de préfecture du département des Côtes-du-Nord ; considérant que le ministre de l'intérieur n'était pas compétent pour statuer sur les chefs de réclamation du sieur Desjars ; notre conseil d'Etat entendu, etc.

Art. 1er. La décision du ministre de l'intérieur du 29 août 1829 est annulée.

2. Les parties sont renvoyées par-devant le conseil de préfecture du département des Côtes-du-Nord, pour être statué sur les demandes du sieur Desjars ainsi qu'il appartiendra.

3. Notre ministre de la justice, et notre ministre du commerce et des travaux publics (MM. Barthe et d'Argout) sont chargés, etc.

———

22 avril 1831. — Ordonnance qui accorde des pensions, suppléments et demi-soldes à des marins, ouvriers et veuves y dénommés. (Bull O. 97 *bis*, n. 4.)

———

24 avril = 14 mai 1831. — Ordonnance du roi portant approbation de la société d'assurances mutuelles contre la grêle, formée à Saint-Quentin (Aisne). (IX, Bull. O. LXIX *bis*, n. 1.)

Louis-Philippe, etc., sur le rapport de notre ministre du commerce et des travaux publics ; le conseil d'Etat entendu, etc.

Art. 1er. La société d'assurances mutuelles contre la grêle, formée à Saint-Quentin, pour le département de l'Aisne, suivant acte passé à Paris, le 28 février 1831, par-devant Le Hon et son collègue, notaires en ladite ville, est autorisée.

Sont approuvés les statuts contenus audit acte, qui restera annexé à la présente ordonnance.

2. Nous nous réservons de révoquer notre autorisation en cas de violation ou de non exécution des statuts approuvés, sans préjudice des droits des tiers.

3. La société sera tenue de remettre, tous les six mois, un extrait de son état de situation au préfet du département de l'Aisne et au greffe du tribunal civil de Saint-Quentin ; pareil extrait sera adressé au ministre du commerce et des travaux publics.

4. Notre ministre du commerce et des travaux publics (comte d'Argout) est chargé, etc.   (*Suivent les statuts.*)

———

24 avril = 14 mai 1831. — Ordonnance du roi qui approuve diverses modifications faites aux statuts de la société d'assurance mutuelle contre la grêle pour le département de Seine-et-Marne. (IX, Bull. O. LXIX *bis*, n. 2.)

Louis-Philippe, etc., sur le rapport de notre ministre du commerce et des travaux publics ; vu l'ordonnance royale du

2 décembre 1829, portant autorisation de la société d'assurance mutuelle contre la grêle, pour le département de Seine-et-Marne, et approbation de ses statuts ; vu la délibération, prise le 28 novembre 1830, par l'assemblée générale de ladite société ; notre conseil d'État, entendu, etc.

Art. 1er. La délibération du 28 novembre 1830, par laquelle la société d'assurance mutuelle contre la grêle, formée à Melun, pour le département de Seine-et-Marne, a voté diverses modifications aux art. 7, 11, 15, 18 et 23 de ses statuts, est approuvée telle qu'elle est contenue en l'acte passé le 16 de ce mois, par-devant Bernard et son collègue, notaires à Melun.

Ledit acte restera annexé à la présente ordonnance.

2. Notre ministre du commerce et des travaux publics (comte d'Argout) est chargé, etc.

24 AVRIL 1831. — Ordonnance qui accorde une pension à un ancien administrateur des lignes télégraphiques. (Bull. O. 83 bis, n. 1.)

24 AVRIL 1831. — Ordonnance qui autorise la conservation de deux moulins à farine situés dans la commune de Vert. (Bull. O. 75, n. 2037.)

25 AVRIL = 7 MAI 1831. — Ordonnance du roi sur la répartition entre les ministères d'un nouveau crédit provisoire de sept cents millions sur l'exercice 1831. (IX, Bull. O. LXVII, n. 1683.)

Louis-Philippe, etc., vu les lois des 12 décembre 1830 et 18 avril 1831 qui ont ouvert à nos ministres deux crédits provisoires, l'un de trois cents millions, l'autre de quatre cents millions, pour les dépenses ordinaires de l'exercice 1831, pendant les huit premiers mois de la présente année ; vu les répartitions de crédits déjà faites entre nos ministres par nos ordonnances des 21 décembre 1830, 4 février et 18 mars dernier, jusqu'à concurrence d'une somme de deux cent quatre-vingt-quatorze millions six cent cinquante-huit mille francs.

Art. 1er. Les crédits provisoires, montant ensemble à sept cents millions, ouverts à nos ministres sur l'exercice 1831, par les lois des 12 décembre 1830 et 18 du présent mois, pour les dépenses à faire jusqu'au 1er septembre prochain, sont répartis entre les différents chapitres de leurs services ordinaires, conformément au tableau ci-joint.

2. Notre ministre des finances (baron Louis) est chargé, etc.

25 AVRIL = 16 MAI 1831. — Ordonnance du roi qui distrait de la répartition du crédit provisoire de trois cents millions une somme de quatre

millions sept cent cinquante mille francs, allouée pour des dépenses non imputables sur le crédit provisoire, et met cette somme à la disposition des ministres de l'intérieur et du commerce et des travaux publics. (IX, Bull. O. LXX, n. 1741.)

Louis-Philippe, etc., vu nos ordonnances des 21 décembre 1830 et 4 février dernier, portant répartition du crédit provisoire de trois cents millions ouvert à nos ministres par la loi du 12 décembre 1830 pour les dépenses ordinaires de 1851 ; considérant que ces ordonnances ont mis à la disposition du ministre de l'intérieur, jusqu'à concurrence d'une somme de quatre millions sept cent cinquante mille francs, des crédits pour des dépenses extraordinaires qui ne sont pas imputables sur le crédit provisoire de trois cents millions, et qui doivent être réglées par des ordonnances spéciales, en vertu de la loi du 25 mars 1831 ; considérant qu'il est nécessaire de répartir cette somme de quatre millions sept cent cinquante mille francs entre nos ministres de l'intérieur et du commerce et des travaux publics, etc.

Art. 1er. Les crédits ouverts à notre ministre de l'intérieur, pour les services et les sommes ci-après désignés, seront distraits de la répartition du crédit provisoire de trois cents millions accordé par la loi du 12 décembre 1830.

Ces mêmes crédits sont mis à la disposition de nos ministres de l'intérieur et du commerce et des travaux publics, avec affectation aux dépenses extraordinaires prévues par le budget de l'exercice 1831, savoir :

Ministère de l'intérieur.

Récompenses ou secours accordés en vertu de l'art. 1er de la loi du 30 août 1830.	1,200,000 f.
Indemnités pour dommages (art. 2 de la même loi).	1,000,000
Secours aux réfugiés espagnols, portugais et autres.	300,000

Ministère du commerce et des travaux publics.

Continuation des travaux des canaux entrepris sur des fonds d'emprunts, en vertu de lois spéciales.	1,250,000
Ateliers de charité et secours aux indigents.	1,000,000
TOTAL.	4,750,000 f.

2. Nos ministres de l'intérieur, du commerce et des travaux publics, et des finances (MM. Casimir Périer, d'Argout et Louis) sont chargés, etc.

25 AVRIL = 16 MAI 1831. — Ordonnance du roi qui charge la première section de la commission de Saint-Domingue du jugement d'une partie

des affaires attribuées à la troisième section.
(IX, Bull. O. LXX, n. 1744.)

Louis-Philippe, etc., vu la loi du 30 avril 1826 et l'ordonnance d'exécution du 9 mai suivant ; considérant que la division du territoire de Saint-Domingue en trois sections n'a été ordonnée que dans la vue d'expédier les affaires de cette liquidation le plus promptement possible ; que la première section est sur le point de terminer l'instruction et le jugement de celles qui lui ont été attribuées, que le travail de la troisième section n'est pas encore arrivé à la moitié de son cours, et qu'il est sans inconvénient de faire concourir chaque section devenue libre aux travaux restant à exécuter par les autres ; sur le rapport de notre ministre des finances, etc.

Art. 1ᵉʳ. Le commissaire du roi est autorisé à présenter au jugement de la première section les affaires afférentes aux paroisses ci-après, savoir, le Grand-Goave, le Petit-Goave, les Cayes de Jacmel, les Cayes Saint-Louis, Cavaillon et les Coteaux, attribuées précédemment à la troisième section.

2. Notre ministre des finances (baron Louis) est chargé, etc.

25 AVRIL = 16 MAI 1831. — Ordonnance du roi relative au jugement des réclamations de colons de Saint-Domingue sur lesquelles la commission a prononcé des décisions de non lieu à statuer en l'état, ou d'ajournement indéfini. (IX, Bull. O. LXX, n. 1743.)

Louis-Philippe, etc., vu la loi du 30 avril 1826 et les ordonnances des 9 mai même année et 20 septembre 1828 ; considérant que les affaires sur lesquelles la commission de liquidation de l'indemnité attribuée aux anciens colons de Saint-Domingue a prononcé des décisions de non lieu à statuer en l'état, ou d'ajournement à la fin de la liquidation, d'après les dispositions de l'ordonnance du 20 septembre 1828, s'élèvent en ce moment à un nombre considérable ; que très-probablement ce nombre serait doublé, lorsqu'on aurait épuisé toutes les demandes donnant lieu à une liquidation immédiate, si l'on ne prenait dès à présent les mesures nécessaires pour terminer celles qui ont été ajournées ; qu'il convient dès lors de ne pas attendre la fin de la liquidation pour s'en occuper ; considérant que les réclamants ont été avertis de fournir leurs justifications par la loi et les ordonnances sus-relatées ; qu'ainsi ils ont eu près de cinq ans pour se mettre en règle ; voulant mettre un terme à ces lenteurs ; sur le rapport de notre ministre des finances, etc.

Art. 1ᵉʳ. Toutes les réclamations de co-

lons, de leurs créanciers ou de leurs mandataires, sur lesquelles la commission a prononcé les décisions de non lieu à statuer en l'état, ou d'ajournement indéfini, seront, après un nouveau délai de trois mois, et sans qu'il soit besoin d'une nouvelle signification du commissaire du roi, jugées au fond dans l'état où elles se trouveront.

2. Notre ministre des finances (M. Louis) est chargé, etc.

25 AVRIL 1831. — Ordonnance qui autorise délivrance de bois à plusieurs communes. (Bull. O. 72, n. 1854.)

25 AVRIL 1831. — Ordonnance qui autorise l'établissement de plusieurs usines dans diverses communes. (Bull. O. 74, n. 1965.)

26 AVRIL 1831. — Ordonnance qui convoque la session des conseils généraux et des conseils d'arrondissement. (Bull. O. 66, n. 1672.)

26 AVRIL 1831. — Ordonnance sur l'abatage des bestiaux et l'exercice de la profession de boucher et de charcutier à Nay (Basses-Pyrénées). (Bull. O. 74, n. 1961.)

26 AVRIL 1831. — Ordonnance qui établit un commissariat de police à Sommières. (Bull. O. 69, n. 1702.)

26 AVRIL 1831. — Ordonnances qui autorisent l'acceptation de dons et legs faits aux pauvres et hospices de diverses communes. (Bull. O. 73, n. 1922 à 1933.)

27 AVRIL = 1ᵉʳ MAI 1831. — Ordonnance du roi qui accorde une amnistie sous condition aux déserteurs ou réfractaires du département d'Ille-et-Vilaine. (IX, Bull. O. LXV, n. 1649.)

Louis-Philippe, etc., d'après le compte qui nous a été rendu par notre ministre de la guerre, relativement aux dispositions des déserteurs et réfractaires des départements de l'Ouest, qui, désirant rejoindre les drapeaux de l'armée, offrent de faire leur soumission, etc.

Art. 1ᵉʳ. Amnistie pleine et entière est accordée aux déserteurs ou réfractaires du département d'Ille-et-Vilaine qui, dans le délai de huit jours, à partir de la publication de la présente, se seront rendus auprès de M. le lieutenant-général commandant la treizième division, de M. le maréchal-de-camp commandant la subdivision ou de l'officier supérieur commandant la gendarmerie, pour y faire acte de soumission, et s'y mettre à la disposition de l'autorité.

2. La présente amnistie sera applicable aux déserteurs et réfractaires composant les bandes qui se sont formées dans ce département, à raison des poursuites dont ils pourraient être l'objet pour crime ou délit de rébellion et de désobéissance aux lois.

3. Nos ministres de la guerre, de l'intérieur et de la justice (duc de Dalmatie, Barthe et Périer) sont chargés, etc.

---

27 AVRIL = 28 MAI 1831. — Ordonnance du roi qui fixe la direction du chemin de fer de Saint-Etienne à Lyon dans la presqu'île Perrache. (IX, Bull. O. LXXV, n. 2008.)

Louis-Philippe, etc., sur le rapport de notre ministre du commerce et des travaux publics ; vu le plan de distribution des terrains de la presqu'île Perrache à Lyon, et la feuille de retombe annexée à ce plan, sur laquelle est indiquée la direction du chemin de fer de Saint-Etienne à Lyon ; vu les délibérations du conseil municipal de Lyon, des 12 mai et 12 décembre 1828, sur cette direction ; le conseil d'Etat entendu, etc.

Art. 1er. La direction du chemin de fer de Saint-Etienne à Lyon, dans la presqu'île Perrache, est et demeure fixée conformément à la ligne rouge A, G, D, K, P, tracée sur le plan annexé à la présente ordonnance. La distribution des terrains de la presqu'île sera, en conséquence, modifiée ainsi que l'indique la feuille de retombe jointe à ce plan. Néanmoins, les dispositions de notre ordonnance du 5 décembre 1830, qui ont prescrit l'établissement d'un embranchement du chemin de fer du point G à la Saône, et qui ont déterminé la direction de cet embranchement, sont maintenues.

2. Notre ministre du commerce et des travaux publics (comte d'Argout) est chargé, etc.

---

27 AVRIL 1831. — Ordonnance contenant nomination de conseillers d'Etat, de maîtres des requêtes et d'auditeurs au conseil d'Etat. (Bull. O. 69, n. 1698.)

29 AVRIL 1831. — Ordonnance qui admet les sieurs Brand, Delaquis, Emmeegger, Kammerer, Lamprecht, Merklem, Scrimpf, Schuhmacher, Wilverth et Zenardy à établir leur domicile en France. (Bull. O. 69, n. 1707.)

27 AVRIL 1831. — Ordonnance relative à la route départementale n. 11 de l'Ardèche, des Vans à Joyeuse. (Bull. O. 70, n. 1571.)

27 AVRIL 1831. — Ordonnances qui autorisent la conservation de filatures et de plusieurs usines dans diverses communes. (Bull. O. 75, n. 2039.)

27 AVRIL 1831. — Ordonnances qui accordent des lettres de naturalité aux sieurs Boyssons, Jacquiot, Peney. (Bull. O. 88, n. 2537 et suiv.)

27 AVRIL 1831. — Ordonnance qui accorde une pension à un ancien préfet et à un ancien sous-préfet. (Bull. O. 67 bis, n. 3 et 4.)

28 AVRIL = 16 MAI 1831. — Ordonnance du roi qui augmente la dotation de la caisse d'amor-

tissement d'une somme égale au centième du capital nominal des rentes négociées pour l'emprunt de cent vingt millions. (IX, Bull. O. LXX, n. 1746.)

Louis-Philippe, etc., vu la loi du 25 mars 1831 qui ouvre au gouvernement, pour les besoins ordinaires et extraordinaires des exercices 1830 et 1831, un crédit de deux cents millions, et qui autorise par son art. 6 le ministre des finances à faire inscrire au grand-livre de la dette publique, avec jouissance du 22 mars 1831, la somme de rentes cinq pour cent nécessaire pour réaliser tout ou partie de ce crédit ; vu l'art. 7 de la même loi, portant : « Dans le cas où il serait négocié des rentes « en vertu de l'article précédent, la dota-« tion de l'amortissement sera accrue d'une « somme égale au centième du capital no-« minal desdites rentes ; » vu notre ordonnance du 27 mars dernier par laquelle nous avons autorisé le ministre des finances à faire procéder à la vente d'une somme de rentes cinq pour cent nécessaire pour produire un capital de cent vingt millions ; vu l'annonce publiée par le ministre des finances le même jour 27 mars dernier pour la mise en adjudication dudit emprunt, fixée au 19 avril courant ; vu le procès-verbal en date du même jour qui constate l'adjudication de l'emprunt cent vingt millions de capital au prix de quatre-vingt-quatre francs pour cinq francs de rente ; considérant que la somme de rentes négociées s'élevant à sept millions cent quarante-deux mille huit cent cinquante-huit francs, au capital nominal de cent quarante-deux millions huit cent cinquante-sept mille cent soixante francs, la dotation de la caisse d'amortissement doit, en conséquence de l'art. 7 précité de la loi du 25 mars dernier, être augmentée de la somme de quatorze cent vingt-huit mille cinq cent soixante-onze francs soixante centimes en 1831 ; sur le rapport de notre ministre des finances, etc.

Art. 1er. La dotation annuelle de la caisse d'amortissement sera augmentée de la somme de quatorze cent vingt-huit mille cinq cent soixante et onze francs soixante centimes, formant le centième de celle de cent quarante-deux millions huit cent cinquante-sept mille cent soixante francs, capital nominal de sept millions cent quarante-deux mille huit cent cinquante-huit francs de rentes adjugées le 19 avril, présent mois, pour la réalisation d'un emprunt de cent vingt millions.

2. Ladite somme de quatorze cent vingt-huit mille cinq cent soixante et onze francs soixante centimes sera versée à la caisse d'amortissement, sur les ordonnances du

ministre des finances, par à-comptes successifs et journaliers, suivant le mode adopté pour les versements des autres parties de la dotation de cette caisse. Les versements commenceront le 7 du mois de mai prochain, et l'emploi en sera fait par la caisse d'amortissement à compter du même jour.

3. Notre ministre des finances (baron Louis) est chargé, etc.

28 AVRIL 1831. — Ordonnance qui accorde des autorisations de pacage dans les forêts royales de l'Ariége. (Bull. O. 75, n. 2009.)

28 AVRIL 1831. — Ordonnances qui accordent une pension à un ancien conseiller de préfecture, et à un ex-sous-préfet. (Bull. O. 67 *bis*, n. 5, et 83 *bis*, n. 2.)

28 AVRIL 1831. — Ordonnance qui autorise l'inscription de quinze pensions au trésor. (Bull. O. 83 *bis*, n. 3.)

28 AVRIL 1831. — Ordonnance qui supprime le commissariat de police établi à Clichy. (Bull. O. 69, n. 1733.)

28 AVRIL 1831. — Ordonnance qui crée un nouveau commissariat de police à Paris. (Bull. O. 69, n. 1704.)

28 AVRIL 1831. — Ordonnance qui autorise l'établissement d'usines dans plusieurs départements. (Bull. O. 74, n. 1965.)

28 AVRIL 1831. — Ordonnance qui autorise la délivrance de coupes de bois à plusieurs communes. (Bull. O. 74, n. 1969.)

28 AVRIL 1831. — Ordonnance relative aux droits d'octroi dans les villes de Rouen et de Bray-sur-Seine. (Bull. O. 74, n. 1968.)

29 AVRIL = 19 MAI 1831. — Ordonnance du roi qui reconnaît comme établissement d'utilité publique la société établie à Paris pour l'instruction élémentaire. (IX, Bull. O. LXXIII, n. 1889.)

Louis-Philippe, etc., sur le rapport de notre ministre du commerce et des travaux publics; vu l'ordonnance royale du 29 fév. 1816, relative à l'instruction primaire ; Notre conseil d'Etat entendu, etc.

Art. 1ᵉʳ. La société établie à Paris pour l'instruction élémentaire est reconnue comme établissement d'utilité publique.

2. Pour l'établissement des écoles, le placement des maîtres, la publication des livres destinés à l'éducation populaire, et pour la distribution des récompenses aux maîtres qui se sont le plus distingués, elle sera tenue de se conformer aux lois, ordonnances et règlements relatifs à l'instruction publique.

Elle ne pourra recevoir de legs et donations, acquérir ou aliéner, qu'après en avoir obtenu l'autorisation, conformément à l'art 910 du Code civil et aux autres lois de la matière.

3. Nos ministres du commerce et des travaux publics, et de l'instruction publique et des cultes (comte d'Argout et Montalivet) sont chargés, etc.

29 AVRIL = 19 MAI 1831. — Ordonnance du roi qui autorise les propriétaires de rentes nominatives sur le grand-livre de la dette publique à en réclamer la conversion en rentes au porteur. (IX, Bull. O. LXXIII, n. 1885.)

Louis-Philippe, etc., sur le rapport de notre ministre des finances ; vu les lois des 24 août 1793, 9 vendémiaire, 24 frimaire, 8 nivôse an 6, 12 brumaire an 7, 30 ventôse an 9, 22 floréal an 10, relatives à la liquidation et à la consolidation de la dette publique ; vu les lois des 20 mars 1813, 23 septembre 1814, 21 décembre de la même année, 28 avril, 15 mai 1816, 15 mai 1818 et 17 août 1822, concernant le paiement en rentes des créances de l'arriéré ; vu les lois des 23 décembre 1815, 28 avril 1816, 25 mars 1817 et 15 mai 1818, relatives au paiement en rentes des créances étrangères ; vu les lois des 8 mars et 31 juillet 1821, 1ᵉʳ mai et 17 août 1822, 17 mars 1825, 27 avril et 1ᵉʳ mai 1825, 19 juin 1828, 5 janvier et 25 mars 1831, qui ont ordonné la création de rentes cinq pour cent, quatre et demi pour cent, quatre et trois pour cent, pour suppléer aux insuffisances du budget ; sur l'exposé qui nous a été fait des demandes adressées à plusieurs époques par un grand nombre de rentiers et de capitalistes, pour que la négociation des rentes fût affranchie des formes qu'entraînent les justifications d'individualité et de propriété exigées par le trésor public pour chaque transfert ; considérant que les décisions ministérielles des 14 octobre 1816, 26 mai 1819, 24 mai 1825 et 5 mars 1830, qui ont autorisé l'émission de certificats au porteur de participation à des inscriptions de rentes déposés par diverses maisons de banque, n'ont atteint qu'incomplètement ce but : considérant que l'autorisation donnée de délivrer des rentes au porteur ne change ni la nature ni la quotité de la dette de l'Etat ; qu'elle complète seulement pour les rentiers les facilités qu'ont voulu leur assurer et les lois qui les ont successivement affranchis des formalités propres aux immeubles, et les ordonnances ou décisions ministérielles qui ont autorisé l'émission des promesses au porteur et des certificats de participation.

Art. 1ᵉʳ. Tout propriétaire d'une ou de plusieurs inscriptions de rentes nominatives, cinq, quatre et demi, quatre et trois pour cent sur le grand-livre de la dette publique, est autorisé à en réclamer la conversion en rentes au porteur, à partir du 10 mai 1831.

2. Pour opérer cette conversion, le propriétaire de l'inscription de rente nominative devra la déposer au trésor public (bureau des transferts et mutations), accompagnée d'une déclaration de transfert dans la forme ordinaire, signée de lui et certifiée par un agent de change.

3. Le propriétaire devra indiquer, en faisant le dépôt de son extrait d'inscription nominative, le nombre et la quotité d'inscriptions au porteur qui lui seront nécessaires, en ayant soin cependant de ne pas demander de coupures au-dessous de cinquante francs.

4. En échange du dépôt fait, le directeur de la dette inscrite fera opérer un transfert d'ordre du montant de la rente déposée au crédit d'un compte ouvert sous le titre de *trésor public*, *son compte de rentes au porteur cinq*, *quatre et demi pour cent*, *quatre* ou *trois pour cent*.

Les coupures demandées seront, le surlendemain du dépôt, remises à l'agent de change certificateur, à moins que le propriétaire n'ait exprimé formellement dans sa déclaration signée au bureau des transferts le désir que les valeurs lui soient directement remises ; auquel cas elles seraient conservées à la direction de la dette inscrite, qui ne s'en dessaisirait que sur un bulletin signé de l'agent de change et du propriétaire de la rente.

5. Les extraits d'inscription seront revêtus des signatures du chef du grand-livre et de l'agent comptable des mutations, visés au contrôle et signés par le directeur de la dette inscrite. Ils seront à talons, et les porteurs pourront, quand ils le voudront, les rapprocher de la souche qui restera déposée au trésor.

6. Les arrérages des rentes au porteur seront payables aux mêmes époques et de la même manière que ceux des rentes nominatives de même nature.

7. Les rentes au porteur seront, à la première demande qui en sera faite, converties en rentes nominatives, par le dépôt qui sera opéré au trésor de l'extrait d'inscription dont la reconversion sera réclamée, accompagné d'un bordereau certifié par le déposant, indiquant ses qualités et son domicile, et désignant avec exactitude les nom et prénoms auxquels la rente nouvelle devra être inscrite.

8. Le compte ouvert au trésor public (son compte de rentes au porteur) sera débité du montant de la rente convertie de nouveau.

9. La conversion de rentes nominatives en rentes au porteur ne sera pas admise par le trésor public pour toutes les inscriptions qui représenteront les fonds des cautionnements, des majorats constitués, ceux des établissements publics ou religieux, des caisses de retraite, ceux qui auront été produits par la vente de biens avec charge de remploi, qui proviendront de constitutions dotales, qui appartiendront à des mineurs ou à des propriétaires absents ; enfin pour toutes les rentes frappées d'une cause légale quelconque d'immobilisation momentanée, à l'égard desquelles les règlements en vigueur continueront à être exécutés.

10. Les rentes au porteur pourront être rachetées par la caisse d'amortissement comme les rentes nominatives ; mais, dans ce cas, la conversion en sera immédiatement opérée en rentes non transférables, au nom de la caisse d'amortissement.

11. Notre ministre des finances (baron Louis) est chargé, etc.

29 AVRIL = 17 MAI 1831. — Ordonnance du roi qui confie à des bureaux de bienfaisance le service des secours à domicile dans la ville de Paris. (IX, Bull. O. LXXI, n. 1805.)

Louis-Philippe, etc., sur le rapport de notre ministre du commerce et des travaux publics, etc.

Art. 1⁰ʳ. Le service des secours à domicile, dans chacun des douze arrondissements de la ville de Paris, sera spécialement confié à un bureau de bienfaisance.

2. Les bureaux de bienfaisance seront placés sous la direction du préfet de la Seine et la surveillance du conseil général d'administration des hospices.

3. Chaque bureau sera composé : 1⁰ du maire de l'arrondissement, président né ; 2⁰ des adjoints, membres nés ; 3⁰ de douze administrateurs ; 4⁰ d'un nombre illimité de commissaires de bienfaisance et de dames de charité, qui n'assisteront aux séances qu'avec voix consultative, et lorsqu'ils y seront invités par le bureau ; 5⁰ d'un secrétaire-trésorier.

4. Chacun des administrateurs sera choisi par notre ministre secrétaire du commerce et des travaux publics, et sur l'avis du préfet, parmi quatre candidats, dont deux seront présentés par le conseil général des hospices, et deux par le bureau dont il devra faire partie.

Pour la première formation, le préfet présentera les deux candidats dont la nomination est attribuée aux bureaux de bienfaisance.

5. Les bureaux se renouvelleront par quart chaque année : les trois premières

années, les membres sortants seront désignés par le sort, et ensuite par l'ancienneté.

6. Les commissaires de bienfaisance et les dames de charité seront nommés par les bureaux.

7. Les secrétaires-trésoriers seront salariés et fourniront un cautionnement.

Ils seront nommés par le préfet de la Seine.

8. Une instruction réglementaire, relative à l'organisation des bureaux de bienfaisance, à l'ordre de leur comptabilité, à la fixation des cautionnements des trésoriers, à la classification des indigents, au mode de distribution des secours, et au nombre de médecins, de chirurgiens, de sages-femmes et de sœurs de charité qui devront faire partie du service des secours à domicile dans chaque arrondissement, sera soumise, dans le moindre délai possible, par le préfet, à l'approbation du ministre.

9. Les administrateurs des bureaux de bienfaisance, après deux années d'exercice, seront, de droit, candidats aux places vacantes dans le conseil général d'administration des hospices de Paris, concurremment avec ceux que ce conseil présente, en vertu de l'art. 2 de l'ordonnance du 18 février 1818.

10. Toutes les dispositions contraires à celles de la présente ordonnance, et spécialement celles de l'ordonnance royale du 2 juillet 1816, sont et demeurent rapportées.

11. Notre ministre du commerce et des travaux publics (comte d'Argout) est chargé, etc.

---

29 AVRIL = 11 MAI 1831. — Ordonnance du roi portant nomination du président et des membres du conseil supérieur de commerce, et de deux commissaires près les conseils du commerce, des manufactures et d'agriculture. (IX, Bull. O. LXIX, n. 1692.)

Louis-Philippe, etc., sur le rapport de notre ministre du commerce et des travaux publics; vu notre ordonnance en date de ce jour, etc.

Art. 1er. M. le comte *de Saint-Cricq* est nommé président du conseil supérieur de commerce.

Nous nous réservons de l'appeler à notre conseil, soit pour y prendre part à la discussion des projets de loi et des projets d'ordonnance délibérés par le conseil supérieur de commerce, soit pour y être entendu sur toutes autres questions dans lesquelles les intérêts du commerce et de l'industrie se trouvent engagés.

2. Sont nommés membres dudit conseil, MM. le duc de Broglie, pair de France; le comte Mollien, *idem;* le baron Portal, *idem;* Gauthier, membre de la Chambre des Députés; Duvergier de Hauranne, *idem;* Jacques Lefebvre, *idem;* Odier, *idem;* Cunin-Gridaine, *idem;* le baron de Fréville, conseiller d'Etat; le baron de Séguier, consul général à Londres.

3. M. David, maître des requêtes, est nommé secrétaire général du conseil supérieur de commerce.

4. MM. David, secrétaire général du conseil supérieur, et Vincens, maître des requêtes, sont nommés commissaires près les conseils généraux du commerce et des manufactures et du conseil d'agriculture. Les fonctions à remplir auprès de ces conseils leur seront communes : notre ministre du commerce et des travaux publics en réglera l'ordre et la répartition.

5. Notre ministre du commerce et des travaux publics (comte d'Argout) est chargé, etc.

---

29 AVRIL = 11 MAI 1831. — Ordonnance du roi sur l'établissement, les fonctions et la composition des conseils de commerce, des manufactures et d'agriculture, et du conseil supérieur. (IX, Bull. O. LXIX, n. 1691.)

Louis-Philippe, etc., sur le rapport de notre ministre du commerce et des travaux publics, etc.

TITRE Ier. *Etablissement et fonctions des Conseils.*

§ Ier. Conseils de commerce, des manufactures et d'agriculture.

Art. 1er. Le conseil général du commerce, le conseil général des manufactures, le conseil d'agriculture, seront immédiatement réorganisés.

2. Ces conseils tiendront une session annuelle dont notre ministre du commerce et des travaux publics fixera l'époque et la durée, sans préjudice des convocations extraordinaires que le ministre pourra ordonner.

3. Ils délibéreront et émettront des vœux sur les propositions ou réclamations de leurs membres faites, soit en leur nom, soit au nom des chambres de commerce, chambres consultatives, sociétés d'agriculture, ou autres intéressés qui les en auraient chargés.

Sur chaque proposition, le conseil sera consulté pour décider si elle doit être prise en considération. En cas d'affirmative, la discussion aura lieu et sera consignée au procès-verbal, avec mention des opinions diverses et du vœu émis à la majorité.

Les conseils donneront aussi leur avis sur toutes les questions que le ministre du commerce et des travaux publics jugera à propos de leur envoyer.

4. Des commissions mixtes de membres des trois conseils ou de deux d'entre eux, suivant les matières, pourront être réunies, quand le ministre le croira utile, ou que la demande lui en sera faite.

§ II. *Conseil supérieur du commerce.*

5. Un conseil supérieur du commerce est établi auprès de notre ministre du commerce et des travaux publics.

Il pourra être entendu : sur les projets des lois et ordonnances concernant le tarif des douanes et leur régime, en ce qui intéresse le commerce ; sur les projets des traités de commerce ou de navigation ; sur la législation commerciale des colonies ; sur le système des encouragements pour les grandes pêches maritimes ; sur les vœux des conseils généraux du commerce, des manufactures, et du conseil d'agriculture.

Il donne des avis sur toutes les questions que notre ministre du commerce et des travaux publics juge à propos de lui renvoyer.

S'il y a lieu à procéder à la reconnaissance des faits par voie d'enquête orale, le ministre pourra y autoriser le conseil sur sa demande, et le charger d'office d'y procéder.

TITRE II. *Composition et mode de procéder.*

§ Ier. *Conseil supérieur.*

6. Le conseil supérieur est composé : d'un président nommé par nous ; de onze membres nommés par nous ; d'un douzième membre désigné par notre ministre des finances avec notre autorisation ; des présidents des conseils généraux du commerce, des manufactures et du conseil d'agriculture.

Les fonctions tant du président que des membres du conseil sont gratuites.

7. Au conseil supérieur du commerce sera attaché un secrétaire général nommé par nous.

§ II. *Conseils du commerce, des manufactures et d'agriculture.*

8. Le conseil général du commerce sera composé de membres nommés par les chambres de commerce, pris, soit dans leur sein, soit dans leur circonscription.

La Chambre de Paris nommera huit membres ; celles de Lyon, Marseille, Bordeaux, Nantes, Rouen, le Havre, chacune deux membres ; toutes les autres chambres, chacune un membre.

9. Le conseil général des manufactures sera composé de cinquante membres, savoir : un nommé comme ci-dessus par les vingt chambres consultatives des arts et manufactures désignées dans le tableau ci-annexé, et le surplus choisi par notre ministre du commerce et des travaux publics parmi les manufacturiers aux industries spéciales desquels les nominations faites par les chambres consultatives, n'auraient pu donner des organes.

10. Le conseil d'agriculture est composé de trente propriétaires ou membres des sociétés d'agriculture appelés par le ministre du commerce et des travaux publics.

11. Chacun de ces conseils se nomme un président dans la session annuelle : ces présidents, conformément à l'art. 6, sont membres du conseil supérieur du commerce jusqu'à la session suivante.

12. Les fonctions des membres des trois conseils sont gratuites : elles dureront trois ans. Il sera pourvu à mesure aux vacances qui surviendraient avant la fin de cette période.

13. Des employés du ministère seront délégués pour remplir les fonctions de secrétaires auprès de ces conseils.

14. Des commissaires désignés par nous seront établis auprès des conseils généraux du commerce, des manufactures et du conseil d'agriculture ; ils seront chargés d'y exposer les questions qui y auraient été renvoyées, d'y fournir les explications et communications qui seront nécessaires, et ils feront, quand il y aura lieu, rapport au conseil supérieur des résultats des délibérations qui se seront ensuivies.

A cet effet, ils ont entrée au conseil supérieur.

Disposition générale.

15. Au moyen des dispositions ci-dessus, sont abrogées les ordonnances relatives au conseil supérieur et bureau du commerce et des colonies, et à la commission établie le 27 janvier dernier pour en tenir lieu, aux conseils généraux du commerce, des manufactures, et au conseil d'agriculture. Néanmoins, les anciens membres ci-devant pourvus de brevets de conseillers du roi aux conseils généraux du commerce ou des manufactures pourront conserver leur titre.

16. Notre ministre du commerce et des travaux publics et notre ministre des finances (comte d'Argout et baron Louis) sont chargés, etc.

État des chambres consultatives des arts et manufactures qui fourniront chacune un membre au conseil général des manufactures.

Abbeville, Alençon, Arras, Beauvais,

Castres, Châteauroux, Elbeuf, Laigle, Lisieux, Lodève, Louviers, Morlaix, Nevers, Quintin, Romorantin, Saint-Etienne, Sedan, Saint-Quentin, Tarare, Valenciennes.

29 AVRIL = 9 MAI 1831. — Ordonnances du roi sur l'extension du transit, et sur l'admission en entrepôt spécial des marchandises prohibées de toute espèce. (IX, Bull. O. LXVIII, n. 1689.)

Voy. ci-après l'ordonnance du 2 juin 1831.

Louis-Philippe, etc., vu l'art. 18 de la loi du 18 avril de la présente année, portant : « Des ordonnances du roi pourront, « d'ici à la prochaine session des Chambres, « accorder l'extension du transit des mar- « chandises de toute espèce et dans toutes « les directions, sans distinction de celles « qui sont prohibées à l'importation, ainsi « qu'une extension de facultés à certains « entrepôts maritimes ; désigner les lieux, « ports ou bureaux où les nouvelles facultés « pourront s'exercer ; déterminer les forma- « lités et obligations à accomplir par ceux « qui voudront en profiter ; et, quant aux « marchandises prohibées, fixer, dans les « limites de l'art. 15 de la loi du 10 bru- « maire an 5, les amendes et confiscations « applicables aux fausses déclarations, « soit à l'entrée, soit à la sortie, ou au non « rapport, dans les délais voulus, des ac- « quits-à-caution dûment déchargés ; » sur le rapport de nos ministres du commerce et des finances ; le conseil supérieur du commerce entendu, etc.

TITRE Ier. — *Transit des marchandises non prohibées.*

Art. 1er. Toutes les marchandises, matières ou fabrications passibles de droits à l'entrée du royaume, à l'exception de celles qui sont désignées par le tableau n. 1, joint à la présente ordonnance, pourront, aux conditions prescrites par les lois des 17 décembre 1814, 7 décembre 1815, 27 mars 1817, 21 avril 1818 et 27 juillet 1822, être expédiées en transit de tous les ports d'entrepôt réel, pour ressortir par les bureaux de la frontière indiqués au tableau n. 2.

2. Toutes les marchandises que n'exclut ni le tableau n. 1, ni l'art. 22 de la loi du 28 avril 1816, pourront également, et sous les mêmes conditions, pourront, aux être expédiées en transit des bureaux de la frontière indiqués par le tableau n. 2, pour ressortir par les seuls ports d'entrepôt réel, ou expédiées de l'un sur l'autre desdits bureaux.

TITRE II. — *Transit des objets prohibés.*

3. Les marchandises prohibées à l'entrée, sauf celles que comprend le tableau n 1,

pourront transiter en entrant par l'un des bureaux marqués d'un astérisque au tableau n. 2, ou par l'un des ports désignés par l'art. 20 de la présente ordonnance, pour ressortir par l'un desdits bureaux seulement si elles arrivent par mer, ou par lesdits ports ou bureaux si elles arrivent par terre.

4. Ce transit sera soumis aux conditions générales établies par la loi du 17 décembre 1814, et, de plus, aux conditions suivantes : les marchandises prohibées arrivant par mer pour être admises au transit devront être portées au manifeste, ainsi qu'il est voulu par l'art. 15 de la loi du 17 mai 1826, et, de plus, déclarées en détail et à la fois par espèce, qualité, nombre, mesure, poids brut et net, et valeur, aux termes de la loi du 5 germinal an 11 (art. 4 du tit. 2). Tous les colis portés au manifeste et en la déclaration en détail devront être présentés à la visite. En cas de déficit de colis, le capitaine ou le déclarant, selon que le déficit aura été reconnu avant ou après la remise de la déclaration en détail, sera condamné par voie correctionnelle au paiement de l'amende de trois cents francs pour chaque colis manquant, ainsi qu'il est fixé par l'art. 22 (tit. 2) de la loi du 22 août 1791. Les marchandises prohibées arrivant par terre devront également être portées en la déclaration sommaire voulue par l'art. 9 (tit. 2) de la loi du 4 germinal an 11, pour tenir lieu du manifeste, lorsque la déclaration en détail n'est pas remise immédiatement. En cas de déficit de colis, le conducteur sera condamné par voie correctionnelle, suivant le précédent paragraphe, au paiement de la somme de trois cents francs par colis manquant, et, de plus, en une amende égale à la valeur des moyens de transport, chevaux et voitures, lesquels seront retenus pour sûreté de ladite amende, si elle n'est immédiatement consignée, ou s'il n'est fourni bonne et suffisante caution. Si la vérification fait découvrir un ou plusieurs colis en excédant du nombre déclaré, ou si les marchandises ont été faussement déclarées, quant à l'espèce ou à la qualité, elles seront confisquées par voie correctionnelle, avec amende du triple de la valeur. Si la différence porte sur l'une des autres indications prescrites, le signataire de la déclaration sera condamné, par la même voie, à une amende du triple de la valeur réelle des quantités qui formeront excédant, ou de la valeur des quantités manquantes, établie sur celle des marchandises reconnues à la vérification. Toutefois, l'amende sera réduite à la simple valeur, si l'excédant ou le déficit n'excède pas le vingtième du nombre de la mesure ou du poids déclarés.

5. Si l'acquit-à-caution n'est pas dûment

déchargé en temps utile par le bureau désigné, le soumissionnaire sera contraint au paiement : 1o de la valeur des marchandises, laquelle sera indiquée dans l'acquit-à-caution ; 2o et, en outre, d'une amende égale au triple de la valeur.

6. Si le bureau de sortie reconnaît qu'il y a eu soustraction d'une partie des marchandises décrites en l'acquit-à-caution, il ne donnera décharge que pour ce qui aura été réellement réexporté, et le conducteur sera personnellement condamné par voie correctionnelle à une amende égale à la valeur des moyens de transport, chevaux et voitures, lesquels seront retenus pour sûreté de ladite amende, si elle n'est immédiatement consignée, ou s'il n'est fourni bonne et suffisante caution.

Si aux marchandises décrites il en a été substitué d'autres, celles-ci seront confisquées, et le conducteur sera également passible de l'amende déterminée par le présent article.

L'amende à prononcer dans les deux cas ci-dessus sera indépendante des poursuites à exercer contre le soumissionnaire de de l'acquit-à-caution, en vertu de l'article précédent, pour ce qui n'aura pas été réellement réexporté.

7. Les expéditions de marchandises prohibées ne pourront avoir lieu des frontières sur les ports désignés, qu'après que le commerce aura satisfait aux conditions imposées par l'article 16 de la présente ordonnance, sans que provisoirement l'entrepôt spécial puisse être remplacé, soit par l'entrepôt ordinaire, soit par des magasins particuliers sous la clef des douanes.

8. Lorsqu'elles seront déclarées pour le transit, les marchandises prohibées arrivant par mer ne pourront séjourner plus de quinze jours dans les entrepôts.

Les colis n'en pourront d'ailleurs être subdivisés, ni les emballages changés, sans le consentement de la douane.

TITRE III. *Dispositions communes aux marchandises prohibées et autres.*

9. Le ministre des finances arrêtera et pourra modifier successivement la liste des marchandises fabriquées qui ne devront être admises au transit que lorsqu'elles seront présentées dans des colis en bon état, dont il pourra désigner l'espèce et la dimension selon la nature des objets et les habitudes du commerce de bonne foi.

Ces colis seront vérifiés et plombés ainsi qu'il est voulu par l'art. 31 de la loi du 21 avril 1818.

10. Les plus courts délais possibles se-

ront déterminés par la douane d'entrée, eu égard aux saisons, aux distances, à la nature des objets, et au mode de transport employé qui sera déclaré.

11. Les acquits-à-caution de transit désigneront un point intermédiaire entre le bureau d'entrée et le bureau de sortie, où ils devront être visés par les employés de l'octroi ou des contributions indirectes.

12. Les marchandises destinées au transit ne pourront être présentées en douane que séparément par espèce et qualité, suivant les distinctions du tarif, de manière qu'une espèce forme seule le contenu d'un colis.

13. Le ministre des finances désignera les marchandises de transit dont l'identité devra être plus spécialement garantie par le prélèvement d'échantillons, qui seront mis en des boîtes séparées que l'on scellera des plombs de la douane, et que le conducteur de la marchandise sera tenu de produire au bureau de sortie.

14. Le droit de transit sera uniformément de cinquante centimes par cent kilogrammes brut, mais sans addition du second emballage, ou de vingt-cinq centimes par cent francs de valeur, au choix du déclarant.

15. Au moyen des dispositions ci-dessus, l'application des art. 52 et 53 de la loi du 21 avril 1818 n'aura plus lieu.

TITRE IV. *Entrepôts.*

16. L'entrepôt des marchandises prohibées de toute espèce sera autorisé dans les ports de Marseille, Bayonne, Bordeaux, Nantes, le Havre, Dunkerque, après que le commerce aura fait disposer, à la satisfaction du service des douanes, dans le bâtiment de l'entrepôt réel qui se trouve sous la garde permanente des préposés, et non ailleurs, des magasins spéciaux absolument isolés de ceux où se trouvent les marchandises passibles de droits, et qui seront, comme l'entrée principale de l'entrepôt, fermés à deux clefs, dont l'une restera entre les mains du délégué du commerce, et l'autre entre les mains du receveur des douanes.

17. Les marchandises prohibées ne pourront arriver dans lesdits ports, soit pour être mises en entrepôt, soit pour être expédiées en transit, que par navires de cent tonneaux ou plus. A Bayonne seulement, les navires de quarante tonneaux seront admis.

18. Le manifeste et la déclaration en détail des marchandises prohibées destinées pour l'entrepôt seront faits comme il est déterminé par l'art. 4 de la présente ordonnance, aux mêmes conditions et sous les mêmes peines.

19. Les marchandises prohibées, admissibles au transit, qui auront séjourné plus de quinze jours en entrepôt, ne pourront être réexportées que par mer, si ce n'est de Dunkerque par le canal de Furnes et de Bayonne par Béhobie.

La durée et l'apurement définitif de l'entrepôt du prohibé se régleront d'après l'art. 14 de la loi du 17 mai 1826.

20. Les marchandises de toute espèce, admissibles au transit, pourront être expédiées d'un entrepôt sur l'autre par la voie de terre, sous les conditions et garanties du transit, mais en franchise de tous droits; les marchandises prohibées ne pourront être ainsi expédiées que d'un entrepôt spécial sur l'autre.

21. Nos ministre des finances et du commerce (baron Louis et comte d'Argout) sont chargés, etc.

Tableau n. 1. Désignation des marchandises exclues du transit en tout sens.

Animaux vivants. Viandes. Poissons. Tabac (en feuilles sauf l'application de l'ordonnance du 17 juillet 1816; fabriqué ou autrement préparé). Drilles. Matériaux non emballés, notamment (engrais, marne et charrée; plâtre, ardoises, briques, tuiles; minerais de toute sorte; limaille). Fluides et liquides de toute sorte, notamment (graisses; les huiles (sauf l'exception faite par la loi du 17 mai 1826); boissons; mélasses, sirops, sorbets et confitures; miel; beurres; médicaments; produits chimiques; couleurs, teintures et vernis; bitumes). Fonte, et fer simplement forgé en massiaux. Fer étiré (sauf celui qui sera soumis à un estampillage et aux précautions que l'administration pourra déterminer). Tresses et chapeaux de paille et d'autres végétaux. Sucre raffiné et confiseries. Voitures. Armes de guerre, balles de calibre et poudre à tirer (sauf les autorisations spéciales que le gouvernement pourra accorder). Sel marin, de saline ou sel gemme. Chicorée moulue.

Tableau n. 2. Bureaux des frontières de terre par lesquels peut s'effectuer le transit, tant à l'entrée qu'à la sortie, sauf celui des marchandises prohibées, qui est réservé aux seuls bureaux marqués d'un astérisque.

* Dunkerque, par *Zuidcoote*. Lille, par *Halluin et Baisieux*. Valenciennes ou Blancmisseron. Blancmisseron. Givet. Sedan, par *Saint-Menges et La Chapelle*. Thionville, par *Roussy et Sierck*. * Sierck. * Forbach. Sarreguemines. Lauterbourg. Wissembourg (à charge, par le commerce, de fournir les magasins et hangars nécessaires aux opérations du transit, et

qui devront être agréés par l'administration des douanes). * Strasbourg. Huningue (lorsque le canal sera livré à la navigation). * Saint-Louis. Delle. * Verrières-de-Joux. Jougne. Les Rousses. Bellegarde. * Pont-de-Beauvoisin. Chapareillan. Saint-Laurent-du-Var. Bedous, par *Urdos*. * Béhobie. Ainhoa. Saint-Jean-Pied-de-Port, par *Arneguy*. * Perpignan, par *Perthus* seulement, pour l'entrée; par *Perthus*, *Bourg-Madame* et *Port-Vendre*, pour la sortie.

---

29 AVRIL 1831. — Ordonnance sur l'abatage des bestiaux et l'exercice des professions de boucher et charcutier à Avignon. (Bull. O. 75, n. 2010.)

29 AVRIL 1831. — Ordonnances qui autorisent l'acceptation de donations faites à deux communes. (Bull. O. 73, n. 1934 et 1935.)

29 AVRIL 1831. — Ordonnance qui autorise l'établissement d'une fabrique de colle-forte à Fives (Nord). (Bull. O. 75, n. 2044.)

---

30 AVRIL = 11 MAI 1831. — Ordonnance du roi qui dispose que la décoration instituée par la loi sur les récompenses nationales portera le nom de *Croix de Juillet*, et détermine la forme et le ruban de cette décoration. (IX, Bull. O. LXIX, n. 1690.)

Louis-Philippe, etc., vu la loi du 13 décembre 1830; vu l'ordonnance du 28 février 1831; sur le rapport de notre ministre de l'intérieur, etc.

Art. 1ᵉʳ. La décoration spéciale instituée par la loi du 13 décembre dernier pour perpétuer le souvenir des glorieuses journées de la révolution de 1830, portera le nom de *Croix de Juillet*.

2. La croix de Juillet consistera en une étoile à trois branches en émail blanc, montée sur argent, et surmontée d'une couronne murale en argent. Le centre de l'étoile, divisé en trois auréoles émaillées aux couleurs nationales, entourées d'une couronne de chêne, portera à la face, 27, 28, 29 *Juillet* 1830; et pour légende: *Donné par le Roi des Français*. Le revers; divisé comme le centre de la face, portera *le coq gaulois en or*, avec cette légende: *Patrie et Liberté*.

3. La croix de Juillet sera suspendue à un ruban moiré de couleur bleu d'azur de trente-sept millimètres de largeur, portant un liséré rouge de deux millimètres, placé de chaque côté du ruban à deux millimètres de son bord, conformément au modèle annexé à la présente ordonnance.

4. Les citoyens décorés de la croix de Juillet prêteront serment de fidélité au roi des Français, et d'obéissance à la Charte constitutionnelle et aux lois du royaume.

5. Conformément à l'art. 10 de la loi du 13 décembre 1830, les honneurs militaires seront rendus à la croix de Juillet comme à celle de la Légion-d'Honneur.

6. Notre président du conseil, ministre de l'intérieur, et notre ministre de la guerre (MM. Casimir Périer et duc de Dalmatie) sont chargés, etc.

30 AVRIL = 20 SEPTEMBRE 1831. — Ordonnance du roi contenant publication des noms des citoyens qui ont obtenu la croix de Juillet. (IX, Bull. O. CIV bis, n. 1.)

Voy. loi du 30 août 1830.

Louis-Philippe, etc., vu la loi du 13 décembre 1830; vu les listes de désignation dressées par la commission des récompenses nationales, des citoyens de Paris et de la banlieue qu'elle a jugés dignes de recevoir la croix de Juillet.

Art. 1er. La croix de Juillet sera décernée aux citoyens compris dans l'état nominatif arrêté par notre ministre secrétaire d'Etat au département de l'intérieur, et annexé à la présente ordonnance.

2. Notre président du conseil, ministre de l'intérieur (M. Casimir Périer) est chargé, etc.

(Suivent les noms.)

30 AVRIL 1831. — Ordonnances qui accordent des lettres de naturalité aux sieurs Castelli, Heidsieck, Semiglia, Bindschadler, Leonardy, Magnin et Samosco. (Bull. O. 88, 91, 131, n. 2540 et suiv., 2666 à 2668 et 3694.)

30 AVRIL 1831. — Ordonnance qui admet les sieurs Carbonnell, Dardel, Morello, Raufer, Stevenson et Siodolkowitz à établir leur domicile en France. (Bull. O. 74, n. 1969.)

30 AVRIL 1831. — Ordonnance qui autorise l'acceptation d'un legs fait à l'instituteur primaire de Castillon (Calvados). (Bull. O. 79, n. 2105.)

30 AVRIL 1831. — Ordonnances qui autorisent l'acceptation de legs faits aux communautés et fabriques de diverses communes. (Bull. O. 81, n. 2225.)

30 AVRIL 1831. — Tableau du prix des grains pour servir de régulateur aux droits d'importation et d'exportation. (Bull. O. 65, n. 1648.)

3 = 16 MAI 1831. — Ordonnance du roi qui ouvre au ministre de l'intérieur un crédit extraordinaire de trois millions trois cents trente mille francs. (IX, Bull. O. LXX, n. 1742.)

Louis-Philippe, etc., vu la loi du 25 mars dernier, relative aux ressources spéciales à réaliser pour subvenir aux dépenses extraordinaires de l'exercice 1831; vu le projet de budget présenté aux Chambres, ainsi que notre ordonnance du 25 avril dernier, en ce qui concerne les services extraordinaires du ministre de l'intérieur; sur le rapport du ministre de ce département, président de notre conseil des ministres, etc.

Art. 1er. Il est ouvert au ministre secrétaire d'Etat de l'intérieur, avec imputation sur les ressources spéciales créées par la loi du 25 mars 1831, un crédit extraordinaire de trois millions trois cent trente mille francs, destiné à pourvoir aux services extraordinaires de l'exercice 1831 jusqu'au 1er septembre, et conformément à la répartition ci-après :

CHAPITRES spéciaux, selon le projet de budget.	SERVICES.	CRÉDITS répartis et retirés des 300,000,000.	Nouveaux CRÉDITS accordés.	MONTANT des crédits mis à la disposition du ministre.
39	Récompenses ou secours accordés en vertu de l'art. 1er de la loi du 30 août 1830.	1,200,000	300,000	1,500,000
40	Indemnités pour dommages (art. 2, même loi).	1,000,000	230,000	1,230,000
43	Secours aux réfugiés espagnols, portugais ou autres	300,000	300,000	600,000
	TOTAUX.	2,500,000	830,000	3,330,000

2. Nos ministres des finances et de l'intérieur (MM. Louis et Casimir Périer) sont chargés, etc.

3 MAI = 18 JUIN 1831. — Ordonnance du roi sur les élèves boursiers de la marine. (IX, Bull. O. LXXX, n. 2169.)

Louis-Philippe, etc., sur le rapport de notre ministre de la marine et des colonies, etc.

Art. 1er. Une somme de trente-six mille francs sera affectée, sur les fonds du département de la marine, à l'entretien d'un certain nombre d'élèves appartenant à des familles au service de la marine, que nous aurons jugés susceptibles d'être admis dans les colléges royaux ou communaux, conformément à notre ordonnance du 7 décembre dernier.

Il ne pourra être fait de nouvelles nominations d'élèves boursiers, aux frais de la marine, qu'au fur et mesure des vacances qui surviendront dans le nombre de bourses actuellement concédées pour la durée de cinq ans et jusqu'à concurrence de la susdite somme de trente-six mille francs.

2. Les bourses et portions de bourses seront accordées dans l'ordre suivant : 1° aux orphelins dont les pères auraient été tués au service de la marine, ou seraient morts des suites de leurs blessures ; 2° aux orphelins dont les pères seraient morts en activité ou en retraite ; 3° aux fils et neveux des officiers des différents corps de la marine, en activité ou en retraite, qui n'auraient pas une fortune suffisante et qui réuniraient par leurs services des titres à notre bienveillance ; 4° aux descendants des familles de marins dont la carrière aurait été marquée par des services honorables.

3. La somme allouée par la présente ordonnance sera répartie en bourses entières, trois quarts de bourse et demi-bourses ; mais, à moins de circonstances particulières, un élève ne pourra d'abord obtenir que la moitié ou tout au plus les trois quarts de la pension aux frais de la marine, et une nouvelle concession ne sera accordée qu'à ceux qui se rendront dignes de cette récompense par leur conduite et leurs progrès.

4. Les élèves boursiers entretenus aux frais de la marine recevront, outre l'éducation classique, une instruction appropriée aux services publics ; mais il est bien entendu toutefois que ceux qui se destineront à la marine devront remplir, au moment où ils se présenteront à l'examen, toutes les conditions d'admission à l'école navale déterminées par l'ordonnance du 1er novembre 1830.

5. Les nominations seront faites par nous une fois par an, sur la proposition de notre ministre secrétaire d'Etat de la marine, qui déterminera l'âge que devront avoir les candidats, et les pièces à produire par les familles.

6. Notre ministre de la marine et des colonies (M. de Rigny) est chargé, etc.

4 = 11 mai 1831. — Ordonnance du roi qui crée un nouveau régiment d'infanterie de ligne. (IX, Bull. O. LXIX, n. 1693.)

Louis-Philippe, etc., vu l'ordonnance du 27 février 1825, relative à l'organisation des régiments d'infanterie ; vu notre ordonnance du 17 janvier 1831, qui détermine la force des régiments d'infanterie de ligne à quatre bataillons en sous-officiers et soldats ; sur le rapport de notre ministre de la guerre, etc.

Art. 1er. Il sera créé un régiment d'infanterie de ligne à quatre bataillons, qui prendra le n. 67 de l'arme.

2. Sa force et sa composition seront celles des régiments d'infanterie de ligne actuellement existants.

3. Ce nouveau régiment recevra la solde et les autres prestations attribuées aux régiments d'infanterie de l'armée.

4. Notre ministre de la guerre (duc de Dalmatie) est chargé, etc.

————

4 mai 1831. — Ordonnance qui détermine la direction de la route départementale n. 3 de la Dordogne, de Riberac à Chalus. (Bull. O. 74, n. 2633.)

4 mai 1831. — Ordonnances qui autorisent la conservation de diverses usines et d'un moulin dans plusieurs communes. (Bull. O. 75 et 76, n. 2046 et 2059.)

4 mai 1831. — Ordonnance portant concession d'une mine située dans les communes de Saint-Paul et Valmalle. (Bull. O. 75, n. 2045.)

4 mai 1831. — Ordonnance qui autorise l'acquisition de 600 fr. de rente sur le profit du collége royal d'Avignon. (Bull. O. 79, n. 2136.)

4 mai 1831. — Ordonnance qui autorise l'emploi d'une somme de 20,000 fr. en achat de rentes sur l'Etat au profit du collége royal de Moulins. (Bull. O. 79, n. 2137.)

4 mai 1831. — Ordonnances qui autorisent l'acceptation de dons et legs faits aux fabriques des églises de plusieurs communes. (Bull. O. 81, n. 2228 et suiv.)

————

5 = 16 mai 1831. — Ordonnance du roi portant allocation d'un crédit extraordinaire sur les fonds de l'exercice 1831, pour l'acquittement des frais de l'aliénation de foréts de l'Etat. (IX, Bull. O. LXX, n. 1745.)

Louis-Philippe, etc., vu l'art. 3 de la loi du 25 mars 1831, qui autorise notre ministre des finances à aliéner successivement, à partir de 1831, des bois de l'Etat jusqu'à concurrence de quatre millions de revenu net ; vu l'art. 3 de l'ordonnance du 1er septembre 1827 ; voulant pourvoir aux frais d'aliénation de ces bois pendant l'année 1831, etc.

Art. 1er. Il est ouvert à notre ministre des finances, sur les fonds de l'exercice

1831, un crédit extraordinaire de la somme de six cent soixante-six mille francs, destiné spécialement et exclusivement à l'acquittement de tous les frais relatifs à l'aliénation des forêts de l'Etat. Ce crédit formera l'objet d'un chapitre distinct au budget du ministère des finances, et sera provisoirement réparti ainsi qu'il suit :

Art. 1ᵉʳ. Arpentage, plans et vérifications.	100,000 f.
2. Estimation.	120,000
3. Impressions.	25,000
4. Bougies et criées, expéditions d'actes de vente.	21,000
5. Remises à divers.	300,000
6. Escomptes pour anticipations de paiement.	100,000
Total égal.	666,000 f.

2. La présente ordonnance sera soumise à la sanction législative lors de la prochaine réunion des Chambres.

3. Notre ministre des finances (baron Louis) est chargé, etc.

————

5 MAI 1831. — Ordonnance qui admet les sieurs Gottshalk, Lumpert, Renard, Rey, Serda, Weber, et les sieurs et la demoiselle Moser à établir leur domicile en France. (Bull. O. 74, n. 1970.)

5 MAI 1831. — Ordonnances qui accordent des lettres de naturalité aux sieurs Peyrot et Roland. (Bull. O. 88 et 131, n. 2543 et 3695.)

5 MAI 1831. — Ordonnances qui accordent des pensions à des veuves et à des orphelins de militaires. (Bull. O. 77 bis, n. 1 à 5.)

5 MAI 1831. — Ordonnance qui accorde des lettres de naturalité au sieur Schlegel. (Bull. O., 2ᵉ sect., n. 5417.)

————

7 MAI = 25 AOUT 1831. — Ordonnance du roi relative à la formation de compagnies hors rang dans les régiments d'infanterie. (IX, Bull. O. XCVI, n. 2741.)

Louis-Philippe, etc., voulant apporter dans l'organisation des régiments d'infanterie quelques améliorations réclamées depuis longtemps, et pourvoir, en cas de guerre, à la formation des dépôts de ces régiments : sur le rapport, etc.

Art. 1ᵉʳ. Les sous-officiers, caporaux et soldats employés près des officiers chargés des détails de l'administration dans les ateliers des corps, ou à des fonctions qui les détournent habituellement du service, ne seront plus compris dans l'effectif des compagnies. Ils feront partie du petit état-major de chaque régiment, sous la dénomination de compagnie hors rang.

2. La compagnie hors rang sera composée conformément au tableau annexé à la présente ordonnance. Le nombre des soldats ouvriers ne sera point invariable ; il pourra, suivant les besoins du service, être augmenté ou diminué par des mutations entre cette compagnie et les autres compagnies. Ces mutations seront autorisées par le colonel, sur la proposition du major. La compagnie hors rang sera commandée par l'officier d'habillement, le lieutenant chargé de l'armement et le lieutenant ou sous-lieutenant adjoint à l'officier d'habillement, y rempliront les fonctions d'officiers de section. Le moniteur général de l'école régimentaire sera le sergent-major de la compagnie ; le sous-officier chargé du magasin, le premier secrétaire du trésorier ; le vaguemestre et le maître d'escrime en seront les sergents. Chaque maître ouvrier, pour son atelier, exercera les fonctions de sergent : ses premiers ouvriers rempliront celles de caporal, et auront ce grade dès qu'ils auront accompli le temps de service exigé par l'ordonnance sur l'avancement. Il sera nommé un fourrier pour cette compagnie.

3. Lorsqu'un régiment désigné pour entrer en campagne aura reçu l'ordre de former son dépôt, la compagnie hors rang recevra la composition déterminée pour le pied de guerre, et sera divisée, conformément au tableau annexé à la présente ordonnance, en deux sections, dont l'une suivra les bataillons de guerre, et l'autre restera au dépôt. Le lieutenant d'armement réunira alors à ses fonctions celles d'officier d'habillement près des bataillons de guerre, et, secondé par le porte-drapeau, il administrera la section de la compagnie hors rang, qui marchera avec ces bataillons. Il comptera dans les bataillons de guerre. L'officier adjoint à l'habillement remplira au dépôt les fonctions de lieutenant d'armement, et comptera dans une des compagnies des fusiliers qui en feront partie.

4. Le dépôt sera composé de la section de la compagnie hors rang qui doit y rester, et du cadre complet d'une compagnie de fusiliers de chacun des bataillons du régiment. Il sera attaché au dépôt un adjudant-major, un chirurgien aide-major, un adjudant sous-officier et un caporal-tambour qui seront nommés à cet effet. Le dépôt de chaque régiment sera toujours commandé par le major. L'instruction sera dirigée par un capitaine de compagnie, sous la surveillance du major. Dans les cas toutefois où un chef de bataillon se trouverait momentanément au dépôt, il dirigerait l'instruction.

5. Le conseil d'administration du dépôt sera composé du major, président ; du trésorier, de l'officier d'habillement, du plus ancien capitaine des compagnies, et de l'adjudant-major, tous responsables.

6. Lorsqu'un corps passera du pied de guerre au pied de paix, les officiers et sous-officiers qui se trouveront en excédant du pied de paix, resteront à la suite du régiment, et auront droit aux premières vacances de leur grade, sans exception.

7. Dans le cas, prévu par l'article précédent, les officiers qui doivent être montés en campagne, recevront encore pendant un mois, à dater de leur arrivée à destination, les rations de fourrages pour les chevaux qu'ils posséderont réellement, jusqu'à concurrence du nombre qui leur est alloué sur le pied de guerre.

8. Le lieutenant ou sous-lieutenant adjoint au trésorier fera partie de l'état-major du régiment, et sera remplacé à la compagnie où il compte. En cas de séparation du corps, il remplira aux bataillons de guerre les fonctions attribuées au trésorier. Il aura près de lui deux secrétaires, dont l'un du grade de sergent, qui compteront dans la compagnie hors rang. Dans un bataillon détaché s'administrant lui-même, un lieutenant ou sous-lieutenant de compagnie, désigné d'avance, remplira les fonctions d'adjoint au trésorier. Il aura près de lui un secrétaire, caporal ou soldat.

9. Le vaguemestre de chaque régiment d'infanterie sera sergent-major, et recevra, indépendamment de la solde de ce grade, et en raison de la responsabilité qui lui est imposée comme facteur, une indemnité de vingt-cinq centimes par jour, pour chaque bataillon dont il fera le service de facteur. Il ne pourra toutefois lui être alloué moins de cinquante centimes, lorsqu'il sera avec l'état-major du régiment. Un sous-officier de compagnie remplira les fonctions de vaguemestre dans un bataillon détaché, et recevra à cet effet une indemnité de vingt-cinq centimes par jour. La même indemnité sera accordée au fourrier chargé des fonctions de vaguemestre au dépôt. Moyennant cette allocation, le vaguemestre, ou celui qui en remplira les fonctions, ne pourra réclamer aucune rétribution en sus de la taxe pour les lettres qu'il recevra; ni pour les fonds qu'il percevra ou qu'il enverra par la poste.

10. Notre ministre de la guerre (duc de Dalmatie) est chargé, etc.

(*Suit le tableau.*)

= 19 MAI 1831. — Ordonnance du roi qui transporte dans la comptabilité du ministère du commerce et des travaux publics les crédits et les dépenses propres au bureau de commerce et des colonies. (IX, Bull. O. LXXII, n. 1842.)

Louis-Philippe, etc., vu : 1° l'ordonnance du 27 décembre 1829, qui, sur le crédit de trois millions deux cent soixante et dix-neuf mille huit cents francs affecté par la loi du 2 août 1829 à l'ancien ministère du commerce et des manufactures pour l'exercice 1830, a distrait un fonds de trois cent un mille huit cents francs pour le service du bureau du commerce et des colonies, et a mis ce fonds à la disposition du ministre président du conseil ; 2° notre ordonnance du 2 décembre dernier qui a transporté ce fonds dans la comptabilité du ministère des finances ; 3° la situation de cette partie du budget à l'époque du 1er avril dernier ; 4° notre ordonnance du 13 mars dernier, portant création du ministère du commerce et des travaux publics ; sur le rapport de notre ministre de ce département, tendant à ce que les crédits et les dépenses propres au bureau de commerce et des colonies soient transportés dans la comptabilité de son ministère, etc.

Art. 1er. Le crédit de trois cent un mille huit cents francs mis, pour 1830, à la disposition du ministre des finances pour les dépenses du bureau de commerce et des colonies, et la dépense de deux cent cinquante-six mille deux cent cinquante-deux francs quatre-vingt-douze centimes déjà imputée sur ce fonds, cesseront d'être compris dans le budget et dans la comptabilité du département des finances : le montant de ces crédit et dépense sera transporté dans la comptabilité du département du commerce et des travaux publics.

2. Notre ministre secrétaire d'État du commerce et des travaux publics pourra disposer, par ses ordonnances, pour le service du bureau de commerce et des colonies, de la somme de quarante-cinq mille cent quarante-sept francs huit centimes, non consommée sur le crédit, et le compte de l'emploi du crédit de trois cent un mille huit cents francs énoncé dans la présente ordonnance fera partie des comptes à rendre, pour l'exercice 1830, par le ministre secrétaire d'État du commerce et des travaux publics.

3. Le crédit provisoire de soixante et dix mille francs, compris dans l'ordonnance de répartition du 21 décembre 1850, pour les dépenses du bureau de commerce et des colonies pendant l'exercice 1831, sera transporté, ainsi que les dépenses déjà imputées sur ce crédit en vertu d'ordonnances du ministre des finances, dans la comptabilité du ministère du commerce et des travaux publics.

4. Nos ministres du commerce et des travaux publics et des finances (comte d'Argout et baron Louis) sont chargés, etc.

7 = 19 MAI 1831. — Ordonnance du roi qui met à la disposition du ministre du commerce et des travaux publics un crédit complémentaire ou d'ordre. (Bull. O. LXXII, n. 1843.)

Louis-Philippe, etc., vu la loi du 24 mars 1825, sur la perception, au profit de travaux extraordinaires, des droits de péage à établir temporairement, en remplacement du droit de navigation et du demi-droit de tonnage; vu les lois et ordonnances royales des 18 février, 28 juin, 9 septembre, 4 novembre 1829, et 10 janvier 1830, qui font l'application de la loi précitée du 24 mars aux travaux de Boulogne-sur-Mer, du Havre, de la Garonne, de Fécamp, de Marans et de la Sèvre niortaise; vu l'art. 152 de la loi du 25 mars 1817; vu enfin l'ordonnance royale du 1er septembre 1827; considérant que l'affectation spéciale des droits sus-énoncés est autorisée par une loi, et qu'il ne s'agit dans cette circonstance que d'une régularisation d'ordre; sur le rapport de notre ministre du commerce et des travaux publics, etc.

Art. 1er. Un crédit complémentaire ou d'ordre de la somme de huit cent vingt-cinq mille trois cent trente-deux francs, perçue par le trésor public, jusques et compris le 31 décembre 1830, sur les rivières ou dans les ports maritimes ci-dessus désignés, est mis à la disposition de notre ministre secrétaire d'Etat au département du commerce et des travaux publics.

2. Ce crédit sera ajouté pour ordre au budget de l'exercice 1830 du service des ponts et chaussées et des mines, formant la troisième section de l'ancien budget général du ministre de l'intérieur, voté par la loi du 2 août 1829.

3. Nos ministres du commerce et des travaux publics et des finances (comte d'Argout et baron Louis) sont chargés, etc.

___

7 MAI 1831 = 21 DÉCEMBRE 1833. — Ordonnance du roi portant réduction provisoire du nombre des inspecteurs généraux des haras. (IX, Bull. O. CCLXXV, 1re sect., n. 5102.)

Louis-Philippe, etc., sur le rapport de notre ministre secrétaire d'Etat au département du commerce et des travaux publics; vu l'ordonnance du 13 mai 1829, etc.

Art. 1er. La place d'inspecteur général des haras, occupée aujourd'hui par M. de Lespinats, est supprimée. Cet officier est admis à faire valoir ses droits à la retraite.

2. Le nombre des inspecteurs généraux des haras est provisoirement réduit à six. Notre ministre du commerce et des travaux publics assignera à chacun d'eux l'arrondissement auquel il devra être attaché. La circonscription de ces arrondissements sera déterminée conformément au tableau annexé à l'ordonnance du 13 mai 1829 précitée.

3. Notre ministre du commerce et des travaux publics (M. d'Argout) est chargé, etc.

___

7 MAI 1831. — Ordonnance qui autorise la construction d'un pont sur le Drot à Duras. (Bull. O. 75, n. 2011.)

7 MAI 1831. — Ordonnance qui nomme M. Bouvier-Dumolard préfet du Rhône. (Bull. O. 73, n. 1890.)

7 MAI 1831. — Ordonnances qui autorisent l'acceptation de dons et legs faits à une commune et aux pauvres et hospices de plusieurs autres. (Bull. O. 79 et 83, n. 3138 et suiv., et 3301.)

8 MAI 1831. — Ordonnance sur l'adjudication publique d'un pont près de Périgueux. (Bull. O. 76, n. 2058.)

8 MAI 1831. — Ordonnances qui autorisent l'établissement d'usines dans plusieurs départements. (Bull. O. 75, n. 2012 et 2013.)

8 MAI 1831. — Ordonnances relatives à la délivrance de coupes de bois à plusieurs communes. (Bull. O. 75 et 77, n. 2014 et 2091.)

___

9 = 19 MAI 1831. — Ordonnance du roi qui ouvre au ministre du commerce et des travaux publics un crédit extraordinaire de cinq millions. (IX, Bull. O. LXXII, n. 1844.)

Louis-Philippe, etc., vu la loi du 25 mars dernier relative aux ressources spéciales à réaliser pour subvenir aux dépenses extraordinaires de l'exercice 1831; vu le projet de budget présenté aux Chambres, ainsi que notre ordonnance du 25 avril dernier, en ce qui concerne les services extraordinaires du ministère du commerce et des travaux publics; sur le rapport du ministre de ce département, etc.

Art. 1er. Il est ouvert au ministre secrétaire d'Etat du commerce et des travaux publics, avec imputation sur les ressources spéciales créées par la loi du 25 mars 1831, un crédit extraordinaire de cinq millions, destiné à pourvoir aux services extraordinaires de l'exercice 1831 jusqu'au 1er septembre, et conformément à la répartition ci-après:

CHAPITRES spéciaux sur le projet de budget.	SERVICES.	CRÉDITS répartis et retirés des 300,000,000.	Nouveaux CRÉDITS accordés.	MONTANT des crédits mis à la disposition du ministre.
41	Continuation des travaux de canaux compris sur des fonds d'emprunt, et en vertu de lois spéciales. . . .	fr. 1,250,000	fr. 2,750,000	fr. 4,000,000
42	Ateliers de charité pendant l'hiver. . .	1,000,000	»	1,000,000
	TOTAUX.	2,250,000	2,750,000	5,000,000

2. Nos ministres des finances et du commerce et des travaux publics (comte d'Argout et baron Louis) sont chargés, etc.

---

9 = 24 MAI 1851. — Ordonnance du roi relative aux recettes et dépenses de l'Université pendant les mois de mai, juin, juillet et août 1831. (IX, Bull. O. LXXIV, n. 1957.)

Louis-Philippe, etc., sur le rapport de notre ministre de l'instruction publique et des cultes ; vu l'art. 9 de la loi du 18 avril 1831, portant que les impôts maintenus par la loi du 12 décembre 1830 continueront d'être perçus provisoirement jusqu'au 1er septembre 1831 ; vu l'art. 13 de la même loi, qui ouvre aux ministres, pour les dépenses de leurs départements, sur l'exercice 1831, un crédit de la somme de quatre cents millions, qui sera répartie entre eux par ordonnance royale ; considérant que les rétributions imposées en faveur de l'université sur les établissements particuliers d'instruction et sur les élèves qui fréquentent les écoles publiques, sont comprises dans l'art. 1er de la loi du 12 décembre 1830, et que les exceptions contenues dans les art. 2, 3 et 4 de ladite loi ne leur seront point applicables, que l'université, qui a des fonds spéciaux, ne peut pas être comprise dans la répartition du crédit ouvert aux ministres par l'art. 13 de la loi du 18 avril, et qu'il est indispensable de lui ouvrir sur ses propres fonds le crédit nécessaire pour subvenir à ses dépenses pendant les cinquièmes, sixièmes, septièmes et huitièmes mois de l'exercice 1831, etc.

Art. 1er. L'université continuera à percevoir jusqu'au 1er septembre 1831 les rétributions maintenues par la loi du 12 décembre 1830 sur les établissements particuliers d'instruction et sur les élèves qui fréquentent les écoles publiques.

2. Un crédit d'un million trois cent mille francs est ouvert à l'université sur ses fonds spéciaux, pour subvenir à ses dépenses

pendant les cinquième, sixième, septième et huitième mois de l'exercice 1831.

3. Notre ministre de l'instruction publique et des cultes (M. Montalivet) est chargé, etc.

---

9 MAI 1831. — Lettres-patentes relatives à un majorat institué par M. de Perthuis. (Bull. O. 72, n. 1855.)

9 MAI 1831. — Ordonnance qui admet les sieurs Grouner, Montoux, Morello et Peyfer à établir leur domicile en France. (Bull. O. 74, n. 1972.)

9 MAI 1831. — Ordonnance qui accorde des lettres de naturalisation en faveur du sieur de Bou.-Joseph Delevingne, né en 1781. (Bull. O., 2e sect., n. 3453.)

---

10 = 19 MAI 1831. — Ordonnance du roi qui réunit en une légion les deux bataillons de la garde nationale de Saint-Quentin. (IX, Bull. O. LXXIII, n. 1888.)

Louis-Philippe, etc., sur le rapport de notre ministre de l'intérieur ; vu l'art. 48 de la loi du 22 mars 1831, etc.

Art. 1er. Les deux bataillons de la garde nationale formés dans la ville de Saint-Quentin seront réunis en une légion, dont l'état-major sera composé comme il est réglé à l'art. 49 de la loi du 22 mars 1831.

2. Notre ministre de l'intérieur (M. Casimir Périer) est chargé, etc.

---

10 = 19 MAI 1831. — Ordonnance du roi portant que des coupons d'arrérages seront attachés aux extraits d'inscription des rentes au porteur. (IX, Bull. O. LXXIII, n. 1886.)

Louis-Philippe, etc., vu les lois qui régissent la dette publique ; vu nos ordonnances des 13 et 29 avril 1831 qui ont autorisé la création d'inscriptions au porteur à donner en échange des versements à l'emprunt national et en échange des rentes nominatives ; sur l'exposé qui nous a été fait des nouvelles demandes des capitalistes et rentiers, tendant à ce que des coupons soient attachés à ces inscriptions pour faciliter le paiement des arrérages ; considérant que déjà ce paiement, pour les rentes nominativement inscrites, se fait au porteur du titre sans justification de propriété de la part de celui qui touche le semestre, et que la nécessité de fournir une quittance devient sans utilité pour une rente au porteur ; sur le rapport de notre ministre des finances, etc.

Art. 1er. Des coupons d'arrérages seront attachés aux extraits d'inscription des rentes au porteur.

2. Ces coupons, qui seront, pour chaque extrait, au nombre de dix, représentant cinq années d'arrérages, seront successivement détachés et payés par le trésor aux époques d'échéances fixées pour les semestres de chaque nature de rentes, cinq, quatre et demi, quatre et trois pour cent.

3. Les coupons seront détachés d'un talon qui restera déposé au trésor public.

4. La conversion d'une inscription au porteur en une inscription nominative ne pourra s'opérer qu'avec la jouissance des coupons non détachés de l'inscription.

5. Au bout de cinq années, sur la représentation de l'extrait d'inscription, il sera délivré gratuitement par le trésor de nouveaux coupons.

6. Les coupons d'arrérages acquittés remplaceront dans les comptes des payeurs les quittances des porteurs d'inscription.

7. Notre ministre des finances (baron Louis) est chargé, etc.

_____

10 = 17 MAI 1831. — Ordonnance du roi concernant la retenue proportionnelle à laquelle sont assujettis, en exécution de la loi du 18 avril dernier, les traitements, pensions, etc., payés sur les fonds du budget de l'Etat. (IX, Bull. O. LXXI, n. 1802.)

Louis-Philippe, etc., vu l'art. 10 de la loi du 18 avril dernier, portant qu'à compter du 1er mai jusqu'au 31 décembre de la présente année, tous traitements, appointements, salaires, pensions et dotations, payés sur les fonds du budget de l'Etat, et toutes remises accordées sur les sommes reçues ou payées pour le compte de l'Etat, seront assujettis à une retenue proportionnelle, conformément au tarif inséré dans cette loi ; sur le rapport de notre ministre des finances, etc.

Art. 1er. Les traitements, appointements, salaires, remises et pensions, soumis à la retenue proportionnelle, continueront, pour les huit derniers mois de l'année courante, à être ordonnancés pour leur somme intégrale ; mais les ordonnances et mandats de paiement devront présenter le décompte

des retenues à opérer et du net à payer aux parties prenantes.

Il sera fait dépense du montant brut des ordonnances, et recette du montant des retenues exercées au profit du trésor.

2. Les traitements et autres allocations formant émolument personnel à la charge du budget de l'Etat sont seuls passibles de la retenue prescrite par la loi du 18 avril. Les rétributions ayant pour objet de couvrir une dépense de matériel occasionnée par un service public ne sont point susceptibles de la retenue.

3. Sur le montant brut des abonnements destinés à couvrir à la fois des frais de matériel et de personnel, un tiers sera affranchi de toute retenue comme spécialement affecté aux frais du matériel : les deux tiers restants seront considérés comme devant être distribués en traitements de _mille francs_, et soumis à la retenue de première classe, d'après le tarif de la loi.

4. Toutes les fois que des allocations comprendront sans distinction le traitement personnel et les frais de service, cette distinction sera établie d'après les bases déterminées par des règlements spéciaux, et les dispositions des art. 2 et 3 seront appliquées à chaque nature d'émolument.

5. Lorsque plusieurs traitements seront payés au même individu pour des services différents, la retenue sera appliquée séparément à chaque traitement particulier, selon la classe dans laquelle il se trouvera placé d'après sa quotité.

Il en sera de même des pensions ou dotations que la loi permet de cumuler avec des traitements.

6. Le calcul de la retenue proportionnelle à opérer sur les émoluments qui se composeraient, en tout ou en partie, de remises éventuelles, s'établira provisoirement d'après les décomptes arrêtés pour 1830, sauf rectification lorsque les décomptes de l'année courante seront réglés.

7. La retenue proportionnelle s'exercera sur le traitement brut, et concurremment avec celle qui s'effectue déjà au profit des caisses des retraites, sauf les exceptions prononcées par l'art. 11 de la loi du 18 avril à l'égard des retenues au profit des invalides de la guerre et de la marine.

8. Les pensions de retraite payées directement sur les fonds du budget de l'Etat, sont seules passibles de la retenue proportionnelle.

9. Seront assujettis à la retenue les sommes payées sur le budget de l'Etat, à titre de solde de non activité, traitements de ré-

forme et indemnités temporaires aux employés réformés.

10. Nos ministres sont chargés, etc.

———

10 mai 1831. — Instruction sur la formation des listes d'électeurs communaux, adressée par le ministre de l'intérieur.

Monsieur le préfet, je vous ai fait connaître, dans ma circulaire du 23 avril, les motifs pour lesquels les élections communales ne pourraient avoir lieu vraisemblablement que dans la dernière quinzaine du mois d'août. Comme il doit s'écouler un délai de quatre-vingt-deux jours entre la première publication des listes d'électeurs communaux et la clôture de ces listes (loi du 21 mars, art. 40), il suffit que cette publication soit faite dans les derniers jours de mai ou dans les premiers jours de juin. Cette époque s'accorde assez bien avec la marche des autres travaux de l'administration, puisque la formation des listes additionnelles pour compléter les colléges électoraux chargés d'élire les députés, sera terminée du 20 au 30 mai. Vos soins et ceux de MM. les maires pourront alors se diriger plus efficacement vers l'exécution de la loi municipale. Elle présente des difficultés assez graves, et qui ont appelé toute mon attention. Je ne vous adresserai pour le moment que des instructions relatives à la formation des listes : je vous entretiendrai plus tard des formes de la tenue des sessions, et de l'élection des conseillers municipaux. La présente instruction traitera successivement : 1° de la formation et de la publication des listes d'électeurs communaux; 2° de la rectification de ces listes par suite des réclamations formées contre leur teneur. La loi du 21 mars s'applique à des localités si diverses, à des communes entre lesquelles il y a tant de disproportion quant à l'étendue, à la population, au degré de lumières, d'instruction, de richesse, qu'il est impossible de tracer des règles uniformes pour l'application de la loi. Ce sera donc à vous de modifier, selon les circonstances particulières à votre département, les instructions que vous transmettrez à MM. les maires, et les moyens d'exécution que vous mettrez en usage, et d'établir même des différences à cet égard entre les diverses communes de votre département, selon leur importance et leur population. Il conviendra d'adresser au plus grand nombre des maires, les instructions les plus élémentaires qu'il sera possible, en les dégageant des détails qui ne conviendraient pas à la composition probable des assemblées électorales de ces communes (par exemple, ceux qui se rapporteraient aux

électeurs adjoints), et de réserver des développements plus étendus relativement au travail qui doit s'exécuter dans les villes. Vous pourrez ne publier d'abord que la partie des instructions relatives à la formation des listes, et envoyer quelques jours après celle qui traitera des réclamations devant le maire.

1. *Formation et publication de la liste des électeurs communaux.*

La population est un élément indispensable de la composition des listes d'électeurs communaux. La régularité des opérations exige que l'on suive le dernier recensement officiel, le dernier qui ait reçu un caractère légal. L'ordonnance du 15 mars 1827 déclare *officiels* pendant cinq ans les tableaux de population qui y sont annexés et qui concernent les départements, les cantons et un certain nombre de villes ; mais elle ne contient pas de tableaux de population pour les communes ; et, dans la plupart des départements, la population n'a point, à cette époque, été établie pour chaque commune individuellement. Il n'y a pas eu de dénombrement effectif, et l'on a procédé, pour chaque canton, par un calcul basé sur l'ensemble des naissances et des décès pendant les cinq années précédentes. Ainsi, à l'égard d'un grand nombre de communes, le dernier recensement officiel est celui de 1821. Mais comme en général la population a augmenté depuis dix ans, il est juste de se rapprocher le plus possible de l'état actuel des choses, et de déterminer, d'après la population officielle des cantons en 1827, celle de la commune à la même époque. Si, depuis 1827, un recensement effectif a eu lieu, ou enfin celui qui doit s'effectuer en 1831 était terminé, il faudrait l'adopter de préférence. Ainsi donc, au défaut du nouveau recensement, et à moins que depuis 1827 il n'ait été fait, pour la commune, un recensement approuvé par quelque acte de l'autorité supérieure, vous prendrez pour base celui qui se rapporte à la population reconnue par l'ordonnance royale du 15 mars 1827. A cet effet, vous déterminerez, par une règle de trois, pour quelle portion la population de chaque commune entre dans celle du canton telle qu'elle était en 1827. Si, par exemple, la commune avait, lors du dernier recensement effectif (en 1821) six cents habitants, et le canton douze mille ; si la population du canton a été évaluée, en 1827, à douze mille quatre cents, celle de la commune serait six cent vingt. Vous ferez faire immédiatement dans vos bureaux cette opération, qui n'est point aussi longue qu'on pourrait le croire au premier coup d'œil. Quand la population légale de chaque commune sera établie, soit par ce calcul, soit d'après les autres bases indiquées ci-dessus, vous déterminerez le nombre des plus imposés qui doivent former la première partie de la liste des électeurs communaux, aux termes du premier paragraphe de l'art. 11. Dans le cas où le nouveau recensement viendrait à être terminé avant la clôture de la liste, c'est-à-dire dans les quatre-vingt-deux jours après la première publication, il faudrait suivre ce recensement et modifier en conséquence la liste des électeurs communaux. Si, dans la conviction que ce recensement sera terminé prochainement, vous pensez qu'il est inutile de déterminer avec une exactitude rigoureuse la population correspondant au recensement de 1827, vous pourriez vous dispenser de faire le calcul indiqué ci-dessus, et MM. les maires commenceraient leur travail d'après le recensement de 1821, s'il n'y en a pas de plus récent. Le tableau inscrit à la suite de la présente circulaire indique, suivant la population, le nombre des électeurs communaux censitaires. Vous publierez, par la voie du Mémorial administratif, la population officielle et le nombre des électeurs censitaires de chaque commune. Vous adresserez aux maires une circulaire pour leur indiquer les opérations qu'ils auront à faire, et vous chargerez les sous-préfets de leur donner les explications dont ils pourront avoir besoin. Cette circulaire devra être réduite aux termes les plus simples : il me paraît superflu de vous faire observer que les développements contenus dans la présente instruction ne doivent pas y figurer, et qu'il suffit d'en extraire le résumé seulement. En même temps, vous ferez bien de publier un avis aux citoyens susceptibles de faire partie des assemblées communales. Cet avis devra leur indiquer les conditions nécessaires : il invitera particulièrement ceux qui sont appelés comme électeurs *adjoints*, selon le deuxième paragraphe de l'art. 11, à justifier de leur qualité devant le maire. Enfin, il indiquera les opérations successives qui complètent la formation des listes communales, la forme, les époques et les délais des recours contre la teneur de la liste. Il est à désirer que vous déterminiez pour tout votre département, ou du moins pour tout un arrondissement de sous-préfecture, des époques uniformes pour les diverses opérations de la formation des listes. Ce mode est plus conforme à ce que prescrit l'art. 40 sur la révision annuelle. Il a l'avantage de prévenir toute difficulté sur les époques des divers recours, décisions et notifications.

Ainsi, par exemple, en prenant le 5 juin pour le jour de la publication, voici quelle serait la concordance des époques de la formation des listes en 1831 avec celles fixées par l'art. 40 : Commencement des opérations par le maire, 1er janvier—29 mai; publication de la liste, 8 janvier—5 juin; terme des recours devant le maire, 7 février—5 juillet; termes des décisions du maire et des notifications, 15 février—13 juillet; termes des appels devant le préfet, 2 mars—28 juillet; clôture de la liste, 31 mars—26 août. Vous indiquerez dans votre arrêté les époques résultant de la fixation que vous aurez adoptée. Si, dans la crainte que les maires n'eussent pas assez de temps pour publier les listes au jour que vous auriez fixé, vous leur laissiez le soin de déterminer eux-mêmes le jour de la publication (en ne dépassant pas toutefois une limite que vous leur feriez connaître), il faudrait que ces fonctionnaires eussent soin d'énoncer, lors de la publication de la liste, les époques correspondantes à celles indiquées ci-dessus. Vous pourriez prendre ce parti à l'égard des grandes villes où il serait possible que le maire ne fût pas en mesure à l'époque générale fixée par votre arrêté. Le maire devra, dans la huitaine qui précède la publication de la liste des électeurs, former, avec l'assistance du percepteur et des répartiteurs (art. 32), la première partie de cette liste.

Comme le ressort d'une même perception comprend plusieurs communes, les réunions doivent être réglées de manière que le percepteur puisse y assister successivement. A cet effet, il convient qu'il s'entende avec les maires du ressort de sa perception, pour tracer son itinéraire. Les électeurs censitaires sont les citoyens âgés de vingt-un ans accomplis, les plus imposés aux rôles des contributions directes de la commune, jusqu'à concurrence du nombre déterminé par l'art. 11. Si deux citoyens paient la même cote contributive, le plus âgé sera inscrit de préférence. L'expression de *cistoyens* embrasse la réunion des droits civil et des droits politiques. L'âge de vingt-un ans doit, par assimilation avec l'art. 19 de la loi du 19 avril, pour les membres des collèges électoraux, être accompli à l'époque de la clôture des listes. L'art. 11 n'exige pas que les électeurs censitaires aient domicile dans la commune. Les art. 12 et 15 font mention d'électeurs domiciliés dans la commune, ce qui suppose qu'il y en a qui ne sont pas *domiciliés*. Il a d'ailleurs été établi, dans la discussion de la loi, que l'on doit inscrire comme électeurs communaux *les plus imposés*, soit qu'ils aient ou non domicile dans la commune. Le domicile dont il s'agit dans les art. 12 et 15 est le domicile *réel*; car le domicile politique, défini par l'art. 3 de la loi du 5 février 1817, et par l'art. 10 de la loi du 19 avril 1831, ne concerne que l'exercice et la jouissance des droits d'électeur et d'éligible à la Chambre des Députés. On ne doit tenir compte (art. 11) que des contributions directes portées aux rôles de la commune. Nul ne peut se prévaloir de contributions payées au dehors. L'art. 41 porte que les dispositions relatives à l'attribution des contributions, contenues dans les lois concernant l'élection des députés, sont applicables aux élections communales (1). Ainsi, les art. 4, 6, 8 et 9 de la loi du 19 avril sont applicables aux électeurs communaux, mais seulement en ce qui concerne les contributions payées dans la commune. Les redevances des mines (art. 4) ne sont portées sur les rôles de la commune, et ne peuvent être comptées dans le cens communal, non plus que le diplôme universitaire (art. 5). L'art. 14 de la loi du 21 mars attribue non seulement au fermier, comme le fait l'art. 9 de la loi du 19 avril, mais encore au colon partiaire, le tiers de la contribution du domaine qu'ils exploitent, sans diminution des droits du propriétaire. Remarquez que la loi du 21 mars diffère aussi de celle du 19 avril, en ce qu'elle n'exige pas que le bail à ferme ait une durée de neuf années. Toutefois, il résulte de la combinaison de l'art. 41 de la loi du 21 mars avec l'art. 9 de la loi du 19 avril, que le bail doit être authentique, et qu'il est nécessaire que le fermier ou métayer exploite par lui-même. Les dispositions de l'art. 7 sur les époques de possession, de location et d'exercice de l'industrie, sont applicables à la formation des listes communales, c'est-à-dire que la possession et la location doivent être antérieures au 1er janvier, sauf en cas de succession ou d'avancement d'hoirie, et que l'annalité de la patente doit être accomplie au 31 mars.

Certaines conditions relatives à l'exercice des droits de membre d'un collège électoral, sont certifiées par le maire; par exemple, l'exercice de l'industrie, de l'exploitation rurale, etc. Ce fonctionnaire étant lui-même à la tête de la commission qui dresse la liste des électeurs communaux, il n'aura pas besoin de délivrer de certificats, et les faits dont il s'agit seront appréciés par la commission. Comme à l'époque où aura lieu cette année la première publication des listes communales, les rôles de 1831 ne seront pas encore dressés, on formera la liste des plus imposés d'après les rôles de 1830. Cependant il ne faut pas tenir compte au propriétaire qui ne possède plus la propriété, au commerçant qui n'exerce plus l'industrie pour laquelle il était inscrit aux rôles de 1830, des contributions qu'il a payées dans le cours de cette année (Voy. à cet égard, la circulaire du 26 avril). La liste des électeurs censitaires sera dressée selon l'ordre décroissant des contributions (art. 52). L'art. 53 ne prescrit d'y porter que la quotité des contributions de chaque électeur (le détail des contributions imposées sous son nom est en effet facile à vérifier, puisqu'elles sont portées au rôle de la commune). Mais il est nécessaire d'indiquer à quel titre on lui compte les contributions qui ne sont pas inscrites sous son nom. Il conviendra donc d'établir sur la liste cinq colonnes indiquant : 1° un numéro d'ordre; 2° les noms, prénoms et surnoms; 3° la profession; 4° le total des contributions payées dans la commune; 5° dans une colonne d'observations, les contributions déléguées, ou portées sous un autre nom que celui de l'électeur. Dans les villes, on ajoutera une colonne de plus pour indiquer la *demeure*. Un astérisque, ou tout autre signe, sera placé devant le nom de chaque censitaire qui serait domicilié au dehors. A la tête de la liste il faudra relater (art. 53) le chiffre de la population de la commune. Vous ferez bien d'envoyer aux maires des petites communes des cadres de la liste, de manière qu'ils n'aient plus qu'à les remplir. Vous leur adresserez aussi un modèle rempli, avec des exemples. Pour les communes plus importantes et où les fonctionnaires municipaux ont plus de connaissances, plus d'habitude des affaires, et sont en état de dresser ou de faire dresser des tableaux à colonnes, il suffira d'envoyer un modèle. Vous sentez qu'à cet égard le gouvernement ne peut prescrire de mesures uniformes : elles doivent varier selon les circonstances particulières à chaque département; circonstances que les préfets peuvent seuls apprécier.

Comme il peut arriver que, dans le cours des trois mois pendant lesquels a lieu la révision des listes communales, celle des électeurs censitaires devienne incomplète

---

(1) Il faut entendre par ces dispositions, non celles en vigueur au moment de la promulgation de la loi municipale (le 23 mars 1831), et comprises dans les lois de 1817, 1820 et 1828, sur l'élection des députés, mais celles de la loi du 19 avril dernier, quoiqu'elle ne fût pas encore rendue au moment où fut promulguée celle sur l'organisation municipale. Cette interprétation résulte de l'esprit de cette dernière loi, qui évidemment a voulu que l'attribution des contributions se fît pour les électeurs communaux d'après les mêmes règles que pour les membres des collèges électoraux.

par suite de décès ou de radiations ordonnées par les autorités chargées de statuer sur les réclamations, il sera utile de former une liste supplémentaire analogue à celle que prescrit l'art. 20 de la loi du 19 avril sur les élections à la Chambre des Députés. Cette liste comprendrait les plus imposés au-dessous des électeurs censitaires, selon l'ordre décroissant des contributions. Elle pourrait être limitée ainsi qu'il suit : *vingt suppléants* pour cent électeurs censitaires et au-dessous ; *trente suppléants* depuis cent jusqu'à trois cents ; *quarante* depuis trois cents jusqu'à cinq cents ; *cinquante* depuis cinq cents jusqu'à mille censitaires ; et *un vingtième* de la liste, au-dessus de mille. Mais comme cette liste de suppléants ne résulterait pas d'une disposition textuelle de la loi du 21 mars, et ne serait qu'une application, par voie d'analogie, de la loi du 19 avril, elle ne pourrait servir que pendant les trois mois de la révision, et à titre seulement de renseignements administratifs, pour combler les vides qui surviendraient dans le nombre légal des censitaires. Il n'y aurait pas lieu d'appliquer l'art. 35 de la loi du 19 avril, et de compléter la liste des suppléants, pour qu'elle pût servir après la clôture. L'art. 40 de la loi du 22 mars est formel : il porte qu'après la clôture, il ne sera *plus fait de changements aux listes dans le cours de l'année.* Si le maire doit être assisté des répartiteurs et du percepteur, pour la formation de la liste des censitaires et de celle de leurs suppléants, il doit procéder seul (art. 38) à la formation de la liste des électeurs adjoints, désignés par le deuxième paragraphe de l'art. 11 ; mais il peut, pour ce travail, se faire assister de son adjoint ou de ses adjoints. L'avis dont il a été fait mention ci-dessus provoquera les déclarations et justifications de titres des électeurs adjoints. Ils ne seront en grand nombre que dans les villes : il n'y en aura pas dans la plupart des communes rurales, et c'est dans les villes qu'on pourrait omettre quelques électeurs, s'ils ne se déclaraient pas eux-mêmes. Suivant l'article 13, ceux de ces électeurs adjoints qui sont en même temps au nombre des plus imposés, doivent être inscrits en cette dernière qualité. Ceux qui seraient en même temps susceptibles d'être compris sur la liste des censitaires suppléants, devront être portés et comme suppléants et comme adjoints. Ils seraient rayés ultérieurement de la liste des électeurs adjoints, s'ils venaient à être portés sur la liste des censitaires. Le maire devra procéder à la formation de la liste des électeurs adjoints dans la huitaine qui précédera la publication de la liste communale.

Le deuxième paragraphe de l'art. 21 contient l'énumération des fonctions, professions ou qualités qui donnent le droit de prendre part aux élections communales ; mais il n'indique pas, et l'on ne trouve exprimées formellement dans aucune disposition de la loi quelles conditions d'âge, de domicile, d'état civil ou politique, il est nécessaire d'y réunir. Il importe d'examiner si cette lacune peut être suppléée. La jouissance des droits civils et politiques est une condition indispensable à l'exercice des droits d'électeur communal. Si ce principe n'est point rappelé dans la loi du 2¹ mars, si l'examen de la discussion de cette loi ne jette aucune lumière sur ce point, et serait plutôt de nature à faire naître des doutes, on doit considérer que la participation à l'élection municipale est l'exercice d'un droit politique, puisque les fonctions municipales auxquelles les conseillers municipaux sont appelés, soit comme remplaçant les adjoints et les maires, soit comme candidats à ces dernières fonctions, comprennent non seulement la gestion des intérêts communaux, mais aussi une partie de la puissance publique, quant à l'exécution des lois, à la police judiciaire et aux jugements en matière de police) ; qu'on ne pourrait concevoir comment des fonctions politiques seraient conférées par suite du vote de personnes qui ne jouiraient pas elles-mêmes des droits politiques ; que d'ailleurs l'art. 42 du Code pénal ayant placé les droits de *vote* et d'*élection* au premier rang des *droits civiques*, il est évident que quiconque ne jouit pas des droits civiques ne peut être admis à voter et à élire ; que le silence gardé par la loi du 21 mars, quant à la jouissance des droits politiques à l'égard des électeurs adjoints, ne peut abroger les dispositions formelles des lois sur l'exercice des droits civiques, autrement nommés *droits politiques.* Sans entrer dans le débat qui s'est élevé sur la question de savoir si c'est à *vingt-un* ou à *vingt-deux* ans accomplis qu'un citoyen français jouit de la plénitude des droits réglés par l'art. 2 de la loi du 22 frimaire an 8, il suffit de remarquer que le premier paragraphe de l'art. 11 appelle à l'élection communale le censitaire âgé de vingt-un ans accompli. On en doit conclure, par analogie, que les électeurs adjoints doivent avoir atteint cet âge. D'ailleurs, dans le silence de la loi, on ne peut prendre pour l'âge une limite qui descende au-dessous de celui auquel la législation fixe l'exercice des droits civils. Le comité de l'intérieur du conseil d'État ayant été consulté sur ces deux points, a, dans sa séance du 4 mai, émis l'opinion que, pour être électeur communal, il faut *être majeur de vingt-un ans, et jouir des droits civils et civiques dans toute leur plénitude.* Ainsi, les officiers de garde nationale qui n'auraient pas encore vingt-un ans, les pensionnaires civils ou militaires, les officiers de garde nationale, les membres des bureaux de bienfaisance, des chambres de commerce, des conseils de prud'hommes, etc., qui seraient des étrangers admis à jouir en France des droits civils, enfin, les faillis, ne pourraient être inscrits sur la deuxième partie de la liste des électeurs communaux. Quant au domicile, l'ensemble de la discussion de la loi du 21 mars établit suffisamment que le législateur, en autorisant des adjonctions, n'a eu en vue d'appeler dans l'assemblée communale *que des habitants de la commune,* que des citoyens ayant leur *domicile réel* sur son territoire. Quelque doute pourrait s'élever à l'égard des électeurs qui concourent à l'élection des Députés; mais, en consultant la séance de la Chambre des Députés du 14 février, on reconnaît que l'auteur de l'amendement qui avait pour objet de comprendre ces électeurs dans le deuxième paragraphe de l'article 11, et un autre membre, qui a parlé après lui, ont formellement énoncé qu'il s'agissait d'appeler les membres des collèges électoraux à faire partie de l'assemblée des électeurs de la commune *où ils résident.* Ainsi, un membre de collège électoral ne peut être inscrit comme adjoint, indépendamment de la quotité de sa contribution, que dans la commune de son domicile réel. Des conditions de temps sont exigées de quelques-unes des classes désignées au second paragraphe de l'art. 11. Les conditions de deux, trois et cinq ans de domicile doivent être accomplies avant l'époque de la clôture de la liste; c'est appliquer à la liste des électeurs communaux une disposition de l'art. 19 de la loi du 19 avril. A moins de notoriété bien constante, le maire consultera les registres des habitants de la commune, et tels autres documents auxquels il jugera utile de recourir, pour reconnaître la durée du domicile, dans la circonstance dont il vient d'être parlé. A défaut de ces renseignements, il pourra se contenter d'actes de notoriété ou de certificats en bonne forme. Quant au domicile réel à l'égard des autres classes d'électeurs adjoints, et quant à l'exercice des fonctions ou professions et à la possession du titre qui donnent le droit d'être inscrit comme électeur adjoint, ce domicile, ces fonctions, titres ou professions, doivent, comme la propriété, être possédés avant l'ouverture des opérations, c'est-à-dire avant le 1ᵉʳ janvier. Cependant, si, dans l'intervalle qui s'écoule entre cette époque et la clôture,

c'est-à-dire avant le 31 mars, un citoyen acquiert une de ces conditions ou vient à la perdre, il sera inscrit ou retranché dans la forme indiquée ci-dessous.

La liste des électeurs adjoints, ou seconde partie de la liste communale, devra contenir quatre colonnes indiquant : 1⁰ un numéro d'ordre; 2⁰ les noms et prénoms; 3⁰ la profession, les fonctions ou le titre qui donne la capacité électorale; 4⁰ la date des diplômes, inscriptions, domicile et autres conditions exigées (art. 38). Aux termes de l'art. 12, le nombre des électeurs (*censitaires* et *adjoints*) domiciliés dans la commune devra, autant que possible, ne pas descendre au-dessous du *minimum* de *trente*, et ce *minimum* devra être complété en prenant les citoyens domiciliés les plus imposés au-dessous de la limite déterminée par l'art. 11. C'est ce qui arrivera dans la plupart des petites communes, et ce que je vais éclaircir par quelques exemples. Si une commune a deux cent cinquante habitants, et, si, outre les vingt-cinq censitaires désignés par le premier paragraphe (et que l'on suppose tous domiciliés) elle renferme un électeur *adjoint* (qui nécessairement est domicilié dans la commune), il faudra compléter le nombre de *trente* au moyen des vingt-septième, vingt-huitième, vingt-neuvième et trentième citoyens domiciliés, selon l'ordre décroissant des contributions. Si parmi les vingt-cinq censitaires il y en avait trois qui ne fussent pas domiciliés, le nombre des domiciliés ne serait plus que de vingt-trois, en comptant l'électeur adjoint, et l'on devrait inscrire sept citoyens domiciliés, les plus imposés après le vingt-cinquième censitaire. Si une commune renferme trois cent cinquante habitants, elle devra avoir trente-cinq électeurs censitaires pris parmi les plus imposés : si neuf de ceux-ci ne sont pas domiciliés, et s'il y a deux électeurs adjoints (nécessairement domiciliés), les électeurs ayant domicile dans la commune ne seront qu'au nombre de vingt-huit, il faudra donc y appeler les deux citoyens *domiciliés* les plus imposés après le trente-cinquième des censitaires. Mais dans ces deux derniers cas, l'inscription des électeurs ayant domicile dans la commune, et qui ne faisaient pas partie des vingt-cinq ou trente-cinq plus forts contribuables, ne pourra priver du droit de voter, comme électeurs communaux, les électeurs forains payant le moins de contributions parmi les vingt-cinq ou les trente-cinq premiers contribuables. En effet, la loi ne contient aucune disposition à cet égard, et on ne peut les priver d'un droit qu'elle leur attribue en leur qualité de *plus imposés*. Il pourra donc arriver que, dans certaines communes, tous les habitants domiciliés et payant la contribution personnelle fassent partie de la liste des électeurs, soit qu'ils complètent le nombre de trente exigé par l'art. 12, soit même qu'ils laissent ce nombre incomplet.

Lorsqu'il y aura lieu d'appeler des citoyens domiciliés dans la commune, en sus du nombre de censitaires déterminé par le premier paragraphe de l'art. 11, les noms de ces citoyens, que l'on peut appeler *censitaires adjoints*, devront être extraits de la liste des censitaires *suppléants*, en prenant sur cette liste, et dans l'ordre d'inscription, les censitaires domiciliés, pourvu qu'ils ne soient pas déjà inscrits sur la seconde partie de la liste en qualité *d'électeurs adjoints*. La liste des censitaires adjoints devra être dans la même forme que celle des censitaires et des suppléants. *Les censitaires adjoints* ne devront pas être retranchés de la liste des *suppléants*, laquelle doit suivre rigoureusement l'ordre décroissant des contributions; en effet, les censitaires adjoints, dont l'inscription est subordonnée au nombre de domiciliés compris dans les deux premières parties de la liste, peuvent être appelés, en cas de vacance, à figurer sur la première partie de la liste, dans le nombre fixe de censitaires déterminé par le premier paragraphe de l'art. 11. Il peut donc y avoir dans la même commune quatre sortes de citoyens inscrits sur la liste communale : 1º les censitaires; 2º les censitaires suppléants; 3º les adjoints qualifiés; 4º les censitaires adjoints. Cette dernière liste sera inutile dans les communes au-dessus de quatre à cinq cents âmes; et, dans un grand nombre de petites communes, il n'y aura pas d'éléments pour former la troisième. Pour simplifier dans les petites communes la formation des listes, vous pourriez recommander d'en dresser une seule, comprenant, selon l'ordre décroissant des contributions, le nombre de censitaires déterminé par le premier paragraphe de l'art. 11, augmenté de vingt suppléants. Une forte barre séparerait les uns des autres; les noms des censitaires domiciliés hors de la commune seraient précédés d'un astérisque, et, à la fin de la liste, un arrêté du maire indiquerait que MM. *tels* et *tels*, inscrits sur la liste des suppléants et domiciliés dans la commune, sont admis à voter pour compléter le nombre de *trente* électeurs domiciliés (ou pour en approcher autant que possible). S'il n'y avait qu'un, deux ou trois adjoints (il n'est pas vraisemblable qu'une commune au-dessous de cinq cents âmes en ait davantage), le maire écrirait leurs noms au bas de la liste des censitaires et des suppléants, et avant l'arrêté qui désignerait les suppléants appelés à

compléter le nombre de trente électeurs domiciliés. Dans les autres communes, il sera nécessaire de former la liste en deux parties séparées : la première comprendra les censitaires et après eux les suppléants; la seconde comprendra les électeurs adjoints. La liste des électeurs communaux devra être affichée dans la commune et communiquée à tout requérant, au secrétariat de la mairie (art. 33). Il en sera donc fait deux copies au moins; l'une pour être affichée ou exposée à la porte extérieure de la maison commune, l'autre pour être déposée dans l'intérieur de la mairie. Ces copies seront faites à la main sur les cadres que vous enverrez aux maires des petites communes. Dans les communes plus importantes, il sera fait un plus grand nombre de copies, qui seront affichées dans les lieux affectés à la publication des actes de l'autorité publique, et déposées à la mairie pour que plusieurs personnes puissent à la fois prendre communication de la liste. Au lieu de copies à la main, on pourra, dans les grandes villes, faire imprimer ou lithographier les listes, quand ce moyen présentera plus d'économie que la transcription à la main. Il peut être utile de demander aux maires une copie ou un exemplaire de la liste communale, qui serait déposée à la préfecture. Vous ferez à cet égard ce qui vous paraîtra le plus convenable.

II. *Formes et jugement des réclamations contre la teneur de la liste communale.*

Pendant un mois, à dater de la publication, tout individu omis peut réclamer son inscription, et tout électeur inscrit peut réclamer la radiation de tout individu qu'il croirait indûment porté (art. 34). Par une conséquence de cet article, un électeur qui se croirait indûment inscrit pourrait réclamer sa propre radiation. Ces réclamations sont jugées dans le délai de huit jours (art. 35) par le maire, après qu'il a consulté une commission de trois membres du conseil municipal, délégués à cet effet par le conseil. Vous autoriserez, en conséquence, MM. les maires à réunir les conseils municipaux pour nommer cette commission au scrutin et à la majorité absolue des suffrages. Il est convenable que les formes relatives à la réception et au jugement de ces réclamations soient analogues à celles que la loi du 19 avril a prescrites relativement aux réclamations en matière d'inscription sur les listes des collèges électoraux. Ces formes devront être simplifiées dans les petites communes, attendu qu'il y aura moins de chances d'erreur, à cause du petit nombre de réclamations. Mais dans les villes, et surtout dans les villes considérables, où ces réclamations seront vraisemblablement fort nombreuses, vous ferez bien de prescrire la tenue d'un registre de réclamations, et la délivrance de récépissés signés du maire. Dans le cas de demande en inscription formée par un contribuable non domicilié, ou par un habitant qui serait temporairement absent, on peut admettre l'intervention d'un fondé de pouvoirs. L'action des tiers, qui s'exerce de la part des électeurs inscrits (art. 34), est restreinte aux seules *radiations*. Ainsi, un tiers ne pourra réclamer une inscription. Si l'électeur dont un tiers réclame la radiation est sur les lieux, il convient de lui faire connaître la demande en radiation, pour qu'il puisse répondre avant l'expiration des huit jours dans lesquels la décision doit être rendue. Si l'électeur dont un tiers attaque l'inscription est absent ou non domicilié, il serait à désirer que le maire lui fît connaître la demande en radiation, soit à sa résidence, soit chez son fermier, locataire ou correspondant habituel. Mais je reconnais que cette formalité sera difficilement remplie par les maires des communes rurales. On ne peut donc leur donner que des conseils quant à cette communication. Les décisions du maire doivent être motivées et faire mention que la commission du conseil municipal a été entendue. Vous ferez bien de préparer des modèles de ces décisions, que vous transmettrez à MM. les maires. Les notifications seront faites par le garde-champêtre ou par l'appariteur de la commune, ou bien par le maire ou l'adjoint, s'il n'y a pas d'appariteur ou de garde-champêtre. Elles seront effectuées à la résidence des parties domiciliées dans la commune ; et, s'il s'agit d'un contribuable qui n'y a pas de domicile, chez son fermier, locataire ou correspondant habituel. En cas de demande en radiation, la décision sera notifiée à l'électeur qui demandait la radiation et à celui qui sera maintenu ou rayé. L'art. 36 porte que ces décisions sont notifiées dans le *même délai*. Cette disposition ne peut s'entendre que des huit jours mentionnés dans la première partie de l'article, et dans lesquels le maire est tenu de statuer: elle n'a pas pour effet d'accorder pour la *notification* un nouveau délai de huit jours en sus du premier. Le sens de l'art. 35 est que dans les huit jours après la réception d'une réclamation, la décision du maire doit *être rendue et notifiée*.

Lorsque les trente jours fixés par l'article 40, et qui expirent le 7 février, sont accomplis, le maire ne peut plus recevoir de réclamations contre la teneur primitive de la liste communale. Elles doivent alors être adressées au préfet en conseil de préfecture. Dans les huit jours suivants, qui expirent le 15 février, le maire achève de juger les réclamations qui lui auraient été présentées. Il peut arriver que, pendant ces trente-huit jours, des électeurs inscrits viennent à décéder, à perdre les droits civils ou politiques, à vendre les biens, à quitter les fonctions ou l'industrie qui leur donnaient la capacité électorale. Si leur radiation n'est pas réclamée par un autre électeur ou par eux-mêmes (aux termes de l'art. 34), comment pourra-t-elle être effectuée ? On peut, à quelques égards, comparer le travail du maire en conseil municipal, depuis le 9 janvier jusqu'au 15 février, à celui que fait, pour les listes des colléges électoraux, le préfet en conseil de préfecture, depuis le 15 août jusqu'au 16 octobre; et, si l'assimilation était complète, le maire ne pourra pas, à cette époque, faire de radiation d'office. Toutefois, la loi du 21 mars ne contient aucune disposition qui applique aux opérations qu'elle prescrit les principes et les règles concernant les opérations relatives à la formation des colléges électoraux. Je pense donc que, du 9 janvier au 15 février, le maire, assisté de la commission du conseil municipal, a le droit de rayer, par arrêtés motivés, les électeurs dont il s'agit. Mais, avant de statuer (sauf pour le cas de décès), il doit faire connaître aux électeurs dont il croit devoir provoquer la radiation, les motifs de cette démarche; il doit aussi notifier sa décision comme dans le cas de l'intervention d'un tiers. A l'égard des citoyens qui, soit par succession ou avancement d'hoirie, soit par la notification des fonctions désignées au deuxième paragraphe de l'art. 11, ou par l'investiture d'une qualité indiquée par ce même paragraphe, acquerraient, dans le même intervalle de trente-huit jours la capacité électorale, ils peuvent réclamer eux-mêmes leur inscription (art. 34), et il est inutile que le maire les inscrive d'office. Il n'est pas nécessaire que le maire publie, par la voie d'affiche, toutes ses décisions ; mais il doit, le 15 février, réunir, dans un tableau de rectification, le résultat de toutes les décisions qu'il a rendues depuis trente-huit jours, et des arrêtés qui auraient pu être rendus déjà par le préfet en conseil de préfecture, aux termes de l'art. 36. Ce tableau, dressé de concert avec la commission du conseil municipal, devra contenir, pour les deux parties de la liste, les inscriptions et les retranchements opérés. Le maire examinera si le nombre des électeurs qui résultera de la balance des additions et des retranchements, est dans les proportions établies par les art. 11 et 12; et il complétera ou réduira en conséquence la liste des électeurs censitaires (art. 11, § 1ᵉʳ) et celle des censitaires adjoints (art. 12). Si la liste supplémentaire dont il a été parlé ci-dessus, paraissait trop réduite par le passage de plusieurs suppléants sur celle des censitaires, le maire pourrait la compléter par l'inscription de nouveaux citoyens plus imposés dans l'ordre décroissant des contributions. Si le nouveau recensement de la population avait été terminé dans cet intervalle, le maire, en dressant le tableau de rectification, modifierait le nombre des électeurs censitaires conformément à ce nouveau recensement.

Les réclamations qui seraient portées devant vous, et que vous auriez à juger en conseil de préfecture (art. 36), devront être inscrites sur un registre, et vous leur appliquerez les garanties établies pour les listes de membres des colléges électoraux, par la loi du 19 avril, qui les a empruntées à celle du 2 juillet 1828; mais cette application n'étant pas prescrite textuellement par la loi du 21 mars, ne pourra être faite que par voie administrative, et vous n'avez pas le droit de l'imposer aux parties. Ainsi, lorsqu'un tiers réclamera contre une décision du maire qui aura rejeté une demande en radiation qu'il aurait formée, vous ne devrez pas lui demander la preuve qu'il a notifié sa demande à l'intéressé, ainsi que le prescrit l'art. 26 de la loi du 19 avril; mais vous communiquerez vous-même cette demande à l'intéressé, en l'invitant à répondre dans le délai de dix jours. S'il s'agit d'un contribuable non domicilié dans votre département, vous ferez la communication au domicile indiqué ci-dessus, à moins qu'il ne vous paraisse plus prompt de lui écrire à sa résidence habituelle. Vous ne perdrez pas de vue que les appels portés devant vous le sont par les *parties* engagées dans la première instance devant le maire, savoir : en cas de demande d'inscription, par l'individu que le maire a refusé d'inscrire; en cas de demande en radiation, par l'individu rayé ou par l'électeur qui n'a pu obtenir la radiation qu'il réclamait. Il semble, cependant, qu'une exception à ce principe doit être faite à l'égard des droits acquis ou perdus postérieurement aux trente jours pendant lesquels le recours est ouvert devant le maire. Je pense que, dans ce cas, l'inscription peut être demandée par l'intéressé pour qui les droits électoraux viennent de s'ouvrir, et la radiation par celui qui vient de les perdre, ou par tout autre électeur. Vous suivrez, pour les communications de pièces, le principe établi par l'art. 27 de la loi du 19 avril. Vos arrêtés motivés seront notifiés au maire et aux

parties intéressées; si elles sont domiciliées dans la commune, vous chargerez le maire de le notifier dans la forme indiquée ci-dessus.

La loi du 21 mars porte (art. 37) que le maire, d'après la notification des décisions du préfet, fait sur la liste la rectification prescrite; mais elle n'a rien spécifié sur la suite que doit recevoir une telle décision quand elle est de nature à faire varier le nombre des censitaires ou des domiciliés. Ainsi, l'inscription d'un nouveau censitaire doit exclure le dernier inscrit sur cette liste : réciproquement, la radiation d'un des censitaires entraîne l'admission du plus imposé en dehors de la liste. C'est pour cela que j'ai indiqué ci-dessus la nécessité de former une liste supplémentaire. Mais, comme vous pourriez commettre des erreurs, si vous déterminiez vous-même les électeurs qui doivent être inscrits ou rayés, *consécutivement* à une radiation ou à une inscription prononcée par vous (ce qui, au reste, supposerait que vous devriez avoir dans vos bureaux, et tenir toujours au courant toutes les listes d'électeurs communaux), il convient de laisser au maire, assisté de la commission municipale, le soin de faire cette désignation. Il suffira que votre arrêté lui prescrive de faire le changement nécessaire pour mettre le nombre des censitaires et des domiciliés en rapport avec les nombres exigés par les art. 11 et 12. Si, dans les quarante-quatre jours qui s'écoulent (art. 40) depuis que le maire a fini de juger les réclamations portées devant lui, jusqu'à la clôture de la liste, c'est-à-dire depuis le 16 février jusqu'au 31 mars, des électeurs communaux viennent à décéder, à perdre les droits civils et politiques ou les autres conditions de la capacité électorale, il n'appartient plus au maire de les rayer, puisque la loi a fixé au 15 février le terme des décisions qu'il peut rendre sur les inscriptions primitives; mais il devra s'adresser au préfet, en conseil de préfecture, pour provoquer leur radiation, après leur avoir communiqué (sauf en cas de décès ou de jugement portant privation des droits civils ou politiques) les motifs de cette démarche. La demande du maire sera appuyée de pièces justificatives, et vous statuerez, en conseil de préfecture, comme s'il s'agissait d'une demande en radiation formée par un tiers. La loi du 21 mars n'accorde pas à un électeur communal le droit de saisir directement le préfet, en conseil de préfecture, d'une demande en radiation d'un électeur dont il n'aurait pas contesté la qualité devant le maire. Les principes sur les délais pendant lesquels les réclamations **sont ouvertes**, ne permettent pas de contester devant le préfet la capacité électorale qui n'aurait pas été attaquée dans le mois qui suit la publication de la liste, c'est-à-dire du 9 janvier au 7 février ; mais si la perte de la capacité électorale est postérieure à cette époque, la demande en radiation présentée par un tiers pourrait être reçue comme simple renseignement, et communiquée au maire, qui provoquerait, s'il y avait lieu, la radiation. Il n'est pas nécessaire de publier immédiatement les arrêtés du préfet, en conseil de préfecture, rendus en vertu de l'art. 36, ni les décisions prises par le maire, en conséquence de ces arrêtés. Il suffira de les comprendre dans un second tableau de rectification analogue à celui dont il a été parlé ci-dessus, et qui serait dressé le 31 mars avec l'arrêté de clôture. Ces tableaux sont analogues à ceux qui sont dressés pour les listes des collèges électoraux (loi du 19 avril, art. 29 et 31). Vous examinerez si l'on ne pourrait pas éviter la formalité de ces tableaux de rectification dans les petites communes où les changements seront peu nombreux, en autorisant le maire à indiquer les additions à la suite de la liste primitive, et à biffer les noms des individus rayés, en indiquant en marge la décision qui aurait prononcé la radiation. Je pense toutefois que la formation de deux tableaux de rectification, aux époques ci-dessus indiquées, est le meilleur moyen de procéder avec ordre et d'éviter les erreurs. Dans les communes où les tableaux de rectification auraient quelque étendue et devraient être livrés à l'impression, ils seraient publiés le plus tôt possible après le jour de leur formation.

A cette époque du 31 mars, le préfet, en conseil de préfecture, doit avoir terminé son travail et avoir rendu ses derniers arrêtés, de sorte qu'en général, la liste sera close définitivement. Il peut arriver cependant que des difficultés de la nature de celles que mentionne l'art. 42 soient pendantes devant le tribunal civil de l'arrondissement. Ce tribunal forme un troisième degré d'instance, un degré supérieur, où se jugent définitivement certaines questions, savoir : celles qui se rattachent à la jouissance des droits civils ou civiques, au domicile réel ou politique, et à l'attribution des contributions (art. 42). La loi du 21 mars n'explique pas nettement à quel moment peut s'exercer l'action devant le tribunal de première instance, si c'est après que le maire a statué (art. 35) ou après que l'appel a été jugé par le préfet (art. 36). Toutefois, c'est ce dernier sens qui paraît être le véritable. L'art. 36 dit en termes généraux que *toute partie peut en appeler devant le préfet*, et ne distingue pas entre les questions mentionnées à l'art. 42 et les autres questions qui peuvent se présenter. Le préfet est saisi des unes comme des autres, et est tenu de statuer dans le délai d'un mois. Ce n'est donc qu'après que le préfet a pris un arrêté, que la partie qui n'en est pas satisfaite peut se pourvoir devant le tribunal civil de l'arrondissement, qui juge définitivement, de la même manière que la cour royale juge les actions intentées contre les arrêtés du préfet en matière d'inscriptions sur les listes des collèges électoraux (loi du 2 juillet 1828, art. 18 ; loi du 19 avril 1831, art. 33). Vous pourrez, dans vos arrêtés, si la question vous paraît douteuse, exprimer qu'elle est de nature à être résolue par le tribunal ; mais vous ne devez pas vous abstenir de statuer : ce serait priver le réclamant du bénéfice de votre jugement, s'il croyait devoir s'en contenter. Il est à désirer que vous prononciez sur les affaires qui vous paraîtraient susceptibles d'être portées devant les tribunaux, assez à temps pour qu'elles puissent être jugées par eux avant la clôture de la liste (31 mars). Vous ferez connaître aux citoyens, dans l'avis que vous publierez, et en leur notifiant vos arrêtés, qu'ils peuvent se pourvoir devant le tribunal en ce qui concerne les questions mentionnées art. 42, dans les dix jours qui suivront la notification de votre arrêté (ce délai est celui que détermine l'art. 18 de la loi de 1828, devenu le 35e de la loi du 19 avril 1831). Si, à l'époque du 31 mars ou du quatre-vingt-deuxième jour après l'affiche (art. 58), il y avait un grand nombre d'actions pendantes devant le tribunal civil, le maire n'en devrait pas moins procéder à la clôture de la liste ; mais l'élection pourrait être suspendue quelques jours. Au reste, ce point se rattache à la tenue des assemblées communales, sur laquelle vous recevrez une instruction ultérieure. Les jugements du tribunal peuvent avoir pour effet de modifier la liste communale. Ils devront être notifiés au maire, qui fera en conséquence, sur la liste des électeurs communaux, les changements prescrits. C'est une question de savoir si, après le 31 mars, époque de la clôture, le maire pourrait faire les changements consécutifs résultant médiatement de jugements des tribunaux ; si, par exemple, il pourrait, en cas de radiation de censitaires, appeler le plus imposé en dehors de la liste, ou réciproquement exclure le dernier censitaire, à raison de l'inscription d'un contribuable plus imposé que lui. Le texte de l'art. 40 paraît opposé à cette interprétation, puisqu'il porte qu'après la clôture, il ne sera plus fait de changement aux listes dans le cours de l'année. Il semble donc résulter de là que si des jugements interviennent après le 31 mars, conformément à l'art. 52, ces jugements ne doivent avoir d'autre suite que celle qui résulte immédiatement de leur dispositif; et qu'ainsi il y a lieu d'inscrire ou de rayer l'individu qui en est l'objet, sans avoir aucun égard à la disproportion que cette inscription ou cette radiation établit entre les nombres effectifs d'électeurs et ceux qu'exigent les art. 11 et 12.

Le 31 mars, le maire devra procéder, avec la commission du conseil municipal, à la clôture de la liste des électeurs communaux. Il dressera d'abord le second tableau de rectification : ce tableau présentera le résultat des arrêtés du préfet, en conseil de préfecture, des jugements des tribunaux civils, et des décisions prises par le maire pour donner suite à ces arrêtés ou jugements. Il complétera ou réduira la liste des censitaires et des domiciliés pour la mettre en rapport avec la population. (Si le nouveau recensement est terminé cette année à l'époque de la clôture, le maire devra y conformer son travail.) Mais il n'aura plus à s'occuper de la liste supplémentaire dont il a été parlé ci-dessus, puisque cette liste ne peut plus servir après la clôture. L'arrêté de clôture contiendra le chiffre de la population de la commune. La liste une fois close ne pourra plus éprouver de changements dans le cours de l'année, sauf ceux qui résulteraient de jugements des tribunaux civils (art. 72), sauf encore pour cause de décès ou de perte de droits civils ou politiques. Les dépenses relatives à l'exécution de la loi communale devront, en général, être acquittées sur les budgets communaux. Cependant, les cadres de listes et les modèles que vous serez dans le cas d'adresser à MM. les maires, sont de nature à être payés sur les fonds départementaux. Si votre abonnement, grevé cette année de nombreux frais d'impressions, n'y pouvait suffire, vous proposeriez l'imputation de cette partie de dépense sur les fonds des dépenses imprévues du département.

Je reconnais, Monsieur le préfet, que la première exécution de la loi du 21 mars présentera beaucoup de difficultés, surtout dans les petites communes. Ces difficultés seront moins grandes lors de la prochaine révision annuelle, qui aura lieu du 1ᵉʳ janvier au 31 mars 1832; et, d'ici à cette époque, l'expérience aura pu fournir des moyens de simplifier les opérations : il existera, d'ailleurs, dans chaque commune, des éléments primitifs qui manquent entièrement aujourd'hui. Je vous recommande, comme un de vos soins les plus importants, de faciliter le travail de MM. les maires par

tous les procédés que vous suggéreront votre zèle et votre connaissance des hommes et des choses dans le département qui vous est confié. Vous pourrez charger MM. les sous-préfets et quelques-uns des maires les plus instruits, les plus au courant des affaires administratives, d'éclairer de leurs conseils les maires qui auraient besoin d'y recourir. MM. les maires pourront, dans les réunions cantonales qui vont avoir lieu, du 1ᵉʳ au 10 juin, pour la révision de la liste du jury (loi du 19 avril, art. 14), se concerter et s'éclairer mutuellement pour la formation des listes d'électeurs. L'organisation municipale est impatiemment attendue : elle fera pénétrer dans toutes les communes les avantages du régime constitutionnel ; mais, comme elle repose sur des bases entièrement neuves, comme elle exige des soins dont les administrateurs des communes n'ont pas eu à s'occuper précédemment, il importe de diriger avec une attention particulière les diverses opérations qui la mettront en activité, et de prévenir les irrégularités et les embarras que pourrait rencontrer la première application de ce nouveau système. Le soin de hâter et d'assurer son exécution est au premier rang de vos devoirs, et je me plais à croire que vous ne resterez pas au-dessous des obligations qu'il vous impose.

───────────

10 MAI 1831. — Ordonnances qui autorisent diverses acquisitions d'immeubles faites par les communautés de diverses communes. (Bull. O. 81, n. 2241.)

10 MAI 1831. — Ordonnance qui autorise le maire de Nonic à distraire une partie du presbytère de cette commune pour servir de mairie. (Bull. O. 81, n. 2245.)

10 MAI 1831. — Ordonnances qui autorisent diverses fabriques à opérer un transfert de rente, vendre et réparer des immeubles. (Bull. O. 81, n. 2214 à 2246.)

10 MAI 1831. — Ordonnances qui autorisent l'acceptation de legs faits à diverses fabriques. (Bull. O. 82, n. 2259.)

10 MAI 1831. — Ordonnance qui autorise l'acceptation d'une donation faite à la commune de Nicole. (Bull. O. 83, n. 2309.)

───────────

11 = 19 MAI 1831. — Ordonnance du roi qui place dans les attributions du garde des sceaux, ministre de la justice, la section judiciaire des archives du royaume. (IX, Bull. O. LXXIII, n. 1887.)

Louis-Philippe, etc., vu le décret du 21 septembre 1812 et notre ordonnance du 17 mars dernier, desquels il résulte que l'administration des archives du royaume est maintenant placée dans les attributions du ministère du commerce et des travaux publics ; considérant que la section judiciaire de ces archives comprend les pièces extraites des greffes des anciens tribunaux de Paris lors de la suppression de ces tribunaux ; que, dans les autres parties du royaume, les pièces provenant également des tribunaux supprimés ont été et sont encore déposées dans les greffes des tribunaux existants; considérant que ces pièces, la plupart relatives à des contestations d'intérêts privés, et se rattachant souvent à de nouveaux procès, doivent être partout placées à la disposition immédiate et sous la surveillance de l'autorité judiciaire; sur le rapport de notre ministre du commerce et des travaux publics, etc.

Art. 1er. La section judiciaire des archives du royaume cesse de faire partie de ces archives ; elle est placée dans les attributions et sous la surveillance de notre garde des sceaux, ministre secrétaire d'Etat de la justice.

2. Les pièces et documents qui composent cette section resteront déposés dans le local qu'ils occupent en ce moment.

3. Notre ministre du commerce et des travaux publics, et notre ministre de la justice (Barthe et comte d'Argout) sont chargés, etc.

———

11 = 28 mai 1831. — Ordonnance du roi concernant la retenue à exercer, tant en France que dans les colonies, sur les allocations de fonds payées sur les revenus coloniaux, et sur la caisse des invalides de la marine. (IX, Bull. O. LXXV, n. 2005.)

Louis-Philippe, etc., considérant que, d'après les dispositions de la loi du 18 avril 1831, promulguée le 25, tous traitements, appointements, pensions et dotations payés sur les fonds du budget de l'Etat, et toutes remises accordées sur les sommes reçues ou payées pour le compte de l'Etat, sont passibles, jusqu'au 31 décembre prochain, d'une retenue graduée dont la loi excepte seulement, dans les armées actives de terre et de mer, les traitements des grades inférieurs à celui de chef de bataillon ou de capitaine de corvette et ceux des grades correspondants exclusivement, et, dans toutes les parties du service public, les traitements, pensions ou dotations au-dessous de mille francs par an ; que les dispositions de la loi, textuellement applicables aux allocations payées sur les fonds du budget de l'Etat, s'étendent nécessairement par analogie aux allocations de même nature payées sur d'autres fonds ; que cette extension, fondée sur le principe d'une équitable distribution des charges publiques, est d'ailleurs réclamée par le besoin des caisses coloniales et par ceux du trésor public ;

sur le rapport du ministre de la marine et des colonies, etc.

Art. 1er. Les dispositions de la loi du 18 avril 1831 relatives à la retenue proportionnelle seront appliquées jusqu'au 31 décembre prochain, tant en France que dans les colonies, à toutes les allocations payées sur les fonds et revenus dits coloniaux, sous les seules exceptions de grade et de qualité établies par la loi.

2. Ces dispositions seront également appliquées jusqu'à la même époque, et avec les mêmes restrictions, aux pensions et allocations payées sur les fonds de la caisse des invalides de la marine.

3. La retenue commencera en France à partir du 1er mai 1831, et dans les colonies, à partir de la promulgation de la présente ordonnance.

4. Le produit de la retenue prescrite par les articles précédents sera versé, savoir : pour les fonds coloniaux, dans les caisses de nos établissements d'outre-mer, et, pour les fonds des invalides, dans les caisses du trésor public.

5. Notre ministre de la marine et des colonies et notre ministre des finances (comte de Rigny et baron Louis) sont chargés, etc.

———

11 mai 1831. — Ordonnances qui accordent des demi-soldes, suppléments et pensions aux marins, ouvriers et veuves y dénommés. (Bull. O. 97 bis, n. 5, et 102 bis, n. 1er.)

———

13 = 19 mai 1831. — Ordonnance du roi qui fixe provisoirement la prime d'exportation des draps, casimirs et autres tissus foulés de pure laine. (IX, Bull. LXXIII, n. 1883.)

Louis-Philippe, etc., vu l'art. 18 de la loi du 18 avril 1831, portant : « Des ordonnances du roi pourront, d'ici à la « prochaine session des Chambres, révi- « ser, s'il y a lieu, le tarif des primes de « sortie allouées aux tissus de laine, à « l'effet de rendre entière la compensation « des droits que les laines étrangères su- « bissent à l'entrée, etc., etc. ; » sur le rapport de nos ministres du commerce et des finances, le conseil supérieur du commerce entendu, etc.

Art. 1er. La prime des draps, casimirs et autres tissus foulés de pure laine, valant au moins six francs par kilogramme, sera provisoirement fixée à treize et demi pour cent de la valeur de ces tissus, pour toutes les exportations déclarées et effectuées postérieurement à la promulgation de la présente ordonnance.

2. Le contrôle des valeurs déclarées continuera à être exercé, avant la liquidation

des primes, par les experts institués par l'art. 19 de la loi du 27 juillet 1822, et les fausses déclarations punies conformément aux art. 17 de la loi du 21 avril 1818 et 7 de la loi du 27 juillet 1822.

3. Notre ministre du commerce et des travaux publics, et notre ministre des finances (comte d'Argout et baron Louis) sont chargés, etc.

13 = 19 mai 1831. — Ordonnance du roi relative à l'importation des tapis, et des nitrates de potasse et de soude. (IX, Bull. O. LXXIII, n. 1884.)

Louis-Philippe, etc., vu l'art. 34 de la loi du 17 décembre 1814; vu les ordonnances des 10 octobre et 13 décembre 1829, qui ont été rendues en vertu de cette disposition; attendu que ces ordonnances n'ont pu encore être converties en lois dans les précédentes sessions des Chambres; voulant d'ailleurs fixer, par assimilation, le régime propre au nitrate de soude qui se trouve omis dans le tarif en vigueur, et favoriser l'importation du salpêtre en appliquant le minimum des droits à toutes les importations faites par des navires français venant en droiture des pays hors d'Europe, sans distinction de l'Inde ou de l'Égypte; sur le rapport de nos ministres du commerce et des finances; le conseil supérieur du commerce entendu, etc.

Art. 1ᵉʳ. L'ordonnance du 10 octobre 1829, relative à l'importation des tapis de toute espèce est maintenue.

2. Le droit d'importation des nitrates de potasse et de soude est fixé ainsi qu'il suit :

Nitrate de potasse, *nitre* ou *salpêtre*.

Par navire français.	Des pays hors d'Europe. . 52 f. 50 c.	Par 100 kilog.
	D'ailleurs 65 80	
Par navires étrangers et par terre. 80 00		
Nitrate de soude.	Les deux tiers des droits ci-dessus, suivant la provenance et le pavillon.	

L'ordonnance du 13 décembre 1829 est rapportée en ce qu'elle a de contraire à la présente.

3. Nos ministres du commerce et des travaux publics, et des finances (comte d'Argout et baron Louis) sont chargés, etc.

13 = 24 mai 1831. — Ordonnance du roi qui augmente le nombre des gardes d'artillerie, ouvriers d'État et artificiers. (IX, Bull. O. LXXIV, n. 1956.)

Louis-Philippe, etc., vu l'ordonnance du 5 août 1829 sur l'organisation de l'artillerie; considérant que le nombre des gardes,

ouvriers d'État et artificiers, fixé par cette ordonnance, est au-dessous des besoins du service; sur le rapport de notre ministre de la guerre, etc.

Art. 1ᵉʳ. Le nombre des gardes d'artillerie, ouvriers d'État et maîtres artificiers, est fixé ainsi qu'il suit :

Gardes de 1ʳᵉ classe, 22; 2ᵉ classe, 78; 3ᵉ classe, 207. Ouvriers d'État : chefs, 9; sous-chefs, 12; ouvriers, 98. Maîtres artificiers, 15.

2. Il sera créé, pour le service des directions, huit emplois de chefs artificiers en sus de ceux employés dans les régiments d'artillerie. Ces employés feront partie de l'état-major particulier de l'artillerie. Ils seront, comme ceux des régiments, pris parmi les sous-officiers qui auront suivi avec fruit les cours de l'école de pyrotechnie, et concourront avec eux pour les places de maîtres artificiers.

3. Les chefs artificiers des directions jouiront, sur le pied de paix, d'une solde annuelle de onze cents francs et d'une indemnité de logement de cent vingt francs.

4. La solde de ces employés, sur le pied de guerre, sera portée à quinze cents francs.

5. Notre ministre de la guerre (duc de Dalmatie) est chargé, etc.

13 mai = 20 septembre 1831. — Ordonnance du roi contenant publication de la liste supplémentaire et définitive des noms des citoyens qui ont obtenu la croix de Juillet. (IX, Bull. O. CIV bis, n. 2.)

Louis-Philippe, etc., vu la loi du 13 décembre 1830; vu la liste supplémentaire et définitive de désignation, dressée par la commission des récompenses nationales, des citoyens de Paris et de la banlieue qu'elle a jugés dignes de recevoir la croix de Juillet, etc.

Art. 1ᵉʳ. La croix de juillet sera décernée aux citoyens de Paris et de la banlieue compris à l'état nominatif définitivement clos et arrêté par notre ministre secrétaire d'État de l'intérieur, et annexé à la présente ordonnance.

2. Notre président du conseil, ministre de l'intérieur (M. Casimir Périer) est chargé, etc.

(*Suivent les noms.*)

13 = 24 mai 1831. — Ordonnance du roi qui admet les auditeurs de première classe au conseil d'État à exercer les fonctions du ministère public près le conseil. (IX, Bull. O. LXXIV, n. 1959.)

Louis-Philippe, etc., sur le rapport de notre garde des sceaux, ministre secrétaire d'État au département de la justice, etc.

Art. 1ᵉʳ. Les auditeurs de première classe

au conseil d'Etat seront admis à exercer, concurremment avec les maitres des requêtes, les fonctions du ministère public près le conseil d'Etat.

2. Notre ministre de la justice (M. Barthe) est chargé, etc.

———

13 MAI 1831 = 2 AOUT 1832. — Ordonnance du roi relative à la médaille de Juillet. (IX, Bull. O. CLXXIII, 1re sect., n. 4305.)

Louis-Philippe, etc., vu la loi du 13 décembre 1830 ; sur le rapport de notre président du conseil, ministre secrétaire d'Etat au département de l'intérieur, etc.

Art. 1er. La médaille instituée par la loi du 13 décembre 1830, à décerner aux citoyens qui se sont distingués dans les glorieuses journées de juillet, représentera *le coq gaulois* entouré d'une couronne de chêne, avec cette inscription, A SES DÉFENSEURS, LA PATRIE RECONNAISSANTE ; au revers, trois couronnes de laurier entrelacées, avec cette légende, 27, 28 ET 29 JUILLET 1830, PATRIE, LIBERTÉ, et pour exergue, ces mots, DONNÉ PAR LE ROI DES FRANÇAIS.

2. La médaille pourra être portée, et, dans ce cas, elle devra être suspendue à un ruban tricolore.

3. Notre président du conseil, ministre de l'intérieur (M. Casimir Périer) est chargé, etc.

———

13 MAI 1831. — Ordonnance qui autorise l'université à accepter un legs fait en sa faveur et à vendre la nue-propriété des biens dont il se compose. (Bull. O. 83, n. 2293.)

13 MAI 1831. — Ordonnances relatives à l'établissement de diverses usines dans plusieurs communes. (Bull. O. 83, n. 2298.)

13 MAI 1831. — Ordonnance qui fixe l'époque de la tenue et réduit des foires dans diverses communes. (Bull. O. 81, n. 2589.)

14 MAI = 1er JUIN 1831. — Ordonnance du roi portant création de deux régiments de la marine. (IX, Bull. O. LXXVI, n. 2057.)

Louis-Philippe, etc., sur le rapport de notre ministre de la marine et des colonies, etc.

Art. 1er. Il sera formé deux régiments destinés à pourvoir au service ordinaire des garnisons des colonies françaises. Il y aura en France un seul dépôt pour les deux régiments.

2. Ces régiments prendront la dénomination de 1er et 2e *régiments de la marine* ; ils seront, quant à présent, composés et répartis conformément au tableau ci-annexé. Lorsque les circonstances l'exigeront, l'ef-

fectif de chaque régiment pourra être augmenté, d'après nos ordres, de manière à porter chaque compagnie au complet de cent douze sous-officiers et soldats, ainsi qu'il est établi par l'ordonnance du 27 février 1825. Il pourra être ajouté à la suite des deux régiments de la marine, et en dehors des cadres, un nombre d'officiers déterminé selon les besoins du service, soit pour occuper les emplois d'officiers de l'état-major des colonies, soit pour être affectés à l'instruction des troupes de toutes armes de la marine.

3. Les officiers, sous-officiers et soldats des 45e, 51e régiments d'infanterie de ligne, et 16e d'infanterie légère, les officiers européens du bataillon des Cypahis de l'Inde, les officiers d'infanterie de la marine actuellement attachés aux équipages de ligne, et les officiers de différentes armes employés à l'état-major dans les colonies, concourront à la formation des nouveaux régiments de la marine. Ceux des officiers, sous-officiers et soldats désignés ci-dessus, qui appartiennent à l'armée de terre, ne seront incorporés dans les régiments de la marine, ou placés à la suite de ces régiments pour occuper des emplois à l'état-major des colonies, que de leur consentement formellement exprimé. A dater du jour de leur incorporation, ils cesseront de compter dans l'armée de terre. Les militaires faisant partie des trois régiments spéciaux, et les officiers actuellement employés à l'état-major des colonies, qui ne consentiraient pas à passer dans les régiments de la marine, seront rendus au département de la guerre, aux époques et ainsi qu'il sera réglé entre les deux départements.

4. Si le nombre des militaires qui, en conséquence des dispositions de l'art. 3, auront demandé à faire partie des régiments de la marine, se trouvait inférieur au complet de ces corps, il y serait suppléé au moyen d'appels faits par les soins du ministre de la guerre aux officiers, sous-officiers et soldats de bonne volonté actuellement sous les drapeaux, ainsi qu'aux autres officiers qui sont à la disposition du ministre de la guerre. Dans le cas où ces appels seraient encore insuffisants, il serait pourvu aux emplois d'officiers et sous-officiers par voie d'avancement, et au complétement des corps en simples soldats, par voie de désignations sur le recrutement ordinaire.

5. Après la première organisation, les régiments de la marine se recruteront, comme ceux de l'armée de terre, par voie de désignation sur les appels annuels, et par des enrôlements volontaires, de la même manière que les équipages de ligne.

6. Les dispositions des lois, ordonnances

et instructions relatives au recrutement, aux rengagements, aux remplacements, à la libération, à l'avancement, aux allocations de solde et d'indemnités de toute espèce, aux récompenses militaires, aux traitements de retraite et aux pensions dans l'armée de terre, sont applicables aux officiers, sous-officiers et soldats des régiments de la marine, sauf les modifications indiquées aux articles ci-après.

7. La quotité des hautes-paies de toute espèce sera, pour les bataillons et détachements employés aux colonies, et pendant la durée effective de leur séjour dans ces établissements, double de celle des hautes-paies allouées dans l'infanterie de l'armée de terre.

8. Les suppléments de solde, les suppléments d'indemnités, les distributions supplémentaires de vivres, qui sont accordés par les réglements actuellement en vigueur aux officiers, sous-officiers et soldats en activité de service aux colonies, seront alloués, dans la même position, aux officiers, sous-officiers et soldats des régiments de la marine.

9. L'abonnement pour l'entretien des armes sera payé, dans les colonies seulement, d'après les tarifs établis pour l'armée de terre, avec augmentation de moitié.

10. L'avancement aux grades de sous-lieutenant, de lieutenant et de capitaine, roulera sur les sous-officiers et officiers du dépôt ou de chaque portion de régiment tenant garnison dans une colonie, chacune des portions du régiment étant considérée comme formant, à cet égard, un corps séparé. Rouleront entre eux, pour l'avancement, aux mêmes grades, les sous-officiers et officiers affectés à l'instruction des équipages de ligne.

11. Les adjudants-majors seront choisis parmi tous les capitaines ou lieutenants, et les officiers-payeurs parmi tous les lieutenants ou sous-lieutenants de la partie du corps dans laquelle la vacance aura lieu.

12. L'avancement aux grades de chef de bataillon et de lieutenant-colonel, soit à l'ancienneté, soit au choix, aura lieu sur la totalité des capitaines et chefs de bataillon des deux régiments (bataillons expéditionnaires, dépôt et officiers détachés à l'état-major des colonies). Rouleront entre eux, pour l'avancement aux mêmes grades, les officiers affectés à l'instruction des équipages de ligne.

13. Les colonels des régiments de la marine seront choisis exclusivement parmi tous les lieutenants-colonels d'infanterie attachés au service du département de la marine.

14. Sont maintenues, jusqu'à ce qu'il en ait été autrement ordonné, les dispositions des art. 18 et 20 de l'ordonnance du 17 août 1828, relatives aux troupes d'infanterie employées aux colonies, et portant : 1° que les sous-officiers qui auront trois ans de service, dont un au moins comme sous-officiers, seront susceptibles d'être nommés sous-lieutenants; 2° que les officiers ayant deux ans de grade pourront obtenir de l'avancement, lorsqu'il ne se trouvera pas de candidats ayant quatre ans de grade.

15. Le service effectif dans les colonies sera compté comme bénéfice de campagne pour les décorations, pour l'admission aux compagnies sédentaires et à l'hôtel royal des invalides, conformément aux régles dé terminées pour les pensions militaires par la loi du 11 avril 1831. Sera considéré comme service aux colonies le temps d'embarquement pour s'y rendre et pour en revenir.

16. Il sera établi dans chacun des régiments de la marine une masse générale pour subvenir aux dépenses ci-après, savoir : habillement et grand équipement, écoles et infirmeries régimentaires, éclairage des corridors et escaliers des casernes, illuminations accidentelles, premières mises des sous-officiers faits officiers, réparation des armes, musique, dépenses imprévues; ladite masse supportera, en outre, la retenue au profit de la caisse des invalides de la marine, dont seraient passibles, tant les dépenses de la masse elle-même, que la solde des sous-officiers et soldats; elle supportera également la retenue à faire, au profit de la même caisse, d'un pour cent sur le montant de la solde des officiers. Le taux de la masse générale sera déterminé chaque année par notre ministre de la marine, d'après le rapport des inspecteurs généraux. Le dépôt administrera séparément la masse de chacun des deux corps.

17. Indépendamment de la masse générale, il sera alloué pour tout homme de nouvelle levée une première mise d'habillement et de grand équipement, dont le taux sera déterminé annuellement par le ministre de la marine, et, de plus, une première mise de petit équipement, au taux réglé pour les troupes d'infanterie de ligne de l'armée de terre.

18. Chaque portion séparée des régiments de la marine, d'une force de trois compagnies au moins, aura une école d'enseignement mutuel.

19. L'uniforme des régiments de la marine sera semblable à celui de l'infanterie de ligne; il n'en sera distingué que par le bouton, qui sera timbré d'une ancre, et qui portera en outre le numéro du régiment.

20. Le Code pénal militaire, ainsi que

31

19

les lois, ordonnances et règlements sur le service, la discipline et la police intérieure des troupes d'infanterie de terre, sont applicables aux régiments de la marine. Sont également applicables aux mêmes corps les dispositions de l'ordonnance du 21 avril 1824, portant création d'une compagnie de discipline de la marine.

21. L'ordonnance du 17 août 1828, portant affectation spéciale de trois régiments d'infanterie de l'armée de terre au service ordinaire des colonies, cessera d'avoir son effet, sauf en ce qui concerne les dispositions rappelées par l'art. 14 de la présente ordonnance, aussitôt après l'organisation définitive des nouveaux régiments de la marine.

22. Nos ministres de la guerre et de la marine (comte de Rigny et duc de Dalmatie) sont chargés, etc.

(Suit le tableau.)

————

14 = 24 mai 1831. — Ordonnance du roi concernant la retenue proportionnelle à exercer, en exécution de la loi du 18 avril dernier, sur les traitements et autres allocations formant émolument personnel à la charge du budget de l'université. (IX, Bull. O. LXXIV, n. 1958.)

Louis-Philippe, etc., vu l'art. 10 de la loi du 18 avril dernier, portant « qu'à comp-
« ter du 1er mai jusqu'au 31 décembre de
« la présente année, tous traitements, ap-
« pointements, salaires, pensions et dota-
« tions payés sur les fonds du budget de
« l'Etat, et toutes remises accordées sur les
« sommes reçues ou payées pour le compte
« de l'Etat, seront assujettis à une retenue
« proportionnelle, conformément au tarif
« annexé à cette loi; » vu l'ordonnance du 10 mai courant, qui règle la manière dont la retenue sera exercée dans les divers ministères; vu l'avis du conseil royal de l'instruction publique sur l'application des dispositions de ladite ordonnance aux administrations et aux établissements soumis à la juridiction de l'université; sur le rapport de notre ministre de l'instruction publique et des cultes, etc.

Art. 1er. Tous les traitements et autres allocations formant émolument personnel à la charge du budget de l'université qui est porté pour ordre au budget de l'Etat, sont passibles de la retenue prescrite par la loi du 18 avril. Elle s'exercera sur le traitement entier et concurremment avec celle qui s'effectue déjà au profit du fonds de retraite.

2. Les traitements, salaires, remises et pensions, soumis à la retenue, seront ordonnancés pour la somme intégrale; mais les ordonnances et mandats de paiement

présenteront le décompte de la retenue à opérer et du net à payer aux parties prenantes. Il sera fait dépense du montant intégral des ordonnances, et recette du montant des retenues exercées au profit du trésor.

3. La retenue sera appliquée séparément aux indemnités allouées pour des services spéciaux, et aux précipuls des doyens des facultés, selon la classe dans laquelle ces indemnités et précipuls se trouvent placés d'après leur quotité. Il en sera de même des traitements et pensions que la loi permet de cumuler.

4. Les frais de tournée alloués aux inspecteurs généraux, aux recteurs et aux inspecteurs des académies, ayant pour objet de couvrir une dépense de matériel occasionnée par un service public, ne seront pas susceptibles de retenue.

5. Un tiers de l'abonnement des frais du bureau des recteurs sera exempt de la retenue, comme affecté spécialement à des dépenses de matériel; les deux tiers restants seront soumis à la retenue de la première classe, d'après le tarif de la loi.

6. Les traitements fixes, supplémentaires et éventuels des professeurs, suppléants et secrétaires des facultés, seront soumis à la retenue, qui sera appliquée à ces divers traitements réunis en une seule masse. Les décomptes de 1850 serviront provisoirement de base pour les traitements éventuels. On établira, à cet effet, dans chaque faculté, des termes moyens de traitements calculés d'après la somme totale payée, en 1850, aux professeurs, suppléants et secrétaires, sauf rectification lorsque les décomptes de 1831 seront réglés. La retenue sera également opérée : 1° sur les traitements des fonctionnaires et employés des facultés; 2° sur l'éventuel des agrégés des facultés de médecine, lorsque cet éventuel s'élèvera à mille francs et au-dessus. Elle ne sera pas exercée sur les droits de présence alloués aux juges des concours ouverts dans les facultés.

7. Les membres des commissions chargées de délivrer les grades étant, en cette qualité, appelés à faire un service spécial, les droits d'examen qui leur sont alloués ne seront pas réunis pour la retenue aux traitements dont ils jouissent dans les établissements de l'université.

8. Le traitement de quatre cents francs alloué aux agrégés ne peut, dans aucun cas, être réuni à un autre traitement assujetti à la retenue.

9. Les pensions payées sur le crédit ouvert au budget sont seules soumises à la retenue.

10. La retenue sera opérée sur les som-

mes allouées aux fonctionnaires et professeurs non employés,

11. Les traitements des fonctionnaires, professeurs et employés des colléges royaux, étant payés sur les fonds propres de ces établissements, auxquels le budget de l'Etat ne fournit qu'une subvention insuffisante, et cette subvention étant d'ailleurs en partie prélevée sur le prix de la pension des élèves boursiers à la charge du gouvernement, ne sont point passibles de la retenue.

12. La retenue sera exercée sur les traitements du directeur, des maitres, surveillants et employés de l'école normale, qui sont payés en entier sur les fonds du budget de l'Etat.

13. Le montant des retenues opérées en vertu de la présente ordonnance sera versé des caisses de l'université dans celles du trésor.

14. Notre ministre de l'instruction publique et des cultes (M. Montalivet) est chargé, etc.

14 = 28 MAI 1831. — Ordonnance du roi sur la comptabilité de l'hospice des Quinze-Vingts, de la maison de Charenton, et des institutions des Sourds-Muets et des Jeunes Aveugles. (IX, Bull. O. LXXV, n. 2006.)

Louis-Philippe, etc., sur le rapport de notre ministre du commerce et des travaux publics; vu les réglements relatifs à la comptabilité des établissements de bienfaisance; vu l'ordonnance du 23 avril 1823, relative à la comptabilité communale, et les ordonnances des 24 décembre 1826 et 22 janvier 1831 relatives à la comptabilité des hospices et des établissements de bienfaisance, etc.

Art. 1er. Les dispositions des ordonnances des 24 décembre 1826 et 22 janvier 1831 seront appliquées à l'hospice des Quinze-Vingts, à la maison royale de Charenton, aux institutions royales des Sourds-Muets de Paris et de Bordeaux, et à l'institution des Jeunes Aveugles.

2. L'exécution de ces dispositions, en ce qui concerne le nouveau mode de comptabilité, commencera à dater de 1832. Les budgets de cet exercice comprendront, en conséquence, les fonds disponibles des exercices antérieurs. Les comptes de 1831 seront arrêtés au 31 décembre prochain pour la gestion courante; ceux de 1830 et les comptes antérieurs qui n'auraient pas été régulièrement arrêtés jusqu'à ce jour, à quelques années qu'ils appartiennent, seront dès à présent soumis à la juridiction de la Cour des comptes.

3. Notre ministre du commerce et des travaux publics, et notre ministre des finances (comte d'Argout et baron Louis) sont chargés, etc.

14 MAI 1831. — Ordonnance relative aux tarifs d'octroi de plusieurs communes. (Bull. O. 77, n. 2092.)

14 MAI 1831. — Ordonnances qui autorisent l'acceptation de legs et dons faits à des hospices, et plusieurs fabriques à vendre et louer des immeubles. (Bull. O. 82, n. 2260 à 2262 et 2270.)

14 MAI 1831. — Ordonnance qui approuve la transaction relative au remboursement d'une rente en blé, passée entre la fabrique de Saint-Pierre de Caen et la dame Cauvet. (Bull. O. 82, n. 2259.)

14 MAI 1831. — Ordonnance portant que les dispositions du décret du 1er août 1805, relatif aux prêtres âgés et infirmes, recevront leur exécution dans le diocèse de Nantes. (Bull. O. 82, n. 2264.)

14 MAI 1831. — Ordonnance qui autorise les chapelles dépendantes du château de la Pellonnière et de l'habitation de la dame Dutrésor, commune de Feugères. (Bull. O. 82, n. 2266.)

14 MAI 1831. — Ordonnance qui distrait le hameau de Saint-Aubin du territoire de la cure de Langrune, et l'érige en annexe vicariale, et qui autorise la donation offerte au maire de ladite commune, de bâtiments et terrains. (Bull. O. 82, n. 2267.)

14 MAI 1831. — Ordonnances qui accordent des lettres de naturalité aux sieurs Acherman, Bathollet, Chichizola. (Bull. O. 88 et 90, n. 2545 et 2669.)

14 MAI 1831. — Ordonnances qui nomment aux préfectures de l'Aisne, du Jura, de la Loire, de la Dordogne, des Landes, du Var, du Finistère, de Vaucluse, de la Charente, du Pas-de-Calais et des Deux-Sèvres. (Bull. O. 74, n. 1963 et 1964.)

14 MAI 1831. — Ordonnance qui admet les sieurs Frenoy, Massabo, Schillings, Wolodkowiez, Danzer et Viano à établir leur domicile en France. (Bull. O. 74, n. 1972.)

14 MAI 1831. — Ordonnance qui accorde des lettres de déclaration de naturalité au sieur Lebrun. (Bull. O., 2e sect., n. 6118.)

14 MAI 1831. — Lettres de naturalité accordées au sieur Calsamiglia. (Bull. O., 2e sect., n. 341.)

15 = 28 MAI 1831. — Ordonnance du roi portant que les entreprises théâtrales sédentaires dans les départements ne seront plus assujetties à n'avoir qu'une seule troupe dirigée par le directeur de l'entreprise en personne. (IX, Bull. O. LXXV, n. 2007.)

Louis-Philippe, etc., sur le rapport de notre ministre du commerce et des travaux publics, etc.

Art. 1er. L'art. 3 de l'ordonnance du 8 décembre 1824, portant que dans les départements un directeur de spectacle ne pourra avoir qu'une seule troupe qu'il devra diriger en personne, n'est point applicable aux entreprises théâtrales sédentaires, telles qu'il en existe à Bordeaux, Lyon, Marseille, Rouen, etc.

2. Notre ministre du commerce et des travaux publics (comte d'Argout) est chargé, etc.

---

16 = 24 MAI 1831. — Ordonnance du roi qui nomme M. le lieutenant-général Bonnet commissaire extraordinaire dans les quatrième, douzième et treizième divisions militaires. (IX, Bull. O. LXXIV, n. 1959.)

Louis-Philippe, etc., sur le rapport de notre ministre de l'intérieur, président du conseil, etc.

Art. 1er. Le lieutenant-général Bonnet est revêtu du caractère de commissaire extraordinaire dans les quatrième, douzième et treizième divisions militaires.

2. Notre ministre de l'intérieur (M. Casimir Périer), président du conseil, est chargé, etc.

---

16 MAI 1831. — Ordonnance qui approuve des pensions, suppléments, demi-soldes, accordés à des marins, ouvriers, pères, mères ou veuves. (Bull. O. 102 bis, n. 2.)

16 MAI 1831. — Ordonnance qui autorise l'acceptation d'un tiers du legs fait à la fabrique de Chantrans (Bull. O. 82, n. 3295.)

---

21 MAI 1831. — Avis du conseil d'État sur le service des étrangers dans la garde nationale.

Les membres du conseil d'État composant le comité de l'intérieur, consultés par M. le ministre de ce département sur les questions suivantes :

1o Si l'art. 10 de la loi du 22 mars 1831 est applicable aux étrangers admis à la jouissance des droits civils, conformément à l'art. 13 du Code civil, par cela seul qu'ils ont acquis en France une propriété, ou qu'ils y ont formé un établissement ;

2o Dans le cas de l'affirmative, si pour les étrangers domiciliés en France, sans avoir obtenu préalablement l'autorisation royale, il y a lieu à provoquer ladite autorisation, et à les pourvoir d'office ;

3o Si au contraire il ne convient pas de se retrancher derrière l'art. 13 du Code civil, qui exige l'autorisation préalable, pour refuser d'ouvrir les rangs de la garde nationale aux étrangers qui ne seraient pas complétement en règle sous ce rapport ;

4o Si enfin il est possible, après avoir admis un étranger dans la garde nationale, de défendre qu'il soit appelé aux fonctions d'officier ou de sous-officier ;

Vu l'art. 13 du Code civil et l'art. 10 de la loi du 22 mars 1831 ;

Considérant que la loi n'appelle au service de la garde nationale que les Français ;

qu'elle a dit, par exception à l'égard des étrangers, qu'ils pourront y être appelés s'ils sont admis à la jouissance des droits civils, lorsqu'ils auront acquis en France une propriété, ou qu'ils y auront formé un établissement ; qu'il s'ensuit : 1o que les étrangers ne peuvent être appelés au service de la garde nationale que sous la double condition d'avoir été admis à la jouissance des droits civils en France, et seulement lorsqu'ils y auront acquis une propriété ou formé un établissement ; 2o que, dans la commune où ils rempliraient ces deux conditions, leur appel ou leur admission dans la garde nationale ne paraît pas être de droit, les mots *pourront être appelés* n'indiquant qu'une faculté pour l'autorité ; qu'ils peuvent être appelés même s'ils ne l'avaient pas demandé, si le maire juge convenable de les inscrire au registre-matricule, et qu'ils peuvent ne pas être inscrits, lors même qu'ils le demanderaient, si le maire y voyait quelque inconvénient, et si, en cas de réclamation, le conseil de recensement partageait l'avis du maire ;

Considérant qu'il est en effet possible qu'il y ait inconvénient à admettre ou à appeler dans la garde nationale tel étranger, quoiqu'il jouisse des droits civils et soit propriétaire, qu'il n'a pas comme le naturel, ou le naturalisé Français, le droit de servir, si ceux à qui la loi a confié l'appel ne jugent pas convenable de le lui conférer, la loi ayant donné la faculté de décider s'il convient ou non de l'associer aux citoyens français ;

Considérant qu'on ne peut pas dire que le refus d'admettre l'étranger qui jouit des droits civils et possède une propriété ou un établissement en France serait une injure, et qu'il n'est rien de semblable ; le service étant un droit et une obligation, la loi ne donne le droit et n'impose l'obligation qu'à ceux qui sont appelés, et elle laisse aux maires la faculté d'appeler ou de ne pas appeler les étrangers, lors même qu'ils rempliraient les deux conditions qui les rendent susceptibles de l'appel ;

Quant à la demande, si l'on peut forcer les étrangers qui ont des propriétés ou un établissement en France, de se faire admettre à la jouissance des droits civils s'ils ne l'ont pas, ou à les en pourvoir d'office : considérant que la loi a voulu que les étrangers pussent posséder en France sans être sujets du pays ; que les propriétés qu'ils y achètent et les établissements qu'ils y forment peuvent leur fournir le motif d'une demande des droits civils, mais qu'elle ne les oblige pas à les demander, ni n'autorise à les leur conférer contre leur volonté ;

Considérant que s'il est facultatif à l'autorité municipale d'appeler au service de la garde nationale les étrangers qui réunissent la double condition exprimée en l'art. 10 de la loi du 22 mars, il ne paraît pas qu'une fois inscrits au registre-matricule ils puissent, plus que les Français, se soustraire volontairement à ce service, et que la dispense du service ordinaire peut seulement leur être accordée comme aux Français, dans les cas prévus dans l'art. 29 de la loi ;

Considérant, quant à la faculté d'être nommés officiers ou sous-officiers, qu'elle appartient à tous les gardes nationaux sans exception ; qu'on est garde national dès que l'on est inscrit sur le registre-matricule, et que dès lors la loi n'établit aucune distinction entre les Français et l'étranger ;

Sont d'avis : 1º que les étrangers ne doivent être appelés au service de la garde nationale que lorsqu'ils ont été admis, conformément à l'art. 13 du Code civil, à la jouissance des droits civils, et qu'ils ont acquis une propriété ou formé un établissement dans le royaume ;

2º Que l'appel des étrangers, lors même qu'ils remplissent ces deux conditions indispensables, est facultatif pour l'autorité, ainsi que cela résulte des termes de l'art. 10 de la loi du 22 mars, et que c'est aux maires, et, en cas de réclamations, aux conseils de recensement, à juger de la convenance de l'inscription de l'étranger ;

3º Qu'on ne peut pas provoquer l'autorisation de la jouissance des droits civils pour les étrangers qui ne la demanderaient pas, et les en pourvoir d'office, afin de les appeler au service de la garde nationale ;

4º Enfin, que les étrangers, une fois inscrits et maintenus sur le registre-matricule de la garde nationale, ne peuvent, pas plus que les Français, se soustraire au service, hors les cas de dispense prévus par la loi ; qu'on ne peut pas davantage les priver du droit d'élection et d'éligibilité aux places de sous-officiers et officiers, qui est accordé par la loi à tous les gardes nationaux, et que c'est à ceux-ci de juger du plus ou moins de convenance qu'il peut y avoir à conférer des grades à des étrangers domiciliés et propriétaires en France, et y jouissant des droits civils.

---

21 mai 1831. — Avis du conseil d'État sur la question de savoir si les greffiers et commis-greffiers peuvent se dispenser du service de la garde nationale.

Les membres du conseil d'État composant le comité de l'intérieur, consultés par M. le ministre de l'intérieur sur la question de savoir *si les greffiers des cours et tribunaux en sont membres, et s'ils ont* droit à l'application de l'art. 28 *de la loi du 22 mars sur la garde nationale* ;

Vu la loi du 27 ventôse an 8 sur l'organisation des tribunaux ;

Vu la loi du 22 mars 1831 sur la garde nationale ;

Considérant que la faculté accordée par l'art. 28 de la loi du 22 mars 1831 aux membres des deux Chambres et à ceux des cours et tribunaux, de se dispenser du service de la garde nationale, ne doit pas être considéré comme un privilége, mais comme une nécessité du service public, et que l'obligation du service de la garde nationale pourrait nuire à l'assiduité que réclament les fonctions judiciaires ;

Considérant que les greffiers, bien qu'ils ne soient pas magistrats, font cependant essentiellement partie des cours et tribunaux auxquels ils sont attachés ; que leur absence paralyserait l'action du pouvoir judiciaire, et que leur signature est nécessaire pour valider les actes ; que la loi leur a attribué le même costume qu'aux juges, et enfin que la loi du 27 ventôse an 8 les fait nommément jouir, comme les juges, du privilége de ne pouvoir être requis pour aucun autre service public ;

Considérant que l'arrêté du Directoire exécutif, du 13 floréal an 7, exempte du service de la garde nationale les juges des tribunaux et les greffiers en chef, et que cette exemption a été étendue aux greffiers de justices de paix par l'ordonnance du roi du 17 juillet 1816 ;

Que si les lois, ordonnances et réglements antérieurs à la loi du 22 mars dernier ont été abrogés par elle, leurs dispositions peuvent néanmoins servir à interpréter ce qui ne se trouverait pas assez clairement exprimé dans la loi nouvelle, et que cela paraît résulter explicitement du deuxième paragraphe de l'art. 162, portant : « Sont « et demeurent abrogées les dispositions « relatives au service et à l'administration « des gardes nationales qui seraient con-« traires à la présente loi ; » d'où on doit conclure que les exemptions qui ne sont pas contraires à l'esprit de la loi peuvent être maintenues.

Sont d'avis :

Que les greffiers en chef des cours, et les greffiers des tribunaux civils et de commerce et des justices de paix, étant membres de ces corps, doivent jouir de l'exemption facultative de service qui est accordée par l'art. 28 de la loi du 22 mars 1831, aux membres des cours et tribunaux ; mais que cette faculté ne doit être accordée qu'aux greffiers nommés par le roi, aux termes de la loi du 27 ventôse an 8, et ne doit pas s'étendre aux commis et autres expéditionnaires du greffe, qui ne sont que des employés du greffier (1).

27 MAI 1831. — Ordonnance qui autorise les sieurs Borne, Bellot et Fabre à ajouter à leurs noms ceux de Fains, de Kergorre et de Demollins, et le sieur Coq à s'appeler Lecoq. (Bull. O. 79, n. 2130.)

28 MAI = 11 JUIN 1831. — Ordonnance du roi qui place l'administration des lignes télégraphiques dans les attributions du président du conseil des ministres. (IX , Bull. O. LXXIX, n. 2122.)

Louis-Philippe , etc., sur le rapport de notre ministre du commerce et des travaux publics, etc.

Art. 1er. L'administration des lignes télégraphiques du royaume est placée dans les attributions directes de notre ministre secrétaire d'Etat de l'intérieur, président de notre conseil.

2. Le crédit affecté au personnel et au matériel de ce service, pour l'exercice 1831, sera transporté du budget du ministère du commerce et des travaux publics dans la comptabilité du ministère de l'intérieur.

5. Notre ministre de l'intérieur , président du conseil , et nos ministres du commerce et des travaux publics et des finances (MM. Casimir Périer, comte d'Argout et baron Louis) sont chargés, etc.

28 MAI 1831 = 1er FÉVRIER 1838. — Ordonnance

---

(1) Nous ne pouvons partager cette opinion , et nous pensons que les commis-greffiers, comme les greffiers en chef, peuvent invoquer le bénéfice de l'art. 28 de la loi du 22 mars 1831. Nous avons sous les yeux une consultation dans laquelle cette doctrine nous paraît parfaitement établie, après avoir démontré que les greffiers en chef sont membres des tribunaux, la consultation ajoute :

« Vainement on voudrait distinguer entre le *greffier en chef* et les *commis-greffiers* ; si les commis-greffiers ne reçoivent pas l'institution royale, ils ne sont pas moins des fonctionnaires publics, accueillis par la cour et le tribunal, qui ont reçu leur serment, assimilés, dans l'exercice de leurs fonctions , au greffier en chef qu'ils représentent, comme lui secrétaires du juge, témoins nécessaires de ses actes, et indispensables à l'administration de la justice ;

« Revêtus d'un caractère public, recevant leur traitement des propres deniers de l'Etat , les commis-greffiers sont de véritables officiers ministériels, remplissant des fonctions judiciaires , et évidemment *membres* de la juridiction à laquelle ils sont attachés.

« La controverse , à cet égard, n'est même pas possible ; la loi a prononcé, et force est de lui obéir ; les lois organiques de l'ordre judiciaire ont prescrit l'inscription des commis-greffiers sur la liste à dresser des *membres* des cours et tribunaux ; le rôle, le caractère propre de ces fonctionnaires sont donc *légalement* appréciés ; la difficulté est ainsi tranchée et rend toute discussion inutile. » (Voy. l'art. 36 du décret du 6 juillet 1810 et l'art. 28 du décret du 18 août 1810.)

« Quel a été , au surplus , *l'esprit* qui a servi de base à la disposition de l'art. 28 de la loi du 22 mars 1831 ? Le motif du législateur est sensible et concluant relativement à la difficulté qui se présente.

« Le service de la garde nationale est un service public , qui est sans doute éminemment utile ; mais l'administration de la justice ne l'est pas moins ; son cours ne saurait être, en aucune manière, interrompu ; pour les magistrats qui en sont les oracles, pour les fonctionnaires qui les assistent , et sans lesquels ils ne pourraient agir, le service de la garde nationale ne pouvait être une *charge* , mais une *simple faculté.* L'art. 5 de la loi du 27 ventôse an 8 avait prononcé que les fonctionnaires désignés dans l'art. précédent « (c'est-à-dire

« tous les membres des tribunaux, y compris les « greffiers) ne pourraient être *requis pour aucun au-* « *tre service public.* »

« L'art. 28 de la nouvelle loi sur la garde nationale n'est que le corollaire de l'art. 5 de la loi de ventôse.

« L'art. 28 de la loi du 22 mars n'a donc pas pour but d'accorder *une faveur,* un *droit de privilège,* à raison du *rang,* et de la *considération* dont peut jouir le garde national, mais *une faculté, eu égard à la nature de ses fonctions,* au caractère propre du *service dont il est chargé.* Le ministère de juge exigeant la présence des greffiers, ils devraient être dispensés également du service de la garde nationale.

« A l'égard des commis-greffiers, il y a parité de raison.

« On ne conçoit pas comment on voudrait leur refuser ce que l'on est forcé d'accorder au greffier en chef.

« La différence qui existe dans leur rang et leur position n'est pas ce qu'il faut considérer ; ce que l'on doit voir uniquement, c'est la *nature de leurs fonctions* ; or , attachés à chaque chambre, tenant la plume aux audiences, chargés d'un service spécial , et indispensables à ce service, représentant le greffier en chef, ne pouvant même, comme celui-ci, se faire remplacer, il y a nécessité de leur appliquer (on pourrait même dire *à fortiori*) la disposition de l'art. 28 de la loi du 22 mars.

« Les précédents existent : sous la loi ancienne, l'autorité municipale a toujours étendu aux commis-greffiers la faculté accordée aux greffiers, de se dispenser du service de la garde nationale.

« Ils ont constamment été placés sur la même ligne; pourquoi créer aujourd'hui une distinction qui n'a jamais été faite, et que repoussent le texte et l'esprit de la loi ? »

Ajoutons que pour les expéditionnaires du greffe, il est incontestable que la faveur de l'art. 28 de la loi du 22 mars est sans application. L'erreur du conseil d'Etat provient, à notre avis, du sens qu'il a donné au mot *commis-greffier* ; il a confondu ces fonctionnaires, ayant un titre, un caractère officiel et public, avec des employés salariés par le greffier en chef : il a pensé que les *commis-greffiers* étaient seulement des *commis du greffier* ; tandis qu'ils sont ses représentants légaux, autorisés par la loi à remplir une partie de ses fonctions, imprimant aux actes un caractère légal par leur présence et leur signature.

du roi concernant la garde nationale à cheval de Paris. (IX, Bull. O. DLIV, n. 7270.)

Louis - Philippe , etc. , vu les art. 30 , 36, 48, 106 et 125 de la loi du 22 mars 1831 ; sur le rapport de notre ministre secrétaire d'État au département de l'intérieur, etc.

Art. 1ᵉʳ. La garde nationale de Paris aura une légion de cavalerie, divisée, 1° en compagnies qui, suivant leurs forces, auront le nombre d'officiers, sous-officiers, brigadiers et trompettes , déterminé par l'art. 37 de la loi du 22 mars ; 2° en escadrons , composés de deux compagnies et ayant chacun un chef d'escadron, un porte-étendard , un adjudant-major, un chirurgien-aide-major, un artiste vétérinaire et un maître trompette ; 5° et en un état-major de légion, composé comme suit : colonel , 1 ; lieutenant-colonel , 1 ; major, 1 ; médecin, 1 ; chirurgien-major, 1 ; capitaine d'armement , 1 ; officier payeur, 1 ; artiste vétérinaire en chef , 1 ; trompette-major, 1.

2. Chacun des douze arrondissements de Paris pourra avoir une compagnie composée de soixante et onze à cent cinquante hommes. Celles des compagnies actuelles dont l'effectif excède cent cinquante gardes ne procéderont à de nouvelles incorporations que lorsqu'il se trouvera au-dessous de cette proportion.

3. Les cavaliers des divers arrondissements qui ne peuvent , en ce moment , former chacun une compagnie de soixante et onze hommes , pourront être réunis , de manière, toutefois, que , par l'effet de la réunion , chaque compagnie n'excède point le complet de cent cinquante hommes. Aussitôt qu'un de ces arrondissements comptera dans la réunion assez de cavaliers pour former lui seul une compagnie de soixante et onze hommes , il se détachera de la réunion , et organisera sa compagnie.

4. Chacune des compagnies actuelles conservera ceux de ses cavaliers qui , par leur domicile , sont étrangers à sa circonscription ; mais , à l'avenir, nulle compagnie ne recrutera en dehors de cette circonscription. Nul cavalier ne sera ultérieurement admis à faire partie d'une compagnie qu'avec l'approbation du conseil de recensement de son arrondissement.

5. Pour tous les grades qui sont à l'élection de la garde nationale à cheval , ainsi que pour la proposition de dix candidats aux grades de lieutenant-colonel et de chef de légion, nul citoyen ne pourra être choisi , s'il n'a point été désigné par les conseils de recensement pour faire partie de cette garde. Pour aucun des grades , il ne sera

nécessaire d'avoir été préalablement élu à l'un des grades inférieurs.

6. Pourront être soldés , le major et les adjudants-majors , ainsi que l'artiste vétérinaire en chef , le trompette - major , les quatre artistes vétérinaires, les quatre maîtres trompettes et les trompettes.

7. Notre ministre secrétaire d'État de l'intérieur nous présentera , pour la nomination d'un major et des adjudants-majors , une liste de deux candidats par emploi, proposés par le commandant supérieur de la garde nationale de Paris, et, pour la nomination du médecin, du chirurgien-major, des chirurgiens aides-majors , une pareille liste de proposition par le préfet du département de la Seine. La nomination du capitaine d'armement et de l'officier payeur sera faite par le préfet du département de la Seine , ainsi que celle aux emplois d'artiste vétérinaire , de trompette-major, et autres emplois soldés.

8. Notre ministre de l'intérieur (M. Casimir Périer) est chargé, etc.

28 MAI 1831. — Ordonnance qui admet les sieurs Bader, Baumann , Ehui , Forster, Lerner et Pissarello à établir leur domicile en France. (Bull. O. 77, n. 2093.)

28 MAI 1831. — Ordonnance qui révoque de ses fonctions M. Billiard , préfet des Landes. (Bull. O. 79, n. 2126.)

28 MAI 1831. — Ordonnances qui autorisent l'acceptation de dons et legs faits à des pauvres, des hospices et diverses communes. (Bull. O. 84, n. 2325 et suiv.)

29 MAI 1831. — Ordonnance qui autorise la construction de maisons à proximité des forêts et la conservation de diverses usines. (Bull. O. 81, n. 2207.)

29 MAI 1831. — Ordonnance relative aux bois de Hinx (Landes). (Bull. O. 81, n. 2209.)

29 MAI 1831. — Ordonnances qui autorisent l'établissement de diverses usines. (Bull. O. 82 et 83, n. 2239 et 2289.)

29 MAI 1831. — Ordonnance qui prescrit l'inscription de six pensions au trésor. (Bull. O. 82 bis, n. 4.)

29 MAI 1831. — Ordonnance qui prescrit l'inscription au trésor des pensions de la caisse du sceau. (Bull. O. 83 bis, n. 6.)

29 MAI 1831. — Ordonnances qui maintiennent sous le régime forestier et autorisent la délivrance de bois de plusieurs communes. (Bull. O. 81, 82, 83, 84, n. 2208, 2210, 2211, 2253, 2288. 2291, 2292 et 2320.)

30 MAI = 11 JUIN 1831. — Ordonnance du roi portant création d'une compagnie d'ouvriers pour le service des bâtiments à vapeur. (IX, Bull. O. LXXIX, n. 2123.)

Louis-Philippe, etc., sur le rapport de notre ministre de la marine et des colonies, etc.

Art. 1ᵉʳ. Il sera formé au port de Toulon une compagnie d'ouvriers marins spécialement destinée à fournir des détachements pour le service des machines à bord des bâtiments à vapeur de la marine royale.

2. La composition de ladite compagnie, ainsi que la solde et autres allocations attribuées aux hommes qui en feront partie, seront réglées conformément au tableau annexé à la présente ordonnance.

3. Pour la première formation, les mécaniciens, les forgerons et les chauffeurs seront pris, autant que possible, parmi les individus qui remplissent actuellement le même service à bord des bâtiments à vapeur de la marine royale, ou, à défaut, parmi les ouvriers en métaux employés dans les ateliers des ports, qui seront jugés le plus propres à cette destination. Ceux qui seront en ce moment sur les bâtiments à vapeur continueront à recevoir, jusqu'à la fin de l'engagement qu'ils ont contracté, la solde ou le traitement dont ils jouissent.

4. La compagnie sera divisée en trois sections, dont chacune sera susceptible d'armer deux bâtiments à vapeur. Les lieutenants de frégate et élèves chefs de section ou de subdivision s'embarqueront avec leurs hommes.

5. Le service des détachements à bord aura pour objet spécial, sous les ordres du commandant du bâtiment, la surveillance, la conduite et l'entretien des machines à vapeur. Les détachements restant à terre seront particulièrement affectés au gardiennage et à la conservation des bâtiments à vapeur, ainsi qu'à l'entretien de leurs machines. Les mécaniciens et ouvriers qui ne seront pas employés comme il vient d'être dit, seront occupés, dans les ateliers du port, aux travaux auxquels leur profession les rendra propres.

6. Le détachement à embarquer sur un bâtiment à vapeur ayant un appareil de la puissance de quatre-vingts chevaux et au-dessus, sera composé comme il suit : un mécanicien en chef pris parmi les premiers maîtres ou les maîtres, un second maître, deux aides, six à neuf marins chauffeurs, trois apprentis. Pour les bâtiments d'une force inférieure, cette composition sera modifiée en raison de la puissance de la machine et du service que le bâtiment sera appelé à remplir.

7. Tous les ouvriers ou marins, quels que soient leurs fonctions ou leurs grades, qui feront partie de la compagnie, seront soumis, tant à terre qu'à bord, aux lois et ordonnances qui régissent la marine. Ils observeront entre eux les règles de la hiérarchie militaire, d'après les assimilations ci-après :

RANG DANS LA COMPAGNIE.	RANG DANS LES ÉQUIPAGES DE LIGNE.
Premier maître mécanicien.	Premier maître.
Maître mécanicien.	Maître de profession.
Second maître mécanicien.	Second maître.
Aide-mécanicien.	Quartier-maître.
Forgeron.	Chef de pièce.
Chauffeur de première classe.	Gabier.
Chauffeur de seconde classe.	Matelot.
Apprenti chauffeur.	Apprenti marin.

8. La compagnie d'ouvriers marins sera placée, à terre, sous les ordres du major-général de la marine.

9. Ladite compagnie aura son administration et sa comptabilité séparées. Il sera pourvu par un règlement particulier à tous les détails de son organisation.

10. Des compagnies semblables pourront être successivement établies dans les autres ports militaires du royaume, à mesure que l'augmentation du nombre des bâtiments à vapeur en fera sentir le besoin.

11. Notre ministre de la marine et des colonies (M. de Rigny) est chargé, etc.

Tableau de la composition et de la solde de compagnie d'ouvriers marins affectée au service des bâtiments à vapeur de la marine royale. (Pour être annexé à l'ordonnance du roi du 30 mai 1831.)

NOMBRE ET DÉSIGNATION DES GRADES.	SOLDE FIXE		SUPPLÉMENT	
	par mois.	par an.	par mois.	par an.
	fr. c.	fr.	fr. c.	fr.
1 Lieutenant de vaisseau capitaine. . .	166 67	2,000	35 33	400
3 Lieutenants de frégate (lieutenants). . .	125 00	1,500	25 00	300
3 Elèves de 1ʳᵉ classe (sous-lieutenants). . .	66 67	800	»	»
3 Premiers maîtres mécaniciens.	125 00	1,500	25 00	300
3 Maîtres mécaniciens.	100 00	1,200	25 00	300
6 Seconds maîtres. . .{ 3 de 1ʳᵉ classe. . .	83 33	1,000	16 67	200
{ 3 de 2ᵉ classe. .	75 00	900	12 50	150
12 Aides-mécaniciens. .{ 6 de 1ʳᵉ classe. .	66 67	800	8 33	100
{ 6 de 2ᵉ classe. .	58 33	700	8 33	100
6 Forgerons.	50 00	600	8 33	100
1 Quartier-maître écrivain.	45 00	540	»	»
40 Marins chauffeurs. .{ 20 de 1ʳᵉ classe. .	la paie au	»	20 00	240
{ 20 de 2ᵉ classe. .	service.	»	15 00	180
18 Apprentis chauffeurs.	»	»	10 00	120
1 Tambour.	30 00	360	»	»
97 en tout.				

Nota. Les seconds maîtres jouiront, quand ils seront embarqués en chef, du supplément de maître c'est-à-dire de vingt-cinq francs par mois.

Les mécaniciens et chauffeurs de toute classe recevront à bord double ration de pain et de vin, toutes les fois que les machines fonctionneront.

30 MAI 1831. — Ordonnance qui accordent des pensions et des secours à des militaires, orphelins et veuves de militaires. (Bull. O. 83 *bis*, n. 7 à 10.)

———

31 MAI = 4 JUIN 1831. — Ordonnance du roi portant amnistie pour les contraventions au service de la garde nationale. (IX, Bull. O. LXXVII, n. 2089.)

Louis-Philippe, etc., sur le rapport de notre ministre de l'intérieur, etc.

Art. 1ᵉʳ. Il ne sera donné suite aux condamnations prononcées par les conseils de discipline des gardes nationales antérieurement à la promulgation de la loi du 22 mars dernier, et non encore exécutées.

2. Les poursuites qui auront été commencées en vertu de ces condamnations, seront mises au néant.

3. Aucune poursuite n'aura lieu pour fautes disciplinaires antérieures au jour où la loi du 22 mars est devenue exécutoire.

4. Aucune condamnation, prononcée en vertu de l'ancienne législation, ne devra être prise en considération pour motiver l'application des peines de la récidive.

5. Notre président du conseil, ministre de l'intérieur (M. Casimir Périer) est chargé, etc.

———

31 MAI = 8 JUIN 1831. — Ordonnance du roi sur l'organisation des employés des douanes en brigades armées. (IX, Bull. O. LXXVIII, n. 2115.)

Louis-Philippe, etc., sur le rapport de notre ministre de la guerre, etc.

Art. 1ᵉʳ. Les brigades armées de l'administration des douanes pourront être affectées au service militaire : 1° dans le cas d'invasion du territoire, soit par terre, soit par mer; 2° pendant que les opérations militaires auront lieu à l'extrême frontière. Dans l'un ou l'autre cas, les lignes de douanes ne seront levées que sur la partie du territoire où se portera le théâtre de la guerre.

2. Il sera établi, dès à présent, un contrôle de guerre pour ces brigades, tant sur les frontières de terre que sur le littoral du continent et des îles.

3. Seront portés sur ce contrôle les préposés en état de seconder les opérations militaires sur la frontière voisine de leurs lignes de douanes, soit comme guides ou éclaireurs, soit dans les places fortes, soit comme gardes-côtes.

4. Ils seront immédiatement organisés par bataillons et compagnies. Chaque inspection de douanes formera un bataillon, et chaque contrôle une compagnie, autant que leur effectif le permettra. Il sera créé par bataillon deux compagnies de guides

de cinquante à soixante-dix hommes, pris dans les brigades ambulantes et parmi les préposés des autres brigades ayant les qualités requises pour en faire le service. Dans les localités où il existe des brigades à cheval, il en sera formé des compagnies de guides à cheval. Dans les pays de montagnes peu garnis de places fortes, le nombre des compagnies de guides sera augmenté dans chaque bataillon. Ces bataillons et compagnies prendront la dénomination de *bataillons de réserve des douanes françaises* et de *compagnie des guides des douanes françaises*. Les bataillons recevront des numéros par chacune des régions du nord, de l'est, du sud et de l'ouest.

5. Les officiers, sous-officiers et caporaux, seront pris dans les brigades des douanes, et, autant que possible, les préposés resteront sous les ordres des chefs dont ils seront plus particulièrement connus. L'assimilation suivante pour les différents grades sera observée :

DOUANES.	ARMÉE.
Sous-brigadier.	Caporal.
Brigadier	Sous-officier.
Lieutenant d'ordre et Lieutenant principal. } . . . {	Sous-lieutenant et Lieutenant.
Capitaine de brigade et Contrôleur. } . . .	Capitaine.
Sous-inspecteur et Inspecteur. } . . . {	Chef de bataillon.

Un adjudant-major par bataillon sera pris parmi les lieutenants d'ordre, les lieutenants principaux, capitaines de brigade et contrôleurs. En cas de guerre, un second adjudant-major par bataillon et les officiers de santé reconnus nécessaires seront nommés et soldés par le département de la guerre.

6. Le lieu de rassemblement de chaque bataillon sera déterminé à l'avance, afin que les officiers chargés de les commander puissent, au premier ordre, les réunir et procéder sur le terrain à leur formation définitive. Ils seront dès lors sous les ordres du général commandant la division territoriale où sera situé le lieu du rassemblement.

7. Les cas prévus par l'art. 1er arrivant, les bataillons de réserve et les compagnies de guides des douanes françaises seront mis par une ordonnance à la disposition du département de la guerre, pour être employés ainsi qu'il est dit à l'art. 3.

8. A dater de leur mise en activité, ces bataillons et compagnies feront partie intégrante de l'armée, et jouiront des mêmes droits, honneurs et récompenses que les corps de troupes qui la composent (1). Les lois et règlements qui la régissent leur seront applicables sous le rapport de la police et la discipline. Les prestations en nature, le logement, les indemnités pour perte de chevaux et d'effets, la solde pour les journées d'hôpitaux, leur seront alloués par le département de la guerre, et leur solde actuelle leur sera conservée par le département des finances. Les officiers, sous-officiers et caporaux prendront les insignes militaires, et les préposés porteront deux épaulettes en laine, dont la première mise sera faite par le département de la guerre. L'épaulette des guides sera celle des voltigeurs (jaune); celle des autres compagnies aura le corps de l'épaulette vert et les franges garance.

9. Des agents supérieurs du ministère des finances procéderont immédiatement sur les lieux à l'organisation militaire des brigades de douaniers, d'après les art. 2, 3, 4, 5 et 6. Leur travail comprendra l'emplacement des bataillons, l'étendue de leur ligne, et leur lieu de rassemblement en cas de guerre.

10. Nos ministres de la guerre et des finances (duc de Dalmatie et baron Louis) sont chargés, etc.

31 MAI 1831. — Ordonnance qui dissout la Chambre des Députés et convoque les collèges électoraux et la session des Chambres. (Bull. O. 77, n. 2088.)

31 MAI 1831. — Ordonnance qui nomme M. A. Foy administrateur en chef des lignes télégraphiques. (Bull. O. 79, n. 2127.)

31 MAI 1831. — Ordonnance qui rapporte celle du 28 avril 1831, qui crée un nouveau commissariat de police à Paris. (Bull. O. 79, n. 2128.)

31 MAI 1831. — Ordonnance portant fixation de nouvelles soldes de retraite en faveur des officiers de la marine réformés dans l'intervalle de 1814 à 1817. (Bull. O. 102 *bis*, n. 3.)

31 MAI 1831. — Ordonnance qui approuve une transaction passée entre une fabrique et un particulier. (Bull. O. 82, n. 2276.)

31 MAI 1831. — Ordonnance qui autorise des fabriques à vendre divers immeubles. (Bull. O. 82, n. 2279.)

31 MAI 1831. — Ordonnance qui rapporte celle du 14 janvier 1827 au sujet de l'église du collège de Tulle. (Bull. O. 82, n. 2280.)

_____

(1) Dès ce moment cessera la retenue opérée sur les traitements aux termes de l'art. 10 de la loi du 18 avril 1831.

31 MAI 1831. — Ordonnances qui autorisent l'acceptation de dons faits à des fabriques et à un séminaire. (IX, Bull. O. 82 et 83, n. 2069 et 2282.)

31 MAI 1831. — Tableau du prix des grains pour servir de régulateur aux droits d'importation et d'exportation. (Bull. O. 76, n. 2056.)

1er JUIN 1831. — Ordonnances qui au tablissement et construction de diverses usines. (Bull. O. 85, 87, n. 2347 et 2350.)

1er JUIN 1831. — Ordonnance sur les tarifs d'octroi de plusieurs communes. (Bull. O. 85, n. 2348.)

1er JUIN 1831. — Ordonnance autorisant délivrance de bois à plusieurs communes. (Bull. O. 85, n. 3696.)

1er JUIN 1831. — Ordonnances qui accordent des lettres de naturalité aux sieurs Bavay, Mosmana, Warnod et Monfeld. (Bull. O. 91 et 131, n. 2670 à 2672 et 3696.)

2 = 11 JUIN 1831. — Ordonnance du roi qui désigne de nouveaux bureaux pour l'entrepôt des marchandises prohibées, et un bureau de transit pour les marchandises de toute espèce. (IX, Bull. O. LXXIX, n. 2120.)

Louis-Philippe, etc., vu l'art. 18 de la loi du 18 avril de la présente année et notre ordonnance du 29 du même mois; sur le rapport de nos ministres du commerce et des finances, le conseil supérieur de commerce entendu, etc.

Art. 1er. Les ports de Calais et de Boulogne sont ajoutés à ceux que désigne l'art. 16 de notre ordonnance du 29 avril dernier, et où l'entrepôt des marchandises prohibées de toute espèce sera autorisé après que le commerce aura satisfait aux conditions prescrites par ce même article et par les suivants.

2. Le bureau de Bellegarde sera mis au nombre de ceux que le deuxième tableau joint à l'ordonnance du 29 avril dernier désigne par un astérisque comme pouvant effectuer, tant à l'entrée qu'à la sortie, le transit des marchandises de toute espèce sans restriction.

3. Nos ministres du commerce et des travaux publics, et des finances (comte d'Argout et baron Louis) sont chargés, etc.

2 = 11 JUIN 1831. — Ordonnance du roi sur les marchés régulateurs de l'importation et de l'exportation, l'entrepôt fictif, et le droit d'importation des grains arrivant par navires français. (IX, Bull. O. LXXIX, n. 2121.)

Louis-Philippe, etc., sur le rapport de notre ministre du commerce et des travaux publics; vu l'art. 12 de la loi du 16 juillet 1819, l'art. 1er de la loi du 7 juin 1820,

l'art. 9 de la loi du 4 juillet 1821, et l'art. 18 de la loi du 18 avril 1831; le conseil supérieur du commerce entendu, etc.

Art. 1er. Les marchés de Toulouse, Marseille, Gray et Lyon, continueront à servir de marchés régulateurs de l'importation et de l'exportation pour les départements de la première classe du tableau annexé à la loi du 4 juillet 1821.

2. L'entrepôt des grains continuera d'être fictif comme il était réglé par la loi du 20 octobre 1830.

3. En exécution de la loi du 7 juin 1820, et nonobstant la disposition restrictive de l'ordonnance du 23 octobre suivant, le *minimum* du droit permanent sera applicable aux grains de toute provenance arrivant par navires français, toutes les fois qu'il sera dûment certifié qu'ils sont le produit du pays d'où ils sont importés en France. La provenance directe tiendra lieu de justification pour les grains importés des pays énumérés dans l'art. 1er de ladite ordonnance.

4. Nos ministres du commerce et des travaux publics et des finances (comte d'Argout et baron Louis) sont chargés, etc.

2 = 18 JUIN 1831. — Ordonnance du roi qui approuve des modifications dans les statuts de la banque de Limoges. (IX, Bull. LXXX bis, n. 3.)

Louis-Philippe, etc., sur le rapport de notre ministre du commerce et des travaux publics; vu notre ordonnance du 5 janvier dernier qui a autorisé la banque de secours de Limoges; notre conseil d'État entendu, etc.

Art. 1er. Est approuvée, par dérogation à l'art. 8 des statuts, la disposition de la délibération prise le 14 février 1831, par la société de la banque de secours de Limoges, et qui autorise le conseil d'administration à opérer les recouvrements sur les départements de la France où Limoges étend ses relations, sauf à renfermer dans les statuts de la banque pour le nombre et la validité des signatures, ou à ne rembourser qu'après avis d'encaissement. Les autres dispositions de cette délibération ne sont pas comprises dans la présente autorisation.

2. Notre ministre du commerce et des travaux publics (comte d'Argout) est chargé, etc.

2 = 18 JUIN 1831. — Ordonnance du roi qui approuve les statuts de la société anonyme, dite *Compagnie du canal de Roanne à Digoin.* (IX, Bull. O. LXXX bis, n. 4.)

Louis-Philippe, etc., sur le rapport de notre ministre du commerce et des travaux publics; vu les art. 19 à 37, 40 et 45 du Code de commerce, notre conseil d'Etat entendu, etc.

Art. 1ᵉʳ. La société anonyme formée à Roanne, sous la dénomination de *Compagnie du canal de Roanne à Digoin*, par acte passé devant Louis-Henri Dulong et son collègue, notaires à Paris, le 16 mai 1831, est autorisée. Sont approuvés les statuts tels qu'ils résultent de l'acte ci-dessus qui restera annexé à la présente ordonnance.

2. Nous nous réservons de révoquer notre autorisation, en cas de violation ou de non exécution des statuts approuvés, sans préjudice du droit des tiers.

3. La société sera tenue de remettre, tous les six mois, un extrait de son état de situation au préfet du département de la Loire et au greffe du tribunal de première instance de Roanne. Pareil extrait sera transmis au ministre du commerce et des travaux publics.

4. Notre ministre du commerce et des travaux publics (comte d'Argout) est chargé, etc.

2 JUIN 1831. — Ordonnance qui autorise la ville de Sijan (Aude) à établir un abattoir public. (Bull. O. 79, n. 2124.)

2 JUIN 1831. — Ordonnances qui autorisent l'établissement ou la conservation de diverses fabriques et usines. (Bull. O. 88 et 89, n. 2594 à 2596, 3601 à 3603.)

2 JUIN 1831. — Ordonnances qui établissent des foires et fixent l'époque de leur tenue dans plusieurs communes. (Bull. O. 88, n. 2590 à 2591.)

2 JUIN 1831. — Ordonnance portant que la commune d'Albertas (Bouches-du-Rhône) prendra son ancien nom de Bouc. (Bull. O. 102, n. 2885.)

2 JUIN 1831. — Ordonnances qui autorisent l'acceptation de dons, legs et donations faits à plusieurs communes, pauvres, hospices, hôpitaux et bureaux de bienfaisance. (Bull. O. 86, n. 2373 à 2419.)

3 = 27 JUIN 1831. — Ordonnances du roi portant répartition du centime du fonds de non valeurs mis à la disposition du ministre des finances par la loi du 18 avril dernier. (IX, Bull. O. LXXXIII, n. 2284.)

Louis-Philippe, etc., vu l'état annexé à la loi de finances du 18 avril 1831, duquel il résulte qu'il est imposé additionnellement au principal des contributions foncière et mobilière de cet exercice, deux centimes, dont l'un à la disposition de notre ministre du commerce et des travaux publics, pour secours effectifs en raison de grêle, orages, incendies, etc., et l'autre à la disposition de notre ministre des finances, pour couvrir les remises, modérations et non-valeurs; voulant déterminer la portion dont les préfets pourront disposer sur le centime affecté aux dégrèvements; sur le rapport de notre ministre des finances, etc.

Art. 1ᵉʳ. Le produit du centime du fonds de non-valeurs attribué au ministre des finances sera réparti de la manière suivante: un tiers de ce centime résultant des sommes imposées aux rôles dans chaque département est mis à la disposition des préfets; les deux autres tiers, composant le fonds commun, resteront à la disposition de notre ministre des finances pour être par lui distribués ultérieurement entre les divers départements, en raison de leurs pertes et de leurs besoins.

2. Ce centime sera exclusivement employé à couvrir les remises et modérations à accorder sur les contributions foncière et mobilière et les non-valeurs qui, en fin d'exercice, existeront sur ces deux contributions.

3. Seront imputés sur ce fonds, conformément aux dispositions de l'ordonnance du 14 septembre 1822, les mandats délivrés sur le fonds de non-valeurs de 1830, et qui n'auraient pas été acquittés, faute de présentation aux caisses du trésor avant l'expiration du délai fixé pour le paiement des dépenses de ce dernier exercice.

4. Notre ministre des finances (baron Louis) est chargé, etc.

3 JUIN 1831. — Ordonnance qui accorde une pension à l'ancien directeur du télégraphe de Saint-Malo. (Bull. O. 83 *bis*, n. 11.)

3 JUIN 1831. — Lettres-patentes relatives au majorat institué par le baron Portal. (Bull. O. 79, n. 2129.)

3 JUIN 1831. — Ordonnances qui autorisent l'établissement ou la conservation de diverses fabriques et usines, et rejettent diverses autres demandes tendant aux mêmes fins. (Bull. O. 89 et 90, n. 2604 à 2613, 2616 à 2622, 2624.)

3 JUIN 1831. — Ordonnance portant concession de mines de fer dans les communes de Davejan et de Paleyrac (Aude). (Bull. O. 90, n. 2623.)

3 JUIN 1831. — Ordonnance qui classe les chemins de Saint-Junien à Bellac, et de Rochechouart à Nontron, au rang des routes départementales de la Haute-Vienne, le chemin de Rochechouart à Nontron au rang des routes départementales de la Dordogne. (Bull. O. 93, n. 2711.)

4 JUIN 1831. — Ordonnance portant que les sieurs Nouvion (Antoine et Théodore) sont réintégrés dans la qualité et les droits de Français. (Bull. O. 88, n. 2529.)

4 JUIN 1831. — Ordonnance qui accorde des lettres de naturalité au sieur de Buman. (Bull. O. 91, n. 2673.)

4 JUIN 1831. — Ordonnance qui admet les sieurs Boissot, Cappone, Goetz, Held, Ludin, Tri-

quet, baron de Triquoti, Cuenould, Falcon, Morra et Stephany à établir leur domicile en France. (Bull. O. 80, n. 2174.)

4 JUIN 1831. — Ordonnance qui crée un commissariat de police à Pont-l'Evêque. (Bull. O. 81, n. 2212.)

5 JUIN = 7 SEPTEMBRE 1831. — Ordonnance du roi portant règlement général pour l'école d'application de l'artillerie et du génie. (IX, Bull. CI, n. 2834.)

Louis-Philippe, etc., voulant apporter dans l'organisation de l'école d'application de l'artillerie et du génie les améliorations dont cet établissement a été reconnu susceptible; vu, 1° l'arrêté du 12 vendémiaire an 11, 2° le règlement général du 26 mars 1807 (1), 3° l'ordonnance du 8 août 1821, 4° l'ordonnance du 12 mars 1823; sur le rapport de notre ministre secrétaire d'Etat au département de la guerre, etc.

TITRE Ier. *Etablissement de l'école.*

Art. 1er. Les élèves de l'école polytechnique qui auront été reconnus admissibles dans les services publics par le jury d'examen de cette école, et qui se destineront à l'artillerie ou au génie, entreront à l'école d'application établie à Metz, pour y recevoir l'instruction spéciale propre à ces deux armes.

2. Notre ministre secrétaire d'Etat au département de la guerre déterminera, chaque année, le nombre des élèves à recevoir pour chacune des deux armes, d'après les besoins présumés du service.

TITRE II. *Personnel de l'école.*

§ 1er. Etat-major.

3. Il sera attaché à l'école d'application un état-major composé de : un maréchal-de-camp, commandant en chef; un colonel ou lieutenant-colonel, commandant en second, directeur des études; un chef d'escadron d'artillerie; un chef de bataillon du génie; trois capitaines d'artillerie, de première ou seconde classe; trois capitaines du génie, *idem*; un chirurgien-major (docteur en médecine).

4. Le commandant en chef sera pris alternativement dans l'artillerie et dans le génie. Le commandant en second sera choisi dans l'arme dont le commandant en chef ne fera pas partie. Le commandant en chef et le commandant en second ne pourront pas rester à l'école plus de six ans; il en sera de même de tous les autres officiers

des deux armes attachés à l'état-major de l'école. Lorsque le commandant en chef de l'école passera d'une arme à l'autre, la mutation du commandant en second s'ensuivra, et sera effectuée dans les six mois.

5. Le maréchal-de-camp commandant en chef sera spécialement chargé de l'exécution des ordonnances, règlements et instructions concernant l'école d'application. Son autorité s'étendra sur toutes les parties du service et de l'instruction. Il correspondra directement avec notre ministre secrétaire d'Etat au département de la guerre. Le commandant en second sera chargé, sous l'autorité du commandant en chef, de la direction des études, de la surveillance, de la police et de la discipline des élèves, de la surveillance des ateliers de modèles et d'instruments, et généralement de tous les détails du service et de l'administration de l'école. Les autres officiers de l'état-major, sous les ordres immédiats du commandant en second, seront chargés des différents détails du service, de l'instruction militaire pratique, de la police et de la discipline des élèves.

6. Le commandant en chef et le commandant en second seront nommés par nous, sur la présentation de notre ministre secrétaire d'Etat au département de la guerre. Les autres officiers de l'état-major seront nommés par notre ministre secrétaire d'Etat au département de la guerre.

§ II. Professeurs.

7. Le personnel attaché à l'enseignement sera composé ainsi qu'il suit : 1° un professeur pour l'application des sciences mathématiques à l'artillerie et aux constructions militaires; 2° un professeur de mécanique appliquée aux machines; 3° un professeur de fortification permanente, d'attaque et défense des places; 4° un adjoint; 5° un professeur d'art militaire et de fortification passagère; 6° un professeur d'architecture et de constructions militaires; 7° un professeur de géodésie et de topographie; 8° un maître de dessin pour tous les genres; 9° un professeur de sciences physiques et chimiques appliquées aux arts militaires; 10° un professeur de langue allemande; 11° un professeur d'hippiatrique et d'équitation; 12° un adjoint. Le cours de nomenclature et de construction du matériel d'artillerie sera fait par un des officiers d'artillerie attachés à l'état-major de l'école.

8. Les professeurs, adjoints et maîtres, seront nommés par notre ministre secrétaire d'Etat au département de la guerre.

---

(1) Ce règlement a été imprimé pour l'usage de la guerre : il est en quarante-huit articles; mais ce n'est qu'un règlement ministériel; il a été approuvé à Paris, pour le ministre de la guerre absent, par le ministre directeur de l'administration de la guerre (Dejean).

9. Les professeurs de fortification seront choisis parmi les officiers de l'état-major du génie en activité de service. Tous les autres professeurs de sciences appliquées seront choisis parmi les officiers des deux corps d'artillerie et du génie.

10. Les professeurs, dans leurs cours, se conformeront à la marche prescrite par les programmes arrêtés par notre ministre secrétaire d'Etat au département de la guerre. Ils prendront, par l'entremise du commandant en second, les ordres du commandant en chef de l'école, pour le temps et l'objet de l'enseignement, dans tous les cas non prévus par les réglements.

§ III. Employés.

11. Notre ministre secrétaire d'Etat au département de la guerre nommera les principaux employés attachés à l'école d'application, qui seront, autant que possible, choisis dans les deux armes, savoir : un bibliothécaire archiviste (pris parmi les anciens officiers des deux armes), un trésorier, un artiste mécanicien en instrument de mathématiques, un adjoint, un garde d'artillerie, un garde du génie.

12. Les employés subalternes nécessaires au service de l'école seront nommés par les deux conseils d'instruction et d'administration réunis, qui détermineront leur nombre et leur traitement. L'état de ces nominations et de ces traitements sera soumis à l'approbation de notre ministre secrétaire d'Etat au département de la guerre.

TITRE III. *Matériel de l'école.*

13. Le bâtiment militaire de Saint-Arnould restera affecté au service de l'école.

14. Notre ministre secrétaire d'Etat au département de la guerre fera établir ultérieurement le logement des élèves sur les terrains dépendant de Saint-Arnould. Jusqu'à ce que ces nouvelles constructions soient terminées, les pavillons de la haute Seille continueront d'être affectés au logement des élèves.

15. L'établissement de l'école comprendra : les logements du commandant en chef, du commandant en second, du bibliothécaire et du trésorier; des pavillons pour loger au moins cent cinquante élèves, avec une infirmerie et des salles de bains ; une bibliothèque militaire des sciences et arts ; un local muni de tous les instruments nécessaires pour les observations géodésiques; un cabinet de physique; un laboratoire de chimie; un cabinet d'histoire naturelle des minéraux et des végétaux susceptibles d'être employés dans les arts militaires; un cabinet de modèles et reliefs contenant les objets les plus importants pour le service des deux

armes ; une lithographie complète; les salles et ateliers propres aux travaux, essais, constructions, etc.; des hangars et salles d'exercice; un manége avec toutes ses dépendances ; les magasins et parcs nécessaires ; les instruments, machines, outils et matériaux nécessaires aux travaux et expériences; une collection d'armes de divers genres, offensives et défensives, modernes et anciennes; les machines et objets de tout genre servant aux manœuvres et aux transports.

16. Les polygones des écoles régimentaires de l'artillerie et du génie serviront pour les manœuvres et exercices des élèves de l'école d'application.

TITRE IV. *Admission des élèves à l'école.*

17. Dans la première semaine du mois de décembre de chaque année, après l'expédition des brevets d'admission à l'école d'application, notre ministre secrétaire d'Etat au département de la guerre enverra au commandant en chef de l'école l'état nominatif des élèves nouvellement reçus d'après les examens de sortie de l'école polytechnique. Il joindra à cet état le signalement de chacun d'eux et les procès-verbaux de leurs examens.

18. Les élèves seront rendus à l'école d'application au plus tard le 28 janvier de chaque année.

19. Les élèves resteront au moins deux ans, et trois ans au plus, à l'école d'application. Ils y seront classés en deux divisions : la première division sera composée des élèves qui suivent les cours de la deuxième année; la seconde division sera formée des élèves nouvellement admis et de ceux qui n'auront pas pu passer à la première division.

20. Les élèves, en arrivant à l'école, auront le rang de sous-lieutenant, et ils porteront les marques distinctives de ce grade. Ils n'en auront le brevet, et ne seront classés définitivement dans leurs armes respectives qu'après qu'ils auront satisfait aux examens de sortie, et selon leur ordre de mérite.

TITRE V. *Instruction.*

§ 1ᵉʳ. Base de l'enseignement.

21. L'instruction qui sera donnée aux élèves de l'école d'artillerie et du génie, comprendra : 1° l'instruction commune aux deux armes ; 2° l'instruction spéciale pour l'artillerie ; 3° l'instruction spéciale pour le génie.

22. L'instruction commune aux deux armes aura pour objet : 1° l'art militaire, la fortification passagère, la castramétation, la construction des ponts militaires; 2° un cours de machines; 3° la chimie et la phy-

sique, dans leurs applications aux arts militaires ; 4° l'architecture et les constructions militaires ; 5° un cours sur la poussée des terres, la poussée des voûtes et la résistance des matériaux ; 6° la balistique ; 7° le cours et la première partie du projet de fortification permanente ; l'attaque et la défense des places ; 8° la géodésie, la topographie et le dessin ; 9° la langue allemande ; 10° les exercices et manœuvres d'infanterie, de cavalerie et d'artillerie, ainsi que les travaux pratiques des deux armes ; 11°.l'équitation et l'hippiatrique.

23. L'instruction spéciale pour l'artillerie comprendra : 1° la nomenclature raisonnée et les levers du matériel de l'artillerie ; 2° un cours sur les différentes parties du service de l'artillerie ; 3° le tracé raisonné des bouches à feu et voitures.

24. L'instruction spéciale pour le génie comprendra : 1° la deuxième partie du projet de fortification permanente ; 2° le projet d'amélioration d'une place de guerre ; 3° le complément des mines.

25. Les programmes généraux et particuliers des cours, travaux et exercices, seront arrêtés par notre ministre secrétaire d'Etat au département de la guerre, d'après l'avis d'une commission mixte, composée d'officiers généraux et supérieurs des deux armes, et de l'examinateur civil de l'école. Tous les changements et modifications qui pourront être proposés par le conseil d'instruction à ces programmes, devront être également soumis à l'examen d'une commission mixte des deux armes et à l'approbation du ministre de la guerre.

26. Aucune personne étrangère à l'école ou aux corps d'artillerie et du génie ne pourra participer à l'instruction ni aux exercices des élèves sans notre autorisation spéciale.

§ II. Cours d'études et exercices.

27. L'ouverture des cours et exercices de l'école aura lieu le 1er février de chaque année, pour la promotion arrivant de l'école polytechnique.

28. Les élèves seront habituellement occupés, au moins pendant six heures par jour, dans les salles d'instruction ou dans les divers lieux qui leur sont assignés, non compris le temps des exercices et manœuvres. Les jours de travaux ou exercices sur le terrain, le nombre d'heures sera fixé par le commandant de l'école.

29. Il y aura toujours un officier de service pour la surveillance des salles d'étude de chaque division les jours de travaux. Ceux des professeurs et adjoints que ces travaux concerneront, y seront toujours présents. Les jours de travail extérieur, le

nombre des officiers de l'état-major de service sera augmenté selon les besoins.

30. Le commandant en second fera, le 15 de chaque mois, l'inspection des travaux pour juger de leur état et de leur avancement. Le commandant en chef fera, toutes les fois qu'il le jugera à propos, l'inspection des travaux des élèves.

§ III. Conseil d'instruction.

31. Il sera formé dans l'école un conseil d'instruction. Ce conseil sera composé ainsi qu'il suit : le commandant en chef, président ; le commandant en second, directeur des études, vice-président ; le chef d'escadron d'artillerie ; le chef de bataillon du génie ; trois professeurs. Un des capitaines employés à l'état-major de l'école remplira les fonctions de secrétaire, sans voix délibérative ; il sera nommé chaque année par l'inspecteur général, sur la proposition du commandant en chef. Le même officier pourra être désigné de nouveau. Deux des professeurs, membres du conseil d'instruction, seront toujours pris, l'un parmi les professeurs qui sont chargés des cours des sciences mathématiques appliquées, et l'autre parmi les professeurs de fortification.

32. Tous les ans, à l'époque de l'inspection générale, le conseil d'instruction sera renouvelé dans sa partie amovible. A cet effet, le lieutenant-général président du jury présentera à notre ministre de la guerre la liste des trois professeurs qui devront faire partie de ce conseil pendant la session suivante. Les mêmes membres pourront être nommés de nouveau. Les autres professeurs et les adjoints, ainsi que les officiers d'état-major, pourront y être appelés par le président, et ils y auront voix consultative.

33. Le conseil sera chargé : 1° d'arrêter les programmes particuliers des énoncés et données de problèmes et des projets que devront traiter les élèves, en se conformant aux programmes généraux prescrits par l'art. 26 ; 2° de proposer aux programmes généraux tous les perfectionnements que l'expérience indiquera ; 3° de déterminer, sur la proposition des professeurs, la série des expériences ou manipulations que les élèves seront chargés de faire ; 4° d'arrêter l'état des travaux qui seront exécutés dans les ateliers de l'école pour la construction des instruments et des modèles ; 5° du choix des livres, cartes et mémoires à acquérir pour la bibliothèque de l'école ; 6° de proposer la répartition des fonds annuels et extraordinaires et des matières de consommation à toutes les parties du service de l'instruction ; 7° de former, à la fin de chaque année, une liste de

classement provisoire des élèves de chaque arme, et l'état des notes individuelles. Dans ce dernier cas, tous les professeurs seront appelés au conseil d'instruction avec voix délibérative.

34. Ce conseil adressera à notre ministre secrétaire d'Etat au département de la guerre les observations qui lui paraîtront utiles dans l'intérêt de l'enseignement et de la discipline. Il se réunira toutes les fois que le commandant en chef le jugera convenable, et de droit au moins une fois tous les deux mois, pour entendre le rapport qui lui sera présenté par le commandant en second sur le mode et les progrès de l'instruction, ainsi que les comptes que chaque officier ou professeur rendra de la partie d'enseignement dont il sera chargé.

35. A la fin de chaque semestre, le conseil d'instruction de l'école rendra compte à notre ministre secrétaire d'Etat au département de la guerre, de l'état des travaux faits par les élèves, ainsi que de leur conduite, en faisant connaître les causes légitimes du retard de ceux qui ne seraient pas au courant. Les éloges ou les reproches, et même les punitions auxquelles ces communications pourront donner lieu de la part du ministre, seront mis à l'ordre de l'école.

36. Chaque année, avant la réunion du jury d'examen, le conseil d'instruction tiendra une session extraordinaire dont tous les officiers et professeurs feront partie, et dans laquelle ils présenteront par écrit leurs observations sur toutes les parties de l'enseignement, ainsi que les propositions auxquelles elles donneront lieu, pour être examinées et discutées par ce conseil.

37. A l'époque où les élèves de la seconde division seront appelés à passer dans la première, le conseil d'instruction rendra compte au jury de l'instruction acquise par les élèves pendant la première année d'études, ainsi que de leur conduite. Le jury procédera à leur égard ainsi qu'il est dit aux art. 58 et 59 de la présente ordonnance.

38. Les délibérations du conseil d'instruction seront consignées sur un registre. Les procès-verbaux de ses séances seront adressées à notre ministre secrétaire d'Etat de la guerre, par le commandant en chef, dans la semaine qui suivra celle de la séance. Une copie des procès-verbaux de la session extraordinaire de la fin d'année sera remise au jury d'examen, qui pourra également prendre connaissance des délibérations et des avis consignés au registre des délibérations du conseil.

39. Les délibérations du conseil qui ne comporteront que des dispositions relatives au service courant, recevront de suite leur exécution. Celles qui contiendront des propositions et projets de changements, de quelque nature que ce soit, ne pourront avoir leur effet que lorsqu'elles auront été approuvées par notre ministre secrétaire d'Etat de la guerre, après avoir été soumises à l'examen d'une commission mixte des deux armes.

TITRE VI. *Tenue, police et discipline.*

40. L'uniforme des élèves sera, habit, parements, revers et collet bleus, passe-poil et doublures rouges, grenade d'or aux pans, gilet et pantalon bleus, bottines noires, schakos et épée, pompon et aigrette des compagnies d'élite, épaulettes d'or, bouton jaune timbré d'un canon et d'une cuirasse, redingote bleue pour la petite tenue.

41. Pour les manœuvres et exercices, les élèves seront sans épaulettes d'officier et sans épée; l'armement et l'équipement destinés à cet usage seront réunis dans une salle d'armes, et soignés par un employé de l'administration de l'école.

42. La police de l'école est confiée aux officiers de l'état-major, sous la surveillance particulière du commandant en second, et sous l'autorité du commandant en chef.

43. La surveillance du commandant et des officiers d'état-major sur les élèves s'étendra en tout temps au-dedans et au-dehors de l'école.

44. Le commandant en chef et le commandant en second pourront seuls ordonner la salle de police ou la prison. La consigne au pavillon pourra être ordonnée par tous les officiers attachés à l'école. Les lois pénales et de police militaire seront, au surplus, observées en tout point.

45. L'exclusion d'un élève de l'école ne pourra être prononcée que par nous, sur le rapport de notre ministre secrétaire d'Etat de la guerre, après qu'il aura pris l'avis du comité de l'arme à laquelle appartiendra l'élève. L'élève inculpé sera entendu dans sa défense.

46. Notre ministre secrétaire d'Etat de la guerre arrêtera les règlements de détail relatifs à la police et à la discipline de l'école, en prenant pour bases les dispositions de la présente ordonnance et celles des règlements militaires actuellement en vigueur.

TITRE VII. *Examen et sortie des élèves.*

47. Il sera formé un jury pour procéder aux examens de sortie des élèves composant la première division de l'école d'application de l'artillerie et du génie. Il sera composé d'un lieutenant-général président du jury, lequel sera pris alternativement dans l'un et l'autre corps, et sera chargé,

en même temps, de l'inspection générale de l'école; d'un maréchal-de-camp d'artillerie; d'un maréchal-de-camp du génie; d'un officier supérieur d'artillerie, examinateur; d'un officier supérieur du génie, examinateur; d'un examinateur civil pour pour les sciences physiques et mathématiques appliquées, lequel sera l'un des deux examinateurs de l'artillerie ou du génie.

48. Les officiers généraux et supérieurs attachés à l'école ne pourront faire partie de ce jury.

49. Les membres du jury seront désignés chaque année par notre ministre secrétaire d'État de la guerre.

50. Le jury d'examen s'assemblera chaque année à Metz, le 1er janvier.

51. Les examens se feront successivement par les trois examinateurs, et en présence du jury. Lorsque les examens seront terminés, le jury procédera au classement définitif des élèves. A cet effet, il se fera représenter le registre de notes sur chacun des élèves, ainsi que les tableaux d'évaluation des travaux, et le classement provisoire qui aura été arrêté par le conseil d'instruction de l'école, pour y avoir égard, en faisant intervenir, dans le classement définitif des élèves, les notes et classement provisoire de l'école.

52. Les élèves que le jury jugera suffisamment instruits, seront admis dans l'arme à laquelle ils sont destinés, et y seront classés définitivement suivant l'ordre déterminé par le jury d'examen.

53. Les élèves qui n'auraient pas complété leurs travaux, et que le jury d'examen reconnaîtrait, néanmoins, posséder une instruction suffisante pour être admis dans l'artillerie ou le génie, seront classés dans la promotion sortante; mais ils resteront à l'école jusqu'à ce qu'ils aient terminé leurs travaux arriérés, sans cependant que ce délai puisse s'étendre au-delà du 1er avril.

54. Les élèves dont l'instruction serait incomplète pour cause de maladie ou autres motifs excusables, ce qui devra être constaté par une déclaration du jury d'examen, resteront de droit une troisième année à l'école.

55. Les élèves qui, pour motif d'inconduite ou de négligence, ne seront pas reconnus admissibles par le jury d'examen, ne pourront être autorisés à passer une troisième année à l'école que sur la demande spéciale du jury.

56. Les élèves qui, n'ayant pas été jugés admissibles après deux ans d'études à l'é-

cole d'application, y auront passé une troisième année, concourront avec les élèves de la promotion sortant cette même année pour être classés et prendre rang avec eux. La date de leur nomination au grade de sous-lieutenant sera fixée à la même époque que pour les élèves de cette promotion sortante.

57. Les élèves qui, après avoir passé trois années à l'école d'application, seront déclarés inadmissibles par le jury d'examen, ne pourront pas entrer comme officiers dans les corps de l'artillerie et du génie.

58. Lorsque, conformément à l'art. 57 de la présente ordonnance, des élèves de la seconde division auront été signalés à l'attention du jury d'examen pour retard dans leurs travaux par défaut de zèle ou de conduite, leurs travaux seront examinés par le jury, qui décidera s'il y a lieu de proposer au ministre l'admission de ces élèves dans la première division, ou de les faire rester dans la seconde division avec la promotion nouvelle, auquel cas ils prendront leur rang d'ancienneté, concourront avec cette promotion, et seront soumis aux mêmes chances que les élèves entrants, sans toutefois que leur séjour à l'école puisse avoir une durée de plus de trois années.

59. Lorsque le jury d'examen proposera au ministre le redoublement de la première année d'études pour un élève de la seconde division, il fera connaître avec détail les motifs de sa proposition.

60. Le jury constatera les opérations relatives aux examens par un procès-verbal, qui sera adressé par le lieutenant général président à notre ministre secrétaire d'État de la guerre.

61. Les élèves, à leur sortie de l'école, auront un congé jusqu'au 1er avril.

62. En conséquence du temps consacré par les élèves à leur instruction, tant pour les études à l'école polytechnique que pour celles antérieures à leur admission à cette école, il sera compté à chacun d'eux, soit pour la retraite, soit pour l'obtention des décorations militaires, quatre années de service d'officier, à l'instant de son admission à l'école d'application.

63. Indépendamment des opérations relatives aux examens, le jury délibérera sur le procès-verbal et le rapport de la session extraordinaire annuelle du conseil d'instruction. Il examinera les propositions qui y seront faites, et y joindra ses observations, ainsi que celles qu'il croira devoir faire sur les méthodes d'enseignement suivies; il proposera les perfectionnements que l'état des arts et des sciences rendrait nécessaires.

31.

20

TITRE VIII. *Administration.*

§ Iᵉʳ. Conseil d'administration.

64. L'école aura un conseil d'administration, composé ainsi qu'il suit : le commandant en second, président; le chef d'escadron d'artillerie; le chef de bataillon du génie; un capitaine, lequel sera pris dans l'arme dont ne fera pas partie le commandant en second; un professeur, désignés par le lieutenant-général inspecteur; le trésorier secrétaire (sans voix délibérative).

65. Ce conseil est chargé : 1º des détails de l'administration et de la comptabilité; 2º d'après les propositions du conseil d'instruction (art. 33), de faire la répartition des fonds reçus aux dépenses à faire, et celles des matières de consommation aux différentes parties du service; 3º de faire les marchés, acquisitions et réceptions; 4º de faire dresser, de reconnaître et arrêter les inventaires.

66. Ce conseil rendra compte des dépenses à notre ministre secrétaire d'État au département de la guerre, suivant les règles de comptabilité du génie.

67. Le conseil d'administration pourra être assemblé, d'après l'ordre du commandant en chef, toutes les fois qu'il le jugera convenable. Le commandant en second, président de ce conseil, pourra également le convoquer toutes les fois qu'il sera nécessaire, en prévenant le commandant en chef.

68. Les séances du conseil seront consacrées à la vérification de la comptabilité, à arrêter le registre de caisse, à s'assurer que les fonds ont reçu la destination qui leur aura été assignée par les états de répartition, et à vérifier la comptabilité des matières de consommation.

69. Le procès-verbal de chaque séance du conseil d'administration sera consigné sur un registre particulier.

§ II. Comptabilité.

70. La caisse sera tenue par le trésorier.

71. Les projets de dépense annuelle seront de deux sortes : 1º les projets de dépenses ordinaires, soit fixes, soit variables; 2º les projets de dépenses extraordinaires.

72. Les fonds annuels et ordinaires seront applicables aux articles de dépenses ci-après : 1º traitements des employés autres que ceux soldés sur revue; 2º entretien des bâtiments; 3º entretien du mobilier à l'usage de tout l'établissement; 4º entretien courant de la bibliothèque, consistant en abonnements aux ouvrages périodiques des sciences et des arts, achats de livres, cartes et mémoires, reliûre et entretien de livres;

5º fourniture gratuite du papier, plumes, crayons, encre, couleurs et menus objets de bureau, aux élèves et à l'administration; impression des programmes des cours, travaux, etc., et règlements à délivrer aux élèves; 6º achats de substances et ustensiles nécessaires aux expériences et enseignement physico-mathématiques et chimiques; 7º construction des instruments et modèles dans les ateliers de l'école; 8º chauffage et éclairage de l'école et de l'administration; 9º travaux extérieurs pour les exercices pratiques, les levers, les constructions de batterie, simulacres de siége, etc. (les outils et la poudre seront fournis par les directions d'artillerie et du génie, sur la demande du commandant en second, approuvée par le commandant en chef); 10º pansement et ferrage des chevaux de l'école, et entretien de la sellerie (la nourriture des chevaux sera tirée des magasins militaires, comme pour les chevaux de troupe); 11º dépenses courante de l'infirmerie; 12º menus frais d'administration.

73. Les projets de dépenses extraordinaires et demandes de fonds seront faits séparément pour chaque article, et appuyés de mémoires et de procès-verbaux des délibérations du conseil d'instruction ou du conseil d'administration, suivant la nature de la dépense.

§ III. Appointements.

74. Les officiers généraux, supérieurs et autres, faisant partie de l'état-major de l'école, ou chargés des fonctions de professeur, ainsi que le chirurgien-major et les employés militaires, jouiront du traitement d'activité de leur grade, et, en outre, à titre d'indemnité pour service extraordinaire, du tiers en sus de leurs appointements.

75. Le traitement des professeurs et employés civils est fixé de la manière suivante : pour les professeurs de sciences, 4,000 fr.; pour les adjoints, 2,400 fr.; pour le professeur de langue allemande, 2,000 fr.; pour le professeur d'équitation, la solde et les indemnités d'un capitaine d'artillerie à cheval; pour l'adjoint au professeur d'équitation, la solde et les indemnités d'un lieutenant d'artillerie à cheval; pour le bibliothécaire, 2,400 fr.; pour l'artiste mécanicien, 2,000 fr.; pour son adjoint, 1,200 fr.; pour le trésorier, 2,500 fr.

76. Les professeurs et leurs adjoints, l'artiste et son adjoint, après dix ans révolus d'exercice de leurs fonctions, jouiront d'une augmentation, qui sera : 1/5. en sus de leur traitement, de 10 à 15 ans

1/3, de 15 à 20 ans; 1/2, au-dessus de 20 ans.

77. Les officiers remplissant des fonctions de professeur ou d'adjoint, dont les appointements, avec le tiers en sus, ne s'élèveraient pas au minimum du traitement des professeurs civils ou de leurs adjoints, recevront sur les fonds de l'école une indemnité qui élève leurs appointements à ce taux. Il auront droit à l'augmentation progressive spécifiée dans l'article précédent.

78. Les élèves jouiront de la solde annuelle de treize cents francs.

79. Les employés militaires et civils de l'école jouiront, selon qu'ils y auront droit, de l'indemnité de logement ou d'ameublement qui leur est allouée suivant leur grade, et d'après les règlements militaires.

TITRE IX. *Dispositions générales.*

80. Les programmes des cours et travaux, ainsi que le texte de ces cours, qui, sont imprimés ou lithographiés, seront distribués gratuitement aux officiers de l'état-major, aux professeurs et adjoints et aux élèves. Tous les officiers des deux armes qui en feront la demande, les obtiendront moyennant le remboursement des frais d'impression, d'après un tarif arrêté par le conseil d'administration.

81. La garde et le service militaire de l'école seront confiés aux régiments d'artillerie et du génie en garnison à Metz.

82. Le commandant en chef s'entendra avec les commandants des écoles régimentaires de l'artillerie et du génie, pour qu'au besoin les élèves soient assistés dans leurs travaux ou exercices par un nombre suffisant de sous-officiers et canonniers, sapeurs ou mineurs, et pour que les élèves, lorsqu'ils se rendront en corps au polygone ou aux autres lieux d'exercices généraux, soient précédés de tambours.

83. Notre ministre secrétaire d'Etat au département de la guerre fera connaître sans retard, au commandant en chef de l'école, les innovations importantes qui seraient introduites, soit dans le matériel de l'armée, soit dans les règlements généraux ou dans les règlements particuliers de l'artillerie et du génie. Il lui enverra les modèles au fur et à mesure qu'ils seront arrêtés.

84. Nonobstant les dispositions des art. 9 et 11 de la présente ordonnance, les professeurs et adjoints actuellement à l'école, et qui ne font pas partie des deux corps de l'artillerie et du génie, continueront à remplir les fonctions dont ils sont titulaires. Il en sera de même des employés à divers titres, qui ne sont pas compris dans la nouvelle organisation.

85. Toutes dispositions contraires à la présente ordonnance sont et demeurent abrogées.

86. Notre ministre de la guerre (duc de Dalmatie) est chargé, etc.

5 JUIN 1831. — Ordonnance qui nomme les membres de la commission instituée pour la révision des lois, décrets et ordonnances sur l'instruction publique. (Bull. O. 81, n. 2213.)

5 JUIN 1831. — Ordonnance qui approuvent les procès-verbaux de délimitation de divers bois communaux. (Bull. O. 84, n. 2321.)

5 JUIN 1831. — Ordonnance relative à la construction d'une scierie et de fours à chaux dans divers départements. (Bull. O. 85, n. 2351.)

5 JUIN 1831. — Ordonnance qui autorise délivrance de bois à diverses communes et maintient plusieurs bois sous le régime forestier. (Bull. O. 85, n. 2353.)

5 JUIN 1831.—Ordonnances qui autorisent l'acceptation de dons et legs faits à des pauvres et à diverses communes. (Bull. O. 86, n. 3420 à 3423.)

5 JUIN 1831. — Ordonnance qui autorise les sœurs de l'éducation chrétienne d'Echauffour à vendre une maison qu'elles ont à Argentan. (Bull. O. 90, n. 2642.)

5 JUIN 1831. — Ordonnance portant concession à la compagnie d'Anzin de mines de houille dans l'arrondissement de Valenciennes. (Bull. O. 90, n. 2625.)

5 JUIN 1831. — Ordonnance qui autorise le sieur Pillion à établir une usine à carder et filer la laine à Mouy (Oise). (Bull. O. 90, n. 2626.)

5 JUIN 1831. — Ordonnances qui autorisent l'acceptation de legs, donations et offres faits aux pauvres, hospices et bureaux de bienfaisance de diverses communes. (Bull. O. 88, n. 2546 à 2568.)

5 JUIN 1831. — Ordonnances qui autorisent l'acceptation d'un legs fait à l'école secondaire ecclésiastique de Pleaux (Cantal), plusieurs fabriques à acquérir, et qui rejettent les legs faits à diverses fabriques et communautés. (Bull. O. 90, n. 2643 à 2651.)

8 JUIN 1831. — Ordonnance portant nomination de conseillers d'Etat et de maîtres des requêtes en service extraordinaire. (Bull. O. 81, n. 2214.)

8 JUIN 1831. — Ordonnance qui autorise le sieur Binet à ajouter à son nom celui de Lebourge. (Bull. O. 85, n. 2354.)

9 = 27 JUIN 1831. — Ordonnance du roi contenant de nouvelles dispositions sur la vente des objets mobiliers déposés dans les greffes des cours et tribunaux. (IX, Bull. O. LXXXIII, n. 2285.)

Louis-Philippe, etc., vu l'ordonnance royale du 22 février 1829 relative à la vente des effets mobiliers déposés dans les greffes des cours et tribunaux; considérant que de nouvelles dispositions sont nécessaires pour assurer avec plus d'efficacité l'exécution de 'ordonnance ci-dessus mentionnée ; sur le rapport de notre ministre des finances , etc.

Art 1er. L'administration des domaines est autorisée à faire provoquer de six mois en six mois , auprès des procureurs généraux près les Cours royales et des procureurs du roi près les tribunaux de première instance, la remise que les greffiers, geôliers et autres dépositaires doivent faire au domaine, en conformité de l'ordonnance du 22 février 1829 , des objets mobiliers déposés et susceptibles d'être vendus.

2. Les sommes en deniers comptant sont comprises au nombre des objets mobiliers qui doivent être remis au domaine.

3. Les procureurs du roi près les tribunaux de première instance sont tenus de vérifier et de certifier l'exactitude de la requête que les greffiers, geôliers et autres dépositaires doivent présenter au président du tribunal civil, pour être autorisés à faire la remise au domaine des objets susceptibles d'être vendus.

4. Sont exceptés de cette remise les papiers appartenant à des condamnés ou à des tiers, lesquels papiers resteront déposés dans les greffes pour être remis à qui de droit, s'il y a lieu.

5. Les dispositions ci-dessus sont applicables aux effets déposés dans les greffes des conseils de guerre et des tribunaux maritimes , ainsi que dans les prisons militaires et maisons de détention de la marine.

6. Notre garde des sceaux , et notre ministre des finances (M. Barthe et baron Louis) sont chargés , etc.

9 juin 1831. — Ordonnances qui autorisent les sieurs héritiers de madame Chouley, Maudonnet et compagnie à construire diverses usines. (Bull. O. 90, n. 2627 et 2628.)

9 juin 1831. — Ordonnance qui fixe l'époque de la tenue de plusieurs foires. (Bull. O. 88, n. 2593.)

9 juin 1831. — Ordonnance qui autorise délivrance de bois à plusieurs communes. (Bull. O. 89 bis, n. 3.)

9 juin 1831. — Ordonnances qui autorisent à construire des bâtiments à proximité des forêts les sieurs Habatyon , Delépine , Etienne , Bouillot , la commune d'Olette , Carle , Bougette , Revest, la commune d'Emp , Saint-Oyan , et qui rejettent la demande du sieur Imbert tendant aux mêmes fins. (Bull. O. 89 bis, n. 4 et 5.)

11 = 25 juin 1831. — Ordonnance du roi sur le traitement de table des officiers de marine. (IX, Bull. O. LXXXII, n. 2250.)

Louis-Philippe , etc. , considérant que l'art. 23 de notre ordonnance du 1er mars dernier qui a fixé les appointements attribués au grade de capitaine de corvette , créé par l'art. 1er de la même ordonnance , n'a déterminé ni le traitement de table ni la quotité des vacations et frais de route qui pourront être alloués aux officiers pourvus de ce grade , dans les cas prévus par les réglements; vu l'art. 2 de l'arrêté du 21 prairial an 11 , relatif au traitement de table des officiers de la marine, de tout grade , commandant à la mer ; vu aussi l'art. 2 de l'arrêté du 29 pluviôse an 9, portant fixation des vacations et frais de route, et sur le rapport de notre ministre de la marine et des colonies , etc.

Art. 1er. Le traitement de table attribué au grade de capitaine de corvette est et demeure fixé à quatorze francs par jour.

2. Le traitement de table attribué aux grades de lieutenant de vaisseau et de lieutenant de frégate sera , à l'avenir, de dix francs par jour.

3. Les vacations attribuées au grade de capitaine de corvette sont et demeurent fixées à sept francs cinquante centimes par jour ; et leurs frais de route, à quatre francs cinquante centimes par myriamètre.

4. La fixation du traitement de table des capitaines de corvette sera applicable aux officiers nommés à ce grade par notre ordonnance du 1er mars 1830, et qui étaient ou sont encore pourvus d'un commandement à la mer.

5. Les lieutenants de vaisseau qui exercent aujourd'hui des commandements à la mer , jouiront de l'ancien traitement alloué à ce grade jusqu'aux époques énoncées ci-après , s'ils ne rentrent pas plus tôt dans un port de France : 1er août 1831, dans la Méditerranée ; 1er octobre 1831 , dans l'Atlantique et les mers au-delà du cap Horn ou du cap de Bonne-Espérance.

6. Notre ministre de la marine et des colonies (comte de Rigny) est chargé , etc.

11 juin = 1er septembre 1831. — Ordonnance du roi portant modification du tarif de pilotage du port de la Nouvelle (cinquième arrondissement). (IX, Bull. O. XCIX, n. 2771.)

Louis-Philippe, etc., vu la loi du 15 août 1792 , et le décret du 12 décembre 1806 sur le pilotage; vu l'ordonnance du 26 juillet 1829 et le règlement particulier de pilotage dont elle a approuvé la mise en vigueur pour le port de la Nouvelle; vu l'ordonnance du 23 septembre 1829 qui a sanctionné une première modification du tarif des taxes de lamanage perçues en ce port, etc.

Art. 1er. Le tarif supplémentaire de pilotage arrêté pour le port de la Nouvelle, le 7 mai dernier, par le conseil d'administration de la marine à Toulon, et dont expédition est ci-annexée, est approuvé. Ledit tarif sera appliqué à compter du 1ᵉʳ juillet prochain, et continuera de l'être jusqu'à ce que la révision en ait été légalement effectuée.

2. Notre ministre de la marine et des colonies (comte de Rigny) est chargé, etc.

Tarif supplémentaire de pilotage pour le port de la Nouvelle.

Extrait de la délibération prise le 19 mars 1831, par l'assemblée commerciale formée à Narbonne en vertu de la loi du 15 août 1792.

L'assemblée, vu la situation prospère de la caisse de lamanage du port de la Nouvelle, et prenant en considération les demandes réitérées, faites tant par le commerce que par les capitaines de navire, de modifier les droits établis par le dernier tarif, a délibéré de réduire lesdits droits comme suit, pour les nouvelles fixations avoir leur effet à compter du 1ᵉʳ juillet prochain, savoir : 1° à cinq centimes par tonneau sur les bâtiments français, espagnols, anglo-américains, anglais, brésiliens et mexicains, au lieu de sept centimes; 2° à huit centimes par cent kilogrammes sur les oranges, au lieu de dix centimes; 3° à six centimes par hectolitre de vin, au lieu de huit centimes; 4° à douze centimes par hectolitre d'eau-de-vie, au lieu de quinze centimes; 5° à vingt centimes par hectolitre sur les esprits trois-sixièmes, au lieu de vingt-cinq centimes; 6° enfin, à huit centimes par cent kilogrammes sur toute espèce de marchandises, au lieu de dix centimes; l'exemption totale de ladite taxe ayant lieu pour les blés, farines, sels, plâtres, son, petit son, repasses et autres résidus des blés, charbons de pierres, ainsi que pour les soudes végétales, sauf toutefois celles qui sont appelées *salicor*, lesquelles continueront à être sujettes au même droit que les autres marchandises, c'est-à-dire au paiement de la taxe de huit centimes par quintal métrique.

Extrait de la délibération du conseil d'administration de la marine à Toulon, en date du 7 mai 1831.

Le conseil, considérant que la proposition de l'assemblée commerciale de Narbonne est appuyée de motifs justes et paternels, et qu'elle est dans l'intérêt du commerce, dont elle doit alléger les charges, sans nuire d'aucune manière à l'entretien du pilotage, est unanimement d'avis qu'il y a lieu d'a-dopter la révision proposée du tarif de la Nouvelle.

___

11 JUIN = 20 SEPTEMBRE 1831. — Ordonnance du roi portant publication des noms des citoyens qui ont obtenu la médaille de Juillet. (IX, Bull. O. CIV *bis*, n. 3.)

Louis-Philippe, etc., vu la loi du 13 décembre 1830; vu la liste définitive des désignations, dressée par la commission des récompenses nationales, des citoyens de Paris et de la banlieue qu'elle a jugés dignes de recevoir la médaille, etc.

Art. 1ᵉʳ. La médaille sera décernée aux citoyens compris dans l'état nominatif clos et arrêté par notre ministre secrétaire d'État de l'intérieur, et annexé à la présente ordonnance.

2. Notre président du conseil, ministre de l'intérieur (M. Casimir Périer), est chargé, etc.

(Suivent les noms.)

N. 4. — Liste des veuves des citoyens morts dans les journées des 27, 28 et 29 juillet, ou par suite des blessures qu'ils ont reçues dans les mêmes journées, et qui, en exécution de l'art. 1ᵉʳ de la loi du 13 décembre 1830, ont obtenu une pension annuelle et viagère de cinq cents francs (1).

N. 5. — Liste des orphelins dont le père ou la mère a péri dans les trois journées ou par suite des trois journées, ou dont le père, par suite d'amputation ou de blessures, est réduit à une incapacité de travail dûment constatée, et qui, aux termes de l'art. 2 de la loi du 13 décembre 1830, ont obtenu une pension de deux cent cinquante francs jusqu'à sept ans et le droit d'être élevés aux frais de l'État de sept à dix-huit ans; et des orphelines, sœurs des citoyens tués, qui ont obtenu, aux termes de l'art. 4, une pension de cent cinquante francs.

N. 6. — Liste des ascendants de citoyens qui ont succombé pendant les trois journées ou à la suite des trois journées, et qui, aux termes de l'art. 3 de la loi du 13 décembre 1830, ont obtenu une pension de deux cents francs ou de trois cents francs.

N. 7. — Liste des citoyens blessés pendant les événements de juillet, qui ont obtenu, aux termes de l'art. 5, la pension de trois cents à mille francs.

___

11 JUIN 1833. — Ordonnance qui approuve le procès-verbal de délimitation partielle d'un bois. (Bull. O. 84, n. 2221.)

12 JUIN 1831. — Ordonnance qui nomme le comte

___

(1) Cette publication est faite en exécution de l'art. 4, dernier paragraphe de la loi du 30 août 1830.

Lobau commandant supérieur des gardes nationales du département de la Seine. (Bull. O. 81, n. 2215.)

12 JUIN 1833. — Ordonnances qui autorisent l'acceptation de dons et legs faits aux hospices et bureaux de bienfaisance de diverses communes. (Bull. O. 88, n. 2569 et suiv.)

13 = 22 JUIN 1831. — Ordonnance du roi qui accorde des vacations au conseil d'État à cause des élections. (IX, Bull. O. LXXXI, n. 2206.)

Louis-Philippe, etc., considérant qu'un grand nombre de membres du conseil d'État doivent se rendre dans leurs départements respectifs pour procéder à l'élection des députés, et que, dans cet état, le conseil ne pourrait procéder dans le nombre légal au jugement des affaires contentieuses; sur le rapport de notre ministre de la justice, etc.

Art. 1er. Les séances publiques du conseil d'État seront suspendues à dater du 25 juin au 15 juillet.

2. Notre ministre de la justice, président du conseil d'État (M. Barthe), est chargé, etc.

15 = 25 JUIN 1831. — Ordonnance du roi qui fixe le lieu de réunion des colléges électoraux. (IX, Bull. O. LXXXII, n. 2249.)

Louis-Philippe, etc., sur le rapport de notre président du conseil, ministre de l'intérieur; vu notre ordonnance du 31 mai dernier, qui a convoqué les colléges électoraux, etc.

Art. 1er. Les colléges électoraux, convoqués pour le 5 juillet par l'ordonnance du 31 mai dernier, se réuniront dans les villes désignées au tableau qui suit:

Département de l'*Ain*. Arrondissements: 1er Pont-de-Vaux, 2e Bourg, 3e Trévoux, 4e Belley, 5e Nantua. — *Aisne*. Arrondissements: 1er Laon, 2e Chauny, 3e Saint-Quentin, 4e Saint-Quentin, 5e Vervins, 6e Soissons, 7e Château-Thierry. — *Allier*. Arrondissements: 1er Moulins, 2e La Palisse, 3e Gannat, 4e Montluçon. — *Alpes (Basses)*. Arrondissements: 1er Digne, 2e Sisteron. — *Alpes (Hautes)*. Arrondissements: 1er Embrun, 2e Gap. — *Ardèche*. Arrondissements: 1er Privas, 2e Tournon, 3e Annonay, 4e Largentière. — *Ardennes*. Arrondissements: 1er Mézières, 2e Réthel, 3e Sedan, 4e Vouziers. — *Ariège*. Arrondissements: 1er Pamiers, 2e Foix, 3e St.-Girons. — *Aube*. Arrondissements: 1er Troyes, 2e Bar-sur-Seine, 3e Nogent-sur-Seine, 4e Bar-sur-Aube. — *Aude*. Arrondissements: 1er Carcassonne, 2e Carcassonne, 3e Castelnaudary, 4e Limoux, 5e Narbonne. — *Aveyron*. Arrondissements: 1er Rodez, 2e Saint-Affrique, 3e Espalion, 4e Millhau, 5e Villefranche. — *Bouches-du-Rhône*. Arrondissements: 1er Marseille, 2e Marseille, 3e Marseille, 4e Aix, 5e Arles, 6e Tarascon. — *Calvados*. Arrondissements: 1er Caen, 2e Caen, 3e Bayeux, 4e Falaise, 5e Lisieux, 6e Vire, 7e Pont-l'Évêque. — *Cantal*. Arrondis-

sements: 1er Saint-Flour, 2e Aurillac, 3e Mauriac, 4e Murat. — *Charente*. Arrondissements: 1er Angoulême, 2e Barbézieux, 3e Cognac, 4e Confolens, 5e Ruffec. — *Charente-Inférieure*. Arrondissements: 1er La Rochelle, 2e La Rochelle, 3e Saint-Jean-d'Angely, 4e Jonzac, 5e Marennes, 6e Rochefort, 7e Saintes. — *Cher*. Arrondissements: 1er Bourges, 2e Bourges, 3e Saint-Amand, 4e Sancerre. — *Corrèze*. Arrondissements: 1er Tulle, 2e Brives, 3e Uzerche, 4e Ussel. — *Corse*. Arrondissements: 1er Ajaccio, 2e Bastia. — *Côte-d'Or*. Arrondissements: 1er Dijon, 2e Dijon, 3e Beaune, 4e Semur, 5e Châtillon. — *Côtes-du-Nord*. Arrondissements: 1er Saint-Brieuc, 2e Saint-Brieuc, 3e Dinan, 4e Guingamp, 5e Lannion, 6e Loudéac. — *Creuse*. Arrondissements: 1er Guéret, 2e Aubusson, 3e Bourganeuf, 4e Boussac. — *Dordogne*. Arrondissements: 1er Périgueux, 2e Exideuil, 3e Bergerac, 4e Lalinde, 5e Nontron, 6e Riberac, 7e Sarlat. — *Doubs*. Arrondissements: 1er Besançon, 2e Besançon, 3e Baume, 4e Saint-Hippolyte, 5e Pontarlier. — *Drôme*. Arrondissements: 1er Valence, 2e Romans, 3e Crest, 4e Montélimart. — *Eure*. Arrondissements: 1er Evreux, 2e Verneuil, 3e les Audelys, 4e Bernay, 5e Louviers, 6e Pont-Audemer, 7e Brionne. — *Eure-et-Loir*. Arrondissements: 1er Chartres, 2e Châteaudun, 3e Dreux, 4e Nogent-le-Rotrou. — *Finistère*. Arrondissements: 1er Brest, 2e Landernau, 3e Châteaulin, 4e Morlaix, 5e Quimper, 6e Quimperlé. — *Gard*. Arrondissements: 1er Nimes, 2e Nimes, 3e Alais, 4e Uzès, 5e Saint-Hippolyte. — *Garonne (Haute)*. Arrondissements: 1er Toulouse, 2e Toulouse, 3e Toulouse, 4e Muret, 5e Saint-Gaudens, 6e Villefranche. — *Gers*. Arrondissements: 1er Auch, 2e Condom, 3e Lectoure, 4e Lombez, 5e Mirande. — *Gironde*. Arrondissements: 1er Bordeaux, 2e Bordeaux, 3e Bordeaux, 4e Bordeaux, 5e Bazas, 6e Blaye, 7e Lesparre, 8e Libourne, 9e La Réole. — *Hérault*. Arrondissements: 1er Montpellier, 2e Montpellier, 3e Béziers, 4e Pézénas, 5e Saint-Pons, 6e Lodève. — *Ille-et-Vilaine*. Arrondissements: 1er Rennes, 2e Rennes, 3e Saint-Malo, 4e Vitré, 5e Fougères, 6e Redon, 7e Montfort. — *Indre*. Arrondissements: 1er Châteauroux, 2e Issoudun, 3e La Châtre, 4e Le Blanc. — *Indre-et-Loire*. Arrondissements: 1er Tours, 2e Tours, 3e Loches, 4e Chinon. — *Isère*. Arrondissements: 1er Grenoble, 2e Grenoble, 3e Vienne, 4e Vienne, 5e Saint-Marcellin, 6e La Tour-du-Pin, 7e Voiron. — *Jura*. Arrondissements: 1er Dôle, 2e Lons-le-Saulnier, 3e Poligny, 4e Saint-Claude. — *Landes*. Arrondissements: 1er Mont-de-Marsan, 2e Dax, 3e Saint-Sever. — *Loir-et-Cher*. Arrondissements: 1er Blois, 2e Romorantin, 3e Vendôme. — *Loire*. Arrondissements: 1er St.-Etienne, 2e St.-Chamond, 3e Feurs, 4e Montbrison, 5e Roanne. — *Loire (Haute)*. Arrondissements: 1er Le Puy, 2e Brioude, 3e Monistrol. — *Loire-Inférieure*. Arrondissements: 1er Nantes, 2e Nantes, 3e Pont-Rousseau, 4e Ancenis, 5e Châteaubriant, 6e Paimbœuf, 7e Savenay. — *Loiret*. Arrondissements: 1er Pithiviers, 2e Orléans, 3e Orléans, 4e Gien, 5e Montargis. — *Lot*. Arrondissements: 1er Cahors, 2e Cahors, 3e Figeac, 4e Gourdon, 5e Martel. — *Lot-et-Garonne*. Arrondissements: 1er Agen, 2e Agen, 3e Marmande, 4e Nérac, 5e Villeneuve-d'Agen. — *Lozère*. Arrondissements: 1er Mende, 2e Florac, 3e Marvejols. — *Maine-et-Loire*. Arrondissements: 1er Angers, 2e Angers, 3e Baugé, 4e Cholet, 5e Saumur, 6e Saumur, 7e Segré. — *Manche*. Arrondissements: 1er Saint-Lô, 2e Carentan, 3e Cherbourg, 4e Valognes, 5e Coutances, 6e Perriers, 7e Mortain, 8e Avranches. — *Marne*. Arrondissements: 1er Reims, 2e Reims, 3e Châlons,

4e Epernay, 5e Ste.-Ménéhould, 6e Vitry-sur-Marne.
— *Marne* (*Haute*). Arrondissements : 1er Langres,
2e Bourbonne, 3e Chaumont, 4e Vassy. — *Mayenne*.
Arrondissements : 1er Laval, 2e Laval, 3e Mayenne,
4e Mayenne, 5e Château-Gonthier. — *Meurthe*. Arrondissements : 1er Nancy, 2e Nancy, 3e Lunéville,
4e Château-Salins, 5e Toul, 6e Sarrebourg. *Meuse*.
Arrondissements : 1er Bar-le-Duc, 2e Commercy,
3e Montmédy, 4e Verdun. — *Morbihan*. Arrondissements : 1er Vannes, 2e Vannes, 3e Lorient, 4e Hen-
nebon, 5e Pontivy, 6e Ploermel. — *Moselle*. Arrondissements : 1er Metz, 2e Metz, 3e Metz, 4e
Thionville, 5e Briey, 6e Sarreguemines. — *Nièvre*.
Arrondissements : 1er Nevers, 2e Château-Chinon,
3e Clamecy, 4e Cosne. — *Nord*. Arrondissements :
1er Lille, 2e Lille, 3e Lille, 4e Douai, 5e Douai,
6e Dunkerque, 7e Bergues, 8e Cambrai, 9e Cambrai,
10e Valenciennes, 11e Avesnes, 12e Hazebrouck.
— *Oise*. Arrondissements : 1er Beauvais, 2e Beauvais,
3e Senlis, 4e Clermont, 5e Compiègne. — *Orne*.
Arrondissements : 1er Alençon, 2e Séez, 3e Argentan,
4e Gacé, 5e Domfront, 6e Laigle, 7e Mortagne. —
Pas-de-Calais. Arrondissements : 1er Arras, 2e Arras,
3e Béthune, 4e Boulogne, 5e Montreuil, 6e Saint-
Omer, 7e Saint-Omer, 8e Saint-Pol. — *Puy-de-Dôme*.
Arrondissements : 1er Clermont, 2e Clermont, 3e
Riom, 4e Riom, 5e Issoire, 6e Thiers, 7e Ambert.
— *Pyrénées* (*Basses*). Arrondissements : 1er Pau,
2e Bayonne, 3e Mauléon, 4e Oléron, 5e Orthez. —
Pyrénées (*Hautes*). Arrondissements : 1er Tarbes,
2e Lourdes, 3e Bagnères. — *Pyrénées-Orientales*. Arrondissements : 1er Perpignan, 2e Céret, 3e Prades.
— *Rhin* (*Bas*). Arrondissements : 1er Strasbourg,
2e Strasbourg, 3e Strasbourg, 4e Saverne, 5e Scheles-
tadt, 6e Wissembourg. — *Rhin* (*Haut*). Arrondissements : 1er Colmar, 2e Mulhausen, 3e Colmar, 4e
Altkirch, 5e Belfort. — *Rhône*. Arrondissements :
1er Lyon, 2e Lyon, 3e Lyon, 4e Lyon, 5e Villefranche. — *Saône* (*Haute*). Arrondissements : 1er Vesoul,
2e Jussey, 3e Lure, 4e Gray. — *Saône-et-Loire*. Arrondissements : 1er Mâcon, 2e Mâcon, 3e Châlons-
sur-Saône, 4e Châlons-sur-Saône, 5e Autun, 6e Cha-
rolles, 7e Louhans. — *Sarthe*. Arrondissements :
1er Le Mans, 2e Le Mans, 3e Le Mans, 4e Saint-Ca-
lais, 5e La Flèche, 6e Mamers, 7e Mamers. — *Seine*.
Arrondissements : 1er Paris, 2e Paris, 3e Pa-
ris, 5e Paris, 6e Paris, 7e Paris, 8e Paris, 9e Paris,
10e Paris, 11e Paris, 12e Paris, 13e Sceaux,
14e Saint-Denis. — *Seine-Inférieure*. Arrondissements : 1er Rouen, 2e Rouen, 3e Rouen, 4e Rouen,
5e Le Havre, 6e Bolbec, 7e Dieppe, 8e Dieppe,
9e Neufchâtel, 10e Yvetot, 11e Saint-Valery. —
Seine-et-Marne. Arrondissements : 1er Melun, 2e
Meaux, 3e Fontainebleau, 4e Provins, 5e Coulom-
miers. — *Seine-et-Oise*. Arrondissements : 1er Versailles, 2e St.-Germain-en-Laye, 3e Corbeil, 4e Etam-
pes, 5e Mantes, 5e Rambouillet, 7e Pontoise. —
Sèvres (*Deux*). Arrondissements : 1er Niort, 2e Melle,
3e Parthenay, 4e Bressuire. — *Somme*. Arrondissements : 1er Amiens, 2e Amiens, 3e Abbeville, 4e Abbeville, 5e Doullens, 6e Montdidier, 7e Péronne.—
Tarn. Arrondissements : 1er Alby, 2e Castres, 3e Castres, 4e Caillac, 5e Lavaur. — *Tarn-et-Garonne*.
Arrondissements : 1er Montauban, 2e Caussade,
3e Castel-Sarrazin, 4e Moissac. — *Var*. Arrondissements : 1er Toulon, 2e Toulon, 3e Draguignan,
4e Grasse, 5e Brignolles. — *Vaucluse*. Arrondissements : 1er Avignon, 2e Orange, 3e Carpentras,
4e Apt. — *Vendée*. Arrondissements : 1er Luçon,
2e Fontenay, 3e Bourbon-Vendée, 4e Les Herbiers,
5e Les Sables. — *Vienne*. Arrondissements : 1er Poitiers, 2e Châtellerault, 3e Civray, 4e Loudun,

5e Montmorillon. — *Vienne* (*Haute*). Arrondissements : 1er Limoges, 2e Limoges, 3e Bellac, 4e Saint-
Yrieix, 5e Saint-Junien.— *Vosges*. Arrondissements :
1er Epinal, 2e Mirecourt, 3e Neufchâteau, 4e Remi-
remont, 5e Saint-Dié. — *Yonne*. Arrondissements :
1er Auxerre, 2e Avallon, 3e Joigny, 4e Sens, 5e Ton-
nerre.

2. Notre ministre de l'intérieur, président du conseil (**M. Casimir Périer**) est
chargé, etc.

15 JUIN 1831.—Ordonnance qui nomme M. Millet
commissaire de police à Paris. (Bull. O. 83,
n. 2286.)

21 JUIN = 1er JUILL. 1831. — Ordonnance du roi
qui reconnaît comme établissement d'utilité publique la maison des pauvres et des orphelins
établie à Lunéville (Meurthe). (IX, Bull. O.
LXXXIV, n. 2317.)

Louis-Philippe, etc., sur le rapport de
notre ministre du commerce et des travaux
publics ; le comité de l'intérieur de notre
conseil d'Etat entendu, etc.

Art. 1er. L'établissement existant à Lunéville (Meurthe) et connu sous la dénomination de *Maison des pauvres et des orphelins*,
est reconnu comme établissement d'utilité
publique, et sera régi conformément aux
ordonnances et aux règlements sur les établissements de bienfaisance.

2. Notre ministre du commerce et des
travaux publics (comte d'Argout) est chargé, etc.

21 JUIN 1831. — Ordonnance qui autorise la société anonyme formée à Castres (Tarn) pour
l'exploitation de la papeterie Grasset, et approbation de ses statuts. (Bull. O. 89 bis, n. 2.)

21 JUIN 1831. — Ordonnance qui autorise l'administration de la marine à Rochefort à construire deux fourneaux dans la cour intérieure
de la fonderie royale. (Bull. O. 90, n. 2629.)

21 JUIN 1831. — Ordonnance qui nomme M. Sers
préfet des Landes. (Bull. O. 83, n. 2287.)

22 JUIN = 1er JUILLET 1831. — Ordonnance du roi
qui augmente le cadre du personnel du service
de l'habillement et du campement. (IX, Bull.
O. LXXXIV, n. 2319.)

Louis-Philippe, etc., ayant reconnu la
nécessité d'accroître le cadre du personnel
du service de l'habillement et du campement des troupes de terre, réglé par notre
ordonnance en date du 10 novembre dernier ; sur la proposition de notre ministre
de la guerre, etc.

Art. 1er. Le cadre du personnel du service de l'habillement et du campement est
composé ainsi qu'il suit, savoir :

Agents principaux : 1re classe, 1 ; 2e
classe, 1. Total, 2.

Agents comptables : 1re classe, 4 ; 2e classe, 5 ; 3e classe, 6. Total, 15.

Commis : 1re classe, 6 ; 2e classe, 10 ; 3e classe, 12. Total, 28.

Total général, 45.

2. Notre ministre de la guerre (duc de Dalmatie) est chargé, etc.

_____

22 JUIN 1831. — Ordonnance portant que le collége du sixième arrondissement électoral de Maine-et-Loire, qui avait été convoqué à Saumur, se réunira dans la ville de Doué. (Bull. O. 84, n. 2318.)

22 JUIN 1831. — Ordonnance qui rapporte la disposition de l'ordonnance du 31 mai dernier, par laquelle les Chambres avaient été convoquées pour le 9 août, et porte convocation pour le 23 juillet. (Bull. O. 83, n. 2283.)

23 JUIN = 7 JUILLET 1831. — Ordonnance du roi qui ouvre au ministre de l'intérieur un crédit extraordinaire de neuf cent soixante et dix mille francs. (IX, Bull. O. LXXXV, n. 2346.)

Louis-Philippe, etc., vu la loi du 25 mars dernier, relative aux ressources spéciales à réaliser pour subvenir aux dépenses extraordinaires de l'exercice 1831 ; sur le rapport du ministre secrétaire d'Etat de l'intérieur, président de notre conseil des ministres, etc.

Art. 1er. Il est ouvert au ministre secrétaire d'Etat de l'intérieur, avec imputation sur les ressources spéciales créées par la loi du 25 mars 1831, un crédit extraordinaire de neuf cent soixante et dix mille francs, destiné à pourvoir aux services extraordinaires de l'exercice 1831 jusqu'au 1er septembre, conformément à la répartition ci-après :

CHAPITRES spéciaux.	SERVICES.	CRÉDITS actuels.	Nouveaux CRÉDITS accordés.	TOTAL des fonds crédités.
39	Récompenses ou secours (loi du 30 août 1830, art. 1er)	fr. 1,500,000	fr. »	fr. 1,500,000
40	Indemnités pour dommages (art. 2, même loi).	1,230,000	770,000	2,000,000
43	Secours aux réfugiés espagnols, portugais ou autres	600,000	200,000	800,000
	TOTAUX.	3,330,000	970,000	4,300,000

2. Nos ministres des finances et de l'intérieur (baron Louis et Casimir Périer) sont chargés, etc.

_____

24 JUIN 1831. — Ordonnance qui crée deux places d'agents de change à Saint-Etienne, et fixe leur cautionnement. (Bull. O. 87, n. 2425.)

24 JUIN 1831. — Ordonnances qui autorisent l'acceptation de dons et legs faits au maire de Brives, à une commune, aux pauvres, hospices, et bureaux de bienfaisance de diverses autres. (Bull. O. 90, 91, 98, 99, 100, n. 2652 à 2655, 2682 à 2691, 2765 à 2769, 2777 à 2810, 2820 à 2828.)

26 JUIN 1831. — Ordonnance qui autorise l'acceptation d'une concession gratuite faite à la ville de Tarbes. (Bull. O. 90, n. 2656.)

27 JUIN 1831. — Ordonnance qui admet à établir leur domicile en France les sieurs Aigeldinger, Berthy, Burgmüller, Burkard, Busch, Courvoisier, Doiromont, Denninger, Eckerle, Fauster, Gilly, Gommez d'Orgas, Gossweiler, Günther Haffner (Jacques), Haffner (Joseph), Handschin, Hensler, Hornstein, Hulme, Klasi, Kraemer, Lavarello, Lefebvre, Loebnitz, Loehr, Lorson, Maier, Moller, Reymond, Rittmüller, Robert, Rosentaler, Schirmeyer, Schock, Schwarz, Spa-linger, Sperl, Stéhélin, Terby, Tilmant, Vaucher, Vogenski, Weinmann, Weisser et Zimmermann. (Bull. O. 87, n. 2427.)

27 JUIN 1831. — Ordonnances qui accordent des lettres de naturalité aux sieurs Marc, Schaerf, Billiottet. (Bull. O. 97, 131, 134, n. 2755, 3697 et 4007.)

27 JUIN 1831. — Lettres de naturalité accordées aux sieurs Giusti et Chruslen. (Bull. O., 2e sect., n. 342.)

27 JUIN 1831. — Ordonnance qui accorde des lettres de naturalité au sieur Cavagnari. (Bull. supp., n. 12809.)

28 JUIN = 20 JUILLET 1831. — Ordonnance du roi qui maintient le mont-de-piété de Carpentras (Vaucluse). (IX, Bull. O. LXXXVIII, n. 2528.)

Louis-Philippe, etc., sur le rapport de notre ministre du commerce et des travaux publics ; le comité de l'intérieur de notre conseil d'Etat entendu, etc.

Art. 1er. Le mont-de-piété qui existe à Carpentras (Vaucluse) est et demeure maintenu, et sera régi conformément au règlement annexé à la présente ordonnance.

2. Notre ministre du commerce et des

travaux publics (comte d'Argout) est chargé, etc.

---

28 JUIN 1831. — Ordonnances qui accordent des pensions à deux anciens sous-préfets et à deux anciens conseillers de préfecture. (Bull. O. 87 *bis*, n. 1 à 4.)

---

29 JUIN 1831. — Ordonnance qui accorde des lettres de naturalité au sieur Pastor. (Bull. O. 134, n. 4008.)

29 JUIN 1831. — Ordonnance qui admet le sieur Glaz à établir son domicile en France. (Bull. O. 84, n. 2428.)

---

30 JUIN 1831. — Tableau du prix des grains pour servir de régulateur aux droits d'importation et d'exportation. (Bull. O. 84, n. 2236.)

1ᵉʳ JUILLET = 23 AOUT 1831. — Ordonnance du roi relative à la conservation et à l'armement des bâtiments de la marine royale. (IX, Bull. O. XCIII, n. 2710.)

Louis-Philippe, etc., sur le rapport de notre ministre de la marine et des colonies, etc.

TITRE Iᵉʳ. — *De la conservation des bâtiments désarmés.*

Art. 1ᵉʳ. Il sera formé, dans les cinq ports militaires du royaume, des escouades de gabiers de port et des escouades de gardiennage. Le nombre en sera réglé par notre ministre de la marine en raison des besoins du service.

2. Les gabiers de port seront chargés, sous l'autorité du directeur des mouvements, d'entrer les bâtiments de l'État dans le port et dans les bassins, et de les en sortir; de disposer tous les appareils pour caréner les bâtiments, les haler sur les cales, les lancer et les mâter; de gréer les bâtiments dépourvus d'équipage, et d'aider au gréement de ceux qui seraient en armement; de travailler à la garniture et à tous les autres travaux du matelotage; de veiller à l'entretien des corps-morts et autres ouvrages de la rade; enfin, de porter des secours aux bâtiments en danger, de jour comme de nuit.

3. Chaque escouade de gabiers de port sera composée de dix marins, savoir: un patron chef d'escouade; quatre gabiers de première classe; cinq gabiers de deuxième classe. La réunion des deux escouades formera une section qui sera conduite par un contre-maître. Lorsque dans un même port il y aura cinq sections ou plus, elles formeront une compagnie qui sera commandée par un des lieutenants de vaisseau attachés à la direction des mouvements du port, lequel aura sous ses ordres un lieutenant de vaisseau ou un lieutenant de frégate.

4. Après la première formation, nul ne pourra être admis dans les escouades de gabiers de port que comme gabier de deuxième classe, et en satisfaisant aux conditions ci-après: être de bonne constitution, et âgé de trente ans au moins et quarante au plus; avoir servi en qualité de gabier à bord des bâtiments du roi; ce qui sera constaté par un certificat en règle, délivré par le bureau des armements; être porteur de certificats de bonne conduite. Les avancements d'une classe à l'autre seront opérés par le conseil d'administration de la marine, sur la proposition du capitaine de la compagnie, adressée au directeur des mouvements du port, ou sur la simple proposition de ce dernier chef, dans les ports où les escouades ne seront pas réunies en compagnies.

5. Les escouades de gardiennage seront chargées, sous la responsabilité des maîtres: de la garde des bâtiments à bord desquels elles seront placées, ainsi que de celle de tous les effets d'armement ou autres qui y seront déposés; de visiter journellement lesdits bâtiments, d'y entretenir la propreté, d'exécuter les réparations légères au fur et à mesure que le besoin s'en fera sentir; enfin, de prendre toutes les précautions qui pourront contribuer à prolonger la durée des bâtiments et en assurer la conservation. Les chefs d'escouade se conformeront, en ce qui les concerne, au règlement annexé à la présente ordonnance, sauf les modifications qui pourraient y être ultérieurement introduites: ils suivront, en outre, les instructions et consignes qui leur seront données par le directeur des mouvements du port.

6. Chaque escouade de gardiennage sera composée de dix marins, savoir: un premier maître de manœuvre, chef; un second maître de manœuvre ou de canonnage, deux maîtres ou seconds maîtres de professions, ou quartiers-maîtres de manœuvre ou de canonnage; six gardiens. Lorsque dans un port il y aura dix escouades de gardiennage ou plus, elles formeront une compagnie qui sera commandée par un lieutenant de vaisseau, ayant sous ses ordres deux autres officiers.

7. Ne pourront être admis dans les escouades de gardiennage: comme chefs ou officiers-mariniers, que des maîtres revenant de la mer, et qui seront titulaires des grades désignés dans l'art. 6 ci-dessus; et comme gardiens, que des seconds maîtres, quartiers-maîtres ou marins de toutes professions. Les uns et les autres devront être valides et susceptibles de faire un bon service, ils seront tenus, en outre, de produire des certificats de bonne conduite des

commandants sous les ordres desquels ils auront servi. Quand les besoins du service l'exigeront, le préfet maritime pourra autoriser l'embarquement des maîtres, seconds maîtres ou quartiers-maîtres appartenant aux escouades de gardiennage. Cette disposition ne sera jamais appliquée aux simples gardiens.

8. Les escouades de gardiennage seront, dans chaque port, sous les ordres du directeur des mouvements, qui en disposera au besoin, pour tous les travaux relatifs à l'armement ou au désarmement des bâtiments.

9. Les capitaines de compagnies de gabiers et de gardiennage s'assureront de la bonne tenue et de la propreté des marins qui en feront partie, et veilleront à ce que leurs sacs soient toujours au complet réglementaire. Ils passeront, à cet effet, une inspection tous les dimanches. Les officiers attachés auxdites compagnies recevront le supplément de mer.

10. La solde des marins de tout grade faisant partie des escouades de gabiers de port ou de gardiennage sera réglée comme il suit :

Gabier de port.

	par mois.
Contre-maître, chef de section. . . .	50 fr.
Patron, chef d'escouade.	45
Gabier de première classe.	42
Gabier de deuxième classe.	39

Gardiennage.

Premier maître de manœuvre.	50
Second maître de manœuvre ou de canonnage.	45
Maître ou second maître de profession. .	39
Quartier-maître de manœuvre ou de canonnage.	39
Gardiens marins.	36

Tous ces officiers mariniers ou marins devront être pourvus, à leurs frais, des effets d'habillement désignés au tableau n. 1, annexé à la présente ordonnance. Il sera alloué à chacun d'eux, pour l'entretien de son sac, un supplément d'habillement, fixé à quatre francs cinquante centimes par mois, pour les escouades de gabiers de port, et à trois francs par mois, pour les escouades de gardiennage. Au moyen de ce supplément, il ne sera plus délivré à ces marins aucun effet du magasin général.

Titre III. *Des bâtiments en commission.*

11. Les bâtiments en commission sont ceux qui, étant complétement terminés au matériel, restent amarrés dans le port en attendant leur armement définitif.

12. Lorsque l'ordre sera donné de mettre un bâtiment de guerre en commission, l'officier qui devra le commander sera dé-

signé par le ministre. Le préfet maritime désignera en même temps un commis d'administration pour suivre les détails de l'opération, ainsi que les maîtres ci-après désignés : un maître de manœuvres, un maître canonnier, un maître charpentier. La division des équipages de ligne fournira au bâtiment un équipage provisoire, dont le préfet maritime déterminera la force d'après le degré d'urgence de l'armement et l'espèce du bâtiment.

13. Cet équipage provisoire sera sous l'autorité immédiate du commandant du bâtiment. Les marins qui le composeront seront dirigés au travail, soit par les officiers sous les ordres desquels ils sont placés dans la division, soit par d'autres officiers que désignera le préfet maritime, à raison de deux pour cent hommes d'équipage. Dans tous les cas, le plus ancien de ces officiers remplira les fonctions de second.

14. Les sous-officiers et marins placés à bord des bâtiments en commission recevront la ration de journalier ; ils vivront à bord, mais ils continueront de coucher à la caserne. Les maîtres chargés seront tenus de coucher à bord. Il sera, en outre, établi une garde de nuit, commandée par un officier marinier, et qui sera fournie par les marins affectés au bâtiment.

15. Les maîtres chargés affectés aux bâtiments en commission seront choisis, autant que possible, dans le petit état-major de la division des équipages de ligne, ou, à défaut, parmi les maîtres de l'inscription maritime. Dans ce dernier cas, ceux-ci seront considérés comme temporairement admis dans les divisions.

16. Le commandant et les officiers d'un bâtiment en commission, lors même qu'ils n'appartiendraient pas aux équipages de ligne, jouiront de leur supplément à la mer. Le second et le commis d'administration recevront l'indemnité de frais de bureau qui leur est allouée par les règlements en raison du rang du bâtiment.

17. Le capitaine, les officiers, le commis d'administration et les maîtres, devant se considérer comme chargés d'un service ordinaire d'armement, se conformeront, chacun en ce qui le concerne, aux dispositions de l'ordonnance du 31 octobre 1827.

18. Le directeur des mouvements du port fournira les secours nécessaires en agrès, bâtiments de servitude, canots, etc. ; il fournira également les corvées d'usage pour l'embarquement et l'arrimage du lest, ainsi que des escouades de gabiers de port pour les travaux du gréement à bord.

19. Le capitaine tiendra un journal, dans lequel il mentionnera les différentes opérations de l'armement, et spécialement les

tirants d'eau obtenus par la progression du chargement.

20. Les diverses directions concourront aux opérations relatives à la mise en commission des bâtiments dans la forme observée pour les armements définitifs : en conséquence, chaque directeur fera dresser les feuilles des maîtres qui dépendront de son service. Les maîtres désignés à l'art. 12 auront à leur charge, indépendamment des objets qui les concernent spécialement : le maître de manœuvre, les articles du voilier et les effets de la timonnerie ; le maître charpentier, ceux du calfat ; le maître canonnier, ceux du capitaine d'armes, du serrurier, du vitrier et du forgeron. Les demandes en remplacement pour la consommation journalière ou pour des objets nécessaires au service courant qui n'auraient pas été portés sur les feuilles des maîtres, ainsi que les demandes à charge de rendre, seront indiquées aux directeurs compétents par un billet d'avis de l'officier en second, visé par le commandant. Sur ce simple avis, les directeurs feront délivrer immédiatement, sans le concours du magasin général, et ils feront application de ces délivrances au compte du bâtiment.

21. Les bâtiments en commission devront avoir le doublage en cuivre appliqué et les emménagements entièrement terminés et peints. Il y sera embarqué le lest en fer, les caisses à eau remplies, les pièces à vin remplies d'eau ; les bouches à feu, ainsi que leurs agrès et leurs projectiles pleins, les cuisines et le four, les ancres, les câbles en fer et en chanvre, les grelins, aussières et leurs accessoires, la mâture, la drôme, les embarcations pourvues de leurs avirons et mâture, le gouvernail de rechange, les jas d'ancres, les bordages d'armement, et généralement tous les objets qui ne sont pas susceptibles de s'avarier par leur séjour à bord. Ceux des objets ci-dessus dénommés qui doivent se placer dans la cale seront arrimés à demeure : la plate-forme sera établie au-dessus des caisses à eau. Les bouches à feu, placées dans les batteries qu'elles doivent armer, seront rapprochées du plan diamétral latitudinal du bâtiment, afin que les extrémités soient surchargées le moins possible. Le charbon de terre et la portion de bois de chauffage qui peut être placée dans la cale sans nuire aux opérations ultérieures de l'armement, seront également embarqués.

22. Le gréement entier, avec ses garnitures et fourrures, sera capelé, tenu à plusieurs reprises par des temps favorables, espalmé et même noirci lorsqu'il devra rester en place ; les manœuvres courantes seront passées et assorties au ponlinage. Les voiles et les tentes seront complètement garnies, enverguées, essayées et retouchées, s'il y a lieu ; il en sera de même des capots, des prélarts d'écoutilles, de drômes et de bastingages, ainsi que des voiles d'embarcation. Si le bâtiment ne devait pas entrer prochainement en disponibilité ou en armement définitif, les voiles et autres objets désignés dans le paragraphe ci-dessus seront envoyés en dépôt au magasin de la voilerie. Le gréement sera déposé dans le magasin particulier dont il sera parlé ci-après (art. 24) ; les différentes pièces dont il se compose étiquetées et rangées avec ordre pour la facilité de l'armement et de la surveillance habituelle. Le bâtiment ne conservera en place que ses bas mâts, qui seront assujettis sur caliornes et candelettes fournies par le port.

23. Les poudres et artifices, les projectiles creux et les armes portatives, les vivres et les ustensiles de cambuse, les médicaments et menus objets de chirurgie, les effets de couchage et d'habillement, les boussoles et effets qui en dépendent, les outils des diverses professions et les menus objets consommables des maîtres chargés, seront conservés dans les magasins des services qui les fournissent. Ces objets seront mis à part, avec désignation du bâtiment auquel ils sont destinés, et tenus constamment en bon état par les soins des directeurs : toutes les dispositions seront faites pour que l'embarquement et le placement desdits objets n'éprouvent aucun retard lors de l'armement définitif. Des états indiquant les effets déposés dans les magasins des diverses directions seront remis au commandant du bâtiment.

24. Un magasin particulier sera affecté à chaque bâtiment en commission et destiné à recevoir le gréement, ainsi que les objets portés sur les feuilles d'armement qui ne sont pas compris dans les deux articles précédents. Le capitaine prendra les précautions nécessaires pour qu'il ne soit déposé dans ledit magasin que des objets susceptibles d'un bon et prompt service. Le directeur des mouvements du port aura les clefs du magasin particulier, qu'il fera ouvrir à la demande du commandant ou du second.

25. Aucun objet d'armement appartenant à un bâtiment en commission ne pourra être affecté à une autre destination que sur l'ordre écrit du préfet maritime, motivé sur l'urgence d'un service important, ou sur la nécessité de prévenir en temps utile une détérioration. Une copie de cet ordre sera adressée au commandant du bâtiment par le préfet maritime. Dans ce cas, la direction compétente remplacera immédiate-

ment l'objet distrait. Il sera rendu compte au préfet de ce remplacement.

26. Lorsque le bâtiment sera entièrement prêt au matériel, le commandant ordonnera à l'officier en second, au commis d'administration, et aux maîtres chargés de procéder, contradictoirement avec les directions du port, à la vérification des livraisons effectuées pour le compte du bâtiment. Aussitôt après cette vérification, il sera dressé un inventaire d'armement, sur lequel seront distingués par des annotations les objets placés à terre dans les magasins et ceux qui resteront à bord.

27. L'inventaire ayant été établi ainsi qu'il est prescrit par l'article précédent, le bâtiment et son magasin particulier seront visités, d'après les ordres du préfet maritime, par une commission supérieure, composée des chefs de service du port. Le commandant sera tenu d'y assister, et pourra faire ses observations. Le procès-verbal de cette visite constatera l'état du bâtiment et celui de son installation, de ses emménagements et de tous les objets mis à sa charge. Il en sera dressé trois expéditions, dont l'une sera envoyée au ministre, une autre sera remise à l'inspection, et la troisième restera entre les mains du commandant.

28. Toutes les opérations étant terminées, l'équipage provisoire rentrera à la division. Il ne restera affecté au bâtiment que le commandant, l'officier en second qui sera désigné par le préfet maritime, le commis d'administration, les maîtres chargés et l'escouade ordinaire de gardiennage. Le commis d'administration travaillera dans un des bureaux de l'administration du port, lorsque le service du bord ne l'occupera pas. Une escouade de cinq à vingt hommes, suivant l'importance du bâtiment, sera envoyée, chaque matin, par la division des équipages de ligne, pour monter la garde à bord, et aider l'escouade de gardiennage à soigner et nettoyer le bâtiment, conformément aux consignes du port.

29. Autant que possible, les bâtiments en commission seront réunis dans un poste ou emplacement particulier que le préfet maritime désignera. Dans cette situation, il sera pris toutes les précautions qui pourront assurer leur isolement. La responsabilité du bâtiment sera partagée entre le directeur des mouvements du port et le commandant, de la manière qui est expliquée à l'art. 173 de l'ordonnance du 31 octobre 1827.

30. L'officier en second visitera, chaque matin, le bâtiment en commission. Il s'assurera de l'exécution des mesures d'ordre, de conservation et de sûreté, qui auront été prescrites, et en rendra compte au commandant du bâtiment, qui passera lui-même une inspection et en fera son rapport au major général.

31. Deux fois par mois, le commandant, assisté de son second et des maîtres chargés, visitera le magasin particulier du bâtiment et les effets déposés dans les magasins des diverses directions; il se concertera, à cet effet, avec les chefs de service du port. S'il s'aperçoit de quelque détérioration ou manque d'objets, il en fera son rapport au major général de la marine, et demandera le remplacement immédiat desdits objets.

32. Le préfet maritime passera l'inspection des bâtiments en commission, toutes les fois qu'il le jugera utile au bien du service; et, s'il y a lieu, il rendra compte au ministre du résultat de ses inspections.

33. En cas de désarmement d'un bâtiment en commission, il y sera procédé conformément aux dispositions prescrites par l'ordonnance du 31 octobre 1827, sur le service à bord des bâtiments de la marine royale.

TITRE III. *Des bâtiments en disponibilité.*

34. Les bâtiments en disponibilité sont ceux qui, étant complétement armés au matériel, et ayant à bord leurs vivres, rechanges et remplacements, ainsi qu'une portion de leur personnel, sont mouillés sur rade, prêts à prendre la mer au premier ordre, moyennant un complément d'équipage.

35. Dès que l'ordre de mettre un bâtiment en disponibilité aura été donné, il sera procédé à cette opération de la même manière que s'il s'agissait d'un armement définitif. Le rôle sera ouvert. Il sera embarqué un cadre d'état-major et d'équipage, dont la composition sera conforme au tableau n. 2, annexé à la présente ordonnance.

36. Les officiers et élèves attachés aux marins destinés par la division embarqueront avec ces marins, et concourront à composer l'état-major du bâtiment en disponibilité.

37. Les gabiers, chefs de pièce, chargeurs, timonniers, barbiers, infirmiers, embarqués sur un bâtiment en disponibilité, qui rempliront réellement les fonctions que leur titre indique, toucheront la moitié des suppléments qui sont alloués par les réglements sur le service à la mer. Le supplément de mer sera accordé au commandant, aux officiers et aux maîtres chargés. L'officier en second sera traité, pour son supplément particulier, ainsi que pour l'in-

demnité de bureau, comme il le serait sur un bâtiment armé. Il en sera de même à l'égard du commis d'admininistration. Les officiers, les élèves, les officiers de santé, recevront leur traitement de table complet. Le traitement de table du commandant ne sera que de la moitié du traitement de mer.

38. Les équipages des bâtimens en disponibilité recevront la ration de vivres de journalier.

L'approvisionnement des vivres de campagne du bord sera toujours maintenu au complet.

39. Les consommations journalières qui auront lieu sur rade seront remplacées tous les quinze jours par le port.

40. Dans les trois jours qui suivront la mise en rade d'un bâtiment en disponibilité, et sur l'avis donné par le commandant au préfet maritime, que tout ce qui tient au matériel est prêt, et que les feuilles des maîtres sont réglées, la commission supérieure du port se rendra à bord pour procéder à la visite prescrite par la décision ministérielle du 5 mai 1828, ainsi qu'il se pratique avant le départ des bâtimens armés.

Le rapport de cette commission, dressé en double expédition, sera remis au préfet maritime pour être transmis au ministre.

41. Pendant l'armement, le séjour en rade et le désarmement d'un bâtiment en disponibilité, le service sera établi militairement à bord, conformément aux dispositions de l'ordonnance du 31 octobre 1827.

42. Les bâtimens en disponibilité seront inspectés, aux époques que le préfet maritime indiquera, soit par le commandant de la rade, soit par le major général de la marine.

Le préfet maritime fera, en outre, par lui-même, des visites pour s'assurer de la situation de ces bâtimens, ainsi que des progrès de l'instruction de leurs équipages.

Il en rendra compte au ministre de la marine dans les premiers jours de chaque mois.

43. Lorsque l'ordre aura été donné par le ministre de la marine de désarmer un bâtiment en disponibilité, il sera procédé à cette opération de la manière prescrite par les réglemens et ordonnances en vigueur pour le désarmement des bâtimens complétement armés.

44. Sont et demeurent abrogées l'ordonnance du 27 août 1828, relative aux bâtimens de la marine royale à tenir en commission, ainsi que les dispositions de toute autre ordonnance ou réglement qui seraient contraires à celles de la présente.

45. Notre ministre de la marine et des colonies (comte de Rigny) est chargé, etc.

Tableau n. 1. Composition du sac des marins de tout grade faisant partie des escouades de gabiers de port et de celles de gardiennage.

1 Paletot en drap bleu; 1 pantalon *id.;* 1 pantalon en toile blanche; 2 pantalons de fatigue; 2 vareuses; 1 capote en toile, à capuchon, doublée en laine; 1 cravate en laine noire; 1 chemise en molleton bleu; 3 chemises en toile; 1 paire de demi-guêtres en toile; 2 paires de bas; 2 paires de souliers; 1 chapeau rond, en feutre verni, portant pour légende: *Gabiers de port* ou *gardiens de vaisseaux.*

Les chefs d'escouade ou de section porteront les marques distinctives de leurs fonctions.

TABLEAU No II. — *Composition du cadre d'état-major et d'équipage à embarquer sur les bâtimens en disponibilité.*
(Art. 55 de l'ordonnance du 1er juillet 1831.)

ÉTAT-MAJOR.

BATIMENS.	Capitaine de vaisseau.	Capitaine de frégate.	Capitaine de corvette.	Lieutent. de vaisseau.	Lieutent. de frégate.	Commis d'administration.	Chirurgiens, 1re classe.	2e classe.	3e classe.	Élèves.	TOTAL.	Officiers mariniers et marins.	TOTAL général.
Vaisseaux à 3 ponts....	1	»	»	(1) 4	3	1	1	»	1	6	17	300	317
Idem à 2 ponts.........	1	»	»	3	2	1	1	»	1	4	13	200	243
Frégate de 1er rang....	1	»	»	3	2	1	1	»	1	4	13	200	213
Idem de 2e rang.......	(2) 1	»	»	2	2	1	(3) 1	»	1	3	11	150	161
Idem de 3e rang.......	»	1	»	2	1	1	1	1	1	2	9	100	109
Grande corvette de guerre....	»	1	»	1	1	1	»	1	1	1	6	50	56
Corvette de charge....	»	1	»	1	1	1	»	1	1	1	6	50	56
Bâtimens de 18 à 20 canons....	»	»	1	1	1	»	»	1	»	1	6	30	36
Gabarre au-dessus de 10 canons.	»	»	1	»	»	1	»	1	»	1	6	30	36
Brick de 16 canons.....	»	»	1	»	1	1	»	1	»	1	6	20	26

(1) Dont un second.
(2) Ou capitaine de frégate.
(3) Si le commandant est un capitaine de frégate, le chirurgien sera de seconde classe.

Nota. On n'a pas compris dans ce tableau les maîtres chargés qui doivent être embarqués en totalité, conformément à l'art. 37 de l'ordonnance.

Le nombre de surnuméraires à embarquer sera déterminé par le préfet maritime, et ne pourra excéder la moitié de la fixation réglementaire (Ordonnance du 23 juin 1824).

Le ministre secrétaire d'Etat de la marine et des colonies, signé comte DE RIGNY.

Paris, le 1er juillet 1831.

1er JUILLET = 23 août 1831. — Ordonnance du roi sur les saluts en mer. (IX, Bull. O. XCIV, n. 2721.)

Louis-Philippe, etc., sur le rapport de notre ministre de la marine et des colonies, etc.

Art. 1er. L'art. 705 et le dernier paragraphe de l'art. 707 de l'ordonnance royale du 31 octobre 1827 sur le service des bâtiments à la mer, sont et demeurent annulés.

2. Toutes les fois qu'un bâtiment français sera salué par un bâtiment de guerre étranger, le salut sera rendu coup pour coup audit bâtiment étranger, quels que soient les grades respectifs des officiers commandants, et soit qu'il ait été traité ou non de salut, pourvu toutefois que ce salut n'excède pas vingt et un coups de canon.

3. Les commandants des bâtiments de guerre français, arrivant sur une rade étrangère, se conformeront, quant aux visites, aux usages généralement reçus dans le pays où ils se trouveront.

4. Notre ministre de la marine et des colonies (comte de Rigny) est chargé, etc.

———

1er JUILLET = 23 août 1831. — Ordonnance du roi modificative du tarif de pilotage dans la Gironde. (IX, Bull. O. XCIV, n. 2722.)

Louis-Philippe, etc., vu la loi du 15 août 1792 et le décret du 12 décembre 1806 sur le pilotage; vu l'ordonnance du 31 août 1830, et le règlement général de pilotage dont elle a autorisé la mise en vigueur dans le quatrième arrondissement maritime; sur le rapport de notre ministre de la marine et des colonies, etc.

Art. 1er. La modification faite à l'art. 101 du règlement général de pilotage du quatrième arrondissement maritime, telle qu'elle a été arrêtée, le 19 avril dernier, par le conseil d'administration de la marine à Rochefort, suivant le procès-verbal dont une expédition est ci-annexée, est approuvée. La disposition nouvelle résultant de cette modification sera exécutée de la manière prescrite pour le règlement général auquel elle se rapporte.

2. Notre ministre de la marine et des colonies (comte de Rigny) est chargé, etc.

Procès-verbal de la séance du 4 avril 1831.

Nous soussignés, composant la commission supérieure chargée de la rédaction du règlement général sur le service du pilotage dans le quatrième arrondissement, nous sommes réunis extraordinairement par ordre de M. le préfet maritime, pour donner notre avis sur une réclamation qui nous est parvenue des pilotes des stations de Royan et Saint-Georges contre l'art. 101 du règle-

ment du 31 août 1830, qui n'accorde que cinq sixièmes de pilotage pour la montée dans la Gironde, de Royan à Trompeloup; vu l'avis favorable émis à ce sujet par la chambre de commerce à Bordeaux; considérant que la distance de Royan à Trompeloup ne diffère que d'un tiers de lieue de celle de Royan à Pauillac, et que, les pilotes du bas de la rivière étant toujours obligés, à la montée des bâtiments, de les mouiller, soit à Trompeloup, soit à Pauillac, il en résulte nécessairement, pour les pilotes de cette dernière station, l'obligation de les appareiller; considérant, en outre, qu'en accordant aux pilotes de Pauillac un pilotage et quart de Trompeloup à Bordeaux, ils trouvent, dans cette fixation, une juste compensation pour la distance additionnelle qu'ils sont tenus de parcourir en allant prendre les bâtiments à Trompeloup, et qu'en maintenant les dispositions de l'art. 101 du règlement, les intérêts des pilotes de Royan et Saint-Georges seraient compromis; nous pensons, à l'unanimité, que cet article doit être supprimé et remplacé par la rédaction suivante :

Art. 101. « Il y aura pour la descente de « Pauillac à Royan, ainsi que pour la montée de Royan à Trompeloup, un pilotage « entier, et la distance de Trompeloup à « Bordeaux sera d'un pilotage et quart. »

D'après les motifs énoncés au présent procès-verbal, le conseil d'administration approuve les modifications qui ont été apportées par la commission supérieure à l'art. 101 du règlement sur le pilotage dans le quatrième arrondissement maritime.

En séance, à Rochefort, le 19 avril 1831.

———

1er JUILLET = 23 août 1831. — Ordonnance du roi relative aux obligations des notaires, greffiers et secrétaires des administrations, pour l'enregistrement de leurs actes, les formalités hypothécaires, et l'usage des actes sous signatures privées, aux colonies de la Martinique, de la Guadeloupe et de la Guiane. (IX, Bull. O. XCIV, n. 2723.)

Louis-Philippe, etc., vu les ordonnances royales des 31 décembre 1828 et 14 juin 1829, concernant le service de l'enregistrement et la conservation des hypothèques à la Martinique, à la Guadeloupe et à la Guiane française; attendu qu'il a été reconnu nécessaire de créer de nouveaux bureaux d'enregistrement dans quelques localités, etc.

Art. 1er. Les notaires ne pourront faire enregistrer leurs actes qu'au bureau dans l'arrondissement duquel ils résident. Les greffiers et secrétaires des administrations et établissements publics feront enregistrer les actes qu'ils sont tenus de soumettre à cette formalité, au bureau dans l'arrondissement duquel ils exercent leurs fonctions.

2. Les notaires autres que ceux qui sont domiciliés dans l'arrondissement du bureau de l'enregistrement établi dans le siége d'un tribunal de première instance, jouiront d'un délai de quinze jours, à compter de celui de l'enregistrement des actes, pour faire remplir les formalités hypothécaires d'inscription, de transcription et de radiation. Les mêmes notaires ne pourront recevoir en dépôt les actes sous signatures privées, de la nature de ceux qui sont désignés dans l'art. 17 de l'ordonnance du 14 juin 1829, en faire aucun usage ni aucune mention, sans qu'ils aient été préalablement soumis à la formalité de la transcription; ils rapporteront tout au long dans leurs minutes la mention de cette formalité mise par le conservateur sur lesdits actes.

3. L'art. 35 de l'ordonnance du 31 décembre 1828, concernant l'enregistrement, et les art. 16 et 17 de l'ordonnance du 14 juin 1829, concernant les hypothèques, sont abrogés en ce qu'ils ont de contraire aux dispositions qui précèdent.

4. Notre ministre de la marine et des colonies (comte de Rigny) est chargé, etc.

1er JUILLET = 1er AOUT 1831. — Ordonnance du roi relative à la modification des statuts de la société d'assurance contre l'incendie, des départements du Nord, du Pas-de-Calais et des Ardennes. (IX, Bull. O. XC, n. 2615.)

Louis-Philippe, etc., sur le rapport de notre ministre du commerce et des travaux publics; vu l'ordonnance royal du 8 avril 1828, qui a autorisé la société d'assurance mutuelle contre l'incendie pour les départements du Nord, du Pas-de-Calais et des Ardennes; notre conseil d'Etat en entendu, etc.

Art. 1er. La délibération prise par le conseil général de la société d'assurance mutuelle contre l'incendie à Lille, le 9 janvier 1831, pour modifier les art. 46, 51, 53 et 54 des statuts, est approuvée telle qu'elle est contenue en l'acte passé devant Coustenoble et son collègue, notaires à Lille, le 8 juin 1831. Ledit acte restera annexé à la présente ordonnance.

2. Notre ministre du commerce et des travaux publics (comte d'Argout) est chargé, etc.

Article supplémentaire.

« Si, au jour fixé pour la réunion, le tiers « des membres du conseil général, en y « comprenant les suppléants appelés conformément à l'art. 54 des statuts, n'était « pas présent, la séance du conseil serait « remise à quinzaine; de nouvelles lettres « de convocation seraient adressées aux « membres suppléants domiciliés à Lille, « et les membres présents, pourvu qu'ils « soient au nombre de onze, formeraient « le conseil général. »

1er JUILLET 1831. — Ordonnance qui fixe la solde de quatre marins ou soldats et accorde des pensions à des veuves d'officiers de marine. (Bull. O. 102 *bis*, n. 4.)

1er JUILLET 1831. — Ordonnance relative aux octrois de plusieurs communes. (Bull. O. 90 *bis*, n. 2.)

1er JUILLET 1831. — Ordonnances relatives au régime forestier, et qui autorisent délivrance de bois à plusieurs communes. (Bull. O. 90 *bis*, n. 1, 3, 9, 10, 12 à 16.)

1er JUILLET 1831. — Ordonnances qui autorisent à conserver ou construire divers bâtiments près des forêts, et qui rejettent les demandes des sieurs Dougean et Jougla tendant aux mêmes fins. (Bull. O. 90 *bis*, n. 4 à 8.)

1er JUILLET 1831. — Ordonnances qui autorisent à construire ou mettre en activité diverses fabriques et usines. (Bull. O. 90 et 90 *bis*, n. 2630 à 2633 et 11.)

1er JUILLET 1831. — Ordonnances qui établissent des foires dans plusieurs communes. (Bull. O. 90, n. 2637 à 2641.)

2 = 9 JUILLET 1831. — Ordonnance du roi qui, en exécution de la loi du 11 avril 1831, détermine les justifications à faire, dans certains cas, par les militaires, veuves et orphelins, pour établir leurs droits à la pension. (IX, Bull. O. LXXXVI, n. 2370.)

Louis-Philippe, etc., vu la loi du 11 avril 1831 sur les pensions de l'armée de terre ayant à déterminer par un réglement d'administration publique les formes et les délais dans lesquels seront justifiées, 1° les causes, la nature et les suites des blessures ou infirmités pour les droits des militaires à la pension de retraite, aux termes des art. 12, 13, 14, 15, 16 et 17 de ladite loi; 2° les causes, la nature et les suites des blessures pour les droits ouverts par le paragraphe 3 de l'art. 19 aux veuves des militaires morts des suites des blessures reçues, soit sur le champ de bataille, soit dans un service commandé; considérant qu'il est nécessaire de déterminer aussi les formes dans lesquelles seront justifiées les causes de mort, pour les droits ouverts aux veuves de militaires par le paragraphe 2 du même art. 19; sur le rapport de notre ministre de la guerre; notre conseil d'Etat entendu, etc.

TITRE Iᵉʳ. *Des formes et délais dans lesquels seront justifiées les causes, la nature et les suites des blessures ou infirmités pour les droits des militaires à la pension de retraite.*

Art. 1ᵉʳ. Tout militaire qui aura à faire valoir des droits à la pension de retraite pour cause de blessures ou d'infirmités, devra faire sa demande avant de quitter le service. L'administration de la guerre fera procéder, immédiatement après la réception de cette demande, à la vérification des droits du réclamant, selon les règles établies par la présente ordonnance.

2. Si, par une aggravation consécutive, les blessures ou infirmités qui peuvent donner droit à une pension, ont occasionné la perte absolue de l'usage d'un membre, le réclamant aura un délai d'un an pour faire sa demande. Ce délai, qui courra du jour de la cessation de l'activité, sera porté à deux ans, si les blessures ou infirmités ont occasionné l'amputation d'un membre ou la perte totale de la vue. Néanmoins, la demande ne sera admissible qu'autant que les blessures ou infirmités auront été régulièrement constatées avant que le militaire ait quitté le service.

3. Toute demande d'admission à la pension de retraite pour cause de blessures ou d'infirmités devra être appuyée d'un certificat dans lequel les officiers de santé en chef de l'hôpital militaire ou de l'hospice civil et militaire, où le dernier traitement aura été suivi, constateront la nature et les suites desdites blessures ou infirmités, et déclareront qu'elles leur paraissent incurables. A l'égard des militaires qui n'auront pas été traités dans un de ces établissements, le certificat sera délivré par les officiers de santé en chef d'un des hôpitaux militaires ou hospices civils préalablement désignés par notre ministre secrétaire d'Etat de la guerre pour ces sortes de visites.

4. Toute demande de pension pour cause de blessures ou d'infirmités sera, en outre, appuyée : 1° des justifications prescrites par les art. 5, 6 et 7 ci-après; 2° de l'état des services et campagnes.

5. Les causes des blessures seront justifiées, soit par les rapports officiels et autres documents authentiques qui auront constaté le fait, soit par les certificats des autorités militaires, soit enfin par une information ou enquête prescrite et dirigée par les mêmes autorités.

6. Lesdites justifications spécifieront la nature des blessures, ainsi que l'époque, le lieu et les circonstances, soit des événements

de guerre, soit du service commandé, où elles auront été reçues.

7. Les causes des infirmités seront justifiées, soit par des rapports officiels et autres documents authentiques qui auront constaté l'époque et les circonstances de leur origine, soit par les certificats des autorités militaires, soit enfin par une information ou enquête prescrite et dirigée par les mêmes autorités.

8. La demande de tout militaire faisant partie d'un régiment ou autre corps de troupes sera instruite par les soins du conseil d'administration dudit corps.

9. La demande et les pièces à l'appui seront communiquées au sous-intendant militaire, qui, s'il les trouve conformes aux articles ci-dessus, les visera, et les transmettra à l'officier commandant la brigade ou la subdivision, lequel désignera deux officiers de santé parmi ceux attachés, soit au corps, soit à d'autres régiments, soit au établissements publics.

10. Les officiers de santé désignés en vertu de l'article précédent procéderont à l'examen des blessures ou infirmités en présence du conseil d'administration et du sous-intendant militaire, qui donnera, en séance lecture du titre 2 de la loi du 11 avril 1831. Il sera dressé de cette opération un procès-verbal conforme au modèle ci-joint, n. 1.

11. Le procès-verbal, dressé en exécution de l'article précédent, sera présenté, avec la demande et les pièces ci-annexées (1), à l'inspecteur général, lors de la plus prochaine inspection.

12. Dans les cas d'urgence, le lieutenant-général commandant la division, sur le compte qui lui en sera rendu, exercera ou déléguera aux commandants de subdivision les attributions de l'inspecteur général.

13. L'inspecteur général, après avoir pris connaissance des pièces visées conformément à l'art. 9, et du procès-verbal énoncé dans l'art. 10, fera procéder, en sa présence, par deux autres officiers de santé qu'il aura choisis parmi ceux qualifiés dans l'art. 9, à une vérification des causes qui motivent la demande. Le sous-intendant militaire assistera à cette vérification, avant laquelle il fera, en séance, lecture du titre 2 de la loi, et, quel que soit le résultat de l'opération, il en dressera procès-verbal, conformément au modèle ci-joint, n. 2.

14. Après la vérification prescrite par l'article précédent, et s'il est reconnu que les causes, la nature et les suites des blessures ou infirmités, rentrent, par leur ori-

___

(1) Il faut lire y *annexées.*

gine, leur gravité et leur incurabilité, dans un des cas déterminés par la loi, l'inspecteur général fera préparer par le conseil d'administration le mémoire de proposition pour l'admission à la pension de retraite. Ce mémoire, vérifié par le sous-intendant militaire et approuvé par l'inspecteur général sera soumis à notre ministre secrétaire d'Etat de la guerre, avec toutes les pièces qui auront servi à l'instruction de la demande, et les observations auxquelles elle aura pu donner lieu.

15. Toutes les dispositions ci-dessus seront applicables aux individus faisant partie d'établissements régis par un conseil d'administration.

16. Dans le cas où un militaire appartenant à un corps de troupes ou à un établissement militaire s'en trouverait assez éloigné pour ne pouvoir y être renvoyé ou transporté sans inconvénient, la demande pourra, sur un ordre du lieutenant général commandant la division, être renvoyée, pour être instruite, au conseil d'administration de l'un des corps à proximité.

17. Les militaires en activité qui ne font pas partie de corps de troupes, ou d'établissements régis par un conseil d'administration, se pourvoiront, en observant les degrés de la hiérarchie, auprès du lieutenant-général commandant la division dans le ressort de laquelle ils sont employés. La demande sera faite, et appuyée conformément aux art. 3, 4, 5, 6 et 7 de la présente ordonnance. Elle sera renvoyée à un officier général ou supérieur, qui sera chargé d'en suivre l'instruction, comme il est prescrit relativement aux conseils d'administration des corps. Lorsque la demande aura été instruite par un maréchal-de-camp, le lieutenant-général exercera lui-même les attributions de l'inspecteur général. L'art. 12 ci-dessus, concernant les cas d'urgence, s'appliquera de droit aux demandes spécifiées dans le présent article.

18. Les lieutenants-généraux qui seront dans le cas de demander la pension de retraite pour cause de blessures ou d'infirmités, se pourvoiront directement auprès de notre ministre secrétaire d'Etat de la guerre, qui ordonnera l'instruction de leurs demandes dans les formes ci-dessus déterminées.

TITRE II. *De la justification des droits à la pension par les veuves et orphelins des militaires.*

SECTION Ire. Des formes et délais dans lesquels seront justifiées les causes de mort par suite de blessures.

19. Dans le cas prévu par le paragraphe 3 de l'art. 19 de la loi du 11 avril 1831, les causes, la nature et les suites des blessures des militaires décédés, seront justifiées par leurs veuves dans les formes et dans les délais ci-après déterminés.

20. Les causes et la nature des blessures seront justifiées ainsi qu'il est prescrit aux art. 5 et 6 ci-dessus, relativement aux droits des militaires.

21. Les suites des blessures seront justifiées par des certificats authentiques d'officiers de santé militaires ou civils, lesquels devront déclarer que lesdites blessures ont occasionné la mort du blessé. Si le décès survient après que le blessé aura obtenu guérison suffisante pour reprendre son service, ou une année révolue après la blessure, la veuve ne pourra invoquer la disposition du paragraphe 3 de l'art. 19 de la loi du 11 avril 1831. Il sera accordé à la veuve, pour former sa demande, un délai de six mois, qui courra du jour de la notification du décès du mari au maire de la commune où il résidait.

SECTION II. Des formes dans lesquelles seront justifiées les causes de mort par événement de guerre et par maladies contagieuses et endémiques.

22. Dans les cas prévus par le paragraphe 2 de l'art. 19 de la loi du 11 avril 1831, les causes de la mort seront justifiées dans les formes ci-après déterminées.

23. Si la mort a été causée par des événements de guerre, ces événements devront être constatés ainsi qu'il est prescrit à l'art. 5 ci-dessus. Il sera, en outre, justifié dans les mêmes formes, ou par des certificats authentiques d'officiers de santé, que lesdits événements ont été la cause directe et immédiate de la mort du militaire. Les demandes devront être formées dans le délai prescrit par le troisième paragraphe de l'art. 21 de la présente ordonnance.

24. Les causes de mort par maladies contagieuses ou endémiques seront justifiées: 1° par un certificat des autorités civiles ou militaires constatant qu'à l'époque du décès, les maladies régnaient dans le pays où le militaire est décédé; 2° par un certificat de l'autorité militaire constatant que le militaire décédé a été soumis par son service à l'influence de ces maladies; 3° par un certificat dûment légalisé, soit des officiers de santé en chef de l'hôpital où le militaire est mort, soit de l'officier de santé militaire ou civil qui l'aura traité dans sa maladie. Dans le cas où il y aurait impossibilité de se procurer le certificat des officiers de santé, il y sera suppléé par une information ou enquête prescrite et dirigée par les autorités civiles ou militaires du pays.

SECTION III. Des justifications à faire par les orphelins.

25. Les dispositions contenues aux sections 1 et 2 du présent titre sont applicables aux enfants de militaires, dans les cas où les art. 20 et 21 de la loi du 11 avril 1831 les admettent à représenter leur mère.

TITRE III. Dispositions générales.

26. Avant de liquider les pensions de retraite pour blessures ou infirmités, notre ministre secrétaire d'Etat de la guerre fera communiquer au conseil de santé des armées, pour avoir son avis, les procès-verbaux et autres pièces constatant les causes, la nature et les suites desdites blessures ou infirmités. Il en sera de même pour les justifications produites, dans les cas prévus par les art. 21, 24 et 25 de la présente ordonnance, par les veuves et orphelins de militaires.

27. Les formes déterminées par la présente ordonnance ne seront pas obligatoires pour les demandes actuellement en instance, lesquelles sortiront leur effet, si les justifications sont conformes aux dispositions réglementaires précédentes, et satisfont, quant au droit, au vœu de la loi du 11 avril 1831.

28. Notre ministre de la guerre (duc de Dalmatie) est chargé, etc.

(Suivent les modèles.)

4 JUILLET 1831. — Ordonnance portant nomination d'un commissaire de police à Paris. (Bull. O. 87, n. 2426.)

5 = 9 JUILLET 1831. — Ordonnance du roi qui classe la ville de Ham au nombre des postes militaires. (IX, Bull. O. LXXXVI, n. 2371.)

Louis-Philippe, etc., vu la loi du 17 juillet 1819 sur les servitudes imposées à la propriété pour la défense de l'Etat; vu les lois des 10 juillet 1791 et 8 mars 1810, dans les dispositions auxquelles se réfère la loi du 17 juillet 1819; vu l'ordonnance du 1er août 1821, rendue pour l'exécution de la loi du 17 juillet 1819 et insérée au Bulletin des lois; considérant de quelle utilité peut être l'occupation militaire de la ville de Ham pour la défense du royaume, etc.

Art. 1er. La ville de Ham est classée au nombre des postes militaires.

2. La présente ordonnance sera publiée et affichée dans les communes intéressées.

3. Nos ministres sont chargés, etc.

5 JUILLET 1831. — Ordonnance qui autorise l'in-

scription de 360 pensions civiles et militaires. (Bull. O. 92 bis, n. 1.)

5 JUILLET 1831. — Ordonnances qui accordent des pensions à la veuve d'un donataire, à un donataire et à un ancien employé de la cour des comptes. (Bull. O. 92 bis, n. 2 à 4.)

6 = 9 JUILLET 1831. — Ordonnance du roi concernant la célébration des fêtes nationales des 27, 28 et 29 juillet. (IX, Bull. O. LXXXVI, n. 2369.)

Louis-Philippe, etc., sur le rapport de notre ministre du commerce et des travaux publics, etc.

Art. 1er. Les journées des 27, 28 et 29 juillet 1830 seront célébrées comme fêtes nationales.

2. Les dépouilles mortelles des citoyens morts pour la patrie, en défendant les lois et la liberté, les 27, 28 et 29 juillet, seront, aussitôt que l'exhumation en pourra être faite, déposées au Panthéon. Une loi sera présentée dans la prochaine session pour consacrer législativement cette sépulture. Une cérémonie d'inauguration aura lieu au Panthéon le 27 juillet prochain.

3. Il sera élevé sur l'ancien emplacement de la Bastille un monument funéraire en l'honneur des victimes des trois journées. La première pierre de ce monument sera posée par nous, le 27 du présent mois.

4. Le programme de ces fêtes sera dressé par notre ministre du commerce et des travaux publics.

5. Nos ministres sont chargés, etc.

6 JUILLET = 9 AOUT 1831. — Ordonnance du roi qui approuve une délibération de la société anonyme des trois ponts sur la Seine portant fixation de la réserve. (IX, Bull. O. XCI, n. 2659.)

Louis-Philippe, etc., sur le rapport de notre ministre du commerce et des travaux publics; vu l'art. 2 de l'ordonnance du 2 août 1829, portant approbation des statuts de la société anonyme des trois ponts sur la Seine, à charge d'établir un fonds de réserve suffisant pour l'exécution de l'art. 3 de la loi du 24 ventôse an 9; vu l'extrait de la délibération de l'assemblée générale des actionnaires du 9 juillet 1830, portant que le quatre-vingt-dixième des produits nets de la recette des trois ponts sera mis en réserve pour fournir aux frais d'entretien desdits ponts; vu l'avis de notre directeur général des ponts-et-chaussées; notre conseil d'Etat entendu, etc.

Art. 1er. La délibération prise le 9 juillet 1830 par l'assemblée générale des actionnaires de la société anonyme des trois ponts sur la Seine, pour fixer la réserve destinée à fournir aux frais d'entretien des trois ponts, est approuvée, sans déroger en rien toutefois aux obligations imposées à la société par la loi du 24 ventôse an 9, pour l'entretien et la réparation des trois ponts. Ladite délibération restera annexée à la présente ordonnance.

2. Notre ministre du commerce et des travaux publics (comte d'Argout) est chargé, etc.

Extrait du registre des délibérations de l'assemblée générale des actionnaires de l'association des trois ponts sur la Seine.

Séance du vendredi 9 juillet 1830.

Le quatre-vingt-dixième des produits nets de la recette des ponts, à dater du 2 août 1829, sera mis en réserve pour fournir aux frais d'entretien des trois ponts, conformément à l'ordonnance royale du 2 août 1829.

---

6 JUILLET = 23 AOUT 1831. — Ordonnance du roi sur le mont-de-piété de Brignoles (Var). (IX, Bull. O. XCIV, n. 2729.)

Louis-Philippe, etc., sur le rapport de notre ministre du commerce et des travaux publics; le comité de l'intérieur du conseil d'État entendu, etc.

Art. 1er. Le mont-de-piété qui existe à Brignoles, département du Var, sera désormais régi conformément au règlement annexé à la présente ordonnance.

2. Notre ministre du commerce et des travaux publics (comte d'Argout) est chargé, etc.

---

6 JUILLET 1831. — Ordonnances qui autorisent à construire et conserver diverses usines. (Bull. O. 90 et 91, n. 2234 à 2236, 2675 à 2681.)

6 JUILLET 1831. — Ordonnances qui autorisent l'acceptation de legs faits à l'administration des sourds-muets et à celle des jeunes aveugles. (Bull. O. 90, n. 2903 et 2904.)

6 JUILLET 1831. — Ordonnances qui autorisent l'acceptation de dons et legs faits à des pauvres, hospices, bureaux de bienfaisance et communes. (Bull. O. 100 et 101, n. 2829 à 2833, 2839 à 2871.)

---

7 = 14 JUILLET 1831. — Ordonnance du roi concernant les cartes à jouer destinées à l'exportation. (IX, Bull. O. LXXXVII, n. 2424.)

Louis-Philippe, etc., vu l'art. 5 du décret du 16 juin 1808, qui soumet les cartes à portrait étranger, destinées à l'exportation, à un droit de cinq centimes par jeu, lequel est légalement perçu à l'exportation des cartes à portrait français; considérant que cette taxe impose aux fabricants français une charge qui ne leur permet pas de soutenir à l'extérieur la concurrence avec

les fabricants étrangers, et qu'en outre elle est en contradiction avec le principe d'après lequel les produits de l'industrie française exportés à l'étranger ne sont assujettis à aucun autre droit que celui du tarif des douanes; qu'en attendant qu'une loi ait prononcé la suppression de cette taxe, il est urgent de remédier au préjudice qui en résulte pour l'industrie des fabricants de cartes; vu l'avis de notre ministre du commerce et des travaux publics; sur le rapport de notre ministre des finances, etc.

Art. 1er. A partir de la publication de la présente ordonnance, l'administration des contributions indirectes est autorisée à suspendre provisoirement le recouvrement du droit de cinq centimes par jeu, qui sera constaté sur les cartes à portrait français et à portrait étranger destinées pour l'exportation.

2. L'administration des contributions indirectes est également autorisée à suspendre provisoirement l'application des bandes de contrôle sur les cartes destinées à l'exportation; ces cartes ne pourront circuler dans l'intérieur du royaume, jusqu'au point de sortie, que dans des caisses ficelées, qui seront plombées par les employés de la régie. Les autres formalités prescrites par les règlements en vigueur pour justifier l'exportation continueront à être observées.

3. La réintroduction des cartes ainsi exportées ne pourra être autorisée que sous la condition du paiement des droits imposés à la fabrication, auquel cas les jeux seront revêtus de la bande de contrôle: celles qui seraient réimportées en fraude, ou trouvées dans l'intérieur sans bande de contrôle, seraient saisissables, conformément aux dispositions de l'art. 166 de la loi du 28 avril 1816.

4. Notre ministre des finances (baron Louis) est chargé, etc.

---

7 JUILLET 1831. — Ordonnance portant que les sieurs Berton, Duménil, Heitzmann, Maglione, Metzger, Seyboldt, Steiger sont admis à établir leur domicile en France. (Bull. O. 88, n. 2530.)

7 JUILLET 1831. — Ordonnances qui accordent des lettres de naturalité aux sieurs Tihon, Brickmann et Maglione. (Bull. O. 97, 106 et 134, n. 2766, 2982 et 4009.)

---

8 JUILLET 1831. — Ordonnances qui autorisent l'acceptation de dons et legs faits aux séminaires et fabriques de diverses communes. (Bull. O. 105, n. 2942 à 2947, 2952 à 2957.)

8 JUILLET 1831. — Ordonnances qui autorisent deux fabriques à vendre des immeubles, et fixent l'emploi d'une somme, et rejettent un legs universel fait aux sœurs de la congrégation de Souzy (Rhône). (Bull. O. 105, n. 2948 à 2951.)

8 JUILLET 1831. — Ordonnances qui autorisent deux fabriques à vendre divers immeubles, et une commune à distraire une partie du presbytère pour y établir la mairie. (Bull. O. 105, n. 2958 à 2960.)

8 JUILLET 1831. — Ordonnances qui autorisent une communauté à acquérir un jardin, et qui rapportent celle du 29 décembre 1819, accordant aux dames de la communauté de Saint-Benoît un secours annuel de 6,000 fr. (Bull. O. 105, n. 2961 et 2962.)

10 JUILLET = 23 AOUT 1831. — Ordonnance du roi modificative de l'organisation judiciaire dans la colonie de Bourbon. (IX, Bull. O. XCIV, n. 2724.)

Louis-Philippe, etc., sur le rapport de notre ministre de la marine et des colonies, etc.

Art. 1er. Le siége de la cour royale de l'île Bourbon, fixé à Saint-Paul par l'ordonnance du 30 septembre 1827, sera transféré à Saint-Denis, chef-lieu de la colonie.

2. Il sera établi à l'île Bourbon, pour l'arrondissement Sous-le-Vent, un tribunal de première instance qui siégera à Saint-Paul.

3. Le tribunal de Saint-Paul sera composé d'un juge royal, d'un lieutenant de juge et d'un juge auditeur. Il y aura près de ce tribunal un procureur du roi, un greffier et un commis-greffier assermenté.

4. Le traitement des magistrats et des fonctionnaires composant le tribunal de Saint-Paul sera le même que celui qui a été fixé pour les magistrats et fonctionnaires du tribunal de Saint-Denis.

5. A compter du jour de l'installation du tribunal de Saint-Paul, le tribunal de Saint-Denis ne comprendra plus dans son ressort que l'arrondissement du Vent : néanmoins, il restera compétent pour vider les instances pendantes devant lui à cette époque, de quelque arrondissement qu'elles proviennent, jusqu'à apurement du rôle.

6. Parmi les douze avoués institués à Bourbon par l'ordonnance du 30 septembre 1827, le gouverneur, en conseil, et après avoir pris l'avis de la cour royale, en désignera quatre pour exercer devant le tribunal de Saint-Paul. Les huit avoués qui resteront à Saint-Denis occuperont indistinctement devant la cour royale et devant le tribunal de première instance.

7. La compétence et les attributions des tribunaux de première instance de l'île Bourbon, dans leurs arrondissements respectifs, restent telles qu'elles ont été fixées pour le tribunal siégeant à Saint-Denis par les art. 22 à 34 de l'ordonnance du 30 septembre 1827.

8. Notre ministre de la marine et des colonies (comte de Rigny) est chargé, etc.

10 = 25 JUILLET 1831. — Ordonnance du roi qui ouvre un crédit extraordinaire pour les dépenses des cérémonies et fêtes qui doivent avoir lieu à Paris en commémoration des journées de juillet. (IX, Bull. O. LXXXIX, n. 2597.)

Louis-Philippe, etc., vu la loi du 25 mars dernier, relative aux ressources spéciales à réaliser pour subvenir aux dépenses extraordinaires de l'exercice 1831, etc.

Art. 1er. Il est ouvert au ministre secrétaire d'Etat du commerce et des travaux publics, avec imputation sur les ressources spéciales créées par la loi du 25 mars 1831, un crédit extraordinaire de *quatre cent cinquante mille francs*, destiné à pourvoir aux travaux et dépenses des cérémonies et fêtes qui doivent avoir lieu dans la capitale, au nom de la France, en commémoration des journées des 27, 28 et 29 juillet 1830.

2. Nos ministres du commerce et des travaux publics et des finances (MM. d'Argout et Louis) sont chargés, etc.

10 JUILLET = 20 SEPTEMBRE 1831. — Ordonnance du roi qui accorde la croix et la médaille de Juillet à divers citoyens de la ville de Nantes. (IX, Bull. O. CIV *bis*, n. 9.)

Louis-Philippe, etc., vu l'art. 15 de la loi du 13 décembre 1830; vu la liste des désignations faites par la commission de la ville de Nantes, instituée conformément à cet article, etc.

Art. 1er. La décoration de Juillet sera décernée aux citoyens de la ville de Nantes dont les noms suivent.

2. La médaille de Juillet sera décernée aux citoyens de la ville de Nantes dont les noms suivent.

3. Notre président du conseil, ministre de l'intérieur (M. Casimir Périer), est chargé, etc.

(*Suivent les noms.*)

10 JUILLET 1831. — Ordonnance portant prorogation d'un brevet d'invention. (Bull. O. 90, n. 2660.)

10 JUILLET 1831. — Ordonnances qui autorisent l'acceptation de legs et donations faits aux pauvres de diverses communes. (Bull. O. 101, n. 2872 à 2878.)

10 JUILLET 1831. — Ordonnance qui autorise l'acceptation de la donation d'une rente faite à l'Hôtel-Dieu de Valenciennes. (Bull. O. 102, n. 2887.)

10 JUILLET 1831. — Ordonnance qui autorise délivrance de bois à diverses communes. (Bull. O. 90 *bis*, n. 17.)

10 JUILLET 1831. — Ordonnance relative aux co-

trois de diverses communes. (Bull. O. 90 *bis*, n. 18.)

10 JUILLET 1831. — Ordonnance qui fixe la solde de 228 officiers marins réformés de 1814 à 1817. (Bull. O. 105 *bis*, n. 1.)

10 JUILLET 1831. — Ordonnance qui approuve les pensions, suppléments et demi-soldes accordés aux marins, ouvriers, et aux veuves, pères et mères y dénommés. (Bull. O. 102 *bis*, n. 6.)

10 JUILLET 1831. — Ordonnance qui accorde une pension à la veuve d'un employé de la Bibliothèque royale. (Bull. O. 94 *bis*, n. 1.)

10 JUILLET 1831. — Ordonnances qui autorisent à construire et conserver divers moulins et usines. (Bull. O. 92 et 107 *bis*, n. 1, 2699 à 2709.)

12 JUILLET = 23 AOUT 1831. — Ordonnance du roi sur l'exportation des gommes dans la colonie du Sénégal. (IX, Bull. O. XCIV, n. 2725.)

Louis-Philippe, etc., sur le rapport de notre ministre de la marine et des colonies, etc.

Art. 1er. A compter du 1er octobre 1851, les gommes du Sénégal, entreposées à l'île de Gorée, pourront être expédiées directement pour l'étranger, et par navires étrangers.

2. Notre ministre de la marine et des colonies (comte de Rigny) est chargé, etc.

12 JUILLET 1831 = 22 MARS 1833. — Ordonnance du roi portant que celle du 13 avril 1831, relative à la distribution du secours accordé aux pensionnaires de l'ancienne liste civile, est applicable aux pensionnaires français résidant en pays étranger. (IX, Bull. O. CCXIV, 1re sect., n. 4700.)

Louis-Philippe, etc., vu l'art. 2 de la loi du 15 mars dernier, qui ouvre au ministre des finances un crédit d'un million cinq cent mille francs, pour être distribué à titre de secours aux pensionnaires de l'ancienne liste civile dont la situation paraîtra l'exiger; vu notre ordonnance du 13 avril suivant, qui a réglé le mode de paiement de ces secours aux pensionnaires résidant en France, ainsi qu'il suit, savoir : 1° aux titulaires de pensions de mille francs et au-dessous, un trimestre desdites pensions; 2° aux titulaires de pensions au-dessus de mille francs, une somme de deux cent cinquante francs; vu les réclamations présentées par nos ambassadeurs et agents diplomatiques près les cours étrangères, et tendant à obtenir, en faveur des pensionnaires français qui résident à l'étranger et qui paraissent pour la plupart éprouver des besoins pressants, l'application de la loi précitée; ayant reconnu la nécessité de faire droit à ces réclamations pour atteindre entièrement le but de ladite loi, etc.

Art. 1er. Les dispositions de notre ordonnance du 13 avril dernier, relative à la distribution du secours de quinze cent mille francs accordé aux pensionnaires de l'ancienne liste civile par l'art. 2 de la loi du 15 mars précédent, sont applicables aux Français, pensionnaires de l'ancienne liste civile, résidant en pays étranger.

2. Les paiements seront faits à Paris, sur des états arrêtés par les commissaires conservateurs de la liste civile, et ordonnancés par le ministre des finances. Chaque pensionnaire sera tenu, en outre, de fournir, à l'appui du paiement, un certificat constatant que sa situation lui rend le secours nécessaire. Ce certificat sera délivré par l'ambassadeur français ou tout autre agent diplomatique dans les pays où résident les pensionnaires; il sera donné à la suite du certificat de vie, lequel sera pareillement délivré par les mêmes agents.

3. Notre ministre des finances (baron Louis) est chargé, etc.

12 JUILLET 1831. — Ordonnance qui autorise à construire et mettre en activité divers moulins ou usines. (Bull. O. 107 *bis*, n. 2.)

12 JUILLET 1831. — Ordonnances qui autorisent l'acceptation de dons et legs faits à des fabriques et communautés, et en rejettent divers autres faits à des séminaires et communautés (Bull. O. 105 et 106, n. 2963 à 2972, 2989 à 2995.)

13 JUILLET 1831. — Ordonnance qui fixe des soldes de retraite en faveur de 125 officiers réformés de 1814 à 1817. (Bull. O. 105 *bis*, n. 2 et 3.)

13 JUILLET 1831. — Ordonnance qui rapporte celle du 25 décembre 1819, par laquelle la ville de Lorgues (Var) devait entretenir une demi-bourse dans le collége royal d'Avignon. (Bull. O. 103, n. 2905.)

13 JUILLET 1831. — Ordonnances qui autorisent l'acceptation de donations faites aux pauvres d'une commune et à l'œuvre de la Miséricorde de Marseille. (Bull. O. 103, n. 2906 et 2907.)

14 JUILLET 1831. — Ordonnance qui établit à Ghisonaccia, commune de Lugo-di-Naza (Corse), un adjoint au maire de cette commune. (Bull. O. 93, n. 2712.)

14 JUILLET 1831. — Ordonnance qui autorise les sieurs Descherper, Ducimetierre-Alias, Ensslin, Hiss et Jmer à établir leur domicile en France. (Bull. O. 89, n. 3600.)

14 JUILLET 1831. — Ordonnances qui autorisent l'acceptation de dons et legs faits au bureau de bienfaisance d'une commune et aux jeunes filles pauvres de Pailheras (Cantal). (Bull. O. 103, n. 2908 et 2909.)

14 JUILLET 1831. — Ordonnances qui autorisent l'acceptation de legs, offres et donations faits aux pauvres et hospices de diverses communes. (Bull. O. 104, n. 2915 à 2927.)

14 JUILLET 1831. — Ordonnance qui réintègre le sieur Grandmongin dans sa qualité et ses droits de Français. (Bull. O. 89, n. 2599.)

14 JUILLET 1831. — Ordonnances qui accordent des lettres de naturalité aux sieurs Beck, Ducatillon et Gerbella. (Bull. O. 97, 106, 131, n. 2757, 2983 et 3698.)

16 JUILLET = 11 AOUT 1831. — Ordonnance du roi qui ouvre un crédit pour réparation à l'école de droit de Paris, et pour augmentation de la bibliothèque. (IX, Bull. O. XCII, n. 2673.)

Louis-Philippe, etc., sur le rapport de notre ministre de l'instruction publique et des cultes; vu la délibération du conseil royal de l'instruction publique, en date du 12 juillet courant; considérant qu'un des bâtiments de la faculté de droit de Paris tombe en ruine, et qu'il est urgent d'y faire les réparations nécessaires; que la bibliothèque de la faculté ne possède presque aucun des ouvrages classiques composés depuis plus de vingt ans, qu'elle est très-incomplète en ouvrages anciens, et qu'il importe de prendre sans délai des mesures pour qu'elle présente aux professeurs et aux élèves les moyens d'études qu'ils doivent y trouver; que les frais de réparation sont évalués à trente-huit mille francs, et les frais d'achat et de placement des livres à douze mille; qu'une recette imprévue permet de faire cette dépense extraordinaire sans nuire aux besoins du service, etc.

Art. 1er. Il est ouvert au conseil royal de l'instruction publique un crédit extraordinaire de cinquante mille francs pour faire réparer un des bâtiments de la faculté de droit de Paris, et pour compléter la bibliothèque de ladite faculté.

2. Notre ministre de l'instruction publique et des cultes (M. Montalivet) est chargé, etc.

16 JUILLET = 11 AOUT 1831. — Ordonnance du roi qui réduit le traitement des aumôniers des colléges. (IX, Bull. O. XCII, n. 2694.)

Louis-Philippe, etc., sur le rapport de notre ministre de l'instruction publique et des cultes; vu l'art 15 de l'ordonnance du 27 février 1821, qui élève le traitement des aumôniers des colléges royaux à une somme égale au traitement fixe du censeur de ces établissements; vu les observations du conseil royal de l'instruction publique sur cette disposition; considérant que les aumôniers, chargés de l'instruction religieuse, doivent être assimilés aux professeurs de premier ordre, et non aux censeurs; que par la nature de leurs fonctions ils n'ont pas droit à un traitement éventuel.

Art. 1er. A partir du 1er août prochain, le traitement des aumôniers des colléges royaux sera réduit à une somme égale au traitement fixe des professeurs de premier ordre. Ils n'auront droit à aucun traitement éventuel; ils continueront d'être logés au collège, et seront assimilés aux autres professeurs logés dans l'établissement.

2. Le paragraphe 1er de l'art. 15 de l'ordonnance du 27 février 1821, relatif au traitement des aumôniers, est rapporté.

3. Notre ministre de l'instruction publique et des cultes (M. Montalivet) est chargé, etc.

17 JUILLET 1831. — Ordonnance qui fixe le nombre des huissiers du tribunal de Saint-Malo. (Bull. O. 89, n. 2598.)

17 JUILLET 1831. — Ordonnance qui admet à établir leur domicile en France les sieurs Brennet, Dissler, Ducimetière-Alias (Isaac), Epplé, Harisson, Hinzelmann, Sachers, Schaal, Scherabel, Zwal, Ottenheimer, Bianchi, Class, Faller, Gertis, Hummel, Preudhom, Schworer et Trautmann. (Bull. O. 92, n. 2697.)

17 JUILLET 1831. — Lettres de naturalité accordées aux sieurs Lopez et Levi. (Bull. O., 2e sect., n. 516 et 8675.)

18 JUILLET 1831. — Ordonnance proclamant les brevets d'invention pour le 2e trimestre de 1831. (Bull. O. 92, n. 2695.)

18 JUILLET 1831. — Ordonnance qui reconnaît un ancien militaire donataire d'une action sur le canal du Midi. (Bull. O. 103 bis, n. 1.)

18 JUILLET 1831. — Ordonnances qui autorisent l'acceptation de legs faits à trois hospices et à diverses communes. (Bull. O. 104, n. 2928 à 2932.)

18 JUILLET 1831. — Ordonnance qui accorde une pension à un ancien commissaire des monnaies. (Bull. O. 94 bis, n. 2.)

18 JUILLET 1831. — Ordonnance relative aux octrois de diverses communes. (Bull. O. 107 bis, n. 5.)

18 JUILLET 1831. — Ordonnances qui suppriment les boutoirs construits à Combé-la-Fosse (Aube), et autorisent à construire, conserver et mettre en activité divers moulins et usines, et rejettent diverses demandes tendant aux mêmes fins. (Bull. O. 93, 95, 98, n. 2715 à 2720, 2731 à 2734, 2764, et Bull. 107 bis, n. 3.)

18 JUILLET 1831. — Ordonnance qui autorise délivrance de bois à diverses communes. (Bull. O. 107 bis, n. 4.)

18 JUILLET 1831. — Ordonnances qui instituent et fixent la tenue de plusieurs foires dans diverses communes. (Bull. O. 106, n. 2986 à 2988.)

18 JUILLET 1831. — Ordonnance qui concède la mine de fer de Villeneuve (Aude) à la société des forges de Ria, sous le nom Concession de Bulanca. (Bull. O. 95, n. 2735.)

19 JUILLET = 9 AOUT 1831. — Ordonnance du

roi qui accorde un crédit extraordinaire pour secours aux réfugiés espagnols, portugais et autres. (IX, Bull. O. XCI, n. 2657.)

Louis-Philippe, etc., vu la loi du 25 mars dernier, relative aux ressources spéciales à réaliser pour subvenir aux dépenses extraordinaires de l'exercice 1831; sur le rapport du ministre de l'intérieur,

Art. 1er. Il est ouvert au ministre secrétaire d'Etat de l'intérieur, avec imputation sur les ressources spéciales créées par la loi du 25 mars 1831, un crédit extraordinaire de deux cent mille francs, destiné à pourvoir au service extraordinaire de l'exercice 1831 jusqu'au 1er septembre, conformément à l'indication ci-après :

Chapitre spécial : 43. *Services* : secours aux réfugiés espagnols, portugais et autres. *Crédit annuel* : 800,000 fr. *Nouveau crédit accordé* : 200,000 fr. *Total des fonds crédités* : 1,000,000 fr.

2. Notre président du conseil, ministre de l'intérieur, et notre ministre des finances (M. Casimir Périer et baron Louis) sont chargés, etc.

———

19 JUILLET 1831. — Circulaire du ministre de l'intérieur sur le partage des assemblées communales en sections et sur l'attribution du tiers des contributions aux fermiers des colons.

Monsieur le préfet, c'est à vous qu'il appartient de déterminer, par des arrêtés, le nombre et la limite des sections qu'il pourrait y avoir lieu de former, et le nombre de conseillers que chaque section devrait élire, dans les communes de moins de 2,500 âmes. A l'égard des communes d'une population supérieure, ces fixations doivent être réglées par ordonnances royales. Déjà vous avez sans doute consulté les autorités appelées à délibérer sur cet objet.

Mais, avant que vous ayez pris vos arrêtés ou déterminé vos propositions, je crois utile de vous adresser quelques observations sur la manière de former les sections pour les élections communales.

L'art. 44 de la loi du 21 mars porte que les sections des communes de 2,500 âmes et plus nommeront un égal nombre de conseillers, et seront, autant que possible, formées d'un égal nombre de votants.

Au contraire, l'art. 45, relatif aux communes au-dessous de 2,500 âmes, vous laisse le soin de déterminer le nombre de conseillers qui doivent être élus par chaque section : il ne limite pas le nombre de conseillers qu'une section peut élire, et n'impose pas l'obligation d'attribuer aux diverses sections un nombre égal de conseillers. C'est que les motifs du partage en sections ne sont pas les mêmes pour ces deux classes de communes. A l'égard des premières, le législateur a eu pour objet principal de hâter et de faciliter les opérations électorales, et, à cet effet, d'éviter des réunions trop nombreuses. Les deuxième et troisième paragraphes de l'art. 44 sont conçus de manière à ce que le nombre des sections soit généralement de *trois* pour les communes de 2,500 à 10,000 âmes, de *cinq* dans celles de 10,000 à 30,000, de *neuf* ou *dix* dans celles de plus de 30,000, et que chaque section comprenne, terme moyen, de 100 à 200 électeurs. La faculté que laisse ce même art. 44, d'augmenter le nombre des sections, a pour motifs, d'une part, de ne point former des assemblées trop nombreuses dans les villes très-peuplées; de l'autre, d'avoir égard, pour certaines villes, aux considérations énoncées dans ma circulaire du 28 mars. Ainsi, par exemple, si dans une commune de 8,000 habitants, ayant 450 électeurs (censitaires et autres), il y avait des motifs de former une section pour un faubourg ou une annexe qui n'aurait que 50 électeurs, on n'attribuerait à cette section que *deux* ou *trois* conseillers, et au lieu de former *trois* sections élisant chacune *sept* conseillers, on en formerait *huit*, élisant les unes *trois* et une autre *deux* conseillers.

Dans les communes dont la population ne s'élève pas à 2,500 âmes, les sections forment nécessairement des assemblées peu nombreuses, puisque les communes les plus considérables au-dessous des 2,500 habitants n'ont que 175 électeurs plus imposés. Il ne peut donc devenir nécessaire d'y former des sections qu'en raison des considérations topographiques ou autres, qu'a développées ma circulaire du 28 mars. Mais, comme il peut arriver que la portion de la commune qui est dans le cas de former une section séparée ne renferme qu'un petit nombre d'électeurs, et n'ait droit qu'à *un* ou *deux* conseillers, on peut, dans ce cas, se dispenser de morceler en sections la portion principale. Ainsi, par exemple, en supposant que, dans une commune de 1,200 habitants, qui renferme 115 électeurs (censitaires et autres), et qui doit nommer 12 conseillers municipaux, une portion du territoire ait des intérêts distincts ou se trouve éloignée du chef-lieu, et contienne 130 habitants et 22 électeurs, on en formerait une section qui élirait *deux* conseillers, et on laisserait dans une autre section les 93 autres électeurs pour élire *dix* conseillers.

Dans cet exemple, le rapport entre la population de la commune et celle de la section est le même qu'entre le nombre total d'électeurs et celui des électeurs de la section ; mais il peut arriver que ces rapports diffèrent : par exemple, si la section qui renferme 130 habitants n'avait que 16 électeurs, ou si, au contraire, elle en avait 33, sur un total de 115.

Dans ces deux cas, faudrait-il prendre pour base de l'attribution du nombre de conseillers la population ou le nombre d'électeurs ?

On ne peut, à cet égard, tracer des règles générales ; il faut, autant que possible, combiner ces deux éléments : toutefois, il paraît convenable d'avoir égard à la population et à l'importance respective des sections, plutôt qu'au nombre effectif d'électeurs.

Les élections communales devant s'effectuer, en général, dans la dernière quinzaine d'août ou dans la première de septembre, je vous invite à me transmettre bientôt, si vous ne l'avez déjà fait, vos propositions relativement aux communes ayant plus de 2,500 habitants.

Je ne tarderai pas à vous adresser une instruction sur les formes relatives à l'élection des conseillers municipaux.

Je profite de l'occasion qui se présente de vous entretenir de la loi du 21 mars, pour répondre à quelques observations qui m'ont été adressées sur le paragraphe de ma circulaire du 10 mai, relatif à l'application de l'art. 14, qui attribue au fermier ou au colon partiaire le tiers de la contribution du domaine qu'il exploite, sans diminution des droits du propriétaire.

Il m'a été représenté que, dans un grand nombre de localités, les conventions entre les propriétaires et les fermiers, métayers ou colons, se font par actes sous-seing privé, ou même verbalement, et que le droit accordé par l'art. 14 deviendrait illusoire, si l'on exigeait la représentation d'un bail authentique.

En recommandant cette formalité empruntée à l'art. 9 de la loi du 19 avril, mon but avait été de prévenir l'erreur ou la fraude. Je reconnais, toutefois, que l'on peut contester la légalité de l'application de cette disposition à la formation du cens communal. Et si vous pensez que les autorités chargées de former les listes d'électeurs municipaux puissent s'assurer suffisamment, par la proclamation d'actes sous-seing privé, ou par la seule notoriété, de l'existence des baux non authentiques, vous pouvez vous écarter de la règle indiquée dans la circulaire du 10 mai.

Je dois, à cet égard, vous rappeler que les instructions que je vous adresse sur l'exécution de la loi du 21 mars ne contiennent que des éclaircissements destinés à fa-

ciliter votre travail, et qu'il vous appartient de statuer, selon votre propre opinion, sur les questions contentieuses que vous avez à juger en conseil de préfecture, aux termes de l'art. 26.

---

19 JUILLET 1831. — Ordonnances qui accordent des pensions à deux anciens préfets. (Bull. O. 92, n. 7 et 8.)

---

20 JUILLET == 31 AOUT 1831. — Ordonnance du roi sur l'uniforme de la garde nationale à cheval de Paris. (IX, Bull. O. XCVIII, n. 2761.)

Louis-Philippe, etc., vu l'art. 68 de la loi du 22 mars 1831, portant que l'uniforme de la garde nationale sera déterminé par une ordonnance du roi ; sur le rapport qui nous a été fait par notre ministre secrétaire d'Etat de l'intérieur, et duquel il résulte que des changements reconnus utiles doivent être introduits dans l'uniforme de la légion de la garde nationale à cheval de Paris, etc.

Art. 1er. L'uniforme de la légion de la garde nationale à cheval de Paris sera réglé conformément à la description dont ci-après le détail.

Coiffure.

Schabska en drap bleu, gaufré, soustaché en rouge ; galon de laine rouge de quarante millimètres de largeur ; autour de la forme, chaînette ou jugulaire en plaqué, doublée de drap rouge ; rosettes festonnées, à tête de lion. Plaque à rayons, en plaqué ; coq gaulois doré au milieu. Visière cerclée en plaqué ; couvre-nuque en cuir verni noir ; plumet rouge tombant, en grandes plumes de coq ; pompon en cordonnet, forme semi-sphérique ; couleur variée pour chaque escadron, ainsi qu'il suit : 1er, violet ; 2e, écarlate ; 3e, bleu-ciel ; 4e, jonquille ; 5e, vert ; 6e, orangé.

Habillement.

Kurtka de drap bleu, revers bleus de cent soixante et quinze millimètres d'étendue de chaque côté, à partir de la couture du milieu, jusqu'à l'extrémité de l'angle le plus développé, et de quarante millimètres de chaque côté de la couture en bas ; chaque patte formant trois angles : celui du milieu est à quatre-vingts millimètres des deux autres ; passe-poil, collet et retroussis écarlate ; parements même couleur et à pointes, de cinquante millimètres sur les côtés, et quatre-vingt-sept à la pointe. Au bas et derrière la taille, dix boutons, dont quatre au rang supérieur, quatre à la partie inférieure et deux au milieu ; franges de fil blanc, à graines, de cinquante millimètres ; plastron fermé, garni de deux rangs de boutons de chacun sept, dont deux en haut, formant la pointe des revers, et deux plats en bas. Tous les boutons de forme semi-sphérique et plaqués en argent. Les parements bordés de passe-poil blanc, signe caractéristique de la garde nationale. Pantalon de drap bleu, avec bandes de drap rouge, de soixante millimètres de largeur, foncé en basane.

Passementerie.

Ceinture en passementerie, de quatre-vingt-un millimètres de largeur, couleur divisée en cinq raies, dont trois bleues, chacune de quinze millimètres, et deux rouges, chacune de dix-huit millimètres. Epaulettes en fil blanc avec agrafes et ressorts, doublées et bordées en drap rouge; brides en drap bleu, à passe-poil rouge. Le corps de l'épaulette, de soixante et dix millimètres au milieu; l'écusson, de cent quatre-vingt-douze millimètres de longueur en dedans, et soixante et dix-huit millimètres de largeur, non compris les tournantes. Trois tournantes, façon suisse ou milanaise; frange de dix centimètres et à graines. Fourragère en fil blanc, de quarante-huit décimètres de longueur déployée, garnie de trois coulants et points coulants; cordonnets d'aiguillette, de six millimètres de diamètre; deux glands à poires grappées et coquillées en point de Milan, fil blanc, franges à graines, de cinquante-cinq millimètres; le gland et la manchette, de quarante-deux millimètres. Aiguillettes en fil blanc, sans trèfle, de sept millimètres de diamètre; cordonnet de fil blanc, ferrets massés.

Armement et équipement.

Sabre dit *à la Montmorenci*, dragonne en buffle blanc piqué, de vingt-huit millimètres de largeur; ceinturon aussi en buffle blanc piqué, de quarante-deux millimètres de largeur, à crochets serpentés; bélières de buffle, à boucles unies. Giberne, baudrier en buffle blanc piqué, de soixante-trois millimètres de largeur; sabots coulants et boutons en cuivre bruni, épinglette au milieu; coffre en vernis noir, côtes en cuivre, de cent-soixante et dix-sept millimètres de largeur, quatre-vingt-dix de hauteur, quarante-cinq d'épaisseur, avec un n. 13 en cuivre au milieu.

Harnachement.

Selle à la hussarde; schabraque de drap bleu, bordée d'une bande de drap rouge de soixante millimètres de largeur. Siège de peau de mouton blanche (*toison d'automne*), avec bordure festonnée de drap rouge. Porte-manteau en drap bleu, fond

galonné d'une rosace unie rouge. Fontes ordinaires en cuir. Bride et bridon noirs, avec boucles en plaqué blanc. Têtière avec gourmette, aussi en plaqué blanc; frontail uni. Croupière unie noire; mors de fer à branches cou de cygne, en cuivre, à rosaces unies. Bridon de fer, croissant à la sous-gorge, plaqué. Plaque de martingale, ronde, plaquée, à miroir, coq d'or; dical noir, garni en rouge. Les étriers et les éperons en fer poli.

2. Il n'est rien changé aux uniformes adoptés par les divers escadrons, compagnies ou subdivisions de compagnie de garde nationale à cheval des communes autres que Paris.

3. Notre ministre de l'intérieur (M. Casimir Périer) est chargé, etc.

20 JUILLET 1831.—Ordonnance qui nomme MM. de Gasq et Genty de Bussy membres de la commission chargée de l'examen des comptes ministériels de 1830. (Bull. O. 93, n. 2713.)

21 JUILLET 1831. — Ordonnance qui accorde des pensions à 61 veuves de militaires, à 114 militaires, des secours annuels à 6 orphelins. (Bull. O. 94 bis, n. 3 à 5.)

22 JUILLET = 29 AOUT 1831. — Ordonnance du roi pour l'organisation et la comptabilité de la régie de l'octroi à Paris. (IX, Bull. O. XCVII, n. 2748.)

Louis-Philippe, etc., considérant que, depuis l'ordonnance royale du 25 décembre 1814, portant règlement particulier d'organisation de l'octroi de Paris, la législation relative à la perception des octrois et droits d'entrée, ainsi qu'à la comptabilité des communes dont les dépenses sont soumises au jugement de la cour des comptes, a éprouvé des changements notables; qu'il devient dès lors nécessaire de modifier cette ordonnance pour la mettre en harmonie avec la législation nouvelle, et notamment avec la loi du 28 avril 1816, et les ordonnances royales des 14 septembre 1822, 23 avril 1825 et 25 juillet 1826 ; vu, 1° les lois des 18 octobre 1798 et 18 décembre 1799 ; 2° l'art. 102 de l'ordonnance du 9 décembre 1814 ; 3° vu l'art. 155 de la loi du 28 avril 1816, portant que l'administration de l'octroi de Paris reste soumise à des règlements particuliers ; 4° le décret du 30 mars 1808, constitutif de l'entrepôt général des boissons : vu aussi les observations de notre ministre du commerce et des travaux publics ; sur le rapport, etc.

Art. 1er. L'octroi de Paris, ainsi que les entrepôts et établissements qui en dépendent, continueront d'être régis et administrès suivant les règlements particuliers actuellement en vigueur, sous l'autorité immédiate du préfet de la Seine, et sous la surveillance générale de notre directeur de l'administration des contributions indirectes, par un directeur et trois régisseurs, formant un conseil d'administration présidé par le directeur. Le dernier sera en même temps directeur des droits d'entrée perçus au profit du trésor public.

2. Les directeurs et régisseurs seront nommés, savoir : le directeur, par nous, sur la proposition du ministre des finances, et les régisseurs, par le ministre du commerce et des travaux publics, sur la proposition du préfet de la Seine. Tous les autres préposés seront nommés par le préfet de la Seine, et par avancement, dans l'ordre des grades, sur une liste de sujets propres aux emplois vacants, qui sera présentée par le conseil d'administration. Néanmoins, le préfet pourra nommer sans présentation au quart des emplois de receveurs qui viendront à vaquer. Un règlement, délibéré par le conseil d'administration, et soumis par le préfet à l'approbation de notre ministre du commerce et des travaux publics, déterminera les conditions d'admission au surnumérariat. Les préposés de l'octroi seront révocables dans les cas prévus par l'art. 156 de la loi du 28 avril 1816, sur la demande de notre directeur de l'administration des contributions indirectes.

3. Le directeur de l'octroi, en sa qualité de président du conseil d'administration, recevra la correspondance, et donnera les ordres d'urgence.

4. Chacun des régisseurs de l'octroi sera chargé d'une partie de l'administration, qui sera déterminée par le préfet.

5. Toutes les mesures concernant l'administration, le personnel, la perception, la comptabilité et les instances à suivre devant les tribunaux, seront délibérées en conseil d'administration et soumises au préfet de la Seine, sauf les exceptions pour objets à traiter d'urgence, lesquels seront déterminés par un règlement particulier concerté entre nos ministres des finances, du commerce et des travaux publics.

6. Tous les ans, le budget des frais de perception de l'octroi sera préparé par le conseil d'administration et présenté au préfet, qui le soumettra, avec les modifications qu'il aura jugées convenables, à la délibération du conseil municipal. Après cette délibération, le budget sera envoyé au ministre des finances pour être approuvé par lui, sur le rapport du directeur de l'administration des contributions indirectes. Les frais extraordinaires d'établissement jugés nécessaires dans le courant de l'année

seront préparés, délibérés et approuvés de la même manière.

7. L'époque et le mode des versements des produits de l'octroi dans la caisse municipale seront déterminés par le préfet de la Seine : ceux des versements des produits des droits du trésor seront déterminés par l'administration des contributions indirectes. A l'expiration de chaque mois, le conseil d'administration de l'octroi établira un décompte provisoire de dix pour cent du produit net revenant au trésor, dont le montant sera immédiatement versé par le receveur municipal dans les caisses de la régie des contributions indirectes. Le règlement définitif de ce prélèvement aura lieu à la fin de chaque exercice.

8. Les dépenses de l'octroi et de l'entrepôt de Paris seront, conformément aux ordonnances royales des 25 avril 1823 et 23 juillet 1826, acquittées, comme toutes les autres dépenses communales, par le receveur municipal, sur les mandats du préfet de la Seine, après avoir été certifiées par le conseil d'administration de l'octroi. Néanmoins, les appointements, remises, frais de bureau et autres sommes, dus aux employés en vertu des règlements et décisions, seront payés par les receveurs que l'administration de l'octroi désignera, et sous leur responsabilité, sur des états émargés par les parties prenantes, lesquels seront, après le paiement, immédiatement transmis par le conseil d'administration au préfet de la Seine, qui en ordonnancera le montant sur le trésorier municipal, à la décharge des comptables en ayant fait l'avance. Tous autres frais ordinaires de perception qui n'excéderont pas trois cents francs, seront payés et ordonnancés de la même manière. Le conseil d'administration de l'octroi ne pourra, sous sa responsabilité, dépasser les limites fixées par chaque article du budget, en suivant les imputations déterminées, auxquelles il ne pourra faire aucun changement qu'en vertu d'une autorisation du préfet de la Seine, approuvée par le ministre des finances.

9. La perception des droits établis aux entrées de Paris pour le compte du trésor public continuera d'être faite par les préposés de l'octroi, qui se conformeront, à cet effet, à tous les règlements, ordres et instructions de l'administration des contributions indirectes.

10. L'administration des contributions indirectes pourra faire exercer une surveillance immédiate sur les receveurs et autres préposés de l'octroi ; elle pourra faire vérifier les caisses, arrêter les registres et faire verser immédiatement les fonds dans les caisses auxquelles ils sont destinés.

11. L'administration des contributions indirectes pourra placer dans les entrepôts et autres établissements de l'octroi le nombre d'employés qu'elle jugera nécessaire pour son service.

12. Les droits d'octroi à la fabrication des bières continueront d'être constatés chez les brasseurs par les employés des contributions indirectes, qui pourront en outre, s'il y a lieu, et sur la demande de l'administration municipale, être chargés de constater les autres droits d'octroi dans l'intérieur de Paris.

13. L'état de répartition des sommes portées, chaque année, par le budget du ministère des finances, à titre d'indemnités allouées aux préposés de l'octroi, pour la perception des droits d'entrée, sera dressé conformément aux instructions qui seront données par l'administration des contributions indirectes, et communiqué au préfet de la Seine. Le budget de la ville de Paris comprendra en recette le produit des saisies et amendes pour contravention en matière d'octroi. L'emploi du produit de ces amendes et confiscations, dans le cas de contraventions en matière d'octroi, ou de contravenrions communes aux deux services, sera fait d'après les règles qui seront propres à chaque administration.

14. Les fraudes et contraventions qui ne concernent que l'octroi seront poursuivies par le directeur, au nom du préfet de la Seine. Les transactions que le directeur pourra consentir ne seront définitives qu'après avoir été approuvées par le préfet, sur l'avis émis par le conseil d'administration. A l'égard des fraudes et contraventions communes à l'octroi et aux droits d'entrée perçus au profit du trésor, et de celles qui pourraient être particulières à ces derniers droits, le directeur pourra seul suivre l'effet des procès-verbaux devant les tribunaux, ou consentir des transactions d'après les règles propres à l'administration des contributions indirectes. Celles de ces transactions applicables à des saisies communes qui devront être soumises à l'approbation du directeur de l'administration des contributions indirectes, ou à celle de notre ministre des finances, suivant les peines encourues, seront communiquées au préfet de la Seine, qui pourra donner son avis. Les décharges ou restitutions de droit d'octroi seront autorisées par le préfet de la Seine, sur la proposition du conseil d'administration.

15. Le préfet pourra, toutes les fois qu'il le jugera convenable, former et réunir une commission consultative de l'octroi, qu'il composera de quatre membres du conseil municipal, du directeur et des trois régisseurs de l'octroi. Le préfet présidera ladite

commission, et, en son absence, il sera suppléé par le secrétaire général.

16. Les délibérations de la commission instituée par l'article précédent auront uniquement pour objet les mesures à prendre pour améliorer le service de l'octroi.

17. Le conseil d'administration de l'octroi fournira au préfet de la Seine et à l'administration des contributions indirectes tous les états quotidiens des produits de l'octroi, bordereaux de mois, comptes moraux trimestriels et autres renseignements relatifs à la perception et au personnel du service, qui seront jugés nécessaires.

18. Les dispositions de l'ordonnance du 9 décembre 1814 continueront d'être observées pour l'octroi de Paris, en ce qui n'est pas contraire à la présente. L'ordonnance du 23 décembre 1814 est rapportée.

19. Nos ministres des finances et des travaux publics (baron Louis et comte d'Argout) sont chargés, etc.

22 JUILLET 1831. — Ordonnances qui autorisent l'acceptation d'un legs fait à des communes, églises, congrégations religieuses. (Bull. O. 104, 106, 107, n. 2933, 2996 à 2999, 3013 et 3014.)

22 JUILLET 1831. — Ordonnances qui autorisent la distraction d'une partie de presbytère de Cizay (Orne), pour établir la mairie et loger l'instituteur, et qui rejettent le legs fait à une communauté. (Bull. O. 106, n. 2999 et 2300.)

22 JUILLET 1831. — Ordonnances qui autorisent une communauté et une fabrique à vendre et échanger divers immeubles et la métropole de Rouen à employer une somme en achats de rentes. (Bull. O. 107, n. 3010 à 3012.)

22 JUILLET 1831. — Ordonnances qui autorisent la distraction d'une partie du presbytère dans trois communes pour établir des écoles. (Bull. O. 107, n. 3007 à 3009.)

22 JUILLET 1831. — Ordonnance qui autorise à construire diverses usines, et qui rejette la demande du sieur Grand-Châteauneuf tendant aux mêmes fins. (Bull. O. 107 bis, n. 8.)

22 JUILLET 1831. — Ordonnance qui autorise délivrance de bois à diverses communes. (Bull. O. 107 bis, n. 7 à 9.)

22 JUILLET 1831. — Ordonnance qui crée à Heurtoville, commune de Jumièges (Seine-Inférieure), un adjoint au maire de cette commune. (Bull. O. 93, n. 2714.)

23 JUILLET 1831. — Ordonnance qui crée un péage pour la construction d'un pont à Luzancy. (Bull. O. 92, n. 2696.)

23 JUILLET 1831. — Ordonnance qui accorde des pensions à deux anciens membres du conseil des prises. (Bull. O. 97 bis, n. 6.)

25 JUILLET 1831. — Instruction sur les conseils de discipline de la garde nationale.

PREMIÈRE PARTIE.

TITRE Ier. *Organisation des conseils de discipline.*

(§ II de la section VIII de la loi.)

Art. 1er. Il doit exister un conseil de discipline : 1° par bataillon isolé, communal ou cantonal, et par bataillon compris dans une légion ; 2° par commune ayant une ou plusieurs compagnies non réunies en bataillon ; 3° par compagnie formée des gardes nationaux de plusieurs communes, et non comprises dans un bataillon (art. 94 de la loi).

2. Le conseil de discipline d'un bataillon se compose de sept juges, savoir : le chef de bataillon, président ; un capitaine, un lieutenant ou sous-lieutenant, un sergent, un caporal, deux gardes nationaux (art. 97). Le conseil de discipline de la garde nationale d'une commune ayant une ou plusieurs compagnies non réunies en bataillon, ou d'une compagnie formée des gardes nationaux de plusieurs communes, se compose de cinq juges, savoir : un capitaine, président ; un lieutenant ou sous-lieutenant, un sergent, un caporal, un garde national (art. 96).

3. Lorsqu'il s'agit de juger un officier, la composition du conseil doit éprouver certaines modifications, qui donnent à l'inculpé de nouvelles garanties. Dans ce cas, les deux membres du grade le moins élevé, c'est-à-dire les deux gardes nationaux dans le conseil de sept juges, le garde et le caporal dans le conseil de cinq juges, sont remplacés par deux officiers du grade du prévenu. Ces deux officiers sont pris à leur rang, sur le tableau dressé pour la formation du conseil de discipline, et dont je parlerai plus tard (art. 11). S'il ne se trouve point, dans le ressort du conseil de discipline, deux officiers du grade de l'inculpé, le sous-préfet doit les désigner, par la voie du sort, parmi ceux du canton, ou, à défaut, parmi ceux de l'arrondissement. Enfin, dans le cas où un chef de bataillon doit être jugé, MM. les préfets sont appelés à désigner, par la voie du sort, deux chefs de bataillon de canton ou des arrondissements circonvoisins (art. 100). Si l'officier qu'il s'agit de juger est un des membres du conseil, il doit être remplacé par celui qui le suit immédiatement dans l'ordre du tableau. Mais il peut arriver que le tableau ne présente aucun officier du même grade ; la loi n'ayant pas prévu ce cas, il est naturel de penser que l'officier qui doit remplacer le prévenu doit être désigné comme il est dit ci-dessus pour les deux officiers qui doivent ainsi entrer au conseil.

4. Outre les membres du conseil appelés à remplir les fonctions de juges, il est attaché à chaque conseil un rapporteur et un secrétaire (art. 101, 102). Lorsque la garde nationale d'une commune forme plusieurs légions, il est nommé, auprès de chaque conseil, un rapporteur-adjoint et un secrétaire-adjoint (art. 101).

5. Les rapporteurs et secrétaires sont choisis par le sous-préfet, sur une liste de trois candidats présentés par le chef de légion, par le chef de bataillon, s'il n'y a pas de légion, et par le capitaine-commandant pour une ou plusieurs compagnies non réunies en bataillon. Ils sont nommés pour trois ans, et peuvent être, après ce temps, continués dans leurs fonctions (103).

6. Les termes des trois articles 101, 102 et 103, combinés entre eux, ne présentent point une parfaite concordance ; il s'est élevé, sur cette partie de la loi, de sérieuses difficultés d'interprétation. Les uns ont pensé que les rapporteurs et secrétaires devaient être choisis exclusivement parmi les gardes nationaux déjà portés par l'élection aux grades correspondants à ces fonctions ; les autres, qu'ils pouvaient être pris indistinctement parmi tous les gardes nationaux. Le doute qui a été soulevé est un motif suffisant de ne pas donner de décision obligatoire sur ce point, et de laisser toute latitude pour adopter celle des deux opinions qui sera jugée préférable. C'est à la Cour de cassation seule qu'il appartient de prononcer sur une question de compétence judiciaire ; et si des pourvois sont formés à cette occasion par suite de la diversité d'interprétation qu'auraient adoptée quelques localités, des arrêts auront bientôt fixé la jurisprudence.

7. Lorsque les rapporteurs et secrétaires ne sont pas choisis parmi les gardes nationaux déjà portés par l'élection aux grades correspondants à leurs fonctions, leur nomination doit leur conférer un rang qu'ils n'avaient point antérieurement. La loi a laissé, à cet égard, une latitude qui permet de varier ce rang selon l'effectif du corps soumis à la juridiction de chaque conseil. Ainsi, le rapporteur d'un conseil de bataillon devant avoir un rang de capitaine ou lieutenant (101), il y aurait lieu de lui conférer le rang de capitaine, si le bataillon se compose de six compagnies ; et de lieutenant, si le bataillon a moins de six compagnies. Le rapporteur d'un conseil formé pour une ou plusieurs compagnies non réunies en bataillon, pouvant être officier ou sous-officier (102) ; il y aurait rang de sous-lieutenant, si le conseil a cent cinquante hommes au moins sous sa juridiction ; et de sergent-major, si les justiciables du conseil sont en moindre nombre. Il doit être conféré au se-

crétaire le rang immédiatement inférieur à celui du rapporteur (101, 102) ; et au rapporteur-adjoint et au secrétaire-adjoint, le rang inférieur à celui du rapporteur et du secrétaire (101).

8. Les fonctions de rapporteur et de secrétaire exigent une instruction et une aptitude spéciale; celles des rapporteurs, surtout, sont d'une grande importance; chargés de provoquer les condamnations, c'est à eux qu'il appartient de donner une bonne direction à l'action disciplinaire, et de prévenir tout relâchement dans l'application des peines. Les chefs de corps doivent consulter ces nécessités, pour le choix des candidats qu'ils ont à présenter aux sous-préfets.

9. La loi confère aux préfets le droit de révoquer, sur l'avis du maire et du chef de corps, les rapporteurs-secrétaires (103), et place ainsi ces derniers sous la surveillance de l'autorité administrative. MM. les préfets devront donc se faire fréquemment rendre compte de la manière dont ils remplissent leurs fonctions, et veiller à ce qu'aucun d'eux ne nuise, par sa négligence, à la régularité du service. Dans le cas de révocation, comme dans tous ceux où les fonctions de rapporteur et de secrétaire deviennent vacantes, il est procédé au remplacement par le mode indiqué pour la nomination (103).

10. Sont appelés à faire partie des conseils : 1° tous les officiers, sous-officiers, caporaux ou brigadiers; 2° un nombre de gardes nationaux portés au contrôle du service ordinaire, double de celui des officiers, sous-officiers et caporaux ou brigadiers. L'autorité locale étant chargée de la désignation de ces gardes nationaux (105), elle usera, sans doute, de ce pouvoir discrétionnaire pour la meilleure composition du conseil.

11. Le président du conseil de recensement, assisté, savoir : du chef de bataillon, pour un conseil de discipline de bataillon, et du capitaine-commandant, là où il n'y a pas de bataillon, dressera un tableau formé d'autant de colonnes qu'il y a de grades. Chacun de ceux qui doivent faire partie du conseil sera placé, par rang d'âge, dans la colonne qui lui est relative. Ce tableau sera signé du président du conseil de recensement et de l'officier qui l'aura assisté (105).

12. Il peut arriver qu'il y ait plusieurs conseils de recensement dans le ressort d'un même conseil de discipline, ce qui a lieu lorsque ce conseil est établi pour une compagnie ou pour un bataillon formés des gardes nationales de plusieurs communes.

Dans ce cas, il convient que les diverses communes qui ressortissent d'un même conseil de discipline concourent, pour sa composition, proportionnellement à la force numérique de leurs gardes nationales. Les présidents du conseil de recensement de chacune des communes dont les gardes nationales sont justiciables d'un même conseil de discipline, doivent, en se faisant assister du commandant de la garde communale, former un tableau de tous les officiers, sous-officiers et caporaux de la localité, et d'un nombre double de gardes nationaux. Le tableau de chaque commune, signé du maire et du commandant qui l'aura assisté, sera transmis au sous-préfet, qui devra fondre tous ces tableaux en un tableau général, par le conseil, et y classer, par rang de grade et d'âge, tous les officiers, sous-officiers, caporaux et gardes compris dans les tableaux partiels. Les signatures du sous-préfet et du chef de corps devront être apposées au bas du tableau général.

13. Le tableau sera affiché dans la salle des séances du conseil, afin que chaque garde national en puisse prendre connaissance (105). Le président du conseil de recensement ou le sous-préfet qui aura dressé le tableau, fera connaître, par lettre, à chacun de ceux qui y sont portés, qu'il est inscrit sur le tableau des juges, à la colonne de tel grade, et à tel rang. Ceux qui doivent les premiers faire partie du conseil seront avertis, aussi par lettre, qu'ils sont appelés à y siéger, en qualité de président ou de juges, pendant quatre mois à dater de telle époque.

14. Il y aura lieu de modifier le tableau des membres du conseil en plusieurs cas, par exemple : 1° lorsque, par décès, incompatibilité, raison d'âge, exemption, etc., un de ceux qui y seront portés cessera de faire partie de la garde nationale; 2° lorsque, par réélection ou privation de grade, un officier, sous-officier ou garde national, aura changé de position ; 3° lorsque, après trois condamnations disciplinaires, et une condamnation correctionnelle, un des inscrits au tableau aura dû en être rayé pour une année, aux termes de l'art. 108, etc., etc. Dans tous les cas de modifications, il sera procédé aux radiations et remplacements dans la forme indiquée pour la formation du tableau, et par les mêmes autorités. Toute réclamation pour être réintégré au tableau, ou pour en faire rayer un garde national, en vertu de l'article 108, doit être portée devant le jury de révision (109).

15. Les juges sont pris successivement (1)

---

(1) La loi désignant comme juge un lieutenant ou sous-lieutenant (art. 96 et 97), la colonne des lieutenants devra être épuisée, avant que les sous-lieutenants soient appelés à siéger au conseil.

d'après leur ordre d'inscription au tableau (107), et renouvelés tous les quatre mois, toujours d'après l'ordre du tableau. Néanmoins, s'il n'y a point d'officier du même grade que le président ou quelqu'un des juges, ils ne sont pas remplacés (104) (1).

Le juge qui, ayant été appelé à en remplacer un autre aurait siégé moins de quatre mois, n'en devra pas moins sortir du conseil à l'époque du renouvellement.

Les juges appelés, dans l'ordre du tableau, à remplacer les juges sortans, sont prévenus de leur entrée en fonctions, de la même manière que ci-dessus, et par les mêmes autorités (art. 13).

16. Dans les communes qui n'ont qu'un seul conseil de discipline, les gardes nationaux faisant partie des corps spéciaux (artillerie, sapeurs-pompiers, cavalerie, etc.), sont justiciables de ce conseil.

S'il y a plusieurs bataillons dans un canton, les gardes nationaux des corps spéciaux seront justiciables du même conseil que les compagnies d'infanterie de leurs communes.

S'il y a plusieurs bataillons dans la commune, c'est au préfet qu'il appartient de désigner le conseil dont les corps spéciaux seront justiciables.

Dans ces trois cas, les corps spéciaux, par leurs officiers, sous-officiers et gardes en nombre proportionnel, concourront à la formation du tableau du conseil de discipline dont ils doivent ressortir.

Lorsqu'en vertu d'une ordonnance royale, les corps spéciaux sont réunis en légion, ils doivent avoir un conseil de discipline particulier (106).

Ce conseil sera composé sur les mêmes bases que les conseils de l'infanterie (n° 10).

Le tableau des membres qui doivent y siéger sera dressé par le président du conseil de recensement, si ces corps spéciaux sont formés dans une commune; par le sous-préfet, s'ils sont formés des gardes nationaux de plusieurs communes, sur des tableaux partiels transmis par les présidens des conseils de recensement, ainsi qu'il est dit ci-dessus (articles 11 et 12).

17. Le conseil de discipline institué pour une compagnie formée des gardes nationales de plusieurs communes, doit siéger dans la commune la plus populeuse (99).

18. Les conseils sont permanens; ils ne peuvent juger que lorsque cinq juges, au moins, sont présens dans les conseils de sept juges, et trois dans ceux de cinq juges (104).

19. Les conseils de discipline, comme tous les autres tribunaux, ne pouvant entrer en fonctions avant d'avoir été constitués, le maire de chacune des communes où siége un conseil devra procéder à l'installation de ce conseil, en séance publique, indiquée à cet effet quelques jours à l'avance, soit par la voie du journal du lieu, s'il y en a, soit, à défaut, par affiche.

L'installation des conseils formés pour des bataillons compris dans une légion aura lieu en présence du colonel et du lieutenant-colonel.

A l'ouverture de la séance, il sera dit, par le maire, qu'en vertu de l'article 96 ou de l'article 97 de la loi du 22 mars, et d'après le tableau dressé et déposé conformément à l'article 105, sont appelés à composer le conseil de tel bataillon communal ou cantonal, ou de la compagnie, ou des compagnies d'une ou plusieurs communes, M...., chef de bataillon ou capitaine, en qualité de président; MM...., capitaine, lieutenant, etc., en qualité de juges;

Que, conformément à l'article 101 ou à l'article 102, par décision du préfet ou du sous-préfet, en date de tel jour, MM.... sont appelés à remplir, auprès du conseil, les fonctions de rapporteur, secrétaire, rapporteur-adjoint, secrétaire-adjoint, avec tel rang.

Les membres composant le conseil (les rapporteurs et secrétaires, et leurs adjoints), prêteront ensuite, entre les mains du maire, le serment de *fidélité au Roi des Français, d'obéissance à la Charte constitutionnelle et aux lois du royaume*, imposé par la loi du 31 août 1830 à tous les fonctionnaires de l'or-

---

(1) Avant d'écrire la circulaire que nous rapportons, le ministre avait été consulté par quelques préfets sur la question de savoir *comment il doit être procédé au remplacement du président d'un conseil de discipline, en cas d'empêchement, absence, récusation, et lorsqu'il n'existe pas d'officiers de son grade, sur le tableau des membres du conseil.*

Voici comme il répondit : « La loi n'ayant rien « statué à cet égard, il convient de se rapporter, « pour le mode de désignation, aux dispositions de

« l'art. 100; c'est-à-dire que l'officier appelé à « présider le conseil doit être désigné par la voie « du sort, parmi les officiers du même grade du « canton ou de l'arrondissement. Cette manière de « procéder est la plus sûre, pour éviter toute appa- « rence d'arbitraire, et pour n'introduire aucune « cause de nullité dans la composition d'un tribu- « nal dont les décisions sont soumises au contrôle « de la cour de cassation. »

dre judiciaire (1). Cette formalité remplie, le maire déclarera le conseil de discipline institué, en vertu de l'article 94 de la loi du 22 mars, pour exercer la juridiction qui lui est attribuée par cette même loi.

Il sera dressé procès-verbal de cette séance, et il y sera fait mention expresse de la prestation de serment.

Il sera donné connaissance aux gardes nationaux, par la voie de l'ordre du jour, de l'installation du conseil et de son entrée en exercice.

Le président du conseil pourra alors le convoquer, sur la réquisition du rapporteur, conformément à l'article 113.

SECONDE PARTIE (2).

TITRE II. *Compétence des conseils.*

20. La compétence des conseils de discipline, comme celle de toute juridiction, est fixée et circonscrite sous trois rapports, c'est-à-dire, à raison *des personnes, des délits et des peines.*

Compétence à raison des personnes. — Les gardes nationaux portés au contrôle du service ordinaire, sont seuls justiciables des conseils de discipline. Ceux qui sont inscrits au contrôle de réserve ne sont point placés sous la juridiction de tribunaux dont la loi ne les appelle point à faire partie (article 105).

Ainsi, la compétence des conseils se détermine, *quant à la qualité des personnes,* par un fait positif, l'inscription au registre-matricule et au contrôle du service ordinaire.

La juridiction de chaque conseil ne s'étend que sur les gardes nationaux du corps ou des divers corps pour lesquels il est institué.

21. Le conseil de discipline ne peut s'immiscer en rien dans la formation ou la modification du registre-matricule, non plus que des contrôles de service ordinaire ou de réserve.

Il se borne, lorsque l'inculpé prétend n'être point justiciable du conseil, à constater le fait de l'inscription qui fixe sa juridiction.

Si un garde national, cité pour refus de service, se prétend inscrit à tort au registre-matricule, ou au contrôle du service ordinaire, il n'appartient pas au conseil d'apprécier la validité de sa réclamation; il doit procéder au jugement, et renvoyer à se pourvoir devant qui de droit, pour faire obtenir la radiation.

Mais si l'inculpé allègue qu'il est en réclamation contre la décision en vertu de laquelle il a été porté au registre-matricule ou au contrôle du service ordinaire, s'il justifie que son recours était formé devant l'autorité compétente antérieurement à la contravention pour laquelle il est cité, le conseil de discipline devra surseoir à statuer jusqu'à ce qu'il ait été définitivement prononcé sur le recours.

Compétence à raison des délits et à raison des peines. — Les *délits* dont les conseils peuvent connaître, et les *peines* qu'ils peuvent appliquer, sont exposés et déterminés dans le titre suivant qui traite de la *pénalité.*

TITRE III. *Pénalité.*

22. Les peines que peuvent infliger les conseils de discipline sont :

1° La réprimande ;

2° Les arrêts, pour trois jours au plus ;

3° La réprimande avec mise à l'ordre ;

4° La prison pour trois jours au plus ;

5° La privation du grade (84) ;

6° L'amende (84, 114).

Ces peines sont applicables dans les cas ci-après déterminés, savoir :

1° *Réprimande.*

23. Tout officier, sous-officier, caporal ou garde national qui a commis une infraction, même légère, aux règles du service, est passible de la réprimande (85 et 88).

2° *Réprimande avec mise à l'ordre.*

24. Tout officier, sous officier, caporal, ou garde nationale qui, étant de service ou en uniform, tient une conduite qui peut porter atteinte à la discipline de la garde nationale ou à l'ordre public, est passible de la réprimande avec mise à l'ordre (86, 88).

3° *Arrêts ou prison.*

23. 1° Tout officier qui s'est rendu coupable de désobéissance ou d'insubordination;

2° Qui a manqué de respect ou tenu des propos offensans envers un officier supérieur ;

3° Qui a manqué à un service légalement commandé ;

4° Qui a commis une infraction aux règles du service ;

---

(1) La cour de cassation a jugé, depuis, le contraire, et le ministre a changé d'avis.

5° Qui s'est rendu coupable d'un abus de pouvoir, ou de propos outrageans envers un subordonné,

Doit être puni des arrêts ou de la prison, selon la gravité des cas, et pendant trois jours au plus (87).

4° *Prison.*

26. 1° Tout sous-officier, caporal, ou garde national qui s'est rendu coupable d'insubordination ou de désobéissance ;

2° Qui a refusé pour la seconde fois (1) un service d'ordre et de sûreté,

5° Qui, étant de service, se met dans un état d'ivresse;

4° Qui tient, étant de service, une conduite qui porte atteinte à la discipline de la garde nationale ou à l'ordre public ;

5° Tout garde national qui abandonne ses armes ou son poste avant qu'il ne soit relevé,

Peut être puni de la prison pour un temps qui ne peut excéder deux jours, et trois jours en cas de récidive (89).

5° *Privation du grade.*

27. 1° Tout officier, sous-officier ou caporal, qui abandonne son poste avant qu'il ne soit relevé, peut être privé de son grade (90).

2° Tout officier, sous-officier ou caporal qui, après avoir subi une condamnation du conseil de discipline, se rend coupable d'une faute qui entraine l'emprisonnement, est privé de son grade (90).

Tout officier, sous-officier ou caporal, privé de son grade par un jugement, ne peut être réélu qu'aux élections générales (90).

6° *Amendes.*

28. Dans les communes où il n'existe ni prison, ni local pouvant en tenir lieu, le conseil peut commuer la peine de la prison en une amende d'une à dix journées de travail (84).

La loi du 22 mars 1831 n'ayant point déterminé le prix de la journée de travail pour la fixation des amendes, il convient, afin d'avoir à cet égard une règle générale et légale, de se reporter au tarif posé dans l'article 4 de la loi du 2 mars 1831, relative aux *contributions personnelle, mobilière, des portes et fenêtres et patentes.*

Tout conseil de discipline peut condamner à cinq francs d'amende celui de ses membres qui, sans excuse valable, ne se rend point à une convocation régulière (114).

29. On a élevé la question de savoir *si les manœuvres et exercices font partie du service obligatoire, et de quelles peines sont passibles les gardes nationaux qui ne s'y rendent point?*

Il est évident qu'en confiant à certaines autorités le soin de faire les réglemens relatifs aux revues et exercices des gardes nationales, la loi n'a pas voulu que ces réglemens fussent sans force obligatoire, et restassent par conséquent sans exécution.

Ainsi, dans toute les communes où le service des revues et exercices a été réglementé, conformément à l'art. 73 de la loi du 22 mars, ce service n'est plus facultatif, et le garde national qui s'y soustrait peut, sans aucun doute, être traduit devant le conseil de discipline.

Quant à la peine qui doit être infligée, il faut considérer que la loi ne prononce la prison ou les arrêts que pour le refus d'un service d'*ordre de sûreté* (art. 89). Ces derniers mots ont été ajoutés par la commission de la Chambre des Pairs, et M. le rapporteur dit, à cette occasion : « qu'il « ne devait point y avoir lieu à tant de « sévérité pour le cas de revues et de ma- « nœuvres. » (Séance du 21 février 1831.)

On ne saurait donc appliquer, pour le manque aux revues et exercices, qu'une peine moins sévère que la prison et les arrêts, c'est-à-dire la réprimande (article 84).

La cour de cassation a confirmé cette doctrine par un arrêt du 12 août 1831; toutefois, d'un autre arrêt du même jour, il paraitrait implicitement que le refus *réitéré* d'assister aux revues et exercices, et accompagné de circonstances particulières, pourrait constituer la désobéissance et l'insubordination prévue par les articles 87 et 89, n° 1, et, par conséquent, être puni des arrêts ou de la prison.

30. Les cas ci-après énumérés ne sont pas du ressort des conseils de discipline; ils doivent être renvoyés devant les tribunaux ordinaires;

1° Tout chef de corps, poste ou détachement de garde nationale, qui refuse d'obtempérer à une réquisition des magistrats ou fonctionnaires investis du droit de requérir la force publique, ou qui agit sans réquisition et hors des cas prévus par

---

(1) Le sous-officier, caporal ou garde national, qui manque pour la première fois au service, est tenu de monter, sur l'ordre du chef de corps, une garde hors de tour, indépendamment du service régulièrement commandé (82). Un registre devra être tenu pour constater ces gardes hors de tour,

la loi, sera poursuivi devant les tribunaux, et puni conformément aux articles 234 et 258 du code pénal.

La poursuite entraînera la suspension, et, s'il y a condamnation, la perte du grade (93).

Tout garde national prévenu d'avoir vendu à son profit les armes de guerre ou les effets d'équipement qui lui ont été confiés par l'État ou par les communes, sera renvoyé devant le tribunal de police correctionnelle, et poursuivi à la diligence du ministère public, et puni, s'il y a lieu, de la peine portée en l'article 408 du code pénal (91).

2º Tout garde national qui, dans la même année, aura subi deux condamnations pour refus de service, sera, pour la troisième fois, renvoyé devant le tribunal de police correctionnelle, et condamné à un emprisonnement qui ne pourra être moindre de cinq jours, ni excéder dix jours.

En cas de récidive, l'emprisonnement ne pourra être moindre de dix jours, ni excéder vingt jours.

Il sera, en outre, condamné à une amende qui ne pourra être moindre de cinq francs, ni excéder quinze francs, dans le premier cas; et dans le deuxième, être moindre de quinze francs, ni excéder cinquante francs (92).

31. Dans ces divers cas, comme dans tous les autres, où, le conseil s'étant déclaré incompétent, il y aurait lieu à renvoi devant les tribunaux ordinaires, le rapporteur adressera le rapport et les pièces au procureur du Roi de l'arrondissement, ainsi qu'expédition du jugement déclarant l'incompétence du conseil, s'il en a été rendu.

Lorsqu'un garde national a été renvoyé devant le conseil pour refus de service, après deux condamnations, le rapporteur devra joindre aux pièces à transmettre au procureur du Roi, extrait des deux jugemens qui auront prononcé les deux premières condamnations.

Lorsque des rapports, procès-verbaux ou plaintes, signalant des faits qui ne sont pas de la compétence des conseils, sont transmis au chef de corps, il doit les renvoyer directement au procureur du Roi.

TITRE IV. *Procédure.*

(§ III de la section VIII.)

32. Les conseils de discipline ne peuvent se saisir eux-mêmes de la connaissance des fautes de discipline. Il faut qu'ils soient saisis par le renvoi du rapport, procès-verbal ou plainte qui peut donner lieu au jugement (110).

Les conseils peuvent aussi être saisis de la connaissance d'une affaire, par le renvoi que leur en fait la cour de cassation, sur l'annulation d'un jugement.

33. Le renvoi des rapports, procès-verbaux ou plaintes, doit être fait par le chef de corps; c'est à lui que ces diverses pièces doivent être adressées.

Par *chef de corps*, il faut entendre le colonel, dans les légions communales, le chef de bataillon, dans les bataillons communaux, le capitaine-commandant, pour les conseils institués pour une ou plusieurs compagnies formées dans une même commune, et non réunies en bataillon.

Pour les légions cantonales et les bataillons cantonaux, il est à remarquer que le service des gardes nationales est de deux natures: *communal*, s'il s'agit, par exemple, du service d'ordre et de sûreté; ou *cantonal*, comme les exercices et revues.

Pour tout ce qui tient au service *communal*, les rapports, procès-verbaux ou plaintes doivent être reçus et transmis au rapporteur par l'officier ou sous-officier commandant la garde nationale communale, qui seul a la direction du service communal. Ils doivent être reçus et transmis par le chef de la légion ou du bataillon cantonal, dans toute affaire relative au service *cantonal*.

Il doit être fait une distinction analogue pour les compagnies formées des gardes nationales de plusieurs communes.

Le commandant de chaque garde communale doit être considéré comme *chef de corps*, pour les affaires de service communal; le capitaine, commandant la compagnie, est *chef de corps* pour le service commun à toute la compagnie.

34. Tous les rapports, procès-verbaux ou plaintes devant être adressés au chef de corps, il s'élève la question de savoir si ce dernier est tenu de renvoyer au conseil toutes les pièces de cette nature qui lui parviennent, ou s'il peut les soumettre à un examen préalable, et ne transmettre au conseil que celles qu'il juge convenables.

Pour résoudre cette question, il y a lieu d'établir une distinction indiquée par la nature des choses.

Le chef de corps, chargé de la direction du service, et investi du droit d'examiner les rapports ou procès-verbaux, constatant des contraventions disciplinaires, *qui lui sont remis par ses subordonnés*, selon l'ordre hiérarchique, doit avoir la faculté de faire une préalable appréciation de ce qu'il convient de soumettre au conseil. Cette faculté lui est laissée, afin que les gardes nationaux ne soient point mis en prévention pour des fautes excusables ou légères, que l'avertissement ou la censure du chef réprime suffisamment, et dont le jugement, inutile à l'exemple, servirait plus à relâcher qu'à fortifier la discipline.

Mais on conçoit qu'il n'en doit point être ainsi pour les plaintes de tiers, lesquelles intéressent le service d'une manière moins directe. Le refus de transmettre une plainte au conseil de discipline serait considéré, par le plaignant, comme un déni de justice, et tendrait à ébranler la considération nécessaire au chef de corps. Ce dernier doit donc se borner, lorsqu'une plainte de cette nature lui est transmise, à faire ses efforts pour en arrêter les suites, par les voies de conciliation; et, s'il ne peut y réussir, si le plaignant insiste pour que sa plainte soit l'objet d'un jugement, elle devra nécessairement être transmise au conseil.

35. Les rapports, procès-verbaux ou plaintes, doivent être transmis au rapporteur du conseil, avec une lettre d'envoi signée du chef de corps. Cet acte est nécessaire pour établir que le conseil est régulièrement saisi.

Le secrétaire du conseil doit inscrire ces pièces à mesure des réceptions, et par ordre de dates et de numéros, sur un registre-journal qu'il doit tenir à cet effet (111), et qui doit être paraphé par première et dernière, par le maire de la commune où siége le conseil.

36. D'après le nombre et l'urgence des affaires à juger, le rapporteur requiert le président du conseil d'en convoquer les membres (113).

Il importe qu'en général il ne s'écoule point plus de dix-jours entre l'envoi des pièces par le chef du corps et le jugement qu'elles devront provoquer. L'application d'une peine produit d'autant plus d'effet, et pour la répression et pour l'exemple, qu'elle suit de plus près la faute commise.

Sur la réquisition du rapporteur, le président du conseil convoque le conseil, et indique le jour de la séance.

37. Le rapporteur doit faire citer l'inculpé à la plus prochaine séance du conseil (111) (1).

La citation doit être signée du rapporteur, et indiquer la contravention imputée à l'inculpé, et la séance où il sera jugé.

Le délai pour la comparution ne peut être moindre de vingt-quatre heures (2).

Il est à désirer qu'en général il n'excède pas, trois jours.

La citation doit être portée au domicile de l'inculpé par un agent de la force publique (111).

Le porteur de la citation doit constater sur la copie et l'original la date de la remise. La copie est laissée à l'inculpé, et l'original rapporté au secrétaire, qui en prendra date pour la séance indiquée.

38. Au jour et à l'heure fixés par la lettre de convocation, les membres du conseil doivent se rendre au lieu des séances.

Le membre du conseil qui prévoirait ne pouvoir y assister devrait en prévenir, à l'avance, le président du conseil, afin qu'un autre fût convoqué à sa place.

Celui qui, sans excuse valable, ne se présente pas, est condamné à cinq francs d'amende (114).

Le membre absent est remplacé par l'officier, sous-officier ou garde national qui devra être appelé immédiatement après lui dans l'ordre du tableau (Ibid).

Dans un conseil de discipline formé pour les gardes nationales de plusieurs communes, le juge remplaçant doit être pris dans la commune où siége le conseil, et d'après l'ordre du tableau (Ib.).

39. La loi du 22 mars n'a rien prévu pour le remplacement des rapporteurs ou secrétaires des conseils de discipline empêchés temporairement.

Dans ce silence de la loi, il convient de se guider sur ce qui se pratique dans les tribunaux ordinaires.

En cas d'absence des avocats du Roi, c'est par un des juges que sont remplies les fonctions du ministère public, conformément à la loi du 27 nivôse an 8 sur l'organisation des tribunaux, article 26, et au Code d'instruction criminelle, article 26.

Le rapporteur d'un conseil de discipline pourrait donc être remplacé temporairement par l'un des juges. Ce devrait être celui dont le grade correspondrait au rang de rapporteur ou s'en rapprocherait le plus.

Quant au secrétaire, il pourrait être suppléé par un garde national.

Ce garde national serait assimilé au commis-greffier, que les greffiers des tribunaux de simple police peuvent s'ad-

---

(1) On a demandé si la citation devait être faite par le rapporteur, ou par le secrétaire, et signée seulement par le rapporteur. Le secrétaire, remplissant les fonctions de greffier, ne paraît point appelé à faire les citations.

(2) C'est le délai fixé pour la comparution devant

les tribunaux de simple police (Code d'instruction criminelle, art. 146). Outre ce délai, il doit être donné un jour par trois myriamètres de distance entre le domicile de l'inculpé et le lieu des séances du conseil (Code d'instruction criminelle, même article).

joindre comme suppléant (loi relative aux justices de paix, du 18 floréal an 10, article 12).

40. L'inculpé comparaît en personne, ou par un fondé de pouvoir. Dans ce dernier cas, la procuration doit être spéciale.

L'inculpé peut être assisté d'un conseil (1).

41. Si l'inculpé ne comparaît pas au jour et à l'heure fixés par la citation, il est jugé par défaut.

La notification de ce jugement est faite et constatée dans les mêmes formes que la citation (voy. plus haut, article 37).

Il peut être formé opposition à ce jugement dans les trois jours de la notification (2).

Cette opposition peut être faite au secrétariat du conseil, ou par déclaration, au bas de la signification du jugement.

L'opposant doit être cité à la plus prochaine séance du conseil.

S'il n'a pas été formé opposition dans le délai ci-dessus, ou si l'opposant, régulièrement cité, ne comparaît pas à la séance indiquée, le jugement par défaut devient définitif (11).

42. Dans les jugemens contradictoires, les débats ont lieu dans l'ordre suivant :

1° Le secrétaire appelle l'affaire ;

2° Il est ensuite donné lecture du procès-verbal, du rapport ou de la plainte, et des pièces à l'appui ;

3° Les témoins, s'il en a été cité par le rapporteur ou l'inculpé, seront entendus;

4° Le prévenu, son conseil et son fondé de pouvoirs, sont entendus ;

5° Le rapporteur résume l'affaire et donne ses conclusions ;

6° L'inculpé ou son fondé de pouvoirs et son conseil peuvent proposer leurs observations ;

7° Le conseil délibère en secret (3) et hors la présence du rapporteur, et le président prononce le jugement.

43. Le texte de la loi dont le conseil fera l'application, devra être lu à l'audience par le président; il sera fait mention de cette lecture dans le jugement, et le texte de la loi y sera inséré (Code d'instruction criminelle, 195.)

Tout jugement de condamnation con-

tiendra aussi, dans son dispositif, les faits dont les gardes nationaux sont jugés coupables, et la peine infligée (Ibid).

Chaque jugement doit contenir les noms et grades de ceux qui ont concouru à le rendre. L'inobservation de cette formalité pourrait offrir un motif de cassation.

Le jugement doit être signé par le président et les juges dans les vingt-quatre heures : le secrétaire ne peut délivrer d'expédition d'un jugement avant qu'il ne soit signé (Code d'instruction criminelle, art. 196.)

44. Si l'inculpé récuse un ou plusieurs juges, il doit le faire immédiatement après l'appel de la cause. Le conseil statue ; si la récusation est admise, le président appelle, dans les formes indiquées ci-dessus, article 38, les juges suppléans nécessaires pour compléter le conseil.

45. Si l'inculpé décline la juridiction du conseil, le conseil statue d'abord sur sa compétence.

S'il se déclare incompétent, il renvoie l'affaire devant qui de droit.

S'il se reconnaît compétent, il établit sa compétence par un jugement qui contient les motifs de sa décision, et passe ensuite au jugement du fond (118).

46. L'instruction de chaque affaire, devant le conseil de discipline, est publique, à peine de nullité.

La police de l'audience appartient au président, qui peut faire expulser ou arrêter quiconque troublerait l'ordre.

L'auteur du trouble doit être jugé, séance tenante, par le conseil, s'il est garde national, et si la faute n'emporte qu'une peine que le conseil puisse prononcer.

Dans tout autre cas, il est dressé procès-verbal du délit ; le prévenu est renvoyé et le procès-verbal transmis au procureur du Roi (117).

Un tambour devra toujours être à la disposition du conseil, pour remplir les fonctions d'appariteur, et exécuter les ordres du président.

Le président pourra demander au commandant de la garde nationale qu'un adjudant sous-officier et un piquet soient mis

---

(1) La faculté laissée à l'inculpé de se faire assister d'un conseil, ne doit point dégénérer en abus, et donner le moyen d'entraver par des chicanes la marche simple des affaires disciplinaires. En étendant la latitude nécessaire à la défense, les conseils jugeront qu'il est à propos de la renfermer dans de justes limites.

(2) Outre ce délai de trois jours, si le condamné

n'habite point au lieu où siège le conseil, il lui est accordé un délai de trois jours par trois myriamètres de distance, conformément au droit commun (Code d'instruction criminelle, article 151.)

(3) Les voix sont recueillies dans l'ordre inverse des grades, et, à grade égal, dans l'ordre inverse des âges.

à la disposition du conseil pendant le temps des séances.

47. Lorsqu'il y a lieu de mettre en jugement le commandant de la garde nationale d'une commune, les rapports, procès-verbaux ou plaintes, devront être adressés au maire, qui en référera au sous-préfet (article 112); celui-ci renverra l'inculpé, selon son grade, soit devant le conseil de légion, soit devant le conseil ordinaire.

Dans ce dernier cas, il procédera à la composition du conseil de discipline, conformément à l'article 100 (voyez article 3, article 112).

48. Les minutes des jugemens doivent être numérotées et classées avec soin. Chaque année doit former une liasse séparée, et composer une série de numéros particulière.

Il doit être tenu exactement, par le secrétaire, un répertoire par ordre de dates et de numéros, de tous les jugemens, avec table alphabétique des gardes nationaux jugés, renvoyant aux numéros des jugemens.

L'observation de ces mesures d'ordre est d'autant plus essentielle que de fréquentes recherches sont nécessaires pour motiver l'application des peines de la récidive, ou le renvoi devant le tribunal correctionnel de tout garde national condamné deux fois disciplinairement, conformément aux articles 89 et 92.

Les rapporteurs devront veiller à ce que les secrétaires se conforment exactement à ces prescriptions.

TITRE V. *Recours contre les jugemens.*

49. Les jugemens de conseils de discipline sont rendus en dernier ressort.

Ils ne peuvent être attaqués que devant la Cour de cassation, pour incompétence, excès de pouvoir, ou contravention à la loi (120).

50. Le pourvoi peut être formé par le rapporteur ou par le condamné.

Le rapporteur se pourvoit d'office, ou d'après les instructions de l'autorité supérieure, dans l'intérêt du service ou de la discipline.

Le condamné a trois jours francs pour se pourvoir. Ce délai court à partir de la *notification* du jugement (article 112). Il est dérogé, en ce dernier point, à l'article 373 du Code d'instruction criminelle, qui fait courir le délai à partir de la *prononciation* du jugement.

Mais cette dérogation n'est introduite par l'article 122 de la loi du 22 mars qu'en faveur du condamné. Le rapporteur n'en

saurait réclamer le privilége, et le délai du pourvoi court pour lui du jour où le jugement a été prononcé, aux termes de l'article 373 du Code d'instruction criminelle précité.

A l'égard des jugemens *par défaut*, il faut remarquer que le recours n'est ouvert, par l'article 120 de la loi, que contre les jugemens *définitifs*. Or, un jugement par défaut n'est *définitif* qu'après l'expiration du délai pendant lequel il peut être formé opposition, c'est-à-dire après les trois jours qui suivent la notification. Ce n'est donc qu'après que trois jours se sont écoulés depuis cette notification, et s'il n'a point été fait opposition, que le pourvoi peut être formé contre un jugement par défaut. La Cour de cassation l'a ainsi jugé le 10 septembre 1831, sur le pourvoi du sieur Pamart-Locquet.

51. La déclaration de recours doit être faite au secrétaire du conseil, faisant les fonctions de greffier, par le condamné, et signé de lui et du secrétaire; et, si le déclarant ne peut ou ne veut signer, le secrétaire en doit faire mention (Code d'instruction criminelle, article 417).

L'inculpé pouvant comparaître devant le conseil par fondé de pouvoir (art. 115), le condamné pourra aussi former son pourvoi par fondé de pouvoir. Dans ce cas, la procuration devra être spéciale, et rester annexée à la déclaration de pourvoi (Code d'instruction criminelle, article 417).

Le secrétaire ne peut, sous aucun prétexte, refuser de recevoir la déclaration de pourvoi.

Le secrétaire doit inscrire cette déclaration sur un registre qu'il tient à cet effet; ce registre est public, et toute personne a le droit de s'en faire délivrer des extraits (Code d'instruction criminelle, art. 417).

Ce registre doit être coté et paraphé, par première et dernière, par le maire de la commune où siége le conseil.

Lorsque le recours est exercé par le rapporteur, il est inscrit sur le registre, ainsi qu'il est dit ci-dessus, et notifié à la partie contre laquelle il est dirigé dans le délai de trois jours (Code d'instruction criminelle, art. 418).

52. Le condamné peut, soit en faisant sa déclaration, soit dans les dix jours suivans, déposer au secrétariat une requête contenant ses moyens de cassation. Le secrétaire doit lui en donner reconnaissance, et remettre sur-le-champ cette requête au rapporteur (Code d'instruction criminelle, art. 422).

Un délai de dix jours, à partir de la déclaration de pourvoi, étant accordé au condamné, comme il est dit au paragraphe précédent, pour déposer ses moyens de cassation, les pièces ne doivent point être transmises à la Cour de cassation avant l'expiration de ce délai.

Le rapporteur du conseil doit, après les dix jours qui suivront la déclaration du pourvoi, adresser au ministre de l'intérieur, par l'intermédiaire des préfets, pour être transmis à M. le ministre de la justice : 1° une expédition de la déclaration de pourvoi, ou extrait du registre des pourvois, ainsi que le reçu de l'amende, ou les pièces en tenant lieu, si le condamné qui se pourvoit les a déposées ; 2' une expédition du jugement ; 3° les pièces du procès ; 4° les requêtes du condamné, s'il en a déposé ; 5° un inventaire des pièces, rédigé et signé par le secrétaire (Code d'instruction criminelle, article 423).

Toutes ces pièces doivent être cotées et paraphées par le secrétaire.

Le rapporteur peut y joindre un mémoire, s'il le juge à propos.

MM. les rapporteurs comprendront combien il importe de ne pas laisser au condamné qui s'est pourvu le soin de transmettre sa déclaration et ses pièces. En effet, le recours étant suspensif, il a intérêt à en retarder le jugement.

Indépendamment des pièces ainsi transmises par le rapporteur, le condamné peut faire parvenir directement à la Cour de cassation, soit ses requêtes, soit les expéditions ou copies signifiées tant du juge-

ment que de la demande en cassation (Code d'instruction criminelle, article 424).

53. L'amende à laquelle les pourvois sont assujettis, aux termes des art. 419 et suivans du Code d'instruction criminelle, est réduit au quart, en faveur des gardes nationaux (article 120).

Ainsi elle sera de 37 francs 75 cent., si le jugement contre lequel le pourvoi est formé est contradictoire; de la moitié de cette somme s'il est par défaut.

On a dispensé de consigner l'amende en joignant à la demande en cassation un extrait du rôle des contributions constatant qu'on paie moins de six francs, ou un certificat du percepteur portant qu'on n'est point imposé.

L'amende peut être consignée au bureau de l'enregistrement établi près la cour de cassation, si le garde national qui se pourvoit veut choisir un défenseur; autrement, il peut faire cette consignation chez le receveur de l'enregistrement du lieu de son domicile, qui ne peut refuser de la recevoir, ainsi que la Cour de cassation l'a décidé par arrêt rendu le 12 août 1831, sur le pourvoi du sieur Matussier de Mercœur.

S'il n'est point justifié du dépôt de l'amende, la déchéance est encourue, aux termes de la loi.

54. Quand il s'agit d'un jugement prononçant l'emprisonnement, le pourvoi est suspensif, et le condamné est dispensé de se mettre en état, c'est-à-dire de se constituer prisonnier (art. 120) (1).

---

(1) Le pourvoi n'est suspensif qu'à l'égard des jugemens prononçant l'emprisonnement (Art. 120, § 2 de la loi).

A ce titre V qu'on vient de lire, il faut joindre la circulaire du 12 septembre 1831, dont il contient plusieurs dispositions.

Monsieur le préfet, je suis informé que la manière irrégulière dont les pourvois contre les décisions des conseils de discipline sont reçus et transmis à la Cour de cassation, apporte de longs retards au jugement de ces pourvois.

Comme il importe au bien du service qu'il soit prononcé sur les pourvois avec une extrême célérité, il est urgent de tracer, dès à présent, à MM. les rapporteurs et secrétaires des conseils de discipline, les règles qu'ils ont à suivre pour l'exécution des art. 120 et 122 de la loi du 22 mars, sans attendre le prochain envoi de la seconde partie de l'instruction relative aux conseils de discipline, où ces indications vont trouver leur place.

Ces règles se déduisent facilement des dispositions de la loi du 22 mars, combinées avec celles du Code d'instruction criminelle qui forment le droit commun, et auxquelles il faut recourir toutes les fois qu'il n'y a point été spécialement dérogé.

Les rapporteurs des conseils et les condamnés peuvent se pourvoir en cassation contre les juge-

mens disciplinaires. (Article 120 de la loi du 22 mars 1834.)

Le condamné a trois jours francs pour se pourvoir. Ce délai court à partir de la *notification* du jugement (article 122). Il est dérogé, en ce dernier point, à l'article 373 du Code d'instruction criminelle, qui fait courir le délai à partir de la *prononciation* du jugement.

Mais cette dérogation n'est introduite par l'article 122 de la loi du 22 mars, qu'en faveur du condamné. Le rapporteur n'en saurait réclamer le privilége, et le délai du pourvoi court, pour lui, du jour où le jugement a été prononcé, aux termes de l'article 373 du Code d'instruction criminelle précité.

La déclaration du recours doit être faite au secrétaire du conseil, faisant les fonctions de greffier par le condamné, et signée de lui et du secrétaire et si le déclarant ne sait ou ne veut signer, le secrétaire en doit faire mention. (Code d'instruction criminelle, art. 417.)

L'inculpé pouvant comparaître devant le conseil par fondé de pouvoir (article 115 de la loi du 22 mars), le condamné pourra aussi former son pourvoi par fondé de pouvoir ; mais, dans ce cas, la procuration doit être spéciale, et reste annexée à la déclaration de pourvoi. (Code d'instruction criminelle, article 417.)

TITRE VI. *Exécution des jugemens.*

55. Tout jugement définitif des conseils de discipline, soit contradictoire, soit qu'ayant été rendu par défaut, il ne soit plus susceptible d'opposition, doit être notifié au garde national condamné dans la forme et par les agens indiqués pour les citations (n° 37).

Il faut remarquer que les jugemens qui prononcent la réprimande, bien qu'ils s'exécutent par le prononcé même, et séance tenante, n'en doivent pas moins être notifiés avec exactitude. Comme ils doivent être pris en considération pour motiver l'application de peines de la récidive, la notification est importante pour faire courir le délai du pourvoi en cassation (*voy.* ci-dessus, art. 50).

56. En général, et à moins d'urgence, il doit être laissé au garde national condamné à l'emprisonnement un certain délai, à partir de la notification, pour satisfaire lui-même à la condamnation. Si le condamné ne se constitue pas prisonnier, il y aura lieu de recourir aux moyens de contrainte pour assurer l'exécution.

Les rapporteurs des conseils de discipline, remplissant les fonctions du ministère public, auraient qualité, aux termes de la loi du 26 août 1791, sur l'organisation judiciaire, et du Code d'instruction criminelle, pour requérir directement la force publique, afin d'assurer l'exécution des jugemens disciplinaires. Toutefois, il convient qu'ils ne soient point mis en contact immédiat avec les justiciables pour l'exécution, par voies de rigueur, des condamnations prononcées.

L'exposé des motifs du projet de loi indique, d'ailleurs, que le soin d'assurer force et obéissance aux décisions des conseils doit être confié, comme par le passé, aux autorités municipales et administratives.

Les rapporteurs se borneront donc à s'assurer si les condamnés se sont ou non présentés pour subir leur peine. Les chefs de corps devront prendre des mesures convenables pour qu'un adjudant aille relever les écroux à la maison d'arrêt ou prison, et transmettre au rapporteur les renseignemens nécessaires.

Si le condamné ne s'est pas constitué prisonnier, s'il n'a été formé de pourvoi ni par lui, ni par le rapporteur, ce dernier fera délivrer une expédition du jugement, dans la forme exécutoire, et signée du président et du secrétaire du conseil.

La formule exécutoire est la même que celle des jugemens de simple police (119).

Cette expédition est transmise par le

Le secrétaire ne peut, sous aucun prétexte, refuser de recevoir la déclaration de pourvoi.

Le secrétaire doit inscrire cette déclaration sur un registre qu'il tient à cet effet, ce registre est public, et toute personne a le droit de s'en faire délivrer des extraits. (Code d'instruction criminelle, article 417.)

Ce registre doit être côté et paraphé, par première et dernière, par le maire de la commune où siège le conseil.

Lorsque le recours est exercé par le rapporteur, il est inscrit sur le registre, ainsi qu'il est dit ci-dessus, et notifié à la partie contre laquelle il est dirigé, dans le délai de trois jours. (Code d'instruction criminelle, article 418.)

Le condamné peut, soit en faisant sa déclaration, soit dans les dix jours suivans, déposer au secrétariat une requête contenant ses moyens de cassation. Le secrétaire doit lui en donner reconnaissance, et remettre sur-le-champ cette requête au rapporteur. (Code d'instruction criminelle, article 422.)

Un délai de dix jours, à partir de la déclaration de pourvoi, étant accordé au condamné, comme il est dit au paragraphe précédent, pour déposer ses moyens de cassation, les pièces ne doivent point être transmises à la Cour de cassation avant l'expiration de ce délai.

Le rapporteur du conseil doit, après dix jours qui suivront la déclaration de pourvoi, m'adresser, par votre intermédiaire, être transmis à M. le ministre de la justice : 1° une expédition de la déclaration de pourvoi ou extrait du registre des pourvois ; 2° une expédition du jugement ; 3° les pièces du procès ; 4° les requêtes du condamné, s'il en a déposé ; 5° un inventaire des pièces, rédigé et signé par le secrétaire. (Code d'instruction criminelle, art. 423.)

Le rapporteur peut y joindre un mémoire s'il le juge à propos.

MM. les rapporteurs comprendront combien il importe de ne pas laisser au condamné qui s'est pourvu le soin de transmettre sa déclaration et ses pièces. En effet, le recours étant suspensif, il a intérêt à en retarder le jugement, bien plus qu'à l'accélérer.

L'amende à laquelle tout pourvoi est assujetti, aux termes des art. 419 et suivant du Code d'instruction criminelle, combinés avec l'art. 110, § 3, de la loi du 22 mars 1831, peut être consignée au bureau de l'enregistrement établi près de la Cour de cassation, si le garde national qui se pourvoit veut choisir un défenseur ; autrement, il peut faire cette consignation chez le receveur de l'enregistrement du lieu de son domicile, qui ne peut refuser de la recevoir.

Il est de la plus haute importance, pour régulariser et accélérer la marche de la justice, que toutes ces formalités soient exactement remplies. Vous voudrez bien, monsieur le préfet, prendre les mesures nécessaires pour que ces indications soient portées, sans délai, à la connaissance de MM. les rapporteurs et secrétaires des conseils de discipline, et veiller à ce que ces fonctionnaires s'y conforment en tout point.

rapporteur au maire de la commune du domicile du condamné.

Le maire, avant de recourir aux moyens de contrainte, peut employer tous les ménagements qu'il jugera propres à amener le condamné à l'exécution volontaire du jugement.

Si le garde national refuse de se constituer prisonnier, il devra s'imputer les désagréments et les frais que pourra entraîner le mode d'exécution forcée (1).

Le maire remettra le jugement, aux agents de la force publique, et les requerra d'en assurer l'exécution selon les formes ordinaires.

Le maire devra faire connaître au rapporteur l'exécution donnée au jugement.

57. Les conseils de discipline étant assimilés aux tribunaux de simple police par leur procédure, par le caractère des contraventions dont ils connaissent, la nature et la quotité des peines qu'ils prononcent, les amendes disciplinaires se rangent naturellement dans la classe de celles de simple police.

Elles doivent, comme ces dernières, aux termes de l'art. 466 du Code pénal, être appliquées au profit de la commune où la contravention a été commise.

En conséquence, un extrait de tout jugement définitif prononçant une amende devra être transmis par le rapporteur du conseil au receveur de l'enregistrement qui procédera au recouvrement de l'amende, conformément à l'art. 19 de la loi du 19 décembre 1790, et en opérera le versement dans la caisse communale, ainsi qu'il est prescrit par l'ordonnance du 30 décembre 1825.

M. le directeur général de l'enregistrement a adressé des instructions dans ce sens à MM. les receveurs, le 13 juillet dernier.

58. Lorsqu'il s'agira d'un jugement prononçant la réprimande avec mise à l'ordre, le rapporteur en adressera une expédition au chef de corps, afin que celui-ci en ordonne la mise à l'ordre.

59. Tous les actes de poursuites devant les conseils de discipline, tous les jugements, recours et arrêts rendus en vertu de la loi

du 22 mars 1831, sont dispensés du timbre, enregistrés gratis (art. 121).

M. le directeur général de l'enregistrement a transmis, le 16 avril 1831, à MM. les receveurs, des instructions pour l'exécution de cette dernière disposition.

Les jugements doivent être enregistrés dans le délai de vingt jours; les citations, citations à témoins, significations de jugements, dans les quatre jours de leur date (loi du 22 frimaire an 7, art. 20) (2).

Les citations et significations sont enregistrées sur original.

Les jugements sont enregistrés sur minute (loi du 28 avril 1816, art. 58). Mention est faite de l'accomplissement de cette formalité sur les expéditions.

Les secrétaires devront accomplir avec soin ces formalités. Les rapporteurs devront veiller à ce qu'elles soient exactement remplies.

60. Les secrétaires des conseils devront dresser, tous les trois mois, un relevé de tous les jugements rendus par le conseil auquel ils sont attachés, indiquant le nombre et la nature de ces jugements, les peines qu'ils ont prononcées, le grade des gardes nationaux jugés.

Le modèle n. 15, annexé à cette instruction, présente toutes les indications que ces relevés doivent comprendre.

Ces tableaux trimestriels seront adressés à MM. les préfets, pour être transmis au ministre de l'intérieur, avec un compte moral de l'état de la discipline des gardes nationales du département.

Le premier de ces tableaux devra être adressé le 1er janvier prochain.

MM. les rapporteurs veilleront à l'exécution de ces dispositions.

MM. les préfets voudront bien aussi inviter MM. les rapporteurs à leur transmettre, pour être envoyées au ministre de l'intérieur, des expéditions des jugements rendus sur des questions neuves, intéressantes, et de nature à faire connaître et à fixer la jurisprudence des conseils.

Signé CASIMIR PÉRIER.

26 JUILLET = 1er SEPTEMBRE 1831. — Ordonnance du roi qui incorpore les compagnies de fusiliers sédentaires dans les compagnies de vétérans, et

---

(1) Il nous semble résulter de là que si le condamné exécute volontairement le jugement, on ne saurait exiger de lui des frais d'assignation, d'expédition, signification ou tout autre auxquels, d'après le décret du 18 juin 1811, donnent lieu les jugements de simple police parmi lesquels sont rangées les décisions des conseils de discipline. Aucun article de la loi ne paraît l'autoriser. Ainsi, les modèles de jugements envoyés par le ministère

ne portent point que le contrevenant est condamné aux dépens. Assurément, cette mention y figurerait si le condamné devait supporter des frais.

(2) Par analogie du § 3 de l'art. 20 de la loi du 22 frimaire an 8, il y a lieu de penser qu'un délai de cinq jours en sus est accordé, dans les communes qui ne sont pas chefs-lieux de canton, et où, par conséquent, il n'est point établi de bureau d'enregistrement.

règle la composition de ces corps. (IX, Bull. O. XCIX, n. 2773.)

Louis-Philippe, etc.

Art. 1ᵉʳ. Les compagnies de fusiliers sédentaires sont supprimées. Les officiers, sous-officiers et soldats, qui en font partie, seront incorporés dans les compagnies de vétérans créées par l'ordonnance du 26 novembre 1830 lesquelles prendront la dénomination de *fusiliers vétérans*.

2. Les compagnies de sous-officiers sédentaires prendront la dénomination de *sous-officiers vétérans*.

3. La composition des vétérans reste fixée pour les compagnies de sous-officiers et de fusiliers comme elle l'a été par l'ordonnance du 26 novembre 1830, sauf la suppression d'un des deux emplois de sous-lieutenants. Cette réduction n'aura lieu, toutefois, qu'à mesure qu'il surviendra des extinctions dans les compagnies qui ont déjà deux sous-lieutenants.

4. Les conditions d'admission, en ce qui concerne les anciens sous-officiers et soldats, restent les mêmes que celles qui sont déterminées par l'ordonnance du 26 novembre 1830, précitée, à l'exception seulement que la limite de l'âge est fixée à cinquante-cinq ans. Cependant les hommes sous les drapeaux qui seront reconnus incapables de servir activement, pourront, sur la proposition des inspecteurs généraux, être admis dans les compagnies de sous-officiers et de fusiliers vétérans. Dans tous les cas, nul ne pourra à l'avenir faire partie d'une compagnie de vétérans sans être légalement lié au service, soit comme engagé ou rengagé, soit comme appelé.

5. Les officiers, sous-officiers et soldats, ne pourront être admis dans les compagnies de sous-officiers ou de fusiliers vétérans avec un grade supérieur à celui qu'ils occupaient dans l'armée active; ils ne pourront également y obtenir de l'avancement ni rentrer dans des régiments de la ligne.

6. Les emplois de capitaine, de lieutenant et de sous-lieutenant, dans les compagnies de sous-officiers vétérans, ne seront conférés qu'à des officiers pourvus du grade immédiatement supérieur. Ceux de capitaine dans les compagnies de fusiliers ne seront donnés qu'à des capitaines ayant dix ans de service dans ce grade.

7. Les officiers, pour être admis dans les compagnies de vétérans, devront avoir vingt ans de service au moins; les sous-officiers, quatre ans de service en cette qualité, pour occuper des emplois de sous-officiers dans les compagnies de sous-officiers, et deux ans de service comme sous-officiers, pour exercer ce grade dans les compagnies de fusiliers, ou celui de caporal dans les compagnies de sous-officiers; les caporaux, un an de service comme tels, pour être placés en la même qualité dans une compagnie de fusiliers. Il ne pourra être fait d'exception à ces dispositions qu'en faveur des officiers, sous-officiers et caporaux, que des blessures ou infirmités contractées au service ne permettraient pas de maintenir dans les corps actifs de l'armée.

8. Les compagnies de vétérans auront toujours la droite sur les autres troupes dans les formations en bataille.

9. Lorsqu'il y aura au moins quatre compagnies de vétérans réunies dans un même département, elles pourront être formées en bataillon.

10. Les vétérans porteront l'uniforme déterminé par l'ordonnance du 26 novembre 1830. Ils auront, de plus, la contre-épaulette comme l'infanterie, et en outre une ganse au collet.

11. Les compagnies de sous-officiers et de fusiliers vétérans seront traitées, sous le rapport de la solde, conformément au tarif annexé à la présente ordonnance. Néanmoins, les sous-officiers et caporaux des compagnies de fusiliers sédentaires conserveront la paie dont ils jouissaient dans ces compagnies.

12. Les officiers des compagnies de fusiliers sédentaires auxquels ils ne serait pas conféré immédiatement des emplois dans les compagnies de sous-officiers et de fusiliers vétérans, pourront être mis, savoir : les chefs de bataillon, à la suite des compagnies de sous-officiers; les capitaines, lieutenants et sous lieutenants, à la suite des compagnies de fusiliers vétérans, pour être pourvus des premières vacances.

13. Les officiers, sous-officiers et soldats des compagnies de sous officiers et de fusiliers sédentaires qui auront droit à une pension, et qui n'auront pas l'aptitude requise pour être maintenus dans les compagnies de sous officiers et de fusiliers de vétérans, seront proposés pour la retraite. En attendant la liquidation de leur pension, les officiers rentreront dans leurs foyers avec la solde de congé de leur grade, et les sous-officiers et soldats resteront en subsistance dans les compagnies de vétérans.

14. Toutes les dispositions de l'ordonnance du 2 août 1818, concernant les compagnies sédentaires sont abrogées. Sont également abrogées les dispositions des ordonnances des 26 novembre 1830, 31 décembre suivant et 22 janvier 1831 en ce qui est contraire à la présente

15. Notre ministre de la guerre (duc de Dalmatie) est chargé, etc.

(Suit le tarif de la solde des officiers et sous-officiers des compagnies de vétérans.)

27 JUILLET 1831. — Ordonnance qui autorise l'établissement d'un péage pour indemnité de la construction d'un pont sur la Seine à Bercy. (Bull. O. 101, n. 2838.)

28 JUILLET = 25 AOUT 1831. — Ordonnance du roi sur la formation de compagnies hors rang dans les régiments du génie. (IX, Bull. O. XCVI, n. 2742.)

Louis-Philippe, etc., vu l'ordonnance du 7 mai 1831 relative à la formation des compagnies hors rang dans les régiments d'infanterie ; sur le rapport, etc.

Art. 1ᵉʳ. Il sera formé dans chacun des régiments du génie une compagnie hors rang.

2. Cette compagnie sera composée ainsi qu'il suit :

Officiers : l'officier d'habillement (commandant), 1 ;

Petit état-major du régiment compris dans la compagnie hors rang pour l'administration seulement : adjudants sous-officiers, 2 ; tambour-major 1 ; caporal-tambour, 1 ; musiciens, dont un chef et un caporal, 27. Total, 31.

Sergent-major : le moniteur général de l'école régimentaire, 1.

Sergents : le vaguemestre (ayant rang de sergent-major), le premier secrétaire du trésorier, le garde-magasin de l'habillement, le maître d'escrime, le maître armurier, le maître tailleur, le maître cordonnier, 7.

Fourrier : nouvel emploi, 1.

Caporaux : le second secrétaire du trésorier, le garde-magasin de l'armement, le premier ouvrier armurier, les deux premiers ouvriers tailleurs, les deux premiers ouvriers cordonniers, le caporal chargé des détails de l'infirmerie, 8.

Soldats : ouvriers armuriers, 2 ; ouvriers tailleurs, 24 ; ouvriers cordonniers, 20 ; le secrétaire du colonel, celui du major, celui de l'officier d'habillement, et le troisième secrétaire du trésorier ; total de la compagnie, 67 ; petit état-major, 31. Total général, 98.

3. Lorsque plusieurs compagnies d'un même régiment du génie devront marcher ensemble, et sous le même commandement, il pourra être détaché près d'elles une fraction de la compagnie hors rang.

4. Les dispositions de l'art. 2, sauf ce qui se rapporte à la composition de la compagnie hors rang, et celles des art. 6, 7 et 9 de l'ordonnance du 7 mai 1831, sont applicables aux régiments du génie.

5. Il n'est d'ailleurs apporté aucun changement à l'organisation des compagnies de dépôt dans ces régiments, telle qu'elle a été réglée par l'ordonnance du 13 décembre 1829 et maintenue par celle du 14 novembre 1830.

6. Notre ministre de la guerre (duc de Dalmatie) est chargé, etc.

28 JUILLET = 31 AOUT 1831. — Ordonnance du roi sur le régime de l'école militaire de Saint-Cyr. (IX, Bull. O. XCVIII. n. 2760.)

Louis-Philippe, etc., vu les ordonnances des 31 décembre 1817 et 10 juin 1818 ; vu notre ordonnance du 12 avril 1831 ; sur le rapport, etc.

Art. 1ᵉʳ. Le colonel commandant en second de l'école spéciale militaire de Saint-Cyr sera chargé, à l'avenir, sous les ordres du général commandant, de la direction des études.

2. L'emploi spécial de directeur des études créé par l'ordonnance du 10 juin 1818, est supprimé.

3. Le commandant en second continuera de jouir, à l'école, d'un traitement extraordinaire payé sur les fonds de la solde.

4. Il continuera d'être secondé, dans la direction des études, par un sous-directeur du grade de chef de bataillon ou de capitaine.

5. Les examens, tant pour l'admission à l'école militaire que pour le classement des élèves à la sortie, et les inspections de semestre et de fin de l'année, auront lieu de la manière suivante.

6. Il y aura, comme par le passé, quatre examinateurs d'admission.

7. Après les tournées d'examen, il sera formé un jury d'admission composé de trois officiers généraux ou supérieurs de différentes armes annuellement désignés par le ministre, de quatre examinateurs, du commandant de l'école, du directeur des études, et d'un président choisi en dehors des fonctionnaires de l'école et des membres composant le jury.

8. Le jury dressera la liste, par ordre de mérite, de tous les candidats jugés admissibles. Il la présentera au ministre de la guerre, qui fera expédier les lettres d'admission suivant l'ordre de cette liste, en raison du nombre de places à remplir.

9. Le jury d'examen pour le classement des élèves à la sortie sera composé d'un lieutenant-général, président ; de trois officiers généraux ou supérieurs nommés comme ci-dessus, et du commandant de l'école.

10. Les membres du jury pourront se faire assister dans les examens par les divers professeurs de l'école. Les procès-verbaux de classement des élèves par ordre de mérite, arrêtée par le jury, seront adressés par son président au ministre de la guerre, qui nous proposera la nomination des élèves de la première division dans les corps de l'armée auxquels ils sont destinés.

11. L'inspection d'études, au milieu et à la fin de l'année, sera faite par trois officiers généraux ou supérieurs désignés par le ministre. Ils examineront et feront examiner en leur présence les élèves présentés par le commandant et le directeur des études. Ils rendront compte au ministre de l'état de l'enseignement, donneront leur opinion sur le zèle et la capacité des professeurs, présenteront leurs vues sur la distribution des cours, l'emploi du temps et le choix des méthodes, et proposeront les améliorations qui leur paraîtront convenables dans l'intérêt des études et de leur application au service militaire.

12. Les officiers généraux et supérieurs qui auront fait l'inspection de la fin de l'année, se réuniront en commission avec l'inspecteur général d'infanterie et l'intendant militaire de la première division, pour prendre connaissance et rendre compte de tout ce qui concerne la tenue, la discipline, l'administration et le personnel des officiers employés à l'école spéciale militaire. Cette commission s'assurera que l'instruction, les exercices et manœuvres sont en rapport avec les ordonnances et règlements.

13. Les places d'inspecteurs des études des écoles militaires créées par l'ordonnance du 10 juin 1818 sont supprimées.

14. Le ministre de la guerre (duc de Dalmatie) est chargé, etc.

30 JUILLET = 11 AOUT 1831. — Ordonnance du roi qui nomme deux maréchaux de France. (IX, Bull. O. XCII, n. 2692.)

Louis-Philippe, etc., voulant récompenser d'une manière éclatante les éminents services de MM. les lieutenants-généraux comte Clausel et comte de Lobau, et dérogeant pour cette fois, sans tirer à conséquence pour l'avenir, aux ordonnances des 2 août 1818 et 24 mai 1829 ; sur le rapport de notre ministre de la guerre, etc.

Art. 1ᵉʳ. Sont élevés à la dignité de maréchal de France MM. les lieutenants généraux comte Clauzel (Bertrand), comte de Lobau (George).

2. Notre ministre de la guerre (duc de Dalmatie) est chargé, etc.

30 JUILLET 1831. — Lettres de naturalité accordées au sieur Beraldi. (Bull. O., 2ᵉ sect., n. 343.)

30 JUILLET 1831. — Ordonnance qui accorde des lettres de naturalité au sieur de Morel. (Bull. O. 106, n. 2984.)

30 JUILLET 1831. — Ordonnance qui admet à établir leur domicile en France les sieurs Asper, Charlier (Denis), Charlier (Henri), Cheney, Courvoisier, Hohler, Hager, Kœller, Leppert, Masson, Neyens, Schaeblé, Udry, Wenger. (Bull. O. 99, n. 2698.)

31 JUILLET = 31 AOUT 1831. — Ordonnance du roi portant création de sapeurs porte-haches et de musiciens près des légions et bataillons de la garde nationale. (IX, Bull. O. XCVIII, n. 2762.)

Louis-Philippe, etc., considérant que la loi du 22 mars 1831 ne contient aucune disposition qui permette ou défende l'organisation des sapeurs porte-haches et de musiciens près des légions et bataillons de garde nationale ; mais que la faculté qui nous est donnée par cette loi, art. 123, nous fournit les moyens de suppléer à son silence, en attendant qu'il y ait été pourvu par une autre disposition législative, etc.

Art. 1ᵉʳ. Les organisations de sapeurs porte-haches et de musiciens près des légions et bataillons de garde nationale, dont le maintien a été ou sera demandé par les préfets des départements, seront conservées jusqu'au 1ᵉʳ janvier 1832.

2. Des règlements arrêtés conformément aux dispositions de la loi du 22 mars 1821 (1) détermineront le service des sapeurs porte-haches et musiciens, ainsi que de leurs officiers, sous-officiers et caporaux. Les uns et les autres, lorsqu'il y aura lieu de les traduire devant un conseil de discipline, seront justiciables de celui du bataillon dans la circonscription duquel ils auront leur domicile.

3. Notre ministre de l'intérieur (M. Casimir Périer) est chargé, etc.

31 JUILLET 1831. — Ordonnance qui accorde une pension à un ancien chef de bureau à la commission chargée de l'exécution des conventions du 25 avril 1818. (Bull. O. 105 bis, n. 5.)

31 JUILLET 1831. — Ordonnance qui fixe la solde de retraite de trente officiers réformés de 1814 à 1817. (Bull. O. 105 bis, n. 4.)

31 JUILLET 1831. — Tableau du prix des grains pour servir de régulateur aux droits d'importation et d'exportation. (Bull. O. 90, n. 2614.)

1ᵉʳ AOUT 1831 = 1ᵉʳ JUILLET 1832. — Ordonnance du roi relative aux troupes chargées spécialement du service de l'artillerie sur les côtes du territoire d'Alger. (IX, Bull. O. CLXVII, 1ᵉ sect., n. 4255.)

(1) Lisez 1831.

Louis-Philippe , etc.

TITRE Ier. *Organisation des troupes char-gées spécialement du service de l'artillerie sur les côtes du territoire d'Alger.*

Art. 1er. La garde et le service des batteries existantes, ou qui seront établies pour la défense des côtes du territoire d'Alger seront confiés à quatre compagnies de canonniers gardes-côtes.

2. Les dépôts de ces compagnies seront établis dans les lieux suivants; savoir : 1re compagnie à Alger; 2e compagnie à Alger; 3e compagnie à Oran; 4e compagnie à Bonne.

3. L'organisation de ces compagnies sera faite par le général en chef du corps d'occupation d'Alger, et le détail en sera confié au commandant de l'artillerie dudit corps.

4. Chaque compagnie sera composée ainsi qu'il suit : capitaine en premier , commandant , 1; capitaine en second , 1; lieutenant en premier , 1; lieutenant en second, 1 : total, 4 officiers. Sergent-major, 1; sergents , 8; fourrier , 1; caporaux , 16; canonniers, 122; tambours (dont un tailleur et un cordonnier) , 2; total , 150 sous-officiers et canonniers.

5. Ces compagnies seront formées, autant que possible , de militaires servant actuellement dans le corps de l'armée, et , de préférence , dans l'artillerie de terre ou de mer , ou le train des parcs, qui auront demandé à aller en Afrique, ou qui font partie des corps qui s'y trouvent actuellement employés. Pourront en outre y être admis : 1° les anciens militaires de toutes armes , âgés de moins de cinquante ans , qui auront demandé à reprendre du service ; 2° les individus nés ou naturalisés Français , n'ayant point encore servi, qui voudront s'engager pour ces compagnies, qu'ils aient satisfait ou non à la loi du recrutement, et qui auront moins de quarante ans; 3° les habitants du pays d'Alger, quelle que soit leur origine, qui paraîtront présenter les garanties suffisantes : toutefois, la proportion de ces derniers ne pourra excéder le tiers de l'effectif. Ne seront admis dans ces compagnies que des individus ayant au moins la taille d'un mètre six cent cinquante-trois millimètres (cinq pieds un pouce), suffisamment robustes pour pouvoir exécuter les travaux auxquels ils sont destinés, et n'ayant aucune infirmité qui puisse nuire à leur service. Les militaires en activité de service qui entreront dans les compagnies de canonniers gardes-côtes d'Alger, devront contracter un rengagement de deux ans au-delà du temps qu'il leur reste à faire pour obtenir leur libération , si ce temps n'excède pas quatre ans. Ce

rengagement devra être de quatre ans, s'ils n'ont pas plus d'un an à servir. Les enrôlés volontaires devront contracter un engagement de la durée fixée par la loi du recrutement. Il sera accordé pour ces rengagements les mêmes avantages que pour les autres corps de l'armée, et ils pourront être renouvelés pour le même temps et de la même manière.

6. Les sous-officiers et caporaux seront pris, pour la première formation, parmi les anciens sous-officiers et caporaux de toutes armes, âgés de moins de cinquante ans et en état de servir, qui auront demandé à reprendre du service, mais de préférence parmi ceux sortant de l'artillerie de terre ou de mer, ou du train d'artillerie, ou des anciennes compagnies des gardes-côtes, ou ils seront tirés avec ou sans avancement des divers corps de l'armée, et, autant que possible , de l'artillerie ou du train des parcs. L'avancement ultérieur aura lieu par compagnie pour le grade de caporal , ou il roulera sur toutes les compagnies de canonniers gardes-côtes du pays d'Alger pour les sous-officiers. Toutefois, le quart des vacances des emplois de sous-officiers pourra être accordé à des sous-officiers de l'artillerie ou du train en activité de service ou retirés. On suivra pour cet avancement les mêmes lois que pour les troupes de l'artillerie, et les sujets proposés devront remplir les mêmes conditions. Des listes d'avancement devront être dressées par les commandants des compagnies et soumises au visa de l'adjudant de côte ; mais elles ne seront arrêtées que lorsque le commandant de l'artillerie du corps d'occupation aura examiné ou fait examiner les sujets.

7. Les officiers de canonniers gardes-côtes du territoire d'Alger seront nommés par nous, sur la présentation de notre ministre secrétaire d'Etat de la guerre. Ils seront choisis , à la première formation, parmi les officiers ayant servi dans l'artillerie de terre ou dans le train de cette arme, ou dans les anciennes compagnies de canonniers gardes-côtes , en activité , retraite , réforme avec ou sans traitement, ou démissionnaires. Ces officiers prendront rang entre eux dans chaque grade , suivant la durée de service qu'ils ont dans ce grade : le temps passé en retraite , réforme ou démission , ne sera pas compté dans cette évaluation. En cas de réunion de plusieurs compagnies, le service des officiers sera commandé en conséquence de ce rang d'ancienneté. Les emplois d'officiers qui viendront à vaquer à la suite seront donnés , moitié à l'avancement sur les quatre compagnies, moitié aux anciens officiers d'artillerie ou du train, en retraite ou réforme, ou à ceux en activité de service.

On suivra, pour les emplois réservés à l'avancement, les régles prescrites par la loi du recrutement.

8. Le service dans les compagnies de canonniers gardes-côtes du territoire d'Alger sera compté comme celui fait dans les autres corps de l'armée. Il en sera tenu compte aux officiers, sous-officiers et canonniers, dans les mêmes circonstances qu'aux autres militaires de l'armée. Ces compagnies jouiront, en outre, de tous les avantages accordés aux autres corps faisant partie de l'occupation d'Alger.

9. Le mode d'administration et celui de la comptabilité, la solde, les masses et l'uniforme pour tous les grades, seront les mêmes pour les compagnies gardes-côtes du territoire d'Alger que pour les compagnies de canonniers sédentaires.

10. L'armement des officiers sera le même que pour les compagnies de canonniers sédentaires. Les sous-officiers, caporaux et canonniers seront armés du fusil de voltigeur garni de sa baïonnette, et du sabre d'artillerie; la giberne sera celle de l'infanterie.

11. Les sous-officiers, caporaux et canonniers qui auront droit à un, deux ou trois chevrons, en porteront les marques distinctives, et recevront une haute-paie journalière égale à celle qui est accordée dans le même cas aux militaires des corps de la ligne. Les compagnies de gardes-côtes du territoire d'Alger auront droit aux mêmes distributions en nature que les autres troupes faisant partie du corps d'occupation.

12. Les places ou forts où seront logées les compagnies ou portions de compagnie de gardes-côtes du territoire d'Alger seront déterminés par le général en chef du corps d'occupation, et le plus à proximité possible des forts et batteries qu'ils seront chargés de défendre, de manière à ce que les détachements qu'ils y fourniront puissent être facilement relevés ou renforcés.

13. Un adjudant de côte, du grade de chef d'escadron, pris parmi les anciens officiers d'artillerie de ce grade en retraite, réforme, démission, ou parmi ceux en activité de service, ou parmi les capitaines en premier des compagnies de canonniers gardes-côtes, sera spécialement chargé, sous les ordres du commandant de l'artillerie du corps d'occupation, de la surveillance du service et du maintien de la discipline dans ces compagnies. Il sera tenu de faire fréquemment des tournées pour inspecter les divers détachements et les batteries. Il jouira des appointements du grade de chef d'escadron d'artillerie de l'état-major, de deux rations de fourrage, et de l'indemnité de logement, s'il n'est pas logé aux frais du gouvernement, et il aura droit à tous les autres avantages accordés aux officiers de son grade faisant partie du corps d'occupation.

14. Il sera affecté à chaque arrondissement de batterie de côtes du territoire d'Alger déterminé par notre ministre secrétaire d'Etat de la guerre, un gardien qui jouira d'un logement dans le fort principal de cet arrondissement, et recevra des ordres immédiats du commandant de l'artillerie du corps d'occupation, ou de l'officier commandant l'artillerie dans l'arrondissement.

15. Chaque gardien de batterie sera nommé par notre ministre secrétaire d'Etat de la guerre. Il sera choisi parmi les anciens gardiens de batterie, ou les sous-officiers d'artillerie en activité de service, libérés ou retirés. Ils devront être suffisamment instruits dans les manœuvres et la connaissance du matériel de l'artillerie, savoir lire et écrire, les quatre premières règles de l'arithmétique, et être en état de tenir une comptabilité. Ils auront rang de sergent-major. Le traitement de ces gardiens sera de six cents francs par an, y compris la solde de retraite pour ceux qui seront dans cette position. Ils n'auront droit à aucune autre fourniture qu'à celles accordées aux gardes d'artillerie employés aux corps d'occupation. Le temps de service pour ceux de ces gardiens qui ne jouiront pas d'une pension de retraite leur sera compté comme aux autres militaires faisant partie du corps d'occupation.

TITRE II. *Ordre de répartition du service des compagnies de canonniers gardes-côtes d'Alger.*

16. Les compagnies de canonniers gardes-côtes du territoire d'Alger seront sous les ordres immédiats du commandant de l'artillerie du corps d'occupation et des officiers commandant l'artillerie dans les places et dans les forts, quel que soit leur grade, pour tout ce qui concerne l'instruction et le service de cette arme dans les batteries. Les compagnies et détachements de canonniers gardes-côtes seront également, dans toutes les autres circonstances du service, aux ordres des officiers commandant l'artillerie sur les points où ces compagnies ou détachements seront employés.

17. Le commandant d'artillerie du corps d'occupation répartira le service des batteries des côtes établies sur tout le littoral du territoire d'Alger entre les quatre compagnies; il réglera le service de ces compagnies, et la force des détachements qui devront être constamment maintenus aux batteries. Ces détachements ne pourront être moindres du nombre d'hommes nécessaires pour le service de la moitié des bou

ches à feu en batterie. Ils devront être relevés tous les mois, lorsque la difficulté des communications, ou des circonstances extraordinaires, ne s'y opposeront pas. Le commandant de l'artillerie du corps d'occupation soumettra son travail, à cet égard, à l'approbation du général en chef.

18. Les détails d'instruction, de police et de discipline intérieure dans chaque compagnie, soit dans la place où sera établi le dépôt, soit dans les batteries, seront immédiatement surveillés par les officiers et sous-officiers de la compagnie. Le capitaine commandant est responsable de la bonne tenue et de la régularité du service de sa compagnie ; il adressera tous les dix jours un rapport au commandant de l'artillerie du corps d'occupation, ou au commandant de l'artillerie de la place où se trouvera le dépôt de sa compagnie.

19. Les canonniers gardes-côtes commandés pour le service des batteries s'y rendront armés, et conduits par leurs officiers ou sous-officiers.

20. En cas d'attaque ou de surprise de la côte, la portion de chaque compagnie qui se trouvera disponible se portera rapidement et en armes aux forts, batteries ou postes dont le service leur aura été affecté, et qui leur seront toujours indiqués à l'avance.

21. Indépendamment des exercices d'instruction qui devront avoir lieu dans les places où seront établis les dépôts comme dans les autres troupes de l'artillerie, les compagnies de canonniers gardes-côtes seront exercées au moins deux fois par an au tir à boulet, bombe et obus. Le commandant de l'artillerie du corps d'occupation indiquera le lieu, l'époque et la durée de ces exercices. Il sera donné des prix aux canonniers qui se seront distingués, conformément à ce qui est pratiqué dans les écoles de l'arme de l'artillerie. Le commandant de l'artillerie du corps d'occupation, ou un officier désigné par lui, devra assister à ces exercices.

22. Lorsque des canonniers gardes-côtes, en état de travailler comme ouvriers, seront momentanément employés dans les batteries à des travaux relatifs à leur profession et nécessaires au service, ils jouiront, en sus de leur solde et pendant le temps de leur travail, de la moitié du prix de la journée affecté dans le pays aux ouvriers de la même profession. Si, dans une place, ils sont employés comme canonniers, ils jouiront de l'indemnité accordée dans le même cas aux canonniers sédentaires.

23. En l'absence des officiers, les canonniers gardes-côtes et leurs sous-officiers seront subordonnés au gardien de batterie,

et ils exécuteront ce qu'il leur ordonnera concernant le service de l'artillerie.

24. En cas de maladie ou d'absence autorisée, le gardien de batterie sera provisoirement remplacé par un des sous-officiers de la compagnie de canonniers gardes-côtes attachés au service des batteries, désigné par le commandant de l'artillerie du corps d'occupation, qui en rendra compte au général en chef.

25. Il y aura dans chaque batterie, à la charge du gardien, une consigne générale, relative à la position, à l'étendue, à l'importance et à la composition de l'armement de la batterie ; cette consigne, faite par le commandant du corps d'occupation, sera soumise par lui au général en chef.

26. Les gardiens seront responsables de la conservation des effets et munitions qui entrent dans la composition de l'armement des batteries, et ils rendront compte de leur service au commandant en chef de l'artillerie du corps d'occupation, ou au commandant d'artillerie de la place la plus voisine, tous les dix jours, et plus souvent, si cela leur est ordonné.

27. Les canonniers gardes-côtes seront tenus à l'entretien de la batterie à laquelle ils seront attachés ; ils feront, en conséquence, sous la surveillance du gardien de batterie, les travaux de terrassement et de fascinage nécessaires.

28. Le commandant de l'artillerie du corps d'occupation fera au moins une fois par an, et fera faire tous les trois mois, et plus souvent s'il le juge utile, par l'adjudant de côte, aux autres officiers sous ses ordres, la visite des batteries de côte de tout le littoral d'Alger. L'objet de ces visites sera de s'assurer du bon état des batteries, de constater les réparations nécessaires, de faire exécuter celles qui peuvent l'être sur les lieux, de demander le prompt remplacement des objets hors de service, de vérifier et viser les registres des remises et consommations des gardiens de batteries, et de s'assurer de l'exactitude et du zèle de chacun à faire le service qui lui est confié. Le commandant de l'artillerie du corps d'occupation adressera tous les mois au général en chef, et tous les trois mois à notre ministre secrétaire d'État de la guerre, un rapport sur l'ensemble du service des batteries des côtes du littoral du territoire d'Alger.

29. Il ne sera tiré des batteries aucun coup de canon, d'obusier ni de mortier, soit pour des épreuves ou pour des saluts, sans un ordre par écrit du général en chef ou du commandant supérieur de l'artillerie : cet ordre sera représenté avec l'état des consommations.

30. Une instruction spéciale du ministre de la guerre prescrira les dispositions concernant les détails du service des batteries et de l'instruction des compagnies de gardes-côtes du territoire d'Alger.

31. Nos ministres de la guerre et des finances (duc de Dalmatie et baron Louis) sont chargés, etc.

1er AOUT = 15 OCTOBRE 1831. — Ordonnance du roi qui autorise la société anonyme des eaux thermales de Saint-Honoré (Nièvre). (IX, Bull. O. CX, n. 3139.)

Louis-Philippe, etc., sur le rapport de notre ministre du commerce et des travaux publics ; vu les art. 29 à 37, 40 et 45 du Code de commerce ; notre conseil d'Etat entendu, etc.

Art. 1er. La société anonyme formée à Nevers, département de la Nièvre, sous la dénomination de *compagnie des eaux thermales de Saint-Honoré*, par acte passé le 7 juillet 1830, par-devant Robin et son collègue, notaires en ladite ville, est autorisée. Sont approuvés les statuts contenus audit acte, qui restera annexé à la présente ordonnance.

2. Toutefois, la dissolution de la société sera de droit dans le cas de perte des trois quarts du fonds social.

3. Il ne pourra être introduit de modification dans les statuts approuvés qu'avec notre autorisation.

4. Nous nous réservons de révoquer la présente autorisation dans le cas de violation ou de non exécution des statuts approuvés, sans préjudice des droits des tiers.

5. La société sera tenue de remettre, tous les six mois, un extrait de son état de situation au préfet du département de la Nièvre et au greffe du tribunal de commerce de Nevers ; pareil extrait sera adressé au ministre du commerce et des travaux publics.

6. Notre ministre du commerce et des travaux publics (comte d'Argout) est chargé, etc.   (*Suivent les statuts.*)

1er AOUT 1831. — Ordonnances qui autorisent à construire et conserver divers moulins et usines. (Bull. O. 103, n. 3072, 3073 à 3076.)

1er AOUT 1831. — Ordonnances qui autorisent l'acceptation de dons et legs faits aux hospices et aux pauvres de diverses communes. (Bull. O. 107, n. 3015 à 3041.)

1er AOUT 1831. — Ordonnance qui établit et fixe la tenue de quatre foires dans une commune. (Bull. O. 112, n. 3181.)

---

5 AOUT = 2 SEPTEMBRE 1831. — Ordonnance du roi sur l'administration des corps de l'artillerie. (IX, Bull. O. C, n. 2811.)

Louis-Philippe, etc., voulant assurer par des dispositions légales et régulières le service des diverses parties de l'administration des corps de l'artillerie ; sur le rapport, etc.

Art. 1er. Dans les régiments d'artillerie, le bataillon des pontonniers et les escadrons du train des parcs d'artillerie, les sous-officiers et soldats employés près des officiers chargés des détails de l'administration, ou dans les ateliers de ces corps, ou enfin à des fonctions qui les détournent habituellement du service ordinaire, ne seront plus compris dans l'effectif des batteries ou compagnies de ces corps. Ils seront réunis au petit état-major, sous la dénomination de *peloton hors rang*, lequel sera composé, pour chaque corps, conformément aux tableaux annexés à la présente ordonnance.

2. Le nombre des soldats ouvriers ne sera point invariable ; il pourra, suivant les besoins du service, être augmenté ou diminué par des mutations entre le peloton hors rang et les batteries ou compagnies. Ces mutations seront autorisées par le commandant du corps, sur la proposition du major ou autre officier chargé de l'administration.

3. Le peloton hors rang sera commandé par l'officier d'habillement. Dans les régiments d'artillerie, cet officier aura pour lieutenant l'adjudant chargé des détails de l'armement, du harnachement et du casernement.

4. Le moniteur général de l'école d'enseignement du corps sera maréchal-des-logis chef ou sergent-major du peloton hors rang. Indépendamment des autres sous-officiers titulaires désignés aux tableaux de composition, chaque maître ouvrier, pour son atelier, en exercera les fonctions : ses deux premiers ouvriers dans les régiments d'artillerie, et son premier ouvrier seulement dans le bataillon de pontonniers et les escadrons du train des parcs, rempliront les fonctions de brigadier ou caporal, et auront ce grade dès qu'ils auront accompli le temps de service exigé par l'ordonnance sur l'avancement. Il sera nommé un fourrier pour le service particulier du peloton hors rang.

5. Un des sous-officiers, brigadiers ou caporaux du petit état-major, désigné par le commandant du corps, sera chargé des fonctions de facteur, et recevra à cet effet, et à raison de la responsabilité qui lui sera imposée, une indemnité de trente centimes par jour dans les régiments d'artillerie, et de vingt-cinq centimes dans le bataillon de pontonniers et dans chaque escadron du train des parcs. Moyennant cette allocation,

celui qui remplira les fonctions de facteur ne pourra réclamer aucune rétribution en sus de la taxe pour les lettres qu'il recevra, ni pour les fonds qu'il percevra ou qu'il enverra par la poste.

6. Notre ministre de la guerre (duc de Dalmatie) est chargé, etc.

Composition du peloton hors rang.
(Suivent les tableaux.)

---

5 AOUT = 2 SEPTEMBRE 1831. — Ordonnance du roi sur le nombre de canonniers affecté aux batteries d'artillerie, à cheval et à pied, en temps de guerre. (IX, Bull. O. C, n. 2812.)

Louis-Philippe, etc., vu l'ordonnance d'organisation de l'artillerie, du 5 août 1829, etc.

Art. 1er. Dans les régiments d'artillerie, le nombre des canonniers conducteurs dans chaque batterie à cheval ou à pied, montée sur le pied de guerre, sera porté à quatre-vingt-dix-huit dans les premières, à cent dix dans les autres, lesquels seront classés ainsi qu'il suit, savoir, batteries à cheval: 1re classe, 40; 2e classe, 58: 98 canonniers conducteurs; batteries à pied: 1re classe, 44; 2e classe, 66: 110 canonniers conducteurs.

2. Notre ministre de la guerre (duc de Dalmatie) est chargé, etc.

---

5 AOUT 1831. — Ordonnance relative à la rectification du nom d'un donataire. (Bull. O. 103 bis, n. 2.)

5 AOUT 1831. — Ordonnance qui autorise l'inscription au trésor de 226 pensions. (Bull. O. 103 bis, n. 3.)

5 AOUT 1831. — Ordonnance qui autorise la construction d'usines, et rejette la demande du sieur Berrez. (Bull. O. 107 bis, n. 10.)

5 AOUT 1831. — Ordonnance qui autorise délivrance de bois à diverses communes. (Bull. O. 107 bis, n. 11 à 13.)

---

6 AOUT 1831. — Ordonnance qui accorde une pension à M. Latour-Maubourg. (Bull. O. 103 bis, n. 4.)

6 AOUT 1831. — Ordonnances qui rejettent deux legs faits à une fabrique et une congrégation. (Bull. O. 109, n. 3118 et 3119.)

6 AOUT 1831. — Ordonnance qui autorise la distraction de partie d'un presbytère pour établir les archives de la mairie. (Bull. O. 109, n. 3120.)

6 AOUT 1831. — Ordonnance qui approuve des acquisitions faites par une communauté. (Bull. O. 309, n. 3121.)

6 AOUT 1831. — Ordonnances qui autorisent à établir et conserver divers moulins, fabriques et usines et portent règlement des eaux du moulin des Hourdiaux (Nord). (Bull. O. 108, n. 3078 à 3089.)

6 AOUT 1831. — Ordonnances qui autorisent l'acceptation partielle de legs faits à deux hospices et une fabrique. (Bull. O. 107, n. 3042 à 3044.)

---

10 AOUT 1831. — Avis du conseil d'État sur les questions de savoir dans quelle proportion les communes, dont les gardes nationales ont concouru à la formation d'un bataillon cantonal, doivent être appelées à supporter les dépenses qui résultent de l'organisation de ce bataillon, et si les communes chefs-lieux de canton devront supporter seules les frais de chauffage, occasionnés par les jurys de révision, ou bien si ces dépenses seront supportées par les communes du canton à raison de leurs contributions directes.

Vu la loi du 22 mars 1831 sur la garde nationale;

Vu la note transmise par M. le ministre de l'intérieur au comité, dans laquelle on discute si la répartition des dépenses résultant de l'organisation du bataillon cantonal doit être faite à raison du nombre d'hommes fourni par chaque commune, à ce bataillon, ou si l'on doit prendre les contributions directes pour base de cette répartition;

Considérant que les dépenses ordinaires de la garde nationale, telles qu'elles sont déterminées par la loi, ne sont point individuelles, puisqu'aucune solde ou prestation quelconque n'est attribuée aux gardes nationaux, que ces dépenses sont toutes matérielles, comme achat de drapeaux, tambours, registres, etc.; que les dépenses extraordinaires, telles que l'habillement et la solde des tambours, les appointements des majors, adjudants-majors et adjudants-sous-officiers, lorsque ces fonctions ne pourront pas être exercées gratuitement, sont indépendantes du nombre effectif des gardes nationaux, qui, dans les compagnies, peut varier de 50 à 200 hommes, et, dans les bataillons, de 4 à 8 compagnies, et doivent être à peu près les mêmes, soit que les compagnies et les bataillons atteignent leur *maximum*, soit qu'ils ne dépassent pas leur *minimum*;

Considérant que la garde nationale étant établie pour le maintien de l'ordre public, les communes ont un intérêt d'autant plus grand à son existence, qu'elles possèdent plus de richesses, et que l'indication légale de ces richesses se trouve dans la quotité des quatre contributions directes, qu'une commune riche et peu peuplée, et qui, par conséquent, fournirait un moindre contingent au bataillon cantonal, retire cependant un plus grand avantage du service de la garde nationale, qui protège ses propriétés, qu'une commune pauvre et qui fournit un plus grand nombre de gardes nationaux, et doit par conséquent contribuer pour une plus forte somme que celle-ci aux dépenses totales du bataillon; d'où il résulte que le nombre d'hommes fourni au bataillon cantonal par chaque commune serait une base moins équitable que celle des contributions pour établir la répartition de la dépense entre les diverses communes du canton.

Relativement à la seconde question :

Considérant que parmi les dépenses ordinaires de la garde nationale sont portés les frais de registres, papiers, contrôles, billets de garde, et tous menus frais de bureau qu'exigera le service : d'où il suit que les frais occasionnés par les jurys de révision doivent être classés parmi les frais ordinaires de bureau, et qu'il est juste qu'ils soient acquittés de la même manière que toutes les autres dépenses du bataillon cantonal.

Sont d'avis,

Que, lorsque plusieurs communes concourent à la formation d'un même bataillon, elles doivent pourvoir proportionnellement aux contributions foncière, personnelle, mobilière, et des patentes de chacune d'elles, aux dépenses tant ordinaires qu'extraordinaires du bataillon cantonal, et que la répartition, ainsi que celle des frais de chauffage et de bureau occasionnés par les jurys de révision, doit en être faite, d'après ces bases, par le préfet en conseil de préfecture, après avoir pris l'avis des conseils municipaux, ainsi que le porte la loi.

———

11 AOUT 1831. — Circulaire du ministre de l'intérieur sur l'élection des conseillers municipaux.

Monsieur le préfet, mes circulaires des 10 mai et 19 juillet vous ont tracé quelques règles sur la formation des listes d'électeurs communaux, et sur le partage de ces électeurs en sections, elles se rapportaient à l'exécution des art. 11, 12, 13, 14, 32 à 42, 44 et 45 de la loi du 21 mars. Il me reste à vous entretenir de l'élection des conseillers municipaux, c'est-à-dire de l'exécution des art. 9, 10, 15 à 22, 43, 46 à 52 de la même loi.

Suivant l'article 43, l'assemblée des électeurs est convoquée par le préfet. Vous déterminerez les époques de la première con-

vocation, de manière à ce qu'elle ne soit pas trop éloignée de la clôture des listes, et que le plus grand nombre possible d'électeurs puissent y assister.

Le mois qui s'écoule du 15 août au 15 septembre paraît le moment le plus propice pour ces élections, puisque, du moins dans une grande partie de la France, il sépare les travaux de la moisson de ceux des vendanges.

Il m'a été représenté que, dans un certain nombre de communes, la plupart des habitants s'absentent pendant la belle saison pour l'exercice de leur travail ou de leur industrie, et ne reviennent qu'à l'entrée de l'hiver. Vous ferez bien de retarder l'élection dans ces communes jusqu'au moment où l'on pourra réunir la majorité des électeurs communaux. La loi du 21 mars vous laisse cette faculté, puisque le délai de six mois, fixé par l'art. 55, ne se rapporte qu'à la confection des listes, et non pas à la réunion des électeurs.

Aux termes des art. 44 et 45, les assemblées électorales de certaines communes seront partagées en sections. Vous recevrez, d'ici à l'époque présumée pour les élections, les ordonnances du roi qui auront fixé le nombre et les limites des sections dans les communes ayant plus de 2,500 âmes : et vous devrez, à la même époque, avoir pris les arrêtés qui auront partagé en sections les assemblées électorales des communes de moins de 2,500 âmes, dans lesquelles il sera nécessaire de recourir à ce partage.

Il n'est pas nécessaire que les assemblées communales soient toutes convoquées le même jour. Vous devrez avoir égard, pour la fixation des jours de réunion, aux circonstances particulières qui favoriseront la présence du plus grand nombre possible d'électeurs (1).

Aux termes des art. 44, § 7, et 45, § 2, les sections d'une assemblée communale qui en comprend plusieurs sont présidées, la première par le maire, et les autres successivement par les adjoints dans l'ordre de nomination, et par les conseillers municipaux dans l'ordre du tableau. Il résulte implicitement de cette disposition, ainsi que de son rapprochement avec l'art. 5, qu'en cas d'absence ou d'empêchement du maire, il est remplacé dans la présidence par le plus

———

(1) Il paraîtrait inutile de faire observer qu'un même citoyen peut être électeur dans plusieurs communes, si cette question n'avait pas été adressée par quelques préfets. Il ne peut y avoir aucun doute sur l'affirmative ; elle résulte de la disposition de l'art. 11, qui attache la qualité d'*électeur* à la condition de *plus imposé*, indépendamment du domicile, et du rejet de deux amendements tendant à établir qu'on ne pourrait être électeur que dans une seule commune. Mais cette faculté, pour le même individu, de voter dans plusieurs communes, n'est pas une raison pour que les assemblées communales ne soient pas convoquées le même jour, si l'on juge à propos de réunir à la fois celles de tout le département ou d'un des arrondissements.

ancien adjoint, et ainsi de suite à l'égard des fonctionnaires municipaux qui viennent après lui ; et qu'il en est de même des assemblées communales qui ne forment qu'une seule section. Elles sont présidées par le maire, à son défaut par l'adjoint, au défaut de l'adjoint par le premier conseiller municipal, et ainsi de suite.

Suivant l'art. 5 de la loi du 21 mars, le tableau des conseillers municipaux doit être dressé dans l'ordre des suffrages obtenus. Cette disposition ne pouvant être appliquée aux conseils municipaux actuels, les membres qui les composent doivent être rangés par ordre de nomination. Si un conseil municipal a été renouvelé en entier, la date de la nomination ne doit se compter que du jour du renouvellement.

Vous devrez adresser ces observations à chaque maire, en lui transmettant l'arrêté de convocation des électeurs de sa commune.

Il peut arriver que quelques-uns des fonctionnaires municipaux actuels ne soient pas électeurs communaux ; cela ne doit pas les empêcher d'exercer les fonctions de la présidence ; mais ils ne pourront donner leur suffrage, et prendront part seulement aux décisions du bureau pour la nomination du secrétaire art. 44), et pour juger provisoirement (art. 50) les difficultés qui s'élèveraient sur les opérations de l'assemblée.

Il convient d'appliquer, sauf quelques modifications, aux élections des conseillers municipaux, les formes et les garanties prescrites ou recommandées pour les élections à la Chambre des Députés, et qui sont indiquées dans la dernière *instruction sur la tenue des collèges électoraux.* Mais ces formalités, qui vont être rappelées ci-dessous, n'étant pas prescrites par la loi du 21 mars, l'observation n'en est pas nécessaire à peine de nullité.

Vous devrez prendre tous les moyens pour que la fixation des jours d'élection ait la plus grande publicité possible. Vous ferez afficher dans toutes les communes, et insérer dans le *Memorial administratif* l'arrêté général ou les arrêtés généraux que vous prendrez à cet effet. Les arrêtés qui ne concerneraient qu'une ou plusieurs villes ou communes seraient publiés dans ces localités seulement.

A l'égard des communes où les électeurs forment plusieurs sections, votre arrêté indiquera que les sections voteront successivement, à deux jours de distance l'une de l'autre, et suivant l'ordre des numéros (art. 44, § 5). Cet ordre de numéros aura été déterminé par la voie du sort, dans une séance publique du conseil municipal.

Vos arrêtés devront laisser un intervalle de quelques jours entre leur publication et l'époque de la réunion des électeurs.

Ce sera au maire à désigner le local de la réunion et l'heure à laquelle commencera la séance. Il prendra les moyens les plus propres à ce que chaque électeur soit informé de l'heure de la réunion.

Il sera placé en avant du bureau où doivent siéger le président, scrutateurs et secrétaire, une table entièrement séparée de ce bureau, et sur laquelle les électeurs pourront écrire leur vote.

Le bureau sera disposé de telle sorte que les électeurs puissent circuler alentour pendant le dépouillement du scrutin.

La liste des électeurs devra être affichée dans la salle, et, de plus, déposée sur le bureau, indépendamment de la feuille d'inscription des votants, dont il est fait mention ci-dessous.

Le fonctionnaire municipal qui devra présider l'assemblée prendra place au bureau, et donnera lecture des art. 9, 10, 15, 16, 17, 18, 20, 43 à 52 de la loi du 21 mars. Ensuite il appellera au bureau, pour faire les fonctions de scrutateurs, les deux plus âgés et les deux plus jeunes des électeurs présents, pourvu qu'ils sachent lire et écrire (art. 44, § 7). L'âge des scrutateurs, et, s'il se peut, la date exacte de leur naissance, devront être mentionnés au procès-verbal.

Si, après la désignation des scrutateurs, il se présentait des électeurs plus jeunes ou plus âgés, cette circonstance ne changerait pas la composition du bureau, qui resterait en fonctions jusqu'à la fin des opérations de l'assemblée.

Les présidents et scrutateurs nommeront de suite le secrétaire, qu'ils choisiront parmi les membres de l'assemblée (art. 44, § 7).

La disposition des art. 42 et 44 de la loi du 19 avril, qui ne donne que voix consultative aux secrétaires des collèges électoraux, n'étant point insérée dans la loi du 21 mars, ce secrétaire a le droit de prendre part aux délibérations du bureau. Il en fait partie intégrante ; et, puisqu'aucune exception n'est exprimée formellement à son égard, ses droits sont les mêmes que ceux des autres membres.

Le secrétaire doit aussi ouvrir le procès-verbal.

Le président fera connaître aux électeurs le nombre de conseillers qu'ils doivent élire. Ce nombre sera indiqué dans l'arrêté de convocation.

Le président fera observer aux électeurs que leurs suffrages ne peuvent se porter que sur des citoyens inscrits sur la liste des électeurs de la commune, et âgés de vingt-cinq ans accomplis (art. 17), en ne dépassant pas, toutefois, les limites posées par les art. 15 et 16, qui exigent : 1° que les trois quarts au moins des conseillers soient domiciliés dans la commune ; 2° que les deux tiers au moins soient au nombre des électeurs les plus imposés ou censitaires. Ainsi, on ne peut élire que le quart des conseillers parmi les électeurs non domiciliés, et que le tiers parmi les électeurs adjoints. Si la commune a plus de 500 âmes, le président fera observer que les parents et alliés au degré de père, fils ou frère, ne peuvent être à la fois membres du conseil municipal. Il appellera également l'attention des électeurs sur les incompatibilités prononcées par l'art. 18.

Il sera procédé d'abord à un premier scrutin par bulletins de liste, c'est-à-dire, que chaque votant écrira sur son bulletin autant de noms que l'assemblée doit élire de conseillers.

(Voyez les éclaircissements et les exemples que contient la note A, relativement à la manière d'opérer pour les élections municipales.)

Nul ne peut être admis à voter, s'il n'est inscrit sur la liste des électeurs de la commune ou des électeurs de la section, qui aura été remise au président pour l'inscription des votants. Toutefois, les citoyens qui seraient porteurs d'un jugement du tribunal de première instance, rendu par suite du recours exercé en vertu de l'art. 40 de la loi du 21 mars, et qui aurait ordonné leur inscription, devront être admis à voter.

Le président fait faire un appel des électeurs, qui viennent successivement déposer leurs bulletins dans la boîte destinée à cet usage, et placée en avant du bureau.

La loi du 21 mars n'a pas formellement exprimé que les bulletins doivent être écrits *sur le bureau*, et la teneur du deuxième paragraphe de l'art. 49, qui autorise deux scrutins par jour, et qui estime à trois heures la durée de l'ouverture de chaque scrutin, semble annoncer que l'intention du législateur n'a pas été d'assujettir à cette formalité les élections communales. En effet, il serait impossible que cent cinquante électeurs, et quelquefois plus, pussent successivement écrire chacun jusqu'à six noms dans l'espace de trois heures, et même dans l'espace de cinq à six.

Il est à désirer, cependant, que cette forme soit suivie ; elle deviendrait praticable, si l'on appelait à la fois plusieurs électeurs qui se placeraient tous à la table en avant du bureau (table à laquelle on aurait donné l'étendue nécessaire), et y écriraient en même temps leurs bulletins.

Les bulletins seront pliés par le votant avant d'être déposés dans la boîte du scrutin, et le vote sera constaté par la signature d'un membre du bureau, ou par un paraphe, ou par tout autre signe écrit en regard du nom de chaque votant. Comme il peut y avoir deux tours de scrutin, on ouvrira deux colonnes en blanc sur la liste destinée à constater les noms des votants, ou l'on y laissera assez de place à côté des noms pour y pratiquer deux émargements successifs.

Avant de déposer son vote, chaque électeur qui vote pour la première fois doit prêter (art. 47) le serment prescrit par la loi du 31 août 1830, et conçu en ces termes :

« Je jure fidélité au roi des Français, « obéissance à la Charte constitutionnelle « et aux lois du royaume. »

Après que l'appel aura été terminé, le président doit faire faire un réappel des électeurs qui n'ont pas voté.

Si, après l'appel et le réappel, il y a des électeurs présents dans la salle, et qui n'aient pas voté, leurs votes seront reçus immédiatement.

Si les trois heures que la loi a fixées pour minimum à la durée du scrutin ne sont pas écoulées, le bureau attendra l'expiration des trois heures pour clore le scrutin ; et, dans ce cas, il recevra les bulletins des électeurs qui se présenteraient pour voter.

Après l'appel, le réappel, le vote des électeurs présents, et pourvu que le scrutin soit resté ouvert *trois heures au moins* (article 49), le président déclare que le scrutin est clos : il fait constater le nombre des votants au moyen de la feuille d'inscription, puis il fait procéder au dépouillement du scrutin.

Le président ouvre la boîte, et compte le nombre des bulletins ; ce nombre et celui des votants sont mentionnés au procès-verbal ; s'ils ne sont pas identiques, le bureau décide, selon les circonstances, sur la validité de l'opération. Il est fait mention de la décision au procès-verbal.

Le président ordonne le dépouillement du scrutin.

Un des scrutateurs prend successivement chaque bulletin, le déploie, le remet au président, qui en fait la lecture à haute voix, et le passe à un autre scrutateur.

Le bureau doit rayer de tout bulletin :

1° Les derniers noms inscrits au-delà de ceux qu'il doit contenir ;

2° Les noms qui ne désigneraient pas clairement l'individu auquel ils s'appliquent.

Si un bulletin contenait moins de noms qu'il y a de conseillers à élire, il n'en devrait pas moins être procédé à son dépouillement.

Deux des scrutateurs et le secrétaire tiennent note du dépouillement du scrutin, sous la dictée du président. Si deux des trois relevés sont d'accord, ils obtiennent la préférence sur le troisième. Si tous les trois diffèrent, il faut recommencer le dépouillement.

Ceux des électeurs qui obtiennent la majorité absolue, ou, en d'autres termes, la moitié plus un des suffrages exprimés, sont proclamés conseillers municipaux, à l'exception de ceux qui seraient atteints par les empêchements établis par les art. 15, 16, 17, 18 et 20. Le bureau devrait, dans ce cas, déclarer que la nomination est considérée comme nulle et sans effet. (Voyez les exemples cités dans la note A.)

Il peut arriver que le nombre de candidats qui obtiennent la majorité absolue excède le nombre des conseillers que l'assemblée doit nommer. Dans ce cas, la pluralité des suffrages détermine la préférence, et, en cas d'égalité des suffrages, le candidat le plus âgé est censé avoir obtenu le plus de voix.

Si, après que le résultat du premier scrutin a été proclamé, la journée est assez peu avancée pour qu'il soit possible de procéder à un second scrutin, ainsi que l'art. 49 en laisse la faculté, le président annonce l'ouverture de ce second scrutin ; il doit donner des ordres pour que les électeurs qui ne seraient pas présents soient avertis, par la cloche ou le tambour, de l'ouverture du second scrutin.

S'il ne reste pas le temps nécessaire, cette opération est remise au lendemain.

A l'ouverture du second scrutin, le président fera connaître combien l'assemblée a de conseillers à nommer. Il doit, en même temps, indiquer combien il est encore possible de nommer de conseillers parmi les électeurs non domiciliés ou parmi les électeurs adjoints, sans dépasser les limites établies par les art. 15 et 16.

Il est procédé au second scrutin par un bulletin de liste, comme pour le premier. Les mêmes formes seront observées pour l'appel des électeurs, la confection et le dépôt des bulletins, la clôture et le dépouillement du scrutin ; mais il suffit de la majorité relative à ce second scrutin (art. 49), et les candidats qui ont obtenu le plus de suffrages sont proclamés conseillers municipaux, quand même ils n'auraient pas réuni la moitié plus un des suffrages exprimés.

Si, parmi les électeurs qui ont obtenu la pluralité des suffrages, il s'en trouvait qui ussent en dehors des limites posées par les

art. 17, 18 et 20, le bureau proclamerait ceux qui viendraient après eux, selon l'ordre des suffrages, ainsi qu'il est expliqué dans la note A.

Après que les opérations de l'assemblée unique ou sectionnaire sont terminées, le président fait donner lecture du procès-verbal ; il prévient l'assemblée que, selon l'art. 52, les membres qui croiraient devoir arguer de nullité ses opérations, ont cinq jours après l'élection pour déposer leurs réclamations à la mairie, et que ces cinq jours se comptent à partir de la fin des opérations de l'assemblée.

Le président adresse le procès-verbal au sous-préfet, s'il s'agit d'une assemblée unique, ou au maire de la commune, s'il s'agit d'une section.

Le maire doit avoir soin de faire connaître aux présidents de la seconde section et des sections suivantes, les noms des conseillers déjà nommés, et l'indication du nombre d'électeurs *adjoints* ou *non domiciliés*, compris dans ces nominations, afin que les sections qui n'ont point encore opéré puissent savoir combien il leur est possible de choisir d'électeurs dans ces catégories.

Lorsque les sections ont terminé toutes les opérations, le maire envoie tous les procès-verbaux au sous-préfet, qui les adresse au préfet (art. 51).

Le procès-verbal et les procès-verbaux des élections d'une commune doivent être accompagnés de la liste complète des électeurs de la commune.

La police de chaque assemblée unique ou sectionnaire appartient au président seul (art. 48). Il pourrait, s'il était nécessaire, requérir la force armée, ou s'adresser au maire pour la requérir. La réquisition directe peut émaner du président, s'il est investi comme maire, ou, en l'absence du maire, de l'administration de la commune. Le président d'une assemblée unique ou d'une première section, qui ne fait pas les fonctions de maire, et les présidents des sections autres que la première, doivent s'adresser au maire, s'ils ont besoin de requérir la force armée.

Les électeurs communaux ne peuvent se présenter armés.

Les électeurs étrangers à une section ne peuvent entrer dans cette section.

Doivent toujours être présents, trois membres au moins du bureau (art. 49). Et, en cas d'absence, le président est remplacé par le plus âgé, et le secrétaire par le plus jeune des scrutateurs.

Toutes discussions, toutes délibérations sont interdites aux assemblées d'électeurs communaux (art. 48). Elles ne peuvent s'occuper d'autres objets que des élections qui leur sont attribuées (même article).

Si donc il s'élève des discussions dans le sein d'une assemblée, le président doit rappeler aux électeurs cette disposition de la loi. Si, malgré cette observation, la discussion continuait, et si le président n'avait pas d'autre moyen de la faire cesser, il lèverait la séance et l'ajournerait, soit à une autre heure de la journée, soit au lendemain. Si c'était une assemblée sectionnaire, comme il ne serait pas juste que le trouble qui aurait éclaté dans son sein retardât les opérations des autres sections, la séance serait ajournée après les opérations de la section qui porte le dernier numéro.

Le bureau de chaque assemblée unique ou sectionnaire prononce provisoirement sur les difficultés qui s'élèvent concernant les opérations de l'assemblée (art. 50), sauf appel devant le conseil de préfecture ou recours au tribunal de première instance (art. 52).

Le bureau délibère à part : le président prononce la décision à haute voix.

Le bureau n'a point à s'occuper des réclamations qui ont pour objet le droit de voter, c'est-à-dire qui concernent la capacité électorale des personnes inscrites sur la liste, ou qui prétendraient y avoir été omises indûment. La loi du 21 mars a tracé les formes suivant lesquelles ces questions doivent être jugées : elles le sont définitivement à l'époque où se font les élections ; à l'exception de celles qui seraient encore pendantes devant le tribunal de première instance (art. 42), il n'y a plus à revenir sur les décisions déjà rendues. L'art. 40 porte formellement qu'en cas d'élections, tous les citoyens inscrits sur la liste ont le droit de voter, excepté ceux qui auraient été privés de leurs droits civiques (auxquels il faut ajouter, par une conséquence implicite de l'art. 42, *ceux dont la radiation aurait été prononcée par le tribunal de première instance dans le cas prévu par cet article*).

Les réclamations seront insérées au procès-verbal, ainsi que les décisions du bureau, avec leurs motifs. Les pièces ou bulletins relatifs aux réclamations sont paraphés par les membres du bureau, et annexés au procès-verbal.

A la fin de chaque séance, les bulletins autres que ceux qu'il y aurait lieu d'annexer au procès-verbal, seront brûlés en présence de l'assemblée.

Le bureau doit juger provisoirement (art. 50) les questions concernant la forme des opérations, les titres et conditions d'éligibilité des conseillers élus. Il ne pourra se dispenser de statuer sous prétexte de renvoyer à l'autorité supérieure, dont au surplus les droits restent entiers. Ce refus de statuer arrêterait les opérations.

Les réclamations contre les décisions prises par le bureau, réclamations tendantes à arguer de nullité les opérations, doivent être déposées au procès-verbal (art. 52). Elles peuvent aussi (même article) être déposées dans les cinq jours, à compter de l'élection, au secrétariat de la mairie : le maire en donnera le récépissé et devra les envoyer au préfet.

Ces cinq jours doivent se compter à partir de la clôture des opérations de l'assemblée.

Vous avez aussi le droit, aux termes de l'art. 51, de signaler les nullités que présenteraient les élections des conseillers municipaux. Ce droit seul peut s'exercer dans les quinze jours après la réception du procès-verbal. Il est donc nécessaire que vous fassiez constater, par l'inscription sur le registre de la correspondance ou sur un registre spécial, l'arrivée de chaque procès-verbal.

Il serait inutile que vous prissiez le soin d'accuser réception à chaque maire du procès-verbal ou des procès-verbaux des élections de sa commune, et des réclamations qui en suivraient l'envoi, pour qu'il connût l'époque à partir de laquelle se comptent les délais prescrits par les art. 51 et 52.

Lorsque vous déférez au conseil de préfecture une question de nullité concernant une élection municipale, vous devez avoir soin de notifier ce recours au maire de la commune, pour qu'il soit instruit qu'une réclamation a été formée et qu'il y aura lieu de surseoir à l'installation des conseillers élus.

L'art. 52, § 3, porte que, s'il n'y a pas eu de réclamation, cette installation a lieu *de plein droit*. Mais, comme il pourrait arriver que l'on eût quelquefois négligé d'accuser la réception des procès-verbaux, ou que les accusés de réception ne fussent pas exactement arrivés dans les communes, et que les maires ne connussent pas avec précision le jour de la réception, vous devez prendre soin de faire connaître au maire de chaque commune où il n'aurait pas été formé de réclamation, et où vous auriez reconnu la régularité des opérations électorales, qu'il peut installer les conseillers élus. Cet avis sera donné quand votre examen à cet égard sera terminé, et, au plus tard, à l'expiration du terme de quinze jours qui vous est laissé par l'art. 51.

Les recours contre les élections municipales doivent être jugés dans le délai d'un mois (art. 51 et 52). La loi n'a pas ex primé à partir de quelle époque ce mois est compté. Toutefois, comme les délais indiqués sont distincts les uns des autres, ainsi que le sont ceux que mentionnent les art. 34, 35 et 36, il y a lieu de les calculer de la même manière. Ainsi, le mois assigné pour le jugement doit se compter à partir du recours formé par le préfet (art. 51), ou de la réception soit du procès-verbal, soit de la réclamation qui aurait été formée après sa clôture (art. 52).

Attendu que les opérations d'une section peuvent souvent influer sur celles d'une autre section, et qu'il y aurait de l'inconvénient à scinder les décisions sur les élections des membres d'un même conseil municipal, le délai d'un mois, à l'égard des communes où les électeurs forment plusieurs sections, doit se compter à partir de la réception de tous les procès-verbaux des assemblées sectionnaires ou des réclamations formées les dernières.

L'art. 52, § 3, porte que, si, dans les délais fixés, le conseil de préfecture avait négligé de prononcer, l'installation des conseillers élus aurait lieu de plein droit. La réception dont il a été fait mention ci-dessus, établira ce délai d'un mois et en fera connaître le terme, qui devra toujours être augmenté du temps nécessaire pour la notification.

Vous indiquerez cet accroissement de délai dans l'accusé de réception, en le calculant suivant les distances et la facilité des moyens de communication.

Vous pourriez prendre pour bases le délai d'un jour par trois myriamètres (Code de procédure civile, art. 1033), et la distance des communes au chef-lieu du département selon le tableau dont la formation est prescrite par l'art. 93 du décret du 18 juin 1811.

L'art. 51, § 2, et l'art. 52, § 1er, attribuent au conseil de préfecture le jugement des questions de nullité des élections municipales, questions qui consistent, selon l'art. 51, en ce que « les formes et conditions légalement prescrites n'auraient pas été remplies. » Suivant l'art. 53, § 2, les réclamations fondées sur *l'incapacité légale* d'un ou de plusieurs des membres élus, sont portées devant le tribunal de première instance de l'arrondissement, qui statue comme il est dit à l'art. 42.

L'expression *incapacité légale* laisse quelque ambiguïté sur les attributions respectives des conseils de préfecture et des tribunaux de première instance. On pourrait penser, au premier abord, que toutes les questions *d'éligibilité* ou de *capacité des élus*, sont de la compétence des tribunaux ; en sorte que les conseils de préfecture n'auraient à statuer que sur les *formes* de l'élec-

tion. Mais si l'on observe que l'art. 51 charge les conseils de préfecture de prononcer sur l'observation des *conditions légalement prescrites*, que la commission chargée en 1826 de l'examen du projet de la loi primitif avait ainsi rédigé la disposition de l'art. 50 : « Si « la réclamation est fondée sur l'incapacité « civile ou politique, etc.; » On reconnaîtra que les questions remises au jugement des tribunaux sont de la nature de celles qui leur sont déférées par l'art. 42, savoir : les questions de jouissance des droits civiques ou civils et les questions de domicile. Mais les conditions prescrites par la loi, et qui ne touchent pas à des questions de droit, sont susceptibles d'être appréciées par le conseil de préfecture ; par exemple, l'inscription sur la liste des électeurs et sur telle ou telle partie de cette liste (art. 15 et 16), l'âge de vingt-cinq ans (art. 17), les empêchements pour cause de parenté, d'alliance ou d'emplois incompatibles (art. 18 et 20). Vous devez donc déférer au conseil de préfecture les infractions qui auraient été commises à ces conditions, et que vous auriez remarquées, ou qui auraient été l'objet de réclamations formées par un électeur. Vous renverriez au tribunal civil de l'arrondissement, ou le conseil de préfecture lui renverrait, après un examen préalable, les questions qui paraîtraient judiciaires. Que si le tribunal était saisi directement par les réclamants, ce serait à lui à statuer ou à renvoyer au pouvoir administratif les affaires dont il ne croira pas devoir connaître.

Comme le conseil de préfecture devra s'occuper de statuer sur les incompatibilités établies par l'art. 18, j'ai pensé qu'il pouvait être utile de donner quelques éclaircissements sur les questions qui m'ont déjà été soumises à cet égard. Tel est l'objet de la note C, placée à la suite de la présente circulaire, et que vous pourriez mettre sous les yeux du conseil de préfecture, pour discuter avec lui les questions dont il s'agit. Peut-être penserez-vous qu'il y aurait lieu de faire connaître aux électeurs l'opinion qui serait adoptée par le conseil de préfecture, pour prévenir des choix qui seraient dans le cas d'être annulés.

Les décisions que le conseil de préfecture doit prendre sur les questions dont il s'agit, diffèrent de celles en matière d'inscriptions relatives aux collèges électoraux, en ce que les conseillers ont voix délibérative, et que le préfet n'a que sa voix, qui l'emporte en cas de partage. En effet, les art. 51 et 52 disent que *le conseil..... et* non pas *le préfet en conseil*, doit statuer.

Les arrêtés du conseil de préfecture seront notifiés par vous dans le plus bref délai possible. Si la réclamation est rejetée, il est procédé immédiatement à l'installation des conseillers élus. Si l'arrêté annule toutes les opérations d'une assemblée unique ou sectionnaire, l'assemblée, dont les élections sont cassées, devra être convoquée dans le délai de quinze jours, à partir de cette annulation (art. 52, § 5). Vous devez donc prendre, à cet effet, un arrêté de convocation qui sera transmis au maire avec l'arrêté d'annulation. S'il n'y avait eu d'annulées que les opérations d'une seule section, et si les conseillers élus par les autres sections formaient les trois quarts de la totalité des membres du conseil, vous pourriez faire procéder à l'installation de ceux-ci. Cependant, il n'y a point à cet égard de règle absolue, et quelquefois, pour ne point léser les intérêts d'une partie de la commune, il y aurait lieu de surseoir à l'installation du nouveau conseil municipal. Mais il faudrait avoir soin, dans ce cas, de hâter l'examen des opérations de l'assemblée sectionnaire nouvellement convoquée.

Au reste, les conseils municipaux devant tenir une session au mois de novembre de chaque année (art. 23), l'époque de cette session coïncidera naturellement, en 1831, avec celle de l'installation, dans les communes où les opérations auraient donné lieu à des difficultés qui auraient fait annuler les opérations. Dans les autres communes, l'installation pourrait avoir lieu en septembre ou en octobre. Toutefois, le conseil ne délibérerait avant la session de novembre que s'il était convoqué spécialement en vertu de l'art. 24.

Si l'annulation ne portait que sur l'élection d'un ou de plusieurs des conseillers élus par une assemblée, cette assemblée devrait-elle, dans tous les cas, être convoquée de nouveau, ou le conseil de préfecture pourrait-il rectifier les opérations faites lors de la première convocation?

Il faut à cet égard distinguer entre la décision qui aurait pour effet de *rétablir* un candidat qui aurait obtenu plus de voix qu'un ou plusieurs des candidats proclamés par l'assemblée, et la décision dont l'effet serait d'*annuler* l'élection d'un candidat proclamé, sans lui en substituer un autre qui le précédât dans l'ordre des scrutins.

Le premier cas se présenterait si l'assemblée électorale avait, par une fausse application des empêchements établis par les art. 15, 16, 17, 18 et 20, ou par tout autre motif, refusé mal à propos de proclamer un électeur ayant obtenu la majorité absolue au premier scrutin, ou la majorité relative au second. Alors, le conseil de préfecture, en déclarant qu'il a été régulièrement élu conseiller municipal, prononcerait

l'annulation de l'élection du dernier des conseillers proclamés par l'assemblée unique ou par la section, selon l'ordre des suffrages, et il n'y aurait pas lieu à une nouvelle convocation.

Si, au contraire, le conseil annulait, par un motif quelconque, l'élection de tel candidat proclamé, la place de ce conseiller deviendrait vacante, et il n'y aurait pas lieu d'appeler à le remplacer le candidat qui aurait eu le plus de suffrages après tous ceux qui auraient été proclamés. Ainsi, l'annulation de l'élection d'un conseiller ayant obtenu la majorité absolue au premier scrutin, ou ayant obtenu, par exemple, 45 voix au second scrutin, n'entraînerait pas nécessairement la nomination d'un candidat qui, ayant réuni 27 voix à ce second scrutin, se trouverait le premier dans l'ordre des suffrages après tous les candidats élus par l'assemblée. Bien qu'on pût soutenir que le conseil de préfecture, en agissant ainsi, ne ferait que déclarer le choix qu'aurait proclamé le bureau de l'assemblée, s'il avait justement appliqué les conditions légales, on doit considérer que la substitution d'un candidat de la minorité, faite loin des yeux de l'assemblée, pourrait donner lieu à des soupçons d'arbitraire; et il est préférable d'appeler les électeurs à donner de nouveau leurs suffrages.

Toutefois, il y aurait une exception à cette règle dans le cas (au reste fort rare) dont il est fait mention ci-dessus; savoir, s'il y avait plus de majorités absolues que de nominations à faire, et où, par conséquent, l'opération aurait été terminée au premier scrutin. Si, par exemple, de quinze candidats ayant obtenu cette majorité, douze seulement avaient pu et dû être proclamés conseillers; et si l'élection du dixième était annulée par le conseil de préfecture, le treizième devrait être déclaré conseiller par la même décision, puisqu'il aurait réuni la *majorité absolue* exigée par l'art. 49.

L'annulation de l'élection d'un ou de quelques-uns des conseillers élus par une même assemblée unique ou sectionnaire ne doit pas retarder l'installation du conseil, si les membres dont l'élection est valable forment les trois quarts de la totalité.

Il en serait de même s'il y avait des actions intentées devant le tribunal de l'arrondissement, contre la capacité d'un ou de quelques-uns des conseillers élus par la même assemblée. Jusqu'au jugement du tribunal, les conseillers dont la qualité est contestée ne peuvent siéger au conseil, mais les autres doivent être installés, s'ils forment la majorité des trois quarts.

Lorsque les élections relatives à un conseil municipal auront été reconnues régulières, et qu'il sera possible de procéder à l'installation de ses membres, vous vous occuperez de choisir parmi ceux-ci le maire et l'adjoint ou les adjoints que vous devrez nommer, ou les candidats que vous devrez présenter à la nomination du roi (art. 3 de la loi du 21 mars).

Je vous adresserai bientôt quelques observations sur les conditions exigées pour l'exercice des fonctions de maire et d'adjoint.

Note A. *Observations sur les limites posées par les art. 15, 16, 17 et 20 de la loi du 21 mars, au choix des électeurs, quant à la qualité de non domicilié, d'adjoint, quant à l'âge et au degré de parenté ou d'alliance.*

Les art. 13 et 15 de la loi du 21 mars prescrivent de prendre les *trois quarts au moins* des conseillers parmi les électeurs domiciliés dans la commune, et les *deux tiers au moins* parmi les électeurs *censitaires* ou plus imposés.

Il ne résulte pas de là que le dernier quart des conseillers doive être pris nécessairement parmi les électeurs *censitaires non domiciliés*, et le dernier tiers parmi les *électeurs adjoints*. Plus de trois quarts des conseillers peuvent être choisis parmi les électeurs domiciliés, et plus de deux tiers parmi les électeurs censitaires (1).

On pourrait penser qu'à raison de la nécessité de renfermer les choix dans ces limites, il y aurait lieu d'élire séparément des conseillers appartenant à ces diverses catégories; mais ce procédé, qui serait d'une difficile exécution, à cause de la double composition tant des électeurs domiciliés, les uns *adjoints*, les autres *censitaires*, que des électeurs censitaires, les uns *domiciliés dans la commune*, les autres *n'y ayant pas domicile*, aurait de plus l'inconvénient de multiplier les scrutins et de prolonger les opérations, L'art. 49, d'ailleurs, ne parle que de deux scrutins, l'un à la majorité absolue, l'autre à la majorité simple, et ce serait s'écarter de cette disposition littérale que de faire autant de doubles scrutins qu'il se présenterait de catégories diverses de conseillers à nommer.

Il est donc plus régulier de ne faire que deux scrutins, et d'inscrire sur le bulletin de liste, lors du premier scrutin, autant de noms qu'il y a de conseillers à nommer, soit par l'assemblée unique, soit par la section.

On va donner quelques exemples des circonstances qui peuvent se présenter : on

les prendra dans une commune où il n'y a qu'une seule assemblée, et ils s'appliqueront facilement aux assemblées sectionnaires dans les communes où les électeurs forment plusieurs sections.

Suivant l'art. 20 de la loi du 21 mars, les parents aux degrés de père, fils et frère, et les alliés aux mêmes degrés, ne peuvent, dans les communes de plus de cinq cents âmes, être, en même temps, membres d'un même conseil municipal.

Si donc, dans un premier tour de scrutin, la majorité absolue était acquise à deux ou plusieurs électeurs qui fussent parents ou alliés entre eux aux degrés prohibés, la nomination de celui ou de ceux qui auraient obtenu le moins de voix serait considérée comme nulle.

Si, au second tour du scrutin, la pluralité était obtenue par un ou plusieurs électeurs, parents ou alliés, soit avec des conseillers déjà nommés, soit avec des candidats ayant réuni plus de voix dans le même tour de scrutin, la nomination des nouveaux candidats qui se trouveraient dans ce cas serait également considérée comme nulle, et le nombre de conseillers à nommer serait complété en prenant les candidats qui suivraient selon l'ordre des suffrages.

Suivant l'art. 17, les conseillers municipaux doivent être âgés de *vingt-cinq ans accomplis* (le terme d'accomplissement doit s'entendre du jour de l'élection). Si donc la majorité absolue ou la pluralité était acquise à un électeur ayant moins de vingt-cinq ans, le bureau pourrait déclarer son élection non avenue, et faire procéder à une nouvelle nomination lors du second scrutin, ou proclamer le candidat qui viendrait ensuite selon l'ordre des suffrages.

D'autres empêchements résultent des incompatibilités établies par l'art. 18, entre les fonctions de conseiller municipal et diverses autres fonctions ou emplois; mais comme ces incompatibilités présentent des questions contentieuses, le bureau se trouverait peut-être quelquefois dans l'embarras pour les décider. Dans ce cas, il pourrait s'abstenir de déclarer nulle l'élection douteuse; il proclamerait le candidat désigné par l'ordre des suffrages, et laisserait la décision de la difficulté au conseil de préfecture.

Dans le cas d'une assemblée communale partagée en plusieurs sections, les choix faits par la première ou par les premières sections restreindront d'autant, quant au nombre d'électeurs adjoints ou non domiciliés, les choix que pourraient faire les

_____

(1) Voy. nos explications sur ce point, tome 31.

dernières sections. Dès que la faculté d'élire un quart des conseillers parmi les électeurs non domiciliés, ou un tiers parmi les électeurs adjoints, sera épuisée, les sections qui n'auront pas encore voté seront tenues de choisir parmi les électeurs d'une autre catégorie.

Si le résultat, soit du premier, soit du second scrutin d'une section, dépassait une des deux limites fixées par les art. 15 et 16, il serait procédé de la manière qui a été indiquée ci-dessus dans l'exemple applicable à une assemblée unique.

On en agirait de même, dans le cas où les choix de la section se porteraient sur des candidats atteints par les empêchements et les incompatibilités résultant des art. 17, 18 et 20.

Cette nécessité, pour le bureau de chaque assemblée unique ou sectionnaire, de donner son attention à des conditions diverses et assez compliquées, offre sans doute des inconvénients ; mais elle est la conséquence des dispositions de la loi du 21 mars, et il vaut mieux que les choix qui s'écartent des conditions légales soient évités ou annulés pendant que les électeurs sont réunis, que s'il fallait recourir à des annulations prononcées par le conseil de préfecture, qui exigeraient de nouvelles convocations et pourraient retarder l'installation du conseil municipal.

Quant à l'avantage dont jouissent la première ou les premières sections d'avoir plus de latitude dans leurs choix, cet avantage doit appartenir successivement à toutes les sections, en vertu du changement de numéros prescrit par le § 6 de l'art. 44. Aucune section n'est donc favorisée aux dépens des autres.

Note C. *Observations sur les incompatibilités prononcées par l'art. 18 de la loi du 21 mars.*

Les incompatibilités établies par l'art. 18 de la loi du 21 mars ne présentent pas de questions douteuses à l'égard des préfets, sous-préfets, secrétaires-généraux et conseillers de préfectures. Il n'en est pas de même à l'égard *des ministres de divers cultes en exercice dans la commune, des comptables des deniers communaux, et des agents salariés par la commune.*

Les mots *en exercice* se rapportent *aux ministres des cultes*, et non pas *aux cultes.* C'est ce qui résulte de la discussion qui a eu lieu à la Chambre des Députés (séance du 15 février), et du rapprochement de l'art. 18 avec l'art. 6, qui exclut des fonctions de maire et d'adjoint les ministres des cultes, soit qu'ils soient ou non en exercice. Ainsi, la prohibition des fonctions de conseiller municipal s'applique aux ministres d'un culte qui exercent leur ministère dans l'étendue de la commune (1).

On a demandé si, par l'expression *comptable de deniers communaux,* il faut entendre les receveurs des hospices et bureaux de bienfaisance, et, en général, les comptables qui perçoivent les revenus des établissements à l'existence desquels la commune concourt au moyen de subventions.

D'une part, on observe que ces établissements ont une administration particulière et des revenus distincts et séparés de ceux des communes ; que, si des fonds d'origine communale entrent pour une partie de leurs revenus, ces revenus ne sont pas ceux de la commune.

Mais comme, aux termes de l'ordonnance du 31 octobre 1821 (art. 12), les conseils municipaux sont appelés à délibérer sur le règlement des budgets et des comptes, et sur d'autres affaires d'administration des hospices et établissements charitables soutenus par les fonds communaux, cette considération doit faire assimiler les receveurs de cette classe d'établissements aux comptables de deniers communaux.

Il n'en est pas de même de ceux des hospices et établissements qui subsistent avec leurs revenus propres.

De graves difficultés se présentent au sujet du sens qu'il faut attacher à la qualification d'*agents salariés par la commune* (2) 1° On a demandé si cette désignation comprend les médecins des pauvres, qui touchent un traitement sur le budget, ou s'il faut la restreindre aux individus employés dans les divers services de l'administration communale. A l'appui de cette dernière interprétation, on observe que la loi n'a pas employé l'expression *tout salarié de la commune,* ni celle-ci : *tout citoyen salarié par la commune.* Toutefois, attendu que la limite serait difficile à reconnaître entre ce qui n'est pas service administratif, et que, sauf les individus recevant une pension sur le budget communal (auxquels ne peut convenir l'expression *agent salarié*), tout individu qui reçoit de la commune un *salaire,* le touche comme prix d'un travail qu'il exerce dans l'intérêt de la commune, d'un service qu'il rend à la communauté, il semble plus rationnel de ne point admettre d'exception, et de considérer comme exclus du conseil municipal tout individu qui reçoit un traitement ou salaire sur les fonds de la commune.

On doit, d'ailleurs, avoir égard à ce que les places ainsi salariées, n'étant nombreuses que dans les villes de quelque importance, l'inconvénient d'incompatibilités trop multipliées s'y fait moins sentir que dans les petites communes, qui offrent peu de latitude pour les choix.

2° Doit-on considérer comme salariées par la commune les personnes qui, sans recevoir un traitement sur le budget, sont rétribuées par des établissements communaux, tels que *hospices, colléges*, etc. ?

La discussion qui a eu lieu à la Chambre des Députés (séances des 4 et 15 février), laisse des doutes sur l'intention véritable du *lé*gislateur. La Chambre a rejeté deux amendements tendant à exclure : 1° des *fonctions de maire et d'adjoint, les fonctionnaires salariés et attachés à des établissements auxquels la commune accorde, dans son budget, une subvention* ; 2° *des fonctions de conseiller municipal, les agents salariés par tout établissement placé sous la surveillance municipale.* L'auteur des deux amendements a, en présentant le premier, émis l'opinion que l'incompatibilité prononcée par l'art. 18 (alors art. 22), n'atteignait pas les personnes salariées par ces établissements.

Cette opinion est fortifiée par l'exclusion des places de maire et d'adjoint, établie par l'art. 6, à l'égard des fonctionnaires et employés des colléges communaux et des instituteurs primaires. Comme on a eu soin, pour éviter une répétition inutile, de faire disparaître, dans l'art. 6, les incompatibilités applicables aux conseillers municipaux, puisque la qualité de conseiller municipal est nécessaire, avant toute autre, pour être maire ou adjoint, il paraît en résulter que les fonctionnaires et employés des colléges communaux peuvent être appelés dans les conseils municipaux, quand d'ailleurs ils sont électeurs; et cependant ils sont salariés par un établissement placé sous la surveillance municipale, et souvent même soutenus au moyen des fonds communaux.

D'un autre côté, les motifs qui ont fait établir l'exclusion relative aux agents salariés sur les fonds communaux, s'appliquent avec quelque raison à ceux qui sont salariés par des établissements communaux. Toutefois, d'après les développements qui précédent, et en vertu du principe que les exceptions sont de droit étroit, et que les exclusions ne se présument pas, il semble que la prohibition dont il s'agit n'embrasse que les agents qui reçoivent un traitement ou salaire sur le budget de la commune.

11 AOUT 1831. — Ordonnance sur les vacances de la Cour des comptes. (Bull. O. 97, n. 2759.)

11 AOUT 1831. — Ordonnance qui autorise la construction d'usines. (Bull. O. 107 *bis*, n. 14.)

11 AOUT 1831. — Ordonnance qui accorde une pension à un donataire dépossédé. (Bull. O. 103 *bis*, n. 5.)

11 AOUT 1831. — Ordonnances qui autorisent délivrance de bois et maintiennent sous le régime forestier les bois de diverses communes. (Bull. O. 107 *bis*, n. 15 et 16.)

—————

12 = 29 AOUT 1831. — Ordonnance du roi sur l'avancement dans la gendarmerie. (IX, Bull. O. XCVII, n. 2744.)

Louis-Philippe, etc., vu le titre 6 de la loi du 10 mars 1818, qui détermine le mode d'avancement dans l'armée, et l'ordonnance interprétative du 2 août suivant; vu l'ordonnance du 29 octobre 1820, portant réglement sur le service de la gendarmerie; considérant que, si des motifs d'urgence ont exigé qu'il fût dérogé momentanément à quelques-unes des dispositions desdites ordonnances, il importe de rentrer dès à présent dans l'observation des régles établies, sans toutefois préjudicier aux droits acquis précédemment en vertu de la loi du 10 mars 1808; sur le rapport, etc.

Art. 1er. A compter de ce jour, aucun officier de l'armée ne sera nommé au commandement d'une lieutenance de gendarmerie, si, conformément à l'art. 17 de l'ordonnance du 29 octobre 1820, il n'est âgé de vingt-cinq ans révolus ou de quarante ans au plus, et s'il a moins de deux ans de service dans le grade de lieutenant.

2. Pourront néanmoins être admis aux emplois de trésorier des compagnies de gendarmerie, concurremment avec les maréchaux-des-logis du corps, les lieutenants et les sous-lieutenants de l'armée satisfaisant, sous le rapport de l'âge, aux conditions exprimées en l'art. 1er, quelle que soit leur ancienneté dans l'un ou l'autre desdits grades.

3. Les emplois de capitaine et de chef d'escadron de gendarmerie sont dévolus à l'avancement dans le corps, sauf la moitié réservée aux officiers en non activité par notre ordonnance du 28 août 1830.

4. La moitié des emplois de chef de légion de gendarmerie sera conférée aux colonels de l'armée, à l'exclusion formelle des officiers titulaires du grade de lieutenant-colonel; l'autre moitié continuera d'appartenir à l'avancement des chefs d'escadron de l'arme.

5. Seront pourvus, par exception spéciale : 1° du brevet de colonel, pour prendre rang de ce jour, les chefs de légion de

gendarmerie comptant plus de quatre années d'activité dans le grade de lieutenant-colonel avant leur nomination à l'emploi qu'ils occupent ; 2° du brevet de lieutenant, les sous-lieutenants de gendarmerie qui avaient acquis leur grade dans l'armée, savoir : à compter de ce jour, pour ceux qui se trouvent avoir accompli leur quatrième année d'activité en qualité de sous-lieutenants ; à l'expiration de leur quatrième année d'exercice dans le grade, pour ceux qui n'ont pas encore atteint ce terme.

6. Toutes les dispositions des ordonnances des 2 août 1818 et 29 octobre 1820 auxquelles il n'est pas dérogé par la présente, sont expressément maintenues.

7. Notre ministre de la guerre (duc de Dalmatie) est chargé, etc.

12 AOUT 1831. — Ordonnances qui autorisent l'acceptation de dons et legs faits à deux communes et à la société maternelle de Chartres. (Bull. O. 107, n. 3045 à 3047.)

13 AOUT 1831.— Ordonnances qui convoquent plusieurs colléges électoraux. (Bull. O. 94, n. 2727 et 2728.)

15 AOUT 1831. — Ordonnance qui fixe le nombre des avoués près le tribunal de Moulins. (Bull. O. 99, n. 2775.)

15 AOUT 1831.— Ordonnance qui admet les sieurs Bassi, Kalh, Kesselring, Mappes, Meyer, Postella, Stehli, Zahn à établir leur domicile en France. (Bull. O. 97, n. 2758.)

15 AOUT 1831.— Ordonnance qui admet les sieurs Drexler, Maghe (Martial), Maghe (Célestin), Seyler à établir leur domicile en France. (Bull. O. 98, n. 2768.)

15 AOUT 1831. — Ordonnance qui accorde des lettres de naturalité au sieur Chilino. (Bull. O. 131, n. 3699.)

15 AOUT 1831. — Ordonnances qui classent parmi les routes départementales de la Seine sous le n. 77, le chemin de Noisy-le-Sec à Villemonble, la nouvelle communication à ouvrir entre les routes royales n. 20 et 186 dans la commune d'Antony. (Bull. O. 107 bis, n. 19 et 20.)

15 AOUT 1831. — Ordonnances qui autorisent à établir et conserver divers moulins et usines. (Bull. O. 108, n. 3090 à 3093.)

15 AOUT 1831. — Ordonnances qui établissent et fixent la tenue des foires dans diverses communes. (Bull. O. 112, n. 3082 à 3185.)

16 = 25 AOUT 1831. — Ordonnance du roi portant formation d'intendances et commissions sanitaires contre l'invasion du choléra-morbus. (IX, Bull. O. XCVI, n. 2736.)

Louis-Philippe, etc., vu l'art. 1er de la loi du 3 mars 1822, portant : « Le roi détermine par des ordonnances, 1° les pays

« dont les provenances doivent habituellement ou temporairement être soumises « au régime sanitaire ; 2° les mesures à observer sur les côtes, dans les ports et rades, dans les lazarets et autres lieux réservés ; 3°, les mesures extraordinaires « que l'invasion ou la crainte d'une maladie pestilentielle rendrait nécessaires sur « les frontières de terre ou dans l'intérieur. « Il règle les attributions, la composition « et le ressort des autorités et administrations chargées de l'exécution de ces mesures, et leur délègue le pouvoir d'appliquer provisoirement, dans des cas « d'urgence, le régime sanitaire aux portions de territoire qui seraient inopinément menacées ; » vu l'ordonnance royale du 7 août 1822, concernant l'exécution de ladite loi ; vu l'avis du conseil supérieur de santé, en date du 20 juillet 1831, et l'avis de la commission permanente de ce même conseil, en date du 12 août ; considérant que des mesures sanitaires ont été prises sur toute l'étendue des côtes du royaume, en exécution de l'ordonnance du 7 août 1822, pour prévenir l'invasion du choléra-morbus par la voie des communications maritimes ; mais qu'il importe également de prévoir le cas où ce fléau, franchissant les barrières qui l'éloignent encore du territoire de la France, parviendrait jusqu'aux frontières du pays ; sur le rapport de notre ministre du commerce et des travaux publics, etc.

Art. 1er. Des intendances sanitaires seront formées dans les chefs-lieux des vingt départements ci-après désignés : Pas-de-Calais, Somme, Nord, Aisne, Ardennes, Marne, Meuse, Moselle, Meurthe, Vosges, Bas-Rhin, Haut-Rhin, Doubs, Jura, Ain, Rhône, Isère, Hautes-Alpes, Basses-Alpes, Var.

2. Des commissions sanitaires, agissant sous la direction des intendances, seront créées dans les chefs-lieux de sous-préfecture desdits départements sauf l'exception qui sera ci-après établie.

3. Les intendances et les commissions seront formées et composées comme il est dit au titre 4 de l'ordonnance du 7 août 1822 ; néanmoins, notre ministre secrétaire d'État du commerce et des travaux publics pourra déléguer aux préfets des départements ci-dessus désignés le droit de nomination qui lui est attribué par l'art. 56 de ladite ordonnance.

4. Dans les départements du Pas-de-Calais, du Nord et du Var, où il existe des intendances et commissions déjà établies pour le littoral, ces intendances et commissions conserveront leur ressort et leurs attributions, et ne seront pas soumises à l'au-

torité de l'intendance à créer au chef-lieu du département. Si lesdites intendances et commissions se trouvent établies dans des ports de mer qui sont en même temps chefs-lieux de sous-préfecture, leur autorité s'étendra à tout le territoire de l'arrondissement.

5. Indépendamment des commissions sanitaires qui seront établies dans le chef-lieu de chaque arrondissement de sous-préfecture, les préfets pourront former d'autres commissions, également placées sous l'autorité des intendances, dans les lieux où cette mesure pourrait être jugée utile. Le ressort de ces commissions spéciales sera déterminé par les préfets, sauf l'approbation de notre ministre du commerce et des travaux publics.

6. Notre ministre du commerce et des travaux publics (comte d'Argout) est chargé, etc.

16 = 25 AOUT 1831. — Ordonnance du roi qui soumet l'importation des objets de friperie et des chanvres et lins à des mesures sanitaires. (IX, Bull. O. XCVI, n. 2737.)

Louis-Philippe, etc., sur le rapport de notre ministre du commerce et des travaux publics; vu l'art. 1er de la loi du 3 mars 1822 sur la police sanitaire, portant que le roi détermine par des ordonnances les mesures extraordinaires que l'invasion ou la crainte d'une maladie pestilentielle rendrait nécessaires sur les frontières de terre ou de mer; de l'avis du conseil supérieur de santé, etc.

Art. 1er. L'entrée du royaume par les frontières de terre et de mer est interdite à tous les effets d'habillement vieux, ou même simplement supportés, constituant le commerce de friperie, ainsi qu'aux garnitures de lits et aux fournitures des hôpitaux, casernes, camps ou lazarets. Sont exceptés de cette prohibition absolue les hardes, vêtements et effets appartenant aux voyageurs, dont ils devront suivre le sort pour être, comme eux, admis à libre pratique, ou soumis aux purifications prescrites par les règlements de quarantaine.

2. Les chanvres et les lins provenant des pays du Nord ne seront admis dans nos ports qu'après que les ballots auront été débarqués dans les lazarets établis, ou dans les lieux consacrés provisoirement à cet usage, qu'ils y auront été ouverts, et que leur contenu aura été soumis à la ventilation pendant le nombre de jours déterminé par l'intendance ou la commission sanitaire. Les personnes employées au transport desdits ballots, et celles qui auront été chargées de leur purification, ne seront admises à libre pratique qu'après avoir été séquestrées pendant le même espace de temps.

3. Nos ministres du commerce et des travaux publics et des finances (comte d'Argout et baron Louis) sont chargés, etc.

16 AOUT 1831. — Ordonnance qui accorde une pension à un ancien secrétaire général de préfecture. (Bull. O. 103 bis, n. 6.)

16 AOUT 1831. — Lettres-patentes portant création de majorats en faveur de MM. Crépin et de Varange. (Bull. O. 97, n. 3751.)

16 AOUT 1831. — Ordonnance qui érige en chapelle vicariale la commune de Jully (Yonne). (Bull. O. 109, n. 3122.)

16 AOUT 1831. — Ordonnances qui autorisent l'acceptation de dons et legs faits à diverses fabriques et approuvent une convention consentie entre une communauté et une personne. (Bull. O. 109, n. 3123 à 3131.)

17 = 25 AOUT 1831. — Ordonnance du roi portant formation d'une commission de révision des secours accordés aux armées royales de l'Ouest. (IX, Bull. O. XCVI, n. 2739.)

Louis-Philippe, etc., vu la loi de finances du 15 mai 1818, et les lois subséquentes qui ont alloué les crédits affectés au paiement des secours annuels et viagers aux armées de l'Ouest; vu les ordonnances des 3 décembre 1823, 29 décembre 1824, 12 janvier, 3 mars 1825, et 1er août 1827; considérant que lesdits secours ont donné lieu à des réclamations qui démontrent la nécessité de les soumettre à une révision; sur le rapport de notre ministre de la guerre, etc.

Art. 1er. Il est créé près de notre ministre secrétaire d'État de la guerre une commission qui sera chargée : 1° de prendre connaissance des lois et ordonnances concernant les secours portés au budget du département de la guerre, sous le titre de secours aux armées royales de l'Ouest; 2° de connaître des abus qui pourraient s'être introduits dans la distribution de ces secours; 3° de proposer l'annulation de ceux qui, après une information suffisante, seraient reconnus avoir été indûment obtenus.

2. Sont nommés membres de la commission créée par l'article précédent : les sieurs duc de Choiseul, pair de France, président; comte de Pontécoulant, pair de France; vicomte d'Houdetot, pair de France; comte de Tascher pair de France; baron Lamarque, lieutenant général, membre de la Chambre des Députés; Duboys, député de Maine-et-Loire; Duchaffault, député de la Vendée; Gaillard-Kerbertin, député du Morbihan; Mercier, député de l'Orne; Maillard', conseiller d'État, Genty de

Bussy, maître des requêtes, ayant voix délibérative et remplissant les fonctions de secrétaire.

3. Notre ministre de la guerre (duc de Dalmatie) est chargé, etc.

---

17 août 1831. — Ordonnance qui accorde des lettres de naturalisation en faveur du sieur Hariga. (Bull. O., 2e sect., n. 4258.)

17 août 1831. — Ordonnance qui autorise les sieurs Erisman, Klein, Metcalfe, Munier, Roosen, Senn, Seydoux (Jean), Seydoux (Philippe), Strehler, Volg à établir leur domicile en France. (Bull. O. 99, n. 2776.)

18 = 19 août 1831. — Loi qui autorise la perception de deux nouveaux douzièmes sur les contributions directes de 1831, et qui ouvre aux ministres un nouveau crédit de cent vingt-cinq millions. (IX, Bull. O. XLII, n. 110.)

Art. 1er. La perception des contributions directes en principal et centimes additionnels, autorisée par la loi du 18 avril dernier pour les huit premiers douzièmes des rôles de l'année 1831, continuera d'être faite pour les deux douzièmes suivants. Les impôts indirects maintenus par l'art. 9 de la même loi jusqu'au 1er septembre 1831 continueront d'être perçus jusqu'au 1er novembre prochain.

· 2. Il est ouvert aux ministres, pour les dépenses ordinaires de leurs départements, un crédit provisoire supplémentaire de la somme de cent vingt-cinq millions, qui sera répartie entre eux par une ordonnance royale insérée au Bulletin des lois. Les ministres continueront de renfermer provisoirement leurs dépenses ordinaires dans les crédits et les allocations spéciales du projet de budget présenté aux Chambres pour l'exercice 1831.

---

18 août = 16 novembre 1831. — Ordonnance du roi *en matière contentieuse*, qui rejette l'opposition d'une compagnie à la construction d'un nouveau pont sur la Seine à Paris, entre le pont des Arts et le pont Royal (1). (IX, Bull. O. CXVI, n. 3304.)

Louis-Philippe, etc., sur le rapport du comité de législation et de justice administrative; vu la requête à nous présentée, au nom de la compagnie des actionnaires constructeurs des trois ponts des Arts, d'Austerlitz et de la Cité, établis sur la Seine à Paris, en exécution de la loi du 24 ventôse an 9 (15 mars 1801), poursuite et diligence du sieur baron de Crouzas-Cretet, demeurant à Paris, rue de la Vrillière, hôtel de la Banque de France; du sieur Hochet, maître des requêtes, secrétaire général du conseil d'Etat, demeurant à Paris, rue de l'Oratoire, et du sieur Vauvilliers, conseiller d'Etat, demeurant à Paris, rue d'Anjou-Saint-Honoré : tous trois administrateurs de ladite association, dont le siége est à Paris, rue Croix-des-Petits-Champs, n. 29; ladite requête enregistrée au secrétariat général de notre conseil d'Etat, le 4 mai 1831, et tendant à ce qu'il nous plaise les recevoir opposants à l'exécution de la décision du ministre des travaux publics énoncée, sans date, dans l'avis inséré au Moniteur le 30 avril 1831; ce faisant, ordonner, avant de statuer sur le fond, que la minute de ladite décision, ensemble toutes les pièces y relatives, seront apportées au greffe du comité de législation et de justice administrative, pour être communiquées aux exposants, et être ensuite conclu par ces derniers de la manière et ainsi qu'ils aviseront, et, dès à présent, déclarer ladite décision nulle et de nul effet, ensemble tout ce qui pourrait s'ensuivre; vu la lettre de notre ministre du commerce et des travaux publics, enregistrée audit secrétariat général, le 20 mai 1831, et tendant au rejet de la requête de la compagnie des trois ponts; vu le mémoire en réplique de ladite compagnie, enregistré au secrétariat général, le 8 juin 1831, et tendant à ce que, reprenant ses premières conclusions, et y ajoutant, il nous plaise annuler la décision par laquelle notre ministre des travaux publics a statué qu'un nouveau pont serait construit à Paris, sur la Seine, dans la direction de la rue des Saint-Pères; subsidiairement, ordonner que l'adjudication de l'entreprise dudit pont ne pourra être faite qu'après que l'utilité publique de cette entreprise aura été légalement constatée, et que l'indemnité due aux exposants aura été appréciée, liquidée et payée par qui de droit; vu la décision attaquée; vu l'extrait du registre des procès-verbaux des séances

---

(1) Il est assez singulier qu'on insère au Bulletin des lois et ordonnances des actes comme celui-ci, qui, malgré leur titre, ne sont véritablement que des arrêts du tribunal suprême administratif. L'adoption du conseil d'Etat est du 13 août 1831. Autant vaudrait insérer les arrêts de la Cour de cassation. Nous faisons cette observation afin de mettre en évidence le caractère des actes. La question de savoir si l'indemnité est due aux constructeurs d'un ancien pont, lorsqu'un pont nouveau

est établi, nous paraît subordonnée aux termes du premier acte de concession et à l'intention qui l'a dicté. Si les concessionnaires peuvent établir qu'ils ont dû compter sur un privilège exclusif; s'ils peuvent démontrer que leur opération n'a été faite que dans la supposition qu'une autorisation nouvelle ne serait pas accordée, il paraît bien difficile de leur refuser la réparation du dommage qu'ils éprouvent.

du conseil général du département de la Seine, faisant fonctions du conseil municipal de la ville de Paris, du 5 mai 1831 ; vu la lettre du préfet de police, du 18 avril, même année ; vu la loi du 15 mars 1801 (24 ventôse an 9) ; vu toutes les pièces jointes au dossier. Ouï, Me Rochelle, avocat de la compagnie ; ouï, M. Moiroud, maître des requêtes, remplissant les fonctions du ministère public ; considérant que l'ouverture d'une nouvelle communication publique est un acte d'administration, motivé sur des considérations d'ordre public et d'utilité générale, qui ne pourrait donner lieu qu'à une demande en indemnité de la part des tiers qui se croiraient lésés, mais qui ne peut être attaqué devant nous par la voie contentieuse ; sur la demande en indemnité, considérant que, dans les cas où il y aurait lieu à indemnité, et où cette indemnité devrait être réglée administrativement, une réclamation de ce genre ne peut être portée en première instance devant nous en notre conseil d'État. Notre conseil d'État entendu, etc.

Art. 1er. La requête de la compagnie des trois ponts est rejetée.

2. Notre ministre de la justice, et notre ministre du commerce et des travaux publics (MM. Barthe et d'Argout) sont chargés, etc.

---

19 = 25 août 1831. — Ordonnance du roi qui convoque la Cour des Pairs pour connaître d'un délit imputé à l'un de ses membres. (IX , Bull. O. XCVI, n. 2740.)

Louis-Philippe, etc., considérant que les sieurs comte Charles de Montalembert, Charles de Coux et Jean-Baptiste Lacordaire, sont poursuivis comme prévenus du délit prévu par l'art. 56 du décret du 15 novembre 1811 ; vu l'arrêt du 14 juillet dernier, par lequel la Cour royale de Paris s'est déclarée incompétente pour juger le comte Charles de Montalembert et ses coprévenus, en se fondant sur ce que le premier se serait trouvé investi, par la mort de son père, de la dignité de pair de France, depuis l'époque du délit dont il s'agit (1) ; sur le rapport du ministre de la justice, etc.

Art. 1er. La Cour des Pairs est convoquée. Les pairs absents de Paris seront tenus de s'y rendre immédiatement, à moins qu'ils ne justifient d'un empêchement légitime.

2. Cette cour procédera sans délai au jugement des sieurs comte Charles de Montalembert, Charles de Coux et Jean-Baptiste Lacordaire, comme prévenus d'avoir ouvert et tenu une école publique sans autorisation, et de s'être par là rendus coupables du délit prévu par l'art. 56 du décret du 15 novembre 1811 (2).

3. Elle se conformera, pour l'instruction et le jugement, aux formes qui ont été suivies par elle jusqu'à ce jour.

4. M. Persil remplira les fonctions de notre procureur général près la Cour des Pairs. Il sera assisté par M. Partarieux-Lafosse, faisant les fonctions d'avocat-général et chargé de remplacer le procureur général en son absence.

5. Le garde des archives de la Chambre des Pairs et son adjoint rempliront les fonctions de greffiers près notre Cour des Pairs.

6. Notre président du conseil et notre garde des sceaux (MM. Casimir Périer et Barthe) sont chargés, etc.

---

19 août 1831. — Ordonnances portant approbation de pension, suppléments, demi-soldes accordés aux personnes y dénommées. (Bull. O. 103 bis, n. 7 et 8, et 109 bis, n. 1.)

19 août 1831. — Ordonnance qui fixe la tenue de la foire dans une commune. (Bull. O. 112, n. 3186.)

19 août 1831. — Ordonnance qui fixe la limite entre les deux arrondissements de la justice de paix de Saint-Étienne (Loire). (Bull. O. 102, n. 2886.)

19 août 1831. — Ordonnance portant que la commune d'Acy-Romance (Ardennes) reprendra son ancien nom d'Acy, et que celle Blanche-du-Pont-de-Saint-Maur (Seine) prendra celui de Joinville-le-Pont. (Bull. O. 102, n. 2888.)

19 août 1831. — Ordonnances qui autorisent l'acceptation de dons et legs faits à des pauvres, hospices et communes. (Bull. O. 107, n. 3048 à 3066.)

---

20 août 1831. — Ordonnance qui convoque divers collèges électoraux. (Bull. O. 97, n. 2745 et 2746.)

20 août 1831. — Ordonnances qui autorisent l'acceptation de legs faits à diverses fabriques, et d'une fondation faite dans l'église d'une commune. (Bull. O. 109, n. 3132 à 3136.)

20 août 1831. — Ordonnance autorisant l'acceptation d'une donation faite à une fabrique et un achat de rente par une autre. (Bull. O. 110, n. 143 et 144.)

20 août 1831. — Ordonnance qui autorise une

---

(1) Par arrêt en date du 9 septembre 1831, la Cour des Pairs s'est déclarée compétente, et a ainsi décidé ce point important de jurisprudence, que la qualité de pair, survenue après la perpétration du délit, attribue juridiction à la Cour des Pairs. (Voy. Mon. du 22 septembre 1831.)

(2) La Cour, par arrêt du 20 septembre 1831, a condamné les prévenus, et a ainsi décidé que le décret du 15 novembre 1811 conserve sa force obligatoire. (Voy. Mon. du 22 septembre 1831.)

église sous le nom d'oratoire particulier à Strasbourg. (Bull. O. 110, n. 145.)

21 = 29 AOUT 1831. — Ordonnance du roi qui fixe l'époque de déchéance des créances pour pertes occasionnées par la révolution de Juillet. (IX, Bull. O. XCVII, n. 2747.)

Louis-Philippe, etc., sur le rapport de notre ministre de l'intérieur; vu la loi du 30 août 1830; vu la demande formée par M. le préfet de la Seine, président de la commission des dommages, en date du 14 avril dernier; vu le rapport qui nous a été présenté le 20 août présent mois, par notre ministre de l'intérieur, etc.

Art. 1er. Toute demande à fin d'être indemnisé des pertes qui ont eu lieu par suite de la révolution de Juillet 1830, conformément à la loi du 30 août dernier, devra être formée avant le 15 septembre prochain, délai de rigueur et emportant déchéance.

2. Notre ministre de l'intérieur (M. Casimir Périer) est chargé, etc.

———

21 = 25 AOUT 1831. — Ordonnance du roi qui affranchit de la patente de santé les navires revenant de la pêche de la morue. (IX, Bull. O XCVI, n. 2738.)

Louis-Philippe, etc., vu le titre 2 de l'ordonnance royale du 7 août 1822 sur la police sanitaire; de l'avis du conseil supérieur de santé; sur le rapport de notre ministre du commerce et des travaux publics, etc.

Art. 1er. Les navires revenant de la pêche de la morue au banc de Terre-Neuve, dans les mers d'Islande ou au *Doggers-Bank*, sont dispensés de l'obligation de produire, à leur arrivée dans les ports de France, une patente de santé. Ils demeurent, au reste, soumis aux dispositions communes de police sanitaire.

2. Notre ministre du commerce et des travaux publics (comte d'Argout) est chargé, etc.

———

21 AOUT 1831. — Ordonnance qui autorise l'acceptation de la soumission faite par les sieurs Martin et Ginet d'exécuter, à leurs frais, un chemin de fer de Toulouse à Montauban. (Bull. O. 108, n. 3094.)

———

22 = 24 AOUT 1831. — Ordonnance du roi contenant une nouvelle répartition des crédits provisoires accordés aux ministres sur l'exercice 1831. (IX, Bull. O. XCV, n. 2730.)

Louis-Philippe, etc., vu les lois des 12 décembre 1830, 18 avril et 18 août 1831, qui ont ouvert à nos ministres trois crédits provisoires, le premier de trois cents millions, le second de quatre cents millions et le troisième de cent vingt-cinq millions, pour les dépenses ordinaires de l'exercice 1831, pendant les dix premiers mois de la présente année; vu les répartitions de crédits déjà faites entre nos ministres par nos ordonnances des 21 décembre 1830, 4 février, 18 mars et 25 avril derniers, jusqu'à concurrence d'une somme de six cent vingt-sept millions huit cent cinquante-sept mille trois cent vingt et un francs, etc.

Art. 1er. Les crédits provisoires montant ensemble à huit cent vingt-cinq millions, ouverts à nos ministres sur l'exercice 1831 par les lois des 12 décembre 1830, 18 avril et 18 août 1831, pour les dépenses à faire jusqu'au 1er novembre prochain, sont répartis entre les différents chapitres de leurs services ordinaires, conformément au tableau ci-joint.

2. Notre ministre des finances (baron Louis) est chargé, etc.

———

22 AOUT 1831 = 1er JUILLET 1832. — Ordonnance du roi qui crée une direction d'artillerie à Alger. (IX, Bull. O. CLXVII, 1re sect., n. 4254.)

Louis-Philippe, etc.

Art. 1er. Il sera créé à Alger une direction d'artillerie dont le ressort s'étendra sur toutes les places dépendantes de l'ancienne régence qui sont actuellement occupées par les troupes françaises ou qui le seront par la suite.

2. Les quatre compagnies de canonniers gardes-côtes créées par notre ordonnance du 1er du courant et destinées à la défense du littoral de l'état d'Ager seront sous les ordres immédiats du directeur d'artillerie, qui exercera à l'égard de ces compagnies et des gardiens de batterie les mêmes attributions qui avaient été conférées par ladite ordonnance au commandant de l'artillerie de la division d'occupation.

3. Notre ministre de la guerre (duc de Dalmatie) est chargé, etc.

———

22 AOUT 1831. — Ordonnances qui autorisent la construction d'usines et rejettent les demandes des sieurs Gauthier et Villecoq. (Bull. O. 107 *bis*, n. 21 et 24.)

22 AOUT 1831. — Ordonnances qui autorisent délivrance de bois à diverses communes. (Bull. O. 107 *bis*, n. 22, 23 et 25.)

22 AOUT 1831. — Ordonnance qui établit un commissariat de police à Montagnac (Hérault). (Bull. O. 103, n. 2897.)

22 AOUT 1831. — Ordonnance qui fixe la direction de la route royale n. 76. (Bull. O. 107 *bis*, n. 26.)

———

24 = 29 AOUT 1831. — Ordonnance du roi qui

accorde un crédit extraordinaire pour les canaux. (IX, Bull. O. XCVII, n. 2743.)

Louis-Philippe, etc., vu la loi du 25 mars dernier, relative aux ressources spéciales à réaliser pour subvenir aux dépenses extraordinaires de l'exercice 1831 ; vu le projet de budget présenté aux Chambres, en ce qui concerne les services extraordinaires du ministère du commerce et des travaux publics; sur le rapport du ministre de ce département, etc.

Art. 1er. Il est ouvert au ministre secrétaire d'Etat du commerce et des travaux publics, avec imputation sur les ressources spéciales créées par la loi du 25 mars 1831, un crédit extraordinaire de deux millions destiné à pourvoir au service extraordinaire ci-après de l'exercice 1831 pour les mois de septembre et octobre. Chapitre spécial, selon le projet de budget, 41. Service, continuation des travaux de canaux entrepris sur des fonds d'emprunt en vertu de lois spéciales. Crédit réparti et retiré des 300 millions, 4,000,000. Nouveau crédit extraordinaire, 2,000,000. Montant des crédits mis à la disposition du ministre, 6,000,000.

2. Nos ministres du commerce et des travaux publics, et des finances (comte d'Argout et baron Louis) sont chargés, etc.

24 août = 22 octobre 1831. — Ordonnance du roi qui abolit la redevance des théâtres secondaires envers l'Académie royale de musique (l'Opéra). (IX, Bull. O. CXI, n. 3151.)

Louis Philippe, etc., considérant que le recouvrement de la redevance des théâtres secondaires, établie par décret du 13 août 1811, au profit de l'Académie royale de musique, est suspendue depuis les événements du mois de juillet 1830 ; attendu que cette redevance n'est point un impôt public, que les lois de finances n'en font aucune mention, et que par conséquent elle ne constitue qu'une charge particulière que le gouvernement avait imposée à ces théâtres en autorisant leur exploitation.

Art. 1er. Les dispositions du décret du 13 août 1811, relatives à une redevance au profit de l'Académie royale de musique, resteront sans effet.

2. Notre ministre du commerce et des travaux publics (comte d'Argout) est chargé, etc.

24 août 1831. — Ordonnances qui autorisent plusieurs fabriques à l'emploi de diverses sommes en achats de rentes sur l'Etat. (Bull. O. 111, n. 3157 à 3161.)

24 août 1831. — Ordonnance qui transfère la cure de Benzec-Conq (Finistère) à Concarneau. (Bull. O. 111, n. 3162.)

24 août 1831. — Ordonnance qui approuve diverses acquisitions et une vente faite par les sœurs de la Doctrine Chrétienne de Nancy. (Bull. O. 111, n. 3163.)

24 août 1831. — Ordonnance qui nomme les sieurs Bailleul fils et Prosper Hesse commissaires de police à Paris. (Bull. O. 103, n. 2898.)

24 août 1831. — Ordonnances qui autorisent l'acceptation de legs faits à une communauté et une fabrique, et rejettent ceux faits également à une communauté et une fabrique. (Bull. O. 110 et 111, n. 3146 à 3149 et 3156.)

25 août = 9 septembre 1831. — Ordonnance du roi sur les orphelins et orphelines de Juillet à la charge de l'Etat. (IX, Bull. O. CII, n. 2880.)

Louis-Philippe, etc., vu l'art. 2 de la loi du 13 décembre 1830 sur les récompenses nationales, portant que, « depuis l'âge de « sept ans jusqu'à dix-huit, les enfants « adoptés en conformité du tableau dressé « par la commission, seront, sur la de-« mande des père, mère ou tuteur, et aux « frais de l'Etat, élevés dans des établisse-« ments publics ou particuliers, pour y re-« cevoir une éducation conforme à leur sexe « et propre à assurer leur existence à ve-« nir ; » vu le rapport fait par la commission des récompenses nationales à notre ministre de l'intérieur, et publié au *Moniteur* du 26 juillet 1831, par lequel cette commission déclare qu'elle a reconnu « que des éta-« blissements particuliers et spéciaux ont « paru à son comité présenter de graves « inconvénients, en ce que les frais qu'ils « occasionneraient, ne devant s'appliquer « qu'à une institution temporaire, consti-« tueraient une perte considérable ; que, « d'une autre part, le placement de ces en-« fants dans des établissements publics pré-« senterait de grandes difficultés, en ce que « ces établissements n'ont généralement « point le caractère qui convient à l'éduca-« tion qu'on veut leur offrir ; » vu les propositions délibérées et consenties, le 11 août 1831, par la commission des récompenses nationales, dans le but de remplir le mieux possible le vœu de la loi du 13 décembre 1830, en ce qui concerne les orphelins et orphelines de Juillet, de l'âge de sept à dix-huit ans, à élever aux frais de l'Etat, conformément à l'art. 1er de la loi du 13 décembre 1830, etc.

Art. 1er. Il sera dressé dans chaque arrondissement de Paris et de la banlieue deux tableaux présentant, le premier, les noms, prénoms, âge, profession et domicile des jeunes orphelins de Juillet, et le second, les noms, prénoms, âge, profession et domicile des orphelines de Juillet, qui, à la date de la promulgation de la présente ordonnance, seront entrés dans leur septième année, ou n'auront pas encore complété leur dix-huitième année. (*Art.* 1er *de la loi du* 13 *décembre* 1830.)

2. Les 1er janvier, 1er avril, 1er juin et 1er octobre de chaque année, tout orphelin ou orpheline de Juillet, compris à l'art. 1er de la loi du 13 décembre 1830, qui, à la date de la promulgation de la présente ordonnance, n'auront pas encore sept ans accomplis, et qui, à ce titre, ne sont encore dotés que d'une pension de deux cent cinquante francs, prendront successivement rang sur les tableaux dont il est question à l'art. 1er de la présente ordonnance, dès que, par acte de naissance ou de notoriété, ils justifieront qu'ils sont entrés dans leur septième année.

3. En conformité de la proposition faite par la commission des récompenses le 11 août 1831, laquelle tient à cet égard tout pouvoir de la loi du 13 décembre 1830, les orphelins et orphelines de Juillet dont il est question à l'art. 1er et à l'art. 2 ci-dessus (ces derniers en tant qu'ils seront entrés dans leur septième année), seront inscrits au trésor public comme ayant droit à la jouissance d'une pension annuelle de sept cents francs, payable par trimestre, ladite pension imputable au crédit de quatre cent soixante mille francs de rente ouvert par la loi du 13 décembre 1830, ou aux crédits supplémentaires qu'il pourrait y avoir lieu de demander aux Chambres. Cette inscription aura lieu au trésor sur notification transmise par notre ministre de l'intérieur à notre ministre des finances.

4. Les titres des inscriptions dont il est question à l'art. 3 ci-dessus seront déposés aux mains du maire de l'arrondissement de chaque orphelin ou orpheline, lequel seul en percevra les arrérages jusqu'à ce que l'orphelin ou l'orpheline à qui ils sont attribués soit entré dans sa dix-neuvième année, époque à laquelle la pension devra s'éteindre, en avantageant toutefois l'orphelin ou l'orpheline du trimestre courant, à l'époque où ils auront accompli leur dix-huitième année.

5. Il sera formé à la mairie de chaque arrondissement une caisse particulière des arrérages perçus en exécution de l'art. 4 ci-dessus, et un compte courant spécial y sera tenu au nom de chaque orphelin ou orpheline, où il sera crédité des sommes reçues en son nom, et débité des sommes dépensées pour son entretien, conformément à ce qui sera disposé ci-après.

6. Tant que les orphelins et orphelines de Juillet auront droit à la pension de sept cents francs dont il est question à l'art. 4, la gestion de cette pension et son application aux soins à donner à l'éducation des orphelins et orphelines appartiendront exclusivement à la commission municipale instituée, à cet effet, à la mairie de l'arrondissement sur les tableaux de laquelle ils auront été inscrits, en exécution des art. 1er et 2 de la présente ordonnance, quels que soient les lieux qu'ils habitent depuis cette inscription.

7. Il sera formé à la mairie de chacun des douze arrondissements de Paris, ainsi qu'aux mairies de Sceaux et de Saint-Denis, une commission municipale spécialement chargée de l'administration et de l'éducation des orphelins et orphelines pensionnés de sept cents francs, ressortissant à cet arrondissement. Cette commission se composera du maire, président, et des quatre membres les plus âgés du bureau de bienfaisance.

8. Chaque commission municipale fixera les délais dans lesquels devront se présenter devant elle les orphelins ou orphelines de sa circonscription, assistés de leur tuteur ou tutrice et de leurs parents les plus proches. La commission, après avoir entendu les tuteur ou tutrice, les parents et les personnes qu'elle croira devoir appeler, examinera : 1° s'il est favorable aux intérêts de l'enfant et de la famille qu'il soit confié aux soins de ses parents; 2° s'il est préférable de le faire admettre dans un établissement public ou privé. Dans le premier cas, la commission, consultant la notoriété, se déterminera par la moralité, la bonne conduite des parents, les moyens qu'ils ont d'élever convenablement l'orphelin ou l'orpheline et de lui donner un état; dans le second cas, par l'aptitude et la vocation particulière du sujet, conciliées, autant que possible, avec les vœux des tuteur ou tutrice et des parents.

9. Si la commission municipale décide que l'orphelin ou l'orpheline sera placé dans un établissement public ou privé, il sera alloué à l'enfant, indépendamment de la pension réglée par l'art. 3 de la présente ordonnance, une somme de trois cents francs une fois payée, laquelle somme, imputable au crédit de deux millions quatre cent mille francs ouvert à notre ministre de l'intérieur par l'art. 7 de la loi du 13 décembre 1830, sera employée à l'acquisition d'un trousseau dont les détails seront réglés par la commission avec le directeur ou chef de l'établissement public ou privé. Il n'y aura pas lieu à cette allocation spéciale de trois cents francs pour les orphelins ou orphelines qui seront laissés aux soins de leurs tuteurs ou parents.

10. La commission municipale chargée de l'administration des orphelins et orphelines la dirigera, le plus possible, de ma-

nière à faire sur le montant de leur pension annuelle des économies dont le montant sera remis à l'orphelin ou à l'orpheline, lorsque, étant entrés dans leur dix-neuvième année, ils cesseront d'être à la charge de l'Etat.

11. Chaque commission municipale, présidée par le maire de l'arrondissement ou par un adjoint, tiendra au moins une séance par mois : 1° pour s'occuper des intérêts des orphelins; 2° admettre au contrôle ceux qui entreront dans leur septième année ; 3° en radier ceux qui auront accompli leur dix-huitième année ; 4° régler et arrêter les comptes de chaque orphelin ou orpheline ; 5° enfin, pour entendre les tuteurs ou proches parents qui auraient des observations à soumettre. Ces séances auront aussi pour objet de décider s'il y a lieu de retirer les enfants des établissements publics ou privés où ils auront été admis, pour les placer dans d'autres établissements plus favorables à leur santé ou à leur éducation. Il sera tenu procès-verbal de ces séances.

12. Indépendamment des commissions municipales, il y aura, dans les dix premiers jours de chaque trimestre, une réunion générale de MM. les maires des douze arrondissements de Paris et de MM. les maires de Sceaux et de Saint-Denis, présidée par le préfet de la Seine, où l'on se rendra réciproquement compte des progrès et des économies obtenues dans l'éducation, et des soins à donner aux enfants de Juillet. Le but principal de ces réunions trimestrielles est que tous les maires puissent mettre à profit, dans l'intérêt général des orphelins ou orphelines, l'expérience acquise par chacun de ses collègues. Il sera également tenu procès-verbal de ces séances.

13. Afin que le gouvernement soit représenté, au besoin, près de ces commissions, et exerce lui-même une action directe de vigilance et d'amélioration sur les soins que doivent recevoir les enfants adoptés par la France, il sera créé près de notre ministre secrétaire d'Etat de l'intérieur une surveillance spéciale des orphelins et orphelines de Juillet.

14. M. Ymbert, maître des requêtes, chef de la division des gardes nationales au ministère de l'intérieur, est chargé de la surveillance des orphelins et orphelines de Juillet. Ses fonctions seront gratuites.

15. Le surveillant se mettra en rapport avec M. le préfet de la Seine et MM. les maires de Paris, de Sceaux et de Saint-Denis, pour tout ce qui est relatif aux soins à donner à ces enfants ; il assistera, lorsqu'il le jugera convenable, aux séances des commissions municipales, et aux réunions tri-

mestrielles de MM. les maires ; enfin, il centralisera et présentera les comptes nécessaires à notre ministre secrétaire d'Etat au département de l'intérieur, qui fera préparer, chaque année, sur la situation des orphelins de Juillet, un rapport général dont les détails seront rendus publics.

16. Un service de sous-surveillance sera formé pendant tout le temps que durera à la charge de l'Etat l'éducation des orphelins et orphelines, dans le but de pourvoir à l'inspection fréquente et individuelle de ces enfants chez les parents, ou dans les établissements publics ou privés où ils auront été placés. Cette inspection s'étendra aux soins de santé, de bon traitement et d'éducation, que recevront les enfants. Il sera fait, sur les résultats de cette inspection, des rapports circonstanciés au surveillant, qui appellera, sur cet objet, l'attention de MM. les maires, et principalement celle de notre ministre secrétaire d'Etat au département de l'intérieur.

17. La composition du service de sous-surveillance, et les règlements dont ce service doit être l'objet, seront fixés et arrêtés, sur la proposition du surveillant, par notre ministre secrétaire d'Etat au département de l'intérieur. Il y est affecté, par la présente ordonnance, une somme de huit mille francs par an, imputable à celle de deux millions quatre cent mille francs mise à la disposition du ministre de l'intérieur par la loi du 13 décembre 1830. Lors de l'annulation ou de l'épuisement de ce crédit, il sera demandé aux Chambres un crédit spécial pour cet objet.

18. Notre ministre de l'intérieur, et notre ministre des finances (MM. Périer et Louis) sont chargés, etc.

25 AOUT 1831. — Ordonnance qui nomme le sieur Parison commissaire central de police à Nîmes (Gard). (Bull. O. 103, n. 2899.)

26 AOUT = 15 SEPTEMBRE 1831. — Ordonnance du roi qui prescrit des mesures sanitaires pour les provenances de Francfort et pays adjacents d'outre-Rhin. (IX, Bull. O. CIII, n. 2890.)

Louis-Philippe, etc., vu l'art. 1er de la loi du 3 mars 1822, portant : « Le roi détermine par des ordonnances : 1° les pays « dont les provenances doivent habituelle- « ment ou temporairement être soumises « au régime sanitaire ; 2° les mesures à « observer sur les côtes, dans les ports et « rades, dans les lazarets et autres lieux « réservés ; 3° les mesures extraordinaires « que l'invasion ou la crainte d'une mala- « die pestilentielle rendrait nécessaires sur « les frontières de terre ou dans l'intérieur,

« Il règle les attributions, la composition « et le ressort des autorités et administra- « tions chargées de l'exécution de ces me- « sures, et leur délègue le pouvoir d'ap- « pliquer provisoirement, dans les cas « d'urgence, le régime sanitaire aux por- « tions de territoire qui seraient inopiné- « ment menacées; » vu l'ordonnance du 7 août 1822, portant règlement pour l'exé- cution de cette loi ; vu notre ordonnance du 16 de ce mois, qui prescrit la formation d'intendances et de commissions sanitaires dans tous les départements qui bordent les frontières au nord et à l'est du royaume; considérant que la foire de Francfort-sur- le-Mein, qui doit ouvrir le 8 du mois pro- chain, attire un grand concours de voya- geurs, et que le commerce y fait arriver ordinairement beaucoup de marchandises provenant des contrées où règne le *choléra- morbus*, telles que la Russie, la Pologne, la Gallicie, la Hongrie, et les provinces d'Au- triche et de Prusse qui bordent les pays infectés ; que si les mesures prises dans ces dernières contrées pour préserver leur territoire de l'invasion du *choléra* se trou- vaient insuffisantes ou venaient à être élu- dées, la ville de Francfort pourrait recevoir des personnes ou des marchandises venant de pays suspects ou même infectés, sans avoir subi les purifications requises dans l'intérêt de la santé publique; que la ville de Francfort serait exposée, dans ce cas, à devenir elle-même un foyer d'infection d'autant plus dangereux, qu'elle n'est sé- parée des frontières du royaume que par une faible distance, et que des voyageurs ou des transports de marchandises partis de cette ville par terre ou par eau pourraient arriver en peu de temps à la limite des dé- partements du nord et de l'est du royaume; qu'en conséquence, il est urgent de pren- dre, dans l'intérêt de la conservation de la santé publique, des mesures temporaires jusqu'à ce que l'on ait acquis la certitude que la tenue de la foire de Francfort ne donnera lieu à aucun inconvénient ; de l'a- vis du conseil supérieur de santé ; sur le rapport de notre ministre secrétaire d'Etat au département du commerce et des travaux publics, etc.

Art. 1er. Les provenances de la ville libre de Francfort et de son territoire, de la principauté de Nassau, du grand-duché de Hesse-Darmstadt, du grand-duché de Bade, et des provinces rhénanes de la Prusse et la Bavière, situées entre Franc- fort et les frontières de France, sont tem- porairement soumises au régime sanitaire. Ce régime sera appliqué pendant toute la durée de la foire d'automne de Francfort, commençant le 8 septembre prochain, et continuera pendant un mois après la clôture de ladite foire.

2. Les transports de marchandises com- posés en tout ou en partie d'objets de genre susceptible, désignés aux pages 78 et 79 de l'instruction générale sur la police sanitaire, arrivant des pays qui viennent d'être indi- qués, ne pourront être introduits en France que par les bureaux de douane de Stras- bourg, Lauterbourg, Wissembourg, départe- ment du Bas-Rhin ; Forbach, Sierck, département de la Moselle, et Sedan, dé- partement des Ardennes. Il sera établi, en avant de ces divers points, des lazarets provisoires où lesdites marchandises seront soumises aux purifications indiquées pa- ges 87 et 92 de l'instruction générale ci- dessus citée; elles seront néanmoins ad- mises à libre pratique, s'il est justifié par les conducteurs, et de la manière la plus positive, qu'elles ont été purifiées avant leur entrée dans les pays d'Allemagne ré- putés sains.

3. Les marchandises de genre non sus- ceptible continueront d'être admises aux autres bureaux de douanes situés sur la frontière des départements des Ardennes, de la Meuse, de la Moselle, de la Meurthe et du Bas-Rhin.

4. Continuera d'être interdite l'entrée en France des marchandises prohibées par notre ordonnance du 16 de ce mois.

5. Les provenances de Francfort et de son territoire seront, si elles sont de genre susceptible, soumises au régime de la pa- tente brute et à une quarantaine de vingt à trente jours avec purification.

6. Les provenances des autres pays dé- signés en l'art. 1er ci-dessus seront, si elles sont de genre susceptible, soumises au ré- gime de la patente suspecte et à une qua- rantaine de dix à vingt jours avec purifi- cation. Néanmoins, les intendances et commissions sanitaires pourront réduire la quarantaine à une simple observation de cinq à dix jours, si elles reconnaissent, par l'exhibition de certificats d'origine régu- liers, que lesdites provenances n'ont pas touché le territoire de Francfort. Elles pour- ront même les admettre à libre pratique, s'il est reconnu que les autorités des pays désignés en l'art. 1er prennent des précau- tions suffisantes à l'entrée des provenances de Francfort sur leur territoire.

7. Les conducteurs des bateaux, des voi- tures et des bêtes de somme employés au transport, suivront le sort des marchan- dises confiées à leurs soins, et subiront les mêmes quarantaines.

8. Les personnes venant des pays qui bordent la frontière des départements des Ardennes, de la Meuse, de la Moselle, de

la Meurthe et du Bas-Rhin, pourront se présenter à tous les bureaux de douanes, et seront admises à libre pratique, si elles justifient de leur point de départ par des passeports, livrets ou certificats jugés satisfaisants par les autorités sanitaires, *et tant que les pays d'où elles viendront seront réputés sains.*

9. Les voyageurs venant de pays actuellement infectés par le *choléra-morbus*, ou de Francfort ou de ses environs, ne pourront entrer en France que par les bureaux de douane indiqués en l'art. 2 de la présente ordonnance. Il en sera de même des voyageurs qui ne pourront justifier d'une manière satisfaisante de leur point de départ. Les uns et les autres seront soumis à une quarantaine d'observation de cinq à dix jours, pendant laquelle les hardes et effets à leur usage personnel seront purifiés et ventilés.

10. Les intendances et commissions sanitaires conservent la faculté, conformément aux lois, ordonnances et instructions sur la police sanitaire, de prolonger les quarantaines indiquées ci-dessus, toutes les fois que les circonstances du voyage connues par les interrogatoires, les accidents survenus pendant les quarantaines, et les notions obtenues sur l'état sanitaire des pays de provenances, leur paraîtront l'exiger.

11. Nos ministres de l'intérieur, du commerce et des travaux publics, de la guerre et des finances (MM. Casimir Périer, comte d'Argout, duc de Dalmatie et baron Louis) sont chargés, etc.

---

26 AOUT 1831. — Ordonnance qui autorise les sieurs Arduino, Burkhardt, Durgy, Grazioo, Eberlé, Haas, Krans, Lagerstronn, Plather (Jacques), Plather (Jean) et Tatoud à établir leur domicile en France. (Bull. O. 103, n. 2902.)

---

27 AOUT = 9 SEPTEMBRE 1831. — Ordonnance du roi sur l'organisation militaire des agents et gardes des forêts royales et des bois communaux. (IX, Bull. O. CII, n. 2881.)

Louis-Philippe, etc.

Art. 1ᵉʳ. Les agents et gardes royaux et communaux des forêts pourront être affectés au service militaire, en cas d'invasion du territoire, pendant le temps que les opérations militaires auront lieu dans le département où ils sont employés, et dans ceux qui lui sont limitrophes.

2. Il sera établi, dès à présent, un contrôle de guerre pour ces gardes et agents dans chacun des départements dont l'état est annexé à la présente ordonnance.

3. Seront portés sur ce contrôle les agents et gardes royaux et communaux en état de seconder les opérations militaires, comme guides ou éclaireurs.

4. Ils seront immédiatement organisés par compagnies de cinquante à quatre-vingts hommes, sans que dans chaque département, le nombre des gardes qui en feront partie dépasse la moitié de ceux qui sont en activité. Ces compagnies prendront la dénomination de *compagnie des guides de l'administration des forêts.*

5. Les gardes royaux et mixtes qui devront faire partie des compagnies des guides seront désignés par l'administration des forêts; les gardes communaux le seront par les préfets autorisés par notre ministre du commerce et des travaux publics.

6. Les officiers, sous-officiers et caporaux seront pris parmi les agents et les gardes forestiers. L'assimilation suivante pour les divers grades sera observée : garde chef ou brigadier (caporal), garde à cheval (sous-officier), garde général de première et seconde classes (sous-lieutenant et lieutenant), sous-inspecteur et inspecteur (capitaine en second et capitaine commandant).

7. Le lieu de rassemblement de chaque compagnie sera déterminé à l'avance, afin que les officiers chargés de les commander puissent, au premier ordre, les réunir et procéder sur le terrain à leur formation définitive. Ils seront, dès lors, sous les ordres du général commandant la division territoriale où sera situé le lieu du rassemblement.

8. Le cas prévu par l'art. 1ᵉʳ arrivant, les compagnies des guides de l'administration des forêts seront mises par une ordonnance à la disposition du département de la guerre, pour être employées ainsi qu'il est dit à l'art. 3. Dans le cas où les événements de la guerre ne permettraient pas à ces compagnies de retourner dans leur résidence habituelle, après avoir concouru à la défense de leur département et de ceux limitrophes, elles pourront se diriger sur les places fortes désignées à l'avance, et feront partie des garnisons. Leur activité sera maintenue pendant le temps qu'elles y seront employées.

9. A dater de leur mise en activité, ces compagnies feront partie intégrante de l'armée, et jouiront des mêmes droits, honneurs et récompenses, que les corps de troupes qui la composent. Les lois et règlements qui la régissent leur seront applicables sous le rapport de la police et de la discipline. Les prestations en nature, le logement, les indemnités pour perte de chevaux et d'effets, la solde pour les journées d'hôpitaux, leur seront alloués par le département de la guerre. La solde actuelle sera conservée par le département des fi-

nances aux agents forestiers, aux gardes royaux et aux gardes mixtes, pour la part de leur traitement à la charge du trésor. La solde des gardes communaux et des gardes mixtes, pour la portion à la charge des communes, sera assurée par les soins du ministre du commerce et des travaux publics, qui donnera, à cet égard, aux préfets les instructions nécessaires. Les officiers, sous-officiers et caporaux prendront les insignes militaires, et les gardes royaux et communaux porteront deux épaulettes en laine, dont la première mise sera faite par le département de la guerre : ces épaulettes seront celles des voltigeurs (jaunes). Les inspecteurs, sous-inspecteurs et gardes généraux de première et seconde classes qui feront partie des compagnies, étant montés, conserveront leurs chevaux, et auront droit aux distributions de fourrages, suivant leur grade.

10. L'administration des forêts fera immédiatement procéder sur les lieux, par les agents supérieurs forestiers qu'elle désignera à cet effet, à l'organisation militaire des agents et gardes royaux et communaux des forêts, d'après les art. 2, 3, 4, 5, 6 et 7. Leur travail fera connaître l'arrondissement des compagnies et leur lieu de rassemblement, dans le cas où le département serait menacé d'une invasion.

11 et dernier. Nos ministres de la guerre, des finances, et du commerce et des travaux publics (duc de Dalmatie, baron Louis et comte d'Argout) sont chargés, etc.

Etat des départements dans lesquels, en exécution de l'ordonnance royale du 27 août 1831, il sera établi un contrôle de guerre par compagnie (sous la dénomination de guides), des agents et gardes royaux et communaux de l'administration des forêts.

2ᵉ *Conservation*, Troyes. *Département :* Haute-Marne. 4ᵉ *cons.* Douai. *Dépt. :* Aisne, Nord, Pas-de-Calais. 5ᵉ *cons.* Châlons. *Dépt. :* Ardennes, Meuse, Marne. 6ᵉ *cons.* Nancy. *Dépt. :* Meurthe, Moselle, Vosges. 7ᵉ *cons.* Colmar. *Dépt. :* Doubs, Bas-Rhin, Haut-Rhin. 8ᵉ *cons.* Dijon, *Dépt. :* Côte-d'Or, Jura, Haute-Saône, Saône-et-Loire. 12ᵉ *cons.* Toulouse. *Dépt :* Ariége, Aude, Haute-Garonne, Pyrénées-Orientales. 13ᵉ *cons.* Grenoble. *Dépt. :* Ain, Hautes-Alpes, Drôme, Isère. 17ᵉ *cons.* Pau. *Dépt. :* Basses-Pyrénées, Hautes-Pyrénées. 19ᵉ *cons.* Ain. *Dépt. :* Basses-Alpes, Var. Total, 10 *conservations*, 29 *départements*

---

27 AOUT = 9 SEPTEMBRE 1831. — Ordonnance du roi sur la composition du corps du train des des équipages militaires. (IX, Bull. O. CII, n. 2882.)

Louis-Philippe, etc.

Art. 1ᵉʳ. Il sera adjoint aux officiers comptables du corps du train des équipages militaires, savoir : au trésorier, un officier du grade de lieutenant ou de sous-lieutenant ; à l'officier d'habillement, un lieutenant chargé de l'armement, un lieutenant ou sous-lieutenant adjoint pour l'habillement.

2. Les sous-officiers, brigadiers et soldats employés près des officiers chargés des détails de l'administration dans les ateliers du corps ci-désigné, ou à des fonctions qui les détournent habituellement du service, ne seront pas compris dans l'effectif de la compagnie de dépôt, et feront partie du petit état-major sous la dénomination de *compagnie hors rang*.

3. Le nombre des soldats compris dans la compagnie hors rang ne sera point invariable. Il pourra, suivant les besoins du service, être augmenté ou diminué par des mutations entre cette compagnie et les compagnies actives. Ces mutations seront autorisées par le colonel, sur le rapport du major, en ce qui concerne l'administration et les ateliers, et sur celui du lieutenant-colonel, en ce qui concerne les soins à donner aux chevaux de remonte.

4. La compagnie hors rang sera sous la surveillance du lieutenant d'armement adjoint à l'officier d'habillement, qui exercera à son égard les fonctions de capitaine. Le lieutenant ou le sous-lieutenant adjoint à l'officier d'habillement remplira les mêmes fonctions en l'absence du lieutenant d'armement. Un maréchal-des-logis chef sera chargé de la comptabilité de la compagnie, et fera les fonctions de vaguemestre. Il sera attaché à la compagnie hors rang un brigadier fourrier. Le premier ouvrier, dans chacun des ateliers de sellier, de tailleur et de bottier, aura le grade et remplira les fonctions de brigadier.

5. L'effectif de la compagnie hors rang en raison de la composition actuelle du corps du train des équipages recevra la composition indiquée dans le tableau ci-après :

		Maréchal-des-logis chef.	Maréchaux-des-logis.	Maîtres ouvriers.	Brigadier-fourrier.	Brigadiers.	Soldats.	TOTAL.
Pour l'administration et l'instruction de la compagnie hors rang..	Maréchal-des-logis chef..	1	»	»	»	»	»	8
	Maréchaux-des-logis.	»	2	»	»	»	»	
	Brigadier-fourrier.	»	»	»	1	»	»	
	Brigadiers.	»	»	»	»	1	»	
Bureaux du major et du trésorier.	Premiers secrétaires, maréchaux-des-logis.	»	3	»	»	»	»	12
	Seconds secrétaires, brigadiers.	»	»	»	»	3	»	
	Secrétaires, soldats.	»	»	»	»	»	6	
Bureau de l'habillement.	Sous-officier chargé du magasin.	»	1	»	»	»	»	6
	Secrétaires, brigadiers.	»	»	»	»	2	»	
	soldats.	»	»	»	»	»	3	
Infirmerie des chevaux et service des écuries.	Sous-officier chargé du détail concernant l'éclairage, les ustensiles et les écuries.	»	1	»	»	»	»	2
	Adjoint-brigadier.	»	»	»	»	1	»	
Escrime.	Maître d'armes, maréchal-des-logis.	»	1	»	»	»	»	4
	Prévôts, brigadiers.	»	»	»	»	3	»	
Atelier de sellier.	Maître sellier, maréchal-des-logis.	»	»	1	»	»	»	8
	Premier ouvrier, brigadier.	»	»	»	»	1	»	
	Ouvriers, soldats.	»	»	»	»	»	6	
Atelier de l'armurier.	Maître armurier, maréchal-des-logis.	»	»	1	»	»	»	5
	Ouvriers, soldats.	»	»	»	»	»	4	
Atelier du tailleur.	Maître tailleur, maréchal-des-logis.	»	»	1	»	»	»	40
	Premier ouvrier, brigadier.	»	»	»	»	1	»	
	Ouvriers, soldats.	»	»	»	»	»	38	
Atelier du bottier.	Maître bottier, maréchal-des-logis.	»	»	1	»	»	»	35
	Premier ouvrier, brigadier.	»	»	»	»	1	»	
	Ouvriers, soldats.	»	»	»	»	»	33	
	TOTAUX.	1	8	4	1	16	90	120

6. Le vaguemestre maréchal-des-logis chef recevra, indépendamment de la solde de son grade et en raison de la responsabilité qui lui est imposée comme facteur, une indemnité de trente centimes par jour. Un sous-officier remplira les fonctions de vaguemestre dans les compagnies détachées, et recevra à cet effet une indemnité de vingt-cinq centimes par jour. Moyennant cette allocation, le vaguemestre, ou celui qui en remplit les fonctions, ne pourra réclamer aucune rétribution en sus de la taxe pour les lettres qu'il recevra, ni pour les fonds qu'il percevra ou qu'il enverra par la poste.

7. Notre ministre de la guerre (duc de Dalmatie) est chargé, etc.

———

29 AOUT = 9 SEPTEMBRE 1831. — Ordonnance du roi qui prescrit la continuation de la perception de la rétribution universitaire, autorisée par la loi. (IX, Bull. O. CII, n. 2879.)

Louis-Philippe, etc., sur le rapport de notre ministre de l'instruction publique et des cultes; vu l'art. 1er de la loi du 18 août 1831, portant que les impôts indirects maintenus par les lois des 12 décembre 1830 et 18 avril dernier continueront d'être perçus provisoirement jusqu'au 1er novembre prochain; vu l'art. 2 de la même loi, qui ouvre aux ministres pour les dépenses de leurs départements, sur l'exercice 1831, un crédit provisoire supplémentaire de cent vingt-cinq millions, qui sera réparti entre eux par ordonnance royale; considérant que les rétributions imposées en faveur de l'université sur les établissements particuliers d'instruction et sur les élèves qui fréquentent les écoles publiques, sont comprises dans l'art. 1er de la loi du 18 août, et que les exceptions contenues dans les art. 3, 4 et 5 de la loi du 12 décembre ne leur sont point applicables; que l'université, qui a des fonds spéciaux, ne peut pas être comprise dans la répartition du crédit ouvert aux ministres par l'art. 2 de cette dernière loi, et qu'il est indispensable de lui ouvrir sur ses propres fonds le crédit nécessaire pour subvenir à ses dépenses pendant les mois de septembre et octobre 1831, etc.

Art. 1er. L'université continuera à percevoir jusqu'au 1er novembre 1831 les rétributions imposées par la loi du 18 avril dernier sur les établissements particuliers d'instruction et sur les élèves qui fréquentent les écoles publiques.

2. Un crédit de cinq cent trente mille francs est ouvert à l'université sur les fonds spéciaux, pour subvenir à ses dépenses pendant les mois de septembre et octobre 1831.

3. Notre ministre de l'instruction publique et des cultes (M. Montalivet) est chargé, etc.

29 AOUT 1831. — Ordonnance qui approuve des demi-soldes, suppléments et pensions. (Bull. O. 109 bis, n. 2.)

29 AOUT 1831. — Ordonnance qui autorise à construire, maintenir et mettre en activité diverses usines. (Bull. O. 107 bis, n. 27.)

29 AOUT 1831. — Ordonnances qui autorisent délivrance de bois à diverses communes. (Bull. O. 107 bis, n. 28 et 29.)

30 AOUT = 8 NOVEMBRE 1831. — Ordonnance du roi qui révoque une concession gratuite faite aux ursulines de Dinan de bâtiments communaux. (IX, Bull. O. CXV, n. 3257.)

Louis-Philippe, etc., sur le rapport de notre ministre secrétaire d'Etat au département de l'instruction publique et des cultes; vu le décret du 3 vendémiaire an 13, par lequel les bâtiments dits de la Victoire ont été concédés à la ville de Dinan, département des Côtes-du-Nord, sous la condition d'y établir un collége; vu les délibérations du conseil municipal de Dinan, des 13 novembre 1819 et 22 novembre 1822; vu les ordonnances royales des 17 septembre 1823 et 22 août 1826 (1); vu les délibérations du conseil municipal de Dinan, des 31 décembre 1830 et 30 mars 1831; considérant que la délibération du 22 novembre 1822, dans laquelle est consigné le vœu que la jouissance des bâtiments de la Victoire soit concédée aux ursulines de Dinan, n'ayant été signée que de quatre membres du conseil municipal, elle est nulle de plein droit; qu'ainsi le seul acte régulier dont cette demande en concession ait été l'objet, est le refus formel exprimé dans la délibération du 13 novembre 1819; considérant que l'ordonnance du 17 septembre 1823, en vertu de laquelle les ursulines de Dinan ont pris possession des bâtiments de la Victoire, ne comporte qu'une jouissance temporaire; que d'ailleurs aucune concession de ce genre ne pouvait, à cette époque, être régulièrement faite auxdites ursulines, puis-

que leur communauté n'a été autorisée que par ordonnance du 22 août 1826; considérant que, bien qu'aux termes de l'ordonnance du 17 septembre 1823; il ne fût dû aux ursulines aucune indemnité pour les réparations faites par elles aux bâtiments de la Victoire, le conseil municipal de Dinan, prenant en considération la bonne foi et la briéveté de leur jouissance, a déclaré qu'il y avait lieu de leur rembourser les travaux utiles dont profiterait la ville; le comité de l'intérieur de notre conseil d'Etat entendu, etc.

Art. 1er. L'ordonnance du 17 septembre 1823 qui autorise le maire de Dinan, département des Côtes-du-Nord, à concéder gratuitement, au nom de la ville, aux ursulines de ladite ville, la jouissance des bâtiments de l'ancien collége et dépendances connus sous le nom de la Victoire, est rapportée.

2. La ville de Dinan est réintégrée dans la possession et libre disposition de ces bâtiments, aux conditions exprimées dans le décret du 3 vendémiaire an 13.

3. La ville de Dinan est tenue de payer, d'après une estimation préalable et à dire d'expert, aux ursulines qui ont occupé temporairement les bâtiments de la Victoire, une somme suffisante pour les indemniser des travaux et impenses faits par elles et dont profitera la ville.

4. Notre ministre de l'instruction publique et des cultes (M. Montalivet) est chargé, etc.

30 AOUT 1831. — Ordonnance qui fixe la pension de trente-cinq officiers réformés de 1814 à 1827. (Bull. O. 109 bis, n. 3.)

30 AOUT 1831. — Ordonnance qui crée un péage au port d'Auterive (Haute-Garonne). (Bull. O. 104, n. 2914.)

30 AOUT 1831. — Ordonnances qui autorisent l'acceptation de legs et donations faits à la bibliothèque de l'arsenal de Paris et aux hospices de diverses communes. (Bull. O. 111, n. 3164 à 3168.)

30 AOUT 1831. — Ordonnances qui autorisent le sieur Lemarchand et la dame Morainville à établir deux usines. (Bull. O. 108, n. 3095 et 3096.)

31 AOUT = 15 SEPTEMBRE 1831. — Ordonnance du roi qui prescrit des mesures sanitaires pour les provenances des ports de l'Espagne. (IX, Bull. O. CIII, n. 2891.)

Louis-Philippe, etc., vu l'art. 1er de la loi du 3 mars 1822; vu le titre 2 de l'ordonnance royale du 7 août suivant, etc.

Art. 1er. A l'avenir, et jusqu'à nouvel

_____

(1) Lisez : 29 août. — Lettre officielle du 20 octobre, et le Bulletin des lois, VIIIe série, n. 3708.

ordre, les capitaines de navires espagnols partant d'un port de l'Espagne, à destination de France, seront tenus de faire viser par le consul français en résidence dans le port de départ, la patente de santé qui leur aura été délivrée par les autorités locales.

2. A défaut de ce visa, les navires espagnols seront, indépendamment des mesures que nécessitera leur état sanitaire, soumis dans les ports de France à un surcroît de quarantaine réglé selon les circonstances, et qui ne pourra être de moins de cinq jours.

3. Nos ministres du commerce et des travaux publics, et des affaires étrangères (MM. d'Argout et Sébastiani), etc.

31 AOUT 1831. — Ordonnances qui accordent des pensions à cinquante-sept veuves de militaires, à soixante-dix-neuf militaires, et des secours annuels aux orphelins de trois militaires. (Bull. O. 106 bis, n. 1 à 3.)

31 AOUT 1831. — Ordonnance qui fixe la solde de retraite de trente-un officiers ou marins. (Bull. O. 109 bis, n. 11.)

31 AOUT 1831. — Ordonnance qui autorise diverses constructions à proximité des forêts. (Bull. O. 107 bis, n. 30.)

31 AOUT 1831. — Ordonnances qui autorisent l'acceptation de donation et legs faits à une commune et aux pauvres de la Pointe-Noire (Guadeloupe). (Bull. O. 111, n. 3169 et 3170.)

31 AOUT 1831. — Ordonnance qui autorise délivrance de bois à diverses communes. (Bull. O. 107 bis, n. 31.)

31 AOUT 1831. — Tableau du prix des grains pour servir de régulateur aux droits d'importation et d'exportation. (Bull. O. 99, n. 2770.)

31 AOUT 1831. — Ordonnance qui autorise l'inscription au trésor public de deux cent soixante-quatorze pensions civiles et militaires. (Bull. O., 2e sect., n. 482.)

1er SEPTEMBRE 1831. — Ordonnance qui convoque un collège électoral à Sezanne. (Bull. O. 102, n. 2883.)

1er SEPTEMBRE 1831. — Ordonnance établissant un commissariat de police à Louhans (Saône-et-Loire), et supprimant celui de Belley (Ain). (Bull. O. 103, n. 2900 et 2901.)

1er SEPTEMBRE 1831. — Ordonnance qui approuve des pensions, demi-soldes et suppléments accordés à ceux y dénommés. (Bull. O. 110 bis.)

2 SEPTEMBRE 1831. — Ordonnance qui accorde une pension à la veuve d'un comptable de subsistances militaires. (Bull. O. 103 bis, n. 9.)

2 SEPTEMBRE 1831. — Ordonnance qui autorise délivrance de bois à diverses communes. (Bull. O. 111 bis, n. 1.)

3 SEPTEMBRE = 11 OCTOBRE 1831. — Ordonnance du roi qui approuve les modifications aux statuts de la caisse d'épargne et de prévoyance de Lyon. (IX, Bull. O. CIX, n. 3105.)

Louis-Philippe, etc., sur le rapport de notre ministre du commerce et des travaux publics; vu l'ordonnance royale du 11 septembre 1822, portant autorisation de la caisse d'épargnes et de prévoyance formée à Lyon; vu les modifications délibérées par le comité des directeurs pour mettre les statuts de la caisse en harmonie avec les dispositions de l'ordonnance du 3 juin 1829; notre conseil d'État entendu, etc.

Art. 1er. Sont approuvées les dispositions des actes passés, les 18 juillet 1829 et 1er avril 1830, par-devant Casati et son collègue, notaires à Lyon, pour faire jouir la caisse d'épargnes et de prévoyance de ladite ville de la faculté accordée aux caisses d'épargnes par l'ordonnance royale du 3 juin 1829, de verser leurs fonds en dépôt au trésor public.

2. Notre ministre du commerce et des travaux publics (comte d'Argout) est chargé, etc.

3 SEPTEMBRE = 29 DÉCEMBRE 1831. — Ordonnance du roi portant autorisation de la société anonyme formée à Bordeaux pour la construction d'un pont suspendu sur la rivière de l'Isle, devant Libourne, et approbation des statuts de cette société. (IX, Bull. O. CXXIX, n. 3643.)

Louis-Philippe, etc., sur le rapport de notre ministre secrétaire d'État du commerce et des travaux publics; vu les art. 29 à 37, 40 à 45 du Code de commerce; le conseil d'État entendu, etc.

Art. 1er. La société anonyme formée à Bordeaux, pour la construction d'un pont suspendu sur la rivière de l'Isle, devant Libourne, par acte passé le 16 juin 1831, par-devant Caillavet et son collègue, notaires à Bordeaux, est autorisée. Sont approuvés les statuts contenus audit acte, qui restera annexé à la présente ordonnance.

2. Nous nous réservons de révoquer notre autorisation en cas de violation ou de non exécution des statuts approuvés, sans préjudice du droit des tiers.

3. La présente société sera tenue de remettre, tous les six mois, un extrait de son état de situation au préfet du département de la Gironde, à la chambre de commerce et au greffe du tribunal de commerce de Bordeaux; pareil extrait sera adressé au ministre du commerce et des travaux publics.

4. Notre ministre du commerce et des travaux publics (comte d'Argout) est chargé, etc.

(Suivent les statuts.)

3 SEPTEMBRE 1831. — Ordonnance qui réduit le nombre des bourses entretenues au collège royal par la ville de Strasbourg. (Bull. O. 110, n. 3140.)

3 SEPTEMBRE 1831. — Ordonnance qui supprime les bourses entretenues dans le collège royal de Versailles par la ville de Paris, et réduit celles entretenues dans les collèges de Louis-le-Grand, Henri-Quatre et Saint-Louis. (Bull. O. 110, n. 3141.)

3 SEPTEMBRE 1831. — Ordonnance relative aux bourses entretenues par la ville de Beaune au collège royal de Dijon. (Bull. O. 107 *bis*, n. 32.)

3 SEPTEMBRE 1831. — Ordonnance qui autorise le sieur Lechanteur à ajouter à son nom celui de Pontaumont, et le sieur Tripe celui de Ginouvier. (Bull. O. 105, n. 2940.)

3 SEPTEMBRE 1831. — Ordonnances qui autorisent à construire et conserver divers moulins et usines. (Bull. O. 108 et 109, n. 3097, 3099 à 3103, 3113 à 3117.)

4 SEPTEMBRE 1831. — Ordonnance qui accorde une pension à un ancien conseiller d'État. (Bull. O. 103 *bis*, n. 10.)

6 = 23 SEPTEMBRE 1831. — Ordonnance du roi sur la recomposition et les attributions de la commission des récompenses nationales. (IX, Bull. O. CV, n. 2937.)

Louis-Philippe, etc., vu l'ordonnance du 26 août 1830, laquelle a désigné les membres alors appelés par nous à faire partie de la commission des récompenses nationales ; vu la loi du 30 août même année, qui dispose qu'une commission nommée par le roi fera les recherches nécessaires pour constater les titres de ceux qui ont droit aux récompenses, secours et indemnités ; vu la loi du 13 décembre 1830, laquelle a adjoint à la commission créée par l'ordonnance précitée le préfet de la Seine, les douze maires de Paris, et deux membres des arrondissements de Sceaux et de Saint-Denis ; vu l'ordonnance du 28 février 1831, prescrivant que toutes les dispositions relatives à l'exécution de la loi du 13 décembre seront terminées, au plus tard, le 15 mai de cette année ; vu la délibération de la commission des récompenses nationales du 24 juin 1831, d'où résulte que cette commission, après avoir accompli la plus grande partie des travaux dont elle était chargée, croit pouvoir ajourner ses réunions ; considérant que, pendant la présente session des Chambres, il est urgent que le compte à leur rendre, en vertu de l'art. 15 de la loi du 13 décembre 1830, des fonds alloués par cette loi, soit promptement préparé, etc.

Art. 1er. A partir de la promulgation de la présente ordonnance, la commission des récompenses nationales ne sera plus composée que de M. le préfet de la Seine, président ; des douze maires de Paris, des deux membres précédemment désignés pour les arrondissements de Sceaux et de Saint-Denis, tous déjà appelés à remplir ces fonctions par la loi du 13 décembre 1830, et de M. Mianné Saint-Firmin, secrétaire actuel.

2. La commission ainsi composée statuera sur le petit nombre de réclamations qui seraient encore en instance lors de la promulgation de la présente ordonnance, et sur les droits qui, à cette date, n'auraient pas encore été l'objet d'une décision définitive. Sont, par conséquent, exceptées de cette disposition les demandes de croix et de médailles pour Paris et la banlieue, demandes sur lesquelles la précédente commission a prononcé définitivement.

3. MM. les membres dont se composait la commission créée par notre ordonnance du 26 août 1830 demeurent spécialement chargés de la préparation du compte à rendre aux Chambres de la distribution des fonds alloués par la loi du 13 décembre, par suite des crédits ouverts à nos ministres de l'intérieur et des finances.

4. Le compte général dont il est question à l'art. 3 qui précède, devra être soumis à notre approbation, par notre ministre de l'intérieur, avant le 31 octobre prochain, époque à laquelle sera dissoute la commission formée, comme il est dit à l'art. 1er de la présente ordonnance.

5. La commission des récompenses, formée en exécution de l'art. 1er, n'étant prorogée jusqu'au 31 octobre que dans le but de prononcer définitivement sur les dernières réclamations dont elle a été saisie en temps utile, et, en outre, plusieurs délais depuis longtemps expirés ayant été à diverses reprises fixés et publiés pour avertir les ayants-droit actuellement mis en demeure, aucune nouvelle réclamation ne sera admise par la commission postérieurement à la publication de la présente ordonnance.

6. M. le préfet de la Seine, président de la commission, prendra des mesures pour que ces séances soient définitivement closes le 31 octobre, et pour que l'ensemble des archives que la commission a réunies jusqu'à ce jour soit mis à la disposition de notre ministre de l'intérieur, qui nous présentera un rapport sur la destination à leur donner, dans l'intérêt des familles qui auraient ultérieurement à consulter ces précieux documents, ou à réclamer des titres qui les intéresseraient.

7. Notre ministre de l'intérieur (Casimir Périer) est chargé, etc.

6 SEPTEMBRE 1831. — Ordonnance qui autorise

construire diverses usines à proximité des forêts. (Bull. O. 111 *bis*, n. 3.)

6 SEPTEMBRE 1831. — Ordonnance qui autorise délivrance de bois à diverses communes. (Bull. 111 *bis*, n. 2.)

7 SEPTEMBRE = 22 NOVEMBRE 1831. — Ordonnance du roi portant *création d'un bureau de conservation des hypothèques pour l'arrondissement de Saint-Paul, île de Bourbon.* (IX, Bull. O. CXVIII, n. 3326.)

Louis-Philippe, etc., vu l'ordonnance royale du 22 novembre 1829 qui a organisé la conservation des hypothèques à l'île de Bourbon, et qui porte (art. 1ᵉʳ) que le bureau de conservation continuera d'être placé dans la ville où siège le tribunal de première instance ; vu notre ordonnance du 10 juillet dernier portant création dans cette colonie, pour la partie Sous-le-Vent, d'un second tribunal de première instance, lequel siégera à Saint-Paul, etc.

Art. 1ᵉʳ. Il sera établi dans la ville de Saint-Paul, île de Bourbon, un bureau de la conservation des hypothèques, qui aura pour arrondissement le ressort du tribunal de première instance siégeant dans la même ville.

2. Toutes les dispositions de l'ordonnance organique du 22 novembre 1829 seront applicables au bureau de conservation et au conservateur des hypothèques créés par l'article précédent.

3. Notre ministre de la marine et des colonies (comte de Rigny) est chargé, etc.

7 SEPTEMBRE = 17 NOVEMBRE 1831. — Ordonnance du roi sur l'âge d'admission aux concours pour les places d'adjoints du génie maritime. (IX, Bull. O. CXVII, n. 3323.)

Louis-Philippe, etc.

Art. 1ᵉʳ. L'art. 27 de l'ordonnance royale du 28 mars 1830 sur l'organisation du corps du génie maritime, qui fixe l'âge des candidats aux places d'adjoints du génie maritime, de vingt-cinq à trente ans, est modifié comme il suit : « Les concurrents aux places « d'adjoints du génie maritime seront admis « à concourir jusqu'à l'âge de quarante « ans. »

2. Notre ministre de la marine et des colonies (M. de Rigny) est chargé, etc.

7 = 15 SEPTEMBRE 1831. — Ordonnance du roi sur le placement à Versailles de l'école normale primaire. (IX, Bull. O. CIII, n. 2896.)

Louis-Philippe, etc.

Art. 1ᵉʳ. Le local situé à Versailles, entre l'avenue de Saint-Cloud et celle de Paris, et formant l'encoignure des rues

dites *de Saint-Pierre* et *du Chenil*, est mis à la disposition de notre ministre de l'instruction publique et des cultes, pour y placer l'école normale primaire de l'académie de Paris. La partie de ce local actuellement employée pour le service du département de la guerre, sera rendue libre le plus promptement possible.

2. Nos ministres de la guerre et de l'instruction publique et des cultes se concerteront avec l'administration de l'ancienne liste civile pour l'exécution de la présente ordonnance. (*Contresignée* MONTALIVET.)

7 SEPTEMBRE 1831. — Ordonnance qui établit des foires dans la commune de Sorges (Dordogne). (Bull. O. 111, n. 3174.)

7 SEPTEMBRE 1831. — Ordonnance qui approuve les statuts de l'église cathédrale de Saint-Dié. (Bull. O. 120, n. 3385.)

7 SEPTEMBRE 1831. — Ordonnance qui autorise la ville de Schlestadt à entretenir au collège royal de Strasbourg deux bourses, l'une à trois quarts de pension et l'autre à demi-pension, en sus de celles qu'elle a déjà. (Bull. O. 111, n. 3172.)

7 SEPTEMBRE 1831. — Ordonnances qui autorisent l'acceptation de legs faits à des fabriques, maires et congrégations religieuses, et rejettent celui fait au séminaire de Bayeux. (Bull. O. 111 et 113, n. 3171, 3196, 3197, 3200.)

7 SEPTEMBRE 1831. — Ordonnance qui approuve la transaction passée entre la fabrique, le conseil municipal de Godefroy (Manche) et le sieur Huvé. (Bull. O. 113, n. 3198.)

7 SEPTEMBRE 1831. — Ordonnance qui réunit la commune de Feule (Doubs) à celle de Dampjoux. (Bull. O. 113, n. 3199.)

7 SEPTEMBRE 1831. — Ordonnance qui autorise la distraction de partie d'un presbytère pour y établir la mairie et le logement de l'instituteur. (Bull. O. 113, n. 3201.)

7 SEPTEMBRE 1831. — Ordonnances qui autorisent plusieurs fabriques à employer diverses sommes en achat de rentes sur l'Etat. (Bull. O. 113, n. 3202 à 3207.)

8 SEPTEMBRE 1831 = 24 FÉVRIER 1832. — Ordonnance du roi portant que toutes les parties de rente au-dessous de cinquante francs, formant la neuvième série du grand-livre de la dette inscrite, seront réparties dans les huit premières séries. (IX, Bull. O. CXXXVIII, 1ᵉʳ sect., n. 4037.)

Louis-Philippe, etc., considérant qu'il importe de réduire le nombre des séries qui composent le grand-livre de la dette inscrite, et qui sont en ce moment au nombre de onze ; considérant qu'il importe que tous les paiements de rentes inscrites soient soumis aux formes prescrites par la loi du 22 floréal an 7, auxquelles avait dérogé sans nécessité l'ordonnance du 5 mars

1823 ; sur le rapport de notre ministre se-crétaire d'Etat des finances, etc.

Art. 1er. Toutes les parties de rente au-dessous de cinquante francs, formant aujourd'hui la neuvième série du grand-livre de la dette inscrite, seront réparties, suivant la lettre initiale du nom des titu-laires, dans les huit premières séries dudit grand-livre.

2. Le travail de cette refonte commen-cera immédiatement après la clôture des transferts ayant jouissance du 22 mars 1831, et elle s'effectuera sur les parties non transférées comme sur les parties trans-férées, de manière à être complétement terminée pour les paiements de l'échéance du 22 mars 1832.

3. Les formes à suivre pour le paiement des rentes au-dessous de cinquante francs ainsi refondues dans les huit séries du grand-livre, seront celles voulues par la loi du 22 floréal an 7 pour toutes les rentes sur l'Etat, et l'ordonnance royale du 5 mars 1823 demeure en conséquence rapportée.

4. Notre ministre des finances (baron Louis) est chargé, etc.

8 = 23 septembre 1831. — Ordonnance du roi sur les pensions des employés des prisons. (IX, Bull. O. CV, n. 2938.)

Louis-Philippe, etc., vu le décret du 7 mars 1808 et l'ordonnance du 1er septem-bre 1830 concernant la caisse des retraites des employés des prisons ; voulant remé-dier à l'insuffisance actuelle des produits ; notre conseil d'Etat entendu, etc.

Art. 1er. Le fonds des pensions se com-posera : 1° des arrérages des rentes ac-quises au moyen des sommes disponibles ; 2° de la retenue du premier mois d'appoin-tements des employés qui seront admis à l'avenir. Sont exceptés les employés dont le traitement n'excède pas six cents francs par an ; 3° de la retenue du premier mois de toutes les augmentations de traitement ob-tenues, soit dans les mêmes fonctions, soit par suite d'avancement. Cette retenue s'ap-plique à toute augmentation, quel que soit le traitement ; 4° des retenues opérées sur les traitements des employés en congé. Ces retenues sont fixées par l'autorité qui ac-corde les congés ; 5° des portions de trai-tement libres par vacance d'emploi pour un mois au plus ; 6° d'une retenue de cinq centimes pour franc sur les traitements de tous les employés.

2. Ces produits seront, au fur et à me-sure des recettes, versés à la caisse des dé-pôts et consignations, qui demeure chargée du paiement des pensions.

Condition d'admission à la retraite.

3. Les employés des prisons auront droit à une pension de retraite, après trente ans de services effectifs, dont quinze au moins dans les prisons.

4. La pension pourra être accordée avant trente ans à ceux qui, ayant quinze ans de service dans les prisons, seront réformés par suppression de leur emploi, ou se trou-veront incapables de le remplir par suite d'accident ou d'infirmités résultant de leur service.

5. L'employé qui aura été blessé et mis par les prisonniers hors d'état d'exercer ses fonctions, aura droit à une pension dont le *minimum* sera calculé sur vingt ans de service, et s'accroîtra dans la pro-portion de moitié de ses années de service effectif.

6. Tout employé démissionnaire, ou destitué par décision du ministre, avant trente ans de service, perd ses droits à la pension.

7. Les employés du service de sûreté, dans les maisons d'arrêt et de justice, et dans les prisons pour peines, devront, pour être admis à la pension, justifier, par cer-tificats des procureurs généraux et des pré-fets, qu'ils ont rempli fidèlement leurs devoirs, et n'ont pas laissé évader de pri-sonniers par leur faute.

8. Aucun gardien révoqué, après avoir été condamné pour des faits relatifs, ne pourra être admis à la retraite.

Services admissibles.

9. Seront comptés, pour établir le droit à la pension, les services civils et militaires.

10. Les services civils comprendront le temps d'exercice de toute fonction publique à laquelle est attaché un traitement, et de tout emploi dans les ministères, les direc-tions qui en dépendent, et dans les bureaux des préfectures. Ces services ne se compte-ront que de l'âge de vingt ans accomplis.

11. Si l'employé jouit d'une pension pour services civils sur les fonds de l'Etat, la pension de retraite sera liquidée sur la to-talité des services ; mais la pension sur l'Etat sera déduite de la somme ainsi ré-glée, et l'excédant seul sera payé sur la caisse des prisons.

12. Les services militaires seront admis à raison de leur durée effective, sans ac-croissement pour les compagnies ou pour toute autre cause.

13. Si l'employé a déjà été pensionné comme militaire sur les fonds de l'Etat, ses services militaires ne seront plus comp-tés dans la liquidation sur la caisse des re-traites ; mais il pourra cumuler les deux

pensions. Les services militaires non récompensés n'accroîtront la pension que dans la proportion, pour chaque année, du trentième de la somme fixée comme *minimum*, pour chaque grade par les lois des 11 et 18 avril 1831.

Liquidation des pensions.

14. Pour déterminer la quotité de la pension, il sera fait une année moyenne du traitement dont l'employé aura joui pendant les quatre dernières années de son activité. Les gratifications, indemnités et autres allocations supplémentaires, sur lesquelles ne porte pas la retenue, n'entreront pas dans ce compte.

15. La pension sera d'un soixantième du traitement moyen pour chacune des trente premières années de service, et d'un cinquantième pour chacune des années suivantes, sans toutefois qu'elle puisse, en aucun cas, excéder les deux tiers de ce traitement. Les fractions de franc seront négligées.

Veuves et orphelins.

16. La veuve d'un pensionnaire ou d'un employé décédé en activité de service, et ayant acquis les droits à la pension, conformément aux art. 4, 5 ou 7, pourra obtenir une partie de la pension dont jouissait ou qu'aurait obtenue son mari.

17. Pour être admise à jouir de cette réversibilité, la veuve devra prouver qu'elle était mariée avec l'employé mort en activité de service cinq ans avant son décès, ou avec le pensionnaire, cinq ans avant qu'il fût admis à la retraite.

18. La pension sera accordée, indépendamment de la condition de cinq années de mariage, à la veuve de l'employé qui aura perdu la vie en résistant aux tentatives d'évasion ou aux violences des prisonniers, ou qui sera mort de ses blessures dans les six mois.

19. Ne sont pas admises à la réversibilité de la pension les femmes divorcées ou séparées de corps, celles qui se remarieront cesseront d'en jouir.

20. Si la veuve ne satisfait pas aux conditions exigées, la pension qui lui aurait été attribuée sera répartie, à portion égale, entre les enfants de l'employé décédé, qui en jouiront jusqu'à l'âge de quinze ans accomplis, sans réversibilité des uns sur les autres. Il en sera de même si l'employé ne laisse pas de veuve, ou si la veuve vient à décéder ou à se remarier avant que les enfants aient accompli leur quinzième année. Néanmoins, s'il n'existe qu'un seul enfant de l'âge déterminé ci-dessus, il ne recevra

que la moitié de la somme accordée à la veuve.

21. S'il y a des enfants d'un premier lit, la part de pension réversible à la famille sera partagée par moitié entre eux et la veuve.

22. La part de pension échue à un enfant pourra lui être continuée après l'âge de quinze ans accomplis, à titre de secours et par disposition spéciale, s'il est dans l'indigence, et si, à raison d'infirmités graves et incurables, il est hors d'état de travailler.

23. Il est accordé aux veuves ou aux enfants, dans les cas prévus ci-dessus, sur les pensions de trois cents francs et au-dessous, moitié; sur les pensions de six cents francs, un tiers; sur les pensions de mille francs et au-dessus, un quart. Pour les pensions de trois cents francs à six cents francs, la part de la veuve se composera : 1° de moitié des premiers trois cents francs ; 2° d'un sixième de la somme excédant trois cents francs. Pour les pensions de six cents francs à mille francs, cette part sera : 1° d'un tiers des premiers six cents francs, et 2° d'un huitième de l'excédant.

Dispositions transitoires.

24. Les employés qui ont trente ans de services accomplis à la date de la présente ordonnance, pourront faire liquider leurs pensions suivant les règles établies par le décret du 7 mars 1808.

25. Nos ministres du commerce et des travaux publics, et des finances (MM. d'Argout et Louis) sont chargés, etc.

8 septembre 1831. — Ordonnance qui autorise un péage pour la construction d'un pont sur le Rhône, à Pierrette (Isère). (Bull. O. 105, n. 2939.)

8 septembre 1831. — Ordonnance qui autorise un péage sur le pont de bateaux à Rouen. (Bull. O. 114, n. 3229.)

8 septembre 1831. — Ordonnances relatives aux octrois de diverses communes. (Bull. O. 111 *bis*, n. 4.)

8 septembre 1831. — Ordonnance qui accorde une pension à un ancien sous-préfet. (Bull. O. 105 *bis*, n. 6.)

8 septembre 1831. — Ordonnance qui soumet un bois au régime forestier. (Bull. O. 111 *bis*, n. 5.)

9 = 30 septembre 1831. — Ordonnance du roi qui met, par anticipation, à la disposition du ministère de la marine et des colonies, sur les fonds de l'exercice 1832, une somme de deux millions quatre-vingt-deux mille francs. (IX, Bull. O. CVI, n. 2973.)

Louis-Philippe, etc.

Art. 1er. Il est mis, par anticipation, à

la disposition de notre ministre secrétaire d'Etat de la marine et des colonies, sur les fonds de l'exercice 1832, une somme de deux millions quatre - vingt - deux mille francs, divisible entre les chapitres 2 et 11 du budget, savoir :

Chap. 2. En numéraire pour les avances à donner aux bâtiments expéditionnaires, 200,000 fr.

Chap. 11. En traites pour les services militaires des colonies, 590,000 fr.; en numéraire pour les mêmes services, 1,292,000 fr.

Somme pareille, 2,082,000 fr.

2. Nos ministres des finances et de la marine et des colonies (MM. Louis et de Rigny) sont chargés, etc.

9 = 23 septembre 1831. — Ordonnance du roi sur les formes de jugement au conseil d'Etat, des prises maritimes. (IX, Bull. O. CV, n. 2936.)

Louis-Philippe etc., vu nos ordonnances des 2 février et 12 mars 1831 sur la forme de procéder en notre conseil d'Etat; vu l'avis de notre conseil d'Etat en date du 11 août dernier, qui surseoit à délibérer sur un projet d'ordonnance relatif à la prise du navire le Jean-Joseph, arrêté sur la côte d'Afrique sous la prévention de piraterie, jusqu'à ce qu'il ait été par nous décidé si le jugement sur la validité des prises maritimes doit être soumis aux formes de procédure établies par nosdites ordonnances pour le jugement des affaires contentieuses; considérant qu'il importe de statuer dans le plus bref délai sur la validité des prises maritimes, pour ne pas prolonger indûment la captivité des marins capturés; considérant d'ailleurs que le jugement des prises maritimes est souvent subordonné à des considérations diplomatiques qui ne peuvent devenir l'objet d'une discusssion publique, etc.

Art. 1er. Le conseil d'Etat continuera de statuer sur la validité des prises maritimes, conformément aux formes établies par les règlements antérieurs à notre ordonnance du 2 février dernier (1).

2. Notre ministre de la justice (M. Barthe) est chargé, etc.

9 septembre 1831. — Ordonnance qui convoque quatre colléges électoraux. (Bull. O. 104, n. 2910.)

9 septembre 1831.—Ordonnance autorisant M. Patry, conseiller d'Etat, à participer aux délibérations du conseil, qui nomme M. Amédée Jaubert conseiller d'Etat en service extraordinaire, et M. de la Tour-Maubourg maître des requêtes. (Bull. O. 109, n. 3106.)

9 septembre 1831. — Ordonnances qui accordent des lettres de naturalité aux sieurs Schelling, Mercier et Sulpice. (Bull. O. 131 et 134, n. 3700, 3701 et 4010.)

9 septembre 1831. — Ordonnance qui admet les sieurs Enderlin, Klasi, Misner, Meyer, Schneeberger, Vauterin, Wilson à établir leur domicile en France. (Bull. O. 105, n. 2941.)

9 septembre 1831. — Lettres de naturalité accordées au sieur Chauton. (Bull. O., 2e sect., n. 1066.)

10 septembre 1831. — Ordonnance qui accorde des pensions à soixante-dix-huit militaires. (Bull. O. 108 bis, n. 1.)

10 septembre 1831. — Ordonnance relative aux octrois de diverses communes. (Bull. O. 111 bis, n. 6.)

11 septembre 1831. — Ordonnance qui nomme le maréchal duc de Trévise grand-chancelier de la Légion-d'Honneur. (Bull. O. 104, n. 2913.)

11 septembre 1831. — Ordonnance qui convoque onze colléges électoraux. (Bull. O. 104, n. 2911.)

12 septembre 1831. — Ordonnance qui accorde des pensions à deux veuves de maréchaux de France. (Bull. O. 108 bis, n. 2.)

12 septembre 1831. — Ordonnance qui convoque un collége électoral de la Corse. (Bull. O. 104, n. 2612.)

13 septembre 1831. — Ordonnance qui autorise délivrance de bois à diverses communes. (Bull. O. 111 bis, n. 11.)

14 = 30 septembre 1831. — Ordonnance du roi

(1) L'ordonnance du 2 février 1831 établissait la publicité comme règle générale ; l'ordonnance du 12 mars 1831 a excepté les demandes en autorisation de plaider formées par les communes, les demandes en autorisation de poursuites contre des fonctionnaires publics, et les appels comme d'abus. La présente ordonnance refuse aussi aux contestations sur la validité des prises maritimes la publicité de l'audience, par le motif que les considérations diplomatiques ne peuvent être l'objet d'une discussion publique. Je ne comprends pas que ce soit là une raison assez puissante pour justifier l'exception. On aurait pu dire aussi que les mesures administratives et les actes de l'autorité ne peuvent devenir l'objet des débats publics et maintenir l'ancien système de jugement à huis clos. Puisque la publicité des audiences du conseil d'Etat a été considérée comme une garantie nécessaire, il me semble qu'il n'aurait fallu s'en écarter que dans les cas où des inconvénients graves et évidents auraient pu en résulter. L'ancien conseil des prises jugeait sur simples mémoires. Voy. arrêté du 6 germinal an 8, art. 13. Ce conseil a été supprimé par l'ordonnance du 22 juillet 1814, et ses attributions ont été conférées au comité du contentieux par les ordonnances des 9 janvier 1815 et 23 août 1815, art. 13.)

portant qu'il sera ajouté un peloton hors rang au bataillon d'ouvriers d'administration. (IX, Bull. O. CVI, n. 2974.)

Louis-Philippe, etc.

Art. 1er. Par analogie avec ce qui a été fait à l'égard des régiments d'infanterie, il sera ajouté un peloton hors rang au bataillon d'ouvriers d'administration.

2. Ce peloton sera composé ainsi qu'il suit, savoir :

Officier d'habillement, commandant, 1; fourrier (vaguemestre), 1; sergent, moniteur général, 1; sergent, secrétaire du trésorier, 1; sergent, maître d'escrime, 1; sergent, maître armurier, 1; sergent, maître tailleur, 1; sergent, maître cordonnier, 1; caporal, second secrétaire du trésorier, 1; caporal; secrétaire de l'officier d'habillement, 1; caporal, ouvrier armurier, 1; caporaux, premiers ouvriers tailleurs, 2; caporal, premier ouvrier cordonnier, 1; ouvrier armurier, 1; tailleurs, 25; cordonniers, 20. Totaux : officier, 1; troupe, 59.

3. Notre ministre de la guerre (duc de Dalmatie) est chargé, etc.

----

14 = 30 SEPTEMBRE 1831. — Ordonnance du roi qui modifie l'organisation du bataillon d'ouvriers d'administration en ce qui concerne l'état-major et la compagnie de dépôt de ce corps. (IX, Bull. O. CVI, n. 2975.)

Louis-Philippe, etc.

Art. 1er. L'art. 5 de l'ordonnance du 24 février 1830, portant réorganisation du bataillon d'ouvriers d'administration, est modifié ainsi qu'il suit, en ce qui concerne l'état-major et la compagnie de dépôt de ce corps, savoir :

Etat-major.

Chef de bataillon, 1; adjudant-major, 1; trésorier, 1; chirurgien aide-major, 1; adjudant-sous-officier, 1 (compris dans le peloton hors rang pour l'administration seulement); tambour-maître en remplacement du maître clairon, 1 (*id.*). Totaux : officiers, 4; troupe, 2.

Compagnie de dépôt.

Capitaine, 1; lieutenant, 1; sous-lieutenants, 2; sergent-major, 1; sergents, 6; fourrier, 1; caporaux, 21 (tous hommes de métier, mais sans distinction de profession); tambours, 2; soldats ouvriers en nombre indéterminé, selon la force des levées. Totaux : officiers, 4; troupe, 31.

2. Notre ministre de la guerre (duc de Dalmatie) est chargé, etc.

----

14 SEPTEMBRE = 1er OCTOBRE 1831. — Ordonnance

du roi portant création d'une compagnie hors rang dans le régiment d'artillerie de marine. (IX, Bull. O. CVII, n. 3003.)

Louis-Philippe, etc.

Art. 1er. Dans le régiment d'artillerie de marine, les sous-officiers et canonniers employés près des officiers chargés des détails de l'administration, ou dans les ateliers du corps, ou enfin à des fonctions qui les détournent habituellement du service ordinaire, ne seront plus compris dans l'effectif des compagnies. Ils seront réunis au petit état-major sous la dénomination de *compagnie hors rang,* laquelle sera composée de quatre sections, conformément au tableau ci-annexé.

2. Le nombre des soldats ouvriers ne sera point invariable : il pourra, suivant les besoins du service, être augmenté ou diminué par des mutations entre les sections et les compagnies. Ces mutations seront autorisées par le commandant du corps, sur la proposition des officiers supérieurs ayant le commandement des diverses portions du régiment.

3. La compagnie *hors rang* sera commandée par le capitaine d'habillement : cet officier aura pour lieutenants commandant les sections, les officiers payeurs et d'habillement détachés à Brest, Toulon et Rochefort, ainsi que l'officier chargé de l'armement du régiment, et, pour sous-lieutenant, le porte-drapeau.

4. Le moniteur général de l'école d'enseignement du régiment sera sergent-major de la compagnie hors rang. Les moniteurs des écoles des compagnies détachées dans les ports seront chargés des écritures des deuxième, troisième et quatrième sections. Il sera nommé un fourrier pour le service des écritures de la première section.

5. Dans chacune des sections de la compagnie hors rang, un des sous-officiers sera désigné par le chef du corps pour remplir les fonctions de facteur; il recevra, à cet effet, et à raison de la responsabilité qui lui sera imposée, une indemnité de trente centimes par jour dans les ports de Lorient et de Toulon, et de vingt-cinq centimes dans les ports de Brest et de Rochefort. Toutes les fois qu'une compagnie sera détachée, le capitaine désignera un sous-officier pour entrée chargé des fonctions de facteur; ce militaire recevra une indemnité de quinze centimes par jour. Moyennant ces allocations, ceux qui rempliront les fonctions de facteur, ne pourront réclamer une rétribution en sus de la taxe pour les lettres qu'ils recevront, ni pour les fonds qu'ils percevront ou qu'ils enverront par la poste.

6. Notre ministre de la marine et des colonies (comte de Rigny) est chargé, etc.

14 SEPTEMBRE 1831. — Ordonnances qui autorisent l'acceptation, jusqu'à concurrence de moitié, de deux legs faits à deux fabriques et rejettent celui fait à l'église de Vignoc (Ille-et-Vilaine). (Bull. O. 113, n. 3209 à 3211.)

15 SEPTEMBRE 1831. — Ordonnance qui nomme M. Lebrun directeur de l'Imprimerie royale. (Bull. O. 109, n. 3107.)

15 SEPTEMBRE 1831. — Ordonnance qui accorde des lettres de naturalité au sieur Mabbouc. (Bull. O. 131, n. 3702.)

15 SEPTEMBRE 1831. — Ordonnance qui admet les sieurs Arnold, Berthoud, Bübler, Gerfaux, Klœtzer, Orselli, Steinmetz, de Ton-Dittmer, Wiedensohler à établir leur domicile en France. (Bull. O. 106, n. 2985.)

15 SEPTEMBRE 1831. — Ordonnance qui approuve le procès-verbal de délimitation de divers bois. (Bull. O. 111 bis, n. 9.)

15 SEPTEMBRE 1831. — Ordonnance qui rapporte celle du 6 juin 1830 relative à un bois de la commune d'Ornemans. (Bull. O. 111 bis, n. 8.)

15 SEPTEMBRE 1831. — Ordonnance qui convoque des collèges électoraux. (Bull. O. 105, n. 2935.)

15 SEPTEMBRE 1831. — Ordonnances qui autorisent un maire et le directeur des écoles chrétiennes de Montpellier à accepter divers legs. (Bull. O. 115, n. 3362 et 3363.)

15 SEPTEMBRE 1831. — Ordonnance qui autorise délivrance de bois à diverses communes. (Bull. O. 111 bis, n. 7.)

15 SEPTEMBRE 1831. — Ordonnance qui accorde des lettres de naturalité au sieur Nockels. (Bull. supp., n. 11465.)

16 = 23 SEPTEMBRE 1831. — Ordonnance du roi qui prohibe l'entrée des peaux, cuirs, pelleteries, plumes et duvets de provenance suspecte. (IX, Bull. O. CV, n. 2934.)

Louis-Philippe, etc., le conseil supérieur de santé entendu, etc.

Art. 1er. Jusqu'à ce qu'il en soit autrement ordonné, les peaux épilées ou en poil, sèches ou en vert, les cuirs et peaux préparées sans distinction, les peaux communes revêtues de leurs poils, les poils et crins en masse, non compris les laines qui peuvent être admises après purification, les cheveux, les pelleteries et fourrures de toute sorte en paquet ou cousues en nappes, sacs ou touloupes, et les plumes et duvets, sont prohibés à l'entrée du royaume, en tant que ces objets proviennent des pays qui, en raison des dangers que présente leur état sanitaire, se trouvent ou se trouveront placés sous le régime de la patente brute ou de la patente suspecte.

2. Nos ministres du commerce et des travaux publics et des finances (comte d'Argout et baron Louis) sont chargés, etc.

16 SEPTEMBRE = 1er OCTOBRE 1831. — Ordonnance du roi relative aux droits de transport sur le chemin de fer de Saint-Etienne à Lyon. (IX, Bull. O. CVII, n. 3005.)

Louis-Philippe, etc., sur le rapport de notre ministre secrétaire d'État au département du commerce et des travaux publics; vu l'ordonnance du 7 juin 1826, qui approuve l'adjudication passée le 27 mars de la même année aux sieurs Séguin, Biot et compagnie, pour l'établissement d'un chemin de fer de Saint-Etienne à Lyon, moyennant la concession à perpétuité d'un droit de 0,098 sur les transports par mille kilogrammes et par distance de mille mètres; vu la demande des concessionnaires tendant à ce que ce droit, à la remonte, soit porté à treize centimes de Givors à Rive-de-Gier, et à dix-sept centimes de Rive-de-Gier, à Saint-Etienne; vu les délibérations des conseils municipaux de Lyon, Givors, Saint-Chamond, Rive-de-Gier et Saint-Etienne, sur cette demande; vu les avis de la chambre de commerce de Lyon, et des chambres consultatives des arts et manufactures de Saint-Chamond et de Saint-Etienne; vu les avis des préfets des départements de la Loire et du Rhône; vu les rapports d'une commission spéciale formée pour l'examen de la demande de la compagnie; vu l'avis du conseil général des ponts-et-chaussées; considérant que la compagnie Séguin et Biot a engagé dans l'entreprise du chemin de fer de Saint-Etienne à Lyon un capital de dix millions, et que l'épuisement de son fonds social la met dans l'impossibilité de terminer ses travaux; considérant que les délais inévitables qu'entraînerait l'exécution des mesures prescrites par l'art. 7 du cahier des charges pour mettre en demeure la compagnie, prononcer, s'il y a lieu, sa déchéance et réaliser une adjudication nouvelle, retarderaient de plusieurs années l'achèvement d'une entreprise qui doit éminemment contribuer à la prospérité du pays, et dont il est si important de rapprocher le terme; considérant que, nonobstant l'augmentation de tarif sollicitée par la compagnie Séguin et Biot, le prix du transport des marchandises de Lyon à Saint-Etienne par le chemin de fer sera inférieur de plus de moitié à celui qu'on paie actuellement, et que l'avantage d'une aussi grande économie ne peut être mis en balance, ni avec la charge qui résulterait d'une augmentation de tarif, ni avec le retard qu'apporterait à l'achèvement du chemin de fer l'éviction de la compagnie Séguin et Biot;

considérant que, malgré cette augmentation, le tarif n'atteindra pas encore celui qui était proposé par la compagnie qui a fait le rabais le plus considérable après celui de la compagnie adjudicataire; considérant que le plus grand mouvement commercial s'opère à la descente de Saint-Etienne à Lyon; que l'augmentation n'aura lieu qu'à la remonte, et même que sur une partie du trajet parcouru dans ce sens; que la ville de Saint-Etienne, placée à l'extrémité du chemin, et qui, par sa position, était la plus intéressée au maintien du tarif, a donné un avis favorable à sa modification, pourvu que le taux de treize centimes par mille kilogrammes et par mille mètres de distance pour la remonte de Rive-de-Gier à Saint-Etienne ne fût pas excédé; considérant toutefois qu'en accordant une augmentation de tarif nécessitée par les circonstances, il importe d'en restreindre la quotité dans de justes bornes et d'en limiter la durée à un temps déterminé, passé lequel une enquête fera connaître si elle doit être maintenue ou retirée; notre conseil d'Etat entendu, etc.

Art. 1er. Les droits de transport sur le chemin de fer de Saint-Etienne à Lyon sont fixés, jusqu'au 31 décembre 1841, à *douze centimes* pour la remonte de Givors à Rive-de-Gier, et à *treize centimes* pour la remonte de Rive-de-Gier à Saint-Etienne. Les droits de transport pour la remonte de Lyon à Givors, et pour la descente de Saint-Etienne à Lyon, resteront fixés tels qu'ils l'ont été par l'ordonnance du 7 juin 1826.

2. La perception du nouveau tarif à la remonte de Givors à Saint-Etienne ne pourra commencer que du jour où il aura été constaté que le chemin de fer et son embranchement sur Saint-Chamond sont entièrement achevés et mis en pleine activité de service.

3. A l'expiration du délai fixé par l'art. 1er, il sera statué définitivement, et dans la forme des réglements d'administration publique, sur le maintien des nouveaux droits, ou sur leur réduction au taux fixé par l'ordonnance du 7 juin 1826.

4. Notre ministre du commerce et des travaux publics (comte d'Argout) est chargé, etc.

---

16 SEPTEMBRE 1831. — Ordonnance qui proroge le péage établi sur le pont de Lesgue. (Bull. O. 106, n. 2976.)

16 SEPTEMBRE 1831. — Ordonnance qui crée à Moissac (Tarn-et-Garonne) deux places d'agent de change, et fixe leur cautionnement. (Bull. O. 106, n. 2979.)

16 SEPTEMBRE 1831. — Ordonnance qui autorise l'acceptation d'un legs fait à la commune de Monceaux (Isère). (Bull. O. 115, n. 3264.)

16 SEPTEMBRE 1831. — Ordonnance portant réduction des limites de la concession des mines de plomb sulfuré dans la commune de la Grave. (Bull. O. 114, n. 3235.)

16 SEPTEMBRE 1831. — Ordonnance qui autorise la construction de diverses usines. (Bull. O. 113 et 114, n. 3195, 3196 et 3234.)

17 SEPTEMBRE 1831. — Ordonnances qui nomment M. Saulnier préfet de police, M. Gisquet secrétaire général de la préfecture de police. (Bull. O. 106, n. 2977 et 2978.)

17 SEPTEMBRE 1831. — Ordonnance qui nomme M. Vivien conseiller d'Etat en service ordinaire. (Bull. O. 109, n. 3108.)

17 SEPTEMBRE 1831. — Ordonnance qui autorise la communauté des Ursulines de Tartas (Landes), et approuve la concession faite par le conseil municipal de la jouissance de la maison qu'elles occupent. (Bull. O. 113, n. 3212.)

---

18 SEPTEMBRE 1831. — Circulaire du ministre de l'intérieur sur la nomination des maires et adjoints conformément à la loi du 21 mars 1831 (1).

Monsieur le préfet, aux termes des art. 3 et 4 de la loi du 21 mars 1831, les maires et les adjoints doivent être choisis parmi les membres du conseil municipal ayant domicile réel dans la commune; le roi nomme ceux des communes de 3,000 âmes et au-dessus, et de tous les chefs-lieux d'arrondissement qui ont une population inférieure; ceux des autres communes sont à la nomination du préfet. Vous allez vous occuper des nominations qui vous appartiennent, et des présentations de candidats pour celles qui doivent émaner de sa majesté. Ces soins importants ont, je n'en doute pas, déjà fixé votre attention. La tâche que vous avez à remplir est rendue plus facile par la désignation préalable des citoyens que l'élite des habitants a honorés de sa confiance en les appelant au conseil municipal. Les choix que vous ferez parmi eux ne peuvent comprendre que des hommes agréables à la population. Aux qualités dont leur élection est déjà la garantie, ils devront unir celles qu'exige le double caractère d'administrateur des intérêts communaux et d'agent du gouvernement pour l'exécution des lois et des mesures d'ordre public. La supériorité relative d'intelligence, d'instruction et d'expérience, l'activité, la fermeté de caractère, l'accord de vues et de sentiments avec le gouvernement, sont les considérations principales qui détermineront votre choix.

---

(1) Les passages précédés d'un astérisque (*) ont été ajoutés au texte de cette circulaire.

Incompatibilités.

Des incompatibilités sont établies par les art. 6, 7 et 8. Elles sont exprimées en termes assez clairs pour qu'il ne doive s'élever vraisemblablement qu'un petit nombre de difficultés sur leur application. Je vais entrer dans quelques développements à cet égard, en parcourant successivement les divers chefs d'incompatibilité.

Greffiers.

On a demandé si les greffiers sont compris parmi les membres des cours (1), des tribunaux de première instance et des justices de paix.

L'affirmative résulte des termes de la loi du 20 avril 1810 (art. 63), des décrets du 28 septembre 1807 (art. 57), du 6 juillet 1810 (art. 36), et du 18 août même année (art. 28), qui comprennent les greffiers et les commis-greffiers assermentés dans la nomenclature des membres des cours et des tribunaux de première instance. De plus, l'examen de la discussion de la Chambre des Députés (séance du 4 février 1831, Moniteur du 6, page 251) établit que l'intention du législateur a été d'appliquer aux greffiers des cours et tribunaux de première instance et des justices de paix l'incompatibilité dont il s'agit. Ainsi, l'art. 6 pose le principe à l'égard de tous les membres des corps judiciaires; une seule exception est établie par l'art. 7; c'est celle qui concerne les juges suppléants et les suppléants des juges de paix.

Ministres des cultes.

Le second chef d'incompatibilité concerne les ministres des cultes; il ne s'applique pas seulement à ceux qui exercent leur ministère dans la commune, et qui sont déjà inéligibles au conseil municipal (art. 18). L'art. 6 a eu en vue les personnes qui sont revêtues actuellement d'un caractère sacerdotal, soit qu'elles exercent ou non leur ministère dans la commune.

Militaires et employés civils des armées.

Le § 3 de l'art. 6 ne permet pas de nommer maires ou adjoints *les militaires et employés civils des armées de terre et de mer en activité de service ou en disponibilité*. On a demandé si l'on devait regarder comme en *disponibilité* les militaires et employés portés sur un *cadre de remplacement* tel que celui de l'intendance militaire, créé par l'ordonnance du 11 décembre 1830. Je me suis concerté à cet égard avec M. le ministre de la guerre, et il a été reconnu que l'inscription sur ce cadre n'est qu'une candidature, et n'a rien changé à la position de ceux qui se trouvaient en retraite, en réforme ou en non activité (2).

Vous remarquerez que l'expression *employés* est très-générale; ainsi l'incompatibilité s'étend aux agents commissionnés des vivres, des hôpitaux, des transports, aux commis de la marine, etc.

Agents et employés d'administrations financières.

L'exclusion prononcée par le § 5, à l'égard des *agents et employés d'administrations financières*, est exprimée en termes si généraux, qu'elle n'admet point d'exception, et comprend toutes les personnes employées dans un service dépendant du ministère des finances.

Ce même paragraphe exclut spécialement des fonctions de maire et d'adjoint les *agents et employés des forêts* : si cette incompatibilité ne s'appliquait qu'à tous ceux qui font partie de *l'administration des forêts*, elle formerait double emploi avec la disposition générale relative aux agents et employés des administrations financières; mais son objet paraît avoir été de comprendre dans l'exclusion les gardes forestiers des communes et des établissements publics. Ces agents ne peuvent d'ailleurs remplir les fonctions de maire et d'adjoint, puisque, aux termes des art. 161, 162, etc., du Code forestier, ils ont besoin, pour plusieurs actes relatifs à la poursuite des délits et contraventions, de recourir à l'assistance ou à l'autorité du maire ou de l'adjoint (3).

Autres incompatibilités.

Il ne paraît pas qu'il puisse y avoir de difficultés sur l'application des incompatibilités prononcées par les §§ 4, 6 et 7 de l'art. 6, à l'égard *des ingénieurs des ponts-et-chaussées et des mines en activité de service*, *des fonctionnaires et employés des colléges communaux*, *des instituteurs primaires*, *des commissaires et agents de police*.

Selon l'art. 7, les agents salariés du maire ne peuvent être ses adjoints : cette disposition concerne les régisseurs, intendants, chefs et contre-maîtres de fabriques, etc.

Telles sont les seules incompatibilités légales : toutes celles qui existaient antérieurement ont été abrogées par l'art. 21.

---

(1) Cette expression comprend les Cours royales, la Cour de cassation et la Cour des comptes.
(2) La loi du 19 mai 1834 a défini les diverses *positions de l'officier*, savoir : activité, disponibilité, non activité, réforme, retraite. Ainsi les militaires placés dans les trois dernières positions peuvent tous être nommés maires ou adjoints.
(3) Les mêmes dispositions étant applicables

*Considérations qui déterminent des empêche-
ments que la loi n'a pas établis.*

Mais il est des considérations qui, sans
former d'empêchements absolus, peuvent
écarter, en général, des fonctions de maire
et d'adjoint, des citoyens que n'atteignent
pas des exclusions formelles ; par exemple,
un degré de parenté trop rapproché avec
le percepteur de la commune ou avec le
garde champêtre ; la nature de certaines
professions qui placent ceux qui les exercent dans une dépendance habituelle du
public, qui appellent dans leur domicile la
surveillance de l'autorité municipale, ou
qui les obligent à voyager fréquemment.

C'est dans le but de ne pas multiplier les
incompatibilités, et de ne pas trop réduire
les éléments du choix, surtout dans les petites communes, que l'art. 7 a permis de
confier les fonctions de maire et d'adjoint
aux juges suppléants et aux suppléants des
juges de paix. Mais il y a eu quelquefois des
inconvénients à ce que ces derniers magistrats aient été chargés de l'administration
municipale, et se soient trouvés juges des
délits qu'ils avaient constatés ou dénoncés
en qualité de maires ou d'adjoints. Dans
plusieurs circonstances, des observations
ont été faites à ce sujet par M. le ministre
de la justice. Il convient donc d'éviter, autant que possible, cette réunion de fonctions.

Toutefois, ces considérations doivent
céder à l'avantage du choix des citoyens
auxquels elles s'appliqueraient, et quelquefois à l'impossibilité d'en faire un autre.

Domicile.

Suivant l'art. 3, les maires et les adjoints
doivent avoir leur *domicile réel* dans la commune ; vous ne perdrez pas de vue les observations sur le sens de l'expression *domicile réel*, qui ont été adressées aux préfets
relativement à l'exécution des lois électorales.

Une circonstance, qui s'est présentée assez fréquemment depuis plusieurs années,
est relative aux notaires qui étaient appelés
à des fonctions de maire ou d'adjoint dans
une commune de leur ressort où ils avaient
un logement dans lequel ils venaient instrumenter, mais qui n'était point celle que
le gouvernement leur avait assignée pour
résidence. M. le ministre de la justice s'est
constamment opposé à de telles nominations, attendu que tout notaire doit résider
dans le lieu fixé par le gouvernement, sous
peine d'être considéré comme démission-

naire. (Loi du 25 ventôse an 12, art. 4.)
C'est donc dans ce lieu qu'est le domicile
réel d'un notaire. Je vous invite à vous
conformer à cette observation.

*Exercice provisoire des fonctions de maire
et d'adjoint.*

Ma circulaire du 25 avril dernier contient quelques développements sur l'exercice provisoire des fonctions de maire et
d'adjoint depuis l'installation des nouveaux
conseillers municipaux appelés par le renouvellement, jusqu'à l'installation des
maires et adjoints nommés en vertu de
l'art. 4 de la loi du 21 mars 1831. Je vous
invite à vous y reporter.

Installation des nouveaux maires et adjoints.

L'installation des nouveaux maires et adjoints, et leur prestation de serment auront
lieu dans une séance du conseil municipal ;
il en sera dressé un procès-verbal qui devra
vous être transmis.

Je vous invite à ne pas négliger, dès que
les élections des nouveaux conseillers municipaux seront terminées, de recueillir les
renseignements propres à éclairer et à déterminer vos choix.

*Présentation de candidats pour les places de
maires et adjoints à la nomination du roi.*

Vous devrez présenter trois candidats
pour chacune des places à la nomination
du roi. Les listes seront conformes, pour
le nombre et la disposition des colonnes,
au modèle n. 1er, que vous trouverez ci-
joint. Afin d'éviter des retards et des erreurs, il est à désirer que vous ne dressiez,
pour tout votre département, qu'une seule
liste de présentation, en forme de cahier,
où les villes seront classées par arrondissement, et dans chaque arrondissement, selon l'ordre alphabétique de leurs noms, ordre qui devra également être suivi entre les
arrondissements, y compris celui du chef-
lieu. Si les élections municipales avaient
éprouvé des retards dans quelques-unes des
villes, ou si votre choix n'était pas encore
fixé, vous enverriez toujours la liste générale, pour ne point retarder le travail, en
y inscrivant à leur rang les noms de ces
villes, et laissant en blanc ceux des candidats, qui seraient portés ensuite sur une liste
supplémentaire.

Cependant vous devriez devancer l'envoi
du travail général de présentation à l'égard
de villes où il est urgent de réorganiser l'administration municipale.

Vous attribuerez à chaque commune le

---

aux poursuites exercées dans l'intérêt des particuliers (Code forestier, art. 189), on en doit inférer

que les gardes forestiers des particuliers ne peuvent
être maires ni adjoints.

nombre d'adjoints qu'elle doit avoir d'après l'art. 2 de la loi du 21 mars; et si, conformément au deuxième paragraphe dudit article, il a été établi un adjoint en sus de ce nombre, il faudrait mentionner la date du décret ou de l'ordonnance qui aurait autorisé la nomination de cet adjoint.

* Vous aurez soin de faire connaître si le premier candidat que vous proposerez pour chaque place l'occupait déjà ; et , dans le cas contraire , pour quels motifs vous ne proposerez pas de maintenir l'ancien titulaire.

* Je vous recommande de joindre à vos présentations , pour chaque ville où les maires et adjoints sont à la nomination du roi, la liste complète des conseillers municipaux actuels. Ils y seront inscrits selon le nombre des suffrages obtenus , et sans égard à l'époque de leur nomination (circulaire du 25 avril 1840). Cette liste indiquera leurs noms, prénoms, professions, le nombre des suffrages obtenus , la série ou portion du conseil à laquelle ils appartiennent , enfin leur position par rapport aux trois catégories suivantes , savoir : s'ils faisaient déjà partie du conseil, s'ils en sortaient et ont été réélus, s'ils viennent seulement d'y être appelés. Les mots *ancien*, *nouveau*, *réélu*, ou simplement les lettres *A, N, R*, feront connaître ces trois diverses positions. Il suffira des chiffres 1 et 2 pour indiquer s'ils appartiennent à la 1ʳᵉ série devant sortir en 1846, ou à la 2ᵉ série devant sortir en 1843 (1).

* Les listes de conseillers municipaux que je vous demande devront être sur des feuilles détachées, chaque feuille contenant tous les conseillers d'une même commune.

Le préfet doit envoyer la liste des maires et adjoints nommés par lui.

Quand vous aurez terminé la nomination des maires et adjoints des communes au-dessous de 3,000 âmes et qui ne sont pas chefs-lieux d'arrondissement, vous m'adresserez une liste de tous ces fonctionnaires, dans la forme indiquée par le modèle ci-joint n. 2. Vous pourrez, au lieu d'un seul cahier pour tout le département, former autant de cahiers qu'il y a d'arrondissements,

et me les transmettre successivement. Vous suivrez , relativement à la classification des communes et à celle des arrondissements , s'il n'y a qu'un seul cahier, les indications ci-dessus. Ainsi toutes les communes de l'arrondissement seront rangées *par ordre alphabétique.* Quelquefois, et contrairement aux instructions, les préfets les ont classées par canton. Cette forme est incommode et nuit à la célérité des recherches.

Après le renouvellement des maires et adjoints, en exécution de l'art. 4 de la loi du 21 mars 1831, vous m'enverrez, de trimestre en trimestre, conformément à la circulaire du 20 septembre 1824, un état de tous les changements opérés parmi ceux qui sont à votre nomination.

* Je vous recommande de ne pas négliger de m'envoyer les listes des maires et adjoints à votre nomination, et les états trimestriels de mutations. Ces renseignements me sont indispensables , et je tiendrai la main à ce que vous me les fassiez parvenir exactement.

* Afin de faciliter la formation des listes générales des nouveaux maires et adjoints à votre nomination, j'ai cherché à simplifier la forme du modèle n. 2, relativement aux indications qu'elles doivent contenir (2). Plusieurs préfets ont cependant pris le soin d'en ajouter d'autres, par exemple, de faire connaître si les maires et adjoints actuels occupaient ou non ces fonctions avant le renouvellement, et, dans le dernier cas, pour quels motifs les précédents titulaires ont été remplacés. Ce renseignement est fort utile. S'il a pu être consigné dans les listes de certains départements, il peut être également recueilli et mentionné dans les autres ; et, sans vous le prescrire expressément, je verrais avec plaisir qu'il fût compris dans les listes que vous avez à m'adresser.

* Vous ne perdrez point de vue que ce renseignement , s'il n'est point facultatif pour les listes générales, est obligatoire pour les états trimestriels de mutation destinés à indiquer les changements survenus dans le personnel depuis l'époque du renouvellement triennal.

18 SEPTEMBRE 1831. — Ordonnances qui autorisent

---

(1) Il est évident que la première série ne devra comprendre que des conseillers *nouveaux* ou *réélus*. La deuxième série, composée en général des conseillers *anciens*, en comprendra quelquefois appartenant aux deux autres catégories, soit parce qu'il y avait des places vacantes, soit parce que le nombre total des conseillers a dû être augmenté, et, par suite, la force numérique de la deuxième série.

(2) La huitième colonne du modèle n. 2 (*professions ou fonctions depuis l'entrée dans la société*) se rapporte à la situation antérieure du maire ou de

l'adjoint. Par exemple, un citoyen a été militaire et est aujourd'hui cultivateur ; il a rempli les fonctions d'officier de la garde nationale, et, en dernier lieu, il était adjoint. La cinquième colonne doit contenir les indications suivantes : *cultivateur, adjoint* ; et la huitième celles-ci : *militaire ; officier de la garde nationale*. Il est inutile d'inscrire la qualification de *conseiller municipal*, puisque pour être nommé maire ou adjoint d'une commune, il faut appartenir à son conseil municipal.

l'acceptation de legs et donations faits à divers hospices et communes. (Bull. O. 115, n. 3265 à 3271.)

18 SEPTEMBRE 1831.— Ordonnances qui concèdent les mines de houilles de Manosque (Basses-Alpes) aux sieurs Piolle, héritiers Patin, Girard, Egriès. (Bull. O. 114, n. 3239 et 3240.)

18 SEPTEMBRE 1831. — Ordonnance qui autorise délivrance de bois à diverses communes. (Bull. O. 111 bis, n. 10.)

18 SEPTEMBRE 1832.— Ordonnances qui autorisent la construction et mise en activité de diverses usines. (Bull. O. 111 bis, n. 12, et 114, n. 3236 à 3238, 3241 à 3245.)

20 SEPTEMBRE — 4 OCTOBRE 1831. — Ordonnance du roi qui établit des intendances et des commissions sanitaires dans plusieurs départements du royaume. (IX, Bull. O. CVIII, n. 3067.)

Louis-Philippe, etc., vu l'art. 1er de la loi du 3 mars 1822, concernant la police sanitaire ; vu l'ordonnance du 7 août 1822 relative à l'exécution de cette loi, ainsi que les ordonnances des 7 juillet 1824 et 9 octobre 1825, qui déterminent le ressort des intendances et des commissions sanitaires des départements maritimes ; vu l'ordonnance du 16 août 1831, qui établit des intendances sanitaires dans vingt départements du royaume ; considérant que les progrès du choléra sur le littoral de la Baltique commandent de multiplier et d'étendre les précautions dans les départements maritimes ; de l'avis du conseil supérieur de santé ; sur le rapport de notre ministre du commerce et des travaux publics ;

Art. 1er. Des intendances sanitaires seront instituées immédiatement dans les chefs-lieux des départements ci-après dénommés : Seine-Inférieure, Eure, Calvados, Manche, Ille-et-Vilaine, Côtes-du-Nord, Finistère, Morbihan, Vendée, Landes, Basses-Pyrénées, Gard, Hérault, Aude, Pyrénées-Orientales.

2. Dans les départements de la Loire-Inférieure, de la Charente-Inférieure, de la Gironde, des Bouches-du-Rhône, où il existe déjà une intendance sanitaire au chef-lieu, le ressort de ces intendances s'étendra au territoire entier du département. L'intendance sanitaire de Marseille conservera, en outre, pour la surveillance du littoral, le ressort qui lui est attribué par le tableau annexé à l'ordonnance du 7 juillet 1824.

3. L'intendance sanitaire déjà établie au Havre conserve son ressort actuel sur les côtes de la Manche et sur les rives de la Seine, jusqu'à Quillebœuf inclusivement ; ledit ressort s'étendra sur tout le territoire des communes riveraines du fleuve. La commission sanitaire établie à Quillebœuf

correspondra, en outre, avec l'intendance sanitaire de Rouen.

4. Des commissions sanitaires devant agir sous la direction immédiate de l'intendance du département, seront formées dans chaque chef-lieu de sous-préfecture où il n'en existe pas. Dans les chefs-lieux de sous-préfecture qui sont ports de mer, et où des commissions sanitaires sont déjà établies, le ressort de ces commissions s'étendra à tout l'arrondissement.

5. Si, dans un arrondissement de sous-préfecture, il existe deux ou un plus grand nombre de commissions sanitaires, le ressort de chacune de ces commissions sera déterminé par le préfet, sauf l'approbation de notre ministre du commerce et des travaux publics, de telle sorte que chaque commission relève seulement de l'intendance sanitaire.

6. Les commissions sanitaires déjà établies dans les départements maritimes conserveront les rapports de subordination déterminés par les règlements antérieurs, relativement à la surveillance du littoral ; mais elles seront soumises à l'autorité de l'intendance du chef-lieu du département, quant aux mesures à prendre dans l'intérieur.

7. D'autres commissions sanitaires pourront être formées par les préfets des départements maritimes.

8. Les intendances et les commissions sanitaires seront formées comme il est dit au titre 4 de l'ordonnance du 7 août 1822 ; néanmoins, notre ministre du commerce et des travaux publics pourra déléguer aux préfets des départements ci-dessus désignés le droit de nomination qui lui est attribué par l'art. 56 de ladite ordonnance.

9. Les dispositions des art. 5 et 6 de la présente ordonnance s'appliqueront aux départements du Nord, du Pas-de-Calais et du Var, où des autorités sanitaires ont déjà été instituées pour l'intérieur, par notre ordonnance du 16 août 1831.

10. Notre ministre du commerce et des travaux publics (comte d'Argout) est chargé, etc.

21 SEPTEMBRE 1831. — Ordonnance qui accorde des pensions à cinquante-six veuves de militaires. (Bull. O. 108 bis, n. 3.)

22 SEPTEMBRE 1831. — Ordonnance portant concession des mines de lignite dans l'arrondissement d'Aix, aux sieurs Gourdex et autres, et de mines de houille, dans la commune de Laugeac (Haute-Loire), aux sieurs de Clamoue, Chanson et compagnie. (Bull. O. 114, n. 3246 et 3247.)

24 SEPTEMBRE — 24 NOVEMBRE 1831. — Ordonnance

du roi portant que les élèves de l'école polytechnique ne seront plus, à ce titre, reçus dans le corps de la marine. (IX, Bull. O. CXX, n. 2355.)

Louis-Philippe, etc., vu les ordonnances des 19 avril 1822 et 7 juillet 1824, concernant l'admission des élèves de l'école polytechnique dans le corps de la marine; considérant que le principal motif de cette disposition avait eu pour but d'augmenter les moyens de recrutement du corps, réduit alors aux élèves sortant du collège d'Angoulême, et dont le nombre n'était point en proportion avec le besoin du service; voulant rendre aux autres services publics des sujets que leurs connaissances variées et étendues permettent d'y admettre plus utilement, etc.

Art. 1er. Les ordonnances rendues les 17 avril 1822 et 7 juillet 1824, concernant l'admission des élèves de l'école polytechnique dans le corps de la marine, sont rapportées : cette disposition aura lieu à compter de l'année 1832.

2. Notre ministre de la marine et des colonies (comte de Rigny) est chargé, etc.

___

24 septembre = 1er octobre 1831. — Ordonnance du roi qui crée à Alger une direction des fortifitations, et augmente le nombre des officiers de l'état-major du génie. (IX, Bull. O. CVII, n. 3004.)

Louis-Philippe, etc., vu l'ordonnance royale du 14 novembre 1830, etc.

Art. 1er. Il sera créé à Alger une direction des fortifications qui comprendra tout le territoire de l'ancienne régence occupé par les troupes françaises, ou qui pourrait l'être par la suite. En conséquence, le nombre des directions de fortifications, qui est en ce moment de vingt-quatre, sera désormais de vingt-cinq.

2. Pour subvenir aux nouveaux besoins personnels qui résultent de cette création, le complet des officiers de l'état-major du génie, qui a été fixé à trois cent quatre-vingts officiers par l'ordonnance du 14 novembre 1830, est porté à quatre cents, savoir :

25 colonels, 25 lieutenants-colonels, 72 chefs de bataillon, 140 capitaines de première classe, 138 capitaines de seconde classe et lieutenants : total, 400.

3. Notre ministre de la guerre (duc de Dalmatie) est chargé, etc.

___

24 septembre 1831 = 4 octobre 1833. — Ordonnance du roi qui supprime la place de directeur de l'intérieur à la Guiane française. (IX, Bull. O. CCLVII, 1re sect., n. 4995.)

Louis-Philippe, etc.

Art. 1er. La place de directeur de l'intérieur à la Guiane française est supprimée. Les attributions du directeur de l'intérieur sont réunies à celles de l'ordonnateur.

2. Dans les cas déterminés par l'art. 169 de l'ordonnance royale du 27 août 1828, concernant le gouvernement de la Guiane française, les décisions du conseil privé ne pourront être rendues qu'à la majorité de cinq voix sur sept.

3. Notre ministre de la marine et des colonies (comte de Rigny) est chargé, etc.

___

24 septembre 1831. — Ordonnances qui approuvent des pensions; demi-soldes et suppléments accordés à divers y dénommés. (Bull. O. 124 bis, n. 1 et 2.)

24 septembre 1831. — Ordonnance qui convoque un collège électoral de la Charente-Inférieure. (Bull. O. 107, n. 3002.)

25 septembre 1831. — Ordonnance qui autorise le sieur Texser à conserver en activité une usine. (Bull. 114, n. 3243.)

25 septembre 1831. — Ordonnance qui réduit et fixe la tenue de plusieurs foires. (Bull. O 115, n. 3260.)

26 septembre 1831. — Ordonnance qui autorise l'inscription au trésor de cent soixante-neuf pensions. (Bull. O. 112 bis, n. 1.)

26 septembre 1831. — Ordonnance qui accorde une pension à un ancien directeur de dépôt de mendicité. (Bull. O. 112 bis, n. 2.)

26 septembre 1831. — Ordonnance relative aux octrois de diverses communes. (Bull. O. 111 bis, n. 16.)

26 septembre 1831. — Ordonnance qui autorise la fabrique de la cathédrale de Verdun à employer une somme en achats de rentes sur l'Etat. (Bull. O. 113, n. 3213.)

26 septembre 1831.—Ordonnance qui abandonne à la disposition des autorités locales les bois du hameau de Fonfrède (Puy-de-Dôme). (Bull. O. 111 bis, n. 13.)

26 septembre 1831. — Ordonnance qui autorise la ville d'Orange à accepter une donation. (Bull. O. 131, n. 3717.)

26 septembre 1831. — Ordonnances qui autorisent l'acceptation de dons et legs faits à un dépôt de mendicité, à une école et à diverses communes. (Bull. O. 115, n. 3272 à 3277.)

26 septembre 1831.—Ordonnances qui autorisent délivrance de bois à plusieurs communes. (Bull. O. 111 bis, n. 14 et 15.)

___

27 septembre 1831. — Ordonnance qui nomme M. Cahouet préfet de la Mayenne. (Bull. O. 108, n. 3070.)

27 septembre 1831. — Ordonnances qui autorisent l'acceptation de legs et donations faits à une communauté et à diverses fabriques. (Bull. O. 113, n. 3214 à 3217.)

27 SEPTEMBRE 1831. — Ordonnances qui autorisent plusieurs fabriques à employer diverses sommes en achat de rentes sur l'État. (Bull. O. 113, n. 3218 à 3222.)

———————

28 — 29 SEPTEMBRE 1831. — Loi relative à la formation des listes électorales et du jury en 1831 (1). (IX, Bull. O. XLIII, n. 111.)

Voy. lois des 11 septembre 1830 et 19 avril 1831.

Art. 1er. Les opérations relatives à la formation des listes électorales et du jury, qui, en vertu des art. 19, 23, 24, 25 et 31 de la loi du 19 avril dernier, doivent avoir lieu du 15 août au 20 octobre de chaque année, seront retardées de soixante-dix jours en 1831.

En conséquence, la liste générale du jury sera publiée, dans chaque département, le 25 octobre ; le registre des réclamations sera clos le 10 décembre ; la clôture de la liste aura lieu le 26 décembre, et le dernier tableau de rectification sera publié le 31 du même mois de décembre (2).

2. Les listes électorales dressées pour chaque année, conformément aux art. 71 et 75 de la loi du 19 avril, serviront pour les élections qui auront lieu d'ici au 31 décembre prochain (3).

L'impôt de trente centimes additionnels, décrété pour l'année 1831, sera compris dans le cens électoral, à partir du 21 octobre prochain.

3. Pour l'exécution de l'article précédent, dans le cas où des élections, soit générales, soit partielles, auraient lieu du 21 octobre au 31 décembre 1831, l'intervalle entre la réception de l'ordonnance de convocation et la réunion du collège sera de trente jours au moins.

Le registre prescrit par l'art. 23 de la loi du 19 avril 1831 sera ouvert, mais seulement pour les réclamations des citoyens qui auraient atteint le cens électoral au moyen de l'impôt additionnel des trente centimes.

Ces réclamations, ainsi que les réclamations exercées par les personnes désignées dans l'art. 25 de la loi du 19 avril, pour l'exécution du paragraphe précédent, devront être faites dans le délai de huit jours, sous peine de déchéance.

Le préfet, en conseil de préfecture, dressera d'office, ou d'après les réclamations des intéressés ou des tiers, une liste additionnelle contenant le nom des citoyens désignés au deuxième paragraphe du présent article. Cette liste sera publiée et affichée le onzième jour, au plus tard, après la publication de l'ordonnance. Les notifications prescrites par l'art. 29 de la loi précitée seront faites aux parties intéressées dans le délai de cinq jours.

En cas d'action à exercer devant la cour royale, il sera procédé conformément à l'art. 33 de la même loi : toutefois, le délai fixé par le deuxième paragraphe de cet article sera réduit à huit jours (4).

———————

(1) Présentation à la Chambre des Députés le 17 août (Mon. du 18) ; rapport par M. Mérilhou le 20 (Mon. du 21) ; discussion le 22 (Mon. du 23) ; adoption le 23 (Mon. du 24), à la majorité de 266 voix contre 34.

Présentation à la Chambre des Pairs le 31 août (Mon. du 1er septembre) ; rapport par M. le duc de Cazes le 9 (Mon. du 10) ; discussion et adoption le 12 (Mon. du 13), à la majorité de 64 voix contre 3.

Retour à la Chambre des Députés le 14 septembre (Mon. du 15) ; rapport par M. Mérilhou ; discussion et adoption le 26 (Mon. du 27, à la majorité de 265 voix contre 9.

(2) Les rôles de 1831 n'ayant pas été achevés avant le mois d'août, il y a eu impossibilité d'exécuter les dispositions de la loi du 19 avril 1831, aux époques qu'elle indique. La présente loi était donc indispensable.

(3) M. Mauguin a fait remarquer qu'aux termes de l'art. 79 de la loi du 19 avril 1831, les listes sont dressées, d'après les rôles des contributions directes pour 1830, pour les élections qui devaient avoir lieu jusqu'au 21 octobre 1831, d'où il tirait la conséquence que pour les élections postérieures au 21 octobre, les contributions de 1830 ne devaient plus servir à la confection des listes ; qu'il fallait attribuer la qualité électorale d'après les contributions de 1831, qui, comme on le sait, sont augmentées de trente centimes ; or, ajoutait M. Mauguin, on viole évidemment l'art. 79 de la loi du 19 avril 1831, en étendant jusqu'au 1er janvier 1832 une disposition dont l'effet était limité par cet article au 21 octobre 1831 ; n'est-il pas bizarre, a-t-il dit, que les 30 centimes additionnels, payés pour l'année 1831, ne fussent pas comptés pour cette année, et qu'ils servissent à former le cens électoral en 1832, bien qu'ils ne doivent plus être payés dans cette année ; en conséquence, il a présenté et la Chambre des Députés a adopté la disposition portant qu'à partir du 20 octobre 1831, les 30 centimes additionnels seraient comptés pour former le cens électoral.

Il a été d'ailleurs bien entendu que les listes pour 1832 seront formées d'après les rôles des contributions de 1831, et qu'ainsi les 30 centimes additionnels, l'augmentation des contributions personnelle et mobilière, et des portes et fenêtres, seront comptés pendant tout le cours de l'année 1832. C'est une conséquence de la loi du 19 avril 1831, qui rend les listes immuables pendant toute l'année, et qui ne tient aucun compte des changements survenus dans la capacité des citoyens, sauf quelques exceptions. (Voy. l'art. 32 de la loi du 19 avril 1831.)

(4) La loi du 19 avril 1831 a changé le système qu'avait établi la loi du 2 juillet 1828 : celle-ci admettait des rectifications à la liste générale ; elle voulait qu'au moment de chaque élection, celui

4. Les listes pour le service du jury, extraites des listes générales arrêtées le 16 novembre 1830, conformément à la loi du 11 septembre 1830, serviront pour les tirages du jury qui auront lieu jusqu'au 31 décembre 1831.

---

28 SEPTEMBRE = 1er OCTOBRE 1831. — Loi qui accorde un crédit extraordinaire d'un million pour mesures sanitaires (1). (IX, Bull. XLIV, n. 112.)

Article unique. Il est accordé au ministre du commerce et des travaux publics, par supplément au budget de ce ministère, exercice 1831, un crédit extraordinaire d'un million, pour faire face aux dépenses résultant des mesures sanitaires prévues par l'ordonnance du 7 août 1822, en exécution de la loi du 3 mars précédent.

---

28 SEPTEMBRE = 1er OCTOBRE 1831. — Lois qui modifient la circonscription de quatre départements, et autorisent trois villes à faire des emprunts ou à s'imposer extraordinairement (2). (IX, Bull. O. XLIV, n. 113.)

PREMIÈRE LOI. — (Limite des départements de l'Yonne et de la Nièvre).

Article unique. Les bâtiments, cours et jardins, cotés A et B sur le plan annexé à la présente loi, sont distraits de la commune de Quarré-les-Tombes, arrondissement d'Avallon (Yonne), et réunis à celle de Marigny-l'Eglise, arrondissement de Clamecy (Nièvre).

Le bâtiment coté C est de même distrait de cette dernière commune, et réuni à la première.

En conséquence des dispositions ci-dessus, la rue des Hameaux de Montgaudier dessus et dessous, correspondant, d'un bout, au chemin de Bussou, et, de l'autre, à celui de Montarin, formera à l'avenir la limite, dans cette partie, entre les départements de l'Yonne et de la Nièvre.

DEUXIÈME LOI. — (Limite des départements des Deux-Sèvres et de la Charente-Inférieure).

Article unique. La limite des départements des Deux-Sèvres et de la Charente-Inférieure, entre la commune du Vert, arrondissement de Melle et la commune de Dampierre, arrondissement de Saint-Jean-d'Angély, est fixée du point D au point E du plan ci-annexé, par la rivière de Boutonne; en conséquence, l'enclave indiquée sur le plan par les lettres A, B, C, E, D, est distraite de la commune de Saint-Severin, département de la Charente-Inférieure, et réunie au département des Deux-Sèvres, pour faire partie de la commune du Vert.

Cette disposition aura lieu sans préjudice des droits d'usage ou autres qui seraient réciproquement acquis.

TROISIÈME LOI. — (Emprunt de quatre-vingt-quinze mille francs pour la ville de Metz).

Article unique. La ville de Metz (Moselle) est autorisée à réaliser, aux conditions les plus favorables qu'elle pourra obtenir, avec publicité et concurrence, l'emprunt de quatre-vingt-quinze mille francs, déjà autorisé par la loi du 20 mars 1831, et dont le remboursement sera effectué en six ans et par sixièmes, à compter de 1832, conformément à la nouvelle délibération prise par le conseil municipal le 20 juin 1831.

QUATRIÈME LOI. — (Emprunt de cent quarante mille francs pour la ville de Beauvais).

Article unique. La ville de Beauvais (Oise) est autorisée à emprunter, moyennant un intérêt qui n'excédera pas cinq pour cent, la somme de cent quarante mille francs, pour solder les travaux de la nouvelle salle de spectacle.

Le remboursement de cet emprunt sera opéré en sept ans, et par portions égales de vingt mille francs.

Les sommes nécessaires au service annuel des intérêts et de l'amortissement seront prélevées sur les revenus ordinaires de la ville.

CINQUIÈME LOI. — (Imposition extraordinaire pour la ville de Tours).

---

qui avait acquis le droit électoral, depuis la publication de la liste générale, fût inscrit; elle voulait que celui qui l'avait perdu, fût rayé. La loi de 1831, considérant les difficultés de ces rectifications partielles et fréquentes, a déclaré qu'aucun changement ne serait fait, mais lorsqu'on a eu décidé que les individus à qui les 30 centimes additionnels votés pour 1831 auraient conféré la capacité électorale, profiteraient de cette capacité à partir du 21 octobre, il a fallu nécessairement, et pour cette fois seulement, rentrer dans le système de la loi du 2 juillet 1828. Ainsi cet article reproduit le titre 4 de la loi précitée.

(1) Présentation à la Chambre des Députés le 5 septembre (Mon. du 14); rapport le 14 (Mon.

du 15); discussion, adoption le 21 (Mon. du 22), à la majorité de 262 voix contre 4.

Présentation, discussion, adoption à la Chambre des Pairs le 24 septembre (Mon. du 25), à la majorité de 63 voix contre 1.

(2) Présentation à la Chambre des Députés le 23 août (Mon. du 24); rapport par M. Gouin le 28 (Mon. du 29); discussion, adoption le 31 août (Mon. du 1er septembre), à la majorité de 254 voix contre 4.

Présentation à la Chambre des Pairs le 9 septembre (Mon. du 10); rapport par le comte d'Haubersart le 21 (Mon. du 23); discussion, adoption le 24 (Mon. du 25), à la majorité de 67 voix contre 1.

Article unique. La ville de Tours (Indre-et-Loire) est autorisée à s'imposer extraordinairement, en 1832, vingt centimes additionnels sur le principal de toutes ses contributions directes, à l'effet de pourvoir, concurremment avec le produit de pareille imposition déjà autorisée par urgence en 1831, en vertu d'ordonnance royale du 31 mai, conformément à l'art. 43 de la loi du 15 mai 1818, au paiement de travaux par voie d'ateliers de charité, et de diverses autres dépenses énoncées dans les délibérations du conseil municipal des 10 et 18 mai 1831.

28 septembre 1831. — Ordonnances qui maintiennent divers bois sous le régime forestier. (Bull. O. 111 *bis*, n. 15 et 17.)

28 septembre 1831. — Ordonnance qui autorise à construire divers bâtiments à proximité des forêts. (Bull. O. 111 *bis*, n. 19.)

29 septembre = 15 octobre 1831. — Ordonnance du roi sur l'uniforme de la garde nationale de Paris et de la banlieue. (IX, Bull. O. CX, n. 3138.)

Louis-Philippe, etc., considérant que, sous le régime du provisoire, des diversités se sont introduites dans certains ornements et certaines marques distinctives de l'uniforme de l'infanterie de la garde nationale de Paris, uniforme qu'il est nécessaire de ramener à l'unité et à l'ensemble désirables ; considérant que, s'il importe de déterminer, pour l'habillement, la coiffure et l'équipement, des règles uniformes, il n'est pas moins nécessaire de concilier cet intérêt avec les sacrifices déjà faits par les citoyens, et de ne consacrer, en conséquence, aucune innovation qui leur serait onéreuse ; considérant, au contraire, que plusieurs dispositions à adopter doivent avoir pour effet d'apporter plus d'économie et de simplicité dans la tenue, sans rien changer à l'uniforme national et aux honorables souvenirs qui s'y rattachent ; sur le rapport de notre président du conseil, ministre secrétaire d'État au département de l'intérieur, etc.

Art. 1er. L'habillement, la coiffure, l'équipement, l'armement et les ornements des gardes nationaux, sous-officiers, officiers et états-majors des légions d'infanterie de la garde nationale de Paris et de la banlieue, seront, à l'avenir, déterminés de la manière suivante :

1° GRENADIERS.

Habillement, grande et petite tenue d'été.

Habit bleu ; couleurs distinctives, écarlate et blanc ; collet échancré de cent cinq millimètres et agrafé, écarlate et doublé de même couleur. Revers bleus, avec passe-poil écarlate, doublure bleue, fermés de chaque côté par sept petits boutons. Parements ronds, hauts de soixante et quinze millimètres en drap écarlate, passe-poil écarlate, avec pate blanche à trois pointes, fermées par trois petits boutons, passe-poil en écarlate, haute de quatre-vingt-dix millimètres, large de quarante-cinq, mesurée aux pointes, et de trente, mesurée au milieu des courbes. Poches en long, à trois pointes, figurées par un passe-poil écarlate, avec un gros bouton sur chaque pointe. Retroussis à fond, doublure et passe-poil écarlates, ornés de grenades blanches. Boutons de métal blanc, portant une grenade au milieu, et autour la légende : *Liberté*, *Ordre public*, du diamètre, les grands de vingt-trois, les petits de quinze millimètres. Brides d'épaulettes à fond rouge, sur doublure en drap bleu, larges de douze millimètres. Épaulettes à corps et franges écarlates et doublées de bleu, retenues à l'habit par un petit bouton.

Pantalon pour la grande tenue. En toile blanche, coupé droit et large, à grand pont, sans pattes figurées, tombant naturellement sur les coude-pieds, rond par le bas et sans ouverture.

Guêtres blanches. Également en toile blanche à goussets ronds, forme militaire, et boutons en os blanc.

Pantalon pour la petite tenue. En toile écrue de fil, rond, coupé comme le précédent.

Guêtres. De même étoffe, avec boutons en corne.

Souliers.

Grande et petite tenue d'hiver.

L'habit ci-dessus, pour la grande tenue.

Pantalon de drap bleu, sans liséré ni passe-poil, coupé comme les précédents.

Bottes.

En petite tenue. La capote de drap bleu croisant sur la poitrine, garnie de deux rangées de sept gros boutons d'uniforme, placés sur une seule ligne droite : les premiers boutons à cent millimètres d'écartement ; les derniers (dans le haut) à quarante millimètres de la couture de la manche ; collet bleu, forme du collet de l'habit, orné d'une patte rouge à trois pointes, sans passe-poil, large de quarante millimètres aux pointes, et de trente-cinq aux courbes ; parements bleus, de trois pouces, fermés par deux boutons, poches en long, à trois pointes ; passe-poil bleu, sans poches ni fausses poches sur les côtés ; tombant à deux cent quatre-vingt-quinze millimètres de terre. Brides d'épaulettes semblables à celles de l'habit.

Coiffure. Bonnet à poil en peau d'ours, haut, du devant, de trois cent soixante-quinze millimètres; de la partie opposée, de quatre cents millimètres ; sans cordons ni tresses, avec fond écarlate au sommet, du diamètre de cent trente millimètres, et grenade blanche, haute de cent dix millimètres. Gland en laine écarlate, de quatre-vingt-dix millimètres, avec tête en point de Milan. Plaque en métal blanc, avec grenade contenant le numéro de la légion, haute de cent cinquante millimètres, large à sa base de cent soixante-dix millimètres. Aigrette en crin rouge, haute de deux cent vingt millimètres, large au sommet de quatre-vingts millimètres, montée sur fil de fer, avec macaron en laine tricolore, du diamètre de soixante millimètres, tenant lieu de cocarde. Dans aucun cas, l'aigrette ne devra dépasser le sommet du bonnet.

Bonnet de police. En drap bleu, passepoil en drap écarlate, avec turban de la hauteur de cent trente millimètres au milieu des courbes, de cent quatre-vingts millimètres de l'angle saillant de derrière au bord inférieur, de cent soixante millimètres de l'angle rentrant au bord inférieur. Galon de trente-quatre millimètres de hauteur, et grenade en drap écarlate ; gland en franges de laine écarlate.

Équipement. Buffleteries blanches, piquées, larges de soixante-dix-sept millimètres. Giberne en cuir ciré et astiqué, haute de deux cent soixante-cinq millimètres, large de deux cent soixante-dix millimètres, portant au milieu une grenade en métal blanc de la hauteur de cent millimètres, sans aucune doublure; martingale en forme de grenade, longue de cent quarante millimètres, attachée à la buffleterie du sabre par un bouton en buffle et non en métal. Couvre-giberne en toile cirée, dite *bisonne*, portant en imprimé une grenade, l'indication de la légion et celle du bataillon.

Armement. Fusil d'infanterie, avec bretelle de buffle blanche, large de trente-cinq millimètres, longue de neuf cents millimètres, piquée. Sabre-briquet, sans dragonne, orné seulement d'une cravate rouge. Epinglette blanche de cent quatre-vingt-dix millimètres de long, attachée au troisième bouton de l'habit. Fourreau de baïonnette en cuir noir, garni en cuivre par le bout, attaché le long du sabre à la buffleterie de cette arme.

2º CHASSEURS.

Habillement et chaussure. Comme les grenadiers, à l'exception de la grenade, remplacée par le cor de chasse, soit comme or-

nement des retroussis de l'habit, soit comme ornement des boutons. Epaulettes rouges, à corps vert.

Coiffure. Schako en feutre noir, haut, du devant, de deux cent vingt millimètres, et, de la partie opposée, de deux cent trente-cinq millimètres. Calot en cuir verni, du diamètre de deux cent quarante millimètres. Bord supérieur du schako garni d'un galon écarlate, de quarante millimètres de large; bord inférieur garni d'un cuir verni de dix-huit millimètres. Visière en cuir verni, modèle de la ligne, bordée d'un métal blanc de sept millimètres de large. Plaque blanche, contenant au milieu le numéro de la légion, découpé, surmonté d'un trophée conforme en tout point au modèle annexé à la présente ordonnance. Jugulaires en métal blanc uni, à écailles détachées, du modèle adopté pour les régiments de ligne, avec cor de chasse sur les attaches. Cocarde nationale en métal, du diamètre de soixante-dix millimètres, fixée au-dessus de la plaque. Aigrette en crin rouge, haute de deux cent quarante-cinq millimètres, du diamètre de quatre-vingt-dix millimètres à la partie supérieure, reposant sur une olive haute de quarante-cinq millimètres, rouge pour le premier bataillon, verte pour le second, couleur orange pour le troisième, bleu-de-roi pour le quatrième, portant le numéro de la compagnie dans le bataillon. La coiffure ne portera, sous aucun prétexte, d'autre ornement.

En petite tenue. Le schako sera recouvert d'une coiffe cirée, noire, avec couvre-nuque, sans ornement, portant le numéro de la légion en chiffres, blanc, de cinquante-cinq millimètres de haut. L'aigrette sera remplacée par un pompon rouge, avec flamme de crin rouge, de quatre-vingts millimètres de hauteur, retenue par une bague de la largeur de dix millimètres, et de la couleur du bataillon.

Bonnet de police. Conforme à celui des grenadiers; à l'exception toutefois de la grenade, remplacée par le cor de chasse, avec grenade au centre.

Équipement. Comme les grenadiers, à l'exception de la giberne, où la grenade sera remplacée, comme ornement, par le cor de chasse, avec grenade au centre.

Armement. Comme les grenadiers.

3º VOLTIGEURS.

Habillement et chaussure. Comme les grenadiers et les chasseurs. Les retroussis de l'habit supporteront toutefois le cor de chasse et la grenade en étoffe blanche. Le premier sera placé au pan extérieur de l'habit, la grenade sur l'autre côté. Boutons à cor de chasse et grenade. Epaulettes à corps jaune-jonquille, avec tournantes et franges rouges.

Coiffure. Bonnet à tout poil, haut de trois cent cinquante millimètres du devant, et de trois cent soixante-quinze millimètres à la partie opposée, sans plaque. Aigrette rouge, haute de deux cent millimètres, du diamètre, au sommet, de quatre-vingts millimètres, placée de façon à ne point dépasser la sommité du bonnet. Gland rouge, avec tête en point de Milan, jaune-jonquille, suspendu à une ganse de même couleur; macaron tricolore pour cocarde.

Bonnet de police. Conforme à celui des grenadiers et chasseurs, à l'exception du cor de chasse à grenade, en drap rouge.

Equipement. Comme celui des chasseurs, excepté que le corps de chasse à grenade de la giberne devra porter le numéro de la légion.

Armement. Comme les armes précédentes.

4° CAPORAUX.

Habillement, chaussure, coiffure, équipement et armement de leurs armes respectives (grenadiers, chasseurs et voltigeurs). Signes distinctifs du grade, comme dans l'armée, c'est-à-dire un galon rouge, de vingt-deux millimètres de largeur sur quatre-vingts millimètres de longueur. Epaulettes dont la grosse tournante sera en argent mat.

5° SERGENTS-MAJORS, SERGENTS, SERGENTS-FOURRIERS.

Habillement, chaussure, coiffure, équipement et armement de leurs armes respectives. Signes distinctifs des grades, comme dans l'armée, c'est-à-dire galons en argent lézardé, larges de vingt-deux millimètres, longs de quatre-vingt millimètres, avec passe-poil écarlate d'un millimètre de largeur. Epaulettes à corps en argent, tranché par le milieu d'une raie de trente-cinq millimètres de large, de la couleur de l'arme, bordé de trois tournantes en argent, et d'un seul rang de franges, également en argent, monté sur franges rouges, à graines; brides d'épaulettes comme les gardes nationaux.

6° SOUS-LIEUTENANTS, LIEUTENANTS, CAPITAINES.

Habillement de grande et petite tenue.

Comme celui des gardes nationaux de leurs armes respectives. Brides d'épaulettes et ornement des retroussis en argent, brodés en cannetille. Epaulettes, contre-épaulettes du grade, à corps uni, doublées en bleu, avec franges à petites torsades; le tout en argent. Hausse-col d'uniforme,

modèle de l'armée. Pantalon conforme à celui des gardes nationaux, sans dessous de pied.

Coiffure de l'arme, ornée, pour grenadiers et voltigeurs, du gland en argent, suspendu à une ganse du même métal; et, pour les grenadiers seulement, d'une grenade à la calotte, brodée en argent. Pour les chasseurs, galon d'argent au bord supérieur du schako, de vingt millimètres pour les sous-lieutenants, de vingt-cinq millimètres pour les lieutenants, de trente millimètres pour les capitaines, sans aucun autre ornement. Coiffe pour la petite tenue: aigrette au pompon comme les gardes nationaux. Bonnet de police d'uniforme avec passepoil en rouge, mais avec l'ornement de l'arme, brodé en argent; le galon et le gland en argent, largeur du grade.

Armement. Le sabre d'infanterie.

7° ÉTAT-MAJOR DES LÉGIONS.

Chefs de bataillon, lieutenant-colonel, colonel.

Habillement des gardes nationaux, soit en petite, soit en grande tenue, sauf les distinctions suivantes: boutons à coq; grenades brodées en argent aux retroussis. Epaulettes à grosses torsades au mat et corps uni. Contre-épaulette semblable au corps de l'épaulette pour le chef de bataillon. Epaulettes à corps en or pour le lieutenant-colonel, et en argent pour le colonel. Brides d'épaulettes brodées en cannetille en argent, doublées en bleu. Pantalon à dessous de pied.

Chaussure. Bottes avec éperons plaqués en argent, vissés au talon, à tige droite et carrée, portant quarante millimètres.

Coiffure. Schako d'uniforme, garni au bord supérieur, savoir: pour le chef de bataillon, d'un galon d'argent de trente-cinq millimètres, lézardé; pour le lieutenant-colonel, d'un semblable galon, mais en or, placé à la distance d'un millimètre d'un second galon en argent, de la largeur de quinze millimètres; pour le colonel, de deux galons ci-dessus, mais l'un et l'autre en argent. Cocarde en métal. Plaque conforme au modèle adopté pour les chasseurs. Grenade aux attaches des jugulaires. Aigrette fine, blanche, de deux cent soixante-dix millimètres de hauteur, avec frison tricolore de cent quinze millimètres de hauteur, monté sur baleine, orné d'une olive en torsades d'argent fin, de vingt-sept millimètres de hauteur, formée de quinze torsades. Pompon d'état-major, sphère bleue de sept millimètres, avec flamme blanche extérieurement, écarlate à l'intérieur, coquillage et bague écarlates. Bonnet de police d'uniforme avec galons du grade, grenade et gland à grosses torsades en argent. Hausse-col d'uniforme, modèle de la ligne.

Armement. Epée dite d'état-major, modèle des officiers supérieurs de l'armée.

Major.

Même tenue que le chef de bataillon, épaulette à droite.

Equipement du cheval des officiers supérieurs.

Selle anglaise, avec étriers en plaqué, tapis en drap bleu, à pointes, bordé d'un galon soubise en argent, de la largeur du grade, pour le chef de bataillon et le major, et des galons du grade pour le lieutenant-colonel et le colonel. Fontes de pistolets recouvertes en peau d'ours. Bride anglaise, avec mors droit, uni, en plaqué.

Adjudants-majors.

Habillement de grande et petite tenue, comme celui des gardes nationaux, avec les différences suivantes : Boutons à coq ; grenades d'argent aux retrousses de l'habit ; bottes ; pantalon des gardes nationaux. Epaulettes en or, du rang de capitaine, et à petites torsades ; brides d'épaulette en argent ; hausse-col d'uniforme.

Coiffure. Schako semblable à celui de capitaine de chasseurs, distingué uniquement, en grande tenue, par le plumet tricolore en plumes de vautour, avec olive en laine blanche, et, en petite tenue, par le pompon d'état-major. Bonnet de police du rang de capitaine, mais le gland en or.

Armement. Sabre d'infanterie.

Porte-drapeau.

Tenue conforme en tout à celle de sous-lieutenant de chasseurs, sauf toutefois les boutons, qui seront à coq. Les grenades aux retrousses, le plumet tricolore, avec olive en laine blanche.

Adjudant sous-officier.

Habillement de grande et petite tenue des gardes nationaux. Boutons à coq ; brides d'épaulette en argent, doublées de bleu ; grenades en argent aux retrousses de l'habit ; épaulettes à corps uni, en argent, coupées de deux raies écarlates de cinq millimètres de largeur, tissées en long ; franges à petites torsades ; contre-épaulette semblable au corps de l'épaulette et portée à droite. Point de hausse-col. — Bottes.

Coiffure. Schako garni au bord supérieur d'un galon d'argent de vingt millimètres de hauteur, coupé au centre d'un fil de soie ponceau, de la largeur d'un millimètre. Plumet tricolore en plumes de vautour.

Coiffe en toile cirée et pompon d'état-major pour la petite tenue. Bonnet de police conforme à celui des gardes nationaux, avec grenade brodée en argent, gland en laine écarlate recouvert d'un rang de franges à graines en argent, avec un galon du grade.

Armement. Sabre d'officier d'infanterie, suspendu à une ceinture de cuir noir verni, en toute saison.

Conseil de discipline.

Tenue conforme à celle de l'état-major de la légion, avec insignes du grade et le hausse-col. Schako avec galon du grade, pompon d'état-major. Plumet d'état-major avec olive en laine blanche.

Chirurgiens-majors et aides-majors.

Tenue conforme à celle des grades correspondants dans la troupe de ligne, sauf les broderies, lesquelles seront en argent.

Tambours.

Habit boutonné droit sur la poitrine, au moyen d'une rangée de neuf gros boutons semblables à ceux de l'arme à laquelle ils appartiennent. Capote semblable à celles des gardes nationaux. Galon en laine tricolore de vingt-cinq millimètres de large au collet, aux parements, et en écusson à la forme de la taille, soit de l'habit, soit de la capote. Pantalon d'hiver, bleu, avec passepoil rouge ; le surplus de la petite et de la grande tenue conforme à celle des gardes nationaux. Hors du service, ils porteront une veste de drap bleu, de forme ronde, à collet ouvert sans pattes, boutonnée sur la poitrine comme l'habit, avec galon tricolore aux parements et au collet. Bonnet de police avec passe-poil rouge sans galons.

Tambour-maître.

Habillement conforme à celui des tambours, avec galons aux manches et épaulettes du grade de sergent de grenadiers : boutons à coq. Les galons du collet, des manches et de la taille de l'habit seront en argent.

Chaussure. Souliers avec guêtres en été : bottes en tenue d'hiver.

Coiffure. Kolback, haut du devant, de deux cent quatre-vingt-dix millimètres, et, de la partie opposée, de trois cent dix millimètres, du diamètre au sommet, de deux cent cinquante millimètres, avec flamme en drap écarlate, de la longueur de quatre cent cinquante millimètres ; gland de laine blanche de cinquante-cinq millimètres. Plumet tricolore conforme à celui de l'état-major, avec olive en laine blanche. En petite tenue : coiffe en toile cirée recouvrant la flamme. Pompon d'état-major. Bonnet de de police des tambours.

Armement. Sabre-briquet suspendu à un baudrier. Canne d'uniforme. Il est expressément interdit de porter, soit en service, soit hors du service, toute autre coiffure que celle indiquée ci-dessus.

Tambour-major ; sapeurs ; musique.

Leur tenue sera réglée par le conseil d'administration de chaque légion.

2. Le col noir à liséré blanc, et les gants de daim jaune, sont adoptés, sans distinction de rangs ni de grades, dans la garde nationale.

3. Un modèle complet de l'uniforme des diverses armes de l'infanterie de la garde nationale, rectifié d'après les prescriptions contenues à la présente ordonnance, demeurera déposé dans une salle spéciale à l'état-major de chaque légion, où chaque garde national sera admis à le consulter.

4. Toutes les parties de l'uniforme actuellement en usage qui ne seraient point conformes aux dispositions ci-dessus, pourront être tolérées pendant une année, à partir de la promulgation de la présente ordonnance, dont, après ce délai, toutes les prescriptions devront être considérées comme obligatoires.

5. La présente ordonnance n'étant applicable qu'à la ville de Paris et à sa banlieue, elle ne doit apporter aucune espèce de variation dans les uniformes actuels adoptés dans les départements.

6. Notre ministre de l'intérieur (M. Casimir Périer) est chargé, etc.

29 SEPTEMBRE 1831. — Ordonnance approuvant des pensions, demi-soldes, suppléments accordés à diverses personnes. (Bull. O. 124 *bis*, n. 3.)

29 SEPTEMBRE 1831. — Ordonnances qui autorisent l'acceptation de dons et legs faits aux hospices, pauvres, bureaux de bienfaisance de diverses communes. (Bull. O. 115, n. 3278 à 3291.)

30 SEPTEMBRE = 29 OCTOBRE 1831. — Ordonnance du roi sur la liquidation des créances sur la régence de Tripoli de Barbarie, portant institution d'une commission d'appel. (IX, Bull. O. CXII, n. 3778.)

Louis-Philippe, etc., vu l'art. 7 de la convention conclue, le 11 août 1830, entre la France et la régence de Tripoli de Barbarie, relatif au paiement des créances des Français sur la régence, et portant : « Pour « satisfaire aux réclamations particulières « élevées par des sujets français, et pour « participer en quelque chose, bien que « dans une très-faible portion, aux dépenses « de l'expédition qu'il a forcé l'empereur

« de France d'envoyer contre lui, le **Dey** « s'engage à payer à Sa Majesté Très- « Chrétienne une somme de *huit cent mille* « *francs*, avec laquelle le gouvernement « français se charge d'acquitter les créances « que ces sujets ont à faire valoir contre le « gouvernement tripolitain ; » vu notre ordonnance en date du 12 mars dernier, par laquelle nous avons chargé la commission établie pour l'exécution des conventions des 25 avril 1818, et 30 avril 1822, de liquider les créances des Français sur la régence de Tripoli de Barbarie ; sur le rapport de notre ministre des affaires étrangères, etc.

Art. 1ᵉʳ. Il sera immédiatement procédé par la commission instituée, en exécution de notre ordonnance du 12 mars dernier, à l'examen et à la liquidation de toutes les réclamations fondées sur l'art. 7 de la convention du 11 août 1830.

2. Les réclamants seront tenus de faire à la commission la remise des titres justificatifs de leurs créances avant le 31 décembre 1831. Passé ce terme, la commission prononcera sur les réclamations d'après les pièces produites en temps utile.

3. Il sera établi une commission spéciale, composée de trois de nos conseillers d'État, devant laquelle les réclamants pourront appeler des décisions de la commission de liquidation qui auraient rejeté leurs réclamations ou réduit leurs créances. Les membres de cette commission seront nommés par nous, sur la proposition de notre ministre secrétaire d'État au département des affaires étrangères. Le recours en appel devra être formé dans le délai de trois mois, du jour où la décision de la commission de liquidation aura été notifiée.

4. Aussitôt que la liquidation prescrite par l'art. 1ᵉʳ de la présente ordonnance sera terminée, il sera procédé au paiement des créances liquidées. A cet effet, notre ministre secrétaire d'État au département des affaires étrangères adressera à notre ministre secrétaire d'État au département des finances un bordereau général qui lui aura été transmis par la commission, et qui devra comprendre toutes les liquidations arrêtées, soit par elle, soit par la commission d'appel. Notre ministre secrétaire d'État au département des finances ordonnancera le montant de ce bordereau au nom du directeur général de la caisse des dépôts et consignations, auquel il aurait fait parvenir les fonds nécessaires. Le directeur général de la caisse des dépôts et consignations paiera à chacun des créanciers portés audit bordereau, la somme liquidée à son profit, sur le vu de l'expédition du procès-verbal de liquidation qui lui aura été délivrée par la commission.

5. Nos ministres des affaires étrangères

et des finances (MM. Sébastiani et Louis) sont chargés, etc.

30 septembre 1831. — Ordonnance qui nomme M. Chopin-d'Arnouville préfet du Bas-Rhin. (Bull. O. 109, n. 3109.)

30 septembre 1831. — Ordonnance qui nomme MM. Allent, Maillard et Siméon pour former la commission d'appel des décisions de la commission instituée par ordonnance du 12 mars 1831. (Bull. O. 112, n. 3179.)

30 septembre 1831. — Tableau du prix des grains pour servir de régulateur aux droits d'importation et d'exportation. (Bull. O. 107, n. 3001.)

1er octobre 1831. — Lettres-patentes érigeant un majorat en faveur de M. Peregaux. (Bull. O. 109, n. 3111.)

2 octobre 1831. — Ordonnance qui autorise l'acceptation d'un legs fait à la société maternelle de Bordeaux. (Bull. O. 115, n. 3292.)

2 octobre 1831. — Ordonnances qui autorisent l'établissement ou la conservation de divers moulins et usines. (Bull. O. 114 et 120, n. 3249 à 3251, 3359 à 3366.)

3 = 11 octobre 1831. — Ordonnance du roi qui supprime les bataillons mobiles de gendarmerie, et qui les répartit dans les départements. (IX, Bull. O. CIX, n. 3104.)

Louis-Philippe, etc.

Art. 1er. Les bataillons mobiles de gendarmerie sont supprimés.

2. Les compagnies qui composent chacun de ces bataillons seront réparties dans les départements ci-après désignés, savoir:

1er bataillon : 1re compagnie, Maine-et-Loire ; 2e id., Mayenne : 3e id., Deux-Sèvres.

2e bataillon : 1re compagnie, Ille-et-Vilaine ; 2e id., Côtes-du-Nord ; 3e id., Finistère.

3e bataillon ; 1re compagnie, Loire-Inférieure; 2e id., Morbihan; 3e id., Vendée.

Chaque compagnie sera subdivisée en seize brigades provisoires, qui pourront être réunies aux brigades permanentes, ou former temporairement des postes intermédiaires. Les capitaines des compagnies mobiles seront adjoints aux commandants des compagnies départementales, les lieutenants et sous-lieutenants partageront le service des lieutenants de gendarmerie.

3. Le casernement des brigades provi-

soires sera, comme celui des brigades permanentes, à la charge de chaque département.

4. Nos ministres de la guerre et de l'intérieur (duc de Dalmatie et M. Casimir-Périer) sont chargés, etc.

3 octobre = 8 novembre 1831. — Ordonnance du roi qui abolit le quartier de l'inscription maritime établi à Toulouse. (IX, Bull. O. CXV, n. 3255.)

Louis-Philippe, etc., vu la loi du 29 octobre 1795, sur le régime de l'inscription maritime; vu l'arrêté du 11 mars 1791 et l'ordonnance royale du 5 août 1826.

Art. 1er. Le quartier de l'inscription maritime de Toulouse et les syndicats qui en dépendent cesseront, à compter du 1er novembre 1831, de faire partie de la circonscription maritime qui avait été déterminée par le tableau annexé à l'arrêté du 11 mars 1796.

2. Notre ministre de la marine et des colonies (comte de Rigny) est chargé, etc.

3 octobre 1831. — Ordonnance relative aux octrois de diverses communes. (Bull. O. 111 bis, n. 20 et 26.)

3 octobre 1831. — Ordonnances qui accordent des lettres de naturalité aux sieurs Authemon, Petroz et Sieviking. (Bull. O. 131, n. 3703 à 3705.)

3 octobre 1831. — Ordonnance qui admet les sieurs Baccoggi, Blum, Boriglione, Acidelof, Nessler, Philippe, Rap, Rilterburg, Van-Cauvelaert, Vinelli et Wolf à établir leur domicile en France. (Bull. O. 109, n. 3112.)

3 octobre 1831. — Ordonnances qui approuvent les procès-verbaux de délimitation de divers bois et prescrivent l'aménagement de plusieurs autres. (Bull. O. 111 bis, n. 21 à 25.)

3 octobre 1831. — Ordonnance qui autorise délivrance de bois à diverses communes. (Bull. O. 125 bis, n. 1.)

5 = 7 octobre 1831. — Loi qui ouvre un crédit extraordinaire de deux millions pour les canaux (1). (IX, Bull. O. XLV, n. 114.)

Article unique. Le crédit extraordinaire de deux millions, compris au projet du budget définitif de l'exercice 1831, à titre de supplément aux six millions déjà accordés par ordonnances des 9 mai et 24 août, en exécution de la loi du 25 mars dernier, est ouvert dès ce moment au mi-

(1) Présentation à la Chambre des Députés le 3 septembre (Mon. du 4) ; rapport par M. Cunin-Gridaine le 12 (Mon. du 13) ; discussion, adoption le 14 (Mon. du 15), à la majorité de 207 voix contre 12.

Présentation à la Chambre des Pairs le 21 septembre (Mon. du 23) ; rapport par M. de Tournon ; discussion, adoption le 30 (Mon. du 1er octobre), à la majorité de 62 voix contre 1.

nistre du commerce et des travaux publics, afin de continuer, pendant l'exercice 1831, les travaux en exécution pour l'achèvement des canaux autorisés par les lois des 5 août 1821 et 14 août 1822.

5 octobre 1831. — Ordonnance qui crée deux places d'agents de change courtiers à Mâcon, et fixe leur cautionnement. (Bull. O. 109, n. 3110.)

5 octobre 1831. — Ordonnance qui fixe les jours de tenue des foires de diverses communes. (Bull. O. 115, n. 3261.)

5 octobre 1831. — Ordonnance qui autorise l'acceptation d'un legs fait à la ville de Ganges et à l'hospice de Montpellier. (Bull. O. 113, n. 3225.)

6 octobre 1831. — Ordonnance relative à l'octroi de la commune d'Issoire (Puy-de-Dôme). (Bull. O. 125 bis, n. 2.)

6 octobre 1831. — Ordonnance qui accorde des lettres de naturalité au sieur Ballary. (Bull. O. 131, n. 3706.)

6 octobre 1831. — Ordonnance qui admet les sieurs Aner, A. Porto, Biancardio, Grana, Malibran, Moga-del-Juech à établir leur domicile en France. (Bull. O. 110, n. 5142.)

7 octobre 1831. — Ordonnance qui proclame les brevets d'invention pour le troisième trimestre de 1831. (Bull. O. 111, n. 3157.)

7 octobre 1831. — Ordonnances qui autorisent à construire et conserver divers moulins et usines. (Bull. O. 120, n. 3373 et 3379.)

7 octobre 1831. — Ordonnances qui autorisent la délivrance, soumettent au régime forestier et approuvent les procès-verbaux de délimitation de divers bois et forêts. (Bull. O. 125 bis, n. 3 à 6.)

8 = 22 octobre 1831. — Ordonnance du roi qui accorde un secours aux réfugiés étrangers. (IX, Bull. O. CXI, n. 3150.)

Louis-Philippe, etc., vu la loi du 25 mars dernier, relative aux ressources spéciales à réaliser pour subvenir aux dépenses extraordinaires de l'exercice 1831 ; considérant qu'il est urgent de pourvoir à la continuation des secours aux réfugiés étrangers ; en attendant le nouveau crédit extraordinaire de cinq cent mille francs, dont la demande a été portée à la Chambre des Députés des départements, etc.

Art. 1er. Il est ouvert au ministre de l'intérieur, avec imputation sur les ressources spéciales créées par la loi du 25 mars 1831, un crédit provisoire de cent mille francs, destiné à pourvoir au service extraordinaire de l'exercice 1831 jusqu'au 1er novembre, conformément à l'indication ci-après :

Chapitre spécial, 43 : services, secours aux réfugiés espagnols, portugais et autres ; crédits actuels, 1,000,000 ; nouveaux crédits accordés, 100,000 fr. ; total des fonds crédités, 1,100,000 fr.

2. Notre ministre de l'intérieur et notre ministre des finances (MM. Périer et Louis) sont chargés, etc.

8 octobre 1831. — Ordonnance qui accorde des pensions à soixante-seize militaires. (Bull. O. 112 bis, n. 5.)

10 octobre 1831. — Ordonnances qui autorisent l'acceptation de dons et legs faits aux desservants, fabriques, séminaires et communautés de diverses communes et qui rejette le legs universel fait à une congrégation de Rouen. (Bull. O. 124, n. 3525 à 3537.)

11 octobre 1831 = 20 janvier 1832. — Ordonnance du roi portant autorisation de la société de l'abattoir de Bordeaux, et approbation de ses statuts. (IX, Bull. O. CXXXIII, n. 3830.)

Louis-Philippe, etc., sur le rapport de notre ministre du commerce et des travaux publics ; vu les art. 29 à 37, 40 et 45 du Code de commerce, etc.

Art. 1er. La société anonyme formée à Bordeaux, sous la dénomination de *société de l'abattoir de Bordeaux*, par acte passé devant Me Caillavet, notaire, et son collegue, le 13 juillet 1831, est autorisée : sont approuvés les statuts contenus audit acte, qui restera annexé à la présente ordonnance.

2. Nous nous réservons de révoquer notre autorisation en cas de violation ou de non-exécution des statuts approuvés, sans préjudice des droits des tiers.

3. La société sera tenue de remettre, tous les six mois, un extrait de son état de situation au préfet de la Gironde, au greffe du tribunal de commerce et à la chambre de commerce de Bordeaux ; pareil extrait sera transmis au ministre du commerce et des travaux publics.

4. Notre ministre du commerce et des travaux publics (comte d'Argout) est chargé, etc.

11 octobre 1831. — Ordonnance sur la validité d'une adjudication d'un pont sur la Seine, entre le pont Royal et le pont des Arts. (Bull. O. 116, n. 3303.)

12 = 22 octobre 1831. — Ordonnance du roi qui homologue un règlement sur la pêche des rivières du département de l'Ardèche. (IX, Bull. O. CXI, n. 3152.)

Louis-Philippe, etc., vu les art. 26, 27, 28 et 29 de la loi du 15 avril 1829, relative à la pêche fluviale ; vu les art. 5,

6, 7 et 8 de l'ordonnance du 15 novembre 1830 concernant le mode d'exécution de ladite loi.

Art. 1er. Le règlement d'administration locale, dressé par le préfet du département de l'Ardèche le 15 septembre 1831, qui, sur l'avis du conseil général et après avoir consulté les agents forestiers, détermine : 1° les temps, saisons et heures pendant lesquels la pêche sera interdite dans les rivières et cours d'eau; 2° les filets et engins dont l'usage devra être interdit; 3° les procédés et modes de pêche qui devront également être défendus comme étant de nature à nuire au repeuplement des rivières, est définitivement homologué et rendu exécutoire dans le département de l'Ardèche.

2. Notre ministre des finances (baron Louis) est chargé, etc.

12 OCTOBRE 1831. — Ordonnance qui autorise le maire de Nangis à accepter un legs fait à cette ville. (Bull. O. 116, n. 3310.)

12 OCTOBRE 1831. — Ordonnance qui autorise le proviseur du collège royal de Toulouse à employer une somme en achat de rentes sur l'État. (Bull. O. 116, n. 3311.)

12 OCTOBRE 1831. — Ordonnance qui autorise le supérieur des frères des écoles chrétiennes à accepter un legs fait pour la maison des frères à Arras. (Bull. O. 116, n. 3312.)

12 OCTOBRE 1831. — Ordonnances qui suppriment la bourse entretenue par la ville des Sables au collège royal de Poitiers, et la demi-bourse entretenue par la ville de Mulhausen au collège royal de Strasbourg. (Bull. O. 116, n. 3313 et 3314.)

12 OCTOBRE 1831. — Ordonnances qui autorisent délivrance de bois à diverses communes, et approuvent le procès-verbal de délimitation des bois de Chamoux. (Bull. O. 125 bis, n. 7 à 9.)

13 OCTOBRE = 1er NOVEMBRE 1831. — Ordonnance du roi qui établit un mont-de-piété à Dieppe. (IX, Bull. O. CXIII, n. 3188.)

Louis-Philippe, etc.

Art. 1er. Il sera formé dans la ville de Dieppe (Seine-Inférieure) un mont-de-piété régi, sous la surveillance du préfet et l'autorité de notre ministre du commerce et des travaux publics, par une administration gratuite et charitable, composée de cinq membres, et conformément à la délibération de la commission des hospices du 12 juillet dernier, et aux dispositions du règlement, qui resteront annexés à la présente ordonnance.

2. Notre ministre du commerce et des travaux publics (comte d'Argout) est chargé, etc.

13 OCTOBRE 1831 = 4 OCTOBRE 1833. — Ordon-

nance du roi concernant les pouvoirs du gouverneur de la Guiane française. (IX, Bull. O. CCLVII, 1re sect., n. 4996.)

Louis-Philippe, etc., vu notre ordonnance du 30 août 1830, qui a modifié certains articles de l'ordonnance royale du 9 février 1827, en ce qui concerne le mode de coopération des conseils privés de la Martinique et de la Guadeloupe aux actes du gouvernement colonial; sur le rapport de notre ministre de la marine et des colonies, etc.

Art. 1er. Dans les cas spécifiés par l'art. 161 de l'ordonnance royale du 27 août 1828, concernant le gouvernement de la Guiane française, le gouverneur pourra, s'il le juge nécessaire, se dispenser de consulter le conseil privé.

2. Le gouverneur continuera de prendre l'avis du conseil privé, mais sans être tenu de s'y conformer, dans les cas déterminés par l'art. 162 de la même ordonnance.

3. Notre ministre de la marine et des colonies (comte de Rigny) est chargé, etc.

13 OCTOBRE 1831. — Ordonnances qui accordent des lettres de naturalité aux sieurs Cornet, Delvaux et Irots. (Bull. O. 131, n. 3707 à 3709.)

13 OCTOBRE 1831. — Ordonnance qui admet les sieurs Albarez, Allari, Hauwiller (Ignace), Hauwiller (Urbain), Hubert, Indergaud, Kaltembac, Srhimpton, Ralloton à établir leur domicile en France. (Bull. O. 132, n. 3738.)

13 OCTOBRE 1831. — Ordonnance qui réintègre le sieur Cailleau-Lafontaine dans ses droits de Français. (Bull. O. 132, n. 3737.)

13 OCTOBRE 1831. — Ordonnances qui autorisent les sieurs Baumgartner, Kohl, Krebert, Machado, Stegner à établir leur domicile en France. (Bull. O. 112, n. 3180.)

13 OCTOBRE 1831. — Ordonnances qui autorisent l'acceptation de dons, legs et offres faits aux hospices, pauvres, bureaux de bienfaisance et à diverses communes. (Bull. O. 115, n. 3293 à 3333.)

13 OCTOBRE 1831. — Ordonnance qui autorise le sieur Tesseire à faire une prise d'eau dans le Petit-Rhône (Gard). (Bull. O. 120, n. 3307.)

14 OCTOBRE = 1er DÉCEMBRE 1831. — Ordonnance du roi portant autorisation de la société anonyme de la *Compagnie des Ardoisières de Rimogne et de Saint-Louis-sur-Meuse*. (IX, Bull. O. CXXII, n. 3415.)

Louis-Philippe, etc.

Art. 1er. La société anonyme formée à Rimogne, département des Ardennes, sous la dénomination de *Compagnie des Ardoisières de Rimogne et de Saint-Louis-sur-Meuse*, par actes passés, les 4 octobre 1825 et 1er août 1831, par-devant Frougnut, notaire à Maubert-Fontaine, et témoins, est autorisée: sont approuvés les statuts contenus auxdits actes, qui resteront annexés à la présente ordonnance.

2. Nous nous réservons de révoquer notre autorisation en cas de violation ou de non-exécution des statuts approuvés, sans préjudice des droits des tiers.

3. La société sera tenue de remettre, tous les six mois, un extrait de son état de situation au greffe du tribunal de première instance de Rocroy, jugeant commercialement, au préfet du département des Ardennes et au ministre du commerce et des travaux publics.

4. Notre ministre du commerce et des travaux publics (comte d'Argout) est chargé, etc.

————

14 OCTOBRE = 19 NOVEMBRE 1831. — Ordonnance du roi qui proroge la société anonyme de la Banque de Nantes. (IX, Bull. O. CXVII, n. 3325.)

Louis-Philippe, etc., vu l'ordonnance royale du 11 mars 1818, portant autorisation de la société anonyme de la banque de Nantes ; vu l'art. 2 des statuts approuvés.

Art. 1ᵉʳ. La société anonyme de la banque de Nantes est autorisée pour une nouvelle période de neuf années, conformément aux actes passés les 12, 13, 15, 16, 17, 18, 20 et 22 novembre 1830, 24, 26 et 30 du même mois, 2 décembre et 6, 7 et 14 du même mois, par-devant Durant-Gasselin et son collègue, notaires en ladite ville. Lesdits actes demeureront annexés à la présente ordonnance.

2. Nous nous réservons de révoquer notre autorisation en cas de violation ou de non exécution des statuts approuvés par l'ordonnance royale du 11 mars 1818, sans préjudice des droits des tiers.

3. La société sera tenue de remettre, tous les six mois, un extrait de son état de situation au préfet du département de la Loire-Inférieure, au greffe du tribunal de commerce et à la chambre de commerce de Nantes ; pareil extrait sera adressé au ministre du commerce et des travaux publics.

4. Le préfet de la Loire-Inférieure continuera à veiller spécialement à l'exécution, en ce qui concerne les opérations de ladite banque, des art. 5, 31 et 32 de la loi du 24 germinal an 11.

5. Notre ministre du commerce et des travaux publics (M. d'Argout) est chargé, etc.

————

14 OCTOBRE 1831. — Ordonnances qui créent un péage pour la construction d'un pont à Saint-Paul-sur-l'Agout (Tarn) et à Montpont (Dordogne). (Bull. O. 114, n. 323 et 3232.)

14 OCTOBRE 1831. — Ordonnances qui accordent une pension à un ancien sous-préfet, à un ancien administrateur des lignes télégraphiques et à un ancien secrétaire général de préfecture. (Bull. O. 112 bis, n. 4, 5 et 6.)

14 OCTOBRE 1831. — Ordonnance qui autorise madame veuve Guinand à établir une usine. (Bull. O. 120, n. 3368.)

14 OCTOBRE 1831. — Ordonnance qui autorise le sieur Balluet J'Estournelle à ajouter à son nom celui de Constant de Rebecque. (Bull. O. 116, n. 3307.)

————

15 = 29 OCTOBRE 1831. — Ordonnance du roi qui affecte au service de leurs départements respectifs les compagnies de fusiliers vétérans de dix départements de l'Ouest. (IX, Bull. O. CXII, n. 3176.)

Louis-Philippe, etc.

Art. 1ᵉʳ. Les compagnies de fusiliers vétérans des départements des Côtes-du-Nord, du Finistère, d'Ille-et-Vilaine, de la Loire-Inférieure, de Maine-et-Loire, de la Mayenne, du Morbihan, de la Sarthe, des Deux-Sèvres et de la Vendée, sont spécialement affectés au service de leur département.

2. Ces compagnies se recruteront désormais de la même manière que les compagnies départementales d'infanterie créées par ordonnance de ce jour.

3. Notre ministre de la guerre (duc de Dalmatie) est chargé, etc.

————

15 OCTOBRE = 3 NOVEMBRE 1831. — Ordonnance du roi qui excepte les poils de lièvre sécrétés de la prohibition d'entrée pour cause de mesure sanitaire. (IX, Bull. O. CXIV, n. 3225.)

Louis Philippe, etc., vu l'art. 1ᵉʳ de la loi du 3 mars 1822 ; vu notre ordonnance du 16 septembre dernier, qui prohibe, dans l'intérêt de la santé publique, entre autres marchandises, les poils en crins et masse ; de l'avis du conseil supérieur de santé, etc.

Art. 1ᵉʳ. Les poils de lièvre sécrétés sont exceptés de la prohibition temporaire contenue dans l'ordonnance du 16 septembre, et ils pourront être admis en France par les bureaux de douanes ouverts aux marchandises de genre susceptible.

2. Notre ministre du commerce et des travaux publics (comte d'Argout) est chargé, etc.

————

15 OCTOBRE 1831. — Rapport au roi sur l'administration de la justice civile depuis 1820 jusqu'en 1830. (Mon. du 7 novembre 1831.)

Sire, le compte rendu de l'administration de la justice criminelle en France a été accueilli avec faveur, tant dans l'intérieur du royaume que dans les pays étrangers. Il a permis, dans beaucoup de questions importantes, de substituer des documents précis à des généralités souvent trompeuses ; il a répondu au besoin qu'éprouvent tous les bons esprits d'introduire dans la législation la méthode expérimentale, et d'appuyer sur la pratique, par une observation exacte des faits, les conceptions fécondes des plus saines théories. Le compte de l'administration de la justice civile mérite d'être rendu public comme celui de la justice criminelle ; le même intérêt doit s'y attacher ; les mêmes secours pratiques et scientifiques doivent en sortir.

C'est dans la vue, Sire, d'augmenter les matériaux de la statistique judiciaire, et de servir les progrès d'une science utile et honorable pour la France, que j'ai l'honneur de présenter à Votre Majesté l'état des travaux de la Cour de cassation, des Cours royales et des tribunaux de première instance, en matière civile, pendant le cours de dix ans, écoulés depuis l'année judiciaire 1820-1821, jusques et y compris l'année judiciaire 1829-1830.

Cet état n'est encore qu'un essai trop incomplet. A ne le comparer même qu'à la statistique criminelle, on ne peut s'empêcher de reconnaître qu'il lui est fort inférieur ; mais l'imperfection de ce travail ne m'a pas semblé un motif suffisant pour renoncer aux avantages de sa publication. Il sera, par la suite, susceptible de développements importants auxquels il a fallu renoncer pour cette première fois : par exemple, il ne comprend pas la totalité des affaires soumises aux tribunaux, et ne présente que celles qui ont été inscrites aux rôles ; les décisions sur requête, les procédures d'ordre, les expropriations, n'y sont pas portées, les affaires n'y sont pas divisées suivant leur nature, mais comptées en masse. Je désire introduire ces renseignements dans les comptes ultérieurs. J'ai indiqué dès à présent, pour donner une mesure plus exacte des occupations de chaque siège, les arrêts et jugements de police correctionnelle, ainsi que les jugements rendus en matière commerciale par les tribunaux civils, qui, à défaut de tribunaux spéciaux, connaissent de cette dernière matière. Quant à ce qui concerne la Cour de cassation, j'ai donné la totalité de ses travaux, en y comprenant les arrêts qu'elle a rendus en matière criminelle.

L'état est divisé en deux parties. La première contient la Cour de cassation, et les Cours royales avec les tribunaux de première instance du ressort de chacune d'elles, dans un ordre alphabétique ; elle se termine par une récapitulation générale. Dans la seconde partie, les cours royales et les tribunaux de première instance sont présentés et classés d'abord d'après le nombre de chambres ou de magistrats qui les composent ; puis, dans chacune de ces séries différentes, d'après le nombre des affaires portées au rôle.

Ce travail, en appelant l'attention publique sur l'état comparatif des travaux des divers tribunaux de France, aura pour effet d'éclairer les tentatives d'amélioration qui pourront être projetées dans l'administration de la justice. Il aidera à juger les règles qui ont été suivies pour l'établissement de la composition des tribunaux, à apprécier les demandes assez fréquentes en augmentation de juges, en création de tribunaux de commerce, en réduction ou en augmentation du nombre des officiers ministériels. Il aura surtout pour résultat de mettre chaque siège à même de comparer sa situation avec celle des autres tribunaux, et il portera les magistrats à rechercher les causes qui pourraient retarder dans quelques localités la distribution de la justice.

Permettez-moi, Sire, de signaler à l'attention de Votre Majesté quelques-uns des aperçus qui peuvent ressortir de l'ensemble de ce travail.

Le nombre total des affaires inscrites aux rôles des tribunaux de première instance du royaume, pendant les dix dernières années, est de 1,210,556. En cherchant le rapport de ce chiffre à celui de la population, qui s'élève à 31,858,394 habitants, d'après le dernier recensement officiel, on trouve qu'il est de 1 à 26, c'est-à-dire qu'il y a un procès, en dix ans, sur vingt-six individus. Lorsque, de ce résultat général, on descend à l'examen particulier des éléments dont il se compose dans le ressort de chaque cour royale, on trouve que ce rapport se proportionne ainsi qu'il suit :

Dans le ressort de la Cour royale de Besançon, le terme est celui du rapport moyen de. . . . . 1 à 26

Pour le ressort de la Cour royale de Bordeaux, il est de	1 à 25
Toulouse.	1 à 25
Pau.	1 à 22
Caen..	1 à 21
Colmar.	1 à 21
Paris.	1 à 21
Rouen.	1 à 21
Bourges..	1 à 20
Lyon.	1 à 20
Montpellier.. . . .	1 à 20
Riom.	1 à 19
Grenoble.	1 à 15
Nîmes.	1 à 15

Dans le ressort des cours suivantes, au contraire, le nombre de litiges, proportionnellement à la population, est au-dessous du terme moyen.

Le rapport, pour le ressort de la Cour d'Aix, est de. . . . . . . 1 à 28
Dijon. . . . . . . 1 à 29
Agen. . . . . . . 1 à 30
Bastia. . . . . . 1 à 32
Metz. . . . . . . 1 à 34
Nancy. . . . . . . 1 à 35
Orléans. . . . . . 1 à 35
Amiens. . . . . . . 1 à 38
Poitiers. . . . . . 1 à 48
Douai. . . . . . . 1 à 60
Angers. . . . . . 1 à 66
Rennes. . . . . . . 1 à 95

L'étude des causes auxquelles tiennent ces différences mérite toute l'attention des publicistes. Quant à leur résultat, on peut dès à présent en conclure que le nombre des procès n'est pas en proportion nécessaire avec le chiffre de la population. C'est ce dernier chiffre qui, dans l'établissement de notre organisation judiciaire, a été pris pour base du nombre de chambres ou de magistrats qui ont été attribués aux diverses cours du royaume, et aux tribunaux d'arrondissement. Ainsi la Cour de Grenoble est, dans l'ordre de population, la dix-huitième, et la cinquième par le nombre des affaires portées aux rôles des tribunaux de première instance du ressort. Le nombre des procès y est de 1 sur 15 individus en 10 ans. Il en est de même de Nîmes, qui est la seizième cour dans l'ordre de la population, et la quatrième par le nombre des affaires. La Cour de Rennes, où les procès sont de 1 sur 95, est, dans l'ordre de population, la deuxième, et, par le nombre des affaires, seulement la vingt-troisième. La Cour d'Angers, où les procès sont de 1 sur 66, est la neuvième dans l'ordre de population, et la vingt-sixième par le nombre des affaires. La Cour de Douai est la troisième dans l'ordre de population, et la vingt-deuxième par le nombre des affaires.

Le nombre des procès n'est pas davantage en rapport avec l'étendue superficielle. Ainsi les ressorts des Cours de Paris et de Rennes offrent, à une faible différence près, la même étendue superficielle. La première comprend 3,988,059 hectares, et la Cour de Rennes 3,507,425 hectares; et, cependant, dans le ressort de la Cour de Paris, le nombre des litiges portés devant les tribunaux de première instance du ressort a été de 139,317, et, dans la Cour de Rennes, il n'a été que de 26,358.

La Cour de Poitiers est la troisième en étendue superficielle, et la vingt-huitième par le nombre des affaires. La Cour de Colmar, au contraire, est la moins éten-

due de toutes les cours du royaume, et elle est la onzième par le nombre des affaires.

Le rapport du nombre des procès portés en appel à celui des affaires de première instance, est, sur la totalité, d'un peu plus d'un dixième.

Il est, dans le ressort de la Cour de Bastia, d'un cinquième : à Aix, Douai, Pau, Metz et Rouen, d'un huitième; à Agen, d'un neuvième; à Paris, Rennes, Toulouse, Bordeaux, Bourges, Colmar, Caen et Dijon, d'un dixième; à Lyon, Montpellier et Limoges, d'un onzième; à Nîmes, Besançon et Poitiers, d'un douzième; à Grenoble, Amiens et Orléans, d'un treizième; à Angers et Nancy, d'un quatorzième; et enfin à Riom, d'un quinzième.

En comparant l'ensemble des travaux des cours royales à celui des travaux des tribunaux de première instance, on obtient les résultats suivants :

Ces derniers ont eu à leurs rôles, comme il a été dit plus haut, 1,210,556 affaires. Il en restait à juger, à la fin d'août 1830, un vingt-huitième à peu près. Dans le nombre des affaires qui ont été terminées, les jugements contradictoires définitifs entrent approximativement pour 52 sur 100; les jugements par défaut, pour 26; les radiations du rôle par déport, transaction, abandon, etc., pour 22. Les jugements préparatoires et interlocutoires sont, avec le total des enrôlements, dans la proportion d'un peu moins d'un tiers; les causes arriérées, c'est-à-dire qui ont plus de trois mois d'inscription, dans celle d'un quarante-sixième.

Les cours royales ont eu à leurs rôles 115,021 affaires. Il en restait à juger, à la fin d'août 1830, un douzième à peu près. Dans le nombre des affaires terminées, les arrêts contradictoires définitifs entrent approximativement pour 69 sur 100; les arrêts par défaut, pour 11; les radiations du rôle par déport, transaction, abandon, pour 20. Les arrêts préparatoires et interlocutoires sont, avec le total des enrôlements, dans la proportion d'un peu moins du tiers; les affaires arriérées, dans celle d'un dix-neuvième.

Ce rapprochement démontre que, dans les cours royales, l'expédition des affaires est moins prompte que dans les tribunaux de première instance. On y remarque proportionnellement plus d'affaires restant à juger et un arriéré plus considérable. Les décisions rendues sur défaut et les radiations, quoique dans une proportion moindre qu'en première instance, sont cependant tellement nombreuses encore, qu'il demeure manifeste que beaucoup d'appels sont formés dans l'unique but d'entraîner des lenteurs, et de se soustraire, pendant quelque temps, à l'exécution des condamnations prononcées en première instance.

Dans les deux degrés de juridiction, la proportion est la même entre les décisions définitives et les décisions préparatoires ou interlocutoires. Toutefois, il est nécessaire de remarquer que le chiffre de ces décisions n'est pas toujours exact, parce que, dans les relevés des travaux de quelques cours, on a confondu avec les arrêts préparatoires proprement dits les arrêts de remise de cause, qui auraient dû en être distingués. C'est ainsi que, par suite de cette confusion, pour la Cour de Caen, le nombre total s'élève à 4,608, et pour celle de Rouen à 6,700, tandis que pour la Cour de Paris, dont le rôle est bien autrement chargé, on n'en compte que 1,268, parce qu'on y a eu la précaution de ne pas comprendre les arrêts de remise parmi les arrêts préparatoires ou interlocutoires.

Les calculs qui précèdent offrent de grandes variations lorsque l'on entre dans l'examen particulier des travaux de chaque tribunal. Dans l'examen de ces rapprochements partiels, auquel la publication de la statistique civile mettra désormais tous les magistrats à portée de se livrer, chacun pourra puiser d'utiles renseignements et une honorable émulation.

Le nombre des pourvois en cassation, dont il me reste à parler pour terminer la première partie des observations que j'ai l'honneur de soumettre à Votre Majesté, a été peu considérable; il ne s'est élevé qu'à 5,919, nombre minime, quand on le rapproche des 1,210,556 affaires portées aux rôles des tribunaux de première instance. A la fin d'août 1830, sur 5,919 pourvois, la section des requêtes n'avait prononcé que 5,260, et n'en avait admis que 2,010, c'est-à-dire un peu moins de deux cinquièmes. La section civile, de son côté, a rendu 1,664 arrêts; le nombre des arrêts portant cassation excède celui des rejets d'environ un cinquième. Ce qui établit que, sur les pourvois en cassation, un peu plus d'un septième des arrêts attaqués sont cassés.

Dans la seconde partie, les cours et tribunaux sont classés d'abord d'après le nombre de chambres et de magistrats qui les composent; puis, dans chacune des séries, d'après le nombre des affaires qu'ils ont eues à juger. C'est dans cette partie de la statistique qu'il est plus facile d'apprécier le zèle des magistrats et la véritable position de chaque tribunal.

Les cours royales sont divisées en trois classes : la première, composée des cours ayant trois chambres civiles, en comprend deux; la seconde se compose de celles qui ont deux chambres civiles, et qui sont au nombre de 9; enfin, la troisième est formée des cours, au nombre de 16, qui n'ont qu'une chambre civile.

Les Cours de Paris et de Rennes forment la première classe; elles n'ont pas cependant le même nombre de magistrats : l'une compte 60 présidents et conseillers, et l'autre seulement 40. Mais il n'y a aucune comparaison à établir entre elles sous le rapport des occupations et des travaux : la cour de Rennes est moins chargée que huit des cours de la seconde classe, et que onze de celles de la troisième.

Quelques cours de la seconde classe ont eu également moins d'appels que plusieurs de la troisième. La Cour de Douai, notamment, viendrait dans celles-ci au neuvième rang, celle de Poitiers au treizième.

La Cour de Nîmes est en tête des cours de la troisième classe; elle a eu 5,650 affaires à son rôle. Celle de Bastia, qui la termine, en a eu 1,093, et celle d'Angers qui précède immédiatement la Cour de Bastia, 1,403; la Cour de Nîmes a eu plus d'appels que sept des cours de la seconde classe : mais il est vrai de dire qu'il ne lui a pas suffi de ses propres ressources et des moyens ordinaires d'expédition pour venir à bout de sa tâche; qu'il lui a été adjoint une chambre temporaire par ordonnance des 15 octobre 1826 et 16 octobre 1827, et qu'encore, nonobstant ce secours, l'état du service, à la fin d'août 1830, n'était rien moins que satisfaisant; l'arriéré s'élevait alors à 768 causes.

Pour les cours qui, comme celle de Nîmes, laissent un arriéré assez considérable, il y a lieu d'espérer que le zèle si honorable des magistrats qui les composent amènera une diminution rapide. L'ordonnance du 24 septembre 1828, qui appelle la chambre des appels de police correctionnelle à prendre part aux travaux des chambres civiles, et surtout la loi du 4 mars 1831, sur la nouvelle composition des cours d'assises, réduites à 3 magistrats au lieu de 5, ont créé pour les cours royales un allégement de service duquel on est en droit d'attendre d'heureux résultats.

Les tribunaux de première instance sont divisés en huit classes, d'après le nombre de chambres et de magistrats qui les composent.

Celui de Paris forme la première; il est composé de 7 chambres et de 42 magistrats: il y a eu 72,808 affaires à ses rôles.

Les tribunaux de Rouen, Bordeaux, Lyon et Marseille, forment la seconde classe : ils sont composés de 3 chambres et de 12 juges. Le tribunal de Rouen a eu à juger 16,788 affaires ; celui de Bordeaux, 15,375 ; celui de Lyon, 14,232 ; le tribunal de Marseille a eu à juger seulement 5,980 affaires.

Les tribunaux de Strasbourg et de Nantes forment la troisième classe : ils sont composés de 2 chambres et de 10 juges. De ces deux siéges, le premier, sur 8,595 litiges qui lui ont été soumis, en a terminé 8,574 par 4,145 jugements contradictoires définitifs, 3,599 jugements par défaut, et 832 radiations. Il ne lui restait à juger, à la fin d'août 1830, que 21 causes, dont aucune n'était arriérée. Le tribunal de Nantes, sur 5,082 affaires, n'en a terminé que 4,644 par 2,405 jugements contradictoires, 1,388 jugements par défaut, et 851 radiations. Il en a laissé, à la fin d'août 1830, 438, parmi lesquelles s'en trouvaient 365 qui avaient plus de trois mois d'inscription au rôle. A Nantes, où le nombre des procès a été bien inférieur, celui des décisions préparatoires est plus élevé. En matière de police correctionnelle, le tribunal de Strasbourg a rendu 48,218 jugements, dont une grande partie porte surtout sur des délits forestiers ; celui de Nantes, 1,990. Près de ce dernier tribunal, une chambre temporaire a été créée et prorogée par ordonnances des 19 juin 1828 et 30 décembre 1829.

La quatrième classe comprend les tribunaux de 2 chambres et de 9 juges : ils sont au nombre de 58. Celui de Grenoble se place au premier rang de cette catégorie, et celui de Quimper au dernier rang : l'un a eu 13,225 litiges à ses rôles, l'autre n'en a eu que 596. Tous les tribunaux de cette classe se constituent en cour d'assises : la loi du 4 mars dernier, sur la nouvelle composition de ces cours, a donc allégé leur service.

Les tribunaux de Toulouse et de Lille, composés chacun de 2 chambres et de 8 juges, forment la cinquième classe. Dans le tribunal de Toulouse, les mises au rôle s'élèvent à 10,896 ; dans celui de Lille, ils sont de 2,972.

La sixième classe comprend les tribunaux de 2 chambres et de 7 juges ; ils sont au nombre de 13. Cette série commence par celui de Caen, qui a eu 9,672 affaires à juger ; elle se termine par celui de Bastia, qui n'en a eu que 1,791.

La septième classe comprend les tribunaux, au nombre de 48, composés d'une chambre et de 4 juges ; elle commence par celui de Vienne et finit par celui de Brest. Dans le premier, les rôles ont reçu 8,950 inscriptions ; dans le second, 922.

Enfin, la huitième et dernière classe, la plus nombreuse de toutes, qui comprend 233 tribunaux, est formée des tribunaux d'une chambre et de 3 juges. On trouve au premier rang le tribunal de Largentière, et, au dernier, celui de Loudéac ; celui-ci n'a eu que 355 causes à ses rôles, l'autre en a eu 10,960.

On voit par ces seuls chiffres, qui représentent les deux termes extrêmes de chaque série, combien diffèrent les occupations de certains siéges appartenant à la même classe, ou même à des catégories diverses.

C'est en continuant à réunir de pareils documents que l'on pourra poser à l'avenir les bases des changements qui pourraient être jugés nécessaires dans l'organisation des tribunaux.

Je borne, Sire, à ces aperçus les observations que j'ai cru devoir soumettre à Votre Majesté. La connaissance de cette statistique livrera aux publicistes, en même temps qu'aux magistrats, un riche sujet de méditations.

Je répète que je suis loin de me dissimuler combien ce travail est encore imparfait ; mais il ne faut pas perdre de vue que c'est un premier essai, dont il n'existe nulle part de modèle pour les affaires civiles.

Cette statistique devant être continuée et publiée tous les ans, les améliorations dont elle paraîtra susceptible devront s'y introduire successivement, et l'administration, secondée, j'en suis sûr d'avance, par le concours éclairé de la magistrature française, pourra rendre cette publication de plus en plus digne des suffrages de Votre Majesté, en la rendant chaque année plus utile au pays.

———

15 octobre 1831. — Ordonnance portant que M. Gisquet, secrétaire général, remplira les fonctions de préfet de police. (Bull. O. 111, n. 3354.)

15 octobre 1831. — Ordonnance qui accorde une pension à la veuve d'un directeur des hôpitaux militaires. (Bull. O. 117 bis, n. 1.)

15 octobre 1831. — Lettres-patentes qui érigent un majorat en faveur de M. Marbotin de Conteneuil. (Bull. O. 128, n. 3642.)

16 = 18 octobre 1831. — Loi relative à la fixation définitive des recettes et des dépenses de l'exercice 1831 (1). (IX, Bull. XLVI, n. 115.)

Art. 1er. Continueront d'être perçus,

———

(1) Présentation à la Chambre des Députés le 19 août (Mon. du 20) ; rapport pour les dépenses par M. Pellet (de la Lozère), et pour les recettes par M. Beslay père le 19 septembre (Mon. du 20) ; dis-

pour l'année 1831, les contributions directes fixées en principal et centimes additionnels par l'art. 2 de la loi du 18 avril dernier, et les impôts indirects maintenus par l'art. 9 de la même loi, avec les exceptions portées par la loi du 12 décembre 1830.

2. Une somme d'un million cent soixante-dix-sept mille francs (1,177,000 fr.) sera ajoutée, pour 1831, à la contribution foncière des bois des communes et établissements publics, pour couvrir les frais d'administration de ces bois, en exécution de l'art. 106 du Code forestier. Cette somme sera répartie par une ordonnance royale entre les départements.

3. Les voies et moyens ordinaires et extraordinaires de l'exercice 1831, sont évalués à la somme d'un milliard trois cent quatre millions trois cent soixante-dix-neuf mille sept cent deux francs (1,304,379,702 fr.), conformément à l'état A ci-annexé.

4. Des crédits sont ouverts aux ministres des divers départements jusqu'à concurrence d'un milliard cent soixante-douze millions cent quatre-vingt-douze mille quatre cent trente-cinq francs (1,172,192,435 fr.), pour les dépenses ordinaires et extraordinaires de l'exercice 1831, conformément à l'état B ci-annexé.

Les crédits provisoires ouverts aux ministres jusqu'à concurrence de huit cent vingt-cinq millions par les lois des 12 décembre 1830, 18 avril et 18 août 1831, sont et demeurent annulés.

5. L'excédant des ressources sur les dépenses, évalué à cent trente-deux millions cent quatre-vingt-sept mille deux cent soixante-sept francs (132,187,267 fr.), sera affecté et transporté au budget de l'exercice 1832.

6. Le ministre des finances prendra les mesures nécessaires pour que la révision des pensions civiles accordées depuis le 1er janvier 1828, ordonnée par la loi du 29 janvier dernier, soit opérée au 31 décembre prochain.

Le travail fait en vertu de l'art. 16 de ladite loi pour la révision des pensions sera imprimé et distribué aux Chambres.

(*Suivent les tableaux.*)

16 = 29 OCTOBRE 1831. — Ordonnance du roi portant création de compagnies départemen-

tales dans les dix départements de l'Ouest. (IX, Bull. O. CXII, n. 3175.)

Louis-Philippe, etc.

Art. 1er. Il sera formé, dans chacun des départements des Côtes-du-Nord, du Finistère; d'Ille-et-Vilaine, de la Loire-Inférieure, de Maine-et-Loire, de la Mayenne, du Morbihan, de la Vendée, de la Sarthe et des Deux-Sèvres, une compagnie d'infanterie qui sera spécialement affectée au département pour le maintien de la tranquillité publique; ces compagnies recevront la dénomination de *Compagnies départementales*, et seront distinguées entre elles par le nom du département.

2. Chaque compagnie recevra la composition ci-après:
Capitaine, 1; lieutenant, 1; sous-lieutenant, 1; sergent-major, 1; sergents, 4; fourrier, 1; caporaux, 8; soldats, 134; tambours, 2; enfants de troupe, 2. Total, 155.

3. Le recrutement s'effectuera par la voie de l'engagement volontaire, souscrit devant l'autorité civile, et portant obligation de servir dans la compagnie du département pour le temps qui sera fixé par la nouvelle loi sur le recrutement de l'armée.

4. Les officiers, sous-officiers et soldats des compagnies départementales devront avoir l'aptitude requise pour le service actif, et, autant que possible, être nés dans le département ou y avoir leur domicile. Les anciens militaires porteurs de congés définitifs ou jouissant d'une pension de retraite, pourront y être admis avec le grade qu'ils ont précédemment occupé. Pourront également y être reçus les hommes qui auront satisfait à la loi sur le recrutement, et les jeunes gens ayant dix-huit ans accomplis. Dans tous les cas, les sous-officiers et soldats ne devront pas être âgés de plus de quarante ans.

5. Les officiers en retraite ou en réforme dans les départements désignés à l'art. 1er de la présente ordonnance, ne pourront être placés dans la compagnie de leur département qu'avec le grade dont ils sont pourvus.

6. A défaut d'anciens militaires retirés du service et domiciliés dans le département, il pourra être pris des officiers, sous-officiers et caporaux dans les différents corps de l'armée, pour former et compléter les cadres desdites compagnies; le choix se

---

cussion les 26, 27, 28 (Mon. des 27, 28, 29); adoption le 29 (Mon. du 30), à la majorité de 261 voix contre 15.

Présentation à la Chambre des Pairs le 3 novembre (Mon. du 4); rapport par M. le comte Roy le 9 (Mon. du 10); discussion, adoption le

14 (Mon. du 15), à la majorité de 94 voix contre 1.

Retour, discussion, adoption à la Chambre des Députés le 15 novembre (Mon. du 16), à la majorité de 323 voix contre 15.

fera de préférence parmi ceux qui sont nés dans le département, ou qui, précédemment, y ont été domiciliés pendant plusieurs années.

7. Les officiers généraux auxquels sera confiée l'organisation des compagnies départementales, nommeront les sous-officiers et caporaux, et adresseront au ministre secrétaire d'Etat de la guerre des propositions en faveur des officiers qui leur paraîtront susceptibles d'être employés dans lesdites compagnies. Ils consulteront préalablement les préfets sur les choix qu'ils auront à faire, ceux-ci donneront leurs avis par écrit, pour être transmis au ministre de la guerre à l'appui des nominations de sous-officiers et caporaux, et des propositions concernant les officiers.

8. Les officiers seront nommés par nous, sur la proposition du ministre secrétaire d'Etat de la guerre; ils seront chargés du recrutement de leur compagnie, sous la direction des préfets.

9. Après la première formation, et lorsque les cadres auront été portés à leur complet, l'avancement de chaque compagnie roulera sur elle-même pour la totalité des emplois de sous-officier et caporal, et dans la proportion du tiers pour ceux d'officier. Dans le cas où la compagnie n'offrirait pas de sujets remplissant les conditions voulues pour occuper les vacances de sous-officier et caporal, ou pour remplir les emplois d'officier revenant à l'avancement de la compagnie, le général en rendra compte au ministre de la guerre, et lui proposera des candidats choisis, autant que possible, parmi les anciens militaires retirés dans le département, ou parmi les officiers, sous-officiers et caporaux de l'armée qui y ont eu précédemment leur domicile. En cas de vacance de l'emploi de capitaine au tour de l'avancement de la compagnie, le lieutenant concourra avec les capitaines de la ligne, et, si l'un de ces derniers est nommé, il sera remplacé à son régiment par le lieutenant de la compagnie où il entrera, pourvu toutefois que celui-ci réunisse les conditions de service exigées par la loi pour être promu au grade de capitaine. Le capitaine concourra pour le grade de chef de bataillon avec les autres capitaines de l'armée.

10. Pour la solde, les masses et l'administration, les compagnies départementales seront assimilées aux régiments d'infanterie.

11. L'uniforme des compagnies départementales sera celui des compagnies de vétérans créées par notre ordonnance du 26 novembre 1830.

12. Notre ministre de la guerre (duc de Dalmatie) est chargé, etc.

16 OCTOBRE 1831. — Ordonnances qui accordent des pensions à cent quatre militaires. (Bull. O. 117 bis, n. 2 et 3.)

19 OCTOBRE 1831. — Ordonnance qui charge par intérim M. Malleval des fonctions de secrétaire général de la préfecture de police. (Bull. O. 111, n. 3155.)

19 OCTOBRE 1831. — Ordonnances qui autorisent trois fabriques à accepter des legs à elles faits, et plusieurs autres à employer diverses sommes en achat de rentes sur l'État. (Bull. O. 124, n. 3538 à 3544.)

20 OCTOBRE 1831. — Ordonnance qui autorise l'inscription au trésor de 1162 pensions. (Bull. O. 112 bis, n. 7.)

20 OCTOBRE 1831. — Ordonnance qui autorise l'inscription au trésor de 81 pensions. (Bull. O. 117 bis, n. 4.)

20 OCTOBRE 1831. — Ordonnances qui approuvent le procès-verbal de délimitation de divers bois, et qui distraient ceux d'une commune du régime forestier. (Bull. O. 125 bis, n. 10, 11 et 13.)

20 OCTOBRE 1831. — Ordonnance qui autorise à construire divers bâtiments à proximité de forêts. (Bull. O. 125 bis, n. 14.)

20 OCTOBRE 1831. — Ordonnance qui autorise les habitants de plusieurs communes à faire pacager pendant cinq ans leurs bêtes à laine dans les bois communaux. (Bull. O. 125 bis, n. 15.)

20 OCTOBRE 1831. — Ordonnance qui autorise délivrance de bois à diverses communes. (Bull. O. 125 bis, n. 18.)

20 OCTOBRE 1831. — Ordonnances qui autorisent l'acceptation de dons et legs faits à divers hospices, communes, pauvres, bureaux de bienfaisance et à la maison de Charenton. (Bull. O. 119, 120 et 121, n. 3344 à 3352, 3380 à 3384, 3387 et 3389.)

21 OCTOBRE = 8 NOVEMBRE 1831. — Ordonnance du roi qui répartit le crédit accordé au ministère de la guerre pour l'exercice 1831. (IX, Bull. O. CXV, n. 3253.)

Louis-Philippe, etc., vu la loi du 16 octobre 1831, qui affecte un crédit de trois cent soixante-treize millions cent vingt-trois mille francs aux dépenses ordinaires et extraordinaires du ministère de la guerre pendant l'exercice 1831; vu l'art. 151 de la loi du 25 mars 1819;

Art. 1er. Le crédit de trois cent soixante-treize millions cent vingt-trois mille francs, accordé par la loi du 16 de ce mois pour les dépenses ordinaires et extraordinaires du ministère de la guerre pendant l'exercice 1831, est réparti entre les différents chapitres, sections et articles, ainsi qu'il suit, savoir :

(*Suit le tableau de répartition.*)

2. Nos ministres de la guerre et des finances (duc de Dalmatie et baron Louis) sont chargés, etc.

---

21 octobre 1831. — Ordonnances qui autorisent des maires à distraire une partie du presbytère pour établir la mairie. (Bull. O. 124, n. 3546 et 3550.)

21 octobre 1831. — Ordonnances qui autorisent des fabriques à employer diverses sommes en achat de rentes sur l'Etat. (Bull. O. 124, n. 3547 à 3549.)

21 octobre 1831. — Ordonnance qui autorise une fabrique à vendre un immeuble. (Bull. O. 124, n. 3551.)

21 octobre 1831. — Ordonnances qui autorisent délivrance de bois à diverses communes. (Bull. n. 125 bis, n. 19 et 20.)

21 octobre 1831. — Ordonnances qui autorisent à construire des bâtiments à proximité de forêts. (Bull. O. 125 bis, n. 21.)

---

22 octobre 1831. — Ordonnance qui nomme à diverses préfectures. (Bull. O. 114, n. 3233.)

22 octobre 1831. — Ordonnance qui convoque un collége électoral. (Bull. O. 114, n. 3226.)

22 octobre 1831. — Ordonnance qui autorise l'acceptation d'un legs universel fait au bureau de bienfaisance de Mirecourt (Vosges). (Bull. O. 121, n. 3390.)

24 octobre 1831. — Ordonnances qui autorisent l'acceptation de legs et donations faits au chapitre d'Avignon et à diverses fabriques ; qui autorisent l'emploi de diverses sommes en achat de rentes sur l'Etat. (Bull. O. 124, n. 3552 à 3568.)

---

25 octobre 1831. — Ordonnances relatives aux foires de diverses communes. (Bull. O. 122, n. 3418 à 3420.)

25 octobre 1831. — Ordonnance qui accorde des lettres de naturalité au sieur Berton. (Bull. O. 131, n. 3710.)

25 octobre 1831. — Ordonnance qui admet les sieurs Canela, Gucita, Luthin, Morelle, Princesse, Poniatowska, Rebkügler, Ruffier-Poupellox, Toerk et Zizinia à établir leur domicile en France. (Bull. O. 116, n. 3308.)

25 octobre 1831. — Ordonnance portant concession des mines de fer de Fleckantstein et de Rohenthal (Bas-Rhin) à madame veuve Dietrich ; de celles de Dahlenberg et de Friensbourg (Bas-Rhin) à la compagnie des forges de Mutterhausen. (Bull. O. 120, n. 3369 à 3371.)

25 octobre 1831. — Ordonnance qui autorise le sieur Leroy à construire une usine. (Bull. O. 120, n. 3372.)

25 octobre 1831. — Lettres de naturalité accor-dées aux sieurs Claris et Lagneau. (Bull. O., 2e sect., n. 344, 345 et 3454.)

26 octobre 1831. — Ordonnance qui autorise la communauté de sœurs de l'instruction chrétienne de Sellières (Jura), et approuve l'affectation de la jouissance à perpétuité de la maison qu'elles occupent. (Bull. O. 124, n. 3569.)

27 octobre = 8 novembre 1831. — Ordonnance du roi qui répartit le crédit ouvert au ministère de la marine et des colonies pour l'exercice 1831. (IX, Bull. O. CXV, n. 3254.)

Louis-Philippe, etc., vu la loi de finances du 16 octobre 1831, qui affecte un crédit de soixante-onze millions cent quatre-vingt-six mille sept cents francs pour les dépenses ordinaires et extraordinaires du ministère de la marine et des colonies pendant l'exercice 1831 ; vu la loi du 25 mars 1817, art. 151 ; vu l'ordonnance royale du 14 septembre 1822, sur la comptabilité et la justification des dépenses publiques, art. 2 ; vu l'ordonnance royale du 1er septembre 1827, art. 5.

Art. 1er. Le crédit de soixante-onze millions cent quatre-vingt-six mille sept cents francs, accordé par la loi de finances du 16 octobre 1831 pour les dépenses ordinaires et extraordinaires du ministère de la marine et des colonies pendant l'exercice 1831, est réparti entre les divers chapitres de la comptabilité de ce département ainsi qu'il suit, savoir :

(*Suit le tableau de répartition.*)

2. Nos ministres des finances, de la marine et des colonies (baron Louis et de Rigny) sont chargés, etc.

---

27 octobre 1831. — Ordonnance qui fixe la solde de retraite de quarante-deux officiers réformés de 1814 à 1817. (Bull. O. 127 bis, n. 1.)

27 octobre 1831. — Ordonnance qui approuve la liquidation de trois pensions ecclésiastiques. (Bull. O. 117 bis, n. 5.)

27 octobre 1831. — Ordonnance qui accorde 4 pensions à quarante-six militaires. (Bull. O. 117 bis, n. 6.)

27 octobre 1831. — Ordonnance sur l'octroi de la ville de Rouen. (Bull. O. 125 bis, n. 22.)

---

28 octobre = 3 novembre 1831. — Ordonnance du roi sur la répartition du crédit ouvert au ministère de la justice pour l'exercice 1831. (IX, Bull. O. CXIV, n. 3224.)

Louis-Philippe, etc., vu la loi du 16 octobre 1831, qui a ouvert un crédit de dix-neuf millions cinq cent trente-un mille deux cent quatre-vingts francs pour les dépenses ordinaires du ministère de la justice pendant l'exercice 1831 ; vu l'art. 151 de la loi du 25 mars 1817; vu l'art. 2 de l'ordonnance royale du 14 septembre 1822, etc.

Art. 1ᵉʳ. Le crédit de dix-neuf millions cinq cent trente-un mille deux cent quatre-vingts francs, accordé par la loi du 16 octobre 1831 pour les dépenses ordinaires du ministère de la justice pendant l'exercice 1831, est réparti ainsi qu'il suit : savoir :

(*Suivent les tableaux de répartition.*)

2. Nos ministres de la justice et des finances (MM. Barthe et Louis) sont chargés, etc.

___

29 OCTOBRE = 16 NOVEMBRE 1831. — Ordonnance du roi qui accorde un secours aux réfugiés étrangers. (IX, Bull. O. CXVI, n. 3300.)

Voy. ordonnance du 8 octobre 1831.

Louis-Philippe, etc., vu la loi du 25 mars dernier, relative aux ressources spéciales à réaliser pour subvenir aux dépenses extraordinaires de l'exercice 1831 ; considérant qu'il est urgent de pourvoir à la continuation des secours aux réfugiés étrangers, en attendant le nouveau crédit extraordinaire de cinq cent mille francs, dont la demande a été portée à la Chambre des Députés des départements ; sur le rapport du ministre secrétaire d'État de l'intérieur, président du conseil des ministres, etc.

Art. 1ᵉʳ. Il est ouvert au ministre secrétaire d'État de l'intérieur, avec imputation sur les ressources spéciales créées par la loi du 25 mars 1831, un crédit provisoire de cent mille francs, destiné à pourvoir au service extraordinaire de l'exercice 1831 jusqu'au 16 novembre, conformément à l'indication ci-après :

Chapitre spécial, 43. Secours aux réfugiés espagnols, portugais et autres : crédits actuels, 1,100,000 fr. ; nouveaux crédits accordés 100,000 fr. ; total des fonds crédités, 1,200,000 fr.

2. Notre ministre de l'intérieur et notre ministre des finances (MM. Périer et Louis) sont chargés, etc.

___

29 OCTOBRE 1831. — Ordonnance qui convoque les conseils généraux de département en session extraordinaire. (Bull. O. 114, n. 3228.)

29 OCTOBRE 1831. — Ordonnance qui convoque un collége électoral de Marseille. (Bull. O. 114, n. 3227.)

29 OCTOBRE 1831. — Ordonnances relatives aux foires de diverses communes. (Bull. O. 122, n. 3421 à 3425.)

___

31 OCTOBRE = 8 NOVEMBRE 1831. — Ordonnance du roi qui prescrit la formation d'une compagnie de fusiliers et de pionniers en Afrique. (IX, Bull. O. CXV, n. 3256.)

Louis-Philippe, etc., vu l'ordonnance du 1ᵉʳ avril 1818, portant création de dix compagnies de discipline.

Art. 1ᵉʳ. La cinquième compagnie de fusiliers et la cinquième de pionniers de discipline seront formées en Afrique d'après les bases déterminées par l'ordonnance du 1ᵉʳ avril 1818 précitée, et par celle du 5 janvier 1820.

2. Notre ministre de la guerre (duc de Dalmatie) est chargé, etc.

___

31 OCTOBRE 1831. — Ordonnances qui autorisent l'acceptation de legs faits aux séminaires de Soissons et d'Arras, à diverses fabriques et églises, et autorisent plusieurs fabriques à employer diverses sommes en achat de rentes sur l'État, et approuvent une cession faite par une fabrique. (Bull. O. 124 et 125, n. 3570 à 3579, 3588 à 3597.)

31 OCTOBRE 1831. — Ordonnances qui autorisent délivrance de bois à diverses communes et approuvent le procès-verbal de délimitation d'une forêt. (Bull. O. 125 bis, n. 23 à 25.)

31 OCTOBRE 1831. — Ordonnances qui autorise à construire à proximité des forêts les sieurs Cattavoz, Guilbert, Odille-Margot, Escale, Courtade et autres, Barsot, Lacrampe et autres. (Bull. O. 125 bis, n. 26.)

31 OCTOBRE 1831. — Tableau du prix des grains pour servir de régulateur aux droits d'importation et d'exportation. (Bull. O. 113, n. 3187.)

___

1ᵉʳ NOVEMBRE 1831. — Ordonnances qui fixent la solde de retraite de dix-neuf officiers de la marine et de onze veuves d'officiers de la marine, réformés de 1814 à 1817. (Bull. O. 127 bis, n. 2 et 3.)

1ᵉʳ NOVEMBRE 1831. — Ordonnances qui autorisent l'acceptation de legs faits à des hospices, communes, pauvres et bureaux de bienfaisance de diverses communes. (Bull. O. 121, 122 et 123, n. 3391 à 3412, 3446, 3447, 3450 et 3456.)

___

2 NOVEMBRE 1831. — Ordonnance qui nomme M. Saulnier préfet du Loiret. (Bull. O. 116, n. 3396.)

2 NOVEMBRE 1831. — Ordonnances qui établissent et fixent la tenue de diverses foires. (Bull. O. 122, n. 3426 et 3427.)

___

3 = 16 NOVEMBRE 1831. — Ordonnance du roi qui homologue des règlements sur la pêche dans les rivières de 63 départements. (IX, Bull. O. CXV, n. 3302.)

Louis-Philippe, etc., vu les art. 26, 27 28 et 29 de la loi du 15 avril 1829, relative à la pêche fluviale ; vu les art. 5, 6, 7 et 8 de l'ordonnance du 15 novembre 1830 concernant le mode d'exécution de ladite loi ; sur le rapport de notre ministre des finances, etc.

Art. 1ᵉʳ. Sont définitivement homologués

et rendus exécutoires dans les départements ci-après désignés, les règlements d'administration locale dressés par les préfets sur l'avis des conseils généraux et après avoir consulté les agents forestiers, et qui déterminent, 1° les temps, saisons et heures pendant lesquels la pêche sera interdite dans les rivières et cours d'eau ; 2° les filets et engins dont l'usage devra être interdit ; 3° les procédés et modes de pêche qui devront être défendus comme étant de nature à nuire au repeuplement des rivières, savoir :

1° Département de l'Ain, le règlement dressé par le préfet le 7 septembre 1831 ; 2° département de l'Aisne, le règlement dressé par le préfet le 15 juin 1831 ; 3° département de l'Allier, le règlement dressé par le préfet le 10 mai 1831 ; 4° département de l'Ariége, le règlement dressé par le préfet le 19 juillet 1831 ; 5° département de l'Aube, le règlement dressé par le préfet le 24 juillet 1831 ; 6° département de l'Aude, le règlement dressé par le préfet le 28 mai 1831 ; 7° département de l'Aveyron ; le règlement dressé par le préfet le 25 mai 1831 ; 8° département du Calvados, le règlement dressé par le préfet le 8 août 1831 ; 9° département du Cantal, le règlement dressé par le préfet le 25 avril 1831 ; 10° département de la Charente, les règlements dressés par le préfet le 30 juillet 1831 ; 11° département de la Charente-Inférieure, le règlement dressé par le préfet le 1er juin 1831, 12° département de la Côte-d'Or, le règlement dressé par le préfet le 4 juillet 1831 ; 13° département des Côtes-du-Nord, le règlement dressé par le préfet le 24 mai 1831 ; 14° département de la Dordogne, le règlement dressé par le préfet le 25 juillet 1831 ; 15° département du Doubs, le règlement dressé par le préfet le 30 avril 1831 ; 16° département de l'Eure, le règlement dressé par le préfet le 21 avril 1831 ; 17° département du Gard, le règlement dressé par le préfet le 17 mai 1831 ; 18° département de la Haute-Garonne, le règlement dressé par le préfet le 8 août 1831 ; 19° département du Gers, le règlement dressé par le préfet le 30 mai 1831 ; 20° département de la Gironde, le règlement dressé par le préfet le 13 août 1831 ; 21° département d'Ille-et-Vilaine, le règlement dressé par le préfet le 14 juin 1831 ; 22° département de l'Indre, le règlement dressé par le préfet le 28 juin 1831 ; 23° département d'Indre-et-Loire, le règlement dressé par le préfet le 22 avril 1831 ; 24° département du Jura, le règlement dressé par le préfet le 13 juillet 1831 ; 25° département des Landes, le règlement dressé par le préfet

le 15 juillet 1831 ; 26° département de Loir-et-Cher, le règlement dressé par le préfet le 1er juin 1831 ; 27° département de la Haute-Loire, le règlement dressé par le préfet le 9 juillet 1831 ; 28° département de la Loire-Inférieure, le règlement dressé par le préfet le 18 juin 1831 ; 29° département du Loiret, le règlement dressé par le préfet le 28 juin 1831 ; 30° département du Lot, le règlement dressé par le préfet le 25 juin 1831 ; 31° département de Lot-et-Garonne, le règlement dressé par le préfet le 10 mai 1831 ; 32° département de la Lozère, le règlement dressé par le préfet le 10 mai 1831 ; 33° département de la Manche, le règlement dressé par le préfet le 15 juin 1831 ; 34° département de la Marne, le règlement dressé par le préfet le 16 août 1831 ; 35° département de la Meurthe, le règlement dressé par le préfet le 27 mai 1831 ; 36° département de la Meuse, les règlements dressés par le préfet le 27 mai 1831 ; 37° département de la Moselle, les règlements dressés par le préfet le 7 juillet 1831 ; 38e département de la Nièvre, le règlement dressé par le préfet le 30 juillet 1831 ; 39° département du Nord, le règlement dressé par le préfet le 7 juillet 1831 ; 40° département de l'Oise, le règlement dressé par le préfet le 4 juillet 1831 ; 41° département de l'Orne, le règlement dressé par le préfet le 24 août 1831 ; 42° département du Pas-de-Calais, le règlement dressé par le préfet le 3 août 1831 ; 43° département du Puy-de-Dôme, le règlement dressé par le préfet le 5 juillet 1831 ; 44° département des Basses-Pyrénées, le règlement dressé par le préfet le 10 juin 1831 ; 45° département des Hautes Pyrénées, le règlement dressé par le préfet le 31 mai 1831 ; 46° département des Pyrénées-Orientales, le règlement dressé par le préfet le 13 juillet 1831 ; 47° département du Bas-Rhin, le règlement dressé par le préfet le 27 juillet 1831 ; 48° département du Haut-Rhin, le règlement dressé par le préfet le 10 août 1831 ; 49° département de la Haute-Saône, le règlement dressé par le préfet le 21 mai 1831 ; 50° département de la Sarthe, le règlement dressé par le préfet le 20 mai 1831 ; 51° département de la Seine, le règlement dressé par le préfet le 22 juillet 1831 ; 52° département de la Seine-Inférieure, le règlement dressé par le préfet le 26 mai 1831 ; 53° département de Seine-et-Marne, le règlement dressé par le préfet le 10 mai 1831 ; 54° département de Seine-et-Oise, les règlements dressés par le préfet le 19 juillet 1831 ; 55° département des Deux Sèvres, le règlement dressé par le préfet le 10 mai 1851 ; 56° département de la Somme, le règlement dressé par le préfet le 15 juillet 1831 ; 57° département du Tarn, le règlement dressé par le préfet le 16 juin 1831 ; 58° département de Tarn-et-Garonne, le règlement dressé par le préfet le 28 mai 1831 ; 59° département du Var, le règlement dressé par le préfet le 16 juillet 1831 ; 60° département de la Vendée, le règlement dressé par le préfet le 22 juin 1831 ; 61° département de la Vienne, le règlement dressé par le préfet le 9 juillet 1831 ; 62° département des Vosges, les règlements dressés par le préfet le 22 juin 1831 ; 63° département de l'Yonne, le règlement dressé par le préfet le 15 mai 1831.

2. Notre ministre des finances (baron Louis) est chargé, etc.

---

3 = 16 NOVEMBRE 1831. — Ordonnance du roi sur le Mont-de-Piété de Paris. (IX, Bull. O. CXVI, n. 3301.)

Louis-Philippe, etc., sur le rapport de notre ministre secrétaire d'État au département du commerce et des travaux publics ; vu le décret du 8 thermidor an 13 (27 juillet 1805) et le règlement y annexé ; vu notre ordonnance du 12 janvier 1831 ; vu les délibérations du conseil d'administration du mont-de-piété de Paris, des 5, 12 et 13 avril dernier ; vu l'avis du préfet de la Seine, du 10 juin suivant ; le comité de l'intérieur du conseil d'État entendu, etc.

Art. 1ᵉʳ. Le mont-de-piété de Paris sera régi par un directeur, sous la surveillance du conseil d'administration créé par les art. 1ᵉʳ et 2 de notre ordonnance du 12 janvier 1831, et sous l'autorité du préfet de la Seine.

2. Le directeur aura sous ses ordres, au chef-lieu, un contrôleur qui sera, en outre, chef de la comptabilité ; un inspecteur ; un second inspecteur, faisant les fonctions de secrétaire du conseil d'administration ; un caissier ; un chef des magasins et deux gardes-magasins ; un garde du dépôt des ventes ; à la succursale, un sous-directeur, un garde-magasin, un garde du dépôt des ventes, chargé en même temps des fonctions de sous-caissier.

3. Les directeur, sous-directeur, contrôleur, inspecteur, caissier et chef des magasins, seront nommés par le ministre du commerce et des travaux publics, sur la présentation de trois candidats pour chaque place, qui lui sera faite par le préfet de la Seine. Tous les autres agents, préposés et employés seront nommés par le préfet, sur deux listes de deux candidats pour chaque

place, présentées, l'une par le conseil d'administration, et l'autre par le directeur. Toutefois, les employés des magasins seront nommés par le préfet, sur une liste de trois candidats présentés par le chef des magasins.

4. Le caissier, le chef des magasins, les gardes-magasins, les gardes des dépôts des ventes, seront tenus de fournir, pour garantie de leur gestion, des cautionnements dont la quotité sera fixée par le ministre, sur la proposition du conseil d'administration et l'avis du préfet, conformément au règlement de thermidor an 13.

5. Toutes les délibérations du conseil d'administration seront soumises à l'approbation du préfet ; et, lorsqu'elles auront pour objet des dispositions réglementaires, elles seront soumises par le préfet à l'approbation du ministre du commerce et des travaux publics.

6. Sont abrogées les dispositions du règlement annexé au décret du 8 thermidor an 13 (27 juillet 1805) en ce qu'elles ont de contraire à celles de la présente ordonnance.

7. Notre ministre du commerce et des travaux publics (comte d'Argout) est chargé, etc.

---

3 NOVEMBRE 1831 = 26 JANVIER 1832. — Ordonnance du roi qui répartit entre les départements du royaume le montant de la contribution supplémentaire établie pour 1831 sur les bois des communes et des établissements publics. (IX, Bull. O. CXXXIV, n. 4004.)

Louis-Philippe, etc., vu l'art. 106 du Code forestier, portant que, pour indemniser le gouvernement des frais d'administration des bois des communes ou établissements publics, il sera ajouté annuellement à la contribution foncière établie sur ces bois une somme équivalente à ces frais ; que le montant de cette somme, réglé chaque année par la loi des finances, sera réparti au centime le franc de ladite contribution et perçu de la même manière ; vu l'art. 2 de la loi du 16 octobre 1831, qui fixe à un million cent soixante-dix-sept mille francs (1,177,000 fr.) le montant de la somme à ajouter pour 1831 à la contribution foncière établie sur les bois dont il s'agit, et porte que cette somme sera répartie par une ordonnance royale entre les différents départements du royaume, etc.

Art. 1ᵉʳ. La somme d'un million cent soixante-dix-sept mille francs, montant de la contribution supplémentaire établie pour 1831 sur les bois des communes et des établissements publics, est répartie entre les différents départements du royaume, conformément au tableau ci-après, savoir :

Ain, 15,142 fr.; Aisne, 8,661 fr.; Allier, 691 fr.; Alpes (Basses-), 4,684 fr.; Alpes (Hautes-), 10,022 fr.; Ardéche, 2,630 fr.; Ardennes, 37,277 fr.; Ariége, 2,466 fr.; Aube, 34,283 fr.; Aude, 1,147 fr.; Aveyon, 1,961 fr.; Bouches-du-Rhône, 2,066 fr.; Calvados, 566 fr.; Cantal, 3,662 fr.; Charente, 89 fr.; Charente-Inférieure, 241 fr.; Cher, 2,969 fr.; Corrèze, 136 fr.; Côte-d'Or, 84,418 fr.; Creuze, 446 fr.; Doubs, 57,589 fr.; Drôme, 7,043 fr.; Eure, 880 fr.; Eure-et-Loir, 284 fr.; Gard, 14,700 fr.; Garonne (Haute-), 10,532 fr.; Gers, 1,576 fr.; Gironde, 463 fr.; Hérault, 6,729 fr.; Ille-et-Vilaine, 50 fr. Indre 604 fr.; Indre-et-Loire, 25 fr.; Isère, 10,963 fr.; Jura, 57,791 fr.; Landes, 3,316 fr.; Loir-et-Cher, 2,206 fr.; Loire, 735 fr.; Loire (Haute-), 606 fr.; Loire-Inférieure, 103 fr.; Loiret, 723 fr.; Lot-et-Garonne, 1,478 fr.; Lozère, 63 fr.; Maine-et-Loire, 440 fr.; Manche, 60 fr.; Marne, 20,721 fr.; Marne (Haute-), 74,875 fr.; Mayenne, 393 fr.; Meurthe, 55,954 fr.; Meuse, 120,700 fr.; Moselle, 60,647 fr.; Nièvre, 21,351 fr.; Nord, 3,054 fr.; Oise, 4,692 fr.; Orne, 522 fr.; Pas-de-Calais, 2,491 fr.; Puy-de-Dôme, 1,864 fr.; Pyrénées (Basses-), 9,860 fr.; Pyrénées (Hautes-), 10,784 fr.; Pyrénées-Orientales, 2,084 fr,; Rhin (Bas-), 61,594 f.; Rhin (Haut-), 89,936 fr.; Rhône, 26 fr.; Saône (Haute), 96,116 fr.; Saône-et-Loire, 23,281 fr.; Sarthe, 346 fr.; Seine, 65 fr.; Seine-Inférieure, 900 fr.; Seine-et-Marne; 4,192 fr.; Seine-et-Oise, 1,196 fr,; Sèvres (Deux-), 144 fr.; Somme, 2,859 fr.; Tarn, 1,671 fr.; Tarn-et-Garonne, 316 fr.; Var, 4,706 fr.; Vaucluse, 2,467 fr.; Vienne, 201,fr.; Vienne (Haute-), 104 fr.; Vosges, 63,693 fr.; Yonne, 40,719 fr.

Total, 1,177,000 fr.

2. Les dégrèvements accordés sur cette imposition seront prélevés sur le produit des rôles.

3. Notre ministre des finances (baron Louis) est chargé, etc.

---

3 NOVEMBRE 1831. — Ordonnance relative à l'octroi de diverses communes. (Bull. O. 125 *bis*, n. 29.)

---

4 NOVEMBRE 1831. — Ordonnances qui autorisent l'acceptation de legs faits à deux fabriques, et rejettent celui fait à la fabrique de Monans (Var). (Bull. O. 132, n. 3779 à 3781.)

6 = 7 NOVEMBRE 1831. — Loi portant allocation d'un crédit de dix-huit millions pour travaux d'utilité publique (1). (IX, Bull. XLVII, n. 116.)

Art. 1er. Il est mis à la disposition du gouvernement un fonds de dix-huit millions.

Ce fonds aura la destination suivante :

Ministère du commerce et des travaux publics.

Pour supplément aux crédits des routes royales.	2,000,000 f.
Pour concourir avec les fonds départementaux aux travaux des routes et ouvrages d'art à la charge des départements.	3,500,000
Pour subvention aux entreprises de travaux d'intérêt public à exécuter par voie de concession de péages.	500,000
A distribuer aux villes pour contribuer à des travaux d'utilité communale.	5,000,000
Pour secours au commerce et à l'industrie.	2,000,000
Total.	13,000,000 f.

Ministère de l'intérieur.

Pour subvenir aux besoins d'intérêt général et imprévus, cinq millions.

2. L'emploi de ce fonds de dix-huit millions aura lieu au moyen de crédits extraordinaires qui seront ouverts par ordonnances royales, à mesure des besoins, sur l'exercice 1831, aux ministéres de l'intérieur, du commerce et des travaux publics. Les dépenses seront justifiées dans les formes ordinaires.

3. Les trois millions cinq cent mille francs destinés aux travaux départementaux ne pourront recevoir cette affectation qu'autant que le département prendra à sa charge au moins la moitié de la dépense, et y pourvoira au moyen de nouveaux centimes extraordinaires.

Le département pourra également y pourvoir par des emprunts.

4. Le gouvernement ne pourra disposer des cinq millions affectés à des travaux d'utilité communale qu'en faveur des villes qui pourront satisfaire à la condition suivante :

Si le conseil municipal vote des travaux extraordinaires et y affecte, soit sur les fonds libres du budget municipal, soit au moyen d'un emprunt ou d'une imposition extraordinaire, une somme égale aux deux tiers au moins de la dépense, l'autre tiers

---

(1) Présentation à la Chambre des Députés le 27 septembre (Mon. du 28); rapport par M. Canin-Gridaine le 8 octobre (Mon. du 9); discussion adoption les 19, 20 et 21 (Mon. des 20, 21 et 22), à la majorité de 221 voix contre 83.

Présentation à la Chambre des Pairs le 25 octobre (Mon. du 26); rapport par M. Monnier le 2 novembre (Mon. du 3); discussion et adoption le 4 (Mon. du 5), à la majorité de 67 voix contre 8.

pourra être fourni, à titre de subvention, par le trésor public, et restera acquis à la ville.

5. Dans l'intervalle des sessions législatives, les emprunts ou impositions extraordinaires qui seront demandés en exécution de la présente loi, pourront être autorisés provisoirement, s'il y a lieu, par des ordonnances royales, qui seront converties en loi à la session suivante.

6. Les deux millions pour secours au commerce et à l'industrie seront employés en prêts à des établissements généraux, tels que comptoirs d'escompte, caisses de prévoyance ou autres semblables.

Aucune disposition sur ce fonds ne pourra être faite que sur la demande des chambres de commerce, des chambres consultatives des arts et manufactures, des conseils de prud'hommes, ou, à leur défaut, des conseils municipaux : l'emploi en sera fait, avec leur concours, sous la surveillance des préfets.

7. Le gouvernement fera distribuer aux chambres, au plus tard dans la session de 1835, un état détaillé de la répartition du crédit extraordinaire de dix-huit millions voté par la présente loi : cet état indiquera l'objet de chaque allocation, ainsi que le montant des subventions votées par les villes et les départements pour la partie de la dépense qui doit rester à leur charge.

6 = 23 NOVEMBRE 1831. — Ordonnance du roi portant que celle du 5 septembre 1822, qui nomme M. de Portetz à une chaire de Code civil près la Faculté de droit de Paris, est rapportée, et que cette chaire sera mise au concours. (IX, Bull. O. CXXVIII, n. 3641.)

Louis-Philippe, etc., sur le rapport de notre ministre de l'instruction publique et des cultes ; vu l'ordonnance du 24 mars 1819 qui crée de nouvelles chaires près la faculté de droit de Paris, et charge la commission de l'instruction publique d'y nommer; vu l'arrêté de la commission, en date du 9 octobre 1819, qui nomme plusieurs professeurs, se réservant de distribuer définitivement l'enseignement entre eux ; vu l'arrêté de la même commission, du 8 décembre 1819, qui nomme M. de Portetz professeur, mais avec la même réserve ; vu l'ordonnance du 6 septembre 1822, qui réduit l'enseignement de la faculté, et celle du même jour (1) qui nomme M. de Portetz à la chaire de Code civil, vacante par le décès de M. Boulage ; vu l'avis de notre conseil royal de l'instruction publique, etc.

Art. 1er. L'ordonnance du 6 septembre

1822, qui nomme M. de Portetz à la chaire de Code civil vacante par le décès de M. Boulage, est rapportée. Ladite chaire sera mise au concours.

2. Néanmoins, M. de Portetz demeure professeur de la faculté, et notre ministre de l'instruction publique lui assignera ultérieurement son enseignement définitif.

3. Notre ministre de l'instruction publique et des cultes (M. de Montalivet) est chargé, etc.

6 NOVEMBRE 1831. — Ordonnance qui autorise la création d'un péage pour les réparations du port de Lamarque (Gironde). (Bull. O. 119, n. 3336.)

6 NOVEMBRE 1831. — Ordonnance qui fixe la retraite de soixante-huit marins. (Bull. O. 127 bis, n. 4.)

6 NOVEMBRE 1831. — Ordonnances qui autorisent l'acceptation de dons et legs faits à plusieurs communes et aux pauvres et hospices de diverses autres. (Bull. O. 123, n. 3460 à 3475.)

7 = 16 NOVEMBRE 1831. — Ordonnance du roi portant que le chef-lieu du canton de Chenay (Deux-Sèvres) est transféré à Lezay, commune du même canton, et que la brigade de gendarmerie continuera de résider à Chenay. (IX, Bull. O. CXVI, n. 3305.)

Louis-Philippe, etc., vu les demandes formées par les maires de dix communes du canton de Chenay, arrondissement de Melle, département des Deux-Sèvres, tendant à la translation du chef-lieu de ce canton dans la commune de Lezay ; vu les délibérations des conseils municipaux desdites communes qui appuient ladite demande; vu la délibération du conseil municipal de la commune de Chenay, tendant à être maintenue en possession du chef-lieu de canton ; vu les délibérations du conseil d'arrondissement de Melle et du conseil général du département des Deux-Sèvres, en date des 20 et 25 mai 1831, par lesquelles lesdits conseils estiment qu'il y a lieu d'ordonner la translation demandée; vu l'avis du premier président et de notre procureur général à la Cour royale de Poitiers ; considérant ladite demande de translation comme favorable aux intérêts des justiciables; vu l'avis conforme du sous-préfet de l'arrondissement de Melle et du département des Deux-Sèvres ; vu celui de notre ministre secrétaire d'État au département du commerce et des travaux publics ; vu toutes les pièces produites; vu l'art. 8 de la loi du 28 janvier 1801 (8 pluviôse an 9) ; sur le rapport de notre ministre de la justice, garde des sceaux de France ; notre conseil d'Etat entendu, etc.

---

(1) Cette ordonnance de nomination n'était pas de nature à être insérée au Bulletin des lois.

Art. 1er. Le chef-lieu du canton de Chenay, arrondissement de Melle, département des Deux-Sèvres, est transporté à Lezay, commune du même canton.

2. La brigade de gendarmerie continuera de résider à Chenay.

3. Notre ministre de la justice, et notre ministre du commerce et des travaux publics (MM. Barthe et d'Argout) sont chargés, etc.

_____

7 = 23 novembre 1831. — Ordonnance du roi contenant règlement pour le mont-de-piété de Saint-Omer (Pas-de-Calais). (IX, Bull. O. CXIX, n. 3337.)

Louis-Philippe, etc.

Art. 1er. Le mont-de-piété qui existe à Saint-Omer (Pas-de-Calais) est et demeure maintenu, et sera régi conformément au règlement adopté par le conseil municipal de cette ville le 14 mai 1827, et annexé à la présente ordonnance.

2. Notre ministre du commerce et des travaux publics (comte d'Argout) est chargé, etc.

_____

7 novembre 1831. — Instruction du ministre de l'intérieur sur les jurys de révision de la garde nationale.

Monsieur le préfet, mon instruction du 30 août dernier a tracé les formes et le mode selon lesquels m'ont paru devoir être institués les jurys de révision, en exécution de la loi du 22 mars 1831, et cette instruction a dû être communiquée, par vos soins, à MM. les juges de paix de votre département.

Aujourd'hui que les jurys de révision doivent être généralement constitués, il est à propos de déterminer les règles principales qui semblent devoir guider leur action.

Tel est l'objet de cette seconde instruction, qui, prenant le jury de révision à partir du recours, et le conduisant jusqu'à l'exécution des jugements, a dû rechercher et prévoir, autant que possible, tous les points où sa juridiction aurait à s'abstenir ou à s'exercer.

Dans une matière aussi neuve, où la loi a si peu parlé, où la nécessité de l'exécution exige souvent que l'on supplée à son silence, j'ai dû fréquemment consulter son esprit et le conférer avec les principes de la jurisprudence générale; j'ai dû avoir en vue le respect dû aux droits individuels, mais principalement aussi la force et la consistance qu'il importe de donner aux organisations préexistantes à l'action des jurys, et auxquelles ont pris part en première instance les conseils de recensement.

J'ai dû, enfin, me flatter que c'est sous de pareilles influences que MM. les juges de paix s'appliqueront à exercer la nouvelle et importante magistrature qui leur est confiée, et qui va établir si immédiatement, entre eux et les autorités administratives et municipales, des relations où doivent régner la bonne intelligence et l'harmonie la plus parfaite.

IIe PARTIE. — DE L'INSTRUCTION SUR LES JURYS DE RÉVISION.

TITRE VI. — _Compétence des jurys de révision._

1. Les jurys de révision sont une juridiction du second degré.

2. Leurs attributions ne peuvent s'étendre au-delà des limites qui leur ont été spécialement attribuées par les art. 25, 29, 54 et 109 de la loi du 22 mars dernier.

3. Ils sont chargés de prononcer sur les réclamations relatives :

1o (Art. 25.) A l'inscription ou à la radiation sur les registres-matricules, faites par les conseils de recensement, en exécution de l'art. 14, et conséquemment des dispositions de la 1re section du titre 1er, et des art 17 et 18 ;

2o (Art. 29.) A l'application, par les conseils de recensement, des dispositions des art. 28 et 29 sur les dispenses, soit facultatives, soit motivées par des infirmités, soit temporaires pour cause d'un service public ;

3o (Art. 54.) A l'inobservation des formes prescrites pour l'élection des officiers et sous-officiers ;

4o (Art. 109.) A la réintégration ou à la radiation sur les tableaux dressés pour servir à la formation des conseils de discipline, en exécution des art. 105, 106, 107 et 108.

4. Cette indication, par la loi du 22 mars, des attributions des jurys de révision, ne soumet à leur censure qu'une partie des opérations des conseils de recensement; quant à l'autre partie, c'est le pouvoir administratif qui en est le régulateur et le juge.

5. En règle générale, toutes les questions de service individuel et d'organisation dans la garde nationale sont nécessairement du domaine de l'administration; c'est à elle qu'il appartient de réunir et d'organiser les éléments de toute force publique. Les lois antérieures étaient unanimes sur ce point. Les conseils de recensement ne sont donc, sous ce rapport, que des portions détachées du pouvoir administratif. Dès lors, il suffit que la loi du 22 mars n'ait pas soumis à la révision des jurys toutes les

opérations des conseils de recensement sur lesquelles s'élèveraient des réclamations, pour que les autres retombent sous le contrôle de l'administration.

6. Des deux parties dont se compose la mission des conseils de recensement, l'une est liée à l'intérêt particulier, l'autre à l'intérêt général.

7. Dans la première, ils font l'office des tribunaux chargés d'appliquer la loi du 22 mars à chaque citoyen, sous la censure souveraine des jurys de révision.

8. Dans la seconde, ces conseils, qui sont aussi les conseils municipaux de toutes les communes et villes de France, et qui ont toujours à leur tête le maire, administrateur communal, et ses adjoints, sont chargés de répartir les citoyens en compagnies, et de concourir à une portion d'organisation qui n'impose aux citoyens aucune charge nouvelle, et ne leur enlève ou ne leur confère aucun droit. Ces attributions réglementaires en font des sortes de commissions d'organisation placées au degré inférieur de la hiérarchie administrative, et conséquemment soumises au contrôle de l'administration supérieure.

9. La loi du 22 mars a pu d'autant moins donner aux jurys un droit de révision sur cette seconde partie, que, dans leur composition, il n'entre point d'élément administratif comme dans celle des conseils de recensement, et qu'ils n'auraient pu en être investis sans que l'action de l'administration supérieure en fût paralysée.

10. Dès lors, les jurys de révision n'ont point à s'occuper des réclamations qui auraient pour objet :

1° La formation générale de la masse des gardes nationaux de chaque commune en une seule ou plusieurs compagnies, en un ou plusieurs bataillons, en une ou plusieurs légions ;

2° Les questions de circonscription ;

3° La répartition individuelle de chacun des gardes nationaux entre les diverses compagnies ou subdivisions de compagnie, soit d'infanterie : grenadiers, centre, voltigeurs ; soit des armes spéciales : artillerie, sapeurs-pompiers, cavalerie, marins, ouvriers marins, etc.;

4° La disposition d'ordre prescrite par mes instructions, pour l'inscription, aux registres-matricules et aux contrôles de la réserve, des citoyens qui ont un droit actuel à une exception, mais dont la position doit être établie, afin qu'elle soit surveillée, et que, si elle vient à changer, le rétablissement de ces citoyens au rang de leur âge et de leur classification puisse s'effectuer facilement.

11. L'autorité administrative, en prescrivant cette mesure d'ordre, n'est pas sortie de la limite de ses pouvoirs. Les conseils de recensement ont dû s'y conformer. C'est à MM. les préfets qu'il appartient de faire redresser la marche contraire suivie dans plusieurs localités ; et, quant aux recours individuels qui seraient formés par quelques exceptés contre l'exécution donnée à cette mesure, les jurys doivent les renvoyer devant l'administration.

12. L'art. 5 du Code civil ne permet à aucun tribunal de prononcer par voie de disposition générale et réglementaire sur les causes qui lui sont soumises. Les conseils de recensement qui, statuant comme tribunal de premier ressort, ne se sont pas bornés à l'appréciation individuelle de la position de chaque citoyen, mais ont créé des catégories, ont enfreint la loi. Il n'est pas douteux qu'il n'appartienne aux jurys de révision de statuer sur tous les recours individuels contre de telles dispositions ; mais c'est à l'administration à faire recommencer l'opération dans son application générale.

13. La loi du 22 mars n'ayant, à l'égard des élections, soumis à la censure des jurys de révision que *l'inobservation des formes*, il en résulte nettement que les jurys n'ont point à statuer sur les réclamations qui attaquent les élections, pour violation de la loi dans ses *dispositions fondamentales*. Ces violations constituent des nullités radicales qui touchent l'intérêt public, et que l'autorité administrative, chargée de veiller à l'exécution des lois, ne saurait laisser soustraire à son contrôle.

14. Toutefois, si le recours porté devant un jury, au lieu de demander la nullité de l'élection d'un officier ou sous-officier, pour violation de l'une des dispositions fondamentales de la loi du 22 mars, réclame la radiation de cet officier du contrôle du service ordinaire, il est certain que, sous cet aspect, le recours sera bien porté devant le jury, et que sa décision, si elle ordonne la radiation, entraînera nécessairement la nullité de l'élection.

15. Mais il est des cas où la confirmation de l'inscription n'entraînerait pas toujours la confirmation de l'élection.

16. Restreinte aux vices de forme, la censure des élections par les jurys de révision ne peut s'exercer sur la manière dont l'exécution de l'art. 52 de la loi du 22 mars a été réglée par l'autorité administrative, en conformité de mon instruction du 25 mai.

17. Cet article détermine que, dans les villes ou communes qui ont plus d'une compagnie, chaque compagnie sera ap-

pelée *séparément*, et *tour à tour*, pour procéder à ses élections.

18. Mais l'art. 123 a voulu que les nouvelles élections fussent terminées dans les trois mois de la promulgation de la loi. Cette seconde disposition, qui dominait nécessairement la première, ne pouvait, sans une interprétation de celle-ci, recevoir son exécution dans Paris et dans beaucoup d'autres grandes villes où, cependant, il y aurait eu embarras et désordre à prolonger la durée du temps des élections.

19. Considérant la disposition de l'art. 52 comme un règlement nécessairement modifiable, selon les localités, par l'administration, dont le premier devoir est de veiller à la conservation de l'ordre public, et à l'exécution des prescriptions vitales de la loi, mon instruction du 25 mai chargea MM. les préfets de faire procéder aux élections des villes par plusieurs compagnies le même jour, mais *séparément*, dans autant de locaux différents, où elles seraient *appelées tour à tour*.

20. Cette mesure, loin d'avoir été une violation fondamentale de l'art. 52, ni moins encore un vice de forme, a au contraire procuré, autant que possible, l'exécution littérale de la loi. Si elle donne naissance à des réclamations, il est évident que s'attaquant à un acte de l'administration, et non pas aux formes de l'élection, les recours de cette espèce devront aussi être renvoyés, par les jurys, aux autorités administratives.

21. Il est d'autres réclamations qui, soit d'après les termes de la loi, soit par leur nature, ne peuvent pas non plus leur être déférées.

22. Telles sont les réclamations des étrangers qui se plaindraient d'avoir ou de n'avoir pas été appelés à faire le service de la garde nationale. Ces recours peuvent offrir deux aspects : le réclamant peut alléguer, ou qu'il ne satisfait point à la condition imposée par l'art. 10 de la loi du 22 mars, ou bien, qu'y satisfaisant, on a dû ou on n'a pas dû l'appeler à faire le service de la garde nationale. Les conseils de recensement ne sont juges que comme le premier degré de juridiction *administrative*, soumis au contrôle naturel de l'administration supérieure, de la question de savoir si l'étranger, *admis à domicile*, *par ordonnance du roi*, offre toutes les garanties nécessaires pour être reçu dans la force civique. Les jurys de révision sont incompétents sur ce point, parce qu'ils ne sont appelés qu'à résoudre des questions personnelles, et jamais des questions d'intérêt public.

23. Il me reste à dire quelques mots de ceux des recours portés devant les jurys de révision, qui, pouvant présenter des questions préjudicielles, ne seraient pas de leur compétence, et qu'ils devraient renvoyer aux tribunaux ou aux autorités administratives.

24. Tels seraient les recours alléguant des faits qu'il n'appartient qu'à l'autorité ou qu'aux tribunaux de constater ou d'établir.

25. Ainsi, on dirait d'un citoyen qu'il ne jouit pas des droits civils ; qu'il en a été privé ou les a perdus d'une manière quelconque ; qu'il a l'âge requis pour le service de la garde nationale, ou qu'il n'a pas l'âge relatif au rang d'inscription de son nom sur les contrôles du service ordinaire ou de la réserve ; qu'il est célibataire, quoiqu'il soit inscrit comme marié ; qu'il est veuf avec enfants, quoiqu'on l'ait déclaré célibataire ; qu'il est militaire ou marin en activité de service, quoique porté en disponibilité, etc.

26. Si le jury de révision reconnaît que la preuve pour ou contre le fait allégué est suffisante, il peut s'y rendre et prendre sa décision définitive ; il peut aussi ordonner un ajournement pour que le réclamant ait le temps de faire sa preuve, ou bien un débouté faute de preuves ; mais si la question lui paraît susceptible d'être discutée, il doit la délaisser, suivant les cas, aux tribunaux ou à l'administration.

27. Il se peut que ces énumérations ne comprennent pas la totalité des cas ou espèces de compétence et d'incompétence ; mais j'ai lieu de penser qu'elles sont les plus générales et celles qui se présenteront le plus fréquemment.

TITRE VII. *Procédure. Décisions des jurys.*

SECTION Ire. *Recours.*

28. Les recours formés par les citoyens, soit pour leur propre compte, soit relativement à d'autres citoyens, devront, ainsi que les pièces justificatives à l'appui, être remis aux maires de leurs communes respectives, si elles sont situées dans le canton auquel appartient le jury qui devra connaître de ces réclamations. Les maires les transmettront aux juges de paix présidents des jurys.

29. Les recours d'office que MM. les préfets jugeront nécessaires, seront formés et soutenus par les fonctionnaires qu'ils délégueront à cet effet.

30. S'il s'agit d'appeler devant le jury d'une décision prise par un conseil de recensement contre l'avis du maire président du conseil, le préfet pourra déléguer ce maire, qui dressera le recours, le fera parvenir au juge de paix président du jury, et sera chargé de le soutenir.

31. Dans les autres cas, le préfet pourra charger le sous-préfet de former le recours et de le faire passer au maire du chef-lieu de canton ; ce dernier fonctionnaire, ainsi délégué par le préfet pour soutenir le recours, le remettra au juge de paix président du jury.

32. Les maires désignés aux deux précédents paragraphes pourront, en cas d'empêchement légitime, et avec l'autorisation du sous-préfet, se faire remplacer par l'un de leurs adjoints ou des conseillers municipaux de leur commune.

33. Les juges de paix recevront les recours individuels qui leur seront présentés ou adressés sans frais par les citoyens signataires de ces recours, ou par leurs mandataires.

34. Pour constater la réception des recours, ainsi que pour servir aux divers usages qui seront successivement indiqués par la présente instruction, chaque juge de paix tiendra un registre-journal, dont les pages devront être paraphées, par première et dernière, par le maire du chef-lieu de canton.

35. Le juge de paix inscrira, dans les cinq premières colonnes de ce registre, les recours, au fur et à mesure de leur présentation ou de leur transmission, et par ordre de dates et de numéros. En même temps il indiquera dans la sixième colonne, le jour où l'affaire sera soumise à la décision du jury. Il le fixera de manière que, du jour de l'inscription à celui de la décision, il y ait au moins un intervalle de dix jours, augmenté, si l'appelant ou le défendeur contre qui le recours est dirigé, est domicilié hors du canton, d'un jour par trois myriamètres de distance, entre le lieu du domicile le plus éloigné, et le chef-lieu du canton où siégera le jury.

36. Les maires publieront un avis qui avertira tous les citoyens, et notamment les recourants, que le registre des recours est déposé chez le juge de paix ; que les appelants pourront y prendre connaissance du jour où leurs recours seront jugés par le jury, ainsi que des ajournements subséquents que le jury viendrait à prononcer, et qui s'y trouveront annotés ; que, mis par cette disposition en demeure de venir à l'audience du jury, il ne leur sera fait aucune citation ; que c'est aux recourants à faire par eux ou par leurs mandataires, la preuve de la justice de leurs recours ; et, enfin, qu'ils devront l'avoir faite, par les pièces justificatives de leur appel, ou l'avoir envoyée au juge de paix avant l'audience ou venir la faire à l'audience.

SECTION II. *Défenses des tiers et de l'administration contre les recours.*

37. Tout citoyen contre qui un recours sera dirigé devra être mis en demeure de se défendre. A cet effet, le juge de paix, président du jury saisi de la réclamation, lui fera parvenir, par l'intermédiaire du maire de sa commune, un avertissement. Cet avertissement contiendra l'indication sommaire de la conclusion prise par le recourant, des moyens et des pièces à l'appui, et du jour où le jury statuera. La fixation de ce jour, à l'égard du citoyen ainsi intimé, aura été faite et annotée au registre-journal, de la manière recommandée à l'égard du recourant, par le trente-cinquième paragraphe ci-dessus.

38. Si le recours intéresse l'autorité administrative, ou provoque une défense d'office de sa part, le juge de paix devra adresser ou remettre l'avertissement, soit au maire de la commune à laquelle appartiendra le conseil de recensement dont l'opération ou la décision sera l'objet du recours, ou dans laquelle aura eu lieu l'élection attaquée pour vice de forme, soit, suivant le cas, au sous-préfet ou au préfet.

39. Le juge de paix annotera au registre-journal, à l'article de chaque recours et dans la sixième colonne, les avertissements qu'il aura donnés conformément aux deux précédents paragraphes.

40. Pour que la notification des avertissements à remettre aux citoyens contre qui les recours auront été dirigés soit rendue authentique, les maires devront les faire porter à leur domicile par un agent qu'ils délégueront à cet effet, et auquel ils remettront un état de ces avertissements. Au nombre des agents que le maire peut déléguer, sont d'abord ceux de la force publique, savoir : les gendarmes, gardes municipaux, gardes champêtres et forestiers ; ensuite, l'appariteur, les tambours de la garde nationale, et enfin toutes personnes que le maire jugera pouvoir être convenablement chargée de cette mission, à laquelle il donnera toute publicité par les voies ordinaires.

41. Le porteur de ces avertissements y signera le libellé portant mention de la remise qu'il en fera. Il constatera de plus cette remise par son émargement dans l'état ci-dessus prescrit, et à l'article de chaque citoyen averti. Cet état sera ensuite renvoyé par le maire au juge de paix, qui le mettra sous les yeux du jury, pour être vérifié chaque fois qu'il en sera besoin.

42. Les citoyens ainsi avertis pourront, soit se défendre devant le jury, soit remettre ou adresser, sans frais, au juge de paix

président du jury , leur défense écrite, avec les pièces justificatives à l'appui, soit les remettre aux maires de leurs communes respectives, pour qu'ils les fassent parvenir au juge de paix.

43. Quant aux recours signalés par le trente-huitième paragraphe, le préfet en déléguera la défense d'office, soit au maire désigné par le même paragraphe, lorsqu'il s'agira de soutenir une décision , ou une opération , ou une élection , qui auront eu l'assentiment du maire ; soit dans le cas contraire, au sous-préfet, qui, après avoir établi la défense, l'adressera au maire du chef-lieu du canton. Dans l'un et l'autre cas, le maire remettra ou fera parvenir la défense au juge de paix président du jury , dans le délai fixé conformément au trente-septième paragraphe.

44. Le juge de paix annotera la réception des défenses qui lui seront remises ou adressées contre les recours spécifiés aux trente-septième et trente-huitième paragraphes. Cette annotation sera faite à l'article de chaque recours dans la sixième colonne du registre-journal. Elle suffira pour établir que le débat devant le jury est désormais contradictoire entre les recourants et les défendeurs, auxquels d'ailleurs devra être rendu commun l'avis prescrit par le trente-sixième paragraphe.

SECTION III. *Tenue des séances des jurys. — Leur composition à chaque séance. — Secrétaire des jurys. — Représentant de l'administration auprès des jurys. — Rapporteur. — Formes des délibérations. — Publicité des audiences et du prononcé des décisions.*

45. Aux jours , heures et lieu fixés pour la réunion périodique ou extraordinaire du jury , il s'assemblera sous la présidence du juge de paix, qui aura la police de l'audience.

46. Le juge de paix fera d'abord faire l'appel des douze jurés, et dresser la liste nominative de ceux qui se seront rendus à la réunion. Si quelqu'un des douze jurés est absent ou doit être récusé, on appellera, dans l'ordre de leur inscription d'après le tirage, les jurés suppléants.

47. Dès qu'au moyen de cet appel, le nombre des jurés absents se trouvera remplacé par un nombre égal de suppléants, le juge de paix déclarera le jury complet et l'audience ouverte.

48. S'il arrive qu'après avoir fait l'appel de tous les jurés et de tous les suppléants, il s'en trouve moins de douze présents non récusables, mais au moins six, le juge de paix déclarera de même l'audience ouverte.

49. Le juge de paix désignera , pour tenir la plume et inscrire les décisions du

jury, l'un des jurés suppléants, présents à la réunion, qui ne sera pas nécessaire pour porter le jury à son complet , ou du moins au *minimum* de six jurés, outre le président.

50. S'il arrive qu'à l'une de ses séances, le jury ne soit composé que de sept membres, y compris le président, le juge de paix appellera, pour tenir la plume et inscrire les décisions du jury, le greffier de la justice de paix , et , en cas d'empêchement ou de refus, l'un des secrétaires des mairies du canton, s'il en est de salariés, ou l'un des instituteurs primaires , ou l'un des agents salariés des communes, ou , dans les chefs-lieux des arrondissements et des départements , l'un des employés des sous-préfectures et des préfectures ; ou , enfin, celui des percepteurs des contributions, ou des agents des diverses administrations, ou des habitants notables , qui voudra bien consentir à remplir ces fonctions.

51. Le maire du chef-lieu du canton, ou l'un de ses adjoints ou des conseillers municipaux par lui délégué, ou le citoyen que déléguera le sous-préfet ou le préfet, si aucun de ces fonctionnaires ne peut en être chargé, représentera l'administration près du jury.

52. En cas d'absence, à l'une des audiences, du citoyen représentant l'administration, le juge de paix désignera pour en remplir les fonctions, l'un des jurés suppléants qui n'auront pas été appelés ce jour-là, ou, si tous ont été appelés, l'un des jurés suppléants ou des jurés composant le jury ce même jour, pourvu toutefois que plus de sept membres, y compris le juge de paix président, se trouvent présents.

53. Dans les affaires que le jury croira devoir renvoyer à un rapport, le rapporteur sera nommé par le président, parmi les jurés et suppléants, soit qu'alors ces derniers fassent ou ne fassent point partie du jury. A défaut, le président pourra charger du rapport le secrétaire du jury, ou s'en charger lui-même.

54. Après l'ouverture de chaque séance, et la constitution du jury, effectuée comme il est dit aux paragraphes précédents, les recours ou recourants qui présenteraient une cause de récusation de l'un des membres du jury, devront être ajournés à l'audience subséquente.

55. A chaque séance, le secrétaire du jury fera mention , à la suite du registre-journal prescrit par le 34e paragraphe, et disposé à cet effet, du nombre, du nom et des grades, par rang d'ancienneté et d'âge, des jurés et des suppléants composant le jury , ainsi que du nom et de la qualité du citoyen chargé de représenter l'administra-

tion. Avant que le jury se sépare, cette mention sera signée par le président.

56. Les membres du jury siégeront sans uniformes, sans armes, et en observant entre eux le rang de leur grade dans la garde nationale : ils se placeront, dans l'ordre de ce rang, aux côtés du président : le plus élevé en grade à droite, le second à gauche, et ainsi de suite, en commençant toujours par la droite. A égalité de grade, la préséance appartiendra au plus ancien dans le grade, et à égalité d'ancienneté, au plus âgé.

57. L'avis des jurés sur chaque affaire sera pris par le président dans l'ordre inverse de leur grade, de leur ancienneté et de leur âge.

58. La décision sera rendue à la majorité des voix (art. 25 de la loi du 22 mars 1831). Il y aura majorité absolue à quatre voix au moins sur sept : à cinq, sur huit ou neuf ; à six, sur dix ou onze ; enfin, à sept, sur douze et treize.

59. L'audience des jurys sera publique.

60. Néanmoins, le jury, après la clôture du débat, pourra, si le président ou la majorité des jurés le demande, délibérer à huis clos.

61. Dans ce dernier cas, comme dans tous les autres, la décision du jury sera prononcée en audience publique.

SECTION IV. *Des fins de non recevoir.*

62. Le jury ne devant statuer qu'en cause d'appel, déclarera *non recevables*, comme n'ayant pas subi le premier degré de juridiction, les demandes en radiation, inscription, redressement d'omission, exception, dispense, exclusion, qui n'auront pas été soumises en première instance aux conseils de recensement.

63. Le jury devra considérer comme n'ayant pas subi le premier degré de juridiction, et non recevable devant lui, tout recours contre une élection, pour inobservation des formes, si le réclamant ne justifie pas avoir personnellement fait son opposition ou sa protestation entre les mains du président du conseil de recensement présent à l'élection, et avant qu'elle ne fût consommée.

64. L'art. 25 de la loi du 22 mars n'admet, devant les jurys, les recours des tiers qu'autant que la charge du service retomberait sur eux, si la décision dont ils appellent n'était pas réformée.

65. Les recours déclarés non recevables par application des trois précédents paragraphes, seront néanmoins remis par le juge de paix au maire du chef-lieu du canton, pour qu'il soit transmis au préfet qui, suivant les cas, pourra déférer les uns aux

conseils de recensement, pour recevoir une première décision, les autres au jury par un recours d'office, ou leur donner toute autre suite dont ils seront susceptibles dans l'intérêt public.

66. Les lois étant unanimes pour dénier l'appel, ou le recours contre les jugements et décisions administratives, aux parties qui les ont volontairement exécutées, le jury devra déclarer non recevable, contre l'inscription au contrôle du service ordinaire, et par suite au contrôle matricule d'une compagnie, ou d'un corps quelconque de la garde nationale, le recours d'un citoyen qui aura concouru aux élections de cette compagnie ou de ce corps.

67. Le recours ou l'appel étant interdit par les lois, après les trois mois qui suivent la signification, soit d'un jugement, soit d'une décision administrative, le jury prononcera la déchéance, pour ce motif, à l'égard de tout recours, contre l'inscription sur le contrôle du service ordinaire et le classement dans une compagnie, ou dans un corps quelconque de la garde nationale, ou contre un vice de forme dans les élections élevé par un citoyen, après l'expiration des trois mois qui suivront le jour où il aura été convoqué par le maire pour les élections de cette compagnie ou de ce corps.

68. Si le réclamant s'est trouvé absent dans la commune au moment des élections de la garde nationale, ou s'il justifie qu'il n'a point été averti par une convocation de son classement dans le service ordinaire de la garde nationale et de son appel aux élections, il devra produire la déclaration de son chef de bataillon ou du commandant de la garde nationale de sa commune, constatant la date du premier ordre de service ou d'appel aux exercices et aux revues qui lui aura été donné. Si, entre la date de cet ordre et le jour où son recours aura été remis à son maire ou au juge de paix président du jury, il s'est écoulé plus de trois mois, le jury prononcera la déchéance contre son recours.

69. Les défendeurs contre les recours d'office de l'administration en annulation d'élection, pour inobservation des formes, ne seront point admis par le jury à opposer à ces recours que, à l'égard de l'administration, le vice de forme a été couvert par la présence à l'élection des trois membres du conseil de recensement désignés par l'art. 30 de la loi du 22 mars. Le droit donné à l'autorité administrative de former des recours d'office est fondé sur l'intérêt public, et ne doit point être écarté par l'allégation d'une circonstance qui est, sous ce rapport, étrangère à l'administration. D'ailleurs, c'est parce qu'il y a eu pré-

sence à l'élection de trois membres du conseil de recensement, que la loi du 22 mars, considérant l'opération comme renfermant en soi une décision de première instance, en défère, par l'art. 54, le redressement aux jurys, juges d'appel.

70. Le citoyen qui, près du jury, représentera l'administration, ainsi qu'il est dit aux 51e et 52e paragraphes, devra requérir, dans les cas qui en seront susceptibles, les renvois pour les fins de non recevoir spécifiées dans la présente section.

Section V. *Recours hors de la compétence des jurys.*

71. Dans tous les cas spécifiés au titre 6, comme non soumis à la censure des jurys de révision, le citoyen représentant l'administration auprès des jurys, devra spécialement veiller à ce qu'ils se déclarent incompétents, à raison de la matière, soit que l'administration l'ait ou ne l'ait pas chargé d'en faire la demande en son nom. Il devra aussi s'opposer à ce que les jurys, s'ils repoussent le déclinatoire, passent outre sur le fond avant l'expiration d'un délai de 20 jours, dans lequel MM. les préfets pourront élever le conflit, ou avant décision sur le conflit, s'il est élevé à temps.

72. Toutes les fois que les recours dirigés contre les décisions de recensement, ou des élections, concerneront des citoyens étrangers au canton, le jury, soit sur les conclusions des défendeurs ou du représentant de l'administration, soit d'office, renverra les demandeurs devant le jury du canton auxquels ces citoyens appartiendront.

Section VI. *Recours de la compétence des jurys.*

73. Le jury, après avoir pris connaissance des recours, déboutera de leur appel ceux des réclamants qui n'auront point fait la preuve des faits par eux allégués, ainsi qu'il est dit aux 36e et 44e paragraphes du présent titre.

74. Tout nouveau recours est interdit au citoyen débouté par application du précédent paragraphe.

75. Le jury, s'il le juge convenable, accordera aux appelants ou aux citoyens contre lesquels auront été formés les recours, le délai dont ils lui paraîtront avoir justement besoin pour compléter la preuve des faits allégués, en demande ou en défense.

76. Il ordonnera les enquêtes qui lui paraîtront nécessaires, et en déterminera les formes et l'exécution de manière à ce qu'elles n'occasionnent aucun frais.

77. Il statuera par défaut à l'égard de tout défendeur contre un recours qui n'aura point envoyé ses défenses, ou qui ne se présentera devant lui, ni en personne, ni par un mandataire.

78. Il entendra, sur chaque recours, les moyens qui lui seront présentés à l'audience, soit en demande, soit en défense, par les recourants et les intéressés, ou par les mandataires qu'ils en auront chargés.

79. Le citoyen représentant de l'administration pourra ne point prendre la parole à l'égard de ces divers recours, à moins qu'il ne juge nécessaire de requérir un ajournement pour être à même d'en référer à l'autorité administrative.

80. Nul autre que le demandeur et le défendeur, ou leur mandataire, et que le représentant de l'administration ne devra être entendu par le jury.

81. Les jurys n'ayant reçu de l'art. 54 de la loi du 22 mars le pouvoir d'annuler des élections que pour inobservation des formes, ils excéderaient leurs attributions s'ils en annulaient par voie de conséquence de celles de leurs décisions qui prononceraient des éliminations des contrôles du service ordinaire, ou des inscriptions augmentatives de l'effectif des compagnies. C'est à l'administration qu'il appartient de faire produire à chacune de ces décisions les conséquences qui s'en déduisent.

82. Les élections dans lesquelles on a admis plus de bulletins que de votants, ou attribué à un citoyen des votes qui, faute de désignation suffisante, ne lui appartenaient pas nécessairement, ne sont pas nulles de plein droit. Les jurys n'en doivent prononcer l'annulation, qu'autant qu'après qu'ils ont défalqué l'excédant des bulletins et des votes sans désignation suffisante, tant du nombre total des voix, que du nombre partiel de celles attribuées aux citoyens qui en ont eu le plus, il ne resterait plus à ces citoyens la majorité, soit absolue, soit relative, suivant que l'une ou l'autre de ces majorités est exigée par la loi.

83. A l'égard des autres vices de forme que pourraient présenter quelques élections, les jurys sont, en leur qualité de juges, sans aucun recours, investis du droit de ne point prononcer l'annulation de celles de ces élections qui ne leur paraîtraient pas avoir été essentiellement entachées par ces vices de forme.

Section VII. *Libellé des décisions des jurys. — Mode de les constater.*

84. Les décisions des jurys ne pouvant, à l'égard des recours qui sont de leur compétence, être attaquées par aucune voie, il n'est pas nécessaire que les motifs en soient

prononcés, ni qu'ils soient écrits sur aucune minute ou registre (1).

85. Sur chaque recours, le président prononcera le dispositif de la décision du jury. Le libellé de ce dispositif pourra être très-sommaire ; par exemple, si le recours est rejeté, les mots *recours rejeté* seront suffisants. Si la demande est admise telle qu'elle aura été présentée au recours, la décision pourra être conçue en ces mots : *Conclusions du recours admises, etc.*

86. Le secrétaire du jury écrira et datera la décision sur le registre prescrit par le 34e paragraphe, à l'article de chaque recours, et dans la septième colonne, qui ne devra avoir aucun autre objet, il mentionnera si la décision a été rendue sur pièces ; ou sur audition des réclamants, des parties adverses, du représentant de l'administration suivant les cas, ou sur enquête ou audition de témoins.

87. Avant que le jury se sépare, et en sa présence, le président signera avec le secrétaire, à l'article de chaque recours, la totalité des décisions prises durant le cours de l'audience.

TITRE VIII. *Exécution des décisions des jurys.*

88. Le 1er et le 16 de chaque mois, le juge de paix fera dresser, par commune, la liste nominative des citoyens de cette commune à l'égard desquels le jury aura pris dans la quinzaine précédente, une décision préparatoire, ou interlocutoire, ou par défaut, ou définitive. Elle indiquera la décision du jury et sa date. Le juge de paix la certifiera, ainsi que le secrétaire du jury.

89. Le juge de paix l'adressera au maire, si la commune est située dans le canton : dans le cas contraire, il la remettra au maire du chef-lieu du canton, qui, par l'intermédiaire du sous-préfet, et au besoin du préfet, la fera parvenir sans frais au maire de la commune pour laquelle le juge de paix l'aura dressée.

90. Le juge de paix fera insérer sur le registre des recours, et à l'article de chacun dans la 8e colonne, la date de l'envoi au maire de la liste énonciative de la décision du jury.

91. Le maire devra, dans les trois jours de la réception de la liste nominative de sa commune, en extraire, pour chaque citoyen qui s'y trouvera inscrit, l'acte de la notification de la décision prise par le jury, et les lui faire signifier de la manière indiquée par les 40e et 41e paragraphes de la présente instruction. La signification sera constatée par la signature que les agents, chargés de la faire, porteront d'une part sur l'acte qu'ils signifieront, et, d'autre part, à l'article de chaque citoyen, et à la colonne d'émargement ouverte à cet effet dans la liste nominative.

92. Le maire rendra compte sur-le-champ au préfet, par l'intermédiaire du sous-préfet, de celles des décisions du jury, 1o qu'il croira contraires aux dispositions de la présente instruction, et rendues malgré les conclusions du représentant de l'administration ; 2o qui auront été rendues sur les recours d'office ; 3o qui annuleront des élections.

93. S'il arrivait que l'une de ces décisions parût au préfet blesser les principes généraux de l'administration publique, ou les intérêts du gouvernement, il devra en référer sur-le-champ au ministre de l'intérieur.

94. Les maires feront procéder aux nouvelles élections qui devront être la suite des décisions des jurys, après, toutefois, avoir demandé à cet égard, et reçu les instructions du préfet.

95. Le maire notifiera la décision du jury sur chaque citoyen et sa date, au commandant de la garde communale, ou, si cette garde est composée de plusieurs légions, au chef de chaque légion respective.

96. Il annotera les décisions au registre-matricule (art. 18 de la loi du 22 mars). Le conseil de recensement, sur le vu de la liste nominative, fera aux contrôles du service ordinaire et de la réserve la radiation, l'inscription ou l'annotation qui devra être la suite de la décision du jury. Chaque mutation ou annotation sera signée par le président de ce conseil. Le commandant de la garde communale fera faire les mêmes annotations, par les sergents-majors, aux contrôles-matricules de leurs compagnies respectives.

97. Les maires rendront publiques, par la voie ordinaire, les décisions du jury sur les citoyens de leurs communes.

98. Les défendeurs aux recours contre lesquels le jury aura prononcé une décision par défaut, ainsi qu'il est dit au 77e paragraphe, auront, pour faire opposition à l'exécution de cette décision, un délai de huit jours francs. Ce délai courra du lendemain du jour où la décision aura été signi-

---

(1) Nous ne pouvons adopter cette doctrine ; la Cour de cassation motive ses arrêts, quoiqu'ils ne soient sujets à aucun recours. Peut-être on n'aura pas de voie légale pour attaquer les décisions non motivées ; mais c'est une raison de plus pour les motiver. Partout où il y a décision, il doit y avoir raison donnée à l'appui. C'est aujourd'hui un principe fondamental de l'organisation judiciaire.

fiée à l'opposant, dans les formes tracées par le 91e paragraphe.

99. L'opposant pourra faire son opposition sur papier libre. Il devra la remettre au maire de sa commune, qui la légalisera et l'adressera au juge de paix, président du jury, dont la décision par défaut sera attaquée par l'opposant.

100. L'opposant pourra, s'il en a besoin, se faire délivrer par le maire une déclaration de son opposition.

101. Le maire ne recevra point les oppositions qui lui seraient présentées après l'expiration du délai fixé par le 98e paragraphe.

102. L'opposant devra, soit par lui-même, soit par un mandataire, se tenir informé du jour où le jury statuera sur son opposition, et lui fournir les moyens et pièces à l'appui.

103. La nouvelle décision du jury intervenue sur l'opposition à l'exécution de sa décision par défaut, sera définitive, et notifiée par les moyens ci-dessus indiqués.

___

7 NOVEMBRE 1831. — Ordonnances qui autorisent à établir et construire diverses usines. (Bull. O. 122, n. 3435 à 3438.)

7 NOVEMBRE 1831. — Ordonnance portant que les sieurs Bonorand, Butigkofer, Comte, Dromocaïli, Genta, Jennings, Malbequi, Smith, Utrecht, Zang sont admis à établir leur domicile en France. (Bull. O. 123, n. 3309.)

7 NOVEMBRE 1831. — Ordonnance qui accorde des lettres de naturalité au sieur Martin. (Bull. O. 131, n. 3711.)

7 NOVEMBRE 1831. — Ordonnances qui autorisent l'acceptation de legs faits aux hospices, pauvres et bureaux de bienfaisance de diverses communes. (Bull. O. 123, n. 3482 à 3513, 3516 à 3518.)

___

9 NOVEMBRE 1831 = 29 SEPTEMBRE 1836. — Ordonnance du roi relative à l'administration du Conservatoire royal des arts et métiers. (IX, Bull. CDLIX, n. 6512.)

Louis-Philippe, etc., sur le rapport de notre ministre secrétaire d'Etat au département du commerce et des travaux publics, etc.

Art. 1er. Les places de directeur et de sous-directeur du Conservatoire royal des arts et métiers sont supprimées.

2. Un des professeurs à notre nomination sera chargé de l'administration de l'établissement. A titre d'indemnité, son traitement sera porté de cinq mille francs à six mille francs; il habitera le Conservatoire.

3. M. Pouillet, professeur de physique, sous-directeur actuel, est nommé administrateur du Conservatoire royal des arts et métiers.

4. Notre ministre du commerce et des travaux publics (M. d'Argout) est chargé, etc.

___

9 NOVEMBRE 1831 = 4 OCTOBRE 1833. — Ordonnance du roi qui autorise les gouverneurs des colonies à prescrire la détention des esclaves reconnus dangereux. (IX, Bull. O. CCLVII, 1re sect., n. 4999.)

Louis-Philippe, etc.

Art. 1er. Les gouverneurs de nos colonies pourront ordonner en conseil, par mesure de haute police, que les noirs reconnus dangereux seront, pendant un temps déterminé, détenus dans un lieu de dépôt spécial, pour être employés à des travaux d'utilité publique. Cette détention n'excédera pas cinq années, et pourra être abrégée sur la demande du maître, lorsqu'il consentira à reprendre son esclave. Si, à l'expiration du temps fixé pour la détention d'un esclave dangereux, son maître refuse de le recevoir, il sera procédé ainsi qu'il est prescrit par les ordonnances royales du 21 août 1825 (art. 73), du 9 février 1827 (art. 76) et du 27 août 1828 (art. 75), concernant le gouvernement de Bourbon, des Antilles et de la Guiane française.

2. Notre ministre de la marine et des colonies (comte de Rigny) est chargé, etc.

___

9 NOVEMBRE 1831 = 22 MARS 1833. — Ordonnance du roi qui autorise le paiement du 2e trimestre 1831 des pensions accordées sur les fonds de la liste civile à d'anciens militaires des départements de l'Ouest. (IX, Bull. O. CCXIV, 1re sect., n. 4701.)

Louis-Philippe, etc., vu l'art. 2 de la loi du 15 mars dernier, qui ouvre au ministre des finances un crédit de quinze cent mille francs pour secours à payer aux pensionnaires de l'ancienne liste civile; vu les états des pensionnaires vendéens dressés par les commissaires conservateurs de l'ancienne liste civile, et desquels il résulte que le deuxième trimestre 1831 des pensions accordées sur les fonds de la liste civile à d'anciens militaires des départements de l'Ouest, s'élève à la somme de soixante-quatre mille huit cent cinquante-trois francs soixante-quinze centimes; considérant qu'il y a lieu d'appliquer à ces secours des dispositions analogues à celles de l'article 1er de notre décision du 2 juin dernier, portant que les secours annuels aux anciens militaires vendéens seront continués, sauf suspension à l'égard des individus qui seront reconnus avoir fait partie des bandes armées contre l'autorité publique, ou qui auront fourni sciemment à ces bandes des moyens en armes, munitions, vivres, etc.; sur le rapport de notre ministre secrétaire d'Etat des finances, etc.

Art. 1er. Le ministre secrétaire d'Etat des finances est autorisé à ordonnancer, sur le crédit de quinze cent mille francs ouvert par l'art. 2 de la loi du 15 mars dernier, une somme de soixante-quatre mille huit cent cinquante-trois francs soixante-quinze centimes, laquelle sera appliquée au paiement du deuxième trimestre de l'année courante des pensions accordées par l'ancienne liste civile aux anciens militaires vendéens.

2. Ces paiements seront effectués par les payeurs du trésor sur états dressés par les commissaires conservateurs de l'ancienne liste civile, suivant la forme usitée pour l'acquittement des dépenses analogues imputées sur le budget de l'Etat.

3. Lesdits états devront être arrêtés par les préfets des départements où résident les pensionnaires; les préfets sont autorisés à en radier les individus qui se trouveraient dans l'un des cas prévus par l'art. 1er de notre décision du 2 juin ci-dessus rappelée, à charge par eux de rendre compte des radiations qu'ils auront opérées au ministre des finances, qui statuera définitivement, de concert avec le ministre de l'intérieur.

4. Notre ministre des finances (baron Louis) est chargé, etc.

---

9 NOVEMBRE 1831.— Ordonnances qui établissent et fixent la tenue de plusieurs foires. (Bull. O. 122, n. 3428 à 3432.)

9 NOVEMBRE 1831. — Ordonnance relative aux bois de diverses communes. (Bull. O. 129 bis, n. 1 et 2.)

9 NOVEMBRE 1831. — Ordonnance qui autorise l'acceptation du legs fait à la commune de Pont-sur-Sambre (Nord). (Bull. O. 124, n. 3519.)

---

10 = 19 NOVEMBRE 1831. — Ordonnance du roi portant fixation du délai de déchéance pour les créances à titre de récompenses nationales. (IX, Bull. O. CXVII, n. 3322.)

Louis-Philippe, etc., vu l'art. 14 de la loi du 13 décembre 1830 sur les récompenses nationales, qui porte : « Les dispo-« sitions de la présente loi pourront être « étendues par le gouvernement du roi « aux communes de France qui, par suite « de leur résistance aux ordres arbitraires « du gouvernement déchu, auront justifié « de leurs droits à la reconnaissance natio-« nale; » considérant que, depuis le 13 décembre 1830, le temps nécessaire a été laissé aux citoyens qui ont des titres à faire

valoir pour des faits qui se seraient passés dans les départements et qui rentreraient dans les dispositions de l'art. 14 de la loi; voulant, toutefois, qu'aucun droit ne soit méconnu, et dans le but de concilier cette intention avec la nécessité de fixer une époque pour la clôture d'un travail qui embrasse un aussi grand nombre d'intérêts, etc.

Art. 1er. Les réclamations à titre de récompenses nationales, formées par des citoyens pour des faits relatifs aux événements de juillet 1830, qui se seraient passés autre part que dans le département de la Seine, seront reçues jusqu'au 10 décembre 1831. A partir de cette époque, il ne sera plus admis aucune réclamation.

2. Notre ministre de l'intérieur (M. Casimir Périer) est chargé, etc.

---

10 NOVEMBRE 1831. — Ordonnances qui autorisent l'acceptation de legs faits aux pauvres de Toulouse et à deux communes, et qui rapportent celle du 2 juin 1831 qui autorisait une fabrique à accepter un legs. (Bull. O. 124, n. 3520 à 3523.)

---

11 NOVEMBRE 1831. — Ordonnance qui autorise une fabrique à acheter des rentes. (Bull. O. 132, n. 3789.)

11 NOVEMBRE 1831. — Ordonnance qui fixe les limites des paroisses de Preissac, d'Agonac et de Château-Lévêque (Dordogne). (Bull. O. 132, n. 3788.)

11 NOVEMBRE 1831. — Ordonnance qui autorise la chapelle dépendante de la maison du sieur Roque, sise à Langlade. (Bull. O. 132, n. 3786.)

11 NOVEMBRE 1831. — Ordonnance qui autorise l'acceptation des legs faits à diverses fabriques. (Bull. O. 132, n. 3782 et suiv.)

11 NOVEMBRE 1831. — Ordonnance qui admet le sieur Oldekop (Charles) et Oldekop (Christian) à jouir des droits de citoyens français. (Bull. O. 131, n. 3712 et 3714.)

11 NOVEMBRE 1831. — Ordonnance portant 1° que M. Simon est autorisé à ajouter à son nom celui de Lorière; 2° que M. Geoffroy est autorisé à ajouter à son nom celui de d'Astier; 3 que M. Eugène Desrues et M. Adolphe Desrues sont autorisés à substituer à leur nom patronymique celui de Dalmers. (Bull. O. 124, n. 3515.)

---

13 NOVEMBRE 1831. — Ordonnance relative aux octrois de plusieurs communes. (Bull. O. 129 bis, n. 7.)

---

14 = 16 NOVEMBRE 1831. — Loi portant allocation d'un crédit supplémentaire de cinq cent mille francs sur l'exercice de 1831, pour la continuation des travaux de la nouvelle salle des séances

de la Chambre des Députés (1). (IX , Bull. XLVIII, n. 117.)

Article unique. Un supplément de crédit de cinq cent mille francs est ouvert sur l'exercice de 1831 au ministre secrétaire d'État au département du commerce et des travaux publics, pour la continuation des travaux de la nouvelle salle des séances de la Chambre des Députés.

14 novembre **1831.** — Ordonnance relative aux foires de Sap (Orne). (Bull. O. 122, n. 3433.)

14 novembre **1831.** — Ordonnance qui fixe la tenue de la foire de Noyers (Yonne). (Bull. O. 122, n. 3424.)

14 novembre **1831.** — Ordonnances qui réduisent le nombre des lavoirs des sieurs Bazile-Daguin, Pernot-Duplessis, Forgeot et Buchez, et qui autorisent les sieurs Got , Bousmard à construire deux moulins. (Bull. O. 122, n. 3439 à 3441.)

15 = 23 novembre **1831.** — Ordonnance du roi prescrivant des mesures sanitaires à l'égard des correspondances du nord de l'Angleterre et de l'Écosse , et des bâtiments venant des ports de l'Angleterre, de l'Écosse et de l'Irlande. (IX , Bull. O. CXIX, n. 3335.)

Louis-Philippe, etc., vu l'art. 1er de la loi du 3 mars 1822, portant : « Le roi dé- « termine par des ordonnances, 1° les pays « dont les provenances doivent être habi- « tuellement ou temporairement soumises « au régime sanitaire; 2° les mesures à « observer sur les côtes, dans les ports et « rades, dans les lazarets ou autres lieux « réservés ; 3° les mesures extraordinaires « que l'invasion ou la crainte d'une mala- « die pestilentielle rendrait nécessaire sur « les frontières de terre ou dans l'inté- « rieur ; » de l'avis de notre conseil supé- rieur de santé, etc.

Art. 1er. Les lettres, journaux et pa- quets provenant du nord de l'Angleterre et de l'Écosse, seront incisés et passés au vi- naigre à leur arrivée dans les ports français.

2. Tout bâtiment provenant des ports de l'Angleterre, de l'Écosse ou de l'Irlande , à son arrivée dans les ports français, devra exhiber une patente de santé ou certificat délivré par l'autorité compétente, et visé par le consul, vice-consul ou agent fran- çais accrédité dans ces ports , ledit certifi- cat attestant l'état de la santé publique au moment du départ.

3. Les bâtiments porteurs de patente *brute,* ou indiquant que le *choléra* régnait

au lieu du départ, ne seront admis que dans les rades et ports de Tatihou près la Hogue , de Brest, de Lorient , de Bor- deaux, de Bayonne, de Marseille et de Toulon, que nous avons désignés par no- tre ordonnance de ce jour pour recevoir les provenances des ports d'Écosse et d'An- gleterre sur la mer du nord jusques et y compris Yarmouth.

4. Les bâtiments porteurs de patente *nette* pourront être également renvoyés dans les ports et rades qui viennent d'être indiqués, si l'autorité sanitaire locale est informée d'ailleurs que la maladie régnait au point de départ.

5. Les bâtiments qui ne pourront exhiber une patente ou certificat de santé délivré au lieu du départ, ou qui présenteraient quelques motifs de suspicion, soit en rai- son de l'état de la santé des équipages et passagers, soit en raison des circonstances de la navigation, seront soumis au régime de la patente suspecte.

6. Les bâtiments soumis au régime de la patente brute et destinés pour les ports de la Manche cesseront d'être reçus au lazaret du *Hoc*, et seront tenus de purger leur qua- rantaine au lazaret de Tatihou près la Hogue. Le lazaret du *Hoc*, près du Havre, demeure exclusivement affecté aux qua- rantaines des bâtiments en patente sus- pecte.

7. Dans chacun des ports dont l'entrée n'est permise qu'aux bâtiments exempts de toute suspicion, l'autorité sanitaire, de concert avec le chef militaire et avec l'of- ficier ou l'agent supérieur de la marine, déterminera un emplacement que l'on s'at- tachera à isoler avec soin du reste du port, et dans lequel on fera mouiller les bâti- ments qui, bien que soumis au régime de la patente brute ou suspecte, auraient été contraints par force majeure d'y chercher un asile. Néanmoins, lesdits bâtiments ne pourront être admis à y purger leur qua- rantaine, et seront tenus, aussitôt que le temps le permettra ou qu'ils auront reçu les secours qui leur seront nécessaires, de reprendre la mer pour se rendre aux sta- tions qui leur seront indiquées.

8. Les paquebots venant des côtes de l'Angleterre dont les provenances ne sont pas soumises, par notre ordonnance de ce jour, au régime de la patente brute, con- tinueront, jusqu'à nouvel ordre, à être admis à la libre pratique, ainsi que les

(1) Présentation à la Chambre des Députés le 13 septembre (Mon. du 14) ; rapport par M. Arago le 6 octobre (Mon. du 7) ; discussion et adoption le 24 (Mon. du 25), à la majorité de 245 voix contre 7.

Présentation à la Chambre des Pairs ; rapport, discussion et adoption le 10 novembre (Mon. du 11), à la majorité de 64 voix contre 0.

voyageurs qu'ils transporteront, dans les ports où ils avaient coutume d'aborder jusqu'ici.

9. Tout individu débarqué furtivement, en contravention aux lois et règlements sanitaires, sera mis et gardé en séquestration pendant dix jours dans le lieu le plus voisin et qui paraîtra le mieux approprié pour cette destination, sans préjudice des peines portées par lesdites lois.

10. Notre ministre du commerce et des travaux publics (comte d'Argout) est chargé, etc.

---

15 = 23 novembre 1831. — Ordonnance du roi prescrivant des mesures sanitaires à l'égard des provenances des ports de l'Ecosse et de l'Angleterre, sur la mer du Nord, et des ports de la Hollande et de la Belgique. (IX, Bull. O. CXIX, n. 3334.)

Louis-Philippe, etc., vu l'art. 1ᵉʳ de la loi du 3 mai 1822; vu l'avis du conseil supérieur de santé; considérant que le choléra-morbus s'est manifesté à Sunderland dans le comté de Durham en Angleterre, et que les communications fréquentes qui existent entre la côte orientale de l'Angleterre, la Hollande et la Belgique, doivent déterminer des précautions à l'égard des provenances de ces deux pays, etc.

Art. 1ᵉʳ. Les provenances des ports de l'Ecosse et de l'Angleterre sur la mer du Nord, depuis le nord et en descendant vers le sud jusques et y compris Yarmouth, seront placées immédiatement sous le régime de la patente brute, et ne pourront être admises, en conséquence, que dans les ports de Tatihou près de la Hogue, de Brest, de Lorient, de Bordeaux, de Bayonne, de Marseille et de Toulon.

2. Les navires venant des ports de la Hollande et de la Belgique seront placés provisoirement sous le régime de la patente suspecte.

3. Notre ministre du commerce et des travaux publics (comte d'Argout) est chargé, etc.

---

15 novembre 1831. — Ordonnance portant création d'un péage temporaire pour la construction d'un pont sur l'Ardèche. (Bull. O. 120, n. 3358.)

15 novembre 1831. — Ordonnances qui autorisent à construire diverses usines. (Bull. O. 122, n. 3442 à 3445.)

---

16 = 24 novembre 1831. — Ordonnance du roi sur le mode de paiement des créances à la charge de l'Etat, frappées d'opposition. (IX, Bull. O. CXX, n. 3355.)

Louis-Philippe, etc., vu le deuxième paragraphe de l'art. 9 de la loi du 29 janvier 1831, portant que le montant des créances frappées d'oppositions sera, à l'époque de la clôture des paiements, versé à la caisse des dépôts et consignations; vu l'art. 10 de l'ordonnance royale du 14 septembre 1822, d'après lequel toute ordonnance et tout mandat de paiement ne peuvent être payés aux caisses du trésor que sur la production des pièces qui constatent que leur effet est d'acquitter une dette de l'Etat régulièrement justifiée, etc.

Art. 1ᵉʳ. A l'époque fixée pour la clôture des paiements de chaque exercice, les payeurs du trésor verseront à la caisse des dépôts à Paris, et à ses préposés dans les départements, le montant des ordonnances et mandats frappés d'oppositions. Avant d'effectuer ce versement, les payeurs devront avoir recueilli toutes les pièces justificatives de la dépense, conformément à l'art. 10 de l'ordonnance royale du 14 septembre 1822. Ces pièces seront conservées par eux pour être produites à l'appui de leurs comptes d'année, et le récépissé qui leur sera délivré au nom de la caisse des dépôts et consignations, tiendra lieu de l'acquit des parties prenantes, pour la justification du paiement vis-à-vis de notre Cour des comptes.

2. A partir du 1ᵉʳ janvier 1832, les pièces justificatives de toute créance ordonnancée sur le trésor cesseront d'être remises aux parties. Les ministres des divers départements les joindront aux ordonnances directes expédiées par eux, et les ordonnateurs secondaires les annexeront aux bordereaux d'émission de mandats qu'ils adressent aux payeurs. Ces pièces seront retenues par les payeurs, qui devront procéder immédiatement à leur vérification, et en suivre, lorsqu'il y aura lieu, la régularisation près des ordonnateurs. Lorsque les mandats seront payables hors de la résidence du payeur, ces mandats devront lui être envoyés par les ordonnateurs secondaires avec les bordereaux d'émission et les pièces justificatives; le payeur y apposera son visa, et les renverra ensuite à l'ordonnateur local, qui demeurera chargé d'en assurer la remise aux ayants-droit.

3. Les mandats frappés d'oppositions, que les payeurs n'auraient pu retirer des mains des créanciers à l'époque fixée pour le dépôt des fonds, leur seront remis en duplicata, sur la demande qu'ils en feront aux ordonnateurs des différents services.

4. Nos ministres sont chargés de l'exécution, etc.   (Contresigné Louis).

16 novembre = 20 décembre 1831. — Ordonnance du roi qui reconnaît la société d'émulation

formée à Abbeville pour l'encouragement des lettres, sciences et arts, et approuve le règlement de cette société. (IX, Bull. O. CXXIX, n. 3640.)

Louis-Philippe, etc., sur le rapport de notre ministre secrétaire d'Etat au département du commerce et des travaux publics; notre conseil d'Etat entendu, etc.

Art. 1er. La société d'émulation formée à Abbeville, département de la Somme, pour l'encouragement des lettres, sciences et arts, est reconnue. Le règlement de ladite société est approuvé tel qu'il est annexé à la présente ordonnance.

2. Le nombre des membres ordinaires de la société ne pourra excéder celui de dix-huit.

3. Notre ministre du commerce et des travaux publics (comte d'Argout) est chargé, etc.

------

16 novembre 1831 = 24 février 1832. — Ordonnance du roi sur la répartition des sommes provenant de la vente des navires capturés, pour motifs de traite de noirs, par les bâtiments de l'Etat, et confisqués définitivement par jugements prononcés dans les colonies en vertu de la loi du 25 avril 1827. (IX, Bull. O. CXXXVIII, 1re sect., n. 4038.)

Louis-Philippe, etc., vu les lois des 15 avril 1818, 25 avril 1827 (1) et 4 mars 1831, concernant la répression de la traite des noirs; vu l'ordonnance du 8 janvier 1817 relative à la même matière; sur le rapport de notre ministre secrétaire d'Etat de la marine et des colonies, etc.

Art. 1er. Les sommes provenues jusqu'à ce jour et celles qui proviendraient ultérieurement des ventes de navires capturés, pour motifs de traite de noirs, par les bâtiments de l'Etat, et confisqués définitivement par jugements prononcés dans les colonies en vertu de la loi du 25 avril 1827, seront réparties entre les capteurs, conformément aux lois et règlements sur les prises maritimes.

2. Notre ministre de la marine et des colonies (comte de Rigny) est chargé, etc.

------

16 novembre 1831. — Ordonnance qui classe parmi les routes départementales le chemin de Chevanceau à Libourne. (Bull. O. 119, n. 3339.)

16 novembre 1831. — Ordonnances qui autorisent l'acceptation de legs faits aux fabriques et desservants de diverses églises, et qui rejettent le legs fait à la fabrique de Destord (Vosges). (Bull. O. 132, n. 3790 à 3798.)

16 novembre 1831. — Ordonnances qui autorisent des fabriques à employer diverses sommes en achat de rentes sur l'Etat, et le maire d'une commune à distraire une partie du presbytère pour établir la mairie et la salle d'audience de la justice de paix. (Bull. O. 132, n. 3799 à 3802.)

16 novembre 1831. — Ordonnance qui autorise la chapelle dépendante de la maison de secours de Saint-Nicolas (Tarn-et-Garonne). (Bull. O. 132, n. 3803.)

16 novembre 1831. — Ordonnance qui approuve le tarif proposé par le conseil municipal de Darnetal (Seine-Inférieure) concernant les pompes funèbres. (Bull. O. 132, n. 3804.)

16 novembre 1831. — Ordonnance qui autorise l'échange d'immeubles entre une fabrique et un particulier. (Bull. O. 132, n. 3805.)

------

17 novembre = 12 décembre 1831. — Ordonnance du roi qui modifie l'organisation des compagnies de canonniers, et porte qu'elles prendront la dénomination de *vétérans*. (IX, Bull. O. CXXV, n. 3580.)

Louis-Philippe, etc.

Art. 1er. Les compagnies de canonniers sédentaires affectées au service de l'artillerie dans les places et sur les côtes prendront la dénomination de *vétérans*, et seront composées ainsi qu'il suit, savoir :

Capitaine en premier, 1; capitaine en second, 1; lieutenant en premier, 1; sous-lieutenant ou lieutenant en second, 1. Total des officiers, 4.

Sergent-major, 1; sergents, 6; fourrier, 1; caporaux, 12; canonniers, 112; tambours, 2. Total des sous-officiers et canonniers, 134. Enfants de troupe, 4.

2. Il pourra y avoir, en temps de paix comme en temps de guerre, à la suite de chaque compagnie, quatre sergents et six caporaux sortant de l'artillerie de terre ou des corps de la marine, ainsi qu'il sera dit ci-après.

3. Les sous-officiers et soldats des corps de l'artillerie et des corps de la marine, les soldats seulement des régiments de grosse cavalerie et des compagnies de grenadiers des régiments d'infanterie, concourront au recrutement des compagnies de canonniers vétérans. Mais ils ne seront susceptibles d'y être admis qu'après avoir accompli le temps de service voulu par la loi, ou lorsque, par suite de blessures ou d'infirmités, ils ne pourraient plus être conservés dans les corps de la ligne, et seraient néanmoins reconnus encore très-propres au service des compagnies de canonniers vétérans.

4. Pourront également être admis dans les compagnies de canonniers vétérans les anciens sous-officiers et soldats des corps désignés à l'article précédent, et sous la

------

(1) Il est singulier que les lois du 15 avril 1818 et du 25 avril 1827 soient visées; car la loi de 1818 a été abrogée par celle de 1827, et celle de 1827 par la loi du 4 mars 1831.

condition spécifiée , qu'étant libérés de tout service militaire, et ayant au moins huit ans de services effectifs, n'auraient pas plus de quarante ans d'âge.

5. Nul ne pourra être reçu dans les compagnies de canonniers vétérans sans être lié légalement au service comme engagé ou rengagé, ou comme appelé.

6. La moitié des emplois de tout grade qui viendront à vaquer dans les compagnies de canonniers vétérans, sera donnée à l'avancement dans ces compagnies, savoir : Les caporaux, les fourriers et les sous-officiers seront nommés par le directeur sous les ordres duquel se trouvera la compagnie, sur la présentation qui lui sera faite par le capitaine commandant de trois candidats pris sur la liste d'avancement arrêtée par l'inspecteur général de l'arme : cet avancement pourra rouler sur plusieurs compagnies dépendant de la même direction. Pour les emplois d'officiers, l'avancement aura lieu sur toutes les compagnies. Les nominations au grade de sous-lieutenant ou lieutenant en second , celles de lieutenant en premier et de capitaine en second seront soumises aux mêmes règles que dans les régiments d'artillerie. La nomination à l'emploi de capitaine en premier, commandant de compagnie, aura lieu au choix.

7. L'autre moitié des emplois vacants d'officiers sera donnée aux officiers d'artillerie et du train des parcs, qui, sur leur demande, seront proposés pour des emplois de leur grade dans ces compagnies par les inspecteurs généraux de l'arme. A défaut de proposition à ce sujet, les emplois vacants seront donnés également à l'avancement et au choix dans les compagnies, sans toutefois qu'il y ait lieu à déduction sur la part qui revient de droit d'après l'article précédent. La seconde moitié des emplois de sous-officiers et caporaux reviendra aux sous-officiers et caporaux admis à la suite des compagnies de canonniers vétérans.

8. Le service des compagnies de canonniers vétérans donnera , pour la retraite et autres récompenses militaires, les mêmes droits que celui des corps de la ligne.

9. La solde des compagnies de canonniers vétérans demeure fixée suivant le tarif annexé à la présente ordonnance, et les autres prestations continueront à leur être allouées, conformément aux dispositions de l'ordonnance du 19 mars 1823. Les sous-officiers , caporaux , canonniers , jouiront , en outre, et sur le même pied que l'artillerie de la ligne , de la haute-paie déterminée par le chapitre 2 de l'ordonnance précitée du 19 mars 1823 , et ils porteront les chevrons.

10. Toutes dispositions antérieures, con-
traires aux présentes dispositions, sont et demeurent abrogées.

11. Notre ministre de la guerre (duc de Dalmatie) est chargé , etc.

---

17 NOVEMBRE=17 DÉCEMBRE 1831. — Ordonnance du roi qui prescrit la formation , en Afrique , de deux régiments de cavalerie légère , sous la dénomination de chasseurs d'Afrique. (IX, Bull. O. CXXVI, n. 3606.)

Louis-Philippe , etc. , vu la loi du 9 mars 1831, etc.

Art. 1ᵉʳ. Il sera formé en Afrique deux régiments de cavalerie légère , sous la dénomination de *chasseurs d'Afrique*. Le premier de ces régiments sera formé à Alger , le deuxième à Oran.

2. Ces deux régiments seront organisés conformément à l'ordonnance constitutive du 19 février 1831. Leur complet sera sur le pied de guerre. Ils auront cent trente chevaux de troupe par escadron. Chaque escadron aura dix hommes à pied.

3. Les régiments de chasseurs d'Afrique seront composés : 1° d'enrôlés volontaires français , colons ou indigènes ; 2° de cavaliers tirés des régiments de cavalerie de l'armée. Le régiment qui sera formé à Alger recevra les deux escadrons de chasseurs algériens créés par l'ordonnance du 21 mars 1831 , et qui cesseront dès ce moment d'appartenir au corps des Zouaves. Les sous-officiers , brigadiers et cavaliers des escadrons du 12ᵉ régiment de chasseurs actuellement à Alger qui demanderont à servir dans ce nouveau corps, y seront admis. Le recrutement aura lieu à l'avenir par des enrôlements volontaires, auxquels pourront concourir les Français , les colons et les indigènes , et par des hommes appartenant aux régiments de cavalerie de l'armée, soit à titre volontaire, soit à titre obligatoire, d'après les désignations des inspecteurs généraux.

4. A l'organisation de ces régiments , et dans les deux années qui suivront , la moitié au moins de chaque escadron sera composée de Français.

5. Il pourra être admis dans ces régiments , au nombre de quarante au plus par chaque escadron , des cavaliers indigènes, qui ne seront pas soumis au régime administratif du corps et pourvoiront eux-mêmes aux dépenses de subsistance, d'habillement , d'équipement, de remonte et d'armement. Les cavaliers recevront, à cet effet, un traitement spécial, conformément au tarif ci-annexé. Ils auront droit à une première mise fixée à deux cents francs, qui sera portée à leur crédit du jour de leur admission dans le régiment, et versée en caisse pour y former un fonds dit de *masse*

individuelle, destiné à pourvoir en commun et par avances, s'il est nécessaire, aux dépenses d'habillement, d'équipement et d'armement. Il leur sera alloué, en outre, une prime journalière d'entretien fixée à vingt-cinq centimes. En campagne, ils recevront, à titre gratuit, les prestations en nature attribuées à l'armée d'Afrique.

6. A la sortie du corps, chacun de ces cavaliers aura droit au décompte de la somme qu'il aura en dépôt à la caisse du régiment. Toutefois, la propriété de la masse individuelle ne lui sera acquise qu'après trois ans de service dans le régiment, sauf le cas de réforme pour infirmités contractées ou pour blessures reçues au service.

7. Il pourra, en outre, être placé à la suite de chaque escadron, sous le titre de *chasseurs spahis*, et en nombre indéterminé, des cavaliers colons ou indigènes qui ne seront appelés à faire un service actif que dans les circonstances extraordinaires et d'après l'ordre exprès du général commandant l'armée d'Afrique, qui déterminera aussi les époques où ils devront se réunir, soit pour être inspectés, soit pour être instruits, autant que le comporte le genre de guerre ou de service qu'ils sont appelés à faire. Ils seront tenus de se monter, de s'habiller, de s'équiper et de s'armer, conformément à ce qui sera réglé pour les cavaliers indigènes des escadrons. Il leur sera alloué, en conséquence, à titre d'indemnité, une solde journalière de soixante centimes, qu'ils recevront mois par mois, en se présentant, à cet effet, au quartier-général, habillés, montés, équipés et armés, et après la revue de présence qui sera passée par le chef du corps et le sous-intendant délégué. Cette indemnité leur tiendra lieu de toute espèce d'allocation, tant pour l'homme que pour le cheval.

8. Lorsque ces cavaliers seront appelés, soit pour un service de guerre, soit pour l'instruction et les revues, ils recevront, pendant la durée de leur réunion, le traitement alloué aux cavaliers mentionnés en l'art. 5. En campagne, ils auront droit aux mêmes prestations en nature que ces derniers.

9. Les officiers français qui seront admis dans les régiments de chasseurs d'Afrique, y seront employés dans le grade effectif dont ils sont pourvus. Le rang du grade supérieur sera accordé aux sous-lieutenants, lieutenants en premier et capitaines-commandants, qui, à dater du jour où ils auront accompli les conditions d'ancienneté exigées par la loi pour obtenir de l'avancement, auront servi deux ans dans les chasseurs d'Afrique. Après un an de service avec un rang d'un grade supérieur à

celui dont ils exercent l'emploi, ces officiers pourront passer avec ce grade dans un autre corps, où ils seront classés d'après leur ancienneté de rang.

10. Outre les droits à l'avancement qui leur sont attribués par l'art. 13 ci-après, les adjudants sous-officiers prendront rang dans le grade de sous-lieutenant, à dater du jour où ils auront deux ans de fonctions dans les chasseurs d'Afrique. Toutefois, ils ne pourront être pourvus de ce grade dans un autre corps qu'après une troisième année de fonctions dans l'emploi d'adjudant sous-officier aux chasseurs d'Afrique.

11. Les dispositions des art. 9 et 10 qui, à des conditions déterminées, assurent l'emploi du grade supérieur aux adjudants sous-officiers, sous-lieutenants, lieutenants et capitaines, qui passent dans un autre corps, ne sont pas applicables à ceux d'entre eux qui, pour cause d'inconduite ou d'incapacité dûment constatée, se seraient mis dans le cas d'être changés de corps, suspendus ou privés de leurs fonctions.

12. Les adjudants sous-officiers, sous-lieutenants, lieutenants et capitaines des régiments de chasseurs d'Afrique, pourvus d'un rang supérieur à leur emploi, ne jouiront, à raison de ce rang, d'aucune distinction ni émoluments, et n'auront aucune prérogative de commandement sur les adjudants sous-officiers et officiers d'un grade égal.

13. Tous les emplois de sous-lieutenant seront donnés aux sous-officiers du régiment. Depuis le grade de lieutenant jusqu'à celui de chef d'escadron inclusivement, l'avancement roulera sur le corps pour les deux tiers des vacances; l'autre tiers sera donné aux officiers des autres corps de l'armée et de la non activité.

14. L'armement des officiers, sous-officiers et chasseurs, est déterminé provisoirement ainsi qu'il suit : officiers inférieurs : un fusil d'artillerie (modèle de 1822), une paire de pistolets, un sabre de cavalerie légère (modèle de l'an 13). Sous-officiers : un fusil d'artillerie (modèle de 1822), un pistolet, un sabre (modèle de l'an 13). Brigadiers et chasseurs : un fusil de munition (modèle de 1777), un sabre (modèle de l'an 13). Toutefois, les généraux commandant en chef à Alger et à Oran pourront, pour un certain nombre de cavaliers, remplacer tout ou partie de cet armement par des armes en usage dans le pays, s'ils jugent cette mesure utile au bien du service.

15. L'habillement, l'équipement et le harnachement seront déterminés par notre ministre secrétaire d'État de la guerre.

16. A l'exception des cavaliers indigènes, auxquels, d'après les art. 5, 6, 7 et 8 de

la présente ordonnance, il est alloué un traitement spécial, les régiments de chasseurs d'Afrique seront assimilés, sous le rapport de la solde et des masses individuelles, aux autres corps de cavalerie légère, et jouiront, en outre, des prestations particulières à l'armée d'Afrique. Sauf les modifications résultant de la teneur des art. 5, 6 et 7, les régiments des chasseurs d'Afrique seront administrés conformément aux ordonnances. Toutefois, les rations de vivres pourront être remplacées, en faveur des indigènes, par une prestation pécuniaire équivalente, déterminée par les généraux commandant en chef à Alger et à Oran, sur la proposition des intendants militaires chargés de la direction du service.

17. Notre ministre de la guerre (duc de Dalmatie) est chargé, etc.

———

17 novembre = 8 décembre 1831. — Ordonnance du roi qui approuve une disposition à ajouter au règlement de pilotage du 5e arrondissement maritime, en ce qui concerne les bateaux à vapeur. (IX, Bull. O. CXXIII, n. 3451.)

Louis-Philippe, etc., vu la loi du 15 août 1792 et le décret du 12 décembre 1806 sur le pilotage; vu l'ordonnance du 26 juillet 1829 et le règlement général de pilotage dont elle a autorisé la mise en vigueur dans le cinquième arrondissement maritime, etc.

Art. 1er. La disposition à ajouter au règlement général de pilotage du cinquième arrondissement maritime, en ce qui concerne les bateaux à vapeur, telle qu'elle a été arrêtée par le conseil d'administration du port de Toulon, suivant le procès-verbal dont un extrait est ci-annexé, est approuvée pour avoir son effet à partir de ce jour.

2. Notre ministre de la marine et des colonies (comte de Rigny) est chargé, etc.

Art. 101 supplémentaire. Les bateaux à vapeur, de construction française, qui seront destinés à une navigation régulière entre Marseille et Naples ou tout autre port, seront affranchis du droit de pilotage, tant à l'entrée qu'à la sortie, sauf toutefois à y être soumis lorsqu'ils demanderont eux-mêmes l'assistance des pilotes lamaneurs.

———

19 novembre = 8 décembre 1831. — Ordonnance du roi portant nomination de pairs de France à vie. (IX, Bull. O. CXXIII, n. 3448.)

Louis-Philippe, etc.

Art. 1er. Nous avons élevé à la dignité de pair de France à vie, MM. le comte d'Aubusson de La Feuillade, le duc de Bassano, le prince de Beauvau, le marquis de Bizemont, le comte de Bondy, le lieutenant général comte Bonet, le lieutenant général comte Caffarelli, le vicomte de Cassini, le lieutenant général comte de Cessac, le baron Cuvier, le lieutenant général comte d'Anthouard, le baron Jean-Charles Davillier, le lieutenant général comte Drouot, le lieutenant général comte Mathieu Dumas, le vice-amiral comte Emériau, le lieutenant général comte d'Erlon, le lieutenant général comte d'Excelmans, le lieutenant général comte de Flahaut, le comte Français (de Nantes), le comte Fernand Foy, le lieutenant général comte Gazan, le comte Gilbert de Voisins, le duc de Gramont-Caderousse, le vice-amiral Jacob, le lieutenant général comte Joseph Lagrange, le comte Alexandre de La Rochefoucault, le maréchal-de-camp de Lascours, le président Lepoitevin, le prince de La Moscowa, le lieutenant général comte Pajol, le comte Perregaux, le lieutenant général comte Rogniat, le lieutenant général comte Roguet, le lieutenant général comte Philippe de Ségur, le lieutenant général comte de Saint-Sulpice, le comte de Turenne.

2. Notre ministre de l'intérieur (M. Périer) est chargé, etc.

———

19 novembre = 12 décembre 1831. — Ordonnance du roi portant qu'il sera créé, pour être employée dans les places de guerre, une compagnie qui prendra la dénomination de vétérans des troupes du génie. (IX, Bull. O. CXXV, n. 3581.)

Louis-Philippe, etc.

Art. 1er. Il sera créé et organisé à Metz, pour être employée dans les places de guerre, suivant les besoins du service du génie, une compagnie qui prendra la dénomination de vétérans des troupes du génie.

2. Cette compagnie sera composée de la manière suivante:
Capitaine en premier, 1; capitaine en second, 1; lieutenant en premier, 1; sous-lieutenant ou lieutenant en second, 1. Total des officiers, 4.
Sergent-major, 1; sergents, 6; fourrier, 1; caporaux, 12; vétérans, 112; tambours, 2. Total, 134. Enfants de troupe, 4.

3. Il pourra y avoir, en temps de paix comme en temps de guerre, à la suite de cette compagnie, quatre sergents et six caporaux.

4. Les sous-officiers et soldats des régiments et des compagnies d'ouvriers et du train du génie concourront au recrutement de la compagnie de vétérans; mais ils ne seront susceptibles d'y être admis qu'après avoir accompli le temps du service voulu par la loi, ou lorsque, par suite de blessures ou d'infirmités, ils ne pourraient plus être

conservés dans les corps auxquels ils appartiennent, et seraient néanmoins reconnus être encore propres au service de la compagnie de vétérans des troupes du génie.

5. Pourront également être admis, dans cette compagnie, les anciens sous-officiers et soldats des troupes du génie, libérés de tout service militaire, qui, ayant au moins huit ans de service effectif, n'auraient pas plus de quarante ans d'âge.

6. Nul ne pourra être reçu dans la compagnie de vétérans des troupes du génie sans être lié au service par un engagement ou un rengagement.

7. Les officiers, sous-officiers et soldats ne pourront être admis dans ladite compagnie avec un grade supérieur à celui qu'ils occupaient dans l'armée active; ils ne pourront également y obtenir de l'avancement.

8. L'emploi de capitaine en premier sera donné aux chefs de bataillon ou aux capitaines en premier ayant dix ans de grade; l'emploi de capitaine en second, aux capitaines ayant six ans de grade; celui de lieutenant en premier, aux capitaines et aux lieutenants ayant servi au moins quatre ans dans ce dernier grade; celui de lieutenant en second ou de sous-lieutenant respectivement, aux lieutenants et aux sous-lieutenants ayant au moins quatre ans dans ce dernier grade.

9. Les sous-officiers devront avoir au moins deux ans de service en cette qualité pour exercer ce grade dans la compagnie de vétérans; les caporaux, un an de service comme tels pour y être placés en la même qualité. Il ne pourra être fait d'exception aux dispositions des deux articles précédents qu'en faveur des officiers, sous-officiers et caporaux, que des blessures ou des infirmités contractées au service ne permettraient pas de maintenir dans les corps actifs de l'arme du génie.

10. La compagnie de vétérans des troupes du génie sera assimilée en tout point, pour la solde, la haute paie, les masses et les autres détails de l'administration, aux compagnies de canonniers vétérans.

11. L'uniforme de la compagnie de vétérans des troupes du génie sera le même que celui des régiments du génie, à l'exception de la plaque du schako, qui ne portera pas de numéro, et du bouton, qui aura pour légende *vétérans des troupes du génie.*

12. Notre ministre de la guerre (duc de Dalmatie) est chargé, etc.

19 NOVEMBRE = 1er DÉCEMBRE 1831. — Ordonnance du roi qui accorde un secours aux réfugiés étrangers. (IX, Bull. O. CXXII, n. 3415.)

Louis-Philippe, etc., vu la loi du 25

mars dernier, relative aux ressources spéciales à réaliser pour subvenir aux dépenses extraordinaires de l'exercice 1831; vu nos ordonnances royales en date des 8 et 29 octobre dernier, qui ont accordé deux crédits provisoires, chacun de cent mille francs, qui sont épuisés; considérant qu'il est urgent de pourvoir à la continuation des secours aux réfugiés étrangers, en attendant le nouveau crédit extraordinaire de cinq cent mille francs demandé par un projet de loi adopté par la Chambre des Députés des départements, etc.

Art. 1er. Il est ouvert au ministre secrétaire d'Etat de l'intérieur, avec imputation sur les ressources spéciales créées par la loi du 25 mars 1831, un troisième crédit provisoire de trois cent mille francs destiné, avec les deux cent mille francs précédemment accordés, à pourvoir au service extraordinaire de l'exercice 1831 et jusqu'au 31 décembre prochain, conformément à l'indication ci-après :

Chapitre spécial, 43. Service : secours aux réfugiés espagnols, portugais et autres. Crédits actuels, y compris le million du budget : 1,200,000 fr. Nouveau crédit accordé, 3,000,000 fr. Total des fonds crédités, 1,500,000 fr.

2. Notre ministre de l'intérieur et notre ministre des finances (MM. Périer et Louis) sont chargés, etc.

19 = 26 NOVEMBRE 1831. — Ordonnance du roi portant répartition des crédits ouverts au ministre secrétaire d'Etat des finances, par la loi du 16 octobre 1831 (*état B.*), pour les dépenses et services de l'exercice 1831. (IX, Bull. O. CXXI, n. 3386.)

Louis-Philippe, etc., vu la loi du 16 octobre 1831 (état B), qui a ouvert un crédit de cinq cent trente-cinq millions mille sept cent cinquante-cinq francs (535,001,755 fr.) pour les dépenses des divers services du ministère des finances pendant l'exercice 1831; vu l'art. 151 de la loi du 25 mars 1817, l'art. 2 de l'ordonnance du 14 septembre 1822, l'art. 5 de celle du 1er septembre 1827, et enfin les art. 11 et 12 de la loi du 29 janvier 1831; sur le rapport de notre ministre secrétaire d'Etat des finances, etc.

Art. 1er. La somme de cinq cent trente-cinq millions mille sept cent cinquante-cinq francs (535,001,755 fr.), portée au budget des dépenses à ordonnancer par notre ministre secrétaire d'Etat des finances pour l'exercice 1831, demeure répartie conformément à l'état ci-annexé.

2. Notre ministre des finances (baron Louis) est chargé, etc.

(Suit le tableau de répartition.)

19 NOVEMBRE 1831 = 17 JANVIER 1834. — Ordonnance du roi relative à la composition des conseils d'administration des dépôts dans l'infanterie et dans les troupes à cheval. (IX, Bull. O. CCLXXX, 1re sect., n. 5153.)

Louis-Philippe, etc., sur la proposition de notre ministre secrétaire d'Etat de la guerre, etc.

Art. 1er. Lorsqu'il a été procédé à la formation des compagnies de dépôt dans l'infanterie ou du dépôt dans les troupes à cheval, le conseil d'administration se compose du major, président; de l'adjudant-major, d'un capitaine, du trésorier, de l'officier d'habillement. Si, après la formation du dépôt, un ou plusieurs bataillons ou escadrons restent ou rentrent au dépôt, la présidence du conseil d'administration appartient à l'officier supérieur qui les commande. Lorsque le colonel et le lieutenant-colonel sont simultanément présents au dépôt, le colonel seul fait partie du conseil, et le préside; si le lieutenant-colonel s'y trouve seul, il prend cette présidence; tout autre officier supérieur, dans une position éventuelle de présence au dépôt, ne fait point partie du conseil. Dans les deux cas prévus ci-dessus, l'adjudant-major cesse d'être membre du conseil.

2. Notre ministre de la guerre (duc de Dalmatie) est chargé, etc.

19 NOVEMBRE 1831. — Ordonnance portant fixation de pensions de retraite en faveur de trente-cinq officiers mariniers et matelots. (Bull. O., 2e sect., n. 157.)

19 NOVEMBRE 1831. — Ordonnances qui accordent des pensions à quatre-vingts veuves de militaires et des secours à des orphelins. (Bull. O. 130, n. 1 à 3.)

19 NOVEMBRE 1831. — Ordonnance qui nomme à diverses préfectures. (Bull. O. 122, n. 2417.)

19 NOVEMBRE 1831. — Ordonnance qui crée un commissariat de police à Raon-l'Etape (Vosges). (Bull. O. 122, n. 2416.)

20 NOVEMBRE 1831. — Ordonnance qui approuve l'adjudication d'un pont sur le Lot, à Clairac. (Bull. O. 127, n. 3624.)

20 NOVEMBRE 1831. — Ordonnance qui proroge le péage établi sur les ponts de Kermarin et de Sainte-Anne. (Bull. O. 126, n. 3613.)

20 NOVEMBRE 1831. — Ordonnances portant concession de dessèchements des marais de Pars et de Craucey (Aube), et de ceux d'Arbent et d'Oyonnax (Ain). (Bull. O. 127, n. 3626 et 3627.)

20 NOVEMBRE 1831. — Ordonnances portant concession des mines de lignites de Montfuron, Manosque et Pierrevert (Basses-Alpes), et de Naux (Var). (Bull. O. 126, n. 3620 et 3621.)

20 NOVEMBRE 1831. — Ordonnance qui fixe la tenue de la foire de Murat (Cantal). (Bull. O. 127, n. 3632.)

20 NOVEMBRE 1831. — Ordonnances qui autorisent l'établissement ou la conservation de diverses usines. (Bull. O. 125 et 126, n. 3603, 3604, 3617 à 3619.)

21 NOVEMBRE 1831. — Ordonnances qui accordent des lettres de naturalité aux sieurs Amira, Brauau, Gonzales. (Bull. O. 131, n. 2715 et suiv.)

21 NOVEMBRE 1831. — Ordonnance portant que les sieurs Amblet, Bachmann, Bonnetti, Eichacker, Favre (Jean), Favre (Samuel), Haas, Mac-Swiney, Mayor de Montircher, Scott, Vestris sont admis à établir leur domicile en France. (Bull. O. 126, n. 3598.)

21 NOVEMBRE 1831. — Ordonnances qui autorisent l'acceptation de dons et legs faits à divers hospices, bureaux de bienfaisance, communes, pauvres et à un mont-de-piété. (Bull. O. 125, 127 et 129, n. 3598, 3599 à 3602, 3647 et 3648.)

21 NOVEMBRE 1831. — Lettres de naturalité accordées aux sieurs Bomhard et Malh. (Bull. O., 2e sect., n. 346 et 347.)

22 NOVEMBRE 1831. — Ordonnance qui approuve l'adjudication de la construction d'un pont sur la Garonne, à Muret. (Bull. O. 123, n. 3454.)

22 NOVEMBRE 1831. — Ordonnance qui convoque le quatrième collége électoral de l'Isère. (Bull. O. 123, n. 3450.)

22 NOVEMBRE 1831. — Ordonnances qui autorisent à construire et rétablir divers moulins et usines. (Bull. O. 127, n. 3628 à 3630.)

23 NOVEMBRE 1831. — Ordonnance portant concession des mines de houille de Messeix (Puy-de-Dôme). (Bull. O. 127, n. 3631.)

24 = 29 NOVEMBRE 1831. — Loi relative à un supplément de crédit pour les récompenses nationales. (IX, Bull. O. XLIX, n. 118.)

Art. 1er. Le crédit de quatre cent soixante mille francs pour pensions et secours annuels, ouvert au ministre des finances par l'art. 7 de la loi du 13 décembre 1830, est porté à la somme de six cent soixante mille francs, avec jouissance du 1er août 1830.

2. Les dispositions des art. 1, 2, 3, 4 et 5 de la loi du 15 décembre 1830, sont rendues applicables à ceux des étrangers au profit desquels la commission des récompenses a liquidé des pensions : ils pourront jouir de ces pensions en France ou dans tout autre pays.

24 NOVEMBRE 1831 = 20 JANVIER 1832. — Ordonnance du roi portant que S. A. R. le duc d'Orléans et M. le maréchal duc de Dalmatie, ministre de la guerre se rendront immédiatement à Lyon. (IX, Bull. O. CXXXIII, n. 3832.)

Louis-Philippe, etc., sur le rapport de notre président du conseil, ministre de l'intérieur, etc.

Art. 1er. Notre bien-aimé fils le duc d'Orléans, et le maréchal duc de Dalmatie, notre ministre de la guerre, se rendront immédiatement à Lyon. Le maréchal duc de Dalmatie est autorisé à donner tous les ordres que commanderont les circonstances. Pendant l'absence de notre ministre de la guerre, l'intérim du ministère de la guerre sera rempli par le lieutenant-général comte Sébastiani, notre ministre des affaires étrangères.

2. Notre président du conseil, ministre de l'intérieur, et notre ministre de la guerre (MM. Casimir Périer et duc de Dalmatie) sont chargés, etc.

———

25 NOVEMBRE 1831 = 1er JANVIER 1832. — Ordonnance du roi sur l'organisation de l'école polytechnique. (IX, Bull. O. CXXX, n. 3656.)

Louis-Philippe, etc., voulant apporter dans l'organisation de l'école polytechnique les améliorations dont cet établissement a été reconnu susceptible ; vu, 1° la loi du 7 vendémiaire an 3 ; 2° la loi du 15 fructidor an 3 et celle du 30 vendémiaire an 4 ; 3° la loi du 25 frimaire an 8 ; 4° le décret du 27 messidor an 12 et celui du 22 fructidor an 13 ; 5° l'ordonnance du 4 septembre 1816, celles des 17 septembre et 20 octobre 1822, et la décision royale du 12 janvier 1825 ; 6° l'ordonnance du 15 novembre 1830, et celle du 9 janvier 1831 ; sur le rapport de notre ministre secrétaire d'Etat au département de la guerre, etc.

TITRE Ier. *Institution de l'école.*

Art. 1er. L'école polytechnique est destinée, en général, à répandre l'instruction des sciences mathématiques, de la physique, de la chimie et des arts graphiques. Son objet spécial est de fournir les élèves des écoles de l'artillerie de terre et de mer, du génie militaire, des ponts et chaussées, des mines, du génie maritime, des ingénieurs hydrographes, des poudres et salpêtres, et des autres services publics qui exigeraient des connaissances étendues dans les sciences physiques et mathématiques.

2. L'école polytechnique est placée dans les attributions de notre ministre secrétaire d'Etat au département de la guerre.

TITRE II. *Personnel de l'école.*

§ 1er. Etat-major.

3. Il sera attaché à l'école polytechnique un état-major composé de : un officier général, un officier supérieur, quatre capitaines, quatre lieutenants ou sous-lieutenants, deux adjudants sous-officiers.

4. L'officier général portera le titre de *commandant de l'école* ; il n'aura point d'aide-de-camp. L'officier supérieur commandera en second. Il ne pourra pas être de la même arme que le commandant de l'école. Ils seront pris, soit dans les corps militaires qui s'alimentent à l'école polytechnique, soit parmi les officiers des autres armes qui auront été élèves à ladite école.

5. Le commandant de l'école sera chargé d'assurer l'exécution journalière des ordonnances, règlements et décisions concernant cet établissement. Il rendra compte, pour tout ce qui concerne l'instruction et la police de l'école, à notre ministre secrétaire d'Etat de la guerre.

6. Les quatre capitaines seront pris parmi les anciens élèves et dans les corps militaires qui s'alimentent à l'école. Ils porteront le titre d'*inspecteur des études*. Leurs fonctions seront de surveiller les travaux des élèves dans les salles d'études, conformément aux règlements, et aussi de diriger leurs exercices militaires et de les commander sous les armes.

7. Les lieutenants ou sous-lieutenants veilleront à la police intérieure de l'école et aux détails des exercices militaires. Ils seront pris indistinctement dans tous les corps de l'armée active. Ils seront aidés par les deux adjudants sous-officiers. Les uns et les autres prendront place dans les compagnies de l'école, lorsqu'elles seront sous les armes.

8. Le commandant de l'école et le commandant en second seront nommés par nous, sur la présentation de notre ministre secrétaire d'Etat de la guerre. Les autres officiers de l'état-major et les adjudants sous-officiers seront nommés par le ministre.

9. L'avancement des officiers de toutes armes attachés à l'état-major de l'école polytechnique ou employés à cette école, à quelque titre que ce soit, est soumis aux dispositions générales et particulières qui régissent l'avancement dans les armes respectives auxquelles ces officiers appartiennent.

§ II. Examinateurs.

10. Il y aura quatre examinateurs pour l'admission des élèves à l'école polytechnique. Leurs fonctions seront incompatibles avec celles de professeur ou de répétiteur dans un établissement quelconque destiné à fournir des élèves à l'école. Les propriétaires, directeurs ou associés de ces établissements seront également exclus.

11. Les examens, tant pour le passage des élèves des cours de la première année d'études à ceux de la seconde, que pour leur admission dans les services publics, seront

confiés à deux examinateurs permanents et à des examinateurs temporaires dont le nombre sera déterminé, chaque année, par le conseil de l'école. Les examinateurs permanents prendront connaissance, dans le cours de l'année, des progrès des élèves.

12. Les examinateurs d'admission et les examinateurs permanents seront nommés par notre ministre secrétaire d'État de la guerre, sur la présentation de l'académie des sciences et sur celle du conseil de l'école ; les examinateurs temporaires, sur la proposition du même conseil.

§ III. Directeurs des études ; professeurs, maîtres et répétiteurs.

13. Le personnel attaché à l'enseignement sera composé ainsi qu'il suit : 1° un directeur des études ; 2° deux professeurs d'analyse et de mécanique, 3° un professeur de géométrie descriptive, 4° un professeur de physique ; 5° deux professeurs de chimie, 6° un professeur de géodésie et de topographie, 7° un professeur d'architecture, 8° un professeur de composition française, 9° un professeur de langue allemande, 10° quatre maîtres pour le dessin de la figure et le paysage, 11° un maître pour le dessin topographique, 12° deux répétiteurs du cours d'analyse et de mécanique, 13° un répétiteur de géométrie descriptive, 14° un répétiteur de physique, 15° deux répétiteurs de chimie, 16° un répétiteur de géodésie, 17° un répétiteur pour les travaux graphiques, 18° un répétiteur d'architecture, 19° un répétiteur du cours de composition française, 20° un répétiteur du cours de langue allemande.

14. Tous les détails de l'instruction seront sous la surveillance spéciale du directeur des études. Il sera nommé par nous, sur la proposition de notre ministre secrétaire d'État de la guerre, d'après la présentation du conseil de l'école et celle de l'académie des sciences.

15. Les professeurs et les maîtres seront nommés par notre ministre secrétaire d'État de la guerre sur la présentation du conseil de l'école et sur celle des académies de l'institut de France, savoir : les professeurs des sciences mathématiques et physiques, sur la présentation de l'académie des sciences ; le professeur d'architecture et les cinq maîtres de dessin, sur celle de l'académie des beaux-arts ; le professeur de composition française, sur celle de l'académie française ; le professeur de langue allemande sur celle de l'académie des inscriptions et belles-lettres.

16. Les répétiteurs seront nommés annuellement par notre ministre secrétaire

d'État de la guerre, sur la proposition du conseil de l'école.

§ IV. Personnel administratif.

17. Seront attachés à l'école : un administrateur ; un caissier, garde des archives ; un bibliothécaire ; un médecin-chirurgien, astreint à une visite journalière. Ces quatre fonctionnaires seront nommés par notre ministre secrétaire d'État de la guerre, sur une présentation du conseil de l'école, qui comprendra deux noms pour chaque emploi.

18. Il y aura, pour la conservation des modèles, deux conservateurs, dont l'un sera attaché au cours de géométrie descriptive, l'autre au cours de physique. Ils seront nommés par notre ministre secrétaire d'État de la guerre, sur la présentation du conseil de l'école.

19. Le commandant de l'école nommera les employés subalternes, dont le nombre, les fonctions et le traitement seront déterminés par un règlement discuté dans le conseil de l'école et soumis à l'approbation de notre ministre secrétaire d'État de la guerre.

TITRE III. *Mode d'admission des élèves à l'école polytechnique.*

20. On ne peut être admis à l'école polytechnique que par voie de concours.

21. Tous les ans, à partir du 1er août, il sera ouvert tant à Paris que dans les principales villes du royaume qui seront désignées, un examen public pour l'admission des élèves à l'école polytechnique. Les matières sur lesquelles devra porter l'examen seront indiquées dans un programme qui sera publié chaque année, à l'époque du 1er avril au plus tard, par notre ministre secrétaire d'État de la guerre, sur la proposition du conseil de perfectionnement.

22. Les aspirants devront se faire inscrire avant le 15 juin à la préfecture du département où est fixé le domicile de leurs parents.

23. Il sera assigné un arrondissement à chaque ville où l'examen devra se faire. Les aspirants ne pourront être examinés que dans l'arrondissement où le domicile de leurs familles est établi ou dans celui où ils auront achevé leur première instruction, pourvu qu'ils y aient étudié au moins une année. La voie du sort déterminera dans quel ordre ils seront examinés.

24. Nul ne pourra se présenter au concours, s'il n'a justifié : 1° qu'il est Français ; 2° qu'il a été vacciné, ou qu'il a eu la petite-vérole ; 3° qu'il a eu plus de seize ans et moins de vingt ans au 1er janvier de l'an-

née courante. Cependant les sous-officiers et soldats des corps réguliers pourront y être admis jusqu'à l'âge de vingt-cinq ans, pourvu qu'ils aient au moins deux ans de service sous les drapeaux.

25. La répartition des arrondissements d'examen entre les quatre examinateurs d'admission, et l'ordre suivant lequel les tournées devront être faites, seront réglés, chaque année, par notre ministre secrétaire d'Etat de la guerre.

26. Tous les ans, vers le 1er octobre, il sera formé à Paris un jury chargé de prononcer sur l'admission à l'école, des aspirants examinés dans tout le royaume. Il se composera du commandant de l'école, président; du directeur des études; des deux examinateurs d'analyse attachés à l'école, et des quatre examinateurs d'admission.

27. Ce jury dressera une liste, par ordre de mérite, de tous les aspirants susceptibles d'être admis à l'école. Il la formera au moyen des listes particulières fournies par les examinateurs, et en prenant dans chacune d'elles proportionnellement au nombre d'aspirants jugés admissibles qu'elle contient. Les listes admissibles présentées par chaque examinateur seront, avant tout, discutées et arrêtées par le jury.

28. Notre ministre secrétaire d'Etat de la guerre expédiera les lettres d'admission, suivant l'ordre de la liste générale des admissibles, jusqu'à concurrence des places à remplir.

29. A leur arrivée à l'école, les élèves seront soumis à une visite de médecin qui aura pour objet de constater qu'ils n'ont aucun vice ni aucune infirmité qui les rendraient impropres aux services publics.

30. Les élèves, au moment de leur entrée à l'école, présenteront un acte par lequel leurs parents ou répondants s'engagent à payer pour eux une pension annuelle de mille francs et leur trousseau.

31. Vingt-quatre bourses susceptibles d'être partagées en demi-bourses sont instituées en faveur des élèves peu aisés de l'école polytechnique. Huit de ces bourses sont attribuées au département du commerce et des travaux publics, quatre au département de la marine et douze au département de la guerre.

32. La répartition des bourses à la disposition des ministres de la marine et des travaux publics continuera d'être réglée conformément aux dispositions de notre ordonnance du 9 janvier 1831.

33. Les bourses payées sur le budget du ministère de la guerre seront distribuées de préférence aux élèves qui se destinent aux services publics dépendant de ce département. Nul ne pourra les obtenir, s'il n'a

prouvé d'ailleurs que sa famille est hors d'état de payer sa pension, et s'il ne fait pas partie des deux premiers tiers de la liste générale d'admission des élèves. Cette faveur sera retirée aux élèves qui ne se trouveraient plus placés dans les deux premiers tiers de la liste générale par ordre de mérite, dressée pour le passage de la première à la seconde année d'études.

TITRE IV. *Enseignement.*

34. La durée du cours complet d'instruction à l'école polytechnique sera de deux ans. Cependant les élèves pourront y passer une troisième année dans les cas spécifiés ci-après (art. 54), mais jamais plus longtemps.

35. L'instruction qui sera donnée aux élèves par les dix professeurs (art. 13) comprendra les cours d'analyse mécanique, analyse appliquée à la géométrie, géométrie descriptive et ses applications, géodésie et topographie, machines, arithmétique sociale, physique, chimie et manipulations, architecture, composition française pendant la première année; langue allemande pendant la seconde année.

36. Pendant les deux années d'études, les élèves seront exercés aussi souvent que possible sur le dessin géométrique, le lavis, le dessin topographique, le dessin de la figure et du paysage au crayon et au lavis.

37. Les matières de l'enseignement, leur répartition entre les professeurs, ainsi que l'ordre à établir pour les divers cours et pour les études des élèves, seront déterminés conformément aux programmes arrêtés chaque année par le conseil de perfectionnement et approuvés par notre ministre secrétaire d'Etat de la guerre.

TITRE V. *Régime, police et discipline.*

38. L'école polytechnique est soumise au régime militaire.

39. Les élèves continueront à être casernés. Lorsqu'ils sortiront individuellement dans la ville, ils porteront l'épée.

40. Les élèves seront partagés en quatre compagnies. On les exercera au maniement du fusil et à la marche pendant les heures de récréation, et deux fois au plus par semaine. Les élèves qui, par leur rang de promotion, se trouveront chefs de salles d'études, porteront le titre et les galons de sergent-major et de sergent, et en rempliront les fonctions sous les armes. Quatre tambours, garçons de salle, seront attachés aux compagnies de l'école.

41. Le commandant de l'école adressera à notre ministre secrétaire d'Etat de la guerre des rapports mensuels de situation

et des rapports particuliers pour tous les événements extraordinaires.

42. La police de l'école est confiée aux officiers de l'état-major, sous la surveillance particulière du commandant en second et sous l'autorité du commandant de l'école.

43. Les punitions qui pourront être infligées aux élèves sont : la consigne, les arrêts, la salle de police, la prison. Le commandant de l'école pourra seul ordonner la prison.

44. L'élève puni de la salle de police assistera aux exercices militaires, aux amphithéâtres et à tous les travaux de dessin graphique ou d'imitation.

45. L'exclusion d'un élève de l'école ne pourra être prononcée que par notre ministre secrétaire d'Etat de la guerre, sur le rapport du commandant et d'après l'avis motivé du conseil de l'école. A cet effet, le conseil devra être composé de douze membres au moins ; il ne proposera le renvoi qu'après avoir entendu l'élève inculpé et qu'aux deux tiers des voix.

46. Le commandant de l'école rédigera et soumettra à l'approbation de notre ministre secrétaire d'Etat de la guerre, le conseil de perfectionnement entendu, les réglements de détail relatifs à la police et à la discipline, en prenant pour base les dispositions de la présente ordonnance.

Titre VI. *Examen de passage et de sortie.*

47. Chaque année, après la clôture des cours, tous les élèves subiront un examen public : nos ministres, sous les ordres desquels sont placés les divers services qui s'alimentent à l'école polytechnique, désigneront les fonctionnaires de ces services qui devront y assister. Les examens de la première année serviront à décider si les élèves doivent être admis à suivre les cours de la seconde. Les examens de la seconde année régleront le passage des élèves dans les services publics.

48. Les matières sur lesquelles les élèves devront être examinés à la fin de la première et de la seconde années, seront divisées entre les examinateurs conformément aux programmes. L'analyse et la mécanique formant la première partie seront confiées aux deux examinateurs permanents ; les deux autres parties, qui sont les arts graphiques, la physique, la chimie, etc., aux examinateurs temporaires.

49. Après les examens, le directeur des études et les examinateurs se réuniront en jury, sous la présidence du commandant de l'école, pour former : 1° la liste générale, par ordre de mérite, des élèves admissibles au cours de la seconde année ; 2° la liste générale, par ordre de mérite, des élèves

de seconde année admissibles dans les services publics. Le conseil de perfectionnement aura déterminé d'avance la proportion suivant laquelle chaque partie d'examen, chaque nature de travail, et les notes des élèves entreront pour leur classement dans ces listes.

50. Les élèves de la seconde année, après leur classement par ordre de mérite sur la liste générale de sortie, auront à déclarer à quels services ils se destinent de préférence, et suivant quel ordre leur choix se porterait sur d'autres services, à défaut de place dans celui qu'ils préfèrent. Pour les guider dans ce choix, on leur fera connaître le nombre des places qui seront disponibles dans chaque service.

51. Les élèves que le jury a déclarés admissibles dans les services publics, seront placés, suivant le rang de mérite qu'ils occupent sur la liste générale, dans le service qu'ils ont demandé, et, à défaut de place, dans l'un des services auxquels ils se sont subsidiairement destinés, d'après l'ordre de leur déclaration. Les listes particulières de chaque service seront également arrêtées par le jury.

52. Il ne sera pas accordé aux élèves reconnus admissibles dans les services publics la faculté de rester une troisième année à l'école.

53. Les élèves reconnus admissibles dans les services publics, mais qui, à raison de leur rang dans la liste générale, n'auront pu être classés dans un service de leur choix, auront droit d'être placés comme sous-lieutenants dans les corps de l'armée qui ne s'alimentent pas à l'école polytechnique. Les élèves compris dans la même catégorie qui ne prendront point de sous-lieutenance, auront droit d'être reçus à l'école forestière, ou, sur leur demande, de suivre comme élèves libres celles des écoles civiles d'application qu'ils désigneront. Ils y jouiront, sous le rapport des études, des mêmes avantages que les élèves du gouvernement.

54. Les élèves jugés inadmissibles, à la fin de la première ou de la seconde année, quitteront l'école, à moins que des circonstances graves, qui leur auraient occasionné durant l'année une suspension forcée de travail, ne leur donnent une excuse légitime. Le conseil de l'école en sera juge.

Titre VII. *Conseil de l'école polytechnique.*

55. Le conseil de l'école sera composé ainsi qu'il suit : Le commandant de l'école, président ; le commandant en second, le directeur des études, les dix professeurs, un maître de dessin délégué, chaque année, par les cinq maîtres. Les fonctions de se-

crétaire y seront remplies par le bibliothécaire ; il n'aura pas voix délibérative. L'administrateur assistera aux séances de ce conseil dans lesquelles il y aura à débattre des questions relatives à l'administration; il n'y aura que voix consultative.

56. Le conseil se réunira au moins une fois par mois, et s'occupera de tout ce qui est relatif à l'enseignement, aux études des élèves et à l'administration de l'école. Il proposera, à la fin de chaque année, les changements qu'il jugerait utile d'apporter dans les programmes d'enseignement; dans ce cas, ses propositions seront discutées par le conseil de perfectionnement.

TITRE VIII. Conseil de perfectionnement.

57. Les membres composant ce conseil, seront : le commandant de l'école, président; le directeur des études, les deux examinateurs permanents, les examinateurs temporaires de l'année, un examinateur d'admission, trois membres de l'Institut de France, trois professeurs, un membre de chacun des services publics qui s'alimentent à l'école polytechnique. Les fonctions de secrétaire seront remplies par un membre du conseil.

58. Les trois membres de l'Institut seront désignés par l'académie des sciences, et pris parmi ceux de ses membres qui s'occupent plus spécialement des sciences mathématiques et physiques. Les délégués des services publics seront nommés par ceux de nos ministres dans les attributions desquels sont placés lesdits services. Les trois professeurs seront désignés par le conseil de l'école. L'examinateur d'admission sera désigné par notre ministre secrétaire d'État de la guerre.

59. Tous les ans, le conseil de perfectionnement sera renouvelé dans sa partie amovible.

60. Ce conseil se réunira chaque année après les examens de passage et de sortie. Il s'occupera des moyens de perfectionner l'instruction et de la diriger dans l'intérêt pratique des services publics ; de rédiger et rectifier, s'il y a lieu, les programmes d'enseignement et d'examen ; de coordonner l'enseignement de l'école polytechnique avec celui des écoles d'application. Il proposera les mesures réglementaires qui lui paraîtront utiles pour maintenir l'ordre, l'assiduité des élèves, et pour assurer le meilleur emploi du temps. Après la révision des programmes, il fera, sur la situation de l'école et sur les résultats qu'elle aura présentés, un rapport dont il nous sera rendu compte par notre ministre secrétaire d'État de la guerre.

TITRE IX. Administration.

61. Le conseil de l'école déléguera chaque année une commission qui sera chargée de veiller spécialement à tous les détails de l'administration intérieure. Cette commission sera composée : du commandant en second, président; d'un professeur; de deux inspecteurs des études, et de deux répétiteurs. L'administrateur et le caissier assisteront à toutes ses séances; ils n'y auront que voix consultative. Le caissier y remplira les fonctions de secrétaire.

62. L'intendance militaire est chargée de la police administrative de l'école, et l'exerce d'après les règles déterminées par l'ordonnance du 19 mars 1823.

63. La commission administrative établira le budget de chaque exercice, ainsi que les demandes extraordinaires de fonds pour les dépenses qui n'auraient pas été prévues. Ces pièces seront soumises au conseil de l'école pour être revêtues de son approbation ; elles seront ensuite adressées au sous-intendant militaire chargé spécialement de la police administrative, lequel, après les avoir vérifiées, les fera parvenir à l'intendant pour être transmises à notre ministre secrétaire d'État de la guerre.

64. Lorsqu'une dépense sera de nature à être faite d'urgence, le conseil de l'école donnera provisoirement l'autorisation nécessaire à la commission administrative, et en informera immédiatement le sous-intendant militaire pour qu'il en soit rendu compte au ministre. La commission sera responsable de toute dépense qui aurait été commencée ou effectuée sans l'autorisation formelle du conseil.

65. Au commencement de chaque trimestre, la commission administrative remettra au conseil de l'école le relevé des dépenses du trimestre précédent. Cet état, présentant les mêmes divisions que le budget, sera certifié par le secrétaire du conseil, et joint aux pièces qui doivent être soumises au visa et à la vérification de l'intendance.

66. Les officiers faisant partie de l'état-major de l'école polytechnique seront payés sur les fonds de la solde ; ils jouiront du traitement d'activité de leur grade, et, en outre, à titre d'indemnité pour service extraordinaire, du tiers en sus de leurs appointements.

67. Le traitement des fonctionnaires civils, professeurs et autres personnes attachées au service de l'école, est fixé de la manière suivante : pour le directeur des études, 10,000 fr. ; les quatre examinateurs d'admission (non compris les frais de route), à 4,000 fr., 16,000 fr. ; les deux

examinateurs permanents, à 6,000 fr., 12,000 fr. ; les trois examinateurs temporaires , à 2,500 fr. , 7,500 fr. ; les sept professeurs des sciences mathématiques et physiques, le professeur d'architecture, à 5,000 fr. , 40,000 fr. ; le professeur de composition française , le professeur de langue allemande , à 3,000 fr. , 6,000 fr. ; deux maîtres pour le dessin de la figure et le paysage, à 2,000 fr. , 4,000 fr. ; deux maîtres pour le dessin de la figure et le paysage, à 1,500 fr. , 3,000 fr. ; le maître pour le dessin topographique, 2,000 fr. ; les sept répétiteurs des sciences mathématiques et physiques, le répétiteur d'architecture, à 2,000 fr. , 16,000 fr. ; le répétiteur pour les travaux graphiques, 2,500 fr. ; le répétiteur du cours de composition française, le répétiteur du cours de langue allemande, à 1,500 fr. , 3,000 fr. ; l'administrateur, 6,000 fr. ; le caissier, le bibliothécaire , à 4,000 fr. , 8,000 fr. ; les deux conservateurs des modèles , ensemble , 3,000 fr. ; le médecin-chirurgien, 3,000 fr. ; les deux adjudants sous-officiers, à 1,500 f. , 2,600 fr. ; les quatre tambours , à 800 fr. , 3,200 fr. Le traitement des employés et agents subalternes sera déterminé conformément à l'art. 19 de la présente ordonnance.

68. Les personnes désignées à l'art. 67, dont l'emploi se trouverait, en vertu du tarif ci-dessus, moins rétribué qu'il ne l'était précédemment, n'éprouveront aucune diminution sur leur traitement actuel, tant qu'elles demeureront attachées à l'école. Celles qui jouissent d'une pension de retraite subiront, sur leur traitement à l'école, une réduction égale au montant de ladite pension.

69. Il continuera d'être fait, sur les appointements des fonctionnaires et employés permanents de l'école polytechnique non militaires, une retenue de cinq pour cent, au moyen de laquelle ils auront droit, comme par le passé , à une pension dont la quotité sera réglée conformément aux dispositions de l'ordonnance du 25 février 1816.

70. Toutes les dépenses de l'école polytechnique seront à la charge du département de la guerre. Le budget sera en conséquence établi sans déduction du produit des pensions des élèves. La perception de ces pensions sera faite, à partir du 1ᵉʳ janvier 1832, par les agents du ministère des finances, conformément au mode suivi pour le recouvrement des pensions des élèves des écoles militaires.

TITRE X. *Dispositions générales.*

71. Seront tenus de résider dans les

bâtiments de l'école polytechnique : Le commandant de l'école , le commandant en second , le directeur des études, les inspecteurs des études , les lieutenants ou sous-lieutenants, les adjudants, l'administrateur, le caissier, le bibliothécaire. Chacun de ces fonctionnaires jouira, en conséquence, d'un logement qui lui sera déigné par le conseil de l'école. Celui du commandant de l'école sera pourvu des meubles nécessaires.

72. Toutes les dispositions contraires à la présente sont révoquées.

73. Nos ministres de la guerre, du commerce et des travaux publics , de la marine et des finances (duc de Dalmatie, comte d'Argout, de Rigny et baron Louis) sont chargés , etc.

---

26 NOVEMBRE 1831. — Ordonnance qui nomme M. Gisquet préfet de police et M. Malleval secrétaire général. (Bull. O. 123, n. 3455.)

26 NOVEMBRE 1831. — Ordonnance qui autorise l'inscription au trésor de quatre-vingts pensions. (Bull. O. 130 *bis*, n. 4.)

26 NOVEMBRE 1831. — Ordonnances portant fixation de pensions en faveur de sept veuves d'officiers militaires et civils de la marine, de vingt-six officiers militaires et civils, officiers, mariniers et matelots. (Bull. O., 2ᵉ sect., n. 158 et 159.)

---

27 NOVEMBRE = 8 DÉCEMBRE 1831. — Ordonnance du roi qui ouvre un crédit provisoire d'un million, destiné aux travaux d'utilité publique autorisés par la loi du 6 novembre 1831. (IX , Bull. O. CXXIII, n. 3449.)

Louis-Philippe, etc. , vu la loi du 6 novembre dernier, portant allocation, pour travaux d'utilité publique, d'un fonds de treize millions, dont l'emploi doit avoir lieu au moyen de crédits extraordinaires à ouvrir par ordonnances royales à mesure des besoins :

Art. 1ᵉʳ. Il est ouvert au ministre secrétaire d'État du commerce et des travaux publics, avec imputation sur les ressources spéciales créées par les lois des 25 mars et 16 octobre 1831 , un crédit provisoire d'un million de francs, destiné aux travaux d'utilité publique autorisés par la loi du 6 novembre dernier, et dont la dépense se rattachera à l'exercice 1831.

2. Notre ministre du commerce et des travaux publics, et notre ministre des finances (comte d'Argout et baron Louis) sont chargés , etc.

---

28 NOVEMBRE =18 DÉCEMBRE 1831. — Ordonnance du roi qui nomme dans l'ordre royal de la Légion-d'Honneur, aux grades qui leur avaient été conférés du 20 mars au 7 juillet 1815, les personnes désignées en l'état y annexé, (IX, Bull. O. CXXVII, n. 3623.)

Louis-Philippe, etc.

Art. 1er. Sont nommés dans l'ordre royal de la Légion-d'Honneur, pour prendre rang à la date de ce jour, aux grades qui leur avaient été conférés dans ledit ordre, du 20 mars 1815 au 7 juillet de la même année, inclusivement, par décrets ou arrêtés du gouvernement, enregistrés à la grande-chancellerie, les personnes dénommés en l'état annexé à la présente ordonnance.

2. Chacun des titulaires desdites nominations devra produire : 1º la lettre d'avis de sa nomination ou promotion, 2º son acte de naissance, 3º l'état de ses services, 4º un acte de notoriété établissant son identité avec la personne dénommée audit état. Dans le cas où la production de l'une de ces pièces serait impossible, il y sera suppléé par telles autres que notre grand-chancelier déterminera.

3. Notre président du conseil, ministre de l'intérieur (M. Casimir Périer) et notre grand chancelier de l'ordre sont chargés, etc.

---

28 NOVEMBRE 1831. — Ordonnance qui accepte la renonciation faite par M. Devals à la concession des mines de plomb de Chabrignac (Corrèze). (Bull. O. 132, n. 3741.)

28 NOVEMBRE 1831. — Ordonnance qui autorise MM. Buyer à tenir et conserver en activité une usine à fer. (Bull. O. 132, n. 3742.)

28 NOVEMBRE 1831. — Ordonnances qui autorisent l'acceptation de dons et legs faits à diverses communes, hospices, bureaux de bienfaisance, pauvres, et à un mont-de-piété. (Bull. O. 128, 129, 130, 131, 132, n. 3665 à 3667, 3649 à 3652, 3668 à 3673, 3762 à 3775, 3718 à 3733.)

---

29 NOVEMBRE = 12 DÉCEMBRE 1831. — Ordonnance du roi qui soumet à des règles de comptabilité la gestion des économes des établissements de bienfaisance. (IX, Bull. O. CXXV, n. 3585.)

Louis-Philippe, etc., vu les lois et règlements relatifs à l'administration et à la comptabilité des établissements de bienfaisance; le comité de l'intérieur de notre conseil d'État entendu, etc.

Art. 1er. A dater du 1er janvier 1832, la gestion des économes chargés, dans les établissements de bienfaisance, de l'emmagasinage et de la distribution des denrées et autres objets de consommation, sera soumise à des règles de comptabilité déterminées par notre ministre secrétaire d'État du commerce et des travaux publics. Les comptes de cette gestion devront être présentés aux mêmes époques que ceux des receveurs, et seront apurés par les commissions administratives, sauf l'approbation du préfet du département.

2. Dans les établissements où la valeur des denrées et objets de consommation livrés aux économes s'élèvera annuellement à vingt mille francs et au-delà, ces agents seront assujettis à fournir un cautionnement qui sera réglé d'après les mêmes bases que celui des receveurs. Les économes actuellement en fonctions devront avoir fourni le cautionnement ci-dessus prescrit, au 1er juillet prochain pour tout délai.

3. Les receveurs demeurent responsables de la rentrée des revenus en nature appartenant aux établissements; mais le cautionnement qu'ils fournissent pour cette partie de leur gestion, sera réduit de moitié, à dater de l'époque où celui des économes aura été réalisé.

4. Notre ministre du commerce et des travaux publics (comte d'Argout) est chargé, etc.

---

29 NOVEMBRE = 12 DÉCEMBRE 1831. — Ordonnance du roi relative au legs fait par le major-général Martin pour la fondation, dans la ville de Lyon, d'une institution, sous le nom d'*Ecole de la Martinère*, destinée à l'enseignement gratuit des sciences et des arts. (IX, Bull. O. CXXV, n. 3586.)

Louis-Philippe, etc., sur le rapport de notre ministre secrétaire d'Etat au département du commerce et des travaux publics; vu le testament du major-général *Martin* et notamment l'art. 25, par lequel le major-général dispose d'une somme capitale de deux cent cinquante mille roupies sicka, pour servir à l'établissement *d'une institution pour le bien public de la ville de Lyon*; vu l'arrêté du 12 floréal an 11 et l'ordonnance royale du 24 décembre 1817, qui autorisent le maire de Lyon à accepter ce legs au nom de la ville, à la charge d'en remplir les conditions telles qu'elles sont énoncées dans l'art. 25 du testament; vu les délibérations du conseil municipal de la ville de Lyon, des 10 décembre 1826, 14 décembre 1827, 13 novembre 1829 et 2 mai 1831; vu les délibérations de l'académie royale des sciences, belles-lettres et arts de Lyon, des 2 août 1803, 10 septembre 1822, 1er février 1825, 21 août 1827, 19 mai 1829 et 1er février 1831; vu les observations du sieur *Christophe Martin*, exécuteur testamentaire du major général *Martin* pour les biens et affaires d'Europe; vu les lettres du préfet du Rhône, des 12 juillet et 1er décembre 1829 et 12 septembre 1831; vu l'ordonnance royale du 17 janvier 1827 qui approuve l'acquisition faite par le maire de Lyon, des anciens bâtiments et cloître des Augustins, pour y établir l'institution fondée par ledit testateur, en raison de l'impossibilité de la former sur la place Saint-Saturnin, qui avait été désignée par lui; considérant qu'il appartient au gouvernement de statuer définitivement sur l'organisation de cette institution ; notre conseil d'État entendu, etc.

Art. 1er. Les fonds en capitaux et intérêts accumulés provenant du legs fait par le major-général *Martin* seront employés à la fondation, dans la ville de Lyon, d'une école destinée à l'enseignement gratuit des sciences et des arts dont la connaissance et le perfectionnement peuvent ajouter à la prospérité des manufactures et des fabriques lyonnaises.

2. Cette école portera le nom d'*école de la Martinière*. Elle sera établie dans les bâtiments de l'ancien cloître des Augustins.

3. Conformément aux dispositions de l'art. 23 du testament, l'académie royale des sciences, belles-lettres et arts de Lyon, nous soumettra le plan de l'institution, indiquant la nature des études, le nombre des professeurs et maîtres, les conditions d'admission des élèves et le régime intérieur de l'école. Il sera définitivement statué par nous sur le projet de règlement de l'école, d'après les propositions de l'académie et sur l'avis du conseil municipal.

4. L'école de *la Martinière* sera administrée, sous l'autorité et la surveillance du préfet, par une commission gratuite, qui procédera suivant les règles et les formes établies pour l'administration des hospices et des bureaux de bienfaisance. Cette commission, dont le maire sera président né, et l'exécuteur testamentaire vice-président, sera composée, en outre, de sept autres membres choisis par le conseil municipal parmi les notables habitants de la ville. Leur nomination sera soumise à l'approbation de notre ministre du commerce et des travaux publics. Le renouvellement des membres de ladite commission aura lieu tous les sept ans par septième chaque année ; les six premières années par la voie du tirage au sort, et ensuite par rang d'ancienneté.

5. Conformément aux dispositions de l'art. 23 du testament, il y aura, sous l'autorité de la commission administrative et à la nomination du maire, un directeur chargé de la police, du maintien de l'ordre et de l'exécution du règlement général de l'école, et sous les ordres du directeur, ainsi que sous l'autorité de la commission, un régisseur qui sera choisi, autant que possible, dans la famille du testateur, et qui sera chargé de la gestion économique des recettes et des dépenses de l'école : le régisseur fournira un cautionnement. Ces deux agents recevront un traitement qui sera fixé sur la proposition du conseil municipal lorsque le plan d'organisation nous sera présenté.

6. Le budget de l'institution sera soumis chaque année à l'approbation du conseil municipal, et définitivement réglé par le préfet.

7. Lorsque les dépenses de premier établissement auront été effectuées, il sera statué par nous, d'après la proposition du conseil municipal de Lyon, sur le placement définitif des fonds restant libres qui formeront la dotation de l'établissement.

8. Notre ministre du commerce et des travaux publics (comte d'Argout) est chargé, etc.

29 NOVEMBRE 1831. — Ordonnance portant concession des mines de cuivre d'Azerat et d'Agnat (Haute-Loire). (Bull. O. 132, n. 3743.)

29 NOVEMBRE 1831. — Ordonnance qui autorise le sieur Rivière à établir une usine à la place d'un moulin. (Bull. O. 132, n. 3744.)

30 NOVEMBRE 1831. — Circulaire relative à la composition des conseils municipaux.

Monsieur le préfet, il m'a été soumis, relativement à l'exécution de la loi du 21 mars, sur l'organisation municipale, diverses questions au sujet desquelles je crois utile de vous communiquer quelques éclaircissements.

1° *Comment peut-on concilier l'art. 52, § 3, sur les réélections immédiates, en raison d'élections annulées, avec l'art. 22 qui n'autorise de remplacement que quand le conseil municipal est réduit aux trois quarts du nombre de ses membres?*

Il a paru difficile de concilier l'art. 22 avec l'art. 52, § 3. L'art. 22 porte qu'en cas de vacance dans l'intervalle des élections triennales, il devra être procédé au remplacement dès que le conseil municipal se trouvera réduit aux trois quarts de ses membres. Suivant l'art. 52, § 3, dans tous les cas où une élection est annulée par le conseil de préfecture, l'assemblée des électeurs doit être convoquée dans le délai de quinze jours, à partir de cette annulation. On a demandé s'il faut convoquer de nouveau, dans la quinzaine, l'assemblée dont un des choix a été annulé, bien que la vacance qui en résulte ne réduise pas le conseil municipal aux trois quarts de ses membres.

Le texte de l'art. 52 ne permet pas de différer cette convocation. D'ailleurs, on peut remarquer que la vacance dont il s'agit ne rentre point dans la catégorie de celles dont il est question à l'art. 22. Les élections triennales ne sont *terminées* que quand chaque assemblée communale ou sectionnaire a élu tous les conseillers qu'elle doit nommer. Or, une élection annulée, soit pour vice de forme, soit pour défaut de capacité légale de l'élu, soit pour incompatibilité, empêchement, etc., est comme *non avenue*. Il y a donc lieu, dans ce cas, non de pourvoir à une vacance, mais de continuer et de compléter l'élection, et c'est dans ce but que l'art. 52, § 5, prescrit de réunir de nouveau l'assemblée électorale.

Il ne faut pas remplacer immédiatement les conseillers municipaux dont la place est vacante par une autre cause que l'annulation de l'élection.

Mais les vacances qui ont d'autres causes qu'une élection annulée par arrêté du conseil de préfecture, ne donnent pas lieu à un remplacement immédiat, lorsque seules ou avec les vacances pour élections annulées, elles laissent au conseil les trois quarts de ses membres. Ainsi le décès ou la démission d'un conseiller élu, survenant à la suite de l'élection et avant l'installation du conseil, rentrent dans la classe des vacances qui ont lieu *dans l'intervalle des élections triennales*, et reçoivent l'application de l'art. 22. Il n'est donc pas nécessaire de convoquer de nouveau une assemblée unique ou sectionnaire dont les choix deviennent incomplets avant l'installation du conseil, par des vacances de cette espèce.

Si, parmi les conseillers élus par une même assemblée, il y en a dont l'élection est annulée, et d'autres qui viennent à décéder ou à opter, ou à se démettre de leurs fonctions, et si cependant le conseil municipal compte encore au moins les trois quarts du nombre de membres dont il doit être composé, il serait plus conforme aux principes de ne pourvoir qu'au remplacement des premiers, puisque l'art. 52 ne s'applique qu'à eux seuls, et que, pour les autres, l'assemblée a épuisé son droit d'élire.

D'ailleurs, le remplacement des membres dont la place vaque par d'autres motifs que ceux indiqués dans l'art. 52, donnerait aux sections dont un des choix a été annulé un avantage que n'auraient pas les autres sections. Si cependant une assemblée, convoquée en vertu de l'art. 52, § 3, complétait sa représentation en remplaçant des conseillers décédés ou démissionnaires, il ne semble pas qu'il y eût lieu d'annuler ces derniers choix. Cette tolérance s'appliquerait à plus forte raison à des choix de cette nature faits par une assemblée qui ne serait pas partagée en sections. Au reste, cette question est de nature à être jugée par le conseil de préfecture. Mais si les vacances, soit par décès, démission, etc., soit par des causes de cette nature, et par suite d'élections annulées, excédaient le quart du nombre total des conseillers municipaux, alors il y aurait lieu de compléter le conseil et de pourvoir à toutes les places vacantes.

2° *Augmentation du nombre des conseillers municipaux, par suite de la création d'un adjoint spécial dans l'intervalle entre les élections triennales.*

Par suite du même principe sur le complément des conseillers municipaux, si, dans l'intervalle entre les élections triennales, une ordonnance du roi autorise la création d'un adjoint en sus du nombre légal (art. 2, § 2), il y a lieu à nommer un nouveau conseiller municipal. En effet, le droit de nommer ce conseiller supplémentaire n'a pas été encore exercé, et la vacance de la place qu'il doit occuper n'est pas du nombre de celles que régit l'art. 22.

Mais, dans le cas où les électeurs de la commune sont partagés en sections, quelle est celle qui doit nommer ce nouveau conseiller? est-ce la section à laquelle est attaché l'adjoint spécial? est-ce celle à qui, suivant le paragraphe 5 de l'art. 44, échoirait le droit de nommer un conseiller de plus?

La première interprétation paraît la plus rationnelle et la plus en rapport avec la disposition du dernier paragraphe de l'art. 9, qui porte que l'adjoint spécial sera pris parmi les habitants de la portion de commune qu'il doit administrer. On peut cependant concevoir quelques doutes, en regardant que la loi ne s'explique pas à cet égard, et que l'auteur de l'amendement qui est devenu le dernier paragraphe de l'art. 9 n'a motivé l'augmentation du nombre des conseillers municipaux que sur la nécessité d'avoir, dans le conseil, le même nombre de membres autres que les maires et adjoints, et non pas sur le besoin d'augmenter le nombre des candidats, pour laisser plus de latitude au choix de l'adjoint spécial (séance du 7 février, *Moniteur* du 9, page 271); que, de plus, les dispositions de l'art. 44 existaient déjà dans le projet de loi, et que cependant l'auteur de l'amendement n'a pas proposé d'attribuer un conseiller de plus à la section à laquelle devait être attaché un adjoint spécial.

Enfin, dans les communes où le nombre des conseillers municipaux n'est pas exactement divisible par celui des sections, si l'on accordait constamment un conseiller surnuméraire à l'une des sections, il arriverait, quand elle occuperait le premier rang , qu'elle en aurait deux de plus à nommer que quelques autres , ou même que chacune des autres.

D'autre part , si , dans les communes désignées par l'art. 44 , et où les sections , toutes à peu près égales, ont ordinairement à nommer au moins quatre conseillers chacune, il y a assez de latitude pour le choix d'un adjoint spécial, il n'en est pas toujours de même dans les petites communes partagées en sections par une application de l'art. 45. Il peut y exister une grande irrégularité entre les sections , et quelquefois un nombre fixe de conseillers est attribué à chaque section. Dans ce cas , il paraît convenable d'attribuer un conseiller de plus à la section ayant un adjoint spécial.

Attendu les difficultés que présente cette question , et le silence absolu de la loi , je pense qu'il faut laisser à chaque conseil municipal le soin de régler, sauf l'approbation de l'autorité supérieure , le mode de classement des conseillers surnuméraires mentionnés au dernier paragraphe de l'article 9 (1).

3° *Différents modes d'exclusion des conseillers qui ne peuvent siéger simultanément dans un même conseil, aux termes des art. 15, 16 et 20. — Exclusion en raison de la date des nominations, du nombre des suffrages obtenus.*

On a demandé si , lorsqu'une assemblée communale, partagée en sections , a élu conseillers plusieurs parents aux degrés prohibés, ou plus d'électeurs *forains* ou *adjoints* qu'il n'est permis par les art. 15 et 16 , il y a lieu d'exclure ceux qui ont obtenu le moins de suffrages , et qui sont les derniers dans l'ordre du tableau, ordre indépendant de la date de la nomination. (Voy. l'art. 5 de la loi du 21 mars et la circulaire du 8 octobre, n. 64.)

Cette question est du nombre de celles qu'il appartient aux conseils de préfecture de décider. Il paraît qu'elle l'a été diversement. L'exclusion des derniers nommés est le mode qu'avait indiqué ma circulaire du 11 août. Ce mode a l'avantage de prévenir des choix sans résultat , et les réélections qui en sont la suite. Mais il donne aux premières sections le pouvoir d'empêcher les choix que les autres sections seraient disposées à effectuer : et les conseils de préfecture qui ont cru devoir exclure les con-

seillers ayant obtenu le moins de suffrages, ont eu principalement pour objet de prévenir les inconvénients que l'on reproche à cette trop grande influence des sections qui opèrent les premières.

On pourrait aussi employer la voie du sort pour les exclusions dont il s'agit , ce moyen déjouerait plus sûrement les intrigues : si on l'adoptait , le tirage devrait être prescrit par arrêté du conseil de préfecture et effectué par le conseil municipal.

4° *Dans quel conseil municipal doit rester un citoyen élu membre de deux ou de plusieurs conseils? — Option. — Tirage au sort.*

En cas d'élection d'un même citoyen dans deux ou plusieurs conseils municipaux, il est évident qu'il a le droit d'option. Mais s'il se refuse à opter, comment déterminera-t-on dans quel conseil il doit rester ? C'est ici que le moyen le plus simple paraît être le tirage au sort, qui alors serait effectué par le préfet en conseil de préfecture.

(Si les élections avaient été faites à des époques différentes on pourrait , mais avec moins de raison que dans le cas numéro 3 ci-dessus , considérer la plus ancienne comme devant subsister , et la dernière comme sans effet.)

La loi n'a point indiqué dans quel délai doit être déclarée ou reconnue la vacance résultant d'une double élection. On peut, par analogie avec ce qui a été établi pour la Chambre des Députés par l'art. 63 de la loi du 19 avril, accorder au citoyen élu dans deux ou plusieurs communes *un mois* pour déclarer son option. Ce mois se compterait à partir de la vérification des pouvoirs , par le conseil de préfecture, ou du terme assigné aux réclamations , s'il n'en avait été formé ni par les citoyens , ni par le préfet. (Loi du 21 mars , art. 51 et 52 ; circulaire du 11 août.)

Si la double élection a eu lieu dans deux départements différents , les préfets peuvent , à défaut d'option , n'être avertis que longtemps après la vérification des pouvoirs et l'installation des conseillers municipaux. Il sera question plus bas de ces empêchements reconnus après la fin des opérations triennales.

5° *A quelle section doit appartenir un con-*

***

(1) La solution de cette question nous semble moins difficile que ne le dit la circulaire ministérielle. L'art. 2 de la loi dit que les adjoints spéciaux doivent être pris parmi les habitants de la fraction de commune qu'ils doivent administrer ; or, ces adjoints ne peuvent être choisis que parmi les conseillers municipaux ; il est donc tout naturel d'augmenter le nombre des conseillers municipaux dans la section qui embrasse les lieux pour lesquels l'adjoint spécial doit être nommé. (Voy. notes sur les art. 2, 9 et 44, tome 31.)

seiller municipal élu dans deux ou plusieurs sections d'une même commune?

Il est arrivé qu'un même individu a été nommé conseiller municipal par deux sections d'une même commune ; de là est résulté une question à résoudre, savoir : quelle est l'élection qui doit subsister ? La loi ne prohibant pas l'option, elle a pu être admise ; mais au défaut d'option, il y aurait à employer ou la voie du sort, ou la considération du plus grand nombre de suffrages obtenus, ou celle de la date de l'élection. Ce dernier mode est celui qui s'accorde le mieux avec les règles indiquées dans la circulaire du 11 août ; mais, quel que soit celui de ces trois partis que l'on adopte, il ne donne lieu à réélection que dans le cas prévu par l'art. 22.

(On aurait même pu envisager la seconde élection comme nulle, attendu que le choix déjà fait par la première section empêchait un choix identique, qui ne pouvait que laisser le conseil incomplet. Dans cette manière de voir, la faculté de l'option ne serait pas même admise, et le conseil de préfecture annulerait les choix faits par la dernière ou par les dernières sections. Une telle décision rentrerait dans l'hypothèse de l'art. 52, et donnerait lieu à une réélection immédiate.)

Il a été question jusqu'ici des vacances qui surviennent avant l'installation des conseils municipaux. Je vais parler maintenant de celles qui surviendraient ou qui seraient reconnues après l'installation de ces conseils.

6° *Le refus du serment entraine l'exclusion du conseil municipal.*

Le serment de fidélité au roi des Français, d'obéissance à la Charte constitutionnelle et aux lois du royaume, est exigé de tous les fonctionnaires publics, par l'art. 1er de la loi du 31 août 1830. Cette obligation est toujours subsistante, puisque la loi du 31 août ne stipulait pas pour les seuls fonctionnaires alors en exercice. Et, par une application du délai qu'avait fixé, à l'égard de ceux-ci, l'art. 2 de la même loi, il y a lieu de considérer comme *démissionnaires* les conseillers municipaux qui, dans les quinze jours après l'installation, ou dans la quinzaine après avoir été mis en demeure, négligeraient de prêter le serment prescrit. Vous devriez les déclarer tels par un arrêté.

7° *Quand, après l'expiration du délai pendant lequel le conseil de préfecture peut être saisi d'une nullité d'opération électorale, le préfet reconnaît des empêchements ou incompatibilités, il doit prononcer*

l'exclusion des conseillers atteints par ces empêchements ou incompatibilités.

Si le préfet vient à reconnaître un des empêchements ou des incompatibilités établis par les art. 18, 19, 20, soit que ces incompatibilités ou empêchements existassent au moment des élections, et n'aient point été déférés au conseil de préfecture avant l'expiration des délais pendant lesquels peuvent être attaquées les opérations électorales, soit que la position des conseillers élus ait changé depuis, le préfet doit, par un arrêté spécial, déclarer l'existence de ces empêchements ou incompatibilités, et prononcer l'exclusion des conseillers qui en sont atteints. Ce soin ne peut appartenir au conseil de préfecture, dont la loi a circonscrit l'action à la vérification des opérations électorales (art. 51 et 52). Le préfet est chargé de veiller à l'exécution de la loi ; et l'art. 26 lui ayant dévolu le droit de déclarer *démissionnaires* les conseillers qui manquent à trois convocations consécutives, on doit, par analogie, en conclure qu'il lui appartient de prononcer les autres cas d'exclusion. Mais, pour donner plus de garantie à sa décision, il fera bien, du moins dans les cas douteux, de consulter le conseil de préfecture.

Dans les circonstances où il y aurait quelque incertitude sur la position du conseiller municipal, il serait nécessaire de lui demander, au préalable, quelques éclaircissements (sauf dans le cas de l'art. 19).

8° *Incompatibilités prononcées par l'art. 18.*

Plusieurs des incompatibilités prononcées par l'art. 18 ne sont susceptibles de donner lieu à aucune difficulté. Il n'en est pas de même de quelques autres. (Voy. les notes qui accompagnent la circulaire du 11 août.) C'est une raison de plus de consulter le conseil de préfecture.

9° *Le citoyen qui serait membre de deux ou plusieurs conseils municipaux doit être invité à opter ; et, à défaut d'option, le sort décide de quel conseil il reste membre.*

Lorsque le préfet est informé qu'un citoyen appartient à des conseils municipaux de deux ou plusieurs communes de son département, il doit l'inviter à opter ; et, au défaut d'option dans le délai d'un mois, il doit procéder au tirage au sort, en présence du conseil de préfecture. (Voy. ci-dessus.)

Si les communes appartiennent à des départements différents, le préfet doit, en outre, se concerter avec son collègue ou avec ses collègues. Il semble que, dans ce cas, le tirage au sort, au défaut d'option, devrait se faire dans le département où la réunion illégale de fonctions a été découverte.

10° *Election, dans un conseil municipal, d'un citoyen qui déjà appartient à un autre conseil.*

Lorsqu'un citoyen qui, à la connaissance du préfet, est déjà membre d'un conseil municipal, vient à être élu conseiller dans une autre commune (par l'effet d'une élection autorisée par l'art. 22 ou par l'art. 52), il ne semble pas que le conseil de préfecture, statuant sur la validité des élections, aux termes des art. 51 et 52, puisse déclarer l'élection nulle par ce seul motif. Ce serait paralyser le droit d'option. Mais le conseiller devrait être invité à opter. Si, avant que le conseil de préfecture eût statué, ce citoyen faisait connaître qu'il entend rester membre du conseil municipal auquel il appartenait précédemment, la nouvelle élection deviendrait comme non avenue, et le conseil de préfecture pourrait l'annuler. Alors il y aurait lieu à la réélection, aux termes de l'art. 52, § 3. S'il faisait cette déclaration après l'expiration du délai, elle équivaudrait à une démission à l'égard de la deuxième commune, et il n'y aurait pas lieu à réélection (art. 22). Au défaut d'option, on procéderait comme il a été dit ci-dessus.

11° *Perte ou suspension des droits civiques.*

Il est superflu d'observer que, dans le cas de perte ou de suspension des droits civiques, mentionné à l'art. 19, il faut que le jugement ait acquis force de chose jugée pour que le préfet prononce l'exclusion du conseil municipal.

12° *Mode d'exclusion de parents ou alliés aux degrés prohibés.*

Lorsque le préfet reconnaît qu'il existe dans le conseil municipal d'une commune ayant moins de cinq cents âmes, des parents ou alliés aux degrés prohibés par l'art. 20, soit que cette circonstance n'eût pas encore été signalée, soit qu'elle résulte de mariages contractés récemment, il devra déclarer *exclus* celui ou ceux qui ont obtenu le moins de suffrages, et qui sont, par conséquent, les derniers inscrits sur le tableau (art. 5). Ce mode d'exclusion paraît plus simple que celui de la date de la nomination, dont l'avantage est relatif à la simplicité et à la célérité des opérations électorales (voy. ci-dessus), et qui ne semble plus devoir être suivi quand ces opérations sont terminées. D'ailleurs, une fois le conseil installé, les premiers inscrits, selon l'ordre du tableau, ont des droits acquis

qui n'existaient pas avant la formation du tableau, et cette considération concilie la règle qui vient d'être indiquée avec celle que contient la circulaire du 11 août. On pourrait aussi recourir au tirage au sort, en l'effectuant dans le sein du conseil municipal.

Mais si une élection nouvelle, dans les cas prévus par l'art. 22 ou par l'art. 52, fait dans un conseil des parents ou alliés de conseillers qui en faisaient déjà partie, il paraîtrait convenable que le conseil de préfecture, jugeant selon les art. 51 et 52, annulât cette élection, plutôt que de mettre les anciens conseillers dans le cas d'être exclus

13° *Il n'y a pas lieu d'exclure les conseillers municipaux dont l'élection n'a point été annulée, par le motif qu'ils se trouvent en dehors des limites posées par les art. 15 et 16.*

Parmi les vacances qui surviennent dans les conseils municipaux pendant l'intervalle entre les élections triennales, il n'a pas été question jusqu'ici de celles qui résulteraient de la présence de conseillers municipaux *forains* ou *électeurs non censitaires* au-delà des limites fixées par les art. 15 et 16 de la loi du 21 mars. Il ne pourrait y avoir lieu à des vacances pour une telle cause que par l'effet de nominations nouvelles.

En effet, de ce qu'un conseiller élu comme *domicilié* ou comme *censitaire* viendrait à perdre cette qualité, ce ne serait pas une raison pour l'exclure du conseil municipal, bien qu'il s'y trouvât en dehors des limites fixées par les art. 15 et 16. Ces articles disposent que *telle portion* du nombre total des conseillers *pourra être choisie* dans telle ou telle catégorie d'électeurs, que telle portion *sera nécessairement choisie* dans telle autre, mais non pas qu'il ne *pourra y avoir* que *telle portion* de forains ou d'adjoints dans le conseil, après qu'il est formé. La rédaction des art. 15 et 16 diffère, à cet égard, de celle des art. 18, 19 et 20. Un conseiller qui cesse d'être *domicilié* ou *censitaire* est dans la même position qu'un député admis par la Chambre comme ayant son domicile politique dans le département qui l'a élu, et qui, transférant son domicile politique, reste membre de la Chambre, quoique ce changement porte à plus de moitié de la députation le nombre des députés domiciliés au-dehors. (Art. 36 de la Charte.)

De plus, par conséquence de la distinction ci-dessus indiquée entre les dispositions des art. 15 et 16, et celles des art. 18, 19 et 20, lorsque le conseil de préfecture n'a pas été saisi à temps du jugement de la nullité fondée sur la nomination d'un nombre de forains ou d'adjoints en sus des limites fixées par les art. 15 et 16, il n'appartient point au préfet d'exclure, par ce motif, les conseillers élus en contravention.

Dans ces deux cas, le nombre des *forains* ou des *adjoints* ne peut être réduit que par l'effet des vacances ou des renouvellements périodiques.

14° *Mais il y a lieu d'annuler l'élection de ceux qui, dans le délai prescrit pour saisir le conseil de préfecture du jugement des nullités, seraient reconnus avoir été nommés en contravention aux art. 15 et 16.*

Mais si, dans le cas d'une élection intermédiaire ou d'une élection triennale, on vient à élire un ou plusieurs conseillers municipaux au-delà des limites posées par les art. 15 et 16, et si le conseil de préfecture est informé à temps de cette circonstance, il doit prononcer l'exclusion du dernier ou des derniers nommés. (Voy. ci-dessus, n. 3.)

15° *Ordre du tableau.*

Dans ma circulaire du 8 octobre, je vous ai fait observer que la disposition de l'art. 5 de la loi du 21 mars sur l'ordre du tableau des conseillers municipaux, est trop formelle, trop impérative, pour admettre d'autre signification que celle qui résulte du texte même de la loi; qu'ainsi le tableau doit être dressé *selon le nombre des suffrages obtenus* sans avoir égard à l'ordre dans lequel ont voté les diverses sections, si l'assemblée électorale en comprend plusieurs.

Difficulté sur le rang des conseillers municipaux élus après la première formation.

Des difficultés assez graves peuvent s'élever sur le rang des conseillers élus après la première formation. Doivent-ils être inscrits à la suite des conseillers dont se composait le conseil lors de son installation? Doivent-ils être intercalés parmi ceux-ci, à raison du nombre des suffrages qu'ils ont obtenus?

Les nominations de conseillers municipaux postérieures à la première formation sont de trois sortes, suivant qu'elles ont lieu: 1° pour remplir les places vacantes par suite d'élections annulées (art. 52); 2° pour remplir les places qui viennent à vaquer, dans l'intervalle entre les élections triennales (art. 22); 3° pour renouveler, tous les trois ans, la moitié des conseils municipaux (art. 17).

En s'attachant strictement au texte de l'art. 5 de la loi du 21 mars, les nouveaux conseillers devraient, dans tous les cas, être intercalés parmi les anciens. En effet, cet article dispose d'une manière générale, et

ne distingue pas entre les nominations faites lors de la première et celles qui ont lieu lors des renouvellements périodiques, ou dans l'intervalle des élections triennales. Il a spécialement réglé *l'ordre du tableau*, sans faire aucune exception. On en doit donc conclure (d'autant que les dispositions des art. 17, 22 et 52 figuraient déjà dans le projet en discussion) qu'il a dérogé à toutes les règles ordinairement suivies sur l'ordre du tableau, et selon lesquelles les membres d'un corps nouvellement nommé prennent rang après leurs collègues déjà en exercice. Mais on peut objecter qu'il est peu vraisemblable que le législateur ait voulu qu'un conseiller élu plusieurs mois et quelquefois plusieurs années après celui qui jusqu'alors avait occupé le premier rang, vînt prendre la place de celui-ci, parce qu'il aurait réuni plus de suffrages à une élection récente; que les avantages de l'âge, de l'expérience, des services antérieurs, seraient ainsi sacrifiés à une pluralité de suffrages qui dépendrait quelquefois, ou de l'accroissement de la population, ou de circonstances momentanées; enfin, que, s'il fallait, à chaque élection, intercaler les nouveaux conseillers suivant le nombre des suffrages obtenus, il en résulterait une mobilité fréquente dans la situation de ce tableau.

Ces objections sont très-spécieuses, et méritent d'être examinées avec soin. Je compte provoquer à cet égard un avis du comité de l'intérieur du conseil d'État.

La question la plus difficile est celle qui se rapporte au rang des conseillers formant la nouvelle moitié lors du renouvellement triennal. Mais il n'est point nécessaire de s'en occuper immédiatement.

Les conseillers qui vont être nommés pour compléter les conseils municipaux doivent être intercalés dans le tableau général selon l'ordre de suffrages.

La difficulté ne peut s'élever en ce moment qu'à l'égard des élections ayant pour objet de compléter les conseils municipaux, soit en exécution seulement de l'art. 52, § 3, soit qu'à l'exécution de cet article on ajoute, par anticipation, celle de l'art. 22. (Voy. ci-dessus.)

On peut considérer les élections ayant pour objet des nominations aux places vacantes, par suite d'élections annulées, comme étant une suite de l'opération qu'il s'agit de compléter. Suivant cette manière de voir, qui est conforme aux principes exposés ci-dessus, sur ces sortes d'élections, il y aurait lieu de placer à leur rang de suffrages les conseillers ainsi élus. Et, comme il serait difficile de suivre une autre règle pour les élections faites simultanément, en vertu de l'art. 22, elle devrait s'appliquer aux uns comme aux autres. Ainsi, les nouveaux conseillers devraient être intercalés dans le tableau; et ce tableau devrait être refait quand toutes les réélections dépendantes de la première formation des conseils municipaux seraient terminées.

Telles sont, Monsieur le préfet, les observations que j'ai jugé utile de vous adresser sur les questions nombreuses et difficiles qui se présentent relativement à la formation des conseils municipaux. Plusieurs de ces éclaircissements parviendront trop tard dans un certain nombre de départements; mais j'ai dû avoir égard aux départements où le travail du jugement des opérations électorales n'est point aussi avancé; et, d'ailleurs, ces questions se liaient à d'autres qui peuvent surgir après l'installation des conseils municipaux, et la solution des unes était nécessaire pour éclaircir celle des autres.

Vous allez avoir à diriger, du 1er janvier au 31 mars prochain, la révision des listes communales dressées en 1831. Il importe de veiller à ce qu'elles soient complètes et plus régulières qu'elles ne l'ont été lors de la première formation. Je compte vous adresser, dans quelques jours, des instructions sommaires à ce sujet.

30 novembre 1831. — Tableau du prix des grains pour servir de régulateur aux droits d'importation et d'exportation. (Bull. O. 122, n. 3413.)

1er = 17 décembre 1831. — Ordonnance du roi qui confie à un intendant civil, en Alger, la direction et la surveillance des services civils et financiers et de l'administration de la justice. (IX, Bull. O. CXXVI, n. 3617.)

Louis-Philippe, etc., sur le rapport de notre président du conseil, ministre secrétaire d'État au département de l'intérieur; considérant que, s'il a été nécessaire, dans les premiers temps qui ont suivi l'occupation du pays d'Alger, de laisser réunis dans une seule main les pouvoirs civils et militaires, il importe maintenant au bien-être de l'établissement que ces pouvoirs soient séparés, afin que la justice et l'administration civile et financière puissent, dans ce pays, prendre une marche régulière, etc.

Art. 1er. La direction et la surveillance de tous les services civils en Alger, celles de tous les services financiers, tant en deniers qu'en matière, ainsi que celles de l'administration de la justice, sont confiés à un intendant civil, placé sous les ordres immédiats de notre président du conseil des ministres, et respectivement sous ceux de nos ministre de la justice, des affaires

étrangères, de la guerre, de la marine, des cultes, du commerce et des finances.

2. A partir de la publication en Alger de la présente ordonnance, les agents de ces divers services et les tribunaux civils passeront immédiatement sous les ordres de l'intendant.

3. Il y aura auprès du commandant en chef des troupes et de l'intendant civil un conseil d'administration, composé du commandant en chef, président; de l'intendant civil, du commandant de la station navale, de l'intendant militaire, de l'inspecteur général des finances et du directeur des domaines: en l'absence du commandant en chef, l'intendant civil présidera.

4. Ce conseil se réunira sur la convocation du commandant en chef, ou, en son absence, sur celle de l'intendant civil, aux jours qui auront été déterminés entre eux, ou toutes les fois que l'un ou l'autre l'estimera nécessaire au bien du service. L'inspecteur général des finances, ou l'employé supérieur de ce département, appelé en son absence au conseil, remplira les fonctions de secrétaire.

5. Notre président du conseil, ministre de l'intérieur (M. Casimir Périer), et nos ministres de la justice, des affaires étrangères, de la guerre, de la marine, des cultes, du commerce et des finances, sont chargés, etc.

1er décembre 1831. — Ordonnance qui nomme M. Pichon intendant civil en Alger. (Bull. O. 126, n. 3608.)

1er décembre 1831. — Ordonnance par laquelle un ancien militaire est reconnu donataire d'une action sur le canal de Loing. (Bull. O., 2e sect., n. 111.)

2 décembre 1831. — Ordonnances qui accordent des pensions à soixante-quatorze veuves et à cent soixante militaires. (Bull. O. 130 bis, n. 5 à 7.)

3 = 12 décembre 1831. — Ordonnance du roi qui supprime la place de directeur du Bulletin des lois. (IX, Bull. O. CXXV, n. 3584.)

Louis-Philippe, etc.

Art. 1er. La place de directeur du Bulletin des lois est supprimée.

2. Notre ministre de la justice (M. Barthe) est chargé, etc.

3 = 12 décembre 1831. — Ordonnance du roi portant que le chef-lieu du canton de Dives (Calvados) est transféré à Dozulay, commune du même canton. (IX, Bull. O. CXXV, n. 3582.)

Louis-Philippe, etc., vu les demandes formées par le maire et les habitants du bourg de Dozulay, canton de Dives, arrondissement de Pont-l'Évêque, département du Calvados, tendant à ce que le chef-lieu du canton établi actuellement au bourg de Dives soit transféré dans la commune de Dozulay ; vu les délibérations des conseils municipaux de dix-huit communes dudit canton, représentant une population de six mille trois cent quatre-vingt-sept habitants, lesquels estiment qu'il y a lieu d'accueillir cette demande ; vu les délibérations de huit communes du même canton représentant une population de trois mille cent trente-trois habitants, lesquels sont d'avis de conserver au bourg de Dives le chef-lieu du canton ; vu les délibérations du conseil d'arrondissement de Pont-l'Evêque et du conseil général du département du Calvados, en date des 25 avril et 17 mai 1831 ; vu les avis conformes du sous-préfet de Pont-l'Evêque et du préfet du département du Calvados ; vu les avis du président et de notre procureur près du tribunal de première instance de Pont-l'Evêque, les observations du premier président et de notre procureur général près de la Cour royale de Caen, lesquels estiment que l'intérêt des justiciables exige cette translation ; vu enfin le plan du canton, ensemble toutes les pièces produites ; vu l'art. 8 de la loi du 28 janvier 1801 (8 pluviôse an 9) ; sur le rapport de notre ministre de la justice, notre conseil d'Etat entendu, etc.

Art. 1er. Le chef-lieu du canton établi actuellement à Dives, arrondissement de Pont-l'Evêque, département du Calvados, est transféré à Dozulay, commune du même canton.

2. Notre ministre de la justice, et notre ministre du commerce et des travaux publics (MM. Barthe et d'Argout) sont chargés, etc.

3 DÉCEMBRE 1831. — Ordonnance qui fixe le nombre des avoués près le tribunal de Lodève. (Bull. O. 125, n. 3583.)

3 DÉCEMBRE 1831. — Ordonnance qui reconnaît la société établie à Angers pour l'encouragement de l'enseignement mutuel élémentaire. (Bull. O. 132, n. 3740.)

3 DÉCEMBRE 1831. — Ordonnance qui autorise les sieurs Bigler, Binder, Borso, Cousandier, Eberhardt, Flesch, Froidevaux, Gea, Nardlinger, Quinquerez à établir leur domicile en France. (Bull. O. 137, n. 3625.)

3 DÉCEMBRE 1831. — Ordonnances qui autorisent l'acceptation de legs faits aux séminaires et fabriques de diverses communes. (Bull. O. 132, n. 3813 à 3815, 3819 à 3821.)

3 DÉCEMBRE 1831. — Ordonnances approuvant l'acquisition faite par une communauté et autorisant deux fabriques à employer diverses sommes en achat de rentes sur l'Etat. (Bull. O. 132, n. 3816 à 3818.)

3 DÉCEMBRE 1831. — Ordonnance qui rejette le legs fait à une fabrique. (Bull. O. 132, n. 3800.)

3 DÉCEMBRE 1831. — Lettres de naturalité accordées aux sieurs Didaco, Martin, Rongier et Matthey. (Bull. O., 2e sect., n. 348 et 349, 3455 et 3456.)

4 DÉCEMBRE 1831. — Ordonnance relative à des foires dans la Loire-Inférieure. (Bull. O. 132, n. 3758.)

4 DÉCEMBRE 1831. — Ordonnances qui autorisent deux fabriques à aliéner divers immeubles, et deux autres à employer diverses sommes en achats de rentes sur l'Etat. (Bull. O. 132, n. 3824 à 3827.)

4 DÉCEMBRE 1831. — Ordonnances qui autorisent l'acceptation de legs et donations faits aux fabriques, séminaires, communes, et desservants de diverses communes. (Bull. O. 132 et 133, n. 3776 à 3778, 3808, 3822 à 3828, 3833 à 3841.)

5 = 8 DÉCEMBRE 1831. — Ordonnance du roi portant autorisation d'ordonnancer sur l'exercice 1832 les dépenses relatives à des mesures sanitaires et à des travaux d'utilité publique, qui n'auront pu être effectuées en 1831. (IX, Bull. O. CXXIV, n. 3514.)

Louis-Philippe, etc., vu les lois des 28 septembre et 6 novembre dernier qui ont accordé à nos ministres de l'intérieur et du commerce des crédits extraordinaires sur l'exercice 1831, pour des dépenses sanitaires et des travaux d'utilité publique ; vu l'art. 1er de l'ordonnance royale du 14 septembre 1822, portant que les dépenses d'un exercice ne peuvent résulter que des services faits dans l'année qui donne son nom audit exercice ; considérant que les dépenses votées par les lois précitées ne pourront être effectuées en totalité avant le 31 décembre prochain, et qu'il deviendra dès lors nécessaire d'imputer à l'exercice 1832 celles qui ne seront faites qu'après cette époque, etc.,

Art. 1er. Nos ministres de l'intérieur et du commerce ordonnanceront sur l'exercice 1832 les dépenses autorisées par les lois des 28 septembre et 6 novembre derniers qui n'auront pu être effectuées postérieurement au 31 décembre prochain.

A cet effet, la portion des crédits affectés à ces dépenses qui restera disponible à ladite époque, sera annulée dans les comptes de l'exercice 1831 et transportée à l'exercice 1832.

2. Nos ministres des finances, de l'intérieur et du commerce sont chargés, etc.

5 = 23 DÉCEMBRE 1831. — Ordonnance du roi relative au prolongement du canal de Givors à Rive-de-Gier. (IX, Bull. O. CXXVIII, n. 3640.)

Louis-Philippe, etc., sur le rapport de

notre ministre secrétaire d'Etat au département du commerce et des travaux publics; vu la soumission, en date du 24 novembre 1830, de la compagnie du canal de Givors, de prolonger à ses frais, de Rive-de-Gier à la Grand'Croix, département de la Loire, ledit canal sur une distance d'environ cinq mille mètres, moyennant la concession d'un péage d'un centime par quintal usuel et par kilomètre (0 f. 204 par mille kilogrammes) sur toutes les matières transportées, et de vingt-cinq centimes par écluse et par bateau vide; vu les lettres-patentes des 6 septembre 1761, 30 septembre 1770, 12 août 1779, et du mois de décembre 1788, relatives à l'ouverture et à la concession du canal de Givors; vu les pièces de l'enquête faite sur la demande de la compagnie du canal de Givors, dans les communes sur lesquelles elle se propose d'étendre ses travaux; les délibérations des chambres consultatives de Saint-Chamond et de Saint-Etienne; les avis des ingénieurs des mines, des ingénieurs des ponts et chaussées, et du préfet du département de la Loire; vu les avis du conseil général des ponts et chaussées des 3 août 1830, 6 septembre 1831, et du conseil général des mines, du 31 octobre 1831; vu la nouvelle soumission, du 14 novembre 1831, par laquelle la compagnie du canal de Givors consent à réduire à dix centimes par kilomètre et par mille kilogrammes le droit à percevoir sur les marchandises qui circuleront sur la portion du canal à ouvrir; notre conseil d'Etat entendu, etc.

Art. 1er. Le prolongement du canal de Givors à Rive-de-Gier, entre cette dernière ville et le lieu dit *la Grand'Croix*, département de la Loire, est déclaré d'utilité publique.

2. La compagnie du canal de Givors est autorisée à exécuter à ses frais, risques et périls, tous les travaux nécessaires pour effectuer ce prolongement. Elle en soumettra le projet définitif à l'approbation de notre directeur général des ponts et chaussées et des mines dans les six mois qui suivront la date de la présente ordonnance. Les travaux devront être terminés dans un délai de trois années.

3. La compagnie construira des ponts dans les endroits où, par suite de travaux, les routes et chemins qui existent actuellement se trouveraient interceptés. Les rampes aux abords desdits ponts n'auront pas plus de trois centimètres d'inclinaison pour les routes royales et départementales, et de cinq centimètres pour les chemins vicinaux. Elle rétablira et assurera, également à ses frais, l'écoulement de toutes les eaux dont le cours serait modifié par les ouvrages nécessaires à la navigation.

4. L'exécution, l'entretien et les réparations des ouvrages, bien qu'il y soit pourvu par des moyens et des agents du choix de la compagnie, seront soumis au contrôle de l'administration. L'objet de ce contrôle sera d'assurer l'observation des engagements de toute nature contractés par la compagnie dans l'intérêt public.

5. Les eaux nécessaires à l'alimentation du canal et sur lesquelles il existera des droits privés, les emplacements destinés au canal, à ses chemins de halage et francs-bords, gares, bassins, réservoirs et autres dépendances, au rétablissement des routes, chemins et cours d'eau coupés par le canal, seront achetés et payés par la compagnie. A cet effet, après l'approbation du projet prescrite par l'art. 2 ci-dessus, la compagnie fera lever le plan terrier mentionné dans l'art. 5 de la loi du 8 mars 1810. Si les acquisitions qui seront reconnues nécessaires ne peuvent point se faire à l'amiable, il y sera pourvu, conformément à la loi précitée, à la diligence du préfet et aux frais de la compagnie.

6. La compagnie pourra se procurer les matériaux de remblai et d'empierrement dont elle aura besoin pour la confection de ses ouvrages, en usant, à cet égard, de tous les droits de l'administration pour l'exécution des travaux de l'Etat. Elle jouira, tant pour l'extraction que pour le transport et le dépôt des terres et matériaux, des droits accordés aux entrepreneurs de travaux publics, à la charge par elle d'indemniser à l'amiable les propriétaires des terrains endommagés, ou, en cas de non-accord, d'après les arrêtés du conseil de préfecture, sans que, dans aucun cas, la compagnie puisse exercer de recours à cet égard contre l'administration.

7. Les indemnités pour occupation temporaire ou détérioration de terrain, pour chômage, modification ou destruction d'usines, pour tout dommage quelconque, provenant des travaux, seront également payées par la compagnie.

8. Lorsque les travaux seront terminés, il sera procédé à leur réception par un commissaire que l'administration déléguera à cet effet, et qui sera chargé de reconnaître si la compagnie a rempli exactement les obligations qui lui étaient imposées. Il sera procédé également, en présence de ce commissaire, à la pose de repères fixes et invariables, à l'aide desquels on pourra s'assurer en tout temps si le canal est tenu à sa profondeur primitive, si le mouillage reste constamment le même, et si la surface des eaux ne s'est point insensiblement relevée par l'exhaussement de la cunette, au préjudice des propriétaires riverains. Le pro-

cês-verbal du commissaire sera soumis à l'approbation de l'administration.

9. Sauf les cas de force majeure et les temps de chômage ordinaire, dont la durée ne pourra pas excéder deux mois, la compagnie tiendra constamment le canal en bon état, et la navigation libre, ouverte et facile.

10. Pour indemniser la compagnie des dépenses qu'elle aura faites en exécution des articles qui précèdent, et sous la condition qu'elle en exécutera toutes les clauses, il lui est fait concession de la jouissance perpétuelle de la partie du canal à ouvrir et de ses dépendances. Cette jouissance se compose : 1º de la perception des droits de navigation, dont le *maximum* sera, pour les bateaux chargés, de dix centimes par distance de mille mètres et par poids de mille kilogrammes, et, pour les bateaux vides, de vingt-cinq centimes par écluse; 2º de l'exercice du droit de pêche, de la faculté de semer et de planter sur les talus, digues, levées et francs-bords; 3º de la faculté de concéder, moyennant redevance, soit pour l'établissement de moulins et usines, soit pour l'arrosement des terres, les eaux qui excéderont les besoins de la navigation. Toute concession d'eau pour un usage quelconque n'aura lieu que par déversement superficiel, et l'origine de la prise d'eau sera barrée par un mur en maçonnerie dont le couronnement sera dérasé à cinq centimètres au-dessous du plan supérieur de la tenue d'eau du canal. Les eaux qui seront ainsi dérivées d'un bief pour le service des moulins et usines, devront être rendues au canal dans le bief immédiatement inférieur.

11. Dans le cas où le gouvernement ordonnerait ou autoriserait la construction de nouvelles routes royales, départementales, vicinales, de chemins de fer ou de canaux, qui traverseraient le prolongement du canal projeté, la compagnie ne pourra pas s'opposer à l'établissement de ces traversées; mais toutes dispositions seront prises pour qu'il n'en résulte aucun obstacle à la navigation du canal.

12. La compagnie pourra établir, à ses frais, des agents assermentés, tant pour la perception des droits que pour la surveillance des plantations et la conservation des ouvrages.

13. Pour garantie de l'exécution des conditions qui lui sont imposées, la compagnie sera tenue, avant la mise en activité des travaux, de déposer à la caisse des consignations un cautionnement de cent mille francs en numéraire ou en effets publics. Ce cautionnement lui sera rendu, sur les mandats du préfet, successivement et par quart, en proportion de l'avancement des travaux, constaté par l'administration des ponts et chaussées.

14. Faute par la compagnie, après avoir été mise en demeure, d'avoir construit et terminé le prolongement du canal projeté dans le délai fixé par l'art. 2, et d'avoir rempli les diverses obligations qui lui sont imposées par la présente ordonnance, elle encourra la déchéance, et il sera pourvu, s'il y a lieu, à la continuation et à l'achèvement des travaux par une adjudication qui sera ouverte sur les clauses précédentes, et sur une mise à prix des ouvrages déjà construits, des matériaux approvisionnés et des terrains achetés. Cette adjudication sera dévolue à celui des soumissionnaires qui offrira la plus forte somme pour les ouvrages, matériaux et terrains. Les soumissions pourront être inférieures à la mise à prix. La compagnie évincée recevra des nouveaux concessionnaires la valeur que l'adjudication aura déterminée pour lesdits ouvrages, matériaux et terrains. La présente stipulation n'est point applicable aux cas où la cause de l'interruption et de la non-confection des travaux proviendrait de force majeure.

15. Les contestations qui pourront s'élever entre le gouvernement et la compagnie, sur l'exécution ou l'interprétation des clauses et conditions énoncées dans la présente ordonnance, seront jugées administrativement par le conseil de préfecture du département de la Loire, sauf recours au conseil d'État.

16. Notre ministre du commerce et des travaux publics (comte d'Argout) est chargé, etc.

---

5 DÉCEMBRE 1831. — Ordonnance qui nomme M. Gasparin préfet par intérim du Rhône. (Bull. O. 126, n. 3615.)

5 DÉCEMBRE 1831. — Ordonnance par laquelle un ancien militaire est reconnu donataire d'une action sur le canal du Midi. (Bull. O., 2ᵉ sect., n. 112.)

5 DÉCEMBRE 1831. — Ordonnance qui accorde des lettres de déclaration de naturalité au sieur Medica (Jean-Baptiste). (Bull. O., 2ᵉ sect., n. 4958.)

---

6 — 8 DÉCEMBRE 1831. — Loi relative à la répartition de la réserve de la Banque de France [1]. (IX, Bull. L, n. 119.)

Art. 1ᵉʳ. Les bénéfices de la Banque de France acquis aux actionnaires, et mis en

---

(1) Présentation à la Chambre des Députés le 1ᵉʳ novembre (Mon. du 2; rapport par M. Jacques Lefebvre le 9 (Mon. du 10); discussion, adoption le 18 (Mon. du 19), à la majorité de 251 voix contre 15.

Présentation à la Chambre des Pairs; discussion,

réserve depuis le 1er juillet 1820 jusqu'au 30 juin 1851, en exécution de la loi du 22 avril 1806, montant à la somme de neuf millions neuf cent soixante-quatorze mille trois cent quatre-vingt-dix-huit francs, seront répartis aux propriétaires des soixante-sept mille neuf cents actions actuellement en circulation.

2. Les bénéfices mis en réserve, en exécution de la loi du 24 germinal an 11, et ceux qui proviendront du tiers dont la retenue est prescrite par la loi du 22 avril 1806, continueront de demeurer en réserve jusqu'à ce qu'il en soit autrement ordonné par une loi.

6 = 13 DÉCEMBRE 1831. — Lois qui modifient la circonscription de quatre arrondissemens. (IX, Bull. LI, n. 120.)

PREMIÈRE LOI (arrondissemens de La Palisse et de Moulins).

Article unique. La limite entre la commune de Varennes-sur-Allier, arrondissement de La Palisse, et celle de Saint-Loup, arrondissement de Moulins, département de l'Allier, est fixée, du point A au point B sur le plan annexé à la présente loi, par le chemin tendant vers le territoire de Lignère et par la route royale de Paris à Lyon, dans la direction de la ligne tracée en jaune. En conséquence, le territoire coté C, compris entre cette ligne et la ligne rouge sur ledit plan, est distrait de la commune de Saint-Loup, et réuni à l'arrondissement de La Palisse et à la commune de Varennes-sur-Allier.

DEUXIÈME LOI (arrondissemens de Caen et de Bayeux)

Article unique. La limite entre les arrondissemens de Caen et de Bayeux, département du Calvados, sur le territoire des communes de Tilly-sur-Seulle, arrondissement de Caen, et de Bucels, arrondissement de Bayeux, est fixée, conformément au tracé de la ligne rouge sur le plan annexé à la présente loi, par la rivière de Seulle, la ligne H I, l'ancien chemin de Fontenay à Bayeux, le sentier de Court-Perron à Sagy, et la grande route de Caen à Balleroy, jusqu'au pont de Tuloup. En conséquence, les portions de territoire comprises entre la ligne rouge et la ligne jaune sur ledit plan, et désignées par les lettres A, B, C, D, E, F, G, sont réunies, les cinq premières à la commune de Tilly-sur-Seulle, les deux autres à la commune de Bucels; elles y seront respectivement imposées.

6 = 13 DÉCEMBRE 1831. — Lois qui autorisent un département et deux villes à s'imposer extraordinairement. (IX, Bull. LI, n. 121.)

PREMIÈRE LOI (ville de Rouen).

Article unique. La ville de Rouen (Seine-Inférieure) est autorisée à s'imposer extraordinairement, en 1852, cinq centimes additionnels au principal des contributions foncière, personnelle, des portes et fenêtres, et des patentes, à l'effet de solder les dépenses d'ateliers de charité faites en 1831.

DEUXIÈME LOI (département du Pas-de-Calais).

Article unique. Le département du Pas-de-Calais, conformément à la demande qu'en a faite son conseil général dans sa session de 1829, est autorisé à s'imposer extraordinairement, pendant huit années, trois centimes additionnels au principal des quatre contributions directes.

Le produit de cette imposition extraordinaire sera employé à l'achèvement des routes départementales dans ce département.

Cette imposition sera perçue à dater de 1852.

TROISIÈME LOI (ville de Bordeaux).

Article unique. La ville de Bordeaux

---

adoption le 3 décembre (Mon. du 4), à la majorité de 87 voix contre 1.

Voyez lois du 24 germinal an 11, du 22 avril 1806; décret du 16 janvier 1808, du 4 juillet 1820.

M. de Podenas a soutenu qu'aux termes de la loi du 22 avril 1806 le tiers des bénéfices doit être mis en réserve, et que cette retenue est inaliénable; que si, par la loi du 4 juillet 1820, on a méconnu cette disposition, ce n'était pas une raison pour l'enfreindre de nouveau.

M. Laffitte et M. le baron Louis, ministre des finances, ont répondu que la réserve faite en vertu de la loi de 1806 devait être rendue aux actionnaires dès qu'elle cessait d'être utile pour assurer le paiement des dividendes, et que l'état de prospérité de la Banque ne laissait aucun doute sur la convenance de la mesure proposée.

Au moment où la loi a été rendue, le passif de la Banque se composait de trois cents millions environ, savoir, deux cent vingt-cinq millions en billets et soixante-quinze millions en comptes courans; son actif était formé des valeurs suivantes: deux cent trente-deux millions en espèces, dix-neuf millions en lingots, soixante-dix-sept millions en lettres-de-change du commerce, dix-huit millions en créances très solides, environ cinquante-un millions placés en rentes sur l'État, quatre cent quatre-vingt-cinq mille francs de rente sur l'État, vingt-deux mille neuf cents actions qu'elle a rachetées et son hôtel.

(Gironde) est autorisée à s'imposer extra-ordinairement, au centime le franc de toutes ses contributions directes, et en six années, à compter de 1832, une somme de cinq cent soixante-neuf mille deux cent cinquante-six francs vingt-neuf centimes, pour se libérer envers le trésor du montant de l'équivalent, réglé par ordonnance royale du 11 février 1831, rendue en exécution de la loi du 17 octobre 1830, des droits dont l'État s'est trouvé privé par suite de l'interruption, dans cette ville, de la perception de l'impôt sur les boissons pendant les cinq derniers mois de 1830.

6 DÉCEMBRE 1831 = 10 MAI 1833. — Ordonnance du roi qui ouvre, sur les fonds du budget de 1831, un crédit supplémentaire pour le service de la Chambre des Députés. (IX, Bull. O. CCXXIV, 1re sect., n. 4777.)

Louis-Philippe, etc., vu la loi de finances du 16 octobre 1831, qui a ouvert un crédit de cinq cent soixante mille francs pour le service de la Chambre des Députés en 1831; vu l'extrait du procès-verbal de la séance de la Chambre, en date du 28 novembre 1831; vu enfin l'art. 152 de la loi du 25 mars 1817; sur le rapport de notre ministre secrétaire d'État des finances, etc.

Art. 1er. Un supplément de crédit de soixante-dix mille francs est ouvert à notre ministre secrétaire d'État des finances sur les fonds du budget de 1831, pour le service de la Chambre des Députés pendant cet exercice.

2. Notre ministre des finances (M. Louis) est chargé, etc.

8 = 23 DÉCEMBRE 1831. — Ordonnance du roi qui rejette des registres du trésor les pensions inscrites au profit de pairs nommés par le roi Charles X, et de pairs qui n'ont pas prêté le serment exigé par la loi du 31 août 1830. (IX, Bull. O. CXXVIII bis, n. 1.)

Louis-Philippe, etc., vu l'art. 68 de la Charte constitutionnelle modifiée et adoptée le 14 août 1830, et promulguée le 24 du même mois, ledit article portant que toutes les nominations ou promotions de pairs faites par le roi Charles X sont déclarées nulles et non avenues; vu l'art. 5 de la loi du 31 du même mois, dans lequel il est dit que ceux des membres de la Chambre des Pairs qui n'auraient pas prêté le serment ordonné par l'art. 1er seront personnellement déchus de tout droit à siéger dans ladite chambre; considérant que les deux dispositions ci-dessus rappelées doivent avoir pour effet, relativement aux personnes à qui elles étaient ou deviendraient

applicables, de les priver de tous les avantages personnels inhérents à leur qualité de pairs; considérant que plusieurs des pairs, promus sous le dernier règne, ou qui n'ont pas prêté serment à la Charte nouvelle, ont été inscrits au trésor, en vertu de la loi du 28 mai 1829, pour des pensions qui leur avaient été concédées à titre purement gratuit, dans l'unique but de les aider à soutenir leur rang, et qu'il n'y a pas lieu de leur en conserver la jouissance dès l'instant qu'ils ont cessé d'être pairs; vu l'état nominatif des pairs qui ont refusé le serment ou se sont abstenus de le prêter dans le délai prescrit par la loi; ledit état adressé à notre ministre des finances par le grand-référendaire de la Chambre des Pairs; vu l'avis émis le 23 février 1821 par la section de notre conseil d'État attachée au département des finances; sur le rapport de notre ministre secrétaire d'État des finances, etc.

Art. 1er. Les quatorze pensions comprises pour une somme totale de cent soixante-deux mille francs dans l'état n. 1er, annexé à la présente ordonnance, et qui ont été inscrites au trésor en vertu de la loi du 28 mai 1829, au profit de personnes promues à la pairie par le roi Charles X, seront définitivement rejetées de tous registres et états de paiement à partir du 25 août 1830.

2. Seront également rejetées, à partir du 5 octobre 1830, les vingt-quatre pensions comprises pour une somme de deux cent soixante-treize mille cinq cents francs, dans l'état n. 2 ci-joint, et dont les titulaires qui en avaient obtenu l'inscription en vertu de la même loi du 28 mai 1829, sont déchus du droit de siéger dans la Chambre des Pairs, comme n'ayant pas prêté le serment exigé par la loi du 31 août 1830.

3. Notre ministre des finances (baron Louis) est chargé, etc.

ÉTAT des pensions à rejeter des registres du trésor, à partir du 25 août 1830, comme y ayant été inscrites, en vertu de la loi du 28 mai 1829, au profit de pairs dont la nomination, faite par le roi Charles X, a été déclarée nulle et non avenue par l'art. 68 de la nouvelle Charte constitutionnelle.

1re SÉRIE.

(Pensions de la pairie et de l'ancien sénat.)

N. d'inscription, 18, le comte de Bouillé; date de l'acte, 26 décembre 1828.—10,000 fr.
25, le vicomte de Castelbajac, 13 mars 1828. — 12,000 fr.
62, le duc d'Esclignac, 13 mars 1828.—12,000 fr.
112, le duc de Monteynard, 26 décembre 1828. — 10,000 fr.
121, le comte de Peyronnet, 13 mars 1828. — 12,000 fr.

156, le comte de Sapinaud (1), 10 février 1830. — 10,000 fr.

Six parties, 66,000 fr.

2ᵉ SÉRIE.

(*Pension des ecclésiastiques pairs, imputables sur le fonds de cent vingt mille francs créé par l'art. 5 de la loi du 28 mai 1829.*)

N. d'inscription, 1, le comte de Chabons, évêque d'Amiens ; date de l'acte, 26 décembre 1828. — 12,000 fr.

2, le comte de Chevcrus, archevêque de Bordeaux, 15 mars 1827. — 12,000 fr.

4, le comte de Monthlanc, archevêque de Tours, 13 janvier 1828. — 12,000 fr.

5, le comte de Morel de Mons, archevêque d'Avignon, 13 janvier 1828. — 12,000 fr.

6, le comte de Pins, archevêque d'Amasis, 13 janvier 1828. — 12,000 fr.

7, le comte Salmon du Chatellier, évêque d'Evreux, 1er mars 1826. — 12,000 fr.

8, le comte de Villèle, archevêque de Bourges, 1er mars 1826 — 12,000 fr.

12, le comte de Brault, archevêque d'Albi, 2 août 1829. — 12,000 fr.

Huit parties, 96,000 fr. (2).

RÉCAPITULATION.

1re série, 6 parties.	66,000 fr.
2ᵉ série, 8.	96,000

Total. . . . 14 parties. . . . . 162,000 fr.

ÉTAT des pensions à rejeter des registres du trésor, à partir du 3 octobre 1830, comme y ayant été inscrites, en vertu de la loi du 29 mai 1829, au profit de pairs qui, n'ayant pas prêté le serment exigé par l'art. 3 de celle du 31 août 1830, sont personnellement déchus du droit de siéger dans la Chambre.

1re SÉRIE.

N. d'inscription, 4, le comte d'Andigné ; date de l'acte, 27 décembre 1825. — 12,000 fr.

8, le marquis d'Autichamp, 22 juin 1816-23 mai 1825. — 12,000 fr.

15, le comte de Bonald, 24 décembre 1823. — 12,000 fr.

16, le marquis de Bounay, 3 décembre 1823. — 12,000 fr.

19, le comte de Bourbon-Busset, 13 mars 1824. — 12,000 fr.

29, le marquis de Chabannes, 3 décembre 1823. — 10,000 fr.

32, le baron de Charrette, 24 décembre 1823. — 12,000 fr.

45, le duc de Damas-Crux, 1er décembre 1815. — 10,000 fr.

50, le comte Desèze, 3 décembre 1823. — 12,000 fr.

61, le duc d'Escars, 29 janvier 1823. — 12,000 fr.

69, le duc d'Harcourt, 4 juin 1814. — 10,000 fr.

71, le duc de Croy-d'Havré, 4 juin 1814. — 10,000 fr.

76, le comte de La Bourdonnaye, 3 décembre 1823. — 12,000 fr.

77, le comte de La Ferronnays, 1er décembre 1815-21 juillet 1828. — 12,000 fr.

87, le marquis de La Suze, 21 février 1816-6 décembre 1824-21 juillet 1828. — 10,000 fr.

88, le marquis de La Tour-du-Pin-Gouvernet, 21 février 1816. — 12,500 fr.

90, le marquis Defay de La Tour-Maubourg, 15 mai 1827. — 15,000 fr.

99, le duc de Luxembourg, 26 décembre 1828. — 10,000 fr.

105, le comte de Mesnard, 12 mars 1824. — 12,000 fr.

109, le comte de Montansier de Sainte-Maure, 1er mars 1820. — 12,000 fr.

115, le duc de Narbonne-Pelet, 1er décembre 1815-6 décembre 1824. — 12,000 fr.

116, le marquis de Nicolaï, 21 février 1816. — 6,000 fr.

120, le marquis de Pérignon, 29 janvier 1823. — 12,000 fr.

133, le duc de Rohan, 13 mars 1828. — 12,000 fr.

Total, 24 parties, 273,500 fr.

Indépendamment de ces vingt-quatre pensions, il y aurait lieu de rejeter celles de MM.

Le marquis de Larochejaquelein.	10,000 fr.
Le vicomte de Châteaubriant. .	12,000
Le duc d'Uzès.	12,000

Total. 34,000

Mais la radiation en a déjà été opérée, d'après la renonciation qu'en ont faite les titulaires, par suite de leur refus de prêter serment.

---

8 = 17 DÉCEMBRE 1831. — Ordonnance du roi qui ouvre un crédit provisoire de deux cent mille francs, destiné aux besoins d'intérêt général et imprévus dont la dépense se rattachera à l'exercice 1831. (IX, Bull. O. CXXVI, n. 3605.)

Louis-Philippe, etc., vu la loi du 6 novembre dernier, portant allocation, pour dépenses imprévues, d'un fonds de cinq millions dont l'emploi aura lieu au moyen des crédits extraordinaires à ouvrir par ordonnances royales à mesure des besoins ; sur le rapport de notre ministre secrétaire d'État de l'intérieur, président du conseil, etc.

Art. 1er. Il est ouvert au ministre secrétaire d'État de l'intérieur, avec imputation sur les ressources spéciales créées par les lois des 25 mars et 16 octobre 1831, un crédit provisoire de deux cent mille francs, destiné aux besoins d'intérêt général et imprévus dont la dépense se rattachera à l'exercice 1831.

2. Notre ministre de l'intérieur et notre

---

(1) Cette pension, primitivement fixée à douze mille francs par ordonnance du 23 mars 1828, au profit de M. le comte de Sapinaud, nommé pair le 5 novembre 1827, a été, par suite de son décès, arrivé le 10 août 1829, transmise à son fils, conformément à l'art. 2 de la loi du 28 mai 1829.

(2) Ces quatre-vingt-seize mille francs forment la totalité des pensions qui, à l'époque du 1er août 1830, se trouvaient inscrites sur le fonds de cent vingt mille francs destiné à des pairs ecclésiastiques.

ministre des finances (MM. Casimir Périer et Louis) sont chargés, etc.

8 DÉCEMBRE 1831. — Ordonnance portant convocation des conseils généraux de onze départements. (Bull. O. 126, n. 3609.)

8 DÉCEMBRE 1831. — Ordonnance qui accorde une pension à un ancien conseiller de préfecture. (Bull. O. 130 *bis*, n. 8.)

8 DÉCEMBRE 1831. — Ordonnance qui autorise l'inscription de deux cent quatre-vingt-dix-neuf pension. (Bull. O. 130 *bis*, n. 9.)

8 DÉCEMBRE 1831. — Ordonnance relative aux foires de la commune de Donnemarie (Haut-Rhin). (Bull. O. 132, n. 3759.)

8 DÉCEMBRE 1831. — Ordonnance relative au tarif des octrois de diverses communes. (Bull. O. 132 *bis*, n. 1.)

8 DÉCEMBRE 1831. — Ordonnances qui autorisent l'acceptation d'une offre et d'une donation faites à deux communes. (Bull. O. 133, n. 3877 et 3878.)

9 DÉCEMBRE 1831. — Ordonnance qui accorde une pension à un ancien conseiller de préfecture. (Bull. O. 128 *bis*, n. 3.)

9 DÉCEMBRE 1831. — Ordonnance qui autorise une fabrique à accepter un legs. (Bull. O. 133, n. 3842.)

9 DÉCEMBRE 1831. — Ordonnance qui érige en succursale la chapelle Saint-Pierre de Rabastens (Tarn). Bull. O. 133, n. 3843.)

9 DÉCEMBRE 1831. — Ordonnances qui autorisent deux fabriques, l'une à échanger des immeubles, et l'autre à employer une somme en achat de rentes sur l'État. (Bull. O. 133, n. 3844 et 3845.)

11 — 23 DÉCEMBRE 1831. — Ordonnance du roi qui approuve le résultat du travail de révision des pensions accordées depuis le 1ᵉʳ janvier 1828, en vertu de la loi du 11 septembre 1807. (IX, Bull. O. CXXVIII *bis*, n. 2.)

Louis-Philippe, etc., vu les lois des 29 janvier 1831 et 16 octobre de la même année, qui ont prescrit la révision des pensions accordées depuis le 1ᵉʳ janvier 1828, en exécution de la loi du 11 septembre 1807; sur le rapport de notre ministre secrétaire d'État des finances, notre conseil d'État entendu, etc.

Art. 1ᵉʳ. Seront rayées du grand-livre, et cesseront de faire partie de la dette publique, à partir du 22 juin 1831, les cinq pensions désignées en l'état qui y est annexé, et qui s'élèvent ensemble à la somme de soixante mille francs.

2. Seront réduites, à partir de la même époque, et dans la proportion indiquée au même état, pour une somme totale de vingt mille francs, trois des pensions concédées depuis le 1ᵉʳ janvier 1828.

3. Seront maintenues sur les livres du trésor public, et continueront à être payées aux époques fixées par les lois, les vingt pensions montant ensemble à deux cent vingt mille francs, qui sont également désignées dans l'état ci-joint.

4. Notre ministre des finances (baron Louis) est chargé, etc.

Résultat du travail de révision des pensions accordées en exécution de la loi du 11 septembre 1807.

NOMS DES TITULAIRES.	MONTANT des pensions.	MONTANT des radiations.	MONTANT des réductions.	MONTANT des pensions conservées
MM.	fr.	fr.	fr.	fr.
Le comte de Villèle.	12,000	12,000	»	»
Le comte de Corbière.	12,000	12,000	»	»
Le comte de Labourdonnaye.	12,000	12,000	»	»
Le comte de Peyronnet.	12,000	12,000	»	»
Le duc de Montesquiou.	20,000	»	8,000	12,000
Le comte Molé.	12,000	»	»	12,000
Le comte Beugnot.	12,000	»	»	12,000
Le baron Louis.	12,000	»	»	(1) 12,000
Le comte Frayssinous.	12,000	12,000	»	»
Le comte Chabrol-Crouzol.	12,000	»	»	12,000
Le comte de La Ferronays.	16,000	»	4,000	12,000
Le baron Hyde de Neuville.	12,000	»	»	12,000
Le vicomte de Caux.	12,000	»	»	12,000
Le vicomte de Martignac.	12,000	»	»	12,000
Le comte de Saint-Cricq.	12,000	»	»	12,000
Lefebvre de Vatisménil.	12,000	»	»	12,000
Bourdeau.	12,000	»	»	12,000
Courvoisier.	20,000	»	8,000	12,000

(1) Pension suspendue en raison du traitement d'activité.

NOMS DES TITULAIRES.	MONTANT des pensions.	MONTANT des radiations.	MONTANT des réductions.	MONTANT des pensions conservées.
VEUVES.				
	fr.	fr.	fr.	fr.
Mme la maréchale Augereau.	8,000	»	»	8,000
Mme v^e du lieutenant-général Digeon. . .	4,000	»	»	4,000
Mme la maréchale Lauriston. . . .	10,000	»	»	10,000
Mme v^e du lieutenant-général Dessolle. . .	6,000	»	»	6,000
Mme la maréchale Duroc.	6,000	»	»	6,000
Mme la maréchale Davoust..	10,000	»	»	10,000
Mme la maréchale Ney.	20,000	»	»	20,000
TOTAUX.	300,000	60,000	20,000	220,000

11 DÉCEMBRE 1831. — Ordonnance qui approuve l'adjudication de la construction d'un pont sur l'Allier, près Vic-le-Comte (Puy-de-Dôme). (Bull. O. 129, n. 3645.)

11 DÉCEMBRE 1831. — Ordonnances qui autorisent à établir et conserver divers moulins et usines. (Bull. O. 132, n. 3745 à 3748, 3751.)

11 DÉCEMBRE 1831. — Ordonnances portant concession des mines de houille de Cormaux et de Ganjac (Gard). (Bull. O. 132, n. 3749 et 3750.)

12 = 17 DÉCEMBRE 1831. — Ordonnance du roi portant que la cour d'assises du département de la Seine sera divisée en deux sections pendant les premier et deuxième trimestres de 1832. (IX, Bull. O. CXXVI, n. 3612.)

Voy. ordonnance du 19 décembre 1831.

Louis-Philippe, etc., sur ce qu'il nous a été représenté que la cour d'assises séant à Paris ne pourra expédier, dans le courant du premier et du deuxième trimestre de 1832, la totalité des procès renvoyés devant elle; voulant prévenir des retards préjudiciables à la bonne administration de la justice; vu les dispositions du Code d'instruction criminelle concernant le service des assises, l'art. 387 du même Code relatif à la division des cours d'assises en plusieurs sections, l'art. 5 de la loi du 20 avril 18 0, et les art. 2 et 12 du décret du 6 juillet de la même année,

Art. 1er. Pendant le premier et le deuxième trimestre de l'année 1832, la cour d'assises du département de la Seine sera divisée en deux sections, qui s'occuperont simultanément de l'expédition des affaires renvoyées devant elle : il sera, en conséquence, délégué, conformément aux lois, un nombre suffisant de conseillers de la cour royale pour la formation de ces deux sections.

2. Notre ministre de la justice (M. Barthe) est chargé, etc.

12 DÉCEMBRE 1831. — Ordonnance qui convoque les conseils généraux de plusieurs départements. (Bull. O. 126, n. 3611.)

12 DÉCEMBRE 1831. — Ordonnance qui convoque des collèges électoraux de la Haute-Garonne. (Bull. O. 126, n. 3610.)

12 DÉCEMBRE 1831. — Ordonnance qui autorise diverses personnes à construire à proximité des forêts. (Bull. O. 132 bis, n. 3.)

12 DÉCEMBRE 1831. — Ordonnance qui soumet les bois d'une commune au régime forestier. (Bull. O. 132 bis, n. 2.)

12 DÉCEMBRE 1831. — Ordonnance qui autorise l'acceptation d'une offre faite à la ville de Tournon. (Bull. O. 133, n. 3879.)

14 DÉCEMBRE 1831 = 17 MARS 1832. — Ordonnance du roi relative au personnel du service de santé de l'Hôtel des Invalides et de sa succursale. (IX, Bull. O. CXLIII, 1re sect., n. 4071.)

Louis-Philippe, etc.

Art. 1er. Les emplois dans l'hôtel des Invalides étant la plus grande récompense des services militaires, ils sont dévolus dans chaque partie aux fonctionnaires les plus anciens de la première classe de chaque grade où ils sont pris, qui, joignant à l'ancienneté effective le plus de campagnes de guerre, ou d'actions d'éclat, ou de blessures, sont reconnus avoir le plus de droits à cette honorable distinction.

2. Le conseil de santé des armées de terre désigne au ministre de la guerre, pour être nommés par lui, des candidats, médecins, chirurgiens et pharmaciens militaires, du cadre des officiers de santé brevetés qui réunissent les conditions de l'art. 1er. La fixation de leur nombre sera basée sur le mouvement annuel des malades à l'infirmerie, selon les proportions du règlement des hôpitaux militaires du 1er avril 1831, et sur l'importance des soins à donner, hors de l'infirmerie, aux mili-

taires atteints de blessures ou d'infirmités chroniques.

3. L'effectif des officiers de santé affectés au service général des Invalides reste fixé à dix-huit au lieu de vingt-huit; ils sont répartis dans chaque établissement, selon les proportions relatées ci après : à l'hôtel, treize, savoir : 2 médecins, dont un principal et un ordinaire; 7 chirurgiens, dont un principal, un major, un aide-major et quatre sous-aides-majors; 4 pharmaciens, dont un principal et un aide-major et deux sous-aides. A la succursale d'Avignon, cinq, savoir : 1 médecin principal; 2 chirurgiens, dont un major et un sous-aide et deux pharmaciens, dont un aide et un sous-aide. L'entretien d'élèves et de surnuméraires n'est permis que dans les hôpitaux d'instruction : il est interdit à l'hôtel comme à la succursale.

4. Les décisions des 22 juin 1825 et 20 décembre 1829 qui autorisaient l'entretien de 28 officiers de santé, et leur assignaient un traitement *exceptionnel*, contraire aux tarifs de solde en vigueur, sont rapportées, ainsi que les dispositions de l'art. 5 de l'ordonnance du 18 septembre 1824, de même que les fixations de celle du 16 octobre 1830, relatives à ce personnel.

5. Le corps des officiers d'administration des hôpitaux militaires étant inhérent au corps des officiers de santé, les emplois des infirmeries de l'hôtel et de la succursale des invalides, connus sous le nom de *contrôleurs aux infirmeries*, d'agent aux successions, et autres, sont dévolus aux membres de ce corps d'officiers d'administration qui sont brevetés, et qui réuniront, dans la première classe du grade où on les prend, les conditions de l'art. 1er ci-dessus.

6. Pour concilier avec l'économie, le maintien des droits acquis par les militaires invalides, tous les emplois et sous-emplois qui pourront être remplis par des militaires invalides leur sont dévolus; mais ils ne leur vaudront, comme indemnité de fonctions, qu'un supplément à la solde de menus besoins, basé sur l'importance du service de chacun. La réduction de dépense et de logement qui en résultera ne sera employée qu'à l'admission du nombre de vieux militaires mutilés, dont elle pourra permettre l'entretien.

7. Notre ministre de la guerre (duc de Dalmatie) est chargé, etc.

14 DÉCEMBRE 1831. — Ordonnance qui fixe le nombre des huissiers du tribunal de Gaillac. (Bull. O. 129, n. 3646.)

14 DÉCEMBRE 1831. — Ordonnance qui admet les sieurs Amaller, Cavagniac, Galibrunger, Gerber (Alexandre), Gerber (Xavier), Mœlter, Kuchenhoff, Meyer, Reimann, Ritzenthaler, Siégler, Schweickhard, Strehler, Tisch, Ubelmann, Walewski, Westerman à établir leur domicile en France. (Bull. O. 130, n. 3664.)

14 DÉCEMBRE 1831. — Ordonnance relative aux octrois de diverses communes. (Bull. O. 132 *bis*, n. 4.)

14 DÉCEMBRE 1831. — Ordonnances qui autorisent l'acceptation de legs et donations faits à diverses communes et aux pauvres, hospices et bureaux de bienfaisance de plusieurs autres. (Bull. O. 133, n. 3880 à 3888.)

14 DÉCEMBRE 1831. — Ordonnance qui accorde des lettres de déclaration de naturalité au sieur Vittoz. (Bull. O., 2e sect., n. 6619.)

14 DÉCEMBRE 1831. — Ordonnances portant fixation de soldes de retraite en faveur de cent trente-six officiers civils et militaires de la marine, officiers mariniers et matelots. (Bull. O., 2e sect., n. 160 et 184.)

15 DÉCEMBRE 1831. — Ordonnance qui établit et fixe la tenue d'une foire à Villeurbanne (Isère). (Bull. O. 132, n. 3761.)

15 DÉCEMBRE 1831. — Ordonnance qui autorise le sieur Muller à construire un moulin. (Bull. O. 132, n. 3752.)

15 DÉCEMBRE 1831. — Ordonnances qui autorisent l'acceptation de legs faits à un séminaire et aux fabriques de diverses communes et la distraction d'une partie du presbytère de Benais (Indre-et-Loire) pour tel usage qu'il conviendra à la commune. (Bull. O. 133, n. 3847 à 3856.)

15 DÉCEMBRE 1831. — Ordonnance qui autorise une fabrique à employer une somme en achat de rentes sur l'Etat. (Bull. O. 133, n. 3857.)

15 DÉCEMBRE 1831. — Ordonnance qui érige en chapelle vicariale la commune de Flamanville (Seine-Inférieure). (Bull. O. 133, n. 3858.)

16 = 17 DÉCEMBRE 1831. — Loi qui autorise la perception des impôts pour le premier trimestre de 1832, et ouvre aux ministres un crédit provisoire de trois cent quarante millions (1). (IX, Bull. O. LII, n. 122.)

Art. 1er. Les contributions directes autorisées par la loi du 18 avril 1831 seront recouvrées provisoirement pour les trois premiers mois de l'année 1832, d'après les rôles de 1831, déduction faite des trente centimes ajoutés temporairement au principal de la contribution foncière.

(1) Présentation à la Chambre des Députés le 1er décembre (Mon. du 2); rapport par M. Montozon le 8 (Mon. du 9); discussion les 10, 11, 12 (Mon. des 11, 12 et 13); adoption le 13 (Mon. du 14), à la majorité de 255 voix contre 81.

Présentation à la Chambre des Pairs le 14 décembre (Mon. du 15); rapport par le duc de Bassano; discussion, adoption le 16 (Mon. du 17), à la majorité de 91 voix contre 6.

Les douzièmes provisoires ne seront pas exigés pour les cotes ou portions de cote de 1831 dont les conseils de préfecture ont prononcé ou prononceront la décharge ou la réduction.

La différence qui pourra se trouver, après le règlement du budget de 1832, entre le montant des rôles de cet exercice et celui des rôles de 1831, sera compensée à l'égard des contribuables qui auront acquitté les trois douzièmes provisoires.

Il ne sera pas délivré un nouvel avertissement aux contribuables, mais seulement une sommation *gratis*, énonçant la date de la présente loi. Cette sommation sera renouvelée avant de commencer aucune poursuite envers les contribuables.

2. Les impôts indirects dont la perception est maintenue pour l'année 1831 par l'art. 1ᵉʳ de la loi du 16 octobre 1831, continueront d'être perçus jusqu'au 1ᵉʳ avril 1832.

3. Il est ouvert aux ministres, pour les dépenses ordinaires et extraordinaires de leurs départements, sur l'exercice 1832 un crédit provisoire de la somme de trois cent quarante millions, qui sera réparti entre eux par une ordonnance royale insérée au Bulletin des lois.

Les ministres ne pourront dans aucun cas dépasser le montant des crédits et des allocations spéciales du projet de budget présenté aux Chambres pour l'exercice 1832, et du crédit supplémentaire de deux millions huit cent mille francs demandé par le projet de loi du 30 novembre 1831 pour travaux extraordinaires du génie militaire.

4. Les traitements, appointements, salaires, pensions, dotations ou remises, qui s'élèvent au-dessus de trois mille francs, seront payés pendant le premier trimestre de 1832 : mais, s'ils venaient à être réduits par le budget, les sommes perçues en trop seront considérées comme des à-comptes sur les mois suivants, jusqu'à due compensation ; sans préjudice de la retenue exercée en vertu de l'art. 10 de la loi du 18 avril 1831, et qui continuera provisoirement d'être opérée pendant les trois premiers mois de l'année 1832, sauf décompte, s'il y a lieu, après que le budget de cet exercice aura été adopté.

5. Le crédit en bons royaux, ouvert au ministre des finances par l'art. 15 de la loi du 18 avril 1831, est porté à deux cent cinquante millions.

Dans le cas où cette somme serait insuffisante pour les besoins du service, il y sera pourvu, en l'absence des Chambres, au moyen d'émissions supplémentaires autorisées par ordonnances royales, et qui devront être soumises à la sanction législative dans la plus prochaine session.

16 DÉCEMBRE 1831. — Ordonnance sur la profession de boucher à Moncenis (Saône-et-Loire). (Bull. O. 132, n. 3679.)

16 DÉCEMBRE 1831. — Ordonnance qui autorise l'inscription au trésor de deux cent cinquante-deux pensions. (Bull. O. 130 *bis*, n. 10.)

16 DÉCEMBRE 1831. — Ordonnance relative à l'octroi de Neuilly. (Bull. O. 132 *bis*, n. 2.)

16 DÉCEMBRE 1831. — Ordonnances qui accordent des pensions à cent quatre-vingt-neuf militaires. (Bull. O. 133 *bis*, n. 1 et 2.)

16 DÉCEMBRE 1831. — Ordonnance qui autorise le sieur Houzé de l'Aulnoit à établir une citerne à Esquermer (Nord). (Bull. O. 132, n. 3753.)

16 DÉCEMBRE 1831. — Ordonnances qui autorisent délivrance de bois à diverses communes. (Bull. O. 132 *bis*, n. 5 et 7.)

16 DÉCEMBRE 1831. — Ordonnance qui autorise les sieurs Ollier, Géri, Mansuy, Rost, Rieu à construire et conserver des usines à proximité de forêts. (Bull. O. 132 *bis*, n. 8.)

17 = 18 DÉCEMBRE 1831. — Ordonnance du roi portant répartition du crédit provisoire de trois cent quarante millions ouvert aux ministres sur l'exercice 1832. (IX, Bull. O. CXXVII, n. 3622.)

Louis-Philippe, etc., vu l'art. 3 de la loi du 16 décembre 1831 ; sur le rapport de notre ministre des finances, etc.

Art. 1ᵉʳ. Le crédit provisoire de trois cent quarante millions, ouvert à nos ministres sur l'exercice 1832 par la loi du 16 décembre 1831, est réparti entre les différents chapitres de leurs services ordinaires et extraordinaires, conformément au tableau ci-joint.

(*Suit le tableau de répartition.*

2. Notre ministre des finances (M. Louis) est chargé, etc.

17 DÉCEMBRE 1831. — Ordonnance qui supprime le commissariat central de police de Nîmes. (Bull. O. 130, n. 3858.)

17 DÉCEMBRE 1831. — Ordonnance qui accorde des soldes de retraite à trente-cinq maîtres, officiers mariniers et matelots. (Bull. O., 2ᵉ sect., n. 185.)

17 DÉCEMBRE 1831. — Ordonnance qui accorde des pensions à seize veuves d'officiers militaires et civils de la marine. (Bull. O., 2ᵉ sect., n. 237.)

18 DÉCEMBRE 1831. — Ordonnances qui autorisent les sieurs Leistenchenaider, Bailly, Trigousain, Levien à construire ou conserver des moulins. (Bull. O. 133, n. 3754 à 3756.)

18 DÉCEMBRE 1831. — Ordonnances prescrivant le prolongement de la route départementale de la Seine n. 21, et qui classent des chemins au rang des routes départementales d'Indre-et-Loire et de Maine-et-Loire. (Bull. O. 130, n. 3601 à 3603.)

19 = 23 DÉCEMBRE 1831. — Ordonnance du roi

portant que la cour d'assises de la Seine sera divisée en quatre sections pendant les premier et deuxième trimestres de 1832. (IX , Bull. O. CXXVIII, n. 3639.)

Voy. ordonnance du 12 décembre 1831.

Louis-Philippe, etc., sur ce qu'il nous a été représenté que la cour d'assises séant à Paris, divisée en deux sections, conformément à l'ordonnance du 30 juillet 1828, ne pourra expédier dans le courant du premier et du douzième trimestres de 1832, la totalité des procès renvoyés devant elle; voulant prévenir des retards préjudiciables à la bonne administration de la justice; vu les dispositions du Code d'instruction criminelle concernant le service des assises, l'art. 587 du même Code relatif à la division des cours d'assises en plusieurs sections, l'art. 5 de la loi du 20 avril 1810, et les art. 2 et 12 du décret du 6 juillet de la même année, etc.

Art. 1er. Pendant le premier et le deuxième trimestre de 1832, la Cour d'assises de la Seine sera divisée en quatre sections, dont deux siégeront simultanément pendant la première quinzaine, et les deux autres pendant la seconde quinzaine de chaque mois : il sera, en conséquence, délégué, conformément aux lois, un nombre suffisant de conseillers de la Cour royale pour la formation de ces quatre sections.

2. Notre ministre de la justice (M. Barthe) est chargé, etc.

———

19 = 25 décembre 1831. — Lois qui modifient la circonscription de quatre départements. (IX , Bull LIII , n. 125.)

PREMIÈRE LOI. (*Charente, Haute-Vienne.*)

Article unique. La limite entre la commune de Saint-Christophe, arrondissement de Confolens, département de la Charente, et celles de Nouic et de Bussières-Boffy, arrondissement de Belac, département de la Haute-Vienne, est fixée dans la direction indiquée sur le plan ci-annexé par le liséré vert *a, b, c, d.* En conséquence, les portions de territoire désignées sur ledit plan par une teinte rose et une teinte jaune sont réunies, savoir : la première à la commune de Saint-Christophe, la seconde à celle de Bussières-Boffy, et y seront exclusivement imposées à l'avenir.

Ces dispositions auront lieu sans préjudice des droits d'usage ou autres qui seraient réciproquement acquis.

DEUXIÈME LOI. (*Loire, Rhône.*)

Article unique. La limite entre la com-

mune de Pannissières, arrondissement de Montbrison, département de la Loire, et la commune de Chambost, arrondissement de Lyon, département du Rhône, est fixée conformément au procès-verbal de délimitation de ces deux communes, et dans la direction de la ligne tracée en rose sur le plan annexé à la présente loi. En conséquence, les portions de terrain désignées par des teintes jaunes, et celles indiquées par une teinte orange sur ledit plan, sont réunies, les premières à la commune de Pannissières, les secondes à la commune de Chambost, et seront exclusivement imposées dans la commune à laquelle elles seront réunies. Cette disposition aura lieu sans préjudice des droits d'usage ou autres qui seraient respectivement acquis.

———

19 = 25 décembre 1831. — Loi concernant l'emploi à faire d'une somme restant libre sur le produit d'une imposition extraordinaire que le département de la Haute-Vienne a été autorisé à percevoir. (IX, Bull. LIII, n. 126.)

Article unique. La somme de trente-deux mille neuf cent quatre-vingt deux francs quarante-trois centimes, composée de trente-deux mille cent quatre-vingt-quinze francs cinquante-sept centimes, se rapportant à l'exercice 1831, et de sept cent quatre-vingt-six francs quatre-vingt-six centimes appartenant à 1829, et laquelle reste libre sur le contingent attribué à la dépense d'achèvement de la route départementale n. 1er dans le produit de l'imposition extraordinaire de cinq centimes que le département de la Haute-Vienne a été autorisé à percevoir en vertu de la loi du 5 juillet 1826, pourra être appliquée, conformément à la demande qui en a été faite par le conseil général à sa séance du 11 mai dernier, aux travaux de construction du pont de Limoges, destiné à desservir les deux routes royales n. 20 et 141.

———

19 = 25 décembre 1831. — Loi qui autorise le département du Nord à s'imposer extraordinairement. (IX, Bull. LIII, n. 127.)

Art. 1er. La somme de cent cinquante-quatre mille treize francs quarante centimes, formant le déficit du budget des centimes facultatifs et extraordinaires du département du Nord (exercice 1831), sera couverte, conformément au vote exprimé par le conseil général dans sa séance du 23 mai dernier, au moyen des fonds ci-après, non employés, et provenant de l'imposition extraordinaire autorisée par la loi du 30 mars 1826 pour construction du Palais-de Justice et de la maison d'arrêt de Lille, savoir :

1° Crédit de 1829 reporté sur 1831, 98,514 fr. 82 cent. ; 2° prélèvement sur le crédit de cent dix-huit mille cinq cents francs (exercice 1831), 55,498 fr. 58 c. Total, 154,013 fr. 40 cent.

2. Le département du Nord est autorisé à s'imposer extraordinairement, pendant chacune des années 1832 et 1833, deux centimes additionnels aux contributions directes. Le produit de cette imposition sera employé à réintégrer la somme prélevée en vertu de l'article précédent, et l'excédant sera affecté aux besoins extraordinaires du département pendant les exercices 1832 et 1833.

---

19 = 25 DÉCEMBRE 1831. — Lois qui autorisent la ville de Laval et le département de l'Aveyron à faire des emprunts. (IX, Bulletin LIII, n. 128.)

PREMIÈRE LOI (ville de Laval).

Article unique. La ville de Laval (Mayenne) est autorisée à faire un emprunt de cinquante mille francs, avec intérêt annuel de cinq pour cent, à l'effet d'augmenter de pareille somme, en 1832, son contingent dans les frais de la nouvelle traverse, dans cette ville, de la route royale n° 12, de Paris à Brest.

DEUXIÈME LOI (départem. de l'Aveyron).

Article unique. Le département de l'Aveyron, conformément à la demande qu'en a faite son conseil général dans sa session de 1831, est autorisé à emprunter de la Compagnie des houillères et fonderies de l'Aveyron une somme qui ne pourra excéder cinquante mille francs, pour l'achèvement de la route départementale n° 5, de Villefranche à Maurs, entre Montbazens et la route départementale n° 1er.

Cet emprunt sera remboursable en cinq ans, à dater de 1836, à raison d'un cinquième par an, et sans intérêt.

---

19 = 25 DÉCEMBRE 1831. — Lois qui autorisent plusieurs départemens à s'imposer extraordinairement. (IX, Bull. LIII, n. 129.)

PREMIÈRE LOI (Aisne).

Article unique. Le département de l'Aisne est autorisé, conformément à la demande qu'en a faite son conseil général dans sa session de 1831, à s'imposer extraordinairement pendant cinq ans, à dater de 1852, **trois centimes additionnels au principal des quatre contributions directes.**

Le produit de cette imposition extraordinaire sera spécialement affecté à l'achèvement des routes départementales

DEUXIÈME LOI (Aveyron).

Article unique. Le département de l'Aveyron est autorisé, conformément à la demande qu'en a faite son conseil général dans sa session de 1831, à s'imposer extraordinairement deux centimes additionnels au principal des quatre contributions directes pendant l'année 1852, et cinq cent. pendant les années 1833, 1834 et 1855.

Le produit de cette imposition extraordinaire sera exclusivement employé à l'achèvement des routes départementales situées dans ce département.

TROISIÈME LOI (Bouches-du-Rhône).

Article unique. Le département des Bouches-du-Rhône est autorisé, conformément à la demande qu'en a faite son conseil général dans sa dernière session, à s'imposer extraordinairement pendant huit ans, à partir de 1832, cinq centimes additionnels au principal des contributions foncière, personnelle et mobilière.

Le produit de cette imposition extraordinaire sera employé aux travaux de restauration et d'achèvement des routes départementales situées dans ce département.

Au moyen de l'imposition qui fait l'objet de la présente loi, l'emprunt de huit cent mille francs qui avait été autorisé par la loi du 26 novembre 1830, pour les travaux de ces mêmes routes, et l'imposition extraordinaire de trois centimes dont le produit devait être employé au paiement du capital emprunté, n'auront pas lieu.

QUATRIÈME LOI (Indre).

Article unique. Le département de l'Indre, conformément à la demande qu'en a faite son conseil général dans sa session de 1831, est autorisé à s'imposer extraordinairement pendant cinq ans, à dater de 1852, cinq centimes additionnels au principal des contributions foncière, personnelle et mobilière, et des portes et fenêtres.

Le produit de cette imposition extraordinaire sera exclusivement employé à l'achèvement des routes départementales n. 2, du Blanc à Blois ; n. 3, de Saint-Gauthier à Château-Meillant, et n. 6, d'Issoudun à Gouzon.

CINQUIÈME LOI (Loiret).

Article unique. Le département du Loiret est autorisé, conformément à la demande qu'en a faite son conseil général dans sa session de 1831, à s'imposer extraordinairement en 1832 trois centimes additionnels au principal de ses contributions foncière, personnelle et mobilière.

Le produit de cette imposition extraordinaire sera spécialement affecté à l'achèvement des routes départementales.

SIXIÈME LOI (Haute-Marne).

Article unique. Le département de la Haute-Marne est autorisé, conformément à la demande qu'en a faite son conseil général dans sa session de 1831, à s'imposer extraordinairement, pendant cinq ans, à dater de 1832, trois centimes additionnels au principal des quatre contributions directes.

Le produit de cette imposition extraordinaire sera spécialement affecté à l'achèvement et à la restauration des routes départementales et à la construction de la route royale n. 65, de Neuchâteau à Bonny-sur-Loire.

SEPTIÈME LOI (Mayenne).

Article unique. Le département de la Mayenne est autorisé, conformément à la demande qu'en a faite son conseil général dans sa session de 1831, à s'imposer extraordinairement, pendant deux ans, à partir de 1832, quatre centimes additionnels, et pendant 1834 cinq centimes additionnels au principal des quatre contributions directes.

Le produit de cette imposition extraordinaire sera spécialement employé à l'achèvement des routes départementales.

HUITIÈME LOI (Oise).

Article unique. Le département de l'Oise est autorisé, conformément à la demande qu'en a faite son conseil général dans sa session de 1831, à s'imposer extraordinairement, pendant deux ans, à dater de 1832, deux centimes additionnels au principal des quatre contributions directes.

Le produit de cette imposition extraordinaire sera spécialement affecté à l'achèvement des routes départementales.

NEUVIÈME LOI (Haute-Vienne).

Article unique. Le département de la Haute-Vienne est autorisé, conformément à la demande qu'en a faite son conseil général dans sa session de 1831, à s'imposer extraordinairement pendant cinq ans, à dater de 1832, cinq centimes additionnels au principal des quatre contributions directes.

Le produit de cette imposition extraor-

dinaire sera spécialement affecté à l'achèvement des routes départementales situées dans ce département.

---

19 DÉCEMBRE 1831. — Ordonnances qui autorisent l'acceptation de legs faits à trois communes. (Bull. O. 133, n. 3889 à 3891.)

19 DÉCEMBRE 1831. — Ordonnance portant fixation de pensions de retraite en faveur de soixante-trois officiers militaires et civils, officiers mariniers et matelots. (Bull. O., 2ᵉ sect., n. 238.)

19 DÉCEMBRE 1831. — Ordonnance portant fixation de pensions en faveur de vingt-deux veuves d'officiers militaires et civils, officiers mariniers et matelots. (Bull. O., 2ᵉ sect., n. 368.)

---

20 DÉCEMBRE 1831. — Ordonnance relative au tarif des octrois de diverses communes. (Bull. O. 132 bis, n. 9.)

20 DÉCEMBRE 1831. — Ordonnance qui soumet divers bois au régime forestier. (Bull. O. 132 bis, n. 10.)

20 DÉCEMBRE 1831. — Ordonnance qui accorde des lettres de déclaration de naturalité au sieur Léon (Pierre). (Bull. O., 2ᵉ sect., n. 4657.)

---

21 DÉCEMBRE 1831. — Ordonnance qui nomme M. Gasparin préfet du Rhône. (Bull. O. 130, n. 3858.)

21 DÉCEMBRE 1831. — Ordonnance relative au tarif de l'octroi de Caen. (Bull. O. 133 bis, n. 11.)

---

22 DÉCEMBRE 1831 = 28 FÉVRIER 1832. — Ordonnance du roi portant répartition du crédit provisoire accordé sur l'exercice de 1832, pour les dépenses ordinaires et extraordinaires du ministère de la marine et des colonies. (IX, Bull. O. CXL, 1ʳᵉ sect., n. 4053.)

Louis-Philippe, etc., vu la loi du 16 décembre 1831, qui ouvre au ministère de la marine et des colonies, sur les fonds de l'exercice 1832, un crédit provisoire de 16 millions 250 mille francs pour les dépenses ordinaires et extraordinaires du même exercice; vu la loi du 25 mars 1817, art. 151; vu l'ordonnance royale du 14 septembre 1822, sur la comptabilité et la justification des dépenses publiques, art. 2; vu l'ordonnance royale du 1ᵉʳ septembre 1827, art. 5; sur le rapport de notre ministre secrétaire d'Etat de la marine et des colonies, etc.

Art. 1ᵉʳ. Le crédit provisoire de 16 millions 250 mille francs, accordé sur l'exercice 1832, par la loi du 16 décembre 1831, pour les dépenses ordinaires et extraordinaires du ministère de la marine et des colonies, est réparti entre les divers chapitres de la comptabilité de ce ministère, ainsi qu'il suit, savoir :

NOMENCLATURE DES CHAPITRES.	SERVICE		TOTAL.
	ordinaire.	extraordinaire.	
	fr.	fr.	fr.
1er, Administration centrale.	172,750	»	172,750
2. Solde.	4,907,250	296,025	5,203,275
3. Hôpitaux.	200,940	12,340	213,280
4. Vivres	1,511,700	202,700	1,714,400
5. Constructions, armements et approvision-			
nements.	4,456,400	457,575	4,913,975
6. Artillerie	416,400	30,580	446,980
7. Travaux hydrauliques et bâtiments civils.	800,000	»	800,000
8. Transports par mer.	100,000	»	100,000
9. Chiourmes.	61,340	»	61,340
10. Dépenses diverses.	142,000	»	142,000
11. Colonies.	2,482,000	»	2,482,000
TOTAUX.	15,250,780	999,220	16,250,000

2. Notre ministre de la marine et des colonies et notre ministre des finances (comte de Rigny et baron Louis) sont chargés, etc.

22 DÉCEMBRE 1831. — Ordonnance qui proroge le péage du port de Dax. (Bull. O. 123, n. 3452.)

22 DÉCEMBRE 1831. — Ordonnance sur le tarif des octrois de diverses communes. (Bull. O. 132 *bis*, n. 15.)

22 DÉCEMBRE 1831. — Ordonnance portant que la coupe de pins dépérissants autorisée dans les bois de Cap-Breton, se vendra au chef-lieu de ladite commune. (Bull. O. 132 *bis*, n. 18.)

22 DÉCEMBRE 1831. — Ordonnances relatives au régime forestier et à la délivrance de bois à diverses communes. (Bull. O. 132 *bis*, n. 12 à 14, 16 et 19.)

23 = 25 DÉCEMBRE 1831. — Loi portant allocation d'un crédit extraordinaire pour secours aux étrangers réfugiés en France (1). (IX, Bull. LIII, n. 123.)

Article unique. Il est accordé au ministre de l'intérieur un crédit extraordinaire de cinq cent mille francs, par supplément à la somme d'un million porté au budget de ce ministère, exercice 1831, pour secours aux étrangers réfugiés en France par suite d'événements politiques.

23 = 25 DÉCEMBRE 1831. — Loi qui accorde un nouveau secours aux pensionnaires de l'ancienne liste civile (2). (IX, Bull. LIII, n. 124.)

Article unique. Un nouveau secours de six cent mille francs est accordé aux pensionnaires de l'ancienne liste civile, pour être distribué à ceux d'entre eux dont la position paraîtra l'exiger.

Cette distribution sera faite à la diligence du commissaire liquidateur de la liste civile, conformément à la loi du 15 mars 1831 et à l'ordonnance du 13 mai suivant.

La liste des pensionnaires sera imprimée avec le sommaire des motifs de la pension, et distribuée aux Chambres.

25 DÉCEMBRE 1831 = 7 JANVIER 1832. — Ordonnance du roi relative aux recettes et dépenses de l'Université pendant le premier trimestre de 1832. (IX. Bull. O. CXXXI, n. 3677.)

Louis-Philippe, etc., sur le rapport de notre ministre secrétaire d'État au département de l'instruction publique et des cultes; vu l'art. 2 la loi du 16 décembre courant, en vertu duquel les impôts indirects dont la perception a été maintenue pour l'année 1831 par la loi du 16 octobre dernier, continueront d'être perçus pendant les trois premiers mois de l'année 1832; vu le paragraphe 1er de l'art. 5 de la même

(1) Présentation à la Chambre des Députés le 30 septembre (Mon. du 1er octobre); rapport par M. Mahul le 19 (Mon. du 20); discussion, adoption le 26 (Mon. du 27), à la majorité de 250 voix contre 8.
Présentation à la Chambre des Pairs le 28 novembre (Mon. du 2 décembre); rapport par le duc de Choiseul, discussion, adoption le 5 décembre (Mon. du 6), à la majorité de 75 voix contre 6.

(2) Présentation à la Chambre des Députés le 26 octobre (Mon. du 27); rapport par M. Gillon le 5 novembre (Mon. du 6); discussion, adoption le 9 (Mon. du 10), à la majorité de 180 voix contre 39.
Présentation à la Chambre des Pairs le 29 novembre (Mon. du 30); rapport par M. le baron Mounier le 5 décembre (Mon. du 6); adoption à l'unanimité.

loi, qui ouvre aux ministres pour les dépenses de leurs départements, sur l'exercice 1832, un crédit de la somme de trois cent quarante millions, qui sera réparti entre eux par ordonnance royale ; vu le paragraphe 2, portant que les ministres ne pourront, dans aucun cas, dépasser le montant des crédits et des allocations spéciales du budget présenté aux Chambres pour l'exercice 1832 ; vu l'art. 4, qui est ainsi conçu : « Les traitements, appointements, « salaires, pensions, dotations ou remises, « qui s'élèvent au-dessus de trois mille « francs, seront payés pendant le premier « trimestre de 1832; mais s'ils venaient « à être réduits par le budget, les sommes « perçues en trop seront considérées comme « des à-comptes sur les mois suivants, jus- « qu'à due compensation ; sans préjudice « de la retenue exercée en vertu de l'art. 10 « de la loi du 18 avril 1831, et qui conti- « nuera provisoirement d'être opérée pen- « dant les trois premiers mois de l'année « 1832, sauf décompte, s'il y a lieu, après « que le budget de cet exercice aura été « adopté ; » vu la délibération du conseil royal de l'instruction publique, en date du 20 décembre courant ; considérant que les rétributions imposées en faveur de l'Université sur les établissements particuliers d'instruction et sur les élèves qui fréquentent les écoles publiques, sont classés dans la loi du 16 octobre dernier parmi les impôts indirects dont la perception a été maintenue pour l'année 1831 ; que l'Université, qui a des fonds spéciaux, ne peut pas être comprise dans la répartition du crédit ouvert aux ministres par l'art. 3 de la loi du 16 décembre courant, et qu'il est indispensable de lui ouvrir sur ses propres fonds le crédit nécessaire pour subvenir à ses dépenses pendant les trois premiers mois de l'année 1832 ; que les dépenses sont évaluées au budget de 1832 à la somme de trois millions six cent quarante-cinq mille cinq cent quinze francs douze centimes, et que le crédit doit être de neuf cent dix mille francs pour le premier trimestre ; que les dispositions de l'art. 4 de la loi du 16 décembre 1831 sont applicables aux traitements, salaires, pensions ou remises à la charge des fonds spéciaux de l'Université ; que le mode des retenues à exercer sur lesdits traitements, salaires, pensions et remises, a été déterminé par l'ordonnance du 14 mai 1831, et que cette ordonnance doit recevoir son exécution pendant le premier trimestre de 1832, etc.

Art. 1er. L'Université continuera à percevoir, jusqu'au 1er avril 1832, les rétributions imposées par la loi du 16 octobre dernier sur les établissements particuliers d'instruction et sur les élèves qui fréquentent les écoles publiques.

2. Un crédit de neuf cent dix mille francs est ouvert à l'Université sur ses fonds spéciaux pour subvenir à ses dépenses pendant les trois premiers mois de l'exercice 1832. Elle ne pourra, dans aucun cas, dépasser le montant des crédits et des allocations spéciales du budget présenté aux Chambres pour ledit exercice.

3. Les traitements, appointements, salaires, pensions ou remises, qui s'élèvent au-dessus de trois mille francs, seront payés pendant le premier trimestre de 1832 ; mais s'ils venaient à être réduits par le budget, les sommes perçues en trop seront considérées comme des à-comptes sur les mois suivants, jusqu'à due compensation, sans préjudice de la retenue exercée en vertu de l'art. 10 de la loi du 18 avril 1831 et de notre ordonnance du 14 mai suivant, et qui continuera provisoirement d'être opérée pendant les trois premiers mois de l'année 1832, sauf décompte, s'il y a lieu, après que le budget aura été arrêté.

4. La retenue sur les traitements éventuels sera provisoirement faite d'après les décomptes de 1831.

5. Notre ministre de l'instruction publique et des cultes (M. Montalivet) est chargé, etc.

———

25 DÉCEMBRE 1831 = 20 JANVIER 1832. — Ordonnance du roi portant que le mont-de-piété d'Angers (Maine-et-Loire) sera régi conformément aux dispositions du règlement y annexé. (IX, Bull. O. CXXXIII, n. 3831.)

Louis-Philippe, etc., sur le rapport de notre ministre du commerce et des travaux publics ; le comité de l'intérieur de notre conseil d'État entendu, etc.

Art. 1er. Le mont-de-piété créé à Angers, département de Maine-et-Loire, par acte du 17 juin 1684, sera désormais régi conformément aux dispositions du règlement annexé à la présente ordonnance.

2. Notre ministre du commerce et des travaux publics (comte d'Argout) est chargé, etc.   (Suit le règlement.)

———

25 DÉCEMBRE 1831. — Ordonnance qui convoque le conseil général de la Corse. (Bull. O. 130, n. 3654.)

25 DÉCEMBRE 1831. — Ordonnance qui convoque les conseils généraux de trois départements. (Bull. O. 130, n. 4655.)

25 DÉCEMBRE 1831. — Ordonnance qui autorise la construction d'un pont sur la Saône à Soing (Haute-Saône). (Bull. O. 132, n. 3735.)

25 DÉCEMBRE 1831. — Ordonnance relative au

pont à continuer entre le village de Beauregard (Ain) et Beligny (Rhône). (Bull. O. 131, n. 3680.)

25 DÉCEMBRE 1831. — Ordonnance qui charge le président du conseil des ministres de la signature du département des affaires étrangères pendant la maladie de M. Sébastiani. (Bull. O. 131, n. 3676.)

25 DÉCEMBRE 1831. — Ordonnance qui approuve l'adjudication d'un pont sur la Vienne à l'île Bouchard. (Bull. O. 133, n. 3836.)

25 DÉCEMBRE 1831. — Ordonnances qui suppriment le second commissariat de police de Perpignan et créent un commissariat de police à Caluire, près Lyon. (Bull. O. 130, n. 3659 et 3660.)

25 DÉCEMBRE 1831. — Ordonnances qui autorisent à construire, conserver, faire des changements à divers moulins et usines. (Bull. O. 133, n. 3990 à 4001.)

25 DÉCEMBRE 1831. — Ordonnances qui autorisent l'acceptation de legs et donations faits aux hospices, bureaux de bienfaisance et pauvres de diverses communes. (Bull. O. 133, n. 3892 à 3915.)

———

27 DÉCEMBRE 1831 = 20 JANVIER 1832. — Ordonnance du roi relative au mariage des sous-officiers et soldats de la garde municipale de Paris. (IX, Bull. O. CXXXIII, n. 3829.)

Louis-Philippe, etc., vu les ordonnances des 16 août et 24 novembre 1830; vu le décret impérial du 16 juin 1808; vu les articles 156 et 157 de l'instruction sur les appels, approuvée par décision royale du 21 octobre 1818, pour l'exécution de la loi sur le recrutement; sur le rapport de notre président du conseil, ministre secrétaire d'Etat de l'intérieur, etc.

Art. 1er. La disposition de l'art. 1er du décret du 16 juin 1808 est applicable à ceux des sous-officiers et soldats de la garde municipale de Paris qui, ayant satisfait à la loi du recrutement, se marieraient sans la permission du préfet de police, sur l'avis du conseil d'administration de leur corps.

2. La disposition de l'art. 2 du même décret est applicable à ceux des sous-officiers et soldats dudit corps qui n'ont point encore terminé leur temps de service à l'armée : ceux qui se marieraient sans la permission du préfet de police, sur l'avis préalable du conseil d'administration, seront renvoyés dans le corps d'où ils auront été tirés.

3. Notre ministre de l'intérieur et notre ministre de la guerre (MM. Casimir Périer et duc de Dalmatie) sont chargés, etc.

———

27 DÉCEMBRE 1831. — Ordonnance portant fixation

de soldes de retraite en faveur de quarante-cinq officiers militaires et civils, officiers mariniers et matelots. (Bull. O., 2e sect., n. 309.)

———

28 DÉCEMBRE 1831 = 7 JANVIER 1832. — Ordonnance du roi qui ouvre un nouveau crédit de deux cent mille francs pour dépenses d'intérêt général. (IX, Bull. O. CXXXI, n. 3675.)

Louis-Philippe, etc., vu la loi du 6 novembre dernier, portant allocation, pour besoins d'intérêt général et imprévus, d'un fonds de cinq millions, dont l'emploi doit avoir lieu au moyen de crédits extraordinaires à ouvrir par ordonnances royales, à mesure des besoins; sur le rapport de notre ministre secrétaire d'Etat de l'intérieur, président de notre conseil, etc.

Art. 1er. Il est ouvert au ministre secrétaire d'Etat de l'intérieur, avec imputation sur les cinq millions accordés par la loi du 6 novembre dernier, un nouveau crédit de deux cent mille francs, destiné, ainsi que le premier crédit de même somme, en date du 8 de ce mois, à subvenir aux dépenses d'intérêt général qui se rattacheront à l'exercice 1831.

2. Notre ministre de l'intérieur et notre ministre des finances (MM. Casimir Périer et Louis) sont chargés, etc.

———

28 DÉCEMBRE 1831. — Ordonnances qui accordent une pension à un ancien secrétaire général de préfecture et à un ancien sous-préfet. (Bull. O. 133 bis, n. 3 et 4.)

28 DÉCEMBRE 1831. — Ordonnances relatives aux octrois de diverses communes. (Bull. O. 132 bis, n. 20 à 23.)

28 DÉCEMBRE 1831. — Ordonnances qui suppriment le commissariat central de police de Vannes (Morbihan) et les commissariats de police de la Ferté-sous-Jouarre, d'Ivry et de Gentilly, et qui en créent quatre nouveaux à Lyon, et un pour Gentilly seulement. (Bull. O. 131, n. 3681 à 3684.)

28 DÉCEMBRE 1831. — Ordonnance relative à la coupe des bois communaux de Blaizil. (Bull. O. 132 bis, n. 21.)

28 DÉCEMBRE 1831. — Ordonnance qui autorise l'acceptation d'un legs fait à une fabrique. (Bull. O. 133, n. 3859.)

28 DÉCEMBRE 1831. — Ordonnances qui autorisent une hypothèque, et plusieurs fabriques à employer diverses sommes en achat de rentes sur l'Etat. (Bull. O. 133, n. 3860 à 3863.)

———

29 DÉCEMBRE 1831 = 7 JANVIER 1832. — Loi contenant l'article qui remplace l'art. 23 de la Charte (1). (IX, Bull. LIV, n. 130.)

———

(1) Présentation à la Chambre des Députés le 27 août (Mon. du 28) ; rapport par M. Bérenger le 19 septembre (Mon. du 20) ; discussion les

30 septembre, 1er, 2, 3, 4, 5, 6, 7, 8, 9, 10, 11, 12, 13, 14, 15 et 16 octobre (Mon. des 1er, 2, 3, 4, 5, 6, 7, 8, 9, 10, 11, 12, 13, 14, 15 et 17) ; adop-

Article unique, qui remplace l'art. 23 de la Charte.

La nomination des membres de la Chambre des Pairs appartient au roi, qui ne peut les choisir que parmi les notabilités suivantes :

Le président de la Chambre des Députés et autres assemblées législatives ;

---

tion le 18 (Mon. du 19), à la majorité de 386 voix contre 40.

Présentation à la Chambre des Pairs le 22 novembre (Mon. du 23) ; rapport par M. le duc Decazes le 19 décembre (Mon. du 20) ; discussion les 22, 23, 24, 25, 26 et 27 (Mon. des 23, 24, 25, 26, 27 et 28) ; adoption le 28 (Mon. du 29), à la majorité de 102 voix contre 68.

L'art. 69 de la Charte de 1830 parle de l'art. 23, mais les résolutions de la Chambre des Députés et de la Chambre des Pairs du 7 août 1830 désignent cet article sous le n. 27, parce que c'était en effet le 27e article de la Charte de 1814, et qu'il est devenu le 23e de la Charte de 1830.

Autant les questions que le législateur avait à résoudre étaient graves et ardues, autant, après la solution donnée et le principe une fois posé, il est facile de se diriger dans l'application.

On a d'abord examiné si la Chambre des Députés, en vertu du pouvoir constituant, pouvait seule créer la disposition destinée à remplacer l'art. 23 de la Charte.

Les plus habiles, les plus ingénieux arguments ont été exposés en faveur du pouvoir constituant ; mais ils ont été repoussés par ce fait décisif, qu'en 1830, et lorsque la Charte a été modifiée, on a entendu réserver au pouvoir législatif, c'est-à-dire aux trois éléments qui le composent, la haute mission d'organiser la pairie. En disant que l'art. 23 de la Charte serait soumis à un nouvel examen dans *la session* de 1831, on manifestait clairement la nécessité du concours des deux Chambres. La Chambre des Députés a discuté les modifications apportées à la Charte de 1814 ; la Chambre des Pairs les a discutées aussi, et sanctionnées par son vote : n'eût-il pas été bien singulier qu'une adhésion reconnue utile au moment où les circonstances avaient réellement investi les députés du pouvoir constituant fût jugée superflue, lorsque les corps politiques avaient repris leur marche habituelle ?

Au surplus, et comme cela arrive toujours en pareille occurrence, toute cette discussion a été beaucoup plus affaire de parti que controverse de droit public.

La question de savoir si l'hérédité serait maintenue a été vivement discutée dans le sein des Chambres et au-dehors.

Point de pairie sans hérédité.

Point de gouvernement représentatif sans pairie, disaient les uns.

Supprimer l'hérédité de la pairie, c'est s'acheminer à la suppression de l'hérédité de la royauté, ajoutaient-ils.

La démocratie est déjà assez forte, poursuivait-on, créons un contrepoids dans une pairie puissante, c'est-à-dire héréditaire.

Puis, voyez, disait-on, tout le bien qu'a fait, pendant quinze ans, une Chambre dotée de l'hérédité.

On répondait : L'hérédité n'est pas de l'essence de la pairie ; la Charte de 1814 avait laissé la question indécise en permettant la création de pairs héréditaires, ou non héréditaires, au gré du monarque.

Les raisons qui rendent nécessaire l'hérédité de la couronne sont sans application à la pairie : il n'y a rien à conclure de l'une à l'autre institution.

La transmission de la première dignité du royaume par voie de succession est un privilége ; or, maintenant, tout privilége est odieux au pays. Puis, n'est-il pas absurde que les fonctions législatives qui doivent être déférées aux plus habiles, aux plus sages, aux meilleurs citoyens, puissent s'acquérir par le hasard de la naissance?

Le bien qu'a fait la Chambre des Pairs sous la Charte de 1814 consiste entièrement en mesures démocratiques.

Opposition au système Villèle ; loi d'aînesse rejetée ; lois sur le jury et sur les élections rendant les fraudes impossibles ; accueil favorable fait aux pétitions contre l'ultramotanisme et les jésuites ; résistance aux lois oppressives de la liberté de la presse.

D'ailleurs, l'hérédité n'avait encore produit qu'un petit nombre de transmissions, et c'est plutôt, quoique héréditaire, que parce qu'elle était héréditaire, que la pairie a été bonne et utile pendant quinze années de restauration.

Au demeurant, que la pairie soit forte, nous le voulons sincèrement, et c'est précisément par ce motif que nous lui refusons l'hérédité, qui la rendra odieuse, et par conséquent faible.

Parmi tous les écrits publiés en si grand nombre, je citerai celui de M. Dufau, mon collaborateur, *dans la collection des constitutions* ; il s'est attaché, dans un tableau comparatif des constitutions des différents États, à montrer que, sauf quelques rares exceptions, là où il existe *une noblesse*, il y a *pairie héréditaire* ; que là, au contraire, où les nobles n'ont qu'une existence nominale et des titres sans effet, la pairie est viagère. On comprend la conséquence qu'il tire de cette observation, relativement à la France.

Le ministère, en présentant la loi qui rejetait le système de l'hérédité, a exprimé le regret d'avoir été entraîné par l'opinion publique à cette détermination. Je n'ai pas à apprécier ici cette conduite ; je m'occupe de droit, de législation positive, point de politique.

Pour créer dans le sein de la Chambre des Pairs une majorité favorable à la loi adoptée par la Chambre des Députés, le roi a créé trente pairs. Cette nomination a été critiquée comme illégale, inconstitutionnelle.

Je n'ai pu comprendre, je l'avoue, où était le vice d'inconstitutionalité. Qu'on blâme la mesure sous d'autres rapports, soit ; mais en droit, en présence des textes, rien ne disant ni expressément, ni implicitement que le droit de création des pairs fût suspendu dans la main du roi, ce droit a pu s'exercer, sauf aux pairs nouvellement nommés à subir la loi qui se préparait, à être héréditaire si l'hérédité l'emportait, non héréditaire si l'hérédité était repoussée. La révision annoncée de l'art. 23 n'a point empêché la transmission par voie d'hérédité dans les années 1830 et 1831 ; elle n'a pu paralyser le droit de nomination appartenant à la couronne.

Le projet du gouvernement était ainsi conçu :

Les députés qui auront fait partie de trois législatures (1) ou qui auront six ans d'exercice ;

Les maréchaux et amiraux de France ;

Les lieutenants généraux et vice-amiraux des armées de terre et de mer, après deux ans de grade ;

Les ministres à département ;

Les ambassadeurs, après trois ans, et les ministres plénipotentiaires, après six ans de fonctions ;

Les conseillers d'Etat, après dix ans de service ordinaire ;

Les préfets de département et les préfets maritimes, après dix ans de fonctions ;

Les gouverneurs coloniaux, après cinq ans de fonctions ;

Les membres des conseils généraux électifs, après trois élections à la présidence (2) ;

Les maires des villes de trente mille

« La nomination des membres de la Chambre des Pairs appartient au roi ;

« Leur nombre est illimité.

« La dignité de pair est conférée à vie ; elle n'est pas transmissible par droit d'hérédité.

« Toutes dispositions contraires sont et demeurent abrogées.

« Le présent article pourra être modifié à l'avenir. Néanmoins, aucune proposition, à cet effet, ne sera soumise à l'examen d'une législature, qu'autant que la législature précédente la lui aura déférée. »

La commission de la Chambre des Députés a proposé un article ainsi conçu :

« La nomination des membres de la Chambre des Pairs appartient au roi ;

« Ne pourront être appelés à la dignité de pairs que les présidents de la Chambre des Députés et autres assemblées législatives ;

« Les députés, après trois élections ou six ans d'exercice ;

« Les maréchaux et amiraux de France ;

« Les lieutenants-généraux et vice-amiraux des armées de terre et de mer ;

« Les ministres à département ;

« Les ambassadeurs, après trois ans de fonctions ;

« Les conseillers d'Etat, après dix ans de service ordinaire ;

« Les préfets de département et les préfets maritimes, après dix ans de fonctions ;

« Les gouverneurs coloniaux, après cinq ans de fonctions ;

« Les membres des conseils généraux électifs, après trois réélections à la présidence ;

« Les maires des villes de trente mille âmes et au-dessus, pris dans les conseils municipaux électifs, après cinq ans de fonctions ;

« Les présidents de la Cour de cassation et de la Cour des comptes ;

« Les procureurs généraux près ces deux Cours, après cinq ans de fonctions en cette qualité ;

« Les conseillers de la Cour de cassation et les conseillers maîtres de la Cour des comptes, après cinq ans d'exercice ;

« Les premiers présidents des Cours royales, après cinq ans de magistrature dans ces Cours ;

« Les procureurs généraux près ces mêmes Cours, après dix ans de fonctions ;

« Les membres des quatre académies de l'Institut ;

« Les citoyens **à qui, par une loi et à raison**

d'éminents services, aura été nominativement décernée une récompense nationale ;

« Les propriétaires, les chefs de manufactures et de maisons de commerce ou de banque, payant 5,000 fr. de contributions directes, soit à raison de leurs propriétés foncières, depuis trois ans, soit à raison de leurs patentes depuis cinq. Ces conditions d'admissibilité à la pairie pourront être modifiés par une loi.

« L'ordonnance de nomination indiquera à quel titre chaque pair aura été choisi.

« Le nombre des pairs est illimité.

« Leur dignité est conférée à vie et n'est pas transmissible par droit d'hérédité.

« Ils prennent rang entre eux par ordre de nomination. »

La Chambre des Députés s'est d'abord occupée de déterminer l'ordre de la discussion ; elle a décidé que le rang des paragraphes du projet du gouvernement ne serait pas suivi, et que l'on commencerait par voter sur la question d'hérédité.

Le maintien de la pairie héréditaire a été proposé et rejeté.

M Teste a présenté ensuite un système mixte ; il voulait qu'à la mort d'un père, son fils aîné lui succédât aux conditions suivantes : 1° qu'il serait âgé de trente ans ; 2° qu'il aurait obtenu l'assentiment des colléges électoraux du département dans l'étendue duquel il paierait la plus forte partie des contributions directes.

Il indiquait les règles suivant lesquelles les colléges manifesteraient leur opinion.

Cette proposition a été écartée.

L'hérédité ainsi éloignée, plusieurs modes ont été présentés pour la nomination des pairs.

D'abord, l'élection directe par les colléges électoraux diversement composés ;

Puis, la nomination royale sur candidature.

Les différentes combinaisons de cette espèce n'ayant pas été accueillies, la Chambre a adopté le système qui est consacré par la loi, c'est-à-dire la nomination royale dans des catégories.

(1) On avait mis d'abord *après trois élections*, mais M. His et M. Vatisménil ont fait remarquer qu'en adoptant cette rédaction, un député qui aurait accepté deux fois des fonctions du gouvernement, et qui aurait été élu trois fois dans une seule session, se trouverait ainsi apte à la pairie ; ils ont facilement démontré que ce n'était pas là l'intention de la disposition, et ils ont proposé de substituer les mots *qui auront fait partie de trois législatures*.

(2) Le projet de la commission portait *après trois réélections* ; ce qui supposait, contrairement à l'intention véritable, *quatre élections*.

âmes et au-dessus, après deux élections au moins comme membres du corps municipal, et après cinq ans de fonctions de mairie ;

Les présidents de la Cour de cassation et de la Cour des comptes ;

Les procureurs généraux près ces deux cours, après cinq ans de fonctions en cette qualité ;

Les conseillers de la Cour de cassation et les conseillers-maîtres de la Cour des comptes, après cinq ans ; les avocats généraux près la Cour de cassation, après dix ans d'exercice ;

Les premiers présidents des Cours royales, après cinq ans de magistrature dans ces Cours ;

Les procureurs généraux près les mêmes Cours, après dix ans de fonctions ;

Les présidents des tribunaux de commerce dans les villes de trente mille âmes et au-dessus, après quatre nominations à ces fonctions ;

Les membres titulaires des quatre académies de l'Institut.

Les citoyens à qui, par une loi et à raison d'éminents services, aura été nominativement décernée une récompense nationale ;

Les propriétaires, les chefs de manufacture et de maison de commerce et de banque, payant trois mille francs de contributions directes, soit à raison de leurs propriétés foncières depuis trois ans, soit à raison de leurs patentes depuis cinq ans, lorsqu'ils auront été pendant six ans membres d'un conseil général ou d'une chambre de commerce.

Les propriétaires, les manufacturiers, commerçants ou banquiers, payant trois mille francs d'impositions, qui auront été nommés députés ou juges des tribunaux de commerce, pourront aussi être admis à la pairie sans autres conditions.

Le titulaire qui aura successivement exercé plusieurs des fonctions ci-dessus, pourra cumuler ses services dans toutes pour compléter le temps exigé dans celle où le service devrait être le plus long (1).

Seront dispensés du temps d'exercice exigé par les paragraphes 5, 7, 8, 9, 10, 14, 15, 16, et 17 ci-dessus, les citoyens qui ont été nommés, dans l'année qui a suivi le 30 juillet 1830, aux fonctions énoncées dans ces paragraphes.

Seront également dispensés, jusqu'au 1ᵉʳ janvier 1837, du temps d'exercice exigé par les paragraphes 3, 11, 12, 18, et 21 ci-dessus, les personnes nommées ou maintenues, depuis le 30 juillet 1830, aux fonctions énoncées dans ces cinq paragraphes.

Ces conditions d'admissibilité à la pairie pourront être modifiées par une loi.

Les ordonnances de nomination de pairs seront individuelles. Ces ordonnances mentionneront les services et indiqueront les titres sur lesquels la nomination sera fondée.

Le nombre des pairs est illimité.

Leur dignité est conférée à vie et n'est pas transmissible par droit d'hérédité (2).

Ils prennent rang entre eux par ordre de nomination.

A l'avenir, aucun traitement, aucune pension, aucune dotation ne pourront être attachés à la dignité de pair (3).

---

(1) Quelques membres ont demandé que le temps passé dans chaque fonction fût compté proportionnellement à la durée exigée pour chacune de ces fonctions ; mais la difficulté que pourraient présenter de semblables calculs a déterminé la Chambre à rejeter cette proposition.

Si un citoyen a été revêtu *simultanément* de plusieurs fonctions, il est bien évident qu'il pourra être nommé pair dès que le temps d'exercice exigé pour l'une de ces fonctions sera accompli ; ainsi tel officier qui aura été deux ans lieutenant-général, et en même temps conseiller d'État, sera éligible à la pairie, quoiqu'il faille dix années de service ordinaire à un conseiller d'État pour lui conférer l'éligibilité.

(2) M. Marchal a demandé quelle était la position des fils de pairs appelés par leur naissance à la pairie, mais qui n'ont pas atteint l'âge auquel ils sont admis par la Chambre.

« Ils seront pairs, cela est incontestable, » a dit M. Dupin aîné.

M. Marchal a insisté et présenté la disposition suivante : « L'hérédité ne pourra profiter à aucun des fils des pairs pour être admis dans la Chambre. » La Chambre a adopté la question préalable.

(3) Comme on peut le voir, le projet du gouvernement réservait une faculté de révision. La Chambre n'a pas voulu qu'un article de la constitution restât ainsi précaire et sujet au changement ; elle a seulement laissé aux législateurs à venir la faculté de modifier les conditions d'aptitude. Quelques écrivains ont cru voir dans le mode suivi pour la promulgation de cette loi par le ministère, l'intention secrète de la modifier un jour. L'acte auquel ont concouru les trois pouvoirs est une loi véritable ; elle est, sans doute, immuable comme la constitution qu'elle doit compléter, mais enfin elle a le caractère d'une loi : il fallait la sanction

29 décembre 1831. — Rapport au roi sur l'administration de la justice criminelle pendant l'année 1830. (Mon. du 12 janvier 1832.)

Voy. le rapport de l'année 1829.

Sire, j'ai l'honneur de présenter à Votre Majesté le compte général de l'administration de la justice criminelle pendant l'année 1830.

Les changements que les mémorables événements de juillet ont amenés dans les parquets des cours et tribunaux ajoutaient aux difficultés habituelles de ce vaste travail, qui était tout nouveau pour la plupart des officiers du ministère public ; mais ces magistrats, appréciant l'importance et l'utilité de la statistique criminelle, en ont recueilli les éléments avec un soin et un zèle que je me plais à signaler à Votre Majesté, et m'ont ainsi mis à même de rendre le compte de 1830 non moins exact et non moins complet que ceux des années précédentes.

La première partie comprend tout ce qui concerne les affaires portées devant les cours d'assises.

En 1830, ces cours ont jugé 5,068 accusations contradictoirement, et 654 par contumace. Les premières comprenaient 6,962 accusés, et les secondes 787.

En comparant ces chiffres avec ceux de 1829, on trouve 438 accusations et 570 accusés de moins pour 1830. Encore faut-il remarquer que, parmi les affaires que les cours d'assises ont jugées pendant cette dernière année, il y en a eu 15, comprenant 18 prévenus, qui avaient pour objet des délits politiques ou de la presse qui,

ner, la promulguer ; toute autre marche était illégale, inconstitutionnelle. Or, il n'existe qu'un mode de promulgation. Si une mauvaise intention était cachée sous ces formes, si un jour on voulait y puiser un prétexte pour justifier des tentatives de changement, on répondrait par cette raison sans réplique : Le projet contenait réserve formelle de la faculté de modifier ; on a rejeté la disposition ; donc, les modifications sont impossibles.

Le projet du gouvernement portait : « Toutes « dispositions contraires sont et demeurent abrogées. »

La Chambre n'a pas cru utile de conserver cette disposition : « Cependant, a dit M. Dupin, il faut qu'il soit bien entendu que la loi actuelle abroge, en ne le reproduisant pas, la disposition de l'article 23, qui permet au roi de varier les titres des pairs à volonté. »

Il est certain que la loi étant destinée à *remplacer* l'art. 23 de la Charte, aucune partie de cet article ne subsiste ; mais d'autres questions d'abrogation virtuelle peuvent se présenter, et il faut avouer que cette observation, ou, pour mieux dire, ce reproche, peut s'adresser à tous les travaux de nos assemblées législatives. Les lois sont faites sans que leur influence sur la législation antérieure soit assez étudiée, sans que l'on sache exactement ce qu'elles maintiennent, ce qu'elles abrogent. Pour celle-ci, quelques réflexions se présentent.

Lorsque la pairie était héréditaire, on concevait l'art. 24 de la Charte, qui détermine l'âge auquel les pairs ont entrée dans la Chambre, et l'âge auquel ils ont voix délibérative ; aujourd'hui cet article subsiste, ou du moins il n'a plus qu'une valeur transitoire relative aux jeunes pairs investis de leur qualité avant la promulgation de la loi actuelle. Son application aux princes du sang est encore possible ; c'est là du moins ce que j'ai soutenu (voy. tome 50) ; mais il paraît que cette opinion n'est pas adoptée, puisque monseigneur le duc d'Orléans siège à la Chambre quoiqu'il n'ait pas atteint sa vingt-cinquième année. Cet art. 24 de la Charte reste donc à peu près inutile, du moins, n'ayant qu'une application temporaire.

L'ordonnance du 19 août 1815, qui, modifiant l'art. 27 de la Charte de 1814, avait rendu la pairie absolument héréditaire, se trouve abrogée.

L'ordonnance du 23 mars 1816 subsiste encore, en ce qui touche les formes d'admission ; mais en tant qu'elle renferme ou rappelle l'hérédité, elle est anéantie.

L'ordonnance du 25 août 1817 porte, art. 1ᵉʳ, que, pour être appelé à la Chambre des Pairs, il faut constituer un majorat.

Cette disposition me paraît intimement liée à l'existence de l'hérédité ; le préambule de l'ordonnance le déclare même en termes formels. Ainsi, désormais, la création d'un majorat ne peut être considérée comme une condition indispensable. Même sous la restauration, il a été souvent dérogé à cette règle, ce qui était une manière indirecte de rendre la pairie viagère, et par conséquent une violation du principe de l'hérédité, tant invoqué depuis quelque temps. (Voy. ordonnances du 5 mars 1819, du 21 novembre 1819, du 5 novembre 1827.)

Une ordonnance du 27 janvier 1830 subordonnait de nouveau le droit de siéger à la constitution du majorat, mais c'était seulement pour les pairs créés par cette ordonnance. On voit, par ces citations, ce qu'était le principe de l'hérédité ; tantôt reconnu, tantôt subordonné à des conditions, tantôt ouvertement violé, et cela par de simples ordonnances ; la pairie ainsi constituée n'avait point de véritable indépendance : il faut qu'elle soit absolument héréditaire ou absolument viagère.

Les ordonnances du 6 avril 1830 et 3 juin 1830 relatives aux constitutions des majorats me paraissent complétement abrogées, non seulement en ce qu'elles supposent la nécessité de former les majorats, car, comme je l'ai dit, la nécessité de constituer un majorat et l'hérédité étant liées, l'une n'a pu survivre à l'autre ; mais je suppose qu'un pair voulût, parce que ce serait son bon plaisir, constituer un majorat, il ne serait assujetti qu'aux règles que chaque citoyen est obligé d'observer, et il n'aurait point à remplir les formalités spéciales créées par les ordonnances précitées du 6 avril et du 3 juin 1830 ; car, encore une fois, ces ordonnances avaient en vue la transmission héréditaire de la pairie, et il n'y a plus lieu de les exécuter, dès que l'hérédité est supprimée.

sous l'ancienne législation, auraient appartenu à la juridiction correctionnelle. En sorte que la différence réelle entre 1829 et 1830 est de 451 accusations, et de 588 accusés.

Sur les 5,068 accusations jugées contradictoirement, 3,910 avaient pour objet des crimes contre les propriétés, et 1,158 des crimes contre les personnes. La proportion de ces derniers crimes est toujours décroissante : elle était de 29 sur 100 en 1825, de 28 en 1826 et en 1827, de 25 en 1828, de 24 en 1829; elle n'est plus que de 23 en 1830.

Le rapport des accusés présens avec la population de tout le royaume était, pour 1829, de 1 accusé sur 4,321; il a été, en 1830, de 1 sur 4,576.

Trente départemens ont dépassé ce terme moyen. Parmi eux, ce sont encore les départemens de la Seine et de la Corse qui, relativement à leur population respective, ont présenté le plus grand nombre d'accusés.

Le premier a eu 1 accusé sur 1,260 habitans, et le second 1 sur 2,152.

La proportion pour la Corse semblerait s'être améliorée, puisqu'en 1829 elle comptait 1 accusé sur 1,402 habitans; mais le chiffre actuel tient en grande partie à ce que, par suite du rétablissement du jury, les affaires qui auraient dû être jugées à la fin de 1830 n'ont pu l'être que pendant le premier trimestre de l'année suivante. La formation et la publication des listes de jurés ont entraîné des délais qui n'ont pas permis de tenir plus tôt les assises dans ce département qui en avait été si long-temps privé, et que Votre Majesté s'est empressée de soustraire au régime exceptionnel sous lequel les gouvernemens précédens l'avaient maintenu.

Le département de l'Ain figure toujours en tête de ceux qui ont eu le moins d'accusés proportionnellement à leur population. Il ne présente cette année qu'un accusé sur 17,081 habitans.

Ce rapport est de :

1 sur 12,647 pour le département de la Creuse;

1 sur 11,585 pour le département de la Loire;

1 sur 10,606 pour le département de la Meurthe.

Sur les 6,962 accusés présens, il y avait 5,608 hommes et 1,354 femmes. Ainsi ces dernières se trouvent dans la proportion de 19 sur 100 accusés, comme en 1828. Cette proportion était de 20 en 1829. La proportion des femmes dans les crimes contre les personnes est de 15 sur 100, et de 21 dans les autres crimes.

31.

114 accusés avaient moins de 16 ans; 1,161 étaient âgés de 16 à 21 ans. Ces nombres ont été de 143 et 1,278 en 1828; de 117 et 1,226 en 1829. Ils continuent donc de diminuer, et il faut espérer que l'instruction, en se répandant chaque jour davantage, rendra de plus en plus rare l'affligeant spectacle de l'enfance figurant sur les bancs des cours d'assises.

On comptait 3,908 célibataires parmi les accusés. 3,151 étaient mariés ou veufs; 2,472 de ceux-ci avaient des enfans. Il n'y a eu que 3 accusés dont l'état civil n'ait pu être reconnu.

216 accusés n'étaient pas Français. 4,932 étaient nés et domiciliés dans les départemens où ils ont été jugés, ce qui établit pour eux, comme en 1829, la proportion de 71 sur 100. Cette proportion est de 35 dans le département de la Seine; de 38 dans le département des Bouches-du-Rhône; de 45 dans le département du Rhône; de 53 dans le département de la Gironde; de 73 dans le département de la Seine-Inférieure. Des proportions si différentes dans les départemens qui possèdent nos villes les plus peuplées et les plus commerçantes, semblent prouver que cette double circonstance n'a pas une influence aussi générale qu'on pourrait le croire sur le nombre relatif des malfaiteurs, appartenant à d'autres départemens, qui viennent y exercer leur coupable industrie. Quant aux départemens que leur situation territoriale isole en quelque sorte des contrées voisines, le nombre des accusés indigènes y est généralement beaucoup plus considérable.

Ainsi, dans les pays de montagnes, tels que les départemens du Puy-de-Dôme, de l'Ariége, des Hautes-Alpes, des Hautes-Pyrénées, la proportion sur 100 accusés est, pour les indigènes, de 91 dans le premier, de 90 dans le second, de 86 dans le troisième, de 85 dans le quatrième; mais c'est surtout dans le département de la Corse, que sa position insulaire sépare entièrement du reste du royaume, que le nombre des accusés étrangers est à peine sensible. En 1829 et en 1830, il n'a été que de 2 sur 100. En revanche, peu de Corses sont jugés sur le continent : il n'y en a eu que 4 en 1830; et, sur ce petit nombre, un seul avait conservé son domicile dans le lieu de sa naissance.

Sous le rapport de l'instruction, les accusés se divisent ainsi : 4,319 ne savaient ni lire ni écrire; 1,826 possédaient ces connaissances imparfaitement; 688 savaient bien lire et bien écrire, et 129 avaient reçu une instruction supérieure.

Il résulte de ces nombres qu'en 1830, comme déjà en 1829, plus des trois cin-

30*

quiémes des accusés (61 et 62 sur 100) ne savaient pas même lire (1).

La proportion de ces mêmes accusés, dans les crimes contre les propriétés, est de 63 sur 100, et de 59 dans les crimes contre les personnes.

Les accusés de parricide étaient tous complétement illettrés. Parmi les accusés d'autres crimes, le nombre de ceux qui n'avaient pas reçu d'instruction, comparé séparément au nombre total de chaque classe, donne les rapports suivans: 56 sur 100 pour le meurtre et pour l'assassinat, 51 pour l'empoisonnement, 88 pour l'infanticide, 57 pour les coups et blessures envers des ascendans, 55 pour les autres coups et blessures, 66 pour le faux témoignage et la subornation de témoins, 59 pour la rebellion, 70 pour les faux par supposition de personnes, 14 pour les autres faux, 15 pour les banqueroutes frauduleuses, 67 pour les vols de tous genres, 69 pour les incendies.

Le nombre proportionnel des hommes qui ne savaient ni lire ni écrire est de 58 sur 100; celui des femmes est de 78.

Parmi les accusés de moins de 21 ans, 66 sur 100 étaient également dépourvus de toute instruction. Ce rapport est de 62 pour les accusés de 21 à 40 ans, et de 60 pour ceux de 40 ans et plus.

Plus de la moitié des accusés savaient au moins lire dans les onze départemens suivans :

Le Doubs en a présenté. . . 67 sur 100.
Le Bas-Rhin. 66
La Seine 64
Le Haut-Rhin, } chacun. 62
La Haute-Marne, }
Le Rhône. 60
Les Vosges. 58
Les Hautes-Alpes. 57
Le Jura. 56
La Moselle. 53
Le Calvados. 51

Les accusés qui, au contraire, n'avaient pas même reçu le premier degré d'instruction, ont dépassé les quatre cinquièmes du nombre total dans quinze départemens, savoir :

La Mayenne, } . . . . 89 sur 100.
Les Côtes-du-Nord }
La Sarthe, } 88
La Dordogne, }
La Corrèze. 86

La Creuse, }
La Haute-Vienne, } 83
Le Finistère, }
La Charente. 84
La Nièvre, }
L'Allier, } 83
L'Indre, }
Le Cantal, } 82
L'Aude, }
L'Indre-et-Loire, } 81

Depuis que l'on constate soigneusement le degré d'instruction des accusés, les départemens du Doubs, du Bas-Rhin, du Haut-Rhin et de la Seine, ont constamment figuré parmi ceux qui ont présenté le plus d'accusés instruits; et les départemens de l'Allier, de la Sarthe et des Côtes-du-Nord, au nombre de ceux dont les accusés, pour la plupart, ne savaient pas même lire.

J'ai fait donner de nouveaux développemens au tableau qui indique, comme dans le compte de 1829, la profession des accusés. Deux colonnes font connaître ceux qui exerçaient réellement la profession qu'ils s'étaient donnée, et ceux qui l'avaient abandonnée, ou qui avaient fait à cet égard une déclaration mensongère. La première catégorie comprend 5,646 individus, et la seconde 750; en tout, 6,396. La différence entre ce dernier chiffre et le nombre total des accusés vient de ce qu'on n'a pu comprendre, dans les deux nouvelles colonnes, 566 individus qui étaient sans profession, ou dont la profession est restée inconnue, ou qui, tels que les militaires, étudians, propriétaires vivant de leur revenu, ne pourraient être considérés comme exerçant une profession dans le sens que le compte donne à ce mot.

Une autre colonne indique le nombre des accusés qui travaillaient dans des manufactures; ce nombre est de 242 : comparé au total des accusés, il donne la proportion d'un peu plus de 3 pour 100.

J'ai encore ajouté au même tableau deux colonnes dans lesquelles sont classés séparément les accusés dont on a pu connaître le domicile, suivant qu'ils habitaient des communes rurales ou urbaines. Le nombre des premiers est de 3,945, et celui des seconds de 2,778 ; ce qui établit entre eux à peu près le rapport de 100 à 70.

Les professions sont, comme pour 1829,

La différence de ces rapports avec ceux que présentent les accusés peut être attribuée à ce que, parmi ces derniers, figurent des femmes, qui généralement reçoivent encore moins d'instruction que les hommes.

séparées en neuf classes principales, qui se subdivisent en différens articles.

La première comprend les individus attachés à l'exploitation des terres, des forêts, etc., et en général tous ceux qui extraient les matières premières, 2,240 ;

La seconde, les artisans qui travaillent le bois, le fer, le cuir, etc., 1,813 ;

La troisième, les boulangers et autres qui préparent et vendent les comestibles, 225;

La quatrième, les ouvriers qui font les vêtemens, les ameublemens, etc., 309 ;

La cinquième, les agens de change, courtiers, marchands colporteurs et autres qui s'occupent uniquement de négoce et de banque, 455 ;

La sixième, les entrepreneurs de travaux et de transport par terre et par eau, 310;

La septième, les individus qui logent ou vendent à boire et à manger, les domestiques, 848;

La huitième, les personnes exerçant des professions libérales, ou vivant de leur revenu, 374 ;

La neuvième, les gens sans aveu, 388.

Dans la première classe, 31 individus sur 100 étaient accusés de crimes contre les personnes, et 69 de crimes contre les propriétés. Ces proportions sont de 23 et 77 pour la seconde classe ; de 24 et 76 pour la troisième ; de 21 et 79 pour la quatrième ; de 11 et 89 pour la cinquième ; de 25 et 75 pour la sixième ; de 16 et 84 pour la septième ; de 33 et 67 pour la huitième ; de 17 et 83 pour la neuvième.

Ainsi, comme on l'avait déjà remarqué en 1829, c'est encore dans la huitième classe, composée d'individus qui, d'après leur état ou leur fortune, devaient avoir reçu de l'éducation, qu'on trouve relativement un plus grand nombre d'accusés de crimes contre les personnes.

En comparant le nombre total des accusés avec ceux qui sont compris dans chaque classe, on trouve approximativement que la première en fournit 72 sur 100; la seconde, 26 ; la troisième, 3 ; la quatrième et la sixième, chacune 4; la cinquième, 7; la septième, 12 ; la huitième, 5; la neuvième, 6.

Je passe maintenant aux résultats des accusations jugées contradictoirement.

1,717 ont été accueillies entièrement à l'égard de tous les accusés, ou au moins de quelques-uns d'entre eux, lorsque plusieurs se trouvaient impliqués dans la même affaire.

1,689 ont été également accueillies, mais avec des modifications plus ou moins fortes, qui, pour 362, conservaient le caractère de crime aux faits incriminés, et qui, pour 1,327, rangeaient ces faits dans la classe des délits.

1,662 ont été complétement rejetées, soit que les faits eussent perdu, dans l'instruction orale, la criminalité qui semblait résulter de l'instruction écrite, soit que la culpabilité des accusés n'eût pas été suffisamment établie, ou que ceux-ci fussent parvenus à prouver leur innocence. Ainsi, sur les 5,068 faits simples ou complexes qui ont motivé des poursuites devant les cours d'assises, il n'y en a que 3,406 dont l'existence, comme crime ou délit, ait été reconnue constante par les déclarations irréfragables du jury.

Toutes ces accusations étaient portées, comme je l'ai dit plus haut, contre 6,962 individus ; sur ce nombre, 2,832 ont été acquittés, et 4,130 condamnés, savoir :

A la peine de mort.	92
Aux travaux forcés à perpétuité.	268
Aux travaux forcés à temps. . .	973
A la reclusion.	1,005
Au carcan.	8
A la dégradation civique.. . . .	4
A des peines correctionnelles. .	1,740
Enfans de moins de seize ans, détenus par voie de correction. . .	43

Total.	4,130

Tous les condamnés à mort, à l'exception d'un seul, se sont pourvus en cassation ; 4, après annulation du premier arrêt, ont encouru la même peine devant la seconde cour d'assises ; 38 ont été exécutés ; 1 s'est suicidé dans la prison ; 52 ont vu commuer leur peine, savoir : 22 en travaux forcés à perpétuité ; 3 en travaux forcés à temps ; 24 en reclusion perpétuelle ou temporaire ; 3 en emprisonnement; 1 seul a obtenu grâce entière.

CONDAMNATIONS CONTRADICTOIRES PRONONCÉES DANS LES SIX DERNIÈRES ANNÉES.

	1825.	1826.	1827.	1828.	1829.	1830.
A mort................	134	150	109	114	89	92
Aux travaux forcés à perpétuité....	283	281	317	268	273	268
Aux travaux forcés à temps......	1,052	1,139	1,062	1,142	1,033	973
A la reclusion..........	1,160	1,228	1,223	1,223	1,222	1,005
Au carcan.............	6	5	5	11	1	8
Au bannissement..........	1	1	»	1	3	»
A la dégradation civique.......	2	1	6	»	1	1
A des peines correctionnelles.....	1,342	1,487	1,446	1,739	1,825	1,740
Enfans détenus par voie de correction.	57	56	68	53	28	43
TOTAUX......	4,037	4,348	4,236	4,551	4,475	4,130

Les condamnés à des peines infamantes sont dans la proportion de 34 sur 100 accusés. Cette proportion est de 25 pour les condamnés à des peines correctionnelles, et de 41 pour les acquittés. C'est toujours parmi les accusés de crimes contre les personnes, que se trouve le plus grand nombre d'acquittés. Ce nombre est de 54 sur 100 pour 1830, tandis qu'il n'est que de 36 pour les accusés de crimes contre les propriétés.

Le degré de répression a varié, comme toujours, suivant les localités. Dans les ressorts des cours royales de Limoges, de Montpellier et de Toulouse, ainsi que dans douze départemens ressortissant à d'autres cours, le nombre des acquittés a surpassé le nombre des condamnés. Dans le département de l'Aude notamment, près des quatre cinquièmes des accusés ont été renvoyés des poursuites, tandis qu'il n'y en a eu que 16 sur 100 dans le département de la Mayenne, et 17 dans le département de l'Allier.

On a déjà fait souvent remarquer que la proportion des condamnés et des acquittés est, à peu de choses près, la même d'une année à l'autre. Un changement notable dans la législation, en ce qui concerne la composition du jury, n'a eu même que peu d'influence sur la répression et sur les résultats des accusations. C'est ce que prouvent des calculs auxquels il m'a paru utile de me livrer, et dont je vais avoir l'honneur de mettre les résultats sous les yeux de Votre Majesté.

Six années se sont écoulées depuis que les comptes généraux de l'administration de la justice criminelle ont été publiés. Pendant la première moitié de cette période (1825, 1826, 1827), les listes des jurés étaient formées d'après les règles posées dans le Code d'instruction criminelle; pendant la seconde moitié (1828, 1829, 1830), ces listes ont été dressées en vertu de la loi du 2 mai 1827, qui a changé les bases du jury, et a appelé un plus grand nombre de citoyens à en faire le service. En prenant dans leur ensemble les résultats des accusations pendant la période entière de six années, ainsi que pendant chacune de ses parties, et en comparant ces divers résultats, d'abord pour la totalité des accusés, puis en distinguant, de ceux des accusés à qui l'on imputait des crimes contre les propriétés, ceux qui étaient poursuivis pour crimes contre les personnes, on trouve que la seule différence entre le jury formé d'après le Code d'instruction criminelle et celui qu'a donné la législation subséquente, consiste en ce que ce dernier jury semble avoir eu une légère tendance à apprécier moins sévèrement les accusations. La preuve de cette assertion résulte du tableau suivant :

	TOTALITÉ des accusés.			ACCUSÉS DE CRIMES contre les personnes.			ACCUSÉS DE CRIMES contre les propriétés.		
	Acquittés.	Condamnés à des peines infamantes.	Condamnés à des peines correctionnelles.	Acquittés.	Condamnés à des peines infamantes.	Condamnés à des peines correctionnelles.	Acquittés.	Condamnés à des peines infamantes.	Condamnés à des peines correctionnelles.
1825 1826 1827 1828 1829 1830 } Terme moyen....	0,39	0,38	0,23	0,52	0,28	0,20	0,34	0,42	0,24
1825 1826 } Terme moyen.... 1827	0,38	0,41	0,21	0,50	0,30	0,20	0,33	0,45	0,22
1828 1829 } Terme moyen.... 1830	0,39	0,36	0,25	0,53	0,26	0,21	0,35	0,39	0,26

Dans quelques années, on pourra comparer ces résultats avec ceux que produiront les déclarations du jury actuel, dont les élémens constitutifs ont encore été augmentés par l'abaissement du cens électoral, et qui ne condamne maintenant qu'à une majorité de plus de sept voix.

Si le nombre total des acquittemens varie peu d'une année à l'autre, il est constamment plus considérable pour certains crimes que pour d'autres.

Ainsi, le nombre proportionnel des acquittés, parmi les accusés des crimes les plus graves ou les plus fréquens, a été, pendant les six dernières années, savoir :

	1825.	1826.	1827.	1828.	1829.	1830.
Assassinat.	0,46	0,33	0,43	0,39	0,37	0,40
Meurtre.	0,50	0,49	0,54	0,49	0,53	0,49
Empoisonnement.	0,62	0,54	0,65	0,60	0,72	0,62
Viol.	0,54	0,50	0,44	0,54	0,53	0,58
Viol sur des enfans.	0,31	0,36	0,32	0,36	0,40	0,41
Coups et blessures.	0,55	0,54	0,52	0,58	0,57	0,56
Coups et blessures envers des ascendans.	0,50	0,37	0,40	0,54	0,57	0,44
Incendie d'édifice.	0,72	0,73	0,80	0,67	0,72	0,68
Incendie d'autres objets.	0,80	0,82	0,89	0,84	0,75	0,73
Concussion et corruption.	0,62	0,81	0,83	0,73	0,88	0,72
Faux par supposition de personnes.	0,53	0,76	0,68	0,54	0,60	0,56
Faux en écritures de commerce.	0,32	0,32	0,39	0,36	0,43	0,45
Autres faux.	0,44	0,45	0,48	0,45	0,51	0,54
Fausse monnaie.	0,70	0,56	0,44	0,48	0,69	0,73
Vol.	0,30	0,30	0,30	0,30	0,30	0,32

La proportion des femmes acquittées est toujours plus forte que celles des hommes. En 1830, sur 100 femmes accusées, 46 ont été acquittées ; ce rapport n'est que de 59 sur 100 pour les hommes.

Parmi les accusés âgés de moins de 30 ans, le nombre des acquittés, qui se trouvait en 1826, 1827 et 1828, de 36 sur 100, a été en 1829 de 38, et de 39 en 1830. Pendant cette dernière année, le nombre des acquittés plus âgés s'est élevé à 42 sur 100, comme en 1827 et 1828 ; il était de 40 en 1826, et de 41 en 1829.

Les accusés contumax, qui ne peuvent

produire leurs moyens de défense, sont très rarement acquittés ; il n'y en a eu que 4 sur 100 en 1830. Mais quand ensuite ceux qui ont été condamnés sont jugés contradictoirement, la moitié au moins sont renvoyés des poursuites. Ainsi, pendant les cinq dernières années, le nombre proportionnel des acquittemens prononcés en faveur des condamnés qui sont venus purger leur contumace, a été de 51, 55, 54, 50 et 52 sur 100.

L'expérience prouve encore que le degré d'instruction a une influence marquée et constante sur le sort des accusés. En 1830, parmi ceux qui ne savaient ni lire ni écrire, le nombre des acquittés n'a été que de 38 sur 100, tandis qu'on le trouve de 42 pour ceux qui savaient lire et écrire imparfaitement ; de 48 pour ceux qui possédaient bien ces connaissances ; et enfin de 63 pour ceux qui avaient reçu une instruction supérieure. Une semblable progression dans les acquittemens, en raison des connaissances des accusés, s'est fait également remarquer en 1828 et en 1829 : ce qui paraît prouver que, toutes choses égales d'ailleurs, les accusés ont plus ou moins de chances d'être acquittés, par cela seul qu'ils sont plus ou moins instruits.

La seconde partie du compte est destinée aux travaux des tribunaux correctionnels. Ils ont jugé, en 1830, 139,035 affaires, comprenant 210,691 prévenus, ce qui donne, sur l'année précédente, un excédant de 21,176 affaires, et de 34,464 prévenus. Cette énorme différence porte uniquement sur les délits forestiers, que diverses circonstances ont multipliés en 1830. Les délits ordinaires ont au contraire sensiblement diminué : en 1829, il y en avait eu 43,845 ; 1830 n'en a présenté que 39,845.

Les prévenus se divisent en 162,807 hommes et 37,884 femmes. Sur la totalité, 32,970 ont été acquittés ; ce qui établit pour ceux-ci la proportion de 16 sur 100 : elle n'était que de 15 en 1828 et en 1829.

177,721 prévenus ont été condamnés, savoir :

A l'emprisonnement d'un an et plus.	5,925
A l'emprisonnement de moins d'un an.	20,385
A l'amende seulement.	151,167
Délinquans forestiers condamnés à démolir seulement. . . .	4
Enfans de moins de seize ans, à détenir par voie de correction.	240
Total.	177,721

La durée de l'emprisonnement a été de :

Moins de six jours, pour..	4,091
Six jours à un mois. . . .	5,468
Un à six mois.	8,843
Six mois à un an.	2,017
Un an.	2,383
Plus d'un an et moins de cinq.	5,047
Cinq ans.	595
Plus de 5 ans et moins de 10.	69
Dix ans.	37
Total.	26,550

Parmi les condamnés à l'emprisonnement ou à être détenus, 5,032 n'avaient pas encore dépassé leur vingt-unième année. Ce nombre se compose de 4,290 hommes et de 742 femmes. Ainsi ces jeunes condamnés sont entre eux dans le rapport de 100 à 17, tandis que, pour la totalité des condamnés considérés seulement d'après la différence du sexe, le rapport est de 100 à 27.

4,822 jugemens correctionnels ont été attaqués par la voie de l'appel ; 2,685 ont été confirmés, et 2,137 infirmés en tout ou en partie ; le sort de 1,156 prévenus a été aggravé, tandis que 1,768 ont obtenu des juges d'appel, soit leur acquittement, soit une diminution de peine.

J'ai constaté, avec le plus grand soin, le nombre des individus, poursuivis en 1830, qui se trouvaient en état de récidive, et, afin de ne rien négliger pour parvenir, autant que possible, à la connaissance des causes qui portent tant d'individus à rentrer dans la carrière du crime après les condamnations que leur avait déjà infligées la justice, j'ai pris, de concert avec MM. les ministres du commerce et de la marine, dans les attributions desquels est placée l'administration des prisons et des bagnes, des mesures propres à faire connaître, d'une manière précise, la position de chaque condamné au moment où il sort de ces lieux de détention. Dès cette année, plusieurs tableaux présentent le résumé de ces renseignemens qui pourront jeter une nouvelle lumière sur les moyens d'établir un bon régime pénitentiaire, dont la nécessité se fait d'autant plus sentir que, malheureusement, les récidives augmentent tous les ans.

En effet, le nombre des accusés en récidive, qui était de 756 en 1826, de 893 en 1827, de 1,185 en 1828, de 1,334 en 1829, a été de 1,370 en 1830, savoir : 1,190 hommes et 180 femmes.

L'augmentation porte entièrement, cette année, sur les individus qui avaient précédemment subi la reclusion et des peines correctionnelles. Le nombre des accusés, qui avaient déjà encouru la peine des tra-

vaux forcés a, au contraire, reçu une légère diminution.

Parmi les accusés qui ont récidivé en
1830, 1,014 n'avaient subi qu'une condamnation lorsqu'ils ont été jugés de nouveau ;
240 avaient déjà été condamnés deux fois,
80 trois fois, 20 quatre fois, 8 cinq fois,
3 six fois, 2 sept fois, 2 neuf fois, et un,
enfin, avait précédemment encouru 150
condamnations, toutes correctionnelles, et
la plupart pour de simples délits forestiers
qui n'entraînent que des amendes : en dernier lieu, il a été condamné à la reclusion.

197 accusés en récidive étaient poursuivis
pour crimes contre les personnes, ce qui
donne pour eux la proportion de 14 sur 100.
Cette proposition s'accroît tous les ans :
elle était de 11 sur 100 en 1827, de 12 en
1828, et de 13 en 1829.

Parmi les 1,370 accusés en récidive,
1,290, c'est-à-dire 80 sur 100 ont été
poursuivis pour vol. La condamnation antérieure de la plupart d'entre eux (942)
avait eu pour cause des faits de même nature.

Sur les 92 condamnés à mort, 18 étaient
en récidive, 3 avaient précédemment subi
les travaux forcés, 4 la reclusion, et 11 des
peines correctionnelles.

493 accusés n'avaient pas encore vingt-
un ans, et 495 étaient âgés de vingt-un
à trente ans, quand ils avaient commis
leur première faute. Les autres accusés en
récidive étaient plus âgés quand ils s'étaient
rendus criminels, cinq avaient dépassé
soixante ans.

Lors du nouveau jugement motivé sur la
récidive, 393 n'avaient pas encore atteint
leur vingt-cinquième année. En revanche,
35 étaient sexagénaires, 5 septuagénaires,
1 octogénaire. Ce dernier avait plus de
soixante-dix ans quand il avait comparu,
pour la première fois, devant les tribunaux
de répression.

Le nombre total des accusés et des prévenus qui ont récidivé et ont été jugés en
1830 par les cours d'assises et les tribunaux
correctionnels, s'élève à 5,670. Dans ce
nombre, la proportion de ceux qui sont devenus l'objet d'une nouvelle poursuite, dans
l'année de leur mise en liberté, est de 30
sur 100 pour les libérés des travaux forcés
et de la reclusion, de 42 pour les condamnés à l'emprisonnement d'un an et plus,
et de 44 pour ceux qui avaient encouru
d'autres peines correctionnelles.

Les accusés et prévenus libérés des travaux forcés, de la reclusion et de l'emprisonnement d'un an et plus, et qui, par
conséquent, avaient subi leur peine dans
les bagnes ou les maisons centrales de détention, sont au nombre de 2,758.

Un tableau spécial indique, comme les
années précédentes, à quel bagne ou à
quelle maison centrale ces individus avaient
appartenu. En comparant leur nombre au
nombre moyen des condamnés qui sont
sortis, depuis dix ans, des mêmes établissemens, on trouve que la proportion des
récidives a été, en 1830, de 34 sur 100
pour le bagne de Brest, de 32 pour le bagne de Toulon, de 31 pour le bagne de
Rochefort, et de 16 seulement pour le
bagne de Lorient, qui, depuis plusieurs
années, ne renferme que des militaires. La
proportion est de 30 sur 100 pour les
quatre bagnes réunis.

Elle est, pour toutes les maisons centrales, aussi réunies, de 31 sur 100, et de
42 pour quatre maisons de correction, qui
sont soumises au même régime que les
maisons centrales.

Mais, en 1830, comme les années précédentes, les contingens proportionels de
chacune de ces maisons présentent entre
eux des différences très considérables dont
on ne saurait rechercher les causes avec trop
d'attention.

Ainsi, pour la maison de Cadillac, la
proportion n'est que de 7 sur 100, tandis
qu'elle est de 78 pour Bicêtre, près Paris.

Entre ces deux extrêmes, la proportion
varie de la manière suivante : elle est de
15 sur 100 pour Montpellier, de 22 pour
Clermont (Oise), de 23 pour Limoges, de
24 pour Clairveaux et Nîmes, de 25 pour
Haguenau, Fontevrault et Embrun, de 27
pour Beaulieu, de 28 pour Riom, de 30
pour Mont-Saint-Michel, de 31 pour Eysses,
de 33 pour Bellevaux, de 34 pour Ensis-
heim, de 35 pour Gaillon, de 36 pour Melun et Saint-Lazare (Paris), de 37 pour
Soissons, de 41 pour Rennes, de 44 pour
Loos, et de 71 pour Poissy.

Comme j'ai déjà eu l'honneur de le dire
à Votre Majesté, de nouveaux tableaux,
dont les élémens m'ont été fournis en partie par MM. les ministres du commerce et
de la marine, indiquent, pour les condamnés qui ont été libérés en 1830 des bagnes
et des maisons centrales, tant leur nombre
que divers autres renseignemens propres à
faire exactement connaître la duréede leur
séjour dans ces établissemens, et leur position, sous le double rapport des ressources
pécuniaires et du degré d'instruction lorsqu'ils ont recouvré la liberté.

Le premier tableau fait connaître pour
tous les condamnés libérés combien ils
avaient passé de temps dans le bagne ou la
maison centrale d'où chacun a été libéré.
On y voit aussi que tous les condamnés, à
l'exception de 331, ont reçu à leur sortie,
comme montant de la masse économisée

sur le prix de leur travail, une somme qui varie de 20 fr. jusqu'à 500 fr. et plus. La proportion de ceux qui avaient reçu 100 fr. et plus, est de 16 sur 100.

Le second tableau montre, en regard de chaque bagne ou maison centrale, les condamnés qui en sont sortis en 1830, et qui ont été poursuivis pour de nouveaux crimes ou délits dans le courant de la même année. Il indique aussi le montant de leur masse respective, ainsi que leur degré d'instruction. Ces libérés, repris l'année même de leur sortie de prison, sont au nombre de 226 : 5 n'avaient rien touché, mais 34 avaient reçu une masse de 50 fr. et plus : 54 savaient au moins lire.

Le troisième tableau, en indiquant également pour chaque condamné libéré et repris le temps passé par lui dans le lieu où il avait achevé de subir sa peine et le montant de sa masse fait connaître l'intervalle qui s'est écoulé entre sa sortie de prison et le crime ou délit qui l'a fait poursuivre de nouveau.

Sur les 226 condamnés libérés et repris en 1830, 101 ont commis de nouveaux crimes ou délits dans les deux mois de leur sortie de prison. Cet intervalle n'a même été que de quinze jours pour 24 d'entre eux : 6 de ces derniers avaient cependant touché une masse de 50 fr. et plus, au moment où ils avaient obtenu leur liberté.

Je continuerai de recueillir ces renseignemens, qui pourront fournir les moyens de modifier utilement le régime intérieur de nos bagnes et prisons, dont l'un des principaux objets doit être l'amélioration des condamnés qui y sont renfermés.

La troisième partie du compte est exclusivement réservée aux tribunaux de simple police. Ils ont eu à juger, en 1830, 105,902 affaires, dans lesquelles 138,373 individus se trouvaient impliqués. Il y a eu déclaration d'incompétence à l'égard de 1,320 ; 20,006 ont été acquittés, et 117,047 condamnés, savoir : 112,114 à l'amende, et 4,933 à l'emprisonnement. Ainsi, la proportion des acquittés a été de 14 sur 100 elle était de 15 en 1829.

Cette même proportion des acquittés n'a été que de 12 et de 8 sur 100 pour les contraventions aux réglemens sur les poids et mesures et sur la direction des chevaux et voitures, contraventions dont la répression est d'autant plus importante, qu'elles portent atteinte aux relations commerciales et à la sûreté des personnes.

La quatrième partie du compte présente tout ce qui concerne l'instruction des procès criminels et correctionnels, ainsi que quelques autres renseignemens qui n'auraient pu trouver place ailleurs.

Les chambres du conseil ont déchargé des poursuites 18,650 inculpés, dont 9,717 avaient été arrêtés pendant l'instruction : c'est 984 de plus qu'en 1829.

Les chambres d'accusation ont également déclaré n'y avoir lieu à suivre à l'égard de 1,367 individus renvoyés devant elles en état de prévention. Parmi eux, 856 se trouvaient détenus : ce nombre était de 719 en 1829.

Je crois devoir, comme on l'a fait dans le dernier compte, mettre sous les yeux de Votre Majesté un tableau indiquant la durée de la détention, non-seulement pour les individus renvoyés des poursuites pendant l'instruction, mais encore pour ceux qui ont été acquittés ou absous par les tribunaux correctionnels et par les cours d'assises.

	DURÉE DE LA DÉTENTION.						
	Moins d'un mois.	1 mois à 2 mois.	2 à 3 mois.	3 à 6 mois.	6 mois et plus.	Détenus pour autre cause.	TOTAUX.
Individus renvoyés des poursuites par les chambres du conseil.	6,967	1,979	532	174	64	1	9,717
Idem, par les chambres d'accusation.	310	273	154	93	21	5	856
Prévens acquittés par les tribunaux correctionnels. .	1,892	1,087	243	107	14	2	3,345
Accusés acquittés ou absous par les cours d'assises.	266	422	647	1,194	299	»	2,828
TOTAUX.	9,435	3,761	1,576	1,568	398	8	16,746

Ainsi, parmi les individus renvoyés des poursuites ou acquittés après avoir été arrêtés, pendant l'instruction, 9,435 sont restés moins d'un mois en prison : ce qui donne pour eux, comme en 1829, la proportion de 56 sur 100.

Les chambres du conseil ont rendu en tout 42,451 ordonnances, c'est-à-dire 107 de moins qu'en 1829 ; diminution d'autant plus remarquable que, dans les années antérieures, le nombre des affaires soumises à ce premier degré de juridiction avait toujours été croissant. Quant à la célérité des poursuites, elle a fait encore de nouveaux progrès. En 1825, 81 ordonnances sur 100 avaient été rendues dans les trois premiers mois du crime ou du délit ; en 1826, il y en a eu 82 ; en 1827, 84 ; en 1828 et en 1829, 88 ; ce nombre a été de 90 en 1830.

En général, les accusations ont aussi été jugées plus promptement. En 1829, 63 sur 100 seulement avaient été soumises au jury dans les six mois du crime : cette proportion est de 64 pour 1830. 13 ressorts de cour royale ont plus ou moins participé à cette amélioration ; 2 sont restés stationnaires ; 12 ont présenté, sous le rapport de la célérité, des résultats moins favorables qu'en 1829.

Cependant il s'est généralement écoulé un intervalle un peu plus long entre le jour où les accusés ont été mis sous la main de la justice et celui de leur jugement. 90 sur 100 ont bien été jugés dans les six mois de leur arrestation, comme en 1829 ; mais 45 seulement l'ont été dans les trois mois : cette dernière proportion était de 46 sur 100 l'année précédente.

Au surplus, dans le ressort de Limoges, tous les accusés ont été jugés dans les six mois de leur arrestation. Presque tous (98, 97, 96 sur 100), l'ont été dans le même délai par les cours d'assises des ressorts d'Aix, d'Amiens, de Besançon et de Metz.

De pareils résultats attestent hautement le zèle des magistrats à qui ils sont dus, et je me trouve heureux d'avoir à les signaler à Votre Majesté.

Les tribunaux correctionnels et les tribunaux et cours d'appel ont aussi apporté une activité progressive dans leurs travaux.

En première instance, 91 affaires sur 100 ont été expédiées dans les trois mois du délit : cette proportion était de 89 en 1829.

En appel, 73 affaires sur 100 ont reçu jugement dans les deux mois : il n'y en avait eu que 71 pendant les deux années précédentes.

L'exécution des jugemens correctionnels s'est au contraire ralentie. En 1829, sur 100 condamnés à l'emprisonnement, 89 avaient commencé à subir leur peine dans les trois mois du jugement. Cette proportion n'a été que de 87 sur 100 en 1830.

Des informations judiciaires ont été dirigées contre 97 fonctionnaires ou agens des administrations publiques, à raison de crimes ou délits qu'on les accusait d'avoir commis dans l'exercice de leurs fonctions.

L'autorisation de poursuivre a été accordée à l'égard de 52. Sur ce nombre, 32 ont été renvoyés des poursuites, ou acquittés par les tribunaux compétens ; 18 ont été condamnés, savoir : 1 au carcan, 2 à l'emprisonnement d'un et plus, 11 à l'emprisonnement de moins d'un an, 4 à l'amende. Il en reste 2 sur le sort desquels les tribunaux n'ont pas encore statué.

Les listes générales de jurés pour 1830, formées et rectifiées conformément aux lois des 2 mai 1827 et 2 juillet 1828, ont présenté un total de 119,084 citoyens pour tout le royaume, sans compter la Corse, où, comme je l'ai déjà dit, le jury n'a pu être rétabli qu'en 1831.

En retranchant du nombre total 856 électeurs, qui ont été inscrits tant dans les départemens où ils ont leur domicile politique que dans ceux qu'ils habitent, et qui, par conséquent, font double emploi, il reste 118,228 citoyens qui ont été portés sur les listes générales aux titres suivans :

Electeurs..	90,228
Fonctionnaires publics nommés par le Roi à des emplois gratuits.. . . . . , . .	4,334
Officiers en retraite jouissant d'une pension de 1,200 francs au moins..	5,752
Docteurs et licenciés des facultés de droit, des sciences et des lettres.	4,006
Docteurs en médecine.	3,871
Membres et correspondans de l'Institut et des autres sociétés savantes.	375
Notaires.	5,894
Plus imposés au-dessous de 300 francs.	3,768
Total. . . .	118,228

Dans 24 départemens, on a été forcé de recourir aux citoyens les plus imposés après les électeurs, pour compléter le nombre de 800 jurés exigés par la loi. Il a fallu en prendre 577 dans le département des Hautes-Alpes, 443 dans le département des Hautes-Pyrénées, 419 dans le département de la Lozère, et 415 dans le département des Basses-Alpes. Le cens est descendu à 95 fr. 95 c. dans le premier de ces départements, à 106 fr. 35 c. dans le second, à 141 fr. 58 c. dans le troisième, et à 125 fr. 27 c. dans le quatrième.

Parmi les jurés convoqués pour le service des cours d'assises, 2,357 n'ont pas comparu, 177 étaient morts; tous les autres, à l'exception de 4, qui ont été condamnés à l'amende, ont fait valoir des excuses que les cours ont admises.

Les cours d'assises ont tenu 375 sessions, qui ont duré ensemble 3,650 jours; 44,826 témoins ont été entendus : ce dernier nombre était de 48,700 en 1829.

1,047 arrêts rendus par ces cours ont été déférés à la Cour de cassation, soit par le ministère public, soit par les condamnés, 53 seulement ont été annulés en tout ou en partie par différents motifs indiqués dans un tableau qui fait en même temps connaître les cours qui avaient jugé.

Dans 26 de ces affaires, qui comprenaient 38 accusés, la Cour de cassation, ayant renvoyé devant une autre cour d'assises pour y être procédé à de nouveaux débats, 2 accusés, par suite de la déclaration du second jury, ont encouru une condamnation plus forte que la première; 20 ont été condamnés de nouveau à la même peine ; 6 en ont obtenu la diminution, et 10 ont été acquittés. Parmi ces derniers, 2 avaient été précédemment condamnés à mort, 4 aux travaux forcés, et 4 à la réclusion.

La Cour de cassation a, en outre, annulé 5 arrêts d'instruction, 108 jugements ou arrêts correctionnels, et 53 jugements de simple police. Elle a, de plus, rendu 33 arrêts de règlement de juges en matières criminelle, correctionnelle et de police.

Un tableau indique, comme dans les comptes précédents, les travaux du petit parquet du tribunal de la Seine, établi pour interroger, dans les 24 heures de leur arrestation, les individus conduits à la préfecture de police.

5,108 affaires y ont été portées en 1830 ; 7,565 individus s'y trouvaient impliqués : 3,428 ont été mis en liberté après un simple interrogatoire, et 3,957, contre lesquels s'élevaient de graves indices de culpabilité, ont été écroués, en vertu de mandats de dépôt, jusqu'à ce qu'il ait été plus amplement informé sur les faits qu'on leur imputait.

Toutes ces affaires sont classées séparément suivant le mois pendant lequel les inculpés ont été interrogés au petit parquet : c'est le mois d'octobre qui a fourni le plus d'affaires, et le mois de décembre, le plus d'inculpés.

Après avoir, Sire, appelé l'attention de Votre Majesté sur les parties les plus saillantes de l'administration de la justice criminelle, je terminerai mon rapport par une observation qui ne vous aura pas échappé, et qui est fondée sur l'ensemble des faits que je viens d'analyser

Pendant cette année 1830, qui a été témoin d'une révolution si glorieuse, mais qui menaçait d'ébranler la société jusque dans ses fondements, la justice n'a perdu aucun de ses droits, elle a continué de suivre son cours régulier, que nulle perturbation n'est venue entraver; ses travaux, sous le double rapport de la célérité des poursuites et du degré de répression, n'ont éprouvé que de légères variations, la plupart favorables, et telles qu'on en remarque d'une année à l'autre dans les temps ordinaires. Enfin le nombre des crimes, loin de s'accroître, comme on pouvait le craindre, a subi une diminution sensible.

De pareils résultats, dont la preuve incontestable se trouve dans les nombreux tableaux que j'ai l'honneur de mettre sous les yeux de Votre Majesté, proclament hautement cette verité : que la nation, après s'être levée pour venger la constitution violée et en assurer désormais l'exécution franche et sincère sous un souverain de son choix, est aussi rentrée dans l'ordre légal, qui seul peut garantir les droits des citoyens et assurer la prospérité et le salut de l'Etat.

---

29 DÉCEMBRE 1831. — Ordonnance qui fixe le nombre des huissiers du tribunal de Loudéac. (Bull. O. 131, n. 3678.)

29 DÉCEMBRE 1831. — Ordonnance qui admet les sieurs Gastaldi, Ichmé, Mistelmüller, Nierhottz, Roth, Schubarth, Steiner, Volkey, Weissenhorn à établir leur domicile en France. (Bull. O. 132, n. 3739.)

29 DÉCEMBRE 1831. — Ordonnance qui érige en annexe vicariale le hameau de Saint-Julien (Cantal). (Bull. O. 133, n. 3868.)

29 DÉCEMBRE 1831. — Ordonnances qui autorisent l'acceptation de legs faits aux fabriques et séminaires de diverses communes. (Bull. O. 133, n. 3805 à 3867, 3869 à 3876, 3952 à 3962.)

29 DÉCEMBRE 1831. — Lettres de naturalité accordées aux sieurs Barile et Merien. (Bull. O., 2ᵉ sect., n. 350 et 351.)

30 DÉCEMBRE 1831 = 28 FÉVRIER 1832. — Ordonnance du roi portant que les traitements, pensions et autres allocations payables sur les fonds et revenus coloniaux et sur la caisse des inva-

lides de la marine continueront de supporter une retenue proportionnelle, en exécution de la loi du 16 décembre 1831. (IX, Bull. O. CLX, 1ʳᵉ sect., n. 4054.)

Louis-Philippe, etc., vu la loi du 18 avril, art. 10, portant que, du 1ᵉʳ mai au 31 décembre 1831, tous traitements, appointements, salaires, pensions, dotations et remises imputables sur les fonds du budget de l'Etat, seront passibles d'une retenue graduée dont ladite loi a déterminé la proportion et les limites; vu notre ordonnance du 11 mai, qui a étendu les mêmes dispositions, tant aux traitements et autres allocations payables sur les fonds et revenus coloniaux, qu'aux pensions payables sur les fonds de la caisse des invalides de la marine; vu la loi du 16 décembre courant, relative aux recettes et dépenses provisoires de 1832, laquelle, en autorisant le gouvernement à payer, à titre d'à-compte, sur la base du budget présenté aux chambres, les traitements, appointements, salaires, pensions, dotations et remises à la charge de l'Etat, prolonge, jusqu'au 1ᵉʳ avril prochain, la retenue proportionnelle dont ces allocations sont aujourd'hui frappées, sous la condition toutefois de faire le décompte des parties après le vote et suivant les solutions du budget définitif; considérant que les motifs qui ont déterminé à étendre aux fonds spéciaux des colonies et des invalides de la marine les dispositions de la loi du 18 avril 1831, doivent y faire appliquer également celles de la loi du 16 décembre de la même année.

Art. 1ᵉʳ. Les traitements, appointements, salaires, dotations ou remises, imputables en France et dans les colonies sur les fonds ou revenus coloniaux, et les pensions imputables sur les fonds des invalides de la marine, seront acquittés jusqu'au 1ᵉʳ avril 1832, d'après les fixations des budgets respectifs; toutefois, durant cet intervalle, ces diverses allocations continueront provisoirement de supporter la retenue proportionnelle établie par notre ordonnance du 11 mai dernier.

2. La retenue s'opérera, savoir : en France, à partir du 1ᵉʳ janvier 1832; et, dans les colonies, à partir de la promulgation de la présente ordonnance.

3. Le produit de la retenue provisoire prescrite par les articles précédents sera versé, comme par le passé, savoir : pour les fonds coloniaux, dans les caisses de nos établissements d'outre-mer; et, pour les fonds des invalides, dans les caisses du trésor public.

4. Le décompte des parties sera fait après le vote, et suivant les solutions du budget définitif de l'Etat.

4. Notre ministre de la marine et des colonies, et notre ministre des finances (comte de Rigny et baron Louis) sont chargés, etc.

30 DÉCEMBRE 1831. — Ordonnances relatives aux octrois de diverses communes. (Bull. O. 132 bis, n. 24.)

30 DÉCEMBRE 1831. — Ordonnances qui établissent et fixent la tenue de foires dans diverses communes. (Bull. O. 133, n. 4002 et 4003.)

30 DÉCEMBRE 1831. — Ordonnances qui autorisent l'acceptation de legs et donations faits aux hospices, pauvres, bureaux de bienfaisance et fabriques de diverses communes. (Bull. O. 133, n. 3916 à 3951, 3963 à 3980.)

31 DÉCEMBRE 1831 = 7 JANVIER 1832. — Ordonnance du roi relative au Bulletin des lois. (IX, Bull. O. CXXXI, n. 3674.)

Louis-Philippe, etc., vu les lois des 14 frimaire et 30 thermidor an 2, et 12 vendémiaire an 4, concernant le Bulletin des lois; sur le rapport de notre garde des sceaux, ministre secrétaire d'Etat de la justice, etc.

Art. 1ᵉʳ. Le Bulletin des lois sera divisé en deux parties, contenant, l'une, les lois, et l'autre, les ordonnances.

2. A partir du 1ᵉʳ janvier 1832, la seconde partie du Bulletin des lois, contenant les ordonnances, sera subdivisée en deux sections. La première section contiendra, soit textuellement, soit par extrait, selon l'importance des matières, les ordonnances qui concernent l'intérêt public ou qui sont d'exécution générale. La seconde section contiendra, soit textuellement, soit par extrait, les ordonnances dont l'objet est individuel ou local.

3. Il sera distribué, soit annuellement, soit par semestre, selon l'abondance des matières, des tables chronologiques et alphabétiques pour la première partie, contenant les lois, comme pour chacune des sections de la seconde partie, contenant les ordonnances.

4. La première partie, contenant les lois, et la première section de la seconde, contenant les ordonnances d'intérêt public et d'exécution générale, seront distribuées, comme par le passé, aux autorités civiles et militaires, aux cours et tribunaux, ainsi qu'aux communes du royaume et aux abonnés particuliers. La seconde section de la seconde partie sera distribuée seulement aux autorités civiles et militaires, aux cours et tribunaux, ainsi qu'aux abonnés particuliers.

5. Notre ministre de la justice (M. Barthe) est chargé, etc.

------

31 décembre 1831 = 13 janvier 1832. — Ordonnance du roi portant fixation du prix des poudres qui seront livrées pendant l'année 1832 aux départements de la guerre, de la marine et des finances. (IX, Bull. O. CXXXII, n. 3734.)

Louis-Philippe, etc., vu l'art. 2 de l'ordonnance du 25 mars 1818, relatif à la fixation du prix des poudres fournies par la direction des poudres et salpêtres aux départements de la guerre, de la marine et des finances; sur la proposition de notre ministre secrétaire d'État au département de la guerre, etc.

Art. 1er. Le prix des poudres de toute espèce qui seront livrées pendant l'année 1832 par la direction des poudres et salpêtres aux départements de la guerre, de la marine et des finances, est réglé de la manière suivante :

Pour le département de la guerre, poudre de guerre, barillage compris, 2 fr. 18 c. le kilogramme.

Pour le département de la marine, poudre de guerre, avec son barillage compris, 2 fr. 23 c.

Pour le département des finances, poudre de guerre, barillage compris, 2 fr. 16 c.; de mine, *idem*, 1 fr. 80 c.; de commerce extérieur, *idem*, 1 fr. 66 c.; de chasse fine, *idem*, 2 fr. 54 c.; de chasse superfine, *idem*, 2 fr. 68 c.; de chasse royale, *idem*, 3 fr. 2 c.

2. Nos ministres de la guerre, de la marine et des finances (duc de Dalmatie, comte de Rigny et baron Louis) sont chargés, etc.

------

31 décembre 1831. — Ordonnances qui accordent des pensions à vingt-six militaires et des secours à des orphelins. (Bull. O. 133 *bis*, n. 5 et 6.)

31 décembre 1831. — Tableau du prix des grains pour servir de régulateur aux droits d'importation et d'exportation. (Bull. O. 130, n. 3653.)

FIN DU TOME TRENTE-UNIÈME.

TABLE

ALPHABÉTIQUE ET RAISONNÉE

Des matières sur lesquelles disposent les Lois, Ordonnances et Règlements
publiés en 1831.

ABATTOIRS = ARMÉE.

31.

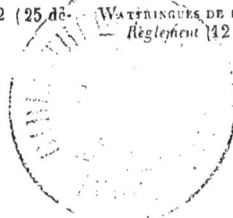

FIN DE LA TABLE ALPHABÉTIQUE.

www.ingramcontent.com/pod-product-compliance
Lightning Source LLC
Chambersburg PA
CBHW060818220326
41599CB00017B/2221